1. 本书是教育部人文社会科学重点研究基地华中师范大学中国农村研究院 2016 年基地重大项目 " 作为政策和理论依据的深度中国农村调查与研究 "（16JJD810004）的成果之一。

2. 本书是华中师范大学中国农村研究院 "2015 版中国农村调查 " 的成果之一。

中国农村调查

（总第29卷·家户调查第1卷）

徐勇 邓大才 主编

天津出版传媒集团

天津人民出版社

图书在版编目（CIP）数据

中国农村调查. 总第 29 卷, 家户调查. 第 1 卷 / 徐勇,
邓大才主编. —— 天津：天津人民出版社, 2018.9
　　ISBN 978-7-201-13932-6

　　Ⅰ. ①中… Ⅱ. ①徐… ②邓… Ⅲ. ①农村调查-研
究报告-中国 Ⅳ. ①F32

中国版本图书馆 CIP 数据核字(2018)第 178838 号

中国农村调查（总第 29 卷·家户调查第 1 卷）

ZHONGGUO NONGCUN DIAOCHA

出　　版	天津人民出版社
出 版 人	黄　沛
地　　址	天津市和平区西康路 35 号康岳大厦
邮政编码	300051
邮购电话	(022)23332469
网　　址	http://www.tjrmcbs.com
电子信箱	tjrmcbs@126.com

策划编辑	王　玎
责任编辑	王　玎
装帧设计	汤　磊

印　　刷	天津市天办行通数码印刷有限公司
经　　销	新华书店
开　　本	787 毫米×1092 毫米　1/16
印　　张	41.75
插　　页	6
字　　数	1000 千字
版次印次	2018 年 9 月第 1 版　2018 年 9 月第 1 次印刷
定　　价	750.00 元

总 序

2015 年是华中师范大学中国农村研究院历史上的关键一年。在这一年,本院不仅成为完全独立建制的研究机构,更重要的是进一步明确了目标,特别是进行了学术整合,构建了一个全新的调查研究计划。这一计划的内容包括多个方面,其中,中国农村调查是基础性工程。从 2015 年开始出版的《中国农村调查》便是其主要成果。

学术研究是一个代际接力、不断提升的过程。农村调查是本院的立院之本、兴院之基。本院的农村调查经历了三个阶段。

第一阶段主要是基于项目调查基础上的个案调查(1985—2005 年)。

20 世纪 80 年代开启的中国改革开放,起始于农村改革。延续二十多年的人民公社体制废除后,农村的生产功能由家庭所承担,社会管理功能则成为一个新的问题。这一问题引起我院学者的关注。1928 年出生的张厚安先生是中国政治学恢复以后较早从事政治学研究的学者之一,他与当时其他政治学学者不同,他比较早地关注农村政治问题,并承担了农村基层政权方面的国家研究课题。与此同时,本校其他学者也承担了有关农村政治研究的课题。1988 年,这些学者建立起以张厚安先生为主任的农村基层政权研究中心,由此形成了一个自由结合的学术共同体。

作为一个学术共同体,农村基层政权研究中心有其研究宗旨和方法。在学术共同体建立之初,张厚安先生就提出了"三个面向,理论务农"的宗旨。"三个面向"是指面向社会、面向基层、面向农村,"理论务农"是指立足于农村改革实践、服务于农村改革实践。这一宗旨对于政治学者是一个全新的使命。政治学研究政治价值、政治制度与政治行为。传统政治学更多研究的是国家制度和国家统治,以文本为主要研究素材。"三个面向"的宗旨,必然要求方法的改变,这就是进行实地调查。自学术共同体形成开始,实地调查便成为我们的主要研究方法。

自 20 世纪 80 年代中期,以张厚安先生为领头人的学者就开始进行农村调查。最初是走向农村,进行全国性的广泛调查,主要是面上了解。1995 年,在原农村基层政权研究中心的基础上,成立了农村问题研究中心,由张厚安先生担任主任,由 1955 年出生的中年学者徐勇教授担任常务副主任。新中心的研究重点仍然是基层政权与村民自治,但领域有所扩大,并将研究方法凝练为"实际、实证、实验",更加强调"实"。这种务实的方法引起了学术界的关注,并注入国际学术界的一些研究理念和方法。我们的农村调查由面上的了解走向个案调查。当时,年届七旬的张厚安先生亲自带领和参与个案村庄调查,其代表作是《中国农村村级治理——22 个村的调查与比较》。这一项目在全国东、中、西三个地区选择了 6 个重点村和 18 个对照村进行个案调查,参与调查人员数十人,并形成了一个由全国相关人员参与的学术调查研究团队。

第二阶段主要是基于机构调查基础上的全面调查(2005—2015 年)。

1999 年,国家教育部为推动人文社会科学研究,启动了教育部人文社会科学研究重点基地建设。当年,华中师范大学农村问题研究中心更名为"华中师范大学中国农村问题研究中心",由徐勇教授担任主任。2000 年,中心成为首批教育部人文社会科学重点研究基地。在基地成立之前，以张厚安教授为首的研究人员是一个没有体制性资源保障、纯因个人兴趣而结合的学术共同体，有人坚持下来，也有人离开。成为教育部研究基地以后，中心仍然坚持调查这一基本方法，并试图体制化。其主要进展是在全国选择了二十多家机构作为调研基地，为全国性调查提供相应的保障，并建立相互合作关系。

作为教育部重点基地，中心是一个有一定资源保障的学术共同体，有固定的编制人员，也有固定的项目经费，条件大为改善，但也产生了新的问题。这就是农村调查根据个人承担的研究项目而开展。这不仅会导致研究人员过分关注项目资源分配，更重要的是易造成调查研究的"碎片化"和"片断化"，难以形成整体性和持续性的调查。同时，研究人员也会因为理念和风格不同而产生分歧，造成体制性的学术共同体动荡。为了改变调查研究项目体制引起的"碎片化"倾向，2005 年，徐勇教授重新规划了基地的发展，提出"百村观察计划"，计划在全国选择 100 多个村进行为期 10 年、20 年、30 年以至更长时间的调查和跟踪观察。目标是像建立气象观测点一样，能够及时有效地长期观测农村的基本状况及变化走向。这一计划得到时任华中师范大学社会科学研究处处长石挺先生的鼎力支持。2006 年，计划得以试行，主要由刘金海副教授具体负责。最初的试点调查村只有 6 个，后有所扩展。2008 年，在试点基础上，由邓大才教授主持，全面落实计划，调查团队通过严格的抽样，确定了二百多个村和三千多个农户的调查样本。

"百村观察"是一项大规模和持续性的调查工程，需要更多人的参与。同时它又是一项公共性的基础工程，人们对其认识有所不同。因为它要求改变项目体制造成的调查"碎片化"和研究"个体化"的工作模式，为此，学术共同体再次出现了有人退出、有人坚持、有人加入的变化。

2009 年正式启动的"百村观察计划"，取得了超出预想的成绩：一是从 2009 年开始，我们每年都要对样本村和户进行调查，调查内容和形式逐步完善，并形成相对稳定的调查体系。除了暑假定点调查以外，还扩展到寒假专题调查。每年参与调查的人员达五百人左右，并出版《中国农村调查》等系列著作。二是因为是调查的规模大，可以进行充分的分析，并在此基础上形成调查报告，提供给决策部门，由此也形成了"顶天立地"的理念。"顶天"就是为决策部门服务，"立地"就是立足于实地调查。这一收获，使中心得以在教育部第二次基地评估中成为优秀基地，并于 2010 年更名为华中师范大学中国农村研究院，由徐勇教授担任院长，邓大才教授担任执行院长。三是形成了一支专门的调查队伍并体制化。起初的调查者有相当一部分是没有受到严格专业训练的志愿者。为了提高调查质量，自 2012 年起，研究院将原来分别归于导师名下指导的研究生进行整合，举办"重点基地班"。基地班以提高学生的调查研究能力为导向，实行开放式教学、阶梯性培养、自主性管理，形成社会大生产培养模式，改变了过往一个老师带三五个学生的小作坊培养方式。至此，农村调查完全由受到专门调查和学术训练的人员承担，走向了专业化道路。四是资料数据库得以建立并大大扩展。过往的调查因为是项目式调查，所以资料难以统一保管和使用。2006 年，我们启动了中国农村数据库建设。随着"百村观察计划"的正式实施，大量数据需要录入，并收集到许多第一手资料，资料数据库得以迅速扩展。

第三阶段主要是基于历史使命基础上的深度调查(2015 年至今)。

农村调查的深入和相应工作的扩展，势必与以行政方式组织科研的现行大学体制发生碰撞。但是已经有一个良好开端的调查不可停止。适逢中国的智库建设时机，2015 年，华中师范大学中国农村研究院成为完全独立建制的研究机构,由1970年出生的邓大才教授担任行政负责人。

中国农村研究院独立建制,并不是简单地成为一个独立的研究机构,而是克服体制障碍,进一步改变学术"碎片化"倾向,加强整合,提升调查和研究水平,目标是在高等学校中建设适应国家需要的智库。实现这一目标有五大支撑点:一是大学术,通过以政治学为主,多学科参与,协同研究;二是大服务,继续坚持"顶天立地"的宗旨,全面提高服务决策的能力,争取成为有影响力的决策咨询机构;三是大调查,在原有"百村观察计划"的基础上构建内容更加丰富的农村调查体系,争取成为世界农村调查重镇;四是大数据,收集和扩充农村资料和数据,争取拥有最丰富的农村资料数据库;五是大平台,将全校、全省、全国,乃至全球的农村研究学者吸引并参与到农村研究院的工作中来,争取成为世界性的调查研究平台。这显然是一个完全不同于以往的宏大计划,也标志着中国农村研究院的全新起步。

独立建制后的中国农村研究院仍然将农村调查作为自己的基础性工作,且成为体制性保障的工作。除了"百村观察计划"的持续推进以外,我们重新设计了2015版的农村调查体系。这一体系包括"一主三辅":"一主"即以长期延续并重新设计的"中国农村调查"为主体;"三辅"包括"满铁农村调查"翻译、"俄国农村调查"翻译和团队到海外农村进行实地调查的"海外农村调查",目的是完善农村调查体系,并为中国农村调查研究提供借鉴。

现代化是一个由传统农业社会向现代工业社会转变的过程,这一转变是从农村开始的。农村和农民成为现代化的起点,并规划着现代化的路径。19世纪后期,处于历史大转变时期的俄国,数千人参与对俄国农村调查,持续时间长达四十多年。20世纪上半叶,日本在对华扩张中,以南满洲铁道株式会社为依托开展对中国农村的大规模调查,持续时间长达四十多年,形成著名的"满铁调查"。进入21世纪,中国作为一个世界农业文明最为发达的大国,正在以超出想象的速度向现代工业文明迈进。中国需要也应有能够超越前人的大规模农村调查。"2015版的中国农村调查"正是基于这一历史背景设计的。

"2015版的中国农村调查"超越了以往的项目或者机构调查体制,而具有更为宏大的历史使命:一是政策目的。智库理所当然要出思想,但"思想"除了源自思考以外,更要源自于可供分析的实地调查。过往的调查虽然也是实地调查,但难以对调查进行系统化的分析,并根据调查提出有预见性的结论。在这方面,19世纪的俄国农村调查有其长处。"2015版的中国农村调查"将重视实地调查的可分析性和可预测性,以此提高决策服务的成效。二是学术目的。调查主要在于知道"是什么"或者"发生了什么",是事实的描述。但是这些事实为什么发生?其中存在什么关联?这是过往调查关注比较少的,以至于大量的调查难以进行深度的学术开发,学术研究主要依靠的还是规范方法,实地调查难以为学术研究提供必要的基础,由此会大大制约调查的影响力。"2015版的中国农村调查"特别重视实地调查的深度学术开发性,调查中包含着学术目的,并可以通过调查提炼学术思想,使其作为一种有实地调查支撑的学术思想也可以间接影响决策。为此,"2015版的中国农村调查"在设计时,除了关注"是什么"以外,也特别重视"为什么",试图对中国农村社会的底色及其变迁进行类似于生物学"基因测序"的调查。三是历史传承目的。在现代化进程中,传统农村正在迅速消逝。"留得住乡愁"需要对"乡愁"予以记录和保存。20世纪以来,中国农村发生了太多的变化,中国农民经历了太多的起伏,农民的历史构成了国家历史不可或缺的部分。"2015版的中国农村调查"因此特别关注历史的传承。

基于以上三个目的，"2015版的中国农村调查"由四个部分构成：

其一，口述调查。主要是通过当事人的口述，记录20世纪上半期以来农村的变化及其对当事人命运的影响。其主体是农民个人。在历史上，他们是微不足道的，尽管是历史的创造者，但没有哪部历史记载他们的状况与命运。进入20世纪以后，这些微不足道的人物成为"政治人物"，尽管还是"小人物"，但他们是大历史的折射。通过他们自己的讲述，我们可以更加充分地了解历史的真实和细节，也可以更好地"以史为鉴"。口述史调查关注的是大历史下的个人行为。

其二，家户调查。主要是以家户为单位的调查，了解中国农村家户制度的基本特性及其变迁。中国在历史上创造了世界上最为灿烂的农业文明，必然有其基本组织制度为支撑。但长期以来，人们只知道世界上有成型的农村庄园制、部落制和村社制，而没有多少人了解研究中国自己的农村基本组织制度。20世纪以来受革命和现代化思维的影响，人们对传统一味否定，更忽视对中国农村传统制度的科学研究，以至于我们在否定自己传统的同时引进和借鉴的体制并不一定更为高明，使得中国农村变迁还得在一定程度上向传统回归。实际上，中国有自己特有的农村基本组织制度，这就是延续上千年的家户制度。家户调查关注的是家户制度的原型及其变迁，目的是了解和寻求影响中国农业社会变迁的基因和特性。

其三，村庄调查。主要是以村庄为单位的调查，了解不同类型的村庄形态及其变迁实态。农村社会是由一个个村庄构成的。与海洋文明、游牧文明相比，农业文明的社会联系更为丰富，"关系"在中国农村社会形成及其演变中居于重要地位。中国在某种意义上说是一个"关系国家"，但是作为一个历史悠久、人口众多、地域辽阔、文明多样的大国，关系格局在不同的地方有不同的表现，由此形成不同类型的村庄。国家政策要"因地制宜"，必须了解各个"地"的属性和差异。村庄调查以"关系"为核心，注重分区域的类型调查，通过不同区域的村庄形态和变迁的调查，了解和回答在国家"无为而治"的传统条件下，一个超大的农业社会是如何通过自我治理实现持续运转；了解和回答在国家深度介入的现代条件下，农业社会是如何反应和变化的。

其四，专题调查。主要是以特定的专题为单位的调查，了解选定的专题领域的状况及其变化。如果说前三类调查是基本调查的话，专题调查则是专门性调查，针对某一个专题领域，从不同角度进行广泛深入的调查，以期获得对某一个专门领域的全面认识和把握。

"2015版的中国农村调查"是一项世纪性的大型工程，它是原有基础的延续，也是当下正在从事、未来需要长期接续的事业。这一事业已有数千人参与，特别是有若干人在其中发挥了关键性作用；当下和未来将有更多的人参与。历史将会记录下他们的功绩，他们的名字将与我们的事业同辉！

2016年6月，教育部公布了对人文社会科学重点研究基地的评审结果，我院排名全国第一，并再获优秀。这既是对过往的高度肯定，也是对进一步发展的有力鞭策。为此，本院再次明确自己的目标，这就是建设全球顶级农村调查机构、顶级农村资料数据机构，并在此基础上，形成自己的学术领域和学术风格，而达到这一目标，需要一代又一代人攻坚克难，不懈努力！

徐　勇

2015年7月15日初序

2016年7月15日补记

凡　例

作为教育部人文社会科学重点研究基地，华中师范大学中国农村研究院历来重视农村调查与研究，《中国农村调查·家户调查》是基地新版"中国农村调查"项目的重要成果，在付梓之际，特作以下说明：

（1）根据徐勇教授"中国传统家户制度学说"，即中国自己特有的传统农村基本组织制度，本项目旨在深入挖掘这一基础性制度和本源型传统，进行家户传统时期的调查，这也是整个项目实施所遵循的技术路线。

（2）在家户调查点的选取上，采取随机抽样与定点调查相结合，一是参考不同地区经济及社会发展水平，随机在各省确定调查点；二是对反映中国社会变迁的历史名村，如小岗村、开弦弓村等进行定点跟踪调查。每一位调查员在调查之前均受过严格的学术培训，掌握相当的调查技巧。同时，有相应老师就调查中所遇到的问题给予线上指导。每个家户的调查时间为 15 天以上。

（3）每一篇家户调查报告分为"家户的由来与特性、经济、社会、文化、治理"等五章，重点围绕传统时期家户"特性、特色、关系与层次"开展调查和写作。同时在每篇报告的后边都附有调查员的调研小记、日记等，以供读者了解整个调查的心路历程。

（4）在写作报告中，"市县名、乡镇名、村庄名、家户名、人物名、部门单位"等均为实名，报告中所出现的照片、人名、数据等信息，均得到了访谈对象或数据提供对象的口头授权或书面授权。书稿中中文日期均为农历。另外，对档案材料、政府部门提供的资料、历史材料等，在写作中均作了详细的引用批注。

（5）家户传统时期的调查，主要通过老人口述来获取信息、数据，因而报告中的数据可能不甚精准，其中土地面积、粮食计量单位也实难统一，仅供参考，也请各位读者、学者在引用、使用的过程中酌情处理。

（6）家户传统时期调查会涉及土地改革、"文化大革命"等内容，但是调查者均怀揣学术研究之心，从家户的变迁与发展的历史视角去调查和写作，力求客观、真实地反映中国传统时期的家户。

（7）在出版方面，项目组组建了审稿与编辑小组，严格审查、校审每一篇家户调查报告，并从中遴选出优秀的报告，集结成卷出版。

（8）《中国农村调查·家户调查》的重点在于传统时期家户的调查，是一项抢救历史的学术工程。由于时间仓促，其中不免有错漏，也希望海内外学术界、读书界提出批评、建议，帮助我们提高这套丛书的质量。

《中国农村调查》编辑组

2017 年 12 月 6 日

目　录

第一篇

循规共济：以商襄农之户的传承与治理
——豫西南堤南高村高氏家户调查

张 航[*]

---

[*] 张航(1993—)，男，河南邓州人，华中师范大学中国农村研究院 2015 级硕士研究生。

导　语

中原天府,丹水明珠。河南省邓州市①赵集乡堤南高村高氏在 1949 年之前是一个 26 口人、三代未分家的大家庭,居住在三进院落之中。高家人经商发家,进而通过置办农具、"扩出"②土地、雇佣"伙计"③经营了 380 余亩土地,另有家庭成员教书、参军、出任公职、纺花织布,家庭成员各司其职、循规共济,家庭财富迅速增长。而在分配和消费中,家庭的公共收入除了维持一家人的吃穿用度之外,持续地投入农业再生产和购房买地之中,高家愈加兴旺。与此同时,高家以大家庭为单元"婚丧嫁娶、繁衍生息",大家庭保障着每一位家庭成员的成家立业、娶妻生子、生老病死。在文化方面,家庭成员进行教育、信仰、娱乐等活动时,也是通过大家庭统一安排的。"家无主心骨,扫帚颠倒竖",高家这一大家庭的有效运转离不开"主心骨"高民昌,作为"掌柜的"④,于内他负责大家庭的生产经营,于外他作为家庭代表参与家族、村庄、国家事务。高家的有序发展一直持续到土地改革运动之后。

为了追溯和复原该家户在 1949 年之前的情况,调研员找到了该官绅大户的两位后人:一是高知斌,性别男,81 岁,是高家年龄最长的后人;二是高知瑞,性别女,80 岁,是高知斌的堂妹,是高家"知"字辈唯一的女性,是高家年龄次长的后人,亦是调研员的奶奶。调研员跟随着两位历史的亲历者和传承者的记忆,"穿越"回 1949 年前,破解大家户传承与治理的密码。

---

① 邓州市,原为邓县,古称"邓"或"穰",隶属于南阳市。1988 年 11 月 17 日,经国务院批准,撤销邓县,设立邓州市(县级市)。

② 扩出:当地话语,指租出,通常指土地的租出。

③ 伙计:当地话语,指雇工,通常指长工。

④ "掌柜的":当地话语,指当家人。

第一章　家户的由来与特性

本章主要介绍堤南高高家的由来与特性:高家从明洪武年间自山西洪洞县搬入堤南高,到 20 世纪 50 年代已经传承五百余年延续二十多代。在 1949 年之前,高家是当地数得出的大家户,在人口、房屋、财富等方面都是大户,其中高民昌是这个大家庭的当家人,掌管家里的一切事务。

一、家户迁徙与定居

高知斌,河南省邓州市赵集乡堤南高村人,1936 年出生,是大家长高民昌的三孙子;堂妹高知瑞,1937 年出生,是高民昌的孙女。知斌、知瑞从小就听爷爷高民昌讲:堤南高高氏从明洪武二年(1369 年)自山西洪洞县迁此垦殖,在落户时用两只家鹅立契而换得这块风水宝地。到"知"字辈时,堤南高高氏已经传承了五百多年,绵延 22 代人。

(一)洪洞迁民,南阳垦殖

堤南高高民昌家是从山西洪洞县迁到南阳的。高民昌一直给儿孙们讲,高家是在明朝从山西洪洞县搬到河南省邓州市赵集乡堤南高的,具体是从"山西洪洞县大槐树下迁过来的"。

另根据《高氏族谱》记载:"明洪武二年(1369 年)高姓由山西洪洞县迁此,村北有汉堤,故名。"同时《南阳地区志》载:"明朝初叶,推行'招徕耕种,以示中原'政策,仅洪武二十二年(1389 年)至永乐十四年(1416 年),就 7 次将山西等地数万民众移居南阳、镇平、内乡、邓州、新野、裕州(方城)、唐州诸州县,因迁民的机构设在洪洞县,故称为'洪洞迁民'。"

具体迁徙与定居原因,因代际较多,高民昌自己也知之甚少,只是从自己长辈们的讲述中做大致的了解,觉得是当时官府政策的原因。而查阅《高氏族谱》,对洪洞大迁徙的原因有这样的描述:"自南宋以来,宋与金、金与元、元与明为争夺南阳这一战略要地,前后在这里拉锯式地厮杀了二百多年,造成了南阳人口的大逃亡和大损耗。明初移山西之民来南阳垦殖十几年后,南阳府人口始增至 30 万。"另据祖茔内的信物为证,清乾隆五十三年(1788 年),进士公叔祥在新野县王庄镇西高营村的祖茔地,立了一通纪念碑,其中文曰:"始祖明远公亦当明初迁于邓州……";堤南高的祠堂内和西坟院里也立的有碑,碑上有过记载,可惜的是,该碑于 1958 年被砸毁。

(二)三元宝地,二鹅"立契"

在文字记录的载体还不发达的古代,口口相传的"传说"是对于历史最好的记录方式。有两个传说勾勒出高家定居落户的情况:第一个传说是高氏始祖明远公与杜氏夫人落户于邓县不久,江南一位举人行至此时突然患上瘟病,明远公请医救治,细心照料百日余直至其康

3

复,而那位江南举人深谙风水之道,为报答救命之恩,在周边悉心勘察丘坡走势、水的流向、道路高低、山沟田水的去向,寻访到了这一处可保高氏家族180年繁荣兴旺"三元不败"的宝地。正是这"三元不败"宝地带来了高氏家族五百余年的繁荣。第二个传说是二鹅"立契"。这块"三元不败"之地原是高天佑(高氏始祖明远公次子)任教的老王楼村学东家无法耕种的荒草丛生地。由于两家关系一向很好,就用两只家鹅"立契"而换得。这就是高家定居落户的两个传说。另有口传诗歌为证:"江南举人患瘟病,始祖请医救其命。病床百日倍受感,张拜佐佑义弟兄。义臣报恩择祖茔,荒草丛生夏蛙鸣,佑公契换学东地,两只家鹅证中人。"

(三)传承五百年,绵延二十世

记载家族的世系繁衍和重要人物的事迹最好的载体就是家谱族谱。据族谱记载:"高氏始祖明远公:乃高系之75世孙,生于元代山西省人,为名门望族。公,耕读持家,书香门第,乐善好施,常善救人,故无弃人,为礼义修身之人,娶夫人杜氏。二世祖天佐公:生于元代晚期,以农耕为主,兼开小饭馆,小杂货铺,小做豆腐生意,其父为掌柜。公,勤俭持家,平易近人,重感情,礼往来,以善为基,以德为本,为宅心仁厚之人。公卒于尹集,随父母安葬于尹集的高氏祖茔内。二世叔祖天佑公:生于元代晚期,满腹经纶学富五车,以教学育人为业,社交力强,为德高望重之人。然,厄运当头,落难而逃,躲学东,避追杀,隐地名,正其身,幸免一死。公卒于赵集乡的堤南高村,葬于堤南高。"其中天佑公是堤南高高氏的始祖。相传迁往邓州的高氏又分别迁至四地,当地称高氏为"四门高",其中堤南高的高姓为三门高,同宗罗家村是四门高。

高家到高民昌这一辈时,已经传承了五百年,绵延20代人。后人高知斌拿出了记载自己家户世系繁衍的《高氏族谱》。据高氏族谱记载,明洪武二年高姓由山西洪洞县迁至此地,距今25代,其中受访者高知斌、高知瑞为第22代人。根据族谱记载,高家从第12代至31代的辈分分别是:羽景同建秉,寅振道昌书,知敬申可贵,心正定和平。

二、家户基本情况

堤南高村1949年以前为堤南高保,隶属于南阳市邓县王集乡大赵保,[①]距邓县县城18千米,赵集镇3.5千米,耕地4210亩,有391户,1859人。在1949年之前,该家户是当地有名的大家户,具体体现在以下三个方面:一是在人口数量与结构上,高家有26位、绵延三代的家庭成员;二是在房屋情况上,高家通过各种方式先后置办了三进院落共三十余间房屋,此等手笔在当地实属少见;三是在财富和影响力上,高家是官绅大户,影响力巨大。

(一)高家的人口情况:人口多、结构杂

1949年以前,高家3代26口人,其中第一代昌字辈的兄弟3人,老大高民昌号虎照,妻为王从荣;二弟号才三,妻翟氏、妾蔡氏;三弟号自齐,妻彭氏、妾王京兰。[②]这一代3男5女,是为8人,分别是高民昌、高民昌的媳妇、二弟、大二弟媳妇、小二弟媳妇、三弟、大三弟媳妇、小三弟媳妇。第二代书字辈子侄4人,其中高民昌家育有3子,长子号席儒,妻为杨永芳,次子高书献号仁远[③],先后有两妻李玉莲、文玉辉,后者是1949年之后高仁远在四川时迎娶,在

---

① 据《邓州市志》记载,堤南高在中华民国25年(1936年)属第五区。

② 因年代久远,受访者高知斌和高知瑞只知道自己二爷、三爷以及大伯的号,而不知其名。

③ 因高书献在外一直用名为高仁远,未用含辈分的名字,后文统称高仁远。

此不纳入考虑,三子高书秋,妻为任桂兰;二弟高才三家有一子高书阶,妻赵宝兰;三弟家还有一位尚未出嫁的闺女,名高慧珍,共 4 男 5 女,另有 2 女出嫁,不纳入考虑,为 9 人,分别是高民昌的长子、大儿媳、二儿子、二儿媳、三儿子、三儿媳、侄子、侄子媳妇、三侄女(前两位侄女出嫁时间较早不纳入考虑)。第三代知字辈 6 男 2 女,为 8 人,其中长子高席儒育有四子,知文(妻耿照兰)、知命、知音、知行(1948 后出生),次子高仁远育有一子,知斌(受访者之一),三子高书秋育有一子,知煌,一女,知瑞(受访者之一),分别是高民昌的长孙、二孙、三孙、孙女、四孙、五孙。另外,小二弟媳妇嫁过来时,就曾经带了一个闺女。除此之外,高家并无收养、过继情况。

此外为经营土地,高家雇有四个长工,一位领活的①,一位掌鞭的②,这六人也居住在高家。

表 1-1　家庭基本情况数据表

家庭基本情况	数据
家庭人口数	26
劳动力数	0
男性劳动力	0
家庭代际数	3
家内夫妻数	8
老人数量	0
儿童数量	5
其他非亲属成员数	1

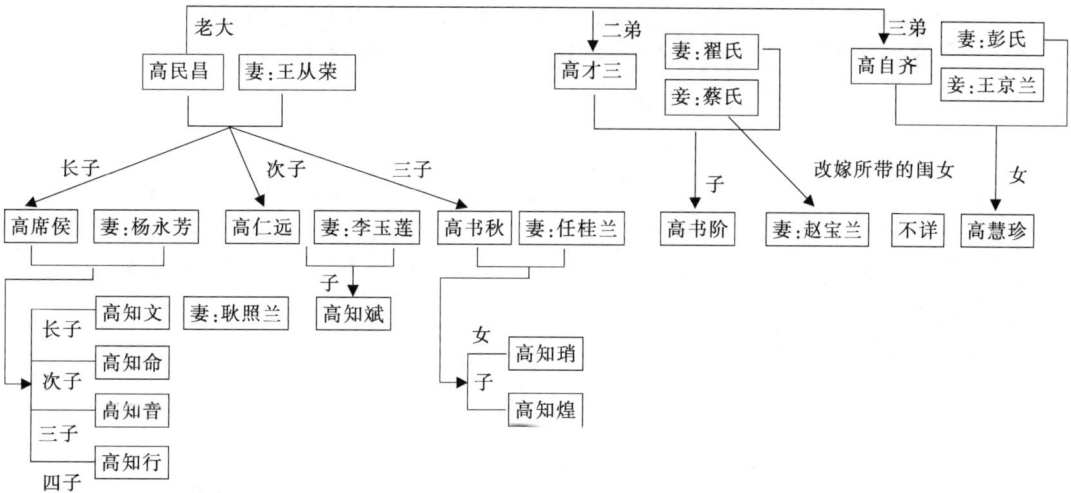

图 1-1　1949 年以前邓州市堤南高高氏家庭成员关系图

---

① 领活的:当地话语,指长工中的管理者。
② 掌鞭的:当地话语,指长工中负责喂牲口的人。

(二)高家的成员概况:书香门第,枝繁叶茂

1.成员年龄概况

在 1949 年以前,获取个人信息最好的方式是通过墓碑。根据高氏墓碑可以得知,高民昌的长子高席儒生于 1912 年五月十八日,1951 年二月初一土地改革运动时被枪毙。大儿媳杨永芳生于 1910 年七月十五日,卒于 1988 年四月初五。二儿子高仁远生于 1916 年,2015 年去世的,时年 99 周岁。三儿子高书秋生于 1928 年七月初七日,1948 年八月去世,三儿媳任桂兰生于 1927 年四月初二日,2005 年九月去世,即在 1949 年以前高氏第二代长子不到四十岁,也就是说高家第二辈(书字辈)在 1949 年以前都不到 40 岁。由此可以推测,在 1949 年以前高民昌、王从荣夫妇应该是近六十岁,这也与后人高知斌的记忆一致:"我记事起,我爷爷就拄了一根文明棍①,他是 1955 年去世,去世时六十多岁;我奶奶和我爷爷一样大,大约1980 年才不在的,活了八十多岁。"三弟高自齐是 20 世纪 60 年代去世的。而在高家第三辈中(知字辈)最长者长孙高知文,在 1949 年以前刚刚结婚,1949 年过后得了肺结核去世,其余大多刚刚记事。

2.成员身体概况

高家人的健康状况基本较好,只有几个特例,首先是残疾情况:一是高民昌因为从马上摔下来,腿有些瘸;二是三弟高自齐在快解放的时候瘫痪,之后瞎了眼睛,总体来说高家家庭成员大多很健康;其次是早亡情况,根据墓碑记载,三儿子高书秋生于 1928 年七月初七日,卒于 1948 年八月,即三儿子高书秋 20 岁身亡,长孙高知文 18 岁结婚,19 岁得病,20 岁不治身亡。

3.成员婚育概况

在高家第一代中,高民昌迎娶的媳妇是王葫芦的王从荣,育有 3 子高席儒、高仁远、高书秋;大二弟媳妇娘家是曲王营翟家的,育有 1 子高书阶,小二弟媳妇娘家是东乡的蔡氏;大三弟媳妇娘家是堤南高北边北彭家的,育有 1 女高慧珍,小三弟媳妇是白落乡西南王凉甸的。第二代,高民昌给长子高席儒娶的杨永芳是榆树杨家的女儿,育有 4 子分别是知文、知命、知音、知行;给二儿子高仁远迎娶的是李集的李玉莲,育有 1 子,知斌;给三儿子高书秋娶的是任营任桂兰,育有 1 子,知煌,1 女,知瑞;侄子高书阶娶的是赵庙的赵宝兰,二弟家的两个姑娘分别许配到宋岗和小窦营三弟家的姑娘般配给王家。第三代,长孙知文娶的是岗营的,娶回来一年多,高知文病逝妻子改嫁,二孙娶的是宋岗的。其余的家庭成员都是 1949 年之后婚配的,此处不提。

4.成员受教育情况

高家各家庭成员受教育情况良好。高民昌长子高席儒就读于邓县县立初中,二儿子高仁远在上黄埔军校之前也在该学校就读,三儿子高书秋也是该学校的毕业生,侄子高书阶在参军之前就读于正德中学,孙子孙女们就读于堤南高村的"完全小学",接受的是新式教育,此外高民昌还聘请的有家庭教师来教育孩子。

---

① 文明棍:即拐棍,上了年纪的有势力者会使用。

6

表 1-2 1948 年高家家庭成员基本信息表

成员序号	姓名	家庭身份	文中称呼	性别	年龄	婚姻状况	职务状况	健康状况	备注
1	高民昌(号虎照)	外当家人,第一代老大	高民昌	男	约55岁	已婚	无	摔下马,腿瘸	
2	王从荣	内当家人,第一代老大妻	媳妇	女	约55岁	已婚	无	良好	
3	高才三	生意上当家人、第一代二弟	二弟	男	约45岁	已婚	"惠丰永号"大掌柜	良好	被绑架,下落不明
4	翟氏	第一代二弟妻	大二弟媳妇	女	约45岁	已婚	无	良好	
5	蔡氏	第一代二弟妾	小二弟媳妇	女	约35岁	已婚	无	良好	
6	高自齐	第一代三弟	三弟	男	约40岁	已婚	"惠丰永号"二掌柜	1949年以前瘫痪,之后瞎了眼睛	
7	彭氏	第一代三弟妻	大三弟媳妇	女	约40岁	已婚	无	良好	
8	王京兰	第一代三弟妾	小三弟媳妇	女	约30岁	已婚	无	良好	
9	高席儒	第二代老大,小家庭家长	长子	男	36岁	已婚	联保主任	良好	1951年被枪毙
10	杨永芳	第二代老大媳妇	大儿媳	女	38岁	已婚	无	良好	
11	高书献(号仁远)	第二代二弟,小家庭家长	二儿子	男	32岁	已婚	中华民国政府军官	良好	30年代中期参加黄埔军校
12	李玉莲	第二代二弟妻	二儿媳	女	约30岁	已婚	无	良好	
13	高书秋	第二代三弟,小家庭家长	三儿子	男	20岁	已婚	教书先生	多病	1948年病逝
14	任桂兰	第二代三弟妻	三儿媳	女	21岁	已婚	无	"老黄病"	
15	高书阶	第二代老四,小家庭家长	侄子	男	19岁	已婚	中华民国政府青年军军官	良好	跟随中华民国政府退往中国台湾
16	赵宝兰	第二代老四妻	侄子媳妇	女	18岁	已婚	无	良好	
17	高慧珍	第二代三女	三侄女	女	14岁	未婚	无	良好	土地改革运动前出嫁
18	高知文	第三代老大,高席儒长子	长孙	男	18岁	已婚	学生	多病	1949年病逝
19	耿照兰	第三代老大妻,高席儒长媳	侄子媳妇	女	约20岁	已婚	学生	良好	丈夫去世后,改嫁
20	高知命	第三代二弟,高席儒次子	二孙	男	15岁	未婚	学生	良好	
21	高知斌	第三代三弟,高仁远长子	三孙	男	13岁	未婚	学生	良好	受访者
22	高知瑞	第三代长女,高书秋之女	孙女	女	12岁	未婚	学生	良好	受访者
23	高知音	第三代老三,高席儒三子	四孙	男	12岁	未婚	学生	良好	
24	高知煌	第三代老五,高书秋之子	五孙	男	0	未婚	无	良好	刚出生
25	不详	高才三所纳的妾与前夫的闺女	无	女	未知	未婚	无	良好	

注:1.该表为1948年高家成员概况。

2.年龄确数是根据高氏墓碑而来,约数是根据受访者回忆。

3.高知行是在1948年后出生,并不纳入表中。

(三)高家的空间结构：三进院落，三十间屋

1949年前，高家位于"西门寨外"，即堤南高村寨西门外，高家老宅北边挨着高志寅家，西边是高虎城家，南边是大路，大路外边是西寨门。外人进入高家的老宅需过两道楼门，其中大楼门朝东，小楼门朝南，大楼门整体位于老宅的东南角，大楼门对着的是空场，往东走两三丈路的距离就是一条南北路；往南走几丈路，有一条东西走向的路，这两条路是公共的，谁都可以走。门前的空场是高家的，一直到大路再往东都是高家的，这条路要从高家的宅基地上过。

高家共有三进院子共三十余间房屋，分别是后边的老院子、前院子和新中国成立前夕高民昌所安排新盖的西边的院子。每进院子都有九间房子，分为三间堂屋、三间东屋和三间西屋，堂屋的东西两边都有茅厕。高家的三进院子均是四合院结构，其中后边的老院子和前院子是连着的，西边的院子和其他两进之间隔着一户人家。后边的老院子主要住高家的内眷，设有两间厨房，前边的院子主要住伙计、拴牲口、盛放粮食。小楼门、大楼门和南宅围起来，又是六间房子的空间，其中东、西各三间；东边最中间的位置是大楼门，两边一边一间客房；西边三间是磨坊，用于堆放石磨等大型农具；南边是南宅；北边是小楼门。高家的西宅在1949年以前刚刚建好，尚未住人。

(四)高家的经济情况：因商而富，以农固本

高家之所以富裕起来，起于经商，稳于务农。

1949年以前高民昌的二弟和三弟在老河口开有店铺"惠丰永号"，据说从湖北老河口开到陕西安康，垄断整个汉水流域。长子高席儒为联保主任，当时堤南高、岗上、大赵、郭岗、杨家等附近几个村庄为一个保，保长叫赵近昌，附近几个保为一个大保，几个大保统归高席儒管，赵近昌就受高席儒的领导，高席儒归王集乡管。二儿子高仁远，一开始在邓县一中上学，毕业之后20岁在内乡教书并担任校长，30年代参加黄埔军校，又参加抗日，之后再也没有回家，毕业之后在战术训练班深造，随后在四川任中华民国政府军官，解放战争时率领部队起义，1949年以后在西北军政大学教学，最后在四川地方任职。三儿子高书秋也是教书先生。侄子高书阶，一开始在邓县正德中学，后来参加抗战，进了蒋介石的嫡系部队青年军，到最后跟蒋退至中国台湾。

农业方面，高家有380余亩地①，与档案局登记表中大体一致，其中120亩自耕，260亩"扩出"，租给杨魏营、尚寨的种地户，每亩地每年交72斤扩子②。为了更好经营土地，高家雇有四位伙计，一位领活的，一位掌鞭的。家中牲畜有2头牛1头驴1匹马。

表1-3　1949年以前本户家计状况表

土地占有与经营情况	土地自有面积	356.5亩	租入土地面积	24亩
	土地耕作面积	120亩	租出土地面积	260亩
生产资料情况	大型农具	犁、车各一		
	牲畜情况	2头牛1头驴1匹马		
雇工情况	雇工类型	长工	短工	其他
	雇工人数	6	0	0

---

① 后人高知斌回忆高家1949年以前有380余亩地，档案局资料显示土地改革运动时高家自有356.5亩地，租入土地24亩。

② 扩子：当地话语，指租佃土地的租金。

（五）高家的基本特点：大户人家，土改而分

首先是 1949 年以前高家的当家人情况。高家同时有三位当家人，俗话说得好"男主外，女主内"，家里对外当家人为高民昌，家里内部当家人为媳妇王从荣，而生意上的当家人为二弟高才三。当家人在 1949 年以前没有发生过变动。三位当家人为高家的发展各尽其职。

其次，高家属于大户人家。一是人口上，人口达到 26 位，结构为三代未分家，在村内属于大户。二是在房屋数量上，高家有三进院落共三十余间房屋，在堤南高是比较多的，很多家庭连一进院落都没有。三是土地上，高家有近 400 亩土地，在全村是数一数二的。四是在财富上，高家的字号"惠丰永"垄断了汉水流域的生意，据说"银元都是论筐的"。五是社会地位上，长子高席儒担任联保主任，是堤南高保保长上级的上级，地位显赫。

最后高家的土地改革运动情况：土地改革运动时，高民昌家被划为地主，长子高席儒被枪毙，家中土地、财产被没收，由此分家。另据邓县裴营区堤南高乡地主富农登记表（1950 年 9 月 10 日）显示，"高敏昌①，家中 9 男 6 女，自有 356.5 亩地，租入 24 亩地，耕畜 2 头，1 牛 1 驴，半辆车，3 只锄，2 个劳动力，1949 年 12 月斗过"。

---

① 高敏昌：据邓县档案局登记表显示，高家当家人为高敏昌，另据高氏墓碑记载，高家当家人为高民昌，具体是哪个字，笔者无从考证，此文中统一为高民昌。同时代堤南高另有一位高敏昌，不过是中农，可以判断与登记表无关。

第二章 家户经济制度

本章主要介绍高家在传统时期的家户经济状况。1949 年以前高家买入和继承近四顷的土地,房屋有三十余间,分布在三进院子里,家中车辆、农具、牲畜齐全,生活资料众多,高家这些物品归全家所有、大多由当家人高民昌支配。家中土地,多数租出,少数通过雇用长工耕种,家庭成员有商人、政府公务人员、军人、教书先生。家庭的收入主要源于农业生产,分配时以大家庭安排为主,小家庭分配为辅。此外,高家在进行借贷、交换活动时,也都是由大家庭统一安排,具体来说是当家人高民昌来拍板。

一、家户产权

(一)家户土地产权

1949 年以前,高家有近四顷的土地,主要来源是买入和继承祖辈的。土地统一归高家全家人所有,家庭成员都有份,高家之外的人不能享有高家任意土地所有权。高家所有的土地产权清晰,边界分明。在经营层面,一贯是由当家人高民昌代表高家做出决定,其他家庭成员处于服从地位,高民昌如果不在,其他家庭成员不能做主。最后高家的土地产权通过红契文书加以证明,没有出现过被侵占的情况。

1.四顷土地,家户所有

1949 年以前,高家有近四顷的土地,土地的来源有一大部分是高民昌经手买入的,也有一小部分是高民昌从父亲的手中继承的。从土地土质来看,高家在河边的黄土地,当地叫沙土地,产量稍高一些;堤南高乃至整个邓县大多数土地都是黑土地,土质较差,地下僵石较多,土质不保"墒"不松软,产量较低。此外,据县志记载,当地土地多为黑老土,属砂姜黑土土类中较好的土属,土层表面覆盖有河流洪水冲积物,土层深厚,保水保肥性能好,肥力较高,养苗拔籽,适耕期长。堤南高位于华北平原的边缘地区,与该平原的绝大多数地区一样,当地属"看天吃饭",没有河流水、水渠或者井水灌溉庄稼。

从土地所有来看,高家的 380 亩土地是高家整个家户所有的土地,并非当家人高民昌或者某个家庭成员的,高家人对土地往往称之为"俺们家的地"。此外,高家的土地有别于其他家庭的土地,不存在跟其他家庭共有的情况。高家的土地归高家人所有,按照传统,高家人是包括高家每一位子、孙及其配偶,在外的二弟、三弟,没有劳动能力的三弟都是土地的所有者;女儿无论外嫁与否,土地都没有她的一份,除此之外高家也没有给外嫁女陪嫁妆地;未成年的儿童和嫁进来的媳妇也是土地的所有者,如三儿子高书秋早亡,三儿媳任桂兰和子女就在分家时,分得一份土地,甚至包括纳的妾也可以分得土地,如小三弟媳妇在三弟死后分得了一份土地,但妾"带的"孩子不是土地的所有者①。此外,家里居住的"伙计"②不属于土地的所有者。

在此举一个小的案例,可以更好地了解高家的土地状况。在堤南高的南坡,有高家两亩地,这两亩地是一整块,土地是黑土壤,土地不临近水源、也不靠井,看天吃饭。这块地是高家祖上传下来的,高民昌兄弟三人从父亲手中继承而来的。该土地归高家人所有,一直归高家人耕种,直至土地改革运动重新分地。

2.四类边界,清晰分明

在1949年以前当地有句俗语:"人分头、地分界",高家的每块土地与其他人家土地一直以来都有着清晰的边界,也就是说"界子"分明。地和地之间都有"界子"为界,高家地里与四邻的"界子"往往是一种叫"田刺芽"的植物,因为该植物的根部直直地往下长,即使把它除掉了,第二年还会再长。此外还有一种植物叫"扒茂界"可以充当"界子"。这两种都是常见的"界子"形式。

除了看得见的"界子",还有看不见的"界子",即心里清楚。高家家庭成员对自家所拥有土地的心理认同十分明晰,对于自家和别家的土地区分得很清楚,不会允许也并没有出现过自家的土地被他人侵占的情况,同时也不会去侵占他人土地。

在这块高家人所有的土地上,外人不能擅自耕种高家的地。高家的家庭成员及其雇用的人可以耕种高家这近四顷的土地,租给佃户之后佃户可以耕作使用,外人不经高家允许是不能对这些土地进行耕作使用的,高家土地的继承权只有高家每一位子孙及其配偶可以享有。

与此同时,高家只有当家人高民昌才能"当"这块地的"家"。高家土地的经营权归高家所有,具体而言,高民昌拥有这块地的经营权,今年地里种什么、每样农作物种多少、什么时候种均由高民昌决定,也就是说当家人才能当这块地的"家",什么时候收割、如何收割、收割之后如何分配,都由高民昌决定,其他家庭成员和家户之外成员说了不算。另外,高氏家族和堤南高村并不会干涉高家这块土地的经营。

以上文中提及堤南高的南坡有两亩地为例,该土地边界非常清楚,"与谁靠边,都有界子",东边和西边都是跟家族"近门"③相邻,相邻的边界是祖上分家形成的,分家时栽种"扒茂界"为界,在地头栽种充当边界;南边与大路、北边与小路相邻。

3.家长支配,成员服从

高家的土地出现过买卖和租佃的情况,其中1945年左右高民昌在堤南高北坡置18亩,基本上距村二三里地,另有260亩地租给杨魏营的十几个佃户耕种。高家的土地买卖、租佃等活动中,高民昌通常处于实际支配地位,因为二弟负责生意上的事情,地里的事情不管;三弟属于"公子哥",平日里"不正经干",家里什么事情都不过问;其他家庭成员不当家,也不清楚如何经营土地,也都服从高民昌的支配地位,从来没有擅自支配过高家的土地,即使是高民昌不在家也不能做主。

---

① 小二弟媳妇嫁过来时,就曾经带了一个和前夫生的闺女,她就不是土地的所有者。
② "伙计":当地话语,指雇工。
③ "近门":当地话语,指五代之内的宗族。

高家在土地买卖、租佃等活动中，高民昌是实际支配者，因为他是当家人，家里公共财产要归他统管，土地是公共财产很重要的一部分，自然归他支配，此外高家不存在有个人土地或个人支配的情况。高民昌在1949年时约55岁上下，正是"能干"的时候，基本上自己可以完全安排得过来。高民昌的媳妇王从荣多管家务事，土地的事情从来不过问，两个兄弟在外做生意，也不会主动过问或者干涉高民昌的决定，至于几个子侄都有自己的事业，几乎不会打听地里的情况。长子高席儒虽是联保主任，有公职，但家里的事情还是由父亲当家，自己只能提提意见，不能忤逆父亲的决定。在高民昌不在家的情况下，高家其他家庭成员不能处置土地，如果有来买卖或租种土地的，高家家庭成员会说："等俺掌柜的回来了再说。"在土地买卖活动中，统一由高民昌一手安排和决定，一般不会跟谁商量，顶多会问问长子高席儒意见，因为其他家庭成员不当家、没有经手过这些事，不懂得，高席儒出任联保主任，有一定的主见。此外，土地买卖也不需要告知或请示四邻、家族、保甲长。在买卖时有一定的优先次序，一般高民昌会买堤南高临近的土地，否则土地距离太远了"够不着种"。在土地租佃活动中，也是由高民昌安排和决定，高家有260亩地租种给杨魏营的十几个佃户，这是因为高民昌觉得这块地离得太远，自己种成本太高，就租给杨魏营的十几个佃户。

土地经营问题上，高家其他的家庭成员基本上不怎么发言，很多时候不会过问此事。具体而言，高家的第一代在外做生意，不过问家里的土地经营，第二代要么在外参军要么有自己的事情，第三代大多数都没有成家，而女性是不能参与"外边的事情"。实际情况中，高民昌会同长子高席儒商量，因为当时长子已经成家，是家里的主要劳动力，而且高席儒出任联保主任有一定的能力，所以高民昌会听取他的意见。因此在高家的土地经营活动中，必须由高民昌进行安排。

4.红契为证，无人侵占

高家的土地有着多重认可与保护，所有权较为明晰，一直以来没有出现过土地被人侵占的情况。外界都对高家的土地非常认可。同村的村民认可高家的土地，堤南高的其他村民很清楚地知道高家的土地归高家所有、耕作，收益归高家所有，想买卖、租种高家的土地时，必然会与高民昌进行商量。尤其是土地的四邻，一直以来默认在自己边界内进行耕种，不会超越边界、不会去侵占高家土地，不论是大户还是小户都不会做出"这么坏"的行为，堤南高村是比较"有规矩的"村子，并未出现这种情况。

与此同时，高氏家族认可高家的土地。高氏家族占堤南高的绝大多数，高民昌家作为高氏家族的一分子，高家的土地被整个家族成员认可和尊重，家族内任何一位成员家户所有土地被侵占，高氏家族必然会替他主持公道。

而在村庄层面，堤南高村对高家土地也是认可的。高家作为堤南高村"数得着"的大户人家，既经商又有人做联保主任，堤南高的保甲长非常尊重高家，自然也对高家的土地很认可。同时高家也并未做过违规的行为，高家土地的数量会在保甲里进行登记，在缴纳公粮时给保甲说。

相应的，邓县县政府也以文书的形式认可高家土地。县政府对高家土地以"红头文书"这一契约的形式对高家土地进行认可，土地的文书是高民昌保管，一块地有一份文书，文书上写着土地的亩数、与谁靠边等情况。当时高家文书有相当厚的一摞，高民昌把它收在房间的箱子里，上的有锁，钥匙只有一把在高民昌处保管，也可以说谁掌握钥匙，谁就是这家的当家人。

当然也没有人敢强占高家的地,高家是有势力的人家,堤南高的保长见到高民昌、长子高席儒都发怵,遑论其他人家。

5."置地"与卖地:土地买卖案例

高家在1949年前买卖土地情况很多,大致分为两种情况:一种是高家"置地"①;另一种是高家卖地。其中高家置地较多,因为在农村积攒土地是最好的经营方式,高家做生意和地里的收成,都是为了攒下钱来买地;卖地的情况很少,即便有也多是因为受政治氛围所迫。高家在这两例土地买卖时,都是按照一定的秩序进行的。

(1)高家置地

高家在本村、外村都置过地,1945年左右高民昌在堤南高北坡置18亩地,基本上距村二三里地的距离,在村北的段岗、张庙都置过地。高家之所以置地,是因为在农村置地是最好的经营方式,当时家大家小、有钱没钱,都是依靠地的多少来衡量的,有条件的家都想多置地。

高家买地时,是由当家人高民昌做主,而且他对于买地也很有经验,这是其他家庭成员远远不如的。高民昌想买土地,不需要跟媳妇王从荣商量,她也不会过问,二弟三弟只管做生意,不会过问置地的事情,但高民昌会跟两个兄弟写信说明这件事情,如果钱不够,两个兄弟还会给家里寄钱。长子高席儒不过问置地的事情,因为自己的父亲可以做主,如果父亲就此事问自己的意见会提一些,如果不问一般不会主动提意见,因为当家的是自己的父亲。而买地时,孙子辈的更是做不了主。如果高民昌不在家,其他家庭成员是不能自己做主买卖土地的,即使有人想卖地找到了高家,高民昌之外的高家人也都不能做主。买地的钱一部分是家里农业生产所得,另一部分是二弟三弟在外做生意所得,也有二儿子和三儿子教书的部分工资给高民昌拿去买地的情况。但小家庭是万万不能擅自买地的,如长子高席儒不可以自己单独买地,也没有个人买地的情况,这条规矩在高家是十分严格的。

卖地的人家有堤南高的本村人,也有其他村的人。之所以卖地有以下三种情况:一是家里急需用钱,把地卖掉解决难题,这是最主要的原因。二是高家想买,就去找对方原来的主人说,对方觉得卖掉的钱可以在别处买更多的地,就会愿意卖给高家。三是灾荒年,穷家顾不住吃的,就找到高家来卖地。此外并未出现高家逼迫对方、强买对方地的情况。高民昌将地买过来之后,觅伙计自己种,因为离家不远,并未扩②给别人。此外高民昌还有一种考虑,觅伙计自己耕种要比扩给别人收扩子收益更高。

当时高家买的这块土地不存在纠纷,因为当地在1949年以前有句"人分头、地分界",地和地之间都有"界子"为界,故有纠纷的土地不会买,否则"说不清"。

买地时需要丈量,高民昌与卖地的、中人三方都要到场,不需要请专门裁量的人,因为种地的人"都懂得"。1949年以前当地量地不以米为单位,是论"弓",五尺为一"弓",二百四十"弓"为一亩地。高民昌在买地时有给粮食,也有给钱的,如果给的是粮食,每亩地要给五百斤到一千斤粮食不等,灾荒年卖得便宜,好年景卖的价钱高一些;如果是银元要给十块到二十块不等,一块钱能买一斗③粮食。土地买卖的过程中,不需要请证人,中人即为证人,买卖时,

---

① "置地":当地话语,指买地。

② 扩:当地话语,相当于租。

③ 一斗为六十斤。

也不用请土地的四邻到场,因为有"界子"在,很清晰,不怕产生纠纷。在土地买卖时,中人一般都是亲戚或者"近门",中人不需要承担什么责任,属于"一锤子买卖"。

卖地之前,地有旧契约,当地在土地买卖中都是土地原有的主人将旧契约交给中人,然后高民昌将粮食也交给中人,中人再将契约给高民昌。高民昌保留旧契约即可,不需要产生新的契约,旧契约上四至、面积等内容写得清楚。高民昌将粮食一次性给清,双方交易完成。此外,土地买卖也不用交税。买地时,不需要跟家族里请示,家族不管这些事情,不需要跟保甲长汇报,也不需要盖章,该交公粮,高家直接交,保长就会知道了,土地更换主人,不需要告知四邻,当高家开始耕种这块地的时候,土地的四邻自然就会知道。

交易过程在高家完成,完成之后买家即高家摆酒席请卖方和中人吃,这个时候高民昌会吩咐做饭的儿媳妇炒个肉菜,或者炒个鸡蛋,泡个绿豆芽。高家由高民昌作陪,有时候也会安排长子高席儒陪客,其余家庭成员不可以上桌。座次上,会敬卖方坐上席,卖方去一个人,即这家的当家人,中人坐陪位。酒席会喝高家自己酿的黄酒,由伙计筛酒,1949年以前当地比较流行喝黄酒。

(2)高家卖地

在1949年的时候,高民昌听说要开展土地改革运动就着急了,于是将一部分土地贱卖给别人。高民昌曾经将自家置到杨魏营村边的四亩地,卖给杨魏营的一户农户。卖地是高民昌自己决定的,没有和自己的兄弟商量,只是和自己的儿子高席儒说了一下,因为时间匆忙来不及考虑别的。土地作为家中的公共财产,在遇到政治运动时,听说土地要分给别人,高民昌要尽可能地为家里减少损失,将土地卖出,这也是为整个家庭做出的考虑。买地的人家和高家没有关系,也不是一个村的,之前没有打过交道,只是因为离地较近,够得着种。

在卖地时,是高民昌主动找人卖的,因为害怕给自己成分划高了,然后找中间人联系、打听,看谁家有条件。中间人不是专门做这行的,而是跟高民昌熟识的,属于"央"的人,即央求之意,当地有句俗语是"中人是央的,媒人是撺的",该中人经常在村里"管闲事",说话比较公正,只需要高民昌到时候置一个酒场,吃顿饭即可,其他人不用请。因为当时一亩地卖了不到二百斤麦子,土地买卖时要一次给清,不存在给定金的情况。卖完地之后,高民昌并未吃买方摆的酒。当时时局比较动荡,不需要给保甲长打招呼。

在当时,高家卖地没有反悔的情况,因为急着出手,即使价格偏低也会想着尽早出手,不会反悔,把地"隆出去"[①]就算了,降低自己的阶级成分。

6."地换地":土地置换案例

土地置换在当地称为"地换地"。高家的土地在1949年以前曾经有过土地置换,是由高民昌一手安排的,之所以进行土地置换是因为高民昌想要大块土地,以方便耕种,这也是基于大家庭的考虑。总的来说,"地换地"的情况在村里并不常见,只有双方条件都"合适"才会考虑。

置换的土地要"差不多的"才行,包括土地亩数、肥力、土壤都要相当,比如北坡的土地土层较薄,往下犁就有僵石子,西坡、南坡土要深一些,如果南北坡土地置换,一般南坡土地的主人不愿意换,除非北坡地多给一些。土地的远近也是置换时要考虑的因素,村民都想要离家近的土地。

---

① "隆出去":当地话语,即处理出去。

14

各种因素都考虑好之后，当时是高民昌提出土地置换的，是与同村的一家换地，他要找另一家的当家人商量。高家是由高民昌出面的，高民昌在1949年前身体很好，这些事情都能通盘考虑，在外做生意的二弟三弟不管，子侄们均不过问，当地有句老俗语："家里的事，谁当家谁管；村里的事，谁家大谁管。"长子高席儒提意见也很谨慎，因为种地方面的事情父亲更懂一些。高民昌如果不在家，其他家庭成员不能做主，只能等他回来之后进行土地置换活动，因为土地置换是一件大事。高家的土地置换也不用跟保甲长和家族请示，因为"自己的地，自己当家，双方商量好就行"。同时也不用产生新的文书，只需要在旧文书的基础上进行修改即可，改的时候高民昌要与对方商量好，对文书上的土地所有者进行修改，随后双方签字、按指印。土地置换时不需要摆酒席，按照当地惯例只有买地卖地才会摆酒席。

（二）家户房屋产权

"俺家在西门寨外，三进院子，大小楼门都有"，谈及高家的房屋，孙女高知瑞似乎有说不完的话。1949年前，高家位于"西门寨外"，即堤南高村寨西门外，高家共有三进院子三十余间房屋，房间各具功能。高家的"宅子地"有两亩多，与四邻边界明晰。高家的房屋属于整个家户所有，高民昌是家户的代表，房屋的买卖、典当、出租、建造和维修时，都是由高民昌做出的决定，其他家庭成员不能做主，即使是高民昌不在家其他人也不能处理家中的房屋。

1.家户房屋概况：三进院子，大小楼门

1949年以前高家位于"西门寨外"，即堤南高村寨西门外，高家共有三进院子三十余间房屋，分别是后边的老院子、前院子和1949年前夕盖的西边院子。每进院子都有九间房子，分为三间堂屋、三间东屋和三间西屋，堂屋的东西两边都有茅厕。高家的围墙分为两种：山墙和前后墙，前后墙是房屋后边的墙，山墙是大楼门旁边的院墙。房屋的材料主要是"砖包坯"，里边是砖，外边是一层土坯，房基是砖和僵石；院墙是"砖托坯"，用砖垒一人高，上边用土坯续上；屋顶是椽子、檩条、瓦。房屋坐北朝南，这样是因为：一可以朝阳，太阳能照到院落里的时间长；二是考虑到风向，当地冬天刮东北风比较多冷风不往屋里进，夏天刮东南凉风可以进来。在1949年之后，高家的房子成为国家的粮库。

高家的三进院子均是四合院结构，其中后边的老院子和前院子是连着的，西边的院子和其他两进之间隔着一户人家。1949年以前，当地以这种四合院结构的住房居多，但大多数家庭连一进院子都没有，像高家这样三进院子的，村里只有几户人家。后边的老院子主要住高家的内眷，前边的院子主要住伙计、拴牲口、盛放粮食。后边的院子因为年代最久，称之为老宅；前边的院子在老宅的南边，称为南宅；西边的则称为西宅。老宅和南宅的年代很久，并不知晓具体的修建时间。

老宅最北边是堂屋，有三间，堂屋最中间的一间是当间，不住人，里边有桌子、神像，算是客厅接待客人。堂屋的东间是媳妇王从荣和大儿媳杨永芳住在一个房间，西间是二儿媳和三儿媳住。之所以高民昌没有和媳妇住一起是因为南宅要住人，看护粮食。之所以长子没有跟长儿媳住一起是因为他住在客房，客房的位置在大楼门的东边，客房的条件更好。东屋有三间房子，偏北的房子住大二弟媳妇和小二弟媳妇，偏南的两间是厨房。西屋是三弟住的，偏北的房子是大三弟媳妇住的，偏南的两间房子是三弟和小三弟媳妇住的。这进院子有一个小楼门，正对着堂屋，进出需要从小楼门走。

南宅最北边是堂屋，有三间，堂屋最中间的一间是当间也不住人，里边有桌子、椅子，属于客厅用于接待客人。堂屋的东间是高民昌住，还放有香油，西间是盛放粮食的。高民昌在南宅住一是照看粮食，二是可以招呼伙计们。东屋三间，偏南一间住伙计，偏北两间放牲口、住伙计。西屋三间，盛放粮食。

西宅在1949年以前没有住人。西宅刚刚盖好，就分了家，三弟家住西宅，二弟家住南宅。分家时，对房子的分法采用的原则是平分，但又考虑实际情况。总体而言，三兄弟一人一进院子，但老大家人多，就分给他房间最多的老宅。

小楼门、大楼门和南宅围起来，又是六间房子的空间，其中东、西各三间房子的空间；东边最中间是的位置是大楼门，两边一边一间客房。西边三间是磨坊，用于堆放石磨等大型农具。南边是南宅，北边是小楼门。如果来客人的话，住在客房里，高民昌安排长子高席儒陪着客人住。当时高家来的客人一般是当天来当天回，住的时间长了，就挪到南宅住。

高民昌在老宅院子里种的有核桃树，而南宅和西宅都没有种树。大楼门朝东，小楼门朝南，大楼门整体位于老宅的东南角，之所以这样安排据说是风水的原因。大楼门对着的是空场，往东走两三丈路的距离就是一条南北路，往南走几丈路，有一条东西走向的路，这两条路是公共的，谁走都可以。门前的空场是高家的、一直到大路再往东都是高家的"宅子地"，这条路要从高家的宅基地上过。

至于老宅的堂屋，高民昌是这样布局的：堂屋敬有财神爷，财神爷两边有八仙对应着。财神爷下边是香炉、蜡台，然后是大桌子，大桌子两边是两张古式太师椅，有靠背和扶手。堂屋两边放的是小椅子。此外高民昌安排堂屋的两边放置纺织机，东边是大儿媳的织布机，西边是二儿媳和三儿媳的织布机，因为卧室是住人的，放不下织布机，而且光线不好。宅子的布局是高民昌安排的，作为当家人，这些事情他都要操心。

2.家户房屋来源：老宅未修、新宅初建

高家的老宅子修建时间较早，当时孙辈高知斌、高知瑞还未出生，而老宅子盖得比较牢固从未维修过。而高家在进行新房屋的建造时，高民昌要承担着选址、筹措资金、请泥水匠、对外打交道等一系列重任，这就是一个大家庭当家人对整个家庭、每位家庭成员应尽的职责。高家的其他成员不需要操心，因为高民昌完全可以自己当家。

1949年前夕，高民昌决定建一座西宅，原因是当时家里人口多了，住房紧张，除此之外家里有余钱，盖得起房子，当时村里盖房子主要是经济宽裕的人家。高民昌在1949年前身体很好，盖房起屋自己可以通盘考虑，不需要其他家庭成员协助，高民昌将打算告诉家庭成员之后，没有反对的声音。长子高席儒也没有反对，只是提了一条意见，即在楼门旁边修建两间客房，因为高家的朋友较多，修建客房会方便一些，高民昌也同意了。盖房的经济来源除了家里380亩地的收入以外还有二弟、三弟做生意的赢利。盖西宅时，高民昌请的主要是雇工，是专职的泥水匠，除此之外高民昌还安排家里的长工做一些搬运的活。盖西宅时，对于边界，高家人非常注意，一寸也没有侵占四邻的宅基地，与此同时也由高民昌出面请四邻喝酒，说明自己要建房子，希望四邻知晓，并传递出如果产生不便之处请四邻多包涵之意。当时修建西院，高民昌安排伙计和自己去沿陵河两岸买砖，用自家牛车拉砖，需要拉很长时间才拉够。修的时候院墙下边垒的是砖，垒到一定高度再修土坯。

3.家户房屋特征："家人"所有，家长支配

高家的三进院子属于整个家户所有，包括高家所有的"家人"都是高家宅子的所有者。具体而言,"家人"是指高家所有的子、孙及其配偶,无论在家还是在外、无论有无劳动能力,都是具体的所有者。如三儿子早亡,三儿媳任桂兰和五孙高知煌就在分家时分得一份房屋。无论妻妾,如小三弟媳妇在三弟死后分得了一份房屋。二弟、三弟都在外,也是房屋所有者。瘫痪的三弟,没有劳动能力也可分得房屋。而女儿属于"外姓人",一旦外嫁就不再是高家房屋的所有者,如三侄女高慧珍。妾"带的"孩子不是房屋的所有者,如小二弟媳妇嫁过来时,就曾经带了一个和前夫生的闺女,她就不是房屋的所有者。此外在高家居住的伙计,如王胡英、辛大个,不是高家房屋的所有者。同时高家的房屋有别于其他家庭的房屋,不存在跟其他家庭共有的情况。

高家并未买过房屋,近门高恒昌家曾经买过高立昌的房屋,当时是由当家人高恒昌做决定,高恒昌的两个弟弟元昌、任昌均不能做主。买宅子要找中人,两家经中人商量妥当即可,"谁当家跟谁商量",不需要跟四邻、家族商议。而在房屋的买卖、典当、出租、建造和维修时,是由高民昌做出的决定,同时要与二弟高才三商量,因为建房的资金一部分来自二弟在生意上营收,也就是说如果家里农业收入满足不了、需要商业收入时,二弟就有很大的话语权了。另外媳妇王从荣不能决定,但可以提提意见,毕竟盖房起屋是大事,要慎重一些。子侄们不能安排或者决定,因为他们不是当家人,当家人是自己的父辈,父辈还在而且能当家,自己就不能当家做主,即使是担任联保主任的长子高席儒也不例外,都要尊重父亲的当家做主地位。总的来说高家房屋在进行买卖、典当、出租、建造和维修活动中,必须由高民昌来安排,如果高民昌不在,其他家庭成员不能擅自做主。

4.家户房屋边界:宅子"有点",不能越界

房屋用当地话说叫"宅子",宅基地为"宅子地",高家的"宅子"也是"有点"的,即有边界,也有文书为证,高家的"宅子地"有两亩多。高家宅子的文书也归高民昌保管,房屋的建造、维修、拆除等都由他决定,子侄们不管宅子的事,因为"有老的,小的不管","大人商量事情,小孩不上跟去"。

高家老宅北边挨着高志寅家,西边是高虎城家,南边是大路,大路外边是西寨门。高民昌家与高志寅家之间有明确的边界,当地称为"界子",立石头作为标志,两块石头用绳一拉,北边是高志寅家,南边是高民昌家,宅子之间的边界称为"宅子界"。当地的"界子"以石头为主,没有以树为界的,因为在边界处种树的话,归属权会产生问题,如果在边界处种树,需要离边界有一定的距离,因为树荫凉不能过界,过界就会产生纠纷。边界是很早就产生的。老宅的房后,即北边,是高志寅的晒场,高民昌家屋檐的流水线距两家的边界有几尺的距离,栽种的树,均是在边界以内。高民昌家西边是高虎城家,跟高虎城是东西院邻居的关系,两家之间有"一拖"的距离,"一拖"是五尺的长度,界石在五尺的中间线地方。界石是固定的,早已立好的,高家与四邻之间没有出现谁家擅自动界石的情况,这种行为当地称为"不论埋"。

高家的房屋是在宅基地以内修建的,"房檐滴水"都不能越界,以立石头作"界子"与四邻区分,所有权较为明晰,未发生产权受到侵犯的情况,也未发生纠纷。

1949年以后高家分了家之后又产生新的边界:高民昌与两位兄弟分家之后,就以房子为界,房子的墙根在哪里就以哪里为界。分家时,对房子的分法采用的原则是平分,但又考虑实际情况。总体而言,三兄弟一人一进院子,但高民昌家人多,就分给他房间最多的,老宅大楼门也属于老大家。

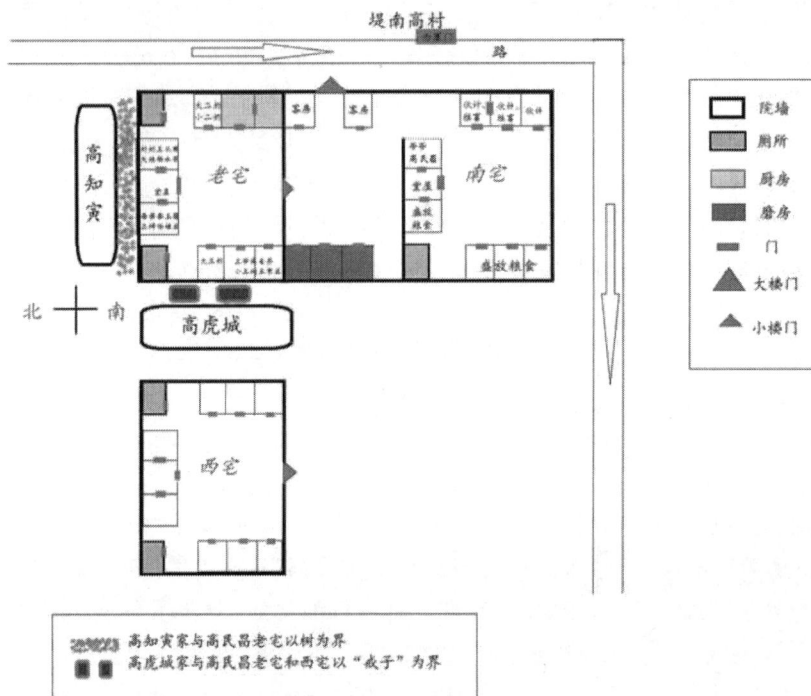

图 1-2 高家房屋平面图

(三)生产资料产权

在 1949 年以前,因为高家所有土地较多,为了更好地进行耕种,家里的"车辆农具",一应齐全。牲畜方面,高家置办了 2 头牛 1 头驴 1 匹马,农具方面,犁、耙、锄、镰、车等都置办的有,这是为了耕种好家中的土地。生产资料有的是请木匠做的,有的是高民昌去集市或者庙会上购买。高家的这些农具、牲畜等属于全家人的,包括高家每一位子、孙及其配偶,在外的、没有劳动能力都是所有者、享有所有权。高民昌享有对农具、牲畜的支配权,因为他是"当家人",就要当起"所有人"的"家",就要当"所有事"的"家",其他家庭成员不能做主。

1.高家的牲畜

(1)家户牲畜概况:"慢慢置办","足够使用"

1949 年以前,高家牲畜足够使用,包括 2 头牛 1 头驴 1 匹马,高家的牲畜都是高民昌置办的,其他家庭成员不从事农业生产,不懂得也不会插手。当时高家所在的甲内,有一半以上的家庭都有耕牛,有两头以上耕牛的家庭不多。在这些牲畜中,牛是种地最好的牲畜,是用来耕地的。马是出门骑的,驴是磨面用的,各有各的用处。高家并未养骡子,因为骡子性情暴躁,而且容易死亡。当时牲畜对于农村人来说非常重要,因为高家的土地需要耕种、麦子要磨面、人要出行,不可避免的对于牲口有所需求,因此高民昌为了整个家庭考虑,"慢慢置办"了四头牲口,为了更好地使用牲口,还准备了与牲口相关的人和物。高民昌雇有一位掌鞭的喂养牲畜。同时家里有铡刀,准备的有草料、麸子,以此喂养牲口。他还安排每年种几亩豌豆,采摘豌豆籽做成料喂牲口,于是高家的牲口喂得都很健壮,高家这四头牲口足够维护家户的使用,可以说高家的牲畜"足够使用"。

18

高家没有养猪、羊,因为吃肉的话直接去集市上买很方便,而且喂猪比较脏,媳妇王从荣是一个很讲究的人,所以高家就没有养。鸡鸭之类的家禽喂的比较多,因为高家需要吃鸡蛋,喂鸡是大家统一养、小家没有养的情况,高家还有鸡笼,主要是媳妇王从荣安排的,由轮流做饭的儿媳妇负责喂养,同时每天早上收集鸡蛋鸭蛋、把鸡鸭从笼中撒出去、晚上圈到笼里。养的鸡,如果是公鸡逢年过节就杀吃了,母鸡留着下蛋。鸡鸭的购买,是高民昌安排的,买多少只,都是他做主,其他家庭成员不能擅自做主。鸡蛋、鸭蛋的处理,如买卖、腌制由媳妇王从荣安排,如何食用归每天做饭的儿媳妇安排。

牲口一旦死亡,高民昌会把肉贱卖给肉架子,往往以很低的价格卖出。当时的牛没有经过检疫,也有死牛、病牛的情况,相应的农户也有把牛养死的情况,不过市场上卖这种肉的比较少,往往死牛、病牛肉是作为"搭头"去卖的,比如买家要三斤肉,给你割二斤七八两,再给你搭半斤的"搭头"。

(2)牲畜产权特征:家庭共有,家长支配

高家的牲畜属于全体高家人所有,包括高家每一位子、孙及其配偶,在外的二弟,没有劳动能力瘫痪的三弟都是牲畜的所有者、享有所有权。闺女出嫁之前,拥有牲畜的所有权,一旦外嫁就不再享有此所有权。未成年的儿童和嫁进来的媳妇也是牲畜的所有者,男丁纳的妾相应地也享有牲畜所有权,但妾"带的"孩子不是牲畜的所有者,如小二弟媳妇嫁过来时,带了一个和前夫生的闺女,她就不是牲畜的所有者。此外,家里居住的伙计不是牲畜的所有者,只是为了更好地耕种土地,可以享有和家庭成员同等的牲畜使用权。高家的牲畜是家庭统一使用的,因为土地是统一耕种,因此相当于家庭成员所有,大家庭共有,这样才能更好地耕种土地。

在牲畜的置办、使用、借用、更换的过程中,高民昌是实际的支配者,因为他是"当家人",就要当起"所有人"的"家",就要当"所有事"的"家"。其他家庭成员和外界不能干涉、不能擅自做决定,如果高民昌来征询时,可以就自己所知道的方面提提意见,当别家来借用自己牲畜时,除他之外的其他家庭成员不能擅做决定。如果高民昌不在家,其他家庭成员不能擅自做主,因为牲畜较为重要。此外高家的牲畜没有出现过被霸占的情况。

2.高家的农具

(1)"车辆农具"概况:一应齐全

形容这家人农具齐全,当地人会说这家的"车辆农具"齐全,具体包括犁、耙、锄、镰、车等,因为高家土地较多,所以"车辆农具"置备齐全,是"车辆农具"齐全的家庭。犁、车是大型农具,锄、镰头、耙、三脚耧、镰是小型的农具。其中车是单驾的,有的家庭车是双套的,即两头牲口拉的车,锄、镰头是耕地工具,耙是整地器具,三脚耧是播种器具,镰是割麦用具。

高家的车辆牛具属于大家庭,是全家共用的,家里的伙计们只可以使用家里与农业生产相关的车辆牛具,其他东西并不能使用。高家的农具没有被强占的情况,一是高家的家具,高家人都认得,不会与其他家庭农具相混淆;二是强占农具属于"不论理的"情况,当时没有这么"不论理的"人家。

(2)"车辆农具"来源:有做有买

高家这些大型的农具之中,有的是高民昌请木匠做的,有的是他去集市或者庙会上购置的。请木匠做,基本上木头要自己备,一般都要上等树木如桑树,也有掏钱买的木头。请木匠时,由高民昌去请,其他家庭成员不会过问,其他家庭成员也不会自己请木匠,因为个人或者小家庭没有需要,大家庭需要由家长高民昌安排即可。高民昌会跟木匠谈好一天多少钱,木匠觉得价钱可以接受就会到高家来,带着做工所需的各种工具如锯。当地请木匠有的家会管饭,有的不管饭,不管饭的话工钱会稍稍多给一些,高家请木匠都会管饭,因为管饭的话木匠会给自己做得好一些。

以犁为例,犁头是铁的,手扶的地方是木头的,木头的扶手请木匠来做,当时堤南高村里有很多木匠,有的论天、有的论工给钱,高民昌请的是村西头的高修昌,论工计费,所做的犁大约花费一斗多粮食。整犁买下来和请木匠做差不多价钱,高民昌觉得请人做,自己放心,使着也趁手。以耙为例,耙分耙齿和耙方,耙齿要请铁匠打,耙方请木匠做,也是高民昌安排的,其他家庭成员并不过问,耙也需要一斗多粮食。以绳索为例,绳索用牛皮制成,一般在庙会上买,需要不了多少粮食,往往有车、有牲口的人家需要置办,没有车不会办绳索。以车为例,车要分两大部分,车头、车轴是买的,一般得去山里买枣木做的,车的其余部分是请木匠做的。做车是一件很不容易的事情,普通的木匠做不了,要请水平高的木匠,做好几天才做下来,一辆车下来需要六七斗粮食,车在当时是大型农具,就相当于现在的收割机,不容易置,一般家庭是置不起的。

除了请匠人做之外,高家的农具还有另一个重要来源,就是在集市或者庙会上购置。堤南高没有庙会,高民昌在购置农具时多去赵集、小满节时小王集的小满会和正月二十五裴营滕楼的火星会。一般是由高民昌去购置的,因为他是当家人,农具的购买需要他当家做主,一方面牵涉到讨价还价的问题,另一方面农具有好坏还需要进行试用。

如果家里的农具在使用时发生损坏,伙计们会给领活的说,领活的会请示高民昌,看农具是维修还是重新购置新的。高民昌会根据实际情况,如果能修就修,修不了就再买新的。

(3)"车辆农具"借用:因人而异

邻居之间相互转借农具,在1949年以前也是较为常见的事情,当时能把农具置齐的人家不多,自家没有的农具需要借用,多是看对方不用的空当可以借用。

借别人的农具时,当地普遍情况是谁当家谁决定和安排借,可以由当家人借,也可以安排其他家庭成员去借,因为去借的人家都是关系较好的,只要去借,对方都会同意。高家没有去别人家借过农具,都是别人来高家借的。

高家的农具是全家的农具,而非某个人的,在农具借用时,高家家庭成员都有很清晰的认知,相应地也会支配着行为。别人来高家借农具时,要看对方的情况,如果对方靠谱,有借有还,高民昌会很爽快地借给对方,如果他不在家其他家庭成员不管是谁都可以让对方用,但必须按规矩要跟高民昌说这件事情。有些不靠谱的人家来借,高民昌会找理由推脱,如果高民昌不在家其他家庭成员会说:"要找当家人说,我不当家。"如果借用的"不是那个人",即不靠谱的人来借,高民昌之外的家庭成员把农具借给对方,高民昌或者王从荣会批评该家庭成员。

如果对方借到农具之后,不及时归还或者用坏了,之后高家就不愿意再借给这种人。借用时从高家拿走,使完之后扔自己家里不管了或者再借给旁人,不给高家送回来,还要高家人来拿,也属于不愿意再借的人家。正常人家如果在借用高家的农具时使坏了,需要给对方维修,相应的借用时就要试用看看怎么样,如果不能使或者使着不顺手就另借他家。借用都是有期限的,一般都要说清楚什么时候还,农忙时如果不及时归还会耽误庄稼的生产。

(四)生活资料产权

高家的生活资料很多,家庭公共物品是属于全家所有,高民昌可以做主,代表高家对其行使支配权。个人的物品归小家所有,小家庭的家长进行支配,拥有很大程度的独立性。

1.一般生活资料:公用公有,小家自有

在高家,家里的桌椅板凳、锅碗瓢盆、筷子勺子、绳索、箩头、钩担、扁担、扎鞭、木杈、锨、扫帚、铡、床、柜子、箱子等生活资料都具备。除此之外,还有石磨、晒场等物品。其中绳索是跟车配套的用牛皮制成的,箩头是大框子,钩担是挑水或东西的扁长棍子两头有钩,扁担是无钩的担具,扎鞭是赶牲口的皮鞭,木杈、锨、扫帚是脱粒工具,粉碎使用石磨、石碾,切草喂牲口用铡。在这些生活资料中,锅碗瓢盆、筷子勺子等物品主要是去集市或者庙会上购置的。桌椅板凳、绳索、箩头、钩担、扁担、扎鞭、木杈、锨、扫帚、铡、床、柜子、箱子等主要是请木匠或者铁匠制作的,也有购置现成的。具体而言,高民昌作为高家的当家人负责安排,其他家庭成员不会过问。绝大多数的生活资料是属于高家大家庭的,高家家庭成员都可以使用。而小家的床、柜子、箱子等归小家所有,各个小家庭的物品,谁的东西谁使用,其他家庭成员一般不能使用。其他的生活用品,如绳索、箩头、钩担、扁担、扎鞭、木杈、锨、扫帚、铡等,高民昌也置办,属于高家公用的。

一般的桌椅板凳、碗筷之类,高家都置备的足够使用,除非是来客人了,家里的不够用了,才会去借生活用品,一般是找四邻,桌子、凳子都可以借。别人来高家借的时候,如果是小物品,如凳子,家里的大人就可以决定,并不需要请示高民昌。如果是借稍微大点的物品,家里人就会喊高民昌来,由他来安排。如果高民昌不在家,一般媳妇王从荣或者其他成年人都可以决定,并不一定要经过高民昌。红白喜事的摆席时都是在村里借的东西,那时候没有专业准备包桌的,桌椅板凳、锅碗瓢盆、筷子勺子,都是从家家户户借的。

2.磨:高家所有,村民可用

高家有一盘磨,专门有房间盛放磨,还有喂养的驴,磨归高家大家庭所有。这盘磨属于全家人而非某一个人,磨的使用全家人都可以从中受益。没有磨的家庭需要找有磨的家庭,如高家附近的人家都会来使用磨,享有磨的使用权,与磨相关的驴、筛子都是高家提供,附近的农户可以使用。不过相应的有一条规矩,磨面时产生的麦麸子需要留下来,因为可以用来喂牲口,成为有磨家庭的饲料。其他人在使用高家磨的时候,需要默认这个规矩,即使偷偷拿回去一些高家也不会说什么,因为高家不在意这点东西。

邻居想使用磨时,要提前来高家问,需要找高民昌或者媳妇王从荣问,一般不问高家其他家庭成员,因为他们"不管事",邻居会看什么时候磨有空,相当于排个号,谁先问谁先磨,如果对方有急事会优先使用,如家里有人不在了,急等用面,跟原来排在前边的人说一下,让这家先磨。如果高民昌不在家,邻居会找王从荣询问。如果使用时发生了损坏,是正常损坏的话,则由高家负责更换新的,是非正常损坏的话,使用坏的人会过意不去给高家更换新的。

3.晒场:两种来源,家长支配

在慌乱的年间,村民在寨外不敢设场,怕土匪抢,等到不慌乱的时候,堤南高的村民才敢在寨外设场。如土匪被消灭之后,堤南高另一家大户"八区长"①,在寨墙根"割"了一块大场。

————————
① "八区长":堤南高村一位大乡绅,因为担任过邓县第八区的区长,因此外号"八区长"。

高家在营里、营外都有晒场。在营里①,高家的晒场就是在宅子门口,属于宅子的一部分,在营里的场不是买的,是从祖上继承而来的。在营外的晒场就是一块耕地,种一季喂牛的藿草,另一季不种,犁过耙过,套上石磙碾一遍,碾平碾光,撒上麦糠,就是晒场。在营外的场是高民昌开的荒地,不需要告知保甲长或者家族族长,也不需要去县里办手续。营外是置晒场的好地方,因为营外的风大,适合扬麦,营内的晒场,风小,不适合扬麦。

高家的晒场归高家全家人所有而非某一个人,因为晒场的使用全家人都可以受益。村里其他的村民也可以使用,想用的需要找高家的当家人高民昌商量,"说一下,叫使了使,不叫使了重新找"。如果高民昌不在家,高家其他家庭成员是不可以决定的,要等高民昌回来方可。高民昌堤南高寨外有一户人家使高家的晒场,一年给高家五升麦子,高家可在场里种喂牛的草,收割完之后给对方晒粮食,高家不再使用,专给这一户人家使用,相当于"租"场。高家借场的情况也存在,对方的晒场不够用了,跟高家关系好,就来借,高家如果不需要用,就会借给对方,晒场的借用要优先自家的使用。高家的晒场在借用以及借用他人晒场时,均要通过高民昌安排,其他家庭成员不能决定,高民昌自己可以拿主意也不需要告知或请示四邻、家族、保甲长。除此之外,高家没有晒场买卖的情况。

晒场没有单独的文书,但会有边界,西边是大路,东边是近门家的地。晒场的租用、借用、买卖时,通常都要由高民昌决定,其他人不能"当家",高民昌决定了之后就可以,因为"当家的一个人可以当全家的家"。

二、家户经营

(一)家户劳动力

高家在 1949 年前基本上没有从事农业生产的劳动力,因为男丁要么经商、教书等,要么不在壮年,除非是割麦等特别忙时,高家人才会下地干活,只要有劳动能力的、没有其他事情的高家人都要下地。高家的土地一般是雇用长工来完成农业生产,其中包括领活、掌鞭和伙计,也有少量短工,由高民昌负责安排。在雇工之余,还有帮工和赶工情况的存在。

1.家户自有劳动力:人多务农少

虽然高家人丁较多,但实际上没有用于农业生产的劳动力。第一代昌字辈的没有从事农业生产的,其中高民昌 1949 年便年近六旬,而且腿脚不便,二弟高才三和三弟高自齐在外做生意。子侄们也没有从事农业生产的,其中长子高席儒担任联保主任,二儿子高仁远读书、教学、去黄埔军校深造,又参加抗日,未在家中耕作土地,三儿子高书秋在外读书、娶亲之后早亡,侄子高书阶先后读书、参军。孙辈们没有从事农业生产的,多是在上学。

在特别忙的时候,如割麦的时候,家中的老人、女性会下地干活,只要是能下地、有劳动能力,上至媳妇王从荣、下至长孙高知文全体出动,没有哪位家庭成员有特权,即使是担任联保主任的长子高席儒也需要下地干活。高家的女性在中华民国时期受传统思想的一定影响,会把脚轻轻裹一下,不像清朝那么严重,对走路影响不大,能干少量的活。

总体来说,在农业生产时,高家虽不依靠自家的家庭成员,但在农忙时或多或少会做农活。

---

① 营里:即村里。

2.家户雇工:家长来管理

高家主要依靠雇工实现农业生产,雇工当地叫觅人、请零工或者"现卖自身"。包括短工、长工和季工。1949年前夕高家有六个雇工,再往前情况大体相同。高家共有380余亩土地,距离堤南高村较近的120亩地由高家耕种,于是高民昌安排雇用了六位雇工来耕种这块土地,其中包括一位"领活的",一位"掌鞭的",四位"伙计"。因为土地是大家庭的,所以高家往往在进行雇工时,由高民昌作为家庭的代表来安排和管理,雇工的生活是由媳妇王从荣安排和照料的,其他家庭成员并不过问,外界也不能干涉。

(1)雇人有讲究

请伙计不用请示,主要由高家当家人决定。高家请伙计是高民昌决定的,媳妇王从荣不管地里的事情;此外,请伙计属于家务事,高家不需要告知四邻、不需要和家族商量、也不需要请示保甲长。如果高民昌不在家,其他家庭成员是不能安排雇人的,因为自己不当家。即使是担任联保主任的长子高席儒也不会过多过问雇工的情况,因为自己的父亲可以做主,不过父亲让他打听、物色伙计,高席儒会运用自己的人脉帮家里找伙计。高民昌在选择伙计时有着诸多的讲究。

高家之所以请伙计是有原因的。高家里请长工是因为自己家里有120亩地,劳动力都去做生意或者做官了,没有多余的劳动力。相应的,成为伙计也有一定的原因,没有地、没有手艺的光身汉,才能当伙计。家里有老婆孩子,还要养家糊口,不管地多少,都不愿意出去当伙计,更愿意住在自己家里,慢慢"对付着"。高家的6位伙计之所以来高家做伙计,是因为自己家里地少或者没有地,也没有别的手艺,就去当伙计以求糊口。

高家所请的伙计并非是盲目的,而是有一定的标准。高民昌所挑选的伙计,首先是要身强力壮,其次考虑品德、性格,一般不要"偷奸耍滑的"。如伙计王胡英就是踏实肯干的,干活舍得下力气。挑选雇工时,其他家庭成员不会参与,因为高民昌自己可以决定。此外,请伙计时还有一定的先后顺序,由于当时堤南高村本村人基本上都有地,只能在外村打听伙计,多是托外村的亲戚、朋友帮忙打听,因此高家选择伙计的顺序就是先本村后外村。

高民昌在请伙计时还会经过一番计算。高家更倾向于自家的土地自己雇人种,而非把地扩给别人,因为把地扩给别人的收入比自己雇长工要少。把地扩给别人,一亩地每年固定收1斗2升,现在的72斤扩子;地自己雇人种,因为家里车辆牛具都有,肥料也足,"见得多"[①],刨除给伙计开粮食,剩下的比扩子要多。

在伙计忙不过来时,高家还会请短工。高家平时不会请短工,当地将短工称为零工,因为雇佣6个伙计,家里的120亩地基本够种;但在活特别忙的时候,除了家里的人也下地干活,如割麦的时候家里人都下地干活,还请的有短工,多是在收麦的时候请的,有的是自己找高民昌说,有时候是高民昌去打听谁的活做完可以给自己家干,后者情况居多。请工来干活,高家会安排管饭,但凡干活基本上都要管饭。此外在请工时,除了高民昌决定之外,同时会问领活的意见,家里其他的家庭成员不会过问。

(2)试人不立契

请伙计时,高民昌会试用一番才决定要不要他。请伙计不仅仅是主家试用伙计,实际上

---

① "见得多":当地话语,产量多。

雇用双方都要试用对方。高民昌对伙计会有一定的试用期，看看是否能长期干下去；相应的，伙计也要看看高家的当家人对人怎么样，来决定是否在这里干下去。如高家本来请杨魏营的一个掌鞭的，个子较低，而高家的牛个头较高，掌鞭的在屋子里看不到牛，喂起牛来很吃力，没待几天就走了，高家只能请别人。高民昌在试用伙计时会有很多技巧，如高民昌会根据伙计的饭量决定是否要他，如果伙计能吃说明能干，伙计饭量不行必然不能干。

而按照当地的规矩，找伙计时不签契约。1949年以前高家在找伙计时，不签契约，只需要由高民昌口头讲好一年给多少粮食，双方也会讨价还价，商量好就来干，干完一年到年底发工钱。伙计们不会担心干完一年不给钱，因为高家是大户人家，当家的说话算话。高家给伙计发工钱，由高民昌统一安排，媳妇王从荣不会过问。在当地请伙计普遍不签契约。

在称呼方面。当地对雇用来给自己种地的人称为"伙计"，喂牲口、使牲口的称为"掌鞭的"，对管理伙计的人称为"领活的"。在高家内部，家里人与伙计都是按照辈分叫的，如掌鞭的外号"辛大个"，高民昌与辛大个是表兄弟，以"老表"互称。再如伙计小曾，和媳妇王从荣一个村的，小曾称呼高民昌为"姑爷"。还有伙计叫老宋，是宋岗人，是王从荣娘家兄弟媳妇的娘家兄弟，也与高民昌是表兄弟，以"老表"互称。

（3）伙计待遇好

为了让伙计们更好地种地，高家给了伙计们相当丰厚的待遇。

高民昌安排伙计吃得饱。伙计们吃饭是由高民昌安排的，伙计和高家人是共吃一个灶，总体伙计吃的比自家人要好。伙计吃的饭比高家人稍好，在农闲时节中午饭都是面条，早晚饭伙计吃菜，家里人不能吃菜，粥是一样的，馒头要挑模样好的给伙计吃，馒头给伙计管够，家里人会吃伙计们的剩菜。农忙时，伙计们大多都在高家，在犁地时，掌鞭的天不亮都在地里干活，由高家人送到地里。雇的零工不在家里吃，在地里吃，由领活的送到地里。过年时，会吃饺子，高家人和伙计们都吃的一样，但不会坐桌。当时财主普遍是自己家吃好点，伙计也不让他饿着因为要指望他给财主家种地，如果吃不饱就干不动活；特别小的财主家，是和伙计吃住都在一块。伙计只要是给主家干活吃的是主家的，跟主家一起吃不会"刻薄伙计"，对伙计刻薄的主家，伙计都不会给他干。1949年以前当地有句老古话，叫作"主家将就伙计"，很好地总结了当时的主佃关系。吃饭时也没什么规矩，只不过伙计在一起吃，一般会在自己住的南宅吃，高民昌和家里人都在自己的后宅吃，伙计们不坐桌，家里人也不坐桌，都是蹲着吃，有的在厨房、有的在院里、有的在屋里。来客人时会坐桌，由高民昌陪，伙计们不上桌。

解决完吃的问题，在住的方面，高家也非常照顾伙计。1949年以前高家一共有三进院子，媳妇王从荣安排其中的南宅专门给伙计们住。其中堂屋盛粮食；东屋三间房子，一间放油缸、酒缸，一间专门给伙计们住，住有四个伙计，另外一间住几头牲口和两个伙计。高家有一个伙计是本村的，不过没有住在自己家，也住在高家，因为他是光身汉。

同时，高家还给伙计们很多的福利。掌鞭的早上要起早喂牲口，高民昌会烧鸡蛋茶给掌鞭的端过去。高家会在家里酿几坛黄酒，都放在伙计们的院子里，尽着伙计们喝，高家人想喝了需要到伙计们的院子里去盛。虽然高家不会给伙计置办衣服，伙计来高家干活自备衣服脏了自己洗，但每年媳妇王从荣会给伙计两条毛巾，一条洗脸一条擦汗，还会给伙计准备烟叶，是自家种的烟叶，晒成绳烟，烟是尽着伙计们抽的，因为抽烟用不了多少钱，高家不计较这点开支。

最后在工资方面。高家给伙计开的工资不是固定的，一般在一石一到一石五之间。①一个伙计是一年一石零一斗，掌鞭的和领活的一年一石五左右。此外农活技术好的、能干的伙计工资要多一些，具体情况是双方协商的。每年年底，高民昌会给伙计们结工资。

（4）管理有规定

伙计们不仅仅给高家种地，还同高家在同一个屋檐下生活。因此，高家在管理伙计时有一些不成文的规定，这些规定多是由两位家长高民昌和王从荣制定的。

在疾病方面，高家照顾伙计。在伙计生病时，由高家人请大夫，医药费由高家出，无论花费多少都是高家出。生病期间高民昌不会扣工钱，因为高家的家业比较大，不会计较这些花费的。

在歇晌②方面，高家有规定。高民昌在伙计午休方面有一个要求，在八月十五之前，伙计中午可以休息，过完八月十五，就不准歇晌，中午吃完饭直接去地里，因为白天越来越短。这个规定是当地普遍的。

在请假方面，高家非常宽松。家中的伙计有事情可以请假，甚至伙计家里有事，高民昌会催他回家处理完事情再来。有一次伙计家里有事但还没请假，事情传到高民昌耳中，高民昌就让他回去了，家里人很奇怪，高民昌说："这几天地里活不忙，让他回去处理完家里的事，回来他才能安心给咱干活。"

在生日方面，高家甚至当地都不是很在意。高家不会给伙计过生日，1949 年以前在高家小孩会过生日，当天高民昌会给他煮个鸡蛋，其他人过生日不吭气③就算了，也就不过了，伙计们更不用说。

在过节的时候，给伙计改善生活。过中秋节的时候，高家会统一买月饼给伙计吃，如果伙计回家了，会送伙计一份月饼让他带回家给家里人吃。其他节日，高家会在伙食方面有所改善，如高民昌会去集市上买肉，中午吃面条放一些，给伙计们改善生活。

（5）人情来往少

伙计们与高家的来往仅仅限于生活、生产上，在人情方面来往较少。

在过年的时候，高家的伙计不需要跟高家拜年。因为当地只给"一老家"④的长辈拜年，高家的伙计和自己家都不是"一老家"的，不是"一老家"的不需要拜年。即使伙计过年不回家，还在高家住也不需要拜年。

伙计与高家没有人情来往。当地红白喜事"一老家"的互相来往，即使是邻居但非"一老家"的不叫。伙计的红白喜事，高家不会随礼，高家的红白喜事，伙计也不会随礼，因为没有"来往"。高家的红白喜事，伙计需要帮忙，因为伙计就在高家住；但伙计的红白喜事，他自己回家办事，高家不会帮忙；因为高家够不着，也不需要帮忙。

伙计的家人与高家也不产生联系。在高家只需要伙计来家里干活，伙计的家人不需要来帮忙，一是因为伙计不是本村的，有一定的距离，也过不来；二是因为高家只有地里的活需要

---

① 石斗升：在堤南高，一石 600 斤，一斗 60 斤，一升 6 斤。1949 年以前，邓县地区计量单位多不统一，此处的石斗升均以堤南高通用的为准。

② 歇晌：当地话语，即午休。

③ 不吭气：当地话语，意思是不说出来。

④ "一老家"：当地话语，指同一个家族的。

帮忙，别的地方不需要帮忙。但高家会对伙计的家庭有一定的照顾。伙计可以找高家借钱借粮，不需要写契约，不需要还利息。到年底高家付给伙计工资时，会从里边扣除。如果借的比今年的工资多，从下一年的工资里再扣除。如果伙计家自己有地，可以借高家的牛，不过要先把高家的农活忙完，才能忙自己家的。实际上，高家的伙计基本上都没有地，自己有地还在财主家干活，就是"混的"，即两边都干不好。

总体来说，高家的人很尊重伙计，原因是怕伙计把庄稼"种坏"，怕伙计把家里东西毁坏。高家跟伙计之间的关系一直很好，即使是高家因为土地改革运动被批斗而致家庭破败之后，1949年之后伙计还与高家有来往，关系依然很好。

（6）不光做农活

高家的伙计除了要做地里的农活这一基础性工作之外，还要参与一些家务事和公家的事。其中农活是高民昌通过领活的进行安排，家务活和公家的事由高民昌和王从荣进行安排。

高家伙计们的基础性工作就是农业生产。伙计的日常工作首先是耩①麦，收罢秋，犁罢地，到了寒露时节，使用三腿的耧车，开始耩麦的工作，掌鞭的用牛拽着，后边是伙计扶着，高家一共两辆耧车，一周之内可以将土地全部种完。其次是伙计农闲"割场"，麦子快要收获之前，会进行"割场"的活动，即修整晒场。伙计先用犁浅浅地犁一遍，再用耙把地耙平，后担一些水浇到场里，随后牛套上炮杆拽着石磙把场碾平，伙计再推一遍石磙把牛踩的窝子碾平，之后再下一场雨，碾一遍晒场。再次是堆麦，割完麦之后，在场里晒干，然后堆起来。把麦用铡刀把麦头铡了，把麦打完，把瓢子铡过喂牲口，再扬一遍，堆垛，麦秸垛当中放的是喂牲口的糠，周围是烧火用的麦秸。伙计们种地时，主要是领活地安排任务，高民昌不会过多操心，其他家庭成员也不会过问和干涉此事。

平时伙计也要协助做一些家务事。1949年以前在高家，默认的情况是谁住的院子和房间由谁来打扫，伙计住的南宅由几个伙计轮流打扫。牲口是掌鞭的喂，晚上也要起来喂，否则牲口瘦、干不了活。高家吃水是由伙计去村里共同打的井里挑水，一般是早上起来由几个伙计轮流挑的。当高家轮流做饭的儿媳妇发现水缸快没水了，就会提醒伙计们。此外伙计要负责收集粪便充当肥料，当地把攒土粪称为"拉沫子拉粪"，在农闲季节，牲畜拉的粪，由伙计收集到粪堆场里，上边盖上从地里挖的土，这样就可以充当肥料了。而高家的儿媳妇们在做饭时，遇到揉面、剁饺子馅等重活，会让伙计们帮忙，这也是高家默认的规矩。

在公共事务方面，高民昌或多或少也会安排伙计们做一些。村庄需要修寨墙、炮楼，由村里人共同出钱修建，村庄会按人头派，高家的伙计不需要去，这是因为保甲忌惮高家的势力，不敢找高家。乡里需要出工或者摊钱，高家能出钱就出钱，尽可能不出劳动力，实在是需要出劳动力，就是由家里的伙计们去的。邓县丁大牙②统治时期修"湍惠渠"③、修城墙时，摊派劳力

---

① 耩：音 jiǎng，用耧播种。

② 丁大牙，即丁叔恒，原名丁家光，丁大牙是他的绰号，在1949年以前夕担任邓县国民抗敌自卫团团长，是邓县实际的统治者。

③ 中华民国28年起，邓县相继兴修土山渠、严陵渠、瑞黎堰和湍惠渠等水利工程。其中湍惠渠流经堤南高，该水渠于中华民国30年（1941年）由河南省政府批准，并成立了河南省湍惠渠工程委员会，邓县成立湍惠渠工程工务所，并进行了实地勘测设计。中华民国31年（1942年）4月动工，以罗庄西北岑子村正西1千米处为渠首，引湍河水入渠。该渠断断续续施工五年，其中在中华民国34年（1945年），日军侵邓后停工九个月，中华民国35年（1946年）续建，中华民国36年（1947年）4月完成支渠以上工程，并修建湍河大坝。

26

和钱,高家也是由伙计们去的。村里在拉壮丁时不会拉高家的伙计,因为高家有生意、有官职还有土地,保甲长比较怕高家,县区的官员都跟高家人打交道,会给高家面子,甚至别家的人被拉走,会求高家出面把人要来。有一次同族人被抓壮丁抓走了,求助于高家,高民昌知道了立刻骑上马,把同族人追回来。还有一次,村里拉壮丁,邻居家到高家想找个屋子躲一下,三孙子高知斌说:"你就算站到院子里,也没有人敢抓你。"

3.请人帮忙:短时不付酬

高家在农业生产、修建房屋等情况下不仅仅依靠家里的伙计,还需要请同村人来帮忙。总体而言,大家庭有事情需要请人帮忙时,主要是当家人高民昌决定和安排的,其他家庭成员并不过问,外界也不干涉。如果高民昌生病了或者不在家,家里有事需要请帮忙,就安排长子高席儒代替,因为他是家里的长子。媳妇王从荣不能起替代作用,因为女性一般不出门。如果是小家庭的事情,一般是找家里人帮忙,如果需要找同村人帮忙,一般由小家庭家长安排。

高家在农业生产时需要人来帮忙。高家在麦收时,有几百"桩"粮食,扛粮食时几个伙计扛不过来,就需要其他人过来帮忙。高家除了120亩地麦子的收成,还有260亩地,每亩地72斤的扩子,加起来几万斤的粮食。晒麦也要人来帮忙,也需要有人来扛粮食。此外扛粮食这种活只能壮劳力来,老的、少的、女的都扛不动,所以扛粮食的时候帮不上忙,只能请别人来帮忙。

高家在修建房屋时也需要人帮忙。1949年以前高家修建西进院,除了觅工头、泥水匠等,高民昌也请一些帮忙的。

具体来说,高民昌在请人帮忙时根据不同的情况。比如在扛麦时,四邻来帮忙就不需要请,看到高家在忙,自己手头没有急事,不用高家人请就会过来帮忙。比如在晒麦时,门口附近的劳力就会主动帮忙。关系好,但住得有一定距离的,需要高家人去请,约定时间,会过来帮忙。

盖房子是有技术含量的活,需要觅人,即请技术工,需要高民昌去打听,请他过来。没有技术含量的活,而又不着急完成,自己的伙计就可以干,高家的伙计除了地里的活之外,家里的大大小小需要出力气的活也需要干,比如盖房子、挖地下沟。来给高家帮忙的,还会看关系。如西头有一家外号叫"老白长"的和高家关系好,需要扛麦时这家的当家人、劳动力和伙计一同来帮忙,而特别大的家庭当家人自己是不干活的。请人帮忙是由高民昌负责的,由他自己拿主意,不需要跟媳妇王从荣商量,不需要跟其他家庭成员商量。

帮忙是人情往来,不需要付报酬。去别人家请别人来帮忙时,高民昌不需要给他们带礼物,来帮忙的时候,高民昌准备的有黄酒给他们喝,高家的黄酒酿得比较清,放置很多空碗供帮忙的人来喝,到饭点也要管一顿饭,有时候关系特别好的,如"老白长"家,饭都不吃帮完忙就走了。帮忙都是相互的,别人给高家帮忙,高家也会给对方帮忙,要么是帮同样的忙,要么在别的事情上帮忙,具体的量上不一定一样,要看实际情况。实际上经常跟高家互相帮忙的是堤南高西头的一户家庭,血缘关系并不近,住得也远,就是关系比较好,家里也有八十多亩地,来往比较多。

此外,帮忙和请工是有分别的。短时间来干活是帮忙,长时间来干活就需要给对方钱粮,属于雇佣。如果请会技术的,都需要给对方钱粮,比如请木匠,是按天算、按工算,同时高家也需要管饭。

4.牲口借用:"人力换牛力"

没有牛的人家,想使别家的牛犁自己家的地,就需要"借牛"。借牛不是个人的行为,而是基于全家土地耕种的考虑。牛在当时是最主要的耕种牲畜,一般不轻易借给别人,而且借的时候是连牛带人一起借。因此牲口借用在当时是件大事,必须由自家的家长决定,同对方的家长商量,两下商量妥当,才能进行借牛活动。

一般带个"借"字的,都不需要给钱,通过其他方式来还,如用人工换牛工,用当地的话叫作"人气力换牛气力",通过犁地、拢麦、拉麦等工作来还,当地称为"赶工"或者叫"换工"。赶工都是在农忙的季节。"赶工"一般都是有土地但没有牛的户,这些农户的土地往往很少,他们给二三十亩地以上的户赶工,后者自己地里的活忙不过来了,前者给他赶工,帮他种庄稼,做完农活之后,牛借给前者用。

能赶工的都是关系好的、沾亲带故的、临近住宅的农户,实际上赶工的多是"近门"的家庭,两家处的"对劲",才给对方换工,有牛的人家腾出来时间给没牛的出牛力犁地,等到有牛的需要帮忙时,没牛的就得给人家去帮忙。如果有牛的家庭跟没牛的关系不好,不会给他帮忙,也不会找住太远的人家,因为路途太远划不来。此外,有牛的家庭跟没牛的赶工时,会根据实际情况而定,即自家土地数量和耕牛情况,确定赶工家庭的数量,如堤南高村有一位外号叫老梁的人家,家中六七十亩地、两头耕牛,当时就两三家换工,人家给他帮忙,他的牛给人家犁地,估摸人家给他的活能做过来,他给人家的活能做过来,再多了就做不过来了。赶工的对象并不固定,如果互相赶工的家庭今年不方便,就和其他家庭赶工,这种事情也是"没一等"。

赶工时,没有牛的人家先给有牛的人家干活,因为有牛家庭的土地必然比没有牛的多,干完之后有牛的人家再来给没牛的人家干。赶工的具体天数没有明确规定,要视具体的土地数量而定,什么时候地里的活做完算完,一般情况下人力出的要比牛力稍多,这是由土地亩数决定的。但总体而言,没有牛的家庭要比有牛的家庭多干一些。同时也不会只给一家的土地耕种,不顾自家的土地,赶工都是想种好自己家里的地。赶工时,牛只是来犁地,人工来换时,什么活都可以干,只要自己有时间、对方有需求。没有牛的会主动求着有牛的家庭,所以会主动来干活。

赶工时,有牛家庭的人也要过去,因为没有牛的家庭不会犁地,到了饭点都会留着吃饭,不会让对方回家,一天要管三顿饭,因为给这家人干活了。但也有例外的情况,比如家住得不远、自己家饭够吃、不愿意在别人家吃饭的。牛牵过去,这家不会管牛吃的,因为没养过牛,所以这家没有牲口槽、牛的饲料、没有准备草料。赶工不会给钱,只是用人的气力和牲口的气力互相的交换。高家并不存在借牛的情况,因为自己家的耕牛够用;高家也没有把自家的牛借给别家,因为自己土地较多,牛正好够耕种,没有余力借给别人。此外,在高家,包括在堤南高,牲口都不存在出租的情况。

5.牲畜伙养:"近亲不计较"

伙养牲畜不是个人的行为,而是要基于全家土地耕种的考虑。高家并未跟其他家庭伙养牲畜,之所以不跟其他人伙养,高民昌有自己的考虑;伙养往往是土地有限的家户,而高家有一定数量的土地,对耕牛的需求大,当地耕地是"二牛共犋",因此高家喂养了两头牛完全满足耕种的需要,不需要跟别人家伙养,此外高民昌还觉得伙养容易闹矛盾,两家喂的时候都不想喂,使的时候想多使,容易把牛喂死,所以高家没有伙养的情况。堤南高村里有伙养的情况,主要是亲戚之间伙养,伙养耕牛必须是至近的亲戚,不会互相计较太多,"至近亲戚不计较",都把牛当成自己的牛,不让牛饿着、渴着、热着,否则伙养不能维持下去。

高家近门高知杰就和外村的姑姑家伙养牛,高知杰的姑姑在魏家寨住,离堤南高七八里地。当时高知杰家是他的父亲当家,姑姑家是姑父当家,这两家的当家人都有意向,互相商量好就伙养了。买牛时,也是两家当家人商量好,拿着钱找牛经纪购买。之所以这两家不自养耕牛是因为经济差、养不起,而且土地较少单独喂牛又"包不住":姑姑家土地要多一些,高知杰家土地要少一点,两家相差不多,姑姑家地里活干完了,再把牛拉来高知杰家干。相应的两家都备有绳索,来方便使牛,也有绳索共用的情况。两家出钱是"分三勾",高知杰家"请"了"一勾",姑姑家"请"了"两勾","勾"就是份。喂养时,姑姑家喂八个月,高知杰家喂四个月,农忙时谁使用谁喂养,如果这家喂养时,另一家要使用,就去这家牵牛。使用时,要看地的状况,看双方谁的地"腾"出来得早,谁早谁先用、谁晚些"腾"出来就晚些用牛。如果牛生病了,喂养的人家就自动拉去找兽医医治,自己出医疗费,不至于找伙养人家摊钱;此外牛生大病的情况并未发生。两家伙养的耕牛不会与他人赶工,因为用不过来。如果牛老了卖掉再买新牛,或者大牛调小牛,这也是由两家的当家人互相商量决定,这两家的其他家庭成员并不过问,因为"谁当家、谁做主"。

(二)家户土地经营

高家土地在经营时主要通过扩地和自耕两种形式。高民昌将260亩地扩给附近村里的佃户,每年扩子大致是一斗二升麦子。高家耕种有120亩地,这些土地统一由高民昌安排土地的种植类型、耕种时间、耕种要素等,其他家庭成员不干涉土地的事情,用高家人的话说:"俺们家的地,都是掌柜的在管着,旁人不管。"

1.土地租佃:家长安排,管事经手

当地将土地出租称为扩地,高家在杨魏营购有260亩黄土地,高家又将260亩地租种给杨魏营的十几个佃户,佃户在当地称为种地户;高家曾经在尚寨置了一部分地,扩给了尚寨村里的一户人家有十几亩地。杨魏营距堤南高有十几里路,尚寨距堤南高十里地。租金,称为扩子,大致是一斗二升麦子,合现在的72市斤。总体而言,在高家土地出租时,统一由高民昌来决定和安排,不需要同其他家庭成员商量,其他家庭成员也不会主动过问,外界也不干涉。土地是统一经营,不存在哪块土地由哪位家庭成员单独支配的情况。如果高民昌生病了或者不在家,家里的土地需要租佃,其他家庭成员不能擅自做主,需要由高民昌来安排,因为自己不是当家人,不能"当起这个家"。

(1)当家人决定,管事的过问

扩地是高民昌决定的,高民昌在1949年前身体很好,这些事情都能通盘考虑,媳妇王从荣不过问这些事情。高民昌不会跟二弟三弟商量,因为他俩只管做生意的事情而且人在外地,但会写信告知他们。但高民昌会跟长子高席儒商量,因为当时长子已经成家,是家里的主要劳动力,而且长子出任联保主任有一定的能力,人脉较广,所以高民昌会听取他的意见。不会跟孙辈们商量,因为子侄们还在,轮不到孙子拿主意。不用跟本村里的保长请示,保长管不了大家户,也不敢管大家户。如果高民昌生病了或者不在家,其他家庭成员不能安排土地的出租。

高民昌之所以将高家的土地扩出去而非自己耕种,是因为这两块地距自己家太远了,种起来成本太高,不方便管理,于是就近把这两块地扩给附近的人家。杨魏营的地,种地户都是杨魏营的人,一共有十几户,他们都是找中间人魏书清谈,高家并不过问,高民昌只记住多少地、每年交多少扩子即可。总体来说,种地户都是"正直"的人,如果是无赖,高家扩给他有可能落不到粮食,这十几户种地户都是车辆牛具齐全,有额外的劳动力,每年也都按时交齐租子。当地对于中间人也称呼为"管事的"。"管事的"魏书清跟高家是儿女亲家关系,魏书清的女儿和三孙子高知斌定的娃娃亲。魏书清是一个文化人,1949年以后在裴营乡出任干部。种地户自己原本有房子,耕种高家土地时也住在自己的房子里,不需要高家再修建房子。

尚寨村的地,也扩给尚寨村的人家种,这是因为该人家离这块地很近,"够着种了",同时种地户跟高家是远亲,所以扩给该农户。此外该农户车辆牛具齐全,有条件种,否则该农户也不会找高家请求扩这块地。

(2)口头讲好,不换佃户

高家将地扩给种地户,不需要写契约,没有约定年限。杨魏营的地,由种地户跟管事的口头讲好即可,是不需要写契约的,也没有约定年限。扩尚寨的地,不需要找中间人,种地户直接去高家找高民昌说,也不需要契约,高民昌要多少扩子,种地户同意就算交易成功,也没有约定期限。高家在协商和安排租子时,由当家人高民昌一手安排,其他家庭成员不会"往跟前凑",媳妇王从荣顶多"上去端碗茶","不会打岔"①。即使高民昌生病了或者不在家,家里扩出去的土地需要安排租子,其他家庭成员也不能擅自安排,会告知对方:"等俺掌柜的回来再说。"

高家扩的地什么时候收回、什么时候涨租子,由高民昌说了算,种地户可以选择不种,但不能少交粮食,扩子交多少不能讨价还价。但实际上,种地户不会选择不种,因为就指望这块地养家糊口。如果某一户人家交不上,就会更换种地户,但实际上并未出现种地户交不上扩子的情况。高家将土地扩给杨魏营和尚寨的种地户,扩子是固定的,也没有出现增加、多要扩子的情况。当时的村民受传统思想影响比较大,老实、讲信用、讲良心,不会胡来,觉得不讲良心的话不会得好报。高家没有更换过种地户的情况,因为每年扩子都按时交足,没有理由更换种地户。种地户不再耕种高家的地,不需要给高家请示,只需要跟管事的魏书清协商好即可,而新的种地户也是管事的安排,高民昌都不过问。

高家没有和种地户发生过纠纷。一方面,高家有钱有势,一般家庭不敢找高家的麻烦,种地户更是如此,到时候该给高家交粮食就得按时交,否则高家会直接到屋里搬对方的粮食;另一方面,高家与人为善,从未做过一些欺凌乡里的事情。所以高家没有和种地户发生过纠纷。

除了交租子之外,高家与种地户没有其他的来往。不需要种地户来帮忙,高家如果需要帮忙自己会请短工。过年不走动,种地户与高家没有人情来往,当地过年拜年都是按门头拜年,走亲戚只走近亲,高家的种地户没有同村一个门头的,也没有近亲关系。当地红白喜事也是一个门头的互相来往,种地户的红白喜事,高家不会随礼,高家的红白喜事,种地户也不会随礼,因为不是一个门头的没有"来往"。高家办红白喜事,种地户也不需要帮忙,因为住的距

___
① 打岔:当地话语,指插嘴。

离远,够不着帮忙。

(3)扩子固定,主负公粮

高家将土地扩出,每年收固定的租金,当地将租金称为扩子,每年每亩地大致是一斗二升麦子,合现在的 72 斤,一斗二升的扩子在当时算是一般化,不算是特别多,也不算特别少。高民昌将扩子定为一斗二升,是按照当地的惯例。扩子的数量是高民昌定下来的,高家其他家庭成员不会参与此事,因为这是当家人该做的事情。高家将地扩给种地户之后,种地所需的牲畜、种子、肥料等生产资料,均由种地户负担,扩子定死,不管丰欠、绝收,租金照付。在当地,主家扩地租子最多的一年一亩地要将近一百斤粮食,或者是要钱,一亩地给两块钱,当时一块银元能买一斗也就是六十斤粮食,还会要地里的苞谷杆子、芝麻杆子,这些可以充当烧锅做饭的柴火。

在当地还存在两种扩地的形式:一种分成租金的情况,当地叫"分种",即主家把地扩给了离这块地近人家,等到收粮食的时候,主家会过来,种地户把粮食用袋子装成"桩",收了若干"桩"[1]粮食之后,财主家隔一个挑一个,相当于是对半分;另一种是"干种地",主家供应种地所需的一切生产资料,种地户出劳力,所得收入按三七或者四六分成,主家得大头。

扩子是麦收之后交的。高家的种地户把麦打罢之后,在管事的通知和组织之下一起送到高家,来的时候是在同一天内,用牛车拉着扩子,络绎不绝,该场面"像去县里交公粮一样"。收扩子时,高家是由高民昌与种地户打交道,媳妇王从荣和长子高席儒会协同粮食入库,高家其他家庭成员不会过问。交扩子的具体时间得看高民昌的空,不会出现高民昌不在家而交扩子的情况。种地户来交粮食,高家会摆酒摊,也会炒菜,高民昌请管事的坐主位,自己坐主陪位,种地户都坐桌,喝酒喝的是自己家酿的黄酒。

交扩子会用斗量,在种地户家已经量过,在高家时再量一次。堤南高有一个斗行经纪,外号叫"可怜",石爷庙的何大贵也是斗行经纪,斗行经纪有大簸箕,一家一家量过,管事的再按照每家种多少地的标准计算,一般都不会少什么,即使少一点高民昌也不在乎,就给他少了。此外高家多少会给斗行经纪一点粮食作为报酬。种地户送过来的麦子都是晒干、扬净、拾掇干净的,高家量过可以直接放入仓库。那时候麦的质量都一般,不存在种地户特地交较差的麦,也没有出现送过来的麦子没有晒干、扬净的情况,因为高家把地扩给种地户,种地户能从种地中获得效益,如果因为交了较差的麦子,高家不让他种的话生计反而成问题。

扩子是固定的,即使发生灾害也不能少给。当地没有发生较大的灾害,发生的小灾害对粮食产量影响有限,即使今年有灾害发生,收成减产了,扩子都是固定的不会发生变化,因为当地扩子都是固定的、没有出现过减少的情况。此外当地默认的是,欠租子等同于揭钱,需要加利息,欠别人贷的人宁愿自己家少吃一点、吃得差一点,一等到粮食下来了赶紧卖出去,还给对方,否则时间一长债务会越来越多。

地里的公粮由高家交,公粮不重,1949 年以前每亩地公粮有五六斤、七八斤、十来斤不等,几十亩地的公粮就一提粮食。种地户租种土地不需要交粮,地的所有者交粮食,当地在1949 年以前有句老俗语叫"种地不交粮"。如果不交粮食,乡公所会派人下来,找保长、甲长下来问罪,高家并未出现过不交公粮的情况,所以没有发生过被乡公所的人抓走的情况。

---

① "桩":计量单位,等同于袋,一桩麦即一布袋麦子,将近 120 斤。

地里产生的摊派,也是由土地的所有者即高家来出,耕种者不需要管。村里出公事,是富裕人家摊钱,雇村里的劳动力,并不按土地出。县里派公事,如中华民国31年(1942年)开始丁大牙修湍惠渠,由保甲长按劳动力、牲畜出,也不按土地出。

2.典土:"败家子"行为

当地有一种典土的情况,即卖土,当地又称为"活当",相应的卖地就称为"死当",买土回来之后做成肥料。过去地里的土"稀罕",各家各户都不想从自家地里拉土,就从别家的地里买土,这就是典土。买回来的土,跟粪便混合可以当肥料。地里的土一旦被拉走,地里又没有肥料,岗坡地就剩下僵石子,就不能再种庄稼,变成一块荒地或者坑。

典土价格要比卖地价格高,而且土地可以划成不同的小块,一块一块零卖,只需要在地里边界处立一块木头为界。典土最深的从桌子面到桌子腿的高度,约有两尺多高。典一分地的土,需要一斗多即七八十斤麦子,比卖地要贵一些。典土买土的人家,在本村外村都可以,只要买方出的起价钱。高民昌曾经买过土,是卖方急需用钱,他们经过询问,土典给了高民昌,因为这两家都是本村人,不需要请中间人,不需要写契约,两下拉走、给粮食即可。高民昌在买土时是基于全家土地耕种的考虑,由自己决定即可,并未与家庭成员商量。拉土时是由高民昌出面,安排伙计将土拉回。典土是一件十分重大的事情,高民昌根据庄稼的长势和所需肥力来安排,其他家庭成员不能够插手,更不可能在高民昌不知情的情况下擅自进行典土活动。

典土的情况在当地比较常见,这种属于"败家子"行为。堤南高村有一家,俩口都去打牌把钱输光了,一个卖地一个典土,孩子还小,长辈去世了,平辈管不着,也没有人说,就剩下一小部分地维持生计,这种情况家族也没办法说。

3.农业耕作:家长安排,成员服从

(1)自有土地耕种

按照种植类型而言。高家除了扩给别人之外,还有120亩地自家耕种。高家留下自耕的土地大多数一年种两季,麦季种麦子、豌豆、蚕豆、油菜等,秋季种苞谷、红薯、绿豆、黄豆、小米等,这季地里种什么,统一由高民昌安排,高民昌会过问领活的意见,因为领活的比较懂种地。媳妇王从荣不懂得庄稼的事情,一般不会提意见,如果高民昌生病了或者不在家,王从荣会出面,主要征求领活的意见,然后开始一季的耕种。子侄辈一般不会过问种地的事情,一方面不懂得,一方面不由自己当家,即使是出任联保主任的长子高席儒也不会过问。

高家这种大户人家种植杂粮是因为不能只吃麦子,也要吃杂粮,杂粮不仅仅可以吃,还可以家用,比如种植棉花为了穿衣。而一般的家庭种杂粮,是因为只糒麦子不够家里人吃,再种一季杂粮才能够吃。

当时的土地会实行轮耕,每年部分种两季、不进行轮耕的土地在当地叫"茬子地"。部分土地轮耕只种一季,以恢复土地肥力,当地称这些土地为"撒春地""撒炕地"。"撒春地"是这块土地一年只种秋季杂粮,如红薯、芝麻,不糒麦子;"撒炕地"是到秋天该种秋季杂粮却不种,留一季到寒露只糒麦子。"撒春地""撒炕地"是因为土壤肥力得以恢复,产量要比普通的"茬子地"高。以"撒炕地"为例,"撒炕地"种植的小麦,上肥料多能产180斤,肥料上得少也能产120斤。具体轮耕哪块地、轮耕多少亩,都是由高民昌安排,不需要跟谁商量、不需要请示。

高家的土地除了轮耕之外,当地还有套种的情况,高民昌安排在种植绿豆时,会跟苞谷

进行搭套植种，一行苞谷，再接一行绿豆。为了庄稼可以高产一些，一亩地苞谷只能种四五行，套种行稀，穗子能结大一点。

总体来说，每年只会留一小部分的"撒春地""撒炕地"，也会留下一部分耕地进行套种，这些都是由高民昌安排的。

按照耕种节气而言。高家的耩麦是在寒露前后，当地俗语"寒露前十天不早，寒露后十天不晚"，麦子有三到四个月的生长周期，当地俗语"三个月种，一个月收"。种的时候，要用耧车，当地称"三脚耧"，要用牛拽，需要两个伙计完成耩麦过程，其中一个人拉牛拽耧，一个人在后边摇耧。高家有两头牛可供拽耧，耧至少有两个，一天至少同时两个耧车进行耕种，每辆耧车一天至少种十几亩。对拉牛的人没有什么技术要求，一个小孩子就可以完成，摇耧的技术含量较高，往往需要有经验的伙计来摇耧。

等到麦长起来之后，就可以锄草，如果麦苗太低不能锄草，因为这样容易把麦苗锄死。堤南高的土地离河流较远，水井也是吃水井，无法浇地，所以只能靠天吃饭。如果今年干旱，过年之前麦苗没有长起来就无法锄地，如果雨水多，麦苗长起来年前可以锄一次地，过完年春天需要再锄一次。草吸收水分和肥料，必须要锄干净。

到芒种时节，即六月初六，麦子就可以收获，当地俗语是"麦到芒种一半茬"，意思是到芒种时，麦就割一半了。收割时，一个人一天割不到一亩地，高家割麦时，全家老少都下地割麦，往往一个多星期才割完120亩地。割完麦子就开始打麦，打麦的同时，看天气情况而种秋，先在场里打麦，如果下雨，就种秋。麦收回来之后，晒干堆成麦垛，根朝外麦穗朝里，这个需要领活的干，一般人堆不好麦垛。

种秋时，如果种芝麻，不需要种，需要撒种子，而种绿豆等其他杂粮，需要种。种秋是越早越好，有雨水可以种早一些，没有雨水或者雨下得晚，产量就低一些，当地有句俗语说道"五黄六月去种田，一天一夜差一圈"，也就是说早一天比晚一天强很多。种过秋之后，需要剪苗、定苗，特别是芝麻等农作物。剪苗是防止农作物长得太稠，然后是定下苗隔多远种一棵。到八月十五前后收秋，收秋比较快，如收苞谷一个人一天能收好几亩。收完秋之后犁地、耙地，等着耩麦。

按耕种要素而言。种子并没有精挑细选，集市上也没有卖的，到了应该种庄稼的时候，高民昌从仓库里拿出种子，里边没有坏的粮食就可以当种子，一亩地大约需要的种子不超过一斗。高家土地在犁地时是套个牛后边拖个犁，把土地弄松一些。耙地，是套个牛后边拖个耙齿，把大块的土地耙成小块。经过犁、耙之后，就可以种了。

种植芝麻，除了吃油还有更重要的一个用途就是充当肥料。芝麻成熟之后，先放在锅里炒再磨一遍，最后下锅煮把油给提出来，剩余的就是油饼(当地称为"麻库"①)可以当肥料，在当时土粪不够用的情况下，"麻库"是最好的肥料。那时候的小家小户，地少得种粮食养活家人芝麻不敢种太多，这样地没什么肥料，产量都上不去。高家的土地施肥是用土粪和"麻库"，如果是"麻库"，耩麦时就随着耧车下，土粪是直接施到地里。高家的地都施肥，"麻库"先用斧头砸碎，再用石磙碾碎，用筛子晒晒，一亩地合八十斤左右，往耧斗里撒。高家之所以庄稼好，是因为高家能上饼、能上肥。

---

① 麻库(饼)：芝麻饼，芝麻榨油后剩下的固体，在1949年以前是种地的主要肥料。

产量方面,以麦子而论,堤南高村北坡、东坡地差一些,土层浅,产量低一些,往往收一斗半即 90 斤左右,西坡和南坡地好一些,土层深,产量高一些,往往收两斗即 120 斤。豌豆比麦子稍微高一点,一亩地二百多斤,绿豆最多能产两百斤,五谷杂粮总体上要比麦子高一点。红薯产量最高,一亩地能产一千多斤,三斤红薯晒一斤红薯干,折成干粮一亩地产三四百斤,当地人对于产量最高的红薯有这么一句赞美的话:"离了红薯不办事。"

农业生产时候,需要伙计去干,由领活的安排,犁地时,一个人就可以完成,一般是掌鞭的完成,其他伙计干杂活。耙地也是一个人完成,多是掌鞭的完成。耩麦时,需要两个人,一个掌耧、一个帮耧,由掌鞭的和其他伙计安排。锄地时,高家几个伙计能锄地的都去。收麦、收秋的时候,除了伙计之外,全家人都要去地里干,由高民昌安排,小孩十几岁之前都不能做农活,可以不用去。女性除了负责做饭的,其余均要下地干活,如王从荣、几个儿媳妇除了做饭的都要去割麦。等到了农闲时,高家女性就去纺花织布,做针线活,攒体己钱,作为小家额外的开销。

(2)公共土地耕种

当地有三种不同类型的公共土地。首先是寺庙田,当地 1949 年以前有一座北寺,有七八十亩的寺庙田,由寺庙的僧人耕种一部分、寺庙佃出一部分,往往是一些有牛有劳力、农具齐全的中等户耕种。其次是祠堂的田,高氏宗祠有六七十亩的祠堂田,由家族辈分最高的长老负责管理,家族的人会申请耕种,所交的扩子用于家族每年祭祀的开支。第三种是坟院地,堤南高的高氏是三门高,三门高下边再分为不同的支,每支有自己的老坟地,老坟地附近会有一片耕地,当地称为坟院地。

高家除了自家的地之外,没有租种村庄的公共土地,没有耕种祠堂的地,也没有耕种坟院地,因为自家地种不过来,而且坟院地的耕种有一定的规定。高家这一门的老坟地,由家族中最穷的一家来耕种,不用交租金,每年清明时在一起"拢坟"①,这家做一顿饭给家族的人吃,吃的饭往往是胡辣汤、炸油条,相当于大家族照顾这家。高民昌所在这一门共有三户人,高民昌的父亲在他这一辈排行老三,老大是个穷人,老二是个小财主,所以往往安排老大这一支来耕种坟院地,相当于照顾他们家。

(3)看青

1949 年以前高家没有请人给自己的庄稼看青,堤南高其他家也没有看青的情况,更不知道有专门以看青为生的人。但为了防止庄稼被盗、被牲口吃,高民昌还是安排的有伙计们轮流在地里照看,在做农活之外的时候,在地里走一走、看一看,在农忙时候,也会安排伙计们轮流住在地里防止有人来偷。高家在看青时,一般告知领活的安排伙计即可。

(三)从事手工业与副业

1949 年之前,高家在农业生产之外还从事副业,家庭成员有商人、政府公务人员、军人、教书先生等。而在手工业方面,家里的女性自我安排,进行纺织。

1.从事商业:开有字号

高家除了农业生产之外,二弟高才三、三弟高自齐做生意。高家本是普通人家,高民昌一开始是领活的,后来二弟去外地给店铺里当伙计,慢慢自己开始做生意,做生意时比较果断,

---

① "拢坟":当地话语,指祭祖。

把市场上流通的物品买断,然后自己的物品就可以卖出高价,慢慢地富裕起来,在老河口开有字号"惠丰永号"。从湖北老河口开到陕西安康,垄断整个汉水流域,因为店铺用钱量较大,赚的钱主要是维持字号的运转,如果家里需要用钱买地,就往家里寄回来一些。高家仅有这两位家庭成员从事该行业,而非以整个家户为单位从事。做生意时,由二弟高才三自己做主,三弟负责帮忙,高民昌不过问生意的事情。高家两位家庭成员在外经商时,并未携带家眷,不过都在外纳了小老婆。

2.外出任职或参军:四位成员

在高家,有四位家庭成员外出任职或参军,其中长子高席儒出任联保主任,是由高民昌安排的,当时普遍觉得家里有人做官对家庭有好处。二儿子高仁远参加黄埔军校,是自己的意向,也得到了高民昌的支持,因为那时牵涉到了国家安危和民族存亡。侄子高书阶参加国民党青年军,跟随蒋介石退到中国台湾,是自己的想法,当时二弟高才三已经去世,所以二弟不能做他的主,高民昌也并未干涉,因为是自己兄弟家的孩子,所以高民昌并不会主动安排,但所需费用是由大家庭负担的,因为高书阶也是高家的家庭成员。高家人从事什么行业,并不需要请示家族族长,也不需要获得保甲长的同意,完全由家庭做主,要么是当家人高民昌,要么是小家庭的家长做主。

3.从事教育:两人从事

高家有两位家庭成员从事教育行业。高民昌的二儿子高仁远一开始在邓县一中上学,毕业之后20岁在内乡教书并担任校长,三儿子高书秋也毕业于邓县一中,随后成为教书先生。之所以二儿子和三儿子毕业之后去教书,是高民昌的意思,当时觉得庄稼的事情自己照看就好,当教书先生有文化、有地位还是正当职业有收入,因此安排他的两位儿子当教书先生。二儿子和三儿子的收入归自己支配,一般自己用一部分,给自己的小家庭用一部分。有时候家里想买地,他们也会支持一部分。

4.家庭手工业:女性纺织

在家庭手工业的从事上,高民昌的儿媳妇和侄女们均在家做针线活,这些针线活有时候会有集市上的店铺过来收,有时候要拿到集市上去卖。卖的时候,几位儿媳妇是各卖各的,各自做主,并不由大家庭统一贩卖。所得收入自己可以支配,不用上交大家庭,丈夫也不管,主要是为了各自小家庭考虑。二弟家的三侄女还未出嫁,所做的针线活归自己的母亲分配。

5.手艺的传承:个人自愿

高家没有手艺可传承,不过近门高恒昌家不仅有手艺,也发生了传承。高恒昌会扎针灸、看病,把他的手艺传给了老二。老大没有学会医术,因为高恒昌本来想教给老大,但老大不愿意学习,就教给了老二。手艺的传承、习得不需要向村里请示,开诊所不需要交税,保甲长不管这方面的事情。

三、家户分配

高家从农业生产、手工业和副业获得收入之后,用于家庭成员的分配,其中大家庭的吃穿用度都由高民昌来安排,小家户额外的消费由小家户的家长自主安排,不需要跟高民昌商量。在分配时,缴纳赋税和全家人吃饭只占一小部分,大头主要集中在攒钱买地、修建房屋上。

(一)大家庭为主

从分配主体上看,在高家主要存在大家户和小家户两种分配主体,其中大家户的分配占主导地位,小家庭主要用于各个小家庭的穿衣、看小病等的花销,村庄和家族并不是分配主体。高家进行分配时,由高民昌主导,其中家里的吃穿用度都由当家人来安排,小家户额外的消费由小家户的家长安排,享有一定的独立性,不需要跟高民昌商量。高家的分配是由高民昌和小家家长安排的,其他家庭成员不能做主,也没有提过意见。此外高家在分配时,不需要告知或请示四邻、家族、保甲长,他们也不会介入家庭的分配之中。

(二)家庭成员齐参与

从分配对象上看,高家家庭成员均可参与全部的分配,包括高家三代男丁及其配偶,改嫁媳妇带来的女儿、已经出嫁的闺女不能参与分配,其中家庭成员在分配时没有差别,因为家大业大,都能满足需求,不会区别对待。已经分家出去的家庭成员不能参与分配,伙计等可以参与部分的分配,如食物分配,但亲戚、朋友、邻居等家户之外的人不能参与分配。从分配来源上看,高家在分配时的来源主要是农业生产、手工业和副业的收入,其他家庭收入不能作为高家的分配来源。

(三)多源于农业生产

从分配类型上看,首先是农业生产的收入,高家每年会收获上万斤粮食,其中包括两部分,一部分是自耕 120 亩地,一年两季,一季最少 200 斤收入,另一部分是 260 亩地租出去,每亩 72 斤粮的租金,加起来四万斤左右,粮食是"在一块打打一块吃"。如果正常年份,自己种占大头,但如果是灾荒年,地租收入要多一些,因为地租是固定的,不随收成减少而变化,这部分土地需要缴纳赋税,但赋税很轻,当时土地所交的公粮不多,一亩地的公粮只有几斤,几十亩地的公粮,一只手都提得动,整个保缴的公粮放在高家的屋子里只有一小堆。其次是小家户纺花织布等的收入,每个小家庭均进行纺花织布,获得的收入为自己的体己钱,不需要上交、大家庭不干涉使用,由小家庭家长安排。再次是大家户养鸡养鸭的所得,以供全家人日常生活所需。

(四)种地纳粮,天经地义

从分配统筹上看,第一在消费考虑上,高民昌会着重考虑全家的吃饭问题,包括每一位家庭成员的吃饭问题,全家在吃饭上都是一样的,没有差别、不会偏心,也不存在特殊。第二在消费次序上,每年高家粮食收获时,首先是上交地租,因为"种地纳粮,天经地义",其次是用于家庭食物的消费,满足吃饭问题之后的部分粮食用于买地。第三在消费特权上,高家的家庭成员一律平等,基本上没有特权,即使高民昌作为当家人吃饭也和家庭成员一样,只是多一个豆腐乳之类的小菜,所有家庭成员都吃一个锅里的饭。只有孕妇待产和坐月子期间稍有不同,她们要加餐,过了特殊时期之后便不再享受特权。

(五)赋税较轻,没有负担

当时的公粮较少,长子高席儒是联保主任,负责收整个联保的粮食,当时土地所交的公粮不多,一亩地的公粮只有几斤,几十亩地的公粮,一只手都提得动,整个保的公粮放在高家的屋子里只有一小堆。据《邓州市志》记载,中华民国期间,财政收入来源于田赋、契税、附加和捐税四个部分。中华民国 4 年(1915 年),河南省财政厅"正供捐"规定,土地不分肥瘠,每亩出制钱 60 文。中华民国 7 年(1918 年),改银两为银元,地丁银每两折银元 2.2 元。中华民国 30 年(1941 年),设仓谷保管委员会,田赋每亩收麦一斤。因此,一般家庭并不把交农业税当作负担。

(六)两种零花钱

高家在零花钱的花销上,有两种形式:一是个人收入,一是小孩子过年所收的压岁钱,这些都由个人或其所在小家庭支配,大家庭并不干涉。高民昌和媳妇王从荣的花销从大家庭的收入中来,没有额外的零花钱,二弟三弟的花销均从生意字号的赢利中来,自己可以做主,其中三弟高自齐花销比较大。长子高席儒自己有工资不需要上交,可以自己处理,二儿子、三儿子和侄子在外上学也有零花钱,由高民昌安排,等到工作之后,工资作为个人以及所在小家的零花钱,因为"有能耐挣来钱,自己经管,不用给大家,谁挣钱是谁的"。儿媳妇们没有从当家人手中获得零花钱,想买东西,均从纺花织布的体己钱中获得,同时也有从自己小家中获得零花钱,如大儿媳杨永芳可以从丈夫高席儒工资中获得零花钱。孙辈们平时没有零花钱,没有从高民昌王从荣处要过钱,甚至连要零花钱的想法也没有。

除此之外,过年拜年时,长辈会给晚辈压岁钱,压岁钱也可以做零花钱用,每到过年时,高民昌夫妇会给孙辈和未婚配的子侄辈压岁钱、成了家的子侄辈都会给孙辈压岁钱。长辈给钱时,几个儿子之前是一样多的,因为不一样会招人说闲话,少的肯定会不满意。如孙子高知斌和孙女高知瑞作为高家的孙辈,过年的压岁钱是一样多的。其中每年的零花钱会有变化,如果年景好了,压岁钱会相应的多给一些,收成不好时,会少给一些。

(七)体己钱:纺花所得,小家支配

高家在堤南高西边的一块地,大约有七八亩,专门种棉花,棉花是地里种的,花分质地花、麦茬花。棉花产量很低,当地有句俗语:"七疙瘩,八疙瘩,一亩地,十斤花。"每年高民昌会平均给几个儿媳妇和侄媳妇一些棉花,由媳妇王从荣分配,分配是按户平分,一户一份。分给各个小家庭之后,就由小家庭安排,大家庭不再干涉。

高民昌统一给家里置办了几台纺车和轧花机,轧棉花用铁制皮辊轧花机,纺花用木制弹花机,纺线用纺车,缯子绕圈跑,每个儿媳妇们自己纺花织布,获得的收入为自己的体己钱,"多了多花、少了少花",媳妇王从荣均不过问。几个儿媳妇纺花卖钱之后会再买进一些线,继续纺花织布。当时有进村的花线经纪,是曾家的,来村里收布,该花线经纪非常老道,一匹棉布往手里一拖就知道有多少。孙女高知瑞对纺花织布印象深刻:"1949 年以前我妈任桂兰纺花织布,卖线卖布,很长时间纺出来一块布,用包袱一包,夹到胳肢窝里,去赵集街和滕楼街卖给花线经纪。要么自己去卖,要么找人捎去卖,只要卖合理"。

体己钱用于小家户的支出,如女性的胭脂水粉,固定发型的柏树油,多是从进村的货郎挑那里购得。自己的孩子生小病,支出也是从小家庭纺花织布收入来。此外在赶集时,小家庭买的衣帽,给小孩子买的银镯子、银牌子,都是从体己钱中支出。

(八)制衣:婚前父母制,婚后妻子缝

上文提到各个小家庭会进行纺花织布,这也是高家家庭成员所穿衣物的主要来源,各个小家庭所织的布,用于各自家庭制衣所需,冬衣为棉袄、棉裤,夏衣为褂子。除了制衣之外,还可以将衣服送到染坊里染,有玉白、毛蓝、藏蓝、青色等几种颜色。同村贫穷人家需要染衣服,但去不起染坊,只能自己将麻秆烧成灰,用水勾兑,衣服放里边焖过自己染。每年添几次衣服并不固定,由小家庭各自安排,过年是肯定要添置一身的,平均一年只添两到三件,具体看小家庭的女性的情况,如高民昌的三儿媳身体不好,孙女高知瑞穿的衣服就少一些;高民昌的二儿媳较为勤快,她做的衣服就稍微多一些。除此之外还需要看当年的收成,如果当年遇到了大的灾情,家里的棉花收成不好,可能那年做的衣服也就少一些。各个小家庭在制衣时,高民昌是不会过多干涉的,因为给小家庭平分了棉花,各位儿媳妇可以凭借自己纺花织布满足自己小家所需。

除了衣服之外,鞋也是如此。衣服的材质也与家庭条件有很大关系,过去在堤南高,"好家"①天热穿的都是绸子衣服,较为凉快,穷家只能穿粗布衣。

衣服烂了,由小家庭的妇女缝制,如三孙子高知斌的衣服穿烂了,多由自己的母亲缝制。如果小孩是正当原因将衣服穿烂了,母亲不会批评,其他人也不会说,如果是非正当原因,如小孩打架把衣服弄坏,则会被自己的母亲责骂。

制衣也有例外的情况,如高民昌和长子高席儒的衣服是买的洋布送到缝纫铺缝或者自己做,费用由小家出。其他在外地的家人,衣服由自己置办。因为高民昌和长子负责高家对外事务,需要穿得"阔"一些。

一般来说,男性婚配前由父母管穿,结了婚妻子管,即"没接人②的时候,爹妈给置衣服,接了人,屋里的③给做"。隔代的不会管置衣服,即"奶奶不管孙子的穿"。女性小时候,由父母管穿,大了自己做衣服,出嫁了给丈夫做衣服,如孙女高知瑞"小时候的衣服都是自己母亲做的,到大了了自己开始做衣服"。

(九)分配结果:吃饭占大头

在实际分配中,高家的收入用于地租赋税只占很少一部分,每年收入四万斤粮食,地租约四千斤,只占百分之十。食物分配上,当地流传的有一句古话,叫:"大口小口,一月一斗",即家里一个大人一个小孩一个月要吃一斗的粮食,家里 26 口人,再加上 6 个伙计,需要一石五斗粮食,一年需要二十石粮食,即一万两千斤左右,再加上肉、蔬菜的购买,大约占家庭收入的百分之三十左右,也就是高家人所说"吃饭占大头"。

对于分配结果,其他家庭成员没有不同意见的,因为高民昌"把家当得非常好",不会提不同意见,无论是高民昌的兄弟还是子侄辈,都没有提出不同意见。

四、家户消费

高家 1949 年以前吃饭是由大家户统一安排的,各家不用出钱;人情消费由高家大家庭统一安排,小家庭不用出钱;家庭成员上学的钱,也由大家户统一支出。衣物一般是由小家庭自己做,部分是上街购买,大家庭不会过多干涉;医疗方面,小病由小家庭承担,大病由大家庭支付;红白喜事等开支均由大家庭统一安排。大家庭的安排,其实是高民昌作为当家人来统筹安排的。此外,高家人在消费时并不计较花费的多少,这是因为生意做得比较大、家业比较大的缘故。

(一)食物消费

高家一大家子一年的生活开销是很庞大的,开销主要由高民昌负责,其他家庭成员并不

---

① "好家":意为过得好的家庭。
② 接人:当地话语,即婚配。
③ 屋里的:妻子。

知道具体的数额。

在高家一般早上和晚上吃红薯和苞谷糁稀饭,卷个花里卷①,到割麦时候,能吃白面,晌午吃面条,每天给伙计们要炒几个菜,来客人要割肉。这些粮食和食物,大多数都是自己家地里产的,一部分食物如肉、菜等要去街上买。高家在吃粮食时,磨几次面,粮仓的粮食堆都"不往下下",因为粮食堆太大,磨几次面并没有显得有什么变化。装香油的缸有好几口,有军队暂住高家,②当兵的看见油之后起了贼心,香油吃饭、点灯均有需要,就用瓶子偷了一些,军队走了之后油缸里的油下去了四指高,高民昌估计四指有三四十斤重。

高家在吃饭时没有先后顺序,每顿饭做好以后,所有的家庭成员和伙计们一齐吃饭。但饭菜存在差异,高家的饭分两种:一种是伙计们吃的,一种是高家人吃的。高家一日三餐的主食一样,早晚稀饭,中午面条,伙计和高家人吃的是同一锅的,但吃馒头时,拣着"模样好"的给伙计们吃,高家人吃其余"模样"稍差的。此外高家一早一晚会给伙计们会炒几个菜,这是给伙计们吃的,等伙计们吃过之后的剩菜高家人才可以吃。1949年以前当地有句老古话,叫作"主家将就伙计",一般的小财主家和伙计吃住都在一块,伙计只要是给主家干活,吃的都是主家的。

(二)人情消费

1.走亲戚

1949年以前高家亲戚较多,亲戚包括高民昌的老丈人、姑表亲戚、亲家,这些在外村的亲戚多是在过年时走动,平时基本上不走动。走亲戚所带的礼物由大家庭统一安排。

当时亲戚间走动带礼物较为简单,一般都去杂货铺买一些果封,包的是马蹄酥、麻片等,或者是糖封。果封是用纸包叠成四方盒子,再用草纸包齐,用绳绑好成砖状,加上封面,考究一些,外边用木头盒子装。此外还有拿豆豉酱的习俗,很少有拿酒拿肉的情况。村里的普通人家就是挎个筐,里边装的油条、火纸、鞭炮。高家所带的礼物由大家庭出钱准备好的,会提前准备很多份,到该走亲戚的时候由王从荣负责搭配礼物,谁去走亲戚把礼物给谁。每个家庭成员走亲戚,礼物都是大家庭统一配齐的,相同的亲戚不存在差异,如长子的岳父家和次子的岳父家,礼物是一样的重,这些都由王从荣安排。

高家通常走亲戚,是由晚辈去长辈家走,如走女儿家的亲戚,高民昌就不需要去。如果走王从荣的娘家亲戚,由高民昌带着人去,如果高民昌不在家就由长子高席儒带着孩子们去。此外,还有一种规矩,即"谁家的亲戚谁去走",如三孙子高知斌外婆家的亲戚需要走,一般是二儿子高仁远去。

2."儿瞧娘"

当地将回娘家称为"儿瞧娘",更有一句俗语叫"麦梢黄,儿瞧娘",即通常在麦口时期,是闺女看娘的高峰期。上午去吃一顿饭,一般都要炒菜、喝黄酒,然后吃顿面条,下午就回来。此外当地没有专门的日子回娘家,而是什么时候想娘了就回娘家。而清明节和十月初一时,外嫁的闺女带着纸和鞭炮回祖坟烧纸,而非专门回娘家。高家在这两个节气,也备有火

---

① 花里卷:在当时是一种馍的做法,白面掺红薯面做的馍,蒸出锅之后呈黑白两种颜色。里边卷的红薯面,上边弄一点白面。红薯面摊一层,好面摊一层,然后用刀一切,蒸蒸出锅。
② 据《邓州市志》记载,中华民国29年,国民党第132师王长海驻扎堤南高。

纸、鞭炮都是大家庭统一配齐的,高家的儿媳妇回娘家时直接带上就可以出发,这方面不存在差异。

在高家这种大户人家,儿媳妇想回娘家,要先跟丈夫商量好,因为是一家的两口子。商量好之后,跟婆婆申请,同时请示婆婆可以住几天,到时间点儿媳妇必须回来。这个规矩是要求很严格的,儿媳妇必须完全服从,在回娘家这件事情公公不管。如果婆婆有事情外出,儿媳妇必须等婆婆回来之后请示才可,不能想走就走。如果是紧急事情,即使是娘家妈生病了,婆婆在的时候也必须请示,如果是诸如此类的事情就不一定按规定的时间回来,要视她娘家妈的病情而定:如果病得快死了就要时间久一点,不能立即回来,可以允许稍晚一些;如果病得的轻一点就立马回来。如果儿媳妇平常没事回去的话,她的婆婆会给她规定时间,主要看婆婆什么态度,要问清楚回去住几天,不能想住几天就住几天。婆婆如果说你住三天那你必须得在准时回来。高家不存在儿媳妇不听婆婆的例外情况。如果婆婆和内当家不是同一人,儿媳妇请示自己的婆婆即可,不需要请示内当家人王从荣,如侄媳妇赵宝兰回娘家和自己的婆婆请示,不需要请王从荣。

在回娘家的频率方面,高家的儿媳妇们除了过年拜年之外平常都不大回娘家,如果是过年回去的话必须要带礼物,如果是平常的话可带可不带。带什么礼物,是婆婆决定的,春节的话高家都是统一配置礼物,买很多礼物都在同一个地方放着,去的话直接拿着就可以去娘家。

3.看闺女

高家的母亲去女婿家看闺女,没有固定的节日,想去就去,去了带不带礼物要视两家的经济条件而定。像高家比较富足,女婿家条件一般,母亲走闺女家,会给闺女家带礼物甚至会带钱,带礼物由闺女的大家庭保管,给钱算作闺女的体己钱,闺女的大家庭不能干涉使用。一般情况下,高家带礼物多是挂面、鸡蛋,这由大家庭统一配齐的,也就是王从荣来把关,每个小家庭安排的都是一样的,不会厚此薄彼。

4.红白喜事

如果村里有白事,主家的孝子会给高民昌送白事帖,当地的风俗是去吊孝的人带大馍,高家会准备好大馍和祭祀用品,然后安排人去吊孝,一般安排长子高席儒去,妇女不能去吊孝;如果高席儒有事情不能脱身,就由高民昌出面。

如果是红事,需要去送礼,要视关系远近而定,关系好、关系不好相差比较大,整个高氏家族也没有统一标准。具体上多少礼钱,由高民昌说了算,也可以问问媳妇王从荣的意见,其他家庭成员并未当家,未经手礼钱说不上来。需要去的时候,一般都是男性去,即高民昌或者安排长子高席儒去,高家的女性一般都不出门。小家庭一般的红白喜事不会露面,除非是自己的亲戚,如高席儒的娘舅家有红白喜事,王从荣会安排他代表高家去,所需的礼钱和礼物也由大家庭出。高家的每个小家庭都是如此,不存在特殊情况。

(三)教育消费

1949 年之前,高家比较重视教育,但凡是适龄儿童,无论是男孩女孩都可以接受教育,因为大家庭足够富裕,能够保障每位家庭成员入学,此外高民昌觉得读了书出来与一般的庄稼人有所区别,今后或教书、或谋公职、或经营家里的家业都离不了读书。当地包括小学、中学和家庭教育三种教育途径。当时堤南高村有"完全小学",因为在村子的"东门外"又叫"东学"，该学校开展新式教育，一周有五天的时间上课，周末休息，高民昌的孙辈们均就读于该校。县里有几所中学，其中较为出名的是邓县县立初中，该学校成立于中华民国15年(1926年)，长子高席儒、二儿子高仁远、三儿子高书秋均就读于该校。稍微差一些的是成立于中华民国26年(1937年)的正德中学，侄子高书阶在参军之前就读于正德中学。除了小学和中学之外，高家请的有家庭教师给孩子辅导，高民昌请来一位姓麻的秀才作为家庭教师给家里的孩子上课，费用由大家庭承担。

每年的学费、书费是高民昌统一安排的。据邓县县志记载："中华民国31年(1942年)，改教育经费由原来的教育款产处移交县政府稽征处，教育经费失去独立性，削减、挪用现象严重，学生缴纳杂费的数量有所增加。私立初中学生每人每期交小麦25公斤至50公斤；公立初中学生每人每期交小麦12.5公斤至17.5公斤。"也就是说，高家家庭成员在县里上学，每期的学费是12.5公斤至17.5公斤小麦，堤南高的"完全小学"，不要杂费，只要书本费，一套书需要好几块钱。

除了学费之外，高家家庭成员上学所需的物品由大家庭统一准备，大家庭统一支出，如高家购置了很多箱的毛笔、纸、墨，笔是成捆的，墨是一箱子的圆锭和上好的"金不换"，供自己家里人上学使用。

(四)衣物消费

上文提到各个小家庭会通过地里种植的棉花进行纺花织布，这也是高家家庭成员衣物消费的主要来源。在高家，各个家庭成员的衣物来源于各个小家庭所织的布。而除了自己做以外，高民昌和长子高席儒的衣服是买的洋布，送到缝纫铺缝或者自己做，费用由小家庭出。个人的衣物能否满足需要，需要看小家庭的妇女，如三儿媳的身体不好，孙女高知瑞穿的衣服就少一些，二儿媳较为勤快，三孙子高知斌的衣服就稍微多一些。除此之外还需要看当年的收成，如果当年遇到了大的灾情，家里的棉花收成不好，可能今年做的衣服也就少一些。除了衣服之外，鞋也是如此。

(五)医疗消费

高家家里人在得病时，如果得的是大病由大家庭请医生来，当时附近几个医生有任营任相子、张庙张裴斗、本村"八区长"等，大家庭承担费用。如三孙子高知斌小时候得了传染痢疾，高民昌去县里请来名医，并用人参等名贵的药材熬制中药，救活了高知斌的命。再如长孙高知文腿上长了"贴骨麟"，挨着大腿骨头处发炎，最后起脓，由高民昌请的大夫开刀。病重需要照顾，一般是由小家庭的人来照顾，如三孙子高知斌生病时，由自己的母亲照顾，如果是已经成家的人生了病，则由自己的妻子照顾。家庭成员得了大病事关安危，大家庭必然要负责，想办法治愈，很多时候小家庭发挥作用不如大家庭明显。

如果是小病，支出是从小家庭纺花织布收入中来。孙女高知瑞小时候的头疼发热等小病都是三儿媳拿钱看的病，具体多少钱要看药用的多少。有一次高知瑞一直拉肚子，三儿媳任桂兰将她抱到诊所去看，屡看不好，后来听说一个偏方，三儿媳将白面炒至发黄，做成面糊糊，喝进去之后才病愈。

(六)红白喜事消费

高家在娶媳妇、嫁闺女时，均由大家庭负担。保障家庭成员的婚配，也是大家庭重要职能之一。婚配的支出是从大家庭农业收入中而来，由当家人高民昌一手安排，基本上每个家庭成员婚配的花费都是相当的，但由于家庭成员婚配有时间跨度，多多少少存在着一定的差异，虽然花费有高低，不过总体来说都会办的"排场"。

长孙高知文娶媳妇时，高家办红事时花费较多，一般的家庭负担不了，钱是媒人去谈的，由大家庭负担。具体而言，在定亲时，高民昌花费40块现洋的钱下聘礼，此外还购置了衣物、首饰等定礼，女方也留下笔墨纸砚等物作为定礼。在当时不允许女方向男方家要钱，堤南高曾经有一户人嫁闺女，让女婿家拉一车麦子和一车麻库饼，把闺女拉去了，一车麦子大约是三石，村里人纷纷说她爹在"卖闺女"。在婚礼时，孙媳妇耿照兰戴的花冠、云架子、穿的上衣、裙子均是绣花的，长孙高知文戴的是礼帽、洋布做的大衫，均由高民昌购置，花费不菲。整个婚礼流程下来，高家也花费了二三百现洋。相应的，对方送过来的嫁妆有大立柜、皮箱子、抽水桌，也花费了好几十块钱。

高家女性出嫁，高家陪嫁妆也很可观，包括四个柜子、八个箱子、一个大床、一个衣架，被子、衣服不提，也要花费不止二百的现洋，除了嫁妆之外，高家不会陪嫁资地，因为当地没有陪嫁资地的传统。

高家在给别人家随礼时，一般是高民昌去，如果他去不了，代替的那个人一般是长子高席儒，可以坐掌柜的应该坐的位置。去随礼，一般应该由掌柜的去，去一个人。如果是近亲，如表兄弟在结婚时，可以多去几个，即"该去的都要去"。再如儿媳妇娘家的红白事，除了掌柜的去之外，儿媳妇儿子以及他们的后代都应该去。

（七）个人消费

高家有自己收入的家庭成员，日常消费中存在个人消费的情况。如高民昌的长子高席儒出任联保主任，工资归自己支配，不需要上交大家庭。高席儒平时的支出，自己负担一部分，家里负担一部分，如抽的"美丽牌"香烟，喝的酒有白酒、黄酒，其中黄酒是家里酿的。高家需要招待客人，由大家庭出钱，高席儒在外招待朋友，由自己出钱。此外，家里来客人，会招待对方抽鸦片，当时高家的客房里放的有鸦片、烟灯、烟枪、烟仓，当地有句关于鸦片的俗语叫作"熬着费，买着贵"，高家成锅熬制鸦片烟用于招待客人。

（八）消费原则

高民昌在安排全家消费时要考虑全局，要"有数"，要"挣俩花一个，不能挣一个花俩"，亦即量入为出，对于各个小家庭，要"一碗水端平"，不能偏袒哪一家，如果偏心，就"过不成日子"，就可能导致分家。每年粮食收下来，一般先还贷款同时要交税，由于经营有方，高民昌家没有还贷款的考虑，其次是考虑全家的吃，需要多少粮食用于吃，再次才会考虑教育、医疗、制衣、人情等方面的开支。之所以有这个先后顺序，是因为吃不饱自然就"不想旁的"。

五、家户借贷

在当地借贷分为借钱和揭钱两种情况，借钱和揭钱是有所不同的，借钱是不用出利息的，只需要还本金，揭钱是需要加利息的。借钱是转借的意思，借钱是在一起关系不错的，亲戚朋友，有急用了钱不够用，转借，借多少还多少，不加利息。揭钱就是普遍意义上的高利贷，当地有揭粮食、揭钱两种情况。缺钱时，需要找着"管家儿"即斗行经纪。揭粮食多在麦口时出现，如花园大户"老药铺"放账采取"大加一"，给揭钱者十块钱，一个月之后还十一块钱，这在当时已经算是很高的利息。

"一老家"、有往来的,一般都是借钱,都不需要写契约,不需要还利息。关系远的、没有往来的,就不是借钱借粮,而是揭粮食揭钱,人品差的,甚至揭都揭不到。借还是揭,是有区别的,借不写契约、不还利息,甚至有时候本金也都不要了,揭需要写契约、还利息,还有保人担保。

（一）借钱的原因

借钱多是因为红白喜事、买丁花钱、灾害歉收、青黄不接、家人重病、突发急事等多种情况。堤南高就有一家是因为自己的儿子被抓壮丁,为了把人赎回来,就找高民昌家借钱。还有一家跟高民昌是近门,孩子在运输队里管粮食,运输队队长把粮食卖了,变卖军粮是死罪,被查出来之后,运输队队长逃跑了,近门家的孩子受到牵涉,为了把人"捞出来",高姓人家"搬人搬面子",不可避免地要花钱,也是找高民昌家借的钱,这两家都是跟高民昌家关系不错,所以高家没有加利息。借钱的金额也不大,高民昌对其中一个借钱的人说:"你要多少就借给你多少",但借钱的人说"不能多借,借得了多我还不起"。后来借钱的拿到了钱办了事,地里的粮食一收立马把钱还了。

外人要来高家借钱,找的是高民昌,因为只有当家人才可以决定是否借钱。如果是高家的亲家,就会先找自己的闺女商量,如媳妇王从荣的亲戚来高家借钱,就先找王从荣探探口风,如果是大儿媳杨永芳的娘家亲戚来,就先找杨永芳。如果高民昌不在家,其他家庭成员不能安排借钱,因为大家庭的钱不归他们掌管,除高民昌之外的家庭成员也不能支配。

来高家借钱时,如果是亲戚或近门家,不需要找中人,如果不是亲戚或近门的,就需要找"管闲事儿的",联系上高民昌借钱。

（二）借钱的类型:"没一等"

在实际情况中有灾荒年借钱、红白喜事借钱、教育借钱、摊派借钱、麦口揭粮食等几种借钱的类型,可以说借钱的原因也是"没一等"。另据邓县县志记载,当时农村高利贷有三种形式:一是"天天红",即按天付息,一般日息为10%;二是"抽钱",分"日抽"和"月抽"两种,贷出的当天或当月利息收回,以后按天或月收回本金,一般月息为10%;三是"驴打滚",到期不还,本利相加后计息;还有"青麦帐",麦收前青黄不接时借粮一斗,麦收后还粮一斗、二斗、三斗,甚至更多。

此外,出现过以下五种类型的借钱。一是灾荒年间,没有吃的基本上借不到钱,只能到关系近的人家借一点粮食。二是红白喜事借钱,当时红事用钱不多,很大原因是女方父母不能"使钱",即不能要彩礼钱,白事花费主要是"方子"①上,即棺材的花费。三是教育借钱,为孩子上学借钱的情况不多,因为学费不多,主要是孩子上到一定岁数就不能再上了,要做农活。四是摊派借钱,摊派一般不会去借钱,因为摊派的份额不多,一般家庭都能交得起,高家作为大户人家自然也不例外。五是麦口揭粮食,这种类型的借钱出现频率较多。

其中麦口揭粮食一般发生在二三月麦口期间,粮食不够吃,往往是借粮食的高发期,家里首先割"错半月麦",即麦穗开始变黄就割掉,在地里晒过就吃,为了捱过麦季,实在熬不过去就要考虑借粮食。如果借不来粮食,就只能揭粮食。高家曾经在麦口揭给堤南高本村一户人家的娘舅粮食,这家的娘舅是别的村的,到三月份青黄不接的时候,该娘舅就找来堤南高

---

① "方子":当地话语,指棺材。

揭粮食,然后在高民昌家揭的粮食,揭有两三斗粮食。揭一斗,到麦收时除本金之外还一升的利息。外村的娘舅是借债的,本村高姓的是证人,高民昌是债主,揭的时候不需要打借条,口头协商归还时间和利息。该娘舅揭粮食是为了全家的吃,不是为了个人。揭粮食时,找的是高民昌,高民昌觉得自家粮食够吃,利息也可以,对方出面的人值得信赖,就决定将粮食借出;借出时不需要征求其他家庭成员意见,只是与媳妇王从荣和长子高席儒说了此事,让他们知晓。如果高民昌不在家,其他家庭成员不能安排揭粮食,因为大家庭的粮食不归他们掌管,除高民昌之外的家庭成员也不能支配这些粮食。

(三)借钱的顺序:亲者、有能力者优先

借钱有一定的顺序,如果借的金额量小,亲戚朋友都可以借,如果是量大的时候,需要找有借钱能力的亲戚朋友,如前文提及堤南高那家人就找到高民昌家借,因为高民昌家有借钱能力。

1949年以前在高家,一家人财产是公共的。高家需要去借钱或者借给别人钱一般是高民昌作为当家人去借,其他家庭成员不能去借钱,也借不来钱。还的时候是庄稼收了,地里产了东西,由高民昌去还。家庭成员之间没有借钱的情况,分了家之后财产分开,各自管各自的可以去借。

(四)无力还债:跑路躲债

借了钱还不上跑路躲债的情况也有,高家虽然没有出现这种情况,但在堤南高其他人家发生过。这家人属于特别穷的人家,借了同村人的钱还不上,就带着全家人跑路,跑路之后家里只剩下一座破房子,放账这家也无计可施,只能等他回来之后再来要账。欠账的本来约定某一期限还多少多少钱,但因为还不上就跑路了,放账的来要账,找不到人只能作罢。欠账的等手头富裕了,再回来把账还上。

(五)债务分割:"父债子还、子债父不顾"

当家人借的债,等当家人去世了,他的儿子们需要还债,因为"父债子还",如果不还,"不占理",没有理由不还债。如果儿子们分家了,在分家的时候就需要落实,要么平分,要么直接把这部分钱拿出来再分家。

儿子如果欠债了,父亲可以不用偿还。堤南高1949年以前有个人赌博欠别人钱,父亲不替他还债,债主就逼这个人,这人没有办法只能卖兵还账。

(六)金融组织:"请会"

当地也有资金融合组织,当地称为"请会"。"请会"往往是需要用钱的人家约上十几户人家,每家兑的一样多的钱,谁组织的会谁得钱,然后把钱全部得了,给参与请会的人摆酒。第二年,还是这十几家,像第一年一样每家兑的一样多的钱,得过钱之外的人抓号,谁抓到了,得到全部的钱,然后给参与请会的人摆酒。有几户参与,该会持续几年,每家每户兑的一样多,使得也一样多。参加"请会"必须由当家人决定,其他家庭成员不能自作主张。

六、家户交换

1949年以前高家在对外交换时,主要是以整个大家庭为主体,大家庭的家长高民昌作为代表,小家户和个人作为补充。主要是同"赶驴贩"、集市、挑货郎、饭馆与酒坊、各种经纪等进行交换。

(一)大家庭为主

高家在交换时,主要是以大家户为单位统一交换的,如家中的粮食统一买卖,没有哪个家庭成员可以单独买卖。大家户交换之外,也有少数小家庭交换的情况,如各个小家庭自己纺花织布。个人交换的情况也有,如高民昌和长子高席儒自己买烟。大家户统一消费,由高民昌统一安排,不需要给保甲长打报告,不需要请示其他家庭成员。小家庭在交换时,由各个小家庭的长者决定,如三孙子高知斌所在的小家庭进行交换时由他的母亲来决定,不需要给保甲长打报告,不需要请示高民昌,各个小家庭挣得多就多消费。个人在进行交换时,可以自己做决定,只要是用于正道消费,高民昌都不会过问。

(二)交换对象广泛

高家每年会有上万斤粮食,120亩地,一年两季,一季最少200斤收获,260亩地租出去,每亩72斤,加起来四万斤左右。当家人高民昌统一进行支配,除了家里人吃饭、给伙计付工钱之外,大部分都会出售,以供家里开支或者买地扩大生产。高民昌在买卖粮食时,要么卖给进村的粮食贩子,要么在集市上出售。粮食出售所得,是维持大家庭消费的根基所在。

1."赶驴贩":家长交易

由于当时走村串户的粮食贩子多用驴拉车,故又将进村的粮食贩子称为"赶驴贩"。"赶驴贩"家里的地都不多,靠倒卖粮食为生,买头驴驼两袋约一二百斤粮食。"赶驴贩"的利润不高,情况好一点儿一百斤能落三五斤粮食,情况不好不赚钱甚至赔钱。当"赶驴贩"不需要告知保甲长,也不需要与家族族长请示。当时的"赶驴贩"都是成群结队的,或五六个、或十个八个结成帮,因为一个"赶驴贩"所拉的粮食有限,拉的粮食拿到集市上或者打听粮食价格高的地方去交易,以此赚得差价。"赶驴贩"开展交易时,会用村里"粮食经纪"的斗量。

高家在与"赶驴贩"打交道时,是由高民昌出面的,其他家庭成员不能擅自与"赶驴贩"交易。如果高民昌生病了或者不在家,高家其他家庭成员不可以自己做主将粮食卖出,因为这是大家庭的粮食,个人不能打粮食的主意。高家的粮食是为一个整体,高民昌通盘考虑,统一销售,所得用于大家庭统一消费。相应的,"赶驴贩"想与高家做生意,会找高民昌,其他家庭成员不会与"赶驴贩"进行过多的联系。

2.集市卖粮:家长安排

高家卖粮食一般去赵集,因为一是赵集离堤南高近,大约3.5千米,附近其他集市如滕楼、裴营等稍远;二是赵集集的时间长,全天都有集,其他几个集市又称"露水集",集的时间很短就结束了,粮食拉过去有可能卖不出去还需要再拉回来。高民昌去卖粮食时,会安排若干个伙计同去,伙计们将粮食扛上车,掌鞭的赶牛车,高民昌骑马或者坐在牛车上。去的时候会稍早一些,往往天刚一亮吃完饭就去,回来的时候不一定,有时候粮食卖出去的早就早些回来,卖的晚或者卖不出去,晚一些再回来。高家进行粮食交易时的规矩,就是由当家人高民昌做主,他决定卖不卖粮食、什么时候卖粮食,其他家庭成员不能擅自卖粮食。卖粮食时,高家很少与同村人一起去,因为自己有车,跟别人一起不方便。此外跟别人一起去,粮食反而不好卖,卖不出去要拉回来,同时自己家里的人足够,不需要跟别人一起。此外,当地被日本军队占领之后,土匪已经被消灭完,因此不担心被土匪劫道的情况。

卖粮食的时候,不同的粮食有不同的价格,小麦面口感比较好,价格比玉米面稍高,比谷价格子高一些,因为谷子带壳。高民昌去集市上卖粮食时会依照当时粮食的价格,同时还有多方面考虑：一方面，刚收罢粮食一般不会马上去卖，因为劳动力不得闲，到农闲，人有时间才用牛车拉着去集市上卖粮食，赶驴贩也到村里收粮食；另一方面，麦口时期卖粮食也比较多，因为那个时候一般人家的粮食都吃得差不多，属于缺粮的时候，价格会高于平时。因此高民昌在卖粮食时会进行计算，如果今年年景好，粮食收成好，多吃点绿豆、玉米、红薯等粗粮，把好的细粮省出来，拿到集市上卖，因为细粮可以卖高价格。此外，买卖粮食还要看季节，麦刚下来的时候，高民昌往往把麦子屯起来，到三四月麦口，麦就要贵一些，再拿出去卖。之所以如此考量，高民昌也是为了整个大家庭考虑，为了家庭更好地运转。

集市上的价格要比在村里卖的要高一些，因为去集市上还有一段的路程，有时候高民昌不想费事，就直接在村里卖给赶驴贩，赶驴贩的价格要比市场稍低一些，因为赶驴贩也要赚取其中的差价。此外村落离集市的距离也是一个衡量标准，像堤南高村离赵集镇的距离较近，所以高家去集市交易的情况较多，赶驴贩到村中收购粮食时，价格不会比集市上低的太多。还有一个影响价格的因素，就是通货膨胀。1949年前后货币通货膨胀速度相当快，有个笑话说从街头买一袋粮食，到街尾就能赚钱。卖粮食时，高民昌安排家里年龄稍大的男丁跟上，因为他可以帮忙看粮食，年龄稍小的男丁可以不用去，因为年龄还小帮不上太大的忙，如长孙高知文会一同去，但其余几个孙子年龄较小不需要一同去。

另外高家还会种一些芝麻，当地在1949年以前以种植芝麻，除了日常生活中吃油之外，点灯、给车上油都使用芝麻油，所以该斗行经纪在芝麻刚刚成熟的时候屯一部分，到年底需要芝麻时拿出来卖，卖芝麻是在村里卖，有时候也会在集市上卖。

3.斗行经纪交易：家长代表

高民昌在买卖粮食时，经常会与斗行经纪打交道，因为高家是由高民昌卖粮食，其他成员不会与斗行经纪打交道。堤南高有一个斗行经纪，外号叫"可怜"，石爷庙有个何大贵，他也是斗行经纪，"可怜"家有一个斗，堤南高村里的人买卖粮食都经过他，高民昌卖粮食的时候找到他，他负责找下家，过他的斗，给他一部分报酬，这样就不需要把粮食运到集市上。这两位斗行经纪也有地，不过地非常少，经常往集市上跑，交际圈子比较大，粮食行里、附近村里熟人较多。斗行经纪对各种粮食价格信息都有一个汇总，高民昌去交易之前都会打听。

除了村里的斗行经纪，高民昌与粮食行交易时也要与斗行经纪打交道，那里边有斗和升，粮食过他的斗，交易双方将粮食倒在粮食行的簸箕里，用斗盛满，用木板将多余的压平。斗行经纪主要的责任是过斗，一般是卖家给斗行经纪出钱。除此之外，粮食行低价收入、高价卖出，高民昌如果今天没有卖出粮食，又觉得把粮食运回去过于麻烦，会将粮食以稍低的价格卖给粮食行，粮食行再以稍高的价格卖出，赚得利润。买卖时，斗行经纪有两种偏向的情况：斗行经纪如果跟买家熟一些，会有意无意地碰斗，粮食就会往下掉一些；斗行经纪如果向着卖家了，不会碰斗。

高家在与斗行经纪打交道时，是由高民昌出面的，其他家庭成员不能擅自与斗行经纪开展交易。相应的，"斗行经纪"想收购高家的粮食，会找高民昌，其他家庭成员不会与斗行经纪进行贸易往来。

4.大家庭赶集：家长做主

仅仅依靠土地里生产的东西是远远不够的，高家还要去集市上买东西，基本上都是高民昌去，媳妇王从荣不去集市上买东西。堤南高附近有赵集、滕楼、小王集、裴营等集市，据邓县

46

县志记载:赵集形成于清乾隆年间,逢单集,一集集一天;滕楼形成于明代,逢双集,一集集半天;小王集形成于中华民国初年,逢双集,该集是露水集;而裴营是有市无集;距离方面,赵集离堤南高近,大约3.5千米,附近其他集市如滕楼、裴营等稍远,7到10千米不等。高民昌去赶集,多的时候一个月往往去七八次,次数少只去一两次。具体而言,高家需要去哪个集市、什么时候去、买什么东西、买谁的东西主要是由高民昌考虑和决定,高民昌去集市买东西,主要是为了大家庭的所需。一般去集市的时候高民昌都是早上吃过饭再去,到中午都能赶回来,高民昌不会在集市上吃饭,因为集市的时间不会太长。

去集市上买卖,都是高民昌做主,也都是高民昌去,一般不会出现由其他人去的情况。如果高民昌身体不适,会委托长子高席儒,给他钱让他代为上街买东西。并非所有东西都要找经纪,买菜、鱼之类的,不需要找经纪,但买粮食有粮食经纪,买牛有牛经纪。当家人去赶集的同时,家里的其他人可以跟着去,小家庭的人也可以单独去,开支从私房钱中拿,目的也是满足个人或者小家庭的需求。

5.挑货郎:妇女打交道

有时候高家急需某些东西来不及去集市或者家里的女性购买东西,就会通过流动商贩来购买。1949年以前村里的流动商贩被当地人称为挑货郎、货郎挑、货郎子或者挑杂货挑的,也有一种"乡道"的叫法,因为集市上的生意叫作门市,在村里的生意又叫作"乡道"。挑货郎的包括油盐挑、货郎挑、菜挑,货郎挑是花线等卖妇女用品的,主要是卖针线、帽袜、糖果,油盐挑是卖油盐之类的作料,菜挑卖的是萝卜、香菜、韭菜、葱等,挑杂货挑的不卖粮食,因为粮食太沉挑着不方便。堤南高基本上天天都有挑货郎进来卖,但挑货郎来村里的时间并不固定,因为先后去不同的村庄,所以到村里的时间有早有晚。挑货郎进村时,一般情况下不会叫卖,只拿着货郎鼓摇着或者敲锣打鼓,以此告知村民自己进了村,只有卖菜的会喊。挑货郎的这些东西都是村民有需要才会买的,挑货郎所卖的东西集市上也有,价格相仿,村民之所以购买是为了方便。

高家没有人从事挑货郎这一职业,堤南高村也没有挑货郎,都是外村来的男性,中年人居多,没有女性,挑挑子的比较多、推车的较少,挑挑子,挑的是两个箱子里边装着卖的货物,都用网兜着。推小车多是搞粮食交易的,推起来难度比较大,需要掌握好技巧才能推好车,当地有句顺口溜"推小车,不知难,只要屁股扭得圆"。到饭点了,挑货郎在街上用钱买或者用货换饭吃,也有自带干粮的情况。

多数挑货郎只能给现钱,也有一部分可以接受"物物交换",如可以拿鸡蛋、芝麻等换取物品,当地有句老古话是"鸡蛋换盐,两不找钱",村民拾点鸡蛋,就去换盐,一小升鸡蛋,能换一小升盐,双方都不需要找对方钱,一斤香油可以换三斤芝麻,但挑货郎不接受换其他粮食,如小麦,因为太重了挑不动。挑货郎自己带秤,因为自己卖的一些东西,比如盐就需要过秤。挑货郎进村不需要跟保甲长汇报,这也属于"没有人管"的行当。村民跟挑货郎交易往往不能赊账,因为数额较少,是小生意,不值当专门为这点钱来要。

在实际生活中,因为挑货郎所卖的东西以针线为主,所以多跟村里的女性打交道。在高家,多是儿媳妇们购买挑货郎所卖的物品,所用的钱主要源于小家庭的收入,相应的购买也用于个人或小家庭的使用。挑货郎所买卖的物品,较少有大家庭所需的,故高民昌基本上不与挑货郎打交道。可见高家人与挑货郎打交道是较为独立的,大家庭不会进行干涉。

6.饭馆、酒坊:男性登门

除了在家中吃饭,高家的家庭成员偶尔也会去村里的饭馆吃饭。堤南高村 1949 年以前有饭馆,在北门有一家酒馆,只卖酒。在西边有一家,外号"麻丝"的人在开饭馆。去赵集镇赶集的、做买卖人,有一些要从堤南高路过,所以"麻丝"的饭馆多做过路人的生意,本村人来吃得少一些。高民昌家很少去"麻丝"的饭馆里吃饭,如果来了客人,会很隆重地炒几个菜,家里有红白喜事也不会在饭馆里办,都是在自己家里办的,偶尔也会去饭馆吃饭,也是宴请朋友、客人。在高家只有高民昌、三弟高自齐和长子高席儒可以去酒馆,因为他们是各自小家庭的家长,而其他家庭成员是不允许去的。

北门的酒馆是卖黄酒的。该老板自己也有土地,但土地不多,1949 年以前人人都喝黄酒,用酒渣酿成酒。开这些小店铺不需要跟保甲长请示,保甲长不管这种小生意,也不需要给保甲长送礼。附近的人都会来这里买,外村的人不会来这里买酒,因为他自己村里也有卖,不会跑这么远来卖。高家自己酿的有黄酒,煮米酿造,足够一家人饮用,因此高民昌不需要去酒馆里买酒。

7.柴市:高家不需去

堤南高附近的集镇没有专门的柴市,只是在某个市场中,有北山的人,砍一些花梨树挑到街上卖,都是一些贫穷的农户,靠砍柴获得额外的收益。卖柴的也可以送到家中,不过要价会高一些。高家不需要去柴市,也不需要买柴,因为家里一百多亩地所产的麦秸、芝麻秆有很多,自己家烧火做饭完全用不完。用不完也不会挑去卖,这些小钱高家看不上,有些柴搁的年代多了反而放朽。

8.棉花经纪:女性贸易多

高家的女性在家进行纺织,再拿上街去卖,此时需要借助棉花经纪完成交易。棉花经纪,也叫花线经纪、线经纪,经营棉花、布、线等物品时,需要通过棉花经纪才可以买卖。棉花经纪主要是充当称秤、算账的功能,交易成了,棉花经纪可以从中提点钱。当时棉花的交易用的纺线秤是"二十四两秤",普通老百姓不懂得除法、算数,棉花经纪精通"经乘歌",内容是"一零二五,二一二五,三一八七五,四二五,五三一二五",买卖棉花时并非是整数,经常遇到零数的情况,必须通过熟知"经乘歌"的棉花经纪来完成交易,否则账算不过来。

高家的女性在家纺织完毕,在满足一个小家庭人穿衣之余,额外的拿到集市上再卖,卖的钱再拿来买线,再进行纺织;对于不会纺织的女性,只能在街上花钱买点布,缝制衣服给小家庭的人穿。以三儿媳妇任桂兰为例,她经常纺花织布,卖线卖布,用很长时间纺出来一块布,用包袱一包,夹到胳肢窝里,去赵集街或滕楼街卖给花线经纪。要么她自己去卖,要么找人捎去卖,只要卖合理即可,大家庭不会干涉。

9.牛经纪:家长来讨价

高家对牛这一主要的耕畜进行买卖时,需要通过牛经纪来实现。高民昌在自己村庄买卖牛可以不通过经纪,但在集市上购买、卖出耕牛,要经过牛经纪进行交易,牛经纪就是促成交易达成的关键人物。与此同时,高家在买牛卖牛时,只有高民昌能决定和安排,他要根据自家耕种的需要,看家里的牛是不是老了、是否需要添置新牛,其他家庭成员并不过问,更不能擅自做主,因为地里的事情自己说了不算。而且是自己家务事,所以外界也不会干涉。如果高民昌生病了或者不在家,其他家庭成员是不会去卖牛的,甚至不会有这样的想法。

高民昌之所以找牛经纪是因为自己去买牛没有办法谈好价钱，因为"买卖两家价相反"，一个往低了说一个往高了讲，俩人说不到一块去。小物件有市场参考价格，像耕牛这种大物件没有参考，必须由中间人，即牛经纪从中讲话。此外牛行委托牛经纪进行交易，进行牛的交易要找牛行，找牛行就要经过牛经纪。

做牛经纪的也有自己的耕地，不过都不多，往往早上去赶集市，下午再回来做农活，此外他家里还有其他劳动力。当地对于牛经纪的评价往往很差，当地有老古话"袖筒来、袖筒去"，"摸的""牛经纪䎃①他爹"可以佐证。牛经纪长时间做这行，认识人多，交际广。牛经纪往往是会要手段的人，通过给买卖双方更改价格来获利。也有牛经纪赔钱的情况，有赊账买来牛去外地卖的，一跑不回来的，牛经纪只能把钱补上。此外，牛经纪有特殊的技能，据说无论性情再暴躁的牛，都能让牛经纪能降服了、让牛害怕，一般人当不了牛经纪。牛经纪不需要给集市交税，也不需要给官府交税。

当时每个集市上都有牛行，牛经纪是灵活的，可以去不同集市、不同的牛行，到庙会上，不再是牛行，而是很多个牛经纪在树和树之间拴个绳，在当地称为"牛绳"。牛经纪拿一条独特的"扎鞭"，然后卖家将牛在上边拴着，高民昌去看牛时，会找牛经纪通过暗语、比码商量价钱，然后达成交易。卖牛的先把牛拉到牛行里拴起来，表明自己是卖家。高民昌先要去看，看中了哪头牛，就找牛经纪问多少钱，然后牛经纪拉着高民昌在背后或者袖筒中比码，总之价钱不能让其他人看到。然后牛经纪再跟卖家比码，经过反复讨价还价，牛经纪觉得可以，高民昌就要出钱。给钱时，要通过牛行，买家要把钱给到牛行的柜上手里，柜上再把钱给卖户，柜上和牛经纪是一回事，两家就把差价分掉。直到交易完成之后，交易双方也不知道对方到底出多少钱、要多少钱，都是牛经纪在里边使"黑码"。

牛经纪能从中间赚多少钱要看人，如果买卖双方是老实人、不懂得交易内幕的人，牛经纪就会多杀几次价，从中多赚一些；如果买卖双方是明白人、懂得买卖原则的、常在牛行里跑的，则牛经纪很难多赚钱。牛经纪主要是充当讲价钱、担保的功能。买卖牛是论钱的，不论粮食。买家先把牛拉走，随后再给牛行钱，欠的钱要在规定的时间内送过来，两家协商最长不能超过一个月，随后通知卖家来拿钱，买卖时钱要一次给清不能分批给。交易时要看买家的为人，正经过日子的、可靠的人可以能欠这个账，如果是无赖欠不来这个账。如果买方牵着牛跑了，这种情况就叫作"卖泼了"，牛经纪要承担这个风险和损失。

10.猪经纪：买肉家长定

高家到过节日和来客人时，高民昌就主动买一些肉、菜，买肉要通过猪经纪才能买得到，买回来中午吃面条可以加一点肉吃肉面。在高家与猪经纪进行交易时，什么时候买肉、买多少肉、买哪个部位的肉就是高民昌说了算，因为当家要人安排。其他家庭成员并不过问，只顾着吃即可，外界也不干涉。如果高民昌生病了或者不在家，长子高席儒会代为上街购买，开支由大家庭承担。个人没有找猪经纪买肉的情况，因为是大锅吃饭不存在开小灶的问题。

卖猪的是开个杀猪店，当地称为"肉架子"，直接到各家各户买活猪。有经验的猪经纪，一看活猪就知道能杀多少肉，没经验的就会约莫不准，进而买、卖就吃亏了。对于棉花经纪、牛经纪、猪经纪与老百姓打交道最多的经纪而言，猪经纪需要一定的技能，就是看猪约莫肉；棉

---

① 䎃：音 biāo，意为骗人。

49

花经纪需要会算;牛经纪需要有人脉,能看牛。

11.监管:乡公所统筹

过去有专门管集市的部门,归乡公所统筹,如果有交易产生的纠纷、闹事的,由管理集市的部门处理。发生缺斤少两的情况,该部门不会管,因为是小事,也没有人因为缺斤少两找该部门说理。此外,集市的卫生没有人负责。

(三)交易过程:家长还价

在集市上交易的,赵集镇附近各个村的人都有,也有堤南高本村人,当同样的商品本村人、外村人都在交易时,高民昌在交易时会进行比较,购买"更合适的"那家,不一定在哪家购买,并不考虑生人、熟人,更需要考虑价格、质量的因素。相应的,如果交易时双方是熟人,会多给一些,当地有句俗语叫:"熟人多吃四两豆腐。"

上街买东西主要是高民昌去,其他家庭成员可以跟着他,多是看热闹,几个孙子当时都跟过高民昌上过街,孙子们在去的时候需要请示去集市的人(多是高民昌),如果方便一同去就可以跟去。如果买穿戴的东西,往往小家庭或者几个小家庭一起去。高民昌会在市场上打听价格信息,无论生人熟人都可以打听。买东西时,小摊贩不可以赊账,因为不是固定摊位,店铺的生意可以赊账给熟人,但高家不需要赊账,也没有赊过账。

第三章　家户社会制度

本章主要介绍高家在传统时期家庭的婚配、生育、分家继承、过继抱养、赡养、交往等情况。在婚配方面,高家具体来说由当家人高民昌安排每位家庭成员的婚姻大事,婚配过程、原则有很多讲究,也出现了纳妾、改嫁等多种婚配形式;在生育方面,高家几代人的生育属村里的正常情况,生育是全家的事情,并有一系列流程;在分家继承方面,高家在土地改革运动之后先后两次分家,每个男丁所在的房支有资格继承;在过继抱养方面,高家并未出现,但有过认干亲和"带的"孩子的情况;在赡养方面,由于已经分家,赡养主要由几个小家庭共同分担;在交往方面,在高家父子关系是内部最主要的一对关系,对外主要是和邻里、村民和亲戚打交道。

一、家户婚配制度

男大当娶,女大当嫁。高家在 1949 年前,家庭成员多半成婚,少半定亲,没有打光棍的情况,大家庭会安排每一位家庭成员的婚姻大事。寻求结亲对象时,讲究门当户对,距离适中。在婚前准备过程中,高民昌作为当家人来拍板决定,当家人以及父母不能做主,更不能自由恋爱,高家男丁大多数要经过小订。在婚配过程中,要经过"央媒人"、婚贴署名、"接亲"等一系列"路数"①。在婚配原则上,高家讲究长幼有序,男出聘礼,女陪嫁妆;在婚配形式上,高家出现了接"小婆""嫁二夫男"等多种情况。

(一)家户婚姻情况
1.婚姻状况:多半成婚,少半定亲

1949 年以前,高家一共有八位已婚的男性,分别是:第一代老大高民昌,妻为王从荣;二弟高才三,妻翟氏、妾蔡氏;三弟高自齐,妻彭氏,妾王京兰。第二代长子高席儒,妻为杨永芳;二儿子高仁远,妻李玉莲;三儿子高书秋,妻为任桂兰;侄子高书阶,妻赵宝兰。第三代长孙高知文,孙媳耿照兰。未婚的有三侄女高慧珍;第三代知命、知斌、知瑞、知音、知煌、知行,共七人;当时这七个人,除长孙高知文之外都没有到婚配年龄,但基本上都已定亲,因此没有光棍情况。守寡的情况较多,第一代二弟被绑架下落不明之后,妻翟氏、妾蔡氏守寡;三儿子高书秋 1948 年病逝之后,三儿媳任桂兰守寡;第三代长孙高知文病逝之后,孙媳耿照兰守寡一年后改嫁,当时已经是 1949 年以后。

2.婚姻讲究:门户相对,距离适中

高家家庭成员在婚配时,往往都是由当家人高民昌安排的,高民昌在安排时首先会考虑

---

① "路数":当地话语,流程、仪式。

"门户相对"，其次选择距离适中的家庭结亲。在实际情况中，高家的婚配均遵循着这些讲究。

在高家第一代中，高民昌的媳妇王从荣娘家是王葫芦的，大二弟媳妇娘家是曲王营翟家的，小二弟媳妇娘家是东乡的蔡氏，大三弟媳妇娘家是堤南高北边北彭家，小三弟媳妇是白落乡西南王凉甸的。第二代，长子高席儒娶的杨永芳是榆树杨家，二儿子娶的是李集的李玉莲，三儿子娶的是任营任桂兰，侄子高书阶娶的是赵庙的赵宝兰，二弟家的两个侄女分别许配到宋岗和小窦营，三弟家的侄女般配给王家。第三代，长孙知文娶的是岗营的，二孙娶的是宋岗的。其余的家庭成员都是1949年之后，不属于调研范围内。

从与高家做亲的家庭条件上看，高家做亲这些对象的家庭条件都是中等人家。只有一个例外的，大侄女许配给宋岗的那一户是大户人家，住的房子是"五脊六兽"，当时一般家庭是不允许建这种房子的，可见宋岗那户人家不仅仅是富裕，而且是官宦人家。之所以与高家做亲的都是中等家庭，而非条件特别好的家庭，这是因为高家属于"新发户"，之后二弟高才三在外做生意，短时间赚到了大量的钱，赚钱的时候高家没有家庭成员到婚配年龄。当时讲究"门户相对"，因此定亲、般配的还未发财，媳妇都是一般家庭的闺女。

从做亲距离上看，基本上都是离堤南高距离很近的村庄里，最近的两三里地，远的十几里，只有两个例外：一是高家二弟纳的妾，是外地逃荒来的，因为容貌颇佳，所以被二弟纳为妾，二是三弟纳的妾，是白落乡的，这是三弟在外认识的。此外，年龄方面，男女一般都要相当，最大不能超过三岁，即"女大三抱金砖"，相差再大就不能结亲了。高家家庭成员结婚一般都在十七八岁的年纪，男方一般比女方大一些。此外，一个村同宗的不能结亲，一个村不同宗可以结亲。

（二）婚前准备

1.当家人做主，当事人服从

结婚在当地称为"般亲"，其中娶媳妇叫"接媳妇""接新媳子"，嫁闺女叫"打发闺女"，高民昌在给家庭成员安排婚事时，会在孩子一两岁的时候先定过亲，再到结婚的年纪正式成亲。孩子到一定年龄，当家人高民昌就会央媒人找合适的家庭，当事人没有做主的权力，即使不愿意也不行，这是一种习惯和惯例。如果当家人不是当事人的父母，其父母也不能违反当家人的意愿。除此之外，家族不管婚姻，保甲长也不会过问。

2."门户得相对"，"路数"要"排场"①

"好家"和一般家、穷家结婚很不一样。高民昌安排家庭成员婚事时，会讲"路数"和"排场"。首先在标准上，要讲究"门户相对"，这是结婚最大的标准，与高家结亲家庭条件都不差。以长孙高知文结婚为例，高知文是快1949年左右结的婚，当年18岁，"般亲"的对象就是定亲的对象，当年20岁，属于年龄相当。"般亲"的对象长相很好，也有一定文化，其娘家爹也是一位读书人。其次是先定亲，再成亲，大户家的孩子，刚出生，人人都打听着想跟他定亲，到了婚配年纪成亲，老穷杆②，没人愿意给他结亲。再次是结婚的花费，高家结婚时花费比一般人家多很多。最后结婚的"路数"，好家要"排场"一些，要请吹手、鼓手、抬花轿，穷家要简单很多。

---

① "排场"：当地话语，隆重的意思。
② 老穷杆：当地话语，即非常贫穷的农户。

3.多"包办",少"自谈"

1949年以前高家家庭成员在婚姻问题上,都是当家人高民昌做主的"包办婚姻",当事人没有选择的权利,即"父母之命,媒妁之言",保甲里、家族中都不会过问。1949年以前,当地只有几例"自谈"的情况,其中有高家的近门一家,就是"自谈"成婚,叫高知立,在堤南高小学上学,自谈了一位石爷庙的曾姓女同学,高知立家由他父亲当家,曾姓的也由父亲当家,两人自谈之后同自己家里商量之后,双方家庭均未反对,反而很愿意,最终双方成婚了。因为双方家庭都是"有得户"①,都是财主家庭,两个当事人在自谈的同时也与双方当家人商量,最终再请媒人,按照风俗成的亲。

4.大户聘礼重,小户多"换亲"

1949年以前,在结婚时当地不怎么要聘礼,在1949年前后,流行以布为聘礼。高家家庭成员结婚时间相错比较大,因此可比性不高,长孙高知文在定亲时,高民昌花费40块现洋买的布匹下聘礼,钱是高民昌安排媒人去谈的,由大家户负担,高家女性出嫁,高家陪嫁妆也是可观,四个柜子、八个箱子、一个大床、一个衣架,被子、衣服不提,也要花费不止二百的现洋。结婚之前需要定亲,定过亲之后,双方是亲戚但不走动,直到结过婚之后,双方才开始走动,算是正式的亲家。高家的聘礼很是不菲,穷人家为了减轻聘礼负担,往往采取"换亲"的方式,即两家之女互换,为各自儿子成婚,再或者娶外地逃荒过来的女性。

5.女方攀亲戚,"小订"大户男

高民昌在安排家庭成员成婚时,会在双方结婚之前,确定婚姻关系,即定亲,当地又叫"小定"、攀亲戚。一般是在孩子一两岁的时候,多是女方的父母主动跟高民昌攀的亲,双方之前并不认识,只是女方的父母听说有家庭富裕的高家生了男丁,女方就想"攀高枝"给自己闺女找个好家,就想来结亲,主动找高民昌说。"小定"时往往男方家庭要好一些,男孩家如果比较贫穷则不会定亲,太可怜的人家是没人愿意给他说亲;女方家庭也不会太贫穷,否则男方不会同意,也不会太富裕,因为"富裕人家的女孩不愁找不到婆家"。

"小定"也有若干的标准,与结婚差不多,同宗同族的不会定亲。对距离要求不多,有邻村的结亲的,也有十几里的,二孙高知命"小定"定在堤南高南边的南召岗,三孙高知斌定的是杨魏营最远有十几里路。年龄方面,男女一般都要相当,最大不能超过三岁,即"女大三抱金砖",相差再大就不能结亲了。"小定"之前并不一定认识,中间要经过人说,如高家添了男丁,想跟高家结亲的女方家则会央人来说。女方来说亲的时候,高民昌会打听、衡量,要考虑女方的家庭情况、父母的为人等因素。"小定"不需要签文书,主要是两下说好。

高家第三代的男丁都定过亲,长孙定的是耿营的,二孙定的是堤南高南边的南召岗,三孙高知斌定的是杨魏营的,四孙定的也是杨魏营的,叔伯姊妹中只有高知瑞则没有定过亲。定亲生下来就可以定,结婚之前也可以定,七八岁到十几岁要多一些,孩子太小不会定亲,因为那时候容易夭折。到结婚年纪,就"上呆呆",即上婆家。小定之后基本上是不可以退婚,除非是当事人死亡等不可控因素,否则一般不会退亲,按照规矩不论如何都要成婚。不过到了1949年之后因为土地改革运动等政治运动,由于成分等问题导致定亲未能成亲的情况发生,如三孙子高知斌就没能和杨魏营的那家成亲。整个堤南高村在1949年以前出现退婚的

---

① "有得户":当地话语,即"有条件的户"。

情况极少,要么是男女双方闹别扭,或者是其中一方智力、身体出了状况,另一方不愿意,强制退婚的。如果是男方长大之后看中别的家闺女,想退掉小定的是不可以的,当家人是不会允许的,这样自己会被其他人指责。

高家小定时,高民昌要拿主意,孩子的父母只能提意见不能拍板,孩子本人没有发言权,如三孙子高知斌小定时是高民昌决定的,自己的母亲同意。小定是"各家的事儿",不需要告知保甲长,也不需要跟家族族长请示。

小定时,是女方来高家,带一些礼,一般是笔和墨,高民昌安排摆酒场,男方女方都有媒人来,男方还礼是"红绿定",即红色、绿色的布。有的家庭不需要下聘礼,1949年以前没有从结婚中使钱的情况,如高民昌家只需要摆一桌酒席,请一请女方的父亲,女方央人来说,也要单独感谢对方。定过亲之后两家属于亲戚,但不会走动,直到两家正式结婚才会开始走动。

(三)婚配过程

1.结婚两下"央媒人"

1949年以前高家家庭成员在结婚时遵循当地的传统,那"父母之命,媒妁之言",也就是说必须经媒人说才行。结婚需要请媒人,就是当时定亲时双方央的人,之后般配时继续做媒人。媒人不图吃、不图喝,也没有钱,就是"干跑腿",就在"换帖"的时候喝一顿酒。媒人需要有影响,有"凭信",媒人有的是自己家的亲戚朋友,也有专门的媒人。堤南高有一户人爱说媒,附近村里的人都知道他,男的女的说了一百多个媒,死的时候手头还有两三个没说完的,他的两个儿子帮忙找下家。等到两下成亲之后,就没有媒人什么事情了,故当地有句俗语叫"新人过了房,媒人撂过墙"。长孙高知文结婚之前经过定亲,当时男女双方都请的媒人,男方的媒人是高民昌请的。

2.婚帖署上家长名

确定下婚事之后,高民昌请的风水先生,算定良辰吉日。看好日子之后,要由媒人通知女方,当地叫作"送日子",两下没有异议,就敲定下来,这时候结婚的当事人高知文是不能提意见的。

定下日子,就要写喜帖,或者叫写请帖,在高家,署名要署当家人的名字,即高民昌的名字,因为般亲都是当家人管的,即高知文结婚,是高民昌在头里署名,自己的大儿子、大儿媳不能署名。大多数要请人来写,因为里边称呼的讲究很多,不同的亲戚不同的称呼,会写的不多。请会写的来写喜帖属于是请人帮忙,帮忙不用给报酬,但在坐席的时候需要敬对方坐上席,因为"用人家了"。随后在办喜事之前,会将喜帖发出。

3.良辰吉日去"接亲"

到了良辰吉日的那天,一大早,高民昌安排的人就抬着花轿,用食盒装着四色、八色或十二色的礼,由媒人相引,鼓乐礼炮①,到女方家去"接亲"。新娘以红布蒙面上轿,轿子抬回高家,高家要放鞭炮,点燃"干草把子",当地认为"干草把子"可以驱邪,也有欢迎的意思。地上铺的有红毡,花轿落在上边,会有高家近门的两位妇女搀扶着新娘子,踩着红毡进到高家院子,如果是穷人家可能地下就铺的凉席;大门前放置马鞍,新娘子需跨过之后才到高家的院内,行至中庭在一张"天地桌"前"拜天地",随后入洞房,新郎新娘要喝"交杯酒"、吃糖水荷包蛋。随

---

① 鼓乐礼炮,其中的"炮"当地称之为"三眼枪"。

54

后,高家宴请女方送亲的和高家的亲戚。

4.多找"近门"来帮忙

高家办红事时,高民昌和女方的家长都会请一些帮忙的,一般是自己近门的。高家要请知事客,当地叫知客,一般都是自己近门的,要求"脑子清楚点的""懂得规矩和习俗",岁数稍微大一些,要安排各种亲戚的座次,要明白什么是上位什么是下位,什么亲戚该往哪里坐。女方家要请送亲的,也叫送客,包括媳妇的叔伯,需要去两个人,其余的娘家人充当"把轿门""把柜子",最后还需要来几个装东西、抬东西的人,一般不能超过十二个人。亲戚而论,主家安排人写礼单时候,就要区分开来,写清楚哪里的亲戚、什么亲戚。坐桌时,并非娘家的亲戚坐一桌,婆家的亲戚坐一桌,而是各种亲戚岔开坐,送亲要坐上位,送亲的即媳妇的娘家人,然后新郎的娘舅为上席陪位,负责陪媳妇的娘家人。此外因为亲戚较多,当时摆酒席摆了几十桌,高民昌请专门的厨子做。

5.婚宴按辈排座次

高家办婚事安排座次时,具体高民昌是这样布置的:每桌坐八个人,位置而言,通常房屋都是坐北朝南,面门即北边坐的都为上席,左手边为上席上位,右手边为上席陪位。门口即南边坐的都为下席,左手边为下席上位,右手边为下席陪位,也叫下席口。东边的是二席;西边的是三席。如果桌子摆在外边,先以方向为准,再以"桌子缝"为准,北边是上席,南边是下席。

"稀罕"亲戚要坐上位,如新郎的外公、舅奶、姨家;自己家族的人没有位置,如爷爷就没有位置坐。保甲长来,没有特殊的位置,在待客摆酒席时,以亲属血缘关系而论,不论保甲长。财主家会得到一定的尊重,都会尊重他坐上位,但财主不能坐上位,还是要按照辈分、年龄,将位置礼让出来。

(四)婚配原则

1.结婚次序:长幼有序,不论男女

结婚时,高家也有长幼顺序,一般要先尽着"大的",再给"小的"结,因为男丁们都按照年龄排"老大、老二",如果先给"老二"婚配,再给"老大"婚配,属于不合"态"。不过在堤南高,也出现有顺序之外的情况,有一家长子是残疾人,找不来媳妇,就只能给其他的子女般配,长子一直打光棍。女性的婚配也要遵循这样的次序,高家的第二代和第三代女性都是最小,也是最晚结婚的。

2.婚礼花费:男出聘礼,女陪嫁妆

高家办红事时花费较多,由大家户统一安排,高民昌作为当家人具体把握,一般的家庭负担不了这么大的开支。婚事的花费主要包括聘礼、彩礼、典礼和酒席,这是"接新媳子"时的,相应的"打发闺女"花费主要是在嫁妆方面。

长孙高知文在定亲时,高民昌花费40块现洋的钱买的布匹下聘礼,钱是高民昌安排媒人去谈的,由大家户负担,整个婚礼流程下来,高家也花费了二三百现洋。相应的,女方送过来的嫁妆有大立柜、皮箱子、抽水桌,也花费有好几十块钱。高家女性出嫁,高家陪嫁妆也是可观,四个柜子、八个箱子、一个大床、一个衣架,被子、衣服不提,也要花费不止二百的现洋,除了嫁妆之外,高家不会陪嫁资地,因为当地没有陪嫁资地的传统。高家家庭成员结婚时间相错比较大,因此可比性不高。

高家般亲时,摆酒席一般赔不了钱,给娘家送聘礼是个大头,娘家要求多少被子,要压多少钱、多少衣服、鞋袜。当时不准使彩礼,有些人家穷,"打发闺女"会使一些钱,当地称使钱的家长为"卖闺女",这是一件很不光彩的事情。堤南高曾经有一户人嫁闺女,让女婿家拉一车麦子和一车麻库饼,把闺女拉去了,一车麦大约是三石,村里人纷纷说她爹在"卖闺女"。娘家不仅不收彩礼,还要陪嫁妆,包括箱子、柜子、桌椅板凳,这部分算是娘家共同财产出的,到了婆家之后,这部分嫁妆属于儿媳妇个人财产,不属于婆家的公共财产,如何继承、如何分配,是儿媳妇说了算。除了娘家家长陪嫁妆之外,女方的亲戚也要向待嫁的女子赠送衣物,称为"添箱"。因此养闺女,在出嫁时负担重一些,当地人家一般只要一两个闺女,再多就养不起。

侄子媳妇赵宝兰和长孙媳妇耿照兰在结婚三天之内不做饭,媳妇三天要"回门",即回娘家住几天,具体住几天要看婆婆安排,即高民昌的大儿媳杨永芳安排,同时也要跟媳妇王从荣汇报。"回门"时要拿礼物,具体的东西由大家庭准备。

(五)婚配形式

1.兄弟接"小婆"

在高家,有两位家庭成员纳过小妾。妾在当地称为"小婆",纳妾即为接"小婆",相应的妻子就称为"大婆"。高民昌的二弟和三弟均纳过妾。纳妾时二弟、三弟和原配的年龄都偏大,与原配均生育过孩子,但跟小婆未生育。纳妾在当地是一种光荣的事情,说明这一家家大业大,反之贫穷的人家一个媳妇都接不到,遑论纳妾,当地人普遍认为纳妾都是"好家"才能纳妾,穷人没有纳妾的可能。

以三弟高自齐为例,纳妾是他自己提的,纳的是未嫁过的闺女,而非是妻子提的,原因是嫌自己的原配上了年纪、颜色色衰。小婆家中的条件较差,富家的闺女是不会当小婆的。纳妾时,三弟在外地纳妾而没有在家纳,因此没有跟当家人高民昌也就是自己的大哥商量,但会写信请示此事,因为这是家务事。高民昌是当家人理应要过问并拿意见,但因为是平辈之间不能多管就直接同意了。如果纳小婆纳的是闺女,会办婚礼,如二弟纳妾,纳的是改嫁过的,就没有办婚礼。接"小婆"不需要签文书,主要是双方都愿意。

按照常理,在大家庭内小婆地位不如大婆,但也要考虑实际情况。在高家,二弟的大婆地位比小婆高,但三弟的小婆地位比大婆高,因为三弟的小婆有文化、会说话,大婆不会处事、长得也不好,不讨高家人喜。地位高体现在多个方面,首先是大婆与小婆之间,二弟的小婆要尊重大婆,三弟的小婆和大婆却是地位相当;其次是家庭内部交往,高家人愿意同二弟的大婆打交道,却更愿意和三弟家的小婆来往。

后来高家的二弟、三弟死了之后,他们的两个小婆又重新改嫁了,高家不需要给她们陪嫁妆,之后她们跟高家就没有联系,死了之后埋在改嫁夫家的祖坟内。

2."小婆""嫁二夫男"

在高家,出现过两例改嫁的情况。"嫁二夫男"的,即改嫁。高家"嫁二夫男"的都是小婆,也就是高家的二弟、三弟所纳的妾。改嫁是在1949年以后,堤南高开展了土地改革运动,高家也因此破败。改嫁之前,两位小婆在高家生活,没有回到自己的娘家,因为两位小婆进门之后"就是高家的人",嫁到哪里,哪里就是她的家,即使丈夫去世也不能住到娘家,另外在高家生活条件要好一些。

改嫁是在1949年以后,高家当时已经分过家了,原有的当家人即高民昌不再管弟弟家的事情，即"各家管各家的事儿"。改嫁不需要签文书，主要是双方都愿意。

三弟高自齐的小老婆在高自齐眼瞎了之后，嫁给了同村高书南家的儿子高知奇，高知奇死了之后，又改嫁到外村。改嫁时，两位小妾将之前分得的家产也带走，而非净身出户，因为小妾和正妻都分了一份家产。当地的传统是妇女丧夫之后，要在家为亡夫守孝三年，高家这两位改嫁的都遵循了这一传统。当时对改嫁的女性不怎么瞧得起，特别在1949年之前讲究要遵循妇道，丈夫去世不能改嫁，应该在家守妇道，讲究"好女不嫁二夫男"，改嫁之后觉得这个人品德不好。

3."对换"

当地存在"对换"的情况。"对换"又叫"换亲"，指两家的闺女互换，为各自的儿子成婚。1949年以前，高家没有发生"对换"的情况，在堤南高村内有几起"对换"情况，这些家庭都属于贫穷的人家，为了省婚配钱不得已采取的办法，其中高家近门高知义家就存在"对换"的情况，高知义姑姑许配给对方之后，新郎的妹妹又嫁给高知义的叔叔，这就是"对换"。"对换"是由双方当家人做主和安排的，当事人没有发言权，也不需要签文书，双方当家人两下商量完毕，就找媒人，按照风俗完成婚配过程。像高家这样的大户人家没有发生"对换"的情况。

4."三磨头"

"三磨头"是"转亲"的一种情况，同时还有"四磨头""五磨头"。堤南高有家姓李，他家的闺女，许给祭坛庙王姓的男孩，祭坛庙王家的闺女也到婚配年龄了，想许给李家，李家没有适龄男孩，就拉来另外一家有适龄男孩的，于是就成了三家同时结亲的场景。"三磨头"也是"说不来人的可怜家庭"，想对换，但没有合适的，就多找一家共同解决婚配问题。三家结亲时如果有一家发生问题，三家婚姻都会受到影响。当时堤南高有一户人家跟别人"三磨头"，本来说好了，却又把自己的闺女许给别人，结果自己的儿子再去娶之前的闺女时，人家把门紧闭，让他们家扑了空。"三磨头"是由三方当家人做主和安排的，当事人没有发言权，同时也不需要签文书。

5."招上门的"

上门女婿在当地称为"倒插门""招上门的""招亲"。高家不存在"招上门的"情况，高家近门有一家，是道字辈的，高民昌要叫他叔，只有闺女没有儿子，就招到了一个郭姓的上门女婿。高民昌的同宗叔叔也有子侄辈，但该叔叔怕过继侄子把自家的财产弄走、土地房屋转卖，过几天不管他，就不考虑过继。郭姓的家里条件很差，兄弟也多，在堤南高给大户"二区长"跑腿；道字辈的这家也属于不错的人家，也有大牲口。

这家人招上门女婿是这家的当家人跟自己的闺女商量后决定的，经村里一个乡绅介绍，最后两家同意，郭姓人成为这家的上门女婿。高家所在的家族不会管一家一户的事情，村里的保甲长也不会插手这种事情。招上门女婿不签文书，主要是双方同意。婚礼署名署女方家长的名字，男方不需要花钱，上门女婿要负担这家老人的养老，上门女婿百年之后也要埋到高氏的祖坟内。

6.童养媳

童养媳多是娘家父母太过贫穷，抚养不下去，闺女就成了别人家的童养媳，还没到婚配年龄就抱给男方了。童养媳对婆婆称呼为妈，对公公称呼为爹，对家里其他人按照丈夫的称呼叫，对自己的丈夫没有称呼，两人在成婚前并不说话。高民昌所在的甲有三户童养媳，其中两户都是家庭比较贫穷的，其中一户是闺女，十来岁的年纪，母亲去世了，她父亲把她送到婆家了。

童养媳没到一定岁数不圆房，当作闺女养，需要做家务活，童养媳做什么、什么时候做什么，都是婆婆安排的。童养媳在当地是"可怜"的代名词，如果遇到心善、贤惠的婆子妈，就会当作女儿养大，婆子妈如果不善良，就会虐待她，很小的时候就做重活。如堤南高有一家，童养媳过来之后还很小，婆子妈让她擀面条，童养媳个子够不着案板，婆子妈就拿个小板凳让她站上边擀。童养媳没成婚之前，双方家庭逢年过节并不走动，平时也不能回家看母亲。如果儿子早夭了，童养媳可以另寻婆家，此时娘家无权过问，由婆家负责安排。将童养媳打发去婆子家之后，就和之前婆婆家没联系了，童养媳再回娘家就是回自己的亲生母亲身边。

(六)婚配终止

1."不要她了"

休妻在当地叫"不要她了"。当地有句老俗语叫："宁拆十座庙，不毁一桩婚。"高家不存在休妻的情况，村内有几例休妻的情况，有夫妻双方不和的、妻子不生男孩不生育、妻子不孝顺公婆等各种原因。休妻时，当事人要请示当家人，当家人同意了当事人才可以休妻，当事人不能自做决定。休妻时不需要写休书，跟女方说过男方就可以单方面休妻，女方不同意也不行，因为男方不愿意照样过不成，之后女性想回娘家或者再嫁都可以。高家不存在休妻的情况，但近门有一家婆婆瞧不上儿媳妇，然后让儿子不要儿媳妇了，这家的父亲去世了母亲当家，母亲看不上儿媳妇，儿媳妇当时二十出头还未生育，儿子不情愿休妻，但是"挡不住"自己的母亲，只能服从。休妻时，双方没有写休书，只通知了女方的家里人，男方也没有给女方赔什么东西，之前女方陪嫁的嫁妆可以让女方娘家收回，但男方下的聘礼就不再要回。

2.儿媳丧夫

高家丧夫的情况出现较多。高民昌的三儿子早夭，三儿媳任桂兰存在丧夫的情况，三儿媳生育了一男一女。三儿媳在三儿子去世之后，选择了留在高家而不是回娘家，她生的儿子也可以分高家的家产，即使不生孩子，她只要在高家留着就要分得一份，分家产是按份来分。三儿媳并没有因为丧夫就在高家地位低或者抬不起头，地位和其他儿媳妇相当，也不存在家里其他家庭成员欺负的情况。如果三儿媳选择改嫁，也可以改嫁，但因为高家较为遵循古礼，讲究贞洁，即"好女不嫁二夫男"，所以任桂兰受此影响一直守寡，抚养两个孩子长大成人。三儿媳遵循妇道是自己的选择，而不是当家人高民昌或者婆婆的安排。

在去世之后，埋到了高家的祖坟里，即使没有生育孩子也可以埋在祖坟内，跟自己的丈夫合埋，也可以立碑。任桂兰的墓碑上是这样写的："先慈任桂兰系任营人，生于1927年4月2日，勤劳贤惠，吾辈尚幼，慈坚守妇道，独承家任，育子成人，并供其读书，历经沧桑，饱受困苦。"

二、家户生育

在1949年之前，高家三代人的生育情况处于村里的"一般水平"，多生也可以"抚养得起"。当时整体的生育观念是多子多福，"人旺"的家庭"排场"，而在生育过程中，生多生少是夫妻双方决定，生育是全家的事情，都要参与其中，最后孩子呱呱坠地之后，由高民昌按照辈分起名，再经过"报喜""咬灾""卸锁"等一系列流程，才能长大成人。

(一)生育基本情况:"一般水平","抚养得起"

高家高民昌兄弟三个,其中高民昌生育了三个儿子,二弟生育一男一女,三弟生育两女。高民昌的子侄四人,其中长子生了四个儿子,二儿子生了一个男孩,三儿子生了一男一女,侄子在1949年以前还未生育。一家生三四个在当时村里边只能算是一般水平,五六个、八九个不在少数,十个往上的也有。1949年以前,高家的家庭成员在生孩子时没有人干预,想生多少就可以生多少,实际上大家庭多生孩子没有问题,多养几个也没什么问题,对于小家庭而言就是负担,因为养活不起,即"穷人家要的多了养活不起"。三孙子高知斌当时还看到沟里的乱坟岗很多被遗弃的死婴,很多贫穷的家庭孩子生下来觉得养不起,无论男女就直接溺死,然后扔到乱坟岗里。还有一次在寨河里发现了一具无头男婴的尸首,高知斌看到之后却不害怕,还用脚将死尸踢了两脚,玩伴跑到高家跟他的母亲说了此事,等到高知斌回家时,母亲说:"你的脚脏得很,踢死娃子的脚,你别进屋里。"

(二)生育观念:多生"人旺",生男"排场"

当时有一句古话:"有福有福,儿孙满屋"来描绘当时人们的生育观念。当地在1949年以前都觉得"多子多福",村里人也都觉得这家"人旺""排场"。对于生男生女的问题上,高家是没有性别偏见的,不会歧视女性,甚至一定程度上还挺希望生女孩,因为高家这几代都是男多女少。而在村里,大多数情况下都是歧视女孩,溺女婴、将女婴送人的情况屡有发生。

没有生孩子的或者没有生男孩的,如三弟高自齐生下了男孩却早早夭折,抚育成人的只有两个闺女,在村里会抬不起头,因为"绝后了",会被人看不起,但是在大家庭内部不会因其没有后代而受到不好的对待。

(三)生育过程:夫妻决定,全家照顾

在生育的安排上,高民昌不会要求家里的子侄们多生,侄子的父母也不会要求多生,也就是说生孩子是夫妻双方决定,当家人不会干涉,生孩子数量的多少要根据实际情况,比如高民昌一直在家,生的孩子就多,二弟、三弟在外时间长,生的孩子较少,三儿子高书秋从小体弱多病,20岁就病故,就生下一男一女,其中男丁还是遗腹子。

高家的妇女在怀孕之后,还会再干活,照样纺花织布、下地干活、做饭洗衣,直到生育前一段时间,大致怀孕六七个月,不能干活了,媳妇王从荣就不再安排她做饭,然后由其他的儿媳妇和侄女照顾她,因为生孩子是"全家的事"。到分娩的时候高家并没有请产婆,媳妇王从荣和儿媳妇们负责接生,生孩子时家里长辈有经验、懂得的就不用请接生的。生完孩子之后,一个月左右都不下床干活,即"坐月子",干活的话身体会落毛病,村里也出现过妇女刚生完孩子落下病根,没多久就去世的情况。高家的儿媳妇"坐月子"一般都在高家住着没有回娘家,因为婆家照顾得过来。

(四)生育仪式:"报喜""待客","咬灾""卸锁"

生完孩子会有一系列的仪式。生完孩子第三天高民昌要安排"自家屋的"去儿媳妇的娘家"报喜",如果生的是男孩,报喜的人就拿个布袋去,如果生的是女孩,报喜的人就挎个箩筐去。妇女生了孩子,无论男女,娘家及亲戚朋友,都要送"月礼",也叫"送面礼",生女孩叫作"弄瓦之喜",生男孩称为"弄璋之喜"。"办酒席"在当地称为"待客",待客的日子并不确定,要在一个月之内经风水先生确定,娘家来的时候,要带上给小孩做的衣服、帽子、鞋以及米、面、鸡蛋等滋补的物品。高家需要回礼,媳妇王从荣准备的黄豆或者玉米,取福态、金贵之意。高家妇女在生完孩子之后一个月内不能出门,不能去别人家的宅子地上,这就是"坐月子"。

高家的新生儿在足月之日,叫"满月",满月后被外婆家接走,叫"挪泼儿",一般为妗母①来接,到时候外婆送回。当地有句老俗语:"妗母接,外婆送,一辈子不害病。"孩子满周岁时,会做生日,亲戚朋友备礼"纪生日",外婆家准备衣帽鞋袜,家里要为孩子煮鸡蛋,烧项圈馍表示庆贺,长辈各咬一口,为之"咬灾",故当地又将生日称为"咬灾"。到孩子12岁生日,要隆重地办一次酒席,照旧请亲朋好友来庆贺,当地称为"开锁子",又叫"卸锁"。

孩子虚岁到了七岁,高民昌就把他送到学校去上学,当地有个说法"八岁上学就不利",利取顺利之意,因此高家第三代孩子过了七岁都送去上学。到了上学的年龄,也开始接触家务事,如打扫自己房间的卫生等务活都开始做;到了十岁之后,就开始下地做农活,如割绿豆等农活,高民昌都会叫孩子去,孩子的母亲也可以吩咐孩子下地。

(五)孩子取名:大名及号,辈分加字

高家的孩子未出生之前,当家人高民昌就起好了名字,采用辈分加上字的形式,第三代男丁的名字分别是文、命、斌、音、煌、行、乔,女孩的名字为瑞、荣、玲,再加上"知"字辈,如三孙的名字是高知斌。此外,高家的孩子都没有起小名,家里起的名即是上学的学名。如果当家人不识字,就要去村里找识字的人起名。此外,有身份的人还有号,号是有根据的,在高家,虎照、才三、自齐、席儒这些都是号,村里有名的秀才高恒昌的号为正斋,他给自己的大儿子起名书池号学轩,二儿子起名书攀号勤轩,除此之外高恒昌还给自己同村的很多孩子取了名。

三、家户分家与继承

(一)分家

高家在1949年前没有分家,当地叫作"关照一堆儿"②,即在一起互相关照之意。在1949年之后短短几年时间内,高家经历了两次分家,第一次是高民昌与两个兄弟分家,第二次是高民昌三个儿子的分家。当地对分家是持能不分就不分的态度,有句俗语为证:"好儿不吃分家饭",在分家时,高家兄弟三个及其配偶具备资格,见证人请的是人民公社干部,这不属于传统时期的内容,在此不表。高家的第一次分家是按照三份平均分配,第二次分家是按人分配。

1.分家概况:两次分家

大家庭不分家在一起过,当地叫作"关照一堆儿",高家1949年之前并未分家,即高家是关照一堆儿的。在1949年以后分了两次家,第一次是高民昌兄弟三人分家,将家分为三份,叫"老三家",第二次是高民昌的三个儿子分家。

2.分家原因:土地改革运动所致

在当地,分家的原因不一而足,父母去世、儿子成家、家庭贫穷、收入不均、妯娌不和、生活习惯差异等都是分家的原因。因为堤南高村是当地数一数二的富村,两代、三代不分家的情况比比皆是。

高家分家的原因是土地改革运动之后,高家囿于成分,被批斗致贫,大家庭维持不下去,商量好之后分的家。具体而言是高民昌提出,与大二弟媳妇、三弟进行商量的,其他家庭成员

---

① 妗母:即舅妈。
② "关照一堆儿":当地话语,指不分家的大家庭。

也都同意。高家的分家是因为政治原因，而非传统原因所致。

3.分家态度："好儿不吃分家饭"

当时村里人对于分家都持一种能不分就不分的态度，大家庭能维持下去是最好的，当地有一句俗语："好儿不吃分家饭，好女不穿嫁时衣"就说明了这一点，因为不分家说明了大家庭足够维持家庭成员的需求。而家庭分开之后，农具需要重新置备，土地不容易耕种。此外家分开了，没有一个合适的当家人，家庭还是难以维持，当地有一句俗语："家里有个嘟噜①虫，一辈子不受穷。"

当地在分家时，普遍秉承"平分"原则，如果不公平，儿子们会不愿意，"平分"用当地的话叫作"二一添做五""三一三剩一"。"二一添做五"意为如果是两兄弟每人一样多，"三一三剩一"就是说如果有三兄弟分三份每人一样多。

4.分家资格：子在子分，子亡妻分

因为高家是两次分家，故分家资格也要分两次情况。

第一次"老三家"分家时，具备分家资格的有：高民昌和媳妇王从荣，二弟的妻与妾，三弟及其妻妾。老兄弟仨，一家一份，闺女不论是否出嫁，都不能参与分家，因为闺女是"婆家人"，是"外姓人"，娘家不分给她产业，婆家会给她分产业，故已经出嫁的闺女不能分得家产。

第二次高民昌的三个儿子分家，具备分家资格的有：大儿媳杨永芳，带着三个儿子，二儿媳妇李玉莲，带着一个儿子，三儿媳妇任桂兰，带着一儿一女。也就是说，如果其中一个儿子去世了，只要这支还有人，不论妻子儿子都有或只有妻子，均可分得一份家产。

5.分家见证人：不向不偏

分家需要有见证人，见证人是当家人高民昌请的。因为是土地改革运动结束之后分的家，请的是人民公社干部，这不属于传统时期的范畴，在此不再赘述。而在1949年以前同村其他家庭在分家时，请的见证人都是近门的长辈和娘舅，这算是这家爷爷边和外公边最亲的亲人，往往能起到公正的作用。见证人发挥公证的作用，不偏不向哪个人，之后再闹矛盾，还需要见证人来协调。

6.分家过程：首次分家按份，二次分家按人

在分家时，高家第一次是按份分家，第二次是按人分家。第一次分家，是高民昌兄弟三人分家，又称之为"老三家"分家，分的时候一家一份，具体来说，高民昌分的是老宅子，高才三分到前边的院子，高自齐分的是西边的宅子。高才三家当时只剩下两个妇女在家，人比较少，除东屋三间之外，其余的堂屋和西屋因土地改革运动又分给同村的人，高自齐有一个未出嫁的闺女，没有分得家产。

第二次高民昌的三个儿子分家，是按男丁分家，长子高席儒因为有四个儿子，分的房子要多一些，次子和三子都是一个儿子，分的房子少一些。高家在分家时有一间房子分成两半的情况，高民昌的二子和三子每家一间半房子，半间是将一间厨房一分为二，因为是厨房不是住人的地方，于是指"桃杆"织的"过梁"为界，没有修界墙。厨房在具体分的时候，因三子家比二子家多一个女孩，北头窄南头宽，将较窄的北头分给了二子家，将较宽的南头分给了三子家。此外重新安了个门，两家各走各的门。除此之外，高家分家时也出现过一间厨房分成了

---

① 嘟噜，当地话语，指的是啰嗦。

三份,其中二子和三子占将近一半,剩下一小部分约"几垄瓦"的宽度属于长子,以后房子要拆,要把这部分的材料给长子家,这部分的宅基地也属于长子家。

原有的家具,桌子、柜子,都是大家统一置齐的,分家的时候各家还是各家的。高知瑞是调研员的奶奶,在访谈中调研员问奶奶,分家时分得什么家具,奶奶轻描淡写地讲道:"你屁股下坐的凳子就是当年分家分到的。"分家之后各个小家请人垒自己的锅台,分开吃饭,请人帮忙时不需要给报酬,请他吃顿饭即可。

分家时没有写分家单,没有谁提出不同的意见。之前的房契、地契因为土地改革运动时被烧毁,在分家过程中不涉及重新立契的问题。分过之后,房子、财产就属于各个小家庭,由自己支配,如房子可以买卖,各家新当家人可以自己决定,但因为房子并不宽裕,所以高家分家之后实际上没有出现出卖房屋的情况。而祖宗牌位等物品,都在高氏宗祠中放置,分家时并不考虑。

分家时会遵循公平的原则,因为不公平,吃亏的一方不会同意。在分土地时,是远近好坏搭配在一起分。房屋方面,高家分家未留养老房,因为长子高席儒家房子多,所以老人跟着长子住。吃饭方面,起初两位老人是单独做饭,之后是轮着吃饭。因为土地改革运动时长子高席儒被枪毙、三儿子早亡、二儿子远赴四川失去联系,所以三家均没有男劳动力,不存在分家时照顾谁家的情况。

(二)继承

高家的两次继承活动分别发生在土地改革运动和合作社阶段,原因是高家的分家。在继承时,高家的男丁自动获得继承资格,男丁不在之后,媳妇获得继承权,每个男丁获得一份,即"一个草叶顶个露水珠"。因为继承活动发生在 1949 年以后,所以继承的主要内容是家产不涉及土地,在继承时,高家按照平分的原则,并未发生冲突。

1.继承资格:"一个草叶顶个露水珠"

在高家进行的继承活动时,高家是男丁都有继承权,只要是高家的男丁,自动获得继承权。儿媳妇凭借自己的丈夫有继承权,自己不能直接继承。高家第一代、第二代在分家时,采取"按支继承"的方式,第一代高民昌三个兄弟,分家时一支一份;第二代高民昌的三个儿子,分家时也是一支一份,虽然老大有四个儿子,二弟只有一个儿子,但到了第三代,老大家的几个儿子平分一份,二弟的一个儿子独得一份。没有成家的男丁可以继承,不在家也可以继承,只要是这家的男的,就可以分得家产,当地有句俗语叫"一个草叶顶个露水珠",意思只要是这家的孩子就有一份家产,有几个孩子时,就由这几个孩子平均分,不论是否成家、身体状况,都会分,如果分家时其中一个儿子尚且年幼,暂时由孩子的父母掌管这份家产。

在高家,闺女无论是否出嫁,都不能分得财产,如果闺女已经出嫁,则已经是外家的人,如果闺女尚未出嫁,跟着父母过。儿子在的话,孙子不分家,儿子分家,"孙子到底下了",因为没有分到孙子辈,高家第一代分家时不是按第二代的数量算,而是按第一代兄弟的数量。如果其中一个兄弟早夭,只要他这支"有人",就会有他一份财产,"有人"的意思可以是妻子、可以是儿子,但不能是女儿。妻子拿到这份财产,可以拿走改嫁,特别是已经分家之后,其他人不能干涉,因为已经"分开另住"。高家小婆生的儿子也算是这家的后代,但她"带来的"儿子,即和前夫的儿子,属于"别人家的",没有资格继承家产。不是高家的人,是不能继承高家的财产的,即使是当家人指定某人可以继承财产也不可以。

2.继承条件：自动形成，无法更改

在高家，发生继承的条件有两种，要么是分家，要么是老人去世。能否继承对个人品性没有要求，儿子不孝顺也可以继承，儿子败家也可以继承，都需要给儿子分。在实际中高家不存在不孝顺或不给老人养老送终的情况，假设其不孝顺仍然具备继承权。高家的男丁可以继承，但女儿没有继承权，分家时候并不参与，至于嫁妆父母会给她准备。如果夫妻俩无后，也没有过继、抱养的情况，两人去世后由"近门"，即在家族中最近的成员来给他料理后事，家产也归家族的"近门"继承。

可以说继承权是自动形成的，是祖辈传承的，并非家长或家庭成员可以决定或者更改的，家族和保甲长也不能更改。

3.继承内容：只继家产，不承公职

高家在继承时的主要内容是家产，包括房屋和家具，其他包括土地、牲畜、农具等因土地改革运动被没收，故在继承中并未涉及。此外在官府中的任职不能继承，如长子高席儒担任联保主任，他如果卸任了，他的儿子不能继承；在家族的身份也不能继承，如家族的族长、门长，当地要求族长、门长需要是辈分最高、最有威望的，原来族长、门长的儿子不一定符合条件。

4.继承权的确立与调处：按照原则，并无冲突

高家的继承权是按照平分的原则确定的，如果不平分，家庭成员不会满意。到分家时高民昌不再管事，只是联系好分家的见证人，就按照平分的原则由几个儿子分家产，也不会偏爱哪个儿子给他多分一些。如果产生冲突，则由分家的见证人来调解，调解不了，家族的近门长辈会来，保甲长不会参与家务事。在实际情况中，高家在继承时并未发生过纠纷。

四、家户过继与抱养

在1949年之前，高家并未出现过继与抱养，但曾经出现过认干亲和"带的"孩子的情况。认干亲是媳妇王从荣与高民昌商量好认同村人的女儿，"带的"孩子是小二弟媳妇嫁过来时与前夫所养的闺女，虽然算做家庭成员，但地位较低。

(一)过继："两下商量"

过继一般都是"近门"的孩子给他伯伯叔叔，抱养往往是和自己没有血缘关系。高家并未发生过继与抱养的情况，不过近门高书平家出现了过继的情况，过继自己叔伯兄弟的孩子高知富，高书平没有孩子，高知富兄弟多。高书平过继时，自己可以当家做主，然后找家族、近门的人商量，然后高知富的父亲愿意把自己的儿子过继给他，两下商量完毕就可以过继，过继时高知富年龄很小，没有考虑他的意愿，直接就过继。过继时，高书平并未给对方粮食，但过继时需要签订文书，双方当家人要签字，请家族的人做见证人，随后摆酒席，按照辈分落座，之后在十月十五祭祖的时候一方面要在族谱上填名，另一方面在祭祖时要告知祖宗。见证人吃顿酒席，不需要给他送礼物，如果双方出现纠纷，见证人讲句公道话即可。此外，村庄不干涉家庭过继、抱养等事宜。

(二)干亲：夫妻商量

高家曾经认过干亲，媳妇王从荣认了同村吴姓的女儿做干闺女。当时高家还未发达，还是慌乱年间，吴家曾经在堤南高居住，与高家关系较好，吴家想认干妈，王从荣与高民昌商量之后答应了，结干亲不需要征询儿女的意见，不需要跟家族请示。认干闺女时，吴家带的一块

肉、一筐鸡蛋作为礼物来高家,带着女儿给王从荣磕头,王从荣给她封红包,随后高家摆的酒席。之后,吴家搬回到自己之前的村庄,两家走动就少了,慢慢地断了联系。

(三)带的孩子:地位较低

高家出现过"带的孩子"这种情况。改嫁时,女性和前夫生的孩子带到现在的家庭,被称为"带的"。高民昌的小二弟媳妇嫁过来时,就曾经带了一个闺女。带的闺女也算是家庭成员,但家庭地位明显比二弟大婆的孩子低很多,也比高家其他的孙女如高知瑞低很多,仅仅是能吃饱饭,但在大家庭里边得不到其他人的爱护,遑论继承权。等到她年龄大了,就打发出嫁,之后跟高家再没有联系。

五、家户赡养

1949年以前,高家没有赡养的事宜。土地改革运动之后,高家分了家,之前的高民昌、王从荣便不再当家,慢慢地两人"做不动"之后,便开始由儿媳们养老。高民昌夫妇的赡养主要是由小家庭的当家人即三个儿媳妇承担,住是跟着长媳住,吃是轮流在三家吃,治病、送终也是由三家共同负担。高民昌夫妇从家庭的当家人变为两位需要赡养的老人。

(一)三个小家庭养老

高民昌夫妇的养老以三个儿子所在的小家庭为单位,小家庭的家长为主要的责任人。高家两位老人的赡养是由三个小家庭共同负担的,家庭之外并不干涉,家族也不会协助养老。具体而言,主要是由三个儿媳妇作为小家庭的当家人,因为长子高席儒在土地改革运动被枪毙、三儿子高书秋早亡、二儿子远赴四川失去联系,所以只剩下三个儿媳妇承担主要的养老责任,孙辈承担次要的养老责任。赡养两位老人时,主要是几个儿媳妇想办法供两位老人吃喝,自己的亲孙子虽然更亲,但不是当家人,且还未成家,故刚分家时并未负担养老的主要责任。

(二)单独住,轮流吃

高民昌老两口一开始单独做饭,之后做不动了轮流跟着三个儿媳妇吃,一轮轮半年。两位老人单独住,住在东屋,两位老人住一间房子内。两位老人无论大寿、小生日都不过,当地没有老人过生日的风俗。养老形式是高民昌提出的,三个儿媳妇比较尊重老人家,全部表示同意,没有人提出不同的意见,家族和村庄不会干涉家庭的养老问题。

(三)治病与送终

高民昌老两口在生病时,如果是小病,轮到哪家抚养就由哪家负责出钱看病,老伴负责照料;如果是大病则三家平摊、轮流照料,一般是一轮三天,周期太短过于频繁就"复杂了",周期太长照料者身体受不住。老人生病以及照料方式是几个儿媳妇商量的,主要是大儿媳杨永芳,因为她是个"大的",说话有分量。

高民昌1949年之后去世。当地比较重视"方子",即棺材,高民昌在生前就准备好方子放到家里,为丧葬省一大笔钱,其他的开销由三位儿媳妇平摊,白事的开销主要在给去世的人单独缝制衣服、白布、方子、招待人等方面,这些开销由三位儿媳妇平摊,女儿并不用负责。

(四)外界保护弱

家庭之外对养老的保护力度很小。1949年以前,堤南高基本上都是姓高的人家,同属一宗,高氏家族成员之间联系较多,当出现不孝顺或者不赡养父母的情况,同家族的"近门"长辈会出面教育,但这种教育仅仅停留在道德上,并未有强制措施来防止不孝顺的情况。此外,同村人还会采用制造舆论的方式,教育自己的子孙后代引以为戒。而在村落范围内,保甲长对于这种情况也没有很好的办法,不能通过什么手段来改变这种局面,官府也不会管这种事情。在高家并未出现不孝顺、不赡养老人的情况。

六、家户内部交往

在 1949 年之前,高家家庭成员在内部交往中存在着父子、婆媳、夫妻、兄弟、堂兄弟、妯娌、妻妾、代际、叔侄、叔嫂、姑嫂等几种主要关系,其中父子关系在高家是最为显著和具有代表性的一对关系。

(一)父子关系

高家在 1949 年以前,父亲相对于儿子处于权威地位,儿子而言只有相对的自由,儿子的职业选择、婚姻大事、学业等一系列事情都由父亲做主,在儿子成家之后,父亲的管教就相对减少。在高家,儿子很尊重父亲,父亲也爱护儿子,冲突的情况几乎没有。

1.权责关系

在高家,以高民昌和长子高席儒这对父子为例。父亲对儿子处于权威地位,除此之外儿子也有一定的自由,家里的生产活动是由高民昌安排的,儿子要服从。职业的选择是由自己决定的,如高席儒担任联保主任是由自己决定的。婚配大事是由父母亲共同决定的,高家1949 年以前不存在自由恋爱的情况。上学是由当家人做主的,要听父母的,家庭也较为支持孩子的上学。家务事需要父母安排,不过相应的儿子也在一定程度上体谅父亲。等儿子成家之后,只要儿子懂事,父亲就不怎么管儿子,当地称为"不当管了",不当即不怎么,也就是当地的一句老话:"儿大不由爷",不过儿子遇到棘手的事情,还会跟父亲商量,比如办一些没有办过的事情,拿不准主意就跟父亲商议。在高家随着父亲年龄的增长,权威并未下降,儿子都会听父亲的话,父亲也爱护儿子。

高家的父亲并未偏爱某一个孩子,因为三儿子高书秋多病早逝,二儿子去读黄埔军校,又参加抗日,只剩下长子在家,所以没有出现过偏爱某一个儿子的情况。儿子对父亲主要是服从、听父亲的话,给父亲养老,百年后送终、祭拜,这些都是儿子需要做的事情。高家的当家人高民昌没有做过出格的事情,没有出现赌博等败家情况,虽然出现过抽鸦片的情况,当时高家种过一小块鸦片,熬制出来用于招待客人、来往应酬,而非自己享受,如果没有客人就不抽。

此外,高家并未出现过父亲或者儿子不履行自身责任的情况,也没有出现过父亲安排儿子做事儿子不服从的情况。

2.交往关系

在平时,儿子高席儒跟父亲高民昌也会聊天,主要聊家里的事情、地里的事情和工作的事情,有时候也会喝酒,喝家里自酿的黄酒。有什么事情,高席儒会跟父亲高民昌商量、请示,主要是地里的事情,家庭的经营,都会在一起商量,因为高席儒已经成家,高民昌也会尊重他的意见。

3.冲突关系

高家基本上没有出现过父亲打骂儿子的情况,也没有儿子顶撞父亲的情况,高家的父子皆是脾气温和之人,相处得也很和睦,不过按照惯例如果儿子不争气父亲可以打骂他。同村有儿子不听父亲的情况,是儿子不愿意上学,之后该父亲用棍子打儿子把棍子都打断,于是儿子继续上学,到最后儿子学成归来、光宗耀祖,这个故事在堤南高人尽皆知。

总体来说,过去父子之间是上下的关系、是长辈与晚辈的关系。儿子对父亲要做到尊敬、听话、服从,因为父亲是"老哩"①,儿子需要听父亲的话,即使父亲说的是错的,也不能顶撞,否则是不孝顺,哪怕有不同意见,也得"少说两句",不能跟父亲"抬杠"②。父亲要对儿子负责、不能偏心,要教育好孩子不能让他办坏事,如果孩子办了坏事,父亲在村里也抬不起头。在高家很少出现父子矛盾,出现矛盾基本上都是因为某些家庭事务,一般情况下高席儒"抬几句杠"就算了,因为高民昌是"自己的老哩"。

(二)婆媳关系

在高家,存在着几对婆媳关系。儿媳妇基本上是完全服从婆婆,婆婆在儿媳妇面前说一不二,甚至不能当面顶撞,婆婆可以当媳妇的家。如有一次轮到大三弟媳妇做饭时,三奶因为到了一定岁数,往往都是王从荣安排高家第二代几个儿媳妇去做饭,稍晚一些媳妇王从荣就会不满意,就会对儿媳妇说:"你不来,我都去了!"儿媳妇听后就特别害怕,赶紧去做饭。总体来说,高家的婆媳相处得很不错,经常在一起有说有笑,这就是普遍意义上的好的婆媳关系。如果儿媳妇不听婆婆的话,婆婆可以批评她,甚至打骂她,这种婆媳关系就不好。堤南高有一例婆媳关系的反面教材,婆婆比较糊涂,对儿媳妇不满意,经常打骂她,儿媳妇头都抬不起来,后来儿子将儿媳妇休掉。

(三)夫妻关系

在高家这个大家庭里,妻子要服从丈夫,丈夫安排的事情妻子会尽可能地服从,"夫唱妇随"就是真实的写照。作为家里的内外当家人,高民昌和媳妇王从荣管理家庭是有分工的,高民昌基本上对家庭成员联系很少,主要是媳妇王从荣负责管教家庭成员;王从荣可以直接进每个家庭成员的房间,可以教育每个家庭成员,高民昌则不会。高家的几对夫妻之间也没有发生过吵架的情况。此外在高家,公共场合下夫妻之间是基本上没有交流的,高民昌和王从荣之间基本不在公共场合讲话,长子高席儒和长媳杨永芳也很少在外人面前交流。

(四)兄弟关系

高家的兄弟在小时候,吵闹的情况是有的,高家是比较明礼的人家,除了小孩子打架之外,一般不会发生纠纷,即使小孩子之间打架,双方家长也不会因此产生矛盾,因为两家大人很有可能因此而闹矛盾,两个小孩就和好又去玩,因此不会多计较。高家的孩子与其他家孩子发生打闹,会由自己小家庭父母出面教育、批评。

等长大之后,有一种"长者为大"的感觉,哥哥的地位要高一些,承担的责任也要多一些,也会照应弟弟,如作为长孙的高知文相应地会照顾其他孙子们。

兄弟长大之后,情况稍有不同,长兄可以管弟弟,但不能管得太深。如高家的三弟高自齐,是"不正经干",吃喝嫖赌,花钱如流水,高家的老大高民昌作为当家人,对自己的三弟,在管的时候,是"商商量量"的管,不能太"深",不能叱责、打骂。此外,还有一个原因是高家店铺

---

① "老哩":当地话语,即老一辈人,其中哩是语气词。
② "抬杠":当地话语,指提相反的意见。

的生意赚钱比较多，足够花销，也就任他胡闹。

（五）堂兄弟关系

在高家，叔伯兄弟和亲兄弟是有区别的，如二子高仁远生了一个儿子高知斌，长子高席儒生了四个儿子，高知斌和堂兄弟高知音是同龄人，他两人打闹时，高知音的亲哥哥知文就会向着知音，甚至有时候知文帮着知音打知斌。

（六）妯娌关系

高家的妯娌关系是以"是否生气"来衡量，1949年以前当地对高家妯娌关系的评价是基本上没有生过气，比较的和睦相处，正应了当地一句俗语，"兄弟和气金不换，妯娌和气家不散"。妯娌之间不像是兄弟之间长者为大，高家的大儿媳不怎么管二、三儿媳妇。高家这三个儿媳妇在高家地位相当，并没有因为谁的娘家家庭条件好而在高家地位就高一些的情况。

（七）妻妾关系

在高家，妻妾之间的关系是以"是否干涉"来衡量，高家在1949年以前的妻妾之间关系的"是互不干涉"，妻妾跟家庭成员的来往是看个人的魅力、处事能力。如三弟高自齐有妻妾，妻不会处事，妾是洋学生，会说话、会处事，妾在大家庭更有地位，在小家庭更获得丈夫的喜欢。原本妻应该比妾在家里更有地位，在与妾的交往中占主导地位，但因为个人能力的差别，高家的妾比妻更有地位。

（八）代际关系

在高家的代与代之间，辈分高者为尊，辈分低者要尊敬辈分高者，但辈分高者如果不是辈分低者的父母，不能指责、教育辈分低者，因为管教辈分低者的责任是其父母，如果越过其父母去管教辈分低者容易产生矛盾。如果是隔代的关系，辈分高者很少说教，对辈分低者是宠爱居多，如高民昌上街赶集时经常给几个孙子带零食。

年龄相近的代与代之间，尤其在小的时候没有什么讲究，如三孙子高知斌和三侄女高慧珍只差一岁，在1949年以前经常一起玩耍，只当对方是自己的玩伴而非是比自己高一辈的姑姑，该打该闹照旧，高知斌还把自己姑姑的脸抓伤了，自己也挨母亲的批评，小孩子打闹，家长批评一下就可以。而侄子高书阶跟高知斌年龄也相差不大，高书阶去参军之前，还把自己养的鸟送给了高知斌。

（九）叔侄关系

高家的叔侄较多，对于高民昌来说最主要的是侄子高书阶。高民昌作为当家人，有侄子高书阶要管教。侄子高书阶也属于"不正经干的"、调皮的人，原本在邓县一中上学，之后太过调皮被开除，又去了正德中学，后来抗日战争爆发参加青年军。高书阶在家的时间不长，在家也由高民昌管，但一方面因为高书阶一直在上学，另一方面又是自己的侄子，作为当家人的高民昌也不能"深"管，因此管教不多。

（十）叔嫂关系

在高家，叔嫂之间的来往是非常忌讳的，叔叔和嫂子之间要讲究纲常、伦理一般是"不答话"，在高家基本上没有见过叔嫂之间有过来往，平时都没见过他们说过话。

（十一）姑嫂关系

1949年以前高家只有三弟高自齐的女儿没有出嫁，但又因为年龄原因，岁数与自己嫂嫂相差很大，反倒跟自己的侄子是同龄人，因此自己的嫂嫂对她就像是对待孩子一样。

七、家户外部交往

1949年以前高家对外主要是和邻里、村民和亲戚打交道。邻里之间经常互相串门、互相帮忙，关系较为融洽，高家与村民的关系也相当不错，尤其是近门以及经济相当的农户之间更是来往甚密，高民昌也经常在村里帮人主持公道；和亲戚之间的交往主要是走亲戚和借钱借粮食，受限于居住距离在生产、生活上互助不多。

（一）邻里关系

高家与邻里之间经常互相串门、互相帮忙，一方面是串门、聊天等娱乐方面的来往，另一方面是生产、生活上的互助，邻居来高家借农具、邻居给高家帮忙扛麦。相应的，高家和邻居们关系比较融洽，相处得很好，比如土地改革运动时分房子，要把高家西院的房子分出来就留三间，结果同村的穷人们把最好的三间留给高家，只分到几间较差劲的屋子；另外土地改革运动分地时，考虑到高家基本上都是妇女，给高家分的地都是稍近一些的，可见对高家是非常客气的，这也与高家一贯与邻为善不无关系。

（二）村民关系

高家和同村一般农户关系都比较好，尤其是跟高家家庭条件相当的富户关系更佳。比如长孙高知文腿上长了"贴骨麟"，挨着大腿骨头处发炎，最后起脓，请大夫开刀之后，睡着不能起来走，同村的大乡绅"八区长"得知之后，主动把自家的软床送来了，该床由布制成，能撑开让人睡到上边，一头高一头低，正适合高知文睡。高家对于穷人，也没有瞧不起人家，因为媳妇王从荣比较会处事，和村民关系处理的都很好。1949年以前在拜年时，长子高席儒带上孙子辈，基本上把全村都拜个遍，可见高家和全村很多家户都保持很好的关系。

不过在当时还有一句老古话叫"门分头，地分界"，同一个门头关系比较好，门头就是老祖爷下边分的一支一支的。同一个门头的关系要比不是同一个门头的近一些，婚丧嫁娶，红白喜事，一个门头的都去帮忙。

此外，高民昌有的时候还会在村里替人调解纠纷，有一次，高家的一个近门叫高道富，按辈分高民昌称呼对方为叔，他赶着车把同村人高知楼地里的麦子压倒了，地的主人高知楼看到之后把牲口扣着不让走，说："必须把倒的麦子用小树枝一根一根顶起来，否则你走不了！"这摆明了是刁难对方。高道富听到之后很慌张，立马找到高民昌，高民昌从中替双方调解，解决了这件事情。

（三）亲戚关系

亲戚主要是过年过节互相走动。高家主要是去外婆家、亲家、表亲家走亲戚，此外亲戚之间红白喜事来往也很频繁。外村的亲戚家，生产上基本上不会帮忙，因为距离太远，帮不上忙。生活上帮忙很平常，因为高家经济上要好一些，经常会借钱、借粮食来帮助自己的亲戚们。

八、纠纷调解

1949年以前在高家内部，并未发生过大的矛盾和纠纷，只有一些小的纠纷，主要是小孩玩耍打架，发生纠纷时往往其中一方退让，纠纷就可以化解。如果发生小孩打架的情况，长辈都可以来管，具体而言当事人高民昌和王从荣都可以管，孩子的父母也可以管。不过有一个准则是，"各管自己的娃，不能管别人的娃"，如果管别人的娃，就会加深矛盾，即使是老大高席儒,也只管自己家的孩子,如果管二弟或者三弟的孩子,孩子的家长就会不愿意。这个准则即使是未分家的一大家人,也会遵守,分过家之后,更需要遵守。如两位孙子高知斌和高知煌是堂兄弟,小时候三孙子高知斌用泥土做了土茶壶,五孙子高知煌想要,高知斌不给,两下起争执,高知斌把茶壶摔了,高知煌的母亲知道后批评了高知斌,这引发了纠纷,后来高知斌的母亲有所退让,纠纷才得以解决,家里发生这种纠纷,一般没有其他人来调解,因为都是比较小的纠纷。此外,高家没有发生驱逐、断绝关系的情况。

　　高家和四邻并未发生纠纷,房屋、土地边界问题都未发生过纠纷。当时堤南高村里一般发生纠纷,多是因为耕地、宅基地、旧风俗、道路、边界等问题,往往首先会找四邻帮忙,其次找家族德高望重的人处理,坐在一起说说这件事情,没有固定调解纠纷的场所,有时候在树荫凉就可以进行调解。再一个就是讲人际关系,家业大的人家,别人都会敬人三分,如高民昌家的每位家庭成员在村里都很受尊重。穷人家都会被瞧不起,村里人对于家里条件特别差的人家表面不说,背地里都会看不起,会在背后议论他是"老穷杆";而大户家的孩子,到了婚配年纪,人人都找着跟他结亲,"老穷杆"没人愿意给他结亲。所以当时很少有人找高家的麻烦。另如一些小的纠纷,如小孩儿打架,不需要调解,因为今天打架第二天自己就和好,不需要大人再因此调解或评理。一般发生这种情况,都是自家的家长带走自家的孩子,要么哄、要么批评教育,不会去教育对方的孩子,这样反而容易产生纠纷。

第四章　家户文化制度

本章主要介绍高家的家户文化情况,包括教育、意识、习俗、信仰、娱乐等方面。在家户教育方面,高家多位家庭成员在小学、中学读书;在家户意识方面,高家人上下一心,以发家致富、家庭和睦为共同目标;在家户习俗等方面,高家既有与当地习俗相似的共性,也有因自身家户规模所具有的特性。

一、家户教育

高家在 1949 年之前十分重视教育,不分男女,多位家庭成员均被高民昌安排在小学、中学读书,且成绩都很好。此外,家中还聘请了秀才作为家庭教师辅导家庭成员。大家庭统一购置学习用品供家庭成员使用并支付学费。这些都为了让孩子学有所得,回馈家庭。

(一)家庭成员教育情况

1949 年以前,堤南高村对教育十分重视,当地有句老俗语:"三辈不读书,赛似一圈猪。"在高家尤甚,但凡是适龄的孩子,无论是男孩女孩都可以接受教育,其中包括小学、中学和家庭教育三种教育途径。高家的家庭成员受教育情况良好,高家第二代三个儿子均就读于邓县县立初中,侄子高书阶在参军之前就读于正德中学。孙子辈就读于堤南高村的"完全小学",接受的是新式教育,此外高家聘请了家庭教师来教育孩子。高家之所以如此重视教育,是希望儿孙都能飞黄腾达,之后能够回馈家庭,让家庭更加壮大,并认为读书是最便捷的路,常言道:"万般皆下品,唯有读书高",每一位高家人都深信不疑。

高家大家庭会支持每一个家庭成员上学,无论男女,高民昌会从大家庭中拿钱安排上学。家庭成员每到虚岁七岁时,高民昌就会将其送入学校,媳妇王从荣在教育方面很遵从丈夫的安排,不会提不同意见,其他家庭成员也都会服从当家人的安排。在实际情况中,上学还有两个重要的影响因素:个人态度和努力程度。高民昌三弟家的闺女并未上学,但侄子媳妇赵宝兰在结婚之后高家还让其上学,可见女性是否上学不仅仅取决于家庭的支持,还要考虑个人的态度。高家的男性都上了学,并且成绩都很好,高家第二代除了高书阶被一中开除之外,其余都在一中上的学,其中学习较为用功的二儿子高仁远,他经常考到全校第一。

(二)学校教育

堤南高 1949 年以前有一所完全小学,简称"完小",也因为在村寨的东门外又叫"东学"。当时"完小"的学校本是一所庙,据邓县县志记载:中华民国 16 年(1927 年),河南省政府主席冯玉祥下令各地庙宇改为学校,变庙产为学产;中华民国 18 年(1929 年)6 月,设县立九小(在堤南高)。"完小"采用新式教育,高家的孩子无论男女都可以上学,一周有五天的时间上课,周末休息。"完小"对学生的年龄有所要求,要求虚七岁上学,当地有个说法"八岁上学就不利"，因此高家第三代孩子过了七岁都送去上学。

高民昌安排家里的孩子去学校学习时，从未请过教师来家里吃饭，也没有给老师送礼，因为高家的孩子上学成绩都不错。高家两代人都受到媳妇王从荣良好的基因影响，脑子都很好使、学习成绩都很好，尤其是自己的二儿子高仁远在邓县一中经常是全校第一名、第二名，是十里八乡有名的高才生。

家庭成员上学时每年的学费、书费都是高民昌统一安排的。其中，高家第二代四个子侄辈在县城上学，都是高民昌给学费和生活费。堤南高的"完全小学"，不要杂费，只要书本费，一套书需要好几块钱。除了学费之外，高家家庭成员上学所需的物品由大家庭统一准备，大家庭统一支出，如高家购置了很多箱的毛笔、纸、墨，笔是成捆的，墨是一箱的圆锭和上好的"金不换"，供家里人上学使用。家庭成员教育所需费用由大家庭统一安排，没有家庭成员对此有不同的意见。

（三）家庭教育

高家上学的孩子们每天中午、晚上上完课回来，高民昌请的姓麻的秀才作为家庭教师会给孩子辅导。辅导的内容除去每天在学校学到的之外，还会教一下传统的《三字经》《百家姓》，教的东西是家庭教师自己安排的，因为他比较有学识，高民昌不参与。家庭教师吃住都在高家，一切的开销由大家庭负责，家庭教师除了给孩子上课，其余的事情不过问。

除了知识教育之外，高家还教育家里的小孩子不能做坏事，但凡做了坏事的都要接受教育，主要是媳妇王从荣和孩子自己的母亲进行教育。高民昌负责经营发展，媳妇王从荣负责家务事和教育后代，这似乎是天衣无缝的分工。而同村的秀才高恒昌因为学识渊博，自己在家教自己孩子《三字经》。

二、家户意识

1949 年之前，高家的家庭成员都具备深厚的家户意识。具有血缘、亲缘关系的是高家人，家人要比近门、外人亲密；自家发生的事情为家务事，外人是不能插手家务事的。高家的大家庭是一个整体，家庭成员之间互相帮助，"发家致富"是共同经济目标，家庭和睦是共同的生活目标。

（一）自家人意识

高家屋檐下共同生活的，具有血缘、亲缘关系的，都是高家人，其余的都是外人。子侄未分家，自然是自家人，分家之后就是"近门"，家里的女性出嫁之后算夫家人，舅舅算亲戚之中最近的。家庭成员在外的，如高家的二弟高才三和三弟高自齐，也算是高家的家庭成员；在高家居住的，如伙计，只能算是在高家吃住、干活，不能算高家人。妾算是自家人，高家二弟高才三和三弟高自齐都纳的有妾，妾只要不改嫁都算是高家人，可以分得高家的财产。妾生的孩子算家里人，妾与前夫生的孩子，也算是高家人，但不能享有家产的继承。高家自己家里发生的事情叫作家务事，家务事要由自己家里处理，外人不会过问。

高民昌在孩子们小时候就教育他们近门和远门之分，告诉他们寨河西对岸是自己的近门，近门是原来一家的，分开之后成为近门；寨墙底下是自己的远门，分家时间早一些，可能是爷爷的爷爷辈分的家。近门来往要多一些，关系要比远门近、感情要比远门深、对待方式也不一样。高家人是根据分家时间的早晚，来区分关系的远近。近门之间也有区分，有的来往多,有的不来往,近门之间也要看具体交往。

(二)家户一体意识

俗话说:"家有一心,有钱买金,家有二心,无钱买针。"高家的大家庭是一个整体,如果家庭成员遇到了困难,兄弟、妯娌等家人之间会相互帮助,即使是分过家之后小家庭之间也会互相帮助,解决不了时才会寻求外界的帮助。

高家的共同经济目标是"发家致富"。高家之前也没有太多的土地,高民昌之前还给别人当过掌鞭的,之后二弟高才三与三弟高自齐去当伙计、做生意,发财之后盖房子、买地。因此发家致富可以说是高家每个家庭成员的目标,而且"发家致富""发"的"大家",都在为这个目标而努力,分开之后各为各的小家。也就是说个人的努力,不仅仅是为了个人,更是为整个家庭。大家庭发展得好,家庭之中每个家庭成员也都因此受惠。

高家的共同生活目标是家庭和睦。媳妇王从荣很会处事,她身体力行,教育家庭成员,从长辈开始做起,晚辈按照此原则学习和相处,营造出和睦的家庭氛围,同时也同村中其他家庭保持良好的关系,甚至外村的人也尊重高家人。土地改革运动之后,农会上的干部仍然很尊重高民昌。

(三)家户至上意识

子孙到了虚七岁的年纪,高民昌就会安排他去上学,为的都是将来出人头地好让家庭获得荣耀,即光宗耀祖、光耀门楣。高家没有出现过为了家庭上不起学的情况,但近门高知杰家出现过这种情况,高知杰的父亲生病,供不起他,当时高知杰上三年级就不再上学,照顾家里,节省开支。也就是说,高知杰为了家庭的需要,放弃了自己读书的机会。

(四)家户积德意识

常言道:"忠诚老实传家远,狼心狗肺不久长。"高家家业大了之后,高民昌对外是"能帮则帮"。当地往往把红薯晒干,富裕人家用来喂牲口,穷人家当口粮,媳妇王从荣在晒制完红薯干时会喊贫苦的邻居,把他们家质量较差的红薯干拿来换高家的好红薯干。而高民昌也经常帮村民调解纠纷。一般近门的、邻里有困难,高家都会帮助他,比如借粮食、借钱。堤南高在中华民国32年(1943年)大旱,同村有一家断了炊,高民昌给他拿了一布袋粮食让他吃,帮他家渡过了难关。行善积德的高民昌、王从荣,也影响着儿孙为人处事的原则。

三、家户习俗

(一)重大节日

1949年之前,当地过的节日有春节、元宵节、清明节、端午节、六月六、八月十五、十来一、冬至,腊月的节日比较多,有腊八、腊月二十三和大年三十。其中二月二、七夕、七月十五、重阳节等节日不过。在不同的节日会有不同的风俗习惯。

1.过年:高家焕发新气象

春节,在当地称为"过年""年下""年底下"。1949年以前从腊月二十三开始都算是过年,一直到元宵,每每过年古老的高家都会焕发出新气象。到腊月中旬,一般是十六七集市上"开年集",其中滕楼街是腊月十六、赵集是十七开年集,高家就开始置办年货。高民昌负责安排,媳妇王从荣会提参考意见,去开年集上买菜、买肉屯起来,买香、蜡、表等用于祭祀,买红纸自己写对联,高民昌与长子高席儒都会写,内容都是辞旧迎新、预祝来年万事如意之语;同村人还会央高家帮忙写,来的时候拿着红纸,笔墨是高家的。对联是三十早上吃完饭贴的,再穷的人家也会贴对联。

到了腊月二十三是小年,需要祭灶。老灶爷一般贴在案板旁边,当天高民昌需要杀一只鸡将毛褪掉用盘子装好,再摆一盘炕好的火烧馍,倒酒、上香、烧香表,跪下给老灶爷磕头,这是二十三晚上开始的活动,女性不能祭神,贡品祭祀完之后就可以吃。到了腊月二十四开始扫房子,一般是高民昌安排伙计们大扫除。大年三十上午贴对子,下午去坟里祭祖。祭祖不需要全家都去,去一两个人即可,一般是安排长子高席儒去。

三十晚上吃年夜饭,都是吃饺子,但不会坐桌。到过年时伙计们一般都回家了,如果没回家的,高民昌会给他们发红包。大年初一早上,天不明就放鞭炮、烧香纸,迎接灶君诸神,蒸的馒头、煮的肉块供奉在神面前,再倒三杯酒,在香炉里插香,这些都是高民昌做的。所有家庭成员都要穿戴一新,这一天要禁止斗殴、哭叫、吵骂等一切不吉利的事情。

吃完饺子,高家的家庭成员就开始拜年了,先是家庭内的,晚辈都给长辈拜年,要磕头,拜完第一代长辈,再拜第二代。拜年时长辈要坐在堂屋的太师椅上接受晚辈的磕头,同时给晚辈压岁钱,压岁钱有多有少,发给小孩子,小孩子太小的话要交给母亲,稍大则可以自己保管,等到成亲时都有压岁钱,成亲之后压岁钱给新媳妇发,生过孩子给孩子发。平辈之间不需要磕头,只需要口头拜年、作揖。家庭内拜完年再去家族里拜年,在家族内拜年遵循由近到远、由长及幼的原则,先给最近的同族人拜年,再给稍远的拜,如果同等远近,则按照长幼顺序,先去同辈中年龄稍长者。去拜年是长子高席儒领着男丁去,基本上把全村都拜个遍,大儿媳杨永芳领着家里的女性,主要拜近门,分支出发。高民昌夫妇不去拜年,留在家里,因为其他人会来高家拜年。在村内拜年时,不需要带什么礼物,近门的会给压岁钱,不是近门的不给压岁钱。家族的拜完之后,再去四邻家拜年。一般一上午就可以拜完,下午就没有事情。

过年有很多规矩要遵守:首先,大年初一不能往外边倒水,洗脸水、尿盆都不能往外倒,怕得罪神灵,受到惩罚。其次,所有家庭成员都要穿戴一新,这一天要禁止斗殴、苦叫、吵骂等一切不吉利的事情。最后,还要"出破五",正月初五,叫作破五,过了这一天就可以破除过年期间的诸多禁忌,就可以允许动工、动剪子、做针线、下地劳作、店铺开门。

2.元宵节:小孩的盛典

正月十五元宵节,当地又叫"灯节",这是高家小孩子最喜欢过的节日。元宵节前头一天,高民昌会安排家里的女性蒸一些面点来过该节日,当地称为"灯盏",晚上点燃之后放在桌案、门墩儿等处,而城里的家家户户都会悬挂花灯。面点都是灯状的,蒸出来的面点是一种圆形的造型,里边是个窝,用火柴棒缠花,到元宵节里边添一些香油,各个房屋门口一边摆一个、粮食碾盘也放一个,点着以后,小孩子看着灯灭了之后可以拿回家玩耍。还要蒸"屯粮蛇",放在粮食茓子上,面搓成蛇状,用刀压出花纹,蛇头按上绿豆子,相当于"点睛",放到粮食茓子处。有时候还会蒸"猴搬灯",面点是猴子状,抱着一盏灯,里边掏空放上灯芯,再用竹竿茬别到猴子上,以供小孩玩耍,据说是祈求六畜兴旺。同时也会做一些"风葫芦"等小玩意供小孩子玩耍,因此说是小孩子的盛典并不为过。

元宵节特定的食物是饺子,那天高民昌会安排包饺子吃,同时也要敬神,主要敬的是堂屋的财神。高家的妇女在这一天会去附近的"娘娘庙"里,祈求"娘娘"女神保佑自己的子女无病无灾,没有生育的则求神送子。元宵节这天不需要走亲戚,闺女也不会回娘家,但会有"躲灯"的传统,即上年嫁闺女家,正月十五会请新婿。此外在正月十六这一天,高民昌带领家庭成员"跑桥躲灾",即在有桥的地方走一趟,据说这一年内可以防止腿疼,这些都是高家在过元宵节的一些风俗。

元宵节最重要的是看灯会,高家家庭成员经常去大赵的火星庙看灯会,抬一些火炮、火箭、烟花、"神似剑""毛老鼠",还有一种叫"引丝雷",跟其他的鞭炮不一样,炮引着得很慢,点燃之后很长时间才爆炸,因此小孩子一般不敢拣这种鞭炮。此外还有"铁树银花",将一些铝之类的东西挂到树上,特别闪亮。去看灯会的时候,一般是高家的成年男性去,小孩子也可以去,不过需要跟着成年人一起,同时也要跟自己小家庭的家长请示,妇女一般不去,因为小脚行动不方便。

3.清明节:"拢坟"祭祖

清明节高家一般没有什么特殊的过法,主要就是在家门口插柳枝,去坟院里烧纸、"拢坟",本来应该是高民昌带着全家人去,但因为他年龄大了,腿脚也不方便,就安排长子高席儒去,有时候如果长子忙的话,就委托长孙高知文去,主要是长子高席儒去,高家的男丁都可以跟着去,三孙子高知斌曾经跟着一起去过,但孙女高知瑞不能去。

广义上的拢坟意思就是祭拜祖宗的活动,狭义上包括两层含义:一是给坟添土,二是"挖坟碗",用馒头在坟周围挖一部分土挖成碗状,挖两个,放置在坟头,意思是给祖宗供飨。

4.端午节:吃粽子配香袋

端午节,当地也称五月端午、端阳节,高家过该节日是为了纪念屈原,一般大早上起来,媳妇王从荣会在家门口插蒲艾,然后全家人吃鸡蛋、粽子、油饼和熟蒜,粽子是高家在集市上购买的。王从荣还会给孩子们佩戴"香布袋",用香艾、葛根做成的,据说带上之后可以避免蚊虫叮咬,因此"香布袋"又叫"虫不咬"。当时高家的子孙佩戴的"香布袋"是高家统一购买的,相当地讲究,上边纹的银丝、缝制的各种花纹,下边有飘带,上边有小口用绳子绑住,隔一年可以解开将旧的香艾倒出来,再装入新的重新缝住。此外当时还系过五线绳,据说可以除灾免祸。而同村的其他穷人家这个节日过得较为简单,就煮点鸡蛋。这一天高家按照传统不走亲戚,闺女也不回娘家。

5.六月六:给新媳妇送扇子

六月初六在当地叫"追节",娘家需要给刚去婆家的新媳妇送扇子,送扇子是由自己的母亲去,如高民昌的三侄女出嫁的第一个六月六,她的母亲去给她送的,媳妇王从荣不过问此事。到如今该习俗保持下来,也发生了一些变化,有些人家送电扇、空调。

6.八月十五:改善生活

八月十五是中秋节,高家的一家人会改善生活,高民昌会去集市上割一些肉,中午吃饭时加会点肉。高民昌还会统一购买一些月饼,伙计们不会放假,但会给他们一份月饼,月饼是晚上吃,边吃边赏月,但同村普通人家没有吃过月饼。同时高家还会统一炕一些干饼,作为零食让全家人吃,谁想吃多少就吃多少,没有限制。此外,因为八月十五也是十五,高民昌会摆上月饼敬神。

7.十月初一:烧纸祭先祖

十月初一,当地叫"十来一",高家会给先祖烧纸,这天异于其他祭祀的节日,这天只烧纸不拢坟。当地有句古话叫"早清明晚十来一",清明可以提前几天少,"十来一"当天或者晚几天烧都可以,上午下午烧纸没有讲究。除此之外,还有一个讲究就是要吃油馍,当地俗语叫"十来一,油唧唧",高民昌当天会安排家里的女性炸油馍吃。

8.冬至:吃饺子防冻

冬至日交九,冬至时高家的习俗是吃饺子,据说是怕耳朵冻掉。冬至日前,高民昌会去集市上买肉、菜,回来之后媳妇王从荣安排伙计们帮忙剁肉、择菜,由几个儿媳妇做成饺子馅,之后家里的女性都参与包饺子。所有家里的人都可以吃饺子,包括家庭成员和家里的伙计们。

9.腊八:喝粥开年集

腊八在高家是喝粥的日子,即腊八粥。在同村普通人家也有吃糊涂饭,里边是面条、酥肉、粉条等各种东西,混合而成,又叫糊涂饭、迷魂汤,当地认为熬一锅粥或者一锅饭,什么杂粮都会往锅里放,吃的是"糊涂饭","糊涂饭"吃完魂就被迷倒了,然后集市上到年下开集之后,"迷着"上街,买东西时多买一些东西,不会过多计较,年过得好好的。也有一种说法,腊八粥是在阴间贿赂阎王的,阎王喝了不打你,可以在阴间不遭罪。

10.小年:炕灶祭灶爷

腊月二十三是小年,高家在这天里主要是祭灶爷,家庭成员吃的是火烧和饺子。当地俗语"二十三,炕灶干",可见祭灶是一件很重要的事情,灶爷两侧要有一副对联:"上天言好事,下地保平安",拿火烧给灶爷祭拜一下,让他上天之后说高家的好话,保佑高家的平安,所以要祭拜老灶爷。

(二)婚葬习俗

在1949年之前,红白喜事上的习俗和规矩最为纷繁复杂,"十里不同风,百里不同俗",高家所在的堤南高村也有自己独特的婚葬习俗。高家的新媳妇有脱鞋、走席、串门、过节等诸多的隐性规定。在白事上规定更为丰富,首先逝者要有方子,其次对孝子有很多行为规范,最后报丧、吊孝、出殡、忌日也有讲究。

1.新媳妇的规定

高家对新媳妇有一些规定。在结婚的典礼上,高家的新媳妇刚下轿子,就有人来把她的鞋脱走了,说新媳妇的鞋带有不好的东西,把别人家宅第的好风水弄坏,谁都可以去脱鞋,把鞋脱了之后在地下铺两张席,让新媳妇走席,走完一张换另一张。新媳妇在过门的时候,要给近亲磕头,近亲会给新媳妇发红包,红包是不计入人情往来中的。新媳妇新婚之后,三天内不能去别人家串门,据说也是因为身上带有不好的东西。在过节的时候,一般不能在娘家过,因为闺女出嫁之后,婆家才是家,娘家就变成了亲戚。

2.白事的规定

高民昌的二弟高才三在外做生意,被土匪绑架之后下落不明,尸骨不留,高家给他办丧事,方子里装的纸扎人。三儿子高书秋1948年得病去世后,出殡的时候儿子高知煌出生,1949年前后,长孙高知文病逝,1951年土地改革运动时,长子高席儒被枪毙,1955年,高民昌去世。高家在1940到1955年之间,前前后后经历五场白事。

（1）方子

高民昌是 1955 年去世的。当地比较重视方子，高民昌在生前就准备好了方子放到家里，为丧葬省了一大笔钱，由于当时大家庭已经分家，其他的开销由三位儿媳妇平摊。方子是白事的大头，要分好坏不同的情况，买好方子需要好几石粮食，好的是"四五六"，即底四寸，厚五寸，顶六寸；"幺二三"是差的，幺二三比四五六薄一些。也有自己请木匠做方子的，买点好木头，请木匠做，有的宅子上长树，伐下来做方子。木材的种类上，柏木、楸木的要好，榆木的要差。人不在之后，必须要有个方子，不能说用一张席子把人卷起来埋土里，再穷也要有方子，当地之所以办白事要讲究方子，是因为村民们普遍认为入土为安，在人间有房屋，在阴间也要有安身之地。

除了方子，还有请"响"，有钱的人家会请一些戏班子来唱戏，普通人家就把这个环节省略去。再次是摆席花费，富裕人家花得多些，普通人家少花些。高家在 1949 年以前白事摆席，鸡鸭鱼肉都有，油水很足。

（2）请帮忙的

高家办理白事时，要请帮忙的，包括"接家儿""管家儿"、厨子、"抬棺的"等，具体要高民昌决定请谁，因为平时都是他作为家庭代表跟同村人打交道，关系都是他建立和经营的。要么是高民昌自己请，要么是委托家庭成员如长子高席儒去请。

请人帮忙主要请"门上的"，即同族一支的人，主要是中年男性，年龄较大的干不动活，去的女性在后厨帮忙，年轻人也可以去帮忙。高家在办理白事时，作为主家不会通知帮忙的，帮忙的都是自己来的，不需要通知。帮忙的就是负责丧礼的杂事，安排客人，客人走了之后要送客，送罢客之后要还借来的器具，收拾摊子，事情完毕才可以回家。高家还需要请"接家儿"，就是吊孝的人拿着东西来高家之后，"接家儿"负责接待吊孝者，然后替吊孝者拿东西。

来帮忙的有一个"管家儿"，即知事客。高家请的"管家儿"一般是"爱管闲事的"，不一定是近门的，需要有能力的、有威望的、按照规矩办事的人担任，不会是外村的亲戚，因为亲戚来都是"客人"，"管家儿"是否上礼需要看有没有来往，有人情来往需要上礼。"管家儿"需要安排白手巾、白布，安置客人座次，组织帮忙的。丧礼一共办三天，这三天内，"管家儿"都需要在场，安排大局，主家不需要给他报酬。

除了帮忙的，高民昌还要请厨子来帮忙做菜，厨子都是会做菜的，以本村的居多，也有外村亲戚会做菜的，可以来充任厨子，厨子不需要支付报酬。厨子请一到两个不等，如果是两个具体分工由厨子自己商量，厨子要做两三天的饭，厨子是否要上礼要看来往，有人情来往需要上礼。

同时，高民昌还需要请十六个"抬棺的"，这些人不能是"近门的"，是同村远门的人担任，都是"管家儿"找的，需要抬棺材时，早上请他们来吃顿饭，抬完棺材请吃顿中午饭即可，不需要支付报酬。

（3）孝子

办白事的时候，还需要有"孝子"。"孝子"不需要请，一有人去世，每一位家庭成员都有自己的职责，死者的家人和侄子等亲戚就自动成为"孝子"。高家的"孝子"都是近门的晚辈，"孝子"会有特别的衣着，如头上勒着白手巾、白布，他们主要负责哭丧、回礼。孝子也有分等级，死者亲闺女是最高等级，穿孝衣，鞋也要挂孝，白手巾要额外长一些，脚踝亦裹白布。儿孙、儿孙媳妇属于一般孝子，头上勒着长一些的白手巾、白布，鞋头需要缝白布。近门的晚辈都是三等，只需要头上勒着白手巾、白布即可。死者入棺后，棺材不封口，停灵三天，孝子昼夜"守灵"，有亲朋来吊丧，孝子跪哭迎接。

（4）报丧

高家请报丧的都是"门上的"，报丧的头上勒一条白手巾、白布，去对方家就知道有人去世，如果骑自行车（当时一些富裕人家），就会在自行车把上勒一条白手巾、白布。高民昌会与知事客一同安排报丧的，要去哪些地方、哪些亲戚朋友处报丧。报丧去的是"有往的"亲戚和"近门的"人家家报丧，"有往的"亲戚是指有人情来往，"近门的"人家即同族的。

（5）吊孝

外人来高家吊孝时，需要拿"大馍"，"大馍"是自己蒸的，有条件的人家在"大馍"上嵌一枚红枣，"大馍"需要蒸十个，"大馍"也有大小之分，大方的人家蒸的大一些，一个笸筐盛不下需要两个笸筐来盛，然后用挑子挑。除此之外吊孝还需要拿鞭炮和火纸。

高家办丧事在房子外边支一个灵棚，吊丧的进灵棚内，帮忙的接过吊丧的所拿大馍，吊丧的磕头、烧纸、放鞭炮，磕头磕一个即可，孝子在方子头处跪着回礼。去吊丧时，对方家的长辈可以不用去，平辈年长者身体健康也需要去，去的时候都要磕头，如果去的人是死者的长辈可以不用磕头，鞠躬即可，因为死者为大。去的时候一家之中一般是男性去，小孩子也可以去，女性一般不会去。

（6）出殡

当地的丧礼一共办三天。到第三天晚上夜深时下葬，称为"送小城"，第四天早上吃完早饭称为"送大城"，紧接着将棺材封口后出殡埋葬。

以高民昌出殡为例，家庭成员都要参与送殡的环节，在送殡中男性的地位要凸显一些。家中的男性走在方子前边，女性在方子后边，长子抱灵牌，除此之外孝子们还要扛用柳树枝上边挂一溜白纸，当地叫"影背槊"。孝棍，当地叫哀杖棍，孝子人人都拿。去吊孝的人，都要参加出殡。高民昌出殡时，由二孙高知命"摔老盆"，当时长子高席儒已死，理应由长孙高知文完成，长孙高知文亦去世，二孙高知命就成了长孙来完成这一流程，然后三孙高知斌举幡，所有孝子在前拽"灵"，孝女在后送殡。灵柩放入墓穴后，撒下五谷粮，当地称之为"入古"。

（7）葬后

在高民昌埋完之后，第一天晚上高家的孝子要去土地庙"报庙"，埋的当天早上需要去城隍庙"送路"。埋后第二天，子女要去舅舅家谢孝，子女如果不在就由孙子去舅爷家完成。三天以内都要"捂火"，也叫暖坟，拿纸、柴，烧起来，放鞭炮。第三天孝子们拢坟，烧"圆坟纸"。这样才算完成了丧葬的流程。

高民昌去世时，已经分为三个小家庭，各个孝子们的活动由长房即长媳杨永芳来安排和做表率，其余小家庭要遵从长房的安排。当地对赡养老人有一种说法是"活养死葬"，即活着的时候赡养老人，等他死了之后风风光光的埋葬，这才是孝顺的表现。高家的子孙在赡养高民昌也都遵循了当地的传统。

（8）忌日

在高家乃至堤南高村，自人去世起，逢七祭奠，共要经历七祭四十九天。"三七""五七"两个忌日要过一个，有的过"三七"，有的过"五七"，高家过的是"三七"。"三七"当天要摆酒席待客,闺女、侄女等亲戚需要赶来,再上一次礼。周年一般办三周年,往往是一些"爱露鼻子"①的人家,三周年会很隆重,请来唱戏的大办一场。有的低调的人家,在坟头烧点纸即可,并不是跟家庭条件有关系,而是看家庭行事的风格。

此外,当地有一种风俗,即在人去世之后家里不贴红色对联,当年年底换对联,头一年黄色,第二年绿色,第三年蓝色,第四年就换成红色的。

(9)禁忌

高家在丧葬的办理上有诸多禁忌。在吃的方面,孝子们不能吃荤的,人不入土不能吃荤,一百天内不能理发,可以去别人家串门。抬方子时候,不能从别人家门前过,需要绕远路到伙路,不临大路的人家需要走出路。宅子上不允许方子过,地里没有要求可以过方子。孝子一百天不能剃头,据说是孝道的体现,因为"身体发肤受之父母"。白事需要在头上勒白手巾,用自己家白手巾在头上缠一圈,其余的部分可以在后边披着;到别人家宅子上,不可以披到后边,需要在头上盘得结结实实的,当地的说法是不能把灾气蔓延到别人家。如果不遵守这些规矩,没有人教训他,亲戚也不会说他,但会被当成反面教材传。

四、家户信仰

高家在 1949 年前虽然不存在宗教信仰,但如当地一般家庭一样,家里敬奉的有门神、财神、关爷、灶神和老天爷,保佑着家庭的平安富足。与此同时,祖先也是重要的信仰对象,高家的后代在每年的固定节日对祖辈进行祭祀。此外,高家的家庭成员还在特定时间去庙宇里祭拜诸神,以求平安。

(一)宗教信仰概况

高家无论是高民昌还是其他家庭成员都没有信仰宗教。近门高知杰的奶奶信奉天主教,当时高知杰的爷爷作为当家人已经去世,高知杰的奶奶当家,之后三个儿子分家,高知杰的奶奶单独过,每个儿子给她一定的粮食单独吃住,传教的是河西的叫"管君",高家的奶奶一个人信教,家庭其他成员并未信该教。此外堤南高还有一个吴姓的信教者,会给人治病,当地人称"神仙婆",总体来说当地在 1949 年以前信教的情况不多。

(二)家神信仰及祭祀

1949 年以前,当地一般的家庭都敬的有门神、财神爷、灶神、关爷和老天爷。在高家的门口敬奉的是门神,老宅的堂屋敬的有财神爷,财神爷两边是八仙对应着,财神爷下边是香炉、蜡台。灶神,也叫灶爷,保佑吃喝、平安,财神保佑发财,关爷是文财神,老天爷是保佑风调雨顺的。供奉神的桌子摆得比较高,防止小孩子碰得到。到了大年三十,会烧香、摆几个菜、倒上酒,祭拜财神,其中门神是贴对子的时候敬奉的。

祭神都是在过年拜的,高家平时不怎么拜神。虽然一年到头只有腊月二十三、大年三十晚上、初一早上拜寥寥几次,但花费不菲,所购置的名贵檀香、蜡都是一笔大的开支。腊月二十三祭老灶爷只能当家人来烧香、祭拜,摆酒,敬神,女性、小孩子不可以祭。大年三十晚上,高民昌在院子里会祭拜老天爷,在院里祭拜时弄个盆子就开始祭拜,然后吃饺子先给天爷供飨,把饺子汤浇在地上,嘴上念着"浇天浇天"。

---

① 爱露鼻子:当地话语,指爱出风头。

敬奉还需要看农户信的程度,信的程度深,每个月的初一、十五都会祭拜,一般家庭多是在过年祭拜。

(三)祖先信仰及祭祀

高家对祖先的信仰主要体现在祭祀上。当地虽然在七月十五不开展祭祖活动,但在十月十五、清明、"十来一"、过年这几个固定的日子祭祀祖先,这几次祭祀略有不同,十月十五是整个家族的祭祀,清明拢坟需要烧纸,"十来一"和大年三十只烧纸不拢坟。

1.祖坟

高家祖坟埋的时候有一些讲究,属于"排坟",第一代要和自己的妻子在第一排,第二代往下排,以此类推,而妻子和丈夫合埋。高家的祖坟共埋了四代,从高民昌的老老祖父辈开始,然后高民昌的老祖父辈,再是高民昌的祖父辈,后是高民昌的父亲辈。高家的祖坟,高家的男丁可以埋进去,弟兄一个挨一个埋。女性出嫁了就是外姓人,埋在自己丈夫家的坟地里。妻子和丈夫埋在同一个坟里,小老婆也可以埋一起。被休的妻子,就回娘家或者可另说婆家,不能再埋到自己家的坟里。抱养、过继的孩子也可以埋进来。高家人丁兴旺,并未有上门女婿,故祖坟里没有埋过上门女婿。

高家也有老坟地,高民昌往上数四代之前的祖上故去后都是在老坟地埋着,后来埋不下,就埋在现在的新坟地。新坟地是高家自己置的,离高家的房子没有多远的距离。在当地老坟地埋不下之后,不能平坟,都是想办法再置新坟地。

高家去世的老人可以立碑,但是否立碑主要看后代的想法。高家人立碑时必须等夫妻两人都去世才可以,如三儿子高书秋1949年以前已经去世,但妻子任桂兰一直在世,直到任去世后才立碑。立碑是儿子出钱,闺女不需要出钱,因为不是本家人。立碑时,只要是死者已经出生的后代,都可以在碑上署名。

祖坟所占这块地不属于庄稼地,不需要交公粮。祖坟是神圣不可侵犯的,没有出现"扒坟"即侵犯祖坟的情况,一旦出现,高家是不会允许这种行为。修坟是在每年清明时节开展的,后代在祭祖的时候需要带着铁锹拢坟。祖坟附近的地叫作坟院地,主要用于埋人,耕种的面积很少,无论多穷的人家也很少卖自己的坟院地,高家也从未卖过坟院地。

2.清明拢坟

在清明时节,是高家这一门下一二十口人参与的祭祖活动。高家所在这一门的坟地附带有一部分的公地,让其中比较穷的一户种,称为"观地的",等到清明拢坟时,"观地的"准备一顿早饭供这一门的人吃,吃完之后挨个拢坟、祭祖。这顿早饭往往是胡辣汤、炸油条,高家的小孩子也可以跟上一起吃。"观地的"较为稳定,一直都是其中的一户,很长时间都没有变过。广义上的拢坟意思就是祭拜祖宗的活动,狭义上包括两层含义:一是给坟添土,二是"挖坟碗",用镢头在坟周围挖一部分土挖成碗状,挖两个,放置在坟头,意思是给祖宗供馔。

到了清明节,高民昌委托长子高席儒去拢坟,因为高民昌骑马摔坏了腿,行动不方便。高家的男丁都可以去,三孙高知斌曾经跟着一起去过,但孙女高知瑞不能去,只有高席儒可以烧香,小孩子不可以参与。高知斌去的时候,需要请示自己的母亲李玉莲,不需要请示奶奶王从荣,因为"这是小事"。去的时候,高席儒需要带上镢头,因为要"挖坟碗"。

高家所在这一门在祭祖时,不用举行仪式,也没有主持的,往往是辈分高、年龄大的人带个头,带着去每个坟院,挖个"坟碗"就算结束。拢坟是按远近顺序,这一门下的坟院挨着去,不论长幼顺序。烧纸上香是各家拿各家的,自己家不用承担其他家的香纸开销。磕头是按照辈分和年龄,高家按照"知敬申可贵"的辈分来,同一辈是按照年龄,年长者优先。

3.十月初一祭祖

高家会在每年十月初一祭祖,当地称其为"十来一",不是全族性的祭祀活动,也不是家族一门内的祭祖,只是各家单独的祭祖。在这一天,高民昌委托长子高席儒带着高家的男丁参加,女性不能参与,几个孙子们的可以同去,用火石打着香纸、燃放鞭炮,长子主持。

4.过年烧纸祭祖先

在大年三十下午,高民昌安排长子高席儒,带着高家的男丁去自家的祖坟内,给祖先烧纸,高家的女性并不参加,只在自己的坟上烧纸,并不管家族的坟。先放鞭炮,随后烧纸、叩头。

5.宗祠祭祖

根据高氏家谱记载:"堤南高高氏宗祠,建于清乾隆二十八年,即公元1763年。中华民国17年(1928年)重修宗祠主持人:高恒昌,协助人:振炳、清昌、程万。"高家的宗祠有两进院子,每年到了十月十五就会举行盛大的祭祖仪式,宗祠修缮的经费来源于家族土地的收入,祠堂的地共有五六十亩地,每年会有地租的收入。没有人会亵渎、侵犯祠堂,整个堤南高都没有出现过这种情况。

6.家谱记男丁

堤南高高氏有一部高氏家谱。据说高氏家谱失传过一段时间,现在流传的版本十分简单,家谱是十分崇高的,没有人会亵渎家谱。家庭新生的男丁可以入家谱,女性不能入家谱,娶的媳妇可以入谱,纳的妾不论是否生孩子都不可以入谱。每隔三十年修一次谱,修谱时,每家每户都会兑一笔钱。

7.孝道

在高家,晚辈对长辈都很尊重,不存在不孝顺的情况,在高家孝道就是遵从长辈、不违抗长辈,反之就是不孝顺。除了在世的长辈之外,还要求对祖上孝顺,这主要体现在对祖辈的祭祀上。

(四)庙宇信仰及祭祀

1949年以前,堤南高村有两个土地庙,一个在村北坡,一个在东北角,另外在西北角有一个城隍庙,邻村有一座娘娘庙。土地庙供奉的有土地爷和其他的神,城隍庙供奉的城隍爷。这三个庙是什么时候修建的、如何修建的,高民昌不得而知,从高民昌记事起就没有建庙,也没有兑钱修庙的情况。原本村中还有一所大庙,但由于年代久远高民昌已经不清楚该庙是什么庙了,因为开办学校被拆[①]。

拜庙是跟信仰有关的行为,娘娘庙是管生孩子,土地庙管平安、发财,此外土地庙里边还有小鬼判官管"拿人"。堤南高的土地庙摆着土地、龙王、马王、虫王和小鬼判官,龙王是求风调雨顺的,马王是保佑牲口的平安,虫王是管地里的害虫。高家的需求就寄托在神上,神都在庙里。

土地庙谁都可以拜,高家会去拜,本村人可以拜,外村人也可以拜,不过自己村也有庙,

---

① 据邓县县志记载:中华民国16年(1927年),河南省政府主席冯玉祥下令各地庙宇改为学校,变庙产为学产;中华民国18年(1929年)6月,设县立九小,校址在堤南高。

不会特地跑过来拜神。高家的男性可以拜，女性基本上不可以拜，一般都是男性去。土地庙在很早的时候就修过，是村里人兑钱修的，土地庙修的较为坚固，该庙在很长一段时间内都未再维修过。

除了祭拜神灵之外，土地庙还有一个功能是"拜庙"，即掌管人的死亡。有人去世，用谷子的秆子扎成板，头一天烧烧第二天抱回来。当地认为，人不在之后，要报告给土地爷，让土地爷销毁去世者的"户口"，方便投胎。同时，主家请的吹手。家族里近门的男丁需要去，这些属于"孝子"，其他姓氏或者本姓氏远门的不需要去。此外还要扫地，把尘土倒进棺材里。除了有人去世之外，每个月的初一、十五以及年关，高家也会有人去烧香。去的时候，高家的男性去都可以，未成家的儿子如果能完成也可以单独去，女性不可以去。去的时候是单独去，往往不和其他人同去。去的时候往往带香、表，一般不带鞭炮、贡品，只有需要许愿、还愿的时候会带。拜的时候，虽然有很多神，但只有一个香炉，只在一个香炉内烧香。

堤南高的大庙有和尚，也有地，尼姑不在庙里，而在庵里，小庙是没有土地的。传说在清朝中期，堤南高的庙规模很大，有五百名和尚，也有很多土地，由和尚耕种；有晒场供寺庙使用。后来和尚道德败坏，将里边的房子修成两层墙，然后把远处来的妇女劫进来，以供发泄。后来京城里派大臣下来调查，该大臣假扮成货郎挑，每次到庙门里歇息，时间一长和尚不在意，向假扮成货郎挑的大臣买木梳，这就暴露了内幕，毕竟和尚是不需要木梳的，于是就派兵把该庙包围，把和尚全部抓起来活埋，堤南高的庙就此没落。

五、家户娱乐

在 1949 年之前，当时物质生活较为匮乏，高家的娱乐方式较少，主要包括交朋友、打牌、串门、逛庙会、看戏、抽大烟等。具体而言，高民昌和长子高席儒交的朋友才是全家的朋友，其他家庭成员不能交朋友；三弟高自齐和侄子高书阶喜欢打牌，是村里出名的"不正经干"；串门是全家人都可以进行的，但要注意时间、时令；而庙会除了烧香拜佛之外，还有物资交流会的功能，庙会期间往往是一年之中最热闹的；再就是看戏，也是老少咸宜的文化盛宴，村中祭祖、红白喜事时都会唱戏；最后是抽大烟，为了招待客人、来往应酬，高家种植过一小块鸦片地，而没有光顾过村中的烟馆。

（一）家长、长辈交朋友

在堤南高，在一起处事对劲的、互相能看得起能来往的算是朋友，经常在一起吃吃喝喝的也算是朋友，当地在过去有一句话叫作"酒肉朋友，米面夫妻"，可见一般朋友互相吃喝比较多。要好的朋友主要是在有些事情上可以互相帮帮忙，如借钱。从关系的远近上看，由远及近分别是陌生人、熟人和朋友。

当家人高民昌交的朋友，算是家里的朋友，女性不能交朋友，老人交的朋友，也算是家里的朋友，成家的儿子交的朋友，不能算是家里的朋友，小孩子交的朋友也不能算是家里的朋友。一般只有当家人交的朋友才能算朋友。实际情况中，家中的女性如媳妇王从荣和儿媳妇们都不交朋友，已经成家的如长孙高知文已经成了家，交的朋友不能算高家的朋友，小孩子交的朋友，如三孙子高知斌在 1949 年以前未成家，交的朋友也不能算是高家的朋友。高家交朋友也有一些特殊情况，就是高民昌的两个兄弟也可以交朋友，长子高席儒也可以交朋友，因为他们有收入也有地位，不过他们的朋友只能算是自己的朋友，不是高家的朋友。高家交朋友没有额外的仪式,不需要摆酒席,只是彼此打交道较多,心里都认可彼此是朋友。朋友之间论辈分、亲疏称呼,对于对方的父母称呼也按照辈分。如高民昌有一个"书"字辈的朋友,对方就称高民昌为"叔",高民昌称对方的父亲为"哥"。

高家交的朋友可以互相串门,红白喜事有的会来往,有的没有来往,主要看关系。想让朋友来红白喜事送礼,高民昌需要下帖子,如果互相没有红白喜事上的来往就不会给他"下帖"。朋友来家里做客会招待对方,如果时间比较晚,也可以留宿,留宿的话不需要跟其他人商量,高民昌可以做主,只需要给媳妇王从荣交代即可。

(二)"不正经干的"打牌

1949年以前堤南高村没有专门开的赌场,但在村里有村民经常打牌的地方,称为牌场,这样的牌场村里有两个,涉及的活动有"出宝"、掷骰子、"抹牌"①等,堤南高打牌的人不多,主要是打纸牌,没有出现过打麻将的。此外在庙会上设有赌场,在花园的庙会时,会摆很多桌子,有很多人在赌牌,有摇骰子、猜单双。除了打牌,堤南高还流行一种叫作"出宝"的赌博形式,需要一个出家,一个开家,一个方桌划成四个区域,出家把眼睛蒙住,开家把"宝"放在某个位置,出家猜中得钱,开家管收、管赔。在玩"出宝"时,往往四周围一大圈子人,有的是观看,有的是准备下注。打牌到饭点时就散场,然后各回各家不存在谁来管饭的情况。

打牌都会玩钱,牌场上讲究愿赌服输,一般不存在什么纠纷。堤南高有个人,是"出宝"的高手,曾经赢钱买了头牛,后来输得精光,他的父亲不给他钱还账,他还不上钱就去当兵痞卖兵,卖兵还给对方。牌场上一般不会借钱,不过可以欠钱,也有赖账的情况,玩"出宝"时不可以欠钱,往往是有多少钱下多少赌注。当地在1949年以前有句俗话:"赌博账,锤头壮",往往形容有钱有势的人家,赢钱时收钱,输钱了赖账,无钱无势的家庭无计可施。牌场上欠钱不用打欠条,因为是四家打牌,其他人都是证人。输了钱,往往想捞回来,结果越输越多,家里就容易过不下去,甚至有卖自家女人还钱的情况,输钱输得多,家里会闹矛盾。

老人家和年轻人也可以一起玩,打牌不论年纪都可以一起玩。穷富一般不在一起玩,富人往往玩得大,穷人玩不起。农忙时一般没人玩,因为都在做庄稼活,农闲时玩牌的多一些,尤其是腊月,玩的时候白天晚上都有玩的。天热时候,多是在树荫下边玩。天冷之后,会在其中爱打牌的人家里,一般都会去没有年轻女性的家里,因为打牌时会说一些不三不四的话,年轻女性在家不合适,基本上就固定在两三户人家的家里,都是爱打牌、爱玩的人家。

去牌场的,往往是一家的当家人,因为打牌就会有输赢,不是当家人就没有钱,女性基本上不能打牌,除非是年纪比较大的。当家人如果去打牌,家里人是不愿意的,堤南高有一户人家比较爱打牌,一到农闲就打牌一直打到二月份,后来家里的儿子反对,因为嫌脏,后来就去别的地方继续打。如果是家庭成员去打牌,管得严格的家庭会管这种事情,有些家庭不会管。

打牌在农村不属于好事,当时有句顺口溜说明了当时几件不好的事情:"吃喝嫖赌鸦片烟。"在高家,高民昌是不打牌的,高家的子孙也不允许打牌,尤其是小孩子不允许打牌,因为"争气的孩子说不让他打牌,就不会打牌",但不存在专门的家规家法来防止家庭成员打牌。高家的妇女不可以去打牌,因为这不是"正当的事情",而且大家户的女性不可以抛头露面。但实际情况也有例外,在高家还在做生意的时候,钱非常充裕,高家三弟高自齐经常打牌;高

---

① 抹牌:当地对打纸牌的叫法。

家第二代的侄子高书阶也经常去牌场打牌,因此他们在村里落下"不正经干"的名声。此外,高民昌家近门高知杰家的小叔玩牌,在高知杰的爷爷在世时,高知杰的小叔不敢去玩,等到高知杰的爷爷去世之后,高知杰的奶奶当家,他就可以去玩,那个时候已经没有人可以管他。

(三)男性串门勤

串门就是两家关系好,到对方家聊聊天。过去农忙的时候,高家去别人家串门的情况不多,因为有庄稼活,多是在农闲时候去串门。高家的男女老少都可以去别人家串门,其中高民昌、高席儒这样的成年男性串门多一些;王从荣等女性基本上都不串门,因为女性出门都很少,而且还有家务活,一般都是男的串门;小孩子也可以串门。村里有喜欢串门,有不喜欢串门的。在高家有喜欢串门,也有不喜欢串门的,如三弟的小婆,喜欢串门,总是在早上串门,晚上不怎么串门。

串门不管饭,高家人去串门快到饭点一般都会提前回家,当然主家也会礼节性的问一句:"中午在这吃饭吧。"饭点一般都不串门,串门一般都在自己家吃饭,基本上没有在别人家吃饭的情况,这属于一个高家的隐性规定。外人来高家串门,一般在堂屋里坐着闲聊,不会在卧室里,因为在卧室里"不合适"。到晚上一般高家的家庭成员不去别人的家里,而是去没有人住的空房子里,相应的村里很多人都在那个空房子里闲聊,火是随便找点柴火烧的,没有人提供茶水。去的时候女人不能去,小孩子随便去,六七月天热,多去祠堂边乘凉、边聊天。除此之外,串门没有什么规矩,家里也没有默认的讲究。

一般串门时,多聊一些新鲜事,聊历史、看戏的事情。相同职业的,会聊聊该行业的事情,一般的庄稼人,会聊地里的事情。高家一般去近门或者附近家庭条件差不多的家庭里串门,不去条件太差的人家。

(四)小家各自逛庙会

庙会是一种物资交流会,庙会有两种类型,一是烧香会,多是在春季,以求神拜佛、烧香还愿为主,并进行商品交换;二是山货会,多在春夏之交,以交换小件农具为主,并进行其他商品的交换。庙会均有固定的时间,常年不变,会期多为三天,此外还会有戏剧和其他文艺节目演出,规模较大。

高家很少去庙里拜神,只有附近几个村的大型庙会才会去,首先是花园、冢张两个村的娘娘会,冢张是正月十六,花园的是二月初九。去娘娘庙多是女性去,烧香烧表,不烧火纸。去该娘娘庙的目的是求子,庙里敬的送子娘娘,去的时候烧香烧表,随后庙里准备的有泥捏的娃娃,谁有求子的需要,拿一个放在自己的被窝里,意为求子。高家的女性也去过这两个娘娘庙,媳妇王从荣不去,因为她的孩子年龄都很大,只有几个儿媳妇去,去的时候几个儿媳妇是一同去的,小孩子可以跟着去,祭祀所需的香表是大家庭统一购置的。

其次是火星会。在每年的正月二十五,滕楼火星庙里敬的是童姓的火星爷,火星爷保佑家庭不会着火,火星爷是当地最大的神。据邓县县志记载:滕楼火星会形成于清嘉庆五年(1800年)左右。除此之外,大赵的火星庙是正月十六。去火星庙多是男性去的,女性去的少,高家多是高席儒去,因为高民昌骑马摔到了腿,行动不方便,所以就会委托高席儒去;小孩子也可以跟着去看热闹,去的时候告知自己的母亲即可,去的时候拿的鞭炮、火纸。

再次是祖师庙会,又叫炮子会。堤南高村里没有庙会,每年三月初三滕楼的炮子会是当地较为隆重的庙会。庙会成为当地农村一年内最为隆重的娱乐、交易集聚地。

滕楼庙会时,有吹吹手、登高跷等在街上玩,有很多的做小生意的摊贩、玩把戏的,如肘猴和提猴,肘猴是用木棍支起来玩的木偶,提猴是提线的木偶,都是在庙会上比较吸引人的玩卖;另有各种各样的小生意,卖甘蔗、烧饼等小吃的,也有唱戏的,附近村里的人都会去"赶会"。庙会还有很多做小生意的,其中有一个卖手工艺的人,用泥捏的鹌鹑栩栩如生,他在街上叫卖:"大家都来看我的鹌鹑,吃得多么的肥,就跟泥捏的一样",实际上他卖的就是泥捏的鹌鹑。

在高家谁都可以去赶会,家里的男人、妇女、小孩都可以去,未出嫁的闺女也可以去,可以小家庭自己去,也有几个儿媳妇一起去的,高家人去赶会都是小家各自开支。

(五)全家都看戏

堤南高每年有固定唱戏的情况,就是在每年的十月十五祭祖的时候,举办完祭祖仪式之后,请的戏班子来唱戏。每年十月十五祠堂会唱戏的时候,高家的老人、男人、妇女、小孩都可以去,未出嫁的闺女也可以去,对性别、年龄没有限制,本村人、外村人都可以去看,不收门票。开支由祠堂田"扩出"所收的"扩子"负担,请谁、怎么请、唱什么,是由家族的族长和各个门的门长商议。

村里人有白事,也去请戏班子唱戏,唱戏唱的有梆子、乐调、豫剧等,唱戏时,所有人都可以参与,本村人、外村人都可以参与。也有个别"好家"在办红事的时候也会请人唱戏,因为不在乎这个钱,如高家在第三代长子高知文结婚的时候就请的戏班子唱戏,戏班子是外村组建的,高民昌托伙计去给戏班子送请帖,然后对方过来讲好价钱就在结婚典礼上唱戏。

唱戏时,高家的男女老少都可以去看。如果是远处的戏,妇女基本上不去看,因为高家的妇女都是小脚,走路不方便,此外看戏还要跟兴趣爱好和个人时间有关,长媳杨永芳不喜欢看戏,高席儒因为工作原因较为繁忙,很少去看戏。高家的家庭成员如果想去看的话,会跟家里的高民昌或者王从荣"说一下"即可,其中高家的妇女看戏只能跟媳妇王从荣请示。高家的小孩子想去看戏,必须要跟成年人一起去才可,同时跟自己小家庭的父亲或者母亲请示,即高知文看戏跟高民昌或者王从荣说一下都可以,高知斌看戏要跟自己的母亲李玉莲请示,同时还要跟着自己的哥哥或者子侄一起,二儿媳李玉莲想去看戏必须要请示自己的婆婆王从荣。

(六)鸦片烟待客

堤南高有两家烟馆,叫高书合、高书含兄弟俩开的,都是堤南高高氏一个家族里的人,买鸦片烟熬制出"烟包",此外配备的烟葫芦等,顾客来了,躺在床上抽大烟。石爷庙的王道广,外号"大头广",是个惯犯,偷了之后卖钱换大烟抽;南曾家有一个线经纪,抽大烟,后来把自己的房子都卖了。村里的保甲长不管抽大烟的,村里的几个乡绅也不管。

1949年以前高家种过一小块鸦片,熬制出来用于招待客人、来往应酬,而非高民昌自己享受,如果没有客人就不抽。当时高家的客房里放的有鸦片、烟灯、烟枪、烟仓,当地有句关于鸦片的俗语"熬着费,买着贵",高家成锅熬制鸦片烟用于招待客人。

第五章 家户治理制度

本章介绍的是高家的治理情况,主要包括当家、保护、家规家法、家族、村庄事务等。在当家方面,1949年之前高家的当家人是高民昌,媳妇王从荣作为内当家人协助当家,二弟高才三是生意上的当家人;在保护方面,高家通过维修城墙、守卫村寨以求安全;在家规家法方面,在生产、生活中形成许多默认的家规家法来管理家庭;家族事务主要是祭祖大典;村庄事务包括选举保甲长,桥、路、庙、井的修建,村寨的维修、看护和巡逻;此外高家通过交钱、出力、参军与国家发生联系。

一、家长当家

家有千口,主事一人。高家有二十余口人,三顷多的土地,没有家长来主事是不行的。家长在当地称为当家人、掌柜的,一直到1949年,高家的当家人都是高民昌,媳妇王从荣作为内当家人帮助高民昌当家,而二弟高才三是高家在外生意上的当家人。高民昌管高家的生产情况、对外的事务、教育后代以及管理家里的男性和伙计,媳妇王从荣负责家务事、管理家里的女性。高家除了当家人之外,没有代理当家人,如果高民昌生病或者出门,媳妇王从荣来负责安排家里的活动。

(一)当家人的确定

在1949年以前,高家一直都是高民昌当家,一直到1949年以后土地改革运动刚结束分的家。先是在土地改革运动之后兄弟三人(昌字辈)分家,随后在开展互助组时,高民昌家的三个儿子(知字辈)的再次分家。

1949年以前当地称呼当家人为掌柜的,家庭成员按辈分称呼当家人,外人称呼也是按照辈分。如孙子高知文称呼当家人高民昌为爷爷而非其他,外人如果跟孙子们一个辈分则称呼高民昌为民昌爷。高民昌为外当家,管家庭的生产情况、家庭对外的事务以及管理家里的男性和伙计,内当家是王从荣,负责家务事、教育后代以及管理家里的女性。村里人一致认为高民昌为高家的当家人,都不知道王从荣,堤南高村说起高家时,都是说西门寨外高民昌家,而不是高席儒家或者其他人的家,由此可见村里人默认高民昌就是当家人,外人跟高家人打交道就是跟高民昌打交道。1949年以前,高家办什么事情都是高民昌出面,需要商量是跟媳妇王从荣,而长子高席儒参与家庭事务不多。

"家无主心骨,扫帚颠倒竖。"按照当地的规矩,无论穷家富家都要有一个当家人,一般是长辈当家。长辈去世或者不能再管事,晚辈才可以当家。女性也可以当家,成为当家人没有忌讳。往往穷家的人不愿意做当家人,因为穷日子过不下去,不想管一家人的杂事。能力比较差的人也不愿当家,因为当不好家。人人都愿意做大家庭的当家人,因为有东西管,有发展。

往往当家人"有材料"①就可以把家管理好,反之家庭遇到没有"材料"的当家人家就有可能没落。但很多时候并不愿意成为当家人,因为担任当家人费心劳力,常言道:"当家三年狗也嫌。"

在高家,高民昌成为当家人不需要开会,也不需要请示家族族长、不需要告知保甲长,也没有告知四邻,外人和高民昌多打几次交道之后,大家自然都知道他是当家人。其他的家庭确定当家人也不需要开会,没有告知四邻,因为其他人和这家人打交道,能出面、能顶事的人就是这家的当家人。

(二)当家人权责

当高民昌在当家时,家庭其他成员需要服从当家人,无论长辈还是晚辈都需要服从当家人;如果不服从,各家有各家的处理办法,比如有的人家会有家法。但在高家,没有出现过家庭其他成员不服从当家人安排的情况,一些小意见或者不同意的时候,每位当家人处理问题的方式不同,高民昌一般是睁一只眼闭一只眼不吭气,王从荣会批评、教育该家庭成员。

家庭成员的婚姻大事是由高民昌、王从荣夫妇共同商议的,当事人或者是孙辈的父母并不做主。如三孙子高知斌刚出生时就和杨魏营魏书清的闺女小定,当时是高民昌决定的,高知斌的父亲母亲不能反对。当家人负责每位家庭成员的婚配,还要承担婚配时的开销。如果哪位家庭成员没有婚配,当家人要一直为其操心,直至完成婚配为止。

高家的生产情况,都是高民昌需要操心的。家里种什么、什么时候种、哪块地撒抗地、哪块地撒春地、如何安排伙计们干活、土地扩出去是否能收上来扩子,这都是高民昌要安排的。如果高民昌生病了或者不在家时,生产情况需有媳妇王从荣请领活的拿主意,因为领活的在种地方面比较在行。

后代的教育都是高民昌安排的,他请的秀才担任家庭的家教老师,外号麻秀才;然后送子孙去学校,统一支付学费、购买纸墨笔砚等物品。生意上的事情,高民昌不过问,因为是二弟的生意,由二弟为主、三弟为辅,自己不懂也不会干涉。

高民昌还要为家庭积累财富。1949年以前当地家业大不大的标准是土地数量的多少,家庭要想更好地发展就要多购买土地。当时高家在高民昌的管理下,家里一直省吃俭用,想方设法购入土地。快土地改革运动时,已经为中国共产党工作的二儿子高仁远往家里寄来信说:"地一块钱一亩,肉一块钱一斤,你尽管吃肉,别买地。"然而高民昌回信时却将儿子大骂一顿,说他是败家乌龟,天天想着吃肉,之后照旧买地。因为置办土地这个想法已经在当家人高民昌心中根深蒂固了。

家里的钱、票、房契地契等都在当家人高民昌房间里的箱子中锁着,箱子中锁的是大家庭的财产,小家庭的财产各有各小家庭家长掌管,高民昌不会过问或者干涉。箱子的钥匙由高民昌、王从荣分别保管,大家庭消费也由他们统筹安排,之所以要两把钥匙,一是防止一把丢失,打不开箱子;二是万一高民昌出门,家里有什么事情需要用钱,王从荣可以从中拿钱来办,使用多少钱到时候再与高民昌交代,但高民昌使用多少钱可以告知媳妇王从荣,也可以不告知,因为他是当家人、是丈夫。在家庭进行消费开支时,高民昌会拍板,王从荣多数时候是服从,也会提提建议,基本上还会按照高民昌的意见来。

---

① "有材料":当地话语,指有能力。

小家庭的财产、各人的私房钱,当家人高民昌不会过问或者干涉,由各有各小家庭家长掌管。几个儿媳妇嫁过来有嫁妆,当地叫"陪嫁妆",如二儿媳李玉莲嫁过来时有家具、首饰等嫁妆,谁嫁来的嫁妆归谁,不归大家庭的公共财产,如果分家这一块不分,也可以由自己的儿子继承。

对外打交道时都是高民昌出面,媳妇王从荣不管,因为当时女性不大出门。高民昌的两个兄弟都在外做生意不管家里的事情,长子高席儒也可以代表父亲跟外边的人打交道,因为高席儒是联保主任,有一定的身份地位,也有能力,但前提是高民昌安排和委托他代表自己。此外随着年龄的增长,高民昌有时候管不过来,就会安排长子做一些事情,比如"一门"的祭祀就由高席儒代表自己去。具体而言,保里开会、家族祭祀活动、与四邻打交道,都是由高民昌出面或者由长子高席儒去。高家的当家的没有沾染赌博、吸毒等恶习,村里人普遍认为高民昌是"置事"①的人。

(三)当家人更替

高家除了当家人之外,没有代理当家人,如果高民昌生病或者出门,媳妇王从荣负责安排家里的活动。

高民昌之所以成为当家人,是因为家里的两个兄弟都在外做生意,只有他在家就自动成为当家人。在高家第一次分家之后,高民昌是自己家的当家人,第二次分完家之后,高民昌这一支又分为三个小家,长子高席儒在土地改革运动中被枪毙,四个孩子都还小,由长媳杨永芳当家,次子家高仁远由于工作原因,远在四川,由儿媳李玉莲当家,三子家高书秋1948年去世,之后由儿媳任桂兰当家。女性成为当家人,也不会有外人笑话。分家之后老当家人就不再管各家的事情,小家庭遇到事情自己决定,可以跟之前的当家人商量,也可以自己拿主意。产生新的当家人,也就意味着分家,分家就相当于旧当家人退出以及产生新的当家人的仪式,"业大分家,树大分岔"是很自然的情况,不会被外人说闲话。

二、家户保护

在1949年以前,因为得天独厚的地理区位因素,堤南高基本上没有发生过特别大的灾害,而发生灾害时,高家都会有充足的存粮来渡过难关。此外,为了抵御匪患,高家积极参加村庄维修城墙、守卫村寨的活动,以此求得本家户的安全。

(一)存粮渡天灾

1949年以前当地灾害发生的情况不多。堤南高村因为地势较高,东边的赵庙等几个村庄地势较低,即使发大水也不会淹到堤南高。当地旱灾较多,也发生过人都吃不上水的情况,地里的收成多少不固定。发生灾害,高家扩出去的地收成是固定的,还是要交1斗2升,约72斤,因为堤南高地处南阳盆地,即使有灾害四季也不断青,没有绝收的情况,扩子是固定的不会减免,自己家觅的伙计也照样发工资。常言道:"养儿防老,积谷防饥",因为高家家业较大,存粮较多,即使发生灾害,自家的口粮也吃不完,高家没有发生过逃荒的情况。同时在发生灾害时高家很少施舍过别家,也没有开设粥棚来救济其他人。

一些普通人家在发生灾荒时往往存在没有粮食吃的情况,首要选择是借粮食,借来粮食

---

① "置事":当地话语,指有本事。

首先要给小的孩子吃,大的孩子少吃一点,因为小孩子身体差,没有吃的容易死亡,孩子大了、大人忍耐力稍微强一些。当时高家的一位郑姓的伙计曾经在饥荒中差点饿死,幸亏吃到了一只死老鼠有了力气,再出门找吃的才在饥荒中幸免于难。

另外,有其他受灾地区的人逃到这里的情况。黄泛区的人逃到堤南高的先例较多,有些讨饭,有些给大户人家做活,高家有一个叫老周的伙计,就是从河南省东边灾害地区逃到本地,给高家当长工的。同时还有黄泛区的妇女逃过来给当家人做媳妇的情况,堤南高村东北处有个叫魏家庄的营,在20世纪30年代,魏家庄有十几个人娶的都是东县的媳妇。黄河的水把东县淹掉,当地人成群结队、拖家带口地逃荒,到邓县之后没有东西吃,跟魏家庄的人说随便给点粮食,就可以给你家一个媳妇,有些甚至不要钱,到这里逃性命,只要找个主、找个家就可以。于是当地随便给几斗麦,甚至有给斗把麦子的,就把逃荒家庭的女性娶回家。

此外,堤南高的高姓为三门高,同宗罗家村是四门高,罗家村因为地势较低,容易内涝,灾害频仍。在逃荒之时,罗家村四门高的人会一样手艺,就是编箦子席,用一种毛竿,在水里泡泡,刀削过,再编一下,席子就出来的。因此四门高的人出去逃荒的时候,腰里就别一把箦子刀,以此混口饭吃。还有一种情况是去当地相对开阔、人少地多的地方,比如九重乡,有一些荒地,也有四门高的人逃荒到九重繁衍生息的情况。

另外,在中华民国32年(1943年)大旱时期,堤南高很多农户都断了粮,纷纷爬到树上捋榆树叶,后来实在没吃的之后,就有逃荒的,后来县里在大王集组织救济,给每个来的人挖一斗豌豆,当时高家的近门有几家就找到保长开条,然后跑到大王集领取救济。同村有一家断了炊,让孩子去要饭,这家一个家庭成员饿极了要跳井,被高民昌看到,叫他们到屋子里,说:"井里的水是大家吃的,坑也有、河也有,你跳到里边大家怎么吃水。"然后给他拿出一布袋的粮食让他吃,帮对方渡过了难关。

(二)修寨防匪患

1949年以前,在早些时候当地土匪比较猖獗,有绑票的,让对方掏赎金来赎人,20世纪30年代中期附近的土匪就被消灭殆尽,收编为民团,之后再有小股土匪迅速都被消灭。如李家的土匪李德山,成为民团里的营长,不再当土匪。堤南高村为了防御土匪,修有土寨,有一丈多高,1949年以后被拆除。还挖有寨河,有两三丈宽,寨墙还有几门生铁炮。四个寨门,平时只留下西门、东门供村民出寨外做农活,其余门紧闭,土匪不敢往堤南高来。据邓县县志记载:土匪作乱时,堤南高大户纷纷修筑堡寨,购买枪支,组织团练,武装自卫。此外,附近有很多村子的村民,在土匪猖獗的时候,为了躲避土匪,白天在自己村子里耕种,晚上将行李收拾好拉到堤南高村的寨墙内住,第二天再回到自己村子。

高民昌将家中的房屋修成四合院状,房子周围有一圈围墙,并修建楼门,不过院墙并不能防御土匪,主要依靠村里的红枪会和自卫团。当时为了守卫村寨,高家也参加了村里的红枪会,高席儒是组织者之一,高民昌因为年纪较大并未参加,就安排了自己的儿子高席儒参加。红枪会敬奉大仙爷,要求参会者必须要喝一碗放入烧符灰的水,这样才能保证刀枪不入。

高家的院墙也不能防卫盗贼。高家曾经被偷过,盗贼偷走了高家前边的院子里铡草喂牛的铡刀,因为铡刀都是精钢铸造的,多少值一些钱,除此之外高家没有被偷过其他的东西,而高家的牲口没有被偷,因为高家的牲口在屋子里圈着,掌鞭的也在屋里住,盗贼无法得手。事后知道偷盗者是石爷庙的王道广,外号"大头广",他是个惯犯,有一次无意中说漏了嘴才被高民昌得知,他经常偷盗东西,农户家里的锅碗瓢盆、犁耙绳索、鸡鸭、被子、钱等等,他都会偷去换鸦片烟抽。后来他的兄弟趁他不注意把他的脚筋砸断,说:"不能再让你出门害人,你不能出门了,我养活你。"

1949年前,高家并未因为防御盗贼而让家庭成员守夜或者巡逻,因为当时社会风气好,盗贼不多。即使知道谁是盗贼,高家也不敢处罚或者得罪盗贼,因为怕他之后再来偷或者纠集更多的贼来偷,就息事宁人。

三、家规家法

(一)成文家规

高家在实践中形成家庭和睦、尊老爱幼的良好风尚,但并未有成文的家风、家训,也不存在特定的奖惩机制。

(二)默认家规

国有国法,家有家规。高家在日常的生产、生活中形成许许多多默认的家规家法,这些默认的家规体现在做饭、吃饭、座位、请示、请客、房屋安排与进出、洗衣晒衣、洗漱、洗澡、扫地、茅厕管理等方方面面,从这些活动的安排、过程与秩序中感受到高家默认家规的力量。

1.做饭规矩

高家的厨房有两个灶台,一个灶台是烧饭的,另一个是炒菜的。

做饭主要是高民昌的三个儿媳妇轮着做饭,一般一轮三天做饭,做饭、烧锅是同一个人,即一个人完成。这个次序和频率高民昌不会过问,由媳妇王从荣安排。在形式上,高家第一代的儿媳妇也在这个次序之中,但因为第一代人都到了一定年龄做不动重活,实际上都是由几个儿媳代替,即形式上是六个人做饭,实际上是三个人轮。做一大家子的饭是很累人的,高家的三个儿媳妇都因此得了不同程度的病,其中高家的三儿媳有一个外号叫作"老黄病",就是因为做饭累出来的。如果该某位儿媳妇做饭,她身体不舒服,可以找其他儿媳妇替她做饭,随后找适当的机会再替回去,同时也需要给内当家人王从荣交代一下。

蒸馒头时,由伙计们来帮忙揉面,搅面糊、发面还是当天做饭的人来完成的。过年时,吃饺子,当天轮到谁,以谁为主,其余人都不能闲着,和面、剁馅、擀面皮是伙计们帮忙的。来客人的时候,还是当天做饭的人负责做菜,遇到节日时,高家也会吃肉改善生活。

全家二三十口人,每个人吃的饭菜都是一样的,一般情况下家庭成员不能提出来想吃什么饭、提出来也不会因此单独做饭。不过也有特殊的情况,高民昌喜欢吃豆腐乳,就买的豆腐乳单独给他吃。妇女怀孕和坐月子可以吃一些有营养的东西,可以吃面疙瘩打鸡蛋,由做饭的人单独给她做,吃饭的时间点和家庭成员吃的时间点不一样,什么时候饿了什么时候做,老人家吃的饭菜和其他家庭成员吃的一样。

2.吃饭规矩

在1949年前,高家早上一般吃馒头或者花里卷,喝玉米糁、绿豆、豇豆稀饭,中午吃面条,冬季为糊汤面,其余季节为利汤面,面条是麦面条或者杂粮面条,晚上和早上一样。早上、晚上也会炒菜,不过都是给伙计们吃的,等伙计们吃过之后的剩菜高家人才可以吃,高家人除了吃伙计们吃剩下的菜之外,凉拌洋葱辣椒、杵的蒜汁滴香油当作小菜,然后用馒头蘸着吃,这是农闲的情况;农忙的时候吃得好一些,高民昌去街上经"猪经纪"买回来肉,中午吃面条可以加一点肉,即吃肉丝面。总体而言,高家家庭成员不论男女老少吃饭没有吃不饱的情况,因为家业足够,但饭菜很一般。

高家吃什么饭由高民昌决定的,因为买什么菜是他决定的,他将菜买回来,做饭的儿媳妇就知道该做什么饭。到过节日、来客人,他就自动买一些肉、菜,买肉要经"猪经纪"才能买得到。不过一般都是做"不变样的饭",即早上、晚上都是馒头炒菜稀饭,中午面条,这也与当地的饮食习惯不无关系。

做完饭之后,做饭的儿媳妇先是给伙计们的菜盛到几个盆子里、饭盛到桶里,伙计们把盆子、碗筷端到前边的院子里,然后其他家庭成员再来盛饭、端走吃,盛饭是各盛各的,饭吃完想再吃,自己再去盛。盛饭时也会礼让,如果高民昌还没有盛,儿媳妇们会给他盛,高民昌自己盛自己的饭情况也很多。盛饭时候另有一些规矩可循,如不可以挑肥拣瘦,如果这样会被人笑话,是"没出息"的行为。

高家在吃饭时并不坐桌。伙计们吃饭是在前边的院里,盛菜的盘子放置在由砖铺就的地面上,伙计们蹲一圈、端着碗吃。高家人各端各的饭碗,各自找地方去吃,男性多出门吃、女性多在院子里吃,孙子辈们在吃饭时往往端着碗蹲在楼门底下吃。

在农忙时,伙计们在地里忙活,到饭点了两个伙计回到家里,挑着锣头往地里送,里边装的馒头、菜、饭、筷子,吃完饭再送回来,农忙时也是三顿饭。

吃完饭,做饭的人需要刷碗、打扫厨房,过年、来客人时,刷碗的情况一样。吃饭时,高家有一个规矩就是吃饭不能用筷子敲碗,敲碗往往是小孩子顽皮的行为、是叫花子的行为,遇到这种情况,高民昌、王从荣可以说,孩子的母亲看到可以说,但是其他人说的话孩子的母亲看到会不愿意。

3.座位规矩

在宴请的座次方面,如果是小四方桌,一边坐一个人,对着门是主位,东边是主陪,西边是副陪,背对着门是末位;如果是大桌子可以坐八个人,一边坐两个人,对着门右上角是主位,挨着是次席。座次的安排并非高民昌安排的,而是当地的惯例使然,高家的家庭成员也都遵循该惯例,没有出格、特殊的做法。

在宴请时,座次是按照辈分、年龄,高民昌和"八区长"都是"昌"字辈的,如果席中有"道"字辈的,比"昌"字辈大一辈,这样高民昌和"八区长"也不能坐上位,即使他们是有钱有势的人家。堤南高曾经发生过一次,辈分高的,没有安排到上位而是让此人坐到下位,后来此人直接走了不坐桌,这被全村视为"认礼"的行为。平时自家吃饭,哪里都可以坐,小孩子也可以做到太师椅上吃,这个没有讲究。

4.请示规矩

在生产时,都是高民昌安排的,一方面是平时安排伙计们种地;另一方面在农忙时,安排其他家庭成员下地干活。相应的伙计们尤其是领活的,以及高家家庭成员在进行农业生产时,都需要得到高民昌的授意。等到高民昌老了不能再下地,会由长子高席儒安排耕种,高席儒没有父亲经验丰富,由他给当家人高民昌请示。

做饭时,主要是看高民昌买什么菜,轮流做饭的儿媳妇看什么菜就做什么饭。做衣服不需要请示,各个小家安排的有一定的棉花,自己小家庭做自己家庭的衣服,不需要再请示。

家里买使用的东西时,由高民昌统一购买,小家庭及个人想买额外的东西,自己用自己的私房钱,不问"关照一堆儿"里要钱。长子高席儒自己的收入自己支配,供自己平时的人情来往,没有拿收入置地的情况。小孩子上学是大家庭统一负担,高民昌统一安排的。

5.请客规矩

来客人需要宴请,往往是高民昌安排买菜,要比平时丰盛一些,这方面会问媳妇王从荣的意见,征询如何搭配菜肴。坐席时,由高民昌或者是长子高席儒作陪,女性一般不能上桌,即使是自己家的亲戚来也不能上桌,除非是媳妇王从荣有时候会上桌,因为她是长辈,小孩不能上桌,高家第三代都没有上过桌。客人坐桌时候,坐的是太师椅,如果是来一个客人,坐东边的太师椅,因为东为上;如果来客人,不会去喊保甲长作陪。宴请客人的时候会喝酒,喝的是自己家酿的黄酒,1949年以前对酒比较重视,各家都会自己酿酒,各家都有专门的热酒的锡壶,在厨房女性筛过、热过酒,另有人端上来。同村还有一种情况,在堤南高南关有一户大户人家,有一百多人,家里来客人,谁家的亲戚谁家招待,所需费用也是小家出,这是因为家庭太大之故。

高民昌和长子高席儒的朋友是全家的朋友,可以请他们来家里吃饭。1949年以前在当地,红白喜事叫作请客,跟朋友吃饭属于"随便约","随便约"会找个借口:"我煮的酒好了,你过来尝尝",于是就开缸,朋友到了之后,一般人家款待朋友炒个鸡蛋、肉菜、再弄两个凉菜就可以,喝点酒之后上馍、吃饭(饭指的是面条)。当地讲究招待客人最少四个菜两热两凉,一般情况下不会叫陪客的,因为富户一般不请穷户,穷户也上不了富户的桌。请陪客的往往是与高家地位相当的,如保甲长、村中其余的乡绅、富户。如果招待的是贵客,大多是八个盘子、八个碗,也有十个盘子的,"盘子"是下酒菜,热炒、凉拌,再加上麻叶、糖饼等点心,"碗"是吃饭菜,煎、炒、蒸、炸都有。如果是定亲、相亲等事情,要上七个或者十个菜,意为"七(妻)成八不成"和"十全十美"。吃饭时一般在前边院子的堂屋摆桌,小孩子都不能往前凑,伙计们负责端菜、筛酒。

6.房屋安排与进出规矩

在家户房屋产权中,介绍了高家房屋的概况,在此不再赘述。高家家庭成员具体住哪里基本是固定的,不会更改,只有两种例外:一是孩子们小时候与母亲住,长大之后,住到前院;二是夏天天热,男性可以睡着院子里,这样凉爽。每个卧室都是居住者的私人空间,别人没有事情是不能进来的;而媳妇王从荣可以去任何人的房间。房屋居住是由当家人高民昌安排的,高民昌在安排时也是按照当地的风俗,最主要就是长者为上,东边为上。

高家第一代,媳妇王从荣和大儿媳杨永芳住在一个房间。高家第二代,二儿子在黄埔军校,又参加抗日,不在家居住,三儿子早夭,只有长子高席儒在家,长子往往在客房居住,客房布置得很好,挂有画。大儿媳和媳妇王从荣住在一个房间,二儿媳李玉莲和三儿媳任桂兰住一个房间。高家第三代在1949年以前大多没有成家,小孩子小的时候,跟母亲住一个屋,如三孙高知斌小时候和母亲住在一个房间,等到上学的年龄,就住在前边一栋院子里,他的叔伯弟兄都在院子里住,一是因为年龄大再跟母亲住一个屋不合适,二是上学的孩子起来得早,放学上晚自习回来得晚,住前边院子可以不影响其他人。

如何居住是高民昌、王从荣共同安排的,同时也会参考当地的风俗。当家人和长者要住在东边,因为当地以东边为上;在高家都遵循着这个规矩,首先在第一代,高民昌和媳妇王从荣,分别在老宅和南宅的东边,二弟在东屋而三弟在西屋;第二代中,长子和大儿媳也都住在堂屋东边,二儿媳妇和三儿媳妇住在堂屋的西边。

睡觉没有规矩可言,谁早睡谁晚睡没有特殊规定,不过实际情况中女性往往睡得晚一些,因为吃完晚饭之后要做针线活。起床也没有什么规矩,只是说做饭的人先起来,此外学生上课要早一些,所以一般起得要早一点,一般天不亮都起来了。大楼门有门栓,谁起来得早谁负责开门,谁最晚回来谁负责锁门。

卧室的房间不会上锁,柜子也没有锁,因为深宅大院,贼进不来,一家人也不会偷一家人的。放粮食的屋子也不会上锁,因为到晚上门都关上,贼也进不来。每个卧室都是居住者的私人空间,别人没有事情是不能进来的,进去拿东西、有事情是可以进去的,母亲可以去儿子、儿媳妇的房间,儿子、儿媳妇也可以进母亲的房间。

7.洗衣晒衣规矩

高家洗衣服时,各个小家庭各洗各的、各晾各的、各收各的,老人衣服由儿媳妇洗。这不仅是高家形成了惯例,当地普遍如此,不需要当家人特别规定。

当时高家人在洗衣服时没有洗衣粉,是由烧出来的小灰产生的灰水,具有碱性可以褪灰,由大家庭准备,也有弄一些皂角,砸碎之后与脏衣服放在一起用棒槌去槌。皂角和小灰是几个儿媳妇各自弄各自的,大家庭不会统一安排。

高民昌、王从荣的衣服是由儿媳妇轮着洗,哪个儿媳妇在自己小家洗衣服时,都会问两位老人是否有脏衣服,有的话一并清洗。成家的儿子都是媳妇洗的。未成家的儿子,由自己的母亲洗,如果有年龄稍大的姐姐妹妹,由姐姐妹妹洗,如高知煌到十三四岁的时候衣服都由自己的姐姐高知瑞洗,姐姐出嫁之后母亲洗。未出嫁的闺女如高知瑞十三四岁自己洗衣服,也洗自己母亲和弟弟高知煌的衣服,年龄太小时由自己的母亲洗,出嫁之后洗丈夫的衣服。长工的衣服是自己洗或者让自己的家里人洗。

洗衣服一般都在寨河里洗,但会先在家里用准备好的灰水泡衣服,泡过之后再拿到寨河边洗、用棒槌敲、用搓板搓,再行漂洗。洗的时候需要盆子,是专门洗衣服的,各个小家都有。

晾衣服是在院里栽种的核桃树之间绑上绳子,在上边晾晒,先尽着院子里晾晒,放不下的话,门外树与树之间绑的也有绳子,晒不下会拿到外边晒。贴身的衣服都到自己的房间晾,因为晒在外边"难看"。

8.洗漱规矩

1949 年以前,高家的家庭成员洗漱时只洗脸,没有刷过牙,当地的惯例亦是如此。

脸盆是高家各个小家庭自己有自己的,各洗各的,每个人都有自己的毛巾。冬天需要烧热水,由每天负责做饭的儿媳妇在做饭锅的后锅烧取,每个家庭成员起床之后自己舀取热水,再往后锅里添凉水。每个家庭成员谁需要洗,自己洗完将水倒掉,院子里有流水沟,倒在院子里流水沟即可。

洗脸没有顺序,不需要讲辈分,不需要等当家人高民昌洗完其余人才能洗,小孩子太小时由母亲帮助洗,到一定年龄自己可以洗就由自己洗。高民昌和王从荣自己洗自己的,因为身体比较健康,不需要别人帮助洗脸,三弟高自齐身体不便,往往是自己的小婆给他洗。洗完脸之后,防止皮肤干燥,各个小家庭会买一种叫"雪花膏"的东西涂抹,各家置各的。

9.洗澡规矩

在当地,洗澡普遍都是夏天天热的时候洗,男性在寨河洗,女性在屋里洗,冬天就不再洗澡,高家家庭成员也是如此。如何洗澡、何时洗澡、在哪洗澡,是高家每位家庭成员从小跟着家庭耳濡目染的。此外并没听说过县里有澡堂。

堤南高村南边人烟较少,夏天都在南边寨河洗,寨河有一人多深,一方面洗澡另一方面图凉快;同时女性洗衣服多在自己家门口的寨河里,不会去南边寨河洗衣服,以此避嫌。在寨河里,男性都可以洗,老人、大人、小孩都可以,多是在白天,除此之外没有什么讲究的。女性都在自己的房间里舀水洗澡。

10.扫地规矩

每天天亮之后,高家的伙计扫院子里、楼门底下的地。堂屋的当间是谁遇到谁扫,也就是三个儿媳妇轮着扫地,厨房也是三个儿媳妇轮着扫地,因为做饭也是儿媳妇轮流的,每当做完饭之后顺便打扫厨房的卫生。伙计住的房间,是几个伙计住一间,轮流打扫,高民昌单独在前边院子的房间里住,该房间由媳妇王从荣打扫。

在高家,丈夫的房间一般由妻子来扫、男人不怎么做家务活,长辈和晚辈住在一起由晚辈扫地,如媳妇王从荣和大儿媳杨永芳住在一个房间,大儿媳负责扫地。到了过年的时候,当地的风俗是:二十四,扫房子。到了那天,高家外边的地方、堂屋、厨房等由长工们打扫卫生,各个房间是谁住的谁打扫。高家扫地的安排是高家多年来形成的传统,也是当地大多数家庭的情况,高民昌不需要做额外的安排。如果家里卫生做得不好,由媳妇王从荣来统筹安排,因为卫生都属于家务事,由王从荣主管。

高家扫地的工具有扫帚、笤帚,扫帚是买的,笤帚是自己做的,地里种的有桃杆,自己扎笤帚。扫帚、笤帚如果损坏到不能用,就再换新的,当地没有修扫帚的。

11.茅厕管理

高家的后院有两个茅厕,每间茅厕有半间房子的大小,大小便都在茅厕里进行。到晚上,每个房间都有尿盆或者便壶,客房放置的是便壶,一般放置在床底下,尿盆一般由女人来倒,长辈和晚辈住一起由晚辈倒,如媳妇王从荣和大儿媳杨永芳住在一个房间,大儿媳倒夜壶。高家如厕的安排是高家多年来的传统使然,也是当地大多数家庭的共同情况。

茅厕并不是往下挖坑的旱厕,而是每次大便完之后需要垫土,土是从自己地里拉回来的,又叫"沫子"垫过一段时间,堆的有一定高度了,将它铲出去,铲到院子外边的粪堆场里,粪堆场里攒有一定量之后,再用牛车拉到地里当肥料。现在村里的旱厕,叫作茅缸,是1949年之后才开始有的。牲口的粪在牲口拴的地方比较多,伙计们一看粪到了一定量,就铲到粪堆场里;除此之外,牲口铺也有一部分的粪,由掌鞭的铲到粪堆场,牲口尿之类,由掌鞭的铲干土垫在上边。粪堆场在院子外边的空处,不会对着门,因为脏,往往在偏僻的地方。

伙路上的粪由拾粪的人去拾,因为当时没有化肥,粪便上的多庄稼就长得好,因此当时的粪是很金贵的。往往是小户人家,天还没亮时,由老人带着小孩到处在村里跑着去拾粪。伙路上的粪,谁都可以拾,别人家门口的粪也可以去拾,但是别人家拴牲口地方的粪只能主家拾,其他人不能拾,拾别人家拴牲口地方的粪相当于偷粪,被主人家发现就会闹不愉快,粪堆场的粪更不能去拾,这种也相当于偷盗。

(三)家庭禁忌

1949年之前高家的禁忌是相当得多。首先在过年过节期间,在大年初一不能往外边倒水,洗脸水、尿盆都不能往外倒,怕得罪神灵,受到惩罚。所有家庭成员都要穿戴一新,这一天要禁止斗殴、哭叫、吵骂等一切不吉利的事情。"出破五",正月初五,叫作破五,过了这一天就可以破除过年期间的诸多禁忌,就可以允许动工、动剪子、做针线、下地劳作、店铺开门;头一年嫁闺女的人家,正月十五会请新婿来家里住一天,即"躲灯"。

其次在婚事上,当地对新媳妇有规定,一是在高家结婚的典礼上,新媳妇刚下轿子,高民昌就安排人来把她的鞋脱走,据说新媳妇的鞋带有不好的东西,把别人家宅第的好风水弄坏了。谁都可以去脱鞋,把鞋脱了之后在地下铺两张席,让新媳妇走席,走完一张换另一张,一张续一张直到堂屋。二是新媳妇三天不能去别人家串门,据说也是因为身上带有不好的东西。

再次在白事方面,孝子在守孝期间是不能吃荤的,人不入土不能吃荤,一百天内不能理发,可以去别人家串门。抬方子时候,不能从别人家门前过,需要绕远路到伙路,不临大路的人家需要走出路;宅子上不允许方子过,地里可以过,没有要求。孝子一百天不能剃头,据说是孝道的体现,"身体发肤受之父母"。如果不遵守这些规矩,没有人教训他,亲戚也不会说他。白事需要在头上勒白手巾,在自己家白手巾在头上缠一圈,其余的部分可以在后边披着,到别人家宅子上,不可以披到后边,需要在头上盘的结结实实的,据说是不能把灾气蔓延到别人家。

最后在生活上,儿媳妇要回娘家,必须请示婆婆能不能去,去了可以住几天,到时间点儿媳妇必须回家。吃饭时,高家有一个规矩,就是吃饭不能用筷子敲碗,这是叫花子的行为。住宿上,长者要住在东边,因为东边为上。别人来高家磨面有一条规矩,磨面时产生的麦麸子需要留下来,因为可以用来喂牲口,成为有磨家庭的饲料。

违反禁忌时,会被高民昌、王从荣两位当家人训斥,主要是王从荣进行批评,此时孩子的父母或者爷爷奶奶不能说什么。如果是其他家的人违反,比如磨面把麸子偷偷拿走,高家当家人不会说什么,但会做到心中有数。

(四)族规族法

按照高氏家谱记载,高氏还有十条族规:"一、祖传同姓不婚。二、不明辈次见面不能乱称呼,问明背辈次后,方可称谓。三、本族内人有不幸,遭遇天灾人祸,族人应随心布施给以援助,表示族情。四、族人尊老爱幼为人之大论。凡族内有不孝不悌虐待老人遗弃婴儿及争继等纠纷,族长应会同社员主动调解处理,不服者送官究办。五、匪类为官民所不容,不宜藏匿,如有窝藏匪类者,由族长会同成员,从重处罚。六、人无正业,则成游民,如有不务正业者,由族长会同成员,从重处罚。七、嫖赌为世人大戒,不宜有此嗜好。如有嫖娼、赌博者,由族长会同成员,从重处罚。八、子弟成岁即应入学,如有废弃子弟入学者,由族长会同成员,从重处罚。九、孤寡为无依靠之人,理应怜恤,如有欺凌寡者,由族长会同成员,斟酌处罚。十、酒为乱性之物,不可多饮,如有酗酒滋事者,由族长会同成员,斟酌处罚。"

以上十条,如有屡犯不悛者,由族长送地方官惩治。族间无论亲疏尊卑,不许私斗;若私斗残伤两家兴讼,必先禀明族长排解理处,如有不禀族长兴讼者,由族长会同成员入祠,从重处罚。礼法为束身之要,如有越礼犯法及行为有意行窃者,由族长会同成员斟酌处罚,如屡劝不改,共议将该家逐出宗派,以肃族规。

堤南高虽有族规,但实际不怎么派得上用场,因为村子太大、太过松散,如果有"出格"的行为,家族仅仅对其劝诫,并未有什么强制的措施。而在高民昌家,事情基本上可以通过自己家庭内部解决,往往不会求助于家族族规,可以说族规对高民昌家里人来说,影响甚微。

四、家族公共事务:祭祖

每年十月十五堤南高都有祭祖大典。各家的当家人来此祭拜祖宗、续家谱、字辈,并且会搭台唱戏。

不过,高家对于家族祭拜祖宗并不是很热衷有时候甚至不去,因为邓县高氏一共有四门,每年十月十五都会到堤南高村祭祖,多是外村的人来这里祭祖,本村的人对此均不热衷。1949年以前每年祭祖都是在祠堂里边,很长一段时间都是由秀才高恒昌充当典礼的主持人。典礼的时候摆着整只的猪和整只的羊,头朝着祠堂祖宗的排位,主持典礼的秀才高恒昌朝着人群喊着"一鞠躬""二鞠躬",鞭炮挂在外边的旗杆上,地下鞭炮纸都已经堆得很厚。祠堂有人看管,由家族的单身汉看管,祠堂的卫生、看管也由他负责,祠堂的地共有五六十亩地也由他管理。祭拜的花费也都是地租收入而来。

祠堂有几个"头头",也叫"管家儿",一般都是家族里辈分高、年龄大、有威望、有钱有势的人充任,如高见先、高儒抗等,这些人只管祠堂,不管家务事,也不管村里的公共事务。其中,主持典礼的秀才高恒昌是出名的先生,城里的很多人家都聘请他做先生,用马车接送,以很隆重的礼节对待他。该秀才作为家族比较有文化、有名望的人,编撰高氏族谱,故祭祖也由他来主持。

祭祖时,高民昌家由高民昌去,高民昌去不了由长子高席儒去,女性不能参与,像祭祖这种大事女性不能在场,当地人觉得女的在场会"骚气",即不吉利之意,小孩也可以去看。烧香只有当家人可以,小孩子不可以参与。高民昌只参加完典礼就回来,摆酒席、杀猪宰羊之类的并不参加,直接就回来,因为这个酒席主要是款待外村来的人,本村的穷户穿得烂巴巴的,祭祀时都不敢上前,更别提吃酒席,富户不屑于上前吃这一顿酒席。酒席、杀猪宰羊的开销都是由祠堂田产生的租金来承担。

五、村庄公共事务

1949年之前,高家参与堤南高村的公共事务主要包括开会,选举保甲长,桥、路、庙、井的修建,村寨的维修、看护和巡逻等。一般的村庄公共事务,高家只出一些粮食,而不会派劳动力,因为高家是"有面子"的人家,不出劳动力也没关系;而修寨、挖井等与高家生活较为密切的事务,高家参与度较高,一般是高民昌安排伙计们参加的。

(一)村中不开会

1949年前,堤南高保里不开会,甲里也不开会,高民昌家自然也不参加开会。保长需要开会,会召集甲长、保队付去,老百姓不参加保甲的会,甲长、保队付再去每家每户通知,因此高家并未参加过村庄的会议。主要原因是当时的人都不会开会,长子高席儒作为联保主任曾经在地下放几个土坷垃,算做下边的人,然后对着土坷垃练习发言。

(二)保甲长的产生

堤南高1949年以前有几任保长,如村东边的高敏昌[①],因好钓鱼而闻名,村里人提起他

---

① 高敏昌与受访者高知斌的高民昌同名不同人,是中农家庭。

就是"好①钓鱼的高敏昌",还有高书池做过保长,他是知名秀才高恒昌的儿子。保长是乡里委派的,高敏昌是户中等人家,高书池也出自中等人家,但非常有文化。保长不是大户人家,就是跟大户人家有一定的关系,相应的保长具备一定的能力,否则管不住下边的老百姓,保长不一定非常有文化,但保长多多少少都要识几个字。当保长有一定好处,一是"有权力",二是成为"吃粮的",吃公粮,每年两石粮食,由保队付找保里的各家各户摊派。所拥有的权力而言,打官司时,保长能在乡公所搭上腔,但保长不负责村民之间的纠纷,买地卖地、红白喜事、家里的私事不找他。保长的主要工作是要钱。

在保之下是甲,当时每个甲必须推选出来一个甲长,穷甲往往是轮着来,每家轮着干一年或者两年,期满了则换另一人;富裕保的甲长,则由"名人"担任或者推荐,没有开会选举过;同时也有一部分的保甲长是上边任命的,如堤南高第六甲甲长是高书潜,是由保长任命的。因为长子高席儒已经出任联保主任,所以不能再出任甲长。

(三)修桥、路、庙:不出劳力摊粮食

1949年以前,村中组织过修桥、修路、修庙的活动,其中修桥、修路是由村中的大乡绅组织的,修庙是由信仰者组织的。在修建过程中,一般家庭都要出劳力,高家只摊了一些粮食,一是因为家里没有劳动力,二是高家属于大户人家,不出劳力也没有人敢说。

大乡绅"八区长"负责组织堤南高村民们修桥,高民昌家出了一部分的粮食。当时堤南高在南门和西门外寨河上修建的有桥,组织村民们用架子车、拉石板、石碑楼修建的石头桥。保里、甲长不组织修桥,但会帮忙招呼修桥。"八区长"修桥时,会召集老百姓开会,把修桥的重要性、流程和所需要每户摊的物品交代清楚,开会时高家是高民昌去的,如果高民昌去不了或者不在家,就由长子高席儒代表高家去,媳妇王从荣不能去开会,因为女性一般不出门,儿子可以代替就不需要媳妇去。每家每户都摊一点粮食,此外还要出劳力,不出劳力的需要多出一些粮食,高家当时出的是粮食,没有出劳力。

大乡绅"八区长"负责组织堤南高村民们修路,同时还在路边栽柳树,高家并未参与修路出工。修路出工是按劳力,不按土地出工,高家当时没有出劳动力,象征性多出了一些粮食;没劳力的,如孤儿寡母的,就不用出;也有家里女性"置事"的,可以替家里的男性去修。

1949年以前,堤南高村组织过修建城隍庙,在村东边,南边挨着大水池,修建了城隍庙之后年年唱戏。城隍庙有一进院的大小,院内有烧纸楼,也有人负责看庙。修庙时也有组织者,用当地话叫"头头",庙里供奉着城隍神,各家各户去祭拜都有不同的诉求,有的求平安、有的求子、也有的是来还愿。修建城隍庙时,高家是负责出钱,组织修庙的"头头"来高家,由高民昌出面,给他安排了一部分的钱。修庙的"头头"来高家一般都是趁高民昌在家时才会来的,如果得知高民昌不在家就不会来。

(四)挖、淘井:委托伙计来参与

没有水吃或者吃水井损坏,就有人出来"伸头"②组织村民挖井,高民昌家也安排过伙计们参与过挖井的事务。堤南高有十几口井,一口井能供二十户左右吃水、西门、南门、北门、寨里都有,高家主要吃西门井里的水,因为比较近。

---

① 好:hào,取爱好、喜好之意。
② "伸头":当地话语,即出头。

挖井不牵涉保,也不牵涉甲,有几个人出来商量,然后决定开始挖。每户收一些粮食用于挖井,但不会多,出粮食是平摊的,出劳动力,家里有劳动力的必须出一个参与挖井,"管闲事的"出面监督,督促每户人都要出劳动力。"管闲事的"往往是年龄大、有威望、敢说敢干、热心公共事务的人。堤南高在挖井时出现过一户人家不愿意出劳动力的情况,"管闲事的"就上门,虽然那户人家的当家人辈分比较高,"管闲事的"仍然敢骂,还说:"你再不去,我拿着棍子抢你",对方过意不去,还是参与挖井。因为井和自家的生活息息相关,所以高家安排自家的伙计参与挖井。挖井时,首先往下挖晒场般的大口子,然后慢慢往下挖深,挖过之后,井壁用轮子圈,用砖加固,井台上搭个架子,用辘轳往下系桶,人经桶下去、土经桶送上来。

水井是整个村庄共用的,修建是各家出钱,过几年有泥或者干旱的时候,需要淘井。不过淘井是件小事,几个人一商量,用绳索把人放下去用瓢将泥挖出来即可,不需要兴师动众,叫上几个热心公共事务的、年轻的人如高知友去就可以,其余农户但凡是用井水的负责出粮食,不能让他们白干。此外,特别贫苦和孤儿寡母的人家不用出钱。

如果这年干旱严重了,井里水干涸,就要去别的村"拉水","拉水"都是去附近几个村里如赵庙、王葫芦,这些村庄都离堤南高几里地。遇到干旱,高家当家人高民昌组织伙计们就去挑水,有一次是高民昌的外甥来走亲戚,也帮忙挑了一次水,来回几趟把家里水缸存满可以用一段时间。堤南高大户"八区长"家在"拉水"时,有"架子车"上边是平板、搭的木头桶,安排伙计们套着牲口去"拉水"。

(五)巡逻:小户劳力轮流来

堤南高村在冬天靠近年关时,怕有偷窃的,就有巡逻打更,主要是为了防止偷盗。

打更是村里自己组织的,以村庄为单位,每家按户出劳动力,轮流出打更的,每天晚上出两户人家,一户出一个人,一人前半夜、一人后半夜。打更活动不是保甲长组织的,而是有带头人组织起来的,这个带头人是明白、懂道理、有号召力、有威望的人,村民都比较尊重他。他将人号召起来后,按照次序,今天是这家打更,打完之后将打更的器具给下一家,如此按照顺序进行。所需的东西不多,只需要一个锣,用于警醒村民。只要家里有劳动力,都会参加巡逻打更活动;如果家里只有孤儿寡母,没有劳动力,则不需要参加;高家因为是大户人家,所以明白人忌惮高家的势力,不敢找高家。有劳动力的家庭都需要参加该活动,虽然不是强制的,但在实际生活中,不存在这种家庭。因为是同村人轮流巡逻打更,故不需要给打更人支付报酬,也不给打更人提供伙食。

开展巡逻打更,有一定效果,起着警醒作用,盗贼知道这个村有打更的,一般都不会再来,有了敲锣打更的,村民们更容易醒来。

(六)修寨:高家做表率

为了防止土匪,高民昌积极参加堤南高村的修寨活动。堤南高修建寨墙时用的木头箱子、钢丝绳,有滑车缴着砖石往高处送,寨墙的维修是"八区长"组织的,他出任堤南高寨的寨主,他组织人修建寨墙。修建寨墙时,是按劳动力不按土地出工,高家当时高民昌、高席儒两个劳动力,高民昌当时是安排伙计们驾着家里的牛车去修的寨,因为修寨可以保卫家庭安全,所以高民昌比较上心。其他家户,如高知杰家,建寨墙时,父亲兄弟三个全是劳动力,高知杰的爷爷是当家人,安排三个儿子轮流建。

(七)看寨:壮劳力轮替

为了防御土匪,堤南高组织村民轮着看寨,但高民昌家属于"有面子"的家庭,不需要派劳动力看寨。白天土匪不敢来,都是趁晚上来,到村民家里抢东西、把人绑走,然后明码标价,让对方掏钱赎人。因此看寨时,虽说是一天到晚都要看寨,但主要是晚上看,到晚上看寨的人自己拿着被子,睡到寨门底下,一旦听到动静立马号召村民起来防御土匪。

组织看寨的是八区长,他出任堤南高寨的寨主,组织人看寨。所有堤南高村内居住的和来堤南高避难的人都要看寨,看寨是以户为单位,排号、轮流看寨,每每该哪一户了,八区长就拄着拐杖去这户人宅子上看看、提醒这户人该去看寨,如果有不去的,八区长会拿着拐棍打他,也没有人敢还手。每户大约一年轮两次,有三到五户同时看寨,每户出一个人看寨,不影响白天做农活。其他家户,如高知杰家,在高知杰的爷爷当家时,由他的几个儿子轮流去看寨。等到分家之后,高知杰的父亲是当家人,他自己去看寨;等到高知杰兄弟们年龄大了之后,就没有土匪,不需再安排。看寨时,老人和小孩不去,壮年劳动力轮着去,这也是家里的当家人安排的。

(八)通匪:大户通匪保村庄

在抗日战争爆发之前,淄河西的九重镇、厚坡镇土匪泛滥,到村里来抢劫,有东西的抢东西,没东西的把人抓走让家里人凑钱来赎。后来邓县组织县大队来剿匪,土匪跑往地下丢银元;反过来,土匪打县大队,县大队往地下扔武器、子弹,所以就"慌开了"①。这些土匪也有土地,白天种地,到下午土匪头子就号召大家:"别做活了,去河东捞钱去。"后来赵集镇也有几股土匪势力,分别是李集的李德山、曾家的曾红兵,都是不小的土匪头子。

1934年,土匪还攻破了崔家寨,崔家寨还有寨墙、自卫队,自己有土枪土炮;汤集也被攻破,土匪杀人放火抢东西。从那个时候开始,赵集、滕楼的各个村庄都自己组织挖寨墙,以抵抗土匪。倘若一有土匪,附近的村民就往堤南高跑。直到1935年邓县的杨茂东剿匪,把可以收编的土匪收编,不能收编的消灭。

堤南高是通匪的大本营,堤南高村的"八区长"跟李德山等土匪相互勾结,他们在私下保持有联系,八区长给土匪提供枪支弹药。后来乡公所得知了,召集内乡县的民团来抄八区长的家,八区长得知之后,立马去李集向李德山求救,李德山立马带领人马攻打堤南高,八区长全家趁乱逃跑,躲过一劫。堤南高人通匪有一个好处就是土匪没有攻打过堤南高,故堤南高在土匪泛滥的时节免于灾难,而附近村落的人逃难时都是往堤南高村逃。

六、国家事务

在国民党统治时期,高家与国家的联系不多,主要通过交钱、出力、参军与国家发生联系。交钱包括农业税和摊派,出力有修寨、修水渠、给伤兵抬担架,参军包括主动参军和被抓壮丁。

(一)税收:家长统一安排

高家同其他家庭一样,在交农业税时,是按土地亩数,一开始农业税是交钱的,去县城里交,由高民昌去交,是论银元和票子。后来慢慢地变成交粮食,高家将粮食拣过、筛过才去交。

---

① "慌开了":当地话语,非常慌乱的意思。

再往后不再交到县城里,是保甲长下来派,保甲长手中"有底",即有文字依据,按照亩数交到乡里,每年麦收之后交粮食,每年交一次,高家是套的车拉去的,没有车的人家借车或者担过去,总体来说土地税费不重。交税是趁高民昌的时间,不会赶在高民昌有事或者外出的时候交的。

高家没有不交税费的情况,如果不交税,乡公所会派人下来抓人,抓的时候首先抓当家人,当家人不在,随便抓一个人就走,押到乡公所里,等这家拿出钱才准许赎人。

(二)摊派:高家不必交

摊派,当地叫杂派,还被称为"粮食变价",由于高家势力庞大,保甲长不敢找高家要摊派。

摊派是保上边一级来安排的,通知到保长,保长就安排甲长、保队付找各家各户摊派,当地称之为"二差"。"二差"包括出钱和出粮食、出柴草,具体的名目老百姓并不清楚,只知道保长说该交就得交。"二差"不固定时间,一年至少有四五次,每次的量不大。保甲长下来收的时候,收的时候要粮食,可以粮食、柴草折成价格,让农户交钱,这就是"粮食变价"。公粮是直接交到县里,杂派是保甲收取的。

出摊派时按照这家有多少人,按人头出钱,也有摊派是按土地出。一般是保长安排甲长去收,遇到收不上来的保长会来收,不过一般没人敢不交。不交摊派算是"犯法",会"拿着棍子打人""抓人",由乡公所、保队付来负责抓人,抓的时候首先抓当家人,当家人不在,随便抓一个人就走,押到乡公所里。抓的时候邻居不会讲好话,因为"不敢讲",没有人敢反抗,此外每次交的量不大,所以不至于因此借粮食。也没有人因为不交摊派而逃跑,因为房子、地都在,逃跑到外边也没有谋生的渠道,只能要饭。

(三)出劳力:安排伙计去

给"公家"干活就是出劳力,"公家"往往是县里边或者乡里边,如果是县里的公事,是经乡、保一级一级往下派。高家曾经在大王集修过寨,当时堤南高隶属于王集乡,乡治所在王集乡,由乡里派公事,在王集乡的东南角修寨,乡里之前的投资者安排村民修寨。与修寨对应的,还有大王集的"监工"叫张乾三,手里掂的棍子看到不干活的人就打,堤南高同村有个偷偷抽烟的,被发现之后暴打一顿,老老实实干活的不会施加暴力。修寨是乡里发出的命令,经过保长、甲长逐级下派。高民昌家是派伙计去。近门高知杰家是高知杰的父亲安排高知杰去,他父亲是当家人但身体有病没有去,高知杰作为长子年龄最大能做动活,"能干了"就安排了他去。

邓县的城墙也经过维修和拆除,当时邓县县城分内外城墙,还有护城河。当时县里派的公事,经乡、保一级一级往下派,去"修城墙""扒城墙"是按劳动力。高民昌家依旧是派伙计去。近门高知杰家是高知杰的父亲作为当家人去的,高知杰并没有去,因为年纪还小跟不上,按劳力去的,去修没有工资,但管饭,吃的是"洋面馍"。

(四)抬担架:儿子替父抬

1948年解放邓县时,堤南高有驻军,也有医院,由乡里按照劳动力统一下派,高民昌家是派伙计去。近门高知杰家要出一个劳动力,高知杰的父亲身体有病,高知杰当时17岁,想替他父亲去,但年龄不够要求的18岁,他父亲就教他说自己已经18岁,还让他把生肖也记住免得露馅。往唐河县抬担架,上边是伤兵,目的是转移伤兵,抬到六十里外穰东镇就让劳力回来。按劳动力出,一个伤兵四个人抬,用两个扁担串起来床,用绳挽起来。不可以不去抬,因为安排好四个人抬一床担架,少了人立马被专门看管的人发现,逃跑会被抓回来或者直接找到家里,实际上也没有逃跑的。抬担架时自己负责拿吃的,也不给报酬。

(五)修渠:驾牛车拉石头

修渠指的是维修湍惠渠,高家当时也参与修渠。修渠是县里统一往下派的,县里派到乡里,乡里再派到保里,保里派到甲里,甲里组织每家每户完成修渠活动。各个甲出人时,是按照劳动力出,只要家里有劳动力,都需要出工参与修渠。如果家里没有劳动力,可以不用出工,也不用额外的摊派或者出钱抵劳力。家中如果有伙计,也需要出工。教书先生、大夫这些职业的不需要出工,因为他们出工的话,影响村里上学、看病等活动,特殊职业不需要去这是"合常理的事情"。修渠等活动,当地统称为出劳力,出劳力是按地来。修渠属于是一件好事,所以当地的老百姓都比较支持。

在修渠的实际工作中,有一定的分工:有牛的家庭上山拉石头,没有牛的就出力气,修渠活动持续两年,修完之后还有清底工程。

高家这种一般的大户人家也需要出工,是高民昌安排伙计们出的工,高家当时被安排到程庙营,由伙计们驾着高家的牛车拉石头。大财主,如裴营的裴世喜,外号"三瞎子",和县里当权者熟识的,不需要出工,因为"人家有面子"。在农忙时,也需要修渠,但地里也需要劳动力,出现这种情况,往往劳动力去一部分修渠,另一部分在地里干活。如果家里有一个劳动力,则需要"替着去",即请别的家劳动力多的替这家修渠,这家先忙地里的活,等以后有机会再还对方。劳力做一定天数,是保长负责记录的,做够一定天数,就换另一波劳力。在一般家庭内部,需要出工往往是轮着去的,统一由当家人安排。

修渠,没有支付工资,但会管饭,管的是美国支援来的"洋面",比农村自家用磨磨出来的面白很多,一天管三顿饭,每顿两个馒头。据邓县县志记载:在维修湍惠渠时,联合国救济总署河南分署赈济面粉 94.85 万千克。联合国的赈济面粉就是"洋面"。

为了监督劳力开展修渠活动,县里专门派的有"管工的",管工的比较凶残,经常打骂出劳力的,比如在冬天,让出劳力下渠里去取水,出劳力的不愿意下,管工的用棍子打出劳力让他下去。出劳力不能逃跑,如果逃跑,管工的会去家里边抓,抓到之后再打,打完之后再干活。

(六)参军:儿子报国

高民昌的二儿子高仁远和侄子高书阶均是主动参军的。

高仁远一开始在邓县一中上学,毕业之后 20 岁在内乡教书并担任校长,20 世纪 30 年代参加黄埔军校,又参加抗日,参加过对日中条山战役,之后再也没有回家。毕业之后在战术训练班深造,随后在四川任国民党政府军官,解放战争时率领部队起义,1949 年以后在西北军政大学教学,最后在四川地方任职。

侄子高书阶在正德中学时,青年军在邓县招兵,该军队不同于一般军队,是国民党在抗战末期所建立的一支政治性很强的军队,该军队由蒋介石号召:一寸山河一寸血,十万青年十万军,所招募的都是有一定知识的青年人。当时高书阶看到之后就想效法古人投笔从戎去参军抗日,然后请示大伯高民昌,因为高书阶是高才三的儿子,但高才三已经去世,高民昌就尊重高书阶的想法,给他准备了路费、生活费,让他去青年军报道;去的同时,高书阶也跟自己的母亲和妻子说了此事。

(七)抓壮丁:高家不需出

抓壮丁,当地又叫"出国兵",即给国民党当兵,包括给邓县民兵团当兵。在县一级,邓县1949年以前有丁大牙和卢大牙,他们是反共地方武装,组织了民兵团抵抗解放军进入邓县。1949年以前当地有民谣:"丁大牙,卢大牙,后头跟个孟继华。孟继华打游击,后面跟个王乾一。王乾一不当家儿,后头跟个陈瘟三儿。陈瘟三儿好喝酒,后头跟个张子久。"

在解放战争时,堤南高村抓壮丁的标准为"三丁抓两丁,两丁抓一丁",年龄在十七八岁以上,最大在三十多岁的,都符合抓丁标准。此外要求健康的,残疾的、有病的都不会抓,还有身高也需要是正常高度。这个规定是县里制定的,传达给乡公所,再给各个保下指令,再通过甲长到各家各户里抓。此外,据县志记载:中华民国26年(1937年),改募兵为征兵,开始时实行"三丁抽一,五丁抽二"和"两丁抽一,三丁抽两"的办法,征集兵员。县、乡都设有专门的征集机构,县政府设有军事科,保甲由保甲长负责,各乡在接到征兵指令后,根据壮丁名册上的登记,由保、甲转告壮丁应征。

不过堤南高在抓丁时会有例外,学生、医生、教书先生不抓,有钱有势的不抓,保长的家里人不需要出,但甲长的孩子照样被抓。而做生意的、做手艺的也抓。当时村民都不愿意被抓,都害怕出国兵,当地有句俗语"好娃不当兵,好铁不打钉",怕当兵是因为怕死。为了防止抓兵,穷人家只有逃跑一条路,但是逃跑了保丁会到家里来抓他的家里人,需要给钱才放过这家人。保里来抓兵不定时间,具体的时间和频率,看战争的需要。

在抓丁的时候,由乡公所的乡丁和保里的保丁到各个甲里抓人。来抓丁的时候,乡丁和保丁没有带枪,即使不带枪,村民也不敢怎么着,因为家在这里,自己是跑不了的。乡丁、保丁进村的时候,保甲会提供花名册,来的时候,村里就有人传递信息,给村里的其他家庭通风报信,家里有适龄男子的都往别的地方跑。因此,为了以防万一,乡丁、保丁在抓丁的时候,防止人逃跑,要把人绑起来。

抓壮丁相应的也有壮丁费,当地叫"抬钱"。乡公所派多少任务,会折合成钱,由不出壮丁的人家摊,保里会将这部分钱增加到一定数量,再均摊给各家各户,增加的一部分保长自己将钱私吞。

在堤南高,没有因为抓壮丁而分家的情况,因为那个时候就已经"晚了",来不及分,就被抓走。也出现过因为防止被抓走而将过继或将户口划到别人家的情况,如堤南高高明申兄弟三个,为了防止被抓走,将自己过继到自己二叔的名下当儿子,其二叔是光身汉,因此逃避了抓兵,这种情况在堤南高村并不常见。

拉壮丁时,高家的家庭成员包括伙计不会被拉走,因为高家有生意、有官职还有土地,保甲长比较怕高家,会给高家面子,甚至别家的人被拉走,会求高家出面把人要来。如近门有一家被抓壮丁抓走了,求助于高家,高民昌知道了立马骑上马,把近门人追回来,抓壮丁的人无可奈何。还有一次村里拉壮丁,邻居家到高家想找个屋子躲一下,三孙高知斌说:"你就站到院子里,也没有人敢抓你。"

(八)卖兵:被抓生办法

卖兵又叫兵痞,是一些专门去当兵的人,需要出壮丁的人家把钱给兵痞,兵痞顶这个人的名字去当兵,然后趁机偷跑回来。如果逃跑被抓到的,会被打得死去活来,如果没有求情就有可能被活埋。卖兵的花销大约需要给两石粮食1200斤。高家并未出现过卖兵的情况。

调查小记

心怀感恩，且行且思。这是对这一年最好的诠释。如今是华中师范大学中国农村研究院开展家户工作的第 11 个月，姑且称之为家户元年，也是我从事学院家户调查工作的第一年，也是感恩之情鞭策下不断前行的一年。

从 2016 年 11 月开始，邓大才老师安排我着手家户工作。一开始无从下手，只能抓住皮毛，设计的提纲也被多次推倒重来，仅被"毙掉"的就有四稿、近三十万字；幸得黄振华老师挂帅，徐勇、邓大才两位恩师也于万忙之中耳提面命，我与朱露才拿出十一万余字的家户提纲，成为正式的调研提纲。2017 年 1 月到 5 月，我与另外 18 位同学一道成为试调查者；6 月，经过补充调查、四次大改，我的家户报告终于过关；7 月，家户提纲迎来了她的新主人，"黄埔五期、六期"二百余位师弟师妹全面开始家户制调查，受邓老师委托，我作为先行者在微信群里给大家分享经验、解答疑问。

终于到了 9 月份，收获的季节，一份份沉甸甸的报告见证着调研员们的成长。我的角色有了第四次的转变，成为家户报告审核小组的一员，在黄老师的指导下，与朱露、何婷师妹一道见证大家的成果。审核一篇家户要 3~4 个小时，整个 8 月份，还在西藏地区入村调查的我审核了 6 份 16 级的报告；9 月份开始，2 天审核一份报告；现如今要求一天一稿。我在审核中探讨，在审核中历练。

家户制度调查是中农院最前沿的调查，其调研、写作难度不亚于学院博士生必做的村庄调查。诸位调研员也定会在其中获得了历练、在报告的多次修改中进行蜕变，相信即将有一批又一批优秀的报告面世，也坚信即将有一位又一位出色的师弟师妹在家户中成长起来。

且将田野释课堂，调研趁年华。在此，我十分感谢中国农村研究院给予家户调查的机会和经费支持，感谢尊敬的徐勇、邓大才两位教授以及黄振华老师的谆谆教诲，感谢调研中的几位受访者高知斌、高知瑞、高知杰、张书显、王世选老人。其中高知斌作为主要受访者，是我奶奶的三堂哥，我叫他"三舅爷"，他的经历和记忆搭好了报告的主框架，多次到三舅爷家拜访，他都无比地热情，毫无保留地向我讲述高家的历史，而且调研是在过年期间，老人家依然很有耐心；我的奶奶高知瑞是辅助的受访者，佐证了很多我三舅爷的叙述；高知杰是堤南高村现存年龄最长的老人，也是所调研家户的"近门"，补充了农具等访谈内容；张书显是我的爷爷，一直带着我拜访老人，在 2016 年过年时给我讲了解放之前很多形态的事情，可以说爷爷的指导无形中启蒙了我很多关于家户提纲的创设；王世选是我研一时做口述史遇到的"明白老人"，就很多文化类问题，我向他做了请教，6 月份时我跟爷爷通电话时，他说王世选爷爷病重，是癌症晚期，我听后心情十分沉重，希望他少一些痛苦。每一段历程都是独一无二的,每一位老人都是令人难忘的,愿我微不足道的行动能让你们的故事让更多的人知晓。

第二篇

中户自立：以商促农的家户延续
——冀中北张村杨氏家户调查

朱　露[*]

* 朱露(1993—)，女，贵州龙里人，华中师范大学中国农村研究院2015级硕士研究生。

导　语

　　河北省保定市容城县北张村位于华北平原,1949 年以前, 北张村是个大村, 有八百多户,近四千人。村中有刘氏和李氏两个大户人家,后来多被划分为地主成分。村庄耕地面积共有九千多亩,刘、李两大姓氏人家的土地面积总和占村庄土地总面积的近一半,村中条件最好的人家有近一千亩地,只有几亩地的普通人家和无地的家庭也都存在,村庄贫富差距极大。

　　在北张村的街里①,住着一户姓杨的人家,杨家在明末清初时因政府推行"移民垦荒"的政策,从山西省首先迁徙到河北省容城县八于乡北河照村,后因北河照村人多地少无法生存又继续搬迁,最终来到容城县北张村定居。1949 年以前,杨家一大家人共同生活,家庭未分家时人口最多达 28 人,三代同堂,家长是辈分最高、年纪最大的杨老敏,杨老敏育有四个儿子、两个女儿,后两个女儿出嫁,四个儿子陆续结婚共同生活,杨家从人口数量上来看在村中算是较多的。过去家庭自有土地 15 亩,常年租种村中刘大财主家的土地 60~80 亩,杨老敏和其儿子们不断努力劳作积累钱财用于买地,家中自有土地数量最多的时候有 100 亩。

　　杨家在村中属于中等家户。因人多地少,只能靠租佃土地维持生活,但从不雇工,全靠家中的劳动力,自给自足。杨老敏的长子杨喜常因为懂得算账经营之道做起了棉花的生意,这项副业一度成为家中最主要的经济来源。杨家通过种地维持日常生活,靠做生意积累财富,后来家中不断置地,家庭条件逐渐好转。但家中长子杨喜常在 40 岁时因劳累过度而过世,一定程度上引发了家庭的变故,这对整个家庭造成了巨大的打击,随后两年,因家中再无人懂算账经营,家中副业无法维持,四个小家庭之间的能力和对大家庭的付出也逐渐拉开了差距,老二和老三两小家都主动提出分家,在杨老敏的主持下,杨家 1940 年进行分家,四个小家庭平均分到了 25 亩地,各几间房,至此,大家庭生活结束。随着土地改革的兴起,四个小家庭迅速卷入村中统一分配土地的"洪流"中去。四个小家庭在土改时期均被划分为下中农成分。

　　杨家现在的家长是杨小全,是杨老敏的孙子,1930 年出生,现年 87 岁,他的亲哥哥杨永丰住在同村的东头,1926 年出生,现年 91 岁,他们两人分开居住各有自己的家庭,但日常往来仍然密切,两位老人头脑清晰、身体较好。笔者有幸访问了他们,深入了解了杨家 1949 年以前的经济、社会、文化和治理情况。

---

　　① 街里:指村庄的中心地带。

第一章　家户的由来与特性

杨家于明末清初从江西省迁出,历经两次迁徙最终落户于河北省保定市容城县北张村,村庄地处华北平原,1949 年以前有八百多户,居住密集人口众多,杨家在村中属于中等家户,主要靠租佃和副业为生。本章拟从杨家的迁徙与定居、家户的人口情况、家庭成员结构、房屋空间结构、家户政治社会地位等多个方面来介绍杨家的情况。

一、家户迁徙与定居

(一)祖居山西,迁入容城

北张村里的大部分人家都是在元末明初的时候从山西洪洞县大槐树下迁徙到此的,当时迁出的主要原因是明朝的移民政策,山西省是人口大省,所以很多人就从那里搬出来到别的地方去垦荒生存。杨家也不例外,他们家最开始也是从山西省迁到容城县的,但是他们家的老祖宗首先来垦荒生存的地方是容城县八于乡的北河照村,他们在那里生活了好几代,后来因为八于乡的北河照村人多地少,家庭生活比较贫穷,靠家中仅有的一点点土地无法养活一家人,他们就开始寻求更好的生存地点。从别的地方了解到北张村人少地多,家里的长辈们就开始寻思着搬出八于乡北河照村。杨家是从杨小全的上五代开始搬到容城县北张村的,直到现在杨小全已经有了重孙,整个大家庭已经在北张村生活了共有十代人。

杨家经常将祖上发生的这些事告诉孩子们,让他们知道自己家族发展的过程,杨小全了解自己家的这些事,是因为杨老敏常常在他们小时候讲起这些往事,这都是祖先世代传下来的一个说法,他也会将这些家庭历史来源讲给子孙后代听,让他们知道自己的家庭和祖先的来历。自从搬到北张村以来,杨家在这里总共生活了十代人,以杨小全为中心,上有父辈、杨老敏辈、太爷爷辈、祖宗辈、太祖宗辈共五辈,下有儿子辈、孙子辈、重孙辈、太孙辈共四辈,加上自己这一辈,总共有十代人。杨家 1949 年以前家庭代际数量是三代,即三世同堂。

(二)十代共生,三世同堂

杨小全的太祖辈举家从河北省容城县八于乡北河照村迁移到北张村,当时北张村还是人少地多,当时搬过来的时候没有跟村长说,也不用特意去说,当时村庄的流动性比较大,北张村接纳外地人的程度较高,有很多其他地方的人都搬来北张村。杨家刚搬来的时候和村庄村民的关系都挺好,搬来时杨家先在一块荒地上占了一块庄窠地[①],当时村庄人少地多,还没有特别聚集,杨家还暂时看不出来在村庄的某一个特别方位,后来人多了之后,形成了比较聚集的村庄,才可以看出来他家的房屋在村庄的西北头,家里最先的土地当时是靠家里的人

---

① 庄窠地:宅基地。

们积极地去开荒而来的。

当时的北张村,据说最初是姓张的人家在此居住,后来这户人家生了两兄弟,老大住北面,老二住南面,后来随着迁移过来的人越来越多,村庄的规模也越来越大,便形成了两个村庄,分别叫南张村和北张村。杨小全的祖上第一辈来到北张村的时候,这里人烟稀少,村庄周围有四个大河坑,河坑非常的宽,是自然形成的,河坑的水挺干净,直到杨小全这一代人生活的时候,村民们依然在河坑里洗澡,河坑里的水也可以作为农民们的生产生活用水。四个河坑包围着大片陆地,村民们可以居住,河坑外面是田地,村民们耕种。北张村的刘、李两家的土地特别多,都延伸到了别村。北张村主要是因为环境好,适合居住,有水源,所以祖辈就选择在这里定居下来。

目前杨家在北张村已经生存了十代人,共有十几支,繁衍了上百口人,定居在北张村时杨家的家庭条件不是很好,但是一直在向着好的方向发展。1949年以前,杨家在北张村的南头有一片祖坟,祖坟里埋着逝世的老祖宗,上到太祖那一辈人都在祖坟里,埋葬方式为排葬,后辈的坟墓顺着前一辈地排下来,同一辈人的坟墓统一在一排。后来祖坟埋满了才去立的新坟,到1949年以后村庄扩建了,杨家的祖坟地就被占了,把坟迁了之后,杨家老祖坟地址上盖上了一所学校。

(三)由合到分,由盛转衰

在1949年以前,杨家人口众多,是一个大家庭,曾经的经济水平在村里算中上等,虽然家中只有一个人接受过教育,但是全家人的生产技能都较高,劳动力多,也能够把生活过得很好,家里面土地数量少,就想方设法从别人家租土地来种,不浪费家里来的劳动力。此外,还积极做棉花买卖的生意,即以种地为主业,以倒卖棉花作为副业。在一家人的辛苦工作下,挣了不少钱,杨老敏总是有点积蓄就买地,想扩大家业,家中在最兴盛的时期,土地自有数量多达一百多亩,牲口有3头,房屋有新旧两处庄寨。当时家中杨老敏是家长,杨喜常协同家长当家,负责赶集上店,他会算账所以能够去做生意,杨喜常算是家里的一个重要支柱。杨老敏也希望他带领一家人致富,不过后来杨喜常因为过度劳累在1938年不幸过世,家里最重要的劳动力倒了,家庭也就散了。1940年这个大家庭就分家了,老二老三只会种地,不会算账,棉花生意也没人做了,家庭的所有收入来源就只靠种地。老四身体不好,从小患有中风,一次到井边去打水不小心掉到水井里面去,被救上来的时候已被淹死。家中人口的减少、劳动力的缺乏和小家庭的破碎导致这个大家庭开始逐渐衰落,并且这个大家庭出现了四个小家庭之间的劳动力不均衡。杨喜常家和老四家里因为顶梁柱都过世了,没有主要劳动力略显劣势,对整个大家庭的贡献就相对处于弱势。老二家和老三家劳动力既多又能干,他们便提出分家。分家之后,大家一直都是各过各的,土改时期家中被划分为下中农成分,没有分到地主家的财产,自家也没有东西被分出去,四个小家庭各自经营着二十多亩地,就这样到了1949年解放。

二、家户基本情况

(一)人口众多,独立生活

1949年以前,杨家总人口是28人,三代同堂,祖辈有杨老敏、其妻子两个老人,父辈四个兄弟都已婚,有杨喜常、陈玲儿、杨喜瑞、老二妻、杨喜林、老三妻、杨宝贵、老四妻八个人。

杨喜常是家里的老大,他们家有两个儿子、两个女儿,共四个孩子;老二家里有四个儿子、三个女儿,共七个孩子;老三家有四个儿子;老四家有一个儿子、一个女儿,共两个孩子。

大媳妇和四媳妇是陈庄的,距离北张5里地,二媳妇是徐水县史端的,第一个三媳妇是段庄的,距离北张3里地,第二个三媳妇是容城镇谷庄的。杨小全的姐姐出嫁到了陈庄,妹妹出嫁到本村;老二家的三个女儿,分别出嫁到野桥村、北京、徐水县;老四家的大女儿出嫁到了陈庄。当时北张村和陈庄的联姻最为常见,北张村人对陈庄的人印象比较好。

表2-1　家庭基本情况数据表

家庭基本情况	数据
家庭人口数	28
劳动力数	10
男性劳动力	7
家庭代际数	3
家内夫妻数	5
老人数量	2
儿童数量	16
其他非亲属成员数	0

(二)中年为主,老弱皆存

在这个大家庭中,有一对老年夫妇,四对中年夫妻,还有16个孩子,这四个小家庭,都发生或大或小的变故。杨喜常在中年因劳累过度过世,妻子没有改嫁,自己带着两个儿子生活。杨喜常的长子杨永丰在十五岁时结婚,后来自愿加入了村庄的地下党组织;老二家的三儿子和四儿子在幼年十几岁的时候因为生病,家里没有钱医治就过世了,葬入了村庄里的乱葬岗;老三家第一个媳妇在中年的时候因病过世,老三就续弦,重新娶了本县容城镇谷庄的一个女性,第一个三媳妇生了两个儿子,第二个三媳妇也生了两个儿子;老四家老四从小就患有中风,无法进行劳动,家里面就送他去上学,在他23岁时,有一次去井边打水,中风病发作不小心掉到了井里,被别人打捞上来时已经过世,老四家有一儿一女,小儿子在十几岁的时候因为在大热天扛着太重的东西,重度中暑后过世了,后来女儿也出嫁了,在杨老敏的主持和推动下,老三家将第一个三媳妇的小儿子过继给了老四媳妇,让他照顾和赡养老四媳妇。家里因为人口多,没有从外面再收养过孩子,因为劳动力足够,家里也没有如长工、管家、保姆等非亲属的成员,就连农忙的时候都很少雇短工,全靠自己一个大家庭的力量完成劳动生产,家里人都是宁愿多花几天时间去完成工作,也不愿意花工钱雇别人来帮忙,因为钱不好挣。

表2-2　1949年以前的家庭成员情况表

序号	家庭关系	姓名	性别	出生年份	婚姻状况	健康状况	参与社会组织情况	备注
1	家长	杨老敏	男	不详	已婚	健康	无	
2	内当家	——	女	不详	已婚	健康	无	
3	长子	杨喜常	男	1898	已婚	中年过世	无	1938年40岁过世
4	长媳	陈玲儿	女	1900	已婚	健康	无	娘家陈庄
5	长孙女	杨枝	女	1924	未婚	健康	无	出嫁到陈庄
6	长孙	杨永丰	男	1926	未婚	健康	南乐会	15岁结婚

序号	家庭关系	姓名	性别	出生年份	婚姻状况	健康状况	参与社会组织情况	备注
7	孙子	杨小全	男	1930	未婚	健康	五虎会	
8	孙女	杨洁	女	1932	未婚	健康	无	
9	二儿子	杨喜瑞	男	1905	已婚	健康	无	
10	二儿媳	——	女	1903	已婚	健康	无	娘家徐水县
11	孙子	杨小眼	男	1926	未婚	1945 抗日牺牲	无	
12	孙子	杨德路	男	1928	未婚	健康	无	
13	孙子	杨小四	男	1930	未婚	年幼生病过世	无	
14	孙子	杨小河	男	1932	未婚	年幼生病过世	无	
15	孙女	杨萍儿	女	1934	未婚	健康	无	出嫁到野桥村
16	孙女	杨桂	女	不详	未婚	健康	无	出嫁到北京
17	孙女	杨仙	女	不详	未婚	健康	无	出嫁到徐水县
18	三儿子	杨喜林	男	1910	已婚	健康	无	
19	前三儿媳	——	女	不详	已婚	中年过世	无	
20	孙子	杨郝	男	1930	未婚	健康	无	
21	孙子	杨德力	男	1932	未婚	健康	无	过继给老四妻子
22	后三儿媳	——	女		已婚	健康	无	
23	孙子	杨老闷	男	1936	未婚	健康	无	
24	孙子	杨小力	男	1938	未婚	健康	无	
25	小儿子	杨宝贵	男	1916	已婚	23 岁过世	无	
26	四儿媳	——	女		已婚	健康	无	娘家陈庄
27	孙女	杨小颖	女	1932	未婚	健康	无	出嫁到陈庄
28	孙子	杨早儿	男	1934	未婚	年幼过世	无	

注：传统时期女性的名字大家很少知道，所以内当家及几个儿媳的名字不详。

杨老敏(爷爷)

奶奶

杨喜常	杨喜瑞	杨喜林		杨宝贵
陈玲儿	二婶	前三婶/后三婶		四婶
杨枝(女)	杨小眼(男)	杨郝(男)	杨老闷(男)	杨小颖(女)
杨永丰(男)	杨德路(男)	杨德子(男)	杨小力(男)	杨早儿(男)
杨小全(男)	杨小四(男)	**2子**	**2子**	**1子1女**
杨洁(女)	杨小河(男)			
2子2女	杨萍儿(女)			
	杨桂(女)			
	杨仙(女)			
	4子3女			

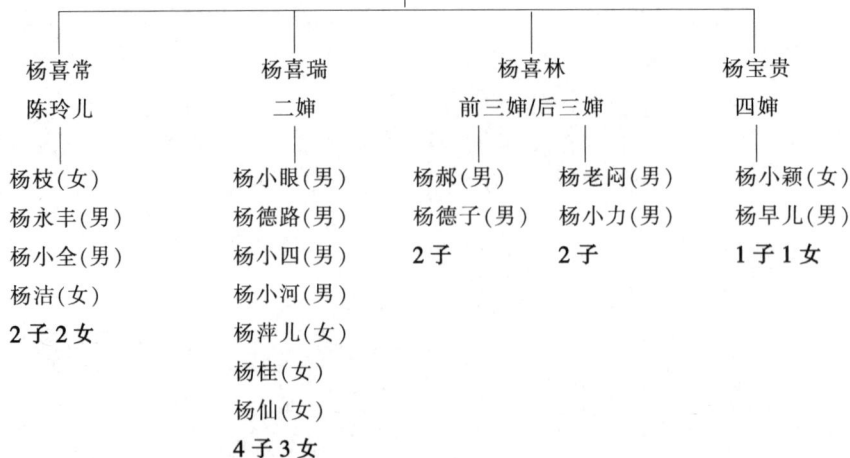

图 2-1　1949 年以前杨家的家户结构图

110

(三)居于街里,两院布局

1949 年以前杨家住在村庄的西北头,房屋位于西北头比较中心的街里。北张村比较大,分为四个头,经济水平相较于其他村庄偏高,常常招引来土匪和强盗,住在村四周的村民容易遭到抢劫,当时街里是个好位置,村民们住在街里相对比较安全,大家都愿意住街里。

杨家原来只有一处老庄窠,占了三四分地,两百多平方米,家里的房屋布局是两院式的,房屋坐北朝南,房门正对大街,房屋没有特别高的门楼,只有一个简单的大门。进门是第一个院子,西边有牲口棚,东边有草棚和放农具的地方,棚子都是用木材搭建而成的,院子不大,正北面是第一排房子,从外看是三间,实则是五间,用当地话说形容这样的房屋就是"明三暗五"。房屋左右两间就是套间,杨老敏夫妇住在东边,东边的套间是用来放家中的贵重东西的,如钱财、房契地契,杨老敏妻子经常就在这个房间里守着,家里人谁也不能轻易进去里面。老三夫妇住在西边,西边的套间是放粮食的屋子,家中的粮食和棉花都放在这个房间里,中间是过道,出了这个过道是第二个院子,院子不大,东西两面各有一间偏房,正对面是三间正房,老二夫妇住第二排房屋的西边,老四夫妇住房屋的东边,中间是公共的房间。第二个院子的西边棚子是厕所和猪圈。第一排的房屋是砖坯房,第二排的房屋是土坯房,房屋的中间都是做饭的屋子,有锅可以烧炕。总的来看,当家的住主房,也叫正房,其他人都住偏房,也叫配房,其他人包括杨喜常四兄弟,谁住哪里在同辈之间没有特别的规矩,只有在长辈与晚辈之间的规矩比较多。中间的房子被称作"外屋",就是大家都可以走动的屋,在那里做饭,放一些公共的东西。在房屋居住方位上,北和东这两个方向为上,西和南方向为下。

早些时候家庭人口还不是特别多时,杨喜常夫妇也在这个老庄窠这里居住,大家共同生活,后来因为孩子生育太多实在住不下,杨老敏就从自家周边租了一个刘姓财主家的四间房。因为这户大财主家房屋多、地界大,财主们一般都是住在里面的房屋,外面的场院大,但是没有人看守也不安全,杨老敏听说了这个情况,就主动去打听,主动去租这个房子来住。后来两户人家经过商量,杨家不用给刘家租金,就是顺道帮着财主家看场院。从那时起,杨喜常就带着他们这一小家子到这里住,没有和整个大家庭住在一起,因为离得不远,还是回老庄窠那里一起吃饭,只有晚上睡觉的时候才会来这里居住。家中的房屋一开始够住,但是随着人口增加便不够住了,家庭还出现过"轮住"的情况,人特别多时有的小家庭还到别人家去借住。

杨家房屋的门前就是一条大街,到了赶集的时候这还是条集市街,家庭成员赶集很方便。门口大街和西边胡同的交叉口有一眼水井,这是一口大井,因为可以同时使用两个辘轳来打水,村民们便称之为"双井"。杨家人用水也很方便,因此就不用特意在院子里打一口水井,当时也没有多余的地方来打井,更没有经济实力。杨家当时修筑房屋时没有特意看风水,就是觉得这里是村中间,很安全,也还没有被别人占,就选择了这里。

杨家房屋与别人家的房屋以墙为边界,西边邻居是李喜邻家,中农成分;东边邻居是刘茂家,富农成分,房屋地界很大;西北边邻居是李光家,贫农成分;东北边邻居是彭唐子家,中农成分,正北边的邻居是彭全喜家,中农成分;正大门对着的南面对街的三家分别是王态儿、王喜顺、王成群他们一大家子三个小家庭,左邻右舍都是不同姓的人。

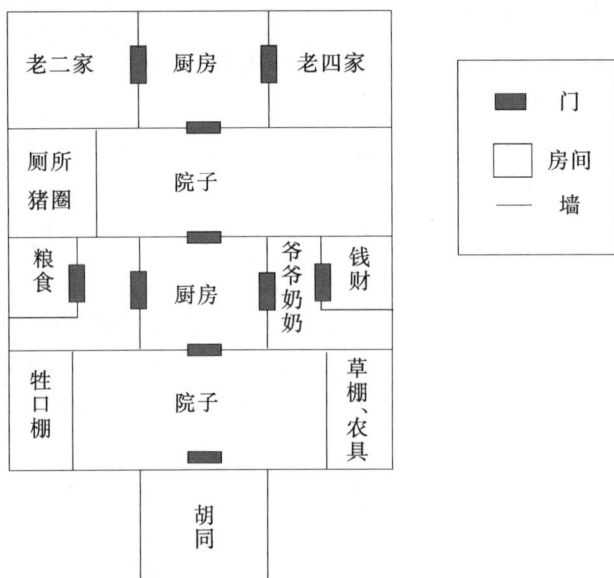

图 2-2　1949 年杨家老宅基地的居住分布图

(四)租佃为主,副业为辅

1949 年以前,因为土地归家庭私有可以随便买卖,北张村的人们将买入土地称为"要地",卖出土地称为"去地",杨家里的土地数量一直在变化,总体情况为土地数量不断增加,因为家庭在当时的总目标就是挣钱,积极发展家庭经济,家庭有一点积蓄就用于买地。家中土地最少的时候只有十几亩,最多的时候有一百多亩,但大多数土地都是下地,只有十几亩的好地,买入的土地的方式多种多样,有通过活期租佃改为死期租佃后直接买入的,有通过土地典当进来别人家再也没有来赎的,有财主家落魄时强行卖给他们家的,还有自己自愿从别人家里买入的。自从杨喜常过世之后,家庭紧接着就分了家,就将土地平均分为四份分配给杨家四兄弟,每个家庭一份,家中的土地后来只有在杨小全当家的时候将土地给卖出去 8 亩,其他小家庭的土地也没有卖出去过,直到土地改革进行了平分。

杨家常年养有两头大牛,一头耕牛用于耕地,家里是由老二使牲口,一头"拴站牛",就是每天养着,只喂食不干活,等到过年的时候就将牛卖了换钱来过生活,每年还养有四五头猪,养猪主要是用来造粪,过年了自家杀一头来过年,其余的都卖掉换钱,过完了年又开始买小猪来接着养。

杨家还做倒卖棉花的生意,算是家里的副业,杨喜常是主要赶集上店的人,也是做棉花生意的主要负责人,家中有两台轧棉花的机器,家人们将从地里或者是从村民家里收来带籽的棉花通过这个机器将棉花籽去掉,得到的无籽棉花就叫"穰子",他们就将这个穰子卖出去,从中获得一些利润。他们把这个机器叫作"轧车",将棉花去籽要通过"蹬轧车"来实现,一台轧车由一个大人或者两个小孩操作,这一谋生方式相比种地来说,工作时间比较灵活,并且是室内工作,平时能够动员整个家庭的力量来做,包括妇女、年纪稍大的孩子都可以做,每名家庭成员都可以为家庭服务,让家庭不养闲人,且能充分发挥各家庭成员的能力,如杨喜常会算账并且算得很快很好,其他几个兄弟都只会种地,所以杨喜常就来担任起了买卖棉花的主要负责人。杨家的劳动力相对其他家庭来说算多的了,对一个农村家庭来说,劳动力都要利用起来。家庭每年的收入基本上是收支平衡,粮食略有结余,因为做生意的缘故,家中常有很多洋钱和铜钱用麻袋装着放在当家人的房间里。

表2-3　1949年以前本户家计状况表

土地占有与经营情况		土地自有面积		15亩		租入土地面积	60~80亩
		土地耕作面积		15亩		租出土地面积	0亩
生产资料情况		大型农具		铁瓦车 碾子 磨			
		牲畜情况		1耕牛 1栓站牛 1骡子 5头猪			
雇工情况		雇工类型		长工		短工	其他
		雇工人数		0		0	0
收入		农作物收入				其他收入	
	农作物名称	耕作面积	产量	单价	收入金额(折算)	收入来源	收入金额
	麦子(上地)	15亩	300斤/亩	——		副业轧棉花	几十块钱
	棒子(上地)	15亩	250斤/亩	——			
	高粱(下地)	30~40亩	120斤/亩	一斗几个铜子			
	谷(上地)	10~20亩	150斤/亩	——			
	绿豆(上地)	15亩(和玉米一起种)	80斤/亩	——			
	黑豆 黄豆(下地)	30~40亩(和高粱一起种)	60斤/亩	——			
						收入共计	元
支出	食物消费	衣服鞋帽	燃料	肥料	租金	税赋	公共支出
	自给自足				几石粮食	几斗粮食	
	医疗	教育	其他		支出共计		
	几斗粮食	0	0				
结余情况	结余　　元			资金借贷		借入金额	几十块钱
						借出金额	0

(五)普通的土庄稼主儿

1949年以前,杨家当时和之前的祖辈都没有人担任过乡长、保甲长、会首等比较有地位的职务,杨家就是村子里的普通家庭,和四邻正常来往,社会地位一般,也没有什么特别高的声望。用他们自己的话来说自家就是"土庄稼主儿",一家人都只知道种地,顺便做点生意。杨老敏是家里的一家之主,平时自己不种地,就爱背着个筐子到处转,监督几个儿子们种地,或者去别处看看,没有给别人家当过"总理"或"老忙"。杨喜常虽然从小没有读过书,但是跟着别人学过买卖的那种算账方法,后来特别精通算账,心算口算都很快,家里赶集上店等只要涉及经济的事情全部都由他负责,周围邻居们对他也很尊重,一些自己算不明白的帐会来找他确认,他也很善于帮别人,杨家一家人都很随和善良。

(六)中等家户,村庄老户

1.当家情况

1949年以前,家中有三代人,杨老敏是大家长,掌管着家庭里的财政大权,也是外当家,负责赶集和别人家打交道等对外事务。杨老敏妻是内当家,管理家中的内部事务,主要是管理和监督媳妇们负责做饭和家务活动。杨喜常也是一个当家的,因为他从事的棉花买卖生

113

意要经常用到钱,每次用钱的时候都会跟杨老敏请示,拿出去了多少钱要记好,每天花了或者挣了都有记录,每次回家之前都先要去杨老敏的房间,将钱如数放在杨老敏房间的麻袋里才能回自己的房间,不能有任何私心,所以在生产方面的事基本也是由杨喜常来安排,如轧棉花的具体分工等。家中没有雇长工,也没有雇管家,家长一直是杨老敏,杨喜常是当家的,但是杨喜常早逝,还是由杨老敏做家长也当家,直到1940年一家人分家,杨老敏才不是大家庭的家长,后来各个小家庭就自己当家。杨喜常这个小家就由他的长子杨永丰当家,老二家老二当家,老三家老三当家,老四家因为老四也过世了,就是老四妻子当家,但是一直得到老二家各个方面的帮助。

2.家户规模

北张村是个大村,1949年以前有八百多户,近四千口人,村民因为土地占有不平均,贫富差距较大。村中的刘氏和李氏是最大的两大家族,基本都是村里的大户人家,他们两个姓氏在土改的时候被划分为地主的人家有十几户,土地面积在100~1000亩不等,在当地经济水平较高,声望比较高,土地面积在100亩以上的才会算作大户人家。中户人家一般是能自给自足的,土地数量在50~100亩左右的,能请得起雇工,在村里有一定社会地位的人家,家庭人口要多。小户就是家庭有少量土地,能维持生活,在村中没有什么特殊地位,有时还需要给别人家当帮工为生。杨家在1949年以前家庭总人口有28人,人口在村里面算很多的了,是因为一直都没有分家,大家都是共同生活,在人口上算是大家户,但是在经济上还是只能算是中等家户,因为人多地少,还从别的大财主家里租来了六十多亩的土地来种才能维持生活和发展家庭。不过家庭人口数量大,在村中也有一定的影响,因为兄弟多,能帮着说话办事,过去在村里兄弟多的人家就比较有地位。还有的人家有七个或者八个兄弟的情况,大家相互扶持、相互照顾,这样的家庭在别的家庭眼中就是大家庭。杨家在土地和财产上只算是中等家户,在村里面没有什么特殊的影响。总的来说,杨家在村里还是处于中等水平,一是家庭人口比较多,二是家庭从事副业,不只是从事农业,不全靠种地为生,杨喜常会算账并且算得很快技术很娴熟,这在邻居眼中是比较有才能的,在整条街中是比较有地位的,谁要算账算不明白会来找杨喜常求证,或者村里有人做大买卖的时候会找他当经纪。

3.村庄老户

杨家迁居到北张村已经很长时间了,从祖先的第一代就迁居在这里,北张村是一个融合度高也较容易接纳外来人员的村子,很多外地的人都愿意搬到北张村里来,北张村里也不排斥外人。北张村的村民还有一个说法就是外地来的很多商人都把村民的钱给赚了,1949年以前相邻几个村子里就北张村有集市,还有一些外地的人来这里开起来油坊、糖坊、粉坊等店铺,市场经济比较发达,所以村庄不断地有很多别处的人搬到北张村来,但是杨家是很早就搬过来的,算是村庄里的老户了,好几代人都是一直生活在北张村。

第二章　家户经济制度

家户是基本的经济单元,能够独立与外界进行丰富的经济活动,具体体现在家户生产、经营、分配、消费等多个方面,杨家通过租佃土地扩大土地经营规模,通过做棉花生意拓展副业经营范围,与其他家户、村庄和集市产生经济上的关联,这种经济上的联系让杨家获取了更多的生活、生产资料,从而让家户更好地发展。本章将从家户产权、家户经营、家户分配、家户消费、家户借贷、家户交换等多个环节来全面展现杨家在1949年以前的经济形态。

一、家户产权

产权是家户形成特定经济关系的基本前提,家户产权包括家户土地产权、房屋产权、生产资料产权和生活资料产权四大部分。

(一)家户土地产权

1.多租佃,多次地

1949年以前,杨家的土地数量都是流动的,有租入土地、买入土地、典当土地等多种情况,并不是每一年的土地数量都一样,土地数量常在70亩到100亩之间,真正属于自己家的土地只有十几亩。其余的都是从本村的大财主家里租来的。家中只要一有积蓄就会买入土地,一次买入几亩,当时正是家里兴盛的时候,家庭劳动力多,轧棉花副业发展得快,杨家的土地数量在杨喜常过世之前一直逐渐增加,没有减少的情况。

村民们的土地都分布在村庄四周,部分家庭的土地已延续到其他村庄的范围。杨家土地分布在本村的村西和村北,土地多达十几块,大小不一,最小块的有5分,最大块的有4亩。家里土地的土质有好有坏,也分为上地和下地,上地土地比较肥沃,地里面有灌溉井,能够及时灌溉庄稼,粮食产量相对较高;下地土地比较贫瘠,地里面没有灌溉井,全靠保种保收。有的涝洼地排水功能不好,涝灾的时候更易受灾,粮食产量低。杨家有十几亩的上地,其余的全部是下地,从别人家租来的土地也是下地居多。村庄和家族从来都没有对家中的土地收回进行过重新分配,都是自己家种,再由自家人继承。

杨家有一块坟地,位置就在自己家的土地上,在本村范围,祖辈们去世了都会埋在那里。杨小全前三代祖辈的坟墓面积有一亩左右,周边是土地,用来种植农作物,祖坟所在的耕地是自家的,不是租入的土地。该土地不能买卖,即使家里面再穷也不能卖祖坟地。

2.土地的多种来源途径

(1)从祖辈继承

杨家的土地主要是从祖辈传下来的,杨老敏有两兄弟,两家分家过了,但居住的距离不远,杨老敏兄弟家就住在他家的西南方向,中间相隔两户邻居。杨老敏两兄弟在分家的时候

115

将其父亲留下的财产平均分配为两份，一人分到了十几亩土地，分家之后，两个家庭就各自经营土地和生活。杨老敏生了四个儿子，大家一直没有分家，全家人首先就是靠种祖辈传下来的十几亩地来维持生计，这十几亩地是家庭最初主要的固有资产。

（2）从财主家租入土地

因为杨家人多地少，光靠种自家十几亩地是难以维持生计的，二是因为家中仍然有大量的闲置劳动力，经过家长的考虑，就从本村大财主家租入了几十亩地来耕种，每年租地的数量不相同，多是根据自家的经济实力和劳动力数量来进行调整，租六十多亩地的情况比较普遍。从财主家租入的土地都是中下等地，土质不是太好，产量不是太高，财主的好地不会轻易租出去，他们宁愿自己家雇长工、短工来做活儿，所以杨家租入的土地要么就是土地贫瘠，要么就是地块形状不规则，难以耕种，这样的土地难打理，但是村里像他家这样的普通人家在租地方面是无法选择的，他们只要有地耕种就好了，为了充分利用家中劳动力，即使要花更多的时间和精力去管理这些土地，他们也愿意。杨家认为自家的劳动力多，家里人宁愿累着都不愿意闲着。

（3）买入土地

杨家是村中的普通家庭，人多地少，家里的人们在家长的带领下都勤奋干活，很少休闲娱乐。在租种土地之余，家庭还做轧棉花生意，积极开展副业，积累资产，一般一到两年就能买得起几亩土地，家中土地年年积累，不止从普通村民手中买入，还从大财主家买入之前常年租种的下地，财主家也会卖，这样积累到分家之前家中的土地共有一百多亩，四兄弟分家的时候就是平均分配了这一百多亩地，每家分到了二十多亩。但从始至终，家庭里的上地都是那十几亩，只有这十几亩地用来种小麦和玉米，其余全部是下地。买入土地的价格是一亩地几斗粮食或者几块洋钱，每一次买地都花了家里相当多的积蓄。杨老敏每次买了土地之后，都会拿着那一纸契约感叹道："辛辛苦苦好几年就是为了换这一张纸。"家中没有别人赠予自家土地的情况，本村的杨氏家族不是很大，就只有几户人家，在村庄当中是一个小姓，和邻居、乡亲们往来都没有赠予土地的情况。家中的媳妇嫁入家门的时候都没有带来私房地，家庭也没有其他的土地来源。

3.土地为家户所有

（1）家户所有

杨家的成员们都认为，家中祖辈传下来的土地和不断从别人家买入的土地都是自家的土地，自己家有土地所有权。从财主家租入的六十多亩土地不是自己家的土地，属于财主家所有，自家只有使用权，并交纳一定的粮食作为租金。土地虽然不是所有的人员都去耕种，家中老二和老三是耕地的两个主要成员，但是他们两人也认为土地并非是他们自己所有，而是家庭共有。土地在买入的时候契约上虽然写的是杨老敏的名字，但是土地也不是属于家长个人的，家长不可以独立占有，家长的签字代表的是整个家庭，家长有土地管理权和劳动力分配权。家庭是土地所有者的一个基本单位，土地归整个家庭和全体家庭成员所有，是家庭成员的共有资产，只要是家里的男性，土地都有其一份。家中的土地没有和别人共有的情况。各家各户都有属于自己家的土地。

（2）拥有土地所有权的家户成员

土地是归家庭所有,拥有土地所有权的家户成员并不是所有家庭成员,而有一定的范围和资格。杨家的土地由家庭男性和嫁入本家的女性所拥有。大家庭还未分家之前,家里的土地归整个家庭成员所有,土地所种出来的粮食由当家人来管理和分配,供全家人一起吃,出远门在外的男性也是家庭土地的拥有者,嫁出去的女儿不能拥有土地,嫁进来的媳妇跟着她的丈夫组成的小家庭有土地所有权,入赘的女婿有土地所有权。一大家人只要分了家,也会同时分配给家庭成员部分土地。大家庭里的共有土地,出嫁的人没有所有权,他们只拥有自己因分家而分到的土地的所有权,长住在家里面的非血缘人员如长工、丫鬟没有土地的所有权。所以杨小全的姑姑,自己的亲姐姐妹妹,老二、老三、老四家的女儿们都没有家庭的土地所有权,都不属于拥有土地的家户成员。杨老敏的妻子、杨喜常的妻子还有其他三个儿媳妇拥有土地所有权,家庭后来遭遇变故,杨喜常和老四相继生病过世,他们的妻子都没有改嫁,她们仍然能够带着孩子代表他们这两个小家庭在分家的时候得到平均分配的土地。

（3）家庭成员集体耕种

杨家知道家里的土地本来就是应该属于整个家庭而不是家庭里的个人,应该以家庭的名义集体耕种,而并非分配到个人独自耕种。如果将土地分配到个人,就没有集体耕种的效果,每个人有了土地的所有权之后,就可以随意对土地进行售卖、出租和典当,没有管理好一块土地的能力,这样没有其他家庭成员的监督和管理,很容易就将祖业败光。当个人拥有对土地的所有权时,他可以在土地上想种什么就种什么,这样每块土地生产出来的粮食品种不一样,数量也不一样,自然种植规模和种植效率会受到一定的影响,大家对土地的态度不一样并且拥有所有权,这样会容易引起土地方面的冲突,造成家庭矛盾,对整个家庭的发展不好。如果将土地归家庭所有,就会将家庭成员团结起来,让大家共同种地,共同吃饭,整合起全部家庭成员的劳动力来为共同获取家庭所需,还有利于家庭成员的团结和睦。但是土地产权上的权利,当家人是大于一般的家庭成员的,因为当家人是整个家庭的主要管理者,如果在买卖或者租佃土地的时候,家长是整个家庭的代表,家长对土地的种植也具有主导权,他主要来决定种什么和怎么种。

4.地上垒"官背儿",地下定"灰概"

杨家的土地与地邻家的土地有边界,地邻指的是两户人家的土地挨在一起,大家经常在一起种地。地邻有的关系较好、有的关系较差,关系不好的常常会因为土地边界问题闹矛盾,清晰的边界是维持地邻关系友好的重要因素。杨家与地邻家的土地边界和村庄里的大家的土地边界一样,都是在土地表面有高高的"官背儿","官"寓意着是公共的,是两户人家共同拥有的。两户人家土地之间的官背儿比自己家土地官背稍微高一点、厚一点,以便方便认出来。官背儿就是土,上面不能走路,能走路的是两条官背儿之间的一条水沟,大概有一尺宽,这个水沟在平时就是用来走路,在农作物需要灌溉的时候起到的作用很大,就是把水倒在里面,水从这里流到各个"畦"里,"畦",是村民人为地划分的,他们将一大片的土地根据大小和灌溉方便划分为若干个"畦",各畦之间的边界叫作畦背儿,要浇灌每个畦的时候,就把畦背儿开一个口子,浇完了之后又合上,这样能确保浇地的时候每个地方都能浇灌上水。

除了表面的"官背儿"之外,为了防止自家与地邻发生土地边界的矛盾,拥有土地的第一辈人早就在土地表面的边界底下定了"灰概"。定灰概指的是首先用锤子将概砸入土壤中,概是一种木质的圆形空心工具,固定一段时间之后拔出来,之后在拔出后的洞眼中灌入草木灰或者石灰面,最后埋上,这个标记就能作为隐形的土地边界。在日常的农业生产中,官背儿虽然基本不会移动,但是难免会发生一些看不见的改变,若两家农户因土地边界发生口角时,会重新确认两家的边界,再次寻找时只需用铁锹铲平就可。这个灰橛一般是定两个点,北方土地分块种,在能成为一条直线的两个点定上灰橛就可以了,很多年之后发生的一些变化,表面上看不出来,底下就能看出来,所以每过一段时间,农户都会主动检查一下这个表面的边界是否和地下的隐形标志保持一致,土地一排线打两个点,打深一点,耕地的时候也不会耕到,而且这个灰橛是用草木灰和石灰面搅拌在一起形成的,不会轻易腐烂,会一直保存着。过去自己家的土地单位是"一逛",大家都是说这一逛土地,一逛土地下面又分为好几个畦,一个畦就是一小块,这个就是在种小麦的时候会将土地弄成这样,因为小麦要浇水,农民们都是一个畦一个畦地浇,这样能保证这一逛土地的每一小块的小麦都能被水浇到。土地挨着的两户人家会因为官背儿产生边界矛盾,有的人家会故意移动这些边界,但是大多数时候还是没有矛盾,一般种地都不动这个边界,若发生比较大的矛盾,也会有村长解决和处理。

5.土地心里清,自耕自经营

土地以家户所有为单位,各家各户的土地只有自家人可以耕作和使用,只有家庭成员对自家的土地具有使用权,外人不能耕种本家人的土地,本家人也不得耕别人家的土地。自家的土地耕种什么、什么时候耕种、什么时候收获都由自家说了算,不用跟别家商量。土地只能本家人去种,外人不能对本家户种什么产生影响。土地的继承权也只有家里面的男性有,嫁出去的女性和其他外人都没有土地的继承权。一个大家庭分家之后,分为几个小家,随着土地被平均分配,各小家种各小家的土地,只有自己本小家的人对土地有所有权并且决定着种什么,如果劳动力不够,可以请家里的一些亲戚来帮忙耕种,但是所种出来的粮食仍然归小家庭所有。

杨家的家庭成员除了特别小的小孩之外,一家人都能知道自己家有多少土地,土地在村里面的哪个位置等。家庭成员对土地有清晰的心理认同,能够清晰分清楚哪些土地是自家的,哪些土地是别人家的,但是不能准确地了解其他土地是谁家的,因为那跟他没关系他也没有必要去了解。大家都不能容忍自家的土地被别人家侵占,如果因为别人家做任何事占到了自家的土地,要前来跟当家人打招呼,并且表示歉意,如果侵害到了家庭的农作物,侵害面积比较大的话就会进行赔偿,如果是小面积可以看两户人家关系怎么样,关系好就算了,关系不好也要进行相应赔偿。杨家的其中一户地邻种过果树,果树长高了就会影响到他家靠近树的部分农作物,让其享受不到阳光,这样也算侵占到了自家土地的权益,后来双方经过协调,那户人家跟他道歉才解决了这个问题。后来村民们都知道在种树的时候要注意这个问题了,种树的面积不能直接种到官背儿那个位置,可以相对往自家土地的方向内靠,至少离官背儿一米,这样就不会挡住别人家的农作物吸收阳光。

家里土地归家庭成员管理,土地的经营权归整个家庭成员。以家长为中心,家长会根据家庭的需要来种植农作物,有需要的话也会跟其他家庭成员进行商量,外人无法干涉。土地的所有产出也归整个家庭所有,播种、收割的时间可能会与村里的大部分人家相同,但是还是由自家人自我决定。收成上来的粮食由当家人来进行统一的分配,外人也无法干涉,如果这个家庭属于某个大家族,家族也不会对单个的家庭种植什么农作物或者是农地的收入有所干涉。对于土地的经营权和收益权,全部由当家人和家庭成员决定,别人都不能干涉。

6.家长对家庭所有土地进行实际支配

(1)家长为土地的实际支配者

1940年分家以前。杨家还未分家时,杨老敏是大家长,家中的土地、财产由杨老敏说了算,只有杨老敏有土地的买卖、租佃、置换、典当等权力,在这些过程中,都需要杨老敏签字才能生效,其他家庭成员都没有资格来代表家庭开展这些活动,他们都是听杨老敏的,但也能在一些过程中进行商量和探讨。家长是实际的支配者,家长具有实际支配权。

1940—1949年分家之后。后来家庭分家了,一个大家庭分为四个小家,各个小家产生了自家的家长,老大家的家长是杨永丰,当时虽然才14岁,但是因为是长子就要担任起这个任务,家庭成员有其母亲、弟弟,第二年15岁的时候成婚了,还有一个妻子。家中的土地由杨永丰说了算,后来杨永丰去当兵,杨小全只有10岁,虽然年龄还小,但是家中没有其他的男性劳动力,母亲和嫂子主要都是忙家内的事情,土地也都主要归杨小全管理,杨小全具有实际支配权,考虑到年龄因素,自己做任何决定的时候,也会和母亲商量。老二和老三家没有发生较大变故,他们俩就是家长,对土地具有支配权。老四家老四过世了,老四妻子一个人,她的儿子不幸生病过世,女儿出嫁。一开始,老四妻子对土地具有支配权,但是她不是很懂,就由老二帮忙进行管理,老四妻子就是名义上的支配者,老二是实际支配者,所种粮食仍然归老四妻子,老二只是帮忙耕种。后来老四妻子收了老三家大妻子生的二儿子为过继的儿子,老四家里的土地和财产均归其所有,他成为这一份土地的真正支配者和耕种者。担任家长就拥有了主要的支配权,同时家长也必须对土地有所了解,能种地、会种地才能更好地对土地进行管理和支配,女性不会种地,所以在这个过程中,就只能是名义上的管理者,她们实际从来不下地。

(2)家长在土地买卖中的地位和作用

1940年分家之前。杨家在还没有分家之前从本村的人家买入过一次土地,当时家里因为做买卖棉花生意挣了点钱,考虑到家里的土地不够种,而且人太多地太少,无法满足一家人的生活,虽然从财主家租入那么多土地,但是交租花费比较多,劳动力花掉了却只得到很少的粮食,很不划算,所以但凡自己家有点多余的钱就会想着买点土地进来,自己家种多少得多少,不用交租子。这次买地是杨老敏提出来的,因为他管着钱,知道家里的钱财情况,他将这个想法与一家人商量,主要与四个儿子商量,特别是老大,因为老大经常做生意,经手钱财,负责赶集上店,懂得比较多,老大对是否买入土地的态度在整个家庭当中还算是比较重要的。老二老三就是专门种地,也要考虑他们的意见。家中买地置业等大事不用与媳妇们商量,她们也不懂,拿不出什么建设性意见。当时的卖主是本村人,他们家是因为家里没有劳动力,土地荒着没人种可惜了,就想卖出去换点钱,后来经人介绍,听说杨家里想要买地,双方商量好了之后就进行交易。当时确定要买卖土地的时候还请了见证人、代笔人,写了契约,契约写明具体日期,某某将土地卖给某某,价格多少,见证人是谁,代笔人是谁,四至哪里,地邻是哪些人,这些都是要全部写清楚的,最后要签上家长的名字,由家长来按上手印,不然就不算数。仪式进行完之后,杨家还请参与此次土地买卖的全部人及新土地周边的地邻来吃一顿饭,以表示这块土地以后是真正属于杨家的。

1940—1949年分家之后。分家之后杨小全家里有过一次卖地的情况,其他三个小家庭都没有进行过土地买卖。因为考虑到家中没有劳动力,土地又多,杨永丰虽然是家长,但是他长期在外面当兵,也种不了土地,杨小全的母亲和嫂子都是家庭妇女,都种不了地,于是杨小全就将自家的部分土地卖了给地邻,这次土地买卖他与母亲和嫂子商量了才卖的,哥哥因为在外面未能及时通知,后来哥哥回来也没有说什么。在土地买卖过程中,如果当家人不在家,家中有另外一个男性的话,他只要做的事是从整个家庭的实际情况去考虑,家长也会同意。

(3)家长在土地租佃中的地位和作用

杨家有土地租佃的情况,家里的土地数量一直不太稳定,会依据自己家的劳动力情况和经济情况来决定向财主家租种多少亩,最多的时候从财主家租佃的土地高达八十多亩,但多数时间都是租六十亩左右, 有好几年家里的地都是七十多亩, 其中从财主家租入了六十多亩,有十几亩是自家从祖上传下来的。土地是由杨老敏租来的,也只有杨老敏有租种土地的权利,其他家庭成员有想租种土地的想法也需要请示家长,如果家长不同意,就不能租入,如果家长同意,才可以租入。因为当时考虑到家里劳动力多,土地少,单靠自家土地种出来的粮食无法养活一家人,考虑到一大家人想在一起共同生活,又不想让自己家的劳动力去给别人家做长工或者是短工,所以就从财主家租地。当时自己家无法直接与财主家打交道,杨老敏便找了一个中间人,跟中间人说明情况,就由中间人去找财主交涉,当时租多少土地怎么租也是一家人先提前商量,土地租佃不用告知村长或者村副,直接由两户人家自由完成。当时杨家和财主家没有什么特别的关系,只是财主的土地较多,如果别人家想要租地,又能给点合适的租金,财主家也会把自己土地租给别人种,但是租出去的基本是那些质量不太好的土地,种植粮食的产量不太高的,自己种着不划算,谁想租去就租给谁,靠收一点粮食也比较划算。找的中间人是之前从事过这种介绍性的工作的人,而且比较成功,能够跟财主说得上话,并准确表达自己的意思的人,当时找的中间人就是村里的同一个胡同的人,平时两家的关系也挺好的,请他帮忙他也会帮。确定租地的亩数和位置之后,就要开始写租佃契约了,契约由专门的代笔人来写,见证人就是这个中间人,契约上详细写明"谁谁租了谁谁家的田地数量,租期为一年,每年固定在收成的时候上交固定租金,如果不在大秋或麦秋交租,在年前也一定要结清,腊月二十几的时候就要交清钱来过年,租金约占土地产量的一半,当时大概每年都要给十几斗粮食",契约写两份,财主拿一份,租户拿一份,租地的契约不用拿给官府盖章,只需要两户人家的家长签字和按手印,家里都是由杨老敏按手印,只有他在场写的这份契约才有效,其他家庭成员都代表不了杨老敏,除非杨老敏不当家了,其他人当家就可以以自己为当家人的名义按手印了。每年收租的时候就是在大秋麦秋的时候,收成了粮食要晒干筛好,再亲自抬拿去交给财主家里,每年的租金都是给粮食,从未给过钱,不管是出现灾害或者是收入较好,都是给予固定的租子。如果遇到灾害比较严重,一家人交不起租金的情况,当家人就会去跟财主家说,请求减租,如果财主不答应减租,那就请求延迟交租,若是粮食因灾害破坏得太严重,财主会到地里去实际查看,了解实际情况时,财主家也会理解,答应延迟交租,但是正常年份必须要在规定的时间之内交齐粮食,否则第二年就不会再租给你种了。家里租种财主家的土地,需要跟财主处理好关系,财主家农忙的时候,自己家忙完了也会主动去帮帮忙,财主家的红白喜事一般不去,过年为了表示谢意会送上一点包子作为礼物,不会在财主家吃饭,送完礼回自己家吃饭,地里产生的农业税还是由财主家交,自家只负责交租金。

杨家中没有过土地典当和土地置换的情况,家中的土地都在村北和村西,家人也居住在村庄的西北头,土地离自家算比较近,不用置换,也没有典当土地的情况。

7.其他家庭成员可提意见,不能做主

(1)其他家庭成员对土地所有权的支配作用

在家庭中进行土地买卖、租佃、置换和典当等活动时,家长之外的家庭成员不能发挥支配作用,他们能够提意见但是不能做主,并且只有家中男性可以提意见,女性一般不参与土地管理之事,杨家买入土地时,就是杨老敏与四个儿子商量,并且杨老敏做最后决定,四个儿子只是参与讨论、表达态度,最后还是听杨老敏的。家中的土地各个成员都有所有权,但是杨老敏具有最终的管理权,几个儿子具有经营权和使用权,土地所收成的粮食归全部家庭成员所有。

(2)其他家庭成员在土地买卖中的地位和作用

在家庭进行土地买卖的过程中,主要的决定者是家长,在杨老敏当家的时候,杨喜常和他几个兄弟都是听杨老敏的,在杨老敏提出要买地的建议时,他们会进行讨论,表达一下各自的意见,如果没有特殊原因的话,大家都会认同家长的意见。如果他们都是普通的家庭成员,则从来没有想过家里是否要买地卖地的事,特别是家中的妇女,这都是轮不到她们来管的事,家中的男性有提议权和商讨权。分家之后,杨家还有过一次售卖土地的情况,是杨小全自己做主负责的。

分家之前,没有过卖地的情况,因为还在一起居住的时候,大家是共同种地,共同生活,劳动力充裕,而且挣的钱越来越多,只会想着买地不会想着卖地,财产是越积累越多,并且能将生产资料、生产工具和劳动力共同作用,起到规模化的效果。

分家之后,各小家分到自己的土地,因为各种情况家里祖上传下来的土地会有所变动。杨喜常在分家之前就过世了,但他还有一个妻子和两个儿子,也能作为一股和其他三个小家庭共同分了家里的土地。当时大家平均分到了二十多亩,再经过土地改革变动,家里所剩的土地也就是大概十多亩,当时杨小全家里有母亲陈玲儿、大哥杨永丰和自己,大哥在十四岁的时候就去当兵了,自己年纪更小,虽然穷人的孩子早当家,他自己也除草耕地,但是还是种不过来,母亲没有种地经验。当时杨小全听说邻家开了一个烧砖的窑,需要用到土地,自己就先跟母亲商量想要卖地,母亲也是考虑到家里没有劳动力也同意卖地。后来家里人说通了之后,杨小全就去跟地邻商量,确认一下他需不需要买地,自己家里种不了,是否可以卖给他,后来两个人经过商量,地邻家需要大量的土来烧砖,以前盖房也都是用土来盖的,需要土地,需要用土的地方就挖土,不需要挖土的地方就拿来种庄稼,便把土地卖给他了。这次没有经过中间人,是两者自由买卖,因为土地挨在一起,双方一起种地,通过聊天就知道了双方的需求,一个愿买一个愿卖,事情就办成了。这个地邻是外村的人,村庄叫小北张,在北张村的北面,离北张村有五六里地,双方也没有把买卖土地的事情告知村长、村副,杨小全只是通过与家人商量,与买主讨论,就这样卖掉了祖传的 4 亩土地,卖地最主要的原因就是家里缺乏劳动力,将部分土地卖出去之后靠种剩下的土地为生。一般农村里将土地卖给别人,在买主的选择上有一定顺序,分别为地邻、四邻、街坊、家族、亲戚、朋友、别村,但是一般情况下,在街坊这一步,只要是有点条件的都会去买地,土地可以卖在本村,也可以卖在外村,关系从近到远。一亩麦田的卖价由当时生产农作物的市场价来决定,麦田根据好地坏地上地下地的不同,价格也不同。后来杨小全把家里的土地卖了之后,觉得自己不会使牛,把牛也卖了。

(3)其他家庭成员在土地租佃中的地位和作用

分家之前,家中每年都租种地主家的土地,租种数量大多为六十多亩。当时在租地之前会进行家庭内部讨论,讨论的问题是关于要租地以及租多少土地,这个会议由家长主持,家中的全部男性都参与,劳动力比较强的女性也可以参与,但是参与得比较少。租佃土地之前考虑的就是自己家是否有足够的劳动力,是否有牲口,是否有足够的农具,租种土地收成的时候自家能够获利多少,经过家长主持家庭召开会议讨论之后,家庭就会形成一个比较一致的结论,所以其他家庭成员在土地租佃过程中具有参与权和提议权,但是不能擅自决定租地的数量,最后还是要由家长来做主。

8.地邻种果树,引发土地矛盾

家中的土地很少有被侵占的情况,都是轻微侵犯或者无意侵犯。杨家没有和别人家产生过较大的矛盾,有时是被邻居家的牛马不小心吃到庄稼,有的是别人家种树挡到了这家土地种粮食的阳光。其他较大的边界问题没有发生,自家也一直有种植土地的所有权。杨家因为地多,且下地比较多,被侵占得少,自家在粮食快要收成的时候,杨老敏会让老三去看青,防止粮食被盗和受损。杨家当时在村庄算是人口比较多的家户,邻居对他们家都还挺尊重的,他们家不是村庄能够受欺负的那种人,所以土地不易被随意侵占。

土地是家庭的私有财产,如果别人家无缘无故侵犯了自家的田地,自家人肯定不会容忍,每个家庭都有保护自己私有财产的权利。在农村社会,各种各样的大大小小的矛盾都有,如果土地被侵占得比较严重,如土地边界被挪,别人家扩大自家的面积,这样就会引起纠纷。杨家被侵占的情况是比较少的,有一个矛盾是地邻种了很多果树,果树种植的范围直接到离两家土地的官背儿特别近的地方,果树长高了长得比较茂盛,后来这些官背儿旁边的树都将养分给吸收了,家里种的这些粮食被一排树给遮蔽了,挡住了阳光和水分,这部分粮食就长得没有其他地方的粮食好。后来杨家找到了这个原因,杨老敏就去找这户地邻,说明情况,双方还是比较讲道理的,双方各退一步,地邻将离着官背儿的一排果树给砍了,在以后种果树的时候也知道了要离着官背儿远一点,特别在这种平原地区,不能影响别人家农作物的成长环境。

9.外界多方认可和保护家户土地产权

(1)其他村民的认可与保护

其他村民特别是同一条街的村民对杨家的土地位置、地亩、地块数都比较清楚,也都知道土地归他们家所有,不会轻易去侵占和破坏,农户之间还是比较相互尊重的,特别是共同生活在一条胡同的街坊四邻,在生产生活上相互合作,一般情况下都会和睦相处,会承认别人家的土地的耕种和收益,普通村民不会去别人家的地里进行偷盗,不会随意侵占别人家的土地。

他们无权对杨家的土地进行买卖、租用或者是置换,每个家庭只能对自家的土地有买卖、租用、置换的权利。如果他们想与某户人家合作,买卖或租佃这户人家的土地,那他会与杨家的当家人商量,如果他们家家长不同意,便不能进行买卖、租用或置换等活动,他们也不会强求杨家,如果真的很想买卖或租佃,也只是会给出一些相对较好的条件,一定要征得土地所有者的同意才可以。

（2）家族的认可与保护

杨家在村里是一个小姓氏,不是特别大的家族,北张村刘氏和李氏是两大姓氏,也形成了自己的两大家族,家族内会承认各家各户土地的所有权、耕作权和收益权,他们也不会随意侵占家庭里的土地,并在一定情况下对家户土地进行保护。家族成员之间可以置换土地,在一些家户的土地受到侵占的时候,家族的人会为其打抱不平和出面保护。

（3）村庄的认可与保护

村庄里的村长、村副他们对杨家有多少土地有记录,清楚有多少土地,他们也承认杨家土地的所有权、耕种权和收益权,他们不能随意侵占村民家里的土地,村里如果要进行一些买卖、租佃活动,需要与家庭当家人商量,要得到当家人的允许才能进行此类活动,不能以村庄的名义进行强制买卖、租佃或者是置换,买卖土地之后要去村庄请村长盖章,有的还会给予村长一定报酬,如果和普通村民发生一些土地纠纷,首先会自己解决,如果解决不了,会请本头的比较有权威的人来解决,如果还是解决不了,才会去找村长。

（4）政府的认可与保护

杨家所在地是容城县南张乡北张村,县政府和乡政府都承认村里各个农户家所拥有的土地,包括土地的所有权、耕作权、收益权,不会轻易去侵占农户的土地,当时土地是归农民私有的,如果县里或者乡里因为一些原因要占用到土地,也会征得农民的同意,农民不同意就不能随意占用,如果县乡政府要买卖、租用或者是置换,要与农户家商量,特别是要与家庭的家长商量,如果家长不同意,县乡政府不能强行买卖、租用和置换。当两户农户因为土地问题发生矛盾,或者是某户人家的土地被别人家随意侵占,他们首先会找村里面有威望的人来调解,如果矛盾较大调解不了,县乡政府的人会出面解决,对被侵占土地的人家进行保护。

（二）家户房屋产权

1.继承老庄寨,三代人共同居住

杨家的旧房屋是祖辈传下来的,是自己一家人所建成的,房子修建得比较早,是由杨老敏的上一辈建的,庄寨地也是以前老祖宗一代代传下来的,每一代后辈的房屋和土地主要就是靠继承上一辈得来的。当时杨老敏家兄弟俩,两个人不仅平分土地,还平分了庄寨地,杨老敏分到了现居的这里,老二分到了离自家东面相邻两处房屋的一个地方。1949年以前杨家所在的村庄都将宅基地称为庄寨地,庄寨地包括房屋所在地的面积和场院的面积,庄寨地周围有土墙围着,也是和别人家的一个庄寨地边界。

杨家最初有三四分地的老庄寨,当时家里是全家人都在一起居住,即杨老敏夫妇,子辈四兄弟和以及他们的孩子们。各家的房间没有什么特别明显的界限,都可以互相进入。还没有分家之前,这些房屋属于家庭全部成员共同所有,并不是当家人一个人或者是其他人的。

还没有分家之前,院子和房子都是属于家里所有的人共有,自己家的房屋与别人家的房屋以围墙和巷道为界,分家之后两户人家同住一个院落时,各家各有几间房子,院子共用,以房屋的墙为界。巷道没有门,与四周的道路相通相连,邻居是别的姓氏,不是本家。家庭房屋也有变化情况,家里从杨老敏开始当家时大家就一起居住在老庄窠地所建的房子里,在家庭正式分家之前,家中有了新的庄窠地,家庭成员在新的庄窠地上建了三间土坯房、四间砖房,后来分家时大家就来抽签。

2.当房"借光",空地做"打场"

杨家的房屋较小,外面的院子也很小,基本上只够住人,没有晾晒粮食的场院。杨家自家只有十多亩地,每年都租地,租到最多的时候家中有一百多亩地,这么多土地种了粮食要碾、要磨、要晒,需要地界,旧庄窠无法完成这些生产工作。杨老敏打听到自家东面相邻三户人家的大财主家有一个场院,财主家人少房多,正好缺给他们家看院子的人,于是他就让杨喜常带着自己的妻子和两个儿子、两个女儿到那边去住,表面上说是租地主家的房屋,其实也没有给钱,就是给地主家看门,然后免费能使用这个场院来进行自家一些粮食的加工和晾晒。杨喜常听从杨老敏的话,搬出老庄窠,到那边居住,平时吃饭还是去老庄窠和大家一起吃,因为家中种植的粮食放在老庄窠,就在那里统一吃饭,家中由四个媳妇轮流做饭。杨家平时不需要给地主家租金,只需要在逢年过节的时候送点礼物表示感谢,村里这种住别人家的房子不给租金的现象俗称"借光"。

3.地主强行典当庄窠,不得不要

村中的有一户刘氏大财主,当时他们家当家人过世了,就留下家里的几个妻子还有儿子们,他家有个妻子挺出名,村里人都叫她三寡妇。过去刘家大财主家自己种植烟草,不仅种来自己抽,还种来卖,后来家中儿子们染上了吸大烟的恶习,败光了很多钱,这个三寡妇就托人说想把自家的一些庄窠典当出去,先拿点钱花,当时找的说和人就是村里的王老发。这个庄窠地的房子有 4 间砖房,3 间土坯房。这个王老发就找到了杨家,这些说和人找人也是有讲究的,他们不会乱找,也得看人家是否有需求,是否有钱能典当得起。当时的杨家正好符合这种典当庄窠的条件,王老发就来给杨老敏说了,他给双方都不停地做工作,杨家和地主家都没有见过面,一直是王老发在两面跑。后来杨家家长考虑到家中的庄窠不够住且家庭人口越来越多,正好那时家里面有积蓄,能出得起那笔钱,就给了一些钱把这个庄窠地给当过来了。直到后来财主家吸大烟导致经济衰落、生活落魄,没有足够的钱将土地赎回去,所以杨家就能够一直住在这里,也就成了自家的庄窠地。典当庄窠地并没有确定的年限,地主家什么时候有钱,什么时候就赎回去,如果一直不赎,这个房屋杨家人就可以一直住着,多少钱当的就拿多少钱来赎,这个是以典当者为主,如果他想赎回去了,就必须要还给人家。当时典当这个庄窠地具体花了多少钱已无从得知。典当庄窠地也要有契约,找代笔人、保证人和中间人,写两份,一人一份,要盖手印。

4.家有新婚夫妇,房屋轮流居住

为了家庭的总体发展,杨家有一种特殊的情况,就是轮流居住。因为家庭人口多,往往都是一家人共同住在一间,睡同一个炕,这样家里准备结婚的人就没有新房。为了避免新婚夫妇没有房子居住的情况,家里采取了轮流居住房屋的方式。当时杨家的老三因为以前娶的妻子过世了,所以又重新娶了一个,老三二婚的时间和杨永丰结婚的时间差不多,当时两对新夫妻都需要一间房子来居住,当老三夫妇共同住的时候,杨永丰的媳妇就回娘家居住,杨永丰有时候就和他奶奶住,因为自己长大了,也不会和自己的父母住。当杨永丰和其妻子一起居住的时候,老三新娶的媳妇就会回自己娘家去居住。女性回娘家居住的时间为一个星期左右,也给了新婚夫妇充足的相处时间。家中老人和一些固定小家的房屋不变,专门拿出一间房子来给新婚夫妇轮流居住,这是家庭人口多、房屋数量少的具体解决办法。结婚的儿子通常都会和自己的媳妇住,没有结婚的儿子都和父母共同睡一个炕,长子和其他的儿子也没有什么区别。

5.房屋为家户所有

（1）房屋为家户所有

在杨家的家庭成员看来,未分家之前,家里的房屋都是属于大家的,既不属于家长个人的也不属于某个家庭成员的,房屋是全家人都有份的。因为房屋是一个不可分割的财产,流淌着这个家庭血液的人和娶进门的媳妇都是这个家庭的一分子,房屋属于家庭的公共财产,所以大家都有份。特别是在一大家子未分家的时候,就更是这样了。在分家之后,确定分配的房屋有分家契约注明的房屋才属于各个小家私有的。

家中的房屋从来就没有和别人家共用的情况,即使是别人到家里面住,也是租用或者是借用,房屋的所有权还在家庭成员的手中。分了家之后,杨家有两处庄寨,每一处庄寨上的房屋都是有两个小家庭在住,所以出现了两个小家同时拥有一处房屋的情况,这种共有的情况是房屋无法分割,分家的时候只能按房间的间数和大小来进行划分,涉及公共空间,大家都是共用的。只有分到小家庭手里的独立的房间才属于小家庭专属,别的小家庭不能随意在房间内生活和娱乐。

（2）拥有所有权的家户成员范围

在未分家之前,家里的房屋产权归家庭成员所有,这里的家庭成员包括杨老敏夫妇、四个子辈夫妇还有他们的孩子,未出嫁的女儿有使用权但是没有所有权,同辈兄弟娶进门的媳妇也拥有家里的房屋,外嫁的女儿没有份,嫁出去的女儿就算是别人家的人了,入赘的女婿也算作家庭成员,对房屋有所有权,已经分家出去的兄弟就没有份了,常住在家里的其他非家庭成员不拥有房屋的所有权,只有暂时使用权。

（3）对房屋家户所有的态度与认知

杨家的成员们认为房屋应该归整个家庭所有,不能将房屋分配到个人。因为是一大家子人在一起生活,如果还没分家的时候将房屋分配到个人,个人会过于在意自己的权益,从而导致家庭不稳定。并且不便于共同生活。每一个家庭成员从出生开始就被灌输个人是家庭的一分子,家庭是主要的,个人是次要的,房屋是一大家子共同居住的地方,并不是属于某一个人的,而是属于后代子子孙孙的。

6.房屋边界明显,进门需喊话

杨家的房屋与四邻的房屋有边界,是以房屋外沿的土墙为边界的,从大门出去之后有一条小胡同,出了小胡同就是一条当街的路,和地邻家的房屋以道路为界,和东面和西面的房屋以墙为界,共墙和不共墙的情况都有。当时以这些道路为边界,是得到邻居们的默许的,大家都觉得需要走路,路的宽度也是大家商量的,建房子的时候不可多建多占,四邻也不可越过边界,这样就容易引发矛盾并且还没有道理。过去村庄因为边界闹矛盾总是会请当街的、当片的有威望的人来处理和解决,大家都是站在公正的一方,没有道理的一方就是吃亏的。每一片都有一个爱管闲事的不怕得罪别人的人,这样的人很讲真理、不欺负人、不坑人害人,喜欢打抱不平,不怕得罪人,为大家着想。公家该管的他不管,但是公家不管的他觉得看着不顺眼、不合理的就会去管。有时候也会管别人家的纠纷，别人不愿意管的他就会去管，有人管的他就不出这个头了。他自己看不惯的人他就会去管，所以村民们谁家有这些房屋边界纠纷的问题就会叫这些人来解决。北张村的东北头有一个叫"占爷"的就是这样。

家里的房屋只有自家人有使用权，外人在家里没有人的时候不能进到人家家里，都是先在房屋门口喊上几声，如果有人答应，才能进到人家家里去，如果家里没有人答应，就不能进去。家里没人的时候都会把大门给锁上，防止别人进去偷盗，没有经过别人家允许的人擅自出入人家的房屋是被看作没有礼貌的行为，这也是不允许的，外人也会注意自己的行为，不会在人家没有人看家的时候擅自去别人家，因为如果不小心丢东西的话他也难逃责任，即使自己没有偷拿也免不了被怀疑一番，一般人不会抵上自己的诚信而随意进出别人家的房屋。

7.自家房屋心里明，自住自修理

只要是生活在一个家庭里面的人，对自己家房屋的边界都有着清晰的了解。因为都是在日常生活中，自家和邻居家的边界，家庭成员都知道，个人也承认房屋归家庭所有，同样不能容忍别人家侵占自己家的房屋。不仅每家知道自己同别人家的房屋边界，同一个大家庭的小家庭心里也有清晰的边界，哪间房子是谁的，哪间房间不能进，大家在心中都很清楚。一般公公婆婆的房间只有儿子们可以随便进，媳妇们只能等婆婆在且得到许可之后才能进。公公一般也不会进媳妇的房间，如果家里人随意出入别人的房间，轻则引起怀疑，重则引起家庭矛盾，所以大家都是比较懂道理，不随便进入别人屋子。

家里的房屋由整个家庭成员共同管理，如开始修建房屋的时候，家中的所有成员都要出力，男性就和土、垒土、砌房子，女性主要是保证男性可以吃上热乎乎的饭菜，也积极地在建房子的过程中做自己力所能及的事情，让他们有力气干活。如果家庭成员劳动力不够的话，家中就会请来帮工，女性也是在家为他们做饭。家中修建房屋是所有家庭成员都要参与的事情。在家庭房屋的买卖、拆除、修缮、重建房屋等一系列事情上，由整个家庭共同商量、自行决定，不需要跟邻居、家族、村庄汇报，这都是自己家的事情，别人都管不了，都无法干涉。

当时杨老敏的弟弟家住杨家的后屋，他们有一大家子人自己居住，房屋的前面正当街，左邻又舍都是不同姓氏。当时村里共墙的情况也比较多，共墙是土坯墙，土坯墙不能垒太高，不然一下雨就倒。共墙也存在一定的规律性，即"东墙西垒，南墙北垒"，即共墙的时候每户人家只要建自的西边和南边的墙就可以了，如果遇到要装修的时候，谁一开始建的，谁就开始修，拆除之后的材料也属于修建的那个人。共墙的人家主要是条件一般，而且周边没有胡同，比较连片的人家才会共墙，不共墙的时候，两个房子中间会留一条小缝，用来接房檐落下的雨水，再大一点的路就是胡同。

8.家长在房屋所有权中的支配地位

家长为房屋的实际支配者，在家庭房屋的买卖、典当、出租和建造中，由整个家庭相互讨论，但是家长是其中的一个主要支配者，在过去的家庭，凡事都要听从家长的。杨家租入财主家的两间房来住和两三分的场院来晾晒粮食，这完全是杨老敏的意见。他考虑的问题是家庭的全局问题，种的七八十亩地的粮食如果没有地方晾晒将是一大问题。同时家中房屋也不够住，才让杨老敏有这样的主动性。他提出这个想法并且告知他的大儿子，让其搬到租入的房屋中去住，大儿子也服从杨老敏的安排，因为自己结婚早，有能力带着自己的孩子们居住，这也是长子的一份责任,所以去外面住了。在房屋的典当过程中,外来的说合人王老发始终都是在和杨老敏交流,杨老敏是代表这个家庭的权威,杨老敏同意就是一家人同意,杨老敏拒绝就是一家人拒绝。财主家先出庄窠地再说一个价格,杨家也表示,典当别人的庄窠这件事具有强迫性,当时财主家大业大,在村庄具有主导权,他看中了哪块土地想买,如果你不卖给他,他就会想方设法影响你的生活,一定让你买。同样,如果他没钱了想典当自家的部分庄窠地,你如果不想典当他也会想方设法叫你典当。杨老敏也表示很无奈,就只能将这个房屋典当进来,给了财主家一笔钱,当时杨家也稍有积蓄,能够支付得起。在修缮自家房屋的时候,由当家人提供钱,一家人提供劳力,就这么修建起来。

9.其他家庭成员在房屋所有权中的地位和作用

其他家庭成员对房屋所有权的支配能力比较弱,可以说是没有支配能力,只要有当家人在,这些房屋的处置就轮不到别人说话,也说不上什么话。杨老敏作出安排,其他家庭成员就要听从,当家人如果比较民主的话,会和家庭中的男性商量一下,如果当家人自己一人做主也没有问题,其他家庭成员也会表示赞同。杨家就是如此,儿子们基本都服从杨老敏做的任何决定。

10.外界对家户房屋产权的认可和保护

杨家在周围邻居的心目中是比较善良的一户人家,平时都是与人为善,与邻为善,很少和街坊四邻发生冲突。如果在村子里面家庭人口数量少,自我保护能力弱的情况才会比较容易受到别人的侵占。当村民的房屋受到侵占的时候,一家人都会站出来自我保护,如果自己家解决不了的话,就会寻求街坊邻居还有当街里比较有威望的人来进行调解。

杨家周围的街坊邻居都对他们家的房屋产权给予认可和尊重,同时,杨家也认可和尊重他们邻居的房屋所有权,相互独立,互不干扰。如果两户人家要进行房屋的买卖、租用和置换,是由家长来决定的,必须要和家长商量,经过家长同意之后才会进行下一步。家族内、村庄和政府都会对家户房屋的产权给予认可和加以保护。

(三)生产资料产权

1.小型农具齐全,大型农具渐置

杨家因为土地多,种地是主要的收入来源,所以在农具方面必须准备齐全,家里很多基础的农具都有。耕作农具有犁、耙、锄头、耙、"大粆子"为主。大粆子是进行土地翻松的工具,和犁差不多,犁会把土给翻出来,大粆子就是直直地往前推,起到松土的作用。排灌工具以辘轳、水斗、水车为主,收割脱粒粮食加工农具以镰刀、板镐、扇车、石磨、石碾子为主,运输工具以筐、篮子、人力独轮车和畜力木轮铁瓦大车为主。杨家最大的一个农具是大铁瓦车,就是牲口拉车的时候,拉的就是这个车,车身是木头做的,车轱辘外层包裹着一层铁皮,保证车轮不容易损坏,用的时间比较长。家里的农具不经常坏,还比较实用,只有在家庭条件允许的时候才会购置一些大型农具。

2.牲口概况

杨家最多的时候养了两头牛和四五头猪,这些牲口都是由老二负责日常照看,老二是养牲口的,算是一个老把式了,牲口使得很好。养大了拿去卖是老大要负责的活儿,家里只有老大能算账,经常去赶集上店。没有牛的邻居在农忙的时候会来借牛,要先跟当家人说好,当家人同意借了才能够借。杨家经济较为宽裕的时候养过四五头猪,最多的一年养了十头猪,养大了由老大拿到市场上去卖。还曾买过一头骡子,后来老二不会养骡子就死掉了。冬天的时候一家人就在家里待着,主要是养猪造粪,为春天的来临做肥料准备,还有就是轧棉花,那个棉花籽可以用来做黑油,榨油的籽剩下的渣当地话叫作"马饼",可以用来喂猪、喂牛。

杨家的牲口都是从市场上买来的,当时北张村、容城县城、徐水固城都有赶集的市场,市场里有牲口市,老百姓有需要都会到市场里面去买牲口。猪是每年都会买的,养猪最重要的目的是造粪,给土地提供肥料,还有养一年之后在年前将猪拿到市场上卖换一点钱来过好年。牛也同样,刚买的时候是小牛,自己家养大的,自家的牲畜够用,就没有再和其他人家伙养或者是搭套。购买这些生产资料的钱都是从整个家庭经费中拿的,也就是从家长保管的家庭财产中统一支出的,因为家长之外的家庭成员没有钱不能买。家中的大型小型农具都归家庭成员共有,牲口也归家庭成员共有,当时家里的生产资料还算比较齐全,没有的就只能去向村中的大户人家借。

3.生产资料为家户所有

(1)生产资料家户所有

杨家人认为家中的农具、牲畜等生产资料都属于全家人,而并非家内的个人,这些生产资料是大家共用,也是不可分割的,是所有的家庭成员都有份。家庭中的生产资料没有和别人家共有的情况,是自己家庭独有的,家庭成员共有的,也是共同使用的。

(2)拥有所有权的家户成员范围

大家认为家中的生产资料如农具、牲口,虽然是家庭全部人口都有份,但主要还是使用他们的人拥有所有权。农具就主要是家中的男性拥有,因为他们常常干活,都要使用农具、牲口。老二主要是负责使牲口的人,牲口虽然说属于全家人,但是全家人只有老二会使,而且使得比较好,在家里只要需要用到牲口的事情都会让老二去做。

(3)对生产资料家户所有的态度与认知

大家认为家庭的生产资料应该属于全家人所有而非家庭个人所有,不应该将生产资料的所有权分配到个人,但是可以将使用权分配到个人,如牲口可以根据家庭成员的不同情况决定让谁来使,但是如果家庭急需用钱需要卖掉家中生产资料的话,可以直接由家长决定而不由其他人决定,长子和其他家庭成员都只有参与商量的权力。杨老敏不是那种什么都自己说了算的家长,也经常询问他们的意见,尊重家庭成员的意见,从而做出一个更明智的选择。

4.家长对生产资料的支配权

(1)家长是生产资料的实际支配者

家长是家庭的一家之主,在生产活动中是生产资料的提供者,是家庭劳动力的支配者,家庭中各种生产资料的购买、维修和借用都要由家长做主,如果家长不在家,由生产资料的使用者进行管理,他可以进行日常的管理并跟家长汇报购买、借用等情况。杨老敏平时不直接参与劳动,常常背着一个筐到处逛,而其他家庭成员有固定的工作,每天都很忙。当时杨家劳动力多,轮不到杨老敏来种地,作为家长,他就常常对生产资料进行管理。

(2)家长在生产资料购买中的地位和作用

牲畜是农民们种地很重要的依靠,畜力总是大于人力,使用畜力的效率比人力要高,其中牲口主要包括牛、马、驴、骡子。农民家庭选择的牲口跟自己的家庭条件有关,经济条件富裕的家庭,首选马匹和耕牛,有条件的家庭都会买一头牲口。杨家常年使用的是牛,是从很早就买的，是杨老敏在徐水县固城的牲口市买的，这个集市比较大，虽然本村也有集市，但是很难买到一头满意的牲口。因为老二总是赶车，家里没有其他牲口只能用牛拉车，他就跟杨老敏提议能不能买一头骡子，骡子次于马，但是速度还算是比较快的，杨老敏考虑再三还是没有买。某一次杨喜常在卖棉花的时候，发现没卖掉的一个棉花篮子里有很多铜钱，家里算是发了一笔意外之财，后将此钱交给杨老敏，杨老敏决定买一头骡子。老二买得了骡子就迫不及待地要使这头骡子，因为老二常年赶牛，对使骡子没有经验，也喂养不好，骡子养了不到一个月就死了，后来家中还是继续使牛，再也没有养过其他牲口。杨家这次买牲口，家长不同意就不能买，他得考虑到家中有没有多余的钱来支付这笔费用，如果有条件买，他也会买，毕竟可能在一定程度上提高劳动生产率，其他家庭成员只能提意见，不能做决定。

家中买大型农具同样也是杨老敏做主，如大铁瓦车、水车、碾子、磨子之类的大农具，都不是一年能够样样买得起，而是一年添置一样大农具，等添置得差不多了就开始存钱买土地。买地之前得先买农具，农具对这样一个劳动力多的大家庭来说很重要。这些都是靠杨喜常去买或者去找木匠定做，家庭其他成员就直接用就好了。

（3）家长在生产资料维修中的地位和作用

农民们的农具如果坏了首先不是丢弃重新买一个，而是将旧的农具修一修继续用，维修旧农具相对于买新农具来说是一种更常见的行为。一般农家的男人都会自己维修农具，农具也不轻易坏，都很耐用的。杨家主要是老二和老三负责修农具，在大秋、麦秋来临的时候，都是首先准备好用的农具，会特意检查一下农具有没有哪个是坏的，为了不耽误农活的完成，如果发现坏的会及时修理。平时在劳作的过程中，发现农具某个地方坏，都会立刻修好，因为第二天还要继续干农活。

（4）家长在生产资料借用中的地位和作用

杨家因为土地多，耕牛和大型农具都齐全，包括水车和犁耙等，一些小型农具也都有，所以自己家很少从别人家借过农具，要借也是那种特别大型的农具。杨家借农具一开始是要家长出面的，如果家长出面就一下能借着，如果家长不出面别人家不会相信借东西的这个人，必须得到家长的许可或者是支配，别人家才会借。在农村里像这种大型农具的借还，一开始借时都是需要家长出面的，只有家长出面才能代表着这个家庭，也能让借东西的人家相信。如果是经常借用的话，前几次必须先由家长去借，后来熟悉了家长也可派家庭成员去借，家庭成员每次去借东西都会表示表明借东西这件事情不是自己的个人行为，而是经过家长授权的家庭行为，通常会说"我父亲或者我爷爷来让我跟您家借一下……"这样借东西的家庭也能明白这是其家长的意思。

5.其他家庭成员对生产资料有使用权

其他家庭成员对生产资料没有购买权，没有借用权，只有自己使用的权力，总地来说都是要听家长的，他们没有任何支配作用。

存在别人家来向自己的家借东西的情况，如果是借耕牛，那就要向老二借，因为老二是主要使牲口的，可以说这头牛的情况如何他是非常清楚的，但也不是所有没有牛的人家都来借，只有某户人家家里面有人会使牲口才会来借，不然牵回去也没有人会犁。不过杨家的牛因为养的年份比较长，年龄比较大，迈腿比较慢，所以别人家也很少来借。条件好一点的人家在每天早上都会去"雇赏"①,花钱请别人来帮忙犁一天地,这样效率还快一些,也是最主要的方法。有的人家专门养牲口,如牛、马、大骡子,就是让那些没有牲口的人家可以租去用,租一天多少钱都是明码标价的,或者你借我家的牛去用一天,你来帮我家做几天的农活也可以,这叫做人工换牛工。以前北张村的市场就比较发达,人们能够用钱解决的问题都会花钱,除非是那种家庭条件特别差的,没有钱花才会去借。此外,大型农具还有碾子和磨子,当时家里都有,因为种地多,自己家有一个就比较方便,碾子和磨子就放在院子里,街坊邻居家谁需要用就直接来跟当家的说一声就可以用了,不用给钱,只是会把麦麸留在杨家,给他们家喂牛喂猪。来借碾子磨子的人都只会带着自己家干净的粮食回去,更客气一点的人家在过年的时候还会往杨家送点包子以示感谢。家里的小型农具一般不会借,小型农具基本上是农村里的每个家户必备的,农民都是要跟土地打交道,没有一点农具不行。别人家来借农具的人也是当家人,只有当家人才能代表自己家整个家庭跟别人家借东西,小孩和妇女都很难借,因为对方觉得没有权威和能力,一般也不会借。

6.富人欺负你,穷人也欺负你

家里的生产资料有被别人侵占的情况,就是本村的一户刘姓财主,他们家本来特别有钱,但是因为吸食烟草过度和赌博导致家庭破产,一家人都过得特别可怜,他们家的一个儿子就养成了偷别人家农具的习惯。有一次他趁杨家不注意的时候,拿走一些农具的重要部件,如果没有这些部件,农具也将没有任何作用。这个偷拿人家农具的人在周边人家都有所耳闻,他将人家的农具偷了去,卖给其他人家换一点钱或者是粮食,别人家虽然知道他有可能是偷来的,但是也不得已要给他钱或者是粮食,如果不给的话,他还会去找别人家,如果实在找不到,他就会把这个农具或者农具部件给扔掉,这会对被偷的那户人家造成不好的影响,甚至耽误人家出工。偷农具的人将农具拿走换了钱之后,他还会来告诉你,他把你家的农具卖给谁了,让你拿钱拿粮食去赎回,主人家也是不得已拿粮食去赎,只能在下一次多加防备。杨家的东西被别人偷了就是自己倒霉,以后自家就会加强管理。他们认为任由一些无路可走的人偷东西就当是行善做好事了,这些人穷,没有吃也没有喝,就只能靠偷盗,还好他还能告诉你他卖给谁了,只要某户人家的东西被偷了拿去卖了,肯定是去赎,而不会选择跟这些不讲道理的人计较。村里这样的人也不多,就是几个,大家对他们都是时时刻刻得防备着,杨小全感叹道:"我们这种老实的中等家庭啊,富人欺负你,穷人也欺负你。"

7.外界对家户生产资料的认可与保护

各家各户的生产资料都归家户所有,不属于这个家庭的人员不能随意使用、占有这些生产资料,如果要买卖、借用一些生产资料,必须要向当家人说明情况,与当家人商量,跟其他家庭成员商量不能起到相应效果,只有得到了当家人的同意才能够使用别人家的生产资料。杨家的土地很多,在十几亩的那几块上地里面都打有灌溉井,供浇地用。

村庄承认生产资料归家户所有,如果受到了一定程度上的侵犯,那么这些人就会受到村庄的舆论压力和道德压力,从而实现对各家各户的生产资料的认可与保护。如果某户人家的生产资料被侵犯,两户人家私下解决不好,可以先请本头的有威望的人来处理,如果处理不好,再去找村长处理,如果村长也解决不好,就会去县里打官司。

---

① 即人工换牛工,有的三天人工换一天牛工,有的是一天换一天。

(四)生活资料产权

1.基本满足,家庭共用

1949年以前,杨家每年都有存粮和棉花,在家长杨老敏房间的对面,还专门有一间小房屋用作套间,也是家中存放粮食的粮仓,只要是粮食作物都全部放在里面,因为家中做轧棉花生意,所以粮仓里面属棉花最多。日常的油、盐、酱、醋都是能够满足家庭成员的生活所需,家庭条件不好的时候大家就稍微吃得差一点,条件好一点的时候大家就能吃得好一点,大家基本上都能吃上饭,只是在不同的年份有吃得好或者吃不好的区别。

2.粮、棉、油、盐的来源和使用

(1)粮食。杨家的粮食都是靠自己劳作而来,因为耕种有土地且租种了别人家的土地,家里每年的粮食都够一家人吃,并且还有结余,很少会拿粮食去卖,除非家里面比较缺钱花。粮食一般都是储存起来,以便在粮食产量不高的年份还能够不让一家人挨饿。

(2)棉花。棉花少部分是靠自家耕作而来,大部分是靠杨喜常在外面收购而来,通常在棉花收获前期,杨喜常都会问街里的四邻乡亲是否有意愿将棉花卖掉,如果愿意卖掉就卖给杨家,他们愿意出与市场价同等或者稍微高一点的价格来收购村民们的棉花。会买村民们的棉花是因为大家都住得比较近,互相都比较了解,村民们种植的棉花让杨家比较放心,如果村民们种植棉花的数量比较少,杨喜常还会到附近的几个大集市里面去购买,轧棉花是家中的副业,经常需要较多的原材料,所以这些棉花就相对粮食买得比较多。

(3)油。过去家庭吃油都是吃黑油,家中种有大量棉花,棉花转化为穰子的过程就是将棉花籽剔除的过程,被除掉的棉花籽就用来打成黑油。当时家中除了卖棉花,产了大量的棉花籽,也可以卖棉花籽。自家吃的油都是用棉花籽到油坊去换,如果剩余得多可以将其直接卖给油坊,过去黑油可以用来吃也可用来点灯,大多数时候点灯还是用煤油,煤油由当家人去买,一买就是一桶,用完了再去买。为了节约油,大家都尽量早睡早起,家里晚上除了蹬蹬轧车,几乎没有什么活动,差不多做完了一天的事情就会睡觉。

(4)盐。过去村里面有盐铺,村民们可以用钱买,也可以用鸡蛋换,都是几个鸡蛋换一点盐,没有钱的人家就是靠自家养的鸡下的鸡蛋拿去换,这必备的生活资料是大家都不可缺的,想方设法都会买一点。杨家平时有积蓄,可以直接去买盐,都是杨喜常在赶集的时候去买,每次一到赶集家里面缺什么他都会及时去购置。

3.生活资料为家户所有

(1)生活资料为家户所有

大家认为家里的生活资料是属于全家人所有而非个人所有,所有的家庭成员都有份,因为大家同吃同住同劳动,基本上没有任何分割,粮食大家都要一起吃,家庭生活必需品盐、油之类的东西都是当家的人出钱去买,买回来大家一起吃一起享用。拥有生活资料所有权的家户成员范围是家庭所有人口,只要在一起吃饭在一起生活,生活资料的使用就是分不开的。大家都认为生活资料是不可缺乏的,宁愿吃得差点也不能没有,所以家庭在吃饭的时候,经常吃高粱面。以前买菜的时候也少,自己家都会种点白菜,后来一般都是吃咸菜酱。自家院子里有井的就可以种点萝卜,收获的时候腌制点萝卜出来,就这么就着窝窝头吃。饽饽平时是硬的,吃饭的时候就在上面抹点酱,就这么吃,以前家庭吃不上什么好菜。

（2）对生活资料家户所有的态度与认知

过去家庭经济条件不好，生活资料来之不易，杨家的每个人都很节约也很珍惜这些生活必不可少的东西。生活资料属于一家人所有，如粮食统一种植统一收成统一吃，由家长看管，不分给各小家庭，也不必分下去，利于家庭和睦，如果分了那样还比较麻烦，易发生矛盾不利于共同生活。棉花在年前的时候才会分配下去给各小家做衣裳。

4.对生活资料的支配和管理

家长是生活资料的主要支配者，家里每年收成的粮食都统一放在家中的一个房间，每天吃什么由内当家决定，并且要全部规划好一年的饮食，以便这一年都能吃上饭，全家人都不会饿肚子。其余的油、盐、菜都由杨喜常到集市上买。其他家庭成员对家里的生活资料有享用权，除了杨老敏之外，杨喜常还算是能够去买卖、借用生活资料的家庭成员。此外，很多生活资料如何使用更为女性所熟知，因为她们天天跟家务活和柴米油盐打交道，她们懂得比较多，也更能较好地使用这些生活资料。

5.家中粮食曾被偷盗

家里的粮食有被偷盗过的情况，而且发现了还不能说，过去家里被偷东西只能怪自家没有看管好，而且不能在家里来了客人之后大声嚷嚷说自家丢了什么东西，这样会给客人留下不好的影响，也会给双方带来不必要的麻烦。还有一种情况，是有些东西别人借了之后就假装忘记了不还，如果别人家条件比自己家差的话，杨家就会忍耐而不去追究，如果他们家条件还不错，该要回来就要回来，也不会让自己家吃亏。村里大多数村民都是尊重各家各户的生活资料的，生活资料是属于家户的，外人或者是别的家户不能随意侵占，如果发生没有经过主人家同意，而随便拿人家东西的情况，这样就是不礼貌的，是不尊重别人家的行为，会遭到村民们的议论纷纷。村庄四个头基本都有一个管理公事的人，他就会去管理这样的不公平之事，还受侵犯的人家一个公道。外界对家户的生活资料产权是认可的，同时也加以保护。

二、家户经营

（一）生产资料

1.家户劳动力充足，完全自给无雇工

杨老敏不参与杨家的农业劳动，因为家里的劳动力十分充足，用不着家长去做，农活都是年轻的男性干，以杨家的老二和老三为主，杨喜常主要赶集上店做棉花生意，只有农忙的时候会到地里帮忙，杨老敏则每天背着一个箩筐四处闲逛，或去地里看看老二老三耕地如何，或去集市赶集买点家庭所需。家庭还有一些稍微大一点的男孩也需要跟着大人做一些力所能及的活儿。农村的小孩子从小就能干活，也必须要参与干活，杨小全当时跟着大人一起去地里工作的时候只有 12 岁，帮大人推推车、踩踩土、拔拔草，这些农活儿都可以做。杨小全说："以前小孩子们又不上学，就由大人们发配，瞎蹦跶去。"关于妇女和小孩的劳动，杨家还有一句话是："妇女摘摘棉花，小孩蹬蹬轧车"，轧车就是家里轧棉花的机器，有两台，一家人农闲的时候都会来轧棉花，也不闲着，一个大人劳动力蹬一台，力气小的孩子就两人一起蹬，大人小孩轮流着来。

村庄里一般大家户才会有雇工现象，中等家户因为家庭人口多，劳动力多，不会雇工。

杨家里因为总人口有 28 人,劳动力十分充分,所以没有雇工现象,自己家完全能够解决种地问题,劳动力自给程度高。只有平常和邻居们有换工、帮工,连最忙的时候,短工都没有雇过,宁愿多花时间来慢慢做。他们觉得钱太难挣了,杨老敏不愿意出钱雇工,大家硬着头皮都得干。

2.男耕女织,劳动力分配有序

杨家是一个比较传统的家庭,男主外女主内,家中的男性劳动力去种地干重体力活,家庭里不同的男性负责不同的事情,杨喜常懂算盘会算账,以赶集上店为主,平时不忙会帮着老三做些农活,老二主要是使牲口,老三主要负责往牲口棚起土造粪,老四身体不好,从小中风,比其他成员年纪大一点了也开始干农活,各个人的主要生产责任一开始由当家人安排,后来熟悉了就进行了自我分工,并且越来越熟悉。

女性劳动力主要是在家里做家务、带小孩、四妯娌轮流做饭,每天吃什么由婆婆来进行主要的安排,具体由她们自己决定。她们日常都不会下地,杨家地里的活儿都轮不上女人来做,女性们只有农忙的时候会在七八月时帮着采摘棉花和做一些轻活儿,主要负责的还是家内的事务,做饭、打扫屋子、制衣、洗衣,还有在家蹬轧车,她们负责的活儿都是在家里完成的,不会出去抛头露面。年纪在十几岁的男孩子也要帮着干农活,积极参加农业生产。

3.牲口、农具基本自给

杨家有一头牛,长期用来耕地,这头牛能够满足家里的耕地需求。老二想买一头骡子来尝试一下,征求了家长的同意,且家长出钱买了这个骡子回来之后,因为不会养就将骡子给养死了,从此老二就安安心心赶牛,也没有再提过买别的牲口,因为他只会养牛和赶牛,都成了一个老把式,而对别的牲口喂养技术不太娴熟。牛是从市场上买来的,刚买的时候是小牛,自己家养大的,自家的牲畜够用,没有再和其他人家伙养或者是搭套。没有牛的邻居在农忙的时候会来借牛,要先跟当家人说好,当家人同意借了才能够借。杨家的大型农具包括大车、碾子、磨子、水车,所以农具基本上也能自足,但是不全面,特别大的农具也没有。

4.借扇车

杨家到了粮食收成的季节,会去借用大户人家扇车。扇车在当时算是一种大型农具了,除了财主家,再有就是条件特别好的人家才有。种的土地有上百亩,就需要这个东西。杨家总共种了七十多亩地,还是以小麦、谷、高粱为主,每次收获时就需要这个农具。扇车主要是在小麦、谷碾完之后,为了更好地得到粮食去掉皮,还得用扇车来筛一筛,把碾过的皮再筛出去用风扇扇出去。扇车杨家当时买不起,其次觉得也没有必要买,这个农具在穷人中间可用可不用,有时候穷人们吃饭都是连麦麸一起做,不去皮就直接吃,或者是家里的粮食本来就少,直接用簸箕自己手筛掉就可以了,其次是这个扇车街坊已经有一台了,很容易就能借到,就没有必要买。借扇车的时间很灵活,用得也很快,谷收成碾完了之后去财主家看这个农具是否在被用,如果财主家用,自己家就先打声招呼,第二天再过来借,如果财主家不用,就可以直接跟地主家说一声抬到自己家的院子里去扇谷,很快扇完了就直接抬回来。过一段时间,等到高粱该收成了,也需要扇一扇再过去借,只要跟主人家说一声,并且用的时候小心一点,不要弄坏,基本上平时借都不成问题,借用完了之后都能当天还。但并不是所有的人都能去跟财主家借这个扇车,与财主家打交道比较少,关系不好的人平时既不好意思去借也不能保证能够借得到,所以就不去借了,自己直接动手扇。

(二)生产过程

1.农业耕作

杨家的土地总体分为两种,一种是水浇地,一种是旱地。水浇地种两季,种玉米和小麦,一季最多能生产一口袋粮食,一口袋就是一石,一石等于十斗,一斗等于一百五十斤,有的小口袋是八斗。旱地只种一季高粱,在清明节前,先种点瓜豆,过了三月在上地里面种棒子①,在涝洼地里种高粱,8月、9月的时候就开始收高粱和棒子,一般高粱收的时间比棒子早,因为要用高粱秆来做成装玉米的工具,10月份收玉米,这个叫作大秋。大秋结束之后紧接着种麦子,10月份底把麦子种完,第二年5月、6月就开始收麦子,这个叫作麦秋。所以好地一般都是种两季,种小麦和玉米,下地就种一季高粱。杨家在过大秋的时候,家里的男人们在凌晨3点就开始起床去地里收割,要趁早凉快,中午太阳大了就回来睡会儿午觉,下午3点的时候再出门,天黑了就回来。还有家里专门拿出一块地来种棉花,因为杨家主要是做棉花生意,平时如果不够卖了,还会去收购别人家的棉花来倒卖。杨家的好地也叫作水浇地比较少,只有几亩用来种小麦,其他大部分都是用来种高粱,高粱不怕水淹,好种植,那时候发水比较厉害,年年下雨,6月份下雨特别大,水涝地就很多。杨家以前种棉花是成块成块地的种,在棉花还没有长出来之前,在棉花底下种芝麻,没有成块的种过芝麻,分开种太浪费了,就兼着种。棉花长出来之后特别大朵,半天就能摘到一大包袱。每块地主要种植什么农作物是由杨老敏说了算,因为他的种地经验最丰富,自己种得也比较好,对每块土地适合种什么都很清楚,家里人都听杨老敏的。

杨家在农业种植上注重以下方面:

一是看青。杨家的土地还算比较多,当时家里的劳动力多,就没有特意雇看青的人,而且家里老二、老三经常都会在地里,就顺便照看了,并且只看上地,不看下地,因为下地里的庄稼长得不怎么好,不会有人去偷盗。村里面只有比较富裕的人家、土地比较多的人家才会专门雇人看青,他们家里土地又多,自己又不经常下地,就特意专门雇一个来帮忙照看着。财主家在过大秋的时候,会雇很多打短的去做活,那些穷人们在地主家拔完麦子之后就下到地里面去捡麦穗,能够捡到很多,很有几户人家都是靠这样活着的,说明财主家的土地很宽。一般人家都是自己看青,或者是和地邻相互联合起来共同看青,各户人家轮流看守,只是平时去逛一逛,经常在地里面走走。

二是浇地。家中所在的村庄没有河流经过,一开始村周围有四个大河坑,但是离自己土地还是有一定距离,水用不上,所以只能靠打水井用地下水来进行浇灌。打水的工具是辘轳,大户人家有水车,用牲口拉,普通人家就只能靠人力用辘轳打水。平时的很多活动都是有分工,但是在浇地的时候是家里的所有劳动力都要一起上的,因为就是那个季节固定的几天需要浇地,如果不浇的话农作物就会缺水干枯,所以大家都是在抢着时间浇地,一起去地里,劳动力多,拧辘轳快,浇地也比较快。

三是施肥。家里的牲口棚里的粪便也是由老二收集,收集的人粪和家畜粪都是在春天、夏天之后的时候给粮食施肥,施肥之前需要松土,因为家里面的土地多,所以粪便都能用完。有的人家没有养牲口,家里人也少,粪便从就别地去买,旁边的定兴县,主要是白洋淀,不用

---

① 即玉米。

134

给土地施肥,那里的人们有一种职业就是到处捡那种干的粪便来卖给别县的人,在北张村没有这样的专门倒粪的人,因为大家都需要粪,也能供应。

2.饲养家畜

(1)养猪。未分家之前的杨家养有牲口,平时每年养四五头猪,那时候家里的地界小,准备养鸡鸭都没有地了。养猪要用猪圈,一般一圈养三个,杨家就养了两圈。猪主要用来造粪,经常往猪圈里拉土,让猪拉粪。从地里拉土,除了会让牛拉车,家里的小孩们也会一人背一个小背篓,背了一筐土就倒在猪圈里,就是地里的黄土,粪和土和在一起就成了土粪,到了一定时间就要把这个土粪给抬出来,如果不抬出来,猪圈就会满,满了猪就可以跑出来。猪一天喂三次,土地里面的粪除了可以用猪粪,也可以用人粪。农村里面旱厕里的粪都是要抬到地里去给粮食施肥的,以前全部都是用粪,要是没有粪地里就不长庄稼。老二、老三平时有时间都会喂猪,家里的活儿大家都得做,猪养大了之后可以拿到猪市去卖,就是腊月二十几的时候卖了钱来买年货过年,特别是在腊月二十一或者二十二赶年集的时候卖得最好,一头猪能卖几块洋钱。特别是冬天的时候就是养猪造粪的好季节,到了年前就拿去卖,要先拿到杀猪场去宰,杀好了就拿去卖,谁买几斤就买几斤,先砍为几部分,然后就去卖肉,也有卖生猪的,自己家能够保证每年有一头猪吃,但是杨家人口比较多,所以也吃不了多长时间。

(2)养牛。自杨小全记事起,家里就养了两头牛,有一个牛棚,牛主要用来耕地,牛除了可以耕地,还可以拉车运货,也可以拉水车打水,杨喜常运棉花去卖,也会用牛拉车,只要是用力气特别大的活儿,都需要使牛。耕地的牛每年都闲不着,拉车、拉土、拉粪。家里有一定的积蓄之后,曾做过集中小买卖,一个是轧棉花,倒卖去了籽的棉花,二个就是养"栓站牛",这种牛买来不让它去干活,整天就是喂三顿,最喜欢喂牛的就是"马饼",即棉花籽榨油剩下的渣子,牛特别喜欢吃,对牛来说还有点营养。这个一天也得有个量,一天不能喂得太多。杨家养过最多的牛有四五头,老二老三都可以来喂牛,就是专门养大了拿去卖钱,城里的人会卖牛肉吃,哪里有集市就卖到哪里去,以前一头牛能卖几块洋钱,而且当时村子周围有一个村叫流里铺,在固城的一个小村庄,里面全部住的是回民,只有一家汉族,汉族还当了村长,他们不吃猪肉,只吃牛羊肉,村里还专门有一个宰牛场,每次要么把牛牵到市场的牛市去卖,要么就是在那里宰好了拿肉到市场去卖,根据顾客的需求来决定怎样处置牛。养牛的年份因为可以卖到钱了,所以过年自己家也能杀得起一头年猪来吃,生活过得还是挺不错的。自己家从来没有给自家杀过一头牛,只是家庭条件比较宽裕的时候就能买得起几斤牛肉来吃。

3.蹬轧车,轧棉花

杨家曾经做轧棉花的生意,做这个副业的起因是杨喜常不怎么干活,经常赶集上店,看到别人家做这个,自己也想做一下。杨家通过种地存了粮食有了积蓄就开始想办法多挣钱了,于是杨喜常就跟杨老敏商量,最后大家一起决定做这个副业。家里从县里购置了两台轧棉花机,当地话也叫"轧车",棉花的来源主要是自己家里种植还有从别人家采购,买的都是刚从地里摘下来的籽棉,除了卖棉花,也可以卖棉花籽,卖到油坊,棉花籽可以打黑油,黑油可以用来吃也可用来点灯。每年自己家里都会用一部分土地来种植棉花,以便保证原材料的充足。平时妇女不下地干活,唯独采摘棉花可以去,这是轻巧的活儿,别人家雇工也可以雇女性去采摘棉花,以斤来计量。平时在家里婆婆和四个媳妇都会操作轧车,也叫作"蹬轧车"。小孩就两人一起蹬,大人就自己一人蹬。种地的人白天去种地,不种地的人白天就在家做饭的做饭,蹬轧车的蹬轧车,晚上人回来了,就换着蹬,当时就是黑天白夜地一直蹬。棉花不够的时候,会提前跟周围的邻居、街坊商量好,把种植的棉花卖给杨家。价格和市场价一样或者是可以高一点。家里有了足够的棉花,足够的人力,平时做得也很快,轧棉花机把棉花籽打出来,得出来的棉花絮用当地话叫作"穰子",当时卖"穰子"的店是"花店"①,离北张村比较近的花店有容城县里的和徐水县的固城,以前虽然距离不远,但是运送量比较大,杨喜常就用牛拉着板车运过去。这些小花店又继续卖到大地方或者是外省的花店去,花店就是将穰子打包,卖给做被子的商店。家里就是从这一系列活动中挣一点差价,春、夏、秋三个季节,因为家里的男性都要下地干活儿,有做不完的事情,轧棉花主要就是靠杨老敏妻子和四个媳妇完成。轧好棉花之后由老大带到外面去卖,因为他会算账,算得又快又好,不会吃亏,以前的一斤等于十六两,杨喜常能够在很短的时间内都能换算得一点不差。冬天种了冬小麦之后,家里主要就是做生意,男性也参与到轧棉花中,人手充足,也更快,但是条件也相当艰苦。冬天杨家人蹬轧车时基本都是手脚冰冷,因为北方的冬天很冷,那时候也烧不起火炉,只有过年那几天才能取暖。棉花由一家人种,一家人做,挣的钱归当家人管理,资产属于全家人,用于一家人的花费,还能给自己家做衣服,每年过年的时候都要由当家人来分配棉花给各小家庭的媳妇制衣,棉花也是按股来分,四个兄弟就平均分为四股,每家一份不论人口。杨小全说:"轧棉花也算我们家所从事的一项副业,金秋过麦就先忙庄稼,需要除草、耪地的时候还是先去弄庄稼,不忙种地的时候才会来轧棉花。"

(三)生产结果

1.农业收成够内需

杨家种植的农作物有麦子、玉米、高粱、棉花、谷和豆子,家中的 15 亩上地用来种两季,分别种麦子和玉米,麦子亩产 300 斤,玉米亩产 250 斤,种玉米的时候也叉着种②一些绿豆,绿豆亩产 80 斤。下地种了 30 多亩地的高粱,高粱亩产 120 斤,和高粱一起种了黑豆和黄豆,叉着种在高粱地中间,高粱长得高,这些豆子长得矮,能够充分利用土地,黑豆和黄豆亩产 60 斤。在冬天转春天的时候就能知道农作物长得好不好,每年如果没有特别大的灾害的话,粮食产量基本上就是这样,变动不是很大。家中的收成属于家庭成员共同所有,家中的土地主要都是老二和老三种,每个季节有什么农活都是他们去种,一年四季都在不停地种地,就是土庄稼主,但是每年种出来这么多粮食他们并不觉得说是归他们两人所有,而是归全家所有。收成的粮食统一放到家庭的第一排房屋的右边套间里,每天吃饭都是由婆婆安排媳妇们做,大家一起吃。一家人主要是大人们关心收成,小孩子们都不懂,家长也很关心,每天早上他会监督几个儿子起床去种地,有时候自己闲着去地里看老二种地,如果种地种得不好的话还会说老二,教他怎么做才正确。种植农作物每一个环节大家都是相互监督,生怕某个地方没做好导致最后的收成差。1949 年以前,家里所种植的农作物能够满足家庭的需要,杨家人口多,能养活这么多人口不容易,大家虽然吃得不是太好,但是都能吃饱,如果有剩余的粮食,会拿点高粱去卖,换到的钱也归整个家庭所有,交给杨老敏,由杨老敏来决定如何花这笔钱。

---

① 花店:卖纯棉花的店。
② 叉着种:合着种两种农作物。

2.家畜饲养添收益

杨家常年养两头牛,一头用来耕地,一头就养着等到过年卖了换钱。每年平均养四五头猪,最多的时候养了十头,养猪首先是为了造粪,用粪给地施肥,粮食才会长得好。家中的积蓄会影响养猪的数量,如果在过完年之后家中还有剩余的钱,如果那一年不买地,家中做棉花生意也有资金周转的话,就会将多余的钱多买几头猪来养。平时妇女们也可以喂猪,她们除了要做家务、织布纺线,家中养有猪的话也是她们的责任,她们就会累一点,但是多挣点钱也愿意。养这么多猪的前提是家里种的粮食也多,麦麸、粮食壳等东西也才能喂这些猪。家中养有十几只鸡就放养在家中的院子里,平时让它们吃菜和草,养鸡可以下蛋,家中没有钱的时候会用鸡蛋去换一些其他的东西,还能自己吃,家里来客人了或者是家中有什么重大节日也会杀鸡吃。

3.副业收入稳增长

杨家没有从事手工业的,但是从事副业,并通过租地有了一定积蓄的时候,就开始考虑做其他事情。杨喜常从小跟着邻居几个大人学民间算账方式,不用算盘直接用手,算账有行话、有规矩,学会之后激发了他做生意的兴趣。家中有钱了就买了两台轧车,杨喜常就负责向乡亲们收购籽棉,老二、老三还是主要种地,家中的妇女们还有比较大的孩子们就蹬轧车,将籽棉去掉籽,将白棉再卖给花店,从中赚取利润。做棉花生意常需要资金周转,花钱和挣钱的数量在当时都比较大,就是几百块洋钱的周转,从中盈利几十块钱,一般三斤籽棉出一斤皮棉。副业的收入也是属于全家所有,虽然是杨喜常主要做棉花生意,杨老敏还在,家中的财政大权一直在杨老敏手里,杨喜常去买棉需要跟杨老敏要钱,出门去一整天,等到去卖棉花的时候,回来时要先去杨老敏的房间,将钱如数交给杨老敏才能回自己的房间,因为这是家庭的共有财产,就像老二老三种的粮食一样,家里的每个成员都能吃,每个人在家中不管做什么,都是家庭共有的,杨老敏就是统一管理的人。

三、家户分配

(一)家长主导分配,家庭成员参与分配

杨家在进行家庭收成和收益的分配时,以家户为单位,不由宗族、村庄来进行分配,各家各户分配自家的财产和收益,分配的范围是家庭的全部成员,分配的单位是以大家庭中的各小家庭为主,不包括嫁出去的女儿和非家户成员。在进行家户分配时以家长为主导,赶集买卖主要由外当家决定,吃什么、用什么由内当家来负责,在进行家庭分配时由家长进行主持,家里就是杨老敏及其妻子做主,有时候杨喜常能说得上话。其他家庭成员没有分配权,只有被分配权、提议权和享受权,分到什么就是什么,他们不会说,会尊重家长的决定,但家长也是按照公平原则来进行分配的。杨家这个大家庭下面有四个小家庭,在大家庭分配之余,小家庭也有自己的分配权,也是由家长决定。如家庭年前分棉花来做衣裳,杨老敏先将棉花分为四股,四个儿媳妇都领走了自家的棉花,有的儿媳妇在做完了家庭的公共事务之后,自己有时间也可以加工织布纺线,用这些棉花织了布,由小家庭中的男性将布卖到市场上去,再拿这笔钱去买更多的布,再来做一家人的衣服,这样布就多了,做的衣裳也更多件、更厚实。

分配的对象就是本家户的成员,仅限于一口锅内吃饭的人,出嫁的女儿无法享受分配,

家里的亲戚和儿媳妇的娘家人都无法享受分配,朋友、邻居、乡亲即使关系再好也没有享受权,为这个家庭共同生活付出了劳动力的家庭成员们才享有分配权。家庭进行分配时的分配物均来自于家庭的农业、副业和其他方面的收入,家户之外也没有什么收入,家里的杨老敏辈、杨喜常辈弟兄和杨小全辈在当时都算是享有分配权的家庭成员。

(二)农业收入的分配

杨家每年的农业收成包括各种农作物的收入,土地是租种的,所以需要缴纳地租。过去租的土地大多数都是下地,用来种高粱的比较多。交租的时候都是按照固定金额,没有分成租额,一年交一次粮食,一次交几百斤。租种的土地多,相应的产量也多。过去的地租也不是特别重,财主的土地很多,他们家自己雇工来种了好地,对下地所收的租金不多,杨家也能支付得起。如果遇到灾荒年,能够减免也能够延迟,就是靠当家人出面去说,在财主家考察实际情况之后会给一定的宽限。在自己家种的十几亩的土地中,需要交公粮,纳税就是直接交粮食,也叫作"交兵差",到了交粮的季节,村庄里的地方①就到村庄四头去敲锣,号召大家主动把公粮交到村里,再由村里交到县里面去。家里面只有家长才能代表家庭去交税,如果家长不去,也只能派家里的长子杨喜常去,家里老二、老三都只是会种地,不会过问家里面类似的事情。

(三)家庭副业收入的分配

杨家从事过副业经营,是棉花买卖方面的,每年的收入有将近一半来源于这个副业,副业的参与者是全家人。每逢冬天的时候,一家人不管男女老少都轮流着蹬轧车,大人一人蹬一台,小孩两人蹬一台,大家都出了力,将有籽儿的棉花通过轧车去籽儿,变成穰子,由杨喜常将穰子拿去卖,所获得的收入归家庭共有。在穰子的交易中,不用交一些额外的费用给外人或者是中间人,也不用缴纳任何费用。所挣得的钱由杨喜常交给杨老敏之后,杨老敏都是用于家庭的公共开销,杨喜常不会将所赚的钱私自藏起来,都会很自觉地全部上交,由杨老敏进行统一分配,分配对象是全家人。

(四)家庭不存在私房钱、地

1.私房地

杨家不存在私房地,分家的时候当时家里的女性都出嫁了,出嫁的闺女也没有给她们陪嫁的土地,一家人都没有私房地,土地都是大家的,属于整个大家庭,种出来的粮食也是属于大家。

2.私房钱

以前家里的人没有藏私房钱的想法,一是没有法子,家里的每个人都有自己要做的事情,要么赶集上店,要么都是去种地,没有时间去做别的事;其二是家里人不管谁做什么,挣了钱都要交给当家的,如果不交当家的也会主动来要。总之,家里的钱全部由当家的来管理和分配。杨老敏的妻子和大儿媳都没有私房钱,家里人都不会把粮食拿去卖偷偷挣点钱,家里剩余的粮食都用来喂猪、喂牛,谁都不会拿去卖。杨家的粮食没有困难过,一年养好几头大肥猪,都需要吃好多粮食。杨小全小时候去杨老敏的钱库里面看过有好多钱,但都不会私自拿。杨老敏住的房子是一个小套间,要进那个放钱的屋子,必须得经过杨老敏的大屋,当时杨

---

① 地方:在此指的是村中的管事人,权力小于村长、村副。

小全见过最多的时候有好几袋铜子还有半口袋洋钱。这些钱都是要拿去办事的，家里做生意，钱流通性比较大，刚刚挣回来可能第二天又要拿去买棉花了。杨小全表示钱放在那里，不会有谁想要去偷钱，自己是从来没有偷过的，别人是否偷过自己不能保证，但是家里奶奶不出门，天天就待着那间屋子里，谁进谁出她都清楚知道，也看管着钱。她成天都在家里转，管着媳妇们，媳妇都是织布纺线，收拾屋子，拾掇家务。

（五）家庭衣物的分配

杨家在冬天或者是即将过年换新衣的时候添置衣服，主要是由杨老敏妻子来安排，衣服全部都是自己家做。本来自己家种植棉花也从别地收购棉花，所以家里有足够的棉花来做衣服，但并不是全部拿来分，只是拿出一部分来按"股"分，即一个小家庭就是一股，都能拿到自己的一部分棉花，四个家庭都能平均分到同样的棉花，与家庭人口数无关，每年能具体分到棉花的斤数不一定。每到冬天，当家人就把自家轧好的棉花拿出一部分来分给四个家庭，不管每个小家庭的人口有多少，四个家庭分到的棉花都是一样多，然后再由在家媳妇自己纺纱织布，给家里的人做衣服。杨家的衣服全部都是妇女做，做衣服的布也就是那种粗布，穿的都是粗布衣裳，做好了再染点好看的颜色。家庭人口少的做出来的衣服就比较好也比较厚实，家庭人口多的因为做的件数多就比较单薄，但是大家也没有抱怨。棉花少的家庭如果想做好一点的衣服就会去跟棉花多的家庭看看能不能要点棉花，如果人家不愿意给，也不会强求。杨老敏及其妻子的衣服由四个媳妇共同做或者轮流做，而且哪个小家庭分到了要给杨老敏、奶奶做衣服，都要先给两位老人做，做好了给送过去再做自己小家成员的。杨家从来没有去集市上买过衣服，集市也很少有直接卖衣服的，只有卖布的，基本上大家都是自给自足。杨家妇女个个都会织布纺线，如果衣服破了，由自己家的媳妇来缝补，媳妇不会因衣服坏了而受到责骂，因为衣服总会坏，并不是表示媳妇的衣服做得不好。有的小家庭分到的棉花多，家里的人口少，他们就会把棉花屯着，拿到市场上去卖，卖到的钱就由自己掌管自己花，不必再交给当家人，当家人也不会主动去要这个钱，因为这是已经分出去的棉花，是属于小家庭的自己的物品，如何处置全凭他们自己做主，不想要零花钱的就会全部用来制衣，那一年就能够穿得好点，基本上一次做衣服就把一年要穿的衣服给做了。因为一年就只分一次棉花，统一做一次衣服，只有平时进行缝缝补补。

（六）家庭零花钱的分配

一大家人共同生活的时候，当家人掌管着家里面的全部钱财，老大出去做生意回来进门之前要先去当家人的房间，把挣来的钱如数交给当家人，自己不准私拿，如果他拿了，以后就会得不到任何家庭成员的信任，所以每次都是先交完钱才会自己的房间。老二、老三负责种地，每年种出来的粮食都放在家里的粮仓里，自己从来不会拿一点去卖钱，不会私吞。家里的小孩子们调皮，难免会跑到杨老敏的房间玩耍，看到钱都只会摸一摸、看一看，谁也不会偷偷拿一点，除非是当家人主动分给大家的钱，大家才会要，否则没有谁会轻易去动这属于大家的财产。

1.儿媳妇的零花钱

媳妇们在家总是兢兢业业，主要做饭、带孩子、做家务、轧棉花，很少出去玩或者是赶集，也很少用到钱，一般情况下没有零花钱，如果一定要买些什么东西，就跟自己的丈夫说，丈夫可以去请求一下当家人，看能不能要到零花钱，如果当家人不给，那媳妇只能放弃买这个东西,或者是跟娘家人借,跟自己关系好的人偷偷借一点,还必须自己能想办法还上才可以。

2.儿子们的零花钱

家里面需要购物,买什么东西,都是老大负责,所以当家人就会把需要用到的钱给老大,让他去操办,赶集的时候购置家里面所需的生活用品,如果钱没花完,回来还是要把钱退还给当家人。男人们平时没有什么零花钱,饭都是在家里吃,衣服由自己的媳妇做,吃穿基本上都能够得到保证,所以平时花不上什么钱,就是平时花力气干活。杨老敏的儿子们都比较老实,不抽烟不喝酒,就是老老实实的农民,可能也是当时家庭条件不允许,各兄弟们都没有养成这种不良的嗜好。在过年的时候家长会给各小家分点零花钱,一般是一家一吊铜子,总共有 12 个,各家由小家长自己分配,想买什么买什么。

3.孩子们的零花钱

家里小孩子多,总是免不了贪玩,平日里他们也很少有零花钱,除非当家人手头比较宽裕,才会给孩子们一些,但是过年的时候是必须要给孩子们零花钱的,由当家人分给每一个小家,再由小家的家长给自己的孩子,让他们去买鞭炮、买糖吃,去和别的小朋友们一起玩耍。一般情况下一个孩子给两三个铜子,家庭条件好时就会多给一些,条件不好就少给一些。

(七)统筹分配,食物为先

在家庭对财产、衣物、食物、零花钱和租金的分配活动中,杨家除了家长之外,其他人基本上没有什么决定权,家庭成员不能对家长所分配的结果提意见,也不能擅自决定分配内容和方式,家庭成员在分配中听从家长决定,当然当家人在分配的时候会秉持公平的原则,也会考虑到各方的因素,让大家觉得公平。

家长在进行家庭分配的时候,特别注意统筹全局,会考虑以全家人的需要为前提。比如分棉花给大家做衣服的情况,主要是以公平为主,不会偏袒任何一家,都是按四个小家庭来分,分下去之后让他们自行处置这些棉花。

杨家在收粮食的时候就是先将财主家的粮食给交了,每年收成的时候先交地租和赋税,先把欠别人家的还了,自己家不欠下任何的债,这样之后在自家进行分配的时候不会有心理负担。分配的时候粮食和食物基本是不分配的,都是共同吃。其次做衣裳的棉花要分配,做衣服的时候并不是每个人都要做新衣裳,而是给没有衣服穿的人做,衣服实在是太烂了就该做了,有的家庭成员的衣服如果还能穿的话就适当地补一补,不用做新的。最后是分配零花钱,杨老敏在过年之前,如果当年家中经济条件不错的话,就会给每个小家庭发一些零花钱,让他们去过年,如果连吃的都不够,就不可能有零花钱了。

(八)按股分配,不按人头

杨家的分配基本都是按股分配,从来不按人头分配,都是以子辈兄弟四个为主,东西都分成四份,一个小家庭一份。老二、老三家人口比较多,老四家的人最少,分配的时候仍然按四份,人口少的家庭就能多分到,平均到人的东西就多一点,但是这并不会引起矛盾,大家都接受这个规则。在分配时,家中的弱者稍微有点特权,如老四妻子成为寡妇的时候,一家人都让着她,从不跟她争抢。家中如果有孕妇,在食物分配的时候也能分到好一点的,为了照顾她和肚子里的孩子。家长在分配的时候也没有什么特权,他将这些东西分成四股,他自己也会留给他和老伴的,如在分家的时候,给四个儿子分了房子和土地,家里的剩下的棉花没有卖就全部留给了自己。

四、家户消费

（一）总体消费，自给自足

杨家的经济概况，1949 年以前未分家的时候，家里自己家的和租的土地共有七十多亩，人口 28 人，劳动力多并且壮实。家里的经济水平在村里算中等偏下，因为当时村里的大户还是比较多的，在土地改革时期家里被划分为下中农。家里一年的花销没有一个固定的数额，总是挣一点钱又花掉，花销最大的就是日常的柴米油盐，因为这些花销是必需的，日常的生活所需。杨家每年种的粮食都能够满足一家人的生计，虽然麦子比较少，但是玉米和高粱还是挺多的，家里人都是以吃粗粮为主，每年只能吃到几顿小麦，很少去买粮食，基本不会花钱，有时候粮食有剩余，还会拿一点高粱去卖。粮食基本都是自产，没有外购。家户所吃的食物，基本上都是自家种的菜。衣服也全部都是各小家的媳妇自己做丈夫的和孩子的，公公、婆婆如果有需要的话，由四个媳妇来给他们做衣服，可以轮流做，也可以由公公、婆婆确定某人来做。家中的住房消费基本满足，只是后来孩子们长大，家庭人口逐渐增多，男子到了成婚的年纪结婚，人口再增加，才有到外面出租房屋和轮流居住的情况。

（二）家户消费，家长主导

杨家在消费的时候是以家户为主体的，家庭是一个最基本的消费单位，家中的粮食消费、食物消费、衣物消费、住房消费、人情消费、红、白喜事消费、教育消费等都是靠本家户的家长做主，不会找宗族或者是村庄负担。如红、白喜事送礼，送的每一份礼都是代表整个家庭，是家庭与家庭之间的关系走动。家里不存在个人消费，除非是家长给大家发的零花钱，不然，一个普通家庭成员在很多地方的消费上都不是代表他个人，而是代表整个家庭。家庭的消费也主要是以家长为主导，钱归家长一人管理，需要用到钱的地方，由长子去向家长请示，每次拿到钱出去外面做生意，每天回家的时候都会先进家长的房间，把钱的具体用向、花费情况、结余情况跟家长说清楚，才能回自己的房间。家中什么钱该花什么钱不该花，把钱花在哪里，这个也由家长说了算。同样是以老二想买一头骡子为例子，老二平时都是使牛耕地，但是牛的习性很慢，老二提出想买骡子的时候家里没有钱，虽然老二有想法但是家长不同意不出钱也买不了。等到后来在家里的棉花袋子里发现有一笔额外的钱的时候，家长提议用此钱来买之前老二想买的骡子，家长决定买家庭就买成功了。

（三）医疗消费，老人为主

杨家人很少生病，因为平时都是吃五谷杂粮，有点小感冒过去了就好了。如果家里面的人生小病，都是自己的小家管自家的人，一般孩子和丈夫生病了，主要就是母亲和自己的妻子照顾。一开始都是想着自己解决，先熬点姜开水给他们喝，或者是在饭点端一碗面条给小孩子吃，家里人以为是平时营养不良，吃点好东西生病就能好了。农村里吃面条很珍贵的，不是很容易就能吃上面条，只有媳妇怀孕了能吃上，其他时候都很难吃上。如果发现病情有点严重，比如身体长疙瘩、生疮，就去跟本地的郎中买点中药吃，贴贴膏药，请郎中给自己掐掐身体部位。如果生大病，自己家解决不好，没有任何办法了，就去请村里的郎中给他们看病，如果实在看不好的，是致命的病，那也没有办法，就只能等死。以前因为生病治不好的情况也很多，因病过世更是成为一种常态。平时生病了，就仅是靠吃一点中药，或者去求神拜佛。

杨家没有因为治不好病而分家的情况，反而谁家有人因病过世了，大家庭会更照顾这个小家庭。如老四家,老四因为生病过世了,家里只剩下他的妻子和儿子,一直没有改嫁到别家,还是为这个家庭付出。老大、老二、老三家平时都要让着这个老四妻子,吃饭要让她吃好点,平时也少让她做事情,分东西的时候仍然按一股来分,不会少了她的,大家都帮着她护着她。分家的时候,当家人还特意安排她和老二家住在一个庄窠地里,让老二可以方便帮着她种地。看病的事情当家人不具体管,也管不了,大家不会因为这个事情去麻烦当家人,生病是自己的事情,只能靠自己调理和最亲近的人照顾。杨喜常就是因病过世,并且当时做农活很累,在42岁的时候就过世了,没能请到郎中来医治,家里人一般的病都不会去瞧医生,主要是因为没钱瞧不起病,能自己解决的就自己解决。

(四)人情消费,多种多样

杨家经常要和亲戚、朋友、邻居的走动,不同的亲戚关系送的礼也不一样,平时过年过节,不同的家庭送礼多少也不一样。过年的时候,要去自己的亲戚家拜年,过节时要去拜访,必要的人情消费是免不了的。

1.送蒸的包子

礼品方面,1949年以前的北张村主要以送包子为主,名称为包子,实际上是馒头,因为是圆的,看起来比较喜庆,都是自己家蒸的,条件好一点的人家平时都只是吃馍馍,做得比较粗糙,没有送礼的那么美观。包子是专门做来送礼的,都是有篮子装着,一装就是一篮子,平时条件一般的人家都不能经常吃。

2.红白事送包子个数不同

送包子不同的节日按不同的个数来送。嫁女儿、娶媳妇、生孩子、做高寿等红事,需要送十六个或者十八个包子,条件不好的可以送六个或者八个,要双数,代表着吉祥和喜庆。丧葬之类白事送的包子统一数量为十五个,是传统延续下来的固定数目。红、白喜事送包子的个数需要当家人跟家人商量,看看办事的这户家庭跟本家的关系是怎么样的,一般亲疏的顺序是家人、亲戚、朋友、乡亲。

3.媳妇回娘家送礼

嫁在本村的女儿会在过年的时候回娘家拜年,在娘家过庙会的时候回娘家,在平时不忙的时候回娘家看看,一般很少回。嫁在外村的媳妇拜年不回娘家拜年,过庙会的时候要回娘家,平时娘家没有什么大事都不会回去。媳妇过庙会要回娘家已约定俗成,每到那一天,杨家的媳妇们不用再特意向公公、婆婆报备,可以直接去,但是平时有特殊事情媳妇要回娘家就必须要跟当家人或者是婆婆说一声,就像请假一样,说明自己是因为什么事情才回娘家,要回去多久,什么时候回来,都要说清楚,等当家人同意了媳妇才能够去,并且要保证不耽误自己在家做饭,要么和其他妯娌约好换好工作,要么就直接在自己不做饭的那几天去。只有在回娘家、过庙会的时候需要送礼,主要也是以包子为主。杨家有四兄弟,有四个媳妇,每个媳妇回家都带相同的礼物,由她们负责准备,婆婆负责管理和同意。

4.母亲看出嫁的女儿

出嫁的女儿如果嫁在本村,母亲不忙的时候想去看就去看,不用特意带礼物,有时候会送些地里多生产的蔬菜。女儿如果嫁到外村,母亲同样只能在庙会那一天去看望,因为是长辈,可以带礼物也可以不带礼物,看母亲自己的想法。杨老敏有一个女儿嫁到陈庄,杨老敏的妻子会在陈庄庙会的时候去看望她,没有带礼物。总之,在1949年以前,人情消费是必不可少的,但不是最主要的消费。

5.家里的男性走亲戚

走的亲戚有姑家、姨家、姥姥家,还有与自己的盟兄弟①等,一般不用礼物。

(五)红、白喜事,酒席排场

杨家免不了会进行一些红、白喜事,这些花费都不一样。

1.结婚花费

结婚的费用由谁承包的就由谁出花费,给家中的孩子们娶妻基本上由家长提供花费,包括请总理的钱,请抬轿人的钱。以前有的人家有轿子,相当于从这户人家租轿子,包括给轿子找抬夫一起。给女方家的聘礼,办酒席买菜的钱等等。如果结婚者的父母亲不在世,就由几个叔叔帮忙操办,如果几个小家的关系不是很好,则由母亲借钱操办。杨家就有这样的情况,杨喜常过世之后,杨家大家庭分家,杨喜常的大儿子杨永丰结婚的时候其父亲已经过世,所以是他的母亲一直在和媒婆联系,最终找到的这个对象比杨永丰大几岁,确定结婚了之后,就由他的几个叔叔帮忙着一起操办,但是结婚所花的钱都是杨永丰和母亲两个人借的,几个叔叔并没有在经济上提供过多的帮助,只是在人力上可以去帮帮忙,因为他们自己家也有小孩需要管,不想对不是自己亲儿子的人太上心,只是作为叔叔能帮就帮,别人也不容易说闲话。

2.丧葬花费

杨老敏过世时,办丧事会产生一些费用,应该由杨老敏的四个儿子来均摊这笔费用,其中杨老敏的大儿子和四儿子早已过世,但是不能因为年轻人过世就不承担对老人的责任了,相应的该承担的经费直接落到下一代的头上,即杨喜常的大儿子杨永丰和老四的媳妇。杨家当时经济条件不错,几个晚辈还能够付得起杨老敏的丧葬费用。嫁出去的女儿不用支付杨老敏葬礼的任何费用,只需要葬礼的时候来看看。

结婚和丧葬的排场和花费同自家的经济条件有关,在举行红白喜事的时候会先请好一个老忙,跟他说明要求,他会按照主人家的条件安排妥当,包括预算的一个大概数目,他都能做好。杨家的经济条件当时在村中是中下等,基本的仪式也还是举行了,杨家觉得如果经济条件允许的话,该办的事还是要办,对老人还是要孝顺。

(六)教育消费占比少

杨家只有老四接受过教育,其他大人和孩子一天学校都没有去上过。老四是家里面最小的儿子,读过两年书,他从小就患有中风,身体不好,种不了地,在家里闲着也是闲着,当时村里有小学,杨老敏考虑再三就让他去上学了。当时杨老敏没有一种要让孩子接受教育的意识,孩子长大了首先是要帮着家里干活,家中租种有这么多土地,还有副业,孩子长大成为一个劳动力后理应要为家里干活,全家人共同种地挣钱发家致富。除非这个孩子身体不好,无法成为一个劳动力,帮不了家里什么,那么他就可以去上学。让孩子上学绝对不是杨家的第一选择,而是一个不得不去做的选择。当时需要给学校交学费,也需要买一些学习用品,都是当家人花钱,也买不了多少,学习基础的东西有了就行。后来老四因为中风发作在村中井边打水的时候不小心掉到水井里淹死了,让孩子受教育并没有改变这个家庭什么。

传统时期的北张村贫富差距大,条件好的人家都是自己请老师到家里面教,但是村里条

---

① 盟兄弟:男性之间拜把子之后的兄弟关系。

件不好的人家占大多数。很多穷人家的小孩根本就上不起学,从小就跟着在家里面做各种家务,放牛、拾柴、拔草、给富人家做工等,只有一些中等以上的家庭能够让孩子到学校去上课。条件允许的话,首先让儿子教育,再让女儿接受教育,女儿接受教育的情况很少,儿子们也是让最小的那个念书,因为年长的长大了有劳动力了,要帮着家里面做事情,年幼的没有劳动力,在家里还需要人管,还不如去读书让老师管,还能学习点知识。让某个小孩读书去接受教育是由当家人来决定的,因为孩子要交学费,这笔钱要由当家人出。

(七)信仰消费多样化

传统时期的农民主要的文化活动就是祭祀祖先、祭拜土地庙和参加村里面各种各样的会。在这些活动中,也会产生一些花费。

1.祭拜祖先

条件好的人家或者村里的大姓会建设自己的家庙, 比如杨家所在的村庄李氏家族就有自己的两座家庙,其他人家在祭拜祖先的时候都是去坟上祭拜,祖先的坟地一般建在自己家的地里。去坟地祭拜主要由当家人带领家里的男性去,烧香烧纸,女性很少去坟头祭拜祖先。在每年的大年三十、正月初三、清明节、六月初一、七月十五、十月初一都要去坟头祭拜祖先,不同的时间到坟头去进行不一样的活动。大年三十寓意着接祖先回家过年,正月初三寓意着把祖先送回去,清明节是要到坟头去挂白纸,其他三个节日都是去坟头烧纸,寓意着活着的人没有忘记死去的人,还会依然来看望。杨家这部分的花费主要是购置香、纸、鞭炮等,这都是提前从集市上买回来的,花费不高。

2.祭拜土地庙

北张村有老爷庙、刘爷庙、娘娘庙、财神庙等十几座庙,庙里供奉着各路神仙和菩萨,还有救死扶伤的老郎中。到寺庙去祭拜,主要是过年在初一到十五的时候去的比较多,还有就是寺庙里的菩萨开光,会请道士到那里去念经开光。这一天村里的老百姓们都跑到寺庙门口去跪着磕头、烧香烧纸、祈求平安。男性、女性都可以去,按信庙的人来看,女性稍微多一点。杨家一家人都可以去拜神,烧香烧纸,不需要有什么经费,可以不用跟当家人请示,自己直接跟着村里的人去就可以了,有时会额外地给些钱,这个家庭成员就需要跟杨老敏商量,由他出钱。

3.会里办活动

1949 年以前的北张村在西北头和东北头有五虎会,在东南头有南乐会,在西南头有叉会,每个会都有自己的参与人员,会定期举办活动。杨小全在小时候参加了五虎会,因为平时跟着其他小伙伴去玩,就对五虎会表演的武术感兴趣。当时村庄教武术的师傅鼓励本村的人们去进行学习,村民学武术基本没有任何门槛,所以杨小全就去学了。五虎会是在三个会当中比较受欢迎的,参与人数也多,最多的时候达到一百二十多个人,人数多了,在村里的地位也比较高,就会定期举行活动。比如平时的表演和过年过节的时候要出会表演。会里需要办活动会采取两种办法筹款,第一是向村庄里条件好的人家敛钱,第二是向一般的人家请求募捐,很少让会员们自己从家里面出会费。如果前两种方式能够筹集到一些钱的话,会员就不用自己拿钱了,如果经费还是很有限的话,也有条件好一点的会员主动拿钱,或者会员们一人出一块钱。杨小全参加五虎会很少花费用,大多数都是花时间和劳力。入会的时候也不需要交钱,会里办活动的时候,杨家一家人都会去看,家庭成员去看会表演不用向当家人特别申请,村里面过年都是自己家过自己家的,没有要摊钱的情况。

五、家户借贷

(一)借钱和使钱

1.借钱的情况

杨家有跟别人家借过钱,都是跟大财主借,当时借钱的原因是家里想买一块地,家里的积蓄不够,所以就由杨喜常去向村庄里的刘家大财主借了点钱。以前虽然杨老敏还是当家的,但是主要的经济大权和对外交往权在杨喜常身上。他个人也比较能说,跟别人家打交道还行,所以就他去借。以前跟普通人家借不用多还钱,一般是借多少还多少,借钱的时候不明确把这个规矩说出来,但是大家都是心知肚明的,还的时候不会少还一块钱,不然以后人家都不会借给你了。但是跟财主借钱是要还利息的,当地话叫"使钱",也就是借高利贷,多还的那部分利息叫作"礼钱"。平时借钱需要写一份契约,说明借钱的数量以及什么时候还。杨家去找本村的财主家借钱是比较好借的,因为能够还得上,家里做棉花生意。钱就是活动的、流动的,挣得多了就能够及时还,自己家有还上钱的能力也让借钱变得容易了些。地主家一般都不会借给那些还不起钱的人家,说来说去说半天也不会有人愿意借给他们。借钱的利息是与借钱的时间有关的,借的时间越长,你需要付的利息就越多。杨家每次借钱给的利息都不多,因为每次都只需要借几天或者一个星期左右,不像别人家借一两年,家里就相当于借钱来周转一下,钱是活钱,就很好借。跟财主家说得上来就很容易借到。杨家借钱主要是跟财主家借,不会跟本家或者亲戚家借。因为在杨家这个大家族中,杨老敏家当时的条件还算是很好的,别人家的条件都比不上他家,所以亲戚靠不上,只能靠财主。家里面每次借钱都能够靠自己的能力还清,没有发生过借贷还不清的情况,钱的来源有保证而且还得比较快。

2.借钱的过程

过去农村里很多人家都比较穷,村庄里面也有富的人,当穷人需要急用钱的时候,会想办法去跟财主家借,借钱不同于放高利贷,就是借多少还多少,不多还,可以采取其他办法对借主表达谢意。杨家需要借钱一般是杨老敏去借,如果杨老敏不想去别人家跑了,可以让杨喜常去借,他受杨老敏的委托也能代表整个家庭。并不是所有的人家都能借钱,杨家经济条件在村里算中下等,能跟财主家说得上话,家里的劳动力多,有能力还上所借的钱。借钱要找保证人,保证人会跟自己的关系不错。不一定是亲戚或者邻居街坊,就是平时两户人家说得上来,自己的个人信誉在村庄中也不错,如果自己家跟财主说不上话,就要请保证人,借钱人表示出自己的诚意,说明需要继续用钱,请保证人帮忙,但是保证人也会考虑借钱人的经济实力。如果确实还钱有困难,也不会帮忙做保证,如果借钱人还不上,就要保证人自己还,但是有保证人,自己借到钱的概率就会很高,基本上都能借到。借钱数量较小的话,就不用写借据,如果借钱的数量多,且借钱者没有稳定的收入保障,家庭生活过得比较窘迫时,就需要写借据。借钱这种私人的事情,出于双方的诚信,也为了有借有还,就需要写借据,也叫借单。写借据必须得重新找一个先生,借钱人、被借人和保证人都不能写借单,得找一个第三方,没有涉及这次借钱过程中的人。这种代笔人北张村里也有,就是要会写字的,以前有过这种经历的人,大家坐到一块来写,只需要写两份,借钱者和被借者一人一份,两人都要盖手印,保

145

证人也需要在两份借据上盖手印,证明他在场,借据上也写明借钱的数量和还款期限。如果借钱不还,不仅会影响借钱者的声誉,也会影响保证人的信誉,所以到了还款期限,能还就一定要还上,不能还也要去财主家上门讲一个正当的理由,不然以后可能都借不到钱了。

(二)家长借贷与责任

杨家没有出现个人借贷,也不允许出现此现象,借贷都是以家庭为单位的,只有杨老敏代表杨家才能够借到一些钱,个人没有权力也没有资格代表自己去借钱,杨家其他家庭成员借钱来也没有用,自己一般不花钱,只有家庭在遇到一些大事无力支付费用时才会借贷。

在家庭的借贷过程中,杨老敏是主要的支配者,借或者是不借由他做主,借多少跟谁借也是由他做主。有时候杨老敏有事或者是不方便,他可以委托自己的长子杨喜常代表家庭去借款,因为杨喜常是家里的赶集上店的人,日常和别人打交道比较多,为人和善,每次借了钱都会准时还,所以也比较值得信任。他所借的钱属于全家的债务,不是他一个人的债务,在杨家这个人口多的家庭,有时候杨老敏在借贷方面都会和几个儿子商量,毕竟自己的行为不会全部都正确,儿子们可以提意见,但是不能决定,借贷主体以家长为主。

家户借贷之后,杨老敏是第一责任人,外界找家庭还债的时候首先找他,其他家庭成员也有责任还贷,但个人不能代表家庭,家族没有责任还贷,村庄也没有责任还贷,借贷之后还债也没有特别说对这个责任平均分担,而是大家共同承担,因为杨家借债也是为了发展家庭的副业,是为整个大家庭着想的,大家都会继续劳作,为渡过家庭的还债难关献上自己的一份力。主要还是男性来承担这个责任,女性不管家中的债务之事,也轮不到她们来管。

(三)大户人家向杨家"放钱"

1.由家长去还贷

杨家有时候需要还高利贷。高利贷在本地叫作"使钱",借主借钱给借钱者叫作"放钱",利息叫作"礼钱"。杨喜常向地主家借的钱就是借高利贷,家里人很少是为自己借的高利贷,一般都是以家庭的名义来借,是受当家人委托去借的高利贷。杨家没有人会以个人名义去借高利贷,因为他们没有经济自主权,平时家里面生产了粮食挣得了钱全部都要交公,让当家人来统一消费统一支配。家里人也没有谁赌博,需要钱去打牌,所以通常家里借钱就是急需用钱而又没有钱的时候,例如家里需要买地,家里有人生病需要钱治病,家里有人过世没有能力办葬礼等。借高利贷一般都是去向财主家借,第一他家肯定有钱,第二平时经常在他家借能还上,取得了一定的信任感。使钱要说明还款日期,还要写使钱的凭据,作为还钱时的证明。杨家从来没有给别人放过高利贷,有以下原因,首先杨家也是一个很需要钱来周转的家庭,没有大量闲钱能够用去借人,二是放高利贷来赚利息这并不是一个赚钱的好办法,有闲钱宁愿拿去做生意,三是杨家人都比较中规中矩,别人家来借钱通常都是要好的亲戚朋友,不会好意思跟别人开口要礼钱,所以通常就是借多少还多少,不过也借得很少。

2.父债子偿

杨家因为做棉花生意,手上的资金周转量比较大,每次借的钱挺多,所以都需要及时还上,如果还不上的话,下次就很难再借到了。如杨喜常去买棉花,即使没有带钱也能带回来一大堆棉花,都是因为他的信誉好,一旦将此批棉花赚了钱,立即就将这个钱还给别人,所以他们家特别注重信誉,做生意的人这点很重要。杨喜常懂得这个道理,所以每次都是挣钱了先还钱。家户存在"父债子偿""夫债妻偿"的情况,如果一个家庭借了人家的钱还没有还,当家人就过世了,那这个账就会自然地由新的当家人来承担和偿还。

六、家户交换

(一)集市:交换的主要场所

家庭进行交换的主要场所就是集市。北张村在 1949 年以前就是一个大村,因为村庄刘、李两家为大姓,后来他们两大姓氏被划分为地主的有二十几户。当时他们两家的土地都非常多,100 亩到 1000 亩不等。很多大财主户平时都会召集人来做工,劳动力需求大,人们就越来越集中在北张村的街里,每天一大早就来人市①上找工作,俗称"打短"。后来随着人口越来越多,加上北张村的人本来就挺多的,逐渐形成了集市。一开始是五天一个集,逢二、逢七都是赶集日。集市也非常齐全,有粮食市、牛市、羊市、猪市、鱼市、菜市等各大市场。以前北张村周围有南张村、陈庄、段庄、沙河、小北张这五个村庄,这五个村庄在 1949 年左右因为地方小人口少,村里没有大户,都没有形成自己的集市,各地的农民都要来北张村赶集,所以北张村还算是市场经济较发达的地方。随着赶集越来越成为一种交换活动,日子也更频繁了,从五天一个集变成了五天两个集,由"二七"变为"二七四九",即逢二、七、四、九的日子都是赶集日,北张村的集市也越来越完善了。后来邻村南张村也形成了自己的集市,逢五逢十都赶集。各个村庄集市的日子一定要错开,因为有的小贩要去各个地方做生意,哪里有集市就往哪里摆摊。以前家里主要是杨喜常赶集,老二、老三都很少赶集,他们也可以赶集,但是不会花钱,没有赶集的经验,所以杨老敏也不会多拿钱给他们花,他们也有自知之明。家里赶集都是靠杨喜常,从外面买回什么就是什么,家里其他人个别有什么想买的东西可以跟他说,但是买不到也没有关系。

北张村的集市有一个公共区域,是为了公平买卖双方带着粮食去过斗、过秤的地方,过去盛粮食和量粮食的器具以升和斗这两种为主,借粮食、买卖粮食的时候也可以用这个作为工具。升和斗都是用木头做的,比较实用,升是上大底小,斗是上小底大,买粮食都不用称。在市场交往中,为了维护买卖双方的公平,集市上还有专门供买家和卖家公用的升和斗,一般是当家人过去进行过斗和过秤。

杨家人赶集很方便,没分家之前住家里,门口的那条街就可以赶集,特别近。此外,因为要卖棉花,杨喜常有时候还跑到隔壁县的徐水固城去赶集,固城也是一个大集市,平时赶集上店买需要的东西在本村的集市就可以解决。

(二)家庭交换,家长支配

杨家这个大家庭内部有四个小家庭,他们不可以脱离大家庭开展独立的经济交换活动,因为交换需要花费到家里的粮食和钱,他们没有属于自己的粮食和钱,没有这个权力去进行交换。唯独有一个特殊情况,就是杨老敏在年前会发放棉花,有的小家庭人口多,分到的棉花少不够做衣服,她们就会用此棉花纺成布,将布匹卖了再买更多的棉花来纺更多的布。卖布匹的时候家中也只有杨喜常去赶集上店,老二、老三基本上很少买卖东西,也不是特别会算账,所以家中各个媳妇如果纺了布需要卖就会去找杨喜常帮忙拿去卖,这个不算是小家庭与外界的交换,她们只是想换取更多的布。

---

① 人市:北张村的清早,各地的临时劳动力自然排队形成的雇工市场,一般多为短工。

杨家个人也很少单独开展经济交换活动,用杨小全的话说,以前也很少花钱,整个家庭一大家子人天天就知道干活,和土地打交道,就想着怎么吃饱饭,手上没有多余的钱,自然也很少会去想怎么花钱,家庭有经济交换活动全部由杨老敏和杨喜常负责,其余的家庭成员不会单独开展经济交换活动。

在家里的交换活动中,家长是实际的支配者,如果家长不在,杨喜常是实际的支配者,但他是家里面的长子不是家长,常常代表家庭去进行消费和交换的话也会引起其他家庭成员的不满,他只有在家长不去进行交换的时候且经家长许可的时候,才会去进行交换。杨喜常每次回家都要先向杨老敏汇报家庭经济交换的情况,如今天买了什么,花了多少钱,剩了多少钱等,都一一说清楚。如果方便也会叫上兄弟几个一起说一下,防止引起不必要的误会。如果杨喜常因为繁忙没有向几个兄弟说明花钱的事,他们也不会介意,因为只有大哥有代表家长花钱的这个权力,他们也相信大哥不会乱花钱。

家里面平常要买什么东西基本上是由当家的做主,因为他管理着财政大权,大家可以说家里缺什么了,应该买什么了。特别是婆婆带领着媳妇们做饭,有时候需要去买菜、油、盐,黑油都不用买,都可以自己用棉花籽榨。他们家人多,还需要买一些生活用品,就可以跟当家的说,当家的就会把钱拿给老大,让他去买。其他成员想去赶集也可以去,可以自己去逛逛,凑凑热闹,不用跟当家的申请,想去就去,就是如果要买东西需要钱的话就必须要跟当家的说,请求金钱支援。一般女性很少去赶集,都是在家织布纺线,她们有什么想买的可以在村里的一些流动商贩经过自己门口的时候买一买,其次是她们需要的东西也很少,以前不讲究吃、不讲究穿,有什么东西能自己做的就自己做。家里与外界的联系,与外人打交道和赶集上店都是男性的事。赶集对杨家来说还是挺重要的,因为他们做轧棉花生意,可以在赶集的时候去买别人家的棉花,也可以把自己家已经轧好的棉花拿到市场上去卖,在集市上人来人往,生意也还算好。

(三)和粮食行打交道
1.粮食买卖

以前进行粮食买卖和粮食置换都是一种交易,地点是在集市,集市里面有个粮食市,里面有农民摆放着各种粮食,有的用来买卖,有的用来置换。杨家种的土地也很多,自家有十多亩又从地主家租来六十多亩,因为家庭人口多,劳动力充足,每年除了种小麦、棒子等主要农作物,还种有各种五谷杂粮,棉花、大豆、高粱、黍等,每年生产的粮食都很充足,很少有不够吃的情况。当时家里还专门拿一间房来盛粮食,里面放着各种粮食,大多数都是高粱。杨家一般很少卖粮食,只有在家里缺钱周转的资金不够时,当家人会挑着剩余的高粱去卖,能够挣到一点钱来周转一下。一般情况下,小麦和玉米都不会拿去卖,因为这都是大户人家吃的,普通农民很少吃,庄稼主都是吃高粱、棒子,这两种都是家里人经常需要吃的,皮还可以拿来喂猪、喂牛。家里所有需要赶集上店进行买卖的活动都是由家里的老大去,挑粮食需要用到力气活儿的时候也会叫上老二和老三去帮帮忙。把这些棉花和粮食抬到集市上去卖。卖的时候用的量器是斗,为了保证钱财安全和统一,只能经老大一人的手。在市场上买卖粮食的时候,如果数量特别多的话,需要找中人,如果数量很少的话,自己就可以和别人自由买卖。找中人就是街上的经纪,负责讲价格和称重,交易成功了,双方都要给经纪一点好处。

2.粮食置换

以前杨家生产的粮食种类较多,有小麦、玉米、高粱、谷、黍和大豆等,年份不好的时候粮食的产量就比较低,很多人家种出了较少的细粮,但是细粮不够一家人吃,通常就会拿细粮去换粗粮,比如拿小麦换高粱。兑换粮食没有固定的兑换比例,而是按照当时的市价按照钱来算,两样东西价值一样的才能交换,如小麦2个铜子一斤,高粱1个铜子一斤,一斤小麦就换两斤高粱,就是这样换算,本地话就叫作"合成钱"。当时是杨老敏或者是杨喜常拿着细粮到集市上的粮市去换,置换粮食不一定要当家人去,家里的长子去就可以,主要是要会认识秤,如果不认识被人欺骗了也不知道。当时有固定的粮食置换点,直接拿粮食去置换就好了,如果不想拿到市场上去,可以跟周边条件好一点的人家打听一下,问人家是否愿意换,如果愿意换,也可以私下按市场上的比例进行交换,比较方便。粮食置换不用请中人,自己挑着就去换了,很方便的。杨家当时很少换,因为家里种的大多数就是高粱和谷,以前吃谷的时候都不去皮,连着皮一起吃,吃小麦的时候少,一家人都很节约。一年吃不了几顿,就是过年、过节的时候吃点。杨老敏当家时,基本上只有一小挑小麦。

(四)交换过程之货比三家

杨喜常在平时赶集上店的时候买东西都会货比三家,哪家便宜买哪家的,因为钱不能乱花,要节约。其次家里做棉花生意,做生意就是为了挣钱,所以在收棉花、轧棉花、卖棉花中每一个环节都要把握好,尽量不要吃亏,要是吃亏了就算是白干挣不了钱了。杨喜常在棉花买卖的多个过程中都表现出他的才干,他是一个懂棉花的人,市场上的棉花有上盆、中盆、下盆三种,上盆是八月份采摘的,中盆是九月、十月采摘的,棉花呈纯白色,下盆是十一月采摘的,属于红棉。晚采摘来的棉花价格就低一点,他们通常会买白棉避免买到红棉,这样去除籽穰子做出来的棉花会卖得好一点,利润也会高一点。

(五)经纪交易两头跑

市场上在买卖牲口的地方会有经纪,杨家当时有钱了想买一个骡子,就是杨喜常带着钱去买的,经纪就是在买卖双方两头跑的一个职业。买家和卖家都会找他,当时买卖牲口也是用粮食来交易,村民们喜欢用粮食而不喜欢用钱,因为粮食的价格总是变动,如果换了钱,粮食涨价了,那样就不划算。北张村中有人进行牲口买卖,他们从北张村买了个驴想卖到保定去,他们首先就会去找经纪,从村里花了八升粮食买的,到了保定想卖一斗粮食,那就要跟经纪说一斗,经纪再去找买主,买主出的钱肯定要比一斗多,但是卖家也不知道买主出了多少钱,就一直由经纪和买主沟通。如果买主出得多,经纪就挣得多,买主出得少,经纪就挣得少。卖主就是拿到了他想要的那个价格就行,如果拿不到那个价格,可以选择降价也可以选择不卖,经纪不挣钱也不会帮忙做这个生意的,成交的价格到底是多少买主和卖主都不知道,也没有必要去知道,双方通过经纪这个人完成交易就行了。有时候双方还需要给经纪几个铜子。每个行业都有自己的行话,经纪们也是,手上比划比划不让人看,别人也看不懂,就这么成交了。

149

第三章　家户社会制度

家户是基本的社会单元,家庭成员通过各种联系形成了内部关系,同时家庭与外部世界也在无时无刻产生联系。本章将从家户婚配、家户生育、家户分家与继承、家户过继与抱养、家户赡养、家户内部交往和家户外部交往七个方面来展示 1949 年以前杨家的社会形态。

一、家户婚配

(一)家户婚配情况

1.家庭成员正常结婚,无单身汉

杨家的儿女到了一定年龄就要结婚,特别是儿子,到了结婚的年龄一般由母亲提出,母亲会私下找村里的媒婆,让其帮忙看看哪家的闺女合适,媒婆平时就会多留意,会到女方家去说一下,如果女方家也有意向,媒婆就会跟男方家说,两户人家如果有一方不愿意,那媒婆就重新去找对双方来说比较合适的。杨家当时杨喜常这一辈有四个兄弟,都结婚了,大家庭共同生活的时候家中有五对夫妻。老大的媳妇和老四的媳妇都是陈庄的,据北张村五里地;老二的媳妇是徐水史端的人,据北张村六里地;老三的媳妇是段庄的,据北张村三里地;杨小全辈的堂兄弟们娶的媳妇同样有本村的,有陈庄的,有段庄,最近的距离就是本村,最远就是隔壁徐水县,不过北张村正好处于容城县与徐水县的交界处,所以与徐水县交往密切也是很正常的。杨家人娶媳妇都是找附近的,一是男性都没有出过远门,没有条件认识外地的女性,二是当时结婚全靠家里做主,由父母和媒婆相互商量,媒婆就关注周边的这几个村,确定了就直接结婚。当时北张村娶媳妇不难,村里的大姑娘很多,只要男方各方面条件不差,即可成婚。

2.家庭成员结婚年龄,有早有晚

杨家结婚最小的年龄是 15 岁,比如杨永丰,当时因为杨喜常过世早,母亲身体不好,大家庭两年后又分家了,这个小家人员少,又没有管理整个家庭的人,所以要娶个媳妇来照顾母亲和弟弟,照料家庭,这样就结婚比较早。过去结婚男方不一定要比女方大,普通人家娶媳妇还想找年龄大一点的,年龄大在娘家做的事就多,娶回来就可以直接做事,不用婆婆再教。杨永丰当时经过介绍娶回来的妻子有 18 岁,比他大三岁,结婚之后,杨永丰就去当兵了,弟弟年纪小,家里的事就由母亲和妻子来管理,日常的劳动也由妻子来做。杨家结婚晚的就是家里老二家的一个儿子,他是 25 岁才结婚的,当时因为他身体不好,脑筋也有点不太好使,介绍对象的时候就比较困难,花费了比较长的时间,结婚双方都是相互看条件,互相考虑的。

（二）婚前准备情况

1.家长做主，晚辈服从

过去男女双方不用定亲，经媒婆说好，双方家长同意就可以直接结婚了。杨家年轻人结婚的时候，都是杨老敏主要操办，其妻子也会帮忙着给些意见，一家人商量，其他兄弟去请亲戚，客人来家里就帮忙着照顾。过去各家结婚办的婚礼根据每家的家庭条件来办，婚礼也要请客人来吃饭，办酒席，所以要请总理来操办一切。总理要负责的事情就是安排厨师，根据每家的亲戚朋友的大概数量来确定做多少桌。当时家里结婚请的总理就是本胡同的，有本家族的当然会找本家族的，本家族没有懂这方面的人，就找街坊邻居，一般村庄里每个头都会有这样一个人，懂得经营管理和安排算账。杨家办酒席时总理是杨老敏去请的。过去娶媳妇的时候有的人家用马车拉，有的人家请轿夫来抬轿子，杨家这两种情况都有过。以前条件差的时候，几个儿媳妇都是坐马车嫁过来的，但是比较早结婚的孙媳妇基本上都是坐轿子嫁过来的。四个轿夫在抬轿子的时候还会让轿子颠一颠，逗逗新媳妇，这是一种传统，路上越颠越欢乐，婚姻就会越幸福，所以不管颠得多厉害，新娘都不能生气。如果不用轿子抬新娘的话，就到天黑的时候拉一辆马车来把新娘子接回家，两个人洞房了就算成亲了。

在婚配过程中，首先联系媒婆介绍对象和对象的选择就是父母一手包办。杨老敏妻子和媒人泡玉儿经常有联系，泡玉儿首先对各家各户的青年男女的情况有所掌握，她将自己的搭配方式说给杨老敏的妻子听，大家就讨论和决定，对象确定好了，杨家家长就要去女方家说亲，经双方父母同意，两个孩子就可以结婚了。孩子们在结婚之前都见不到对方的面，全部都是由家长做主，举行婚礼的时候也是家长做主。

杨家其他家庭成员就是在婚礼过程中帮帮忙，热闹热闹，在家庭对象的选择和确定上，他们基本上没有什么发言权，也不会主动去发表和谈论自己的观点，因为他们知道自己说话也没有什么用，直接就听父母的好了。

2.职业媒人，按需介绍

当时周边几个村庄的男女结婚都主要是靠一个媒人，这个媒人在当地很出名，家住徐水县，北张村与徐水县城相邻，经常有一些往来，大家都管这个媒人叫"泡玉儿"，这是她的一个小名，周边几个村的媒婆就她最有名。杨喜常这辈人的四个兄弟全部都是请泡玉儿来给介绍的，泡玉儿和杨家并没有任何亲戚关系，只要谁家年龄到了，跟她打声招呼让她把这个事情放在心上，她平时就会多关注。开始工作时便四处跑、四处打听各家达到结婚年龄的孩子情况，不过有时候不用别人提前说，她都会自己去了解各个年轻姑娘和小伙的年龄、婚姻等情况，以备别人叫介绍，她就开始自己在搭配了。她前期会先了解这个家庭经济条件怎么样，身体条件怎么样，对女方家有何要求等。她进行男女的主要原则就是门当户对，两家条件要差不多，不过有的人家在挑选女孩的时候标准不一样，有的要相貌好看的，有的要勤劳的，但是都要会生育，能够传宗接代。

3.结婚对象，双方满意

杨家娶媳妇，对女方有几个要求，普通人家要求女方的长相标准，没有残疾，能生孩子就可以了。如果到时候娶到不会生养的女人严重的话还会引起离婚，不离婚也要去别人家抱养孩子，或者是重新娶二房等。除此之外，女性还要会做饭、做衣裳、做家务、会持家，品格要好，嫁进门之后要守妇道，不随便与其他男人来往，要很懂事，能一起伺候家里的老人。如果村里有长得不好的女性,比如麻子脸或者残疾的,那她们找的男方一般就是聋子或者是瞎子。杨家杨喜常这一辈的四个兄弟娶的四个媳妇条件都一般。因为杨家在当时条件也不是特别好,不好也不差,条件一般,找的对象都是条件一般的。大家到了年龄就一起结婚过日子,女性以前都有裹小脚,脚越小的女人越受人欢迎,结婚的时候要穿着红色长裙,把脚挡住,自己的脚只能给自己的丈夫看,不能给别人看。而女方对男方的要求就是家里有地,不求有很好的房子,只要有个住的地方,过去村里没有房子的人家太多了,大家都是住在普通的茅房里,家里没有欠债,没有赌博的严重情况,男性要忠诚老实、勤劳干活,不能不务正业,乱糟蹋钱,两个人要上得来[1],关系要好,女性家庭一般对男方家庭的要求不是特别多,一般男方家庭也能满足。

(三)婚配具体过程

1.家中兄弟多,聘礼差距不大

过去娶媳妇男方家给女方家的聘礼视双方的家庭条件而定,但是也要考虑当时村庄的基本水平,按村庄的大多数家庭的情况来最好。过去家里也没有什么特别的东西,大家都是为了填饱肚子为了了生存,普通人家大部分情况就是给几床褥子、被子就行,女方嫁过来的时候就带点棉麻布,可以用来做衣服。杨家兄弟多,为了防止闹矛盾,给各家的聘礼,父母都是给得差不多的,不会有太大差距,但是也会根据女方家的条件来看,以前也给不起什么太好的。杨喜常辈四兄弟在娶媳妇的时候聘礼也不是全部一样,但是差距不大。给的聘礼也要考虑媳妇娘家人的经济状况,兄弟之间也没有因此闹过矛盾。老三娶过两次亲,就给了两次聘礼,别人也不敢闹意见,因为是杨老敏给的钱,有当家人管着,大家不敢轻易闹矛盾。

以前结婚不写婚贴,因为需要通知的亲戚很少,村里面的街坊四邻都是亲自到人家家里去请,亲戚中间大家只要把结婚的日子定了,基本上就会知道,朋友也要去特别告知,去请大家来参加婚礼的时候主要就是说明结婚双方是谁,具体是哪一天,再表达一下邀请就行了。

2.多个兄弟,有序结婚

在杨家,杨喜常的同辈兄弟有四个,四兄弟年纪相差两到三岁,兄弟之间结婚要讲究秩序,基本上是按照年龄,年龄大了就该结婚,老大先结,老二后结,再接着老三、老四。因为在过去家庭成员结婚都是家庭的大事,全靠家长做主,而不是靠自己在外面找对象,所以家长做主的时候都是按照从大到小的顺序。如果不按顺序就是自找麻烦,用本地话说就是"犯挑儿",会引起街坊邻居甚至是外村人的议论纷纷,街坊四邻就会随意猜测为什么老大不结婚,是不是身体有什么问题找不到对象等,这样会给自己家带来闲话和麻烦,本来没有的事都会被别人说得有事了,不仅引起外界的不理解,也会影响家中兄弟们的感情,所以大家都会按顺序结婚,都以此为惯行。大哥还没有结婚,二哥、三哥是不敢想的,所以都会按照家里面兄弟的排位来依次结婚。

3.结婚喜宴,简单为主

普通农村结婚了也会摆酒席,杨家有人结婚的时候,会摆酒席,就是请家里面的亲戚们来吃饭,摆几桌。杨家当时请的宾客有本家族的亲戚、关系比较好的街坊邻居,还有各兄弟的一些盟兄弟、朋友等。家族中的女性可以参加,出嫁的和未出嫁的女儿都可以参加。邻居街坊中请到的人家都只有当家人过来,一家来一个代表,送上祝福,关系好的人家会送上双数个

---

① 上得来:形容双方关系好,合得来,不容易闹矛盾。

的包子。杨家租了地主家的土地,但是因为佃主家住另外一个村,比较远,所以没有去邀请,佃主家经济条件比较好,不会参加普通村民的婚礼。杨家也从来没有邀请过村长、村副,因为当时跟他们关系一般,没有必要请,所以就只有三四桌左右的客人,花费不了多少。总体来说,以简单为主,有个仪式就行。

(四)其他婚配形式

1.兴小老婆

"兴小老婆",即纳妾。杨家所有的男性都没有纳妾,杨老敏和其原配妻子一直好好地打理这个家,杨家四兄弟也没有纳妾,都是原配,只有一个续弦的,但是杨家所在的村庄条件好的人家挺多,纳妾的现象也比较常见。

家里娶的正妻叫作大老婆,妾叫作小老婆,也可分别叫大婆和小婆。过去只有条件好的人家才会纳妾,有钱有权的才会娶两个甚至多个,那些庄稼主,即种地的,有时娶一个老婆都难,更提不上娶两个老婆。不管什么家庭,想要纳妾都得要跟当家的商量,得经过当家人同意才能娶。村里的人家纳妾的原因主要是妻子生不出儿子,家庭没有后代,为了生育男孩,传宗接代才会纳妾。如果男方是因为这个原因才会纳妾,妻子也会允许,毕竟她自己做不到一些事情,也没有发言权。一般来说,小婆跟不上大婆,地位没有大婆高,大妻子对小妻子的态度以及小妻子在家里的地位,由丈夫的态度来决定,如果是因为大婆无法生育,丈夫与大婆商量着娶小老婆的,大婆对小婆也得照顾,不然大婆和丈夫两人没有后代,这对大家也不好,对整个家庭的发展也不行,所以大婆会从整个家庭来出发和考虑,最终来决定对小婆的态度。如果小婆争气地为这个家生了个儿子,那地位会有所上升。过去生儿子很重要,生不了儿子的女人在家里地位不高,甚至还要受气,来自家庭的压力很大。妾生的儿子有继承权,如果娶了妾回来生了儿子,分家的时候能够参与家庭的财产分割,如果大妻子没有儿子,家里的女儿们嫁出去之后,家里的财产全部由妾的儿子占有,老人过世了,财产也由其继承,但是妾的儿子不仅要赡养自己的亲妈,还要赡养大妈。纳妾的人家一开始会被别人家议论纷纷,别人家各种猜测男性纳妾原因。但是过去一个家庭娶两个妻子是允许的,只要家庭有这个条件,还有一些特殊的因素,娶小妻子都是可以的。北张村的村长、村副都不管这个,谁家有钱爱娶多少个就娶多少个,只要不发生家庭矛盾,不产生纠纷就行了。

过去北张村的大家户家里的当家人都有好几个老婆,原因之一是有钱,原因之二是想让香火旺盛,多生养。纳妾,有的人家是长辈提出来的,这种情况是结婚者还不是很懂事,还没有这种想法,长辈了解了夫妻俩的情况,不能生孩子,希望有人传宗接代,就主动帮儿子介绍小妾,同时婆婆也会去跟儿媳做思想工作。有的是丈夫对自己的妻子没有特别的感觉,也会跟当家的提出要纳妾,当家人同意就可以,不同意也不能纳妾,一定要一家人商量好才可以,儿子不会违背老人的意愿自顾自地去做一些家人都不同意的事。条件好的人家纳妾时,女性家庭条件可以差一点,但是一定要未婚,长相要漂亮,要娶到条件相当的人家的闺女来当妾比较难。纳妾是否举办婚礼看情况而定,如果男方家条件较好,纳的妾是头回出嫁的闺女,可以举办婚礼,如果条件一般,就不大办,只请家里最亲密的人吃饭,两个人就这样过日子,入了洞房就算结婚了。妾在家里的地位低于丈夫的正室,家里内部的主要事情按婆婆说的做,其次按妻子说的做,小妾一般就是听从的角色。小妾称呼丈夫的父、母亲也叫公公、婆婆,称呼正妻为姐姐,正妻家的孩子称呼小妾为小妈,妾生的儿子在家里有地位,只要是当家人的男性后代,在家里都有地位,生了女儿没有地位,妾由自己生的儿子负责养老,如果没有儿子,就不能埋葬到祖坟,只能埋到家里的其他地里。

杨家没有纳妾的情况,但村里的其他条件稍微好一点的人家有这种现象。以前杨家的对门有一户姓高的人家,因为他的妻子不会生养,所以他从别的村花了几块洋钱买了一个媳妇回来,给了钱之后,想让小妻子给他生孩子,后来这个小妻子待了一宿自己跑了,高家没有追赶上也没有办法,就只能浪费了这笔钱。

2.养小媳妇

家庭收养童养媳的行为就是养小媳妇。杨小全在还没有结婚之前,就有人来杨家跟杨喜常说养个媳妇,收个童养媳,是由同村里的人家女孩的父母自己介绍的,因为他们家孩子太多,养不起这个女儿,他们家考虑到杨家条件还挺好,就提出这个办法,希望他们家能收下这个女孩。但是杨喜常不愿意要,他认为自己家有条件娶得上媳妇,不想花时间和精力多养这个女孩好几年。杨家不同意这件事情也就没有说成功,后来那户人家又重新把这个女孩介绍给了同村的一户姓贾的人家,那户人家条件相对较差,也是怕以后娶不上媳妇,所以现在就先养着一个。一般只有家庭条件比较差,娶不上媳妇的人家,才会先养一个女孩,养到十七八岁就可以结婚,男女双方圆房了就算是一家人。有的人家生了女儿之后,自己家养不起,首先会去给这个女孩找一个夫家,也就是找个能吃上饭的地方,让她能活着,做别人家的童养媳。女孩家长不要钱也不要礼物,什么东西都不用,就直接送给人家养,只要他们能给女儿吃饭喝水就行了,如果实在找不到夫家,好人家都不愿意接收,自己家也养不起的话,那没有办法,只能用篮子装着女婴儿顺着河流扔下。过去北张村就发生过这样的事情。有一户人家特别穷,孩子还小,刚刚学会说话,也不能为孩子找到人家,就只能把她扔到河里。小孩刚到水里的时候,嘴里就喊着"凉、凉"。但是孩子的母亲还是狠心扔下,最后孩子就被洪水给淹死了。过去穷人家生出的女孩命不好。

童养媳结婚前与婚后在家中的地位是有差别的,婚前童养媳在家里什么事情都得干,什么时候都不闲着,特别辛苦,小媳妇从内心也觉得这是自己应该做的。婚后相对比较有地位,因为也算是一家人的媳妇,算是真正的家人了。虽然婚前、婚后都是干活,但是结婚经历过简单仪式和一家人的认可后,她自己才真正地为人妻、为人母,才算是家庭中的一分子。

养童养媳不需要写文书,通常两户人家也不是离得很远,收童养媳的程序很简单,女孩父母为了让女儿能够活下去一般什么条件都不提,能够找到好夫家就算好的了。童养媳跟家里其他明媒正娶的媳妇比起来,地位没有她们高,家里有什么苦活、累活首先还是童养媳做,做不过来了她们才会来帮忙。大家都相处得不错,童养媳刚刚到婆家的时候,并没有先称呼家里的长辈为爸妈,而是叫姑和叔,而长辈就叫她的小名。童养媳一般很少回娘家去看自己的父母。如果家庭养了童养媳,儿子却不幸夭折了,就会把童养媳给送回去,让她们家重新给找一户人家,男方家不会再养着了。

3.两个寡妇都不改嫁

杨家有男性过世,家里有两个寡妇,杨喜常和老四都是因为生病过世,但是他们的妻子都没有改嫁。因为家里的条件还算不错,再去找别人也找不到好人家,年龄也比较大,家里的孩子多,需要母亲照顾,所以母亲就没有改嫁了。但当时村里面有改嫁的情况。改嫁的原因一般是丈夫离世,留下女人自己一人生活,家里比较穷苦,女性就会改嫁,不改嫁自己日子比较难过。还能够改嫁的女性要具备一些条件,比如年龄不是太大,有劳动能力,能干活,做家务比较娴熟,能帮助家里做事。女性改嫁的对象很少是第一次结婚的人,可能也是因为自己的妻子某种原因离世或者是两人离婚,男性才过单身生活的,或者年龄比较大,自己手里有一些钱,也想找个人搭伙过日子。改嫁也有一些程序,改嫁一般是通过媒人介绍,主要是男性通过媒人找合适的女性,找到了双方洽谈,觉得可以一起过就一起过。改嫁时不用重新举行典礼,有的是女方带着孩子来改嫁,男方家也有子女,父辈尽量让孩子们和谐相处,女方也可以带男方家的子女。关于财产方面的问题。改嫁的女性只能净身出户,不能从原来的家里带走任何财产,只能拿走自己的衣物,其他财产和庄窠地都不属于她。如果不改嫁的话,她就还是夫家人,几兄弟分财产、分土地,她都能占自己丈夫的那一份,用此来养活自己的后代。改嫁的女性跟之前的夫家很少有联系,如果有孩子联系会多一些,如果没有孩子,联系会非常少。改嫁的女性由自己的亲生子女赡养,如果没有亲生子女,由第二任丈夫的子女赡养。改嫁女死亡之后埋入夫家的单独一块坟地,不能埋入祖坟。以前杨小全的母亲和老四妻子选择留在这个家没有改嫁的原因是家庭经济条件不错,人口多,过着热闹,有孩子有点期盼,日子不是那么困苦,所以就继续留在了这个家。

4.招上门女婿

杨家人口多,男性也多,女性都是正常出嫁,没有某一户小家有入赘的情况。如果杨家的某个小家庭里面没有男丁,家里首先想到的是过继,因为两者之间还存在血缘关系。如果实在没有办法,没有兄弟,兄弟也没有多个儿子能够让过继,就只能招上门女婿了,这是最后的一种选择。农村当中如果某一户人家只有女儿,女儿出嫁家里就没有继承人了,所以就只能招女婿,即男性入赘到女性家。

入赘不用改姓氏,所生的孩子首先要跟母亲姓,特别是男孩,只能跟母亲姓。如果生育的孩子比较多,有的女孩可以跟父亲姓,让两个姓氏的血脉都能够得到继承。愿意入赘到别人家的男性,首先自己家要有很多的兄弟,家里的继承人多,有人赡养自己的父母,有人为他们养老送终,这个男性才会去上门。入赘的男性在家里的地位也是挺高的,因为家里没有其他男性,如果入赘的这个男性劳动力强、能力强,就能够当家,妻子还是会听丈夫的,只是居住的地方在女方家这边,主要的生活也是和女方的父母亲一起生活。入赘到女方家的男性,在自己的原生家庭不能参与分家,也不能继承家里面的财产。对于自己的亲生父母也没有养老送终的义务,但是平时的照料还是少不了,如果父、母亲生大病,不会要求他出医药费,出于对父母的感恩和孝顺,作为儿子,手里宽裕的话,还是会给一些钱,有时间的话也会陪在父母身边。如果父母特意留了一份财产给他,若家庭和谐,亲兄弟姐妹们不反对的话,他能拿到,要是家人反对的话,他就不能拿到。入赘的男性要求对待女方的父母要孝顺,要承担为老人养老送终的义务,如果对老人不孝,会被邻居们说闲话,造成矛盾还需要找邻居或者村长调解。

(五)婚配终止

1.休妻

杨家没有过休妻的情况,因为一家人都是比较老实本分的,娶进门的媳妇也比较勤劳朴实、恪守妇道,没有做出什么对不起夫家的情况,一家人生活还算安宁。在北张村,也有这种现象,但是比较少。休妻的原因一般是妻子对公婆不孝顺,对家庭付出少,对丈夫不忠诚,对孩子不关爱,两口子相处不来。这样的情况,丈夫就可以进行休妻,丈夫一旦休妻,妻子不走都不行,因为这个家不会再需要她了。休妻一般是丈夫对妻子做出的某些行为忍无可忍,才会休妻,丈夫作为一个家庭的顶梁柱和当家人,他为了让家庭和谐,会提出来休妻。公婆一般也会同意自己儿子的决定,主要还是由丈夫本人做决定,可以与家人商议,休妻者的父母也为了家庭和谐,同意休妻,也不想看到家庭成天吵架打架过不安宁,如果妻子不愿意离婚也没有办法,只能得这个结果。以前妻子的地位不高,为了能在丈夫家里过好日子,都会勤快劳动、恪守妇道。休妻由丈夫写休书,写明原因,以及日期,如果丈夫不会写字的话,就请村里面读过书的、有文化的人代写。但是很少有人愿意代写休书,觉得这是别人家的家事,不愿意掺和,除非是本家的人,还会愿意帮忙。妻子被丈夫休了离开丈夫之后,可以回娘家,虽然回娘家只会给自己娘家扫颜面,女性的父母也会看着情况再给自己家的女儿找一个婆家,或者女性不回娘家,会自己出走,寻找下家,或者到外地去生活。如果这对夫妇有子女,子女仍留在家中生活,如果没有子女,妻子将会自己去寻找自己的归宿。关于孩子的抚养问题,如果这对夫妻没有孩子,就直接算离婚,以后谁也不管谁;如果有孩子,老人多少会看在孩子的分儿上努力挽回,如果实在问题比较严重,挽回不了,那孩子就由男方养,女方不可带走,男方会再找一个女人来抚养孩子。

2. 丧夫

杨家有丧夫的人,整个大家庭当中,杨喜常和老四都在比较年轻的时候因病过世了,所以老大妻子和老四妻子就成寡妇了。老大家里有两个儿子、两个女儿,老四妻子家里有一子、一女。杨喜常是在杨永丰13岁,杨小全9岁时过世的,两个儿子都还很小,很需要家庭的照顾。丧夫的妇女不需要回娘家生活,可以留在夫家,她们两个也倾向于留在杨家生活。因为当时还没有分家,大家还可以相互照顾。农村里丈夫过世不会强制妇女回娘家。丧夫之后,就是日子过得苦了点,因为生下了儿子,也算是给杨家留下了后代,所以自己也有一个依靠。家里两个丧夫的妇女和老二、老三家的两个媳妇,都受到公公、婆婆同样地对待,也没有受到婆家欺负,因为她们本来就已经丧夫了,可以说小家庭里面的重要劳动力没有了,整个大家庭对她们还是比较好的。丧夫的妇女可以改嫁,但是否选择改嫁是她们个人的选择。杨小全的母亲和老四妻子均没有选择改嫁,原因一是婆家的条件在整个村庄当中算中等,并不是很差,日子也好过,和大家都在一起过习惯了,没有必要再重新去找人家;原因二是两个女人都生下了儿子,要是自己想改嫁,也不能把儿子带走,因为儿子是杨家的根,肯定得留在杨家,她们自己比较舍不得儿子,就不想离开;原因三是他们一整个大家庭人口多,即使自己的丈夫不幸过世,但还是有整个大家庭在一起生活、一起劳动,自己没有能力还可以得到公公、婆婆、叔伯兄弟的帮助,要是改嫁出去,可能对一个新家庭不适应,也可能很容易引来别人说闲话,什么也不如踏踏实实地过日子。

杨家大家庭是由杨老敏及其妻子和四个小家庭组成的,如果老大和老四没有过世,四个小家庭的条件其实差不多,劳动力和能力都实力相当,但是由于两家都是主要劳动力过世,所以两个家庭的能力在整个大家庭当中渐渐降低。但是老四妻子在平时的生活当中就能得到大家的照顾,因为老四妻子家里只有一个儿子,年纪还小,女儿也已经出嫁,大家平时吃饭的时候,都会等着她,基本上她能够得到和两位老人相同的待遇,不能让她觉得大家在欺负她,大家考虑到她的情况也会帮助她。杨喜常虽然早早过世,但是大儿子杨永丰较早成婚,娶回来一个媳妇,也能够帮助家里做事情,家里的认为老大家情况还算可以,跟其他两家的差距并不是很大，就没有给予特别的照顾。老大妻子和老四妻子过世之后均能埋在杨家的祖坟里，因为她们都是合法娶回来的妻子，而且丈夫过世之后还一直留在家里照顾家里的老人和小孩，承担了本应自己丈夫承担的那些职责，在家人和邻居们看来，都是算是好媳妇，都由自己的儿子负责养老和丧葬。

二、家户生育

（一）生育基本情况

1.倾向多生，生男为主

家长杨老敏生育有四子三女，杨喜常这一辈人有四兄弟，杨喜常是老大，育有二子二女，老二家有四子三女，老三娶了两个媳妇，第一个媳妇生育了两个儿子，后来因病过世，第二个媳妇生育了两个儿子，老四家有一子一女。家中的小孩数量多，但是过去生活条件差，医疗条件也差，家中有几个孩子在小时候就生病过世，如老二家的两个小儿子均死于疾病，老四家的儿子死于中风掉井，杨家的变故也是比较大的。杨家在村庄中属于中等家户，条件不好，就会倾向于多生孩子，尽管家里没有特别好的条件将其抚养长大，但是他们觉得多生孩子，特别是男孩，这样家里面的劳动力就多，反正多生一点好，过去也没有避孕措施，女性怀孕就只能把孩子给生下来。

杨家没有未婚先孕的情况，家里对女孩子管得又比较严，如果女孩出现了未婚先孕的情况在村里是一件比较丢脸的事情，会受到别人的指指点点，说家长也没有管教好女儿等。女性小时候都是不出门的，一直待在家里面，结婚了之后才到别人家去。

2.生育目的，传宗接代

杨老敏还有一个兄弟，就住在自家的后面，杨老敏辈分家之后，两兄弟就自己居住和生活。杨老敏生了四个儿子、两个女儿，1949年以前一直在一起生活，也没有分家。家里孩子的数量在村里也算是正常，村里最少的人家生了两个孩子，最多的十多个，五个到八个算比较常见的。以前农村生孩子比较多，原因一是男女之间没有避孕措施，女性很容易怀孕。原因二是家庭也倾向于多生孩子，特别是男孩，能够给家里面提供劳动力，还能传宗接代，壮大家门。如果一户人家一直没有生过儿子，会选择继续生育，如果女人没有生育能力之后，有条件的人家还会娶小妾，只是为了想要生儿子，如果生不出儿子的家庭会在村里稍微没有地位，就是家中没有顶梁柱。在北张村，谁家人多就家大业大，兄弟多不容易遭欺负，所以家庭偏向于多生。原因三是农村意外多发，如果家庭只养一个孩子，万一发生病痛或者意外，孩子过世了家里就没有人继承家业和传宗接代了，所以多养几个还是好的。农村里面养孩子成本低，能够有饭吃、有水喝就行了。杨喜常兄弟四人，各家也都生有儿子，老大家有两个儿子、两个女儿，老二家有四个儿子、两个女儿，老三家同样也有四个儿子、两个女儿，老四家里有一个儿子、一个女儿，整个大家庭当中人口算多的了，所以种地比较快、做事情也比较轻松，集聚人力很方便。那时结婚年龄也比较早，结婚了就可以生孩子了，杨家总是想多生，扩大家庭人口，增加家庭劳动力，将杨家这一支的血脉传承下去。

（二）生育过程，女性休息三天

家里的夫妻自己决定生不生孩子或者是生多少，但是生太多也不行，家里面条件不好把孩子生下来养不好对孩子也不好，但是他们过去就没想那么多，怀孕了就生下来就养着，这不是谁都能决定的。女性怀孕了之后前几个月没有什么特殊对待,该干活还是干活,该轮流做饭就轮流做饭,只是到后面两三个月可以休息,少干点活,平时一家人都会多照顾她,特别是四个妯娌相互照顾,身体不舒服的时候要提前跟婆婆说一声自己不干活。快要生孩子之前可以吃好点,能吃上几顿面条,生孩子是在家里生,请村里的产婆来家里面接生。杨家是由杨老敏的妻子去请产婆,如果是老三、老四妻子生孩子,杨小全的母亲也可以去请产婆。女性生完孩子,过了三天之后就要开始继续做事了,不能做重活,就做一些轻活,尽己所能,反正不能闲着,一般就是在家做做饭、打扫一下卫生。杨家因为家务任务繁重,休息三天已经算长的了,就要开始加入妯娌轮流干活了,没有太多休息的时间,但是如果某个人身体实在不适,大家也会轮换。

杨小全的丈母娘就是一个产婆,她是王庄村的,因为她接生得好,每次都不出什么问题,周围的几个村庄一有生孩子的情况就会来请他的丈母娘,接生完了之后会给产婆送些礼物,在三天之后,再请产婆来家里吃一顿饭以示感谢。过去的大户人家生育的孩子数量也不是很少,大家都倾向于多生。

(三)生育仪式

1.孩子出生,办小满月

孩子出生了三天之后会请吃一顿饭,还有孩子满月的时候会请客,如果宴请的宾客较多,就叫作大满月,如果一家人吃饭庆祝就是过小满月。只有大家户或者条件好一点的人家才会给孩子办满月酒,还有生了男孩的情况想庆祝一下也会举办宴席。但是像杨家这样的普通家庭,生的孩子比较多,就没有这么烦琐的程序,只有生第一个男孩的时候才会大办,其他时候家中出生了孩子,就是一家人庆祝一下,请亲戚、邻居一起吃个饭,稍微吃点好的就行了,整个大家庭没有人特别的注重这些过生日的仪式。

2.给孩子起名,送大小号

农村里小孩子的名字一般由自己的父母起,很少去请有学问的人来起名,因为比较麻烦,他们觉得名字也没那么重要。但有的家庭特别是大家庭或中等家庭,家里有人经常上庙里去求神拜佛的也会去庙里请人给起一个大名,也叫作送大号,比如杨喜常有大名有小名,大名叫杨喜常,小名叫杨老康,其杨喜常的大名是当年杨老敏到庙里找那个有点文化的人,也经常待在庙里的人给起的。当时选了几个名字,要拿着这几个名字给家人选,一家人觉得哪个名字好,就要哪个,后来大家都觉得杨喜常这个名字好,就选这个了,大家伙都承认这个名了,当家人就会去买点糖发给街坊邻居吃,也算是一个庆祝。孩子要等生下来再起名,农民起小名比较随意,猫儿、狗儿、猪儿这种名字都有,按属性来起名的情况比较多,属什么就叫什么。家里起名字没有辈分的讲究,村庄里有的大户人家有辈分,按字辈来起名字。

三、家户分家与继承

(一)分家

1.四个小家渐有差距

杨家在1940年分家,家庭成员越来越多,人多了就免不了产生各方面的矛盾,大家在一起生活就有越来越多的矛盾,所以才选择分家。杨家分家的具体原因有很多,但最重要的是四个小家庭的差距愈拉愈大。各小家在整个大家庭里的地位不一样,各家劳动力不同,对家庭的付出和奉献都不一样。在分家之前,杨喜常家里他过世了,留下了妻子和四个儿女,后来女儿分别出嫁。老二家里有四个儿子、一个女儿,儿子多,劳动力充足。老三家里有四个儿子、两个女儿,家庭也是人口众多劳动力多,且老二、老三家一直没有过什么家庭变故。老四家里他也过世了,只留下妻子和一个儿子,妻子未改嫁,一直带着儿子和大家一起生活。家庭的变故让原本差距不大的四个小家庭发生了一些变化,如对家庭的贡献不一样,老二、老三两家就觉得很吃亏。未分家之前,老二、老三主要种地,而且种得比较好,他们觉得土地主要是自己家的人种的,但是生产的粮食却要与四个小家庭的全部人平分,这种不平衡感让老三最终提出了分家。

其次是家庭太大了往往自己顾自己,不会再将大家庭的利益放在第一位,总觉得住在一起不合适,就分了。杨老敏年纪大,无心掌管家里的事情,他年老的时候是名义上的当家人,实际上自己天天背着一个背篓四处逛,家里的大小事情都让年轻的这些男性来负责,而且掌管一个大家庭的方方面面是非常累的,杨老敏管理不过来,而且四个儿子也都具备了自我管理的能力。

再次是因为以前大家在一起主要是为了人口多,能一起轧棉花做生意,人多力量大,挣的钱多全家人的钱就多,过的日子也好一点。可是分家之后的家庭因为老大的过世轧棉花生意就没有再做,一家人只能完完全全靠出卖劳力种地来种地获取收入养活一家人,住不住在一起就不是那么重要,因为没有共同的事情要做了。家里的媳妇很多,四个兄弟的妻子,四兄弟各儿子的妻子,三代婆媳关系错综复杂,难免发生矛盾,影响家庭和谐,分家就是大家的必然选择了。

2.提出分家和同意分家

杨家老三首先提出分家,他们小家的条件当时在大家里是最好的,家里劳动力多,做事最多,为大家庭做的贡献最大,他先将自己想法提出来告诉家长杨老敏。杨老敏考虑到自己年纪已大,不适合当家了,所以就同意分家,并且主持了这次分家。家庭分家要先由男性主动提出来,并且要与当家人商议,通过了才能够进行正式分家,如果当家人不同意分家,那还是不能分,最终还是要当家人同意才行。其次,也要得到参加分家的主要成员们同意,如果有一方不同意也不能强行进行分家,必须将全体成员说服才能分,大家才能和谐分家。一般情况下,只要有人提出来分家,别的兄弟为了成全也不会太为难提出者。女性不能主动提分家,即使是闹矛盾,也只能跟自己的男人私下抱怨,不可公开说,不然会被别人家说不守妇道,主动提出分家的媳妇会被别人认为不孝,打乱了整个家的和谐氛围。家庭外部成员不能影响家庭分家,都是各家庭自己做决定和调整一种生活方式的结果,如果还能够在一起生活,大家肯定就不会分家,尽量不分,但是如果问题太多了,非分不可或者是分家之后更有利于以后的生活就是到了要分家的时候了。

3.分家资格与见证人

分家时是以家户为单位,只有家庭内部成员有分家的资格,他们能够分到房屋、土地和一些财产。杨家拥有分家资格的人就是杨喜常辈四兄弟,杨家三个女儿出嫁了就不属于这个家里的人,家里的财产她们没有分配的资格,如果家里有未成年的儿子时也会给他留一份。总之,是以儿子的数量来平均分成几股,各自一份。分家的主要做主人是当家人,其次,还要找见证人来见证此次分家的过程是否公正,要找执笔人来为分家者写分单,见证人和执笔人都要由当家人杨老敏去请,条件好一点的人家会去请村长来当见证人,这样更有权威。条件一般的普通人家就请本头的一个有点文化的、比较有权威的人来见证,一开始先讲明此次分家的重要性,以后遇到任何分家中的疑虑可以来找见证人确认,见证人不能是本家本姓的人,必须是外姓的,以前有给别人做过分家这个工作的,有经验、有点威望的人才能来担任这个见证人。

4.分家的多个原则

(1)公平原则。分家要平均分土地财产,按照兄弟的个数来分,俗话说就是按股来分,采取的办法是抽签或者是抓阄。先将自家的土地按质量不同分为上地和下地,下地一般亩数会多一点,地少的会搭配一头耕牛和部分农具。房屋也同样,砖房窄一点,土坯房宽一点,房屋的地理位置也很重要,街里的房子因为相对安全大家都比较想留,而村庄周边新庄窠地上的房子容易遭贼不太有人愿意要。所以在抓阄之前,会请见证人在场,一家人把所有的房屋、土地及大型物件按价值四等分,四个小家庭再进行抓阄。分财物的时候不会考虑长子或者是幼子,大家兄弟四个都一样,在平分的过程中,如果有兄弟提出不同意见,就由当家人来处理,一般家庭内部的事情都能自我解决,因为长辈在家里特别有地位,大家都要听杨老敏的。

(2)分男不分女。家里的财产只分给儿女不分给女儿,外嫁的女儿不能参与分家,不能得到家里的任何东西。

(3)家中老人财物优先保留。分家不管杨老敏膝下有多少个儿子,必须先把杨老敏及其妻子的房子和一些财产拿出来,先保证杨老敏有得住有得吃,再管几个儿子分的东西,他们的东西再按平均原则来分,这就是为了防止以后几个兄弟落魄或发展得不好管不了老人,所以这样能保证杨老敏夫妇的基本生活。杨家在分家之前先把杨老敏居住的一间房子留出来,而且把老大过世之前还没有卖掉的棉花留给了杨老敏,谁也不许分这个棉花,全部都是两位老人的。这些棉花杨老敏可以拿去卖掉自己留着钱,也可以拿给自己的媳妇们让帮忙纺布做衣服。

5.家庭具体分房分地

最初杨家的庄窠在村庄的西北头,靠近街里,位置较好,有正房五间,勉强够一家人住。后来随着家庭人口越来越多,新婚夫妻要住新房,房子就不够住了,老大家就出去租同村大财主家的两间房,通过给别人家看管场院,来免除房租。后来家里面通过做轧棉花生意挣了钱在村庄的东北头买了土地,就在自家的土地旁边修了两栋房子,其中有4间砖房,3间土坯房。于是杨家在分房子的时候,就把原住宅的五间正房分成了两部分,后来修的有两部分,总共就四处房子,而且老房子那里单独留了一间给杨老敏两夫妇住,即他们平时居住的那一间。在正式分家之前,杨家把原来从地主家租来的土地给归还了,没有再租了。当时总共家里还有一百亩左右的土地,土地肥瘦搭配,上地与下地搭配,分土地的时候也采取抓阄的办法,抽到哪里就得到哪里,当时家里面分土地的时候没有发生任何分歧,比较平和。

6.分家做主:先听家长,再听长子

分家一般都是由家长做主,如果家长不在,就由长子做主。杨小全和他的大哥杨永丰后来也分了家,因为杨永丰决定要去当兵,他就自己主持着给自己和弟弟分了家。当时请的是村里的李文杰来当见证人,同时也担任了执笔人,这个人有经验,参与过别人家的分家,还上过学,会写字。当时杨永丰自主性比较强,在弟弟出门不在家的时候,他自己就把分家单给写

160

好了,因为两兄弟的关系挺好,杨永丰给弟弟念了一遍分单内容,弟弟就同意了,两个人就写上名字,按个手印,见证人也要写上名字。假如分家时杨小全不同意,两兄弟就得重新商量平分财产,但是当时杨小全完全同意,两兄弟因为父亲杨喜常过世得早,挺团结和气的,弟弟从小就听大哥的,这次分家也就听从了大哥的分配。分家时杨小全的大姐结婚了,家里还有一个未婚的妹妹,分家单上明确写着杨老敏夫妇由杨永丰来代替过世的父亲杨喜常尽赡养责任,杨小全抚养自己的母亲,妹妹也由杨小全负责出嫁妆,房子杨永丰全部不要,因为他当时要出去当兵,不在家住,家里三间土坯房全部留给杨小全,土地就由两兄弟平分。

7.分单

家庭完成分家的一个重要标志就是写分单,本地话叫作"起坳",新的分单会自动代替旧的分单。分家之后,各小家就开始自己做灶,各自分家吃饭。为防止后来闹矛盾起纠纷,分单内容会写得特别清楚和细致。杨家的分家单一式四份,分别由家中的男性签字和盖手印,没有长辈的就由长兄签字。分单执笔人必须是要有文化的、能写字的、讲信用的、以前给别人家做过这项工作的。有多少个分家者就写几份分单,分单上详细写明了所分配的财物,土地写清四至等,如分单上面写着某某分到了多少房子、多少土地,土地四至某个地方,庄窠地四至某个地方都写得很清楚,参与分家者的人在完全分完家之后还要坐下来一起吃一顿饭,当家人让家里的媳妇们做好饭,请参与整个分家过程的人们吃,这顿饭在当地也叫作"散伙饭"。家庭条件好一点的人家散伙饭吃得还比较隆重,吃饺子或者是面条,穷人家就比较简单,就只是搬搬东西。

(二)继承

1.继承资格:儿分财产女吃饭

杨老敏的四个儿子都是家里的继承人,如果家里兄弟多,要先给杨老敏留下一些财产之后再分家。杨老敏过世之后,杨老敏的财产和房屋由下一代的男性共同继承。继承人只能是男性及其家庭成员,上门的女婿也可以继承,媳妇和闺女不能单独继承。如果当家人过世,当家人的妻子不用继承,只需让孩子们赡养老人即可。媳妇就是跟着男性,和自己的丈夫作为一股,闺女嫁出去了,属于夫家的人,没有资格继承家庭财产。继承财产只需要家庭成员确定,家族确定,不用村长等确定,也无须向他们请示。当地分家有一句话就是"儿分财产女吃饭",就是家里面能够有分财产资格的只有儿子们,几个儿子平均分财产的时候,闺女们媳妇们就待着在一旁,大家一起吃个饭。

2.继承内容:土地、房屋和公共财产

家里的土地、房屋、公共财产,还有杨老敏一些私人的财产都可以继承,继承人通过按四股均分的办法来继承。杨老敏家有四个儿子,也组成了四个小家庭,就平均分配,即使老大和老四都过世,也让他们的妻子来参与分配,因为他们所代表的是一个小家庭,不管每个小家庭的人口有多少,都是按股来分的。继承财产时由抓阄来决定,首先平均分配好家里的土地、房屋和财产,如土地按照肥瘦,家里的牲口、农具也都会进行估价,按平均价值的东西分好,然后写成纸条,让大家抓阄,抓到什么就是什么,继承的时候全家人都见证。如果在继承财产的过程中间发生了纠纷,这也是很难免的,就要找人来说和,首先是家里人来说和,通常都会让大家相互退让、相互谦让,如果家里人说不了的话,就找本家的人,其次就是街坊邻居们都会帮着来劝一劝,总之,直到有人来说和成功,把这件事情解决为止。

3.继承的多个原则

为了保证全家继续和谐稳定地发展,在继承家庭财产的时候,有以下四个原则:①公平公正。在分配的方式上,既不能让杨老敏来分,也不能按老大到老四的顺序来作出选择,而是通过抓阄,让大家自己觉得公平,同时抓阄的时候会请见证人,为了让大家觉得此次抓阄的公正性,还请了很多外姓的人来参加。②平均分配。在分配土地、房屋、财产的时候,土地要肥瘦搭配,上地与下地搭配,争取做到公平,房屋方面也是,土坯房就多几间,砖房就少几间,财产就只能平均分了,争取做到将家里的财产都能分为四等分,让大家即使是抓阄分到的东西也差不多。③以富带穷。因为老大家和老四家两个家庭因为老大、老四两个主要劳动力的过世而变得弱小,在四个家庭来说就老四家最弱,家里没有劳动力,儿子也过世,所以在分家的时候,第一次分家,老大家和老二家在同一块庄窠地,这时候家长杨老敏就提出来想让老四跟着老二在同一块庄窠地,也好让老二家照应着一点,这里同时也起到了公平作用,因为之前老三家的儿子过继给了老四了,已经算这个家庭对他家有所付出了的,所以日常的生活就由老二家来照顾和帮衬着,也就是帮忙种种地,一起做饭一起生活等。④和谐团结。即使老大家和老四家在交换房屋的过程中发生了一些矛盾,但是在当家人的努力下和四个小家庭的长远考虑下,还是圆满地完成了这次分家,一家人虽然分家生活了,但是还是来自于同一个大家庭,平时哪户人家有大麻烦的时候,大家都会齐心协力共同面对。

四、家户过继与抱养

(一)过继

1.独子过世,要照顾好这一支

过继在当地是一种普遍现象,指的是有几兄弟的人家,其中有一个兄弟没有生儿子,若另外的兄弟所生的儿子有两个或两个以上,让其中一个儿子承担赡养没有儿子的那位兄弟的责任。同时,在孩子小的时候,读书费、结婚费都需要被过继者承担。

杨家在还未分家的时候,老四家有一个儿子、一个女儿,后来老四因为在井边打水的时候一不小心掉到了井里面,当被人们救上来的时候,已经溺水窒息而亡了。老四的不幸过世让老四妻子一个人带着两个孩子生活,后来老四的小儿子杨早儿在十几岁的时候因为去干农活抬了一个比较重的东西,劳累加上中暑也不幸过世了。所以这个大家庭中原本还算比较圆满的小家庭变得残缺,只剩下老四妻子这一个寡妇和不久即将出嫁的闺女,最终也会只剩下老四妻子一个人。在这种情况下,老四妻子没有儿子,为了老四妻子年老之后有人照顾,大家庭需要过继一个儿子来给她。过继这件事首先是由杨老敏提出来的,杨老敏作为这个大家庭的大家长,他的眼光要触及大家庭里面的每个小家庭及每个成员,特别是要协调各方,让大家的生活差距不会太大。为了帮助老四家这个破损家庭,为了他这一支能够继承下去,杨老敏认为需要过继。如果老四妻子家后代无人的话,老四妻子的房屋、土地、财产将无人继承,她自己的老年生活无法得到保障,身外的一些物质财产也得不到继承,家长从整个大家庭发展的角度所考虑到的这些问题,都决定了家内过继是一个必要的选择。从老四妻子的角度考虑,首先她不想再改嫁,因为杨家的这个大家庭在当时算是中等户,不仅租种了大量的耕地,同时还从事副业,并且自己有资格代表老四家这一股在分家的时候能够分到房屋、土地和财产,如果她改嫁,家里的东西全部都没有资格拿。其次杨家人对她都很好,因为她是寡妇的原因,大家都让她吃好穿好,尽量不让她感到委屈,凡事大家都会让着她,她也不想离开这个家庭。为了能够在这个家庭里更好地生存,她也需要一个儿子来做她的生活上和心理上的依靠,并且负责她老年之后的赡养。

2.过继对象,非他不可

家里面所有的家庭成员对家内过继都是比较支持的,因为过继正是因为某个小家庭没有儿子,无人继承整个小家庭的财产,他们认为过继是天经地义的不容置疑的,并且是家内兄弟之间的孩子过继,不存在血缘不同等原因,大家都愿意支持过继,从总体上来说,就是为了大家庭更好地发展。

确定了需要过继,就需要再确定过继的对象,在杨老敏的四个儿子中,老大家有两个儿子,老二家有两个儿子,老三家有四个儿子,几个兄弟当中,就数老三家的儿子最多。老三家里有一个前妻,不幸生病过世了,后来老三重新娶了一个,又生了两个儿子。在选择过继对象之前,要考虑到每个男性身上承担的责任,要考虑是否有资格和条件去照顾老四妻子。老大家的两个儿子都有不同的责任,杨永丰要代替过世的杨喜常赡养杨老敏夫妇,杨小全要赡养他的母亲,他们两个不能过继。老二家有两个儿子,主要责任就只有赡养自己的父母,有可能过继。老三娶了两个媳妇,前妻的两个儿子只需要赡养老三夫妇,第二个媳妇也有两个儿子,也只有需要赡养老三夫妇的责任。就各家的儿子数量来考虑,老三家有可以过继的条件,后来老三也知道最有可能需要自己过继一个儿子给老四妻子,还主动提出来,经过家长和家庭成员的讨论,决定过继老三前妻家的小儿子给老四妻子。首先是因为一般长子不能过继,大家都认为长子的血脉比较正统,是要传承下去的,要是过继了这整个都会变,都是只能过继小儿子。其次老三家后两个儿子跟着自己的亲生母亲,三婶也不愿意在有其他人选的时候过继自己的亲儿子,毕竟过继之后是要跟着对方一起生活。最后是老三前妻过世比较早,老四妻子一直在帮忙照顾他的两个儿子,大家相处接触的时间比较长,也比较有感情,所以过继的人选就非老三前妻的小儿子不可了。

3.过继之后,正常生活

农村里过继有的需要写过继单,有的不写,杨家当时就没有写过继单,因为一家人认为这件事情大家都同意,并不存在什么矛盾,大家很容易就做决定了。当时杨家人一起吃了一顿饭,说清楚,确定了,家里也没有请见证人来见证,因为这是一家人内部的决定。老三家的小儿子过继给老四妻子之后,主要就是帮着老四妻子家种地,平时照顾老四妻子,当然老四妻子也把他当作亲生儿子来看待,他结婚主要靠老三和老四妻子共同操办,但是他同时也要尽两份责任,平时主要照顾老四妻子,但是对自己的父亲也时刻关心。过继之后老三家和老四家因为小儿子联系着两家,关系变得更好了,在四兄弟中算是比较亲密的。最后他要赡养老四妻子,老四妻子过世了由他打幡。

(二)抱养

杨家因为家里面的孩子比较多,所以没有从别人家抱养孩子,但是抱养孩子这种现象在村庄里面也有。

提出抱养孩子的家庭是因为不能生育或者生育的全是女孩等,而且家庭条件还不错,没有继承人,就想去别人家要一个孩子,做后辈继承人。被抱养孩子的家庭条件比较差,家庭孩子比较多,家庭养不起,别人提出来抱养,他们就会同意。圈子可以是本村的也可以是外村的,只要找到合适的就行了。抱养孩子的时候一般要比较小,最好一到三岁,这样孩子对自己原本的家庭记忆就会少一点,也降低了抱养者和小孩之间相处的难度。如果孩子大点还算有点记忆,经过家长的说服也会同意,因为他在家没有吃的、喝的,一般去要孩子养的人家都是好过的人家,跟他讲好他也会认可的。

抱养孩子可以从亲戚中间抱养,因为这样多少有一点亲戚关系,如果亲戚家实在没有小孩或者合适的抱养人选,就会再从街坊家、本村的人家去找,总之两户人家要关系好,对于以后的交往也比较有用。出现抱养这种现象,首先是以为被抱养家庭的孩子多,这个家庭养不起这么多孩子,所以会找一个好人家,送去给人家养,人家看到这个小孩乖巧又没有疾病才会要,所以不需要给什么钱,只要抱养者能对自己的亲生孩子好,能吃上饭,甚至能上学,这样他们就很感恩了,不需要给什么钱。

抱养者把小孩带到自己家来之后,要改姓氏、改名字,因为以后就是在自己家生活,长辈抚养他,以后他要给长辈养老送终。小孩长大之后,看看抱养的家庭的长辈会不会告诉其实际情况,如果他知道自己是抱养过来的,也会去看望一下自己的亲生父母,但是他不对其具有赡养义务,因为他们自己家孩子挺多,有人赡养,也轮不到他来养,被包养孩子只需要赡养他的养父母。对于自己的家庭,如果亲生父母给自己留了一份家产的话,他回去继承财产,家里人也不会反对,他只要尽到他的义务就可以了。

一般好过的人家抱养来了孩子之后,自己家的财产和庄窠地都由这个孩子来继承,孩子就把家业传下去,并且长辈会积极给孩子操办婚礼,让其尽快生育后代,让家里开枝散叶。

(三)买卖孩子

买卖孩子这种现象在北张村很少,以前各家各户的孩子比较多,用不着买卖,能送的都送了,有人领养都是挺高兴的,大家双方都是讲人情,你情我愿的。你家条件好愿意收养这个孩子,我就愿意给你养,只要他能吃饱喝好就很高兴了不用买卖,也不会把孩子当作一个挣钱的工具。如果实在没有人家愿意收留孩子,就只能拿去扔掉了,或者拿个篮子装着顺河而下,或者偷偷地放在某户条件好的人家的大门口,让其去捡。就是早前没法控制才会生这么多孩子,每家每户基本上都是十个、八个。

五、家户赡养

(一)以小家庭为赡养单位

杨家是多子家庭,多子家庭就是由大家来进行轮流赡养,每一个儿子都要承担相应的责任,分家之后各家都要为杨老敏夫妇准备一间房。杨老敏可能会轮住和轮吃,大家一起共同承担责任,主要是以家庭养老为主,没有其他养老方式。

赡养杨老敏是各个家庭的内部事务,也是应该做好的一件事,杨老敏过去在家中的地位很高,一直是家长,年纪大了退休不当家长了之后,后辈们都要赡养好杨老敏。如果一些家庭成员对杨老敏不孝,家户之外的人也就是街坊邻居、乡亲等都会对其进行舆论方面的干涉。承担家庭赡养的成员有杨老的四个儿子和四个儿媳,杨老敏的大儿子过世,其赡养的责任就落到了他的长孙身上,杨老敏的四儿子过世,一开始由老四妻子赡养杨老敏,后来老四妻子收了老三家的儿子为过继子之后,由这个过继的孩子承担赡养杨老敏的责任,即每个小家庭都有一份责任,不会因为上一辈过世而没有了这个责任,赡养老人的责任自然而然地延续到了下一辈。

(二)老夫妇独居,轮流照顾

杨家采取的养老方式是让杨老敏夫妇单独住一间屋子, 实际上也是跟着自己的二儿子住。平时的生活起居能够得到最亲的人的照顾,平时吃饭由四个儿媳轮流送饭,杨老敏也同意这种养老方式。杨老敏不会做饭,平时小家庭做饭的时候,如果杨老敏喜欢走动,便会在饭点的时候直接到某一户人家去吃饭,如果不想走动,就会让他们家送饭过来。有时候一户人家负责一周,有时候一家一天,时间不固定,但是轮流是确定的。这种养老方式在当地很普遍,都是由几个儿子共同养老,负责杨老敏夫妇的生活起居,杨老敏生病了大家轮流去照看,花费大家平摊,夫妇俩一直都是生活在一起。杨老敏就住在老二家,平时身体也还好,四处走动,杨老敏背着背篓到处逛,到了饭点就回家来吃饭,杨老敏妻子还是像以前一样,常常待在家里,不爱出去。嫁出去的女儿们会在村里庙会当天回家来看望父母亲,有时候还给他们带点吃的。

媳妇们平时照顾公公婆婆,晚上只有杨老敏的房间里面有尿盆。如果杨老敏夫妇身体好能自理的话,就由杨老敏妻子早上起床之后自己倒,如果两夫妇年纪比较大,就由媳妇来轮流倒尿盆,一大早起来就得先去给两位老人倒尿壶,媳妇们不会抱怨,每家每户都是这样的,这个就是她们的责任。北张村有钱人家的老人如果会抽烟,媳妇们还要再一大早给他们装好那个烟,把老人伺候得很好。当媳妇很不容易的,以前妇女还要裹小脚,就是为了控制妇女们不出去外面和别人发生什么勾当,裹脚就只能待在家里做事。

在老人过高寿方面,过去农村穷人家包括一般人家都不怎么过高寿,每当过高寿的时候,家里的媳妇就给老人煮一碗长寿面。杨老敏是由杨喜常辈四个兄弟轮流赡养,他生日的时候如果他自己有条件,就让他的妻子给煮碗面条,如果自己没有条件的话,轮到哪个媳妇照顾,就由她负责煮。除非杨老敏过整数的大寿,如七十、八十、九十,这种年龄在当时算是高寿了,杨老敏过高寿在自己常住的那个儿子家举办,参加的人就是自己的兄弟、儿子等家人和亲戚,还有姑、姨这种很亲的本家人,还有关系挺好的街坊,都会邀请,不会邀请村长,只有那些大地主家才会邀请村长,普通人家都自己过,很少和管理村庄的人有很深的关系,也不会刻意去打交道。杨老敏过寿的时候由几个儿媳共同做饭,外嫁的闺女也会来给两位老人做饭,就是大家一起吃一顿饭,庆祝老年人身体健康。

(三)养老钱和养老房

1.养老地

杨家分家的时候会考虑老年人的身体状况,如果其身体比较好,还可以自己种地的话,一定要给老年人留一块养老地之后几兄弟再进行分家,即平分土地。若老年人身体不好,没有足够的能力和精力来种地,便不会分到养老地,杨家分家时没有给杨老敏留养老地,而是让四兄弟都平分了土地,一人选儿小块,包括上地下地,肥地瘦地,一起搭配分清楚。如果没有留地就要考虑留养老粮。分家的时候在几兄弟们在分家里的财产之前,要给杨小全留一定的养老粮,防止土地收成不好,杨老敏也有饭吃,留的数量由当家人和几兄弟共同决定。杨家当时给杨老敏留了一些玉米,还有棉花,杨家之前是做轧棉花生意的,因为老大过世就没有人会算账了,家里还有很多棉花没有卖出去,分家的时候三个兄弟决定把这剩下的棉花留给老爷子,防止以后家里没有钱粮。杨老敏也可以拿这个棉花去卖来养活自己,杨老敏也有权力给自己的媳妇棉花,让她们给两个老人做点新衣服,杨老敏一些自己私人东西也不参与分家。

2.养老房

刚刚分家的时候要先留出一间杨老敏夫妇住的房子，杨家的房子以前杨老敏住的是靠北的靠东面的一间房,这间房子在分家的时候参与抓阄。杨家先把所有的房子包括旧建的和新建的一起按质量、宽窄全部分成了四份,杨老敏居住的这间房子也不例外,属于四份中间的某一份中的一间,谁抽到这一间,杨老敏在世的时候,房子依然留给他们两夫妇先居住,杨老敏过世了之后,房子就留给分到这间房子的那个人。杨家的有效分家是在第二次时分成功的,老二和老四分到旧房子,其中,两位老人住的房子是属于老二的;老大和老三分到新房子,其中,老三家分到四间砖房,老大家分到三间土坯房,所以这间养老房自然地由老二来继承。

3.外界对家户赡养的舆论监督

杨家在北张村只有几户人家,不是大家族,各小家庭并未受到大家族关于赡养老人的约束。但杨家后代都会自觉赡养好杨老敏夫妇,如果儿子对两位老人不好,媳妇们对公公婆婆不孝顺,邻居们的流言会说得很严重,这样的家庭会因为这种不孝顺的个人而让别人对家庭的整体印象都不太好,形容人性不好的人就是人心次、没教养,养了个"牲口坯子"。如果家庭发生比较大的矛盾,儿子对杨老敏不好,首先由村庄各头的人来进行调解和教育,如果各头的人解决不了,再去找村长解决。如果势态严重,年轻人对老人又打又骂的话,在邻村的沙河有一个局子,杨老敏可以去局子里面告自己的儿子,经过官府查证,会将这种不孝的孩子抓起来,但是杨家总体上来说对老人都是很好的。

(四)治病与送终

1.老人生病,家庭成员首要照顾

杨老敏生病了首先由自己的妻子照顾,如果自己的妻子年纪也大,照顾不周,就由儿子和儿媳共同照顾。生病严重的话如果要请郎中,就由最大的儿子去请,杨喜常是家里的老大,年轻的时候不幸生病去世,所以如果杨老敏年老生病了,基本上都是由老二去请医生来看病。看病产生的花费由几个小家均摊,如果有其中一个儿子实在没有钱,条件也不好,那大家也不会硬要他拿,就钱多的多出,钱少的少出,但是没有儿子不出钱,多多少少都会出一点。大家对杨老敏还是比较孝顺的,出嫁的女儿不用给杨老敏钱,因为有一个说法,出嫁的女儿就是别人家的了,就要去照顾她们自己的公公婆婆,承担赡养公公婆婆的责任和义务,对自己的亲生父母可能就是精神上的关心。如果杨老敏无人照顾,邻居街坊就会说这家人不孝,所以大家从小也都养成了尊重老人、照顾弱者的好习惯,杨家大家庭没有分家的时候,家里是比较热闹的,杨老敏生病了照顾的人更多,家人也更容易了解到老人们的身体情况。分家之后,主要由杨老敏离得近的那户人家照顾,其他人就是来看看,所以杨家主要就是老二在照顾杨老敏,日常料理,帮忙熬药都是老二家来做,老二个人性格脾气也好,比较孝顺。

2.老人丧葬,共同花费

家庭在养老方面并没有发生任何矛盾,大家都很自觉,杨老敏夫妇的葬礼经费都是由大家平摊。杨喜常年轻就过世,就理所当然地让其长子杨永丰承担分摊经费的责任,老四过世了,就由他的妻子负责出钱,再涉及分配经费或者是共同出一些经费的时候,均是以四兄弟为股来换算的,一个兄弟承担一份。当时杨家分家的时候,三个姑姑都已经嫁出去了,她们出嫁的时候没有分到家里的任何财产,杨老敏也不归他们赡养,平时谁比较有孝心就会来看看父母,若是自己家家庭条件也不怎么样就没有办法了。

杨老敏去世由他的儿子们共同负责料理后事,杨老敏是在分家之后去世的,主要由老二和老三来做主要负责人。老大的儿子杨永丰承担了杨喜常应该承担的养老责任,跟着大家一起操办杨老敏的葬礼,老四家当时儿子还小,就由老四的媳妇帮着做点事,出嫁的女儿也会回家,帮着料理后事,招呼前来看望杨小全的亲朋好友,并且要在娘家烧纸。

3.老人丧葬过程中各家庭成员的责任

杨老敏过世的时候由他的二儿子去报丧,在听到杨老敏过世的消息时,若是报丧人还没有请到他家,关系比较好的都会主动去,看看有没有什么需要帮助的。杨家主要是向家门里和有嫡亲、姻亲关系的人还有邻居街坊报丧。此外,还有家里某个人的关系比较好的朋友也会请,不需要向村长村副报丧,因为村庄比较大,也只需向关系比较好的几户人家报丧,不可能全村人都请到。报丧的顺序首先是家门的当家人,包括家里的各个媳妇告知其娘家人,其次是街坊邻居,因为需要其前来帮忙,所以告知他们也要比较早,然后是家人的朋友及远方的亲戚。

举行葬礼时家族的人都要来,街坊邻居没有特别重要的事也会来,街坊邻居的范围主要是一条胡同的人,会有一些关系不好的人,没有请他们就不会来。外村人不会来,除非是有一点亲戚关系,来参加葬礼的人主要是那户人家的当家人,如果当家人年龄太大就不会来,而是让自己的儿子过来,别人家的媳妇一般不去参加别人家的葬礼,除非是主动提出来请去帮忙做饭的。必须第二天家族内重要的人,亲戚朋友们到来了才能开始办丧事,办丧事的规模、天数和花钱的数量由杨老敏的几个儿子共同商量决定。

杨老敏过世,家里的人都要穿一身白、戴孝,头上裹白布,衣服、袜子、鞋都是要穿白色的,丧服都是自己家做好的,媳妇们在老年人还在世的时候就准备好。一般是穿孝衣三年,就是守孝三年,穿孝衣的时间越长代表晚辈越孝顺,男性女性的穿着没有太大区别,只有辈分不同有区别,儿子女儿就是直接将一头白布裹在头上,侄儿侄女就是裹上白布之后在头顶再加上一块方布弄成一个帽檐形状,孙子辈就直接是一个白布帽。

老人出殡的时候需要杨家的长子打幡。但是因为杨老敏的长子早前生病过世,所以就只能由杨喜常的长子杨永丰来打幡,即长孙代替长子来打幡,而不是由二儿子来打幡。在农村中,长子有着特殊地位,除了打幡,杨老敏的二儿子要摔瓦,这片瓦装的是来吊唁的人们烧的纸,参加葬礼的人来了都要烧纸,就直接把纸烧在一块方的瓦上,在出殡送走杨老敏的时候就把那个装有纸的瓦给摔掉,杨永丰举的幡当天要插在死者的坟头。第二天去拔出来折断往回走百步将其扔在路边。出殡的时候男性(儿子、侄子)走路,在棺材前面,而女性(闺女、儿媳妇、侄媳妇)坐马车,儿媳妇、侄媳妇同坐第一辆马车,闺女、侄女同坐第二辆马车,在棺材后面跟着。女性不能到死者的坟头,最少要离百步远,就是防止女性来例假红白对冲。杨老敏的同辈人也需要跟着去看死者下葬,走路时没有特定的位置规定,老人们随意跟着走,没有特别的规矩,他们就是会看着点,防止晚辈在下葬老人的过程中出任何差错。

封棺材的时候有专门的挖坟人员来填上土,不一定要杨家的亲人,就是村里人来帮忙的,各家的亲戚。棺材入地也很讲究,先把棺材入地,在棺材上盖一块铭旌布,这块布上要由女婿(闺女、侄女、孙女的丈夫)写上死者的姓名和年龄,还要盖上一块令席(类似平时在炕上铺的席子),然后盖土,没钱的人家就直接用土盖上,要在棺材里面烧木烟灰或者是炭,因为炭和灰不会腐烂,一定程度上对棺材内的空气有影响,延迟死者身体开始腐烂时间,也希望死者的身体像木炭一样不会腐烂。

六、家户内部交往

(一)父子关系

1.权利义务对等

父子这对关系在家庭所有成员中是比较重要的一对关系。"严父慈母""棍棒底下出孝子""养儿防老"等俗语中可以看到儿子在一个家庭中的重要性。很多人家生孩子一定都得生个儿子,如果生的女儿太多,女性在怀孕的时候发现是女孩就直接流产掉或者是生出来就直接送人,只有生了儿子,父母亲才会特别欣喜。杨老敏对自己的四个儿子是比较严格的,如果家里条件稍微好一点,家长会让家里的男孩接受教育,同时会教长子很多技能,如生活上的经验、传统的一些习俗等。儿子通常对杨老敏都是顺从和孝顺的,因为杨老敏是当家人,当家人在整个家庭里有很大的权威,所以儿子平时也是害怕他。杨家四个儿子对杨老敏都很孝顺,家里人口多、劳动力多的时候,都不要杨老敏再去种地,而是让他好好养身体,四处闲逛,散心家庭成员遇到任何大事自己不能独自做决定,都要与当家人商量,得到他的同意再做这件事。

杨老敏对儿子的义务有抚养、教育、婚配等,儿子对杨老敏的义务有平日照顾、养老、送终等,这些义务是每一对父子相互要做到的。儿子小的时候,杨老敏能呵斥和打骂孩子,但是孩子长大一点了,有自尊心了,就不能再打了,否则会遭遇反抗。如果杨老敏做的事情令孩子不满意,儿子也可以对杨老敏提出意见,但是大方向上还是要特别尊重,若儿子提出分家,杨老敏不同意也不能分,一定要让当家人同意,才能够进行分家。

2.父子间的日常交往

杨老敏这个角色在儿子们的心中都是高大伟岸、无所不能的,在杨家,杨老敏的四个儿子对他都很尊敬和孝顺,儿子们的行为和财产权在小时候都要受到杨老敏的约束。在成家之前,儿子基本上都是听他的,婚事也由父母亲做主;儿子成家之后,意味着孩子成年了,很多时候虽然很多事情都可以自己做决定,但是在做一件事情之前为了表达对杨老敏的尊重,也会去询问一下他的想法,有什么事情还是会互相商量。如果儿子变成了当家人之后,那当家人就更替了,家里的事情就由儿子做主,但是杨老敏的任何一条意见、建议对儿子来说都很重要,儿子也会听取家长的建议。杨老敏对四个儿子都挺好的,没有任何偏爱,但是随着四个儿子组成的四个小家庭不同的经济发展情况,杨老敏比较愿意去帮助和理解相对比较贫困的那户人家,过得好的他就不用操心了,过得不好的他会尽自己的力量管一管、护一护。孩子们小的时候他没有偏爱任何一个人,杨老敏自己教杨喜常学算术,还叫自己的朋友一起教。老大后来也争气,算账在村子里算是一流,后来老大一直在管理整个家庭的收支,老二、老三就是普通的农民,终日与土地打交道,种地使牲口。后来老大因病过世,老四意外过世,家里就剩一个寡妇和一些孩子,杨老敏因为两个儿子的过世难过很长时间,本来寄希望于杨喜常把杨家发展壮大,但是他却不幸过世。杨老敏在分家的时候都会想到让发展得好的小家庭带动发展不好的小家庭。杨家一家人相处比较和谐,而且以前都是以老为尊,杨老敏说一句话整个家庭的人都要听。

3.父子间的冲突及关系维护

杨家是个比较和谐的家庭,大家以和为贵,很少发生父子冲突,杨老敏能打骂儿子,但儿子对杨老敏不能还手也不能顶嘴。杨老敏的性格比较直接, 平日里老二和老三在种地的时候,杨老敏时不时就背着个箩筐到地里去晃悠,看到他们耕地的动作不对,杨老敏就会吼几声,并且直接在旁边教他们,即使他骂得比较严重,老二老三也不敢吭声,对杨老敏的要求也得照做。有一次老二在蹬轧车的时候边蹬边玩闹,杨老敏先呵斥了他,他还是不改然后打了他,把他的头给打破了,他也不敢说话,只能忍着然后改正。家里在日常生产生活中父子之间总是产生小冲突,一般在家内能解决的小矛盾就在家内解决,都不用刻意找人来解决,不用去调解,大家就像平常一样做农活、生活,过了一小会时间大家关系就自然而然缓和了,大家就好了。杨小全总结道:家里是"小矛盾不断发生,不轻易出现大矛盾,一旦有大矛盾就会出现分家。"

(二)婆媳关系

杨老敏的妻子是家里的内当家,她是一个讲道理、性格随和的人,不随便欺负和为难媳妇。她当时眼睛不太好,经常在家很少出门,就大体上管着家里的家务事,特别是她很少去管媳妇们的事,媳妇们对她也都挺好、挺尊重。杨小全的母亲是其他几个妯娌的大嫂,所以一般都是她在管着其他几个妯娌,也安排着每日的工作,如做饭、打扫、轧棉花等。村里面的大多数人认为媳妇们要对婆婆尊敬、关心,不能不礼貌和在背后说什么闲话,不惹婆婆生气,不因为自己引起家庭矛盾,把自己该做的事情做好就行了。好婆婆就是关心家里的小孩子们,对孙子们多加照顾,特别是有多个儿媳妇的家庭,对待大家要公平。杨老敏的妻子对待大家就像是一杆秤,往哪边都不能太倾斜,对四个媳妇要一般好,不然家庭会闹内部矛盾。杨家没有发生过婆媳矛盾,大家都体谅老奶奶身体不太好,对她都多加照顾,有什么不顺心的事大家都会让着点。

(三)夫妻关系

杨家共有五对夫妻,杨老敏和他妻子因为年纪较大,基本上都互相尊重,各自管理好自己所负责的家庭的事务。男主外,女主内,两个人平时只因为一些大事讨论和商量,杨老敏有一些事情比较倾向于找儿子们商量,对妻子很少说自己心里面的想法。孩子们长大了,都娶了媳妇,不用再为他做饭,但是还是要为他们洗衣服。两人年纪虽老,还是相互照顾。杨喜常这一辈有四个兄弟,父母亲都依次为他们找了媳妇,四对夫妻日常在一起生活,基本上都是男性们在外面干活, 女性们都是在家里负责家务还有副业。家中的几对夫妻很少打架和吵架,各自做各自的事情,为这个家的发展尽各自的力量。杨小全说:"那时候,杨老敏可以打儿子,但是不能打自己的妻子,大妻之间是平等的关系,不能随便动手,双方要相互体谅,不过那时候大家都很忙,忙着生产和管理家里面的事情,没空闹矛盾。"

(四)兄弟关系

杨家有兄弟四个,在村里这种情况很常见,其他家户有七八个兄弟的情况。在村里面,兄弟越多的人家代表着家庭越兴盛,兄弟数量多长大之后相互帮助,大家都会相互担待着点,但是兄弟数量多也易产生矛盾,杨家在分家的时候兄弟之间就产生过矛盾。

分家之前,杨老敏是家里的主要当家人,他不做农活,就是背着个背篓四处逛,常常和村民们待在一起。当时家里四个兄弟共同劳作、具体分工,关系非常要好,各自成家生子之后,各小家庭实力也相当,劳动力数量差不多,较少产生矛盾。当时老大会算账,主要负责赶集上店,家里的经济大权主要掌握在老大的手里,几个兄弟只会种地,他们对老大也很尊重。后来老大因为太过劳累而过世,整个大家庭因为没有人会算账,倒卖棉花的生意一度停止,老大家里只剩下母亲带着两个年幼的儿子,没有劳动力。后来老四也因为生病过世了,只剩下一个媳妇和一个儿子,各个小家庭因为劳动力数量的不一致导致家庭开始分化。老二和老三家庭成员多,劳动力多,老大和老四劳动力少,他们便开始觉得不公平,老二和老三要求分家,因为杨老敏年纪大,也无心管理和经营整个大家庭便同意分家。

四个小家庭通过抓阄的方式平分房屋和土地,家里到分家的时候已经有了庄窠地两处。当时老大和老四抽到同一个庄窠,老二和老三抽到同一个庄窠,其中老大和老三的房子相对较好,是砖房,在当时很少见。但是杨老敏考虑到老四过世了,家里只有寡妇一人带着一个小孩,要是能和老二住在同一块庄窠地就好了,老二家里有劳动力可以帮她种种地,帮忙照顾下家庭。所以就想要老大跟老二换,因为老二的房子是土坯房,质量不好,老大不愿意换,当时老大也不在了,就是他的妻子和两个儿子,即杨永丰两兄弟和其母亲都不愿意换。后来杨老敏就提倡重新抓阄来分家直到得到他想要的这个结果为止,但是老三家不想再重新分了,他怕分不到这么好的房子,所以老二、老三、老四三家一起联合来让老大家退让,老大的大儿子一直不愿意还被老三给打了。后来在杨老敏的调解下,老大一家拗不过家里人多数人的意见,还是妥协了。三家人一起补贴了他一头牛和一些大型农具,这样安排也得到了杨老敏的承认,之后的日子,都是老二家一直在照顾老四家。

杨家的兄弟间发生矛盾,主要是杨老敏来进行调节,一般情况下家长能调节成功,因为家长在家里是比较受人尊重也比较有权威的,老年人在家里说话晚辈都要听,家长在处理问题的时候为了整个大家庭的发展一般会向着稍微弱势的一方,如杨老敏做任何决定都会比较考虑老四一家。杨家整个大家庭没有父子断绝关系或者是杨老敏把儿子驱赶走的情况,也没有家庭成员离家出走,整个家庭相处得比较和谐。分家发生那次矛盾之后,老大家和老三家生过一段时间的气,两个小家不讲话也相互不来往,但是因为老大家有两个儿子,当时年纪还小,老三平时对他们也给予一些帮助,关系渐渐缓和。

(五)妯娌关系

杨家是个大家庭,两位老人有四个儿媳妇,家里妯娌四人,大媳妇相对比较有能力,其他三个媳妇也挺尊重大嫂的。杨老敏的妻子不管理家庭事务的时候,都是在管,分配大家做饭洗衣,协调安排好家庭的内部事务。杨家的风气还可以,妯娌都多互相帮助,矛盾较少。即使妯娌之间有矛盾,也就是大家偷偷闹气,不敢太张扬,小打小闹也不能惊动到公公婆婆,顶多会和自己的丈夫说一下,丈夫也不会鼓励自己的妻子和大家闹矛盾,经常会劝女方让着一点、忍耐一下,这样整个大家庭就和谐了。一个家庭对外的时候,总是表现出很团结和谐。如果处理不好家里面的关系,如妯娌之间经常闹矛盾,那样也会丢家长的脸和自己丈夫的脸。某个媳妇如果有什么不开心的事情,会去找和自己关系比较好的朋友倾诉,但不管是倾诉还是抱怨结束之后,还会叮嘱自己的朋友不要往外说。一般媳妇们也比较在乎自己在邻里乡亲心目中的形象,不想让别人以为她们是不孝顺老人的人,所以她们一般都不会大闹,反而在这种风气之下,越来越像姊妹一样相处,关系越来越好。

(六)小家庭之间关系

杨老敏的儿女们结婚之后各自成立了自己的小家庭,小家庭之间也存在一些矛盾。杨老敏有三个女儿,女儿们都出嫁了,但是嫁到的人家条件都不怎么好,有一个家庭条件还比较差,而四个儿子结婚后也一直未分家,除了日常种地还共同做倒卖棉花的生意,家里的钱仍然统一交给杨老敏保管,几年过去,因为家庭成员分工明确、共同劳作,这样家里的经济状况越来越好,家里不仅粮食充足,存放的铜钱也很多。北张村一年有三次庙会,过庙会的时候家里的亲戚都会来探亲,出嫁的女儿都会回娘家来看看自己的父母亲,女儿们每次回到娘家过庙会,大家都会坐下来聊天,了解一下最近的生活境况。有一次,杨老敏的妻子了解到自己外嫁的女儿过得不好,家里经常借债,紧张时能吃上饭都是一大问题,母亲因为疼女心切,私自将自己和丈夫共同掌管的家庭共有的钱给了女儿一些。正当给钱的时候,这一幕不巧被出去做农活收工回家的老三看到了,老三不顾母亲在场,一把夺过铜钱,硬是不许母亲将铜钱给出嫁的妹妹。他说这个钱是一家人一起挣的,母亲不能私自给一个已经出嫁了没有对这个家庭做贡献的人。他说他的妹妹出嫁后就没有为这个家庭出过一分力,这个钱不属于她,即使她家庭困难,也不能拿大家一起挣的这个钱。后来母亲拗不过老三,女儿也因为钱被夺回去也不好意思再要,便回自己的家了。当时母亲不是主要掌管钱的当家人,没有权力非要做这件事情,后来这件事就不了了之,杨老敏的女儿一家还是没有得到母亲好意的帮助。后来,二女儿家和老三一家逐渐变得生疏。当时如果杨老敏在场,他也不会私自把这笔钱给他的女儿,毕竟一码归一码,虽然女儿生活困苦,但是这个钱不是他一个人的,而是四个儿子和两位老人的共同财产,需要得到四个儿子的认可和同意才可以,只有大家同意了,才能将这笔共同的财产给予生活并不宽裕的女儿。

当家里的兄弟姐妹出现纠纷时一般由当家人来调解,各自组成了小家庭之后,大家的重心都放在了自己的家庭,考虑的事情也是小家庭的事,就不会那么轻易地给予帮助。母亲尊重大家的意见没有把钱给外嫁的女儿,二女儿知道母亲没有给她钱的这个权力她也没有强要,并没有因此责怪母亲,只是心里对老三有点意见。老三觉得他自己做得很有理,最后经过杨老敏的不断协调大家的关系才有所缓和但还是没有以前那么要好了。

七、家户外部交往

过去住在同一个村庄的人特别是同一片的街坊邻居们少不了日常往来,街坊四邻之间如果有红白喜事都不用他们主动来请,各家各户只要有能力的都会主动去帮忙。杨家也是如此,因为家里人多,别人家需要帮忙总是少不了杨家,一般的事情杨家可以派一个代表去,如果是老人过世需要抬杠等需要劳动力比较多,就会多去几个人,谁有力气谁去,大家都互相帮忙。如果是其他事情,只需要走动一下,基本上就是家长出面去。此外,还需要维持熟人和朋友之间的关系,杨喜常他们几个兄弟都在村里有自己的拜把子兄弟,在农忙的时候如果他们家需要去帮忙,杨家也会去,自己去帮自己的拜把子兄弟,都会主动去帮忙。如果别人家条件没有那么好,需要来借用耕牛和农具,杨家也会借。大家都觉得杨家这户人还比较好相处,为人比较好,平时家里的亲戚、街坊四邻们修建房子,几个兄弟也会去帮忙。自己家帮别人,别人也会来帮自己家,大家都是一个互惠互利、互相帮助的群体。

杨家和邻居们的关系都处得很好,平时都相互来往,相互串门,男性女性都可以去串门,大家都是互助,很少发生冲突,如果有冲突,由附近的一个有威望的人来进行调解。如果平时街坊邻居们闹矛盾,过年的时候大家相互拜一下年说声"给你拜年了",矛盾自然就化解了,农村人没有什么大事都不爱记仇,大家关系就像一开始那样好了。村里的人们大家都是住在一片,杨家很少,甚至是不会去和别人家发生什么矛盾,都是相互体谅。

第四章　家户文化制度

不同的家户因为地域、生活环境等因素在日常生产和生活中形成了特定观念,经过长期的固化和积累,形成了稳定的家户文化形态,杨家的家户文化在家户教育、家户信仰等多个方面中得到有力体现。本章拟从家户教育、家户意识、家户习俗、家户信仰、家户娱乐五部分来展示 1949 年以前的家户文化形态。

一、家户教育

(一)唯独小儿子上过小学

杨家没有多少人受过教育,祖辈们都不太注重让孩子们受教育这件事,认为孩子长大了就要开始干农活儿,家里没有人学过书本上相关的知识文化,整个家庭是土庄稼主。杨老敏自己小时候就没有念过书, 也是家里没有让孩子接受教育的意识。过去村里面没有公办学校,只有几间私塾,只有条件稍微好的人家才会让家里面的男孩子们去接受教育。此外还有大地主家会单独请私塾老师到自己家里面来教自己的孩子, 有的是几户人家一起联合请一个老师,有的是一户人家单独请一个老师,普通人家的孩子和穷人家的孩子很少有机会接受教育。杨老敏的四个儿子,前三个儿子因为身体健康,长大了就直接能干活,依然没有机会接受教育,家里只有老四上过几年小学,原因是当时村里面开始有了公办学校,老四的年龄正好,其次是老四身体不好,从小体弱多病,患有中风,不能去种地,无法为家庭提供体力劳动。这样的情况让他整天在家里待着或者到村里面闲逛都不是一个好选择,杨老敏最终联系到学校,就让他去跟着同龄的孩子们念书了。一个孩子上学,对杨家来说还是能够供应得起的,其他男性不去上学的原因,一是家庭供应不了太多,二是家庭需要劳动力做事情,稍微大一点的男性都要去务农,帮着家里面做事了,也没有时间去上学。

杨家的老四当时就是在本村念的北张小学,过去只有男孩能去学校读书,女孩没有机会去读书,只有思想比较开放的大户才会送自己的闺女去上学,有条件的也不让她们出门去学校学,而是请老师来家中学。当时让老四去上学是杨老敏本人做主的,也必须由他同意才行。家长想让孩子去上学,联系学校交了学费就可以了,孩子们年纪小,对家长都是言听计从的。

(二)家教与人格形成

杨家的大多数人虽然都没有到学校或者是私塾里面接受过教育,但是家长、长辈对孩子的日常教育很完善。农村主要还是以家庭教育为主,杨老敏夫妇会教小孩子们一些日常的行为,如懂礼貌、孝敬老人、吃亏是福等。不同辈分的人们对孩子的教育侧重点不一样,杨老敏辈就比较侧重于对孩子性格、人格方面的教育, 杨喜常辈主要侧重于对孩子技能方面的教育,常教他们如何种地等基本的生存能力。

父母亲以及其他家庭成员的思维方式和性格在孩子的成长过程中会产生影响，如果父母亲和叔叔婶婶们在日常生活中对老人孝顺，孩子也会对自己的父母孝顺。如果年轻人都不违背杨老敏两夫妻的话，那以后他们当家的时候，孩子们也不会违背他们的话。家庭中的相处模式和平时的生活氛围对孩子的性格形成也有较大的影响，大人教小孩子主要就是要孝顺老人，要讲诚信，不要干坏事，要从别人的不好的行为中吸取教训。杨小全说家长常跟他们说一句话，就是"不看贼吃，要看贼挨打"，就是在发生偷盗现象时，不要看到别人通过偷盗获取的果实，要看到别人因此所受的教训，最主要的是要教后辈人心好，要行善，对老人要孝顺，不能打爹骂娘，不要忤逆长辈，家庭要和谐。

家庭经济状况不同，教给孩子们的一些规矩也不一样，大家户对孩子就比较严格，会教孩子们一些规矩，如食不言、睡不语，就是吃饭的时候不要说话，睡觉的时候要静悄悄。村中人都说品行端正看三代。如果一户人家三代人在村里大多数人家的印象中都是人性好、品格端正，那这样的家庭在别人家的心中就很有地位。

（三）家教与劳动技能

杨家的小孩从十几岁的时候就开始跟着长辈去干农活，大人们都会教男孩子一些劳动技能，小孩子先从拔草、捡粪等小忙开始帮。小孩子从小就要学习劳动，一是为了能够成为大人们在干农活时的帮手；二是为了今后他们自己也要成家，这是一项技能。杨小全的父辈也是杨老敏辈教的，别人家不可能教小孩子这些东西，他们就只能够在家里锻炼了，只有自己的父母会教给孩子们这些技能。女孩子从小也是跟着母亲织布纺线、做家务。到了该结婚的年龄都得要学会这些，这些以后到婆婆家去都是要会做的。如果一户人家娶了一个媳妇儿什么都不会做，这在以后也是要被说的，说没有教育好自家女儿。女孩子们也是要从十几岁就要开始学，因为最晚18岁就该出嫁了。

二、家户意识

（一）自家人意识

杨家认为家里一大家人在一起吃饭的，在一起居住的就是自家人。一家人从杨老敏到杨喜常再到杨小全总共三代都是自家人，即使分家之后，大家不在一起居住和吃饭，但是还是在同一个村，有事情还是能够互相帮助，心理上还是感觉是自家人。如果距离太远，没有生活在一起的人的关系只能算是亲戚。

家里的事情都靠自家人解决，外人不可以干预杨家的事务。这里的外人是指没有在一起生活的人，包括亲戚、街坊邻居、村庄的管理者等。家里的日常事务只能家里人做，由当家人管理。家里的家长是杨老敏，是一家之主，家里的生产生活基本都要听他的安排，遇到买地置业等大事要跟重要的家庭成员商量，即家里的所有男性。女性只管家庭内部的事，平时几个媳妇都是在婆婆的管理下负责做饭、洗衣、打扫卫生、织布纺线等，因为杨家没有宗族，所以宗族也不会干预家庭事务。天高皇帝远，政府也管理不到村里的这些小家庭，只要家庭成员不做出损害村庄利益的事情，村庄的管理者就干预不了家庭事务。因为每个家庭都有管理者，即家长，家长会管理家庭内部的所有事务，所以其他外界的人不会太干预别人家的家事。只有家庭内部出现矛盾，一家人闹得不可开交，家长处理不了整个家庭时，邻居们才会上前劝说和解决。但是一家人即使有一些矛盾，考虑到家丑不可外扬，也不会在别人面前表现得很明显。

（二）家户一体意识

对杨家而言，集所有家庭成员的力量去做好每一件事情是家里人的共同目标，家里最主要的事情是完成每一年的生产活动。除了自家的土地，还从外面租种了几十亩土地，杨家人口多，劳动力也多，为了不浪费家里面的劳动力，家长对家里的劳动力做了清晰的分配，各做各的活，无论男性女性，每个人都有具体的分工，争取所有的耕地保种保收。此外，因为家里劳动力多家里还做了棉花生意，在农忙之余，特别是晚上和冬天，一家人在当家人的组织下一起轧棉花。冬天的时候特别冷，大家踩轧棉花机的时候都冻得发抖，手也冰凉，但是大家还是坚持做，因为要拿棉花去卖钱，所卖得的钱属于一家人拥有，做副业能够增加家庭收入，让生活条件更好。家户的这些共同目标家庭成员并没有刻意说出来和表现出来，但是都会在大家的行为习惯中表现出来。

（三）家户至上意识

杨家认为个人不能离开家庭，离开家庭的个人都不能有更好的发展前途，如果一个人没有什么大事情不会离开家庭的。在家庭里的时候，也是多数事情也为家庭成员和其他成员着想，自己要是外出打工的话会告诉当家人。如果当家人不同意，那就不能出去打工，老一辈的人总是希望晚辈留在家里面，作为一个劳动力帮着家里做事情，所以孩子们从小就帮着做些力所能及的家务活，长大到算是一个劳动力就开始帮着干农活，娶媳妇成家就一直在农村。如果要参加村里的任何组织，也需要告诉当家人，允许了才会去参加，在一定程度上，家庭也限制着个人的发展，但是更多的是为那些并不是太有能力的个人带来家庭的温暖和吃穿住行的基本保障，人很少会选择离开家庭，而是和家庭共进退。

家里人考虑事情都是从本家庭的利益出发，因为家里的共同财产由当家人统一掌管，要富一家人一起富，要穷一家人一起穷。当然家里的人想富的还是偏多，他们用自己的实际行动带动了家里那些个别懒惰的人。杨喜常从小没有读过书，但是为了家里的轧棉花生意，他学习算账，后来老四才去学了两年，但是他的年龄比较小，杨喜常作为家里的老大没有办法，必须要担任代表家庭出去赶集上店的这个责任，后来经过越来越多的生意经验，他在算账方面取得了很好的成就。过去的一斤等于十六两，确定了卖棉花一斤多少钱，也确定了棉花的总斤数，他总是掰一掰手指头就很快地算出来得多少钱，并且没有算错过，他每次从外面回来的第一件事情就是把兜里的钱全部交给当家人，自己不拿一分。他认为自己出去赶集上店做生意挣钱很重要，但是家里的二弟、三弟天天在家种地也同样重要。民以食为天，如果家里没有人种地，家人就没有粮食吃，他也没有机会去做买卖，而老二、老三觉得杨喜常天天去赶集算账很辛苦，挣的钱全部归家里，自己也要好好种地，为今年多打粮食，所以家里的每一个成员平时心里想的都不是自己，而是这个家会怎么样。整个家庭今年的粮食够不够，今年的各小家有没有棉花做新衣服，能不能存钱去买点土地等。杨家的姓比较小，在村庄的杨姓家庭不多，所以没有形成宗族，当然也无宗族利益可言。大家平时考虑的都是自己家的家庭问题，如今天去耕哪些土地，哪块土地里面应该种些什么，今天家里面要吃什么菜等。

在家庭利益面前，个人利益要服从家庭利益，要把家庭利益放在个人利益之上，如自己想买一些东西，但是家里的资金不够，肯定要拿这些钱给当家人用于生活，即使这些钱直接或间接是通过自己的劳动和努力得来的，但是自己没有财产管理权和使用权，就不能随意买喜欢的东西。如果当家人给一点零花钱那就可以去买,如果当家人拮据不给,那也不会去要。杨家还算比较团结,通常当家人说什么就是什么,基本没有不服从的情况。如果有人不服从,除了当家人的劝解,其他家庭成员也会来给某位家庭成员做思想工作,让他为大局着想,所以这种思想是从日常行为当中就灌输给家庭成员。

(四)家户积德意识

杨家的老人有行善积德、造福子孙的意识,他们平时要去村里的各种庙祭拜,过年的时候在家里祭祀各种神,祈求一家人身体健康平安。老人们平时帮助村里面的一些穷苦的人,虽然不会去刻意帮助,但是也不拒绝去帮助,就当这是一种修好,做好事总会有好报的,他们不让自己的子孙后代做坏事,如果谁做了坏事会受到家长的惩罚。让他们人性好也是一种积德意识,他们相信做好事能够让村里的人们都健康平安。杨小全回忆村庄内还有一些专门修好行善的人,组织人去大户人家敛钱修庙等,都是想着积德。

三、家户习俗

(一)节庆习俗

1.春节拜年

家里面过年、过节的时候都是以家庭为单位,过年的时候家里面要团圆,家中有谁出门在外的都要回家,个人不能随意到别人家去过年,别人家也不会轻易允许,大家都是在自己家吃饭。杨家还没有分家的时候全家人聚在老庄窠那里过年,四个媳妇一起做饭、炒菜,比平时要丰盛些,大家都一起过年。嫁出去的女儿不能回娘家过年,一定要在自己的夫家过年,如果夫家遇到任何问题,非要回来过年的话,家里面要贴上一张百无禁忌的纸,以示平安。

杨家每年都是从大年初一开始拜年,新年第一天五更就要起床,叫作"起五更",很多人家的老人从三十晚上就开始不睡觉,灯一直点着。原因一是大年三十那天包了饺子害怕关灯了饺子被老鼠叼走,就一直守着。原因二是新年一大早就得放炮,鞭炮放得早寓意很好,所以老人们直接不睡了,等着到了五更左右的时间起来放鞭炮。原因三是老人睡眠也不好,直接不睡。拜年要连续拜很多天,但是每一天拜的对象都不一样,家里人互相拜年之后就出去拜年。杨老敏如果年纪大了就不会出去,如果还年轻也可以出去转转,小孩出去拜年不用大人带着,家中要留一个年纪大的人等着别人家来拜年。起五更拜年的时候天还黑着,按照一定的顺序拜到中午,回自己家吃中午饭,下午就不拜了。初一下午就自己安排自己的时间,孩子们就出去玩、放鞭炮,大人们也是到处玩。初二早上再接着拜,还有初四也要拜年,初四就是专门去丈母娘家,嫁到外村的姑姑不用去拜年。只有头年嫁出去的闺女,当年过年的时候回娘家来看看老人,出嫁的时间比较长了如果两个村庄离得远就不用来回拜年了。

杨小全还小的时候,一大早起床到院子里就会看到天棚,这个天棚是大年三十那天搭的,用的是一些农作物的根,里面摆放着一个总神,总神代表了一家人需要保佑的所有神,包括财神、菩萨、王母娘娘等,天棚下面铺着一个席子,席子前面烧着香,一般小孩子不会磕的还有大人领着,大人嘴上说着"来,上这儿磕",就这样先给神磕头,磕完在给人磕,人是按着辈分来。孩子们首先要给爷爷奶奶拜年,然后给父母拜年,最后给叔叔婶婶拜年,小孩子给长辈拜年都是要跪着,给一人磕一个头。同样的,几个叔叔家的儿子女儿也会来给杨喜常拜年,一开始的时候,家长都没有给压岁钱,因为家里的孩子太多了,给不过来。后来家里面条件稍微好点,有时候长辈会给小点的孩子压岁钱,就是一个铜子,如果孩子大了就不给了,孩子们在家里拜了年就可以出去玩了。拜年的顺序是先给本家的人拜,拜完了家中就去本村的其他本家拜年,同姓的亲戚也拜完了之后,就去街坊邻居家拜年。街坊邻居包括对门的,同一个胡同的,与自家房屋前后左右的,给街坊邻居拜年的时候,大家都出来溜达了,都是在胡同边上互相说着"新年好啊,给你拜年了"。拜完了邻居,就去给朋友们、老乡亲们拜。

家里除了长辈在家等着别人来拜年,其他人都可以出去拜年,妇女没有被要求不准出门。有的妇女也会出去和其他人家的媳妇相互拜年,小孩也可以出去玩,要是特别小的那种孩子在家,大人们要出去拜年了,就会拿一个被子裹着小孩放在炕床的里面,让他自己在炕上待着。家里面得有人在家里坐着,等着别人家来拜年,基本上都是家里的老人在守家,在家待着。

大年初一去本家、街坊邻居家拜年都不需要礼物,就是去说声新年好,表达一下新年到来的感觉与自己的祝贺就行了。过了初一,如果在平时的生产生活中,谁家对杨家的帮助比较大,可以带点礼物去给人家拜年,如经常借钱给他的佃户,能够说得上话,杨喜常在新年期间就买点糖之类的东西去拜个年,顺便表示一下感谢。大年初一的拜年就是在自己家,和同一个胡同的邻居家,还有本村的其他本家人,范围基本上就是在村庄内。过年的时候一些人去跟村长拜年,但是这个要看平时的关系好不好,杨家跟村长家的关系一般,所以就没有去,也不给村庄里面其他很富裕的人家拜年,只给平时联系比较密切的,有经济往来或在生活上能互相帮助的人家拜年。

有些街坊邻居平时因为一些小矛盾而不说话,双方又拉不下脸面来互相道歉。杨家和邻居家因为小孩子玩闹发生矛盾,大人前去劝解的时候也发生了矛盾,就一直没有讲话,其实不是什么大不了的事,后来拜年的时候,双方人家都出门都互相说一声"给您拜年了",矛盾就这样化解了,拜年还是有好处的,新的一年大家又开始来往了。但是有的人家矛盾比较深也不会拜年,双方人家还是不说话。

拜年时,晚辈给自己长辈磕头的时候,要把称呼说出来,如:"给我爸拜年了""给我妈拜年了",此外,祝福词还有"新年好""新年快乐"等,向家里人嚷一声就行了,让家里热闹点。

家长在习俗活动中占据支配地位和主导地位。如在春节拜年的时候,家里的人都需要向家长拜年和磕头,拜完了家里,家长要代表家庭出门去和父老乡亲们拜年。其他家庭成员除了妇女其他男性也可以出去串门和拜年,特别是家长,一定要出去和街坊四邻们坐一坐。大年三十要上坟去照庭,去坟头烧点谷草和玉米秸秆,不烧纸钱,家里也不烧纸钱,只在坟头烧,也是家长带着家里的男性们去烧。女性在大年三十这天不去,在新年初三那天,男性女性都可以去,这天是烧纸钱,家长带着大家一起去。媳妇不去给夫家的人上坟,只会去给自己的亲爹亲妈上坟,都是闺女们去上坟。上坟烧纸的情况还不一样,男性是画一个十字,在十字的中间烧,女性是画一个圈,并在圈的西南头开一个口,在圈里面烧纸,这个口就是鬼门关,让老祖宗沿着这条路回到阴间去。

2.走亲戚

当地走亲戚指的是各个叔伯家、外婆家、舅舅家、姑姑家等,有嫡亲、姻亲、表亲、堂亲,这四种亲戚关系都要日常维护,平常都有交流的。

177

过年需要走亲戚,要到亲戚家里去拜年,过年的时候先走本家、嫡亲,再走表亲,过年的时候不用带礼物,直接去拜年就可以了。过庙会的时候一定要走亲戚,就是家里的某个亲戚家所在的村庄有固定的庙会日,每个村庄都有不一样的庙会日子,等到庙会这天,这户人家就会邀请家里的亲戚来一起过庙会,主要就是吃一顿饭。以前去访者会送双数个包子作为礼物,过庙会时邀请了亲戚过来,但是有的亲戚没有过来,那他们家过庙会的时候我们家也可以不去,有来才有往,但是要看具体情况,如果他是有急事等原因才没有过来的,若两家的关系够好的话,也可以不介意,他们家邀请的时候也可以去。

家庭里面如果某个亲戚家办红白喜事,杨家的成员都需要去,一般需要走动的活动有结婚、生孩子、孩子满月、杨老敏过世等,特别是孩子满月的时候,会给送点鸡蛋,农民很少过生日,杨老敏也不过高寿。早前没有这些勾当,一般情况下家庭由当家人或者当家人安排某个儿子代表一家人前去,红事都是送双数个包子,一般为十六个或者十八个,视自己家的经济情况而定,白事只能送十五个包子,是固定的数量。

杨家在农闲的时候或者是家里面有什么事情一家人没有商量出来一个结果,就会去亲戚家走动一下,这样就相当于去串门,不用带礼物,而且一般都是当家人去走动。

当杨家需要建房子需要一些劳动力的时候,首先会去请自己的本家帮忙,其次会去找亲戚帮忙,最后才会选择花钱雇人。所以会因为自家需要亲戚的帮忙而去走动,请亲戚来帮自家的忙也不需要带礼物,但是要留亲戚在自家吃饭,而且自己平时也要主动去帮忙,多看看人家有什么需要帮忙的,就主动去,这样你来我往,才会更好的有利于交往。杨喜常过世之后,杨永丰出去当兵了,家里一般就只有杨小全和他母亲还有一个嫂嫂在家,地里的重活妇女干不了,他就经常去请三叔还有别的亲戚来帮忙种地,由母亲和嫂子在家里做饭。

走亲戚除非是过年或者是庙会,大家都知道有人会来家里,就会留有人在家里面等着。如果是红白喜事,也会带着礼物前去,别人都知道的,走亲戚,因为是亲戚,所以住得不是很远。传统时期北张村的婚姻圈也就在周边的几个村,走路就可以到了,如果是路途远的会在亲戚家里吃饭睡觉,临走的时候,一般送客送到自己家的大门口,并说道"慢点啊",由此表示对别人的礼貌。

(二)白事习俗

杨老敏过世后,要把他的遗照摆在家里,因为杨家没有祠堂,所以直接放家里,北张村有祠堂的大姓人家会把灵牌放在祠堂里面,没有的也不摆在家里,就摆张照片。从死者过世的那天开始,要烧一个纸库,就是给死者烧各种金银财宝和冥币,从人死的第一天开始算,七天为一个阶段,一七、二七、三七、五七和百天都会去坟头给杨老敏烧纸,七天烧一回纸,"四七"因为发音的寓意不好,所以就跳过没有烧,都只烧纸不烧香,就是一家人去,最亲近的亲属去烧纸,不会在家里面摆祭品,家里也没有灵牌。每一年的清明节在坟头上挂纸,挂纸只能家里的男性去,只要是男性,谁都可以去,看当家人安排谁去就谁去。清明节是填坟,去挂纸、扔土。七月十五的时候在坟头上烧纸,十月初一要去给死者烧寒衣(用纸或者布做的假衣裳),大年三十的下午上坟前给死者点柴火、烧炕,本地话叫作"照庭"。杨家人说这一天做这件事情的意思是把死者接回家里来过年,新年初三也要上坟烧纸,给死者拜年,有的人这一天的意思是把杨老敏送回阴间,这一天要烧香、烧纸、磕头,烧三根香代表着天、地、人,烧一把就是让死者到庙里去自己分。农民家里不会摆老祖宗灵牌、排位都没有,平时烧香都是上坟头。

杨家的女性在大年三十、正月初三和清明节都不能去坟头,这三天都只能男性去。六月初一、七月十五、十月一这三天闺女可以去坟头,可以烧香烧纸,这三个节令算是更重要的,属于大节令,特别是十月一,北方农村都很重视这个节日,就是去上坟。媳妇很少上婆家的坟头,一般都不去,媳妇们只会回娘家去给自己的亲爹亲妈烧纸,去他们的坟头。

杨老敏过世的周年,这个在本地话叫做过祭日,一般都是去上坟,特别是在十月一这一天,杨老敏过世后满一年时,会过祭日,会请家门的人还有关系较好的街坊邻居来吃饭,邻居们都会带上一点香纸来给主人家。

杨家有一块坟地,就是自己家的土地,祖辈去世了都会埋在那里,坟地就在本村,杨家祖坟的面积有一亩左右。周边也是土地,用来种植农作物,祖坟所在的耕地不能出租,以前只有条件好一点的人家老人过世了会立碑,一般条件的人家和普通人家都没有立碑,所需的花费也是由几个儿子共同承担。碑上不能写儿媳妇的名字,可以写未出嫁的女儿的名字,祖坟是神圣之地,不可被侵犯,一般也没有谁会去侵犯墓碑。如果因为时间太长坟墓的土掉下来,杨家会重新修缮,去垒坟、堆土,时间不固定,一年上几次坟,看到坟该重新打理了,一家人就会去修坟,祖坟所在的土地不能进行买卖,即使家里面非常穷也不能卖祖坟。

四、家户信仰

(一)宗教信仰

杨家没有宗教信仰,家里面没有一个人信仰任何教派,村庄中的村民信仰宗教的情况也很少,大家都是普遍信仰祖先和村庙。

(二)家神信仰及祭祀

1.信奉的神明多种多样

家里面信奉很多神明,特别是在过年的时候,要搭一个天棚,棚子里面摆有一张纸,纸上写着各种神的名字,如喜神、冰雹神、风娘娘神、龙王神、天地神、灶神、雨神、雷神等,其中灶神是一家之主,灶神能够保佑大家吃得上饭,从大年初一到十五,都要向灶神烧香,只有男性可以去拜这些神,到了十六那天,就把这个祭祀完的总神的纸给烧掉。

2.信奉神明求平安

信奉各种神明都有不同的目的,都是为了感谢和祈求,杨家认为祭祀家神很重要,你如果不祭拜的话,你的心里话神就听不到,你得跟神祈求,得祭祀他,神才会保佑你。如祭祀灶神就是希望灶神继续保佑一家人每天都能够吃得饱饭,祭祀喜神就是希望全家人都和和乐乐,高高兴兴地过大年,祭祀龙王神就是祈求下雨让粮食快快长大,祭祀雨神就是让天不要下太大的雨,不要淹了庄稼等。从大年初一到十五每天每一个时段祭祀的都是不同的神,都要由家长或者是家长指派的一个男性去跪拜,女性不去跪拜。

(三)祖先信仰及祭祀

1.祖坟排葬

杨家对于自己的祖先是谁,从哪里来,家庭成员都明确的了解。一辈辈的老人都会跟下一代讲,祖先就是自己家的根,根不能忘,所以家庭对于自己的祖先特别有感情。祖先在家庭成员的心中地位很高,每年在特定的清明节都要祭祀祖先,如果不祭祀就是对祖先的不孝。杨家没有家庙,因为家庭经济条件较差,村中只有几户姓杨的家庭,没有形成一个大家族,就没有修建家庙。家里有祖坟,1949年以前有两处,旧的一处是从太爷辈开始埋葬的,因为旧坟只有几分地,地界不够,家里又重新买了一块地来当作祖坟。新坟的选址一定要请人看,很有讲究,新的坟地选在了村庄北头的地里,从父辈开始的坟墓就埋在那里。坟一定是要两个人埋在一起,即一对夫妇埋在一起,如果一个男性娶了两个妻子,两个妻子分别在男性的左右两侧,孤坟如果埋进祖坟的话会不吉利。祖坟的排列方法是按辈来排,采用的是排葬法。杨家有几个特殊情况,孤坟也进了祖坟,一是老二家的大儿子杨小眼,他因为1945年在与日本抗战时,被敌人包围而牺牲,他那时还没有结婚,因为是国家烈士,能够进入祖坟;二是老四家的儿子杨早儿,他是家里的独子,在二十多岁的时候因病过世,因为顶着老四家的这一支,虽然他没有结婚,但是也要入祖坟,不能缺了这一支,用杨小全的话说就是排葬的时候不能发生"领缺儿"。同时,杨家也存在没有进入祖坟的情况,老二家的两个儿子杨小四和杨小河他们俩在十几岁的时候就过世了,这样的情况就不能埋入祖坟,单人的坟不吉利,所以当时他们两个被埋入了村中的乱葬岗。如果过世的人是中年人没有结婚,为了表示对他的尊重,不会埋入乱葬岗,而是找一块自家的地,挖个坑埋了就行。总之,祖坟里的坟墓一定是一对一对的。

2.念祖情怀

杨家祭拜祖先的目的是怀念祖先,为了表示对祖先的怀念和祈求祖先为了这一个大家庭多加保佑,他们相信祖先们即使过世了心也是念着家庭和后辈的,一家人血脉相承,后代们的怀念和祈求祖先也会看得到。

在祭拜祖先的过程中,家长在祭祀的活动中起支配作用,有的祭祀情况比较复杂,都是家长带着晚辈们去,如果晚辈还小的话,家长会教稍微年长的男性学习祭祀的规矩,就是以后自己老了也能让孩子们懂得这些祭祀祖先的礼数,点几支烛插、几支香、是否要放鞭炮等都要教他们。平时都是家长主持,杨老敏不主持的话就由自己的长子主持,其他人就是烧香、烧纸或者烧谷草、磕头等,都要听家长的安排。

(四)庙宇信仰及祭祀

1949年以前,北张村里有庙,村里一头一个大庙,过年过节村民们都会到庙里去烧香,有土地庙、娘娘庙、四大金刚庙、老爷庙(关公)、刘爷庙(刘守真)等十几座庙宇。关于刘爷庙是正月十九去拜。传说刘守真来到这个村治好了一个人,瞧好了一个病,大家就修了这个庙来感谢他。北张村的庙会正月十九(烧香)、三月初十、九月二十八,这三天是修庙的日子。过庙会的时候年年唱戏,如河北梆子、老调,过庙很热闹。如果外村有亲人,过庙会了就走亲戚,互相见见面,都是叔伯家姥姥家,不沾亲带故谁也不会去谁家,庙会还是相互串亲戚,亲戚就是需要走动的亲属,有娘家、姑姨、姐妹、不错的朋友。平日里也不经常去庙里,都是庙会的时候或者是自家发生了什么不吉祥的事才会到庙里去祭祀。

在过年、过节去村庄的庙里拜神时,家中的男性、女性都可以去,杨小全、父辈四兄弟、婶子们都可以去,小孩子也可以去。特别是村里有新的庙要开光的时候,全村各家各户的人大多都集中到庙门前,有序地跪着磕头。杨家的成员可以独自去,也可以结伴而行,有时候男性约着男性去,女性约着女性去,祭祀所产生的费用可以找家长要。

祭拜的庙宇中有一个特殊的红火庙,也叫作阎王庙,就是如果村庄里某户人家过世了,家里的长子要带着其他的兄弟和老人的孙子拿着纸到当天夜晚的时候去烧,人们还需要穿着孝服,在举行老人的葬礼前一定要去这个庙里照红火,只有照了红火老人才能找到去阴间的路,只能男性去,女性不能去,最主要的是过世的人的儿子们去。

五、家户娱乐

(一)结交朋友

家长不会对家里人交朋友进行干涉,如杨小全参加了村里的五虎会,平时在五虎会里有一些年龄相近的好朋友,还拜了盟兄弟。杨老敏对此不会管太多,家里的人交每一个朋友也没有必要全部跟当家人报备,通常都是家里面农活重了,孩子们的朋友来家里面帮帮忙,杨老敏还很高兴。以前杨家很少有人在别人家留宿,基本上是不允许这种情况发生的。杨家的家庭成员们主要就是种地,每天都是在刨种那点地,不会想其他,天黑出去玩玩就回家,很少留宿别人家里,不管玩多晚都会回到自己的家。如果在别人家留宿的话要跟当家人说一声,当家人允许就可以,不允许还是得回家。

(二)打牌

以前村庄里也有人打牌,叫作顶牛,是一种扑克式的游戏,家庭内部一般不打,都是村里面的一些老头子们还有那些比较闲的人爱打,都是玩钱的。以前是用铜子来赌博,如果输钱了会引起一些家庭矛盾,村里面有这样的情况。有一户人家杨喜常特别爱打牌,直到把自己家的庄寨地都卖了,把钱拿去输,后来家庭矛盾严重,妻子不理,孩子不信任,实在没办法把日子过下去,他就收手了,在其他家人的劝解下,两夫妻又重新开了一家早餐店,但是儿子早已恨透了赌博。杨家没有人爱打牌,一家人还算比较老实的,农忙的时候大家都种地,农闲的时候大家都轧棉花,还有各做各的事情,如杨小全去练武术,他的两个哥哥去当兵等,大家都把日子过得很忙碌,家人们深知赚钱不易,都没有人去赌博。

(三)串门聊天

邻居街坊的平时会串门,串门的时间一般在晚上,不过也是因人而定,当家人进入老年的时候,都不会再做家务,每天都是背着一个背篓和自己合得来的人去街上逛,要么去地里逛,不会待在家里,总是爱出去溜达,同时,也喜欢去别人家串门。杨喜常跟对门的那户人家关系较好,每到晚上,就会到他家去。两个人念叨念叨。老二和老三两个人基本上都不串门,因为他们不怎么会说话。去串门就是想去跟别人聊聊天,或者从别人那里多了解一些自己不知道的消息。两户串门的人家平时也没有相互给对方家帮忙种地,因为各家的劳动力都相对充裕。晚上的时候,妇女们不忙时会去串门,串门都是聊些家庭琐事或者村庄里的大小事,串门不会在别人家吃饭,一般就是在自家把饭吃完了,收拾完了,才会出去串门。串门也待不了多长时间。有时候借了别人家的钱拿去还,或者是第二天有什么事情需要请别人家帮忙,也会直接上门去请,顺便串门聊聊家常。农忙的时候一般不串门,因为没有时间。杨家一般都是在邻居这几户人家当中串门,也不会去太远。

(四)加入社会组织

杨小全参加了村里的五虎会,学习武术。当时北张村里有两位会武术的年龄比较大的师傅,名叫王寿山和刘喜明,他们也是从小一直学武术长大的。五虎会在北张村的发展历史比较长,一直都有人在教学,一来让农民强身健体,二来可以进行自我防卫。因为大哥杨永丰去当兵比较早,家里面只有杨小全一个男性,小时候看到别人表演武术,很好奇也很喜欢,就跟着去学,平时的活动时间为晚上和冬天,地点在村里的刘守真庙里面或者是某个学员家的空房子里。五虎会是谁想参加就参加,不论男女。杨小全先跟着学了几次,后来决定参加,就跟母亲和哥哥说了一声,家人同意了之后便去向教武术的师傅说,当时他们叫作"乱武术",讲究手、眼、身、法、步。真正参加五虎会之后,成员最多的时候高达一百多个,会里还会由师傅组织同龄人拜盟兄弟,比较好的盟兄弟私下关系也比较好,还可以帮着互相做农活,耕牛、人工还可以相互换。后来随着年龄的增长与学习武术的累积程度,杨小全也担任过几任村里的师傅,教村里的其他年轻人学习,也教自家的儿女学习。五虎会不强调性别,还希望很多女性也来学,能保护自己不受坏人欺负。家庭也挺支持自己的孩子去学武术,所以当时学习武术在村里面很盛行, 春节或者别人家办大事等重大节日都会邀请武术队来进行表演。除此之外,杨家的家庭成员没有人还从事其他的行业了,家里也没有什么家传的手艺活,其他人都是全职的农民。

第五章　家户治理制度

家户能够稳定、有序地长期发展,离不开家户有效的自我治理,家长作为家户的治理主体在多个方面承担着领导者的角色,家长的权威性在家长治家的过程中也得到有力的体现。本章将从家长当家、长子协同当家、家户决策、家户保护、家户规矩、家户纵向关系、家户参与村庄公共事务、参与国家事务等多个方面来展现 1949 年以前杨家的家户治理形态。

一、家长当家

(一)家长的确定

各个家庭的家长是自然形成的,家庭内部不需要进行刻意地开会。如果家庭属于某个大家族,家族内部有什么重要的事情都是各家的家长作为家庭代表去参加,家族内的事务通知到家长本人,就相当于通知到整个家庭的成员了。其他家族内的人家都认可家长的地位,各个家庭确立家长之后,不用特意告知四邻和保甲长,从平时的日常相处中大家都会知道家庭是由谁来当家。外人称呼家庭就直接说家长的名字,称为某某的家,家庭内部称呼当家人就是"当家的"。家长有当家的情况也有不当家的情况,通常情况下都是家长当家,有家长年纪大、能力不强等情况时也可以由家庭内的其他成员当家。

杨家还未分家的时候,杨老敏是家长。杨老敏在担任家长期间大部分时间都是自己当家,只是自己后来年纪实在太大了,并且儿子们都有能力管理家庭的部分事务时,杨老敏才不当家。其中,家庭的经济事务就主要由长子负责,劳动事务主要由其他几个儿子负责。家长由家里辈分最高年龄最大的人担任,这个是当家人的必备条件,能力强与否一般不是必要条件,所以一般由男性担任,女家长管理的是家中的媳妇们,包括做饭、洗衣等家务事。可以说杨老敏是外当家,他的妻子是内当家,在家庭的大事上主要也还是听杨老敏的,外当家主要负责家里面的生产、分配等与外界社会打交道的事情,内当家主要管理家里的四个媳妇,负责织布纺线、打扫卫生、洗衣服等家庭内部事务,在家庭的大方向上内当家还是听外当家的安排。当家人与晚辈之间的关系是管理与被管理、安排与被安排的关系。如果杨老敏年纪过大,无法处理家里的事情,就会让长子来当家,管理具体事情,在杨老敏仍然是家庭家长的期间,杨家的长子杨喜常主要是当家人,但当家里遇到大事时、他自己不能做主时都会与杨老敏商量,不会自己擅作主张。因为家里不是太贫穷,担任家长管理家庭不是太费心,杨老敏夫妇都愿意当家。两人都不愿意当家或者家庭里没有人愿意当家这样的情况是不会出现的,因为一个大家庭必须有当家人,必须要从家庭成员中选出家中一个能代表本家庭的代表人,一般年龄大辈分大的人为首选,如果他们不愿意当,就在晚辈中选择有担当、有能力的家庭成员来担任。杨家的四个儿子都很尊重他们,也要服从杨老敏给大家安排的生产活动等,如果有人不服从就不对,会受到家里人的批评和街坊邻居的指指点点。在一个家庭里谁是家长,从外界的称呼也能表现出来,杨老敏小名叫杨黑子,平时街坊邻居说到他家的时候,都是说杨老敏家,而不说家里人其他人的名字,说明外界也知道家里面是他当家。在杨老敏年纪大的时候,即使他不当家,但是在街坊邻居眼里,只要他还活着,这个家庭的称呼就是杨老敏家。杨老敏有家庭名气,但是他不做事情,管理家庭大多数事务的人还是杨喜常。

在杨家的大家庭分家之后,他们家分为了四个小家庭,既分了房屋土地又分开居住分灶吃饭,老二家和老三家一切正常,他们两个顺利地成了这两个小家庭的家长,同时也是当家人,井井有条地管理着自己的小家。但是老大家和老四家都不幸出现了家中男性当家人过世的情况,老大和老四先后因病去世,老大去世的时候,老大的长子虽然才 15 岁,但是在家庭人口缺乏的情况下,便直接结婚,娶进门一个本村的、大其 4 岁的女子当媳妇,来照顾孤独的母亲和年幼的弟弟,所以老大的长子杨永丰成了家里的家长。他负责的事务有很多,如接替杨喜常和几个叔叔共同赡养杨老敏的责任。杨家对杨老敏夫妇进行轮流赡养,轮流送饭,一个小家庭养一段时间,这些主要都是由杨喜常负责的,还有管理家庭的财产,管理家庭的土地,负责妹妹的出嫁嫁妆等。杨永丰母亲因为不认识字又是农家妇女,依然只是管理一些家庭内部事务,是家里的内当家,主要管理大媳妇和后来杨小全娶进门的二媳妇。老四过世时他家的孩子都还很小,不能承担管理家庭的责任,所以由老四的妻子接替老四当家,管理起了整个家庭,包括后来分家的时候,老四的妻子及其孩子都可以代表其作为家庭成员的一部分与其他三个小家庭进行分家,大家对此是承认的也没有任何异议的,就是她和她的孩子有家庭土地、房屋等财产的继承权。老四的妻子要负责的事情有很多,如赡养公公婆婆,管理家庭土地,和街坊四邻打交道,照顾儿女等大小事都是她负责和管理,既是内当家也是外当家。

在农村里每个家庭成员对家长都是很尊重的,家长是家庭的主要管理者,把家庭管理好了,能深得家庭成员的信任和外人的敬佩。杨老敏在家中很有地位,大家对他都很尊重,见面了都要跟他问好。他安排给大家做的事情大家都会尽量去做好。在吃饭的时候要让他先入座,盛饭要先给他盛等,家长能够享受所有家庭成员对他的尊重和崇拜。在分家之后,同样各小家庭的家长都会受到其家庭成员的尊重。在杨小全家这个小家庭中,他的哥哥杨永丰是家长,母亲虽然年纪较大但是因为是女性,所以很多事情还是听杨永丰的。他在家庭成员心目中也是比较能干的,家庭中很多事情都能做到。

(二)家长的权力

1.祖赋父权

家长是一个家庭的一家之主,具有管理家庭的很多权力,新家长的这些权力是从上一辈老人那里继承来的,也是需要一辈辈传承的,这个权力同时也被整个家庭成员所承认。家长管理的范围是整个家庭各方面的事务,管理的成员是全部家庭成员,很多事情也不是家长一人决断,在遇到一些大事如土地买卖、房屋建设、家庭嫁娶等时,家长会和家庭成员商量。

杨家在 1949 年以前杨老敏是家长,因为早前杨老敏有两兄弟,分家之后,杨老敏就是家中年纪最大的和辈分最高的,自然而然地成了家长。当时杨家所管理的范围就是四个儿子、四个儿媳和所有的孙子,家中总共有 28 口人,杨老敏就管理所有成员,大家在大方面都听他的。

2.财产管理权

当家人是一家之首,掌管着家里的财政大权,杨家由杨老敏管理着家中钱财,看管着家里收成的粮食,平时做副业需要的开支经过各家庭成员的手,回家之前都要先把这笔钱交给家长。特别是杨喜常到外面做棉花生意回来,要先去杨老敏的房间报到,将手里所有的钱都交给杨老敏,跟他报备之后才能回自己的房间。家长统一管理钱财和决定每年这些钱财如何流动如何支配。这个财产是全家人共有的,归一家人所有,只是需要一个管理者,这个管理者就非家长莫属。

3.制衣分配权

农村家庭成员的衣服大多数都是自己做,在一个大家庭里面是由当家的把棉花按男性数量平均分给各小家,让家里的女性各自做衣服。杨家也是如此,每次在过年之前需要做新衣服来过年的时候,杨老敏都会拿出一部分棉花来给四个儿子家平均分配,让大家用来做衣服。每年家庭成员都不能主动跟杨老敏要棉花,都是杨老敏主动分配给大家的,他了解大家的需求,决定拿多少棉花来做衣裳。即使有的人的衣服还没有穿坏,也需要去补,家里的媳妇们拿到棉花了之后,可以自己决定做多少和怎么做。如果因为家庭人口数量多棉花不太够的话,也要家中的媳妇自己想办法,可以先将棉花织成布,再将布去换更多的棉花,再用这个棉花来做成衣裳。当时妇女们做衣裳是街坊邻居家里有一台织布机,可以几个人叉着使[①],就是用棉花一起纺线织布,自己的布到哪个位置会做一个记号。此外,市场上有颜料,妯娌们可以相约着去市场上挑选颜色来给小孩做点好看的衣服,男性们常穿黑色和青色的。大家穿的都是粗布衣裳,一件能穿特别长的时间。

4.劳动分配权

一个大家庭有很多个劳动力,包括男性和女性,要使生产生活有序维持,就要靠当家人给大家进行劳动分配,家长依据每个人的能力来让其在合适的职位管理合适的事情。杨家人口众多,有 28 口,18 个劳动力,要合理地安排好每一个人的事情,才不会浪费家庭劳动力,才能让家庭获取最大的收益。杨老敏是家长,他知道每个人的性格,适合做什么就安排去做什么。杨喜常跟着别人学过珠算和心算,凡是涉及家中的经济问题,都交给他处理,包括副业的发展和日常的赶集上店。老二和老三主要负责干农活,他们俩的性格其他的都不擅长,只喜欢和土地打交道,就会干活。老二经常使牲口,赶一辆牛车负责拉土拉粪,每个季节都有得忙。老三就是做一些具体的工作,如犁地、浇地、除草等。老四有中风的毛病,就没有种地,去上了几年学。家里的孙子辈们从十几岁的时候就开始跟着大人们干活了。家中的女性也比较忙,她们没有闲过,平时要织布纺线、打扫做饭,还要从事家里的副业,蹬轧车,还要照看这么多小孩,只有在冬天的时候她们能稍微休闲一点,因为冬天男性不用下到地里去干活,就由他们来蹬轧车。杨老敏懂得每个人的脾气和性格,能更好地对其进行安排,大家也都听杨老敏的。

5.对外交往权

家庭是以整体为单位与外界相处的,平时街坊邻居们的红白喜事需要当家人出面帮忙,家庭需要借钱也由当家人出面,当家人是这个家庭的代表。和家族中其他人之间的交往,如

---

① 叉着使:两户或两户以上人家轮流着用。

吃清明会,或者亲戚之间需要帮忙,都会由家里的当家人出面,吃清明会只能带着儿子,不会带妻子女儿。与村里进行的交往比如交纳兵差即交公粮或者是出力役、兵役,也是由当家的人自己去或者是分配到家里面的男性去,都听当家人的安排。如果当家人做了不该做的事,例如赌博,如果妻子没有特别的能力,孩子们年纪又还小的话,就会没有人管当家人,就任由当家人做错事情,除非他自己醒悟。

6.家长权力的约束

在北张村有很多大家户,有的当家人也会做一些错事,会沉迷于赌博或者是抽大烟等。例如村里面的刘大财主家,有一个叫刘锦云的大财主,他是他们家的当家人,财主家一大家子人都不干活,都是雇长活和雇打短的去帮他家做,越是这种大家族的当家人,在家里的地位和权威都很高,要吃好的喝好的,后来还逐渐抽上了大烟,底下也没有人能管他,后来家里的财产都被他抽大烟给败光了,最后还要靠卖土地来还债。这个就是当家人一旦做了什么不好的事,就会让整个家庭变得衰败。家庭无法对家长进行约束,妻子不能说当家人不对,即使她说了家长也不会改,如果一个家庭在一个大家族内,就会根据家族内要求来约束家长,不能让其为所欲为,但是力度都不大。

(三)家长的责任

1.家长要做的事情

当家人不容易当,管理好一个大家庭,要有责任和担当解决很多问题。

一是解决一家人的温饱问题,这是一家人的首要问题。在1949年以前,普通农民的主要收入来源就是种地,如果自家土地少、劳动力多,要考虑租佃土地,为了保证粮食收成好,当家人要对家庭劳动力进行统一分配,保证一年四季都有序种地。杨家主要有七十多亩地,但是自己家的只有十多亩,还有六十多亩都是从地主家租佃过来种的,这个就是杨老敏出面去找中人跟地主家租的,每年需要上交的租粮也由当家人自己或者是他指定家里的某一个人去交租。如果当家人不想办法种更多的地来解决一家人的吃饭问题的话,那这个当家人就算没当好。

二是解决家庭的保暖问题。过去杨家取暖有两种方式。一是烧炕,就是在建房子的时候设计炕,会在炕底下留一个洞来烧火,烧一会儿让炕热了就把火熄灭,让炕保留温度就可以了,有的人家没有注意也有把炕给烧裂的情况,烧太烫了被子也会焦。二是烧火盆也叫炭盆,这个盆是铁的,就是先在外面笼火,劈点柴烧一会儿,让柴先冒烟,等不冒烟了再把炭抬到屋里来,大家就围坐在一起取暖,本地话叫作“向向屋子”,就是让屋子有点热量和温度增高。以前杨家的燃料主要以烧柴草或者秸秆为主,还有树叶。以前路边的这些树掉叶子了都要用工具把叶子装着放到家里来留着烧火。秸秆有高粱秸秆、玉米秸秆、棉花秸秆,但是谷秸秆、豆秸秆不能烧,本地话叫作“秆草”,把谷穗、豆子去掉之后,扎在一起,这个要用来喂牲口,牲口喜欢吃。以前烧这些东西会冒烟,污染也大,但是家家户户都是这样烧的。只有冬天过年的时候能够烧上几天火盆,平时还是主要以烧炕为主。当家人要安排人保证柴草的供应,杨家由老二和老三共同准备柴火,他们两个是主要种地的人,所以对秸秆这些会比较好进行保存。

三是解决制衣问题。家庭制衣分配是按兄个数来分股,平均分配家里的棉花,让各小家的女性自己纺织制衣。制衣的棉花在年前由当家人按其父辈四兄弟按四股来平均分,然后就由各家的女性来自己制衣,不会按人口来分,所以每个小家不管家庭成员的多少得到的都

186

是一样的数量,如果小家人多大家就穿得差一点,小家人数少大家就穿得好一点。

四是维持家庭和谐。家庭人口多,特别是兄弟都成婚之后更容易引发各种婆媳、兄弟、姑娌间的矛盾,当家人要有威信来维持整个家庭的和谐,防止家庭关系破裂。

五是维持收支平衡,提高家庭经济水平。农村家庭主要以种地为生,为了更好地生活,往往还会发展一些副业,当家人要有远见,善于与人交往,发现机遇。当家人要能够维持家中的收支平衡,会花钱,防止出现穷困现象。当家人要承担整个家庭的很多责任,保证家族的延续和家庭的和谐发展。

2.好家长的标准

好家长就是能安排整个家庭的生产,使家庭成员们进行有序的生活,能够管理好财产,有一定的家庭积蓄,能够充分利用家庭劳动力,让大家有事可做、有力可出,维护家庭和谐,不让家庭闹矛盾、闹意见,能够有权威管理好这个大家庭,对孩子们关心照顾,教其一定的劳动技能,让其有生存能力。

(四)家长的更替

当家长出远门时,家长一般会将家里的事情交给内当家人来处理,女性因为辈分较大也可以成为代理当家人,女性成为当家人不会被别人家笑话,反而街坊邻居会考虑到男性当家人没有在家而多多照顾这个家庭,有什么事情都会愿意主动帮忙。女性成为代理当家人的时候,就不仅要管理以前那些家庭内部的事情,还要管理家里的财务还要与外部人员打交道,女性的一切权力等到当家人从外面回来就要归还,管理的内容就回归到最开始,大家还是管理之前各自负责的事情。如果后辈的儿子年纪较大,可以处理家中大小事务,也可以交给长子来做当家人。

如果家庭还没有分家,当家人过世了,一般是由长子来继位当家人,不是指定的,是习惯性的,以年龄为主,长子优先,其次看能力。一般长子也会知道自己以后即将要做当家人,平时的责任感也相对较强。丈夫过世了一般不由妻子当家,因为女性也管理不好什么。杨家一开始是杨老敏当家,他的儿子四兄弟分之后,由各自家庭的男性当家。杨喜常因为劳累过度在四十多岁的时候就过世了,家里剩下杨小全和他母亲以及哥哥,因为杨喜常早逝,家里由哥哥当家,哥哥也在 15 岁的时候就结婚了,娶了个妻子回家来帮忙打理家务照顾母亲和年幼的弟弟。家里的当家人自然而然由他哥哥继位,管理着整个家庭。

有一种情况是家长年纪大了不想操心了,家长就主动提出退出当家长,因为家长很难当,有的老人看到家庭成员越来越多,很难管理,等后辈长大之后就提出分家,让大家自己顾自己,家长不愿意再为整个家庭费心机了,也只想自己管理好自己就行。旧当家人退出家长之后就要产生新的当家人,如果家里有很多个儿子且分了家,那各自就当自己家的当家人。如果还不分家还要继续一起生活,一般以能力最强的那个来当家,不一定是长子,因为大家平时都是有目共睹的,能力最强的为家庭做的贡献最多,也能得到各个家庭成员的赞赏与认可。退出当家人不用告知村长保长甲长,也不用特意告诉邻居,但是邻居们会自己看,哪个人天天管理家里的事情,那就是他是当家人。

一个大家庭分家之后,就要重新选择新的当家人,一般当家人是不主张分家的,因为他们的思想就是家庭团聚、和谐,除非大家在一起住着不合适了,才会出现分家的情况。本来杨家之前大家在一起过得挺合适的,大家做事情都挺有劲,以家庭的共同发展为目标。但是家庭有所变故,导致各小家的情况不一样,能力也不一样,所以其中有人提出分家。具体情况是,大家庭里的四小家,老大家因为杨喜常过世,家里的主要劳动力倒了,家里没有什么劳动力,比不上老二、老三家,他们就会认为杨小全一家能吃但是不能干活,拖后腿,连累他们,他们觉得不合适了,就想着分家了,就觉得自己家过自己家的比较好。一家人在一起生活老是有怨气这样不好,生活得也不是很开心,即使当时是生活在一个大家,但已经开始以一个个小家来看待了。当时老三提出分家,家长不同意也不行,到时候矛盾闹大了,或者是老三看到老大家不干活也能吃饭,自己也可能不干活,这样一家人没人干活都等着吃闲饭,当家的也当不了这个家,所以杨老敏自己也觉得该分家了。一家子人口多了,依赖性就比较大。后来四小家分家之后,各小家分别有了自己家的当家人,当家人以年纪大、辈分大的男性为主,杨永丰是家里的长子,母亲虽然年纪大但是女性,所以他们共同当家、共同管事,主要是由杨小全干活,后来杨永丰去当兵了,家里的土地经营等都是杨小全负责。

二、家长不当家:长子当家

杨家的家长和当家人一开始是同一个人,都是杨老敏,他的寿命比较长,身体也不错,在当家期间把家庭治理得挺好。后来杨老敏到五十多岁的时候,杨喜常就三十多岁,他的能力也比较强,虽然没有上过一天学,但是脑瓜子聪明,跟着别人学了珠算和心算,算账特别厉害,杨老敏对杨喜常的期待也很高,希望能够通过他的努力带领着一整个家庭多挣点钱,走向富裕。所以后来尽管杨老敏的儿子们都长大成家立业了,整个家庭还是没有分家,大家就想着把所有的生产资料、生活资料集中在一起,大家一起汇集劳动力共同为这个家庭奋斗。当杨老敏还是家长的时候,他开始渐渐地将很多权力移交给杨喜常,让杨喜常去代办很多事情,这样自己就有闲时间来做自己想做的事。所以在他的晚年,身体还挺好的时候,他常常背着一个箩筐到处转,有时去赶集上店,有时去地里看庄稼。杨老敏不当家的最主要的原因是他想休息,不想操这个心了,同时杨喜常也有能力接他的班他就放心了。杨喜常品德好、能力强、为人善良,并且虽然自己当了家,但还是会主动跟杨老敏去汇报一些情况,特别是经济方面的,每次回家都先去家长房间,将钱交给杨老敏,自己不会多拿一分,如果偷偷拿了属于大家的公共的钱,自己在家庭成员的心目中就会没有地位也没有威信了,就无法在当这个当家人了。

三、家户决策

家里的事情基本上都是家长说了算,家庭内部事务家长很少管理,都是杨老敏的妻子在管,家长主要管理的是家庭的经济和对外,家庭成员都要服从家长,听家长的话,家长做的决定大家都要听。如果家庭成员觉得家长做出的决策不正确,会适当地提出意见,但是不会强硬地忤逆,而是态度好一点地提议。如遇到租佃、买卖等大事,整个家庭会在家长的带领下共同商量,有时也没有刻意商量,就是让大家都说一下自己的想法,是否同意,基本上家长的想法大家都会同意。

家长决策的事务很多,都是发生在家庭里的大小事务,家长做主的事情包括儿女的婚姻、生产生活的安排等,家庭成员的私人生活不用家长来决策,家长决策的事情是家庭的公共事务,不涉及公共事务的事情,家长不会管。

四、家户保护

(一)社会庇护

如果杨家人和其他人发生矛盾,家长需要去调解,如果家长不主动去调解,别人家来找到自己家,也是先找家长讨个说法,特别是小孩子与别人家的小孩子会经常闹一些矛盾。杨老敏是家长又是当家人的时候,就由他代表家庭去解决,他不是当家人的时候,就由孩子的父亲母亲自己管,一辈人管一辈人,杨老敏不会对孙子们的事管得过多,孩子们在外面遇到危险和困难,都会及时找家里面的人帮助。家里面的人为了给孩子安全感也会出面,同时这是一个教育的机会,他们会及时分析这些实际发生的事情,对孩子进行教育。如果家里有人与别人家发生矛盾,那家庭成员都会站在本家人这边,也不会去多考虑实际上是谁对谁错,家长都会对孩子有保护欲。家长了解情况之后,如果是自家的小孩有错,孩子还小,家长会代表孩子给别人家赔礼道歉,自家的孩子做得不对也是由自己来进行管理或者是惩罚,不会让外家的人来对孩子进行管理,只能自家惩罚,别人没有这个权力。

(二)情感支持

家庭成员对家的感情特别深,家就是家庭成员的避风港,特别是出远门的家庭成员会特别想家,如果在外面受委屈了,被欺负了,都会回家诉说,在家人的安慰里找到情感归宿,家人也会支持自家的孩子,对孩子们给予鼓励和支持。

(三)防备天灾

北张村出现灾害的情况不是很频繁,但是水灾、旱灾、蝗灾都有发生过。

1.水灾

水灾发生严重时,北张村的房子都会塌,因为村民们的房大多都是土坯房,遭水泡了就容易倒,房子倒了也没有什么办法,那时候村里面的人没有来管也管不了,严重的时候出了村就是水,村民无法走路。村里本来就是涝洼地,这种土地种出来的粮食基本上没有收成。水灾发生时粮食全部被水淹,农作物的秧苗都漂在田表面上, 好地里面的小麦和玉米也会减产,年份好的时候小麦能够收两百斤左右,发生水灾时只能收一百多斤。发生灾害时,村里面各家基本都是自己顾自己,条件好的一些人家有存粮,就能度过没有收成的一年,普通人家没有粮食,就只能去给大户人家借粮,要等到第二年收粮食的时候才能够还得上。如果灾害发生得特别严重,村里面普通人家特别是穷人家都没有饭吃,有钱的刘家大地主会在家门口做一些粥分发给穷人们。

2.旱灾

村里发生旱灾的时候,粮食减产得厉害,麦子和棒子都旱得"打拧绳儿"①了,就是被太阳晒得弯弯曲曲的。玉米棒子又小又短,地里的粮食只要不去浇水都产不了粮食,当时水井的水位也有所下降。有几年旱得太严重了,村里面几户邻居就组织起来进行求雨活动,就是到庙里去求神仙,庙里有个小神像,村民们就把它抬出来晒太阳,本地话叫作"出旱"。活动由大家共同组织,主要的组织者就是村里的年纪比较大的老人们,他们说话也有人听。那时候村里有老爷庙和龙王庙,这些庙里的神像都被抬出来过。普通的神像是村民们用泥巴捏的,神

---

① 打拧绳儿:形容干旱严重,农作物颗粒无收。

像有拿大刀的，神像就放在外面一直晒太阳，直到下了雨之后才把神像抬进去，被雨淋湿了下次还得重新做一个，不过村民们都是盼着下雨。求雨活动也花费不了什么资金，就是组织村民们烧香磕头，很多村民们都是大家一起参与。组织者求雨的时候念念有词，在最干旱的时候，粮食减产，人们都被大太阳晒得没有力气，粮食减产让人也吃不饱，所以在井边打水、拧辘轳的时候都拧不上来，人们还打了个比方，说打上来一桶水，等重新再打一桶水，拧辘轳上来的时候，第一桶水已经干了，叫作"拧了辘轳干了水"，你不拧一直不动辘轳，拉着辘轳的东西就会停，就是形容那时候打水的苦难和缺水的现象。以前村里的河坑全部都干过，都只能挖井来浇灌。过去气候不稳定，旱的时候旱死，涝的时候涝死。总体来看，杨家种植的七十多亩地有上地也有下地，即使遇到灾害，每年产出的粮食也都基本能满足大家吃上饭，实在没有存粮的情况，会去跟稍微富裕一点的人家借，不用利息，借多少还多少，由当家人去借。没有出现过因为躲避灾害而逃荒或者是变卖土地的情况，灾害的时间都比较短暂，都能熬过去。

村庄遇到灾荒的时候，北张村的大户偶尔会赈济其他贫困户，另外还有一些跟他有关系的人家去借粮食，写好了借条大户也会把粮食借出去，但是不会刻意去赈灾，只是如果遇到非常严重的年份，大户人家会派自己家的管家在大门门口煮粥分给大家吃，穷人们排队来一人一碗。

（四）防备盗匪

北张村因为地理因素地形平坦开阔，且没有围墙，经济发展水平在几个邻村中间相对较好，条件好的人家相对较多，所以容易招致匪患。匪患的多少也有一个时间节点，在七七事变以前，匪患多是那些没有人家管理的一些二流子，靠偷盗和抢劫为生，后来发生事变了，又有国民党的残余势力，再加上后来的一些为日本人办事的，当地人管他们称作"白脖儿"。土匪头子是外村人，家里经济条件不好，但是当了很多年的土匪，别人听到了他的名字也会有一点畏惧性。他开始当土匪是因为贫穷而且家里人没有人管他，土匪都是有组织的。本村也有一个叫孙老黑的与他们相互照应着，甚至还帮着忙绑票。土匪抢劫一般是直接到农户家里去，或者是在路边掳走小朋友，抢劫的时候主要是抢中等家庭的钱财或者是牲口。

1.家庭自我防御

自家为了防御土匪，杨家一开始修房子的时候会首选街中心，因为人口密集相对安全，一出现匪患容易集合起来共同对付，并且家里会修建两米多高的围墙。以前都是土围墙，有大门晚上上锁，没有锁的人家要把门外的牲口牵回房间，防止被盗。遇到匪患的时候，大户人家本身自己家有高墙大院，还专门雇有人来看场院。普通人家会联合起来对抗匪患，一旦发现土匪的迹象，某户人家就拿着家里的铜盆到房顶敲敲打打，并且发出声音，以便引起其他人家的注意，大家一起声势比较浩大。大户很少会为别的农户提供安全防卫，村庄里也没有村墙。遇到灾荒，杨家属于那种能自保的情况，因为平时种的粮食较多，还略有结余，所以能够保证家人能吃饱但是吃不好，如果实在没吃的，也会向村里的大户人家借，他们也会借，在来年收成的时候及时拿去还就好了。

2.村民联合防御

杨家分家之后，杨家分到的房子在村周边，比较危险，所以就和周围的邻居们一同商量组织起来共同防御。村民们轮流巡夜，后来经过慢慢发展形成了"维持会"，会首由能力最强的、最会为大家办事的年纪较大的男性担任,平时分配大家巡夜的顺序,以及要做的具体事情。"维持会"是大家为了自己家的安全自发形成,办会的时候要得到村里的许可,需要向村长、村副报备,主要参与者就是房屋坐落在村庄周边的人家的男性。杨小全还谈到那种特别老实的庄稼主也参加不了维持会,做不来这种工作,得是那些有点闲心的、胆子比较大什么都不怕的人,组成这样的维持会是要在关键时候与土匪相对抗的,不然其他人也不敢,一定要管得了人的、大胆的。此外,如果村民们发现土匪要来了,就会自发跑到自家房顶上去,拿着洗脸盆,"当当当"地敲着,这相当于给其他人家发出了一个信号,大家就一起到房顶上嚷,一来想威风超过土匪,把他们吓跑,二来让土匪知道村庄人已经做好准备了,劝其不要过来。

村庄为了村民的安全,曾组织了人员半夜进行打更,一开始有专门的打更巡逻人员,后来也以村庄的名义安排过各个家庭一家出一个男性进行轮流巡夜打更。

3.发生绑票

杨小全的亲姐姐曾经被土匪绑票,过去村庄常出现土匪绑票的事件,土匪绑人也要绑家里面有点财产的人家,因为穷人家被绑了根本不会赎也赎不起。杨家当时条件在村里算是中等,姐姐被绑票之后,土匪派人来通知家里人去赎,其实就是本村的孙老黑与外村的那一伙人一同来绑的,当时土匪就是看到家里面没有男性,只有几个女性在家,土匪就进屋绑人,当时杨小全母亲都跟这帮土匪打起来了,还是没打过,直接绑走了。后来由村里黑白通吃的王老发带着家里面的人去赎的。这个王老发跟他们也有点关系,杨小全还没有主动去找他的时候,他就直接过来了告诉家里这个消息,说明被绑的人,需要多少钱等,后来家长为了保证家里人的平安就说要赎人。当时家里面花了 23 块洋钱,这个价格是土匪提出来的,少一块都不行。当时还好家里做了倒卖棉花的生意,每年能够挣到一点钱,还能够赎得起就赎回来了。土匪的绑票对象是家里面经济条件还不错,平时家里有点资产的,并且家里没有看家的人,一般不会选择去绑财主家,他们家墙高房子高,还请了专门看家的,没有机会能够绑票。土匪在选择抢劫对象的时候会得到本村的一些人心不太好的人的帮助,大家都将这些人称为村里面的叛徒,出卖村里的人,想跟着土匪能够捞点好处的那些人,他们会经常关注村里面的事情,给土匪头出主意。

(五)扶弱功能

在家庭粮食和衣物分配中,家长一般不能偏心。如果家长偏心的话肯定也是有原因的,主要就是为了照顾家中的弱者。比如在家庭里吃饭的时候,因为老四过世了,接着儿子在小时候也是生病就过世了,家里的女儿出嫁了,老四妻子在家里就是一个寡妇,在日常吃饭的时候,大家都会先让老四妻子盛一碗大碗的过去,让她自己多吃点,其他成员会再过来进行分配,一家人都让着老四妻子,从不跟她争抢。家中如果有孕妇,在食物分配的时候也能分到好一点的,为了照顾她和肚子里的孩子。

在家庭分家分房的时候也体现出了扶弱功能,杨家在分房子抽签时,首先是老二和老三抽到了东北头新修的那两处房子,其中老三是 4 间砖房,老二是 3 间土坯房,老大和老四家抽到了原来房屋的两处。四个兄弟对这个结果都没有什么异议,也还算平等,但是当家人不怎么同意,因为他考虑到老二家和老三家都是人口众多,劳动力强壮。而老大、老四都已过世,老大家还好,有老大媳妇和两个儿子,但是老四家只剩下一个寡妇和他的一个儿子,人口稀少,人丁单薄,同样分到那么多土地。一个人生产生活不容易。当家人想让老二和老四住在

191

同一个地方,因为老二生性善良容易照顾人。所以当家人就提出老大家跟老二家置换,本来老大家抽到的是原宅基地,地理位置好,也住习惯了,不想去住新建的那个宅基地。当家人给出两个选择,一个是大家重新抓阄,直到结果对老四家有利,要么就是老大家跟老二家抽到的结果置换,老三家里不愿意重新抽,因为他选到的是四间砖房,他很满意,为此他还找老大家的大儿子聊天,试图说服他换,后来还是不愿意,就打了老大的大儿子一顿。最后经过一家人的说和,以及他们三家会给老大家补贴一个大牛和一个磨,老大家这才不愿意也愿意,家长作出的决定,家庭成员如果有不满意也是白不满意,不满意也得满意。

五、家户规矩

(一)成文家规

杨家没有成文的家规家训,家里的很多规矩都是约定俗成的,如家长在一些家庭大事上有决定权,大家都会尊重家长,家里任何人做什么事也都会与家长商量。家中的劳动力分配情况也都是很默契的,男性出去干活,女性在家做家务,生产上相互分工相互合作,家人必须团结,不许恶语相向,对待家人要和颜悦色,女性必须要守妇道。家里的财产权掌握在家长手中,由家长统一支配,家庭成员不能藏私房钱,不能偷拿家里的钱,家里的大小事宜都以家长的观点为核心,家庭成员基本上都要听家长的。

(二)默认家规

杨家只有默认的家规,这些家规也没有特别的制订者,就是一些惯常的行为,上一辈的人就是这样安排进行生产和生活的,所以这一辈的人也就这样生产和生活,大家都习惯了,都是默认而形成的规矩,大家都这样做。家规的形成者是整个家庭成员,家长在平时的生活中都会提醒家庭成员们按照家规家法来做事。如果家人有违背的情况会及时提醒,并且家长要十分懂得这些礼数和规矩,都能够以身作则,如果家庭成员不按照规矩办事的话,就会被认为不懂事。

1.做饭及吃饭规矩

杨家平日里都是一家人一起吃饭,日常吃饭的时候都有一些规矩。首先媳妇负责轮流做饭,平时家里面主要由媳妇们做饭,杨家当时有四个儿子和四个儿媳妇,四个媳妇就轮流做,一人做一天,每天吃什么都是由家长和婆婆决定的,主要由婆婆决定,家长对家庭内部事务管得不是太多,自家种有大白菜和其他蔬菜,平时很少需要买菜,家里人多每次都是炒一大锅,本地话叫作大菜,大家一起吃。其次平时吃饭时家里人太多不可能坐在一起吃,一张桌子也坐不下,媳妇们做好饭菜之后,先给老人们盛一碗,让他们够吃,剩下的都是自己拿着自己的碗去盛,端到自己的房间里去吃。吃完了将碗放到厨房,再由负责做饭的人统一洗碗。平时吃饭没有特别的规矩,比较随便,大家自己吃自己的,只有家里面有特殊的节日或者是过年的时候才有可能坐在同一桌吃饭。即使过节也坐不下,一般就是家里的家长和其他男性坐在炕上,然后女性就坐在最边上,实在坐不下的女性和小孩子们就站着吃,这样方便给坐在上座的杨小全盛菜。开始吃饭时要动筷子吃菜,也要先让杨小全夹一次别人才能夹。家里来了客人要让客人坐主位,吃饭时的时候不能挑三拣四,只能按表面的菜来夹,不能来回拨动菜。但杨家吃饭更多的就是把菜炒好了,自己小家盛到自家的屋里去吃,吃饭吃得比较快,花费的时间也很短。

过去买菜的时候少,自己家都会种点白菜,后来一般都是吃咸菜酱,自家院子里有井的就可以种点萝卜,收成的时候腌制点萝卜出来,就这么就着窝窝头吃。饽饽平时是硬的,吃饭的时候就在上面抹点酱,就这么吃,以前没有什么好菜。如果平时农忙太忙了,或者男人们到较远的地里去干活,他们中午就不会回来吃饭了,媳妇们想到他们辛苦了,就把饭送到地里去给他们吃。拿一个小扁担挑着,一边放饽饽,一边放粥,主要就是这两种食物,拿到地里,男人们吃饱了,媳妇再拾掇拾掇碗回来洗,有时候媳妇要在家里打扫卫生或者是做别的事情,就叫家里稍微大点懂点事的孩子去送饭给干活的人。总体来看,负责做饭的那个女性送饭的情况比较多。如果大家不在一起吃饭的时候,男人们喜欢端着碗到院子里面去吃,或者是随便走动,但是媳妇和婆婆都愿意在自己的房间里吃,坐在自己屋子的炕上,吃饭的速度也很快,赶紧吃饱就接着干活。

如果家里面有孕妇,孕妇就能吃得好点,平时除了和大家一起吃同样的菜,还能吃到一碗面条,病人也能吃得好点,以前面条是很难吃到的,只有身体不好需要保养的时候才能煮来吃。

2.座位规矩

杨家在1949年以前还没有一张那种吃饭的桌子,都是在炕上吃饭,有什么重大节日的时候,大家才会一起坐到一个炕上吃饭。一家人共桌的时候,杨老敏奶奶都是坐最里面,往外依次是老大、老二、老三、老四,如果还能够坐上媳妇,媳妇就坐最边上,如果坐不了,媳妇就站着吃饭,因为要在外面拿饼拿咸菜等做一些闲活。家里吃饭的时候,妇女也可以上桌,就是怕没有位置,冬天的时候,家里只有过年那几天能够烤得上火炉,要优先让杨小全取暖。

家里如果宴请客人,也会注意座位安排。当客人为本家亲戚时,也要按照辈分和年龄来排座位,还是以杨老敏坐主位,晚辈坐外面,同辈之间就没有特别的讲究,随便坐。当北张村过庙会的时候,来的亲戚就是最多的,亲戚按辈分来让大家坐上座,家里辈分越大的客人的亲戚越受到尊敬,还有那种新婚的,刚刚结成姻亲的亲戚,大家一般也对她或他比较客气。当客人是街坊邻居时,杨家当时与街坊邻居们都比较熟,请他们吃饭有时候按年龄来排座位,年龄大的坐里面,有时候不讲究这么多,大家也可以随便坐。

3.请示规矩

(1)生产生活中的请示。对于土地的经营管理,家里由当家人说了算,全年农业生产与种植,家庭成员都有比较好的分工,每个人都找到适合自己应该做的。老大也种地,但是主要负责做棉花生意,一家人赶集上店全是他,涉及经济方面的活动也是他说了算,也就是副业方面的选择和经营全靠老大。老二的主要任务是耕地,同时关于家里牲口的活动也是他在管,拉土拉粪、耕地犁地、牲畜喂养等等主要是他负责。老三主要也是种地,各个环节他都要负责,播种、除草看护、收成等,都要负责的。家里的这种经营模式没有必要雇工,因为劳动力足够,甚至家里的劳动力还有剩余,如果人口少,别人家的老人也帮着子女干活,可是杨家人口多劳动力多,不用雇工。杨老敏也不用做事,成天背着背篓去四处溜达,去串串门,把自己的身体养好就可以了。在生产生活中,大家不会有商有量,只是在自己的这个范围之内,会跟杨小全请示。老大做副业的时候,每天进门之前要先去杨老敏的房间,把今天挣的全部钱交到杨老敏的房间中,如果他第一步到自己的房间,那就会造成别人对他的不信任,以为他藏私房钱,这样做就会避免误会,树立自己在家人心中的诚信形象。每天交完钱之后,会跟当家人说一下今天的生意情况，并且讨论第二天的活动，是要继续去收购棉花，还是在家轧棉花，都会问一下当家人的意见，商量好了第二天的事才会去做。老二负责的耕地活动，也会找当家人讨论种植农作物的种子是否好，是否适合种植这边土地，或者是别人家来借耕牛和农具，老二自己一个人不能做主，就要向当家人请示是否能够将此借给别人家，当家人同意了才能借。

(2)家庭生活中的请示。一是吃饭请示。以前农村这种大家庭做饭都是媳妇们轮流做饭，每顿饭基本上都是吃饽饽，吃点咸菜，再炒一锅大菜，通常是白菜，大家就拿碗来自己盛到自己的房间里面去吃。遇到家里某个人生病了，做饭的人会请示一下婆婆能不能给他做点好吃的。当条件好点的时候，大家想吃好点，改善伙食时，可以提出来自己想吃什么，在请示当家人之后，当家人允许了就可以由负责做饭的人去买点好菜。除了做饭之外，妇女们还负责做衣服、洗衣服，这个她们可以跟婆婆请示，把衣服做成什么样子，也可以四妯娌之间相互商量，不用请示公公。二是购田置业请示。家里面涉及购田置业等大事都要找当家人商量。在1949年以前，有一户刘家大财主他因为吸食鸦片落魄了，家里的财产都败光，所以就只能卖掉土地。他们家找中间人，中间人就找到了杨家。当时家里也没有多余的钱去买土地，所以只能借钱。这个事情老大一个人可不能做主，他首先去请示了杨老敏，杨老敏一个人也没有办法，后来大家几个男人坐在一起共同商量，拿不出钱来可是那边非要卖，所以只能派老大去另一个地主家借钱来买了。三是上学请示。家中以前经济条件特别差，农民中间能够上得起学的人不多。当家人家有四个儿子，老大、老二、老三都没有上过学，一天书都没有念过。后来当家人考虑到这一户人家中没有一个会识字的可不行，就和妻子商量着让老四去上学，当时就是在北张村里上的一所公校。因为老大、老二、老三没有这个机会上学，杨老敏还是跟他们说了一下一家人需要一个去读书的情况，大家也都同意，还是各干各的话，用家里的钱给老四交学费，这个决定是杨老敏做出来的，他自己就是当家人，没有去向别人请示，但是也会和家人商量，一家人都同意了才定。

(3)外界交往中的请示。一是节日出门的请示。家庭成员每逢节日，妇女都要去庙里烧香烧纸，祈求一家人平安，或者是村里重大的庙会，有时也想去凑凑热闹，这时候就会跟当家人说一声，自己要出去了，特别是妇女，出门必须跟杨小全交代好。二是媳妇回娘家的请示。家里父辈们的四个媳妇都是外村的，是陈庄、段庄和徐水县的，三个村庄的庙会日期都不同，以前过庙会是农村的一大重要节日，到了那个村的庙会，四面八方的亲戚都要回到本村来过，特别是嫁出去的闺女，这个日子算是可以回娘家的日子。媳妇回娘家因为要带礼物，所以必须请示当家人，跟当家人说一声自己即将回娘家过庙会，想准备点礼物。以前的礼物一般是包子，媳妇拿着十六个或者十八个就回去了，是自己提前做好的。三是参加村庄社会组织的请示。传统时期的北张村社会组织非常发达，有五虎会、南乐会、叉会等，隔壁的南张村也有高跷会、武术会、音乐会等。杨小全在小时候就去凑热闹，看到别人练习武术自己也是非常的喜欢，就经常晚上去看别人练。后来他观看得差不多了，看到同龄的人都加入了，自己也想加入五虎会，他第一反应是回家告诉杨喜常，跟杨喜常说自己的想法。他回到家跟杨喜常说自己想加入五虎会，想学习武术来锻炼身体和防身。杨喜常同意了，并且鼓励他去，所以他如愿加入了五虎会。农村的家长一般是很鼓励自己的孩子加入这些会的，因为他们本来就不念书，白天帮忙干农活，晚上和冬天农闲的时候就没事做，所以就愿意让孩子去学点东西保护自己。四是借粮借款的请示。杨家很少有吃不上饭的时候,因为家里种植土地多,吃饭虽然说吃得不是很好,但是能够吃饱,能够让一家人糊口,所以从来不去别人家借粮食,但是借钱是常事,因为家里做棉花生意,常常需要现钱来周转。每天老大会把花掉多少钱,挣了多少钱做一个账目记录,并且跟当家人说清楚,当第二天要去收购棉花发现钱不够时,就会跟当家人说需要去借钱,然后当家人了解情况之后,当家人本人或者是老大就会去跟地主家借钱。

请示的形式有口头汇报、大家商量、家庭会议等多种形式,目的是家庭个人把自己想做的事情说给当家人听,得到当家人的许可。如果事情比较大,如购地置业之类的大事,要花钱的大事,就需要一家人召开家庭会议,才能做出决定,小事的话直接跟当家人口头说明就行了。如果家里面有人跟杨老敏请示,杨老敏不同意的话,年轻人就不可以做这件事。传统事情的农村当家人说了算,年轻人不可以违抗或变通长辈的命令,可以尝试着去进一步与老人商量,但是不能违背老人的意愿。如果两位老人辈中的男性长辈过世,遇到事情需要决定的时候由年轻一辈的几个兄弟共同决定,同时也会请示老奶奶,征求老奶奶的意见,因为她毕竟是长辈。媳妇方面遇到问题一直都是请示老奶奶,奶奶就是一直管家务事,和媳妇们打交道,地里的事老奶奶管不了。但是如果老奶奶年纪大了不知道事了,年轻人就会自己决定。杨姓在北张村算是一个小姓,并没有大家族,杨老敏兄弟两个,早就已经分家,各有各的家庭,平时有少量联系,就是过年、过节的时候相互祝贺,在生产生活方面很少有交集,没有什么事情是需要去找家族的族长做主的,实际上也不存在家族的族长,一般都是与长辈商量解决,主要是与当家人商量。

4.请客规矩

以前的北张村,只有有钱人家、大户人家事儿才多,大事小事都会宴请宾客。庄稼主家里面很少办事,一整天都是在地里忙活儿,只想着一家人能吃饱,只有少量请客的情况。

生产活动中有很多请客的现象。一是建房请客。以前农村建房子的时候,首先需要请一个"头儿",头儿会再去联系泥匠、瓦匠,这种算是雇工需要给钱的。还有就是一些街坊邻居,他们虽然不是很懂技术,但是也能帮忙做些事情,在房子快要建好的时候,会请头儿吃个饭,麻烦他对建房子上点心,另外还要请街坊邻居吃饭,一天吃三顿,因为他们就是纯帮忙,没有工钱,并且在以后他们家需要帮忙的时候也要去帮忙。二是土地交易请客。杨家本来自己家只有十多亩,从财主家里租来了六十多亩,后来随着自己家庭做棉花生意赚到了一点钱,能够买得起一点土地了,或者是刘家大财主家自己家抽大烟潦倒了要卖掉土地了,了解到杨家有点积蓄有能力买,就拜托中间人给说合。其中如果是杨家主动去买土地的话,买成功了,他需要请中间人、见证人、文书,特别是还要请地邻吃个饭,就是为了说明这块土地已经是我家的了,也希望和大家一起处理好关系。三是借钱请客。有时候家里没有多余的钱款时,需要向地主家借,当借钱的数量比较多的时候,就需要找保证人,出于感谢和客气,借到钱之后会请保证人吃饭,就不用请财主吃饭了,因为他们家很有钱,借钱者本来就没钱。

生活中也有一些请客现象。家庭发生红白喜事都要请客,这种算是请大客。红事包括结婚、生孩子、孩子满月,红事请客比较多,红事需要请的人有亲戚、街坊邻居,有时候老乡亲们看着热闹也会前来祝贺,并且主人家不排斥。白事的时候只需要请本家、亲戚还有关系比较好的人家。孩子跟随师傅去学武术没有宴请老师吃饭。两户人家发生矛盾,一般就是有邻居们上前说和说和,说完了大家就散了,也不用请别人吃饭。

此外,公共事务中也会有宴请活动。以前农村里开展的公共活动,包括修路、修桥和淘井,北张村是共分为四个头,一个头有一口公共的水井。当有人掉到井里或者是水井时间长没有进行清洗时,本头爱管闲事的那种人就会号召大家一起来淘井。如果是大家一起淘的,那么淘完了就各回各家。如果是专门请一个人淘的,那几户人家就会给这个人送点礼物,或者是某一户条件好一点的人家请他去自己家里吃顿饭。修路的时候会让都会走到这条路的人家一个家庭出一个劳动力,有钱的人家不想来修就直接出钱,没有钱的人家就只能出力了。修完之后大家还是回自己家吃饭,只有路真正快要结束修完时,大家才会聚在一起吃顿饭。如果有钱人家给的钱还有剩余,那就用这个去吃,如果没有剩余的钱,就大家平摊花费。因公共事务大家一起吃饭时也会请村长,村长也会参与大家的平摊经费。

自家办宴请活动的时候,如果和村长、村副关系不好,那么就没有必要邀请他们,村里的大财主也不用邀请。每个人都有自己的圈子,一般的家庭除了邀请亲戚就是邀请自己家周边的街坊邻居,还有家里人结拜的盟兄弟,以及关系不错的朋友,邀请这些人的时候,都需要上门邀请。除非是关系特别亲的本家人,他们会主动过来,但是也得要提前说一声。红白喜事等大型的宴请活动要专门请掌勺的人,不过这个都是交给总理去负责的,需要用到很多的厨具炊具和碗筷,当时有专门租这种东西的人家,自家出经费去租。

请不同的宴席来不同的客人,比如小型宴席,只有一两桌的这种,两桌的饭菜都是一样的,这样都是自己家人陪客。陪客的人要主动给客人夹菜倒酒、端茶倒水,客人中有男有女,为了交流方便,一般是男主人陪男客、女主人陪女客。如果是红白喜事这种大型宴请,客人来的时候要先好好招呼,安排客人坐下之后,在席间需要到每桌去敬酒,让客人吃好喝好,就叫把客人给陪好了,以前也有"要想人前显贵,就得人后受罪"的说话。客人来的时候,要把家里面的好酒好菜都得上,平时自己都舍不得吃喝的,也是为了自己家的面子。

当地农村办酒席宴请客人也有贵客的概念,贵客就是平时很少来往的,但是关系很好的,或者是对其帮助很大的,村长、村副这些有权威的人,还有地主、财主这种有钱的人,以及村里比较清高、有点能力、大家都很敬佩的人,还有文化程度高的,能写会说的这些人都是贵客,区别于自己家亲戚和街坊邻居的人。招待贵客时要由当家人去招待,并且态度要好,言行举止表现得较为得体。

5.房屋以及进出居室的规矩

虽然大家都是在同一个房子里面生活,因为长幼顺序和男女有别,进房门也有一些讲究。如家里的老大不能进弟妹们的房门,不能随便进去,要得到同意了才能进去。特别是一家人不是夫妻的男女,男性不能看女性的脚。只要晚辈结婚了,长辈都不能随便进晚辈的屋里。杨老敏夫妇的房间大家都可以进,除了专门放钱和粮食的那间屋子不能随便进,其他都能进。晚辈能够随便到长辈的屋里,特别是小孩,没有特别的规矩,都可以随便跑。媳妇们不能随便进"大老板子"的屋,就是大哥大嫂的屋子。以前即使是在一个大家庭,男女、老幼分得比较清楚。别人家串门的时候,要提前说好,在别人家院子里的时候要先喊几声,喊大哥或者叔叔,有人答应了才能继续走进去,没有人答应也不能去别人家,不能随便进人家的门,这个一是防止别人家误会自己偷拿东西,二是这样的行为也不礼貌。

起床的顺序。家里一般是女性先起床,男性再起床。值班的媳妇要先起来烧火煮早饭,要起得更早一些。农忙的时候,当家人会监督家里的其他人起床干农活,如果当家人起床了,就会在儿子们的门外走来走去或咳嗽几声,让他们听到,提醒他们起床,让他们下地去干农活。如果还不起床,当家人就会直接喊大家去起床,说该去拔某块地的麦子了,大家就会纷纷起床。天亮就会起床,一般五六点,农忙的时候,特别是麦秋时节即六七月份收小麦,大秋时节即十月份收玉米时,这两个农忙时节三点多就会起床去收割粮食、拔麦子,因为害怕天气热没有力气。农民们都是在天气凉快时保持最好的身体状况去干农活,从凌晨三点多一直到中午12点左右,吃完晚饭后就睡一会儿午觉,等太阳最大的时候过去,下午三点的时候起床出门继续下地,直到天黑了才回家。每到这时,当家人就会早起叫家里的男人们起床下地干活,媳妇可以到天亮再起来做饭,或者实在太忙了,也会跟着下地去做些简单的活儿。农活主要还是靠男性,因为需要力气。农闲的时候家里的人也不会睡太晚,农村感觉一年四季都有事做,都要和土地打交道。如果冬天不需要天天到地里,家里人也需要每天早起来轧棉花,天亮就会起床。

睡觉的顺序。天黑之后,各小家就会进自己的房间,有时候妯娌们有什么话要说,也会讨论讨论。晚上家里需要出去练武术的人都会出去,也不是很晚回来,学习一会儿差不多九点左右回家睡觉。睡觉没有特别的顺序,因为自己在自己房间,什么时候睡大家也不知道,喊不应了就以为睡了。以前晚上烧黑油或者是煤油,晚上为了节约油,大家都是尽量早睡早起,差不多做完了一天的事情就会睡觉。

6.制衣、洗衣的规矩

（1）制衣

杨家虽然是一个大家庭一起吃饭、生活,但是制作衣服的时候是将棉花分到四个小家,各个小家分到了棉花之后,自己家的女性自己管理自家的制衣情况。媳妇可以将分到的棉花先织成一定数量的布匹拿到市场上卖,再换更多的棉花来,再用数量多的棉花来织更多的布匹。各家做各家的衣服,棉花给的时候是一样的,是按四份来分,而不是按每一户人家有多少人口来分。如果某个小家庭人口多,就需要做多件衣服,这样衣服质量可能就稍差一点,若小家庭人口少,就可以做几件好的,穿得时间稍微长一些,质量也会好一些。公公婆婆的衣服要么让儿媳妇们轮流做,要么就大家一起分工来完成。

（2）洗衣

家里面的所有衣服都由女性洗,洗衣服是传统时期的女性在家庭中的重要家务。洗衣服会有分工,老人们的衣服由媳妇们轮流洗,家里面媳妇多的时候,为了防止发生矛盾,很多事情都是轮流做,一人做一天,一人做一次,必须洗衣服、做饭、打扫卫生、端尿盆、伺候老人等。所以当家人和其妻子如果年纪过大,老了生活无法自理,他们的衣服自己不洗,由媳妇们轮流洗。如果他们还比较年轻,那么就由妻子洗当家人的衣服。媳妇们自己洗自己家的衣服,丈夫的衣服由自己的妻子洗。每一个小家庭都由妻子洗丈夫和小孩的衣服。未婚的女儿的衣服自己洗,未婚的儿子的衣服由母亲洗。当时老四年纪小,没有结婚,他的衣服都是由杨小全的奶奶洗,即他的母亲洗。这样安排的原因是因为衣服是私人物品,特别是一些贴身衣服,只能由自己最亲密的人来碰,所以洗衣服的人首选是妻子。要是哪个已婚的男性自己洗衣服,会被邻居看不起,也说明这个家庭的女性没有尽到义务,妻子的脸就不知道往哪里搁。所以通常情况下,大家都是按着此分工来生活,丈夫衣服穿脏了,就脱放在房间,妻子每天会去检查有没有什么需要清洗的衣服,可以自行根据丈夫的换洗衣服是否多来决定洗衣服的频率,丈夫只要有衣服穿对其他的事情不会具体管。

以前村里面有四个大河坑,媳妇们通常端着衣服去河坑边洗,就是打一盆水,往里面放上一块搓衣板,让衣服泡一会儿,然后在盆里面搓一搓。如果家里面离村里面公共的井很近的话,也会去打水来家里面洗。洗衣服的水倒在门口,因为离得比较近,洗完衣服之后就晾起来,谁洗的谁晾,有时候大人会叫小孩儿来帮忙晾一下。以前晾衣服就是用一根绳从窗户绑到门外,晾在绳上面,撑开晾,晚上收衣服的时候会自己家收自己家的,如果天气即将下大雨,谁有空谁就去全部收一下。如果平时儿媳妇把衣服给洗破了,没有谁会骂她,因为这个也是因为不小心,就由她自己缝制好。以前妇女特别会纺织,平时就是织布纺线,难不倒她们。

(3)洗漱

杨家洗漱时,家里有盆架和脸盆,盆架是木质的,脸盆是铜质的,以前的各家户的脸盆基本上都是铜质的。主要是娶媳妇的时候,每个媳妇都会从她们家带一个盆过来,还有插蜡烛的东西,她们自己用的一些小东西。以前娶媳妇的时候有挑家伙的,这些都是从娘家陪送过来的。家里的脸盆不是公用的,各小家都有自己家的,洗完了脸就放在自家的炕屋里晾着。毛巾也不是公用的,毛巾自己小家有自己家的毛巾,老人们也有自己的盆和毛巾,特别是老人不喜欢和年轻人共用毛巾,主要是老人怕自己不卫生,引起疾病传染给年轻人,所以他们都是自己用。如果一对夫妻下面有一个儿子,那可以共用;如果有好几个儿子,某个儿子成婚了之后就开始分开用了,儿子就要和媳妇共用一个盆和一块毛巾而不是和自己的父母。以前的毛巾都是粗布做的,自己家做的,就是自己家在做布的时候,剩下那些布头,会去加点红的绿的线就织成一块手绢,也可以做成毛巾。每天早上起来,由当天做饭的媳妇烧热水给大家洗脸,夏天就用凉水,冬天才会烧热水。杨老敏年纪大了就由媳妇打好水让他洗,待老人洗完之后就倒掉。早晨起来就要洗脸,洗完脸之后就要开始干活了。平时洗脸用水是一个人洗完就倒了,不会依次洗一盆水,因为当时不缺水,村里边有很多口井,杨家里离公共水井也很近,就在街里,家门口就是一个大井,用水的时候直接拿着辘轳去打水,挑回来放在水瓮里就好了,主要是老二老三去挑。小孩子如果太小的话就由大人给他洗脸,年纪大一点就可以自己洗了,大人就监督,不会再亲自为他洗。洗完脸之后要把水倒在养猪的猪圈里,不能随便倒得哪儿都是,因为当时院子是土,有水了就不好走路,小孩子走着也很危险。

1949年前的北张村没有澡堂,离村里最近的一个澡堂在定兴县,定兴县是有很多澡堂的地方,他们那地方的人垒大池子垒得好,有这方面的技术。洗一次澡都要一个铜子或者几个铜子,农民们去澡堂去得少,平时也没有想着洗澡,所以家里面的人夏天的时候就到河坑里面去洗澡。男人们白天去洗,特别是吃完午饭之后,趁着水还热乎,就去洗。女人们一般都是晚上去洗;以前河坑的水还算干净和清澈,村里面的人都上里面去洗澡。女性一般都是和家里的妯娌们去,她们不会自己一个人晚上到河坑里洗澡,一定要有伴。男人们比较随意,自己一个人也可以去,和兄弟们、邻居们也可以一起去。老人们如果身上太脏了,可以在家里洗,从外面的井打水回来。冬天男人不洗澡,有时候女人们想洗,就在家里洗,也就是在自己的房间打多一点水拿毛巾擦一下身体。因为条件差,过年也不专门洗澡,就等到天气暖和了才到河里去洗澡。

六、家户与会社

1949 年以前的北张村分为四个头：东北头、西北头、东南头、西南头，每个头都有自己的娱乐组织，也叫作会。西北头和东北头都是五虎会，起初因为地理因素分开，后来因为是一个师傅教的，两个会并做了一个统一的五虎会。一开始分别在老爷庙和刘爷庙里面开展活动，后来合并了之后，就只在东北头的刘爷庙里面训练和开展活动了。东南头是南乐会，西南头是叉会。北张村的五虎会成员很多，每年都会有新增的成员，人数最多的时候达到一百多人。对参加五虎会的人没有特别要求，谁愿意去谁去，都是随便学的，年龄也没有限制，性别也没有限制，大姑娘们学习这个可以自我保护，手也快眼也快，大家都很喜欢学习这个武术。主要是以本村的人学习为主，外村的人很少，外村也可以学，但是大家一般都是本村的人参加本村的会，很少有外村的人参加本村的会。会虽然没有明确作出要求，但是已经成为一种默认的规矩了。

五虎会有专门的负责人和老师，在杨小全的记忆中，他小的时候教他们这一批的学生有两名老师，名叫王寿山、刘喜明，均为五十多岁，他们两个是五虎会内年龄最大、辈分最高的成员，其他人都尊称他们为老师。有新成员加入也是由这两名和杨小全进行教学。老师没有工资，谁也不挣钱，这两个老师就愿意无私奉献地教给村民学习这个武术，就是因为他的武术好，大家伙都承认他们是老师，他们也愿意来当这个老师，他们学习这个武术也是跟着村里的老祖宗老一辈学习来的，一辈一辈传下来的，两个老师上面还有长辈。老师叫学生们就叫名字，也不存在拜师，没有拜师仪式，但是大家在平时都尊重老师，这些学徒们会主动给老师倒倒水，会抽烟的会给老师发一根烟并且给老师点火，然后有的学生还会请老师单独给指导一下，老师也会指导，为人挺和善的。老师对所有的学生都是一视同仁的，如果有的学生感觉自己受到了老师的特别照顾，会在过年的时候去向老师拜年，送点礼物表达一下感谢，老师也会感觉很值得和很自豪。在平时学习武术的过程中，老师会叫几个他比较信得过的人来进行武术的监督学习，到晚上学武术的时间了，他们会负责点到，看看大家是否都来了，如果没有来，还要上家里找去，直到找来了大家才开始练。

早前没有什么事情做也叫作"没有什么勾当"，一到秋天收完粮食，村民们也不外出打工，就开始闲了，种完了地到冬天了，年轻人就一直练武术。练武术还是很苦的，有的人学一点怕吃苦就不想学了，有的人想学真本事的就一直练习。平时训练就是晚上，特别是冬天的晚上很辛苦，平时忙的时候白天种地，晚上就练习，冬天也得穿着褂子，不过以前的村民都很能吃苦，大家除了种地也没有什么特别的事情要去做，也不会想着去打工挣钱，就在自己的村里看看有什么事情需要做就去做。杨小全小时候在过庙会时看到五虎会的成员进行武术表演，便喜欢上武术，从 12 岁开始就一直跟着学习，通过前两年的自学和观察，后来加入五虎会。练习武术是一件很辛苦的事，杨小全一直坚持下来，并学有所成，后来也成了村里的武术老师。学习的过程是首先看一段时间，看看别人是怎么练的，然后开始去练打拳和遛腿，后来才学习一些重要的手法和脚法。

七、村庄公共事务

(一)参与活动事项

1.村庄会议

村庄每年会举行一些会议,村里面有什么事情,都会由村副和地方①到家里通知,当时村庄分为四个头,有一个总管事的村长,每个头有一个村副总共就四个村副,村庄开会时都是家长代表整个家庭去参与的。家长可以代表家庭在开会的时候提出一些关于村庄事务的建议,只要家里有家长在,家里的其他成员都没有资格去开会,如果有人来通知,家长没在家的话,特别重要且紧急的事他们会告知家里的其他男性,如果一定得告诉家长才行的话,就会过段时间再过来,再去告知家长。

2.修桥、修路、修庙

村庄在 1949 年以前会组织村民们修桥修路,这个出工是以头或者片为单位,修某个头的路,就由村长安排村副号召大家一起修,是按家户来出人头,标准的是一家要有一个人出力,但有时候工程比较大,需要人比较多,大家也不会这么斤斤计较说只会出一个,而是大家有时间就会一起去修。

1949 年以前的道路建设大多由村民自发组织修建,而且修建的范围就是很小的一段,发起人通常是自己平时比较有闲心,对村庄的事情比较上心,喜欢管理这些村庄事务的人。他们有时看到某一段路被大车碾得太扁了,给农户大家的出行带来不便,就会号召乡亲们一起来修一下。能号召来修路的人都是要走到这条路的人家,有的是一条胡同的,一条街的,有的就是几户人家,以家庭为单位,一家出一个人参与公共修建。村庄以前的道路是土路,修路时要让人们从地里面抬土来把这些路给铺好,多用的是力气,较少用到钱,所以每家出一个主要劳动力去修就行了。若产生了一些经费,大家就平摊,如果修路的工程比较大,爱管闲事的人还会组织人去大户人家敛钱。普通农户就出力气也出少量的钱,贫苦户就不要他们出钱,只多出点人力就可以。如果是村里面组织的修路,村里会参与,如果是农民们自己组织的修路,村里就不参与,也不会管。平时还有自己一个人修路的情况,就是开着马车去路上,觉得不好走了,就会停下来往路上填填土,填好了自己又再出发。

七七事变之后,日本人来村里,组织过群众修了两条路,分别是容城到徐水县的路和容城到固城的路,那时候都是修土路,还有是石头子去铺,修了白沟大桥,都是从每家每户出人。白天日本人组织修路修桥,晚上的时候八路军又来把这些路和桥弄坏,双方一直白天、晚上地博弈。

3.打井淘井

(1)公共的吃水井

村民过去饮用水完全靠水井,水井都是要自己去挖,吃水的井一般挖在村庄内部,吃水井包括公共的水井和私人的水井。北张村有四口公共的水井,村庄因为大而集聚,自然地分布为四个头,所以村里的公共用井也有四口,同样分布在村庄的东北头、西北头、东南头、西南头这四个片区的中心位置,且位于几条胡同的交界处,水井的位置选取主要以方便和显眼

---

① 协助村长、村副管理村庄事务的人。

为原则。这四口水井是属于全村人的,全村人都有使用权。四口水井因为井口的大小不同和名称不同,东北头和西南头的两口井叫作大井,可以使用一个辘轳,农户们都是排队使用,打一次水只能一户人家使用,也可以使用水车,用牲口来拉,但为了不耽误其他村民用水,要等用水不着急的时候才能使用水车。东南头和西北头的两口水井叫作双井,即井口很大,可以同时用两个辘轳打水,可以两户人家同时使用,这个就更为方便,让村民们也用水也很快捷,且大井和双井的分布也是特别好的,不管从南北来划分还是从东西来划分,都能保证一侧都有大井和双井,不管居住在哪个位置的村民都能使用到这两种水井。

(2)私人小集体水井

村庄人口较多,四口水井无法解决所有农户的用水需求,有条件的人家会联合邻居或者是亲戚共同修建另外的水井,选址在村庄的公共土地上,在这一条街的农民们都能经过的地方,主要是让这一条街的或者这一个胡同的人来用,打井的时候一户人家出一个男性劳动力,大家商量着打井,挖成功一口井一般用时两三天,各自在家吃完饭之后,提出挖井这个想法的那个人号召一下大家就开工了,直到把井挖完大家会聚在一起吃个饭,一般会在这一条街经济水平比较好的那一家,吃完了饭就代表这个井以后大家都可以用了。没有参与挖这口井的人家不会轻易来使用,除非在公共水井那里用水的人太多,着急用水,可以跟某一家人讲一下,才可以用。有私人井的人家随便哪口井都能使用,以方便为主。几户人家打井产生的共同花费要均摊。村民们都有一个观点,就是井用的人越多,水越好喝,因为经常在流动着,越用越清亮。

(3)淘井

这两种水井通常都是大家一起淘的,水井在公共的地域,也归大家共同使用,有时候被用得挺脏的,出现很多情况就该淘井了。一是水井中有垃圾,有沉淀,影响人们喝水方便;二是有人不小心掉到了水井里,需要打捞出来;三是长期没有打扫水井周边的卫生,这些时候都需要组织村民们进行淘井。村庄四大片每一片都有一个管事的人和经常在村里逛的和在井边溜达的闲人,当水井需要淘的时候,就有一个人在号召,说"我们来淘淘井吧"。午后大家在自家各自吃完午饭,待着也没有什么事儿,大家都嚷一嚷,把周边的青壮劳动力都号召过来,大家都淘一淘,大家也都是很积极的,都会参与。淘井的任务并没有分到个人,都是靠村民热心共同完成。淘井一般两个月淘一回,一回由三四个人换着挖。

4.村费征收

北张村需要征收的费用一开始没有多少,在七七事变之后,日本人来了,不定期地向老百姓们要东西,老百姓们都要给。

5.维护村庄治安

过去北张村有维持村庄治安的队伍,有几个人负责打更和巡逻来维持村庄治安。那时候世道挺乱的,村里没有什么安全意识,不打更不行,偶尔还会发生一些绑票事件,那些穷的人家、抽大烟的人们会把别家里的小孩给绑出去,杨小全的姐姐在她12岁的时候被绑到了村外,家长找了村里的王老发去赎回来的,当时还花了23块洋钱,当时村里的财主和绑票都有枪,很危险的。杨小全的母亲还被打了,所以村民们为了保证人家的安全,经常当街敲梆子、敲锣来提醒村民们注意。

(二)筹资

村庄公共设施的建设需要筹集一定的资金,大户人家在当中需要承担更大的责任,很多公共事务并非他们号召和发起的,但是他们会在这些号召者组织来敛钱的时候也会承担一些更多的经费,捐款,如果他们不参与公共事务,就会认为自私,人性次,在村里也会有不好的名声,这对他来说是有消极影响的,因为在平时的生产生活当中,他也需要乡亲们的帮忙,参与公共建设的大户并给予一些资金帮助,更容易获得村民的认可且获得一定的威望。杨家只要是遇到村里的事需要出人力的,都会由当家人派出去参与,一般是派老二或者老三,老大做生意比较忙,而且经常从事买卖,很少管地里的事,老二和老三力气比较大,做起来也比较娴熟。从来没有不参与过,因为觉得这就是自己家应该做的,这是村里面的事情,自己家也是村里面的一分子,应积极参与。

(三)筹劳

过去修桥修路和维修炮楼都需要筹劳,国民党、日本人各方都需要人,村长都是对他们几面应酬,如果不出劳动力,不听他们的安排,他们就会对村子里面的人乱来,或烧或抢,如果村里进行合理的安排,并由村里的人去跟百姓进行交涉,也尽量少地发生矛盾。过去派到谁家去做什么,就必须得去,如果不去的话就要出钱雇别人去,筹劳的时候考虑的是家庭的兄弟个数和家庭经济情况,去修炮楼的人只要是劳动力都去,小到十几岁的小孩,大到七十多岁的老人,每天都从自己家带着干粮去修炮楼,做完了一天的工作就回来,不仅没有报酬,还天天有人监督你不让你偷懒。来筹劳的时候就找家长,把需要的人数、东西跟家长说,由家长来安排和想办法,如果家长没有做到的话就是家长的责任。

八、国家事务

(一)纳税

1949 年以前,纳税是以家户为单位,基本上只交土地税,百姓们也叫作交兵差,主要是以家户的地亩数为标准,按一亩地交多少斗粮食的标准来上交。交兵差的时间为收成也就是大秋或者麦秋之后,一年交一次,就由村里的人们敲锣打鼓告知村民们交兵差,村里的人不直接收,他们将需要纳粮的消息通知到村庄各家各户的家长,告诉家庭成员没有什么用。如果来找家长,三番五次都不在家,才会请家里的其他家庭成员们转告,家长收到此消息之后,就会组织安排家里人去准备粮食,把粮食交到县里去。杨家每次纳税都是由他们家所在的头的负责人告知杨老敏,杨老敏负责将粮食准备好,让儿子们拿去交,如果杨老敏长期不在家的话,交兵差的就会去找杨家的长子,让他告知杨老敏。杨家每年都能准时交税,因为家中土地数量完全属于自己的有 15 亩左右,租种土地有 60~80 亩,后来又随着资本积累买入一些土地,能够交得起兵差。杨小全表示,过去兵差也不是太多,一家人能够承担得起这个责任,其他家庭有交不起兵差或者是推迟交的都有可能,但是杨家基本上每年都能交上。

(二)征兵

1.军队征兵

当国民党要征兵的时候,村里面就根据村长的男性数量来确定摊派兵役的人数,村庄拿到了总人数,又分到各个头,每个头出几个人,头又分到街,街在分到家,最后还是以家庭为主。特别是那种一家有好几个兄弟的人家,必须得出人,最后这个任务交到了当家人的手里,当家人必须指定家里的某某去当兵,如果不去就要罚交较多的粮食。当时杨家有两个人主动去当兵了,是杨小全的哥哥杨永丰和老二家的一个堂哥,他们俩主动当兵,后来这个家已经去了两个了就可以去,也没有让杨老敏或者是杨喜常去安排别人了。他们俩同岁,后来那个堂哥在与日本的斗争中牺牲了,只有自己家的亲哥哥还在。

2.抓壮丁

在1949年以前国民党抓壮丁,杨家有四个儿子,老大主要是赶集上店,没有被抓去,老二老三,整天就只知道赶大牛和干农活,所以也没有被抓去。有钱一点的人家,条件好一点的人家也不会去,只有那些混混类的人整天没啥事干才会去当壮丁,也算去混吃混喝,一般的普通人家在听到抓壮丁时都会跑出去躲,当壮丁的日子也不是很好过。

3.自愿参军

1949年以前共产党的势力开始在村中壮大,村长都会到各家各户去动员青年们当兵。杨家一整个大家庭去了两个人,他俩都是自愿并且一道去当兵的,他们觉得种地太累了,去当兵要容易些,就瞒着家里面的人跑去当兵了。

杨永丰因为父亲杨喜常过世得早,也很早就担起管理这个小家的责任来,可是在14岁的时候就被经过村里的日本人给欺负,再加上家里面之前有地下党,所以他也毅然决然去参加八路军。一开始只是参加小队,后来一度担任到连级干部,一直没有从事农业生产,部队在哪里,他就在哪里,属于全职。他一开始想参军完全是他自己的想法,杨喜常不在世,就是自己做主,只跟他的爷爷杨老敏说一声就走了。他参军成功后,家里面的人才逐渐知道。日本人侵略得厉害的时候,家里面的人还一度有危险。当时已经分家,杨小全一家人自己住,与三个叔叔和杨老敏夫妇都已分开住,当时日本来来抓人都是先抓这些当兵的家庭,那时杨家便时刻注意放哨,听到日本人的声响,就赶紧藏到村里提前组织挖好的地道里面去。杨永丰因为当兵常年在外,家里的土地本来要与弟弟平分的,但是他自己全部放弃不要一点土地,家里的土地全部由弟弟一人耕种。

(三)任命村长

以前北张村的村长并没有让每家每户派一个代表去开会,而是上头直接委派,县里的人选出来的村长。村长家一般家庭条件也不会差,村长还要读过书、有才能,能处理好村庄里的事情,做事情能够让大多数人信服,因为后来的村长他们要处理好与国民党、共产党和日本这三方面的关系。村长也特别会说话,上级将很多事情安排给村长,他又要完成又要保村民平安,是挺考验人的。但是北张村的历届村长都是地下党,都在暗中帮助共产党,过去还有一些地下党成员因为认识杨永丰,还经常来杨家,杨永丰的母亲给他们做饭,让他们歇脚,他们和村里的村长关系也不错。

调查小记

本家户调查报告所调查的是河北省保定市容城县北张村的杨家。笔者主要对两位老人进行了 1949 年以前关于其家庭方方面面内容的访谈,报告能够顺利完成,得益于学院提供的平台、老师的指导、老人的支持和一路所遇之人的帮助。对家户制度进行的调查,对我在学术上有很大的启发,是我人生中的一笔宝贵的财富。

一、结缘家户

2016 年 10 月 8 日,我的黄河小农村庄调查开始提上日程,经过各种筛查和选择,最终确定了河北省保定市容城县北张村为我的调研村庄,本次调查主要访谈了北张村 22 位老人和邻村南张村 13 位老人。很幸运的,其中有两个老人——90 岁的杨永丰老人和 86 岁的杨小全老人,他们两个是亲兄弟,对自家 1949 年以前的事情都记得比较清楚,且他们家在 1949 年以前有 28 口人,是比较好的家户调查对象。当时,我们学院的家户调查还处在提纲设计阶段,没有形成较完善的调查提纲,我们只能靠着之前徐老师和邓老师给我们讲过的一些家户知识在完成村庄调查的基础上做一些家户方面的调查。12 月 5 号,邓老师来我的村子看望我们调研员并实地指导调研,我们就去和杨小全老人进行了两个多小时的访谈,在期间,邓老师问了很多关于家户方面的问题对我启发很大,也知道这个老人是个不可多得的家户明白老人。邓老师结束实地教学之后,鼓励我说让我多待一段时间对家户进行有针对性的调查,并让我参与到家户制度调查提纲设计中来。后来过了几天,徐老师也来看望我们,对杨小全老人同样进行了两个小时左右的访谈。我从老师们在现场教学过程中提问的逻辑、方式、侧重点等方面都获益颇丰。感谢徐老师、邓老师两位恩师在学术上对我的点拨和鼓励,让我开始了和家户调查的缘分。

二、开始调研

村调的结束之际也是我家户的开端之时,之前也对杨永丰和杨小全两位老人进行过访问,但是问到他们家庭内部事情的时候不太细致,这次带着参与提纲设计的目的,我首先读完了满铁调查中相关的家庭内容,从里面学会提问,再根据老人的一些回答补充来设计提纲,其实之前张航同学已经设计得很好了,我就作为补充。令我感动的是两位老人对我的访谈态度。杨永丰老人已是 90 高龄,他一个人居住,但是身体还不错,村庄本来大概有十几个老头每天下午都会来老人的住处打牌消遣时间。我有一次去的时候他们正打得起劲,我不好打扰准备跟老人约个时间说下次再来,爷爷居然去跟这些打牌的老人说:"不好意思啊,今天有个大学生来采访我,你们在这里太吵了,今天先散了吧。"老人们也很配合地纷纷离去,倒是我觉得打扰到大家打牌怪不好意思的，于是和爷爷又聊了很久。我的主要访谈对象是杨永丰的亲弟弟杨小全老人，他86岁，会武术，身体很强健，性格也比较开朗，我们很聊得来。我跟爷爷说好，每天早上、下午都来找他，他答应了，说反正冬天也没啥事，就在家里等着我。有时候爷爷会留我在他家吃饭，我不想麻烦老人拒绝了很多次，后来又一次他的儿子、儿媳也留我吃饭，我就和他们一起吃了一次，他们一家人都很友善。我的第一次家户调查以及设计提纲持续了近20天，直到12月31日全部结束就回武汉了。

2017年5月4日，我拿着在老师指导下同学设计好的完整提纲，又奔赴河北进行家户补充调查，安排好了住处后，我第二天就去了两位爷爷家。爷爷看到我很是欣喜，问我怎么又来了，我微笑着说还有一些问题需要补充，我们一点都不觉得尴尬，像老友重逢一般，很自然地又开始了提问和回答。这次调查又持续10天，厚厚的提纲又从头到尾全部问了一遍，尽管以前有的内容问过，爷爷还是很耐心地给予回答。杨小全爷爷不知道的内容我会去找杨永丰爷爷补充。就这样，两位爷爷的大力支持给我的家户制度报告写作提供了丰富的、翔实的内容。5月19日一早我就要离开容城县，18日下午，我去跟两位老人告别，杨小全爷爷没有在家，门是开着，我在他家的院子里等了好久，许久不见人来，我便回去了，很是遗憾。借着这次补充调查的机会，我也看望了几位之前给我讲解了很多村庄内容的老爷爷们。

三、一路感谢

说到去一个陌生的地方调研，最离不开的就是村委会的支持。这次来到容城县，我得到了县民政局老龄办、镇政府和村委会的帮助和支持，一路感受到大家对一个到基层的调研员的关怀。之前我住在村委会，有时候到镇里面食堂吃饭，后来进行补充调研的时候，容城县已经成为雄安新区的一部分，有很多县里人员都驻村工作，我之前住的房间也有人住了。南张村的白书记直接让我到他家里去吃住，阿姨和两个哥哥、姐姐对我都很好，我每天早上、下午出去调研，中午回来就有阿姨做的热腾腾的饭。晚上为了让我整理资料，让我独自在一个书房。柔和的灯光、桌边的水果、静谧的环境让我觉得好幸福，中国有千千万万家，有缘遇到了一家，都是如此温暖。一路调研，一路收获，无以为报，只能以努力和优秀的报告来回馈一路遇到的善良的人们。

第三篇

叔嫂重组:小门小户的聚合离散
——川东北化成镇白庙村何氏调查

何 婷[*]

* 何婷(1992—),女,四川巴中人,华中师范大学中国农村研究院 2016 级硕士研究生。

导　语

何家祖籍湖北麻城孝感乡,即今湖北红安县,湖广填四川时期迁入四川省通江县,后因人地矛盾尖锐迁入邻县巴州县①。1950 年当地解放时,何家在白庙村已繁衍至第七代,但前四代人均已逝世,仅留下第五代、第六代、第七代。何家第五代有四兄弟,即老大何天然、老二何天累、老三何天卫、老四何天树;第六代有四子一女,即老大何仕海、老二何仕礼、老三何仕栋、老幺何仕政与姑娘何仕秀;第七代有六子一女,何守明、何守军、何守平、何守海、何守弟、何守付、何守✕②。到 1950 年分家时,何家同居共财、同爨③共食者只有 12 口人,分别为何天树、苟国芳、何仕礼、何仕栋、石英兰、何仕政、王英桂、何守明、何守军、何守平、何守海、何守弟。其中,何天树与苟国芳为何家第五代,二人是叔嫂关系,但因配偶的早逝,为了"抬举"四个孩子,结成夫妻;何仕礼过继何仕宦家,做梁大君的丈夫,因夫妻感情不和,一年后归家;何仕栋与石英兰是童养媳婚姻,育有四子;何仕政与王英桂夫妻终生没有生育,收养生父早逝的何守弟。

1950 年以前,何家仅有"十一背面子"旱地,四间破屋,家境贫寒,靠租种大户的"六十背面子"土地为生,另有石匠、篾匠、纺织等副业贴补家用。何家没有成文家规,只有默认家规,家规内容与村里其他家户一样,没有区别。总之,何家地位低下,处于政治边缘,是典型的小门小户。何家的分家与一般家庭不同,不是父子兄弟分家,而是何天树与苟国芳这对叔嫂结合的夫妻分家。分家前由何天树当家,苟国芳是内当家,掌有一定的权力。分家后苟国芳一脉由何仕政夫妻当家,何天树一脉由何仕栋夫妻当家。

---

① 巴州县,即巴州区。
② 何守✕,何仕海的女儿,因生在南江、长在南江,受访者并不知道其姓名。
③ 爨:cuàn,灶的意思。

第一章 家户的由来与特性

本章分为两个部分,第一部分主要介绍了何家祖上从湖北省的"麻城孝感乡"迁入四川的历史,以及何家先祖落户巴州区化成镇白庙村和蟒螳坝村的过程;第二部分主要介绍了何家定居白庙村之后的世代繁衍,以及何家小门老户的基本底色。

一、家户迁徙与定居

(一)落户四川巴州县

1.湖广填四川

"湖广填四川"与"八大王剿四川"的故事为何家老辈熟知,并口口相传至今。清末流行的《成都竹枝词》唱道:"大姨嫁陕二姨苏,大嫂江西二嫂湖,戚友相逢问原籍,现无十世老成都。"由此可见,四川当地的土著居民极少,如今绝大多数的居民,祖先都来源于明末清初的大移民——"湖广填四川"。究其原因是明、清两个王朝更替期间长达几十年的战乱,使巴蜀大地横遭浩劫,人口大量死亡和流徙,原本富饶的天府之国变成了"地旷人稀"的荒原。清朝立国后,为了迅速恢复农业生产,解决粮食和税收问题,推行"移民垦荒",倡导十余个省的百姓入川安居。清光绪年间的《大邑乡土志》所言最有代表性:明末兵燹①后,大邑土著汉人"几无孑遗,全资两湖、江西、两广、山西、陕西之人来邑,垦荒生聚。"而迁来的人中"麻城较多,江西、山陕次之,两广又次之。"

毫无例外,何家也是"湖广填四川"时期迁入的,祖辈从湖北"麻城孝感乡"出发,穿越山林沟壑,择定秦岭山脉,定居于秦岭南麓米仓山脉的通江县②,即今天的四川省巴中市通江县。后因地形限制、人地矛盾尖锐,何家后人继续向西迁徙,迁入今天的四川省巴中市巴州区化成镇境内。

2.寻踪"麻城孝感乡"

对于该地区的何姓老人来说,"麻城孝感乡"可以说是"十人九知",然而查阅地图发现,在今天的湖北省,只有两个并列的县级市——麻城市、孝感市,两地相去百余公里,"麻城孝感乡"竟然"消失"了,故在此处作简要叙述。据《麻城县志》记载:"初分四乡:曰太平、曰仙居、曰亭川、曰孝感……成化八年以户口消耗……并孝感乡一乡人仙居,为三乡。嘉靖四十二年建制黄安县。复析太平仙居二乡二十里人黄安(麻城)止七十四里。"由此可知,明代麻城县的四个乡区中确实有孝感乡的建制,成化八年(1472年)进行区乡调整时,将孝感乡并入仙居

---

① 燹:xiǎn 指兵火、战火。
② 通江县位于米仓山东段南麓大巴山缺口处,居北纬 31°39′~32°33′,东经 106°59′~107°46′之间。幅员 4116.58 平方千米。东接万源市,南邻平昌县,西靠巴州、南江二区县,北连陕西省南郑、西乡、镇巴三县。

乡,由此孝感乡"消失"。①嘉靖四十二年(1563年)新建黄安县时,麻城所属的仙居乡划入黄安,也就是今天的红安县。由此可见,"麻城孝感乡"并不是真的"消失"了,而是随着行政建制并入了其他地区。

3.移民入川与"解手"

当地老辈人有个习惯——喜欢在散步或者停留的时候将双手反扣在背后,老人们认为这个习惯的形成,源于填四川的先辈都是官府用绳子将双手捆绑在背后,被驱赶入川,久而久之便成了一种习惯,遗传给了后人。当地一位何姓老人说,"'老辈子'②手杆③上有一道绳子刻刻④","我们祖先是捆着绳子撵过来的!"

"厕所在后头,你要解手不?"简单的话语中,不难发现当地人将上厕所说成"解手"。而之所以说成"解手",老辈人认为和先辈入川有关。祖辈们进川时被捆着手,在途中需要大小便时,必须向押送的官兵请求解手,日久天长就习以为常地把上厕所叫作"解手"了。

(二)墓碑式家谱

在何家人的记忆里始终有一个词"麻城孝感乡",但不清楚祖上繁衍了多少代,一是因为没有成文的家谱族谱,即使有,代代白丁的何家人也不甚清楚;二是因为历史变迁,承载先辈们世系繁衍的载体——墓碑,在"四清"运动中被破坏,无迹可寻。

(三)一路西进,落户巴州

何家后人依然清晰地记得祖上是从湖北孝感乡迁入四川省通江县,其后再迁入巴州县⑤,落户在化成镇⑥。何家先辈从湖北孝感乡迁入四川无疑是政策的驱动,而从通江县迁入巴州县则是生存所迫,通俗的说法就是"吃不上饭",不得不出走通江。何家先祖在通江县落地生根后,由于山区狭小的地形无法满足人口的繁衍,人地矛盾日益突出,部分何家人不得不出走,其中一部分迁进巴州县化成镇。何家先辈落户该村的具体情况已无处可查,为什么落户当地、与原住民关系如何、如何建屋开田等,何家后人记忆模糊,更无法说清。

(四)扎根化成,绵延十世

何家祖上自湖北翻越秦岭山脉后,在秦岭山脉南麓米仓山系大巴山插占为业,经过数代发展,受地形限制,人地矛盾逐渐尖锐,何家后辈不得不继续迁移。经过一番协商,何家共迁出十房,即十个儿子。大房落户棉花梁,即今天的化成镇蟒螳坝村⑦第七村民小组;二房落户在钟子山,即现今的化成镇蟒螳坝村第五村民小组;幺房在何家岩⑧,即现今的化成镇白庙村⑨

---

① 摘自四川日报2005年10月14日《天府周末》孙晓芬、曾东平撰写的《寻访我们永远的"麻城孝感乡"》一文。

② 老辈子:老辈人的意思。

③ 手杆:手腕的意思。

④ 刻刻:痕迹的意思。

⑤ 巴州县,古地名,与通江县相邻,现今的四川省巴中市巴州区。

⑥ 化成镇,隶属于巴州县,位于县境东北部,距市府20公里,面积64.4平方公里。现可考究到隋唐建造巴州南龛石窟碑记的"化成山",集镇建于清道光年间,原名"双河场""新场"。1940年置化成乡。1941年,川北中共地下党在此创办"奇章中学",书联:"储英才期作霖雨勋孝于家忠于国树人已奠百年基,兴学校以挽颓风民可化俗可成愧我未偿三乐愿。"化成乡名来自其间"化名成俗"之意。1958年改公社,1984年复乡,1992年建镇,1993年金光乡并入。

⑦ 蟒螳坝村,之所以叫蟒螳坝村,是因为陈户垭以前出过一条大蟒蛇,故蟒螳坝村经常被人戏称为"蟒蛇坝"。

⑧ 何家岩,当地土话读作何家岩(ǎi)。

⑨ 白庙村,之所以叫白庙村,是因为村里面有一座庙,名叫白庙,1950年以前周边的村民都来此祭拜。白庙于"破四旧"时期毁坏,至今尚未恢复。

第一村民小组;其余几房迁入化成镇何处,何家后辈记忆模糊,并未说清。何家自迁入巴州化成镇后,繁衍至今,已有十代人,此处根据何家辈分①推算。

1950年以前②何家的祠堂,设在钟子山,"破四旧"时被毁坏,至今没有恢复。虽然何家有祠堂,但是并没有成文的家谱,世系繁衍均记载在墓碑上。墓碑在"文化大革命"期间遭到破坏,已无迹可寻。何家祖上自定居该村开始,已繁衍至第九代人,每代多少人尚未有准确数字,仅何大炳③一脉有六七十口人,其他房的后人,何家并不清楚。

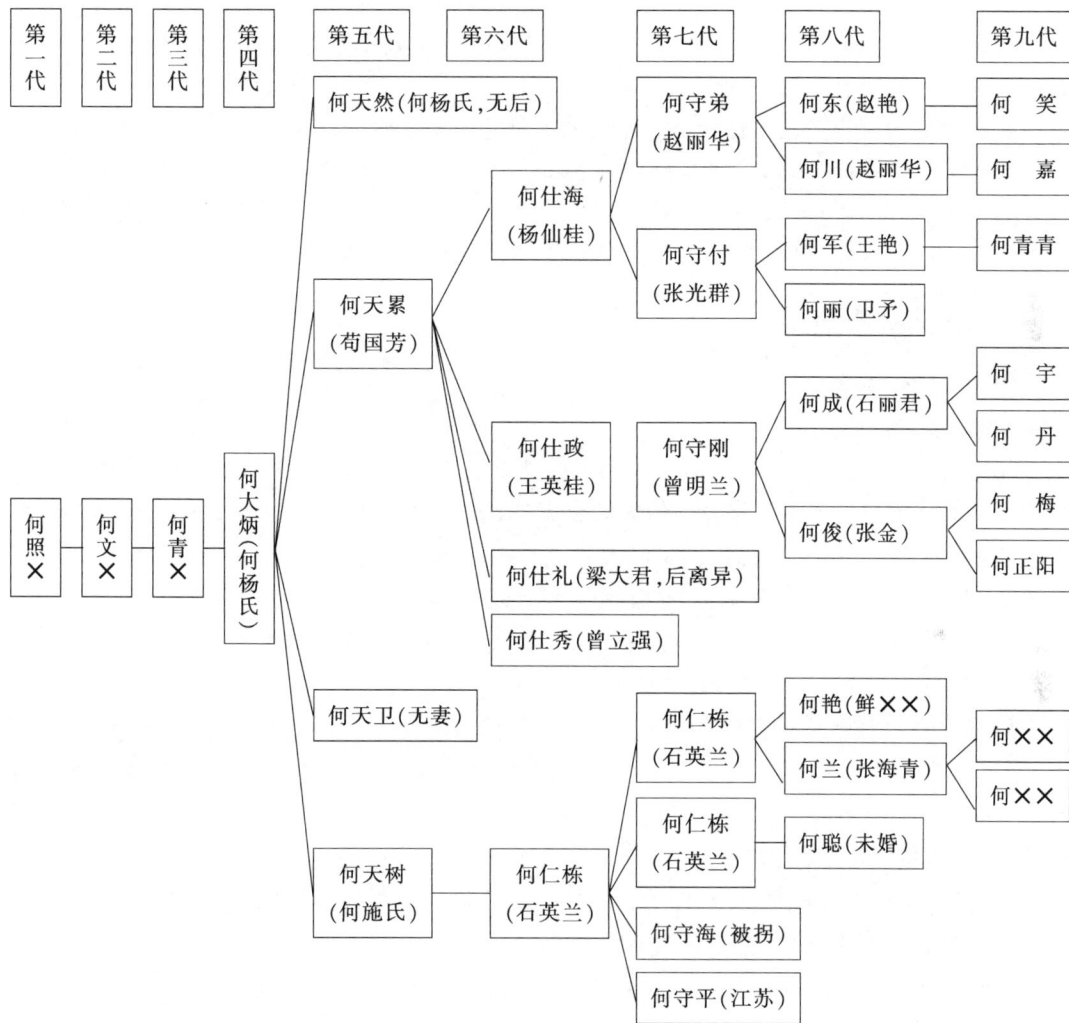

图3-1　何家世代谱系图

(五)天灾频仍,匪盗不绝

何家自迁入四川后,天灾频仍,匪盗不绝。湖广填四川以来,地质地貌灾害、旱涝灾害等

---

① 何家辈分"照文青大天,仕守光正连,中国能兴发,昌盛有名显",辈分均由老辈口述后调研员整理,故具体是哪个字有待考证。据了解,何家后辈论辈分已排到连字辈,故此从迁入化成的第一辈算起,至今已有十代人。

② 1950年以前,即解放前,当地解放时间为1950年2月,后文与此相同。

③ 何大炳,何家第四代祖先,前三代祖先的名字无从考察。

在四川地区发生得更为频繁。16 世纪至 17 世纪是整个明清时期发生干旱灾害最为频繁的时期,尤其是 17 世纪盆地东部地区。陈世松等相关专家整合相关的史料时发现,大移民时期是盆地的大旱年份,平均每 3 年左右就要出现一次。《四川历史旱灾表》记载:16 世纪平均 3.3 年一次,17 世纪平均 3 年一次,18 世纪平均 3.7 年一次,19 世纪平均 1.2 年一次。

人祸主要为战乱和盗匪。战乱指川陕革命根据地时期[1],张国焘领导的红四方面军,途经该地时发生的枪战,王英桂的亲生父亲即在该时期被枪炮打死。解放战争时期,当地也发生过枪战,但并不激烈,王英桂曾经站在院坝里面看。1950 年以前该地盗匪很多,入室抢劫时有发生,老百姓不敢独自"赶场过街"[2]。为了防止盗匪,无论何时,家家户户必须留人看家,不远处的吴家河村还有防盗匪的建筑工事的遗迹。即使是 1950 年以后,当地的匪患也未肃清,白庙村不远处的柳岗乡发生过土匪李柏林伙同地主李辉额攻打中兴土改委员会的事件。

频繁的天灾人祸,穷苦百姓生活难以为继。"穷了几辈子"的何家在土地改革运动时期被划为贫农。何家祖祖辈辈都是农民,一辈子面朝黄土背朝天,忙忙碌碌,糊口尚且艰难。何家贫寒,时常"受人糟蹋"[3],家中也无力供养读书人,做官的更是没有。

二、家户基本情况

(一)人口众多

1.兄弟众多,半数无后

何家人口众多,但第一代至第三代的人口情况已无处查找。第四代仅知有何大炳,有无其他兄弟姐妹何家后辈并不清楚。何大炳娶妻杨氏[4],育有四子。第五代有四兄弟,按照年龄大小分别为何天然、何天累、何天卫、何天树。其中,老大何天然虽然与小杨氏[5]成亲,但未育有子女;老二何天累,娶妻苟国芳,育有三子一女;老三何天卫被拐,拐走时尚未结婚,也未找回,"估计死在外头了,这么多年没有回来过";老幺何天树,娶妻何施氏,育有二子,其中一子未养育成人。

何家第六代有五兄妹,按照年龄大小排列分别为何仕海、何仕秀、何仕礼、何仕栋、何仕政,除何仕栋是何天树的后人外,其余四人均是何天累的子嗣。其中,老大何仕海娶妻杨仙桂[6],育有二子一女;唯一的姑娘何仕秀早已成婚,嫁与金光[7]曾家曾立强;老二何仕礼过继何仕宦家,做了梁大君[8]的上门女婿,后因夫妻感情不和,一年后何仕礼归家;老三何仕栋娶妻石英兰,二人是童养媳婚姻,育有四子;老幺何仕政,娶妻王英桂,未有生育。

何家第七代有七兄妹,均为何仕海与何仕栋的后人。其中何仕海的两个儿子名叫何守弟、何守付,女儿姓名未知;何仕栋的四个儿子分别为何守明、何守军、何守平、何守海,其中,何守平定居江苏,何守海被拐。

---

① 1933 年,巴州区有 1.3 万优秀儿女参加工农红军。
② 赶场过街,当地方言,指赶集。
③ 受人糟蹋:受人欺负的意思。
④ 1950 年以前,当地女性有姓无名,按姓氏和排行称呼。
⑤ 小杨氏,为了与婆母杨氏区分,故此成为小杨氏。
⑥ 杨仙桂,南江县人,夫妻二人长期居于南江,不与何家住在一起。
⑦ 金光,今四川省巴中市巴州区下辖的一个乡,1993 年并入化成镇,与何家所在的白庙村何家岩(ai)相距四千米左右。
⑧ 梁大君,何仕宦家某人的遗孀,何家为了后继有人,过继二哥何仕礼为继子,承继梁大君丈夫的香火。

何家人口虽然很多,但第五代和第六代的男丁中有半数无后,何天然的妻子抛家弃夫,何天卫早年被拐,何仕礼与妻子梁大君离异,何仕政夫妻俩没有生育。

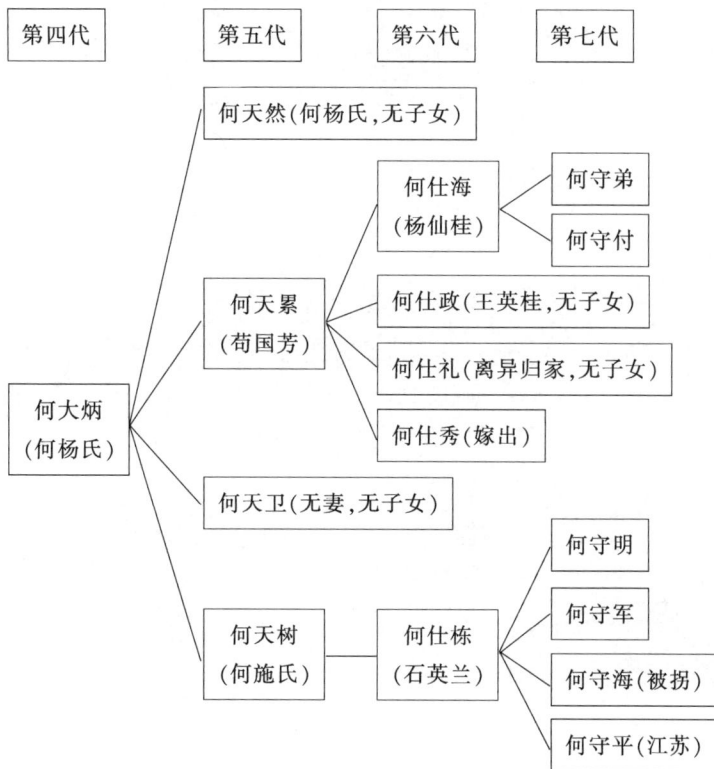

图 3-2　何家 1950 年前家庭人口图

2.叔嫂结合,寡居收养

何家第六代最小的何仕政出生后不久,生父何天累便离世,丧偶的苟国芳独自拉扯四个孩子,孤儿寡母,难以为继。不久第五代何天树的妻子小杨氏也离世了,留下父子俩过活。为了"抬举"①几个孩子,丧夫的嫂嫂苟国芳与丧妻的小叔何天树组成新的家庭。

1944 年腊月,何家第六代的何仕政与妻子王英桂成婚,开春五月何仕海因病辞世,辞世时将其大儿子何守弟②托付给弟弟何仕政,"好好待双娃子,我的就是你的!""大食堂期间",寡居南江的杨仙桂也离世,幼子何守付被送往孤儿院,两年后,何家人得知消息,将其接出,领回家抚养。由此,何仕海的两个儿子先后由亲弟何仕政收养。

3.离婚分家,各自过活

1950 年何家分家前,前四代均已离世,第五代仅余结为夫妻的二嫂苟国芳和小叔何天树,第六代有离异返家的何仕礼、何仕栋夫妻以及何仕政夫妻,第七代有何守弟、何守海、何守明、何守军、何守平,其中何守弟是何仕政收养其大哥何仕海的孩子。

---

① 抬举:养活的意思。
② 何守弟,小名双娃子。

213

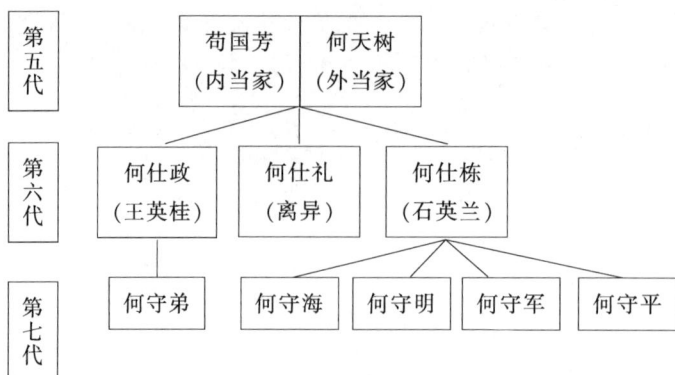

图 3-3　1950 年何家分家前家庭人口图

1950 年当地解放后不久,何天树与苟国芳离婚,何家上下三代、老小十二人随着长辈们的离婚分为两家。苟国芳一脉有何仕政夫妻、何仕礼和何守弟,何天树一脉有何仕栋夫妻及何守海、何守明、何守军、何守平四兄弟。分家后,两家各自过活。

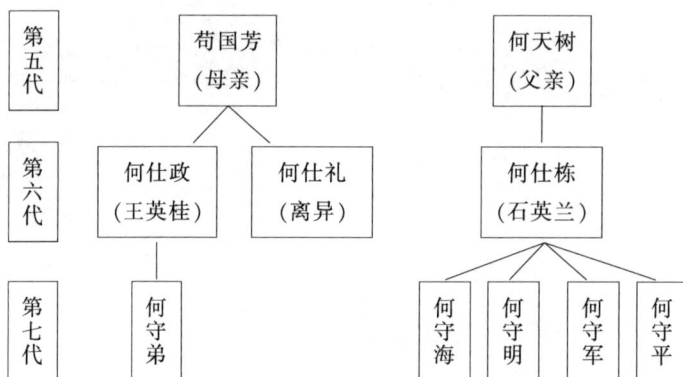

图 3-4　1950 年何家分家后家庭人口图

4.半数劳力,男女参半

何家分家前,三世同堂,共十二口人,五个孩子、七个大人,除何仕礼外均为劳动力,虽然何仕礼离婚后归家,但因其时常不在家,故此不计入劳动力人数中。何家共有三对夫妻,即何天树与苟国芳夫妻、何仕栋与石英兰夫妻、何仕政与王英桂夫妻。此外,何家没有任何非亲属人员。

表 3-1　1950 年何家户情况表

家庭基本情况	数据
家庭人口数	12
劳动力数	6
男性劳动力	3
家庭代际数	3
家内夫妻数	3
老人数量	0
儿童数量	5
其他非亲属成员数	0

（二）叔嫂组合之家

1950年分家前，何家有十二口人，七个大人，五个小孩，分别为何天树、苟国芳、何仕政、王英桂、何仕栋、石英兰、何仕礼、何守弟、何守平、何守海、何守军、何守明。何天树与苟国芳均已四十多岁，当家人何天树的身体欠佳，内当家苟国芳身体尚可。何仕政、王英桂、何仕栋、石英兰、何仕礼的年龄大约在二十几岁，正值青春，身体状况良好。何守弟、何守平、何守海、何守军、何守明这五个孩子，年龄尚小，身体"搜实"[①]，1950年以前五个孩子均未读书。何家的成员中，也有成员求神拜佛的，诸如土地庙、求求观音、灶神、财神等，但不甚虔诚。此外，家庭成员并未参加任何社会组织，当地也没有社会组织。1950年何家分家前家庭成员的基本情况如表3-2所示。

表3-2　1950年何家家庭成员情况表

成员序号	姓名	家庭身份	性别	出生年份	职业	婚姻状况	宗教信仰	健康状况	备注
1	何天树	家长	男	不详	农民	再婚	佛教	差	叔嫂婚
2	苟国芳	内当家	女	不详	农民	再婚	佛教	良	叔嫂婚
3	何仕政	儿子	男	1922	农民、打石匠	已婚	佛教	优	
4	王英桂	儿媳	女	1926	农民	已婚	佛教	优	
5	何仕礼	儿子	男	1916	农民、短工	离异	无	良	入赘[②]
6	何仕栋	儿子	男	1924	理发匠	已婚	无	优	童养媳婚姻
7	石英兰	儿媳	女	1925	农民	已婚	无	优	童养媳婚姻
8	何守弟	孙子	男	1939	无劳动能力	未婚	无	优	
9	何守海	孙子	男	不详	无劳动能力	未婚	无	优	
10	何守平	孙子	男	不详	无劳动能力	未婚	无	优	
11	何守军	孙子	男	不详	无劳动能力	未婚	无	优	
12	何守明	孙子	男	不详	无劳动能力	未婚	无	优	

（三）山腰独户，破"架子房"四间

1.山腰上的独户

何家所在的白庙村是四川省巴中市巴州区化成镇下辖的一个村庄，位于巴州区的东北部，距离巴中市区21千米，紧邻国家水利风景区化成水库，背靠针头山。

何家在白庙村的位置一直未有变化，位于第一村民小组的中间，何家岩的半山腰。这个位置距河太远，种植水稻很不方便，山腰地形陡峭，田地很少，在村里面只能算是下等。1958年以后，因为化成水库的修建，渠道从何家岩经过，何家的位置比以前有了一定的提升。近几年随着化成水库风景区的修建，何家的地理优势越来越明显。1950年时，何家岩有八九户人家，但何家在村里是单家独户，距最近的院子[③]走路需要五分钟左右。

2.破"架子房"四间

1950年以前，何家房屋结构为土木结构，布局无甚讲究，典型的山区吊脚楼，当地称为

---

① 搜实：形容身体很好。

② 何仕礼结过婚，妻子是梁大君，梁的第一任丈夫是当地另一何姓家的儿子，她的丈夫去世后，梁与何仕礼成亲，何仕礼相当于过继给该何家当儿子，但后来二者离婚。

③ 院子：指代家户的意思。

"架子房"。何家的厨房位于卧室后面,厕所和牲口间位于卧室下面。家里面共有四间房,没有正房、偏房之分,也没有专门待客的客厅和客房。没有门楼、院墙,仅有一个小的院坝,厨房后边有一条排水沟。房屋周边有两条路,一条通往化成街上,一条通往山上。其余都是田地,几乎没有空地。田地基本上都是何子修家或者何仕宦家的。何家的田地较远,不在房屋周边。

(四)"十一背面子"土地,艰难求生

1950年以前,何家的土地面积只有"十一背面子"[①],合2.2亩土地。何家与人搭伙有一条耕牛,每年至多喂一头猪,此外还会喂些鸡鸭,但数量不多。为了维持生计,全家给大户"当客"[②],租种富人何子修家"六十背面子"土地。除了务农外,何仕海和何仕礼两个人会编篾条[③],如背篼、筛子、簸箕、碳筛等,何仕栋会剪头发,何仕政会打石头,苟国芳、王英桂、石英兰会纺线织布。1950年以前,家里务农的劳动力只有四个,即苟国芳、何仕政夫妻、石英兰,何天树基本只负责安排监管农事活动,很少亲自参加农业劳动的时间,何仕栋并不从事农业生产,以理发为主,为此引起当家人不满。何家每年的收入不多,勉强度日,维持最低水平的生活都很艰难。1950年以前何家的家计状况如表3所示。

表3-3　1950年以前何家的家计状况表

土地占有与经营情况		土地自有面积	11背"面子"	租入土地面积	60背"面子"
		土地耕作面积	71背"面子"	租出土地面积	0
生产资料情况		大型农具	犁铧耙纤一副		
		牲畜情况	耕牛0.5头、猪1头、鸡若干		
雇工情况		雇工类型	长工	短工	其他
		雇工人数	0	0	无
	农作物收入				其他收入	
收入	农作物名称	耕作面积	产量	单价	收入金额(折算)	收入来源	收入金额
	水稻	12	250斤/亩	0.02元	36元	打石头	不详
	红薯	3	不详			理头发	不详
	小麦	不详				纺线	不详
	油菜	不详				收入共计	
	豆类	不详				不详	
	蔬菜	不详					
支出	食物消费	衣服鞋帽	燃料	肥料	租金		
	不详	不详	0	0	实物地租,五五分成		
	赋税	雇工支出	医疗	其他	支出共计		
	50斤/亩	0	不详	人情消费等	不详		
结余情况	不详		资金借贷	借入金额	0		
				借出金额	0		

注:本表的数据为折算数据,而非现金数据,对未变现的收支项目按照市场价格状况加以估算。

---

① 1950年以前,当地以背来算土地面积,背即背篓,"一背面子"即能收获一背的农产品的田地,也称之为"一背谷子",五背为一亩。

② 当客:即佃农。

③ 编篾条:篾在当地方言中读作mi。

(五)政治社会地位低下

何家没有成员担任过保长或者甲长,其他民间或官方职位也没有担任过,政治社会地位低下。但本家钟子山何家的何玉章是保长,其兄弟是甲长,何玉章与何家关系不错,何家折腾了几个月的分家也在何玉章的帮助下才落下帷幕。何家在白庙村的地位很低,时常受人"糟蹋"欺负。

(六)小门老户,何天树当家

1.何天树当家

1950年以前,何家在村里已经繁衍至第七代,算是老户,因家境贫寒,只能算作小户。1950年,何家共有三代人,家长何天树及其妻子,子辈的何仕政夫妻、何仕栋夫妻及何仕礼,孙辈的何守弟、何守平、何守海、何守明、何守军。何家的当家人是何天树,管理农业生产和对外事务,其妻子苟国芳是内当家,主要管理家务等,此外没有代理当家人或管家。当家人自20世纪20年代确立后未有变更, 至1950年外当家何天树与内当家苟国芳离婚分家时,当家人方有变动。分家后,何天树一脉由何仕栋夫妻当家,苟国芳一脉由何仕政夫妻当家。

2.当地大户、小户判别标准

在当地,大户是指家里面田地多的家庭,一般大户屋里有六七个人,"他们做不完活路,就喊穷人家做","大户屋里当官的少,我们这一片没有"。白庙村及周边地区的保长甲长,有何玉章、何守碧、周一休等,何家所在的何家岩没有保甲长。新户主要指新分家,或者是新迁入本村的家户,何家屋下边院子的岳家是四十年代迁入的,"他们本来是凌云①的",是村中的新户。

3.人口大户,经济小户

1950年,何家有十二口人,在村中是少有的人口大户,但因为该村的大户、小户是按照土地多少来评判的,故此何家虽然在人口上算是大户,但因为家里仅有"十一背面子"土地,实际上仍然是小户。且当地分家遵循诸子均分原则,故此人口多并不占优势,一代一代分家,大户最后也会全部沦为小户。但是在租种土地方面占一定优势,因为人口多意味着劳动力多。

何家的土地仅有"十一背面子",破"架子房"四间,步履维艰,有时需借粮度日,没有丝毫的余财。在白庙村,土地和财产多,在村中的地位就比较高,比较受人尊敬,如何玉章家、何仕宦家等;相反,土地和财产少,在村中的地位就比较低,是被欺负的对象,如他们家等。

总的来说,何家在白庙村是小门小户,在村里不仅没有什么影响,反而是大户欺压的对象。在保甲册上登记的家户类型,何家后人并不清楚。

---

① 巴中市辖乡,与何家所在的化成镇相邻。

第二章　家户经济制度

本章主要从产权、经营、分配、消费、借贷和交换几个方面介绍何家的经济状况。家户产权主要是介绍何家"十一背谷子"的土地、四间破"架子房"以及生产生活资料的产权归属问题;家户经营主要是介绍何家自有的"十一背谷子"和租种的"六十背谷子"的生产经营过程;家户分配主要是介绍何家的分配主体、对象以及家长和家庭成员在分配中的地位;家户消费主要是介绍何家家户消费的主体、自给程度等消费的具体情况,以及家长和家庭成员在分配中的地位;家户借贷主要是介绍何家借贷还贷情况;家户交换主要是介绍何家在对外交换中的具体情形,如赶场过街、过秤过斗等。

一、家户产权

(一)家户土地产权

1."十一背面子"土地

1950 年以前,何家有"十一背面子"的土地,合 2.2 亩,几乎全是旱地,水田很少,"地也孬"①,仅为中下等。加上土地都在半山腰,距离河流较远,没有什么堰塘、水塘一类的水利设施,完全"靠天老爷吃饭",水稻栽种只能依靠"扎冬水"②。何家经济十分困难,多年来未买进丝毫土地,又因为家里土地极少,分毫舍不得卖出,故自何天树当家以来,一直到 1950 年分家,何家的土地不添不减。

2.继承祖辈遗产

何家清苦贫寒,既无余钱买进土地,也没有赠送而来的土地。家里仅有"十一背谷子"的土地全部是从祖上继承而来。当地婚嫁讲求"门当户对",穷人与穷人做亲家,富人与富人做亲家。何家的条件在村内是极贫困的,只能与穷人家的姑娘结婚。穷人的陪嫁很少,女儿的嫁妆中没有土地,不存在儿女亲家赠予土地。何仕礼过继何仕宦家后,何仕宦家将一块田交给何家耕种,不收租金,但是何家仅有使用权,而没有所有权。此外,何家处于米仓山,遍布山地,受地形限制,开荒极其不易,加之人地矛盾突出,能开发的地方早已开发,故此也没有开荒地。

3.家户所有,部分有份

(1)土地家户所有

何家人认为土地是属于全家,而不是属于哪个私人,实际上由当家人统一安排、管理。分

---

① 孬:差的意思,"地也孬"指土地不好。
② 扎冬水,秋收后的水田进行耕、耙、浇边,作储水之用,避免来年春旱时无水育秧。

家时,土地按照儿子的数量均分,遵循诸子均分的原则。如果老人只有一个儿子,则他的土地全部归儿子所有。除此之外,何家还有和别人共有的一块土地,这是何天然的遗产,因为一些缘故,由何家与另一家共有。此外,何家没有私房地、体己地等属于个人的土地产权,也没有养老地。

（2）部分成员有份

何家人认为家里的土地是全家的,但并不是所有的家庭成员人人有份。在何家,未成年的儿童没有份,姑娘①不管嫁出与否都没有份,何仕礼出继后也没有份。此外,虽是一家人,但分家后就没有份,诸子均分后,大儿子不能拥有分给小儿子的土地的所有权。

（3）态度鲜明

何家人认为土地应该属于全家,没有成员认为应该把土地分配到个人,"你的我的,算那门清楚爪子②! 藏私,不团结!"。但因为土地由当家人统一管理,故此,家长比其他家庭成员在土地产权上更有权力。

4.田埂为界

（1）田埂③

何家的土地和土地的四邻有明显的边界,田埂是最明显的标志。当地大多数的田埂,是在开荒时修筑起来的。大田中间的"埂埂"④大多是随着分家而做的界限,也有因为买卖而做的界限。因为地处秦岭山脉,大田大地很少,连片的大田大地只在山沟有河流的平缓地带才有,何家所在的半山腰全是山地,故此田地受地形限制,"埂埂"很少。当地除了田埂作为田地的界限,还有以沟渠作界的,这种田地分布在河沟地带,何家没有这种田地。

明显的边界线清晰地告诉村民哪块田是自己的,哪块田是别人的,因此越过田埂在别人的土地上进行农业生产的情形轻则会引起纠纷,重则是两家人的仇怨,"轻易不会和解,闹得休休不息⑤"。"有的屋里⑥,为了多耕种一点田地,把田埂挖得很窄⑦,挖断了的都有,有人要说,非要弄好才得行!"但是田埂用来过路是当地的惯习,并不算侵占,"你的田埂人家过路,人家的田埂你也要过路"。

（2）家户耕作,儿子继承

何家的土地,家人都可以耕种,但是要听从当家人的统一安排。虽然是一家人,但是分家后就不能再使用了,如大儿子就不能使用分家时分给小儿子的土地。外人只能在经过同意后才能耕作使用土地,否则不能耕作使用。如果未经主人同意就使用土地,土地主人不仅会将所有的苗拔掉,还会臭骂一通,"是哪个短命鬼! 占老子屋土地,你屋莫得土地了嘛! 短阳寿的……"抓住了还会痛打一顿。出现这种情况也不会有人出来调解,围观的村民也会帮着主人说。

---

① 姑娘在当地人眼中是迟早要嫁到别人家的,"嫁出去的姑娘泼出去的水",当地村民默认姑娘是没有土地所有权的,不管其是否嫁出去,招赘的姑娘在婚后才取得土地的所有权。

② 爪子:什么的意思,整句话为"算那么清楚做什么"。

③ 田埂:当地将"埂"读为 gan。

④ 埂埂:田埂的意思。

⑤ 休休不息:指很难冰释前嫌的意思。

⑥ 在当地,屋里代表家户。

⑦ 窄:当地读为 ze。

土地的继承权只有家里的人才能享有,大多是儿子继承父亲的土地,过继到别人家的儿子或者做上门女婿的儿子也有继承权,嫁出去的女儿没有土地的继承权,但是留在家里招上门女婿的姑娘有继承权。何家的土地继承权,只有何仕政和何仕栋能享有,嫁出去的何仕秀和过继的何仕礼不能享有,何仕海早逝后其儿子由何仕政收养,相当于过继到何仕政名下,故此也没有继承权。

（3）清晰的认知

何家的所有成员对自家所拥有土地都有清晰的心理认同,对自己家和别人家的土地分得很清楚,对于他人侵占自家的土地的行为丝毫不能容忍。当地有很多农户因为田边地角发生争端,两家人很容易形成"休休不息"的局面。

（4）家长经营分配

何家土地经营权归当家人何天树所有,种什么、怎么种、什么时候种等都是由何天树决定,不需要同别人商量,别人也无权干涉。什么时候收割、如何收割也是何天树说了算,如果是收割租种别人的土地,需要提前和主家知会一声,因为地租是在收割时缴纳,一般是五五分成,佃主先选。土地的产出归家庭所有,由家长何天树和内当家苟国芳分配。总之,家庭土地的耕种收割,外人不能干涉,无论是宗族,还是村庄,都不能干涉。对于土地的经营权、收益权,分家之后的父母、兄弟是不能干涉的,管好自己的土地即可。如果儿子找父母、兄弟商量,父母、兄弟也可以出出主意,但最终还是自己决定。

5.家长做主,内当家抗衡

（1）家长做主,内当家抗衡

何家没有土地买卖和土地置换情况,也没有当出土地的情形,即使是生了大病,急需用钱,何家也不会买卖、典当土地,"死就该死"。家里十几口人全靠"十一背谷子"的土地过活,舍不得卖出、典当。当家的何天树曾经想买土地,但是内当家苟国芳害怕丈夫何天树偏爱亲生儿子何仕栋,自己的儿子何仕政得不到,不同意丈夫买土地,最终,何天树也没有买成土地。何家虽然没有土地买卖和土地置换,但是有土地租佃和当进土地的情况。何家租佃土地是当家的何天树说了算,当家人是实际支配者,有时候会和掌内家的妻子苟国芳沟通一下,但通知的意味很强,商量的情况几乎很少。当进土地是当家人何天树与内当家苟国芳商议后共同决定,因为用的是苟国芳亲生儿子何仕政在外做手艺的工钱。

村中其他的农户,家里的土地买卖、租佃、置换、典当等活动,都是由当家人说了算,当家人是实际支配者。如果当家人不在,代理当家人可以按照当家人的安排处理相关事宜,如果当家人离家时没有交代,代理当家人则不能做主,只能等当家人回来再处理。一般来说,当家人离家的时间不会很长,大多是三五天的样子,所以可以等当家人回来再进行处理。

在土地的实际支配者问题上,不同的情况,其支配者不同:如果是男人当家,他一个人决定即可,可以和其他人商议,听取其他人的建议,但不需要取得其他人的同意。如果是女人当家,则有两种情况:一是丈夫逝世,女性当家人需要和儿子商议;二是当家人不成器、败家,其母亲或妻子取而代之,自己决定即可,如果公婆在,需要与公婆商议一下,如果儿子长大懂事了,也可以与儿子商议。女人当家买进土地的很少,"她莫那个本事"。如果是儿子当家,刚开始当家的一两年可能需要和父亲商量一下,其后的完全可以自己做主。儿子当家的情况下,能买进土地的很少,当地有本钱买进土地的主力军是中老人。如果儿子卖出土地,则必须与父亲商量,取得父亲的同意,即使他是当家人,理论上具有支配权。当然也有败家的儿子私自将土地卖出,"何家出了好几个败家子,将祖上的土地败了"。如果是兄弟当家,买进土地兄弟决定就好,卖出土地需要与其他兄弟商量,不能一个人决定。

(2)何家没有土地买卖

何家没有土地买卖活动①的发生,当家人何天树想买土地也因为组合家庭的矛盾而没有成功。卖土地则更无可能,何家的土地本来就很少,卖出无异于自毁生路,生了大病需要救命钱,也不会卖出土地,"死就该死"。何家第六代儿媳妇王英桂娘家在其当家人的主持下买过两次土地,第一次买了河坝的两个水田②,第二次买了个旱田,但是加起来也就"十背谷子"。但买地后时常被卖出者找麻烦,隔半年,卖出者就去"找开伙"③,带四五个人来家里说"我那个田角没卖!"买地人好酒好菜伺候原主,吃了之后多少给出卖人一点钱粮。隔半年,卖出者又来了,说另外一个田角没卖,又得好酒好菜伺候。"找开伙"多是因为在契约中没有写明,被有心之人逮住了漏洞。这种行为,当地人称之为"铲田边"④。

村里其他人家买卖土地的时候,一般是由当家人决定,不需要告知或请示四邻、家族、保甲长,因为土地买卖在当地算大事情,人们对谁家买进土地,或卖出土地津津乐道,不需要告知,四邻、家族、保甲长就知道了。买卖有优先次序,卖出者要先问自家兄弟,兄弟不买才问本家,本家不买,便可卖于外人。如果当家人不在,不能卖土地,但是可以买土地,因为买进土地是件光宗耀祖的事,当家人不会阻拦。如果是男人当家,买进土地他说了即可作数,卖出土地需要和家人商议。如果是女人当家,买卖土地的活动很少发生,几乎没有。一旦发生,买卖土地都需要和家人商量,年老的女当家人可以与儿子商量,年轻的女当家人可以和公婆商量。但是女人当家很少有买得起土地的情况。如果是儿子当家,买进可以和父母亲商议,也可以不用商议,卖出一定要和父母亲商议,否则视为败家、不孝,但是一般的儿子没本事买田地⑤。如果是代理家长,没有权利买卖土地。买卖土地全凭自愿,没有强买强卖,也没有不被允许的情况。在1950年以前,买田造房的都是老人,年轻人"不知事",很少有买田地的情况。

(3)当客:家长做主

当地将租种土地称为"当客",何家"当客"是由当家的何天树负责,何仕政和王英桂作为儿子媳妇没有什么权力,"听爹的安排,莫得说话的权利了,爹说哪门整就哪门整,我们只是做活路"。"当客"不需要谁商量,也不用告知或请示四邻、家族、保甲长。何家当家人一直在家,没有外出过,即使外出,也仅仅是两三天的事,不会耽搁家里的大事。"当客"的时候没有明确的顺序,看俩家关系好坏以及有无能力耕种。何家长年给大户何子修家"当客",耕种他家的"六十背谷子"土地,租金采用实物地租,五五分成,于收获时缴纳。"大春"⑥按背分,一家

---

① 土地买卖中,买土地的人需要请中人见证,还要立契约,写明面积、接界等。

② 当地在形容土地块数的时候,习惯用"个"。

③ 找开伙:找麻烦的意思。

④ 铲田边:当地土话中将"铲"读作 chuan。

⑤ 儿子在分家后手里余钱不多,很少有拿得出的,故买地的多是年长的老人。

⑥ 大春:指种水稻这一季。

一背,轮流背,"小春"①按捆分,一家一捆。何家与何子修家关系一般,何子修有时候会让何家帮忙将地租送到家里,何家也会帮忙送去,但是其他的时候,何家不会刻意讨好何子修家。

（4）何家无土地置换

何家不存在土地置换的情况,不清楚家长在土地置换中的地位权力。置换土地需要双方都同意,否则就换不了。"水田和旱地不能换,划不来",一般是旱地换旱田地,水田换水田。置换的成功率很低,"十家中有一家"。置换土地也不需要写契约。此外,置换土地没有时间限制,有的是永久置换,有的是置换一段时间,时间长短很随意,"今年做了,明年你做你的,我做我的",土地置换就宣告结束。

（5）当进土地,内外当家共同决定

何家在 1948 年时进过一个田②,"三背面子",四吊钱。但何家刚做了不满两年,第二年还未收获,土地改革运动开始了。何家的土地典当活动,由当家的何天树和内当家苟国芳决定,即使钱的来源是何仕政打石头的工钱,何仕政也没有说话的权利。但也因为是何仕政的工钱,所以在分家时将当进的土地分给了何仕政一方。土地典当不写契约,没有明确的顺序,也不需要告知或请示四邻、家族、保甲长。

6. 其他成员无说话权利

（1）其他成员无说话权利

何家在土地买卖、租佃、置换、典当等活动中,当家人之外的家庭成员不能发挥支配作用,偶尔可以说出自己的想法,但是不能擅自决定。当家人一般不会在进行土地买卖、租佃、置换、典当等活动时外出,跟土地有关的事都是大事,当家人必须在场。

在当地,如果当家人是男性,其他家庭成员没有支配权,建议权也不一定有。如果当家人是女性,其他家庭成员亦没有支配权,但是有建议权。如果当家人是儿子,其他家庭成员没有绝对的支配权,但父亲的意见能左右儿子的决定。如果当家人是兄弟,其他家庭成员没有支配权,管理土地的权力集中在当家人手上,其他兄弟具有建议权,没有决定权。对于视土地为命根子的农民来说,土地买卖、租佃、置换、典当等活动全部是由当家人支配决定,几乎看不见代理当家人的影子。

（2）家庭成员可提意见

何家没有土地买卖的活动,村内有土地买卖活动的家庭也不多。土地买卖一般是由当家人决定,其他家庭成员没有决定权,当家人的父母、配偶、兄弟可以提意见,有时候其他成员的意见能左右买卖决定。何家当家人何天树曾经想买土地,但是因为妻子苟国芳不同意而未成功。一般情况下,女性在家内处理家务事,很少与外界打交道,所以女性当家的时候,其他家庭成员的意见作用很大,甚至能左右土地的买卖。如果是兄弟当家,买土地其他兄弟不会说话,如果是卖土地,其他兄弟有一定的权利,因为土地卖出了,分家的时候份额就少了,当家兄弟需取得其他兄弟同意后才能卖出。

（3）当客、置换:家庭成员无说话权利

何家租种大户何子修家的土地,租佃活动由当家人何天树说了算,其他家庭成员几乎没

---

① 小春:指种小麦这一季。
② 因何仕宦的妻子在何仕宦去世后,不仅坐门招夫,而且还烧鸦片烟,家里缺钱,故此典当给何家。

有任何意见，更不会擅自决定，因为在村内，村民之间打交道，只认当家人。此外，村内租种土地的活动时有发生，并非罕见。大户出租土地是由当家人说了算，少地或无地的农民在租种土地时也是当家人说了算。无论是出租还是租入，都很少与他人商议，因为大户人家的当家人之所以成为当家人，他的能力是得到家里认可的，少地或无地的人家，谋生存是生死攸关的大事，几乎不会出现不同意见，故此当家人决定即可。此外，何家没有土地置换活动，白庙村内置换土地的活动也很少发生。土地置换中，由当家做主，其他家庭成员没有发言的权利。

（4）内当家有一定话语权

何家的土地典当活动中，除了当家人何天树外，内当家苟国芳也有一定的权利，因为当进土地的钱是苟国芳亲生子何仕政在外打石头的工钱，所以具有一定的权利。村中家庭的土地典当活动中，由当家人做主，其他家庭成员没有说话的权利。

7.土地产权，不可侵犯

（1）无人侵占

何家的土地没有出现被外人侵占的情况，一是因为村内没有恶霸、恶人，村民之间的关系都还不错，二是因为土地少，看得比较严。一般情况下，在他人的土地上割草、捡柴不算侵占土地所有权。但如果甲乙两家关系不好，矛盾很深，甲在乙的土地上割草，乙家会认为甲家侵占了他的土地，双方可能会吵架甚至打架，这种情况多发生在妇女身上，因为割草的总是妇女。村中侵占土地多表现为田边地角的纠纷，也有因此结仇的家户，土地产权、经营权、收益权被侵占的情况没有发生过。小偷直接上家里偷东西，并不抢地里的粮食。偶尔也有挖别人地里几个红苕①、掰几个苞谷②，主人发现后也只能胡乱骂一通。

（2）神圣不可侵犯

何家的土地没有出现过被侵占的情况。如果土地产权被侵占，全家人丝毫不能忍受，其他村民也会抱不平，保甲长也会出面调解。农民心中，土地意味着生存，神圣不可侵犯。

8.外界认可保护

（1）村民、家族认可保护

在当地，其他村民不会随意侵占他人的土地，如果要买卖、租用、置换都会与土地的主人商量，没有强行买卖、租用、置换的情况。何家"十一背谷子"的土地没有被侵占过，没有买卖和置换，也没有租用。何家所在的家族也不会随意侵占家户的土地，家族其他成员可以买卖、租用、置换何家的土地，但如果家族成员要买卖、租用、置换何家的土地，必须要与当家人何天树商量，买卖、租用、置换全凭自愿，不会出现强买、强卖、强租、强换的情况。但是何家极其贫寒，"十几张嘴巴"，只有"十一背谷子"的土地，自家都不够，没有买卖、租用的情况。如果何家的土地被外人侵占，可以寻求族上的保护，族上也会出面调解。

（2）村庄、政府认可保护

何家所在的村庄的保甲长不可以随意侵占何家的土地，保甲长也没有权利私自买卖、租用、置换何家的土地。如果何家的土地被外人侵占，也可以寻求保甲长保护，他们也会出面调解。何家所在的官府也承认何家对土地的所有、耕作、收益的权利，官府记载着每块土地的所

---

① 红苕：红薯。
② 苞谷：玉米。

属。县乡政府不可以随意侵占何家的土地,没有发生过县乡政府买卖、租用、置换何家土地的情况。

(二)家户房屋产权

1.修房造屋,人生大事

建房是人生大事,宅为人之本,人以宅为家,居若安即家代昌。为此,当地在建新房的一系列工程中,都要举行庄重严肃、种类繁多的活动,一般都是以万物有灵为依据,以自然崇拜为主要内容的一系列仪式:首先是请人选择建房地基、石匠进山选石、开山取石、破土下基;其次是请土匠架板筑墙、安过墙、提垛子、开梁口、下墙板、封梁;再次盖瓦或茅草;最后是刷墙等。房子建好后,会请亲朋好友来家里聚聚,恭贺新房落成。在当地,房屋越漂亮越大,主人的面上越有光。何家的房屋因为家贫已经很长时间没有修缮过了。

2.四间破"架子房"

1950年以前,何家的宅基地面积大约为八十平方米,建筑面积一百平方米。何家的房屋情况,从何天树当家起并无变更。何家的四间破"架子房"靠山修建,坐北朝南,布局很简单,直排的草房,院坝边上建了一个吊脚楼。靠山的后屋为灶屋,挨着是家长何天树与内当家苟国芳的房间,接着是几个儿子的房间,没有堂屋,也没有厅堂、客卧。建筑材料就地取材,竹木土结构,石头为基,木材承重,竹笆糊上土作墙,茅草盖顶。之所以竹笆上糊土,是因为竹笆缝隙太大,为了防止冬天透风,外面糊一层泥土。何家的房屋没有窗户,七十年代为了取光,何守平方才凿出来一个窗户。

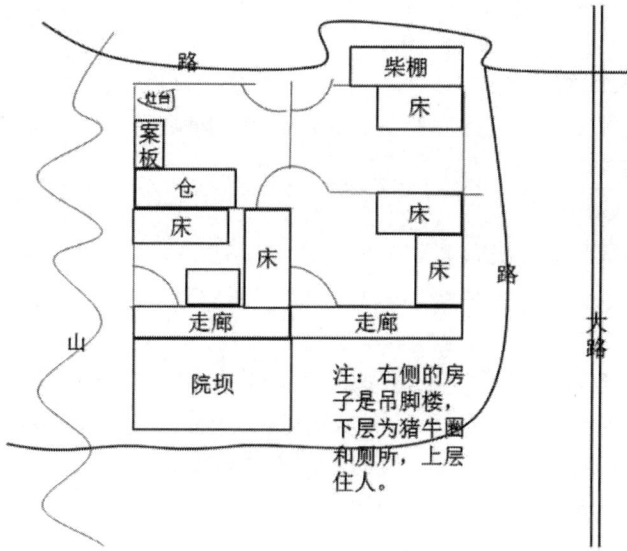

图3-5 何家的房屋布局草图

图 3-6　何家房屋照片

3.承继祖产

何家的房屋是继承祖产,1950 年以前一直是草棚,下雨天很"恼火"[①],"屋外下大雨,屋内下小雨"。房屋是什么时候修建,谁修建、怎么修建,何家后人并不清楚。1950 年分家以后,儿媳王英桂的亲生父亲早年因参加红军被枪炮打死而得到了一笔血伤费用,何家才有钱翻盖房屋,改善居住条件。

4.家户所有,儿子继承

（1）全家所有

何家人认为房屋是属于全家人所有,全家人都有权居住,但是不归属于某个个人,房屋使用要服从当家人何天树的安排。此外,何家房屋没有和别人共有的情况,又因为是单家独户,也没有与人共墙等情况。

（2）儿子媳妇有份

何家人认为家里的房屋人人有份, 家庭成员进出其他人的房间必须给住在那屋的人说一下,除了进出当家人何天树及内当家苟国芳的房间以外,因为进出灶房必须经过当家人的房间。何家的房子很少,未成年的子女一般与父母住在同一间房,外出打工的家庭成员不会专门留有房间。早些年,何仕海尚未离世的时候去南江打工,家里就没有留他的房间。嫁出去的女儿,在娘家没有专门的房间,如果何家女儿何仕秀回娘家,只能与母亲苟国芳或弟媳住在一起。在农村地区,儿子或者留在家里的女儿结婚时会有一间房,"要有一间房接新人",故此嫁进来的媳妇儿与儿子住一间,入赘的女婿与女儿住一间。

（3）进出需告知

虽然每个房间住的人不同,但是只有使用权,而没有所有权,因为房屋是属于全家人所有的。家庭成员进出其他人的房间需要告知请示,取得同意后才能进出。何家人认为房屋属于全家最好,方便安排,特别是人客来往的时候,且可以减少私心,促进家户团结。

---

① 恼火:头疼的意思。

5.强烈的心理认同

(1)单家独户,边界清晰

何家的房屋是单家独户,自己在一个地方,与四邻的房屋相隔较远,故此没有边界之争。如果是几家人住在一起,房屋会有清晰的边界,有的以房檐滴水为界,有的以共墙为界,无论以何作界,边界都很明晰。同住一个院子的,大多是亲兄弟,也有堂兄弟。四邻不能越过房屋的边界修建房屋,不能侵占他人的地方。棉花梁何家的何守元、何守宣、何守海就是住在一个院子里,以墙为界。清晰的边界在打扫上体现得最为明显,每家只打扫自己的部分,不管别家地界上的卫生。

(2)家人享有,部分继承

何家的房屋归何家人使用,不经过同意外人不能使用。房屋的继承权只有儿子能享受,夫死有子的寡妇享有与其他儿子同等的继承权。除此之外,留在家里的女儿可以享有继承权,但出嫁的女儿没有房屋的继承权。何家房屋的继承权只有何仕政与何仕栋享有,何仕海的遗孀杨仙桂虽然有子,但是因为其居住在南江,所以没有房屋的继承权,何仕礼过继何仕宦家,虽然后来离婚返家,但是也没有继承权,何仕秀嫁出去了,不享有何家房屋的继承权。

(3)强烈的心理认同

何家的家庭成员对自家所拥有的房屋有清晰的心理认同,对自家的房屋和别家的房屋分得十分清楚。强烈的心理认同从小灌输,小孩子玩闹时如果闹了矛盾,经常在边界线两边说"不许你到我这边玩"。对于自家的房屋被他人侵占的行为,房屋主人绝对是零容忍的态度,安身之所岂容他人侵占!

(4)当家人管理

何家的房屋由当家人管理,外人无权干涉。买卖、修建都由当家人决定,但是何仕政所在村庄,没有买卖房屋的情况出现,修建房屋也只能在自己的土地上修建,他人的土地一分一毫都不能占用。修建房屋需要和家人商量,因为修房子不是一个人的事,需要家庭成员齐心协力,但不需要同家庭之外的人商量,也不需要取得宗族、村庄的同意,他人、宗族、村庄也无权干涉。

6.当家人支配

(1)房屋的实际支配者——当家人

何家的房屋没有买卖的情况,亦没有典当的情况,1950年分家之后曾翻修过一次,翻修的资金来源于王英桂亲生父亲的血伤费。1950年以前,村里没有买卖房屋的情况,典当房屋的情况也很少,何家人并不清楚。对于修建房屋的情况,长年为生计奔波的何家人,并未关注过。

(2)何家房屋无买卖、出租、典当

何家的房屋,没有买卖的情况,村内也没有出现过买卖房屋的情况。何家的祖屋不在何家岩,何家人不知道祖屋能否买卖。何家仅有四间破房,自家十二人勉强凑合能住,没有房屋出租。房屋典当也没有,正如当地流行的俗话"金窝、银窝,不如自己的草窝",自家的房屋,轻易不会卖出、典当。

(3)房屋修缮,家长做主

房屋的修建情况,何家后人不清楚,1950年分家后的翻修,是由新的当家人何仕政与王

226

英桂做主,资金的来源是王英桂生父的血伤费。何仕政在翻修房屋的时候,只需要和家人商量便可,不需要和其他人商量,也不需要取得其他人的同意。此时,何家的房屋已经到了岌岌可危的地步了,"揭草的时候,嗤嗤^①往下落老母虫^②。做完活路,都不敢在我们屋吃饭"。

7.家庭成员支持

(1)其他家庭成员无权支配

何家没有房屋买卖、典当、修建活动。村里的这类活动,多由当家人决定,家庭其他成员可以提出意见,但没有支配作用,其他家庭成员也不能擅自决定。当家人不在的情况下,不会有买卖、典当、修建房屋等活动。女性当家人一般只守业,不会扩大。如果儿子当家,想买卖、典当、修建房屋,必须与父亲商量,取得一致意见。如果是兄弟当家,必须与父亲和其他兄弟商量,取得一致意见。代理家长的权力很小,不能对此进行决定。

(2)修缮房屋,听从当家人安排

何家翻修房屋时,其他家庭成员基本都服从当家人的决议,很少提出意见,擅自决定的情况更是没有。翻修房屋需要强壮劳力,当家人都在家,不会外出,一般这种情况,外出的人会回家帮忙。

8.房屋私有,不可侵犯

何家的房屋没有出现过他人侵占的情况,村内也没有出现过房屋被侵占的情况。如果何家的房屋被人侵占,全家人丝毫不能忍受。"平下时,有人看屋,有个啥子响动,就喊人。"但是当自家的房屋被土匪强盗侵入时,则只能选择强忍,一是土匪强盗手中都有武器;二是家里的妇女儿童太多,青壮的劳力只有两三个,无力反抗;三是土匪强盗都是晚上才来,加上村民都害怕,喊不到人。何家媳妇王英桂的娘家曾经就被土匪侵入过,全家人瑟瑟发抖,无力反抗,只能苦苦哀求匪徒们手下留情。

9.多方认可,家族保护

(1)村民认可与尊重

其他村民不会随意侵占他人的房屋,如果要买卖、租用、置换房屋,必须与房屋主人商量,取得房屋主人的同意,如果不同意,不能强行买卖、租用、置换。何家所在的白庙村,几乎没有发生过房屋的买卖、租用及置换。

(2)家族认可与保护

何家所在的家族不会随意侵占何家的房屋,家族内的其他成员不能在不经同意的情况下就买卖、租用、置换何家的房屋。如果家族成员要买卖、租用、置换何家的房屋,必须与何家的当家人何天树商量,取得同意后,方可买卖、租用、置换,不能强行买卖、租用、置换何家的房屋。何家的房屋被人侵占的时候,可以寻求家族的帮助,家族会出面解决,但是未出现被人侵占的现象。

(3)村庄认可与保护

何家所在的村庄不可以随意侵占村民的房屋,村里可以买卖、租用、置换何家的房屋,但必须取得何家当家人何天树的同意后方可进行。如果何家的房屋被他人侵占,村庄的保甲长

---

① 嗤嗤:音译,不停地意思。
②老母虫:音译,一种虫子,吃干草和材料。

会出面解决,帮助夺回房屋。

(4)政府认可

何家所在的县乡政府承认其对自家房屋的所有、买卖、租用、置换等权利,也不会随意侵占何家的房屋。1950年以前,县乡政府不会与农民直接发生联系,买卖、租用、置换农民的房屋几乎没有发生过。

(三)生产资料产权

1.耕牛犁耙纤外,无大型生产农具

何家大型农具很少,生产工具只有耕作必备的犁、"铧"①、耙、"纤"②,耕牛是同何仕宦家伙养的,此外生产所需风车③、拌桶④、晒坝这些大型农具都没有,需要用时只能与别人借。伙养的耕牛是何仕礼入继何仕宦家之后才有的,因为两家关系好,何家也可以借用何仕宦家的农具。1950年以前,何仕政所在的白庙村,受地形限制,出行全靠走路,没有牛车、马车。生产用具只有村里的"发财人家才齐全,穷人有这样没那样"。何家之所以有犁铧耙纤和耕牛也是因为租土地必须要有这些生产资料,否则租不到土地,"怕你种不上,哪个租给你?"此外,所有的竹编农具,如筛子⑤、背篼⑥、簸箕⑦,这些何家都有,何仕礼与何仕海都会编。

2.多数自制

何家自有的生产资料犁铧耙纤是在木匠处买的,这些农具不一定非得上街买,家里有树木也可以请木匠到家里做。耕牛是与何仕宦家伙养的,当地称之为"搭腿","有的是两搭腿,有的是三搭腿,四搭腿的也有。要关系好,关系不好不得行"。何家"搭腿"的时候给何仕宦家一定的资金,具体多少,何家后人并不清楚。此外生产所需的大型用具全部借用别人家的,何家多借用何仕宦家的农具。锄头、梿枷⑧、炭筛⑨、刮刮⑩一类的小农具,家家户户都有,何家也不例外。锄头可以请铁匠打,拿回家后自己削根木棒装好就可以用了,梿枷、炭筛这些小农具,何家能够自己制作,材料准备齐全,一天时间就能制好。何仕礼会编簸条,家里的竹货,都是何仕礼编的。

3.家户所有,使用方便

(1)家户所有

何家人认为家里的农具是属于全家人的,生产资料是全家人人有份。何家的牛是别人共有的,本来是住在附近的本姓何仕宦家的,因为两家关系好,所以"搭了一只腿、参了一份股"。共有的时候,是按家共有,而不是按人共有。

---

① 铧:指犁头上的铁器部分。

② 纤:指连接犁头与牛脖的绳子。

③ 风车:用于分离饱满颗粒与空壳。

④ 拌桶:无盖的长方体木制用具,可用于盛放水稻。

⑤ 筛子:当地的筛子有两种规格,一种格子比较大,用于筛黄豆、绿豆等物,一种格子比较小,用于筛碎米。

⑥ 背篼:当地的背篼有很多规格,专门上街的"赶场背篼"、割猪草或牛草用的"花篮背篼"、盛放或背粮食用的"大背篼"等。

⑦ 簸箕:当地的簸箕有两种规格,一种比较大的,多用于晾晒豌豆等物,一种比较小的,即可用于晾晒农产品,也可以用于簸除杂草等物。

⑧ 梿枷:用于打水稻、小麦、油菜等。

⑨ 炭筛:用于分离谷粒和谷草。

⑩ 刮刮:音译,读作kuakua,用于翻晒农产品。

（2）部分有份

何家人认为生产资料虽然是全家人谁都可以使用，但是只有部分家庭成员能继承，何家享有生产资料继承权的只有何仕政夫妻与何仕栋夫妻。此外，其余家庭成员不享有生产资料的继承权。一般来说，生产资料的继承权外出的打工者没有份，嫁出去的女儿也没有份，未成年的儿童因为不能参加农业劳动也没有份。嫁进来的媳妇儿，与丈夫一样享有，入赘的女婿也有。

（3）全家共有，使用方便

何家人认为生产资料归全家所有，没有必要将生产资料的所有权分配给每个人。家长在生产资料的产权上，比其他家庭成员更具有权力，如果是家户私有的生产资料，当家人在分家的时候可以决定哪些归哪人，儿子只能提意见，而没有决定的权力。何家人认为生产资料归全家使用比较好，因为每家最多只有一套生产工具，分给个人后，想用别人的工具，就必须去借用，"给别人下话"①，十分地不便利。

4.当家人支配

何家在生产资料的购买、维修、借用等活动中，当家人何天树都是实际支配者。跟生产有关的事情，全部由当家人何天树做主，何家购买、维修、借用生产资料的时候，当家人都在家，不存在代理家长代为处理的情况。如果当家人是男性，当家人做主即可；如果当家人是女性，当家人总指挥，让家里的男性成员去办理；如果当家人是儿子，当家人做主，父亲一般不会干涉；如果当家人是兄弟，兄弟告知其他兄弟之后，做主即可。何家的生产资料由当家人何天树支配，具体体现在以下方面：

（1）生产资料购买

何家在生产资料购买问题上，由当家人何天树安排决定，他可以事事亲力亲为，也可以支使何仕政或何仕栋跑腿。购买生产资料纯属家庭私事，一般由当家人决定，不需要和谁商量，更不需要告知或请示四邻、家族、保甲长。

（2）生产资料维修

何家维修生产资料，多由当家人何天树安排，也由何天树出面或拿到匠人家维修，或请匠人到家维修。前一种情况不需要和谁商量，后一种情况需要和内当家苟国芳商量一下，以便安排匠人的饭食。生产资料的维修不需要告知或请示四邻、家族、保甲长，也没有不允许维修的情况发生。因为生产资料是全家共同使用，故此维修产生的费用，由家庭共同承担。牛这种活物，一般很少会生病，如果生病，自养的牛由家庭承担医用费，伙养的牛则几家分摊，当时饲养牛的家庭承担费用要多一点。

大型生产工具损坏的可能性很小，一是因为质量好，二是因为爱护得好。锄头、镰刀一类的小农具，损坏的可能性要高一些。如果锄头的锄角坏了，需要补铁，由家长何天树出面，家庭其他男性成员出面也可以，但必须遵从当家人的决断，不能擅自决定。如果当家人不在家，内当家苟国芳也可做主，但大多的时候是等何天树回家后处理。此外，无论是男性当家，还是女性当家，抑或儿子当家、兄弟当家，维修生产资料的活动当家人均可做主，也可以委托家庭成员办理。如果当家人为男性，由男性出面处理维修事宜，如果当家人为女性，可以指定家庭某位男性成员出面处理维修事宜，其他家庭成员也会听从当家人的安排。如果是儿子当家，

---

① 下话：说好话的意思，带有祈求的意味。

维修生产工具不需要和任何人商量,自行处理即可,如果是兄弟当家,当家人处理,也可让兄弟去维修。

(3)生产资料借用

何家借用生产资料的活动比较多,由当家人何天树决定,家庭成员可以建议,但不能擅自决定。借什么、怎么借、借谁家的、什么时候还、谁去归还这些事情,均由当家人出面,还的时候何天树可以安排家庭其他成员,不一定非要亲自出面,家庭内其他有能力、扛得起的男性成员去还也可以。如果当家人是男性,一般由男性去借,如果当家人是女性,可以自己去借,也可以带着家庭的男性成员去借,因为女性扛不起犁头这类的大型农具,还的时候,家庭内的男性成员归还即可,女当家人可出面可不出面。如果当家人不在家,代理家长也可以做主,但只有关系极好的家户之间才能借用。

农具借用。何家在生产的时候需要借用农具,家庭贫寒,无力购置齐全,故此风车、拌桶这类的大型农具均需要外借。何家需用大型农具的时候,一般向有这些农具且关系好的农户借用,多是向伙养牛的何仕宦家借用。借用农具的时候,不需要带礼物,何仕宦和何家既是姻亲关系也是本家。如果何仕宦家需要用,就先用,用完了再给何家用。借农具一般由当家人何天树出面,但是因为两家人的关系好,有时候何仕政也可以出面借用。借的时候必须说明归还期限,超期归还需要提前说明,期限之前来要的情况没有发生过。还的时候一般由当家人何天树去还,何仕政也可以去归还。必须是完好无损地还回去,借用的时候是好的就必须还好的,如果损坏了,需要给何仕宦家说明情况,然后修好后再归还,维修费用由何家承担。借别人家的农具十分不方便,特别是收水需要用犁铧耙纤的时候,但是没办法,家里面没有钱去置备,只能去给别人下好话。

伙养耕牛借用。何家和本家何仕宦伙养了一头牛,犁田耙地基本够用了,不需要外借。如果有其他人要来借这头牛,何仕宦家也会和何家说一下,虽然是何仕宦家里的牛,但是何家也在喂养。村内其他农户借牛,一般是由当家人出面,多与关系好的人家借用,如果关系不好,有牛的人家不会借给你。耕牛借三四天的很少,几乎没有,一般借一天,当天归还,至多连着借用两天。借牛不需要给钱,也不需要给礼物,如果有牛的人家忙不过来,可以叫你去帮忙。牛借来之后,早中晚必须吃饱,还牛的时候,还必须背一冒背篾草过去,不然主家会挑刺,说"没给牛吃饱",影响以后借牛。

(4)生产资料共有

何家在生产资料共用中,由当家人何天树安排决定,因为何家极其贫穷,自己无力购置,一旦有人愿意共用耕牛农具,对于何仕政的家庭来说是天大的好事,所以不需要同谁商量,何天树直接做主就行。

何家与人伙养一头耕牛,另一家为何仕宦,何仕礼过继到何仕宦家,两家既是姻亲关系,又是本家,住得也近。伙养时,是由当家人决定的,当家人必须出面,涉及钱物其他家庭成员"做不了主"。何仕宦家的经济条件很好,还送了一块田让何家耕种。耕牛是何仕宦家自己购置的,何家没有出钱,入股的时候象征性出了一点钱,具体数额何家后人已经记不清了。因为是两家合伙,轮流养,一家养一个月,使用的时候何仕宦家优先使用,因为牛是他家买的。这头牛也可以借给别家使用,别人借用的时候,都是和何仕宦家里说,何仕宦也会询问何家想法,因为都是邻里邻外、乡里乡亲,何家基本同意何仕宦的安排。何仕政与何仕宦伙养的这头

230

牛,是公牛,不存在生小牛的问题。牛的身体极好,没有生过病,也不存在医药费用。南方土地耕作方便,一头耕牛就可以了,且地块狭小,土地面积有限,故不需要搭套。

5.家庭成员服从当家人安排

何家在生产资料的购买、维修、借用等活动中,除了当家人何天树之外,其他家庭成员不能发挥支配作用,虽然可以提出意见,但不能擅自决定,一切以当家人为准。一般情况下,农忙时间当家人均不会外出,以农事为重。如果当家人是男性,则生产资料的一切事宜由当家人出面,如果当家人是女性,可由男性家庭成员陪同。

6.农具私有,不可侵犯

何家的生产资料没有出现过被人侵占的情况,不经同意就拿走别人家的生产资料没有发生过,借了不还也没有发生过,借用时用坏了须得修好后才能归还。何家境贫寒,生产资料匮乏,大多需要外借,镰刀、锄头一类的小型生产工具,几乎每家都有,很少有借用。如果家里的生产资料被侵占,全家人均不能容忍,会奋起抗争,如果被偷走盗走则没有办法,因为不知道是谁,但是也会"泼妇骂街",宣扬得全村人都知道。

7.多方认可

(1)村民不侵占

其他村民不会随意侵占何家的生产资料,一是因为富人看不上何家那点生产资料,二是因为穷人抱团取暖,其他人没有能力侵占何家的生产资料。如果要买卖、借用都会与当家人何天树商量,何天树不同意,不能强行买卖、借用。

(2)家族保护

何家所在的家族没有出现过侵占家族成员的生产资料的情形,何家的生产资料也没有被家族侵占过,家族其他成员不能不经同意就买卖、借用何家的生产资料。如果家族成员要买卖、借用何家的生产资料,必须与何家的当家人何天树商议,如果何家不同意,则不能强行买卖、借用。何家的生产资料没有被人侵占过,如果被侵占,家族的人也会出面调解。

(3)村庄认可与保护

何家所在的白庙村,保甲长没有随意侵占过他人的生产资料,也没有不经同意就买卖、借用何家的生产资料。如果保甲长要买卖、借用何家的生产资料,必须与何家的当家人何天树商议,如果何家不同意,则不能强行买卖、借用。何家的生产资料没有被人侵占过,如果被侵占,保甲长也会出面调解。

(4)政府不关心

何家所在的官府县乡政府承认何家对其生产资料的产权,因为不直接接触,故此也没有县乡政府侵占何家生产资料的情况发生。

(四)生活资料产权

1.私有为多,水井共有

(1)晒场、水井、石磨、搥窝①

1950年以前何家没有晒场,基本上是借用何仕宦家的晒场。何家不远处就有一口水井,不属于何家私人所有,而是属于村里的,附近的村民都可以用。何家的石磨是自己家打的,何

---

① 搥(chuí)窝:当地土话读作 duī。

仕政是石匠，所以打制很便利。搪窝也是石头制的，用来碾米。

（2）桌椅板凳、箱柜等木制物品

何家有桌椅板凳、洗脸架、木盆等日常生活用品，大多是何家自己置办的，有的是何家娶媳妇时娘家给的陪嫁。箱柜这类的东西，基本上是媳妇娘家的陪嫁物品。何家举办红白喜事的时候，桌椅板凳不够，可以借用邻居的，邻居们也会出借，因为谁家都不齐全。

（3）背篼、筛子等竹制物品

大巴山，山高路陡，交通十分困难，山区人运送货物等全靠人力竹编背篼运输，背篼是大巴山人重要的生产生活工具。背篼按功能可以分为很多种，有赶场用的赶场背篼、打谷子用的篾丝背篼、背小孩子用的娃娃背篼、割草用的花篮背篼等。何家的背篼很多，因为何仕海与何仕礼就是竹编手艺人，自己就会编。

（4）锅碗瓢盆等厨具

分家之前，何家的锅碗都是外购的，由当家人何天树与苟国芳两人商议决定。锅是铁制的，由何天树外出购买。碗和盘子是当地的土陶烧制的，大敞口。筷子就地取材，用竹子削成。舀水用的瓢是木制的，制作很方便，请木匠做箱柜的时候顺带就可以做出来。刷锅用的刷把是何仕礼用竹子制成的，滤饭用的筲箕也是何仕礼制作的。总之，厨房用具除了锅碗盘是外购的，其余的都可以自制，获取不困难。

（5）衣物、棉被

何家的衣物是买好材料，请裁缝来家里做，由内当家苟国芳与当家人何天树商量后决定，一般是在入冬后进行。何家的棉被是买好棉花请人弹好，自己缝被套，但是只有在家里有婚嫁的年份才会制棉被。

（6）油盐酱醋等生活用品

1950年以前，何家没有酱醋茶这类的物品，“听都没听过”。油基本上是猪油炼的，“化油”一次用一小颗，很少买过，菜籽油只有“人来客去”①的时候会吃到，平常基本不会用。外购的生活用品仅有盐，大约一个月置办一次，一次买五厘钱的。“有时候家里来客人没盐，就去别人家借一勺”，后面再还给人家。

（7）火塘

“家家火塘长年烧，青丝白帕缠脑壳”，火塘与青丝白帕同山民们的生活息息相关。火塘，是用来取火的设施，形状呈四方形，高约半尺，其形状若鼎，其面若盆，俗名称之为“火盆”。冬天放在屋内，用“树圪橷②、柴块子、柭炭③”架起大火，供取暖烧水之用。青丝白帕是一块条形的布，用来“缠脑壳”，俗称丝帕，一是为了固定头发，二是为了方便做事。何家也有火盆、丝帕，这些东西“经用”，置办一次可以用很多年。

2.基本自给自足

何家的这些生活资料，除了晒场是借用、水井是村民共有，其余都是自家花钱购买或请匠人做的，也有部分生活用具是从父辈继承下来的，家里的箱柜基本上是媳妇婆家的陪嫁，

---

① 人来客去：指招待客人。

② 树圪橷(dou)，当地土话，指树根。

③ 柭(fu)炭：音译，农家喜欢将燃烧过的木棒放进不通空气的缸里让其熄灭成炭，冬天的时候用来取暖。

油盐基本上也是外购,总的来说,何家的生活资料,基本上可以自给自足。

3.家户所有,全家共享

（1）家户所有,陪嫁夫妻共用

何家的生活资料,桌椅板凳、油盐是属于全家人的,家里人人可以享有,只有媳妇娘家陪嫁的箱柜一类的东西是归媳妇自己使用,可以和丈夫孩子共享,其他人则不能享受。何家吃的水井,是全村共有,均可使用,过路的人也可以去喝水。

（2）家户私有,人人有份

何家的生活资料是家庭成员均有份,只有陪嫁是媳妇自己的,其他人无权支配。外出打工者因其不在家,不能享受,但是仍然有他的所有权,并不随着他不在家而消失,外出者一旦回家,即可享受。何仕海因故出走南江,回到何家后,家里的锅碗瓢盆、桌椅板凳都可以使用。嫁出去的女儿没有所有权,回娘家的时候可以使用,但要听从娘家人的安排。未成年的儿童,可以享受生产资料,但没有所有权。

（3）全家共享,份化不易

何家人认为生活资料应该属于全家所有,没有必要把生活资料分配到个人手上,一是因为生活资料本来就匮乏,"将就用",二是因为分了后使用不方便,"借来借去,麻烦得很"。当家人何天树比家庭其他成员在生活资料的产权上更有权力,因为生活资料的购买、维修都由当家人做主。

4.当家人支配,嫁妆例外

何家生活资料的购买、维修、借用等活动中,当家人何天树具有实际支配权,如果当家人不在,一般不会购买、维修生活资料,借用有时可以由代理当家人做主。媳妇的嫁妆,如箱柜等物,均由媳妇自己安排,当家人不会干涉,如果当家人要统一安排,则需取得媳妇的同意,何家没有当家人安排处置媳妇陪嫁的情况。

（1）生活资料购买

何家在生活资料的购买活动中,一般由当家人何天树安排决定。需要请匠人的生活资料置备中,均由外当家出面。上街购买的生活资料,有时是当家人何天树和苟国芳亲自出面购置,有时当家人也可以让何仕政、王英桂、何仕栋、石英兰上街购置。购买生活资料,外当家何天树一般和会内当家苟国芳商量,取得一致意见后安排相关事宜,但不需要告知四邻、家族、保甲长,因为购买生活资料是家庭私事,不需要取得家庭之外的允许。置办桌椅板凳、衣物等,当家人出面即可。如果当家人是女性,可以指派家里的男性出面,也可以自己出面。如果当家人是兄弟,可以自己出面,也可以让兄弟出面。

（2）生活资料维修

生活资料维修,一般很少出现,桌椅板凳的使用期都很久,轻易不会坏掉,如果出现小问题,家里的男人修理一下即可,不会修理的话则请交好的邻居或直接请匠人来修理。何仕政与王英桂结婚时陪嫁的箱柜,至今仍在使用,便足以证明使用时间之长。

（3）生活资料借用

生活资料借用,一般是红白喜事时,借用桌椅板凳、火塘一类的东西。如果借用这类生活资料,由当家人出面和别的当家人交涉,一般是提前商量好的,用的时候帮忙的人直接去抬走就可以,不需要告知四邻、家族、保甲长。如果有一家不愿意借用,可以上别家借用,但是以后这家借用东西时,别人也不会帮忙。还有一种特殊的借用,即借用床铺。村民举办红白喜事的时,过夜的远方亲友多,家里住不下,需要借用其他村民家的床铺,则当家的男人要提前和邻家的当家人说好,邻家安排干净的床铺和留人烧水接待,以便招待好客人。一般不会出现拒绝的情况,如果某家不提供这种方便,以后他家需要借住的时候,其他家户也不会为他提供方便。

5.家庭成员有一定自主空间

何家在生活资料的购买、维修、借用等活动中,除了当家人何天树外,其他家庭成员没有支配权,不能擅自决定。如果家庭成员擅自决定,则意味着想分家[①],"买田、修房、置物,当家人管,莫得儿子媳妇啥子事"。如果何天树不在家,可以由内当家苟国芳做主。

（1）当家人委托购买

何家在生活资料的购买活动中,当家人何天树起决定作用,内当家苟国芳起重要作用,有时可起决定作用,如买油盐,其他家庭成员不起作用,也不能擅自决定。如果当家人何天树不在家,不会置办桌椅板凳一类的物件,购买油盐可以由内当家苟国芳决定。而生活资料维修活动,何家几乎没有发生过。稍微爱惜一点,石制、木制生活物件坏掉的可能性几乎为零。共用的水井也没有出现过问题。

（2）偶尔擅自做主

何家的生活资料借用活动多由当家人何天树出面,家庭成员也有一定的作用,擅自决定的情况也有,但都是小事情。何家媳妇王英桂关系好的那位村民想借用何家的桌椅时,王英桂同意即可,因为当家人何天树也会同意,故此王英桂可以擅自决定。

6.没有侵占

何家的生活资料没有被人侵占过,不经同意就拿走或借了不还的情况,没有发生过。即使是盗匪也不会,一是因为这些东西不值钱,二是因为锅、箱柜这些物件太大,不好携带,不方便跑路。

7.外界认可

（1）其他村民认可尊重

其他村民不会随意侵占何家的生活资料,如果要买卖、借用,都会与何家的当家人何天树或内当家苟国芳商议,两个家庭交好又是短时的借用,也可以与何家的儿子媳妇说,不一定非要与当家人何天树或内当家苟国芳说。如果何家不同意,则不能强行买卖、借用。

（2）家族认可与保护

何家所在的何氏家族没有侵占过何家的生活资料,家族的其他成员也不会在不经同意的情况下就侵占何家的生活资料,如果要购买或借用,都会与家的当家人何天树商议,如果何家不同意,则不能强行买卖、借用。

（3）村庄、政府认可

何家所在白庙村的保甲长没有侵占过何家的生活资料,村庄的其他成员也不会在不经同意的情况下就侵占何家的生活资料,如果要购买或借用,都会与何家的当家人何天树商议,如果何家不同意,则不能强行买卖、借用。官府承认何家对其生活资料的产权,因为不发

---

① 在当地,分家一般由父母提出,儿子儿媳不能主动提,否则视为不孝。

生直接接触,故此没有出现过县乡政府随意侵占何家的生活资料的情况。

二、家户经营

(一)生产资料

1.自给换工各占一半

(1)自家劳动力构成

1950年以前,何家参加劳动的有六人,即何天树、苟国芳、何仕政、王英桂、何仕栋、石英兰,何仕礼虽然具有劳动能力,但因其时常不在家,故此不计入家户劳动力。何天树是老实巴交的农民,苟国芳、王英桂、石英兰三位媳妇除了做农活、干家务外,还会防线织布,何仕政除了参加农业劳动还会打石头,是当地的打石匠,何仕栋不参加农业劳动,即使是农忙的时候,仍然只顾理发。

田里的活路,不管水田还是旱田,何仕政都需要参加,何家的妇女只参加旱地的劳动,如挖地等。有劳动能力的人,不一定参加农业劳动,家长何天树多在田埂上指挥何仕政做事,何仕栋从来不参加田间劳动,虽然会被当家人何天树指责,也引起其他家庭成员的埋怨。参加生产时没有达到何天树的要求,何天树也会摆脸色,黑着脸。外人非请不可,不请不会参加何家的生产劳动,如果是关系极好的家户,有时也会主动帮忙,但这种情况不多。一般情况下,村民是不会不请自来的,主家会觉得"我屋莫人嘛,要你来帮忙",主动帮忙暗含着"没人"的意思,在"不孝有三无后为大"的观念下,亲朋邻里之间会下意识避免不请自来的尴尬局面。

(2)半自给、半换工

1950年以前,何家的生产有非家户成员参加的情况,一般是帮工或者换工,没有请过工。

换工。非家户成员参加何家的生产活动,大多是换工。换工的时候,由当家人何天树决定,可以与内当家苟国芳商量,不需要和其他人商量,也不需要告知或请示四邻、家族、保甲长。相互换工的家户,一般是关系好、性格合得来的家户,"不和奸猾的人换工",不需要支付报酬。换工多在农忙时发生,何天树在家,没有不在家的情况。无论当家的是男人还是女人,抑或是兄弟,换工均由当家人做主。

帮工。何家给人帮工的时候很多,因为帮工的时候主家供饭,可以节约一顿饭的花销,"发财人屋里有个啥子事要帮忙的人,穷人家都抢着去,混顿饭吃",所以何家时常给人帮工。何家只有红白喜事的时候会请人帮工,不给报酬,因为谁家都会有红白喜事需用别人帮忙。帮工由当家人何天树出面请,不需要和谁商量,也不需要告知或请示四邻、家族、保甲长。请帮工有一定的顺序,一般是关系好的邻近的本家人,红白喜事的"支客司"①多是本家有一定威望的长辈,收礼金的人是何家信任的会记账的亲房兄长。红白喜事属于家庭大事,因此不存在当家人不在家的情况,也没有代理当家人。如果是女性当家,也是亲自出面请帮工,极少指派家里的男人出面请。

请工。何家的土地极少,没有请过工。村里的大户人家请工,一般由当家人决定,不需要和谁商量,也不需要告知或请示四邻、家族、保甲长。请工时没有明确的顺序,大多请的都是

---

① 支客司:红白喜事中的主事人。

村内的人,很少会请外村的人。干完活才给报酬,如果是请长工,长工有需要的时候也可以支取一定的数额,另外,长工的报酬除了给钱,主家每年还得给长工做一身衣服。请短工的时候,大多是农忙或者年头年尾,当家人一般都在家,几乎没有不在家的情况。如果当家人是女性,也可以当家做主。

请匠人。何家有时也会请匠人,制作或维修犁头、耙等生产工具,但这种情况很少,一是这类工具使用期长,二是家人爱惜。请匠人由当家人何天树做主,会与内当家商量,让内当家安排好饭食。匠人一般不会在雇主家留宿,一是因为大多农民家里住房都很紧张,没有地方住,二是因为匠人多是家里的当家人,需要回家处理家务事,所以匠人大多是早出晚归。只有离家特别远的情况下,才会留宿,如果要留宿,雇主和匠人会提前商量好。何仕政也时常出去做石匠的手艺,是否留宿主家比较随意,他不是家长,家里的事情不需要他处理,有时与妻子王英桂闹矛盾了也会故意不回家,留宿主家。

2.八成租种

1950年以前,何家自有土地面积只有"十一背面子",远远无法供养一家人的吃穿。为了生存,何家在大户何子修家租种了"六十背面子"的土地,租佃的田地都是好田好地。租金是收获物的一半,即五五分成,如果"老板儿"和气,也可以多分一背两背。租期是一年一租,虽然是年租,但很少更换租种对象,何家连着种了二三十年何子修家的土地,一直到1949年才没有租种,土地改革运动时这些田地也分给了何家。租佃的流程,因年代久远,何家后人并不清楚。

在租入土地的过程中,由当家的何天树安排决定,会和内当家苟国芳商量,不需要告知或请示四邻、家族、保甲长。租佃时没有顺序,谁有能力耕种,谁能种的更好,就租佃给谁,当然和主家关系好占一定的优势。佃主何子修与何家是一个家族的,属于同族,两家关系一般。

当地将佃主称之为"老板儿",将佃户称之为"客户子","客户子"租"老板儿"的土地,称之为"当客"。"老板儿"出租土地的时候,最看重的是"客户子"有没有能力耕种[1],如果没能力耕种,则不会租佃。白庙村民一般是在本村租佃土地,外村租佃土地的也有,但为数不多。租佃期间不需要给"老板儿"送礼,也不需要无偿给"老板儿"干活儿,拜年也没有。"客户子"不需要巴结逢迎,只要不和"老板儿"交恶就行。"客户子"也可以退佃,但何家人并不清楚。

3.耕牛自给自足

1950年以前,何家除了伙养耕牛外,其他牲畜只有猪、鸡,喂牛、喂猪、喂鸡都是媳妇们的活儿,由王英桂和石英兰轮流负责。一般一年喂一头猪,最多喂两头,灾荒年一头也不喂。如果喂两头,则一头吃一头卖给杀猪匠,卖的钱要收归当家人何天树手里。鸡喂得很少,一般只有几只,一是因为没有那么多粮食,二是因为鸡啄菜,容易引发邻里矛盾。

何家的耕牛,是与何仕宦家伙养的,两家人轮流养,一家一个月。当地,犁田耙地都是用牛,没有用过其他牲畜的。农户一般不会将牛卖掉,如果牛老死或者病死了,也会杀了吃掉、卖掉,换点钱,以便重新置办。1950年以前没有听说过吃死牲口生病的情况。何家所在的巴州县,也有养马的,如恩阳镇就有村民养马,用来驮运货物。

---

① 耕种能力主要体现在两个方面:一方面是生产工具的拥有情况,另一方面是劳动的技能。

236

4.大型农具多借用

生产工具中,镰刀、锄头这些小农具何家都有,购买、使用都是由当家人何天树决定,不需要和谁商量,也不需要告知或请示四邻、家族、保甲长。犁铧耙纤这几样生产必需的大农具,何家也有,否则就租不到地。风车、拌桶这类的大型生产工具,何家没有,用的时候需要外借,由当家人决断。

何家的自制农具有犁头、耙、梿枷、筛子等物,锄头、铧之类的东西必须购买。在农村,只要能够自制的农具就不会选择购买。何家现有的农具不能满足自家的生产需要,拌桶、风车一类的东西何家无力制备①,只能外借。所有的农具,只有大户人家才能配齐,中户和小户人家无力配齐,大多是东家有这样,西家有那样,相互之间借着用。

何家时常借用别人家的农具,虽然极不方便,但实在无力置办,只能拉下脸给别人说好话。何家在生产时需要向外借用农具有风车、拌桶等。何家一般是和交好的农户家借,主要是何仕宦家,一方面是因为两家是姻亲,另一方面是因为何仕宦家农具比较齐全。如果主家需要使用,则主家优先。借农具必须是当家人何天树去借,特别是大型的农具,借的时候需要说清楚用途、用多长时间、什么时候归还等。超期归还必须提前和主家说明,主家同意方可超期,主家不同意则只能按期归还,否则下次借用的时候就比较困难了。借用农具不需要支付酬劳,大家都是邻居,"百多年前是一家",况且是相互借用,谁都有为难的时候,能帮一把是一把。借用农具的时候会查看农具完好与否,以免损坏时说不清。如果使用农具的时候发生损坏,必须修好,否则主家不会收,维修费用由使用者承担。

(二)生产过程
1.家长安排耕作

何家的农业生产分为两季:"大春"和"小春","大春"指作物的主要生长季节在夏季,如水稻、苞谷、红苕、黄小绿豆、茄子、黄瓜、丝瓜等,"小春"的作物的主要生长季节在冬春,包括小麦、油菜、洋芋、萝卜、青菜、冬瓜等。种水稻一般经过犁地、耙地、插秧、锄草、灌溉、割稻、晒草环节。水田一般在收割后便扎冬水,以防下一年育秧时缺水。水稻种植过程中,男人做田里的活儿,比如耕田耙地、栽秧打谷子,锄草、灌溉、晒谷草也是男人的活儿。女人不下水,一般只负责做饭、喂牛、割水稻、晒谷子。种小麦需要经过施粪、犁地、耙地、撒种、锄草、割麦等环节。小麦的种植,施粪是王英桂和石英兰的活儿,既负责往田里背,也负责撒,家里的男人不撒。耕田耙地是何仕政的活儿,扦田②,锄草女性同男性一样参加,撒种多是女性。割麦家里人都去,苟国芳、石英兰负责割,何天树负责捆,何仕政负责背,王英桂同时还要负责打麦子和煮饭。怀孕的女性,可以不下田,锄头上的活儿也不用参加,在家里做饭、带孩子、喂猪等,干家务活。出嫁的姑娘,可以回娘家帮忙,也可以不回娘家帮忙,看两家商量。

一般家户在农业生产的时候,家里能干活的成员必须参加,除了孩子,没有闲人。但是何家的何仕栋不参加田里的劳动,终年理发为生,"一辈子不做庄稼,农忙也不做,他女人也是,煮饭不行"。哪个人干什么活儿,一般是由当家人何天树决定的,不需要和谁商量,也不需要告知或请示四邻、家族、保甲长。在农业生产上,除了何仕栋没有出现过不服从当家人安排的

---

① 拌桶、风车无力制备,不因为请不起匠人,而是没有木料,而这些东西需要的木料又很多。
② 扦田:即平整土地。

情况。另外,农忙的时候,饭食会比平时稍微好一点,油盐要用的重一些①。总之,何家的农活儿,当家人何天树安排,内当家苟国芳搭把手,主要靠何仕政、王英桂、石英兰完成。

2.妇女饲养家畜

1950年以前,何家饲养的有牲畜有牛、猪、鸡。何家的牛是与何仕宦伙养的,一家喂一个月,轮到何家喂的时候,割草、添草、放牛都是王英桂和石英兰的活儿。割猪草、宰猪草、煮猪草、喂猪也是媳妇们的活儿,家里的男人不会搭手。何家喂鸡很少,一般只有几只,主要是家里的粮食太少了,"你拿啥子养嘛"。

3.家庭副业

1950年以前,何家的成员除了农业生产外还从事手艺,何仕海、何仕礼会编篾条,如背篼、筛子等,何家用的背篼儿、筛子、簸箕都是何仕礼编的,1950年以后,王英桂也学会编背篼。何仕政会打石头,农忙之外都在外面给人家做工。何仕栋会剪头发,常年提着兜兜在外面跑,农忙也不例外。此外,王英桂、石英兰会纺线织布,一天能纺五六个穗子,"一场十斤线"②。农忙的时候,所有人都必须参加农业劳动,农闲的时候可以做手艺。

家里面的儿子,学什么手艺,既要看当事人的意愿,也要看当家人何天树的意愿,家里面的手艺尽量不要重复,避免出现自家人和自家人抢生意的情况。男性当家人在副业、副业上的决定权上比女性当家人更大。如果是兄弟当家,晚辈学什么手艺会与晚辈的父母商议。

4.无祖传手艺

何家也有一些手艺,如推豆腐、推灰菜③、做灰水馍④、做白馍馍⑤等,但这些都是做来自己吃,没有卖过。此外,没有什么祖传的手艺,当家人何天树除了种地外也不会什么手艺。家里的晚辈到了一定的年龄,何天树会做主让他们学一门手艺,以便将来能安身立命。

5."离家出走"

何家的家庭成员外出的情况很复杂,不能一概而论。何仕海自被逼"离家出走"后,一直在南江做工,期间还与丧夫的杨仙桂结婚,生儿育女。何仕礼也曾"离家出走",原因是和弟弟何仕政闹矛盾,以为重伤了弟弟,害怕之下离家,在他离婚后,也时常外出。何仕栋常年在四周转,替人剪头发。何仕政也时常外出打石头,每天早出晚归,太远了就住在主家。

何仕海外出是逼不得已。何仕礼外出是因为害怕或者想出去,自己安排的,没有请示当家人。何仕栋外出既是为了挣钱,也是为了逃避家里的农业劳动,当家人管不了他。何仕政外出是为了挣钱,不用请示当家人何天树,因为知道是出去干活儿的,出门的时候给家里知会一声就可以了。何家人外出是自家的事儿,不需要告知或请示四邻、家族、保甲长,也不需要取得他们的同意。

(三)生产结果

1.一年接不住一年

何家所在的村庄在北纬31度15分至32度45分内,属于亚热带季风气候,一年可以收

---

① 当地农民认为"油盐重"才有力气干活儿。
② 当地土话,"场"即当地的集市,"一场"即赶集的时间,化成场是五天一次,"一场十斤线"即五天纺十斤线。
③ 灰菜:魔芋,当地人喜欢用魔芋炒泡萝卜。
④ 灰水馍:因其在制作中加入了灶灰或谷草灰而得名。
⑤ 白馍馍:当地的一种吃食,主要原料为米。

获两季粮食。种植的作物有水稻、小麦、玉米、油菜、红薯、土豆、豌豆、黄豆、绿豆、小豆、黄瓜、茄子、豇豆、四季豆、白菜、包菜、萝卜等，各种作物的收成都很低。当地土地的计量单位以土地的产量为准，水田按背计算，一块地"几背谷子"，一亩为"五背谷子"，晒干后大概有250斤；旱地面积则以升计算，一个地"几升豌豆"，一亩旱地为"五升豌豆"。在何家人的认知里，气候是影响农作物收成的首要因素，其次才为肥料、耕作技术等。

收成属于全家共同所有，由家长统一管理和支配。一家之中，除不知事的孩子外所有人都关心收成，但数当家人何天树和内当家苟国芳最关心。如果天不下雨，大人小孩都祈求"天老爷，你下个雨嘛！"水稻收割后，新米做的第一顿饭都要"敬天老爷"[①]，感谢老天爷的恩赐，也会送一些新米给长辈、亲戚、好友，分享收获的喜悦，谓之"尝新"。1950年以前何家的收成具体有多少，何家后人不清楚，但是所有的收益加一起只能满足家庭最低水平的需要，"一年接不住一年"，如果遇上灾荒年便无法满足基本生存需要，只能借粮度日。为了生存，家里成年的儿子都做手艺，家里的女性都做纺织，所得的钱也全部交由当家人何天树统一管理支配。种地加上家庭副业，才能勉强供持家口，没有丝毫剩余。

2.微乎其微的家畜收益

何家一年最多喂一头猪，有的年份一头猪都喂不起，"莫得猪草，人吃都不够，拿啥子喂猪"。一年喂两三只鸡，羊、鸭等牲畜都不喂，每年喂养的牲畜数量不同，看家庭来年的预算和实际的收成情况，如果估计来年家里面妇女怀孕，则多喂两只鸡。1949年，何家喂养的牲畜最少，因为租不到土地[②]，家里面没有收入来源，只能尽力减少支出。1950年以前，何家饲养的家畜很少宰杀吃肉，大多是用于送礼或者出卖，也就是过年的时候会宰杀少许。家畜出卖的收入属于全家共同所有，全部交由当家人何天树统一管理和支配。

3.副业收入不多

何家从事副业的人有三四个，何仕礼会编背篼，何仕栋会剪头发，"一个脑袋一年一升谷子"，何仕政会打石头，一天的工钱为一毛。但是何仕礼时常不在家，他编背篼的收入不上交给当家人何天树，何仕栋在外剪头发收的谷子也私藏在他交好的邻居家里了，没有全部上交何天树，只有何仕政的工钱会上交何天树，其中一笔工钱还当进了一块地。何家的女性中，王英桂、石英兰会纺线，贴补家里的买油盐火柴，具体数额何家人并不清楚。

何家的副业收入是属于全家的，应该全部上交给当家人何天树或内当家苟国芳，由何天树统一管理支配，何仕栋私藏收入的事儿是分家之后才暴露出来的。何家一年的副业收入有多少并没有计算过，有给钱的，也有给粮食的，不好计算。副业的收入和农业收成有关，收成好的年份，修房造屋的会多一些，打石头的活也多一些。

三、家户分配

（一）分配主体
1.家户分配，当家人做主

何家在分配时，以家户为分配的主体，在家内展开分配活动，村内其他家庭都是在家庭

---

① 敬天老爷：米饭做好后盛一碗白米饭放在院子里，请天老爷尝尝。

② 1949年租不到土地的原因有两个，一是因为快解放了，到处都在"斗地主"，土地多的人害怕扣上剥削的帽子，将租出去的土地全部收回去了；二是因为何家历来租种的何子修家的土地没了，在何子修死后，他的妻子招夫上门，两人在家烧鸦片，把土地败了。

内分配。何家"祖上莫得公田,有啥子分的嘛",相反何家每年要拿出一部分收益交给族上,作为清明会的会钱。白庙村也没有村产,不存在村庄分配。在家户分配中,虽然是一家人,但分家的兄弟及单独吃住的父母不参加本家户的分配。除了家庭成员,何家没有其他的常住人员。何家在进行分配时,由当家人何天树主导,做饭、制衣、家务由内当家苟国芳分配。分配时,不需要和谁商量,也不需要告知或请示谁。此外,何家只有大家庭的分配,不存在儿子媳妇的小家庭分配。

2.当家人不在家,内当家分配

如果当家人何天树不在家,家里面由内当家苟国芳做主,大事等何天树回来再决定。如果当家人为女性,离家的可能性可以说没有,无须其他人做主。如果是兄弟当家,当家兄弟外出时,会委托父母或某个兄弟代为处理事情,离家期间可能遇到的事儿、怎么处理当家人都会提前给代理当家人交代清楚。

3.其他家庭成员,服从安排

何家在分配时,当家人何天树和内当家苟国芳具有决定权,其他家庭成员只能服从,提出不同意见者很少,擅自决定更没有发生过。拿煮饭来说,做饭的媳妇必须请示婆婆,婆婆决定舀多少米、做什么菜、烧什么汤,媳妇听从婆婆的安排。婆婆说泡菜烧汤,媳妇就不能凉拌。婆婆不在家,离家时又没有交代清楚,媳妇做饭时就要请示公公,根据公公的决定煮饭做菜。

总之,何家在进行家户内部的分配时,由当家人何天树和内当家苟国芳决定,没有必要告知四邻、家族、保甲长,村内从来没有这样的事。如果家庭成员觉得分配不公,可以与外人说道,但外人不会介入。

(二)分配对象

1.家户成员为主兼有人情往来

何家在分配时,家内成员均可称为分配对象。关系好的亲戚、朋友邻居,在吃酒的时候会送粮送钱,关系一般的话,只需要送钱。此外,何家的收入还需要支付国家的赋税。何家分配物的来源是家里的农业、副业、副业生产所得,家户之外即借来的粮食、财物也可以进行分配。

2.全家享有分配权

何家的成员都可以享受分配权,家里的收入在全家范围内进行分配。何仕海与妻儿常年居住在南江,在家住的时间很少,虽然名义上何仕海享有分配权,但实际上他不参与何家的分配。何仕礼离异后经常外出,虽然名义上享有分配权,但实际上参与分配的程度有限。

(三)分配类型

1.农业收成:一半租税一半家用

何家的农业收成有粮食,也有杂粮蔬菜,主要包括水稻、小麦、玉米、油菜、红薯、土豆、豌豆、黄豆、绿豆、小豆、黄瓜、茄子、豇豆、四季豆、白菜、包菜、萝卜等。收成的一半用于缴纳地租、税赋,剩下的才能用于自家分配。

租种的"六十背谷子",采用分成租的形式,收成的一半须缴纳地租。田里种什么交什么,无论种什么,都对半分。1950年以前的地租很重,灾荒年景,"老板儿"一般不会减免地租,无论收成多少,都五五分成。如果客户说情或托人说情,"老板儿"也会酌情减免部分地租。但是大多情况下是不会减免的,"要背时都背时"。地租是收获的时候缴纳,收获之前客户需要提前告知"老板儿"。春收和秋收都是在田里分,小麦按捆算,"老板儿"一捆、"客户子"一捆、"老板儿"一捆、"客户子"一捆……水稻按背算,和分小麦不同,水稻按背算,一家一背,轮着走。

何家耕种的田地中,仅自家的十一背面子需要缴税,税额为一背面子十斤谷子,加起来也就百十斤的样子,有时会更高。遇到灾荒年,是否会减免税额,何家后人并不清楚。税额是政府一层一层摊派,由保甲长告知农户应缴纳的税额。税款少则交给保甲长,由保甲长代交,税款多则由农户自己送到指定地点。收成必须先把税款交足,剩余的才能用于家庭开支。何家的农业收成没有多余,每年有三四个月没有粮食吃,需要外购。

何家在缴纳赋税、租金时,由当家人何天树安排决定,不需要和谁商量,因为这些是必须缴纳的,丝毫不能推脱。此外,这些事也不需要告知或请示四邻、家族、保甲长。

2.副业收入,贴补家用

何家的家庭成员有从事副业者,除开当家人何天树外,其余的成年成员都会纺线,每年的收入从未计算过,并不清楚有多少。何仕政是打石匠,经常外出打石头,何仕栋是理发匠,周边农户的头发都是他一个人剪。何家的副业收入不需要交给别人,全部归何家所有,交给何天树统一安排管理。严格说来,何仕栋藏私,并未将全部副业收入上缴,截留的了一部分放在交好的农户家里,分家之后何家人才发现。

3.钱粮分配,衣食为主

何家的收入分配,主要包括租金、税赋、食物、衣物等方面的分配,没有私房钱地分配、零花钱分配等。可供何家分配的钱、粮、物都有,以粮为主,其次为衣物,钱的分配很少。

(四)内外当家做主

何家没有私房钱地,不存在私房钱地分配。也不会定期分配零花钱,维持生计尚且十分艰难,零花钱更是听都没有听过。如果家庭成员需要用钱,和当家人何天树商量,何天树同意就给你钱,不同意就不给钱。赋税、租金由当家人何天树统一缴纳。平时的可分配物仅为食物、衣物,当家人何天树不管,由内当家苟国芳管理。如果何天树不在家,则由苟国芳分配

1.衣食分配,内当家做主

(1)衣物分配

何家的衣物分配,由内当家苟国芳决定,提前和当家人何天树商量,不需要告知或请示四邻、家族、保甲长。分配的时候,没有顺序,谁没有衣物就给谁做,一年只做一身衣服。何家添衣服一般是年尾,由苟国芳安排买布料、出面请裁缝。衣服是从街上买布,然后找染坊染了拿回家请裁缝到家里来做。如果衣服破了,由家里的女性负责修补,会被长辈责骂怪罪,甚至会挨打。此外,"新媳妇儿在结婚两三年内不得做新衣服,结婚的时候置的衣服还可以穿",但何仕政在新婚后一年就做了衣服,因为他与王英桂婚时做的衣服,在婚后第二年五月何仕海去世的时候用了。

(2)食物分配

何家在食物分配方面,由内当家苟国芳管,每顿饭做什么饭、用多少米、吵什么菜、煮什么汤,均有苟国芳决定,媳妇们执行。如果苟国芳不在家,由当家人何天树决定,大多是依照往日的来。王英桂或石英兰在家里做饭的时候,必须要请示婆婆苟国芳,婆婆不在家时可以请示公公何天树。饭做好之后,第一碗饭要给公公何天树和婆婆苟国芳,因为第一碗饭要好一些,米要多一些,菜和的少些。吃饭的快慢也有影响,吃的快的可以吃三碗饭,

吃得慢的只能吃到一碗饭。如果当家人是女性,则没有内外当家人之分,做饭的人,直接请示当家人即可。

2.赋税租金,当家人决定

何家的赋税、租金都由当家人何天树安排决定,不需要和谁商量,有时何天树会和妻子苟国芳说,夫妻俩合计合计。此外,交税、交租是何家自己的事儿,不需要告知或请示四邻、家族、保甲长。

(五)家庭成员服从安排

何家不存在私房钱地、零花钱分配,赋税、租金由当家人何天树统一缴纳,其他成员不管这些事。衣食分配由内当家苟国芳做主,其他家庭成员服从苟国芳的决定,很少提出异议,更不能擅自决定。何家在食物分配中,一切听从内当家苟国芳的安排,家庭成员不能擅自决定。媳妇在吃饭的时候,婆婆不让夹菜,一般都不敢吃。

(六)分配统筹

1.按需分配

何家在分配时,首先考虑的是全家的需要,尽量照顾到家里的所有人。虽然以全家需要为原则,但比较偏爱何仕政与王英桂夫妻俩,这是因为内当家苟国芳偏爱自己的儿子媳妇何仕政、王英桂,当家人何天树认为自己的亲生儿子何仕栋不孝,不喜欢何仕栋与石英兰夫妻俩。

2.食物分配为先

农户在分配自家产品的时候,先缴纳地租赋税,然后才是自家消费。当地的地租是收获物五五分成,收割时分配,没有办法拖欠。赋税也必须缴纳,保甲长来家里收。如果不够吃,只能自己想办法,不能拖欠地租赋税。自家分配的时候,以保证全家人饿不死、冻不死为前提,追求吃饱穿暖,活着是最大的事。

3.特殊照顾很少

何家在分配时,采取按需分配,大部分时候是平均分配。长辈在分配上占有一定优势,第一碗饭都是给两位老人,也就是外当家何天树和内当家苟国芳。如果老人心疼孩子,也会把米留给孩子吃。孕妇在分配时,完全取决于老人婆①贤惠与否。"老人婆贤惠,可以吃得好点点。老人婆不贤惠的话,红苕酸菜,随便你吃不吃"。产妇"坐月子的时候,要吃得好点点",但也只是"早上煮一碗面,蒸一个鸡蛋,那就是最好了"。

当家人何天树在分配的时候没有特权,吃穿和其他人是一样的,何家的一切分配以家庭利益为原则。除日常分配外,何家也有额外的分配,如烟酒一类的。家庭成员不会产生什么质疑,因为村里人都是这么做的。年景不好的时候,分配方式没有太大的变化,交完租金赋税后,首先会保证食物的分配,穿住只能将就一下。粮食不够吃的时候,多会想办法买或者借,以维持生存。

(七)分配结果

1.租税为先,衣食次之

何家的实际分配中,租来的"六十背谷子",收成五五分成,自家只得一半。自家的"十一

---

① 老人婆:指丈夫的母亲。

背谷子",赋税为一百多斤谷子,余下的自家消费。此外,还有不多的副业收入。何家用于各种类型分配的比例,何家后人并不清楚。在食物的分配上,长辈会稍微好一点,小孩也可能会好一点。如果是农忙季节,食物的分配要好一些。衣物分配方面,按需添加。但新婚三年内,新人不会添衣服,因为结婚的时候做了衣服,新人有衣服穿。

2.无人反对,小修小调

对于已有的分配结果,何家其他家庭成员没有意见。何家每年的分配结果大多没有多少差别,小范围的有调整,大的调整没有。此外,何仕栋剪头发挣的粮食,没有全部交给当家人何天树,私自存放在某户交好的农民家里,但分家后何家人才发现,也管不到了。

四、家户消费

(一)家户消费及自足程度

1.家户消费,勉强自足

1950 年以前,何家一年的花销是多少,何家后人并不清楚。何家在村里属于极低水平的消费,仅能维持生存,不至于饿死路边。何家的所有收入加起来,维持一家人的生存也必须是节衣缩食。实在紧张的时候也会向交好的农户借粮,但也只能借粮,不能借钱,"借不到钱,你穷很哒,哪个借你!""怕我们还不起,不敢借给我们。"

2.三成粮食外购

1950 年以前,何家每年的粮食收入,除了交租纳税外全部用于全家的消费。何家人多地少,即使租种了"六十背谷子"的土地,依然不能满足家庭需要,尚有三四个月的口粮需要向外购买,"五厘一斤的粮食,一次买二十多斤,一家人吃一个月"。二十多斤粮食,十二口人吃一个月,平均一天不到一斤粮食,何家的贫穷程度可见一斑。

3.食物,仅盐巴外购

何家在 1950 年以前每年的食物消费未统计过。外购的主要有盐巴,每场纺线卖的钱都会拿出一部分购买盐。何家用油特别节约,小指指头大小的一颗油,分作三四次用,一顿饭看不见几个油星。何家也很少会买肉,打牙祭的时候是少之又少,有时候即使过年也不会吃肉,"买几把面,几个豆腐干,就叫过年"。鸡蛋也大多是拿去换粮或者换吃的,几乎没有自家消费的,除非是用作孕妇补充营养。此外,何家从未外购蔬菜水果,吃的杂粮蔬菜都是自己种的,或者是与关系好的农户换的。为了维持一家人的生计,何家是节约又节约,"每回舀米做饭的时候,都会抓把把米出来,不然过年的时候就莫得吃的"。1950 年以前,何家除了基本的食物消费外,还有烟酒消费,当家人何天树喜欢抽鸦片烟和叶子烟,其他成员不敢有异议,因为当家的是何天树,酒的消费只有请客时才会发生。

4.衣物全靠外购

何家每年衣物的消费没有计算过具体金额,对于贫寒的何家来说,压力很大,一件衣服通常是"新三年,旧三年,缝缝补补又三年"。何家的衣服基本上都是在街上买布,请人染了之后,请裁缝到家里来做。有时做的衣服蔽体都不能够,脚手都冻在外面。年景好的时候,一个人一年能做一件衣服,年景不好的时候,有的成员便不会做新衣服,过年的时候也只能穿着以前的旧衣服,"看到人家屋里,大人娃儿都是穿新的嘛,大人心里过不去了"。"一年子有一套衣服就不错了,我们过年有两尺布穿在身上就不错了。"做衣服剪下的边角料,何家也不会扔掉,而是留下来,以备缝补之用。如果把衣服划了口子,家里的长辈便会责骂不休。王英桂小的时候,母亲过年给她做一双鞋子,都要挨骂,"装棺椁,短阳寿了……"母亲还会用剪刀背打,"脑壳都要打烂"。

5.住房勉强自给

何家的房屋勉强可以满足全家人的居住需要,一间屋住好几个人,除了当家人何天树与妻子苟国芳的房间外,一间屋住两代人是常态。何家共有四间房,一间灶屋,用以做饭吃饭,其余三间都是卧房,何天树与苟国芳一间,何仕政夫妻与何守弟一间,何仕栋夫妻与四个孩子一间。何仕礼回家的时候,只能与何守弟睡在一张床上。嫁出去的何仕秀回娘家的时候,几乎不会在娘家过夜,因为没地方住,"说话也只能在院坝或廊道上",最大的原因不是屋内因为光线差,而是何家没有专门待客用歇房。

6.不敢生病,少有医疗费用

何家的医疗消费很少,一般的头疼脑热的,都是自己去田野挖点草药,能扛就扛着,不会去看先生[1]。"穷人,看不起病",也不敢生病,如果生大病,只能等死,"死就该死",很少有农户出卖家产看病吃药。1950年以前,何家所在村庄的没有先生,最近的先生在枣儿垭赵家[2],附近村民生病后都是去找赵先生。

7.人情,勉力维持

1950年以前何家每年的人情消费一般是走亲戚、请客。有时候家里面没有钱粮,借钱借粮也得维持,如果亲家过生日不送礼,"面子上过不去",村民也会瞧不起。不过穷人的交际少,请客的时间不多,开支也少。

1950年以前何家每年的随礼花费不同,有的年份高,有的年份低,看亲友家过事[3]的次数。钱粮的多少也由两家的关系和历来的人情往来决定,如果关系一般,只会送钱;如果关系稍好,不仅会送钱,还会送一定数量的谷子或麦子,一般为十斤、十五斤、二十斤不等;如果关系极好,钱的数额会有所增加,还会将谷子或麦子换成米。如果当家人何天树预计某个亲友在不久的将来有喜事儿,就会提前准备钱粮。如果到跟前儿没有,借钱借粮也会参加,不会说不去。礼金压力,虽然大,但尚不至于让何家卖房卖地。

8.红白喜事,借钱办酒

1950年以前何家的红白喜事消费不是年年都有,有的年份有,有的年份没有,大多是没有的。婚嫁方面,仅何仕政夫妻结婚一回,何仕海结婚时家里并不知道,一分钱没有花,何仕礼是过继何仕宦家,何家没有花钱,何仕栋是童养媳婚姻,圆房的时候没有办酒。生子方面,仅何仕栋夫妻的第一儿子办过酒席,主要是招待石英兰娘家人,但因其娘家母亲离世早,人少,故花销不多。丧葬方面,最近的一次是何仕海的葬礼,因为是白发人送黑发人,葬礼从简,花销并不多。红白喜事的消费,均由家户自己承担,与家族村庄没有干系。如果没钱,只能借钱办酒。

---

① 先生:医生,当地习惯把医生称之为先生。
② 枣儿垭赵家,离何家所在的何家岩走路需要一个半小时,中间需要翻过一座山。
③ 过事:指红白喜事等。

9.教育消费,几乎没有

何家只有何仕海与何仕栋读过两三年书,因年代久远,何家后人并不清楚。20世纪40年代,何家没有成员接受教育,没有教育支出。

10.信仰消费,必不可少

何家的信仰消费主要有两种,一种是祭祀消费,每年清明会、月半节、大年三十都会祭祖上坟,"有钱嘛就多买点儿香蜡火炮①,莫得嘛就少买点儿,有那个意思就行了",清明节整个何氏家族每家每户都要斗会钱,;一种是上庙拜家神消费,土地庙、白庙、灶神是何家经常参拜的神佛,遇上灾荒年还会到处求神拜佛,遇上家庭成员重病的时候也会增加求神拜佛的消费。

11.赌博耗费,屡禁屡犯

何仕政喜爱赌博,有时会将工钱或买粮的钱拿来赌博,家里人对此意见颇深,公开指责不计其数,但屡教屡犯、屡禁不止,当家人何天树与内当家苟国芳为此很伤脑筋。

总之,何家每年的粮食、食物、衣物、医疗、人情、信仰等消费中,各种消费占比不同,以衣食为主,人情消费必不可少,极力削减其他开支。

(二)家户消费主体与单元

何家所有的消费,不论是衣食消费,还是医疗人情消费,抑或信仰消费,均由何家自己负担,宗族、村庄不会承担丝毫。当何家自身无法负担某类消费时,当家人何天树出面借钱、借粮、借物,外力不会强制介入,同一个家族的会看在一个姓的份上借一点给何家,但不会很多,怕何家还不上。

(三)家长在消费中的地位

何家有外当家和内当家之分,外当家也就是当家人何天树管租金赋税,日常饭食由内当家苟国芳来管理,人情门户由两位当家人共同商议决定。

1.当家人决断

(1)粮食消费

何家的粮食消费,由当家人何天树决定,不需要告知或请示四邻、家族、保甲长。何天树很少有外出的情况,即使外出,也是短时间的外出,外出前会安排好家里的事情。如果当家人为男性,一般会有一个内当家,当家人不在的时候,大多是内当家做主。

(2)住房消费

何家的住房消费微乎其微,可以算没有。屋顶翻草由当家人何天树决定,翻盖的活儿由何仕政完成,不需要告知或请示四邻、家族、保甲长。如果当家人为女性,翻盖房屋的决定由当家人做出,由家里的男性翻盖,或请人翻盖。

(3)人情消费

何家的人情消费一般由当家人何天树安排决定,有时会提前与内当家苟国芳商量,因为需要苟国芳安排饭菜,不需要告知或请示四邻、家族、保甲长。如果当家人不在家,一般没有人情消费,请客的时候,当家人都在家。如果是兄弟当家,兄嫂或弟媳的娘家亲戚来了,当人家和女婿都需要陪客,消费由全家负担。

---

① 火炮:指鞭炮。

（4）红白喜事消费

何家的红白喜事，一切事宜由当家人何天树安排，通常会与家内其他人或者关系好的四邻、家族成员商议，参考他们的意见，所费金钱由何家承担，不够的时候就向亲戚邻居借，亲戚朋友一般也会支持，"成圆儿子①打方女②是大事，耽搁不得"。

（5）教育消费

何家早些年有教育消费，何仕海是在生父何天累没有去世的时候读了两年书，何天累去世后，家里难以为继，就回家了。川陕建立革命根据地以后，何家只有何仕栋接受了教育，但也只读了三年，老幺何仕政到了读书的年纪，清贫的何家无力供养两个孩子读书，如果只供送一个孩子，难免有偏心的嫌疑③，只能让何仕栋也回家。谁读书、在哪里读、读多久，都是当家人何天树决断，内当家苟国芳的意见也很重要，但组合家庭，很难将力用在一处。学手艺的花费不多，由当家人决定，全家承担。

（6）医疗消费

何家的医疗消费，由当家人何天树安排决定，可以与家内其他成员商量，但不需要告知或请示四邻、家族、保甲长。如果当家人不在家，内当家或代理家长可以做主。如果是女性成员有妇科病，一般会先告诉"老人婆"，由"老人婆"转达给当家人。

（7）烟酒消费

何家的烟酒消费由当家人何天树决断，不需要和家庭成员商量，也不需要告知或请示四邻、家族、保甲长，只有在婚丧嫁娶时的烟酒消费需要与长辈商议。

2.内当家决断

（1）食物消费

何家的食物消费，由内当家苟国芳安排决定，做饭由媳妇王英桂和石英兰轮班做。如果需要买粮，由当家人何天树决定买多少、钱从哪里来，当家人可亲自上街购买，也可以指定家庭成员上街购买。如果需要借粮，由当家人何天树出面，当地是借一斗还两斗，称为"斗扛斗"④。食物消费，不需要告知或请示四邻、家族、保甲长。如果内当家苟国芳不在家，没有提前交代儿媳妇的情况下由当家人何天树决定。

（2）衣物消费

何家在衣物消费活动中，多由内当家苟国芳安排决定，需要与当家人何天树商量，但是不需要告知或请示四邻、家族、保甲长。如果当家人为女性，自己就是当家人，则不需要和谁商量。

（3）信仰消费

何家的信仰消费，是由内当家苟国芳安排决定的，之所以由内当家苟国芳决定，是因为求神拜庙多由女性出面，但即使由苟国芳决定，她也会和当家人何天树商量，合计家庭的经济情况，不会擅自决定。此外，何家的信仰消费不需要请示四邻、家族、保甲长，但有时苟国芳

---

① 成圆儿子：即娶儿媳妇。

② 打方女：即嫁女儿。

③ 叔嫂组合家庭，何仕栋是何天树的孩子，何仕政是苟国芳的孩子，要么都读，要么都不读，不能只送一个孩子读书，否则会引发家庭矛盾。

④ "斗扛斗"：音译。

会和相好的妇女说。

3.家庭成员擅自决定

何仕政的赌博消费,属于自作主张,擅自决定将工钱或家里钱用来赌博,没有得到当家人何天树或内当家苟国芳的同意。

(四)家庭成员在消费中的地位

1.听从安排

除了赌博消费是家庭成员擅自做主外,何家其他所有的消费,均由当家人何天树和内当家苟国芳做主,其他家庭成员听从安排。

(1)粮食消费

在粮食消费方面,除了当家人何天树起决定作用外,其他家庭成员都处于服从地位,不能擅自决定。如果当家人不在家,则由内当家苟国芳做主。在实际消费中,没有谁先消费、谁后消费的说法,所有家庭成员都不吃或者都少吃一点,年景不好的时候吃得更少。

(2)食物消费

在食物消费方面,当家人何天树很少管,多数是由内当家苟国芳处理安排,其他家庭成员包括做饭的人,都只能听从苟国芳的安排,不能擅自决定。如果家庭成员有什么想法,比如午饭想吃什么,可以和苟国芳商量,由苟国芳安排给做饭的人。在家庭实际的食物消费中,第一碗饭是给长辈的,米多一点,菜少一点,此外没有其他的规矩。年景不好的时候,当家人会想办法买点粮食或者借点粮食,以渡过难关。此外,何家的烟酒消费,由当家人何天树安排决定,其他人听从何天树安排。

如果当家人是男性,则多数由其妻子管理食物消费。如果当家人是年长的女性,当家人做主,媳妇根据当家人的指示做饭。如果当家人是年轻的女性,自己做主,自己做饭。如果当家人是儿子,一般由其妻子掌管家里的食物消费,饭由妻子做或者由兄嫂、弟媳做。

(3)衣物消费

何家的衣物消费由内当家苟国芳决定,当家人何天树只管筹集资金、请裁缝,余下的事情,全部由苟国芳决定。家庭其他成员服从苟国芳的决定,也可以提出自己的想法,但是不能擅自决定,即使决定了也没有用,因为钱、布都掌握在苟国芳手里,裁缝也只会听从苟国芳的意见。制衣一般是在年尾,当家人都在家,不会外出,不存在代理家长的情况。在实际消费中,没有谁先谁后的规矩,家里没有衣服穿的成员,内当家都会尽量照顾到。小孩子一般一年能有一身衣服穿,新婚两三年内的媳妇不会给她做衣服。衣服如果坏掉了就缝补一下,多数由媳妇缝补,当地物资贫乏,盛行"新三年,旧三年,缝缝补补又三年"的做法。

(4)住房消费

何家的住房消费极少,几乎可以说没有。一般当家人何天树做主即可,其他成员听从何天树安排。

(5)人情消费

何家的人情消费由当家人何天树做主,其他家庭成员可以提出自己的想法,但不能擅自决定。比如媳妇回娘家,就必须和老人公婆特别是老人婆说一下,同意后才可回娘家。如果"老人婆"给点礼物就带着礼物回,如果"老人婆"不给,就空手回娘家。一般逢年过节,或娘家爹娘兄弟生日的时候,"老人婆"会给一些礼物,几个媳妇的娘家人都是给一样的东西,避免不公平对待,招媳妇闲话。如果当家人不在家,由代理当家人依循惯例处理即可。实际消费中,没有先后,没有因为礼情负担重就不走亲戚、不"走人户"①。年景不好的时候,至亲至戚的人情消费优先,其他人的可以酌情减少。

(6)红白喜事消费

何家的红白喜事,最近的一次是何仕政结婚,双方家里都是由当家人决定,其他家庭成员听从当家人的安排。儿女成婚是大事,当家人都在家,不会外出。如果是兄弟当家,成婚的又是侄女,则需要和成婚者的亲生父母商议,共同决定。

(7)教育、医疗消费

何家的教育消费发生在二三十年代,年成久远,何家后辈当时还是小孩子,并不清楚。何家的医疗消费,由当家人何天树安排,其他家庭成员听从当家人安排即可,内当家苟国芳对当家人何天树的决定能施加一定的影响。

(8)信仰消费

何家的信仰消费,由内当家苟国芳安排,其他家庭成员听从苟国芳安排即可,家庭其他成员想去拜庙,可以和苟国芳请示,由苟国芳决定相关事宜。

2.擅自决定

何家的赌博消耗,是何仕政擅自决定的,没有经过当家人何天树和内当家苟国芳的同意,其他家庭成员埋怨颇多。

五、家户借贷

(一)借贷单位

1950年以前,何家几乎没有找别人借过钱,借不到,借主怕换不上。青黄不接的时候会借粮食,没盐的时候会借一勺盐,借多少还多少,没有利息。

1.家户借贷

何家借粮食借物是以家庭为单位,由当家人何天树或内当家苟国芳出面。当地没有几家人一起借贷的情况,更没有以家族或村庄为单位借过什么东西。此外,何家是大家庭统一借粮食,多发生于青黄不接或人来客气的时候。借粮由当家人何天树或内当家苟国芳安排决定,不需要同谁商量,也不需要告知或请示四邻、家族、保甲长。何家不存在小家庭借贷的情况,当地借贷只认当家人,只有当家人才能借粮食,内当家与交好的农户借粮也是可以的,但是家内其他人借不来粮食。

2.很少出现个人借贷

何家出现过个人借贷的情况。某次当家人何天树让何仕政拿钱买粮食,何仕政将买粮食的钱拿钱赌博,输光了,为了交差,借钱买了粮食。后来那家怕何仕政还不上,告诉了何天树。何仕政借钱的时候,没有和谁商量,就擅自决定了。对方虽然借了钱,但是也告诉了当家人。

(二)借贷主体:当家人出面

何家在借贷中,当家人何天树为实际支配者,其他人没有权力。借贷也必须由何天树亲自出面,不能委托家庭成员出面。借盐之类的小借贷,内当家苟国芳也可以做主出面。在借贷

---

① 走人户:指吃酒。

中,只有当家人何天树有权力决定,其他家庭成员没有借贷的权力,更不能擅自做主,实际上也无法排除自作主张的情况。何仕政因为赌博也有个人借贷,由其自己出面,不敢让当家的何天树知道。

(三)借贷责任

1.第一责任人:当家人

借贷之后,当家人何天树是第一责任人,全家共同还贷。如果何天树不在家,家庭其他成员一般借不到粮食。如果非借不可,只能由内当家苟国芳到关系好的家里去借,当家人何天树仍然是第一责任人,全家共同还贷。

2.借贷责任由全家承担

借贷之后,家庭有劳动能力的成员都有责任还贷。何家的钱粮是当家人何天树管理,家庭成员在外挣钱也是交给何天树,故此没有将责任落实到每个家庭成员的头上。

(四)借贷过程

何家的借贷,都是小笔的借贷,不需要抵押品,也没有契约。在白庙村,如果借贷数额较小,凭人品便可以借到,如果数额较大,即使关系到位、人品也好,也是需要抵押才会借。借钱的时候,出借人会考虑是否能还上,如果断定还不上,则不论关系好坏都不会借。小额借钱,有的需要利息,有的不需要利息,看双方的关系,关系好的不需要利息,关系不好可能需要利息。借款期限双方商量,多由借出人决定。何家所在的白庙村,借钱只是为了应急,周转一下,大笔的借贷几乎没有。此外,没有人愿意借钱给染上烟瘾①、赌瘾的人,他们为了换得烟资、赌资,只能卖田产,村民极为看不起这些人,将这些人称之为"败家子"。

(五)还贷情况

1.家户还债

当地,还款默认是送到对方家里面,也可以在借钱的时候讲好。一般是家里面有就赶紧还,不然利息会越滚越大,大多是在麦收或秋收后还。村里默认是一次性还钱,如果需要分批次还钱,需要和借主商议妥当,分批次还不会加利息,但只有关系好才能获得同意。何家所在的白庙村,每到岁末的时候,发财人家就会拿着账本收账,因为当地默认欠账不能拖到下一年,除非是揭不开锅,只能沦为烂账,而欠烂账是件很丢脸的事,为村民所不齿。

2.一屁股烂账

借钱换不上就只能一年一年地累加,欠一屁股烂账。也有借出者免掉利息,只还本金的情况,但这种情况极少发生。如果期限到了换不上,只能找可以和借出者说得上话的人协调,请求宽容一些时日。实在不行就只能抵押牲口、田地,遇上恶的借出者,只能卖地卖牲口偿还旧债。何家贫困,没有借到过钱,不清楚借钱的相关事宜。

3.父债子偿,夫债妻偿

对于借贷,当地奉行"父债子偿、夫债妻偿",没有能推脱掉的。父亲借了债,儿子需要帮忙还,丈夫借了债,妻子亦需要帮忙还。如果是赌债,儿子或者妻子可能会一直拖欠。

---

① 烟瘾:特指鸦片烟。

4.分家之后,债务分割

家长去世后遗留下的债务诸子均分。如果是分家后,家里的长辈遗留的债务,按照"父债子偿"的原则,子孙必须偿还,但不一定是诸子均分,有可能按照儿孙的能力承担。如果没有后人,只能不了了之。

六、家户交换

(一)交换单位
1.家庭交换

何家进行家户之间的交换,主要是换食物,如豌豆换黄豆等,这一类的交换主要由内当家苟国芳安排决定,不需要告知或请示四邻、家族、保甲长。一般是和关系好的家户进行交换,很少有被拒绝的状况,如果这家不允许,则去另外一家交换。

何家进行集市交易的时候,主要是卖出线穗,买进棉花、盐、火柴、粮食、布、香蜡火炮等物,一般是由当家人何天树和内当家苟国芳商量决定,不需要告知或请示四邻、家族、保甲长。何仕政夫妻作为儿子媳妇有建议权,可以影响父母的决定,但不能擅自决定。

2.无家内小家交换

何家在没分家之间,小家庭不能单独开展经济交换活动,否则就意味着分家,在当地儿子媳妇主动提分家,是"不孝"行为。小家庭的一切用度开支全部从当家人何天树和内当家苟国芳手里过,由何天树和苟国芳安排决定。

(二)交换主体
1.当家人交换

在何家的交换活动中,当家人何天树是实际支配者,如果何天树不在家,小事可以由内当家苟国芳做主,大事必须等何天树回家做主。大多数情况是何天树亲自交换。

2.当家人委托交换

何家在开展经济活动时,当家人何天树可以委托家庭成员去交换,何仕政、王英桂等均被委托过。交换的费用从何天树手中支取,不需要记账,因为钱都是从何天树手中过。剩余的费用必须交还给何天树,还需要告诉何天树每一样东西有多少、花了多少钱。未经过何天树委托,家庭成员不能擅自进行经济交换。何家除了当家人何天树具有决定权、支配权外,其他家庭成员没有决定权。何天树在做决定的时候,也不会和儿子媳妇商议。

(三)交换客体
1.当家人"赶场"①买粮

何家需要购置物品的时候,基本上是在场上进行。一般由当家人何天树和集市打交道,有时候也会委托何仕政、王英桂进行交换。何家一般是赶化成,很少去中兴、清江或者其他场镇。1950年以前,化成场是五天一次,现在是双号当场。赶一回场需要大半天的时间,一般是吃过早饭去,赶完场回家吃午饭。

当地场上有粮食行,何家与粮食行打交道很多,一般是由当家人何天树跟粮食行打交

---

① 赶场:赶集的意思。

道。何家每年青黄不接的二、三、四、五月份，都需要在粮食行买粮食，买多少粮食由何天树决定，一般一次买十斤二十斤粮食，一个月买一至两次。何家有时急需用钱，也会卖粮食，具体情况由何天树决定。何家的粮食不多，卖粮食也很少，不需要用车推，全部靠背篼背。一般是谁赶场谁负责背，如果是内外当家都赶场，两个人轮流背或者外当家背。如果是父母儿子赶场，由儿子背。

2.与流动商贩无交集

当地的流动商贩，以绸布商为主，何家穷困，穿不起绸子，做衣服的布料是在场上买的，与流动商贩没有交集。此外，何家所在的乡镇没有"人市"，大户需要劳动力不需要上集市找，在本村或邻村有很多劳动力，说一下就会有人来做。为了混口饭吃，穷苦人家很愿意到大户家帮忙。

（四）交换过程

1.货比三家

进行交换时，何家有时会货比三家，但并不需要挨家店铺问，而是在聊天闲扯中完成，比如何家需要买粮食，在家的时候就会打听粮价，赶场的时候也会碰见熟人，可以问问粮价如何，做到心中有数，如果哪家的粮食比价便宜，很快就能在村民中间传开，不需要专门去打听。有时，何家也不会货比三家，直接去熟人的店铺买。

2.熟人交换

何家在家户之间进行交换的时候，会优先和相熟的人进行交换，偶尔会有一点便宜占。何家在集市上进行交换的时候，也会选择相熟的人进行交换，但相熟的程度仅限于认识，不会有便宜占。此外，何家所在的白庙村有"贩子"[①]，村民有时会将粮食等物卖给相应的"贩子"，粮食由"贩子"来村里收，但何家"莫得啥子卖"，没有和"贩子"打过交道。

3.过秤过斗

何家在进行交易时，一般都会过秤，大宗买卖会过好几次秤，确认无误后才会交易。一般情况下，如果是卖出去，除了在交易时过秤，在家里的时候也会过秤，好做到心中有数；如果是买进来，除交易时过秤，回家后也会再过一次秤，避免商家缺斤短两。如果发现缺斤短两，很少当面找商家理论，因为大家都是相识的人，面子上过不去，但是会和别人抱怨某人"不老实，缺斤短两"，而在农村是没有秘密可言的。

4.赊账还账

买卖的时候可以赊账，但是只能赊欠一两场，而且商铺必须信得过赊账人，否则不能赊账。何家在交易时有时候会赊账，但这是当家人何天树才有的资格，其他家庭成员没有赊账的权力。如果未经何天树同意单独赊账，何天树也只能承认，但是会教训该家庭成员，农村的教训多是棍棒相加。

---

① 贩子：指专门做生意的人，做粮食生意的叫粮贩子，做牛生意的叫牛贩子。

第三章 家户社会制度

本章主要从婚配、生育、分家与继承、过继与收养、赡养、家户内外交往七个方面介绍何家的社会制度。家户婚配主要是介绍何家几代人的婚配情况以及叔嫂婚、过继婚、改志等几种特殊的婚姻形式;家户生育主要介绍了何家几代人的生育情况、生育目的态度及"打三朝"这种特殊的生育仪式等;家户分家与继承主要介绍了何家当家夫妇分家及继承等相关内容;家户过继与收养主要介绍了何家临终托孤与流浪儿收养的情形等;家户赡养主要介绍了何家老人的赡养情况;家户内部交往主要介绍了何家的父子、婆媳、夫妻、兄弟、妯娌等关系,家户外部交往主要介绍了何家与邻里、亲戚、佃主、外村人等关系。

一、家户婚配

(一)家户婚姻情况

1.婚嫁概况

何家第四代有何大炳,娶妻杨氏,是否有其他同辈人,何家后人并不清楚。何家第五代有四兄弟,即何天然、何天累、何天卫、何天树。老大何天然娶妻杨氏,称为小杨氏,因二人脾气不和,小杨氏跑了,之后何天然并未续娶,而是与村内的另一个妇女勾搭在一起。老二何天累,娶妻苟国芳,在1922年小儿子何仕政出生不满半年时去世,留下孤儿寡母。老三何天卫,年轻时被拐,杳无音信,被拐时未结婚。老四何天树娶妻施氏,施氏早逝,留下何天树父子两个。为了"抬举"几个孩子,二嫂苟国芳与小叔何天树结为夫妻,重新组建家庭,但于1950年不久离异,各自跟着自己的儿子过活。

何家第六代有五兄妹,即何仕海、何仕秀、何仕礼、何仕栋、何仕政。老大何仕海娶妻杨仙桂,杨仙桂是南江人,先嫁于南江周家,丈夫死后改嫁于何仕海,1943年何仕海离世,杨仙桂并未再嫁。大姐何仕秀嫁于金光曾立强。老二何仕礼过继何仕宦家,妻梁大君。梁大君是何仕宦家的儿媳妇,丈夫被拉壮丁,死在外面,何仕宦家做主让她与何仕礼成婚。但婚后何仕礼嫌弃梁大君"个子矮、不会做活路、没有出息",过一年就离婚了。老三何仕栋娶妻石英兰,二人是童养媳婚姻,于1943年圆房。老幺何仕政娶妻王英桂,于1942年腊月成婚。

2.婚嫁详情

何家第四五代人的婚嫁详情大多无处可考。何天树与苟国芳之间的婚事,是由家族长辈做主,目的是为了"抬举"几个孩子。何仕海结婚时家人并不知道,说不清是怎么回事儿。何仕栋是童养媳婚姻,妻子石英兰娘家父亲是打石匠,母亲早逝,无人看管,又正好两家人相识,关系不错,石英兰父亲将其送往何家做了童养媳,由何家照看。在当家人何天树的安排下,石英兰成了何仕栋的妻子。何仕政与王英桂的婚姻,是打石匠作介绍人,一切"从礼边上过",遵循当地婚俗。

3.通婚范围

何家人通婚的范围并不局限于村内和邻村，通婚的范围很广，介绍人一般为亲戚或熟人。何家所在的白庙村，不允许同姓成婚，同村的异性可以成婚。家庭人口规模对婚姻有一定的影响，子女多的家庭，关系复杂，结亲会稍微困难一些。"老人婆"太凶了，对结亲也有一定的影响，谁也不想自己姑娘去婆家受欺负。

4.门当户对

当地在婚姻的过程中，讲求门当户对，大户和大户通婚，小户和小户通婚。大户和小户没有结亲的现象发生，"大户看不起小户，不把小户的女子当人"。大户纳妾的时候，对家室不是很看重，可能会找小户的姑娘。

(二)婚前准备

1.当家人决定，内当家有权

1950 年以前，何家适龄的儿子娶媳妇由当家人何天树安排。何仕栋纳童养媳时，是由当家人何天树决定的，虽然何天树与妻子苟国芳商量，但因为不是亲生的母亲，所以苟国芳一切听从丈夫的决定。何仕政结婚时，内当家苟国芳有相当大的权力，一是因为媳妇主要是"老人婆"在管辖，二是因为何仕政是内当家苟国芳的亲生儿子，而当家人何天树只是何仕政的幺爹。如果苟国芳不同意，婚事就不能成。儿女婚事不会告知或请示四邻、家族、保甲长，除非是过继或者是招婿，才需要请示家族长辈。1950 年以前，未成婚的儿子很少出现离家很远的情况，何仕海是因为在村里待不下去，才逃到了南江。对于婚约，当地很少出现老年人同意，儿子不同意的情况，即使在 1950 年以后的很长一段时间，也是遵从父母之命，何家也不例外[①]。

2.婚配标准

1950 年以前，何家接媳妇[②]有一定的标准：在长相方面，人长得强算好姑娘；在年龄方面，"宁让男娃大十，不让女娃大一，大几个月还是可以"；在脾气秉性方面，性子不能过强；在家庭条件方面，要求门当户对，穷人跟穷人结亲，富人与富人结亲；在姑娘的能力方面，必须要能干，会做家务，不"偸人户"[③]。"一般屋里外头的活路都得行，煮饭喂猪也得行，纺线绣花都得行，人也长的强"，这就算好姑娘了。何家在结亲的时候，最看重的是姑娘干活儿的能力，何家贫寒，养不起不干活儿的闲人。何家嫁女儿的标准是：能干、踏实、和气，不抽烟、不打牌，年龄相当等。

3.婚姻目的

何家人认为结婚的目的是服侍老人、生儿育女、传宗接代，而不是为了追求个人的爱情和幸福。在当地人心里，结婚不仅是个人的需要，也是家庭的需要，如果哪家的儿子没有娶媳妇或者女儿没有嫁出去会被别人说三道四，"戳脊梁骨"，全家人在外面都抬不起头。可以说，儿女到适婚年龄的时候，成圆儿子、打方女是家庭的头等大事。何家与大户人家之间的交往较少，不清楚大户通婚是否能扩大其家族的势力。此外，少子女的家庭，对子嗣的更为看重，

---

① 1950 年以后，何仕政的三个儿子，均参军了，亲事由何仕政和王英桂在家决定，儿子参军回来就结婚。

② 接媳妇：娶媳妇的意思。

③ 偸(cang，一声)人户：音译，串门的意思。

传宗接代、开枝散叶的需求更为迫切。

4.禁止自由恋爱

1950 年以前该村没有自由恋爱的情况,"莫礼行"[1]。女子在娘家当姑娘的时候,有很多规矩,其中一条是不许"偺人户","不准这里去耍那里去耍,不准这里那里坐堆堆"。姑娘尚且不能上别人家去玩,邻近的家里都不准随便去,自由恋爱想都不能想。在当地,结婚前男女双方均不能见面,何仕政夫妻定亲后,何仕政上王英桂家里借东西,王英桂都得躲起来,新婚时两人才见第一面。

5.聘礼嫁妆

聘礼下多少一般根据家庭情况来,穷人家的聘礼很少,富人家的聘礼很多。"穷人一般八件衣裳就是八件,不管长的短的,'裇裤儿'[2]都算一件,脑壳上就是丝帕、网网、钗针儿,其他就是好多糖,好多水果,猪肉是几十、半块。"发财人家整得闹热,长衣裳,花冠,长衫子,金银首饰。"发财人家摆几张桌子,我们这些穷人一张桌子都摆不满。"结婚的彩礼"不得女家说要好多就要好多,像那个样子就行了,互相体贴"。聘礼嫁妆都差不多,因为双方都是"门当户对",所以不存在说不同的儿子下的聘礼不一样。何仕政结婚的时候,聘礼就是缝衣裳,"好多件衣裳,好多条裤子,山茶野果"。"族上来看,摆得不满意,就一手给推开,摆得不够,喊他马上回去拿"。何仕政夫妻结婚的时候,缺了一样东西,缺什么不清楚了,但王英桂族上喊介绍人回去拿,"腊月的时候霜很厚,介绍人就回去拿,差一样都不得行"。

此外,童养媳婚姻不存在聘礼和嫁妆的问题,何仕栋与石英兰的婚姻中,没有聘礼和嫁妆。1943 年年底时,将童养媳石英兰的头发梳好,拜过祖先,就可以圆房了。入赘也不存在聘礼和嫁妆的问题,何仕礼是先过继到何仕宦家,然后再与梁大君磕头拜堂的,没有聘礼和嫁妆,但何仕宦家给何仕礼做了两身衣服。

6."开亲"不见面

何仕政结婚之前先是定亲,当地称之为"开亲"。"开亲"的时候是在介绍人家里见面,由双方爹娘和家族长辈出面,何仕政与王英桂并没有见过面。何仕政夫妻俩是 1942 年 5 月定亲,腊月间结婚。这半年间,两家人不走动,节气也不走动。打算结婚的时候两家人才走动,介绍人就把女家的话往男家说,男家的话往女家说,说得差不多了,两亲家就见面互相商量。

何仕政要结婚的时候,屋里要"泥掌子"[3]糊"壁头"[4],到女方家借,王英桂的母亲让其拿给何仕政,王英桂看见何仕政往家这办走,就把泥掌子扔在那里,给母亲说"我不得去!泥掌子我扔在那里",王英桂这才看见这么一眼,最后只能是母亲给何仕政拿去。两人结婚时,在堂屋里拉出来,并没有看清楚高矮。在当地,男女双方"开亲"过后可以见面是 1950 年以后,或者在介绍人屋里见,或者在街上见,街上见就吃个饭,"煮碗面,打个么台[5]嘛"。

7.退亲有条件

1950 年以前,男女双方"开亲"后,可以退亲。如果听说老人婆恶毒,不愿因结亲的多,

---

① 莫礼行:礼即礼俗,行即惯性,莫礼行即不符合两地的礼俗惯性的意思。
② 裇裤儿:音译,指内裤。
③ 泥掌子:当地糊泥巴的一种木质工具。
④ 壁头:指墙壁。
⑤ 么台:音译,垫垫肚子的意思。

"开了亲都退了,泡茶都要退,过去讲道理泡茶"。王英桂原先开在吴家河村那边的河沟里,"介绍人起奸心,那屋里娃儿脑壳上害疮",王英桂的娘不同意,说"要活的莫得,要死的有一个"。最后是"王家屋里,石家屋里①,请了几席客,在街上讲道理,他李家讲输了,才退了"。"要是父母同意,姑娘不同意,那不得行,扳不过来。""大人同意,我不同意,就要挨打,人家只要莫得啥子缺点。"

(三)婚配原则

1.结婚无次序

何家在婚配顺序上,没有规矩说一定要年长者先结婚,年幼者后结婚,何家第六代的五兄妹中,最小的何仕政1942年腊月结婚,排行第三的何仕栋1943年年底结婚,排行第二的何仕礼1944年才结婚,老二何仕秀出嫁的时候并不清楚大哥何仕海是否结婚。何家对子女的结婚顺序不是很看重,少子女的家庭对结婚的次序会相对看重一些。

2.花费均不同

何家第六代几个儿子结婚的费用,均不一样。何仕海是逃到南江后与丧偶的杨仙桂结婚,也可以说是入赘,结婚时家里面也不知道,故此一分钱没有花。何仕礼是过继到何仕宦家,不仅没有花何家一分钱,何仕宦家还得给何家一定的礼物。何仕栋是童养媳婚姻,结婚的花费很少,还是趁着年三十圆房,好酒好菜都随着过年一起置办,可以说几乎没有花钱。何家只有何仕政结婚时的花费比较多,聘礼、酒席、锣鼓唢呐等一应下来,花销不少。

婚礼的花费很多,就男方来说,主要有请锣鼓唢呐、置备婚礼所需的物品、准备酒席、请轿子轿夫等;就女方来说,主要有酒席、嫁妆等。王英桂在结婚的时候,家里为了置备嫁妆,卖了一头小牛。不管是男方还是女方,婚礼所需要的花费都是由家里承担。当地分家时,如果家里还有未成婚的儿女,会留一部分财产专门用作婚嫁。如果是女儿,会留几根木料,用来制作箱柜。如果是儿子,会多留一些钱财、柴火,以备结婚之用。此外在婚姻的花费上,大户、中户、小户各有不同,就嫁妆聘礼上的差距就很大,无论大户小户基本上都是根据家庭的承担能力操办婚礼,很少有打肿脸充胖子的家户,"实在莫得就算哒咯"。多子女家庭的孩子比少子女家庭的孩子在婚礼上的花费要少。

(四)其他婚配形式

1.纳"小娘子"

(1)纳"小娘子"

纳妾在当地称为纳"小娘子",有"小娘子"的家庭将妻子称之为"大娘子"。"只要男人有本事,有能力养",就可以纳"小娘子",且可以不用管"大娘子"的意见。"小娘子"叫"大娘子"姐姐,"两人面合心不合"。纳"小娘子"不讲究门当户对,只要男人喜欢就行。纳"小娘子"的原因很多,诸如身份地位的象征、妻子未生子,等等。

何家没有纳"小娘子",小户是没有能力纳"小娘子"的。一般大户纳"小娘子"的比较多,中户也有纳"小娘子"的。整个何氏家族有三个男人纳了"小娘子",即何玉章、何成秀、何全福。何玉章是当地的保长,娶妻杨氏,纳李氏为"小娘子",李氏也生养了两个儿子。何成秀家

---

① 王英桂的父亲早逝,随母亲改嫁至石家。

里也比较有钱,娶妻明氏①,纳石氏为"小娘子"。何全福娶妻曾氏,纳苟氏为"小娘子",原因是"大娘子"眼睛看不见,无力照顾孩子。

（2）当家人做主

纳"小娘子"子多是当家的男人提出来的,不需要与谁商议,也不需要顾及"大娘子"的意愿,"大娘子"同意与否关系不大。纳"小娘子"不需要告知或请示四邻、家族、保甲长。大户纳"小娘子"的比较多,中户也有,小户没有纳"小娘子"的,"穷,纳不起,莫那个本事"。子女对纳"小娘子"的影响并不确定,何全福纳苟氏就是因为"大娘子"的孩子无人照顾。

何家所在的白庙村在婚嫁上不写"婚书",当然,纳"小娘子"也是不需要写婚书契约的。此外,白庙村虽然有纳"小娘子"的情况,但何家并不清楚其花销如何。

2."干女子"

（1）何家养"干女子"

童养媳在当地称为"干女子",养"干女子"②的家庭多是贫困家庭,无力供养孩子,只能把女孩儿送到婆家做"干女子"。何家也养过"干女子",即何仕栋的妻子石英兰。石英兰娘家父亲是打石匠,时常不在家,其母亲又早逝,无人看管。两家关系不错,石英兰的父亲便将其送到何家做了何仕栋的"干女子"。

（2）当家人做主

一般做"干女子"的女孩儿是四五岁到十二三岁,何家的"干女子"石英兰来夫家的年龄是七八岁。养"干女子"由当家人何天树来安排,至于为什么跳过老二何仕礼而安排老三何仕栋,何家后人并不清楚。当事人何仕栋没有不同的意见,因为其年纪尚小,还不懂事,不知道养"干女子"意味着什么。

（3）穷人专属

养"干女子"不写文书,把女孩儿送到男家来就行,婆家给女孩儿做一件衣服、一条裤子、一个帕帕就行了,不办酒席。养"干女子"的家庭一般都是贫困家庭,大户几乎没有养"干女子"的情况。

养"干女子"的花费很少,何家养"干女子"石英兰的时候,只给石英兰做了一件衣裳、一条裤子、一个帕子,也没有举办什么酒席。石英兰与丈夫何仕栋圆房的时候,是大年三十的那天,将石英兰的发髻梳成妇人发型,到堂屋里拜神,便算礼成了。有条件的家庭,也可以摆几桌酒席,请亲朋好友吃顿饭。养"干女子"的花费由当家人安排决定,不需要告知或请示四邻、家族、保甲长。

3."改志"

（1）"改志"的原因和条件

改嫁在当地称作为"改志",即改变嫁鸡随鸡嫁狗随狗的志向,与另外一个男人结成家庭。何仕海的妻子杨仙桂就属于"改志"妇女。杨仙桂是南江县人,头婚嫁入周家,生养两个孩子,后来丈夫去世,机缘巧合下改嫁于何仕海。当地妇女"改志"直接走人,不带财产。何仕海与杨仙桂结婚的时候是逃亡南江,既无父母,也无兄弟,孤家寡人一个,与其说是杨仙桂"改

---

① 明氏于 1951 年土地改革运动后改嫁于吴家河村吴海文。

② 养干女子:意译,养在当地读作 yin。

256

志",不如说是何仕海入赘。

妇女"改志"的原因很多:第一,丧夫的妇女还很年轻,甚至还没有生养过;第二,婆家穷困,无力养活,妇女只能"改志";第三,在婆家处不下去,婆媳关系、妯娌关系、叔嫂关系不和谐,或者是婆家容不下儿媳,认为是儿媳克死了自己的儿子,"过不下去嘛,她就要出门",妇女在婆家处于水深火热的境地;第四,娘家父母不愿意儿女守寡,让妇女"改志"的也有;第五,妇女被婆家休弃等。也有妇女不愿意改志,不外乎以下两种情况:第一种情况,有子有女,"她走一步还不如在家里,就在家里守那个窝窝,养几个娃儿,那她就不得出门。"苟国芳之所以没有改嫁其他家就是为了养四个孩子。第二种情况,妇女年龄已经有四五十岁了,"满了几十岁,她就不得"。

此外,妇女"改志"在当地虽然会招致一些闲言碎语,但并不受歧视,邻村黄家榜只有一两户不是二婚,其余的都是二婚。妇女"改志"嫁的男人没有头婚男方的条件好,有的男方丧偶,有的是大龄未婚等等。"改志"前,有的是住夫家,有的是住娘家,看当时的情况。

(2)妇女自主

杨仙桂"改志"嫁给何仕海的事儿,何家人并不清楚,见到何仕海的时候,他们夫妻俩已经有一儿一女了,母亲苟国芳与当家人何天树也没有深究其间的曲折。村里边,"如果家里男人去世了,媳妇要改嫁,不要老人公婆同意,那就不管他的事了","她要出门,老的也不能把她克扣在屋里"。"改志"的事情,妇女自己做主,可以与娘家父母兄弟商量,也可以与婆家亲友商量,不需要告知或请示四邻、家族、保甲长。

(3)花费极少

何家所在的村庄,妇女"改志"不需要契约,妇女"改志"的婚嫁消费很少,双方同意即可,不需要给粮给钱,典礼也不一定举行,请至亲至交吃顿饭就可以了。"改志"在当地是一件很常见的事情,何仕政周边的黄家榜只有一两户家里不是二婚。大多的"改志"妇女是因为丈夫早逝,年轻轻地便守寡。子女多的家庭"改志"的妇女更多,一是因为无力供养,二是因为人多口杂,不好相处。

4.过继婚

(1)过继婚

1944年,何家何仕礼过继何仕宦家,做了梁大君的丈夫。虽然何仕礼与何仕宦家是同宗的不同房份,但不违背同姓不能通婚的规矩,因为梁大君是何仕宦家的儿媳妇而不是女儿,故此两家可以通婚。大君的丈夫被拉了壮丁,英年早逝,何仕宦家为了让其后继有人,便认何仕礼为继子,让其与梁大君完婚,承继梁大君前夫的香火。何仕礼之所以过继何仕宦家,主要是因为何家的经济状况不好,何仕礼又大龄未婚,娶媳妇困难。

(2)两家共商,没有契约

何仕礼过继何仕宦家,是两家共同商量决定的,家族也同意,没有告知或请示四邻、保甲长。何仕礼出继的时候是否写了契约,何家后人并不清楚。

(3)过继花费,家户承担

何仕礼过继的时候,何仕宦家给何仕礼做了几身衣服,给何天树和王英桂也缝制了一套衣裳,另外还将一块田送给何家耕种,不收租金。何仕礼的婚事,何家花费很少,可以忽略不计。

5."抱儿子"

(1)"抱儿子"

入赘在当地成为之"抱儿子",因为是男方去女方家,相当于抱了一个儿子,故此称之为"抱儿子"。村内招"抱儿子"的家庭多是只生了女儿或者儿子未养活的家庭,做"抱儿子"的家庭多是家里面儿子众多,经济条件又不好,娶妻困难的家庭。此外,做"抱儿子"的男子,一般不会是家里面的长子。

(2)家族家长共商共定

女家招"抱儿子",家长必须与家族长辈商量,共同决定,不需要与姑娘商量,也不需要请示保甲长。何家邻村的董家在为女儿招上门汉的时候,就是由父亲与家族长辈共同决定的,董家姑娘没有发言的权利。

(3)契约安排,婚礼消费

一般情况下,"抱儿子"需要写契约,虽然记得是双方父母的名字,但是双方的家族得同意。"抱儿子"的婚礼比结婚简单一些。没有聘礼和嫁妆一说,女方给男方及男方父母做一身衣服、一双鞋,然后将男方接到女家,摆几桌酒席即可。所有的这些花费,由家户承担,当家人做主。兄弟多的男子愿意当"抱儿子",因为诸子均分的分家继承原则下,弟兄多意味着贫困。

(五)婚配终止

1.休妻

(1)休妻的原因

休妻在当地没有什么叫法,一般说"不要了",何家没有发生过休妻情况。本村的有休妻的情况发生,有的是因为夫妻俩感情不和,有的是因为妻子不生育,有的是因为婆媳矛盾,有的是因为妻子和别人有染,各不相同。何家邻居黄家的老年人[①]不喜欢儿媳妇,哄着儿子离婚重新娶;邻村周家榜周家有男子因为觉得妻子没用,不喜欢妻子,将妻子休了;邻村黄家榜有位恶婆婆,不喜欢儿媳妇,也不休妻,而是将其踢下山崖摔死了。

(2)丈夫决定

休妻必须经过丈夫的同意,即使当家人是公婆,也需要丈夫同意后才能做主休弃。何家所在的乡镇休妻不写契约。此外,在休妻的花费方面,可以说几乎没有,如果男人不要妻子,妻子只能忍气吞声。小户相对于大户、中户来说休妻更少,因为娶一个妻子不容易,续娶则更难。多子女的家庭相对于少子女的家庭来说休妻更少,因为子女多,需要人看顾。

2.守寡

(1)守寡的原因

1942年端午前后,何家请人栽秧,田里的农民嬉笑怒骂,"老子忙得不惨了,他还坐着滑竿儿耍!"纷纷猜测是哪家人,结果看着滑竿儿[②]一路朝何家走去,满田瞬间静默。当家人何天树和内当家苟国芳回家一看,大儿子何仕海重病,让人从南江抬回来了。何仕海抬回家不过四五天便离世了,妻子杨仙桂在南江守着几个孩子,寡居至死。因为何仕海与杨仙桂定居于南江,不在公婆居住在一起,守寡后杨仙桂也未回婆家,所以不存在寡嫂受婆家欺负。外人是否欺负寡嫂,何家人并不清楚。此外,何家第五代何天然的妻子杨氏跑了后,何天然没

---

① 老年人:与老人公婆一样,都是指公公婆婆。
② 滑竿儿:何家所在的山区通行的一种交通工具。

有再娶。

守寡的妇女,有的是因为丈夫因病早逝,有的是因为丈夫在做壮丁的途中死亡,因事故死亡的很少。守寡与改嫁,需要综合考虑各种因素,一是有无子女,二是妇女的年纪,三是婆家关系不合,特别是婆媳不和,还有因姒娌不和、叔嫂不和、姑嫂不和等,四是能否供养,五是娘家态度等。一般无子女的年轻妇女会改嫁,子女多无力供养尚有生育的妇女会改嫁,婆媳关系不合改嫁者也有,因娘家态度改嫁者亦有。

(2)寡嫂做主

何仕海实质上可以说是入赘,而且居于南江,与何家所在的巴州县虽然是邻县,但在山区交通不发达,两家相距甚远。再加上杨仙桂前夫周氏的两个孩子,何仕海去世后,杨仙桂一直在南江周家居住。杨仙桂居于南江,由其自己决定,没有和何家进行商量,也没有告知或请示四邻、家族、保甲长。

(3)寡嫂无权

何仕海去世了,留下孤儿寡母一家子,四个孩子也死掉了一个,只养活了二子一女,其中大儿子何守弟留在了何家,小儿子和女儿由杨仙桂抚养。因为何仕海实际上算是入赘大嫂杨仙桂家,又住在南江,故此分家的时候,杨仙桂没有一分的财产。

一般情况下,守寡的妇女,如果改嫁,则不能分到夫家的财产,如果不改嫁,则可以分到一份财产。守寡的妇女如果没有孩子,都会选择改嫁,有子未改嫁的妇女,也有可能被其他兄弟姒娌欺负。小户守寡者更难,大户守寡者相对容易一些,大户至少可以靠出租土地养家糊口,小户则只能靠劳力养活。多子女的家庭改嫁者更多,因为人多不好养活。

3.离婚

何仕礼与梁大君的婚姻并未维持多久,何仕礼嫌弃妻子梁大君"个子矮,不会做活路,没出息",两人的脾气也不和,经常吵架,加上何仕礼的性格强,婚后一年,两人便以离婚收场,即使双方家长都不同意。

二、家户生育

(一)生育基本情况——半数男丁无生育

何家第四代,后人知道的只有一个男娃,是否有其他孩子,何家后人并不清楚。何家第五代,有四兄弟,分别为何天然、何天累、何天卫、何天树,其中何天然、何天卫无后,何天累育有三子一女,何天树育有一子。何家第五代,有五兄妹,分别为何仕海、何仕秀、何仕礼、何仕栋、何仕政,其中何仕海育有二子二女,一女未养活,何仕秀嫁出,何仕栋育有四子,何仕礼、何仕政两兄弟未有生育。

总之,何家第六代的八个男丁,只有何天累、何仕海、何仕栋生育了孩子,何天然、何天卫、何什礼、何仕政没有生育[1]。但从在人口上看,何家算是村中的大户。此外,何家也没有丢弃、溺婴、买卖子女的情况。不管是大户小户,都希望生儿子,重男轻女的思想很重。但是大户生育情况相对于小户来说较少,从当地俗话"穷生娃儿富生疮"中便可以看出。何家也没有非

---

[1] 何仕政夫妻虽然没有生育,但先后收养了兄长何仕海的两个儿子,又于"大食堂期间"收养了一位流浪的孤儿,取名何守刚。

婚生子女,但听说过别人家有腊月结婚,正月生子的情形。

(二)生育目的

1.传宗接代

何家人认为生育最重要的目的是养儿防老、传宗接代。生儿育女对于家庭来说,意味着家庭的完整,在当地,一般儿子有小孩后,老人便会做主分家,让儿子自己去兴家。没有孩子会被人说三道四,旁人会劝男子休妻,重新再娶。家庭条件好一点的,旁人会劝男子纳"小娘子"。如果只生了女孩儿,其待遇和没有生育差不多,只是劝休妻的相对少一些。后继无人在当地是忌讳,农户之间吵架,最恶毒的话语便是咒别人断子绝孙。

何仕政与王英桂婚后一直没有生育,旁人劝何仕政休妻再娶。何仕政担心是自己的问题,又怕休了王英桂娶不到媳妇,王英桂也怕到别人家也不生,再加上夫妻俩名下有大哥何仕海的儿子何守弟,两人都不想离婚,母亲苟国芳也认为"生不生,无所谓",故此何仕政与王英桂二人并未离婚。①

2.重男轻女

在子女生育上,村民更倾向于"男孩",一是因为养儿防老、后继有人的思想,二是因为田间劳动主要依靠男子完成。在村民心中,男孩是延续香火的象征,而女孩则"早晚是别人家的人"。如果只有女孩,没有男孩,很多家庭会一直生,直到生下男孩为止,有的甚至给女孩取名为"招弟"。"男娃是个宝,女娃是根草",这是当地很多人的想法。

3.非婚生育令人不齿

何家人认为没有结婚就生育是件很令人不齿的事,不仅未婚生育的女子会受人诟病,其父母、兄弟姐妹、亲友都会觉得丢脸、抬不起头。非婚生育的女性,娘家不能立马接回家,只能在婆家受人糟蹋,男家不要可以离婚,但即使离婚,也很难找到婆家。在当地,即使是适婚年龄的男孩女孩和异性来往都是让人诟病的,何况是未婚生子。外人更是津津乐道,说三道四,长期作为长辈教育子女的反面教材。

4.婚后一年得子

何家男子往往是二十岁左右结婚,婚后第二年生育者很多,传宗接代的思想下,新婚夫妻并不会避孕。当地有个不成文的规则,结婚一两年内不生孩子,别人会以为是"有毛病",闲言碎语、风言风语就开始传播了。

5.多子多福

何家倾向于多生,秉承多子多福的准则。何家分家的原因之一就是妯娌不合,不合的主要原因便是因为生育。何仕栋石英兰夫妻育有四个儿子,而受父母偏爱的何仕政王英桂夫妻一个孩子也没有生,石英兰常讽刺王英桂是"不下蛋的母鸡"。

在何仕政所在的村庄,家家户户都希望生儿子,鄙视非婚生育,主张早婚早育、多子多福。在生育方面不同的家庭也有些许差别,少子女的家庭比多子女的家庭更倾向于多生,小户比大户更倾向于多生。一般来说,生育四五个男孩,才觉得比较满意。在当地,一对夫妻生育十几个孩子的也有,生育七八个孩子的很多。但是也不会生太多儿子,因为养儿子得负责给他成家立业,这是一笔巨大的开支,故此有的家里在孩子生下来就弄死,"有把小孩儿生

---

① 两人也庆幸当年并未离婚,"哄哄堂堂几屋人,捡的抱的"。

下来整死的,供不住,养不起。有的在尿痛里溺死,有的放在板凳上,一屁股坐死"。

(三)生育过程

1.怀上就生

就何家的生育情况来看,生不生取决于是否怀孕。在当地,生育的数量,看怀孕的次数,村民未掌握丝毫的避孕技术。1950年以前,村民从未出现过打胎现象,即使孩子多不想再要的家庭在怀孕后都会选择生下来,要么节衣缩食勉强养活,要么送人,要么生下来溺死。

2.孕期照顾少,自家接生

怀孕了也要干活儿,主要是做些家务活,煮饭、扫地、洗衣之类的,下地下田做农活儿的很少。邻镇杨家的媳妇儿快要生产的时候还在田里干活儿,孩子出生在路边上,取名叫"路娃儿"。孕妇平时没有人照顾,在饮食上,孕妇吃的会稍微好一点点,但是也不会好到哪里去,毕竟何家的家境有限。何家的孕妇都在家里生产,一般不会请产婆,"自己生,生不下来才请",而且何家附近并没有产婆。

3.家户承担生育费用

何家第四代、第五代生育上的花费,何家后人并不清楚。第六代中,何仕海的几个孩子是在南江生育的,花费几何家人并不清楚;何仕栋夫妻生孩子的花费很少,仅有一些食物和衣物的消费,何仕礼、何仕政没有生育,不存在生育花费。何家所在的白庙村,妇女在生孩子的问题上,花费很少,主要是孕产妇的食物,其次是小孩儿的衣服,有的贫穷之家孩子又多,就"捡剩的"。生孩子的成本很低,养孩子的成本则很高。

4."老人婆"照顾产妇

何家所在的白庙村,产妇在生产后必须坐月子。坐月子期间不能碰生冷的东西,多由"老人婆"照顾,如果家里有妯娌或未出嫁的小姑子,也可以由妯娌、小姑子照顾。产妇在坐月子期间,夫家在饮食上都会尽量照顾产妇,母乳喂养期间也会在饮食上适当照顾产妇,也有老人嫌弃生的是女孩儿苛待儿媳的。

5.不同家户的差异

生育过程中,小户多由自家人接生,大户虽然也由自家人接生,但是会请产婆。饮食上大户比小户要好一些。做家务活方面,大户人家的孕产妇要比小户人家做得少。坐月子的时间方面,大户小户都必须坐满一个月,大户人家的时间可能更久,小户人家坐满月子后则必须干活劳动。多子女的家庭对孕产妇的照顾比少子女的家庭要差一些。

(四)"打三朝"

1.公鸡报喜

嫁出去的姑娘在婆家生了小孩之后,就要给娘家报喜。如果姑娘生了儿子,就逮一只鸡公回娘家,娘家回一只鸡母,恰好配成一对,凑成一个"好";如果姑娘生了女儿,则逮一只鸡母回娘家,娘家回一只鸡公。别人问生的是男孩儿还是女孩儿,"莫人要的哦",意思就是生了个儿子,如果生了个女儿,则不开腔①或者说"生了把挂面②"。

---

① 不开腔:不说话的意思。
② 生了把挂面:在当地给女方的聘礼中有很多挂面,嫁出去的女儿回娘家带的礼物多半是挂面,故此在当地,"生了把挂面"寓意生了个女儿。

2. "打三朝"

产妇生下第一个孩子的第三天娘家亲友到婆家去看望出嫁的姑娘,称之为"打三朝",参加仪式的主客为外婆。外婆给外孙准备的衣物和给女儿的营养食品:醪糟、猪腿、腊肉、鸡、蛋、糖等,乘坐"滑杆"和亲友一起送到女婿家中,摆放在几张大方桌上,由支客司主持仪式,吟诵吉利语,外婆给外孙起名。之所以不是满月了才办酒,是因为当地贫困供养不住,流行妇女坐月子"吃娘家"。如果第一胎是女孩儿,部分家庭会"打三朝",与生男孩儿"打三朝"没有什么区别,这个是一样的。"打三朝"只是生第一胎的时候会举办,以后生的孩子,娘家亲戚也会送一些米面、鸡蛋,但是不会像生第一胎时这么隆重。在当地,"打三朝"基本上都是娘家的亲友。给娘家报喜后,娘家会通知亲戚,一起到姑娘家①去,看望产妇孩子,婆家要请吃一顿饭。请吃饭的时候,男家这边的亲友也会参加,但都是至亲至戚、关系极好的人家。生育时举办仪式的目的是向众人宣告后继有人,在一定程度上标志着男子"成家"的真正完成,也标志着姑娘得到了婆家的认可。

3. 家户承担,当家人做主

"打三朝"的费用由全家负担,所收的礼物由当家人统一安排,大多是给产妇吃。未来,别人家有生儿育女的事,也由当家人还礼。何仕海的儿子何守弟出生的时候,他与妻子住在南江周家,是否"打三朝"何家人并不清楚。何仕栋的儿子出生时,没有"打三朝",因为石英兰早早便到何家做了干女子,而且娘家母亲已经去世,仅有一个父亲。

4. 少子家庭更重视生育仪式

在生育仪式上,大户人家比小户人家更为热闹,花费更多。多子女的家庭不是很重视"打三朝"少子女的家庭特别是三代单传的家庭很重视"打三朝"。小户人家,三世同堂和四世同堂在"打三朝"上没有多少区别,大户人家四世同堂会比三世同堂更热闹。

(五)孩子起名

1. 长辈起名,生父同意

孩子的名字,一般由家中长辈、族中有威望的长辈或者当家人起名儿,长辈们会起很多名字供孩子的父亲选择,孩子的父亲最终会选取一个好听、顺口的名字。所有的成员,都是按照辈分起名儿,没有不按辈分儿起的。孩子小的时候,也会有小名儿,在说亲的时候,周围人就不会再叫小名儿了。

2. 大名按辈分,小名较随意

何家第四代的名字叫何大炳,第五代的名字分别叫何天然、何天累、何天卫、何天树,第六代的名字分别叫何仕海、何仕秀、何仕礼、何仕栋、何仕政②,第七代的名字分别叫何守弟、何守付、何守明、何守海、何守平、何守军、何守刚,这些名字没有什么特殊的意义。给孩子起名,大户人家比小户人家更为讲究,孩子多的家庭比孩子少的家庭更为随意,大户和少子女家庭更注重名字的寓意,小户和多子家庭起名很普通。

---

① 姑娘家,指姑娘婆家,当地嫁出去的姑娘就是别人家的人了,姑娘家就是姑娘婆家。
② 何仕政最开始叫何仕才,因为和合作化时期金光乡的乡长何仕才重名了,故此由何仕如改名为何仕政。

三、家户分家与继承

（一）夫妻分家

1.组合家庭，矛盾众多

何家分家是在解放后不久，也就是 1950 年，由当家人何天树提出，不需要告知或请示四邻、家族、保甲长。分家一般不会和谁商量，如果矛盾解决不了，便会请族中有威望的人来调解。家庭的外部成员能影响家庭分家，如族中有威望的人、至亲至戚、保甲长等，但是非请不能介入。何家的分家中，何玉章等人在当家人何天树的要求下介入过，能成功分家也多亏了何玉章出的点子。

何家的家庭情况比较特殊复杂，当家的何天树和苟国芳是叔嫂结合家庭，分家也是何天树与苟国芳分家，而不是一般意义上的老人与儿子分家。何家分家的原因有很多种，大致归纳如下：第一，劳力多余。1950 年以前，何家的"十一背谷子"不够吃，主要是靠租种他人"六十背谷子"过活。快到解放的时候，发财人家就把土地收回去了①，何家无地可租，也无地可种，家里的剩余劳动力多，维持大家庭的经济因素没有了。何家的"老板儿"何子修家，也因为何子修去世后其妻子抽鸦片败光了家里的田地。第二，家庭成员不合。首先是当家人何天树和内当家苟国芳夫妻俩不合，天天闹。因为是组合家庭，何天树和苟国芳都护着自己的孩子，"偏心眼儿"，无法做到公平对待，日积月累，矛盾很深。其次是兄弟不和，家里面的开支，除了种地，全部靠何仕政在外头打石头的工钱，何仕栋在外头剪头发的收入没有全部拿回来供家，而是私藏在别人家，兄弟之间的矛盾也很深。最后，妯娌不和，何仕栋、石英兰生育了四个儿子，但是何仕政夫妻没有生育，石英兰便挖苦王英桂②，说些难听的话，妯娌之间矛盾由来已久。第三，家境贫寒，一大家人吃穿均需要钱粮，入不敷出，僧多粥少，对有限资源的分配无法做到让家里每个人都满意。

何家分家吵吵闹闹折腾了大半年，苟国芳的手指也在打架中折断。矛盾的焦点在两块地的归属，何天树和苟国芳两人都想要，一直谈不下来，期间请人调解了三次，都没有调解成功。保长何玉章给王英桂出主意说："幺婶儿，你给他弄个吃嘛，哄一下嘛！"王英桂上街买了只鸡炖了给何天树端去，第二天，何天树便同意了分家，不再争那块地。邻家挖苦何家说："争、争、争，甩几个烂背篼儿在那里分！有个啥子争头嘛！"

何家所在的白庙村，并不排斥分家，但是也有规矩在：第一，未成婚的子女不分家；第二，成婚后不能立马就分家，避免公开宣称婆媳不合；第三，独子一般不分家等。分家的原因，虽然每个家庭不同，不外乎是以下两种：第一，遵循惯例，何仕政所在村庄，一般情况下儿子媳妇有了自己的孩子之后，老人便会与儿子分家，让儿子自己去兴自己的家。第二，家庭成员关系不和，如婆媳不和、夫妻不和、妯娌不和、姑嫂不和等。

2.家庭成员享有分家资格

分家的时候，只有家庭内部成员才有资格分得家产，家庭外部的成员没有资格分得家

---

① 地主富农之所以把土地收回去，是因为害怕被认为有剥削，被划成地主，把土地收回去，自己做，就没有剥削，划成地主的可能就小了很多。

② 之所以是挖苦王英桂，是因为当地人认为没有生育是女性的错。

产,即使是嫁出去的女儿或改嫁的妇女带走的子女。何家分家时,家里有何天树、王英桂、何仕礼、何仕栋、石英兰、何仕政、王英桂、何守弟、何守明、何守平、何守军、何守海,何仕礼虽然离异归家,但是因其时常不在家,所以分家时并没有计算他的份额。何家分家是按人口均分的,与村内其他村民不同。

在分家资格上,只有家庭成员享有分家资格。不同的家庭,在分家的资格上,大同小异。一般按儿子的数量分家,未成家的儿子与父母在一处,其份额由父母管理。不在家的儿子,有的家庭算其份额,有的家庭不算其份额。未成家的女儿,会分给其一些木料,以备出嫁时做箱柜桌椅等物。丧父的孩子继承其父亲的份额,也有叔伯故意苛刻侄子家产的。小娘子生的儿子也有分家的资格。

3.不请见证人

何家分家的时候,虽然闹得人尽皆知,但是并未请见证人。何家所在的白庙村,小户人家分家很少请见证人,有的家户为了避免以后起纷争,在分家时也有请有威望的长辈见证。大户人家分家,大多会请见证人。多子女的家庭分家时请见证人的情况比少子女的家庭多,因为多子女的家庭很容易因为家产争闹不休。

4.内外当家做主

何家分家的时候,是当家的何天树和苟国芳做主,各自的儿子听从自己父亲或母亲的安排。如果家长去世了,分家由几个儿子商议。分家时,其他家庭成员可以参与,让何天树同意分家的那碗鸡汤就是王英桂听从何玉章的建议做的,但不能做主。何家分家的时候,因为一个"窝窝田"①的归属问题,何天树与苟国芳谈了很久没有谈下来,故请了本家的何玉章、何守碧来打开销②,调解了很多次都没有调解下来。

5.何家无契约

何家在分家的时候没有写分家契,"东西分了就算了,老人说的话算数"。白庙村其他大户在分家的时候虽然会将土地、房屋、生产工具、粮食等物搭配好写成纸条,抓阄决定归属,但这不算严格意义上的分家单。当地识字的人也很少,大部分的农民都不识字,且农村妇女惯会撒泼,写分家单也没有多大的用处,故此写分家单的很少。当地的发财人家是否写分家契,何家人并不清楚。

6.无外界认可保护

何家分家的时候,已经是 1949 年以后了,中国共产党解放该村后,便不怎么谈家族了,所以不存在家族的认可保护。又因为是解放初期分家,新生的中国共产党的政权还没有完全建立起来,也不存在村庄和政府的认可保护。村中的村民对何家分家没有什么意见和看法,不关他们的事儿。

(二)继承

1.儿子继承

(1)儿子承继家产

继承家产是只有家庭内部成员才具有的资格,家庭外的成员没有资格继承。何家拥有继

---

① 窝窝田,是何家的一块好田,何天树与苟国芳两人都想要。另外还有一个田,能砍柴,两人争柴,都不想让。
② 打开销:调解的意思。

承权的成员只有儿子。由于何天累去世早,他留下来的东西实际上由妻子苟国芳管理,加上苟国芳的嫁妆,事实上全部由何仕政继承了。虽然何仕政有三兄弟,但是大哥何仕海离世多年,妻儿居于南江,二哥何仕礼离异后虽然没有续娶,但时而在家,时而不在家,故此,全部归何仕政继承。何天树的遗产由其子何仕栋继承,因为分家时何天树由堂兄弟负责养老送终,虽然最终是由何仕政夫妻为其送终,但是其遗产何仕政一点没沾。

何家所在的白庙村,入赘到别人家的儿子不再具有原生家庭的继承权,抱养给别人家的儿子也不再具有原生家庭的继承权。未成家的儿子和已成婚的儿子都具有继承权。不在家的儿子,具有继承权,但是很有可能被在家的儿子侵吞。女儿不一定具有继承权,在家招上门女婿的女儿具有继承权。此外独女具有继承权,王英桂是其父亲的独女,父亲早逝后其继承父亲全部的遗产,1950年以后父亲的血伤费也由王英桂与其母亲平分。过继过来的儿子和亲生子一样具有继承权,因为一般是没有孩子才会选择过继,如果过继后自己有孩子,则亲生子在继承上更占优势。小娘子生的儿子具有和大娘子生的儿子一样的继承权,但妻生子具有优势。此外,私生子没有继承家产的资格。

(2)继承次序

儿子、女儿、侄子等的继承权,有一定的次序性,有儿子的情况下,女儿、侄子均无继承权,没有儿子时,优先侄子,也有女儿、侄子均分的。何家没有后人的何天然离世的时候,他的财产归何仕政及另一村民继承,一家一半。一般来说,在有儿子的情况下,家长不会指定其他的继承人,父母对子女的偏爱与生俱来。

(3)家外继承有条件

一般情况下,家庭外部成员没有继承资格。没有儿女的家庭只能由其侄子承继家产,但也有例外。何天然与邻家某妇女有不正当男女关系,其遗留下来的两个田,由该妇女管理,租金分给何家一半。何天然遗产如此安排的具体经过,何家后人不愿多说。

2.继承的条件

(1)儿子不一定能继承

即使是儿子,也不一定能继承。何仕海先于母亲苟国芳去世,其妻儿在南江生活,未回过何家,没有继承任何遗产。何仕礼离异归家后,时而在家,时而不在家,父母亲的遗产他并没有继承什么。

(2)继承条件,当家人决定

除了当家人之外的其他家庭成员不能决定继承条件。当家人去世,由其妻子或儿子们商议决定。有儿子的情况下,其他家庭成员不能指定其他继承人。家庭外部成员影响继承条件的很少,何家仅有何天然一例,也是因为他与别人家的妇女有染。

3.继承的内容

当地的继承,主要是继承房屋、田地、农具、牲畜、粮食等物,除家产外,其他可继承的东西不多,如田地的租佃资格、父亲的债务等。何家继承的东西很少,苟国芳去世的时候,只留下结婚时娘家陪嫁的两个柜子。

4.家长确立继承权

一般情况下在确定继承权时由家长做主,房屋、田地、农具等的分配全部由家长决定。虽然由家长做主,但不是搞一言堂,家长在做决定的时候,也会和妻子儿女进行商议,故此其他家庭成员不遵从的很少。分家没有字据,也不写遗嘱,老人的临终遗言,儿孙大多依从。如果当家人是意外去世,生前没有确定继承权,则由其儿子自行商量,商量不下来则请家中有威望的长辈调解。

继承权的问题上,产生过很多纠纷。谁享有继承权很少有纠纷,都是依据村庄惯例决定的,但是在享有继承权的多少上很容易产生纠纷。纠纷产生之后,由家族内有威望的人士,一般是族长、保甲长、至亲长辈来调解,当然,非请不介入。何家的老人去世的时候,随着分家,老人的遗产也有了归属。苟国芳的遗产,由儿子何仕政继承,何天树的遗产由何仕栋继承。

5.家户差异性

在继承的资格、条件以及做主上,不同类型的家庭没有多少差异,大多依循惯例。多子的家庭,长幼兄弟之间的继承权是相等的,即使某个兄弟去世仅留下妻儿寡母。妻生子与妾生子在继承权上相当,但实际上妻多为内当家,掌握一定的权力,所以妻生子占一定优势。亲生子和过继子虽然具有相等的继承权,但是亲生子更得父母的宠爱,其实际继承的家产比过继子多。

四、家户过继与收养

(一)过继

1.过继

一般家庭过继儿子,是在夫妻婚后十多年未育的情况下,由家长与家族长辈共同商议决定,一切事宜遵循当地风俗①。一般出继的家庭选择过继,大多是因为家里孩子多,无力供养照顾。兄弟之间、堂兄弟之间、本家之间、异姓之间,均可过继,一般会优先选择兄弟的孩子。不存在兄弟、堂兄弟、本家必须过继给无子的家庭,看双方的意愿,不一定非得是本家不可。何家虽然半数男丁无后,但并没有过继。

2.过幼不过长

过继的时候,没有一定的顺序,有的家户不愿意过继本家的子孙。一般情况下,不会过继亲兄弟的孩子,当地有句俗话"亲家指望亲家富,兄弟指望兄弟穷",兄弟阋墙的事很多,且农民对面子很看重,很少有过继亲兄弟的孩子的,除非两兄弟关系极好,才会过继。何家在分家后一段时间,何仕栋看何仕政夫妻没有生育,托郑队长给何仕政说"愿意出继,随便哪个儿子都行",但何仕政夫妻拒绝了。

出继有一定的顺序,过幼不过长,父母和长子的感情较深,且不容易和别人家父母相处,幼子则不同,父母在其身上的投入较小,不会有太大的损失感,而且其年龄小,容易融入新的家庭。当然,过继哪个孩子,需要由双方父母商议。

3.当家人决定出继

过继时,由当家人②决定是否出继,出继者本人没有多少说话的权力。出继需要和家庭内其他成员商量,也需要告知家族族长,但是不需要向村庄管理者打报告。出继者的父母决定

---

① 过继的风俗有给亲生父母缝制衣服裤子,请客吃饭等。
② 当家人,依循村庄惯例,儿子有子后便与父母分家,故在此处,当家人即出继者的父母,很少有爷爷奶奶决定出继的情况。

出继后,家族族长一般不会拒绝。当家人不在家的情况下,不能过继。何家所在的白庙村,由家长决定出继的具体形式,当地的过继只有完全过继形式的一种情况,不存在"过继一半"。

出继时,入继家庭会给出继家庭一定的补偿,遵循惯例,一般是给对方父母缝制一身衣服裤子、一份米面,请出继家庭吃饭等。给多少由入继家庭当家人和出继家庭当家人进行商议,给的钱物纳入出继家庭的收入,但极少有给钱的情况发生。出继时会考虑到出继者的意愿,如果出继者硬是不愿意,要么换一个孩子过继,要么不再过继,无论是另外过继或不再过继,都需要当家人同意。

过继时的介绍人,有的家庭需要,有的家庭不需要,中人、证人也是如此。何家的过继,不是一般意义上的过继,特殊情况下的过继,没有介绍人,也没有中人、证人。过继要写契约,当地称呼为"抱约"①,也有的家庭不写"抱约"。"抱约"上写什么内容,何家人并不清楚。由双方的当家人署名,不会写字的农户可以按指印。"抱约"由家长签订才能生效,不会写字的农户可以按指印,一式两份,由双方当家人保管。

4.当家人决定入继

入继由当家人做主,一般是没有生育或者儿子离世。入继需要父母、配偶商议,还需要告知家族长辈,不需要告知或请示四邻、保甲长。入继的形式,由入继家庭当家人和出继家庭当家人共同商议决定,大多是遵循当地的风俗惯例。入继家庭需要给出继家庭一定的补偿,遵循惯例,一般是给出继者及其父母缝制一身衣服裤子、送一份米面、请出继家庭吃饭等。礼物怎么送、送多少由两家当家人商议,这个花费有家户承担。出继时会考虑到出继者的意愿,如果出继者硬是不愿意,要么换一个孩子过继,要么换一家孩子过继。

过继时的介绍人,有的家庭需要,有的家庭不需要,中人、证人也是如此。入继家庭一般会写"抱约",也可以不写。双方的当家人署名,不会写字的农户可以按指印。契约由家长签订才能生效,一式两份,由双方当家人保管。

5.回继

回继多由当家人做主或自作主张。如果出现过回继的情况,一般是新家庭的父母不会待孩子或者是生了一个自己的孩子。出继者在新生家庭过得不如意的时候,会和亲生父母诉说,父母也会出面和新父母交流沟通,实在不行可以由当家人出面选择回继,将孩子领回家,并将"抱约"收回,也有直接将孩子领回家,不管"抱约"的情况。也有出继者在新家庭过不下去的时候,自己跑回原生家庭或跑出去的情况。距离何家不远的吴家河村,有一入继家庭在过继后生了自己的孩子,不把过继来的孩子当人,虐待打骂过继的孩子,孩子在走亲戚的时候,便留在了其舅父②家里,做了舅父的儿子。

6.多方认可与保护

（1）家族的认可与保护

一般来说,过继者在清明会上享有和其他人同样的权利。如果过继的家庭苛刻虐待孩子,家族也会对其进行劝解,但大多没有多大的用处。过继的儿子在族内不会被差别对待,也不会被人瞧不起,因为过继的现象在村里并不算什么新鲜事,当然说闲话的也有。

---

① 过继在当地称呼为抱儿子,故此过继的契约被称之为"抱约"。
② 舅父家没有儿子,仅有两个女儿,且都已出嫁。

（2）村庄对家户过继的认可与保护

白庙村的保甲长对过继持认可态度,在按人头摊派的情况下,会将过继的孩子也计算在内。过继的儿子在村内不会被差别对待,也不会被人瞧不起,因为过继的现象在村里并不鲜见,当然说三道四的人也有。政府认可过继,体现在按人丁摊派的税赋方面,过继者也会计算在内。

（二）抱养

何家所在的村庄,抱养女孩儿的情况很少,因为抱养男孩儿多,故此在村民心中抱养与过继是一样的,没有什么区别。没有儿子的家庭,也不一定会选择抱养,如果家里有女孩儿,可以选择招婿入赘。有的家庭在亲戚去世了,孩子没人照顾的情况下,也会将孩子抱养过来,无论男孩儿女孩儿。

（三）收养

1.长兄临终托孤

1950 年以前,何仕政夫妻收养了长兄的大儿子。1942 年端午前后,何仕海去世,临终前将其大儿子何守弟托付给亲弟何仕政夫妻照顾,"幺妹①,我的就是你的,好好待双娃子②,他是你的!"当家人何天树与内当家苟国芳也没有什么异议,因为都是自家的血肉,何守弟由此被何仕政夫妻收养。

2.收养何守付

1950 年以后,何仕海的妻子杨仙桂去世后,其小儿子何守付沦为孤儿,在孤儿院住了一年多,何仕政知道后于心不忍,将其接到家里照顾。何仕政母亲苟国芳和妻子王英桂都支持他行为,没有为此产生什么矛盾。

3.偶然收养

王英桂在参加工作的时候,遇见了一个流浪的孩子,大伙儿纷纷劝告,"王主任,你引回去嘛!"考虑到家里的情况,王英桂收养了这个孩子,即三儿子何守刚。何家之所以收养何守刚,是出于以下考虑:第一,1950 年以后,何仕政夫妻过继大哥何仕海的两个儿子先后参军,何仕政夫妻担心其留在部队或者外面工作,不再回何家。第二,1950 年以后,何仕政经常外出打石头,在家的时间少,妻子王英桂参加党的基层工作,也时常不在家,何家时常是母亲苟国芳一人在家,且母亲年事已高,需要人照看。出于实际需求考虑,何仕政夫妻收养了何守刚。

何家在收养何守刚时,当家人是何仕政,虽然何仕政时常外出做手艺,家里面实际上是由妻子王英桂做主,但大事必须与丈夫商议。一开始,何仕政对王英桂收养何守刚的想法并不赞同,持反对意见,认为已经有两个儿子了,没必要再收养一个孩子。经过王英桂的劝解,何仕政最终同意收养。何仕政的母亲苟国芳不反对儿子媳妇收养何守刚。何家在收养何守刚以后,便将其留在家里,一是为了照看老母亲,二是送其读书。何守刚是流浪儿童,身无长物,何家收养他的时候,也没有写契约,但白庙村的村支书等干部是同意认可的,又因为王英桂发现何守刚的时候就在化成镇的政府里,镇领导也劝其收养。

---

① 幺妹:大哥对弟媳(即王英桂)的称呼。
② 双娃子:大哥大儿子的小名,大名何守弟。

五、家户赡养

(一)家户赡养

1.家户赡养

赡养老人是家户内部的事务,如果儿孙不孝顺,本家的长辈、嫁出去的女儿会干涉,邻里也会说闲话。不赡养老人的很少,熟人社会,"谁都丢不起那个脸,臊皮得很"。一般是本家的长辈干涉比较多,嫁出去的女儿一般不会干涉,否则会招致娘家兄弟的嫌怨。

2.子养父

何家的老人养老,都是儿子养父母,何大炳由其子何天然和何天树养老送终,苟国芳是由其子何仕政养老送终,何天树本来应该由何仕栋夫妻为其养老送终,但是因为何仕栋参军不在家,实际上由何仕政夫妻俩为其送终。一般来说,老人的赡养责任由其儿子和媳妇承担,如果有几个儿子,则几个儿子儿媳共同承担赡养责任,老人也可以在分家的时候选择和哪个儿子在一起。如果老人只有女儿,招抱儿子在家,那么由其女儿和抱儿子养老送终。

(二)儿子赡养为主

1.有子家庭

如果家里只有一个孩子,由其负责赡养老人,并送老归山。如果家里的老人有两个儿子,一般是一个儿子负责父亲的养老送终,一个儿子负责母亲的养老送终。何家分家的时候,爹何天树与何仕栋夫妻是一家,何天树的养老送终问题也归何仕栋夫妻负责,娘苟国芳与何仕政夫妻是一家,苟国芳的养老送终是归何仕政夫妻负责。但是何天树去世的时候,何仕栋外出当兵了,故此何天树的送终事宜也是何仕政夫妻在承担。如果家里的老人有三个或三个以上的儿子,一般是几个儿子轮流赡养。何仕政的母亲苟国芳虽然有三个儿子,但并非遵循惯例轮流赡养母亲,因为大儿子何仕海中年去世,二儿子何仕礼时常不在家,只有三儿子何仕政在跟前,只能由三儿子何仕政夫妻俩承担母亲苟国芳的赡养责任。

2.无子家庭

如果家庭只有女儿,由女儿①承担赡养责任,女儿出嫁,可以跟着女儿女婿住。如果儿女都没有,则由至亲的侄子承担赡养责任。宗族和保甲长在任何情况下都不会承担赡养责任。何天然没有子女,其养老送终问题由弟弟何天树承担。何仕政夫妻没有生育,三个儿子都是收养而来的,养老存在诸多问题②。

(三)儿子养老子

1.一家一老人

何仕政的母亲苟国芳由何仕政夫妻承担赡养责任,跟着自己的儿子,老人很乐意。何仕政的亲生父亲去世早,继父也就是么爹何天树由其亲生儿子何仕栋承担赡养责任,但何天树的丧礼由何仕政夫妻实际承担。

2.亲子养老

何家的赡养方式是形势所逼,母亲和父亲是叔嫂结合,各自有自己的亲生儿子,养老也

---

① 没有儿子的家庭,绝大部分家庭将女儿留在家里,招抱儿子上门。

② 现如今何仕政夫妻均已九十多岁,何仕政七年前中半边风,右侧身体瘫痪,大小便失禁,需人照顾,王英桂左腿受伤,需借助拐杖才能行走,且右眼几近于失明。三个儿子均已六七十岁,步入老龄,自顾不暇。何仕政夫妻只能自己照顾自己,勉力为之,幸好何仕政每个月有一千两百多元的退休金,也幸好三儿子何守刚就住在何仕政隔壁,有时候能搭把手。

只能跟着自己的儿子,母亲苟国芳只能由何仕政夫妻承担赡养责任,父亲何天树只能有何仕栋夫妻承担。不需要和谁商量,自然而然地,也不需要告知或请示四邻、家族、保甲长。

3.赡养方式差距大

在家户赡养的形式上,家庭之间的差距很大。大户人家多是养老地,中户人家多是养老钱粮,小户人家只能是轮流赡养。多子女的家庭是轮流赡养,少子女的家庭是一家一个,独子则赡养全部老人。一般家庭的赡养方式,都是一家人在分家的时候商量好了的,其他家庭成员可以提出自己的意见和看法,但是不能擅自决定,一定得取得家庭成员的认同。

(四)同吃同住

何家分家的时候没有安排养老的钱粮,长辈各自跟自己的儿子生活,吃住都在一个屋檐下,不存在给钱给粮。一般家庭,分家前吃住都在一起,不存给钱给粮。分家后,如果父母单住,有的家庭是儿子按月给钱粮,有的家庭是一年到头一次性给多少钱粮,也有的家庭种的是水稻收了就给老人水稻,种小麦收了给小麦,全凭一家人的商议。

在承担养老钱粮的过程中,不能当家人一个人说了算。如果老人当家,则需要跟几个儿子商量。如果是儿子当家,则需要和老人以及兄弟商量。养老钱粮的问题,不能擅自决定,否则容易引发纠纷。兄弟众多的家庭,每个儿子均分,不能有丝毫不均,否则容易导致兄弟阋墙、妯娌不和。不同类型的家庭,在养老钱粮上有一定的差距。大户人家的养老钱粮比小户人家多,小户人家仅能维持老人的生存。多子女的家庭在养老钱粮上特别容易产生纠纷,稍不注意,就认为父母偏爱某个儿子或女儿。

(五)治病与送终

1.亲子承担医疗费用

家庭成员为治病照顾的实际承担者,医药费也由家庭共同承担,几个儿子轮流照顾。分家后,如果老人单住,一般的小病小痛老人自己解决,大病的费用则会由儿子均摊,每个儿子儿媳照顾轮流照顾,女儿也会来看望。如果老人与某个儿子住在一起,小病痛由住在一起的儿子承担,大病痛由几个儿子均摊,主要由住在一起的儿子照顾。一般情况下,如果老人有老伴儿,两位老人大多数单住,很少会出现一个老人跟着一个儿子的情况。

何家在分家之前,老人生病在家里共同承担医药费,男性老人生病由儿子轮流贴身照顾,女性老人生病由媳妇轮流照顾,此外,煎药做饭的事务由家内的媳妇负责。分家之后,女性老人苟国芳跟随何仕政夫妻居住,生病后也由何仕政夫妻承担,男性老人何天树跟随何仕栋夫妻居住,生病后由何仕栋夫妻承担,有时何仕政夫妻也会照顾。

2.儿子儿媳照顾生病老人

如果当家人是老人,则指定某位儿子出面请医生看病,照顾事宜也由老人安排。如果当家人是儿子且未分家,则由当家人出面请医生看病,照顾事宜也由当家的儿子和其余的儿子共同商议。如果当家人是儿子,且已经分家,则由几个儿子共同商量请医生看病和照顾事宜。概言之,当家人为实际支配者。

何家在分家之前,老人生病后由老人安排儿子出面请医生看病,照顾方案也由老人决定。分家之后,女性老人苟国芳跟随何仕政夫妻居住,生病后由何仕政夫妻承担。男性老人何天树跟随何仕栋夫妻居住,生病后由何仕栋夫妻承担。

3.家长决定

除家长外,其他家庭成员在治病照顾中不起支配作用,可以提出自己的意见,情况紧急也可以擅自决定。虽然其他家庭成员不起支配作用,但是家庭成员的意见对当家人的决定有很大的影响,甚至可以扭转当家人的决定。何家老人生病的相关事宜,全部由当家人决定。

4.何仕政夫妻承担老人丧葬

如果未分家,老人去世后,丧葬费用由整个家庭共同承担,几个儿子共同商议相关事宜。如果已分家,则按分家时商议的养老送终方案执行,如果担责的儿子没有能力,其他儿子也可以帮忙。

在何家,母亲苟国芳于1964年去世,葬礼由何仕政夫妻全部承担。分家的时候,父亲何天树的养老送终问题是分给何仕栋负责,但是老人去世的时候,何仕栋外出当兵不在家,只有不知事的石英兰在家,所以何天树的丧葬事宜也由何仕政夫妻实际承担。

5.儿子为主,所有子女参与

在丧葬中,一般是长子承担得较多,因其年长,见识多,很多事便由长子决定。出嫁的女儿,在父母亲去世的时候,回娘家尽孝即可,会按当地的规矩准备相应的丧葬用品,如花圈等。未出嫁的女儿,听从哥嫂的安排即可。丧葬是大事,一般都会与本家的长辈商议,但是不需要和保甲长请示。

在何家,何仕政的父母均由何仕政负责丧葬事宜,本该是何仕栋的责任,也由何仕政实际承担了。出嫁的何仕秀回家参加葬礼,做一些力所能及的事情。何家老人去世的时候,家里没有未出嫁的姑娘。离异归家的何仕礼并没有承担其应有的责任。家里老人去世后,家人首先会通知至亲至戚,请本家德高望重的长辈帮忙,如果是女性老人去世,则首先会通知老人娘家的亲戚,然后再进行其他事宜。

(六)家族认可与保护

家族对家户赡养提供认可和保护,族规中有一条就是孝敬父母。当家户赡养出现问题的时候,家族的长辈会进行调解。但何家所在的白庙村对家户赡养不提供认可或保护,只有在家户赡养出现问题,家庭成员请保甲长介入的时候,保甲长才会出面。此外,何家所在地方的官府对家户赡养不提供任何的认可或保护,即使家户赡养出现问题,也几乎不会寻求官府保护,除非到了打官司的地步。

六、家户内部交往

(一)父子关系

1.权责明确

(1)父亲的责任与权力

父亲对儿子承担抚养、教育及成家立业的责任,儿子要为父亲养老送终。不给儿子娶媳妇的父亲不是一个好父亲,不抚育儿子的父亲也不是一个好父亲。做父亲的会尽量给儿子留下家业,也有做父亲的将家业败了,但这种败家的父亲会遭受村民的鄙视。

父亲对于儿子的权力很大,可以管教,可以支使儿子做事,但是不能随意打骂,打骂必须要有理由,不然妻子儿子会埋怨憎恨丈夫,村民也会指责。父亲的话,儿子必须无条件服从,如果不听话,父亲的语气会很重,一般当父亲的说几句重话,儿子便会无地自容。如果父亲说的不对,当儿子的也可以出声,与父亲商议。如果父亲做错了事,当儿子的也可以批评,此时儿子已经懂事了。村里没有将儿子逐出家门的父亲,也没有将儿子卖掉的父亲。

(2)好父亲、好儿子

努力修房造屋、买田置地、不日嫖夜赌、不吸大烟的父亲是好父亲,孝顺、听话、不偷摸拐骗的儿子是好儿子。在权利义务关系上,不同类型和人口规模家庭的父子关系差别不大,大户人家的儿子比小户人家的儿子做的重活要少一些,有的大户人家还会送儿子读书。

(3)何家父子的权责

何家的父子关系比较特殊,除了何天树与何仕栋是亲生的父子外,何仕海、何仕礼、何仕政三兄弟与何天树都不是亲生父子,他们之间既是继子与继父关系,又是侄子与幺爹的关系,并不是纯粹意义上的父子关系。作为父亲的何天树如一般父亲一样,承担儿子包括继子的抚养、教养、成家立业的责任,理应由几个儿子共同承担的养老送终责任,最终因夫妻离婚由何仕栋承担养老责任,何仕政承担送终责任。何天树在管教几个儿子上,对亲子何仕栋要求比较严格,对何仕海三兄弟的要求比较宽松,毕竟不是亲生父子,轻重都可以,明显的不公平最终导致何天树与亲生儿子何仕栋的关系不融洽。几个儿子中间,何天树认为自己的亲生儿子何仕栋最不孝顺,偏爱继子何仕政。

2.关系融洽,但有距离

平时父子之间的关系很融洽,父子之间也会在一起喝酒、抽烟,但是父子之间几乎不会开玩笑。儿子很怕父亲,父亲说一儿子不敢说二。儿子心里有事也很少跟父亲说。在年幼儿子看来,父亲不好接近相处,年长的儿子看来,父子之间的相处要容易一些。在父子的日常交往关系上,大户人家和小户人家没有多少差别,少子女的家庭对儿子的溺爱程度比多子女的家庭要高,有的独子家庭,将儿子看成宝贝,"含在嘴里怕化了,捧在手上怕飞了"。

何家的父子关系比较复杂,亲生父子、继子继父、幺爹侄子错杂其间,日常关系相对来说比较融洽,但是父子之间的距离稍微较远,毕竟不是亲生的父子。父子关系里,除了何仕政与何天树的关系较好外,其他三个儿子跟何天树的关系都只是一般,因为何仕政未满周岁亲生父亲就去世了,对于生父没有印象,从记事儿起就是何天树的父亲,所以二人之间的关系较好。另外三个儿子,何仕海年纪最长,对生父的记忆很清楚,与何天树相处起来有隔阂;何仕礼对生父有一定的印象,受哥哥的影响,与何天树也有隔阂;何仕栋比何仕政大两三个月,两人一起长大,在管教上何天树对何仕栋要严格一些,且母亲苟国芳偏爱自己的儿子何仕政,不公平的待遇让其愤愤不平,父子之间的关系不太和谐。何家分家后,何仕政与何天树不住在一起,父子之间的关系反而更好。

3.直接冲突少,母亲居中调和

何家父子之间也会发生冲突,如何仕政将挣来的工钱用于打牌,而不是贴补家用。但这些冲突都是小冲突,不是什么大的不可调和的冲突。何仕栋与父亲何天树的冲突很多,即使他是何天树的亲生孩子。在何家,父子直接冲突较少,母子冲突较多,因为父亲实际上是何仕政的幺爹,母亲与何仕政才是真正的骨血,所以很多父子之间的冲突,都会由母亲从中调和,避免父子之间的直接冲突。何仕栋与父亲何天树间的直接冲突较多,一是因为父亲要求严格,二是因为母亲在对待继子的问题上不好处理,"轻得重不得",尽量避免母子冲突。何家分家之后,父子之间的冲突仍然存在。分家后,父亲何天树与亲生儿子何仕栋一起住,两父子之

272

间时常发生冲突,无论何天树想吃什么,何仕栋总是用下流话回复父亲,何天树时常向何仕政王和英桂埋怨何仕栋的不孝。

一般来说,父亲在儿子心目中比较有威严,很多儿子都怕父亲。父子发生冲突后,家庭成员基本上是站在父亲一方的,不仅是因为父亲的权威,更是因为在经验社会,父亲的社会经验丰富。一般情况下,长辈与儿子发生冲突的时候,家户内的其他成员也可能会介入,如何仕政的妻子王英桂就会劝解,让双方都算了。家户之外的人不会介入,除非何家内部的成员请求介入。

在父子冲突关系上,大户小户没有多少差异,但是多子女与少子女的家庭差异不小。少子女的家庭特别是独子家庭,父子之间的冲突很少发生,即使发生,也多会因为母亲或其他家庭成员的溺爱而不了了之,子女多的家庭则不一样,溺爱孩子的情况相对少很多。三世同堂的家庭在父子冲突方面,有时候会因为老人溺爱孙子而不了了之,即使孙子做错了。

(二)婆媳关系

1."老人婆"占绝对优势地位

"老人婆"对媳妇要承担以下责任:第一,管教儿媳妇,教儿媳妇做事;第二,在儿媳妇的孕产期照顾儿媳妇;第三,帮儿媳妇带孩子。如果儿媳妇在外面做错事了,村民认为是"老人婆"的责任,认为"老人婆"没有管教好儿媳妇或者不会管教儿媳妇。如果"老人婆"不照顾孕产期的儿媳妇,会严重影响婆媳关系,村民也会指责"老人婆"。如果"老人婆"不帮儿媳妇带孩子、做家务,婆媳之间也会发生冲突。

"老人婆"的权力:第一,可以支使媳妇干活儿,随意打骂儿媳妇的也有,但是不能打骂得太过分,"老人婆"哄着儿子不要儿媳妇的也有,何仕政的邻村有"老人婆"因为看不惯儿媳妇,将儿媳妇糟践死。第二,"老人婆"说的话媳妇必须服从,特别是刚进门的时候。如果"老人婆"说得不对,媳妇必须温言细语,不能声音过大。如果"老人婆"做错了事,一般的媳妇不会批评,在当地,只有"老人婆管教媳妇子,没有媳妇子教老人婆的"。当然,也有厉害的媳妇,敢批评指责"老人婆"。

不随意挑剔打骂媳妇、照顾孕产期的媳妇、帮媳妇做家务带孩子的"老人婆"是好婆婆,脾气好、孝顺听话、能生儿育女的媳妇是好媳妇。在权利义务关系上,不同家庭的婆媳关系大同小异,大户和多子女的人家的婆媳关系要相对不好相处一些、脆弱一些。

2."老人婆"指挥儿媳妇

平时婆媳之间的关系很融洽,婆媳之间不会开玩笑,但有时会一起做家务,或者到地里干活。媳妇儿要接受"老人婆"的管教,听"老人婆"的指挥。何家的媳妇很怕"老人婆",坐的时候,"老人婆"苟国芳喊媳妇坐下才能坐,"王女子,你坐到嘛"。王英桂才敢坐下,吃饭的时候,王英桂不敢夹菜,"老人婆"说:"王女子,挑菜",王英桂才敢夹菜。

媳妇心里有事,有时候会和"老人婆"说,大多的时候宁愿和娘家母亲说也不会和"老人婆"说。在媳妇看来,听"老人婆"的话,婆媳就好相处。在婆媳日常交往关系上,不同类型的家庭没有大的区别,大户人家和多子女家庭的婆媳关系相对要难处一些,人多口杂。

3.婆媳冲突,媳妇儿弱势

王英桂与"老人婆"之间有时候也会发生冲突,婆媳之间的关系一般,冲突的次数不是很多,大多是因为生活琐事,如媳妇嘴巴不干净,顶嘴等。"老人婆"有时候也会打媳妇。发生冲突后,不会有人调解,过不了多久矛盾双方就和好了,毕竟在一个屋檐下生活,接触很多。王英桂在刚嫁入的几年内,很害怕"老人婆",在桌子上吃饭都不敢夹菜,足见媳妇是多么地怕"老人婆"。一般媳妇和"老人婆"产生冲突的时候,家庭成员大多是让双方都消消火气,很少说站在"老人婆"或媳妇背后,指责另一方。何家,媳妇和"老人婆"间发生冲突后,当家人何天树很少介入,因为媳妇主要是归"老人婆"管的。在当地,婆媳发生冲突后,外人大多不会介入婆媳矛盾,撞上了也会说道几句,劝导劝导。

分家之后,婆媳之间就很少发生冲突了。"老人婆"苟国芳与何仕政夫妻俩住在一起,家里由何仕政与王英桂当家,"老人婆"不管家里的事儿。石英兰与"老人婆"苟国芳之间的距离也远了很多,偶尔见一回,不再是抬头不见低头见,婆媳之间的冲突基本上就没有了。在婆媳冲突上,不同的家户没有太大的差异,大户和多子女家庭的婆媳之间更容易产生冲突矛盾。

除了婆媳之间会有冲突,"老人公"①和媳妇之间也会有冲突。1950年以前,当地的村民在闲时会纺线,如果媳妇一天纺了六个穗子,"老人公"就欢喜②,要是只纺了两三个,"你今天在打瞌睡嘛","老人公"就把脸黑了。

(三)夫妻关系

1.丈夫赚钱养家,妻子言听计从

丈夫对于妻子要承担赚钱养家、关心爱护的责任,妻子生病了要尽力给妻子看病,照顾妻子,此外还要孝顺妻子娘家的父母,与妻子的亲戚友好相处。丈夫可以指使妻子干活,干得不好,还会打骂妻子。何仕政夫妻时常发生争吵,有时王英桂气不过跑回娘家。丈夫说的话,妻子大多会听从,如果丈夫说得不对,妻子也会反驳。如果丈夫做错了事,妻子也可以批评指责。

顾家、爱护妻子、不沾染黄赌毒的丈夫是好丈夫,孝顺公婆、爱护丈夫、生儿育女、能干的妻子是好妻子。在夫妻权利义务关系上,无论是大户、中户、小户,还是多子女或少子女的家庭,都没有什么差异。

2.妻子惧怕丈夫

平时夫妻之间关系很融洽,夫妻之间也会开玩笑,聊家常。1950年以前,妻子很怕丈夫,丈夫就是妻子的天。1950年以后,夫妻关系慢慢变得平等,但很缓慢。何家,妻子的权利虽然有一定的提升,但提升不大,丈夫的权利依然很大。妻子心里有事是否会和丈夫说,要看夫妻之间的关系。在妻子看来,丈夫并不是很好相处,但是比公婆相处要容易一些。在夫妻日常交往关系上,论是大户、中户、小户,还是多子女或少子女的家庭,都没有什么差异。

3.夫妻吵架,帮亲不帮理

村里面,夫妻之间发生冲突的也不少,姑娘在婆家跟丈夫吵架了,自己慢慢算了,不能吵一次架就回娘家,丈夫不对,"老人婆"也就要说。有的"老人婆"护儿子,帮他儿子说,不会帮媳妇说,儿子错的也是对的,婆媳关系很不好处。一般吵架不得回娘家,打架就会跑到娘家去,姑娘不好意思回来,当娘的就要送回来,送到"老人婆"屋里了。有些丈夫接,有些不接,有

---

① 老人公:指丈夫的父亲。
② 欢喜:huān 读作 huāi,高兴的意思。

274

些"老人婆"聪明,就喊儿子接回来,有些"老人婆"不尖①,就说"让她耍!看她耍得好久回来!"王英桂与丈夫吵架后,会跑回娘家去,丈夫没有去岳丈家接,有时候王英桂的母亲把她送回婆家,有时候是王英桂自己回去。一般姑娘受委屈,娘家不得出面,受委屈受狠了,娘家才出面,讲道理。何仕政夫妻发生冲突的时候,有时候公婆会介入,有时候公婆不会介入,依情况而定。

何天树与苟国芳也会发生冲突,特别是闹分家的时候,经常吵架打架,苟国芳的手指曾在打架过程中骨折。因为两位老人的矛盾很深,还请了何玉章、何守福等人多次调解。在夫妻冲突上,论是大户、中户、小户,还是多子女或少子女的家庭,都没有什么差异。

(四)兄弟关系

1.兄友弟恭

兄长对弟弟要承担仔细看管、不让外人欺压的责任。如果父母不在了,便长兄如父、长嫂如母,兄长要负责抚养弟弟长大、给弟弟娶媳妇。如果不抚养弟弟,家族内的长辈会责备兄长,村民也会指责兄长。如果兄长有能力,也会给弟弟置家办业。兄长不能随意役使弟弟,也不可以随意打骂弟弟。如果父母不在了,兄长不能将弟弟赶出家门,将弟弟卖掉更是不允许。

兄长的话,弟弟也会听,但不是无条件服从,如果兄长的话不对,弟弟也可以不服从。如果兄长做错了事,弟弟也可以批评。关心爱护、仔细看管弟弟的兄长是好兄长,听哥哥的话的弟弟是好弟弟。在权利义务关系上,大多的家庭没有什么区别,妻生子与妾生子关系相对复杂一些。妻生子大多不喜欢妾生子,兄弟之间平安无事便是最好,兄友弟恭几乎是不可能的。

2.亲兄弟融洽居多,堂兄弟关系一般

何仕礼何仕政兄弟之间的关系很融洽,毕竟是亲兄弟,相互之间也会开玩笑、喝酒、聊天。弟弟何仕政对于兄长何仕礼的怕不如怕父亲的程度深,兄弟之间的关系要相对父子关系平等很多。弟弟何仕政有心事,也会和兄长何仕礼说。在何仕政看来,兄长何仕礼很好接近,相处也很容易。

何仕政与何仕栋兄弟之间的关系就一般了,两人是堂兄弟的关系,关系不是很亲厚,一方面,父亲何天树偏爱何仕政,何仕栋心中对堂弟何仕政不满由来已久,另一方面,何仕栋不参加农业劳动,全部由何仕政承担,何仕政对堂兄也十分不满。双方你看不惯我,我看不惯你,关系很一般。在兄弟之间的日常交往关系上,家户之间大同小异,大户和多子女的家庭里的兄弟关系可能会相对复杂一些。

3.打打闹闹,不了了之

何仕政与其二哥何仕礼发生过冲突,一般是吵嘴、打架,大的冲突也有。有一次,何仕政与何仕礼赌"人人保"②,何仕政输了,何仕礼让何仕政赔钱,何仕政不愿意,两个人你追我赶。何仕礼追急了就拔出了小刀,追赶间何仕政不慎摔倒,手中的小刀便捅进了何仕政的背部。何仕礼见把弟弟捅伤了,害怕出事,便跑了,在外面过了四五年才回家。冬天衣服穿的厚,何仕政受伤并不重,但足以吓坏二哥何仕礼。何仕政与兄长何仕礼发生冲突后,因为何仕礼的逃跑,家里并没有出面解决,不了了之。何仕礼回来后,两兄弟并没有什么隔阂,毕竟

---

① 尖:当地土话,聪明的意思。
② 人人保:即摇骰子,比大小。

是亲兄弟。

兄弟间一般的小冲突,家庭成员站在对的一方,兄长对就教育弟弟,弟弟对就教育兄长。兄弟之间发生冲突,家长不一定会介入,只有当着家长面发生冲突或者兄弟间不能自行调解的冲突,家长才会介入。兄弟发生冲突,如果父母在,父母会介入,如果父母不在,且是难以调解的冲突,族内长辈、四邻会介入。在兄弟冲突关系上,大户和多子女的家庭,更容易产生冲突。

(五)妯娌关系

1.无明确权责

嫂子对弟媳不承担责任,也没有什么义务。嫂子不能随意役使弟媳,也不可以打骂弟媳。嫂子说的话,弟媳可以不听,因为只有婆婆对媳妇有管教的权利,嫂子没有管教弟媳的权利。如果嫂子做错了,弟媳可以批评指责。过去,嫂子与弟媳之间相安无事最好,互帮互助便是好嫂子、好弟媳。在权利义务关系上,家户之间没有太大的差异。

2.关系融洽

平时妯娌之间的关系一般,也会开玩笑,一起聊天、拉家常,弟媳不怕嫂子。妯娌关系好的家里,嫂子与弟媳之间也会相互诉说心事。在弟媳看来,嫂子并不是难以接近相处的。在妯娌之间的日常交往关系上,家户之间没有太大的差异。

何家妯娌之间,石英兰作为干女子进入何家的时间很早,且嫁的是哥哥何仕栋,理应是"嫂嫂",但因为其与丈夫何仕栋圆房时间晚于何仕政与王英桂,故此王英桂为"嫂嫂",石英兰为"妹妹"。平日里,王英桂和石英兰的关系一般。

3.妯娌冲突,冷处理居多

妯娌之间也会发生冲突,多是吵儿句嘴。发生冲突后,一般是冷处理,相互之间谁也不理谁,过些日子便没事了。"老人婆"有时候会劝一下,让大家都消停一点。当家人很少会介入媳妇之间的冲突。外人更不会介入了。在妯娌冲突关系上,家户之间的差别并不大,大户和多子女的家里,妯娌发生冲突的可能性更大。

在何家,王英桂是嫂子,石英兰是弟媳,两个人之间也会发生冲突,特别是老人公婆都比较偏爱何仕政与王英桂,石英兰心里很不平衡。在生育问题上,石英兰与丈夫生养了四个儿子,而王英桂与何仕政一个孩子都没有生育,妯娌吵架的时候,石英兰总是拐弯抹角说嫂嫂王英桂是"不下蛋的母鸡",专挑痛处说。

(六)其他关系

1.兄妹关系

何家女儿何仕秀,20世纪30年代便嫁给了金光曾家的曾立强为妻,兄妹之间的关系很好,没有发生过冲突。此外,何仕秀是何家上下四代中唯一的女孩儿,故此,何家没有姐妹关系。

2.叔嫂关系

在何家,二哥何仕礼与弟媳王英桂的关系一度不太好,导致何仕礼与何仕政分家,后因为何仕礼一个人过,两兄弟又归到了一起。另外,当家人何天树与内当家苟国芳本来也是叔嫂关系,因为配偶去世,为了"抬举"孩子,两人组合成新的家庭。

此外,何家没有管家、长工、放牛娃、麦工、厨师、家丁、花匠、打更匠、马童、保姆、轿夫、裁缝等,也不存在这些关系。

七、家户外部交往

（一）对外权利义务

1.邻里亲戚之间

邻里之间有一定的责任和义务，有能力的情况下要为邻居提供帮助，如筹办红白喜事、借用农具、照看庄稼或孩子等，何家也是如此。地邻之间不能恶意侵占他人土地，不能恶意破坏他人庄稼，可以相互看管庄稼、借用农具、帮忙收割之类的。在白庙村，邻居就是地邻，地邻也是邻居。亲戚之间，互帮互助，互相扶持，如换工做活、筹办红白喜事等，注重的是礼尚往来。

2.主佃之间

主佃之间的责任义务多集中在土地上，主家不能中途收回土地，佃户也不能中途退租；主家有时候需要借用农具给佃户，佃户负责好好耕种田地、收割前提前通知主家等。筹办红白喜事，主佃之间很少帮忙，如果主家有需要，佃户也可以帮忙，但是不会不请自来，无需讨好主家。何家与"老板儿"何子修家，既是主佃关系，又是邻里关系，相互之间的相处很融洽。

3.与外村人的关系

在何家岩，与外村人交往的责任义务很明确，大致有三条：第一条，不能将路挡住或挖断；第二条，养狗的农户要给过路人拴狗，避免咬伤路人；第三条，给上门讨水的路人行方便。此外，与外村关系好的人家，如邻里亲戚相互帮忙的也有。一般来说，农户与外村人之间的来往不多，但何家与外村农户的交往比其他农户多很多，因为何仕栋会剪头发、何仕政会打石头，与外村人之间有很多主顾之间的往来。

4.主顾之间

何家两个儿子会手艺，存在一定的主顾关系。剪头发的时候，何仕栋负责按主家要求剪好，主家按时结算工钱即可。何仕政外出做工则视情况而定，如果离家远，主家不仅要负责给三顿饭和按时结工钱，还需要安排住处。

此外，在对外交往的权利义务关系上，家户之间的差距不大，没有明显的距离。就何家的情况来说，朋友就是邻居、亲戚，朋友之间的责任义务与邻里、亲戚之间的责任义务没有什么差异。何家的主佃之间、主顾之间的关系也很融洽。

（二）对外日常交往

1.邻里关系融洽

邻里之间的关系很融洽，交好的家庭也会经常往来，一天来往两三次都是很正常的。可以是家长之间往来，也可以是家庭其他成员之间往来。邻里之间的关系不是平等的，小户的地位要低一些，"有钱高三辈，无钱低三辈"，有钱人看不起穷人。也有一方惧怕另一方的情况出现，怕别人翻心眼。何仕政是土生土长的农村人，不存在街坊之间的关系。

2.地邻往来多

地邻之间的关系大多是融洽的，平时也经常来往，相互借用农具，串门闲聊之类的。当家人或者家里其他人都可以。地邻之间的关系是平等的，在以土地为生的农民眼里，是寸土不让、分毫必争的，即使己方处于弱势地位，或者对方是保甲长、大户。一方惧怕另一方的情况也没有类似的情况。多子女的家庭，对土地更加看重。

3.亲戚关系好

亲戚之间的关系,远亲相对近亲要融洽一些,因为远亲来往少,偶尔见一次反而更加亲热,而近亲因为打交道多,更容易出现分歧争端,兄弟之间、妯娌之前不和的有很多。何仕政与其堂兄弟之间、王英桂与堂兄弟媳妇之间,时常发生矛盾。大户和多子女的家庭,亲戚关系很复杂,亲戚之间产生矛盾概率的比小户和少子女的家庭高很多。就何仕政所在的村庄而言,朋友就是交好的邻居,相互之前的关系很融洽。大户和大户来往,小户和小户来往,相互之前的地位都是平等的,没有谁惧怕谁的说法。

4.主佃关系一般

主佃之间的关系一般,不如朋友之间融洽,也不会像陌生人之间生疏。平时不大来往,集中在租地和收租的季节。主佃之间的往来由当家人负责,或者由当家人委托家庭其他成员负责。主佃之间的关系不太平等,佃户处于弱势地位,租价全由主家决定。但是佃户也不会赶着去讨好主家,认为这样很下流。

5.主顾无冲突

何家与外村人的关系不错,何仕政经常到外村打石头,何仕栋承包了邻近村庄剪头发的工作。外村人赶场过街从何家边上过的时候,遇见了也会亲切地打招呼,何家有时也会烧开水给过路人解渴。在当地,何家并不是讨人嫌的家户。

(三)对外冲突及调适

家户对外发生冲突的时候,当家人代表家户处理,有时其他家庭成员也会依据情况处理,如小孩儿和邻居发生矛盾,在场的家庭成员可以即时处理。

1.家户利益至上与帮理不帮亲并存

家户成员与外界发生冲突的时候,大多会选择家户利益至上。何家穷困,经常受人欺负。何仕海想均土地①,富裕人家就骂"莫得塌塌栽秧了,又要在我屋来了啊!"把何仕海的捆在柏树上,用点燃的香烧,边烧边骂,"你好想我屋的东西?好想我屋的田地啊?"何家只能忍气吞声,选择家户利益,否则租不到地,一家的生活就没有着落。家户成员与外界发生冲突的时候,何家人有时也会帮亲不帮理。分家后,别人欺负了与何仕栋一起住的父亲何天树,何仕政夫妻感觉就跟自己受欺负一样难受,不问缘由,帮着父亲何天树说。

家户与外界发生冲突,由当家人做主安排,外人也会劝解拉架,对当家人的行为有一定影响,但不能干涉当家人的权力。

2.家长做主多

(1)邻里冲突

邻里之间发生冲突的时候,多是因为鸡鸭把邻居的菜啄了,这类事情基本上由家长出面处置,有时候内当家也可以出面处置。何家与邻居也发生过大的冲突。1933 年,张国焘率领的红四方面军在何家所在的村庄进行土地改革,何仕海积极拥护土地改革政策。后来张国焘部队停留的时间不长,川军进驻,被打倒的地主、富农翻身,一度迫害了何仕海。何子修打何仕海与苟国芳,将苟国芳打得大小便失禁,家里的荞子种也被倾翻,撒得满地都是,土豆种的袋子也被人一马刀砍断,土豆被围观的人捡走。最终将何仕海被逼得远走南江,与家里失联

---

① 均土地:租种土地的意思。

十多年,孩子都四岁了才与家里取得联系。

（2）近亲冲突多

亲戚之间也会发生冲突,特别是亲兄弟之间,因为当地有"兄弟指望兄弟穷"心理。兄弟发生冲突后,如果长辈在,长辈会出面调解,如果长辈不在,基本上就不会有人调解。何家分家之后,何仕栋与何仕政便由家人关系变为亲戚关系,何仕栋私藏粮食的事情被爆出来后,两人之间的嫌隙更大。

（3）主佃冲突少

主佃之间有时也会发生冲突,如前文所述,何家想租种土地时,受大户的糟蹋。由家长何天树出面,消减大户的火气,即使是大户故意糟践何家的家庭成员。何家与"老板儿"何子修家的关系一般,也曾发生过冲突。

（4）地邻、主顾无冲突

地邻之间发生冲突,多是因为田地边界,田边树木的归属,或者是树木遮住了阳光影响了作物的生长。地邻之间的冲突,由当家人出面处置。何家没有与地邻发生过冲突,土地少,质量也不好,没人稀奇。此外,何家的手艺人也没有和主家发生过什么冲突。

3.个人冲突衍生为家户冲突

邻里之间的冲突很少会由最初的个人冲突,演化为两家人之间的冲突。亲戚之间的冲突,特别是兄弟之间,很可能由个人冲突演化为两家人之间的冲突。地邻之间的冲突,一开始就是两家人之间的冲突,不存在由个人冲突演化为全家冲突。朋友之间的冲突,很少会演化为两家人之间的冲突。主佃之间的冲突,不会由个人冲突演化为两家人之间的冲突,因为佃户毕竟要租种主家的土地,相互之间的关系不能太差。

4.外力非请不介入

邻里冲突后,看热闹的人很多,和吵架双方关系好的邻里,也会劝架。地邻发生冲突,大多会请德高望重、知晓来龙去脉的人评理,或者让大伙儿评理。亲戚、朋友、主佃之间发生冲突,很少会走到不可调和、需要外力介入的地步。

第四章 家户文化制度

本章主要从家户教育、意识、习俗、信仰、娱乐等方面介绍何家的文化制度。家户教育主要介绍了何家的家教及家庭成员劳动技能、手艺的习得;家户意识主要介绍了何家自家人意识、家户一体意识、家户至上意识及积德意识;家户习俗主要介绍了何家的节庆习俗、婚丧习俗、生产习俗等;家户信仰主要介绍了何家的宗教信仰、家神信仰、祖先信仰及庙宇信仰等;家户娱乐主要介绍了何家的休闲娱乐方式,如结交朋友、赌"人人保""偺人户"、逛庙会等。

一、家户教育

(一)三代白丁

1950年以前,何家成员受教育的情况很少,第四代的何大炳没有上过学,第五代何天然、何天累、何天卫、何天树也没有上过学,第六代中除了何仕海与何仕栋外,也没家庭成员接受教育。何仕海读了两年私塾,何仕栋读了三年私塾,后来都因为家里穷,念不起,全部辍学。

如果一个大家庭的当家人是爷爷,当家人的儿子们都养育有小孩子,小孩子上学的问题会与儿子商量,主要依据小孩的灵性。如果是儿子当家,老父亲还健在,小孩子要去上学,儿子会同老父亲商量,爷爷甚至具有决定权。1950年之前,家庭送孩子读书,主要是为了让孩子有出息,光宗耀祖。因为女儿迟早是"泼出去的水",所以该地没有女孩子受过教育,即使是经济条件较好的家庭。

(二)旧私塾,老规矩

何家仅有何仕海与何仕栋读过几年私塾,必须经过当家人的同意,因为学费得由当家人拿。何家没有人开过私塾,招收学生来学习,何仕海与何仕栋是去家族内有钱人家请的私塾先生那里去上学。1950年以前当地没有学校,仅有私塾,请一个教书先生,十几个孩子。比如何姓大户何玉章家请了教书匠,何家其他的孩子交钱也可以去读书,外姓的孩子交钱也可以去,没有说何家请了先生,别家就不能去。

如果当时是爷爷当家,家里小孩上学是否需要必须经过其同意,如果是孩子的父亲当家,则不需要爷爷同意,父亲和爷爷说一下就行。何仕海与何仕栋去私塾上学的学费,何家后人记不清了。学费是由家庭全部承担,除了学费,还包括中秋节等节日给私塾先生送的礼物等,这些也由全家一起承担。

私塾离何家不远,在村内。发财人家将私塾先生请来,有能力的家庭,都可以将孩子送过去读书。学习内容是《三字经》《弟子规》《论语》等。第一次上学,由当家人送过去,如果是爷爷当家,由爷爷送孩子过去。孩子的母亲是不会送过去的,家里面有男人,对外打交道都由男人出面。何家没有把私塾先生请到自己家中为孩子上课的情况，"吃饭都上顿不接下顿，请啥子先生"。

过年的时候，家里面要给私塾先生拜年，当家人带着孩子一起去，一般送些猪肉米面等食物。私塾老师会接受，因为这是惯例，每个学生家长都会送。除了过年，中秋节的时候也会给先生送礼。私塾先生很少会和当家人私下讨论小孩子的学业，因为大部分当家人是没有读过书的，只字不识，无从讨论。私塾的学习，一次是半年。

此外，何家没有成员去学校读过书，且1950年之前，何家所在的化成镇都没有新式的学校，只有少许的私塾。1950年以后，何仕政夫妻在夜校认过几个字，何仕政夫妻的儿子在部队当兵的时候也进行学习过。

（三）家户负责小辈的教育

小时候，孩子的教育主要来源于家庭，男孩子会被授予田间劳动的技艺，如耕田耙地、栽秧打谷子等，还有学习一门手艺的机会，如打石头、剪头发、编背篼等。女孩子会被授予家务劳动的技艺，如做饭、洗衣、喂猪等，女孩子还会被授予家庭副业的技艺，如纺线、织布等。做人德行之类的事务由父母亲共同负责。绝大部分家庭，父亲对男孩子的管教比较多，母亲对女孩子的管教比较多。不同辈分的人，对孩子教育的侧重点没有多大的区别，老辈的人，可能会溺爱孩子一点。当然，也有老辈人不喜欢女孩儿，对女孩儿很不好，动辄打骂。在何家，何仕政的田间劳动技能，全部是由父亲何天树传授，打石头的技艺是和石匠学的，王英桂做家务的技能及纺线织布技能，全部是由娘家母亲和婆家老人婆传授。

其他亲戚、邻居也会教育自家的孩子，诸如要"听妈、老汉儿的话"、要懂事之类的。男孩儿受同龄人的影响要大一点，女孩儿受同龄人的影响要小很多，因为女孩儿一般不能跟别人家的孩子在一起玩耍。与家庭相比，亲戚、邻居、同龄人对于孩子教育的作用不大，孩子的教育主要来源于家庭。在当地，孩子长到适婚年龄的时候，就会被要求像大人一样行事，男孩子要等到结婚生子后才被真正认可长大了，女孩子出嫁的时候被认可长大了。

（四）极重家教

父母亲以及其他家人的思维方式和性格在孩子的成长过程中有重要的影响，家里的相处模式和平时的生活氛围也会对孩子的性格产生影响。王英桂小的时候，时常被母亲打骂，养成了争强好胜、挑剔的性格。关于做人做事的道理，基本上都是从父母、家人处得来的，有时候家里的亲戚朋友也会传授一些。当家庭成员犯错误的时候，家长会及时教育，严重的会打骂一顿。风俗习惯也是从家中习得，耳濡目染，过年过节都会看着长辈们进行一些特殊的仪式活动。何仕政在遇到困难的时候，家人提供的帮助最多，其次是交好的邻居、亲戚等。

（五）老带小，长带幼

何家会教孩子学习劳动技能，一般男孩子学耕田耙地、栽秧打谷等田间的劳动技能，女孩子学做饭洗衣、纺线织布等家里的劳动技能。这些技能是必须掌握的，学不会就不好找对象，找不到对象是一件极丢面子的事儿。一般田间的劳动技能由父亲交给男孩，家里的劳动技能由母亲交给女孩，可以是当家人教，也可以是孩子自己的父母教。在当地，攀比的风气一直存在，如果小孩子不好好学习相应的劳动技能，不仅会被长辈批评教育，也会被同龄的孩子笑话，家里的大人也会被人笑话。

男孩子一般十五六岁的时候，才开始跟着父辈到地里参加劳动，父辈边做边教授。在当地,农民主要是靠种地为生,如果不会种地,则无法安身立命,故此,男孩子一定要学会种地,除非是富裕人家读书的子弟,可能不参加劳动,但即使是富裕人家的读书的儿子,大多也会参加劳动。如果实在学不会,就只能学一门手艺,靠手艺养家糊口。

女孩子的家务劳动是在家里学习,主要是母亲负责教育。一般家庭娶了儿媳妇以后,家务就主要是儿媳妇在做,"老人婆"就很少参加家务劳动了。如果大家庭没有分家,家务是几个媳妇一起劳动,所以婶婶也会教女孩儿做家务。女孩子学习做家务的时间很早,大多在五六岁的时候就开始了。此外,女孩儿还要帮助家里照顾弟弟妹妹。如果女孩儿不会家务,在找婆家方面会有一定的困难。山区地方,人多地少,不养闲人。如果到了夫家,女孩儿做不好家务,会被夫家看不起,娘家也会觉得丢脸。在当地,没有不学做家务的姑娘。很多女孩儿在家还会学习纺线织布,以贴补家用。

(六)当家人安排学手艺

何家没有什么家传的技艺。何家第四代和第五代都没有学习什么手艺,第六代的四兄弟全都掌握了一门手艺,老大何仕海、老二何仕礼会编篾条,老幺何仕政会打石头,老三何仕栋会剪头发。学手艺是根据年龄长幼来的,当家人何天树在询问儿子的意愿后,便安排儿子学习手艺,给儿子找师傅等。在安排儿子学习何种手艺方面,当家人会尽量让儿子们学习不同的手艺,避免自家人跟自家人竞争的局面,消除家庭矛盾的隐患。何家的田地很少,自家的收入不足以供家家口,必须学艺一门手艺,在农忙季节外做手艺贴补家用。

二、家户意识

(一)自家人意识

何家人认为家人是生命中最重要的人,在一个灶吃饭的才算是家里人。一般多为自己的父母儿女爷爷奶奶,即使父母和爷爷奶奶分家[①],不在一个灶吃饭,也是一家人,血缘亲情很浓。除了自己的父母儿女爷爷奶奶,家的范围便扩大到有血缘关系的亲人间,叔伯婶婶、姑姑姑父、舅舅舅妈等都算大范围上的自家人。在何仕政心里,何仕政与母亲苟国芳、大哥何仕海、二哥何仕礼才算是真正的一家人,爹何天树和堂哥何仕栋一家在没分家之前也算是一家人,分家之后,何天树还是算一家人[②],何仕栋夫妻及其四个孩子就不算自家人了,中间隔了一下。对于自家人和外人,何家人认为自家人就是会无条件帮自己的人,与自家人相处不会计较得失利害,但与外人相处,一定会计较得失利害,礼尚往来。

出去长年打工的人算自家人,过继过来的孩子和收养的孩子都是自己人,上门女婿也是自家人。何家没有雇佣长工、管家之类的,在雇佣的家庭,长工、管家一类的不会算是自家人。如果一个男人娶了几房妻妾,"小娘子"和其所生的孩子,算不算是自己的家人,得针对具体的人来说。对于外人来说,"小娘子"和其所生的孩子是男人的家人。但是在妻子及其孩子眼里,"小娘子"和"小娘子"所生的孩子不算真正意义上的自家人,只能算范围稍广的自家人。何家所在的白庙村,没有被分出去或赶出去的情况。

有血缘关系的人,在吵架闹矛盾后不算一家人,"伤害狠了,心里过不去这个坎儿,就不

---

① 分家,在当地,儿子有了自己的后辈之后就基本上都会与父母分家。
② 何仕政由何天树养大,父子之间的感情很深。

算是一家人了"，即使在外人看来是一家人。亲戚、邻居、乡亲算是外人，自家人与外人有清晰的边界，无论是心理边界还是物理边界。外人在自家有需要的情况下，也可以介入自己家的家事，何家分家，就是请了何玉章来进行调解。在别人家发生矛盾的时候，何家人也会介入，特别是交好的农户家里，一般是何家的成年人出面管，老辈劝老辈，小辈劝小辈，男的劝男的，女的劝女的。何家一般不会介入到别人家的家事，一则是因为人家没有请你帮忙，二则是因为人微言轻。如果邻居家里发生一些矛盾，有时候也会去管，一般是王英桂出面①。何家人介入亲戚家的事，也会分情况，如分家这类的事情，一般是亲戚请才会介入，否则很少会主动介入。

对于何家来说，与自家人交往要随意很多，对得失利害计较得也少。但是对于自家人和外人，称呼上没有不同，无论是自家人还是外人，都遵循当地的伦理习俗，按辈分教叫，不能随便叫。保长何玉章依然叫王英桂为"幺婶儿"，不会因为他的地位高就随便乱叫。

(二)家户一体意识

1.相互扶持

何家在没有分家的时候，几个兄弟在生产生活上会相互帮助，妯娌之间也会互相帮助。如果家庭里的任何成员被欺负了，一家人都感觉到受外人欺负，但是不会联合起来帮助这个被欺负的人去讨个公道，因为何家境贫寒，欺负他们的基本上是发财人家，只能忍气吞声。

分家的时候，何家是按人数均分，没有特殊照顾谁。何仕礼虽然离异在家，但因其时常不在家，分家时没有算他的股份，"回来有饭吃，不回来就算了"。若分家之后，几兄弟之间的经济状况有所差异，经济条件好的小家庭会扶持帮助经济条件相对较弱的家庭，但是对方碍于面子不一定会接受。在何家，何天树与苟国芳分家之后②，何仕栋家的条件要比何家好一些，但是并没有帮助何家。后来，何仕栋家没落了，何家提供了一定的帮助，王英桂有时候会送一些吃的给堂兄弟，如米、面、豆腐、麻花等，在石英兰生病的时候，帮助侄子将其送往医院。此外，何仕礼在离婚返家后，一度与弟媳王英桂不合分家，后来考虑到何仕礼与丈夫是一母同胞，又是一个人，没人照顾，才合到了一起。

2.祈愿枝繁叶茂

发家致富是农民一生的追求，家里的每个人都要为家庭的发达致富而努力。如果一个家庭发达了，家庭里面的每个人都会跟着沾光，家庭富裕是家里面每个人的愿望，当然也不排除拖后腿的成员。光宗耀祖在何家人心里根深蒂固，从小家人就会给孩子灌输这种思想，希望孩子出人头地。一般家里的后辈有出息，比如读书好、做官、挣大钱会被认为是光耀门楣，房子修得漂亮也是件有名的事儿。

分家前，何家共同的生活目标是发家致富，分家后，何家共同的生活目标是儿孙孝顺、枝繁叶茂③，因为何仕政夫妻没有生育，所有枝繁叶茂是夫妻俩的愿望，又因为三个儿子都是收养的，所以儿孙孝顺也是何仕政夫妻俩的期望。

---

① 因为王英桂在解放后是妇女主任，邻里有个长短都会出面调解。

② 何仕政与娘是一家，爹与堂兄弟是一家。

③ 访谈时，老人最大的愿望是身体健康，因为何仕政与妻子王英桂的身体条件都不是很好，何仕政六年前中风以后，身体右侧便毫无知觉，行走坐卧全靠他人帮忙，王英桂右眼失明，左腿走路不方便，需要借助拐棍才能行走。故此，何仕政最大的心愿是平安健康。每一次何仕政在做祷告的时候，都会祈求上帝保佑全家平安健康。

(三)家户至上意识

1.舍私为家

何家人认为家庭比个人重要,没有家就没有个人,没有家就没有力量,在何家人心里,家最重要,考虑事情的时候都会先想到家里。当家庭的利益与个人的利益发生冲突时,大多数情况是家庭利益高于个人利益,但也存在特殊情况。何仕政犯赌瘾的时候不太会估计家庭利益,有时候何仕政在外打石头挣了钱,没有交给家里,而是在外打牌输了,当然,回家免不了一顿责骂。当家人何天树考虑事情多以家庭利益为重,其他家庭成员到也是以家庭为重,存私心的家庭成员也有,如何仕栋将粮食私藏在别人家。

2.家贫辍学

如果孩子很喜欢读书,但是家庭条件不允许,家长希望回家帮忙干活儿,一般都会放弃读书。还有孩子本来考上了高小,但因为家庭条件差,主动放弃读书,邻村周家永字辈有个孩子就是主动放弃了读书。何家的家庭条件在村里算是极差的一类,1950年以前何仕海与何仕栋都读过两三年书,但是因为孩子多,负担重,无力供养,都停止了学业。此外,何家没有成员在外地工作,故此没有出现为了家庭放弃工作的情况。白庙村也几乎没有人在外地工作,家家户户、祖祖辈辈都面朝黄土背朝天,守着那一亩三分地。

3.婚姻大事,父母做主

在儿女的婚姻问题上,要听当家人何天树的安排。何仕政夫妻1942年腊月结婚,由双方的父母做主,何仕政与王英桂没有什么意见。何仕栋夫妻1943年腊月三十圆房,也是由当家的何天树和苟国芳做主。如果当家人不喜欢儿媳妇,希望他们离婚,儿子大多会听当家人的话而放弃自己的婚姻,但是很少有当家人因为不喜欢儿媳妇而让儿子离婚的,大多会选择分家,各自过活,眼不见为净。当然也有父母撺掇儿子离婚的,何守安家便是因为母亲不喜欢儿媳,哄着儿子休了儿媳妇李氏。

(四)家户积德意识

何家的老人有行善积德造福子孙的意识,遇见能帮忙都帮一下,也会经常去拜庙求神,祈求下一辈人平安健康。老人们相信善有善报恶有恶报,自己做的好事以后会回报到自己的儿女及后备身上。何仕政相信,老人的语言很有力量,如果儿女不孝,老人咒骂多会起作用,何仕政的堂兄弟和何仕政夫妻就是现成的例子[①]。如果哪家有人升官发财,学有所成,很有出息,村里人都会说其祖坟葬得好,认为是祖上积德,何家人也是如此。

三、家户习俗

(一)节庆习俗概况

1.辞旧迎新过春节

(1)办年货。当地要备办的年货,主要是饮食。每到小寒、大寒天,家家户户都会杀年猪[②]、烘腊肉、香肠、做豆豉、臭豆腐、血丸子。到腊月下旬,还要磨豆腐、做灰菜、灰水馍、汤圆,烘豆

---

① 何仕政的堂兄弟,因为不孝顺爹,爹时常咒骂其"短命的",何仕政对爹好,爹时常说"你是个好命的",结果,堂兄弟夫妻只活了四十多岁,何仕政夫妻九十多岁还健在。

② 当地杀年猪一般在冬月的时候,1950年以前当地物资贫乏,冬月的时候猪的食料就吃完了。

腐干、做醪糟、年糕、麻丸子、炒米花、做米花糖、苕干、炒花生、向日葵、瓜子等,家里有条件的农民还会烧酒。此外,大人小孩都要做新衣、新鞋一套,作过年穿,贫穷之家不一定会做。杀年猪时,还要请左邻右舍的人和至亲"吃庖汤",酒肉招待。但何家是贫苦农民,没有多少钱办年货,有点肉吃就算过年,有的家里面甚至是买几把面、几个豆腐干就算过年。

(2)祭灶。白庙村相传,灶有"灶神",是玉皇大帝派往人间监视黎民百姓的天使,是"人间司命主,天上引月神"。腊月二十三,灶神要升天向玉皇大帝交差,反映一年来人间为善作恶的情况。人们害怕灶神在玉皇面前说坏话,招致灾祸,于是家家户户或到街上买一张灶神菩萨的画像,或用红纸写成灶神牌位贴在靠灶的墙壁上。灶神菩萨画像画着一男一女,据说是灶神爷、灶神婆,两侧写着"上天奏善事""下地降吉祥",横额写"隐恶扬善"。祭灶时间是当晚点燃香烛,备素食、瓜果、香蜡,虔诚叩拜,请求灶神在玉皇面前多说好话。腊月二十四,新灶神下到人间,人们又像头一晚在灶房那样焚香祭祀,表示欢迎新灶神。祭灶这天,全家老小不得在灶房发脾气、打人、骂人;猪肚、猪大肠和脏臭之物不得在厨房淘洗;不得烧不洁净的柴火。何家不仅过年的时候需要祭灶,每月初一、十五也会供奉灶神,只是比过年简单一些。

(3)除尘。腊月二十四后,家家户户都要搞一次大规模的打扫活动,把屋内外、房上房下、墙里墙外的扬尘①、蛛丝扫得一干二净,同时还要彻底清除屋后阳沟的污泥浊水。有的地方老人还教小孩唱:"腊月二十七,里外洗一洗,腊月二十八,家具擦一擦;腊月二十九,脏物都扫走;一派新气象,除尘把岁守。"何家除尘活动中,全家都会参与,重活如起阳沟等由男人承担,其余的活儿主要由两个媳妇完成。

(4)理坟。腊月间,家家户户都会把自家坟上的野草割干净,再垒上新土,让去世的人也能干干净净过年,这项工作一般由家里的男人承担。如果哪座坟没有人理,就意味着绝后了,侄子有可能会帮忙理一下。理坟必须在春分之前完成,之后再动,则认为不祥。何家也会理坟,由当家人何天树带着几个儿子一起做,将家庭的坟理得干干净净。

(5)贴门神。家家户户在门板上贴门神,有秦琼、尉迟恭、关羽、张飞等被神化了的古代武将,人们认为那是避鬼驱邪的"保护神"。大户人家还用丹青将这些神像画在门板上,买不起门神的农家,只能书以"开门大吉""启户迎祥"以充作门神。1950年以后,所贴的门神,因为多为英雄人物画像,以及"寿星献桃""年年有鱼(余)"、秀丽风光画等。何家几乎不会贴门神,吃饭都吃不上就顾不上其他了。

(6)贴春联。腊月底临近大年三十,家家户户都将有关表达喜庆和美好愿望的联语,用红纸写成对联贴于柱和门的两侧,内容多为生财有道、人寿年丰、春色满园、福喜盈门、人口康泰、家兴国强等吉利话语。何家很少会贴春联,三代白丁,不会写,请人写又得欠人情。

(7)祭祖。腊月三十上午,"妇劳"②在家准备团圆饭,"主劳"③带着小辈们上坟祭祖。在团年前还要先送到,快吃中午饭的时候,带着草纸、香蜡,还有"刀头"④之类的物品,由当家人何天树领着家里的儿孙,到祖坟上敬祖宗,在神龛前摆上"刀头""敬酒",作揖磕头。香蜡、草纸⑤

是年前就准备好的,还会请人写上"符字"①(如图7所示)。年三十祭祖的单元是家户,家族祭祖在四月清明节。

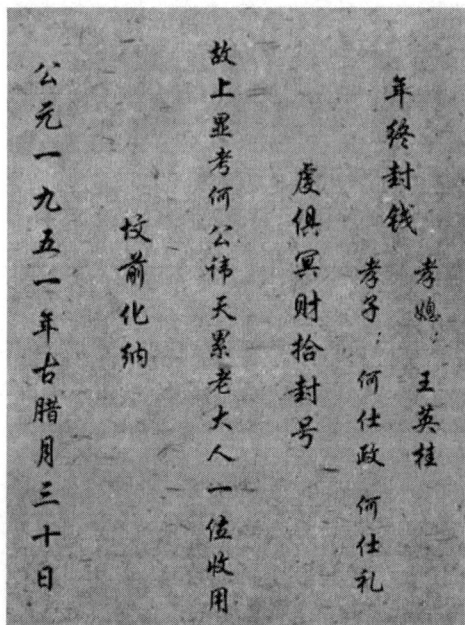

图 3-7　年节符字

(8)团年。腊月三十这天中午,全家男女老幼欢聚一堂,外出的家人都要从远处赶回团圆,同桌共吃一年之中最丰盛的午饭,叫"团年""吃团年饭"。团年的食品一定要有鱼,意表"年年有余",有猪头肉、猪尾巴,意表"有头有尾""有始有终",一些地方把猪尾巴叫"节节香",意表"越吃越香"。一定要多煮饭菜,吃了有剩,使之能吃到正月初一,意表年年月月吃不完,剩得越多,来年就多。吃团年饭时,晚辈要向长辈敬酒、奉菜,长辈要封赠晚辈吉利话。当地过春节是以家庭为基本单元,分家的儿子基本上会齐聚父母的房屋团年。在一起过年的都是有血缘关系的至亲,不是一家子不会在一起过年。何家团年的饭食很简单,无力购置丰富的菜品,但全家人也会开开心心地。

(9)除夕。腊月三十晚除夕夜,家家户户的人不走亲戚、不串门,"讨口子②都有个三十夜"。除夕夜普遍有三项礼仪:一是守岁,三十晚上通夜不能熄火,意表"火红兴旺",故有"腊月三十晚的火,正月十四日的灯"的谚语。在农村,一般是在过年前就在山坡上挖"树桠蔸",以备三十晚上在火炉房烧来烤火,而且把烧"树桠蔸"称"烧猪脑壳","树桠蔸"越大,来年的猪就长得越大。当晚全家人围着熊熊炉火或火堆,边吃干果品或糖食糕点,边叙家常,摆故事。二是给"压岁钱",就是老年人要给未成年的儿孙们过年钱。三是出天行,在腊月三十夜半零点,即旧岁已送走,新年即迎来,各家各户要燃香秉烛放鞭炮,叫出"天行"。何家也会围在一起守岁,但年幼的孩子会忍不住睡着。

---

① 符字:当地人怕阴间的人收不到,将自家后辈的名字写在草纸封面上。

② 讨口子:乞丐。

(10)挑金银水。无论除夕夜睡得再晚,正月初一大人、小孩都得早起。凌晨起床后,要到水井或河里挑两担水,第一担叫"金水",第二担叫"银水",意表新的一年有"金银水"往家里流。在城镇中,以挑水卖为生的人,初一早晨会忙碌地往顾主家挑水,一边走一边喊:"送金银水啰!"主人即以红纸封上比平日多一点的钱或者加倍的"喜钱"给送水人。初一早餐吃汤圆,意表招财进宝,一家团团圆圆。并且初一乃至到初三,不得打人骂人干坏事,人们认为这三天天上诸神下界,看民风,察善恶,如果打人骂人,做了坏事,会受到神的惩罚。何家主要由两个媳妇挑金银水,这几天全家其乐融融,相处得很好。

(11)拜年。从正月初二到十六为拜年时间。姑、舅、姨、表亲戚要相互上家里去拜年,岳父岳母家是必去的。至亲家里有时耍三五天,一般是耍一两天。当地有"初一不出门,初二慢慢行,初三初四拜乡邻"的俗谚。拜年时兴送"刀菜"①或猪膀②、粉条、挂面等物。还要准备拜年钱,遇到晚辈给长辈拜年时,长者要给小辈拜年钱。晚辈给长辈拜年须拱手作揖、磕头跪拜。走亲戚也看关系远近,哪个关系近就哪个去,不一定非得家长出面。比如媳妇的外婆舅舅,当家人几乎不会去。假设亲戚来了自己家,不一定也要去亲戚家。何家在过年的时候只会去至亲至戚家里,关系一般的亲戚家里不会去,"穷很哒",办不起礼情。村里的大刮刮③会请年客,村内的家户都会提一个"刀菜"去拜年,有的坐几十席,场面很大。

(12)游乐。从正月初一到初八,除了拜年就是游乐。边远山村,大人、小孩到附近风景名胜地和庙宇耍,年轻人喜欢吃瓜果、甘蔗,荡秋千。在乡下,有时也会有龙灯、狮子游乡串户闹新春、拜年。在场镇和城里,有龙灯、狮子、闹花灯等大型游乐活动,且有龙灯、狮子到各地拜年。游乐期间,城乡都十分热闹,这几天忙忙碌碌一整年的何家人,也会趁机游乐。

(13)破五。正月初五这天,店铺开始营业,工人开始上班,农民下地生产,俗称"破五"。但除了商店营业外,工人、农民这天上班、下地生产仅是象征性的,一般不认真干。何家人几乎不会在破五这天进行生产,在他们心中,年还没过完。

(14)过小年。正月十四中午过小年,家家户户又要团聚一起设宴聚餐。当地地方把腊月三十中午称为过大年,把正月十四日中午称为过小年。过小年时,有很多风俗:一是"喂果",一边用刀将果树根部砍几个口子,把饭、肉、汤等灌进去,一边用唱歌的腔调吼:"我给你吃个饭,你给我结一担;我给你吃片肉,你给我结个够……"二是烧土蚕,在自家的菜园子里点燃一把谷草,一边烧一边说:"烧啥子?烧土蚕。烧死了没有?烧死了。"三是吼麻雀,吃过午饭,沿着自家的田埂,一边走一边大声吼:"吼啰嗬!吼啥子?吼麻雀,吼到河那边去吃谷子……"四是送跳蚤,傍晚在山坡里砍回一抱柴火,扫去屋里的渣滓,将柴火堆放在火炉上,边烧边说:"跳蚤公,跳蚤母,河那边请你过十五,酒也有,肉也有,爬到他床上就莫走!"五是赶老鼠,晚上手拿小铁锤或木棒和烂瓜瓢一把, 在屋里边敲边走边说:"十四敲破瓢, 老鼠下儿不长毛,落窝!落窝!"六是赶"毛狗"④。傍晚时,一人倒披蓑衣从屋后开始绕住房一周,一人拿"响敲棒"⑤,一边追赶"毛狗"一边摇着"响敲棒",以示赶走了"毛狗",使家禽免遭其害。六是"偷青"。未生

---

① 刀菜:一刀肉,质量较好一点,大概有两三斤重。

② 猪膀:猪腿与猪身相接的一块肉。

③ 大刮刮:当地对大发财人的称呼。

④ 毛狗:指狐狸。

⑤ 响敲棒:竹子敲破做成,敲的时候很响,多用来赶鸡鸭、麻雀等。

未育小孩的年轻妇女,在十四日夜晚,悄悄地在别人家的菜地里"偷"一点带青色的蔬菜,以此求子,称为"偷青"。何家也会进行这些活动,未生育的王英桂也会去"偷青"求子。

(15)登山。正月十六登高,是当地传统民俗节日活动,源于巴人正月十六游山走百病的习俗。《帝京岁时记胜》中写到:"元夕妇女群游,祈免灾咎。前一人持香辟人,曰走百病。"据载,唐永隆元年(680年)八月,武则天贬章怀太子李贤为庶人到偏远大巴山的巴中,从此年年正月十六,太子都要登临南龛山、望王山北望长安,祈求回到亲人身边。百姓感念太子重农垦,恤民情,相邀尾随陪行登山,久之成俗,历代不衰。另巴州志《风俗》篇载,清时"新正月九日群集望王山烧香,十六日妇女出游谓之走百病,谐南龛寺设大醮会,礼佛请佛。山前有圆洞二穴,妇人无子者以物掷之,视其中否以祈嗣,谓之打儿洞"。后人赋予了登高新的意义,20世纪30年代,通江、南江、巴州、平昌成为全国第二大苏区,巴州系川陕革命根据地重镇,红军北上抗日临行时留下话:"我们会回来的。"巴州人民在逢年过节时特别"思红",相沿正月十六的传统,不约而同地登上巴城四周的山峰,盼望红军早日归来,盼望革命早日成功。正月十六登高的风俗有:游山拜庙、礼佛、摸福寿、打耳洞求子、采小柏桠别在身上或头上去病驱邪。在巴州人心中,正月十六登完高,才意味着过完年,何家在登完山以后,才会正式开始一年的劳作。

2.清明祭祖

当地清明节称作为清明会,最主要的活动是上坟祭祖,由家族统一安排,全族的人员参与。清明会之前,钟子山、棉花梁、何家岩的分支族长及老辈,齐聚到大房何家,商议清明会的相关事宜,主要有斗会钱、清明聚会、回通江祭祖等。会钱由族内各家摊派,富裕人家多出点,贫穷人家少出点。清明前一天,族中德高望重的长辈带着几个年轻的后辈去通江何家参与祭祖。此外,其余何家成员在大房参加祭祀活动,举行迎神、参神、礼乐、晋爵、献馔、祭文、辞神、阖户等烦冗礼仪。族众向列祖列宗跪祭后,族长讲论人伦族风,公布清明会收支财目,按族规调处族内纠纷。会后,入祖坟扫墓、挂清。最后聚餐,叫吃"清明会"。一般成年男性负责理坟、祭祀,成年女性负责打扫、做饭。办"清明会",未出嫁的女儿无论大小不能参加,因为认为女儿是人家的人。这一天,家家户户还要用清明纸做成"长串钱"挂在祖先的坟墓上,叫"挂清",并把坟墓上的刺草除掉,打扫干净,表示对祖先的怀念。何家作为何氏家族的一分子,也会参与清明的祭祖活动,但因为何家家贫,在清明会上无发言权,一切听从长辈们的安排。

3.端阳回"娘屋"①

当地的端午节称作为端阳节,有大端阳节和小端阳节之分,五月初五为小端阳节,五月十五为大端阳节。端阳节这天,家家户户都要蒸包子,出嫁的女儿和"干儿子"②要上岳父岳母家送节贺礼、包子,何家只有何仕政夫妻回石家送贺礼、包子。各家各户要悬菖蒲、艾蒿于门,在小孩衣襟上系香袋,吃粽子、包子、喝雄黄酒。有的家庭,还用红纸写上"五月五日五,天师骑艾虎,诸神归天界,邪魔入地府"等话贴在门上,以示驱病除邪。儿童不能喝雄黄酒,只能将雄黄末涂于儿童面部耳边,认为有益于杀菌解毒。端阳节这天,沿河近水的场镇,多有举行龙舟竞赛活动。男女老少着盛装,于河岸水边观看,划龙舟的在水上争速度,比高下,龙舟上鼓

① 娘屋:指娘家。
② 干儿子:指女婿。

288

乐喧天,歌声飞扬。有的地方龙舟赛时还有龙灯、狮子、车灯表演。但何家所在的场镇很少有划龙舟比赛。

4.月半节,家户祭祖

月半节即七月十四,俗称"鬼节",亦称"中元节"。月半节是超度亡魂、敬祭祖先的节日,与清明会家族祭祀不同,月半节是以家户为单位,自家祭拜自家的祖先。农家在这天要迎祖先归宅,用纸或木牌书写祖先的姓名,供奉中堂神龛上,三餐具酒肴供奉,请祖先亡人入席。同时将草纸打成串串似铜钱状,封成长方形"符字"。到了七月十四日傍晚,家家在祖坟前或野外十字路口,作揖磕头烧"符字",泼酒水饭。此外还用散纸钱焚烧,名曰"赏孤",赏无后无主的孤魂野鬼。何家在月半节的时候,由当家人何天树安排祭祖事宜,家里的男丁到坟前焚烧。

5.中秋拜先生

八月十五过中秋,在当地并不是寓意团圆的节日,而是学生给先生送礼的节气。何家读书的人少时间短,并不清楚中秋节的风俗。另外一个说法是中秋节是阖家团圆之意,有吃月饼和吃"糍粑"的风俗。是夜各户以月饼、水果为供品,焚香秉烛敬月亮,报答上天赐予丰收之情,老人给小孩讲天上月宫一些优美的故事。

6.无暇过重阳

重阳节又称"重九",九月初九,两九相重,故称重阳。当地重阳节有登高的传统习俗,农家要煮"重阳酒",装至腊月底才烤,亦用糯米做醪糟,装坛封口,过年才食用,但贫弱的何家不过重阳节。

(二)婚丧习俗概况

1.婚嫁习俗

何家所在的白庙村,结婚的习俗很多,详述于下。

婚前要合八字、"开亲"、定婚期、议婚事。合八字,八字相合才能定亲,合六个字是上婚,合四个字也行,合八个字或两个字便不可。"开亲",即定亲。两家开始议亲后,如果任何一家有什么意外,如洗碗的时候摔碎了碗、关在猪圈的猪跑了等,都会立刻停止议亲,亲事从此作罢。定婚期是由男方当家人拿着双方的生辰八字请"端公先生"①定婚期,然后送到女方家。女家对婚期无异议,两家开始为婚事做准备,如果女家对婚期不满意,则请介绍人告诉男家重新定。何仕政夫妻是五月定亲,同年腊月结婚,该年何仕政二十岁,王英桂十六岁。议婚事,即在介绍人家里商量婚礼事宜。

结婚前夕男女双方都会贴喜联、办酒席,里里外外忙活三四天。喜联是红底黑字,请读书人写,内容多为祝贺新婚、祈愿幸福平安,堂屋、灶屋、新房、父母卧房的喜联均不同,根据房间功能写上相应的祝愿。办酒席很简单,据当地一位厨子透露四五斤肉就可以办一顿酒席。在当地,婚礼持续两天的时间,虽然会忙活三四天,但双方的正席都只有两顿,即第一天的午饭和第二天的午饭是男家的正席,第一天的晚饭和第二天的早饭是女家的正席。

结婚当天男家接亲过礼、新娘母亲"打三梳"、新娘堂屋拜客、男家摆礼、新娘堂屋门前"撮筷子"、起轿,最后男方来客加上女方送亲②的人,一行三四十个人,一路锣鼓唢呐吹吹打

---

① 端公先生:指风水先生。

② 送亲人员即新嫁娘的婶娘、舅母、姑母、姐姐、妹妹等女性亲戚十人或二十人,送花轿至男家,在男家吃过午饭后返回女家。

打，热热闹闹往男家去。接亲过礼，同行的人有新郎、介绍人、三个"押礼先生"①、一套锣鼓唢呐、两个接亲的未婚姑娘，此外还有抬轿和过礼的人，一行二十几位。何仕政结婚的时候，两家人近，过礼的人都可以回家睡，不需要女家安排住宿，只有新郎、介绍人、接亲的两位姑娘需要女家安排住宿。新娘母亲"打三梳"时，边梳边说"一梳金，二梳银，三梳四梳，梳个发财人"，说些吉利话。堂屋拜客，主要是拜别娘家亲友，亲友会给"眼泪水钱"②。摆礼，礼物是两家提前商量好的，主要是衣服、裤子、山茶野果等，数量也不能错。女家族上看何家过礼的时候，发现数量不对，族长不同意，逼着介绍人回男家拿，少一样族上都不同意。"摆筷子"是新娘出堂屋时，在堂屋门前，朝身前身后各摆一把筷子，一把十二双。从男方女家一直到起轿，新妇遵循当地风俗，必须"哭嫁"。"哭嫁"的规矩很大，"礼上来了哭，梳头了哭，摆礼了哭，拜客也哭，轿子里都哭，边哭边骂，不会哭的姑娘，还会请人哭"。哭的规矩主要有：第一次是骂礼上，"礼上来的是几条狗，吃了这家吃那家"。第二次是梳头时哭，"往回子梳头院坝边，这回子梳头屋中间，往回子梳头是罗青油，这回子梳头是过灯油"。梳头之后是"打三梳"，天未亮新娘梳好头后，由新妇的母亲"打三梳"。第三次是拜客时哭，"一个板凳儿三尺三，做了板凳改了姓"。第四次是出堂屋摆筷子的时候哭，"哥哥捡去买田庄，妹妹捡去买嫁妆"。起轿时由新娘本家的兄弟抬轿，象征性地走一段路，交给男家抬轿的人，此时新娘方停止哭嫁，因为不能骂自己兄弟。

到了男家以后，拗下轿礼、新娘"回车"、新娘堂屋拜天地、送入新房、拜客。拗下轿礼，即抬轿的人不落轿，向男家讨红包，沾喜气。新娘"回车"，在男家的院坝里，放置着米、香、蜡，即新妇下轿后到此处朝着娘家的方向作揖，称之为"回车"。新妇"回车"后即送进堂屋拜天地。最后是送入新房，此时亦有规矩。新郎新娘送入新房的时候，坐在一条板凳上，要拢衣服，不能让对方压住衣服，不然就会被对方压一辈子。男方家拜客与在女方家拜客不同，男方家拜的主要是新郎带着新娘子拜会吃酒席的客人，何家所在的村庄，是新婚当天就拜客，而不是第二天。

婚礼后第二天，新妇要去厨房做饭，还要祭灶神、祭坟，吃过早饭后便回步。新妇做饭，必须用自己娘家的"压箱米"，所谓"压箱米"即新妇出嫁的时候放置在陪嫁的箱柜里的米，媳妇儿在婆家的第一顿饭，必须用娘家的米。新妇进厨房的时候，婆婆放置一些东西，如扫帚之类的，试新妇聪明与否。何仕政结婚的时候，苟国芳放了一个棕垫，王英桂一脚踢开，踢到油锅去了，厨子把苟国芳骂了一顿，"都在养女"，何必为难媳妇。回步即新婚夫妇回门，回步时除了新婚夫妇外，还有婆家的两个婶娘或姑姑之类的女性亲戚送亲，负责背背篼，一行四人。

2.丧葬习俗

葬礼的习俗主要有：孝子送信、装棺、守灵、哭灵、请端公先生、请客、跪送、下葬、烧七、烧周年。孝子送信要分性别，如果是男死者，通知其至亲到场，再通知老丈人家；如果是女死者，先通知其娘家人，娘家人到场确认自己姑娘在婆家没有受欺负，才会允许男家装棺，否则还会有话说，说清楚了才能装棺，其后再通知其他至亲。送信时由一男性长辈陪同，给至亲送

---

① 押礼先生：多为男方的男性亲友。
② 给眼泪水钱是当地一种风俗，女方的亲友给出嫁的姑娘一些钱物，作为新娘的陪嫁。

信。装棺,由长辈、孝子共同完成。守灵,逝者不会立即下葬,时刻都有人守灵,特别是装棺前怕野狗吃尸体,当地人认为尸体不全是件极不好的事,十分忌讳。守灵人可以是逝者的配偶、儿子儿媳、女儿女婿、孙子孙女等。哭灵,即在生者表达对逝者的哀思。请"端公先生",主要是根据逝者八字看下葬的方位和日期。请客,由长辈陪同孝子去亲友家请客,告知亲友葬礼的时间等信息。跪送,逝者的配偶、后人跪于堂前,时间为下葬的前一天晚上。此时由家族内会识文断字的长者代念"自文"①,主要内容为逝者一生的经历,及对逝者的评价、致悼词。下葬,时间地点由"端公先生"推算。由同姓的壮年劳力将棺木抬至"端公先生"指定的地点,一般是八人。烧七,即死者时候的第七天、第十四天、第二十一天、第二十八天、第三十五天、第四十二天、第四十九天要祭奠。周年,即逝者去世后的第一年、第二年、第三年坟前"烧符字"祭拜死者。在家外死去的人,其遗体棺木是不能进堂屋的。小孩子去世,葬礼不会大操大办,用木匣子装好埋了即可,如果实在贫困,用席子卷了埋葬也行。有的大户人家会请亲友吃饭,小户人家不会。

(三)生产习俗概况②

1.迎春耕

迎春耕有立春"试末"、说春、开犁破土等俗。

(1)立春"试末"。《蜀中名胜记》云:"在(巴)州南二里有美农台,相传,东晋梁州刺史桓宣,于此劝农所筑。"《太平寰宇记》引《梁州记》云:"后汉安帝时,太守桓宣,每至农月,亲载末耜,以登此台劝民,故后号曰美农台。"两种说法虽无定论,但说明立春"试末"古时早有所行。其仪式有简有繁。繁的是预先备一个纸扎春牛,再扎一个芒神牵牛在手,置于县衙大堂。届时,有二十八宿仪仗队,芒神、春牛在前引路,县官端坐轿中,其他官吏、"春官"等随其后。锣鼓喧天,唱至城郊数里外。先观看斗牛。将两头牯牛牵至场地上,尾系火炮,点燃惊牛,引起牛斗,以乐观众。再驯牛就耕,县官扶犁,叱牛耕地,往返三次,以示政府重农。最后由"春官"手拿木雕小牛、香炉架,上系麻丝,演唱春词,说吉利话。何家没有举行过此活动。

(2)说春。说春是由"春官"说唱的歌谣。"春官",最早是《周礼》所说的六官之一,称宗伯为"春官",掌典礼。相传巴州说春起源于隋朝,隋文帝杨坚在统一全国期间,见长期战乱,土地多荒,加之当时农民季节观念不强,往往错过播种时间,农业歉收,社会不安,朝臣将这一民情启奏朝廷,隋文帝便命宰相根据农事季节制成"春帖",由地方官送发给各地农民。交帖时用善言美语进行解说。农民把送春贴的官叫作"春官";把"春官"说善言美语称为"说春"。从此,流传后世。唐代武则天掌权时,曾一度改礼部为"春官",后世以春官为礼部通称。自唐到宋、元、明、清,又把"春官"称之为管天文历法的官,皇上发给官衣官帽。民国时期,"春官"由县民政科主管。每年在立春前一日"试末"后,当晚民政科设宴招待"春官",县长为"春官"敬酒,洗尘开步,表示"春官"开始到民间去说春了。

说春一般在每年立春前后盛行,春分左右结束。在游说中,"春官"自己编一些歌谣,用简单的曲调,似吟似唱地为农民演唱,农民以粮、钱相酬,或以粮、钱买"春官"卖的历书,女主人拿一绺白麻缠在"春官"手执的木雕春牛头上,以示女织之勤。"春官"的歌谣,内容十分丰富,

---

① 自文:介绍死者的生平、评价死者的一生,一般请当地读书人写。
② 生产习俗部分的内容多摘自巴中市人民政府网站,受访者王英桂说得不甚清楚。

见到什么说什么,见农耕说《二十四节气歌》,见药铺说《药王春》,见打铁说《老君春》,见打猎说《梅山春》……俗称"见人说",七十二行,行行有歌谣。说春歌谣,全是说春的人见啥说啥,随口编出来的。其中有很多内容还根据当前形势而编唱出来,从某种角度来说,还起了一些好的宣传教育作用。何家所在的白庙村离巴州县城很远,"春官"不会到白庙村说春。

(3)开犁破土。农民在正月里第一次耕田地时,先将"刀头"和敬酒摆在即将要耕的田地上,点香蜡,化纸钱,向地叩拜,祈祷一年耕作顺利、庄稼丰收,然后才扶犁破耕,开始新一年的农事活动。这是旧时农民缺乏科学知识,寄希望于神灵保佑的一种表现。民国以后,这一习俗,逐渐被农民遗弃,何家后人对此并不清楚。

2.保青苗

农村春耕春播以后,要请道士或巫师做会"禳灾",画符驱虫。为保庄稼不受病虫和鸟兽危害,栽秧过后,唱"灯影"、木偶戏,名为唱"青苗戏"。还有赶萤火虫、嫁毛虫、扎草人驱雀、涂白灰驱兽等多种习俗。为了驱雀,何家也会扎草人,有时还会给草人套上破烂衣服。

(1)赶萤火虫。在巴州,农民认为萤火虫是吃瓜茄小菜叶子和桑叶的飞虫,于是利用晚上焚香点火进行驱赶。

(2)嫁毛虫,每年四月初八这天,农家用各色纸张架成十字架形贴于墙上。纸上写着:"毛虫毛虫,黑耸黑耸,嫁到青山,绝种绝种";或写"佛生四月八,毛虫今日嫁,嫁到青山去,永世不回家",以祈求病虫不危害庄稼。

(3)扎草人驱雀。播种后谷物成熟时,在田间地头扎草人。草人身穿烂衣服,头戴烂斗笠,手执挑着笋壳的竹竿,或执着点燃香的假枪,以驱赶践踏粮食的雀鸟。

(4)涂白灰驱兽。用石灰或白柴灰涂在地里的石头和树干上,或专制木牌涂以白灰插在地里,以吓唬野猪、野兔等不在晚上损坏庄稼。

3.抗旱魔

1950 年以前农民在天旱时,多进行带迷信色彩的祈雨活动,如做"雨会"、耍水龙、赶旱魃[①]等习俗。

(1)做"雨会",有的地方叫"呼天"。干旱严重时,有的地方请道士或巫师设坛祈雨,高搭雨台,旗幡飘扬,巫师登台,书符念咒,步罡宣法。有的地方农民会集在一起,光头赤脚,手执柳条,由一个领唱"呼天词",众人随声唱和,甚至在干旱的村落里集会的农民拉着长长的队伍边走边唱,一路悲声撕心裂肺,惨不忍闻,以示向天求雨的殷切。在"雨会"期间要耍水龙、唱"雨戏"。"雨戏"唱的是《精忠传》《斩泾河老龙》等。"雨会"没有时间限制,有的一直到天降滂沱为止。"雨会"期间城乡禁止宰杀猪、牛、羊、鸡、鸭等牲畜家禽,这叫作"禁屠"。何家在遇上干旱的时候,会到处求神拜庙,祈求上天下雨。

(2)耍水龙。用柳条扎成九节龙形,由一群头戴柳条圈的剽悍青年人赤着上身,各举一节柳条龙在烈日下,一边敲锣打鼓,一边游村串户,边走边舞,挨家挨户玩耍,各农户先备好水,柳条龙耍到时,用水向龙猛泼。玩龙者左遮右挡,直至水泼完再走第二家。柳条龙耍完后,将其掷于山涧或河中,预示天会下雨。

(3)赶旱魃。传说僵尸修成妖之后,变为"魃"。变"魃"之后的僵尸能飞,也称飞僵,据说可

---

① 旱魃:引起旱灾的魔鬼。

以杀龙吞云、行走如风。所到之处赤地千里,算是僵尸之王了。干旱严重时,农民集会赶旱魃。一人用色墨涂面涂身化装成旱魃,请巫师设祭念咒后,集合一群青壮年向空中放火枪,并拿着棍棒四处追赶化装成旱魃的人,直到把"旱魃"赶出本境,化装人在河中洗去头、身的墨痕,去其装束为止。

4.护耕牛

耕牛历来是农家的宝贝。有的农户会供奉牛王菩萨,每年九月十三还要办"牛王会"。耕牛老死时,不少农家要含泪埋去,不食其肉。在保护耕牛上,有削牛蹄、扎牛鼻、调牛儿、用牛的规矩。何家的耕牛是与何仕宦家共有的,牛是何仕宦家调教好了的,何家人并不清楚。

(1)削牛蹄。就是牛蹄上的硬壳有变异或受创伤时,要将牛的蹄子抬起来削去残痕,削时不能将牛仰卧。农民说,因牛的眼睛不能仰着看天,如仰着看天,牛会死亡。

(2)扎牛鼻。时间固定在三月三、九月九,认为此时扎的牛鼻不臭。扎牛鼻的针,扎前插在人的头上;扎后插在人的腰杆里,不再插在头上,防止牵牛时牛望头。

(3)调牛。调牛儿即调教不会犁地的小牛,一般在冬腊月及正月调牛耕田犁地,不准在青蛙叫时调牛。认为在青蛙叫时调的牛,使用时会气喘、吐白沫。

(4)用牛。惊蛰节不使用耕牛,认为这一天使用了牛,牛的骨节会响,易扭伤。

5.祈丰收

"春祈秋报,农夫之常规。"农民为获丰收,常祈求于神灵保佑,较普遍的是开春要做春祈会,秋后要做秋报会,生产过程中还有做青苗会的。有些地方还有"打醮"的习俗。春祈、秋报做会排场很大。开春向上天和神灵祈祷,秋后向上天和神灵回报。做会时,各庙附近乡民推举会首敦请佛、道教中的经教先生十余人,敲打鼓乐,念经拜忏做"法事"。设文武两坛,请水,申达文表,祈求年丰岁稳。会期三至五天。有的地方在一乡中,按保轮流举办,一保中以中心大庙为会址。最大的活动是最后一天的"飘香"。各户青壮年参加,数百人上路。行间有庄严肃穆的仪仗队,人人穿上黄马褂。最前面的两人并行,各敲一面大锣号锣,在仪仗队前鸣锣开道;号锣后面是执金瓜、钺斧威严而庞大的仪仗队伍;再次是身穿长袍马褂、手捧香盘的会首;再后是身穿袈裟或道袍,手执木鱼和各种乐器的和尚和道士,后面是跟着手捧信香的从会人员;最后是用大轿抬着木雕的"执年大王"与火神和二目圆睁、龇牙咧嘴、红须红袍的瘟祖菩萨的道班。有人扮八仙、孙悟空、猪八戒及判官、小鬼,举着旌旗雨伞,打着"扫荡牌",抬着纸船,一路吼声唱道,锣鼓、鞭炮、乌梢鞭响声不断,在会首的带领下周游四方。有的地方还到各保大庙拈香拜佛,"飘香"所经沿途,家家都得焚香、秉烛并且烧柏丫枝烟堆,以示迎送菩萨驱散晦气。凡遇菩萨行经时的过路人,得停步作揖、叩头,待菩萨抬走后方能行走。在城镇和乡场上的居民每户还要出会钱。有的地方还发"灵符","打醮"称作"醮符"①。人们就将此符贴在猪、牛圈门上,以此避邪,以求六畜兴旺。同时将符折叠成三角形,撕在竹篾板上,然后插在秧田中,以示避虫害,使其五谷丰登。每户农民都要给庙会撮一碗米,或者出钱给会首。散会后,以活鸭宰头,丢于纸船内,街上跑"火鸡公",家家泼水,表示祛疫。最后火焚纸船、旗、伞等物。何家后人并不清楚当地是否举行祈丰收的仪式,但是何家每年的新米做出来的饭会舀一碗敬"天老爷"。

---

① 一种用木刻印成的长纸条,事先由经教先生做成。

（四）家户习俗单元

1.过年过节，以家为单位

何家在过年过节都是以家庭为单元。当地有家的都跟家人过，如果没有家，就在自己家随便过，或到至亲家里过。如果一个大家庭没有分家，会聚到一起过年过节，如果分家了，在同一院落，有的会在一起过，有的家庭不会一起过，全看兄弟妯娌之间的关系如何。

2.端午回娘家，中秋拜先生

当地过年过节一般不会去别人家，嫁出去的女儿也不会在娘家过年过节，但端午节和中秋节例外，因为端午节出嫁的姑娘要回娘家过，而中秋节要去先生家里拜先生。

3.逢年过节，全家团圆

过年的时候，都要聚在一起吃团圆饭，平时出远门工作的人在过年的时候也必须赶回来，平时过节的时候可以不用赶回来。1950年以前，过年的时候不会亲戚之间轮流吃饭，因为那个时候物资极少且多贫困。

（五）过节形式，当家人做主

何家在过年过节的时候没有什么特殊的仪式，家境贫寒，搞不起什么仪式，大多是全家人在一起吃点好的，或者买点肉"打牙祭"。这些事有当家人何天树与内当家苟国芳商议决定，家庭成员也可以提意见，但是否采纳，全在于当家人。有时候家族或村庄会举行一些仪式。

四、家户信仰

（一）宗教信仰概况

1.信仰佛教

1950年以前，何家有朴素的宗教信仰，多信仰佛教。家庭成员信仰某个教派的时候，需要家庭内部同意，家族政府也不会干涉，但是如果当家人不信仰，其他家庭成员就不能信仰，因为当家人掌握着家里的大权，而信仰是需要一定资金投入的，当家人不信仰就不会给这笔钱。何家的长辈们都信教，新人结婚的时候必须拜祖先、祭灶神。何家人信教的目的是神能保佑平安、长寿。当地，佛教的信众很多，何家所在的白庙村，就是以庙名作村名，几乎全村家家户户都有人信仰佛教，孩子小的时候就耳濡目染。1950年以前何家没有人信仰基督教[①]或其他宗教。

2.家长的带动作用

家长的宗教信仰具有带动作用，家长信仰其中的一个教，家庭成员也都会跟着一起信。如果当家人信仰了一个宗教，其他家庭成员在小的时候就耳濡目染，大多会跟着信，也有少数不信仰的。

（二）家神信仰及祭祀

1950年以前，何家供奉着财神、门神、灶神，财神摆放在堂屋的神龛上，门神贴在堂屋的门上，灶神摆放在灶角。财神爷主要是求财，家里的人都可以祭拜，每月的初一十五都需要上香、上水果。门神主要是守卫家园，没有什么仪式。灶神是为了祈求"上天圆好意，下地保平

---

① 进入21世纪以来，王英桂和何仕政先后接受神父的洗礼，成为上帝的信徒，虔诚地信仰着上帝。此外何仕政的儿媳曾明兰也信仰上帝。

安"，每月初一十五的时候，家中的妇女都会烧纸、上香、点清油灯。何家供奉这些神主要是为了祈求财富、平安。何仕政现在信仰上帝，对拜偶像这类的事情不大愿意提及。何家拜神的时候，有固定的时间，一般是每月的初一十五，过年的时候要隆重一些。平时过街的时候，也会拜一拜路边的土地庙，有时候也会去白庙祭拜一下。家里拜神，是一家一户各拜各的。家神祭拜的时候，不一定非得是家长来主持，如拜灶神就是由家里的妇女主持。小孩子从小就耳濡目染，打小孩子记事起，家里的人就会教祭拜的规矩，家里的每个孩子都会。

(三)祖先信仰及祭祀

1.不拜不孝

何家会祭拜祖先，祖先在后辈心中的地位崇高，如果不祭拜就是大大的不孝。何家没有堂屋，家里贫困，修不起。家族有一个祠堂，牌位都放在祠堂的。每年清明节的时候，家族的祠堂会有一次扫墓、祭祖、会餐等活动，全族每家一个男丁参与。祠堂自何家迁入该地后就开始修建，具体是怎么修建的，何家后人已说不清楚。对于何家的家庭成员来说，祠堂是"神圣不可侵犯"的，谁也不能在祠堂撒野。如果家庭成员不尊重或破坏祠堂，家长要受惩罚，轻则被说几句，重则挨训。如果外人不尊重或破坏祠堂，也会受惩罚，轻则骂几句，重则鞭打。

何家有祖坟，何家很多家户的祖坟都在何家岩，祖坟占地面积和埋葬顺序后人并不清楚。祖坟的维护和修缮，由其后辈负责，资金也由其家户负责。何家没有成文的家谱，家户世系都记载在坟头的碑文上。何家对于祖先的孝敬与对在世老人的孝敬是结合在一起的，不孝敬老人就等于不孝敬祖宗，一个不孝敬老人的人很难相信其会孝敬祖宗。

何家很重视孝道，孝的观念根深蒂固。不敬老人、忤逆老人、打骂老人都是"不孝"的行为，何家谴责不孝行为，然而作用并不大，不孝的依然不孝，分家后何仕栋在其父亲生病想吃鸡肉时，出言侮辱父亲。

2.追思祖先，祈求保佑

何家祭拜祖先是为了祈求过世的祖先保佑这一活着的人们平安健康顺利，也表达了对家庭里逝去的人的怀念。每年的新年、清明、中元都会祭拜祖先，此外，祖先的生日、家里有喜事也会祭拜祖先。

3.家长做主，女性不参与

家长在祭祀祖先的活动中占支配地位，祭坟必须由家长牵头，清明会的祭祀、会餐也由家长出面，祭祀所需的物品，也由家长决定。1950年以前女性基本不会去祭拜家里的祖先，女儿也很少去。女性只有在出嫁时或嫁进后第二天回去祭拜祖坟，其余的时间均不会去祖坟。王英桂在嫁进夫家的第二天便随着丈夫去祭拜祖先，此后再未上过坟。小孩子在祭祀祖先的时候，必须参加，听从当家人的指挥磕头作揖。1950年以前，何仕政所在的村庄在祭坟时不烧纸，只点香蜡、放火炮、供酒肉水果①。

(四)庙宇信仰及祭祀

1.白庙村头拜白庙

1950年以前，当地没有家庙，只有一座白庙，供奉着观音、十八罗汉、如来以及天王菩

---

① 酒，斟在酒杯里，倒在坟前；肉是一块正方体的熟肉，祭拜后会带回家食用；水果有的家户会上供，是否取回看家户条件，条件好的家户不会取回食用。

萨,这些神保佑平安、好运。附近的村民大多到此祭拜许愿,一般携带香蜡火炮、纸、刀头、酒等物,男女均可拜会,但女性经期时不能进庙,认为不干净,怕冲撞了神佛。

2.家户祭拜,内当家做主

何家时常上白庙祭拜,祭拜单位是家户。当家的何天树很少去,基本上都是内当家苟国芳去,有时候会带着闺女何仕秀和儿媳妇王英桂、石英兰。上白庙祭拜需要得到苟国芳的允许,事前会和何天树商量。何家去寺庙祭拜的时候,一般带香蜡,有时候也会带钱、油、公鸡等物。去同一个寺庙每次带的东西大同小异。至于为什么会带这些东西,则是根据当地的风俗习惯。香蜡是在街上购买,油是自家的菜籽油,公鸡也是自己家养的。

何家在拜神的时候会与其他人一起去,苟国芳拜庙时大多会选择和交好的妇女结伴而行,当然也可以独自去。结伴而行也不会有共同的费用,因为祭祀用品是家户自己准备,且是走路过去,不存在车马费。祭拜的东西不可以共用,因为祭拜是以家户为单位的,且用别人家的东西会被认为是心不诚,而当地信奉不诚不灵。

五、家户娱乐

(一)结交朋友

1.交友范围广

何家每个家庭成员都有自己的朋友,成年人有自己交好的朋友,小孩子也有玩得好的伙伴。男性多交男性朋友,女性多交女性朋友,女孩儿到 10 岁左右便不能和男孩子接触了,更不谈交异性朋友。交朋友的标准是脾气性格合得来,互帮互助。何家在村内没有多少朋友,家境清贫,只能和穷人做朋友,大户人家看不上何家,何家也不会上赶着自讨没趣。何家在村外也有朋友,主要是因为何仕政时常在外面打石头、做手艺,所以结交的有外村的朋友。1950 年以前,家里的妇女很少和外面的男性交往,刚结婚的一段时间内,新妇不能随意串门。1950 年当地解放后,王英桂逐步走上妇女主任的位置,与男性的交往逐渐增多。何家交朋友有不成文的规定,如不能结交日嫖夜赌的败家子①等。家庭成员都要遵守,没有不遵守的情况。

2.讲究门当户对

家庭内部的成员都可以交朋友,交朋友也注重门当户对,穷人跟穷人打交道,富人跟富人打交道。家庭成员交朋友,不需要取得当家人的同意,家庭成员和谁关系好,当家人何天树大致都清楚,如果不希望家庭成员与某人有接触,何天树会指出来。相比何家的条件,认识的朋友大多和何家的条件差不多,主要收入来自于务农和做手艺,因为当地朋友之间也讲求门当户对。何家的朋友没有为官者,与大户何仕宦家的关系不错,他家也经常帮助何家,甚至将田地免费给何家耕种。如果朋友家遇到经济困难,何家会提供帮助,量力而行。何家的朋友都在本村或邻村,没有外地朋友,逃荒也不能投奔朋友。

3.朋友间很少留宿

家庭成员的朋友不会在家里留宿,一是因为距离近,二是因为家里没有空余的床容纳。朋友间也知道彼此的情况,情非得已不会留宿。一般交朋友没有仪式,有的关系极好的会结

---

① 主要是怕家庭成员受其影响败家。

拜为兄弟姐妹,或者"打干亲家",互相称呼哥哥弟弟、姐姐妹妹。朋友串门是常事,红白喜事也会参加,有的甚至提前两三天就来帮忙。送礼是根据关系的远近,关系好的朋友的礼情可比肩至亲至戚。何家结交的朋友中,农民和打石匠最多,打石匠是因职业结缘。

(二)赌"人人保"

当地称打牌为赌"人人保",村民认为打牌是一件不好的事,儿女结亲的时候,女方会考察男方是否有赌博的习惯,如果男方有赌博的习惯,则亲事很难。

1.为赌博借私债

何家小辈何仕政、何仕礼都会赌"人人保",有时候是两兄弟在家庭内部打,曾经因此引起兄弟打架,但更多的时候是和村里人打。女性打牌的很少,几乎没有。何仕政经常在村里跟家庭条件差不多或者稍好的人打牌,家庭条件差距大的很少会在一起打牌,因为富人看不起穷人那点儿赌注。何仕政有时候会将刚结的工钱拿去打牌,而不是交给当家人。有一次何仕政将买粮食的钱拿去赌了,输光后只能借钱买粮,后来借钱的人告诉了当家的。

何仕政爱打牌,其他家庭成员对此意见颇深,但是管不了,何仕政不会收敛,依然我行我素。何仕政打牌的时间不固定,农忙的时候不会打牌,下工了会打牌,过年过节的时候也会打牌。一般是在邻居周家院子打,有时候也会在别的地方打牌。打牌时的饭,回家解决,何仕政经常为了打牌不吃饭。很少有时间会在打牌那家吃饭,除非关系极好,但即使是关系极好,也只是偶尔供饭,不会次次都供饭。

2.赌钱为主

打牌的时候有赌注,以娱乐为目的的很少。有的家里甚至卖田卖地卖房子,把媳妇儿赌输了的也有。何家当家的何天树不爱打牌。何仕政打牌的钱是家里的钱,基本上是其外出做手艺的工钱,有时候是挪用的家里的钱。因仕政打牌,引起的家庭矛盾不少,家庭成员对此意见颇大,好在没有染上赌瘾。当家的何天树很少管何仕政打牌的事,因为不是亲生儿子,不好管,管紧了怕儿子心生怨恨,也怕与妻子感情不和。此外,何家也没有防止家人赌牌的家规、家法。何家所在的村庄,因赌钱引起的纠纷不少。赌钱可以欠债,但是只有家庭条件好、能还上的人才能欠。大部分打牌的人是不能欠债的,因为家庭好的不多。

(三)"偘人户"

1.频繁"偘人户"

"偘人户"即串门聊天,1950 年以前,何家人平日里"偘人户"很多,农忙时节"偘人户"的也多,因为要想换借用农具、换工,和外人打交道很多。"偘人户"都是去交好的邻居朋友家里,去亲戚家"偘人户"的不多。"偘人户"一般在白天,晚上只有男人才可以去"偘人户",女人晚上不能单独去"偘人户"。"偘人户"聊的都是家常或是从哪儿听来的闲话,国家大事很少会聊到。"偘人户"一般都不会留在别人家吃饭,因为大家都穷,多一张嘴就多一份开支,即使是20 世纪 90 年代,帮人家干活的母亲还得给孩子留着饭,轻易不会带起别人家吃饭。

别人也会来何家"偘人户",交好的亲戚邻居都会来,来何家找交好的人聊天,男的基本上是找当家的何天树或者何仕政、何仕栋几兄弟,女的基本上都是找内当家苟国芳或王英桂、石英兰。何家对来"偘人户"的客人很欢迎,会倒茶倒水,关系极好的也会留人吃饭。

2.规矩颇多

"偘人户"时有一些不成文的规矩,比如不能披头散发、不能衣衫不整、不能从人面前过等。红白喜事不能穿白衣服,结婚时穿白衣服触人家米霉头,白事儿也不能穿白衣服,因为孝子的衣服是白色的。这些规矩都是默认的,如果不守规矩,会被人说不礼貌、不懂事儿。

3.须留人看家

何仕政所在的村庄,不会全家人都出去"俭人户",家里必须留一个大人在家看家,否则容易招小偷光顾。如果媳妇们都想去"俭人户",婆婆看家,如果婆婆和媳妇都想去,则媳妇看家。

(四)逛庙会

1950 年以前何仕政所在的村庄有庙会,何家人也会去逛庙会,家庭成员与交好的邻居朋友结伴而行。关于庙会的具体情形,何家人的记忆很模糊。庙会不是每年的举行,在何仕政的记忆力只参加过两三次庙会。

何家参加庙会一般都是走走逛逛,很少会买东西,买不起。村庄有时也会举行看戏活动,钱由村民均摊,保甲长收取。女性也可以去看戏,未成婚的适龄女孩儿也可以去,但是不能和异性坐一条板凳。庙会时,何家的亲戚没有举行聚会活动。庙会时村里有赶集,何家人只是去逛逛,没有钱买。何家也不会去卖东西。

(五)其他娱乐活动

1.请年客

何家所在的村庄,在过年的时候,村里的大户会请年客,有点关系的村民都会去。何姓的大户请年客的时候,何家也会带个刀菜去参加,分家前由当家人何天树参加,不会带着何仕栋或者何仕政,因为何家与大户的关系一般,只有相好的家庭才会带着儿子参加。何家分家的时中国共产党已经解放当地,不再讲家族,也就不存在请年客。

2.儿童娱乐活动

村里其他的娱乐活动还有"拉屎把牛"①、踢毽子②、丢手绢儿、"抓子儿"③、丢沙包等,这类活动都是小孩子之间的玩乐。白庙村的小孩经常在一起玩耍,男孩在一起玩的时候比较多,女孩儿很少出家门。孩子出门玩的时候需要和家人说一下,以免家人看不到孩子着急。此外,何家所在的村庄没有关于武术、音乐、乐器、跳舞的社会组织。

---

① 拉屎把牛:指拔河。
② 毽子:家庭经济条件好的孩子玩的多是鸡毛毽,其他的多是用野草做成的毽子,但无论是什么材质的,孩子们在一起都会玩得很开心。
③ 抓子儿:一种娱乐方式,一般是抓石子,也可以用杏子代替石子。玩法很多,至少五颗,多则几十颗。

第五章　家户治理制度

本章主要从家长、家规家法、家族村庄公共事务及国家事务等方面介绍了何家的治理制度。家长当家部分主要介绍了何家当家人的选择、权力、责任、更替及家长不当家的情况等。家户决策主要介绍了何家决定的主体和主要事务;家户保护主要介绍了何家为其家庭成员提供的保护及何家在防备天灾、盗匪、战乱方面的情况。家规家法主要介绍了何家家规家法的形成、习得、执行及家庭禁忌等内容,奖励惩罚主要介绍了何家对家庭成员的奖励与惩罚。家族公共事务主要介绍了何家参与家族活动的详细情况,如"清明会";村庄公共事务主要介绍了何家所在村庄的公共事务及何家的参与情况;国家事务主要介绍了纳税、征兵的详情及何家的参与情况。

一、家长当家

(一)家长的选择

1.父亲当家

分家前,何家是父亲何天树作当家人,是自动成为家长,不是根据能力、辈分、年龄、学识来确认的,当然,家里也只有何天树才能当家,老一辈的何大炳已经老了,小辈的何仕政几兄弟还未长大,只能由何天树当家。分家后,何家是何仕政当家,母亲苟国芳管内务,后随着工作的变化①及女性地位的提高,逐渐由王英桂当家。

当一个人确定为家长的时候,家里的门牌上就写这个名字。其实不用写大家也知道,邻里之间都很熟悉,谁家发生点什么事,大家都知道。何家所在的村庄,女性当家人的没有,周边地区只有赵家有一位女性当家,管几代人。杨仙桂在丈夫何仕海死后并未改嫁,且在南江居住,前夫周某的儿子尚未长大,故此当了一段时间的家。

2.家内称呼按辈分

家长在当地的叫法很多,有时候称当家的,有时候称主劳,有时候称先生,称主劳的最多。何家的家长和具体管事的人是同一人,即何天树,主管农业生产和对外打交道,苟国芳是内当家,管家务和几个媳妇儿。家庭内部按辈分称呼,该叫爹的叫爹,该叫爷爷的叫爷爷。

3.对当家人信任有限

何家的内当家苟国芳对外当家何天树不是很信任,因为是叔嫂的组合家庭,且各自有自己的亲生儿子,私心里都偏爱自己的儿子。何仕栋对家长也不是很信任,即使当家人何天树

---

① 分家后,男性何仕政经常在外做手艺,时常不在家,后进入农具社,更是难以见到人。王英桂逐渐积极参加党的工作,逐渐成为妇女主任,见识增长,家内大权逐渐由王英桂掌握。但是遇上大事,仍需要和何仕政商议。

是他的亲生父亲,但他将做手艺赚来的钱私藏在别人家。何家的其他成员对家长很信任,但是家庭成员也不会一直都尊重家长,内当家苟国芳在1950年以前后,经常与当家的何天树大打出手,甚至被手指折断。

(二)家长的权力

1.天赋权力

何家人认为家长的权力是天赋的,不是一家的家庭成员给予的,家长的权力极大,是被整个家庭成员所承认的,村民也承认家长对家庭的权力。家长管理的范围是整个家庭的事务,但并不是事无巨细全归家长一个人管理,如做饭的时候,媳妇大多只请示"老人婆",只有在"老人婆"不在家的时候才会请示当家人何天树。家长管理的成员是整个家的成员,管理的边界也是家庭成员。家长遇到大事,也会和家庭其他成员商量。小辈的婚嫁,当家的何天树都会和妻子苟国芳商量,也会和信得过的邻居朋友亲戚商量。

家长的权力对于组合家庭来说,并不是绝对的至高无上的。1950年以前一段时间,当家人何天树想买土地,但是妻子苟国芳怕自己的儿子没有份儿,也想买土地,两人商议不下来,最终都没有买土地。

2.内外当家共同管财

(1)当家人做主

何家的收入主要来自于务农、做手艺、纺线织布,家里的财产是以当家人何天树的名义全家共有,何天树对财产有极大的管理权,内当家苟国芳也有一定的权力,大多时候,何天树能对家庭财产进行全权分配。家庭成员出去挣的钱要先将钱交给当家的何天树或苟国芳,多数是交给苟国芳,因为何家的钱都由苟国芳保管。何仕政也有不将钱交回家的时候,自己拿着在外面赌钱输了,苟国芳发现后很生气,狠狠得骂这个不成器的儿子。何家的家庭成员不能有私房钱,至于何仕栋将工钱藏到别人家,也是分家后才发现的,此时苟国芳已无法插手其家事,跟着何仕栋的父亲何天树也无力再辖制儿子,最后不了了之。

(2)内当家保管

何家的贵重物品,如地契、现金等交由内当家苟国芳管理,用其陪嫁的箱子存放。但没有上锁,因为买不起锁。衣物这类不重要的物品,都放在妇女的陪嫁箱柜里边儿,当家人何天树的衣物放在内当家苟国芳的箱柜里边,何仕政的放置在王英桂的箱柜里边,何仕栋的放置在其母亲施氏陪嫁的箱子里边①。何家当家人何天树不管钱,钱放在妻子苟国芳手里,何天树需要用的时候去苟国芳那里拿。在何家,家长不会给家庭成员零花钱,家里没钱,给不起。

(3)聘礼彩礼

聘礼、彩礼都是由当家人何天树和内当家苟国芳共同决定。儿媳妇进家门所带的嫁妆中,箱柜是儿媳妇自己使用,用来存放其与丈夫的衣物,洗脸架、脸盆之类的物品,全家共用。分家时不分嫁妆,谁带来的嫁妆还是谁的。嫁妆也可以由自己的孩子继承,谁继承由妇女自己决定。

(4)租税之外,内当家管粮

何家的粮食是统一供全家人一起吃,由内当家苟国芳来安排每天吃什么,苟国芳不在家

---

① 之所以这样是因为何仕栋与妻子是童养媳婚姻,石英兰没有箱柜作陪嫁。

时,由当家人何天树安排。家里的粮食放在当家人的房间,一般由苟国芳看管,苟国芳不在家时,其他家庭成员负责看管。买卖粮食,由当家人何天树决定,其他家庭成员没有权利,如果家庭成员头家里的粮食去卖,被当家人发现后就是一顿打骂。

（5）内当家制衣

何家是按需要缝制衣服,一年到头,只会在年前缝制,且新婚夫妇两三年内都不会添置新衣服。缝衣服是买好布之后请裁缝来家里做,剩下的边角料也不会扔,要留着以备缝补之用。

此外,何家没有土地房屋的买卖,租佃土地也没有写过租约。如果要落款,如参加红白喜事的礼薄,写当家人何天树的名字。家在土地租佃这些大事上,爹只会和娘商量,不会和其他成员商量,其他成员负责听爹的安排做事儿。何家没有开过家庭会议。

3.当家人安排劳动

家庭成员进行劳动生产,有明确的分工,谁做什么、怎么做都由当家人何天树说了算。农忙时,何天树多在田埂上指挥,教何仕政做事,如耕田耙地、栽秧收割,苟国芳带着媳妇们做一些旱地里的农活。农闲时,何仕政外出做手艺,媳妇们在家做家务、种菜、纺线织布等。家庭成员不一定会听从当家人的安排,何仕栋以各种理由推脱农业劳动,即使是农忙时节,也一早就提着剪头发的工具出门,到吃饭的时候才回来。家庭成员实在不做农活也没办法,打骂也不起作用,只能听之任之。

家里年纪大的老人,干不动农活的时候就在家看孩子,干得动在农忙时也会帮忙做农活。男孩和女孩在五六岁的时候开始参加力所能及的劳动,从帮忙端茶送水、扫地开始,渐渐慢慢学习做事,到十五六岁的时候,就能成为家里的劳动力了。

4.婚丧由父母做主

何家在娶媳妇、嫁女儿这方面,都要听从当家的父母何天树和苟国芳的安排,不存在父母同意但孩子不同意的情况。当地结婚时,并不需要写婚书,只有上门女婿需要写婚书,上面写当家人的名字。如果是爷爷当家,孙辈的婚书写爷爷及父母的名字。一般情况下,家庭成员离婚时,需要得到当家人的同意,还需要征求女方娘家的意见。但何仕礼在离婚时,直接从何仕宦家跑回来就算了,夫妻俩的感情不好,两家都知道,故此何仕礼跑了也没有引发两家人的矛盾。何家所在的村庄,因为父母与儿媳不和,叫儿子离婚的也有,何守安家就将媳妇李氏逼成了远近闻名的李疯子。家庭祭祀活动由当家人为代表进行,家族的清明会,也由当家人出面参与。

5.当家人决定对外交往

在对外关系中,家长代表整个家庭,能以家庭的名义与外人打交道。何家所在的村庄,在1950年以前没有开过会,也没有投票等事宜。当家人何天树是户代表,是交税纳粮的主要责任人。在外的小辈也不会寄钱回家,何仕海是逼不得已远走他乡,与家里失联十多年,挣的钱没有寄回家。何仕礼外出时并不是每次都会取得当家人的同意,如刺伤何仕政那次逃跑,在外面挣的钱也不会寄回家。

6.极少剥夺当家权力

即使家长的能力不强,一般不会重新选一个家长,除非当家人败家,如家长吸食鸦片或赌博导致家庭衰败,家庭成员才会重新选择一个家长,剥夺其当家的权力。何家的家长,没有做过违背礼法的事情,如抛弃孩子,不合理变卖家中土地等,分家之前一直没有更换过。家长做事在情理之中,大家都会承认其家长的权力。如果家长做错了事,有时候家族人员或外部人员会劝说家长,家庭内部成员是无法制约家长的。

在何家,家长何天树对家庭成员不能做到一视同仁,对何仕政夫妻比较偏爱,对自己的亲生儿子儿媳反而不偏爱,造成堂兄弟夫妻对父亲的不满,影响家庭和谐。何家当家人何天树没有私自借外债,何家贫困,出借人怕何家还不起,很少有人愿意借债给何家,即使借,也只是小笔借用。当地人,十分认同"父债子还""夫债妻还",认为"欠债还钱"是天经地义的事儿。

7.没有代理家长

如果一个家庭后辈全是女儿,要么过继一个儿子,要么招上门女婿,留一个女儿在家。这样的家庭,就算家长去世,也不需要找代理家长,过继的儿子或上门女婿自动成为新的家长。名义上的家长,在白庙村没有出现过这种情况。一对父子,家长年纪大了,无力管理家庭事务,他依然可以是家长,而具体的当家任务让自己的儿子去做。此外,当家人外出的时候,会安排好家里的事情,指定代理家长,但这种情况很少,因为白庙村的村民极少外出,即使外出也只是两三天的事儿。何家当家人何天树基本上没有外出过,所以何家没有代理家长。

(三)家长的责任

1.家长负责吃喝拉撒睡

作为一个家长,必须管理家中的事情,如干活、吃饭、穿衣等。如果一家经常没有粮食吃或者没有衣服穿,别人都会指责当家人,说其不会打算,"莫匀办"①,不会当家。如果需要向别人家借粮借款由家长出面,代表家里去借。自家小孩犯错误了,也由当家人出面给别人家认错。家长的职责除了管理家庭成员的吃穿住行、保持家庭收支平衡、维护家庭和谐外,还要尽其所能使家庭富裕、供养孩子读书。总之,一家人的吃喝拉撒事无巨细都是当家人的事儿。

2.井然有序

何家人认为家长一要承担好整个家计的责任,不能吃了上顿没下顿;二要做事公平,特别是对于孩子多的家庭来说;三要对上孝敬父母,对下疼爱孩子。总之,一个好家长,总会将家里管理得井井有条。

3.年老败家便卸任

家长在年纪大了、无能力整个家庭的时候,就可以不当家长了,将家长的权力交于儿子。此外,如果家长沉迷于赌博或沉迷于吸食鸦片,败家,失去了家庭成员的信任,也就不能胜任家长了。

4.一家一长,外当家为主

一个家庭只能有一个家长,不能有多个家长,内当家和外当家最终还是要听外当家的。何家的情况比较特殊,因为是叔嫂组合家庭,内外当家发生矛盾时,内当家苟国芳为了自己的儿子会据理力争,并不会始终听外当家的话。

(四)家长更替

1.分家换家长

何家的当家人是分家时更替的,分家前,当家人是何天树,分家后的当家人分别为何仕

---

① 莫匀办:音译,不会当家的意思。

政和何仕栋。白庙村的家长更替基本上都是因为分家,很少有其他的原因。当家人生病或者因身体其他原因无法照料家庭,会找一个人来代理自己当家,一般是让自己的妻子或儿子来管理家中的事务。当家人过世了,大多的家庭就分家了,各家产生新的当家人,不需要代理家长。当家人过世了,新的当家人不会在老当家人的葬礼上做些特殊的事情。何家所在的村庄,没有当家人外出务工经商长期不在家的情况。邻村有当家人长期不在家的情况,会让其妻子当家,处理家里的小事,大事仍旧由当家人做主。

2.家长卸任,儿子继承

何家的家长更替是父亲卸任后,儿子顶上。在当地,新当家人多是男性,很少是女性。如果一个家庭没有儿子全是女儿,则留一个女儿在家或过继一个儿子。如果有多个女儿的,怎样确定让哪个女儿嫁出去哪个女儿留在家里招女婿,何家人并不是很清楚。招女婿上门必须要经过家族同意才可以,老当家人卸任后,一般是让招上门的女婿当家。如果家庭过去的当家人有妻有妾,当家人过世,若妻妾都有儿子,大多会分家,各自管理自己的小家庭。如果家庭关系很复杂,当家人过世了找不到接替人,就由家庭成员和家族长辈推选一个当家人,因为当地不兴立遗嘱选定下一任当家人,何家人从未听说过谁家有立遗嘱的事情。

3.移交财政大权

何家当家人权力的移交是随着分家同时进行的。在当地,如果当家人换了,会移交当家人的所有权力,主要是将家里的贵重物品全部交由新的当家人保管。邻居对这个家庭的称呼不会由改变,因为当地都是按照辈分称呼,当家人变了,但是辈分没有变。当家人变了,家里人的称呼不会变。如果老人让儿子当家,不会告知四邻,在农村没有什么秘密可言,邻居家里发生的事,大家都知道。如果老人还在世,家里的土地在依然在老人的名下,但是新买的土地则记在新的当家人名下。家人在买卖土地的时候,新旧当家人会在一起商量。

二、家长不当家

何家没有家长不当家而由家长兄弟当家的情况,当地儿子婚后一两年就可以分家,也极少出现兄弟当家的情况。1950年以前何家没有家长不当家而由家长的妻子当家的情况,守寡的杨仙桂当家的情况,何家人并不清楚。1950年以后,因何仕政时常外出,不在家,处理事情不方便,由妻子王英桂当家。王英桂积极参加党的各项工作,遇到村里的或者国家的公共事务,她有权力代表家庭出面处理,家庭成员也听她的。村里邻居的家庭在婚丧嫁娶方面需要请人帮忙,她也能够代表家庭去帮忙,不会被别人家不接纳或者当作笑话。当家的妻子也管理外部事务,不是只管理内部事务。妻子当家时,妻子必须要以家长的名义才能借得到钱,借款单上写丈夫的名字。

三、家户决策

(一)决策的主体

1.事无大小,当家人做主

何家的大小事情都是由当家人何天树说了算,遇上大事,成年的家庭成员也有发言权,不搞一言堂,一家人有商有量地过日子。家庭对外的事务全部由当家人说了算,生产上的事儿也由当家人何天树决定,做饭洗衣等家务事儿,由内当家苟国芳安排媳妇们做。如果当家人出远门,家里面的事情由当家人委托一个家庭成员处理,一般是委托妻子,委托的时候会跟家里人特意说一下。何家的当家人出远门的情况很少,即使出去也只是两三天,时间不长,家里面的事儿交代给苟国芳。

2.合情合理,服从安排

家长做出的决定合情合理,家庭成员才会服从,如果不合情理,家庭成员不会听从。何家当家人何天树做出的决定,家庭成员反驳的也有,特别是分家的时候,苟国芳与何天树吵得不可开交,甚至打起来。

3.不公不正,拒绝服从

当家人不公平公正的时候,家庭成员很可能不会服从家长的决定。如果家庭成员觉得家长的决策不正确,也会提出自己的意见想法,商量着行事。如果家里的事情是家长一人独自做出的决策而没有与家庭成员商量,看事情合理与否,特别是大事,如果不合理,则不会服从。

4.大事商量,内外当家共同决定

一个家庭的事务,当家人多会和其妻子商量,很少会找其他家庭成员商量,除非是相关者。当家人觉得儿子懂事了,也会与儿子商量,传授其当家的技巧。何家的家庭事务,大事一般是当家人何天树与内当家苟国芳共同商量决定的,几个孩子长大后也会让其参与,传授其当家的技巧。

(二)决策的事务

何家家的生产活动、财产分配必须由当家人何天树做主,而像做饭、喂猪等家务内当家苟国芳做主即可,不需要非得请示何天树。

四、家户保护

(一)社会庇护

1.发生矛盾,家长出面

如果何家的成员在生产与别人家发生矛盾,由家长何天树出面解决,如果是生活上与他人发生矛盾,多数有何天树出面,有时候也会由内当家苟国芳出面。但事实上,与他人发生矛盾的时候,何天树和苟国芳一般都会在场,除非是小孩子之间玩闹发生矛盾。如果爷爷是当家人,小孩子与别人家发生矛盾,是当家人去协调,有时也会由孩子的父母或其他成年成员出面协调。

家庭成员不是每次遇到危难或困难都会找家人,如何仕政在外做手艺时和人有矛盾,很少会找家人帮忙。如果家庭成员遇到危难或困难找家人帮忙,家人都会出面帮忙。就算家庭成员遇到危难或困难时没有找家人帮忙,家人知道后也会帮忙。有时是家长出面,有时是全家人一起出面,女性也可以出面,一些撒泼的事儿多由女性承担。大多是父母保护孩子多一点,也有孩子保护父母的。分家后,如果父亲何天树在外面受人欺负了,何仕政夫妻作为晚辈也会出面帮忙。

2.帮亲不帮理

如果何家的家庭成员与别人发生矛盾,家庭成员都会站在自己家人的一方,为家人想办法解决矛盾。如果过错全部在家人一方,为了不受更大的损失,家人只能在外人出手之前先教训自己人。

3.家长出面赔礼道歉

如果有家庭成员犯错,必须由家长出面带着小孩子去赔礼道歉,有时也会孩子的父母也可以出面,对方也会让家长好好管教孩子。家庭成员犯错,一般是由当家人或长辈进行处罚,同辈的家庭成员没有惩罚的权力。何仕政在外面赌博输了工钱,由内当家苟国芳惩罚,当家人何天树不会出面,毕竟不是自己的肉,但他的脸色也很难看。

4.多数会讨回公道

如果家人被欺负,对整个家庭来说,都感觉受到了侮辱,大多数情况下,家庭成员会为其讨回公道。有时却只能默默忍受,特别是租佃土地时被大户欺负。

5.家人帮助隐瞒错误

何家如果有人犯错了,家里人会帮助隐瞒。如果是爷爷当家,小孩子犯错了,孩子的父母会瞒着当家人,以防孩子受到惩罚。此外,何家十分赞同"家丑不可外扬",家里不好的东西不想外传,如果外传了会觉得很没面子。在当地,面子和声望对一个家庭来说很重要,"人要脸,树要皮"。

(二)情感支持

1.情感归宿

如果家庭成员在外面受了委屈,被欺负了,有时也会回家诉说,向母亲、配偶或者是兄弟姐妹。跟家庭成员诉说之后,家里人会对其进行安慰。家庭成员大多能在家庭里找到情感归宿。出嫁的女儿如果在婆家受到委屈或者是不公正待遇,可以回娘家诉说,但娘家人不会主动提出解除婚约,除非是极其恶劣的情形。王英桂有时在婆家受了委屈,就会跑回娘家寻求安慰。

2.心灵港湾

何家第六代的何仕海在离家十多年的时间里特别想家,在南江见到家乡人的时候,十分激动,哭成了泪人。媳妇如果在婆家或者是在外面受气,会想娘家人,也会回娘家向母亲倾诉自己的心情,婆媳关系很好的情况几乎没有,很多时候媳妇的委屈就是"老人婆"给的。

3.回家就好

何仕礼经常跑出去,也经常跑回家。一般来说,如果孩子在外面取得不怎么大的成就,大多会回家,有的会在外面打拼。送孩子出去的家庭对儿子的期待很高,特别是送孩子出去读书的家庭,十分期待儿子取得很大的成就。

(三)防备天灾

1.天灾无情

1950 年以前,何仕政所在村庄天灾很多,二三月发生旱灾的时候,"秧撒不上,大田大地都是干的,担水平秧田①,只能在河里担水,一挑水倒卜去,还没有走到河边,田里就干了",农民十分头疼。碰到旱灾,有时甚至种不上。有一年天不下雨,王英桂娘家父亲,只能把地挖了直接种在里面,像点麦子一样种水稻。虽然后边下雨了,但是光稗子②,只能请人扯。"管他咋

---

① 平秧田:培育水稻苗的一个过程。
② 稗子:一种长在水稻田里的野草。

说,打了点谷子",但实际上应该打五背谷子的田地,只能收到两背谷子,大约一百多斤两百斤。水灾也时有发生,有一年起大水,把化成街上淹了,所以才把化成搬到上面来了。遇到虫灾就没得收了,没有苗,一个光杆,山坡里树叶子也没有了,像干树。

2.同舟共济

何家遭受过旱灾、虫灾一类的灾荒。为了度过灾荒,全家只能节衣缩食,"扯野菜,打松花面,打'麻苔'①,捡人家的菜头,吃这些"。正常年份何家的粮食都不够,就不用说灾荒年了。"街上给军队'擂粮'②,爹把糠捡回来使劲推,在锅里炕,火还没烧燃,糠就炕焦了,糠馍馍合不拢,是一把散面"。有时,家里的大人撵小孩儿去讨口,何仕政小时候吃不上饭,被家人打发出去讨口,"讨到油坊时,油坊主人给他点儿'籽'③,好歹给他整点点",大户给他几片黄菜叶儿,大人就在屋里拉黄茎叶。实在逼不得已的时候也会去大户家借一点粮食,斗扛斗,借一百斤,还两百斤。发财人家还不一定借,有能力还才借,没能力还就不借。

遇到灾荒时,何家不会用细粮换粗粮,平时吃细粮很少。小麦谷子都会去皮,谷子壳可以做糠馍馍。一家人都吃不饱,以不饿死为原则,"五分饱是常事儿",但即使是五分饱,也是清汤寡水,真正的粮食很少。逼不得已的时候也会由当家人出面向大户借点儿粮食,只能当家人去借粮,家里其他成员是借不来粮食的。在灾害发生期间,大家都必须听从当家人的安排,以家长为主,趁机藏私是会被所有家人谴责的。

3.求神拜庙

发生自然灾害时,家家户户都会拜庙子,"白庙跑到金光拜,金光跑到通木垭拜,老嘴山也有个庙子,到庙子里面去跪",不管是拜的菩萨是否管下雨,有庙儿就去拜,点个香,跪了一屋。有一次灾害,王英桂娘家母亲在家里点黄豆没有时间去,支使王英桂去拜庙。王英桂不小心用香把一个老婆婆屁股烧了,人家转过来,用扇子把打在王英桂脑袋上。

4.借粮即行善

灾害发生时没有救济,有钱人也不会开仓放粮,在何家人眼里,大户能借点粮食就很不错了,能借粮都是大户在做好事了。为了度过灾荒卖地的很少,只有大户才敢卖,穷人一点儿地都不敢卖,"今年卖了,明年呢?"

5.逃荒讨口

逃荒在当地称为"讨口"④。1950年以前,因为天灾,男性何仕政小时候去讨过口。逃荒不是一家人全部都出去,而是部分人出去,大人在家里挖野菜,把小孩子撵出去讨,不涉及房屋、田地等的处理。小孩子也只能在附近熟悉的地方讨,不会离家太远,以防被拐。王英桂娘家大伯带着女儿出去讨,一出去便再也没回来。

6.优先保护青年孩子

在家庭遇到灾荒的时候,有保护次序,先保护青年人,然后是孩子,最后是老人,因为青年人是家里的主要劳力,缺了不行,孩子代表家庭的未来,寓意着希望,而老人已垂垂老矣。吃饭的时候,大人让着孩子,妻子让着丈夫。不能让孩子饿着,家里人舍不得。

---

① 麻苔:指做鞋的麻草的根。
② 擂粮:指水稻去壳。
③ 籽:音译,油菜籽经压榨后的渣。
④ 讨口:即乞讨。

(四)防备盗匪

1."土棒佬儿"

1950年以前,何家所在的村庄有土匪,当地称之为"土棒佬儿"。入室抢劫时有发生,有时一晚上发生几次;拦路抢劫的也有,一个人不敢上街,因为蔡家河①有一股土匪,人们害怕被抢,两三个人同路才敢过,"人家给你抢了不说,还得被打"。土匪规模有多大,何家人并不清楚。王英桂在娘家未出嫁时,家里就遭过土匪,"屋里的谷种都是倒走了的,缸子里装的黄豆,也是倒走了的"。"土棒佬儿"来的时候,背的大石头,倒到门上,"碰"的一声,将门堵了。"土棒佬儿"蒙着脸,只显出眼睛。用在桐油里浸过碎布,点着火烤王英桂母亲的脸,把脸上烤起槽,要银元,要粮食。为了防止小偷,家家户户必须留人看门,即使是白天。

土匪都是本地人,何家并不清楚有哪些,但是都是近处的人,不然他们不知道农户家里有什么财产。"土匪都是连着的,革新连着通木垭,搭伙起来整。""土匪头子有,土改都镇压了,整死了的,该杀的杀了,该枪毙的枪毙了的。"如果家里遭遇土匪,只能忍气吞声,不敢反抗。如果遇到小偷,除非抓现行,否则是没有办法的。抓了现行,先绑了揍一顿,再报官。

2.非抢即偷

"那时候造孽,有时候一个月抢你两三回,不是抢就是偷,还打人。"王英桂娘家被"土棒佬儿"抢劫过,当时只能忍气吞声,任人欺负,躲在角落里瑟瑟发抖,大人尽量护着孩子。因为是"土棒佬儿"半夜来的,且又是山区,家族、村落没有进行保护。当时家里稍微能换点钱、能带走的东西全部被洗劫一空,连烂铺盖卷儿都被拿走了。在当地,牲畜被偷也时常发生,家里人出去找,找到了就牵回去,找不到就只能凑钱去入股或者买,王英桂娘家的猪也被偷过。如果家里遇上偷盗,一家人只能去交好的人家借粮为生,想尽办法填补空缺。家里也没有余力进行修院墙、加固门楼等防卫措施。此外,何家很穷,没有被绑票过,何家所在的村庄也没有绑票事件发生。

(五)防备战乱

何家所在的村庄经历过战乱②,子弹打到何家的院子里,一家人躲在破木屋里避乱。邻镇清江在红军长征过程中发生或战乱,王英桂的父亲就是在此次战乱中牺牲的③。发生战乱时,没有遭遇过乱杀乱抢,何家人也没有被随意抓走过。在特殊时期,何家没有枪支,也没有对房子进行过修缮。战乱时期,何家没有人逃出去躲避,也没有挖过地道躲避,也没有发生过与村民联合抗敌。因为当地没有正面与敌人接触过,村里也没有组织过打更或巡夜,以防备战乱或盗匪。

(六)无其他保护

何家的经济条件在村内属于低等水平,勉强能维持生存而已。只有何家问别人借粮借钱的情况,没有别家到何家借。1950年以前,除了交好的家庭,何家几乎不会主动对村里的穷人进行生产或生活方面的救济。1950年以后,因为王英桂村干部的角色,有时会主动帮助村里的穷人。为了生存,何家愿意受大户的欺压,得罪大户在村里是无法过活的。何仕政所在的

---

① 蔡家河,何家到镇上必经之路。

② 战乱:指解放军解放巴中时发生的枪战。

③ 王英桂的父亲参加张国焘领导的红四方面军,在清江大山里牺牲。据同行的人回来说挨了三炮,第一炮把肩膀打了,第二炮打到后颈窝,第三炮把脑壳都揭了。

村庄,没有保安团。

五、家规家法

(一)约定俗成之默认家规

1.约定俗成

何家没有成文的家训,全部是默认家规,这些家规是祖祖辈辈口口相传留下来的,在日常的生活交往中逐渐习得。这些家规大家都要遵守,每个成员都要自觉遵守,如果违反,当家人轻则给脸色看,重则打骂一顿。何家的家规家法都是从上一辈人手中传下来的,村里面家家户户都遵守着这样的家规。1950年以前,农村变化很小,当家人也不会对家规家法进行修订。

2.吃饭规矩多

(1)做饭收拾

何家平时由两个媳妇轮流做饭,一个人五天或者几天。轮到的人,负责做饭、洗衣、喂猪喂牛等全部家务,没有轮到的媳妇就纺线织布或做鞋什么的,总之,不能闲着。吃什么饭,由"老人婆"苟国芳决定,媳妇在做饭之前都要请示一下"老人婆","老人婆"说做什么就是做什么,"老人婆"叫做干饭,媳妇就不能做稀饭,"老人婆"说烧汤,就不能炒。如果"老人婆"不在家,可以请示"老人公"。何家从来不在外面买菜,自家菜园里种的有。何家只有在红白喜事的时候会请厨师来家做饭,那三天①厨师和帮忙的邻居朋友亲戚吃的饭菜和主家一样,没有什么区别。

吃完饭,由负责做饭的媳妇来收拾碗筷,一家人统一洗,不会分开。有时候为了赶活,也会将碗筷留着下顿做饭之前洗,但这仅限于农忙时节。

(2)盛饭

吃饭的时候,所有人的饭都是负责做饭的媳妇盛,先盛老人的饭,然后在是其他人的饭,最后才是自己的饭。有时候还得端上桌子,有时是其他家庭成员来灶头上自己端。在农忙时节,做饭的媳妇儿还得给田里干活的人送饭。有客人时,不会给每个客人都盛一碗饭,而是用盘子盛饭,吃多少盛多少。一是为了省事,不需要端着碗来回跑,二是为了不浪费,客人可以吃多少盛多少。此外,客人剩了饭,主人家也不方便说。

(3)吃饭

何家在饭桌上吃饭,平时家里人无论男女老幼都可以上桌,座位也没有讲究。何家都在桌子上一起吃饭,没有单独在房间吃饭的,除非是坐月子或者是生病了。有时候也会在院子里吃饭。农忙季节,如果干活的地方离家远就会送饭,一般是妻子给丈夫送饭,如果媳妇没时间,婆婆也可以去送饭。如果家里有客人,当家人和两个儿子上桌陪客,孩子和妇女不上桌,在灶房里随便吃点残羹剩饭。

(4)动筷顺序

平时吃饭动筷子有顺序,老人先动筷子,老人动了筷子之后其他人才能动筷子。如果其他人先动筷子,会被训,说其不懂礼貌,招来大人的白眼或责骂。饭桌上,新婚的媳妇不敢动筷子夹菜,老人公婆叫"女子,夹菜",新媳妇才敢夹菜。来客人时,尊者先动筷,当家人嘴里说着

---

① 之所以是三天,因为当地无论是喜事还是白事儿,无论是大半还是小办,至少都得忙三天。

308

"请""别客气"之类的话语。农忙的时候,大家端着碗就吃,有时候不上桌,规矩会松一点。

（5）换工吃饭

农忙时请工或者换工,由家里面做饭做得好的妇女做,做好了叫做工的人回来吃饭。早饭随便一点,中饭和晚饭有酒有肉有菜,生活好,此外,中饭前一两个小时,主家还会蒸一些馍馍,由媳妇或者婆婆送到田里去给大家吃。何家没有雇佣长工,雇长工的家里也在一起吃饭,吃的饭菜和主家一样,短工也是一样的。

（6）不剩饭

何家在吃饭的时候,要尽量少说话,特别是有客人的时候,免得把口水喷在饭菜里,影响别人吃饭。不能剩饭,必须把碗里的饭菜吃完,有时候小孩子实在吃不完的,大人舍不得扔,会将小孩子剩下的饭也吃了,这一行为称之为"捡剩狗屎"。

（7）关爱无处不在

平时里,家中每个成员都是吃的一锅饭,但是也有些许细微的差别,体现着家庭的爱与关怀。媳妇在盛饭的时候会给公公婆婆盛好一点,所谓好一点,也仅仅是多盛点米,少盛点菜①。吃饭的时候,大人也会将米挑选出来让孩子吃,自己吃菜。家里的孕产妇、病人的饭菜要好一些。何仕海在五月抬回家时,王英桂专门为其做了饭食。何天树在生病时,王英桂专门为其买了只鸡炖汤。

3.上八位为尊

（1）日常的座位制度

何家日常的座位制度中,有诸多规矩:第一,异性不能坐同一条板凳,除非是夫妻或母子;第二,媳妇不能先于公公婆婆落座;第三,及时给长辈客人让座;第四,不能从别人面前经过,特别是落座后,如果让不开,则必须先致歉,然后起身离开;第五,起身时要给同坐一条板凳的人说一下,以免翻到等。何家没有堂屋,也没有八仙桌、太师椅等。

（2）待客的座位制度

来客人时的座位制度,有两种情况:第一种情况,没有空位,立即找板凳,让客人坐下,然后准备茶水②。第二种情况,有空位,迎客人至侧位③,尊客迎至上八位④,然后准备茶水。如果有两个或更多成年家庭成员在家,则由男性或长者迎客,另一人准备茶水。

（3）宴请的座次制度

宴请中,正对屋门的位置为上座,桌子两侧座位次之,背对屋门为下座。一般客人,当家人坐上座,客人坐两侧,尊贵客人,客人坐上座,当家人坐两侧。家里来客人时,先安排客人的座位,桌上留当家人陪客即可。当客人为本家亲戚时,按辈分坐,如果某个晚辈比较出息,在村里的地位比较高,如任保长的何玉章到何家做客,位次就比较尊贵,虽然按照辈分他是何仕政的侄子。如果是"老人婆"娘家亲戚和媳妇的娘家亲戚撞上了,"老人婆"娘家亲戚为尊。当客人是邻居朋友时,当家人坐卜座,邻居朋友坐侧位,规矩比较随意一些。财主、乡贤绅士等看不上何家,没有到何家做客的情况。

---

① 菜:是和米饭一起蒸的菜,如四季豆、豇豆、土豆、萝卜等。
② 茶水:经济条件好的家庭才有茶,否则只是白开水。
③ 侧位:仅挨着上八位的两侧座位。
④ 上八位:正对着门、靠墙的位置,此位置为尊,比其他位置看得轻。

自家举行大型宴请活动,如结婚、满月等红白喜事时,本家亲戚、姥姥家亲戚、舅家亲戚、关系好的朋友或邻居都参加,当家人将自家的尊客迎至主桌主位,由当家人陪,或请其他尊长陪。其余人的座位随意坐,关系好的坐一起。办白事儿时,自家人不能坐上八位,只能坐下八位。

4.遇事需请示

(1)生产活动,请示当家人

生产活动中,对于土地的经营管理,由当家人何天树说了算,家庭成员也可以提出自己的意见,与何天树商议。全年农业生产与种植计划由何天树根据时令季节决定,蔬菜的生产与种植计划由内当家苟国芳决定。耕地、犁地、播种、除草看护、收割、打场各项农业生产环节中的分工,由何天树与苟国芳商量决定,儿子媳妇听从老人的安排即可。生产工具的使用与借用、换用,也是由当家人何天树决定的。牲畜的喂养由家里的媳妇们负责,牲畜使用由当家人决定。该村副业仅有打石匠、木匠、理发匠、裁缝等,由当家人决定学习从事哪种。生产活动全部由当家的何天树、苟国芳做主,其他家庭成员听从何天树、苟国芳的安排。

(2)家庭生活,请示内当家

家庭生活中,每顿饭吃什么由内当家苟国芳决定,媳妇们听从苟国芳的安排,如果内当家不在家,可以请示当家的何天树,如果何天树和苟国芳都不在家,则请示家里的男人们。什么时候做衣服、给谁做、做棉衣还是单衣等问题,由当家的何天树和苟国芳决定,何仕政夫妻听从其安排。购买油盐这类生活必需品,也是由当家的何天树和苟国芳决定,可以是当家人自己上街买,也可以安排媳妇们上街去买。

(3)外界交往,请示当家人

外界交往中,当家人出门,如上街赶集、拜庙等,和家里知会一下即可。儿子、媳妇出门,则应该先取得当家的爹娘的同意,不能自作主张,如果紧急出门,和家里其他人说一下或让邻居带话。走亲戚、宴请来客等,由当家人何天树决定,其他人请示当家人,服从当家人的安排。借钱借粮不存在请示,因为必须由当家人何天树出面。参加其他交往活动,如清明会或庙会,都需要请示当家人。

(4)口头请示

何家所有的请示都是简单的口头请示汇报,大多是由当家人决定,没有召开过家庭会议。如果当家人不同意,可以与其商量,实在不同意,那就只能遵照当家人的想法执行。

(5)分家后请示

何家当家人去世之前,新的当家人已确立,一切事宜由新当家人决定,不需要请示谁,可以和家里的大人进行商议。几兄弟分家后,遇上修缮祖坟或者牵涉全家的事儿,仍需要向长辈老人请示商量。

5.请客务求宾主尽欢

(1)生产中请客

生产活动中请客,一般是在农忙季节换工的时候,请帮忙的人吃饭。一天四餐,天亮后去田里干一两小时活儿回主家吃早饭,一般在八九点;十二点左右会做一些包子、馒头、馍之类的送到地里让做工的人吃;中饭在两三点左右;晚饭在天黑时分。如果家里请了长工,要请上工酒、下工酒,家庭发生土地交易也需要请客。借用别家生产工具或牲畜不需要请客。家中建房开工与上梁封顶时,需要请全体帮工吃饭,房屋建好后,有的家庭还会请亲朋好友吃饭,当地称办房子酒,俗称乔迁宴。何家在1950年以前,没有雇佣过长工,也没有修缮过房屋,不存在这类请客。

（2）生活中请客

生活中,家中开亲、结婚、生孩子、孩子满月、老人祝寿都需要宴请。家中红白喜事宴请的宾客没有多大区别,都是差不多的,大同小异。何家的孩子跟师傅学手艺时,需要请师傅吃饭。何家在生产生活中举行宴请活动时,不会请村内的财主、富户、乡贤绅士,偶尔会请族内的长辈,因为保长何玉章也是本家,故此会宴请,其他姓氏可以不请。无论是何种请客,都需要当家人上门去请,有的客人要登门请好几次才会来,如此,方显被请之人的尊贵。

（3）婚丧宴请

家里的婚丧嫁娶,需要宴请奶奶的娘家、母亲的娘家、姐妹的婆家、自己儿女亲家亲戚,上门邀请。红白喜事的饭菜是差不多的,农家的十大碗[1],请专业的厨师掌勺。桌椅、板凳不够,就去邻居家借。1950年以前何仕政所在的何家岩,凑不齐八张桌子,还得去远处借用。盘子、碗、蒸笼等厨具是厨师的,主家找人去厨师家背。灶不够,用石头等砌成简易的灶,能用就行。平常的宴请,没有固定的菜,主桌饭菜腊味很多,对于当地农民来说,腊味下白酒,人间一乐。平时的宴请,由家里的妇女掌勺,不会专门请厨子。宴请活动中都有酒,将白酒用白砂糖和橘子煮开后很适合冬天饮用。

（4）陪客

宴请时家里的客人全部由当家人或当家人指定的人来陪,主客坐主位。普通客人,当家人自己陪,如果有贵客,则由当家人请交好的能说会道的长辈作陪,一般来说,妻子娘家人、亲家、换工请客、红白喜事由当家人何天树作陪,媳妇娘家兄弟由几个儿子陪。客人中男主人陪男客,女主人陪女客,媳妇们则在灶房忙活。红白喜事时,当家人会到每桌敬酒,婚宴会带着新婚的儿子一起敬酒。当地十分在乎是否把客人陪好了,是否让客气吃得高兴。

（5）宴请规矩

平时宴请开席,酒菜碗筷摆好后,当家人请客人入席,给吃酒的客人斟满酒后,当家人请各位客人动筷,即算开席了。主客吃好后,放下碗筷,意味着散席。一般是主客最后吃好,同桌人早已吃好,只是未下席,在桌上相陪,免得有催散席的嫌疑。婚丧嫁娶开席与平日宴请不同,由"支客司"请各位客人入席,然后一阵锣鼓唢呐,一连鞭炮,即可开席。婚丧嫁娶散席,与请客不一样,当家人吃好即可离席,下席时先致歉再请同桌的其他人慢慢吃,也可以在桌上作陪。

（6）贵客

当地有贵客的概念,对于何家来说,儿女亲家、保甲长算是最尊重的客人了。贵客由当家人何天树作陪,招待贵客的饭菜相对更好。

6.居住就寝,尊者先行

（1）房屋坐落

何家的房屋坐东朝西,何家后辈不知其间有何讲究,有一个小院子,但是没有院墙、篱笆。穷人的房屋修建时很少会请"端公先生"看风水,请不起,大户人家修房子时会请"端公先

---

[1] 当地十大碗,包括坨子肉、粉蒸排骨、品碗、酥肉、肘子、猪蹄、喜沙肉、糖醋鱼、萝卜炖牛肉、蘑菇炖鸡。

生"看一下。何家有四间破房,一间灶房、一间正房、两间歇房,外加一个猪牛圈,厕所就设在猪圈内,方便积肥。正房为主卧,当家人何天树和内当家苟国芳居住。歇房即卧室,何仕政夫妻与何仕栋夫妻一人一间。1950年以前,房子都没有窗户。没有结婚的儿子女儿,和父母住在一起。来客人的时候,同性一起睡,做客的异性不能同房,即使是夫妻。

（2）就寝规矩

一般忙完了就可以洗脸洗脚休息,但在农村忙完就天黑了,农闲是天刚黑就上床,节约灯油,农忙要晚一点,天黑收工才回家做饭。总的来说老人先休息,年轻人靠后。起床是年轻人先起,媳妇最先起,烧热水,让其他人起来后有热水洗脸。灶房属于公共空间,所有家庭成员可随意出入。何仕政父母的房间属于半公共空间,因为去灶房必须经过其房间。何仕政和堂兄弟的房间属于私人空间,何仕政夫妻要去堂兄弟的房间,需先和堂兄弟或堂兄弟媳妇说一下。

（3）婚嫁新房

如果有家庭成员结婚需要用新房,稍微布置一下即可,新房是哪间婚后就住哪间,何家没有一间房接两个媳妇的。如果女儿和女婿回娘家,女儿与其母亲同住,女婿则与舅子睡。何家有人在外居住,何仕政的大哥与其妻子儿女在南江居住,每年回来一次,在家住十天半个月。

（4）进出请示

何家是一大家子住在一起,老人公婆的房间是进出灶房的必经之地,儿子媳妇可以进出,但不经允许不能动公婆房间的物件。王英桂进出堂哥何仕栋的房间时,需要和堂哥或堂弟妹说一下,如果只有堂哥一人在屋里,王英桂站在门上说,不会进屋。堂哥何仕栋或堂弟妹石英兰进出王英桂房间时,也需要说一下。老人公何天树基本不会进出儿媳妇的房间,有事儿在门外说一下。何家商量事情的时候一般在父母的房间。

（5）居住忌讳

何家在居住中,非自家成员的异性不能同床。内当家在提前就会安排好,避免夫妻同床。客随主便,客人也不会有意见。

7.媳妇负责洗衣

何家的衣服都是请裁缝来家做。家里的脏衣服一般是三天洗一次,老人的衣服由儿媳妇洗,丈夫的衣服由妻子洗,孩子的衣服由母亲洗。何家姑娘少,何仕政结婚时家里没有未出嫁的姑娘,未成婚的何仕栋的衣服也由其未圆房的"干女子"石英兰洗。何家一般是在水塘或者河边洗,家里是去水井挑水吃,在家洗不方便。何家洗衣服有洗衣盆,但是一个盆子不够,还是会用到洗脸盆。衣服由洗衣服的人晾,自家院子有竹竿,妇女的贴身衣物不能晾在外面。

（二）及时提醒

家长平日里的日常生活中都按照家规家法办事,发现家人有违反的情况时会及时提醒,轻则给脸色,重则打骂。家长也要以身则,违背家规家法会被内当家批评。其他家庭成员在日常生活中也会依照家规办事,如果违反了,会被当家人惩罚。家庭成员都有权利监督违犯家规家法的人,处罚违犯家规家法需有当家人或内当家出面。

（三）耳濡目染习家规

家庭成员习得家规家法的途径有两种:一是长辈日常教导提醒,二是耳濡目染。自家的小孩,家内的长辈,无论是孩子父母,还是孩子的爷爷奶奶,或者是孩子的叔伯婶娘或其他亲戚,都可以教导其习得家规家法。如果孩子在外面不懂事或者惹祸,其主要责任人就是孩子的父母,村里人会指责孩子父母。家庭成员必须遵循家规家法,不然会被说没规矩。遵守家规家法,既是家长的要求,也是与人打交道必须遵循的法则。

何家人认为必须要有规矩,无规矩不成方圆。在孩子们还没有犯错误的时候,提前给他们说什么能做、什么不能做,能够起到一定的预防作用。如果孩子们违了家规家法,长辈们会惩罚孩子,让其长记性。给孩子纠错并且给他警示,确保其下次不再犯。

(四)家庭禁忌多如牛毛

1.生产禁忌

何家在农业生产上有很多谚语,如"七月耕田一碗油,八月耕田半碗油,九月耕田没搞头""保水如保命,惜秧如惜金""地边不砌坎,三年冲个光板板"等。生产上有很多禁忌,如夏天正午不能去地里摘黄瓜,认为动了黄瓜枝叶,黄瓜就是苦的。还有忌看动物交合,"二月不看狗连裆,三月莫看蛇晒雾"。

2.生活禁忌

何家在生活上有一些禁忌,"屋内不能打伞,否则长不高""不能玩火,否则晚上要尿床""不许耍麻雀,写字手要抖""不能学夹舌子①说话,否则要口吃""不能吃母猪肉,否则发羊癫疯""夫妻去别人家做客不能同房,否则会影响主家的运势""娃儿不能吃猪叉叉②,不然把媳妇儿叉落了""不能偷看异性上厕所,否则要长挑针儿③""碗里的剩饭不能喂狗,不然记性不好"④,等等。

3.婚丧禁忌

当地在婚姻上,有一些忌讳。两家人从说亲开始,如果哪一家有财产损失或者意外,则亲事作罢,即使是定亲。何仕政夫妻俩在为儿子何守弟说亲的时候,茶盅无缘无故摔倒地上,盅子把儿摔断,养的羊也死掉了,何仕政赶紧推掉了该门亲事。此外,还有不能穿白衣服参加婚礼、寡妇不能进堂屋和新房、孕妇不能送亲等。在丧礼的禁忌有丧礼期间夫妻不同房、不能穿白衣服参加葬礼、孕妇不能参加葬礼、忌穿红衣服等。

4.年节禁忌

年节忌讳也很多。年头年尾忌吵架,忌哭泣,不准说"死""病""背时""砍头"等不吉利的言辞。初一不扫地、不泼水、不倒垃圾,不睡懒觉,"正月初一睡早床,一年四季懒洋洋"。过年期间忌讳请医生看病,忌吃药。正月里一天管一月,如果初三下雨,三月多雨水。

5.违背禁忌的后果

如果有家庭成员违背禁忌,轻则给脸色、责骂,重则鞭打,但没有赶出家门的做法。

(五)族规族法

何家属于何氏一族的幺房,家族也有一些规矩,家庭成员必须遵循族规,家长在日常生活中也会告知成员族规内容,监督大家遵守。家族的族规主要有:第一,孝顺父母,尊敬长辈;第二,不出口成脏;第三,遵守当地风俗,不拈花惹草;第四,不吃喝嫖赌;第五,睦邻友好,不

---

① 夹舌子:指口齿不清的人。
② 猪叉叉:指猪脚。
③ 挑针儿:指眼睛上长疮。
④ 当地村民认为剩饭给狗吃了记性不好,故此有句骂人的话是"你记性招狗吃了嘛"。

撒泼耍滑;第六,不做鸡鸣狗盗之事;第七,堂堂正正做人,不违法乱纪;第八,过继、招上门女婿须通族;第九,维护家族利益;第十,愤发图强,发家致富。总的来说,族规与家规几乎是融合在一起的。如果家庭成员违犯族规家法,一般由当家人处理,如果造成严重后果,由族长出面处置,如乱搞男女关系等。一般大部分的事情都是由家里面管,当家人做主即可,但是像"招抱儿子"①、过继等须有族长与当家人共同协商。

六、奖励惩罚

(一)奖励少

1.家长父母奖励

如果家庭成员在生产生活上表现较好,家长可以代表家庭对个人给予相应奖励,言语夸奖为多,有时也会有物质上的照顾,如饭食上的照顾等。何天树哄儿媳妇王英桂和石英兰背牛粪的时候,就会对媳妇们说"好好背哈,我让你娘给你煮点儿好吃的"。奖励能起到一定的激励作用,对整个家庭的发展氛围有好处。

2.言语激励为主

能奖励的范围仅限于家庭成员,别人家的孩子取得成就跟何家没有关系。对于表现好的家庭成员,家长是提供一些精神奖励或者物质奖励,但都很微薄。如果家庭成员平时干活比较认真,收获的时候获得较多的产量,家长会奖励大家饭菜更丰盛一点。家中的年轻人一直孝顺老人会得到家庭成员的赞赏,家族、四邻、乡亲也会称赞。这种称赞对他意味着有面子,老人也会很骄傲和自豪。

(二)重惩罚

1.惩罚主体:家长父母

一个家庭中,最高的处罚权属于当家人,但是父母亲也可以惩罚自己的子女,丈夫也可以惩罚自己的妻子,"老人婆"也有权利惩罚媳妇。家庭内部在惩罚小孩的时候,亲戚、邻居、熟人等外部家庭人员一般不会介入,除非闹得太厉害,旁人看不过去才会介入。儿子不听父母的话、偷奸耍滑、吃喝嫖赌等,都会受到当家人的惩罚。如果媳妇们在生活上犯错,一般是"老人婆"来惩罚,媳妇由"老人婆"来管教。家户在进行惩罚时,有时其他成员也会求情,如果闹得太厉害,邻居们也会介入,进行劝解。

如果家里的小孩子做错事,例如偷了别人家的东西,或者打了别人,若爷爷是当家人,是爷爷代表家庭去道歉。偷了钱要进行赔偿,打了人要赔偿医疗费用。家庭里会惩罚孩子,一般是打骂一番。若孩子的父亲过世了,孩子的监管人来承担孩子所犯的错误,可能是孩子的母亲或者爷爷奶奶,监管人也会对孩子进行惩罚和教育。孩子的父亲不在时对孩子负责人的人要负责到孩子长大到有能力独立时,大概也就是十五六岁。

2.惩罚对象:家庭成员

家庭里的惩罚只针对家庭成员,一般情况下不能对家庭外的人进行惩罚,即使外人做错事情,但如果造成的后果很严重,也可以惩罚外人,特别是小偷。家庭成员害怕被惩罚,也惧怕家长。对家长做出的惩罚大多是心服口服,也有口服心不服。

---

① 招抱儿子:即招上门女婿。

3.惩罚形式:家长做主

何家的惩罚一般是给脸色、呵斥、责骂、打骂,逐出家门的没有。采取何种惩罚方式,由当家人何天树根据所犯错误轻重决定,"轻则给脸色,重则打骂"。

七、家族公共事务

(一)参与主体

家族每年都会在清明节时举办清明会。何家参加家族公共事务的时候不是一家人全部参加,而是家里的当家人出面参加,有时候会带上儿子。清明会时除了洒扫煮饭的妇女[①],其他女性是不参加的。如果这个家庭没有男性。当家的女性也可以参加。如果男性是招进来的上门女婿,这个男性代表家庭参加家族公共事务。

(二)事务类型

1.清明会

何家族举办过清明会,每个家庭都要出一个代表,绝大多数是当家人代表家庭出面。由族长带头,先在祠堂祭祖,再去家族的祖坟前上坟,中午的时候在祠堂吃饭。每年也会由长者带着几房长子去往通江祭祖。清明会产生的费用,按每家的能力分摊。何家所在的家族也曾筹款,维修祠堂,如翻盖屋顶等。款项按家户均摊,人力由族长找,干一两天活没有人说什么。

2.筹资筹粮

如果家族里出了比较会读书的人,但是他的家里比较穷,家族内会集体出资供这个孩子上学,何家族只出过一个老爷,办过老爷酒。家族对这种爱读书的孩子重视,会想着以后受这个孩子的回报。如果家族内有的人家条件很差,过不下去生活,家族会号召大家一起帮助这个人,一般是是提供粮食。

八、村庄公共事务

(一)村庄无会议

1950年以前,何家所在白庙村没有组织开展过村务会议、征税会议,或者佃农会议、商人会议之类的小会议,何家也从来没有参与过。何家对村庄事务并不上心,没有说话的权利,保甲长也不在乎何家的意见。

(二)村庄无公共活动

1950年以前,白庙村也没有修桥、修路等公共活动,白庙的维修也是靠寺庙平时的积累和到各家的化缘。此外,也没有挖过水井,何家用的水井是早年就打好了的,打井的具体事宜,何家后人并不清楚。后来村里组织将水井修缮了一下,全部用石头砌好,再后来家家户户都在自家周边打了自己的水井,大水井便很少用了。棉花梁邻村在石桥沟一股岩水,冬暖夏凉,从不断水,很多家户在此处吃水,有几家总是主动洗水井,清除水井中的沉淀物。

(三)村庄集体活动少

何家参加过村庄组织的一些集体活动,但是这些活动很少,如看戏。请戏班子的钱,是由

---

① 洒扫煮饭的妇女,由谁决定,何仕政并不清楚。

保甲长牵头每家均摊的。这些活动不限人数,有时间的都可以去观看,新妇、待嫁姑娘、小孩儿都可以,出去参加或者观看这些集体活动需要征得当家人同意,家家户户还必须留人在家看家。

(四)村费征收

村里要进行村费征收必须找家长,找其他人不行,做不了主。当家人将村费直接交给村里的人,有时会委托其他的家庭成员拿去交。如果家里没有钱交村费,当家人可以跟村里面求情晚交,但不能不交。何家的钱由内当家苟国芳管,当家人出远门也不必交接钱的事儿。

(五)灾害自理

村庄发生一些旱涝灾害。当发生灾害的时候,自己家管理自己家,村庄没有统一组织过抗灾救灾活动。当村庄发生匪盗战乱时,家家户户自顾不暇,无力召集大家一起维护村庄治安。

1950年以前,何家所在的白庙村几乎不产生公共费用,也没有组织修过路桥,修庙是由庙里的自己负责,进村化缘。

九、国家事务

(一)纳税

1.纳税的情况

何家所在白庙村以家户为单位纳税,税款按照土地面积计算,"一背面子"地交十斤左右。每年在收获后交,只交粮食不交钱。是否交过田税、人头税、牙税等,何家后人并不清楚。交税时由甲长通知各家各户。

2.缴税的主体

每年收税时甲长直接通知每家的家长,如果家长不在家,也可以让找其他家庭成员代为转告,家长回家后会去甲长家询问详细情况。交税是每家自己去交,或者安排家里其他人去交,但是不会请邻居朋友代交。家长长期不在家,何仕政村庄没有这样的现象。如果一个家庭是女性当家,保甲长会直接通知到这位女当家人,也可以通知到家里的其他成年男性。

3.纳税的过程

在收到纳税通知后,家家户户基本上都会按时纳税,没有丝毫拖欠的余地。小户推迟时间交税,也是由大户先垫付,之后还给大户,当然会有一定的利息。如果交不起税费,就卖粮食或者借,必须交。逃跑是不行的,当家人跑了,还有妻儿父母在家。

(二)征兵

1.征兵

1950年以前,王英桂娘家父亲参加过共产党的征兵,是自愿入伍,后来在邻镇的清江大山中被枪炮打死。何家虽然男丁多,但没有自愿参军的情况。1950年以后,何仕政的三个儿子先后应征入伍。

2.抓壮丁

何家第六代的何仕礼在1950年以前被拉了壮丁,编入川军。内当家苟国芳到外地求情,将其领了回来。之所以能回来,是因为何仕礼小时候害过疮,身上有疤,不适合当兵。一听到抓壮丁的风声,何家的男劳力都会逃跑,不想被拉壮丁,一是因为苦,二是因为活着回来的很少。何家没有被抓了壮丁后又逃回来的,但在村里有这种情况。

抓壮丁的标准就是青壮劳动力,不会提前通知,"到你家来,抓着谁就是谁,有时候在田里干活就被拉走了"。农户为了防止被拉走,专门有人放哨,抓壮丁的人来了就赶紧跑。有的"主劳",躲在岩缝或山林里,避免被拉走。很多被拉壮丁的人,都死在了外面,回家的少之又少,梁大君的前夫便是因为拉壮丁而死在了外面,何仕宦家才会过继何仕礼继承香火。

调查小记

经过多方打听，家户调研的对象终于找到了，这令我十分开心。早早吃过午饭，在邻居"杨母子"的带领下，我来到了邻村何家岩的王英桂家，确认其是否符合访谈要求。本家的"祖婆"应该会同意吧？

祖婆虽然身体不是很好，左眼失明、右眼浑浊不清，走路也需要拄着拐棍，但精神劲儿却非常好，难得的是老太太高寿（90 岁），且记忆清晰，又当过妇女主任，能说会道。祖爷的身体就很不好了，中风之后只能卧床，但难得的是其记忆很清晰，虽然说话不是很方便。经过短暂的交流后，祖婆家的人口只有 12 人，达不到 15 口人的标准，很纠结，好几个村都打听了，没有大家户，儿子结婚生子后都分家了，同居共财的大家庭真的很难找。

我只能"厚着脸皮"和邓老师申请，看是否可以继续，曲折的人生，希望好运。还是先做祖婆的口述史访谈吧，难得有一个做过妇女主任的老太太。天黑才回家，路过坟园的时候，我心惊胆颤，幸好"胆儿肥"，不然还是个麻烦。这时，婆婆打着电筒出门来接我了，唉，明天得早点回去，大晚上的，老太太出门给摔了可咋整。

2017 年 2 月 12 日

一早，吃过饭就出发去祖婆家，祖婆也吃过了早饭，正好可以访谈，我们便完成了妇女口述调研余下的部分。祖婆的一生可谓坎坷不尽，苦难不绝。幼年时其父亲参加张国焘的红四方面军，在清江大山里被打死，留下孤儿寡母两人，食不果腹、难以为继，母亲带着女儿改嫁到石家。在石家，随着母亲生下几个弟弟妹妹，祖婆在家中的位置越来越尴尬，承担的家务活越来越重，即使是做双鞋子，母亲都会谩骂一通。好不容易到了说亲的年纪，又遭介绍人"起黑心"，差点将自己嫁给一个身上带病的男人，幸好族人出面"喝茶"摆平了，最后祖婆在打石匠的介绍下与祖爷成亲。婚后的生活算不上好，夫家的情况比娘家更复杂，叔嫂结合的"老人公婆"、不知事的二哥何仕礼、爱计较的堂哥何仕栋，还有未圆房的童养媳石英兰，复杂的家庭关系使祖婆融入十分艰难。婚后第二年，丈夫的大哥便因病去世，并将长子何守弟托付给弟弟夫妻。磕磕绊绊过了七八年，巴州县解放了，同时以租佃为生的婆家因租不到田地等原因分了家。幸好席卷中国大地的土地改革运动轰轰烈烈地展开了，不然只分得"八碗米、几个破背篓儿"的祖婆一家还不知如何生存下来。正因为受过糟蹋，祖婆一家积极参加了土地改革运动，祖婆逐渐脱颖而出，走上妇女主任的位置，而不是淹没在没完没了的家务之中。祖婆在事业上很得意，但在生活上，因为一直没有生育被当地人诟病。也因为祖婆与丈夫没有生育，夫妻二人先是收养了兄长的长子何守弟，接着又收养了大哥的次子何守付，又于"大食堂期间"收养了流浪儿何守刚。虽然没有生育，但收养的三个儿子也不错，到现在也是"哄哄堂堂一大屋人"。然而祖婆的晚年却比较糟心,大儿子、二儿子都在巴中城里工作,家也安在了城内,并不能就近照顾老人,三儿子家虽然就在隔壁,但毕竟没有血缘关系,母子父子之间的关系不是很融洽,并不能很好地照顾老人。无奈,两位老人只能自己照顾自己,即使已经九十多岁,即使祖爷瘫痪在床,即使祖婆行动不便两位老人仍然坚强地活着。万幸的是,祖爷有退休工资,虽然不多,但已足够两位老人吃穿用度,尚不至于为衣食犯难。

摆在眼前的问题来了——养老。随着改革开放的不断深入,很多农村空心化的程度越来越严重,很多老人无人照顾,村庄又难以提供养老服务,出路在何方?想想外婆外爷七十五六了还在田里劳动,儿女都靠不着。婆婆八十岁了还是一个人在家守着两个儿子的房子,有个头疼脑热的只能自己照顾自己,该怎么办?

2017年2月13日

经过申请,老师同意祖婆作为我的家户访谈对象。继续在祖婆家蹲守,家户访谈正式开始了。今天最大的感悟是"技多不压身,总会有用的"。访谈到下午一点的时候,肚子都饿了,做饭吧。祖爷卧床不起,祖婆行动不便,总不好让老人动手,我只好收好东西,洗手做羹汤去。简简单单炒了俩菜,火腿炒青菜(第一次这样配,有点辣眼睛)、西红柿炒蛋,为了贴合祖爷祖婆的牙口,炒得特别熟,米饭也煮得特别软。利索地收拾完,继续开始访谈。

2017年2月14日—18日

做村庄问卷的时候给自己挖的坑,还没填好,镇上下村来检查第三次全国农业普查的进度来了,看来,晚上又得加班了。啰啰嗦嗦快十一点才到祖婆家,害得祖婆以为我不去了,调研没做完,咋能不去呢?

别人在过情人节,我在和老太太聊家户,幸好男朋友在外地,不然还得面临"家庭工作谁重要"的艰难选择。信仰基督教的祖婆并不愿意聊太多关于佛教信仰和家神信仰的内容,后期补充吧。我给祖婆塞了500块钱,很微薄,聊表心意,毕竟老人陪我聊了这么久。其后的日子,调研继续,感谢"杨母子"的介绍,感谢祖婆的热情配合,好运。快返校了,我也要加油。

致谢

从年初到年末,从无从着手到报告完成,要感谢的人太多太多。万分有幸参与中农院最前沿的调查,感谢学院给予的调查机会和经费支持,感谢徐勇老师、邓大才老师、黄振华老师的鼓励和教诲,感谢朱露师姐和张航师兄的指导,更感谢王英桂与何仕政两位老人的讲述,也感谢家人的支持。从开始找老人到报告完成,给我帮助和启发的人太多,真诚地谢谢你们。

附录:白庙村部分地方方言释义

耙:软,熟	股:逼,强行	跶:好动,捣蛋
歪:厉害,凶	尖:聪明,狡猾	咬:痒,诽谤
山:野蛮,粗野	诀:骂,计策	扎:支持,帮助
咚:拌,挥霍	告:试	苕:土里土气
冷子:冰雹	扯闪:闪电	令雨:连阴雨
牯牛风:狂风	麻麻亮:黎明	伯伯:爸爸
老汉:爸爸	依娅:妈妈	大佬馆:大哥
干妹儿:未婚妻	挑老壳:姨姐夫	帽根儿:辫子
倒拐子:胳膊肘	坨子:拳头	列巴:排骨
连二杆:胫骨	理麻:处理	闷龙:愚笨
诀架:对骂	日白扯谎:哄骗	榻榻:地方
欺头:占便宜	嘎嘎:肉食	吃抹合:白吃
山喳子:喜鹊	野娃:野兽	三儿:猴子
乌老二:乌梢蛇	癞茄包:蟾蜍	茄麻子:青蛙
黄婆娘:蟑螂	麻龙:蜻蜓	灶鸡子:蟋蟀
硬是:就是	相因:便宜	把连:全部
背时:倒霉	弯酸:刁难	焦湿:湿透了
莫使处:没能力	扯拐:出故障	超劳你:麻烦你
逗毛惹臊:惹是生非	巴南不得:但愿如此	滴到把子:急急忙忙
三麻两逛:干脆利落	皮奋嘴歪:筋疲力尽	帽儿跟头:急忙,快

第四篇

固本拓源：农商并举之户的延续与壮大
——辽中北西莲村张氏家户制度调查

李丹阳*

* 李丹阳(1992—)，女，辽宁新民人，华中师范大学中国农村研究院2016级硕士研究生。

导　语

　　后金故地，人烟渺茫；辽河中贯，两岸同光；满清初创，村落渐强；初治民屯，后辖沈阳；巨流一役，新民新像。辽宁省新民市^①东蛇山子镇^②西莲村位于沈阳市区北部、新民市东北部，此地交通便捷、土地肥沃，海拔为 22~49 米，地势平坦开阔，属温带大陆性季风气候，四季分明，适于种植业发展。目前该村已与马蹄岗子村合并，并正式更名为马蹄岗子村。

　　西莲村的大户张家于清朝初年从河北省搬迁至辽宁省新民市东蛇山子镇的西莲村，祖上一直有着勤劳苦干的优良传统，因此张家才能够逐渐从西莲村大户李家的打工者转变为村中最大的家户。1948 年新民市土地改革之前，张家是一个典型的大家庭，张树蔡为张家积攒下了大量家业，即使在他去世之后，换由其妻子陈氏当家主事，之后再到次子张燕义和孙子张孝培当家，也都遵循着张树蔡的治家轨迹，他对张家后人的影响深远，故笔者在行文过程中将对张树蔡这一当家人形象着重刻画。张家在未分家之前，张树蔡和自己的妻子带着两个儿子以及五个侄子一同生活，家中人口(不算外嫁女)多达五十二口人，并常年雇佣两个长工、一个管家和一个厨师，农忙的时候还会雇佣约二十个短工来家里耕种、秋收，另外还雇佣两个人负责看青^③和看坟。张家的当家人为张树蔡，他负责家中大大小小的事情，其妻陈氏也会帮忙分担一些家务事。张家在最兴盛的时候，祖上的张八老爷(因在家中排行老八而得名)在新民县衙内当县令；家中副业颇大，在平罗镇内经营旅店、饭店和车店各一间，雇佣约十五人经营此买卖；在新民县内有七十多间门市房，雇佣的劳动力则更多。张家拥有三千多亩耕地、三四百亩林地。自家居住的院子占地面积约为四亩，拥有五间正房、八间东西厢房，还有厨房和牲口棚等；家中的大门为二层铁质结构，门洞两边有四间房屋，供在院中打更和巡逻的人居住；家中院墙高耸，四角均有炮楼，常年命人持枪把守；大门门口还有四个阶梯的上马石，着实气派、繁盛。张家家中的家法家规较少，多为未成文的规定，但张家人一直严于律己，世代传袭着优良家风，故而张家人形成了良好的品格。张家在 1945 年时听说很多地区忙于分房、分地，土地改革的热浪马上席卷而来，便决定于 1945 年提前分家。至此，张家这个大家户便不复存在。笔者希望经过此番调查，通过受访者的讲述可以将我们带回到 1945 年以前的张家大户。

---

　　① 新民市：隶属于辽宁省沈阳市，位于辽宁省中部，辽河下游平原地区。1948 年 10 月 29 日，新民解放，新民县属辽北省。1949 年 4 月，辽北、辽西两省合并为辽西省，新民县改属辽西省。1954 年 8 月，辽西、辽东两省合并为辽宁省，新民县属辽宁省。1955 年 1 月，新民县划归辽宁省辽阳专区。1958 年末新民县划归沈阳市。1993 年 6 月 14 日，经国务院批准，新民县撤县设市(县级市)，仍属沈阳市。
　　② 东蛇山子镇源为东蛇山子乡，于 2011 年撤乡改镇。
　　③ "看青"也叫"护青"天津河北一带也有叫"护秋"的。主要是指守护未成熟的庄稼，直到庄稼成熟并收获到家。

第一章 家户的由来与特性

张家祖上因逃荒要饭落户于西莲村，祖先张训龚于清朝初年携带妻子和两个儿子从河北省出发，几经辗转，最终落户于辽宁省西莲村。初到西莲村时，祖先张训龚和妻儿并无落脚点，后以给村中大户李家打扫庭院、看坟而发家。张家到"孝"字辈时，已经传承两百多年、绵延九代人。未分家之前，不算外嫁女家里约有52口人，是村上地地道道的大户。家中常年雇佣两个长工、一个厨师和一个管家；老宅占地面积四亩多，约三千平方米左右，共有十余间房屋，院墙四角均带有炮楼，常年有人把守看护；张家拥有三千余亩耕地，三四百亩林地；副业众多，家大业大；祖上的张八老爷为新民县令，影响力很大。随着时间的推移，张家的人口越来越多，代际关系也越来越复杂，亲属关系均要超出五服之外，并随着1948年新民地区的土地改革浪潮来袭，张家提前在1945年分家，至此张家大户也就分散开来。

一、家户迁徙与定居

张家的祖先张训龚是于清朝初年从河北省步行到山东省烟台市，之后一路坐船到达辽宁省营口市，在营口市要饭一两年之后便又坐船逃荒到冯家窝堡村，在此渡口下船一路向北要饭到达西莲村，给张家人饭食的人家恰巧是西莲村的大户李家。李家人心善，于是将他们一家四口留在李家做活，主要是负责打扫院子和看坟。干了一段时间活之后，李家人看张家夫妻俩干活干得很仔细，就送给他们一头小毛驴，还送给他们几亩耕地，希望他们今后可以过上好日子。张家人过日子一向很仔细，通过不断努力，张家便一点点发家，到"孝"字辈时，张家已经绵延九代人、传承两百多年。到后期，张家的家庭人口也越来越多，代际关系也越来越复杂，原来的直系血脉、亲属关系也基本超出五服之外，并随着1948年土地改革分田浪潮不断涌来，张家最终决定于1945年分家单过，至此西莲村的张家大户就此分家。

(一)家户祖居及迁徙情况

张家祖居在河北省，后因挨饿在山东省坐船逃荒暂落至辽宁省营口市，在营口市一共待了两年，一直以要饭为生，于是张家四口人坐船来到了沈阳市的西莲村，要饭至当地大户李家门前，李家人收留了他们，张家人也算是有个定所可居。

1.一路逃荒暂落营口

1949年以前，西莲村主要以张、李两大姓氏为主；其中张氏家族祖上为清朝时期过来的"民人"，而李氏家族则为坐地户①"旗人"。张家祖上是从河北省搬迁到西莲村，祖上没有在朝廷里面当大官的人，后来张家因土地买卖才使得家庭富裕起来，张八老爷还考取了举人，在

---

① 坐地户：指原先就在此居住的农民。

新民县内当上了县令,张家也算是村中的显赫一族。李家虽也是于清朝初年搬迁过来,但比张家人更早到达西莲村。李家在清朝时期便为八旗子弟服务,相当于清朝满族官家的家奴,属于镶红旗,是地地道道的"旗人",这里所指的"旗人"包括满洲旗人、蒙古"旗人"、汉军"旗人"和清代入旗的锡伯"旗人"等,他们可以称得上是贵人一族,而"民人"即为普通老百姓。

张家的祖先即一世祖张训龚于清朝初年时期,他携带着妻子和两个儿子从河北省逃荒要饭到西莲村,此时的张训龚和妻子都是 30 岁左右,两个儿子差不多是十一二岁、八九岁。张家祖上先人的逃荒过程极其艰辛、不易,因为老家是在河北省,无法走水路,便一路走到山东省烟台市,之后从烟台市坐船到达辽宁省营口市,在营口市的渡口上岸避难。张家四口在营口市待了一两年之后,来此逃荒要饭的难民仍然很多,他们自己的生活也还是以要饭为主,生存现状依旧十分恶劣,于是便萌生了继续逃荒的想法。

2.辗转迁徙落户西莲

张家原来在河北省的时候存有一些积蓄,因为逃荒要饭的日子实在不好过,便决定继续逃荒。当时的营口市本身是一个船口,外地来的逃荒要饭者很多,因此张家四口便用仅存的一点积蓄雇了一条船继续逃荒。辽河的一个分支从营口入海,流经沈阳新民县一带渡口的顺序:巨流河、马屯、冯家窝堡、马虎山、三面船等。之后张家四口便从营口市坐船到了冯家窝堡村(距离西莲村约为两千米远),并在此处的渡口下船。同张家一家四口从烟台市乘坐一条船过来逃荒的还有亲戚王长占,他和张家是姑舅亲。张家祖先在逃荒的时候,连同山东人以及河北人,一共有八船前往东北逃荒的难民,后来遇到风浪,仅仅存活下来一船人,由此来看,张家的祖先极其幸运。

冯家窝堡的河口很繁荣,那里是通商走船的地方,平时都是外来的大船拉来货物和当地的老百姓进行交易。关于冯家窝堡地名的由来也很有意思,最初的时候,冯家窝堡这里只有六户人家,这六家人也是因为逃荒要饭才到此地,他们搭了六个窝棚在此居住,巧合的是这几户人家都姓冯,因此取名为冯家窝堡村。西莲这个村子在唐朝的时候叫作"瓦里哈",属于朝鲜族的村落,村名字的叫法也是朝鲜族的叫法,薛礼征东①的时候,顺着浑河②一路打到了辽河③,最终把朝鲜族的人撵到了长白山里面,还把沈阳附近的朝鲜族人民撵到了丹东市,之后许多朝鲜人便在现如今的朝鲜和韩国定居,西莲村这里也就全部剩下汉族人在此居住。

张家一家四口一路要饭到西莲村,此时西莲村中都是姓李的农户。此村在最初的时候连十户人家都没有,因为李家于清朝时期搬迁至西莲村,仅有三代人在此居住,但是南至辽河、

---

① 薛礼征东:薛仁贵征东,攻打高句丽。唐朝初期,朝鲜半岛与中国东北的东南部有三个互相混战的国家:百济、新罗、高句丽,与唐朝接壤的是高句丽。唐朝为了争夺中国东北的利益,联合新罗攻打百济与高句丽。百济先被唐朝占领,后归新罗,高句丽被唐朝与新罗平分。双方以大同江为界,北方属于唐朝,南方属于新罗。高句丽追根溯源是与中国的女真有一些血缘,而现在的朝鲜人是以百济与新罗的辰韩人、弁韩人、马韩人为主发展起来的。

② 浑河古称沈水,又称小辽河。历史上曾经是辽河最大的支流,现为独立入海的河流,同时也是辽宁省水资源最丰富的内河。流域范围在辽宁省中东部。源于清原县滚马岭,流经抚顺、沈阳等市县,在海城古城子附近纳太子河,向南流至营口市附近入辽东湾,全长 415 公里。

③ 辽河,中国东北地区南部河流。汉代以前称句骊河,汉代称大辽河,五代以后称辽河。辽河发源于河北省平泉县七老图山脉的光头山,流经河北、内蒙古、吉林、辽宁四省(自治区),全长 1345 公里,注入渤海,流域面积 21.9 万平方公里。是中国七大河流之一。

北至东蛇山子乡(距离西莲村五里地)的地都归李家所有,李家当时归法库县闫千户①里面的千户侯管理,并且给官员当家奴,赏给李家大片土地。而张家比李家过来得晚,要饭的时候正好要到了大户李家的门前,李家人心善便留下了他们一家,让他们给自己家看院子、看坟。张家人一向节俭,干活又仔细,李家人便给了他们两头小毛驴和几亩地,张家人就可以用毛驴来磨稻谷、种地等,剩下的麸子还可以用来喂自家的猪。经过多年的积累,张家便一点点发展起来。之后李家人"败家",不断地向外卖地,张家人便不断地从李家那里买地,张家也就不断发家。

张家在西莲村落户的时候不需要经过谁的特殊同意,在最开始的时候,西莲村也没有人在此居住,村庄里面都是大片的荒地,人们都是后来才落户于此。因此,李家在最开始的时候便落户到西莲村,西莲村也只有李家这一个大户。在最初的时候张家和村民们的关系都很好;等到后期,张家也不断繁衍,西莲村便主要以张、李两大姓氏为主,虽然还会有其他一些小的姓氏,但张家还是和村民的关系一直不错。

(二)家户繁衍与分离概况

张家家谱共记载有九代人,一世祖即当年逃荒至西莲村的先人张训龚。张家已经传承两百多年,算上新生儿,已经有十二代人,在当地是地地道道的老户。随着1948年土地改革的热浪席卷而来,张家于1945年分家,张家大户就此消散。

1.张家上下十二代,四世同堂

通过查看张家家谱的相关记载以及根据吕文英老人的描述,家谱上记载着张家祖上已经繁衍九代人,分别是一世祖:张训龚、郝氏;二世祖:张凤亮、吕氏;三世:张进书、刘氏,张振书(1757.5.18—1836.7.27)马氏(1762.9.20—1842.1.18);四世:张瑞君(1792.5.15—1865.7.8)刘氏(1793.3.16—1853.3.29),张瑞臣(1788.2.26—1871.9.11)江氏(1794.11—1858.10.3),张瑞喜(1783.10.16—1840.10.3)刘氏、李氏;五世:张守仁、徐氏,张守义、赵氏,张守礼、王氏、邵氏、谷氏,张守智、吴氏、邵氏,张守信、吴氏,张守伦、李氏、王氏;六世:张广太、吴氏,张广生、于氏,张广兴、王氏、赵氏,张广辉、刘氏,张广俊、温氏,张广昌、张氏,张广勤、宋氏,张广和(1855.12.29—1907.12.3)冯氏,张广心、胡氏,张广泽、刘氏,张广润、侯氏;七世:张树忠、李氏,张树风、王氏,张树化,张树藩、李氏,张树五、卯氏,张树山、孟氏,张树蔡、陈氏,张树田、王氏,张树棠、周氏,张树春,张树清、李氏,张树声;八世:张燕公(1902.4.28—)王氏,张燕来、李氏,张燕海、孙氏,张燕义,张燕宾、孔氏,张燕誉、段氏,张燕举、王氏,张燕公,张燕宗、沈氏,张燕喜,张燕普、于氏,张燕良、刘氏;九世:张孝昆、刘氏,张孝宏、宋氏,张孝会,张孝泽(1927.9.15—1999.1.19)(吕文英老人的丈夫)。

1948年土地改革以前,全村总共有约五六十户人家,虽然户数较少,但基本上都是张、李两个大家族的后人,家族以下又划分为好多股,没有几户外姓人在此居住。张家祖上是从河北省迁入于西莲村,因此之前在河北省的家族人员就不再作数,家谱上面记载着9代人。就目前来看,张家在村里已经有12代人,大约有两百多人,目前吕文英老人最小的重孙也是张家最小的后人,他今年已经4岁,家户世袭表如下。

<hr>

① 闫千户,现叫闫千户村,隶属于法库县,位于陶屯乡的北部,法库县的南部。

表 4-1　张家家户世袭

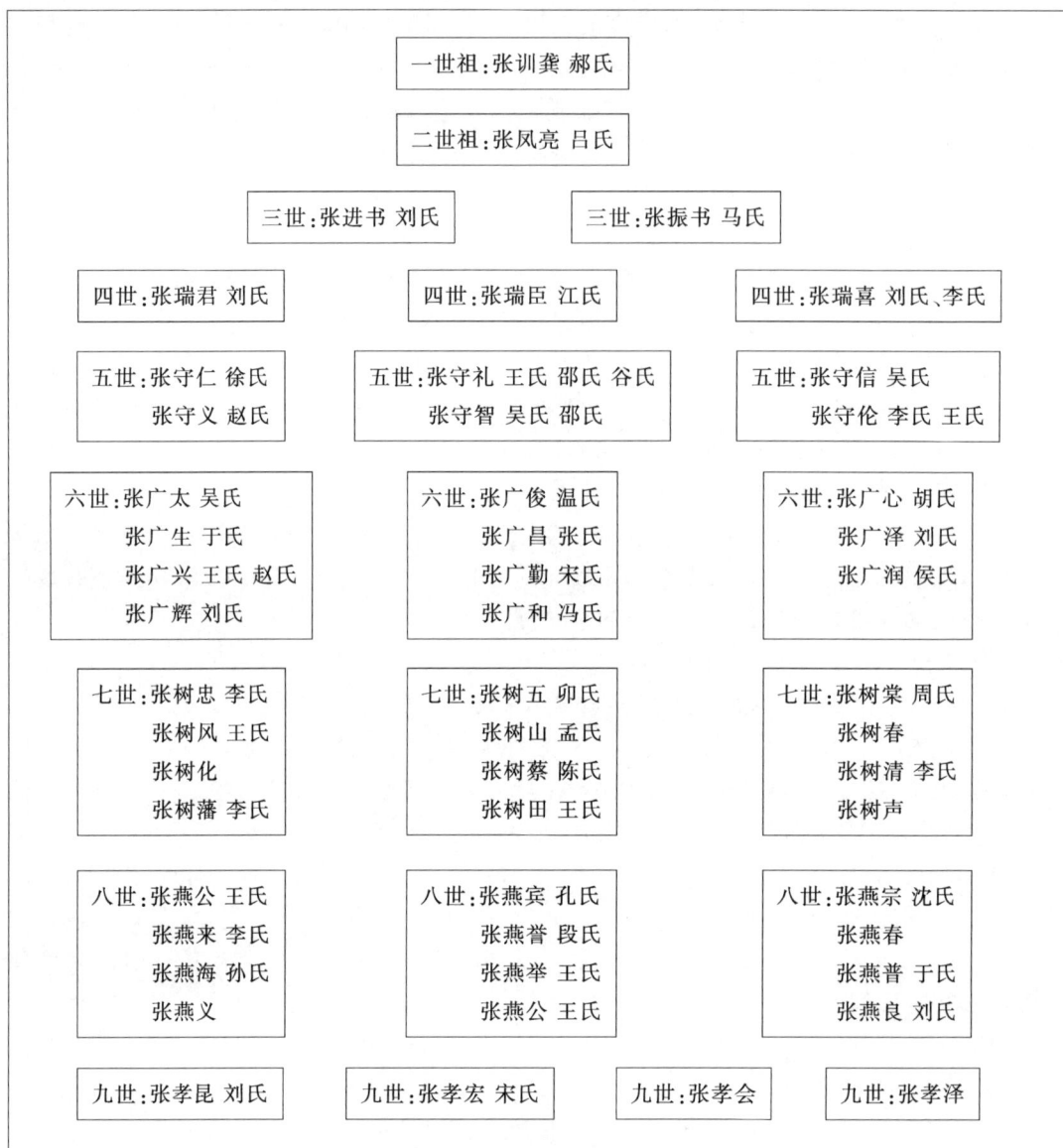

```
                    一世祖:张训龚 郝氏

                    二世祖:张凤亮 吕氏

        三世:张进书 刘氏              三世:张振书 马氏

 四世:张瑞君 刘氏      四世:张瑞臣 江氏          四世:张瑞喜 刘氏、李氏

 五世:张守仁 徐氏      五世:张守礼 王氏 邵氏 谷氏    五世:张守信 吴氏
      张守义 赵氏           张守智 吴氏 邵氏          张守伦 李氏 王氏

 六世:张广太 吴氏      六世:张广俊 温氏          六世:张广心 胡氏
      张广生 于氏           张广昌 张氏               张广泽 刘氏
      张广兴 王氏 赵氏       张广勤 宋氏               张广润 侯氏
      张广辉 刘氏           张广和 冯氏

 七世:张树忠 李氏      七世:张树五 卯氏          七世:张树棠 周氏
      张树凤 王氏           张树山 孟氏               张树春
      张树化               张树蔡 陈氏               张树清 李氏
      张树藩 李氏           张树田 王氏               张树声

 八世:张燕公 王氏      八世:张燕宾 孔氏          八世:张燕宗 沈氏
      张燕来 李氏           张燕誉 段氏               张燕春
      张燕海 孙氏           张燕举 王氏               张燕普 于氏
      张燕义               张燕公 王氏               张燕良 刘氏

 九世:张孝昆 刘氏      九世:张孝宏 宋氏     九世:张孝会     九世:张孝泽
```

注:此表由张家家谱及后人讲述所成,部分内容有缺失。

2.因土改而分家

张家祖上没有发生过大的变故,之所以能够成为西莲村里的大户,主要是通过一点点攒钱、合法买地才不断富裕起来。张家祖上的张八老爷在清朝末年的时候是新民县的县令,但是这个官位仅象征着一种名誉,因为张家通过种地和做买卖赚了很多钱,当时的新民县也比较衰败,没有足够的钱财用来维持社会治安,于是便让张八老爷捐点钱给了一个县官当,这个官位相当于名誉主席一样。张家家里既经商又务农,家中有三千多亩耕地,在新民县内、平罗镇和东蛇山子乡里都有自家的买卖,家里人也都读过书,虽然老一辈张家人的文化水平并不高,但日子却过得红红火火,形成一片繁荣昌盛的景象。1945 年日本军队投降之后,在夏天的时候,解放军攻打沈阳,冬天的时候便返回通辽,家里一看战乱频发,新民县城内的买卖真的无法再继续经营,而且家人听说西莲村以南的很多地区都在分房子、分土地,土地改革马上就要在当地实施,张家看大势所趋,便于1945年将家里所有的买卖都卖掉,紧接着便回到家中把卖副业的钱和家里的土地均分给各个小家,这便算是分家单过。另外,随着张家人口的不断增多,各个小股之间的关系也没有原来那么亲近,有的亲属关系超出五服之外,一大家子人也各有各的想法,大家庭难以维系,便决定于1945年分家。

二、家户基本情况

西莲村张家,位于辽宁省沈阳市新民县东蛇山子乡西莲村,距离新民县内三十五公里。在1949年解放以前,张家是当地有名的大户,具体体现在以下三个方面:一是在人口的数量与结构上,张家家谱上面已经记载九代人,子子孙孙全部算上已经有十二代人。在未分家之前,不算外嫁女家里约有五十二口人,家中常年雇佣两个长工、一个厨师和一个管家;二是在房屋情况上,老宅子占地面积为超过四亩,约三千平米左右,十余间房屋立于院落,高墙紧围,四角带有炮楼,常年有人把守看护;三是在财富和影响力上,张家家中有三千余亩耕地、三四百亩林地,新民县内门市房众多,还和关内搬迁过来的一户人家一起在东蛇山子乡里开酒坊,可谓是家大业大,张家祖上的张八老爷为新民县令,影响力也很大。后来张家人听闻许多地区在分房子、分土地,土地改革的浪潮马上要袭来,张家人不想自家的东西被外人分割,便决定于1945年分家,张家这个大家庭也就此解体。

(一)家户成员基本情况

未分家之前,张家有五十余口人,祖上还出过举人即张八老爷,他的官位是新民县的县令。张家在未分家的时候是张家第七代后人张树蔡主持家事,家庭成员的年龄构成以中青为主,老少皆有,可谓枝繁叶茂。

1.第七代后人张树蔡当大家

吕文英老人在1949年前一直和大家户一起居住,即未分家之前家里有四代人,此时的当家人是张树蔡和他的妻子陈氏,他是张家的第七代后人,当时他还有两个亲兄弟,其中有一个叫张树藩,另外一个叫什么名字便无从考证。张树蔡的后人又分成七股,吕文英老人是张家的第九代后人张孝泽的妻子;再往下辈进行查找,以及算上出嫁的姑娘等,构成了张家的第九代后人,此时的总人口数量将近七八十人。在整个村庄中,姓张的家庭占据全村一多半的人口,且多为大户。张家家中在未分家之前拥有着全村半数以上的土地,常年还雇佣着一个管家、一个厨师和两个长工,管家和长工都是西莲村的人,不用居住在张家家中;厨师是邻村马蹄岗子村村民,有时赶到农忙,厨师不回家居住,只要住在张家家中即可;等到冬天的时候,张家人一天只吃两顿饭,厨师不会很忙,他便回家中居住。1945年未分家之前,张家家中四代同堂,人丁兴旺,劳动力充裕,并无收养和过继的情况发生。

2.祖上出举人、有仁义堂

祖上先人张八老爷为乾隆时期的举人,后来也是因为家里有钱便自己买了官,成为了新民县衙门的县令,家里的大门前有专供张八老爷上马的四层上马石阶梯。在此之后,张家便没有做官的人,也没有担任保甲长和会首的后人,张家人认为这种人都是坏人,只有坏人才会担任这种职务。张家是村中的大户,具有一定的声望,张树蔡这一股人的堂号叫作"西河

327

堂"，总会在自家门口设立粥铺，免费让穷人来喝，人称"仁义堂"。

3.张家老少皆有，以中青为主

1945年未分家之前，张家的当家人张树蔡已经60多岁，但是在分家的前几年便因病去世，他的妻子陈氏也有60多岁；张树蔡的儿子、侄子辈们的年龄为四五十岁，孙子、侄孙辈们的年龄为二三十岁，基本都已经成家立业，也都上过几年学，重孙辈也都上学读书，没有辍学在家者。因此，张家家中的劳动力主要是以青壮年男性为主，大约有23人，张家还雇佣着管家、长工和厨师等雇工。

表4-2　1949年前张家家户基本信息表

成员序号	姓名	家庭身份	性别	年龄	婚姻状况	宗教信仰	健康状况	参与社会组织情况
1	张树蔡(号向臣)	第七代家长(外当家人)	男	去世	已婚	无		无
2	陈氏	第七代妻子(内当家人)	女	65	已婚	无	中	无
3	张燕宾	第八代大侄子	男	55	已婚	无	良	无
4	孔氏	第八代大侄媳	女	42	已婚	无	良	无
5	张燕誉	第八代二侄子	男	53	已婚	无	良	无
6	段氏	第八代二侄媳	女	52	已婚	无	良	无
7	张燕举	第八代三侄子	男	50	已婚	无	良	无
8	王氏	第八代三侄媳	女	50	已婚	无	良	无
9	张燕公	第八代长子	男	去世	已婚	无		无
10	王氏	第八代长媳	女	48	已婚	无	良	无
11	张燕宗	第八代四侄子	男	47	已婚	无	良	无
12	沈氏	第八代四侄媳	女	47	已婚	无	良	无
13	张燕义	第八代次子	男	46	已婚	无	良	无
14	不详	第八代次媳	女	45	已婚	无	良	无
15	张燕来	第八代五侄子	男	43	已婚	无	良	无
16	李氏	第八代五侄媳	女	43	已婚	无	良	无
17	张孝培	第九代长孙	男	25	已婚	无	优	无
18	闫氏	第九代长孙媳	女	24	已婚	无	优	无
19	张孝泽	第九代侄孙	男	23	已婚	无	优	无
20	吕文英	第九代侄孙媳(受访者)	女	20	已婚	无	优	无
21	李某某	管家	男	50多	已婚	无	良	无
22	江福宽	厨师	男	45岁	已婚	无	良	无
23	李国宾	长工	男	40多	已婚	无	良	无
24	李玉宾	长工	男	40多	已婚	无	良	无

　　注:1.年龄以1945年分家为核算时期。

　　　2.孔氏为张燕宾原配去世后再娶的妻子。

4.张家人口"厚"而多

家庭成员具体情况如下,1945 年未分家之前,张家共有四代人,若不算外嫁的姑娘,人口数约为 52 人,男性劳动力有 23 人,人口很"厚"[1]。张家此时的当家人为张树蔡;第二代有张树蔡的大侄子张燕宾(排行老大)和妻子孔氏一家,其中一婚的妻子生了三个儿子一个女儿,二婚的妻子生了两个儿子三个女儿,除了最小的女儿是 1963 年结婚的,其余的儿女均成家;吕文英老人是张树蔡的四侄孙媳,因害怕批斗,家中原有的郑板桥书画、一段古竹椅子上的竹子,都自行烧毁,在前几年的时候古文物博物馆还来张家找过这段竹子,但都没有了;家中房屋作为大队的办公场所使用过,张家将乾隆年间留下的家谱藏于房梁之上,才得以幸免,后来搬回居住,才将家谱留存至今。张树蔡的二侄子张燕誉和妻子段氏一家,有两个儿子和一个女儿,他们的女儿于 1969 年结婚,现在七十二三岁,居住在沈阳市内,其余的孩子均成家;1948 年土地改革时期,工作队成员让张燕誉的儿子用皮带打他的三叔,即张燕举,因为下不去手,大家都来打张燕誉的儿子,因为心里害怕以及为躲避批斗,全家人举家搬迁到齐齐哈尔市居住。张树蔡的三侄子张燕举和妻子王氏一家,有四个儿子,均成家。张树蔡的大儿子张燕公和妻子王氏一家,有一个儿子和四个女儿,其中两个女儿都是新中国成立以后才结婚,一个嫁到了公主屯镇,一个嫁到了沈阳市内,其余的儿女均成家,他自己的儿子后来也去沈阳市内居住。张树蔡的四侄子张燕宗和妻子沈氏一家,有两个儿子和一个女儿,儿女均成家。张树蔡的二儿子张燕义和妻子一家,有一个儿子,三个女儿,他的小女儿张孝娥于六九年结婚,嫁给了"光辉农厂"的厂长,现在居住在沈阳市内,其余的儿女均成家,还有一个女儿是嫁给了"老龙口酒厂"的厂长。张树蔡的五侄子张燕来和妻子李氏一家,有一个儿子和一个女儿,儿女均成家,后来儿子过世,儿媳带着小孩子和公公婆婆一起住。其中老大、老二和老三是一股,老四和老六是一股,老五和老七是一股,张家的当家人张树蔡和陈氏是老四和老六的亲生父母,老大、老二、老三、老五和老七是张树蔡的亲侄子。因时间、年龄等限制,张家的后人们也无法回忆出第四代究竟生养了多少小孩子。由此推算,1945 年未分家之前,张家有二十三个青壮年男劳动力和两位老人。

表 4-3　1949 年前张家家户基本情况

家庭基本情况	数据
家庭人口数	52
劳动力数	23
男性劳动力	23
家庭代际数	4
家内夫妻数	24
老人数量	2
儿童数量	不详
其他非亲属成员数	4

---

[1] 形容家里男性多。

5.分家之后各有出路

1945 年日本军队投降之后,解放军在夏天的时候攻打沈阳,冬天便返回通辽市,张家人看战乱频发,家里的买卖真的无法维系,便于 1945 年的时候将家里所有的买卖都卖掉,兑换成现金之后,连同家里的土地都给各个小家均分下去;另外,随着张家人口的不断增多,各股之间的关系也没有原来那么亲近,有的亲属关系超过五服之外,每个人也各有各的想法,张家这个大家庭难以维系,便于 1945 年分家,张家大户便就此分散。分家之后,老大一家人继续留在农村居住;老二家搬到齐齐哈尔居住,近年不再联系;老三家、老四家、老六家都举家搬到沈阳,之后买车拉脚维持生活,以在货站拉东西为生;老七家则是将家中土地等变卖,之后和西莲村的一户李姓亲戚一起逃荒到了吉林市的公主岭市①,在那里以做买卖为生。

(二)家户空间结构

1949 年以前,张家祖屋占地面积约为四亩地,近三千平方米的面积,共有五间主房屋,八间厢房,还有四间供打更人住的门市房;大门为铁门,共计两层,中间有门洞;家里四面都有院墙,院墙上方有遮沿,各个墙角上均有炮楼,常年由雇工把守、看护。

1.四余亩老宅,十余间房屋

1949 年前张家家中的老宅占地面积四余亩地,将近三千平方米,张家家中一共有五间正房,八间东西厢房,房子为土坯和稻草结构。1949 年以前张家在村西头的最南面居住,其优势就在于南面没有住户,都是自家的土地,耕作方便。张家家里的东面和北面都有村民居住和道路,东面是老王家,北面是老李家的老宅子,南面是自己家的菜园子,再往南面便是大甸子,是走不通的一条死路,西面是村里的大庙,这是一块风水宝地,只有有钱的人家才能住的离大庙近。总体来看,张家和大庙之间、邻居之间均有道路,也有往北走的大路,张家的大门也是朝着北面而开;这条朝北走的路是村里共有,是公家的道路,村民们谁都可以走,没有归个人的道路。张家家中一直有院墙,都是用石头堆砌而成,其他的穷人家则没有砌院墙,一般是用高粱秆子夹的院墙,这种院墙既不结实也不美观,稍微大一点的风都会把它吹倒。张家的周围没有胡同,只有平坦的道路。东北地区以平原为主,所以张家也是在平原上居住,地势平坦开阔。1945 年未分家之前,西莲村里的人也不算多,可以称得上是地广人稀,每家相邻的距离都较远。

2.四处炮楼,两层铁门

张家的正大门为两层门洞结构,包有厚重的大铁皮,门洞两旁还有四间门市房,分别是一面两间,主要供看家护院的、打更的人居住;张家老宅子的四周都有高高的院墙,院墙的四个角还有四个炮楼,都有人拿枪看守,院子里还有巡逻的人,防止"胡子"②来抢劫;院墙都有遮沿,为避雨使用;院内有两口井,主要是自家人使用,平时用来做饭、饮用、洗衣、喂养牲畜等;院外还有一口井,可让村庄内的其他人使用。厕所在自家院落的东北角处,并分男女;牲口在自家院子里面的西侧,有专门的马棚供其喂养;张家的院落中并无排水沟。

---

① 公主岭市,吉林省省直管市,地处吉林省中西部,东辽河中游右岸。
② 胡子:土匪。

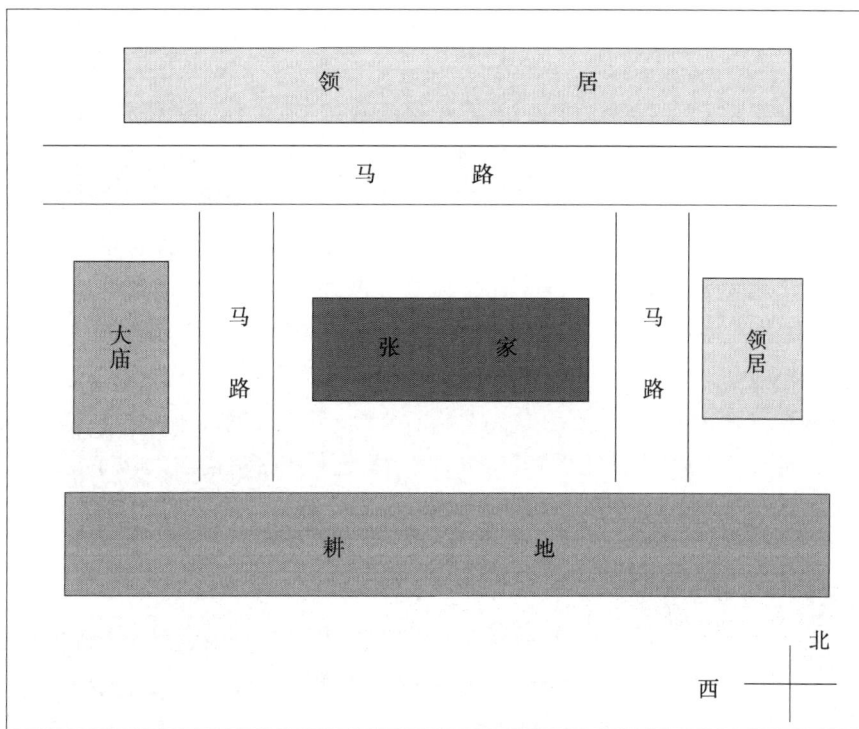

图 4-1　1949 年前张家邻里之间的空间结构图

(三)家户经济条件与能力

张家的经济实力相对于其他一般家庭来说是比较雄厚的,家中拥有三千余亩耕地,其中包括三四百亩林地,每年三分之二的土地都要在外耪青①,剩下的一千余亩地的农活则需要雇佣二十左右个短工来做,家中还会雇佣两名看青的人,一边看护粮食,一边看护祖坟。张家在乡里和一家南方人合伙开了一个酒坊,在平罗镇上有饭店、车店和旅店各一间,在新民县内有七十多间门市房,主要经营粮食、酒坊、布匹等多种生意,在前莲村经营鱼塘。张家是西莲村上地地道道的老户人家,也是名副其实的大户人家。

1.财产归张家人共有

1949 年以前张家家中拥有三千多亩土地,其中还包括三四百亩林地,其余均为旱地,土地众多,自家房前有大片菜地;还有自家的坟地、仙人庙等。张家的土地归全家人共有,产出的粮食都归当家人张树蔡做处理,各小家不管这些事情。当家的还会吩咐妻子给各个房间准备好换季的衣服,吃饭的时候为张家一大家子人一起吃饭,平时会给大家发零花钱,等到过年或者过节的时候张树蔡会给大家多发一点零花钱。1949 年以前,张家的土地需要交税,即谁当家、谁管账、谁就交税,因此张家是由当家人张树蔡前去交税。张家没有发生过不交税的事情,家里也没有人因偷漏税而被抓过。未分家之前,张家家里的土地众多,根本不需要租种

---

① 耪青是一种土地雇佣关系,清代民国时期耪青盛行于满蒙的农业开发区。其内容是地主负责一切生产费用,包括种子肥料、役畜和农具,甚至住房。佃农只提供劳动力,但没有经营自主权,不像一般佃农那样有劳动自由,作物的选择、耕种的程序全被地主所控制。被雇佣者只分得产量的一小部分,比例很小。

别人的土地;张家有榜青这种情况,即把土地免费借给别人耕种,等到秋收的时候再分给自己一部分粮食,租户自己再留下一部分,具体的数量不一定,比如土地不好就自己家得到三成,种地的人家得到七成;土地好的话就把粮食产量对半分。土地带来的收益归张家所有家人一起享受,由当家人统一分配物资,其他外人不能够享受家里的资源;家里的收益权没有被外人侵犯过,也没有发生过打官司的事件。村庄的土地买卖造成了大户的土地越来越多、小户的土地越来越少的情况;西莲村里以张、李两大姓氏为主,土地主要集中在这两个姓氏的人手中,财主也主要是这两个姓氏中的人。

张家家中原来也有很多牲口,但是牲口闹病,最后只剩了一匹小黑马,其余的全部病死,后逢家里人要结婚,需要用牲口干活,张家便从外地又买回来 21 匹小黄马,它们的体质很好;张家还拥有三辆大铁车,需要用七头牲口才能拉;还有七辆挂车;小型农具则更多。张家比较富裕,因此没有用木头辘轳的"花辘轳"车,都是用胶皮辘轳的大铁车,主要是为了运货方便,如果车上的货物放的太多,车胎就会"嘭"的一声放炮。这些牲畜和农具等资产也归张树蔡一大家人所有,其他外人不享有张家的产权。

2.张家副业不断扩张

1945 年未分家之前,张家在东蛇山子乡里还和别人家一起搭伙经营酒坊。在临近沈阳市的平罗镇经营着大车店、旅店和饭店,这里的买卖主要雇佣着十五六个人一起经营,有一个雇佣者便是西莲村的李世如,他负责做饭,主要做高粱米饭、小米饭和粳米饭,还有一个"果子架"①也是本村村民,他叫张孝洪,还有一个十六七岁的"跑堂的"人;雇佣的掌柜的是辽河南面李河套村的,但是具体叫什么老人也不记得。张家在平罗的买卖主要为来回过路的旅客提供食宿,还给他们照看牲口、货物等;此外,张家还从外地运进芝麻到沈阳市内进行销售等,家中"树"字辈即张树蔡那一辈子的人因做买卖攒了好多钱。1937 年之后,张家的第八代后人即"燕"字辈的后人便选择在新民县内继续做买卖,张家在新民县的火车站南二百米远处有十八间门市房的买卖,当时新民县修的火车道都为双弦结构,一部分由日本军队修,一部分由中国和苏联一起修,此时的新民发展的还算不错,张家便决定在新民县内做买卖;在新民县中心,即目前的兴隆大家庭商场那里,张家还有五十多间门市房,以经营日用品、粮油、布匹、酒坊等为主,因此张家在新民县内一共有七十多间门市房,雇人经营着家里的买卖。张家老大家的三儿子喜欢喝酒,每天都会骑着从外地买来的小黄马去县里取酒喝,但从不去乡里的酒坊取酒,因为他觉得毕竟乡里的酒坊是和别人合开的买卖,自己总去那拿显得不够硬气,就选择去县里自己家的酒坊去取,骑着买来的小黄马,一天七十里路可以跑个来回,而且不用贪黑起早,马跑得很快。张家在前连(距离西莲村两里地)村内有鱼塘,但是鱼只是自家食用或者赠给关系较好的村民,不进行外卖。张家每年的年收入颇丰,生活富足。

3.家户雇工种类繁多

张家三分之二以上的土地都让其他人家榜青,还雇用了两人看青,看青的时间是从四月二十号左右种地到十月初收地,分别是本村的"老包边子"和李树清,他俩都是村中的困难

---

① 果子架:即现在的面点师。

户,年纪都在四五十岁左右,李树清更是无儿无女,他们俩主要就在两个"堡子"①的交界处负责看青,以免在粮食快成熟的时候被外堡子的人偷走,之后给他们工钱的时候都是用粮食抵,大概是以四五百斤粮食作为报酬,足够满足他们的日常需要。

张家请来的短工基本都经过熟人介绍而来,而且在张家干了一年两年活之后就基本固定,比如去年的时候"我"在这家干过活,雇主看"我"干活干得挺好,就会继续让"我"去干活,不会再做特殊调整而去找一些外人过来,形成了这种稳定的雇佣关系之后,雇工们在干活的时候也十分卖力。在请他们来干活的时候,都是口头约定给多少粮食,不需要签订契约,张家也从来没有耍赖扯皮的现象发生过,都是规规矩矩用人做事。张家雇的雇工也都卖力干活,在天蒙蒙亮的时候便下地干活,天黑看不到麦苗的时候才回去吃饭,没有因病请假的工人,干活也不需要搭人情,雇主和雇工彼此之间没有过多的人情礼往。张家的一个雇工一天可以铲十几根垄的土地,一根垄大概四五百米长,雇工们都很卖力气干活。

4.雇工以青壮年短工为主

张家家里雇的工人基本都是短工,年纪都为20多岁、不超过30岁的青壮年男性劳动力,年纪太小的不会要,张家在选择雇工的时候不会考虑人品问题,只要不是人品太差劲,会干活、会"扶驴"②和犁杖的就可以到张家来干活,雇工家里基本都是无地或者少土地的家庭,家庭人口又多,只有这样的人才会来当雇工。张家雇的工人基本为邻村马蹄岗子村的村民,本村西莲村的村民基本没有当雇工者,因为他们家家都有地。雇工家住的离张家都很近,因此不用给他们提供住宿,只要提供一天三餐即可,形成"吃在主家、住在自家"的局面。张家雇佣一位管家、一位大厨师和两个长工。请这么多人帮忙干活的原因有二,一是家里地多人太少,实在忙不过来,而且家中还有买卖,无法全部顾及,必须请雇工来种地、除草、收粮食等;二是家里的庭院较大,张家属于大家户,需要有人时常打扫院子、喂牲畜、做饭等。

家里雇的工人没有偷盗张家财物者,只有一个外号叫作"老溜直"的雇工在张家干活的时候把一个小葫芦拿走了,那个小葫芦也不值钱,"老溜直"拿这个小葫芦只是为了挂在裤腰沿上,做个烟荷包的疙瘩,拴在烟荷包上之后再往裤腰上一"别"③能有个"档头儿"④,方便自己抽烟而已。

雇工在干活的时候,张家都会提供给他们自家种的"蛤蟆赖"烟,用小孩子们念书之后不要的纸再剪成条状,他们自己一卷就可以抽烟。原来的时候都是自己家种烟,秋天的时候把烟叶晒干,之后人工把它们搓碎放到烟"笸箩"⑤里面,而且这种"笸箩"基本每人家里都有,就像是东北家家都有火炕一样,大家抽烟的时候只要卷好就可以。张家也给他们准备手巾擦汗,但是不用准备衣服。

过节的时候找人来家里干活,张家也会给雇工们做一些馅食,鉴于人太多,家里不包饺子只包包子供雇工食用,一般是萝卜或者白菜馅,偶尔会放一点点肉。张家平时并不克扣,舍

---

① 堡子:即村子。

② 扶驴:驴是耕作的牲畜,会扶驴即表示会用驴进行农业生产。

③ 别:即挂起来的意思。

④ 档头儿:起到鼓起、方便拿东西的作用。

⑤ 笸箩是用柳条或篾条等编的盛器,帮较浅,形状因用途而异,多用来盛谷物。在关东百姓家,小笸箩放炕上盛烟末,家家炕上都放着一个烟笸箩。烟笸箩只有碗大小,放在炕上,和火盆摆在一块,来人去客都用得着,就像现代家庭中的烟灰盒或烟缸是一样是必备的家庭用具。

得给其他人家东西,就像"散财童子"一样,但也有点"败大家"的意味,如果再晚五年分家,家里的耕地基本都会被卖光。有一年冬天的时候斗地主,东莲村的大老胡在家中的炕上轧草,工作组的人问他:还是这时候的生活好吧?你要是给地主扎草,他还能让你上炕干活?大老胡回答道:我看地主那时候更不错,我自己本身就是由地主养活大的,要不活不了这么大,我还得感谢地主呢。工作队的人说:那你还想着地主生活啊,之后大老胡便遭到了批斗。还有本村江家的老太太,之前是张家的奶妈,他的儿子后来当上了大队书记,工作组要来村里做调查,儿子就告诉她应该如何回答工作组的工作人员。工作组的人后来就问老人是地主的时候好还是这时候好,老人就回答说还是地主的时候好,地主供自己吃喝,还给自己家盖房子,老人还说自己家的孩子多,没有衣服穿,都得围着麻袋片子当衣服穿,后来是张家人给自家的孩子们买的棉衣和棉裤,要不自己的孩子都得被冻死。村里平时有扭秧歌的秧歌队,张家都会准备好冻秋梨、花生和"毛嗑"①供大家吃,平时家里贴好的大饼子和炒的盐豆子也是大伙随便吃,家里的东西能让村里人吃个半趟街。还有一次家里种了三垧地的黄豆,等到收黄豆的时候,张家老大赶了三辆马车去地里面收黄豆,没想到都被别人偷走、抢走,自己家最后只拿回来两袋子黄豆,张家也没有把黄豆被偷这件事报给官府,最后也就不了了之,张家对待很多事情都十分含糊。

家里有事请人们干活的时候,都是一天请吃三顿饭,早上是高粱水饭、咸菜、大酱和拌豆腐,中午的时候吃大馇馇②和盐豆子,晚上是高粱水饭或者小米水饭,再做一两个菜,活干完了之后正常给雇工工钱。

表4-4　1949年前张家家计状况表

土地占有与经营情况	土地自有面积	3000亩以上	租入土地面积	0
	土地耕作面积	1000余亩	租出土地面积(榜青)	2000余亩
生产资料情况	大型农具	3辆大铁车,4个犁杖,7辆挂车		
	牲畜情况	21匹马		
雇工情况	雇工类型	长工	短工	管家	厨师
	雇工人数	2人	约20人	1人	1人

收入	农作物收入				其他收入
	农作物	耕作面积	产量/亩	单价/斗	收入来源
	高粱	1000余亩	300斤	几分	乡里酒坊
	谷子	1000余亩	300斤	几分	平罗买卖
	黄豆	1000余亩	210斤	几分	新民买卖

支出	食物消费(粮食)	雇工支出
	500斤/人/年　共30000斤	30000斤

---

① 毛嗑:瓜子。
② 大馇馇:玉米面的大馒头。

(四)西莲老户,大户人家

1949年之前张家有四代人,在西莲村里是地地道道的老户,属于大户人家。正所谓"家有千口,主事一人",张家的当家人是张树蔡,但是后期他得了脑血栓,60多岁的时候便病逝,去世之后,便由他的妻子陈氏当家,随着年龄的增长,她也不再当家,大儿子张燕公常年吸食大烟,在30多岁的时候便过世,因此便由张树蔡的二儿子张燕义当家,他负主要的责任,张树蔡的长孙张孝培负次要责任,家里关于耕作的大事小情均由张燕义和张孝培两个人负责;家里的商业则由张燕宾和张燕誉打理,张家的管家也会帮忙管理着家庭内部的事务。直到1945年分家,才产生各自小的当家人,分家之后,吕文英老人家里是其婆婆当家,她的公公不管理家中的一切大小事,每天最大的爱好即拿着毛毡子坐在炕上,也不愿意活动,一年下来,老人坐坏了好几个毛毡子。

张家认为大户人家的标准应该是家大业大,家里最起码要有三代人一起居住,大概有二十口人以上;中小户的人数就相对少一些,家里相对大户要穷。张家无论在人口数量上、还是在土地和财产方面,都是村里拥有数量最多的农户,属于典型的大户人家,这些都对自家在村中的地位有着直接影响。总体来讲,张家是村中的大户,而且家大业大,人口众多,平时乐善好施,在村中有着一定的影响和地位。张家迁徙到西莲村已有上百年的时间,是村中地地道道的老户。

第二章　家户经济制度

张家在 1945 年未分家之前,家中拥有三千余亩耕地和三四百亩林地,都是祖先通过开荒和购买所得,家中三分之二以上的土地需要外人耪青,剩下的一千多亩土地都会雇佣二十多个青壮年短工来打理,此时张家粮食的产量还很低,一般是一亩地产约两百斤粮食,遇到天灾尤其是虫灾的时候,家里粮食的收成更是惨淡无比,但是基本够用。张家的老宅占地面积约四亩,共计十余间房屋供全家五六十口人居住;张家的消费由大家户统一支出,当家人张树蔡负责家中的一切花销,包括分配零花钱、购买换季的衣物、治病抓药请大夫的支出、教育花费、人情支出等各个方面,各个小家的家庭成员都不用为此而担心,家庭成员也都听从当家人的安排,即使后期由陈氏、张燕义和张孝培当家,家庭成员都遵从当家人的安排。张家在进行对外交换时,都以整个大家庭为主体,当家人张树蔡是张家的代表,各个小家作为补充,处于从属地位;交换的客体相对比较广泛,主要包括渡口、集市、"货郎子"等。张家家中主要以农业收入为主,商业收入为辅,家境比较殷实,在 1949 年之前从来没有找过其他人家借钱,但有其他人家从张家借钱的情况,也有不还钱的情况,之后也就不了了之,张家人没有再让他们还钱。

一、家户产权

张家在未分家之前,家中共有三大片土地,其中有三千余亩耕地,三四百亩林地,在村庄的西部和南部分布, 这些土地均为祖上不断开荒和购买所得, 土地归张家全体家庭人员所有,每个家庭成员均有份;张家的老宅子占地面积约四亩,近三千平方米,十余间房屋供全家人一同居住;劳动工具等也全为张家全体所有。家中的消费统一由大家户支出,当家人负责家中的一切花销,各个小家不用为此而担心。张家是西莲村中的大户人家,因此家中并没有发生过借贷的情况。张家主要的交换行为即与渡口来往的大船只进行货物交易,以及在集市和"货郎子"那里购买物品。

(一)家户土地产权

1945 年张家未分家之前,共有三千余亩耕地、三四百亩林地,主要是靠祖先买入和不断开荒所得,这些土地都归张家所有家庭成员所有,张家之外的人不能享有土地所有权。张家所有的土地产权清晰、边界分明。张家的当家人张树蔡代表张家做最高的决定,其他的家庭成员均处于从属地位,张家的土地一直没出现过被侵占的情况,外界对张家的土地产权十分认可。

1.三千余亩黑土耕地

1949 年之前,张家一共有三千多亩土地,主要分布在自家房屋的南面以及村子的周边地区,距离自家仅为一千米远,家中土地大概有三大片,分别是西莲村往南一直到辽河边上的一片、西边到西甸子村的一片、往东到民屯村的一片,但张家的北边则没有耕地,因为李家当年在卖地的时候并没把北边的好地卖给张家,北边的土地即使在雨水多的年份也不会涝,在雨水少的年份也不会干旱,基本旱涝保收,因此李家只把距离自家远的、相对不好的土地都卖给了张家。未分家之前,张家在放牛羊的时候,如果走得很远也没有找到青草多的地方,便会直接让牛羊吃自家的耕地,可见张家的粮食产量颇丰,不愁吃喝。土质主要以黑土为主,土壤肥沃。张家耕地的附近没有河流,以靠天吃饭为主,土地能产多少粮食就收多少粮食,不会奢求太多。张家的土地都是在地势相对平坦的地区,这是因为张家所在的村庄以平原为主,地势低洼的土地并不多。张家之前就是大户,经过分家与衰败之后,张家便从大家户的几千亩地变为小家户的几十亩地,土地锐减现象十分严重,张家家中的土地最后基本都被变卖和均分给自家人。比如1937年之后,张家结婚娶亲或者嫁姑娘没钱的话就会不断卖地,张家的厨师还在张家买了很多土地,可最后土地改革的时候都被均分。张家的老六是地主,因为自己家劳动力不够用,雇佣过几个工人,便被评上了地主,之后他家的土地也都被均分。

张家有自家的坟茔地,也有看管坟墓的人;自家共有三口水井,都是自己家花钱找井匠打的,其中院内有两口井,仅供自家人使用;院外还有一口井,可供村庄内的其他人使用,村中半数以上的人都使用此井饮水;道路归全村人共有,没有个人修的道路;张家的房子都是在一个院落当中,但是家人均分开居住在各个屋内,即各有各的房间;土地为全家人一起耕种。1949年以前张家的房屋没有"地照"①或者房产证。张家也没有发生过类似于冲突的事件。张家家里有仙人庙,都由自己家修建而成。张家家中原来仙人庙的位置现在被外姓人家放鸡粪之类的脏东西,这家人之后一直没发生过什么好事儿,户主的手一直都"抽抽"②着,常年犯病。

2.千亩耕地世代传承

家里的土地从祖上那时起便是靠开荒得来,后来李家不断败落,张家便从李家那里买来许多土地,到"孝"字辈时,家里的耕地亩数约有三千余亩,林地的亩数为三四百亩,这些土地都有地契以及买卖证明等。"文化大革命"时期,吕文英老人害怕招惹是非,连同自家祖传的画作都自行烧毁。张家的土地都围绕着村落,大概有三大块,土地土质为黑土,土壤肥沃,但还要靠天吃饭,张家的土地不临近水源,即使旁边有河流,也没有什么大用处,因为土地太多,根本浇灌不过来。家中的土地全都靠祖祖辈辈、一代一代传承下去,之前因为此地没有人居住,便只能靠开荒。张家三大块土地都有过开荒的地界,之后张家不断买地,但是没有别人赠给过张家土地,自己家攒下来的钱也都用于买地,土地的数量自然也就越来越多。因此,张家除了买地和开荒之外,土地没有其他的来源。

张家的土地属于全家人所有,并不是归单个人所独有,更不能因为当家人张树蔡有权便可以随意私自占有土地,这种事情在张家决不允许发生。张家家中没有外出打工的人,土地归全家人所有,儿童和儿媳妇也都有份;俗话说"嫁出去的女儿泼出去的水",所以嫁出去的女儿没有份,张家没有外出打工的家庭成员,分了家的家庭成员也不予考虑,家里的厨师、管

---

① 地照:当地方言,即地契证明。
② 抽抽:指痉挛。

家和长工等人只是家里干活的外人，与张家自家的土地产权没有任何关系，因此这些人并不拥有张家的土地产权。家里的土地没有和别人共有的情况，全都归自家人所有。张家的一大家子人在一起居住，没有必要将土地分配给各个家庭成员，土地归一大家子人集体所有，由张树蔡统一管理，家庭成员在一起种地、一起吃饭、一起花销即可，当家人张树蔡也和张家的所有家庭成员都一样，所有东西都集中在一起，这样更有利于家庭的团结与和睦。分家之后，家里便产生了养老地，例如给陈氏的养老地都是较好的土地，基本可以旱涝保收，因为老人年纪大了之后没有劳动能力，而年轻人则身强力壮，可以继续再干活。养老地的所有权归老人自己所有，等到老人去世的时候，老人生前最终归到哪个儿子家中生活，哪个儿子便顺其自然地拥有了老人养老地的所有权。

3.土地四类边界清晰

(1)物理边界：张家家里的土地虽然和别人家的土地没有太明显的边界，但自家的土地和四邻之间的土地都有边界，张家的家庭成员也都知道自己家的土地在什么位置。每年春天种好地之后张家人会在自己家的地头埋一块石头，石头一般一半留在地面上、一半埋在地里面，其他村民们不会动这块石头，因为家家都是如此，四邻也没有越界胡乱耕种自己家的土地。

(2)社会边界：张家的土地只有自家的家庭成员才有着合法的经营权，外人没有权利种张家的土地，未经张家人同意，其他外人无权耕种。家里土地的继承权由自己家的家庭成员继承，外人没有继承权，分家出去的人也没有权利再分割家中的土地。

(3)心理边界：张家的家庭成员一直对自家所拥有的土地有着清晰的心理认同感，知道土地归全家共同所有，家里的男性对自家的土地和别人家的土地都能分的很清楚，家里不管事的女人对家外的事情基本不了解，但是对于自己家的土地在哪里分布这件事还是比较清楚。

(4)治理边界：张家的土地经营权归张家全体家庭成员所有，每年春天种什么都由当家人决定，即使张树蔡去世之后，他的妻子陈氏当家再到二儿子和大孙子当家，这些事情也都由他们决定。张家每年种的粮食基本都一样，即高粱、谷子、黄豆等。1949年以前，西莲村中没有种植玉米的农户，都是在1949年以后才开始种植玉米。家里种植什么作物都由当家人做具体的决定，别人无权干涉，土地的产出归家户所共有，收割等相关事情也都由当家人说的算，外人和已经分家出去的人无权干涉张家的家庭事务，村庄更是无权干涉，外人并无发言权。张家家中的土地讲究轮作制，每年的产量还算可以，足够一大家人的日常开销。

张家家中即使是买来的土地，也是按照原来的边界进行具体的区分，谁也不用在自家地里面"钉橛子"①，每家每户都知道自家的耕地边界。而且村民们也没有胡乱种地和越界者，若有这种事情发生，谁都不能容忍。张家自己家的土地只能由张家自己家人来耕种，未经批准的外人不允许耕种张家的耕地；土地继承也只能是自家人，外姓人没有张家的土地继承权。

4.家长支配土地产权

(1)家户统一支配：张家家里买地都由当家人张树蔡经手；若当家人不在家，便由张树蔡的妻子陈氏说的算。平时家中也是男主外、女主内，男主人不在家，就由女主人暂时先做主，等待当家人回来之后再具体定夺。但张树蔡去世之后，家中的大小事宜均为妻子陈氏管理，等到儿孙当家时，便由他俩一起商量决定。张家家里进行土地买卖等活动的时候，由当家人

---

① 钉橛子：当地方言，即为钉木桩作为边界。

张树蔡说的算,不用告知四邻、家族和保甲长等。张家家里一共有三千多亩土地,所以每年都会榜青,即免费给其他农户耕种,秋收之后再向这些农户收取一定粮食作为回报,但具体的数量并不确定,比如土地不好,自己家得到三成,种地的人家得到七成;土地好的话便五五分成。榜青可以说是张家的一种简单的土地租佃活动,除此之外,张家并没有土地置换和土地典当等其他活动。

(2)成员私自处理:家中没有随便卖地的人,但有因为自己生活不节俭,先把零花钱花光的家庭成员,之后便偷卖家里的林地。张家的老四很喜欢听二人转,总会偷拿家里的粮食送给唱戏的人。

总体来看,张家在土地买卖、租佃、榜青等活动中,其他的家庭成员可以发表意见,但基本上是处于从属的地位,只有当家人才拥有决定权。虽有败家的小辈私自卖地,被当家人得知后,也不会批评他。

5.土地私有无人侵占

张家的土地没有出现过被外人侵占的情况,如果家中的土地被外人侵占,全家人都不能忍受。在农民的心中,土地意味着一切,神圣不可侵犯。在大多数情况下,村民对于各自土地的边界都很清晰,也不会随意侵占别人家的土地,但村中不乏有极少数个性强、巧取豪夺的人,如西莲村的"二流子"李火,他平时就会欺负村里的人,李火家有一小块耕地挨着江福宽家里的耕地,他认为江福宽平时在张家当厨师已经有可观的收入,便强行越界侵占江家的耕地,侵占了大约为一根垄的耕地,但是江家人微言轻,不敢和李火作对,只好忍气吞声将自家耕地拱手相让。

6.外界认可张家土地产权

(1)其他村民对家户土地产权认可与尊重

村里的其他村民没有随意侵占过张家家里的土地,都承认张家对土地的所有、耕作和收益的权利,也都知道张家的土地分布在哪些地方,外人没有侵占过张家的土地。如果想要买地卖地、租用和置换需要和张家人进行商量,主要是和当家人进行商量,即谁当家便和谁进行商量,如张树蔡当家,便要和他进行商议;陈氏当家的话,便要找她说事情;张燕义和张孝培当家的话直接找他俩商量即可。如果张家的当家人不同意,也不会出现类似于强行买卖、租用、置换等非法行为。一直到民国时期,西莲村里也主要以张姓和李姓两大家族为主,随着张家人口不断繁衍,成了村里最大的家户,其他村民都认可张家的土地产权,不会对其进行侵犯。

(2)家族对家户土地产权的认可与保护

张家同门的亲属若想要买卖、租佃张树蔡家的土地,需要和他商量。若商量之后他表示不同意,家族的人也不会强行买卖、租用和置换张树蔡家中的土地。

(3)村庄对家户土地产权的认可与保护

张家所在村庄的保甲长不可以随意侵占张家的土地,保甲长也没有权力私自买卖、租用、置换张家的土地,如果发生这种情况,张家人也会表示不同意,并据理力争。

(4)政府对家户土地产权的认可与保护

张家的土地没有被县乡侵占过,县乡也没有买过、租用和置换过张家的土地,更没有强买强卖的事件发生过。家里的土地虽然没有"红头契约",但是每次买地的时候都有第三方进行过公证,如张家会请村里面比较有文化素养的先生来监督买地事情的经过,之后由先生写下地契,上面会注明交易的双方姓名、时间、地点、亩数、公证人等关键信息,买卖双方都会签字,还会按手印留下凭证。

总之,1948年土地改革之前,村里的其他村民、家族、村庄以及县乡都承认张家土地的所有权,他们不会随意侵占张家的土地,没有被强行买卖和被外人侵占过。若想要买卖、租用、置换张家家中的土地无论是男人还是女人当家,必须要与张家的当家人进行商量并征得其同意都要征得其同意。

(二)家户房屋产权

张家的房屋占地面积约为四亩地,共计十余间房,房屋均为祖上所传,后经不断的翻新与扩建才形成繁荣景象,家中的房屋归全家人所有,并且边界清晰,张家的当家人张树蔡代表张家做最高的决定,其他的家庭成员均处于从属地位。1948年土地改革之前,外人没有侵占过张家的房屋,家族内的成员、外人等都对张家的房屋产权极其认可。

1.四合老宅土坯结构

1949年以前,张家家中的老宅类似于四合院,占地面积约四亩地,共计近三千平米方,有正房五间,东西厢房各四间,院内还有马棚等。张家的房屋均为土坯、稻草结构,原来的时候买"檩子"①都很困难,张家在1949年以前能住这种房子已经算是很好的条件,这种房屋也算是村中最好的房屋。有的家庭条件还好的人家会住着三间平顶房,还有住着两间平顶房的农户,这些房屋为正房且朝阳,居住条件相对更好一些;条件不好的家庭只能住厢房或者下屋②,这些都是背阳的房屋,基本常年阴冷潮湿,还有的穷人家住牲口棚,更穷的家庭只能露宿街头。

家中的十余间平房要供一大家子人居住,正房五间和东厢房是按照辈分进行居住,辈分最高的人住在最东面,五间正房排满之后再接着住东厢房,家里的西厢房主要是用做厨房使用以及吃饭,家中还有一间专门用来放农具的屋子。1945年未分家之前,张家的一个屋子里面要住好几家人,一大铺炕用木板隔开,便成了单独的一小间,每个小家户也算有了一个独立的小空间。家中的正房坐北朝南,窗户为南北走向。房屋整体以土坯和稻草为主,相对来说,这种房屋在西莲村中还是比较好。一趟街的房子必须在一条线上,谁家都不能超前或者靠后。张家在1949年之前分家,老房子也年久失修,后因为土地改革,自家的老房子被村中没收,成了大队的办公场所,直到"文化大革命"结束之后才将房屋归还给自家。张家的家谱便是因为藏在了老宅子的房梁之上,才得以保存至今。

张家家中房屋的中堂只挂了一个钟,其余的东西没有悬挂。1949年以前,张家家里没有信鬼神的人,只供奉祖先牌位;1949年以后,张家人不敢再供奉祖先牌位,因为怕挨批斗,家里也不敢摆放供果等。

张家在未分家之前,家里都是老式的房子,均是由土坯和稻草砌成,年久失修、极不稳固,之后倒塌。分家之后,吕文英老人家里又重新用砖盖了三间房子。1949年以前战乱较多,张家一家人生活的老宅子里面总会放着被打死的解放军。为了方便解放军的进出,张家特意

---

① 檩子:房梁。
② 下屋:在东北地区专指用来装杂物的偏房。

在家中的北墙那里建了个门,很多受伤的解放军疼的是"爹呀、妈呀"地叫,好多人的胳膊和腿都被炸掉。张孝泽的儿子当时只有七八岁,每天非常害怕看见这些伤员。之后分家盖房子时,吕文英老人坚决不让家里盖大房子,因为怕"招风"①,最后家人只能遵循老人的安排,家里只盖了三间小平房。吕文英老人儿子在结婚的时候还和自己睡在一铺炕上,自己和丈夫住在炕头②,儿子和儿媳妇住在炕稍③,中间放一个帘子将其隔开以保护隐私性,后来因为房顶漏雪,于第二年又重新盖了房子。张家当时和"借比儿"④邻右之间都有个界限,不会随意侵占别人家的地界。当时的人们生活的都很热闹,在三十下晚⑤的时候便去拜年,大家伙都会提溜着灯笼,一起去给亲戚拜年。当时没有两户共住在一个院落的人,都是自家人和自家人住在一起,房屋的产权界限较为清晰。

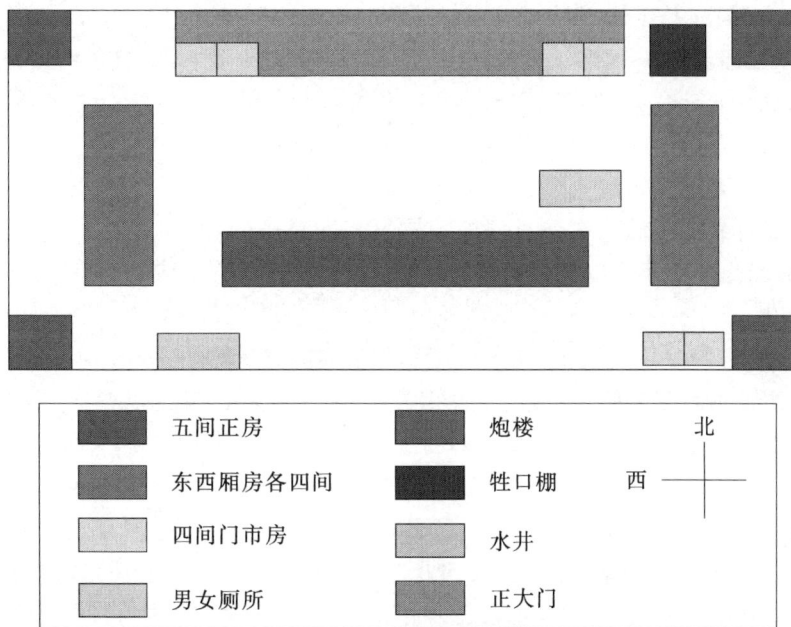

图 4-2　张家老宅院落平面图

2.房屋祖传后人扩建

1949 年以前,张家家中的房屋都为祖上攒钱之后自行修盖,等到张树蔡当家时,家人还居住在祖上传下来的祖屋之中,张家的祖宅也一直存在。家里的房屋用土坯和稻草砌成,后经过不断翻新,房屋的材质也在变化,都采用石头和黄泥材质,房屋面积也不断扩大。无论经过何种变更, 张家人始终没有把家中的祖宅变卖或者出租, 祖祖辈辈的张家人一直在此居住。家里每逢翻新、盖房子的时候,家长张树蔡会让自己的小儿子张燕义通知家里的长工、伙计们来家里干活,原来盖房子的时候也不用特意去买地基,张家新建房屋时均围绕自己家的

---

① "招风":招惹是非。
② 炕头:指挨近灶炉的位置。
③ 炕稍:指距离灶炉最远的位置。
④ 借比儿:指邻居。
⑤ 下晚:意为当天晚上。

祖宅盖新的房子,张树蔡会具体说明在哪继续盖房子、盖多少间房屋等相关事宜,之后由家里的男性劳动力和工人们来具体实施操作即可,等到陈氏和张燕义、张孝培当家时,家中并没有新建过房屋。张家盖房子的时候也花不了太多钱,因为大部分材料均免费,如石头、树木和泥土等,张家均可以从山上开采而来,因此张家在盖房子方面的花销并不高。

3.房屋所有权家户共有

张家的房屋属于张家的全体家庭成员所有,但外嫁的女儿和分离出去的家庭成员则没有份。张家向来是人多、房屋少,除了长辈尤其是张树蔡夫妻二人有一间独立的房屋之外,其余的小辈都是两对夫妻和孩子或者三对夫妻和孩子挤在一铺炕上住。好在张家的火炕都是大通炕,意味着这个火炕很长,一般是一间房屋多长,炕就有多长,足够一大家人居住。因为几家人都要在一铺炕上居住,为了隐私起见,会在炕的中间隔上几块木板,相当于每个小家都有一个独立空间。房间虽然狭小,但也比没有要好,家长知道大家过得也不容易,他不会占用各个小家的房间。未出嫁的女儿和未成年的儿童跟着父母一起居住,与父母共同拥有房屋的所有权;嫁进来的妻子也属于家里人,她也拥有房子的一部分,同丈夫一起拥有房屋的所有权;家里没有入赘的女婿。张家的房屋是一大家人一起居住,无需将房屋所有权分配到每个个人,每一家都有自己的独立空间,家庭成员对此也都很满意,并且人多也热闹。家长确实在房屋产权方面比其他家庭成员更有权力;相对于个人来说,房屋属于全家所有更有利于家庭的团结与和睦。

张家家中的房屋没有被买卖、典当或者出租过,在重新修建的过程中,张树蔡有着实际的支配权力,事情由当家人做主决定,安排相关事务。未分家之前的老房子即祖屋,张家人没有将它卖出过,即便是在1948年土地改革时期分房,村上将自家的祖屋收归村里,作为村大队的办公场所,在“文化大革命”之后归还给了张家,吕文英老人一家还对此进行了重建。家中没有买卖过住宅房屋,但是新民县内做买卖的门市房都经过了买卖,买房子的时候由张树蔡决定,卖房子的时候张树蔡已经过世,因此由当时当家的张燕义和张孝培做决定,但也会和家庭成员谈论商议,不用和四邻、家族和保甲长商量。未分家之前的张家没有出租和典当过房屋,分家之前只是对房屋进行过修缮,均由当家人做主决定即可,家庭成员服从当家人的安排。

张家家中的房屋在修缮的过程中,除当家人之外的家庭成员也可以发挥支配作用,妻子和儿女们都可以提出意见和建议。在房屋买卖和修建活动中,张树蔡属于主导地位,其他的家庭成员处于从属地位,可以提出建设性的意见和建议,但不可擅自决定,均要和当家人商量。若当家人有事外出未在家中,则可以和陈氏请示,等当家人回来之后再做定夺。

4.张家院墙不可逾越

(1)物理边界:张家家中的房屋与四邻的房屋有着边界,即以院墙为界,院墙以内即张家的自家房屋,院墙以外即公共的道路以及其他村民家中的私有地区。四邻不可以越过自家边界来修建房屋,因为作为自家的私有土地,并不允许他人随意侵占。

(2)社会边界:自家的房屋都归自家的家庭成员自己使用,外人不允许使用。家里房屋的继承权也是由自家家庭成员享有,外人没有享受的权力。但家人已经分家出去的话,则没有继承权。

(3)心理边界:家庭成员对自家所拥有的房屋有着清晰的心理认同,都承认土地归全家共同所有。对于自家和别家的房屋产权,家庭成员都可以分清楚,家庭成员也绝对不能容忍自家房屋被他人侵占。

(4)治理边界:自家的房屋主要由当家人管理,修缮和重建等工作均由当家人张树蔡决定,一般会和自己的妻子以及自己的儿子们商量,其余的外姓人以及村庄和宗族无权干涉,分家后的兄弟若不是自己主动邀请去商量,也不会去干涉。

5.家长支配房屋全部产权

张家的房屋在即将分家的时候才卖过,并且卖的不是自家的祖宅,因为祖屋不允许买卖,张家卖的房子只有在县城里面经营买卖的门市房。分家的时候,张家的老当家人张树蔡已经过世,他的妻子陈氏年纪也高,不再管理家中事务,都是由儿孙、侄子们管理,商量好了之后便匆匆忙忙将所有门市房都卖掉,之后给大家平均分钱。这些事情都是由当家管事的几个人经手,女人们不管这些事情。张家卖门市房的事情和四邻、家族和保甲长等外人无关,即都由张家人自己说的算,自家卖物自家人分钱即可。张家在建造房屋的时候,也是自家人在一起商量,最后由当家人做决定,不用告知或者请示四邻、家族和保甲长等。张家的房屋没有被出租或者典当过,只是在1948年土地改革之后,家里的祖宅被村上征收用做村里的办公地点,"文化大革命"结束之后,便又把张家的老宅子还给了张家。

在修缮房屋的时候,张树蔡需要和儿子还有侄子进行商量,包括修缮哪间房屋、买来什么材料进行修缮、谁去买材料、是否请匠人来修缮等事宜,都需要大家一起商量,其他家庭成员可以提出意见和看法,最后由当家人做出整体规划。

6.房屋私有产权曾受侵占

1948年土地改革以前,张家的房屋没有出现过被他人侵占的情况。1948年土地改革之后,张家的祖屋被用做村中工作人员的办公场所,因此张家又在距离祖屋不远的地方盖了三间房屋。"文化大革命"结束之后,村上又将房屋归还给张家。虽然房屋被侵占,但是"胳膊扭不过大腿",张家全家人也只能选择默默忍受。

7.外界认可张家房屋产权

(1)其他村民对家户房屋产权的认可与尊重

村中的其他村民承认张家对自家房屋和土地的所有、买卖、租用和置换等权利,没有人随意侵占张家的房屋和土地。如果要买卖、租用、置换张家的房屋,必须与房屋主人进行商量,取得房屋主人的同意。如张树蔡当家时要和他进行商量,陈氏当家时则要征得她的同意。如果张家人不同意,外人则不能强行买卖、租用、置换。

(2)家族(宗族)对家户房屋产权的认可与保护

同姓的家人也承认张家自家房屋和土地的所有、买卖、租用和置换等权利,没有人随意侵占过张家的房屋和土地,也没有出现过强行买卖、租用和置换等情况。

(3)村庄对家户房屋产权的认可与保护

1948年土地改革之前,张家所在的西莲村不可以随意侵占村民的房屋,也没有这种情况发生过;等到土地改革之后,全村都在分房子分地,家里的祖屋也被用做办公场所,直到"文化大革命"之后,祖屋才回到张家人的手中。

(4)政府对家户房屋产权的认可与保护

张家所在的县乡也都承认张家自家房屋和土地的所有、买卖、租用和置换等权利,没有人随意侵占过张家自家的房屋和土地，也没有出现过强行买卖、租用和置换等情况，并且张家和县乡的接触也较少，不发生直接关系。

总之，土地改革之前，村里的其他村民、家族、村庄以及县乡都承认张家的房屋产权，他们不会随意侵占张家家中的房屋。若想要买卖和借用张家家中的房屋，必须要与张家家里进行商量并征得其同意，土地改革之前张家的房屋也没有被强行买卖和被外人侵占过。

（三）生产资料产权

张家共有二十一匹马、三辆大铁车、四副犁杖和七辆挂车，小型农具更多，家里的生产资料均为花钱所购得，并归张家全体内部的家庭成员所有，当家人对家里的生产资料有直接的决定权力，其他家庭成员均处于从属地位，都听从当家人的决定，包括生产资料的购买、修补、外借等一系列事情。家中的生产资料没有被外人随意侵占过，其他人都承认这些东西归张家所有。

1.牲畜产权归张家共有

张家在未分家之前有过许多大牲畜，如骡子、马和毛驴都有，这些牲畜统归大家户共有，但无论是本家族在内的亲属，还是其他外人则不享有牲畜的所有权。后来牲口闹病，但这种病类似瘟疫①，最后互相传染都死掉了，张家便从外地购来了二十一匹小黄马，这种马虽然矮小，但是干起活儿来却是一点儿都不含糊，平时运输货物和种地都用这些马匹，而且自家喂养的牲畜吃的饲料也能好一些，家里地多，放牛的时候要是走得比较远，到了辽河边上，张家会让自家的牲畜吃自己家的庄稼地；不放牛的时候，在夏天便喂给牛一些青草还有粮食壳等，冬天的时候就把夏天晾晒的干草喂给它们。东北地区在种田的时候，很少使用牛耕地，因为他们需要经过几番训练之后才能犁地，所以一般是用马、骡子和驴等这些大牲畜用于农耕；因为自家在市内有买卖，也会用牲口运输货物，还会当作平时出门或者赶集跑腿的脚力等。

2.农具产权由家户共有

未分家之前，张家家中有大型的农具，例如犁杖和耙犁，这些大型农具张家均具备，张家家中还有三辆大铁车、四个犁杖和七辆挂车，小农具众多，比如锄头、小镐、二尺钩和耙子都有。这些农具也统归大家户共有，其他人不享有农具的所有权。种地的时候张家还会雇佣二十左右个劳动力，雇工所用的小镐、锄头、二尺钩等农具由张家提供。小镐主要用来开垦土地的一些犁杖犁不到的"旮旯"处，主要由青壮年使用，需要用力刨地才行，干活的时候可搭配二尺钩一同使用；锄头主要是在后期种好地之后用来除草；耙子是在种地之前用来"搂一搂"地里的荒草或者"扎子头"②等废物。雇工即使把农具用坏了也不用赔偿，能修补的就自己修补一下，修补不好的话便直接扔掉，张家会重新再购买。长工平时扫院子的扫帚也有，都是大的扫帚，而不是小笤帚，之前都是张家人自己做，后来张家人嫌麻烦，便都在外购买。

3.生产资料为购买所得

张家家中的生产资料主要是购买所得，所需的现金都是靠自家生产经营所得，收入来源为平罗里的饭店、旅店、车店和新民县内的买卖以及东蛇山子乡内的酒坊等。生产资料归自

---

① 相当于现在的口蹄疫。
② 扎子头：玉米秆的根部。

己家人集体所有,劳动工具可以与雇佣来的短工共用,也可以免费外借,即使外人把张家的农具用坏,张家人也不会让他们赔偿。张家家中的生活资料都齐备,只要自家能用到并且可以买到,张家都可以拥有。

4.排斥个体独占的家户整体产权

家里的农具和牲畜都属于全家人共有,生产资料归全家人所有,与其他外人没有关系。家中的碾子和磨之类的农具,都由大家一起使用,谁来谁就可以用,不用分先后次序。张家很少有东西是一部分人能用、一部分人不能用,如张家院内的水井,虽然仅供自家人使用,若外人有急用,张家人也会让他们打水。外人来借东西,也都会借给他们;张家没有使用烟袋锅子抽烟的人,但其他的人家有使用烟袋锅子抽烟者,他们的烟袋锅子都归本人使用,其他人不可乱用。张家的长工和短工需要在院子里干活,家里的农具都会让他们使用。张家家中一直没有外出打工者,嫁出去的女儿没有生产资料的产权,未成年的儿童年纪很小,什么都不懂,即使有他的份也不算数;嫁进来的媳妇们拥有生产资料的产权;而分家出去的成员则没有份;家里的厨师和管家在家庭内部可以使用张家的生产资料,但并不代表他们拥有张家的生产资料产权。张家的生产资料属于张家全体家庭成员所有,张家的当家人占据着领导权,即谁当家谁管事,无论是男人还是女人当家,都有着领导权力。生产资料归全家所有相对归个人所有更有好处,即更加有利于家庭和睦,防止出现内讧和不合。

5.家长支配权受其他家庭成员影响

(1)当家人的支配地位:张家家中生产资料的购买、维修和借用都是由当家人决定,例如关于生产工具的外借方面,外人也可以使用,他们要是缺少什么东西,可以直接来张家家里借用,只要当家人同意就可以拿走,基本没有发生过不同意外借的情况。借东西的时候和当家人说一声,像是簸箕、扫帚这些在扬场的时候都可以用得上,大家都会来张家借用;类似于车马这些生产上用到的大件,张家也可以外借,比如说借了张家家中的马匹,等到秋天种地的时候,借马的人帮张家进行秋收,帮忙干几天活即可,不用花钱或者给粮食作为借车马的报酬。分成各个小家之后,张孝泽家里变成了由他妻子当家,有来家里借东西的人,只要和他的妻子说一声就行,张孝泽他自己不管这些事情,但是有时候他心情不好,就不愿意把东西借给别人,但还是挡不住自己妻子,最终把东西借给别人使用。也发生过把张家家里的东西用坏的情况,但是张家人并不计较,用坏也就用坏,张家没有让他们进行赔偿,之后自己家人再重新购买即可,没发生过纠纷甚至是打官司的事情。1949年以前的张家,没有太明确地划分出来哪些东西是归全家人使用,哪些东西是归全村人使用,家里的东西谁要用谁就可以来张家借用,使用完了之后,借东西的人把东西送回来即可。如果东西用坏了就找个匠人修一修,修不好的话就再买。也有来张家借马等牲口的人,都是免费借给他们,张家不会向他们要现金或者粮食当作回报。因此,张家生产资料的购买、维修和借用等活动,均和当家人说一声即可,不用告知或者请示四邻、家族和保甲长,当家人同意之后便可以进行外借。

(2)其他家庭成员的从属地位:张家家中生产资料的购买、维修和借用虽然当家人可以决定,但是其他的家庭成员也有当家做主的权力,发挥着从属的作用,可以提出意见和建议。如果当家人不在家,由张树蔡的妻子陈氏说的算,她可以做出简单的决定;等到张树蔡的妻子陈氏当家的时候,家里的生产资料就由她一人支配,其他家庭成员服从安排。但也同样是和四邻、保甲长等人无关,自己家同意外借即可。

6.生产资料产权不受外界侵占

在分家之前,张家家中的生产资料没有出现过被外人侵占的情况;分家之后,吕文英老人小家中的东西总被自家的三哥偷偷拿走,不做归还。村中这种小偷小摸的情况也比较多,如趁着天黑便去别人家里进行偷盗,但是1949年以前的西莲村,丢的东西多为生产用的小农具、粮食、咸菜、咸鸭蛋等小物件或者食物,村里的人普遍都很穷,因此没有大物件可偷,除非村里的人遭遇到"胡子"抢劫。村里也有的人借了农具之后很久也不做归还,久而久之,借农具的人家也就忘了是谁把农具借走、什么时候把农具借出去,借东西的人看主家没来要东西,久而久之也就不归还了。

7.外界认可张家生产资料产权

(1)其他村民对生产资料产权的认可与尊重

其他村民不会随意侵占张家家中的生产资料。若想要买卖和借用张家家中的生产资料,必须要与当家人进行商量,并征得其同意,一般村里的农户来家里借东西,张家人都会借给他们,没有不同意的情况发生。张家没有发生过被强行买卖和被外人侵占生产资料的状况。

(2)家族(宗族)对家户生产资料的认可与保护

家族内部也没有出现过侵占家族成员的生产资料的情形,张家的生产资料也没有被家族侵占过,家族内的其他成员不能不经同意就买卖、借用张家的生产资料。如果家族成员要买卖、借用张家的生产资料,必须与张家的当家人进行商议,需要经过当家人的同意,张家的一般亲戚若来借用东西,张家都会同意将东西借给他们。

(3)村庄对家户生产资料的认可与保护

张家所在的西莲村,村里的保甲长没有随意侵占过他人的生产资料,也没有不经同意就买卖、借用张家的生产资料,不仅是张家,其他人家也是如此,村庄不会平白无故地占用普通村民的东西。

(4)政府对家户生产资料的认可与保护

张家所在的官府承认张家对其生产资料的产权,但是平时直接接触较少,故没有县乡侵占张家生产资料的情况发生。

总之,1948年土地改革之前,村里的其他村民、家族、村庄以及县乡都承认张家的生产资料产权,他们不会随意侵占张家家中的生产资料。若想要买卖和借用张家家中的生产资料,必须要与张家的当家人商量并征得其同意,张家的生产资料没有被强行买卖和被外人侵占过。

(四)生活资料产权

张家属于当地的大户人家,生活资料基本齐备,家中有三口水井,桌椅板凳和柴米油盐都不缺,家中除了洗衣服的"胰子"①是自己做的外,其余的生活资料都是用粮食换来。家里的生活资料全家人都有份,家长对生活资料的购买、维修、借用等有着实际的支配权力,其他的家庭成员处于从属地位。家中的东西很少被外人侵占,大家都承认张家的东西归张家集体所有。

---

① 胰子:类似于洗衣皂。

1.院内生活资料自用

未分家之前,张家有晒场,当地的叫法是"长院",它位于自家房子的东边和南边,面积为三四亩地。张家家里还有三口水井,都是自家花钱请井匠来打,因为他们可以准确地找到哪里有水,哪里可以进行打井工作。一个村里公用的井最多只有两三眼,当时打井也很昂贵,主要在买材料的费用方面,如买木头和石头等;还有请打井师傅,请工的费用等方面。打井的钱由村民们一起出,一般的原则是大户多拿些钱,小户少拿些钱,但不可不拿钱,因为毕竟家家户户都要用水。打井的时候先由打井师傅找到哪里有水,即"定好点",之后再利用人工挖坑,在水井里面刻成八个棱的木头,随着挖坑随着往里面下木头,挖好之后就可以在上面砌好石头。张家的院内便有两口水井,仅供自家人使用;院外还有一口井,可供村庄内的其他人使用,村中半数以上的人都使用此井饮水。家中有桌椅板凳柜子等家具,张家在未分家之前,家庭人口数众多,因此吃饭的桌子只有两张几米长的长方形大通桌。油盐酱醋等都是家中必备的生活物品,等用完了之后便可以去集市上或者在货郎那里再买。

2.生活资料家户自给

未分家之前,张家家中的"胰子"都由自己家的当家人张树蔡自制,制作的主要材料是用猪的胰腺和洋碱,首先把猪胰子取出来,再放到盆里用棍子搅拌,再放入洋碱一起搅拌,干了之后做成条状,再经过晾晒彻底变干,就可以当做洗衣皂使用。家里吃、穿、用的东西基本花不了什么钱,比如粮食都是由自家地里产的,夏天吃的蔬菜也是自己家种的,等到冬天的时候基本上以吃土豆、白菜、豆腐这些菜品为主,而且原来的时候张家也吃不起炒菜,省下了一大笔油钱,张家一天三顿饭离不开盐豆子。张家以前都是自己种植棉花、纺线,之后找来染匠染布再做衣服,后来才流行买布做衣服。不论是吃喝,还是使用的物品方面,家里的东西基本都是用粮食换购所得。

3.家户共有生活资料

张家的生活资料属于张家全体家庭成员所有,并不是属于张家某个人所有。

(1)在穿的方面:每年换季的时候,当家人会安排陈氏给大家统一购买布料。日本军队进入中国之前家里用的是家织布,再请染匠来染布;日本军队进入中国之后,张家才开始买布料,比如到冬天做棉衣的时候,几个年轻的妻子就围坐在炕上一起絮棉花、一起做衣服;女儿还会回到娘家,让她自己的母亲和姊妹等帮忙给婆家的人做衣服、做鞋,因此女儿在娘家待的时间会长达两个月之久,要把婆家的两大包子的鞋都给做好了之后才可以回去,人们也很看重做衣服、做鞋子的数量,也都会进行对比看谁家的儿媳给公公、婆婆、小姑子等做了多少东西,谁要是干的好还会夸她能干、会做活,得到大家的一致称赞和好评。

(2)在吃的方面:大厨师每天做饭,家里的妻子们帮着烧火、切菜,然后一大家人一起上桌吃饭。家里的生活资料归全家人共有,并且按照家庭来说明共有关系。1949年以前,张家没有外出打工的人员和入赘的女婿;嫁出去的女儿相当于"泼水难收",因此她们没有份,对于未嫁出去的女儿、未成年的儿童和嫁进来的妻子则有份;已经分家的家庭成员则没有份;其他非家庭成员如家里的管家和厨师算是有份,因为他们都是和张家一家人一起吃饭,享有部分生活资料产权。张家的生活资料属于全家人所有是有好处的,这样更有利于家庭的和睦与团结;若是划分到个人,便容易产生小团体思想,大家各顾各的,不利于家庭生活的团结与和睦。

4.家庭成员服从家长安排

(1)家长的支配地位:张家家中生活资料的购买、维修和借用都由家长说的算,既包括张树蔡也包括后期当家的妻子和儿孙,家中的事情均由他们做决定,拥有着实际的支配权力。以张树蔡当家时为例,若他不在家的话,由他的妻子陈氏说的算,她也可以做主。张家在购买生活资料的活动中,一般家里缺什么,就去买什么,但是需要告诉当家人一声,经过同意之后方可以去购买,当家人从来都不会拦着。一般买的比较多的生活资料是盐巴、香油等,家中的大厨师可以亲自去买,张家人若有空去集市也可以买。若当家人张树蔡不在家,就要和他的妻子陈氏说一声,但不用请示四邻、家族、保甲长等。张家家中生活资料的维修都是自己家掏钱维修,如果修理不好,自己家会再重新购买;如果在外借过程中发生了损坏等情况,也不用他们赔钱,维修也不用请示四邻、家族、保甲长等。外人来张家家中借用生活资料的时候,当家人都会同意外借,不用经过特殊商量,比如说有的家庭年景不好,需要借粮食才能度日,张家都会借粮食给他们,在还粮食的时候只要还本即可,不用多还粮食,如果实在还不起的话,张家就不会再要。

(2)其他家庭成员的从属地位:张家的钱财均由当家人掌握,花钱用钱的时候都要找当家人去要。家中生活资料的购买、维修和借用虽然当家人可以决定,但是其他的家庭成员也有当家做主的权力,发挥着支配作用,他们可以提出意见和建议。如果当家人不在家,便由张树蔡的妻子说的算,她可以做出相应的决定。总体看来,张家的普通家庭成员在家庭生活资料的购买、维修、借用等活动当中,基本是处于一种从属与服从的地位,因为这些事情张树蔡都交由自己的妻子陈氏来安排、管理,张家的其他家庭成员最多起一个提醒或贯彻决定的作用,而且张家都由大厨师江福宽做饭,家里缺什么、少什么他都会主动和陈氏提,之后每逢赶集的日期,陈氏会吩咐管家或者其他家庭成员前去购买,其他家庭成员不用为此操太多心。

5.生活资料产权极少受外人侵占

张家家中的生活资料基本未出现被外人侵占的情况,小零小碎的东西也没有人拿,太大的东西别人也拿不走。而且张家的门风又好,专门在自家大门口打水井供周边百姓使用,因此,村里人基本不会侵占张家人的东西。但是张家被土匪强盗侵入过,当时张家准备染布匹,不小心走漏了风声,被"胡子"得知后,所有布匹均被抢走,张家家里虽有武器,但是老人和小孩子太多,容易出现人命,张家最后只能选择强忍,让"胡子"把东西抢走。西莲村里的人家也有因为家里穷,无钱无势没有话语权,常受别人欺负,被别人将自家的生活资料霸占的情况也有发生。

6.外界认可张家生活资料产权

(1)其他村民对生活资料产权的认可与尊重

其他村民承认张家的生活资料产权,他们没有侵占过张家家中的生活资料。若想要买卖和借用张家家中的生活资料,必须要与当家人进行商量,征得其同意。村里的农户来张家借东西,都会借给他们。

(2)家族对家户生活资料的认可与保护

张家所在的张氏家族没有侵占过自己家的生活资料,家族的其他成员也不会在不经同意的情况下侵占张家的生活资料,若想要借用张家的生活资料,必须要与张家进行商量,征得其同意。家里的亲戚来借东西,张家也都会借给他们。同一个家族的人不会随意侵占张家的生活资料,而是帮助张家保护着生活资料。

(3)村庄对家户生活资料的认可与保护

张家所在的西莲村也没有侵占过张家的生活资料,村庄的其他成员也不会在不经同意的情况下就侵占张家的生活资料。如果要购买或借用,都会与张家的当家人商议,如果张家不同意,则不能强行买卖、借用。

(4)政府对家户生活资料的认可与保护

县乡承认张家对其生活资料的产权,但是平时彼此之间联络并不是很多,不发生直接的接触,故也没有出现过县乡随意侵占张家生活资料的情况。

总体来看,张家所在的家族、村庄以及县乡都承认张家的生活资料产权,家里一直没有被外人强行买卖和被外人侵占过家中的生活资料,如果发生这种状况,张家人无法容忍,都会想办法维护自身的利益。

二、家户经营

1949 年以前张家约有二十几个男性青壮年劳动力,并且农忙季节还会雇佣二十多个短工来耕种耪青剩下的近一千亩土地,家里的牲畜和农具都为自给自足。张家家中还饲养鸡鸭鹅等家禽,骡子、马和驴等牲畜也都养过,只是后来牲口闹病都病死,张家又从外地买来二十一匹小黄马,主要用来耕地、当脚力、拉货使用。张家祖上没有手艺人,只有张树蔡会做洗衣服的"胰子",但是后来他也不做"胰子",都靠购买得来。1949 年以前,农村普遍没有化肥和农药,种植玉米的农户也很少,粮食产量很低,一般情况下一亩地只能打二百斤粮食,遇到天灾的时候,家里粮食的收成更是惨淡无比。

(一)生产资料

未分家之前,张家家中有三千余亩耕地,男性青壮年劳动力有二十几个,自家根本种植不过来,三分之二的土地都让其他人家耪青,剩下的约一千亩土地均靠雇佣二十几个短工来完成。家中进行耕作的牲口和农具更是不用担心,足够张家生产所需。

1.各类劳力按性别分工

(1)男女干活有分工:张家的女性只是在家中做家务活,不下地干重活,除非在拔苗和秋天特别忙的时候,家中的妇女才会去地里帮忙干活。因此,张家家中在 1949 年以前约有 23 个男青壮年劳动力,分别是张燕宾的五个儿子,张燕誉的两个儿子,张燕举的四个儿子,张燕公的一个儿子,张燕宗的两个儿子,张燕义的一个儿子和张燕来的一个儿子。由此来看,吕文英老人的叔伯辈有 7 个男性劳动力,兄弟辈有 16 个男性劳动力。张家家中的女性没有参加过劳动生产,男性劳动力则必须参加到劳动生产中去,不去参加的话当家人会批评他们。如果家里的男劳动力生病或者外出办事不在家,他就不用参加劳动生产;未成年的儿童不用下地干活,只要上学读书就可以。总之,张家没有无缘无故不参加自家生产劳动的家庭成员。

(2)耪青雇工来完成:1949 年之前,张家家中的劳动力足够使用,因为土地众多,主要靠耪青和雇工来完成土地耕种和秋收。家里没有外出找事做的劳动力,家里不忙的时候,都会去新民县内监工、经营自家的买卖。1949 年之前家里需要雇工,每年都会找相同的人来干活,基本上是每年的二月初一上工,八月十五下工,因为八月十五的时候粮食都可以收到粮仓子里面,只要剩下几个人干点零碎的活就可以。未分家之前,张家雇的短工要是干活干得好,基本上不会换人。家里请的雇工都是马蹄岗子村的人,距离张家很近,约三里地的路程,所以他们早上可以在家吃完早饭之后直接去张家的地里做农活;中午的时候张树蔡的儿子或者侄子会把饭送到地里,吃的食物以大锅饼子和盐豆子为主;等到晚上的时候,工人们就会回到张家吃晚饭,吃过饭之后,雇工会结伴回家;每天干活的时候都有领工带队的人。

(3)工钱有不同:张家都会给雇工工钱、支付一定的报酬,一般都是给粮食作为工钱,要是给现金的话,则来自于每年卖粮食和经营新民县内的买卖所得;要是给粮食的话,便是自家土地产的粮食。领工、厨师、管家和两个长工的工钱是给1500斤(三石)粮食,其余干活干得好的短工是给1000斤(两石)粮食,干活干得稍微差一点的雇工,就给他们500斤(一石)粮食,都是以粮食为单位进行交易。请工的事情都是由张家自己来决定,一般都是当家人和几个儿子和侄子们商量,不用告知或者请示四邻、家族和保甲长等;如果当家人不在家就由张树蔡的二儿子说的算。

2.对外耪青要"立条子"

1949年之前,家中自有土地面积达三千多亩,完全足够自家人使用,但是土地太多,三分之二以上的土地都交给村中其他人家耪青。耪青相当于将土地出租给其他人家,耪青不需要收租金,等到秋收的时候只要分给自己家一部分粮食即可,租户自己再留下一部分,具体的数量不一定,比如土地不好就自己家得到三成,种地的人家得到七成;土地好的就对半平均分。耪青的时间即开始种地到秋收之后这段时间,即四月底种地、十月初收地。但是该地区的作物都是一季,自家回收土地之后也没有其他用途,耪青的时间相当于一年。如果当年收成不好,耪青的人家也没有多少产量,只是仅够自己食用的话,也可以晚交给张家粮食,一般晚交一两年都没什么问题,时间拖得太久一直没给的话,张家也就不向他们要粮食,处处尽显"仁义堂"的风范。

耪青的时候也有一些规则,因为西莲村大部分农户都是姓李或者姓张,外姓人很少,在耪青的时候都是自家亲戚优先,而且是和自己家关系很好又特别愿意耪青的亲戚,其次才是一般的亲戚,最后才是本村的村民,外村的村民一般没有来张家耪青的机会。西莲村的穷人比较多,加之此前李家卖给张家的土地都相对贫瘠一些,因此一户耪青的亩数就很多,所以只要由本村的农户来张家耪青便足够,不需要外村的农户来张家耪青。最开始耪青的时候也需要立个字据,对于不会写字的农户就要自己找一个会写字的人来替写,还会找一个中间人来特此证明,但是这种立字据的行为只是在最初的时候,后来租佃双方互相信任,就不再立字据、立条子等。

耪青的事情均由张树蔡做决定,主要是和自己的儿子和侄子们进行商量,不用请示或者告知四邻、家长和保甲长等人;租佃的时候主要以亲疏远近的关系来决定,越亲近的关系越能够得到耪青的机会,反之亦然。出租土地的时候佃户很好找,并且每年这些人家基本不会改变。租佃期间,张家没有请佃户吃过饭,与佃户的关系也都很好,没有中途退佃的人。

3.生产手段以畜力为主

1949年解放以前,张家也养过骡子、马和驴等,但是后期牲口闹病,也没有好的药物进行医治,最后都病死掉。张家人又从外地买来21匹小黄马,用他们来耕地、当脚力和拉货。因此,张家自有的牲口数量完全可以满足耕作需要。在东北一般不用牛耕地,因为想让牛耕地必须要经过人工训练,使用起来特别麻烦。因此耕地一般是用马、驴或者骡子,这三种大牲畜中骡子的种地效果最好,因为它更高大、更有力气,蹄子也相较马和驴来说更小,不容易踩到秧苗,张家更青睐于用骡子来种地。但自从购买小黄马之后,张家人更偏爱于用它们来耕种。在1949年以前的西莲村里,很多农户家中均买不起大牲畜,他们家中地块也较小,只能靠人力进行耕种,真正的过着"土里刨食"的日子,整体的生活状况并不是很好。

4.生产资料家户自给

1945年未分家之前,张家家中的农具都是购买所得,没有自己做过,即便是小农具也是购买得来,家中的大型农具如犁杖和车也都是必须购买得来。张家自己家的农具可以满足自家的生产需要,无须向别人借。张家基本所有的农具都备齐,但是其他家庭就不一定,家庭不富裕的就只有一些小农具,像犁杖和车等大型农具并不是每家每户都拥有,他们一般都得从其他人家去借,或者三五户人家在一起搭牛具,共同使用这些农具。张家家中有足够的农具,可以实现自给自足,不需要从别人家借。

(二)生产过程

张家以种植农业为主,经营商业为辅。家中种植的作物以高粱、谷子和黄豆为主,耕作的基本过程都类似,即耕地、耙地、种植、锄草、看青、秋收、平整晒场等,一年下来,张家在只有一点农家肥的情况下,一亩地的产量大概是一二百斤。家中饲养大牲畜还有家禽等,对于大牲畜,一般都是男性喂养的比较多;家禽都是女性喂养。家中没有手艺人,当家人张树蔡虽然会做"胰子",但是他也主管家中的买卖;家中没有外出务工的家庭人员。

1.家长安排各类生产

1949年之前,张家家中从事农业耕作,并且还有三四百亩的林地;张家家中饲养了家畜,有鸡、猪等。家中也有副业,在镇上有酒坊,在县里有自家的门市房,主要以经营布匹、杂货、香油坊、酒坊等为主;张家一直没有从事手工业的家庭成员,没有什么祖传的手艺活;张家最主要的收入来源是靠种地和副业。妇女不用下地干活,只需要忙活自家的家务活即可,包括洗衣服、做饭、做被子、做衣服等;而男性主要负责地里的活、运输货物、运输粮食等;老人基本不用干活,例如张家的当家人张树蔡只要负责派活就可以,不用自己亲自去干活。

1949年之前,张家家中主要种植的作物是高粱、谷子和黄豆等,等到薅苗的时候就会雇佣家庭妇女前来干活,薅一垄地的价格大致在几分钱到一毛钱之间,当时都穷,很多妇女都愿意来干活。张家的土地实行轮作制,今年种了高粱,下茬再种谷子,再下茬就种黄豆,如果不轮做的话,庄稼地则不会生长,不像现在有化肥,如果重茬则不会生长作物,因此黄豆的根瘤菌可以让高粱吸收,之后土壤就会发紧、板结,下茬就接着种植谷子,因为谷子不怕土地硬,一样可以产很多的粮食,但原来作物之间的距离都较远,加上没有化肥和农药,一亩地的产量大概是一二百斤。此外,张家在1949年之前没有种植过玉米。

家里的粮食也会拉到巨流河的河口那里,然后在河口处换取日用品。每年春天都是开河的季节,都有从营口开来的大船过来收购粮食,当时卖粮食的时候都为按斗称重,一斗是五十斤,只能卖几毛钱。张家主要都是通过换购,大船会拉过来卤水、食用盐、布匹、火柴、洋油等,换完剩下的粮食才会卖钱,也没有太大面额的钱,最大的面额为一元的面值,它是一种小

351

红纸票,剩下的面额多为几毛或者几分。1949年以前的农村相对比较闭塞,张家和大船换东西的时候,都是一次性换够半年或者一年的使用量。1949年以前农村的集市并不成规模,也不够繁荣,勤快的人就自己走着去赶集,懒的人则骑马去赶集,后来日本军队来中国之后,新民县里有了商号,但是离家很远,张家选择在集市上买东西的频率较高。张家种植的作物都为一季,种植的时间是四月底,因为每年种植的都是相同的作物,也基本不用年年商量着种些什么,决定权掌握在当家人张树蔡的手里,但他还是会和家里的人进行商量,家人可以提出建议。种植安排不需要请示或者告知四邻、家族或者保甲长等人。若当家人不在家就由自己的儿子说的算,管理农业耕作的相关事情。等到陈氏当家时,他的儿子也会帮助她管理农业的事情;张燕义当家的时候,他会和自己的侄子张孝培一起商量。

种地的种子事先都会预留好,1949年以前,也没有化肥和农药等,老百姓都是靠天吃饭。一般是四月上旬犁地、四月下旬种地、五月下旬锄草、九月份看青、十月上旬收秋,因此,耕作要经过犁地、耙地、锄草、看青、收秋和收集粪便等环节,这些地里的农活都会请雇工来做,当家人只要下地监工即可,如果不愿意去的话,让自己的儿孙、侄子们去监工也可以。吕文英老人的叔伯辈和兄弟辈的青壮年男性劳动力都会下地干活,只是叔伯辈的年纪更大一些,他们只要干一些轻巧的活儿就好,而重活则留给兄弟辈的年轻劳动力来干。未分家之前,张家的妇女平时都不用下地干活,在家料理家务就可以,不需要告知或者请示四邻、家族、保甲长等。

2.家禽主靠妇女饲养

1949年之前,张家家里有牲畜,一共有21匹马还有一大群羊,谁有空的时候谁就去喂牲口,一般男性喂养较多,但毕竟不用耗费很多体力,男人没有空的时候,女性也会去喂养牲畜。喂马的饲料以草为主,干农活的时候会多喂他们一些饲料,不干活的时候就少喂一些饲料;夏天喂新鲜的草料,还会去放养他们,吃路边的青草或者吃自家的粮食地,冬天喂晒干的干草即可。未分家之前,张家家里养过老母猪,下猪崽之后都是自己留下,主要由妇女来喂养,长大之后便宰杀吃肉。买小黄马之后,张家家里种地都靠马,不会用牛,因为要是想要让牛耕地,需要特殊人工训练,家里的马还用来秋收拉粮和运输货物等。如果家里的牲畜得病死了便扔到沟里或者埋掉,家里人不会食用。原来的时候没有药物,牲畜很容易得瘟疫,几年都养不起来,因为细菌存活的年份较长。不用告知或者请示四邻、家族或者保甲长。如张树蔡当家的时候,如果他不在家,就由他的儿子说的算。

未分家之前,张家家里养过鸡鸭鹅,主要都是靠女性喂养,妇女会去地里挖一些野菜,剁碎之后再喂养它们。产下的鸡蛋、鸭蛋和鹅蛋也是自己家食用,过节的时候就会将鸡鸭鹅等进行宰杀。吃饭的事情由家里的厨师说的算,别人不会过问太多,一般是厨师说吃什么他就做什么,大家都没有什么异议,妇女会帮着厨师烧火或者切菜等。

3.其他成员居从属地位

张家在未分家之前,张家家中还从事副业,并以家户为单位进行经营管理,比如在东蛇山子乡里和一家南方人合伙开了一个酒坊;在新民县里有七十多间自家的门市房,主要以经营布匹、杂货、香油坊、酒坊等为主;在平罗镇上还经营着自家的旅店、车店和饭店。副业的分工安排都是由当家人做决定,张树蔡当家便由他自己定,陈氏当家便由她自己定,其他家庭成员都听从当家人的指挥。

4."胰子"工艺家传,其他手艺没有

张家在未分家之前,张家家里没有什么手艺人,只是当家人张树蔡会做洗衣服用的"胰子",但只是自家自己使用。做"胰子"的工艺只有张树蔡会,并且是从祖上习得,但张树蔡之后的小辈则不会这项手艺,随着社会不断发展,经济条件也越来越好,"胰子"都靠购买得来,不用自己再做。总体来看,张家算是非常普通的农民家庭,平时只在经商务农,除此以外,张家人没有其他手艺。当时的手艺人有木匠、竹匠、石匠、瓦匠,还有裁缝等,这些手艺一般都是针对男性而言,适用于女性的手艺很少,过去的手艺人在传习手艺的过程中,可以招收学徒,也可以传给家里面的儿子。

5.无常年外出的家庭成员

张家在分家之前没有外出打工的家庭成员;分家之后,张燕誉和段氏一家,因家庭成分不好,儿女均未成家,后来逃到其他地方居住;1948年土地改革时期,工作队让张燕誉的儿子用皮带打他的三叔,因为下不去手,大家都来打张燕誉的儿子,因为害怕以及为躲避批斗,张燕誉全家搬到齐齐哈尔居住。张家人在外出的时候,不用告知或者请示四邻、家族和保甲长等。除此之外,张家没有常年在外的家庭成员。

总体来看,1949年以前,张家家中的妇女很少出门,除非在逛庙会和赶集的时候,张家的妇女才会出门,否则几乎看不到妇女的身影;张家的小孩也很少出门,一般都是在自家门口进行玩耍;张家的男人出门次数较多,例如出门办货、祭祖、赶集等活动,张家的男人都会去,但没有常年在外的家庭成员。在下地干活的过程中,几乎也都是张家的男人去干活,张家的女人都留在家中干一些家务活。

(三)生产结果

张家每年收获一季的粮食,在光景好的时候,一般谷子和高粱的亩产可以高一些,为三百斤左右,黄豆的亩产相对低一些,约为二百斤。饲养的家禽都是自家食用,不会外卖,家里副业的收入很多,但是具体也无法推算,把钱带回家的时候,张家害怕"胡子"抢劫,就放在大铁车的轴辘内再带回家。

1.粮食收成常年稳定

张家所在的村庄一年可以收获一季粮食,谷子和高粱亩产约为三百斤左右,黄豆的亩产约为二百斤左右。土质、温度、水源和肥料等都会影响农作物的收成。一年之中,基本在种地之后出苗季节和粮食结浆之前就可以知道收成的好坏。不同的年份收成变动不会太大,每年亩产量基本上都是二百多斤。西莲村有一年闹虫灾,那年的收成是最不好的时候,还好张家家中有去年剩下的粮食,才得以度日,否则这一大家子人就得挨饿。粮食的收成属于全家人所共有,并由当家人统一管理和支配。俗话说"民以食为天",所以张家的人都是非常关心收成多少这个问题,家长、妇女,还有懂事的孩子都会担心粮食收成问题。因此,张家只有不懂事的小孩了才会对家里面的粮食收成情况不管不问,但是对粮食收成情况、生长情况担心最多的人,便非属当家人张树蔡不可,即使陈氏当家的时候,她虽然是女性,但也十分关注粮食的产量问题;张燕义和张孝培当家的时候更是如此。张家的粮食收获以后,属于张家人全家所有,但由当家人张树蔡统一保管。张家每年的粮食都会在缴纳赋税之后还有剩余,张家的陈粮足够全家人吃二三年,因此张家人不会担心口粮问题,对于多余的粮食,张家还会拿到新民的商铺里面去卖,为张家又多添加了一笔可观的收入。

总体来看,在 1949 年之前,张家家里的收成完全可以满足家庭的需要,即使遇到年景不好、收成不好的时候,家里也可以安全度日,张家每年都有三分之二的土地在外榜青,每年都会存有一定的陈粮,不会影响自家食用。

2.家畜及天然孳息自留自用

张家在未分家之前,张家家里养过母猪,下了猪崽之后都是自己家留下,原来的猪吃的也不好,一年到头也生不了几头猪崽,长大之后都由自家杀了吃肉。张家也养过鸡鸭鹅,主要是女性喂养,产下的鸡蛋、鸭蛋和鹅蛋也都由自己家人食用,但是家禽的吃食也不够好,产下的蛋并不多,而且家禽很容易生病,最后都会病死掉,剩不下几只家禽,即使剩下了几只,张家在过节的时候都会将剩下的鸡鸭鹅等进行宰杀,没有外卖过。因此,张家家中养的家畜都归自己家人所用,没有往外卖过,也就没有什么收益。张家家中每年家畜饲养的数量都差不多,基本不会变。当时养的家畜都为自己家人食用,没有往外卖的情况。

3.副业收入供给日常开销

张家在未分家之前,家中没有人从事手工业,自己家做的“胰子”都供自己家使用,没有往外卖过。张家的收入来源以农副业为主,这些收入足够全家开销。但是家里的副业收入究竟有多少,张家人也记不清,收入的形式都是金钱,但也不排除有拿粮食抵钱的情况。影响副业收入的因素有客流量、货物量等。总体看来,张家的副业收入颇丰,所有收入都属于全家人,但由当家人给家庭成员统一分配,足够满足一大家人的日常开销,直到张燕义和张孝培当家的时候,他们也会给家庭成员统一分配副业收入。

三、家户分配

在进行家户分配的过程中,都由当家人说的算,占据主导地位,分配的对象也都是自己家的家庭成员,两大收入来源即农业和副业,因此也是进行分配时的主要来源。在进行分配的时候,张家还会考虑到全家的需要,并且保证收支平衡,家中的食物、衣物、人情等各种开销都由当家人统一支配,不论是张树蔡还是陈氏抑或张燕义和张孝培,都会统一支配,零花钱等都会给全家人平均分配。

(一)分配主体

张家在进行分配活动的时候,都是以家户为分配主体,张家当家人处于主导地位,家庭成员扮演从属角色。如果张树蔡不在家的时候就由他的妻子做主,同时她也是内当家人,由她说的算。张家的事情由自己家的人说的算,其他外人不会插手张家的事情。

1.以家户整体为分配单元

张家在分配东西的时候不是以宗族或者村庄等为分配主体,而是以家户为分配主体,因此不存在宗族分配、村庄分配等情况。张家在分配过程中,家庭占全部分配比例,如张家家庭成员的家用零花钱、布匹和食物等均由当家人张树蔡统一分配,家户分配是张家家中最重要的分配方式。张家的家庭成员在分配过程中也是以家户为基本的分配单位,都是在家庭内部开展分配活动,已经分家的兄弟等张家外部的家庭成员是不可以参与到张家的分配活动之中的;但是常住在张家家里的管家和厨师是可以分配到张家的东西,例如逢年过节,张家人都会买来大量的食物,如猪肉、糖块等,之后会分给管家和厨师一些。

2.以家长个人为分配主体

张家在进行分配活动时,以张树蔡当家为例,都由他说的算,吃、穿、用等方面也都是由张树蔡进行安排,他一般都会和自己的妻子陈氏商量,她同时也是家里的女家长,在主持家务活动的过程中很有经验,并且在小辈人的眼中也很有说话地位。张家在"添家用"等活动的时候,张树蔡允许张家人进行相关活动,基本上也没有不允许的时候。等到张树蔡去世之后,便由他的妻子陈氏当家,之后由她的儿孙当家。在张家不管是谁当家,当家人都需要对一家人的开支进行安排,包括吃什么、用什么、买什么都由当家人根据家庭的财力情况进行安排,当家人的职责也是在家庭物资条件有限的情况下,合理分配家庭资源,有序地安排家庭的农业生产,从而让一家人的生活过得更加舒坦。

3.家长不在家,内当家说了算

在进行分配的过程中,如果当家人张树蔡不在家的话,就由他的妻子做主,她也具有决定权,因为妇女在主持家务的活动中很有说话地位,对于其他家庭成员均处于从属地位,服从张树蔡和陈氏的安排。即使是张燕义和张孝培当家的时候,家里关于一些分配的事宜也要由妇女来管事,即张燕义的妻子管事情,但是管理的也不是很多,只是辅佐张燕义而已。

4.家长安排各家分配事宜

张家的家长具有最终决定的权力,其他的家庭成员在分配过程中仅仅处于服从的地位,发挥着辅助作用。张家这个大家庭比较讲究平等,即对待所有家庭成员都一样,遇到事情的时候,张家其他的家庭成员可以向张树蔡提出意见和建议,张树蔡一般不会擅自做决定。张家遇到的事情一般分为两种情况,一是张家的家庭成员对一件事情都没有意见,张树蔡就可以直接做决定;二是张家的家庭成员有不同的意见,就在一起参与讨论,之后由张树蔡最终定局。但是张树蔡还是和自己的妻子、儿子、侄子们商量得比较多,遇到家务事便和自己的妻子商议,遇到农业、商业方面的事情便和自己的儿子、侄子们商议。对于分配的事情,张树蔡还是和自己的妻子商议较多,但张树蔡不会和其他各家的小媳妇们过多商谈。等到陈氏以及她的儿孙当家时,他们之间有时会互相商量一下,其他家庭成员则听从当家人的安排。

5.家庭成员服从家长安排

张家家里的东西都是在大家户这里分配下去,即由当家人张树蔡做决定,他负责给各个小家分下去。各个小家庭就自己决定要不要继续划分,当家人张树蔡是不会再管这些事情。例如张家在分配零花钱的时候,也都是由当家人张树蔡进行分配,小家庭都是自己决定和安排使用零花钱即可,不需要再和当家人张树蔡进行二次商量和决定,都是自己做主即可。陈氏当家的时候也是如此,只管平均分配,不会管接下来各个小家如何决定。

6.外人不干涉家户分配事务

张家在进行分配的时候,不需要特意告知或者请示四邻、家族和保甲长等人,张家人自己内部商量解决即可;同时,四邻、家族和保甲长也不会介入到张家家中与分配相关的事情,因为这些属于张家的内部事务,与其他非张家人无关,所以外人无权介入张家的分配事务。

(二)分配对象

张家分配的来源主要靠张家家户的收入所得,既包括农业收入,也包括副业收入。张家的分配对象均为内部家庭成员,其他外人无权享受。

1.分配对象仅为本家户成员

张家在进行家户分配的时候,分配对象都是张家自家内的家庭成员,仅限于同一口锅里吃饭、生活居住在一起的人,张家外嫁的女儿不算数。张家家里的亲戚也不算是张家内部的人,不可以享受到张家分配的特殊待遇;朋友、邻居和其他家户之外的人是更不可能享受到张家的分配权,必须是张家内部的人才可以享受。

2.分配来源为本家户收入

张家在分配的时候,分配物主要由自己家购买得来,买东西的钱是农业和副业收入所得。例如家里在分配零花钱以及分配食物的时候,均由张树蔡出钱进行分配并且平均分配。张家在分家的时候,当时由张燕义和张孝培当家,他们将家中的耕地、财产等都进行了分配,并且都列好了分家单,张家的家庭成员们并无异议,都遵从当家人的做法。

3.分配结果为家户成员所共享

自家家中的家户成员都可以享受分配的权力,具体包括家里的吕文英老人爷爷辈的老年人、叔伯辈的中年人、成家的儿子等年轻人、未成家的孩子,以及奶奶辈、婶子辈的妇女等,都享受着分配的权力。但是张家在分家的时候,包括分家产的时候,只能由家里面的儿子、侄子、孙子等人享受,家里的女儿不能参与分家和享受分的家产。因为,对于张家来说,嫁出去的女儿相当于泼出去的水,分家和分家产都没有女儿的份儿,如果未成家的女儿相当于和父母一同居住,和父母共同分得张家的财产。因此,张家在分家和分家产的时候,都是按照儿子、侄子、孙子的数量,将家产平均分为几份,由各个小家庭单独享用。

(三)分配类型

张家的分配来源主要靠农业和副业所得,家中没有手工业的收入。进行家户内部分配的时候,每个人都会得到零花钱,换季的时候都会有新衣服穿,粮食、农具、人情消费等都由大家户一起开销,小家不用为此而担心。

1.农业收入以自食为主

未分家之前,张家家中种植的作物以高粱、谷子和黄豆等为主,一般是实行轮作制,今年种了高粱,下茬再种谷子,再下茬就种黄豆,如果不轮作的话,庄稼地则不会生长作物。

张家家中没有租种过土地,都是自己家自有的土地。1937 年日本军队入侵中国之后,各家各户都需要交税,当时叫做出荷粮,每年都需要估产,之后交公粮,一般"一天"①地的产量为两千斤左右,交的出荷粮大约为两百多斤,占全部产量的十分之一左右。在张作霖主政东北的时候,张家人都是自己家赶着大车把出荷粮送到新民县内,交完出荷粮之后还会给张家一些素布,大部分是白色或者蓝色,还会给"起灯儿"②等生活用品;日本军队来了之后也交出荷粮,他们会返还给农户小元宝或者小钢锅,还可以换一些布或者给点洋胰子、肥皂等。国民党的时候也需要交税,但是会给现金,面额有 10 元、20 元、100 元,还有 10 万元、20 万元等,根本没有花出去,最后只能都扔掉。上交粮食的时候,一般是战争年代多交一些;遇到了灾荒年,就会少交一些。交的数量都由官府说的算,看年景好不好,年景决定交出荷粮的数量是多少。交税的时候都得自己送去,以交粮食为主。自己家没有欠过应交纳的粮食,也没有交不上

---

① "一天":十亩。
② 起灯儿:指火柴。

的时候。张家在缴纳赋税时,不用告知或者请示四邻、家族和保甲长等,都由各家自行决定。

2.无营利性手工业收入

未分家之前,家里只有当家人张树蔡会做"胰子",但是不进行外销,只是自己家里留着洗衣服使用;家里还有会做扫帚和笤帚的人,但是不对外卖,而且随着家庭收入的提高,扫帚和笤帚都是去集市上买,不再自己做,所以张家家里没有营利性的手工业收入。

3.家长掌管副业收入

未分家之前,家中有从事副业经营,在镇上有酒坊,在县里有自家的门市房,主要以经营布匹、杂货、香油坊、酒坊等为主,因此张家每年的副业收入有很多。张家在进货的时候,都是自己家人亲自进货,然后再去卖,张家人每次都会押车,相当于镖局里的镖头一样;东北主要归张作霖管理,每次从黑山县路过的时候,张家人就和守路的官兵说:我姓张,但不是和张作霖一家子,官兵就会想:虽然不和张作霖"家溜"①,但是肯定会有来往,便不敢抢张家的货物。后来这条路走的次数多了,守路的官兵便都以为张树蔡家和张作霖有关系,连路都不敢再拦截,直接开放过去。因此,张家每次均能够平安通过,货物才不被扣押。

未分家之前,张家家中的副业收入主要是掌管在当家人张树蔡的手里,但事实上归全家人所有,谁要是用钱或者有特殊的花销,当家人都会给。各个小家庭没有留私房钱,当家人统一管理、统一分配,陈氏当家的时候也是如此,统一管理、支配。吃饭的时候也都是一起吃饭,做衣服、做棉被的时候,所需要的东西都会备齐,无须再买,其他的日用品、农具等都是统一购买。正因为这种统一分配的方式,因此未分家之前的张家没有发生过经济纠纷。吕文英老人所记得家庭内部红过脸的事情有两件,其一是张家老二家有两个儿子,其中一个就叫作"虎子",老六家只有一个儿子,叫作"秃子";后来"秃子"改名为"炮",说要"打死""虎子",谁都没想到,后来有一年孩子们出疹子,"虎子"真的病死。至此,"虎子"妈和"秃子"妈结仇,怪"秃子"改名为"炮",把自己的"虎子"打死了。其二是老大和老二之间出现过矛盾,当时是因为老二不让老大用井打水,老大就准备往水井里面拉粪便,后来大伙儿把老大强行拉拽回来才解决好这件事情。张家除了这件事情之外,各个兄弟之间再也没有发生过红脸的事情,并且这件事情还是发生在分家之后,分家之前他们兄弟之间没有发生过矛盾、纠纷等。即使家中发生了矛盾纠纷等,也没必要告知或者请示四邻、家族或者保甲长,家庭内部的事务都是自己家一起解决就好,不用询问外人。

4.大户出资小家共益

张家家中的收入分配主要是零花钱的分配,其他都由大家户一起备好,如吃的东西,张树蔡都会安排人准备好,还有衣物、棉被等,张树蔡的妻子都会给大家分配,无须各个小家自己掏钱。因此,家庭成员的开销均由大家户出钱,各个小家没有用钱的地方,张树蔡只要给家庭成员发一些零花钱就可以。在发零花钱的时候,张树蔡给大家发的都是现金,没有发粮食。

(四)家长在分配中的地位

张家在家户分配中都是由当家人做主并说的算,关于零花钱的分配,由当家人张树蔡决定;对于衣物的分配,则由张树蔡的妻子说的算,因为张家都是一大家子人在一起吃饭,粮食不用给大家单独分配。

---

① 家溜:指家门。

1.家长主导分配

张家的家长在私房钱、衣物、食物、零花钱等分配活动中,家长拥有着实际的支配权,他才是实际的支配者。如果当家人不在,便由张树蔡的妻子说的算。但是张家的家庭成员没有统一分配过私房钱,只是分配过零花钱,私房钱都要靠自己攒,不用分配,当时的张家人也没有私房钱,也没有可以多花钱的地方,当时张家这一家人都特别实诚,没有太多的心思,不会想着自己私藏小钱。嫁入张家的妇女,有的带了私房地,但归夫妻两人共同支配,别人不能分。

2.内当家安排衣物分配

在衣物分配方面由张树蔡的妻子说了算,她一般都会和各个小家的妻子商量,究竟该买些什么。不需要告知或者请示四邻、家族或者保甲长。家里的成员都可以享有衣服的分配权,分配的时候也是按照长幼顺序来分配,即先分给长者,之后再是给小辈分。

换季的时候张家都会添置衣物,不需要家庭成员主动要,当家人也都会自行安排和准备,家里人换季的衣服一般是自家做或者去市集上购买,但是冬天的棉衣都是自家买好布匹,然后通过裁剪,再絮棉花,全靠自己去做。做衣服的时候都是家中的年轻小媳妇和未出嫁的闺女来做,一般遵循着给自家人先做的原则,如果做不完,可以让其他做完的妇女帮忙一起做。老人的衣服如果妻子能做便由妻子去做,如果妻子不能做了就让儿媳妇或者女儿给两位老人做。买布的时候,可能管家或者妇女去买,也可能谁有空谁就去买,小孩子如果愿意去,也可以带着他。如果衣服有破的地方,就在小家内部解决,比如丈夫的衣服破了就由自己的妻子来缝补,孩子的衣服破了就由他的妈妈来补。但是小孩子要是因为调皮捣蛋把衣服弄破,则会受到大人的责骂。

3.全家共餐无须配粮

张家人都在一桌吃饭,吃饭的桌子是两张几米长的长方形大通桌,油盐酱醋等生活物品都为家中必备品,用完了之后就让厨师去集市上或者在货郎那里买,张家在未分家之前的日子还算好过,吃食方面虽然不会太好,但最起码可以吃饱。1949年以前,农村没有卖零食的地方,生活水平都很低,即使去沈阳掏大粪赚钱还总被打,当时"要灯灯没有、要火火没有",什么事情都做不了。张家人喜欢抽烟,在冬天的时候都会弄个大火盆在那点烟抽。1949年以前,张家最多是买点饼干或者糕点来吃,没有太多吃的东西,买的时候也是厨师或者谁顺路去集市上,然后再带回来,基本上是平均分配,但是谁家的小孩子多一些,也是会多得到一些;如果有怀孕的或者病人以及辈分高的老人,也可以多给一些,其他人不会有意见。等到张家快要分家的时候,张孝德当时才三岁,因为正值国内解放战争,他一直在菜窖里面待着;当时物资极其匮乏,村里很多人饿了只能吃大萝卜,渴了只能啃白菜帮子。张家在分配食物的时候不需要告知或者请示四邻、家族、保甲长,自己买回来之后再进行分配即可。

4.当家人分配零花钱

张树蔡当家的时候,他给家庭成员们分配零花钱的时候都由他说的算,他都会自行安排,有时候也会和内当家的妻子陈氏进行商量,但不用告知、请示四邻、家族或者保甲长等,与张家以外的人没有任何关系。分配零花钱的时候按照长幼顺序进行分配,主要是按照人口进行分配,年景好的时候就会多分给大家一些零花钱,年景不好的时候就会给大家少分配一些零花钱,甚至是不分。张家未出嫁的女儿也可以得到零花钱,张家成家的或者未成家的儿子、儿媳妇、老人、小孩子等也都有零花钱。分配零花钱的时候张树蔡给家庭成员按月分配，不用大家去找他要，但是如果有的家庭成员先把零花钱花完，也可以再从张树蔡那里提前预支。张树蔡给的零花钱都是现金，而不是给粮食。发下去的零花钱都由家庭成员自己去支配，他们可以随意买东西，各个小家自己做决定去买什么，还有的小家是自己攒起来，不舍得花这些钱。张树蔡的妻子陈氏、儿孙当家的时候，其分配方式也大抵如此。

（五）家庭成员在分配中的作用

张家内部的家庭成员在分配中处于支配地位，对于衣物、零花钱和赋税租金等分配都由当家的说的算，无论是张树蔡当家，还是妻儿等人当家，家庭成员都要服从当家的安排；家中的粮食则无须分配，都是由大家出，家庭成员无须担心。

1.家庭成员服从家长安排

张家的家长在私房钱地、衣物、食物、零花钱等分配活动中，张树蔡拥有着实际的支配权，他是实际的支配者。如果他不在，就由他的妻子陈氏说的算，其他的家庭成员也可以提出意见和建议，在张家发挥着支配的作用。但是，张家的家庭成员没有统一分配过私房钱、私房地等，家里有私房地的都是嫁过来的妻子自己带来的嫁妆，其他人不能分配，只有夫妻俩才有决定处置权；私房钱则是靠各个小家自己攒，不会进行分配。张家家中没有手工业的收入，只有农业和副业的收入，这些收入足够用来维持一大家子几十口人的日常开销。

2.内当家分配成员衣物

在衣物分配方面，由张树蔡的妻子陈氏说的算，她一般都会和各个小家的妻子进行商量，究竟该买些什么，比如说衣服的花色，尤其是女家庭成员的衣服，各个小家的妻子都会说出自己的想法，陈氏也会采纳。之后就会让家里的小媳妇们去集市统一购买，之后再由家里的妇女一起给一大家子的人缝制衣物。

3.家庭成员不管伙食安排

张家关于食物分配方面无须担忧，张家人平时都在一起吃饭，张树蔡的妻子作为内当家，偶尔会操心买什么东西，但是平时主要是厨师管事，他也会关心食物分配的事情。油盐醋等都为张家的必备调味品，如果用完了可以让厨师或者家人去集市上买，也会在货郎那里买。在分配食物的时候，其他家庭成员可以提出意见，但总体看来，都由厨师做主决定吃什么东西。

4.家人被动接受零花钱分配

张家在未分家之前，张树蔡都会给家庭成员分配零花钱，分配的时候由张树蔡说的算，他自行安排决定，有时候也会和他的妻子陈氏进行商量。因为张树蔡掌握着家里的钱财，所以在分配零花钱的时候主要由他说的算，张家其他的家庭成员可以提出意见，比如当零花钱不够花的时候，当家人张树蔡也会酌情再给大家增加一些，这些情况都存在过。

5.家庭成员不参言家户经济事务

关于赋税和租金的支出，这些钱是张家除粮食之外的最大一笔支出，只有作为当家人的张树蔡才有权力去处理这些事情，之后由作为当家人的陈氏去处理，其他的家庭成员只是处于从属地位，例如赋税方面，张家家中需要交税，当时叫做出荷粮，村里都会派人来估产。日本军队进入中国之后，张家也要交粮食，但是他们会返还给村民一些小元宝或者小钢镚，或者给一些布料、一点洋胰子和肥皂等物品。在国民党统治的时候，张家也需要交税，都是以交现金为主,面额有 10 元、20 元、100 元不等,还有 10 万元、20 万元等,张家根本没有花出去多少。张家交粮食的数量则不确定,比如在战争年代,张家就需要多交一些。因此,张家人自己做不了主,都按照村里的安排进行上交。

(六)分配统筹

张家在进行分配统筹的过程中,都会考虑到张家全体成员的整体需求,并且还会注意保证收支平衡。在分配东西的过程中以分配食物为主,无须分配粮食。进行分配的时候都要保证平均分配,谁也不能偏心。

1.分配原则:整体需求与收支平衡并重

张家在进行分配的时候,主要以全家人的需要为前提,张树蔡会尽量照顾到张家所有人的需要,陈氏或者张燕义、张孝培当家的时候也会考虑到这一点。张家的农副业收入足以满足一大家人的开销,张家可以保持家庭成员的需求与收支之间的平衡,也不会出现偏心的情况。如果偏心的话,张家的一大家子人也不会在一起居住那么久,也会严重影响家庭的和睦与团结。但是村中也有先分配给家里的男人再分给女人的情况,这主要受根深蒂固的思想即中国重男轻女思想所影响;还有的家庭甚至是不给儿媳妇、孙媳妇分配东西,只是把她们当作生育和劳作的工具。但这些也只是极为个别的情况,西莲村的风气整体还好,这种情况在西莲村中并不常见。

2.分配次序:实物分配为先

张家家中的土地众多,粮食的产量也很多,因此每年的粮食赋税都可以按时上交,张家不存在不交税的情况。在 1949 年以前,张家基本不存在自己家人不够吃粮食而挨饿的情况。张家向来都是一大家人在一起吃饭,所以当家人张树蔡不用单独给各小家分配粮食。因此,张家在进行分配的时候,以分配衣服为主,再进行零花钱的分配。

3.分配数量:平均分配为主

家庭在进行分配的时候,基本上遵循着平均分配的规则,因为如果不均分,容易产生纠纷,使家庭内部不和谐。但是在分配的时候,又会考虑到分配对象的实际情况,兼顾相对公平。譬如长者会多分一些,还有就是看谁家的小孩子多,也会给他家多分一些,病人和孕妇是需要特殊照顾的群体,需要补充营养,也会多给一些。家里的其他人对这种事情都表示理解,不会产生质疑,更不会斤斤计较。当家人分配东西的时候都和大家一样,但自己的辈分较高,多留一些零食给自己大家也都可以理解。平时吃饭的时候家里没有开小灶的行为,和大家都是在一个饭桌子上吃饭。张家在未分家之前,家里请雇工干农活的时候,要是工人较多还得是让干活的人先吃饭,他们吃完饭便马上下地去干活,等到他们吃完之后,自己家的小媳妇们再把碗筷重新刷一遍,再上桌吃饭,吃的东西和雇工们的都一样,没有开过"小灶",当家人张树蔡也是如此,没有什么特殊的待遇,要是雇工较少的话,便要和雇工一起上桌吃饭,一起吃饭的时候也没有什么特殊讲究,不分主次和先后,这样也更有利于家庭团结,一大家子人都没有说道,也会更加和气一些。张家人穿的衣服也都差不多,裤子为宽松腿,脚踝的部分用布条缠着,这样更方便劳作;如果衣服裤子坏了,张家人也会补丁摞补丁地穿着,大家都一样勤俭节约。1949 年之前,张家人都抽卷烟,自己家种烟,烟叶干了之后就自己碾碎,再用一条条的卷烟纸卷上,便可以抽了,家里的老人喜欢抽烟,他们的烟叶和卷烟纸就会多一些,家里的人也没有质疑声。年景不好的时候,零花钱就会少分一些,新衣服少做一些,吃饭的时候也会省一点粮食,其余没什么变化,张家人也没有什么不满意的表现,而且张家家中每年的存粮量还有很多,张家的家庭成员基本不用愁吃喝。

(七)分配结果

张家在进行分配的时候,都是按需分配,并且尽力做到公正、平均,家里没有不服从家长的家庭成员,大家都没有提出过反对意见。

1.结果:上交"出荷粮"占比最高

关于赋税、食物、私房钱、衣服、零花钱等具体的分配比重,张家人也记不清,但都自给自足。赋税方面即向国家交出荷粮,都有工作人员来给张家估产,等到秋收之后再上交;食物都由大家户提供,无须单独分配;给各小家的零花钱也都是平均分配;每逢换季的时候,都会换新衣服。但是这些也要看这一年的收成究竟如何,要是收成不好的话,就少分一些,收成好的话,大家就多分一些,这些是无可厚非的。总体来看,张家在上交出荷粮方面的比重为最高,衣食开销也较大。

2.服从:家庭成员服从当家人安排

对于已经分配的结果,家庭成员没有提出不同意见。张家的家庭成员均服从当家人张树蔡的安排,没有人反对过他。所有的分配内容和决定都由张树蔡说的算,对于张家的其他家庭成员来说,张树蔡是家里的代表和支撑人物,他说的话具有绝对的权威,所有家庭成员对他都表示绝对的相信和服从。陈氏和张燕义、张孝培当家的时候,所有家庭成员对他们也绝对相信和服从,没有违背过他们的安排。

3.调整:依年景分配,变化不大

张家遇到年景不好的时候,会给家庭成员少分配一些东西;年景好的时候,就会给大家多分配一些东西。张家平时的分配主要以粮食为主,吃饭的时候也会保证家户的每个成员都能吃饱。即使是遇到虫灾等灾荒年间,张家的存粮也够张家一大家人度日,当家人张树蔡也会做到心中有数,打好提前量,将家中的粮食留够两年的数量,以防遇到灾荒,家人无法度日。从总体来看,张家每年给家庭成员分配的数量不会有太大的变化,每年都差不多。

四、家户消费

张家的耕地众多,这便减少了粮食这一最大的日常支出,但是车马、农具的花销则为必须。因此张家最大的支出即购买副业货物,在零花钱的分配和换季衣物方面的花销为其次。张家有两本药书,家人若是生了什么小病,张树蔡通过翻阅药书以及根据以往的经验便可以自己开方子,再让年轻人去药房抓药即可。张家关于教育的花销更是少之又少。张家在村里属于大户人家,关于人情的消费支出还算很多。这些钱都是张家最基本的花销,除非在光景不好的年份会少发一些零花钱、少做几件新衣服之外,其余的花销都不会省略。家中的消费都从当家人那里走账,小家不用花钱,家庭成员都是听从当家人的安排,没有发生过违背当家人决定的情况。

(一)总体消费,富有盈余

张家家中每年的具体开销无从考证,但是一定不会像现在的花销那么大,因为粮食以自己家产的为主,吃的青菜也是自家产的,种子也是自家的。1949年以前没有化肥等肥料,也没有那么多东西可以买,花销自然也就没那么多。

张家在未分家之前,家中的开销主要是吃粮食,除去自家五十多人需要吃饭之外,家里的厨师一家人常年吃张家的粮食,因为厨师是一个有钱就花从不攒钱、只"拉饥荒"①的人,因为养活不起孩子还将自己的大儿子送给了别人,之后生下的两个儿子和一个女儿,家中一共五口人常年免费在张家吃饭,直到1949年以后才分到了房子。未分家之前,家中一共需要养活二十多口的闲人,后来土地改革时期让雇农的厨师江福宽诉苦,他自己只是诉苦了这个社会,认为没有张家人,老江家的一大家子人都会被饿死。未分家之前,张家在院落的外面还搭了多间窝棚,主要供要饭、逃荒者、孤寡闲人等暂住,到了吃饭的时间,他们就来上屋自己打饭,免费供其饭菜。张家在村里是生活最好的农户,每年的收入来源靠自家的土地和副业收入,家里吃不了的粮食也会拉到新民县内自家的粮行去卖掉。张家买卖所赚的金银都放在大铁车的车轴内,之后再带回家里,这样做也可以免遭"胡子"抢劫。张家较容易维持家中的日常花销,因此家中除非在年景不好的时候才会节衣缩食,其他的时候则不会。张家在1949年之前没有借过钱、借过粮食或者外出逃荒。张家家中不用花燃料费,取暖的时候只要用粮食的秸秆以及家中的树木即可。

(二)其余消费,家户承担

张家一年要有将近六十人吃吃喝喝,但是在粮食、食物、衣物、医疗、教育、人情、购买货物和车马消费等方面都可以自给自足,无须外借。张家土地多,解决了粮食这一最大的消费问题,因此消费最多的是为副业购买货物,但是这可以盈利;关于衣物和人情消费也占较大的比重。张家在这些方面的消费都由本家户来承担,其他的人不会给张家家里承担消费的相关费用,村庄也不会帮助张家承担相关的消费花销,都由张家人自行承担。

1.粮食消费:完全依赖自产

未分家之前,家里的粮食都由自家土地里生产出来,没有从外面购买而来。家里的粮食主要用来自家食用,不会往外面卖,因此家中除非在年景不好的时候才会节衣缩食,其他时候则不会。家里在1949年之前没有借钱、借粮食或者外出逃荒过。

粮食消费本来应该是张家最大的一项支出,但是张家粮食的产出众多,张家人不用担心粮食问题,因此在粮食消费方面基本无负担,由大家户负担即可,而且其他的人也不会给张家家里承担粮食消费的相关费用,村庄也不会帮助张家家里承担相关的粮食消费花销,都由家里自行承担。

2.其他食物:兼顾自产与外购

张家在未分家之前,房屋的南面就是张家的菜园子,主要种植着白菜、萝卜、土豆等蔬菜,其他的如豆角、西红柿、黄瓜和茄子等蔬菜没有种植。因此,在夏季的时候,张家的蔬菜是最充足的时候,不需要在外购买;到了其他季节只要吃之前存储好的白菜、萝卜和土豆等即可。张家家里还种植有黄豆,可以用来做大酱,用黄豆炒的盐豆也是张家饭桌上必备的一道菜。1949年以前,国家的经济、交通等条件有限,张家在冬天买不到蔬菜,只是吃自家贮存好的蔬菜,家里还养有鸡鸭鹅等,下的蛋都是自家食用,家禽老的时候会宰杀吃掉。家中自产的食物可以维持家里的正常食用,不够的时候也会再去购买。

张家家中在进行食物消费的时候,都由本家户负担,但是负担不算太重,其他的外人不

---

① 拉饥荒:欠债。

会给张家承担食物消费的相关费用,村庄也不会帮助张家承担相关的食物消费,都是张家家里自行承担。

3.成衣制作:前期自纺,后期购买

日本军队进入中国之前,张家家里没有买过布匹,更没有买过制作好的成衣,张家都是自己家种植棉花,在临近冬天的时候采摘棉花,之后找专门的棉花匠弹棉花。当时村里一户姓王的人家便是专门从事弹棉花这项职业,他也是搬迁户,之前在关里居住。棉花匠弹好棉花之后,张家人在家里自己纺线进行织布,染料直接用立秋之后、白露之前的蒿子做原料,收割好蒿子之后在家晾晒干再烧成灰兑水即可,这便成了一种颜料,张家人用它染布,但布料的颜色很单一,基本为灰蓝色。

日本军队进入中国之后张家才用棉花和他们换布匹,买好布料之后就由自家的妇女进行裁剪、缝制。在夏天的时候,张家的男人们都穿着无袖的"跨栏"背心,下面就穿着宽松的裤子,裤脚处会绑带;张家的女人们都穿着长袖的衣裳,很少有穿短袖的人,即使是短袖也是很保守的那种,下面穿的裤子和男性类似,都是比较宽松的款式。张家家里的钱足够买衣服,不需要从别人家借衣服穿。只是在年景不好的时候,会少做几套衣服,平常年份,都是换季了就会做新衣服。村里有的农户家里的经济状况不够好,在出门办事情、随礼的时候都会从有钱的人家借一些体面的衣服穿,张家人的衣服就被外人借过,办好事情之后又还给了张家。

张家在衣物消费的过程中,都由本家户负担。每临换季的时候,张树蔡让妻子找各家的小媳妇们做一两套新衣服,负担也不算很重,都是自家的媳妇们自己做,其他人不会给张家承担衣物消费的相关费用,村庄也不会帮助张家承担相关的衣物消费花销,都是张家自行承担。

4.住房花销:家户整体承担

张家家中的房屋可以满足家中全家人的居住需要,因此家里没有借住或者借租别人房屋的情况,都居住在现有的房屋中,虽然居住的面积和条件有限,但也是自己家的房屋,住的也更舒心和安逸。

张家家中在住房消费的时候,都由家户负担,房子到翻新的时候都会翻新,房屋不够住的时候都会新建,负担不算太重,其他的人不会给张家家里承担住房消费的相关费用,村庄也不会帮助张家家里承担相关的住房消费花销,都由家里自行承担。

5.生病治疗:小病自治,大病寻医

1949年之前家中每年医疗消费并不多,仅占总体消费水平的一小部分。张家在未分家之前,家里共有两本药书,家里谁得病,当家人张树蔡可以根据生病的家庭成员症状,自己依据药书然后吩咐家人去乡里的药铺抓药。当时看病也不用花现钱,都靠交粮食,比如说郎中家里缺少高粱就给他高粱,缺少黄豆就给他黄豆,抓一剂药可能是一斗粮食或者半斗粮食。郎中看病的方法是由祖辈所传,主要靠号脉看病,出诊的时候会背着号脉的小枕头、压舌板、翻眼皮的探子等,郎中看过之后就去药房抓药,张家人都是骑着马去药房抓药,家里的收入足够支付医疗消费,不用为此担心。

张家家中在医疗消费过程中,家人看的病多是小病,花不了多少钱,就算是生了大病家里也出得起钱,主要由家户负担,其他的人不会给张家家里承担医疗消费的相关费用,村庄也不会帮助张家家里承担相关的医疗消费花销,都由自己家里自行承担。

6.人情礼往:大家户出资承担

张家在未分家之前,家中的人情消费主要集中在自己家的亲属、朋友等结婚、生孩子、丧葬等方面,当时几乎没有用现金随礼,都用布匹、鸡蛋、小米等物品作为礼金。张家在自家办理红白喜事的时候,举办丧葬是用白纸做的礼簿,其余的宴请都是用红纸做的礼簿,礼簿上面都会清清楚楚地记着每一笔礼金的收入情况,以备日后回礼。张家回礼讲求的原则是"差不离儿"①,即在礼金的来往上不能差太多,比如他家给自家随了五斤小米,自己家也要随这么多,不能有偏差,一般只会多回,不会少回,因为两者相差太多的话,双方都会有意见。随礼的时候都会预估一下自己家的收成如何、经济情况、存粮情况如何,再写随什么粮食作为礼金,等到秋天的时候,请客的人家就拿着礼簿挨家挨户的收礼,当时的随礼方式和现在的随礼方式则完全不同。在1937年之后,当地才流行随礼花现金,最大的礼金面额大概为两元钱左右,一般的礼金面额为一元或者五毛钱左右。张家的家庭成员认为人情礼往必要的花销,也是不可以躲的,张家的家庭年收入可以维持正常的人情消费。

(1)喜事随礼:家里有婚礼或者新生小孩子的也都是一样随礼,有的还会送给小孩子做新衣服作为礼物。来的客人在家里吃喜糖、吃喜饭、喝喜酒等,年纪相仿的年轻人还会帮忙闹洞房,在一起说说笑笑,以表达大家的喜悦之情。

(2)亲人去世:农村办丧事都是在自己家里办,逝去的亲人被安放在棺椁中,来吊唁的客人都会给逝者磕头或者行礼。送的礼一般是白布、祭祀用的钱纸类等,这样既可以使用又可表达自己的哀悼之情。

(3)家人祝寿:家人祝寿的时候,一般会送一些粮食或者糕点,但关于祝寿的请客范围并不大,一般都是自家的直近亲人前来贺寿。

未分家之前,请客也有下请帖的时候,亲戚和朋友需要特意下请帖,住得近的邻居只要口头上说一声即可,没有通知的客人则不会自己主动前来,无论是下帖还是口头通知,都要告诉客人家里请的是什么礼、具体的时间和地点等,要让客人知道自己是干什么去、拿什么礼物、多少礼物才合适,这些都是不成文的规定。住得近的亲戚家里就会多来几个人,有的还会带着小孩子过来;住得远的亲戚一般只是一个人过来,不会带小孩子。娘家有事请客主要是妇女去,本家有事则由家长亲自去,如张树蔡当家的时候,张家的亲戚有人请客时,"直近"的亲属则由张树蔡亲自去随礼。

张家家中在人情消费的时候,由大家户一起负担,而且随礼的时候都是用粮食,不用花现金,张家的负担不是很重,其他的人不会给张家家里承担相关的人情消费,村庄也不会帮助张家家里承担相关的人情消费,都是自己家里自行承担。

7.自家做事:大家户维持红白喜事

家里的红白喜事必须要办,家里的人也都很重视。张家的家庭收入完全可以维持红白喜事的消费,比如办白事的时候,原来的人都想要买地,然后在自家土地前种一棵柳树或者杨树,等到二三十年之后,树便有一米左右粗,家里若有人去世,家人就去把地头的树砍了做棺木。东北地区还有个习俗,即人死之后要在家停放三天,这三天的时间便是让亲人准备做棺材的时间。之后在家里请前来吊唁的宾客吃高粱米饭、豆腐等,这场白事也就算办完。办喜事

---

① 差不离儿:意为差不多。

的时候,比如老大的妻子去世之后,又再给他娶了一位新妻子,即二婚也正常办喜事。家人去参加红白喜事的时候都要和家长说一声,不能自己直接决定外出。

(1)自家办喜事:张家在未分家之前,自家办喜事的时候,虽然有人情收入,但是支出也极高,比如家里娶妻子的时候,要摆酒席、下聘礼,还会找人来唱戏等,花钱雇人来"劳忙"[①]等,这都是一笔大开销;张家在嫁女儿的时候,花销主要也是在嫁妆和酒席方面,张家给女儿陪嫁的物品一般只是几床被褥,但是随着经济条件的提高,张家给女儿陪嫁的物品也越来越多;如果张家给女儿陪嫁的物品不够好的话,公婆也看不上眼,张家的一个儿媳妇就因为陪嫁不好,陪嫁的物品一直被放在了厢房,从没进过主房屋。张家的小孩子如果满月,都要请亲戚、邻居等来喝满月酒,支出主要在酒席的操办、购置小孩子的衣物等方面,花费不算很多。

(2)自家办丧事:给家里的老人办丧事会产生一些费用,这些丧葬费用主要是酒席、纸活、乐队等方面,棺材都是用自家的树木做的,花费成本自然也就降低了很多。在没有分家的时候,办丧事的费用均由几个兄弟一起平摊,但张树蔡去世的时候,他的丧葬费用由大家来出;分家之后的话,老人归到谁家就由谁处理老人的后事,礼金收入及老人的养老地等也就归谁所有,如张树蔡的妻子陈氏在分家之后最终归到小儿子张燕义的家里,最后则由她的小儿子为她养老送终。张家在未分家之前,关于丧葬宴请的亲戚也有远近之分,例如五服以内有血缘关系或者有家族关系的属于近亲,例如兄弟姐妹、女儿、孙女、外甥、外甥女、侄子、侄女等;超过五服以外的则属于远亲。

张家家中在红白喜事消费的过程中,主要是由本家户负担,其他的人不会给张家家里承担红白喜事消费的相关费用,村庄也不会帮助张家家里承担相关的红白喜事花销,都是自己家里自行承担的。

8.教育花销:教育开支家户自给

张家家中的教育消费支出并不高,主要是花在孩子们的上学费用上,即买笔、本等文具。1949年之前,学费大概为两三块钱左右,张家家里的收入完全可以维持教育消费,每逢出了正月、过完新年之后,张家也会请老师吃饭,念书的学生家庭能请得起的都会请,一般只是吃一些简单的粗茶淡饭,例如高粱米饭、小米饭等,再炒一个土豆片或者土豆丝、白菜片、肉等,就算很好的菜了,因为原来一般的家庭炒不起菜。张家家中的孩子没有因为上不起学而烦恼,也没有因为没钱而辍学在家的情况。

张家家中在教育消费支出的时候,主要是由本家户负担,上学的花销甚微,其他的人不会给张家家里承担教育消费的相关费用,村庄也不会帮助张家家里承担相关的教育消费花销,都由张家自己家里自行承担。

9.副业开销:大家户承担所有成本

张家家中在新民县内等地拥有着众多副业,每年购买货物的花销还很多,占的消费比例也很大,以及用来运输货物的车马也是一笔花销;家中土地众多,耕作的农具也需要在外购买,这也是家中的一项开销。

张家购进货品的开销,都是由本家户负担,其他的人不会给张家家里承担其他消费的相

---

① 劳(láo)忙:帮忙。

关费用,村庄也不会帮助张家家里承担相关的其他消费花销,比如说耕作农具、车马等的消费都是自己家里自行承担。

因此,从总体来看,张家进货的开销最大,其余的消费支出相对较小,张家大家户均可满足一切花销。张家耕地众多,减少粮食这一最大的日常支出。张家在粮食、食物、衣物、医疗、教育、人情、购买货物和车马,以及购买农具的花销中,购买货物、车马、农具的花销必须要出,衣物的花销则为其次,但没有可以舍弃而不花钱。

(三)家长在消费中的地位

以张树蔡当家为例,家里的粮食、住房、人情、红白喜事、教育、医疗、货物等消费支出均由张树蔡说的算,由他亲自做决定;对于食物、衣物的消费则由内当家人陈氏说的算,张家的分工比较明确。

1.男家长张树蔡管大事

在粮食消费方面,张家家中土地众多,粮食也很多,因此无需外购粮食。家里除去所用和囤积的粮食之外,都会拉到自家新民的粮行去卖,这些都由当家人决定。在住房消费方面,张家家中房屋足够居住,没有重新建造过,但是有过翻修的情况,由张树蔡说的算。在人情消费的活动中,一般亲戚的礼金是谁有空谁就去随礼,"直近"亲属家里办事情则由张树蔡亲自去随礼,花销由家里统一来出;如果当家人张树蔡不在家,就由他的妻子说的算。在红白喜事消费的活动中,张家的家里人谁有空谁就去买烧纸等,花销都是家里拿钱,在丧葬方面有一条龙的服务模式;如果当家人张树蔡不在家,则由他的妻子陈氏说的算。在教育消费的活动中,谁有空谁就去买,花销都由家里统一出钱,如果当家人张树蔡不在家,就由他的妻子说的算。在医疗消费的活动中,也是谁有空谁就去抓药、请大夫,花销由家里统一出,如果当家人张树蔡不在家,就由他的妻子说的算。在货物开销方面,家里的买卖需要购进大批货物,具体采购什么、花销支出等均由当家人张树蔡做决定,其他的家庭成员都会服从当家人的决定,没有异议。张家在消费方面不需要告知请示四邻、族人、保甲长等。

2.女家长陈氏管家务事

在食物消费的活动中,谁有空谁就可以去买,花销由家里统一出,不需要告知或者请示四邻、家族、保甲长等。一般都是张树蔡的妻子说的算,家里缺什么少什么可以直接和她说,她再安排人去买。在衣物消费的活动中,最开始是自己家里的妇女纺线织布,之后再找染匠来染布。1937年之后,张家才流行买布,一般是管家或者家中的小媳妇去买,花销都是家里出钱,不需要告知或者请示四邻、家族、保甲长等。

(四)家庭成员在消费中的地位

张家家里的粮食、食物、衣物、住房、人情、红白喜事、教育、医疗、货物等消费支出均由张家的家长说的算,家庭成员均处于从属地位。

在粮食消费、住房消费、人情消费、红白喜事消费、教育消费、医疗消费和进货消费的过程中都是家长张树蔡说的算,妻子陈氏会辅助他进行管理,其他家庭成员也可以提出意见,大家一起商量。而且在实际的消费中,也不存在谁先消费、谁后消费的说法。例如,粮食消费方面,假如遇到光景不好的年份,全家老小都少吃一点,没有其他的特殊要求。张家的住房消费,无非是翻新或者新建,还有就是当初做买卖的时候会重新购买一些门市房等,这些事情都由当家人张树蔡做决定,其他家庭成员都会服从,并且帮助当家人张罗相关事情。在人情消费的过程中由当家人说的算,具体花费多少由张树蔡说的算,妻子回娘家的时候必须带礼物回去,这样才会显得有面子,也会给张家挣面子,在实际消费中没有先后,都要花费。红白喜事的消费由当家人决定,一般除了新生儿的宴请是妇女去之外,其他的基本由当家人亲自去,如果是远方亲戚或者家中妻子们的娘家办事情,则由儿子或者小媳妇们前去随礼,在实际消费的过程中,一般为全家谁有需要谁消费,没有先后的次序。张家关于教育消费方面,虽然花费不多,还是要由当家人说的算,适龄的儿童都会去念书,没有辍学在家的孩子,除非上完小学自己不愿意再读书者,同样是在实际消费的过程中,全家谁有需要谁就消费,没有先后的次序。在医疗消费的过程中是由当家人张树蔡说的算,谁生病便给谁看病抓药,没有先后的次序。家户进货的消费也是由当家人做决定,其他家庭成员均听从张树蔡决定,大家没有什么异议。陈氏和其儿孙当家的时候也是如此,当家人管理家中事务,其他家庭成员处于从属地位。

在食物消费和衣物消费的过程中,当家人张树蔡很少管理,都由自己的妻子说的算,关于一顿三餐都由大厨师决定,如果家庭成员有特殊需求,内当家的会和厨师说明,在实际消费过程中也是全家谁有需要谁就消费,没有先后的次序;做衣服没有特殊情况的话,每到换季的时候,内当家的都会张罗着给家里的男女老少做衣服,当家人张树蔡不会管这些事,都是妻子在全权负责。而且家庭成员也都知道节俭,衣服坏了都主动缝缝补补,家里的衣服补丁摞补丁的情况也很常见。

五、家户借贷

张家家中主要以农业收入为主,商业收入为辅,土地和经营的买卖众多,家境比较殷实,因此,张家在1949年之前没有找过其他人家借钱,老人也没有给子女留下过任何债务。倒是有其他人家从张家借过钱,也有不还钱的情况发生,实在要不回来,张家也就不再要了。

六、家户交换

1949年解放以前,张家进行对外交换时,主要以整个大家庭为主体,当家人张树蔡是张家的代表,各个小家作为补充,处于从属地位;交换的客体相对比较广泛,主要包括渡口、集市、"货郎子"等。

(一)交换单位

张家在进行交换活动的时候,主要是以家庭交换为主,家内的小家和个人基本没有发生过交换行为,除非是当家人张树蔡派谁去交换,但也是以整个大家庭为出发点进行交易,并不代表个人的利益。

1.家户为交换单位

张家家中在进行经济交换的时候,主要是当家人说的算,一般会和自己的妻儿进行商量,不需要告知或者请示四邻、家族、保甲长等。若当家人不在家,就由自己的儿子说的算,因为自己的妻子只能算是内当家,主要负责家里的家务事方面,其余的事情不会过多的过问。张家的交换行为一般是"串换"①着使用柴米油盐等生活用品,还有农具等用品,有人来向张

---

① 串换:当地话语,即互相借用东西。

家进行"串换"的时候,张家人都会外借。

2.家户无小家和个人交换行为

张家家中的各个小家庭没有单独开展经济交换活动,都跟随大家户一起,没有单干的情况,并且家庭成员中的个人也没有单独开展经济活动的情况,每个人都和大家庭一起进行经济交换活动,因此张家并不存在小家以及个人的交换行为。

(二)交换主体

张家交换的主体是整个大家户,而不是单独的小家庭,即当家人张树蔡说的算,但是当家人也不是任何事情都亲力亲为,有些事情比如外出购买一些东西、非"直近"亲属的人情礼往等事宜,当家人都会委托自己的儿子或者其他人前去,当家人只负责出钱即可,其他家庭成员均听从当家的安排,没有抱怨或者不满过。

1.交换主体为当家人

张家在交换活动中,张家的当家人张树蔡是实际的支配者,若当家人不在家,关于家务事方面由他的妻子陈氏说的算,如果不在家务事范畴之内,则由他的儿子说的算,一般是二儿子主事,因为大儿子常年吸食大烟,不管家中事务。

2.当家人可委托其他成员交换

张家的所有事情并不都是由张树蔡一人亲力亲为,也会让其他的家庭成员去做,比如去渡口换日用品、食物等,以及去集市上买东西,都是家里谁有空谁去买,或者直接让儿子、侄子去买,当家的给他们拿钱即可;谁家有新生儿出生,都由家里的妇女去随礼。

3.其他家庭成员可代为交换

在家户中,除了家长之外的家庭成员都处于从属地位,即使是内当家的张树蔡的妻子陈氏在大事情的决定上面,也要听从张树蔡的安排。在进行交换的过程中,张家内部的家庭成员不可以擅自进行交换。若当家人不在家,就由儿子说的算,但是也要分事情的轻重缓急,小的事情可以做主,但是大的事情还是要等到当家人回来,告知之后才可以做决定。

(三)交换客体

张家进行交换的客体有集市、渡口、流动小贩等,家中有粮食行,不用和其他粮食行打交道,自己家的粮食除去人吃马喂、给工人工钱、留种、囤粮之外,剩下的粮食可以直接卖掉;1949年解放以前,西莲村中并无"人市",张家人也没和他们打过交道。

1.当家人与集市

1937年之后,张家家中在购置物品的时候,会去集市上进行购买,那时是一个月六次集,比如东蛇山子乡的集期为每月带有数字一、四、七的日子,那么陶屯乡的集期即每月带有数字三、六、九的日子,公主屯镇的集期即每月带有数字二、五、八的日子,这样做的目的是为了促进商贩的流通,促进经济的发展。赶集的时候一般是谁有空儿谁就去集市上买东西,不一定偏得是当家人前去。家里人一般去距离自己家村庄最近的集市即东蛇山子乡内的集市,距离集市约为五里地,即两千五百米左右,走路约为四十分钟左右,坐马车约为二十五分钟。一般赶集的时候都是步行,要是男性去集市,就会骑着马过去,大概是十五分钟左右就可以到达。去集市的时候都是早上去,上午买完东西之后就会回来。商品的价格可以直接去集市上了解,之后再决定买不买。去集市买东西的时候,家里人谁都可以去买,不需要当家人的授权。但是张家没有在集市上做买卖的家庭成员,因此与市场管理部门基本没有打过交道。

2.内当家与流动商贩

当地有流动商贩,当地的叫法是"货郎子",来到本村最多的流动商贩是前莲村的一个姓李的货郎子和"王虾米",他俩就住在西莲村南面 1000 米远的邻村里面。"王虾米"总是挑个挑子来,再弄个拨浪鼓,天天过来敲,大家就知道他来村里卖货,他俩都是四五十岁的样子,毕竟每天都能挣点现钱,家庭条件还算可以。他俩家里都有地,基本每天都来村里卖货,村里也没有拦截他们,可以随便过来卖货,买东西的时候之前是用大钱买,之后用东北流通票去买,就像原来的一元钱红纸票一样,后来这些钱也花不上,张家人都用来糊墙。村里也有赊账的情况,都是一毛两毛钱的帐,都是各自心里记得就行,不用记到本子上。张家平时买针头线脑之类的商品,都是从货郎子那里买,不会专门跑到集市上去买,因为这样既省时又省力。一般像一些大件物品,如布匹或者棉花、工具等会去集市上去买,而一些急需又是小玩意的东西,就会在货郎子那里买。小贩和集市上的价钱对比,还是小贩卖的比较贵,毕竟他们相当于给你送到家门口,因此在价钱上更贵一些。家里缺少什么就可以自己直接决定去买,不需要经过商量,也不需要当家人授权才可以购买,可以单独和商贩打交道。当时也有欠商贩钱的人,欠的次数如果太多,商贩也就不愿意赊给他;在商贩那里购买东西的时候,可以用粮食抵钱,也可以现金进行支付。这些货郎进出本村不受任何拘束,可以随时进村、出村,也不需要交过路费,不需要交买卖交易费等。

3.渡口换物由内当家进行

日本侵略中国之前,在冯家窝堡的渡口处,定期会有外地的大船拉来货物,和当地的老百姓进行物物交换,张家就会拿着粮食去渡口换回来一些"起灯儿""针头线脑"、布料、饼干等日用品,这种事情一般都是内当家的去干,当家人张树蔡一般不会去,除非他好热闹想要去看看,才会主动过去。

4.张家与粮食行

张家所在的地区有粮食行,未分家之前,张家只在新民县内自家的粮食行内卖粮食,不去别人家的粮食行进行外卖。张家本身虽耕地众多,但家庭人口众多,粮食的消费量也很大,在保证自给自足的基础上才会再进行外卖。

5.张家不同"人市"打交道

1949 年解放以前,西莲村中并没有"人市"。张家在未分家之前,家中请来的雇工都是在邻村直接找来的,有的人是自己亲自来张家找活。张家上工的时间一般是是在二月二"龙抬头"的时候,干活之前张家会先预支付一半的粮食,之后再给另外一半,但是具体数量也不一定,如领工的一共要给他三石高粱,但只会预先支付一石高粱,即五百斤,另外的一千斤粮食会在秋天的时候再进行结算。

(四)交换过程

在进行交换行为的时候,家里的人都会货比三家,无须当家人特殊提示;而且在谁家买东西买的比较多,就会继续在他家买,熟人好交易;买卖东西的时候需要过斗过称,按斤按两说话,不会胡乱估计,张家在买东西的时候没有赊过账。

1.买货需要比三家

张家家中在进行交换的过程中,都会货比三家,即谁进行交换,谁就去进行比对,不需要得到当家人的特殊授权。货比三家既可以省钱又可以买到质量更好的物品,张家人深谙节俭之道。而且张家人经过货比三家之后便会长时间在这家购买东西,形成比较稳固的关系,购买东西的人也会告知家里的其他成员,此后直接去固定的商户那里买东西即可。

2.以熟人为主的家户交换

张家家中在进行交换的过程中,都会和熟人进行交换,并且和熟人之间的交换也有很多次,彼此熟悉了之后,价格还会相对便宜一些。西莲村里有在集市上做买卖的人,买东西的时候也会先买自己认识的人的东西。买东西的人不一定是当家人,谁去购买都可以和熟人进行交换,不需要得到当家人的特殊授权。

3.买卖东西过斗过称

张家家中除去自己吃的粮食、结算给工人的粮食、做种子的粮食之外,其余的粮食会拿出去卖,也都会过斗、过称,都是由收粮的人提供斗,东北的斗是由日本军队统一,在当时五十两为一斗,很好进行换算。在买卖东西的过程,大家作为乡里乡亲,都不敢缺斤少两、互相欺瞒。因为一旦将差名声传出去,彼此之间都会很难堪。

4.商贸往来可以赊账

张家人在与其他交换客体进行经济往来时可以赊账,但一般不赊账,都是现买现结;自家的商业倒是会有外人来赊账,赖账不还的情况还比较少,但李家人也都会在账本上进行记账,俗语说得好"好借好还,再借不难"。等到 1937 年之后,赖自家帐的情况就比较多了,以至于平罗镇的买卖经营不下去,最后全都倒闭,这也减少了李家一大笔收入。

第三章　家户社会制度

　　张家大多数的家庭成员在未分家之前都已经成亲,家中也出现过续弦和娃娃亲等婚配形式,张家在定亲成婚的时候讲究门当户对,子女都听从当家人和父母的安排,讲究"父母之命、媒妁之言",讲究兄长优先、长幼有序。张家结婚情况较多发生在张树蔡当家的时候,陈氏和儿孙当家的时候鲜有成婚的家庭成员。但张家一直都是人丁兴旺,家庭成员认为多生一些男丁比较好。妇女怀孕的时候都会做一些家务活,等到快要生产的时候才不干活;生产之后,妇女会有一个月坐月子的时间,还会请亲戚喝满月酒,但是夫家和娘家、生男孩和生女孩的仪式各有不同,家中的一切花销均由大家户来出钱,小家户不用管。张家的儿子都会承担老人们的赡养责任,分家之后都会给老人留下足够的养老钱、养老粮、养老地等,并负责给老人看病送医,直至老人去世,为他送终。张家人向来比较憨厚老实,与自家人、亲戚和外人之间没有发生过什么冲突,彼此之间相处得十分融洽。随着张家人口的不断增多,亲属关系基本超出五服之外,而且听闻外地很多地区都在分房子、分地,自己家就于1945年开始分家,当时并没有请见证人,由此时当家的张燕义和张孝培说的算,他们俩列好分家单,平均分配好钱财和土地。张家的儿子和侄子们都拥有继承权,家人和外人没有任何异议,都表示承认并服从。

一、家户婚配

　　张家在未分家之前,大多数的家庭成员都已成亲,家中没有打光棍的家庭成员,但有守寡的妇女,她们一直在张家生活,同自己的儿子一块吃住,没有搬离出张家。在定亲成婚的时候,张家讲究门当户对,但这并不绝对,一般由媒人保媒、了解情况之后再做定夺。张家在未分家之前没有发生过自由恋爱的情况,子女也都听从父母的安排。张家在婚配原则上讲究兄长优先,长幼有序;在婚配的形式上有续弦、娃娃亲、纳妾三种情况。

(一)家户婚姻情况

　　张家的男女只要到了适婚年龄,长辈便会张罗着给他们成亲,老七虽然抽羊角风,但张树蔡还是给他娶了妻子,只不过妻子的娘家并不是大户人家。张家在娶亲的时候一般都会讲究门当户对,礼数也较多。

1.适龄成员基本成婚

　　1949年以前,张家的"树"字辈和"燕"字辈的人都已成婚,算上已经成家的女性,家中的这两代人都已经结婚;"振"字辈的人均为儿童,尚未结婚;"孝"字辈的结婚情况则不一定,具体情况如下:张燕宾家里共五个儿子、四个女儿,家中最小的女儿是六三年的时候结婚,其余的儿女均成家;张燕誉家里有两个儿子和一个女儿,自己的女儿是六九年结婚,其余的孩子均成家;张燕举家里的四个儿子均成家;张燕公家里的有一个儿子和四个女儿,其中两个女儿都是 1949 年以后才结婚,儿子早已经成家;张燕宗家里有两个儿子和一个女儿,儿女均成家;张燕义家里有一个儿子和三个女儿,其中小女儿张孝娥是六九年结婚,其余的儿女均成家;张燕来家里有一个儿子和一个女儿,儿女均成家。因此,未分家之前,已婚人数为 31 人,未婚人数为第三代中的四人和第四代中的儿童,具体数字不详。

张家家中没有打光棍的男人,即使张家的老七抽羊角风,最后也娶到了妻子;家中的老四因为常年吸食大烟,在 30 多岁的时候便去世了,他的妻子则一直守寡。西莲村虽然主要是以张、李两大姓氏为主,但是同姓的人家只要是出了五代,都可以互相通婚,张家没有发生过近亲结婚的情况。除了近亲的不能够通婚之外,剩下的本村和本村之间结婚、本村和外村之间结婚都很正常,张家没有禁止过。以吕文英老人为例,她自己是房申村的人,丈夫是西莲村的人,她和丈夫就属于本村和外村之间结婚的情况。

2.结婚讲求门当户对

在结婚的时候,家里讲究门当户对,但是老大在娶第二位妻子的时候,自己的岁数比较大,大概 40 多岁,就又找了一位家里被评为贫农成分的妻子;老七身体有病,也是娶了一位家庭、地位不如张家的妻子。因此,张家的婚姻基本讲究门当户对,但并不绝对。

张家在订完婚之后才会和女方家里频繁走动,1949 年以前的张家在结婚时并没有太多特殊的讲究,都是用车马把新娘子拉过来,然后宴请一下宾客,没有什么特殊之处。原来的时候讲究"前有车后有辙",给老大结婚花了多少钱就要给其他的儿子花多少钱,父母不能偏向。以吕文英老人为例,她进门之后的第二天需要给公公婆婆请安、献茶,三天之后便需要下厨房帮助厨师做饭,和其他嫂子们一同干家务活。

家庭人口规模对张家的婚姻影响并不大,张家虽然人口多,开销大,但是张家还是花得起钱。1937 年之后,虽然得通过卖地才能娶亲嫁女,但是张家一点都没有偏向,没有给他们少拿钱办婚礼,都为同等对待。张家是四世同堂,家中成婚的事情都由当家人张树蔡决定,其他家庭成员只是处于从属地位,其他家庭成员并没有什么异议。陈氏、张燕义和张孝培当家时,家里基本没有成婚的情况,如果有的话,家庭成员们也会听从当时当家人的安排,没有什么不同意见。

(二)婚前准备

在结婚之前,都由当家人做决定,当事人均表示服从。对于对方的长相、年龄、脾气秉性和家庭条件等,当家人需要有一个整体的把握,而且也不允许家庭成员自由恋爱。儿子们的聘礼花销都一样,女儿的陪嫁也都相同,家里尽量会做到均等,以免出现内乱。

1.当家人做主成员婚姻

张家家中适龄的儿子娶妻子,不用自己主动提出,他的父母也会提出,当家人也会惦记着给适婚年龄的孩子成亲。成婚之前先要有媒人进行说和,当家人知晓之后告知当事人的父母,转达给当事人之后才会结婚。当事人和其他人没有不同意的时候,家里给定了什么样的妻子就娶什么样的妻子,没有什么说道。如老大在娶第二位妻子的时候,便是由张树蔡做主决定,当家人实在不忍心老大一人照料几个子女,便决定再为他娶一位妻子,老大都听从张树蔡的安排,没有反对过。张家娶妻生子的时候不用告知或者请示四邻、家族或者保甲长。未分家之前,张家家中是四世同堂,娶亲的时候由当家人说的算,没有不同意的时候。

2.张家婚配注重家况

1949年之前,张家对女方的家庭情况有要求,但关于长相却没有特殊的要求,不是长得太丑即可,如脸上长有雀斑、麻子的女人,张家一般不会娶。张家娶的妻子的身体条件要好,但是年龄不能比男方大太多,最多也是大3岁左右,因为当地有句话叫"女大三,抱金砖",娶进门来的妻子年龄大部分都和张家的男性差不多大。张家对女方还有着一些其他的要求,如会持家、会做家务,对名声和德行也有着要求,讲究门当户对。

1949年以前,张家在嫁女的时候,对男方也有要求,但是关于长相没有太多要求,主要看这个男人是否知道好好过日子,不能每天耍钱、喝酒,家庭条件一般就可以,穷也没有什么,因为原来的人家过得都差不多,大富大贵的人家也并不见得比穷人家会好太多。如果张家娶的小媳妇是岁数大的姑娘,即20多岁还未成亲的姑娘,一般是会嫁给一个二婚的男人,或者嫁的这个男人有一些缺陷,比如张家的老大张燕宾在二婚的时候,就娶了一个20多岁的大姑娘。

3.传宗为目的的家户婚姻

张家认为人们结婚的最重要目的即生儿育女、传宗接代,原来的人很少会去追求个人的爱情和幸福,都是"父母之命,媒妁之言",就像一件任务一样,必须去完成它。因此,结婚的主要目的便是继承香火、后继有人,张家这个大家户才能够得以延续、传承。张树蔡一心坚持为老七娶妻的原因也在于此,不能让老七这一脉人绝后。大户之间通婚也可以提升本家族的势力,都有一定的好处。家里人少的家庭更希望通过结婚增强人力,让自己的香火继续下去,永不熄灭。对于三世同堂、四世同堂,类似于张家这种大家户而言,更希望通过结婚来扩大家族的势力,如张家每隔几代人便会和西莲村中的李家人进行合婚,这也是为了增强两家之间的感情,扩大两家在西莲村中的影响力,进而在当地更有发言权。

4.明确禁止自由恋爱

1949年之前,家里的人没有自由恋爱,都是经过别人介绍才结婚生子。在农村地区还是比较封建,自由恋爱这个词语在原来的时候人们都没有听说过。结婚都是由父母决定,好多人是在结婚的当天晚上才互相见面,不管对方长得是磕碜还是好看,之后都得在一起生活。吕文英老人和张孝泽结婚的时候便是在结婚的当天晚上才见面,之前两人都没有见过彼此,但两人婚后生活得很和谐,儿女也很孝顺。

总体而言,过去的西莲村中无论是大户人家还是小户人家,也无论是有钱人家还是没钱人家,都严格禁止自由恋爱,整个时代的风气即是如此。因此,张家男女的婚姻问题更只能是父母之命、媒妁之言,当事人只能表示顺从,没有任何意见或者不满。

5.聘礼嫁妆子女均等

张家在未分家之前,儿子们结婚的花销都一样,女儿们的陪嫁也一样。结婚最好的陪嫁物及聘礼便是三匹家织布、二石高粱,结婚的时候给亲朋好友发请帖,届时会来张家一同庆贺。家中的老七抽羊角风,娶的妻子是本村老李家的闺女,家庭条件相对张家差一点,是富农成分,最后陪嫁的嫁妆都被放在西厢房,没在正屋里面摆放,好在后来生的孩子没有疾病。

(三)婚配过程

张家的家庭成员在结婚的时候,都是由当家人决定婚配的相关事情,其他人插不上嘴。

关于结婚方案由双方家长商量之后共同决定,制定出一个双方都可以接受的方案才可以,家庭内的其他成员都表示服从。

1.当家人决定婚配方案

在婚配中,结婚的方案由男女双方家庭共同决定,媒人自己琢磨看谁家有合适的男女便自行去保媒,若保媒成功,之后就从男女双方家各要几斗粮食。未分家之前,老大张燕宾的第一个妻子居住在西莲村北面的村庄里,后来在30多岁的时候因病去世,张燕宾又找了一个妻子,是一个28岁的大姑娘,家住在辽河以南;老二张燕誉和老四张燕公的妻子是哪里人便不得而知、老三张燕举的妻子是北边十喇子村的人、老五张燕宗的妻子是西蛇山子村沈家的姑娘、老六张燕义的妻子是新民县长马鞍村的人、老七张燕来的妻子是东莲村的人。嫁女儿的时候,嫁的离得近的陪嫁便会给耕地,嫁的离得远的陪嫁便会给金钱。

总体来看,西莲村中无论是大家户、小家户还是中等农户,他们在子女婚配的问题上均由当家人做主安排一切事宜,结婚的当事人等只需要服从当家人的安排即可,并且关于婚配的一切花销均由大家户承担,各个小家均不会为此而发愁,如张家的张树蔡便是这样一种角色,主管家中的各项事宜。

2.成员服从当家人安排

其他家庭成员在婚配过程中都处于从属地位,可以提出意见,但是不可以擅自做决定,婚姻的最终决定权还是在年长者的手中,都是由当家人张树蔡说的算,结婚者父母的发言权并不大,比如张孝泽在结婚的时候均由当家人说的算,自己的父母没什么发言权。

(四)婚配原则

张家在办喜事的时候,讲究长幼顺序。关于结婚花销方面,男子结婚娶亲时候的花销基本相同;女子外嫁陪嫁的嫁妆也都一样,家长不会偏向,这样有利于家庭的稳定与团结。

1.长幼有序,兄长优先

家里结婚有严格的长幼次序,吕文英老人的叔伯辈很早结婚,没有晚婚的现象;张家也没有在外经商或者常年在外的读书求学者,结婚的时候基本都是按照长幼的顺序进行,兄弟七人按照顺序成婚,没有弟弟优先结婚的现象发生过。但是在西莲村中的其他家户确实发生过这样的事情,李家有常年在外经商的兄长,因此李家的弟弟可以先于兄长成婚。

2.男女结婚,花费相等

未分家之前,结婚的娘家花销主要是陪嫁方面:三匹家织布、三石高粱;婆家给做"两铺两盖"①,再给女方家几石高粱,男方家再下聘礼、请亲朋好友吃喜酒等。1937年之后张家家中办喜事,如姑娘出门、儿子娶亲都得卖地才能办得起事情,因为张家家中平罗的买卖维持不下去,日本军队、"胡子"等来吃饭都赊账,而且一直欠着不还,张家人也不敢要,买卖只能倒闭。

(五)其他婚配形式

张家有续弦、娃娃亲、纳妾的情况发生过,但家中没有童养媳(当地叫作小接媳妇)、改嫁以及入赘的人,但是家中有守寡的妇女,守寡的妇女也没有人走,都是在张家一直生活着,该得的老人钱都一样得,和大家一样吃喝,没有区别对待。村中关于改嫁有一个说法,即改嫁的妇女既不能从娘家坐上改嫁的婚车也不能从婆家坐上改嫁的婚车,若改嫁之前一直在婆家

---

① 两铺两盖:两套被褥。

居住,则在半路途中坐上婚车,或者在没有那么多忌讳的亲戚家坐婚车。

1.家户续弦情况

未分家之前,家中老大的第一房妻子在 30 多岁的时候因病去世,老大家中孩子太小,没人帮忙管理,而且自己家也有钱,也娶得起妻子,后来又娶了一位妻子,他当时是 40 多岁,妻子是 28 岁的大姑娘,原来岁数大但又未出嫁的姑娘一般都找个二婚的男人,老大的第二个妻子生活过得十分劳累,刚嫁到张家就要带着之前留下的三个儿子和一个女儿,家里的活也都是她干,等到晚年的时候,自己的丈夫也不当家,都是她一个人管理,丈夫每天没事就在炕上坐着毡子,还坐坏了好几个,平时十分懒惰,喜欢在墙上钉钉子并把自己所有的东西都挂在墙上,只为了拿的时候方便一些。

2.家户娃娃亲情况

张家有过娃娃亲这种情况,是张家的第九代张孝昆的儿子,他和他的妻子周庆芬当时订的娃娃亲,张孝昆的儿媳周庆芬原来是关里人,后来搬到沈阳居住,在沈阳过得也不好,就从沈阳搬到西莲村,投奔自己的关家小姑父,当时他家给周庆芬在西莲村看了好几门亲事,但她都不乐意,她的父亲也不愿意让她嫁到西莲村,也不图定亲给的一石四斗粮食。当时张孝昆是农民会的组长,告诉周庆芬家里人,要是把周庆芬嫁到他家的话,就给周庆芬的父母耕地、分房子,并且落户西莲村;要是不嫁给他家,就啥也不给,还必须离开西莲村。周庆芬家里就觉得自己是两眼睛一抹黑,哪也不能去,要是再走就得去东蛇山子村,但又不认识别的人,最后只好嫁给张家。周庆芬那年是 13 岁、他丈夫 8 岁,他们两个就定了娃娃亲。定亲双方的家长没去会面商谈,自从定亲他们两个人就没说过话,虽然在一个班上念书,每天出来进去时候也不吱声①。周庆芬老人的丈夫是正班长,自己是副班长,每天早上发作业本儿的时候,互相也不说话,大家也都知道他们是什么关系。下课的时候,两个人如果走到对面,同学们就把他俩往一起推,他们两人还是互相不说话,直到结婚之前,他们两个人也没说过话。

以前结婚的时候也有杠儿,男方要达到 21 岁才可以结婚,故等到张存昆达到年龄时,周庆芬已经 26 岁。两人结婚的时候正好赶上 1948 年土地改革分田、分地之后便给周家落户。二人的婚事是由村里人撮合,大伙张罗张罗之后就算成婚,没那么多说道。在定亲的时候也没有什么仪式,只给了周家一石四斗粮,当时也不用写婚约,也不用交换生辰八字的小帖。

周庆芬在结婚之前便想要入党,之后便去自己丈夫的厂子里面看看,看他到底是临时工还是正式工人,假如要是个临时小工,自己就不打算和他在一起。但是准备入党的时候出了点差子,本来要马上填入党申请表,但因为三代宗亲的自家大爷的儿子是"现行反革命",就没入成。但是她自己还是做了许多的努力,她的母亲亲自回关里老家把娘家的和婆家的社会关系都开了相关的证明,最后因为住在沈阳的大爷家的哥哥是"现行反革命",被按压了十年,影响了自己入党。周庆芬老人记得交党表的时候,工作人员就说:"周庆芬啊,这个党表你别合计了,你是不是有个大爷,他家里有个哥哥,是你亲叔伯哥哥,他是社会现行反革命。"周庆芬老人就想:自己要是当时就入党,才不会和现在的老伴儿结婚,自己找啥人都行,不用偏得找他结婚。自己的老伴其实是一个工厂里面的临时工,是个瓦工,一个月就挣十八块钱。

---

① 吱声:说话。

结婚的时候,张家借来了四十块钱,给周庆芬老人扯了两块布、买了一个洗脸盆、一盆雪花膏,还有两个香皂盒和两个刷牙缸。扯得布是绿色,还有粉底白花,老人便用这些布料给自己做了一条秋裤,还有裤衩、以及一个小汗衫。结婚的时候也没有写过婚书,只有一块儿纸,这块纸和奖状差不多大,相当于登记。老人自己结婚的时候什么也没有,当时只是三两个人赶个大车陪着自己过来,把自己送到张家之后大家就都走了,连口水都没喝,更别提摆宴席,老人也没有嫁妆。1949 年以前别人家在嫁女时也几乎什么都没有,如果陪嫁的物品里面有两件衣服、夹个小包就算很好;有钱的人家会陪送两套行李、做两双鞋也算很好的陪嫁物品。结婚的时候,布匹都是三毛多钱一尺,这么便宜的价钱大家也买不起。结完婚之后周庆芬老人便回娘家居住,也没有回门,因为张家那时候只有一个老老头[1]在家,其他人都不在家,自己结完婚在第三天就开党代表会,之后一直在娘家待着。周庆芬老人 20 岁的时候在村上当妇女主任和队长,一共干了十年。后来大概在 1952—1953 年左右的时候家里有了二胎小丽,村里便决定不让她继续当干部。

3.家户纳妾情况

根据张家的家谱记载,张家的四世张瑞喜有刘氏和李氏两房妻子;五世张守礼有王氏、邵氏和谷氏三房妻子,张守智有吴氏和邵氏两房妻子,张守伦有李氏和王氏两房妻子;六世的张广兴有王氏和赵氏两房妻子。但是具体情况如何便无从考证。

(六)婚配终止

张家没有休妻的情况没有发生过,但是有因为家庭成员生病去世而守寡的妇女。1945 年分家的时候,张树蔡的妻子陈氏守了寡,她的丈夫即张树蔡因患脑血栓去世;张燕公早年因为过量吸食大烟早早过世,所以他的妻子王氏也守了寡。

1.家户休妻情况

休妻在当地没有特殊叫法,张家家中也没有发生过休妻的情况。关于休妻在当地还有个说法,即在写休书的时候,不能在炕上写,也不能在房间里面写,必须要去大地里面去写,还有个说法是在大地的哪个地方写了休书,那块地以后就不再生长庄稼。村中便有因为妇女生不出男娃者而遭到婆家遗弃,强行以一纸休书结束几年的婚姻关系的情况。

2.家户守寡情况

张家家中有因为丧夫而守寡的妇女,张家在分家的时候,张树蔡的妻子陈氏守寡,还有张燕公的妻子王氏也守寡。张树蔡是因为患脑血栓过世的,当地的叫法是"哑巴瘟",去世的时候将近 70 岁;张燕公是因为过量吸食大烟致死,去世的时候是 30 多岁,两人去世之前都留下了众多的儿女。守寡的陈氏和王氏在家里没有受到过欺负,外人更没有欺负过她们。在日常的生活中都是和其他家人受到同等的待遇,分家的时候也是人人有份,没有受到过不公正的待遇。而且陈氏和王氏也不需要回娘家居住,在张家继续居住就可以,因为她们还有儿子,她们自己也愿意和儿子们一起居住,她们的年纪也很大,尤其是陈氏,已经年近七旬,娘家也没有直系的亲属存在, 所以她和儿子住在一起也是名正言顺。家中的妇女没有改嫁者,去世后都是和自己的丈夫一同合葬并埋入祖坟。她们自己的事情都是自己决定,也不用告知四邻、家族和保甲长等。

---

① 老老头:具体指周庆芬丈夫的二大爷。

二、家户生育

张家可以说是人丁兴旺,各股下面均有后人,家中的人也都能生育,而且没有未婚生育的状况发生过。生育是为了传宗接代和养儿防老,和积谷防饥一个道理,"我养你伢大,你养我伢落"这句话十分符合常理。生孩子与否都是由夫妻俩共同决定,但是张家全家的观念基本都一致,认为多生一些男孩子比较好,这样既可以做到防老,又可以增加一些劳动力,减轻家庭负担。妇女怀孕的时候也会正常做一些家务活,但等到快要生产的时候才不用干活,之后有一个月的坐月子时间,自己的丈夫、婆婆或者娘家妈都会照顾,饮食方面也会比之前有所改善。家里生孩子都要请喝满月酒,这也象征着人丁兴旺,为孩子祈福。请喝满月酒的钱均由家户承担,家户统一支付、统一管理。

(一)家户生育基本情况

张家各股下面均有后人,也就意味着都有后代、都能生育,而且没有未婚生育的状况发生过,都是本本分分做事。

1.张家子女众多

吕文英老人的爷爷辈分中有当家人张树蔡,还有两个兄弟,其中一个叫作张树藩;叔伯辈有十三人,其中男性是:吕文英老人的公公、二叔公、三叔公、五叔公、六叔公和七叔公;其中女性有她的婆婆、二婶婆、三婶婆、四婶婆、五婶婆、六婶婆和七婶婆;兄弟辈有十六个男性和四个女性(未计算外嫁女);因为张家原本就是西莲村里的大户,在村里属于子女众多的人家。未分家之前,家中生育的子女没有丢弃、溺婴或者买卖的情况。张家作为大户人家,毕竟人口较多,因此生育的子女也就较多。

2.禁止非婚生子

1949年以前,张家家中没有出现过非婚生育或者未婚先孕的情况,在那个闭塞的年代也是有伤风化、不被允许发生,张家的家规一向严格,没有乱来的家庭人员。因此,这是败坏门风的不好的事情,在张家绝对不允许发生。

(二)家户生育目的与态度

对于生育,张家人认为这是为了传宗接代和养儿防老,此外,张家人还是认为多生一些男丁比较好,既可以防老,又可以增加一些劳动力,减轻家庭负担。

1.养儿防老,传宗接代

中国自古就有"不孝有三、无后为大"的观念和说法。张家进行生育的最重要目的是"养人",也是为了传宗接代,家里生的孩子越多劳动力也就越多,家里的活也就好干一些;而且也有"养儿防老"的观念在里面。

2.崇尚多生,期待儿子

张家还是比较欢迎男孩子的出生,因为男孩多了之后,家里的劳动力也就增多,多一个人去干活就会让大家省不少力气。未分家之前,张家家中也没有非婚生育的现象,但是原来的人结婚都比较早,家中也有不满18周岁便结婚的人,但是越往后期就越开化,等到法定的结婚年龄才可以结婚。

未分家之前,张家家中更加倾向于多生,每个小家都有四五个子女。对于张家来说,男孩也是越多越好,但是对于家境困难的家庭,多生男孩子虽然有劳动力,但是娶妻的时候就成了一个大难题,张家认为不同的家户对于生育的目的和态度看法不同,大家户一般遵循着有钱养人的原则,也倾向于多生,这点和小家户虽然相同,但是存在的条件并不相同,小家户面临的现实问题会更多;老辈子人越多的家庭,越倾向于有更多的孙子、重孙子等,既更倾向于生男孩。

(三)妇幼保护功能

生孩子与否由夫妻决定,但全家的观念都一致,即多生为好,男孩越多也越好。妇女怀孕的时候也是正常做一些家务活,等到快要生产的时候才不干活,丈夫会请产婆过来,之后会有一个月的坐月子时间,自己的丈夫、婆婆或者娘家妈都会照看自己,饮食方面也会比之前好些,比如多吃几个鸡蛋也都正常。

1.夫妻决定是否生育

当地把圆房叫作"上头",张家生孩子的事情由夫妻两人自己决定,虽然婆婆会偶尔提及生孩子的事情,但是夫妻二人更有说话权。未分家之前,张家家中对于生孩子的看法也都一样,即多生,而且男孩越多越好,家中就有更多人可以管理事情,虽然张家在后期逐渐没落,但还是会卖地、卖树给适龄的家庭成员娶亲、出嫁。

2.家户承担照顾孕妇的责任

张家的女人在孕期要去地里干农活,最后要到"瓜熟蒂落"的时候才会不干,生完孩子之后一个月又去干活。坐月子期间的脏衣服由婆婆洗,丈夫也会主动承担许多活,都会帮忙一起照看孩子。张家在未分家之前,都是在家生孩子,直接让产婆来接生,都是快要生之前几天就和产婆提前说还,看着快要生产的时候,就去把产婆找来,主要是由丈夫去请。坐月子和酒席花的费用都是由大家户统一支出,即由大家庭承担,小家不用操心。坐月子期间,产妇的丈夫、娘家妈和婆婆等人都会照顾自己,妇女的饮食有提高,但是1949年以前,整个社会的发展水平都有限,不能像现在一样,能吃到两个鸡蛋就算是很不错的伙食。坐月子一般是三十天,一个月之后就算结束,女方坐月子都是在婆家做,没有去娘家坐月子的人,因为当地有个传言即"在娘家坐月子会招耗子",所以等到孩子满月之后才会抱着去娘家串门。

1949年以前,各家的生活条件都不算太好,张家只是相对好点,而且家还是在农村,吃不到什么好的东西。总体看来,大户人家的家庭条件相对较好,妇女怀孕期间不需要干活,平时和坐月子期间均会吃到一些好的东西,如鸡蛋、肉类、补汤等,还会提前请好产婆在家中待产;而中小户人家的家庭条件相对较差,不可能享有这么好的待遇,即使是在怀孕期间还要继续劳作、做家务活儿等,坐月子期间也不能得到很好地照顾,不像大的家庭人口众多,还能多几个人来伺候坐月子的妇女;小家庭若是赶上农忙的时候,就得全靠自己,没人帮忙。

(四)家户生育仪式

家里生了小孩子都要请喝满月酒,但是夫家和娘家、生男孩和生女孩的仪式各有不同,而且这也象征着人丁兴旺,为孩子祈福。请喝满月酒的钱均由家户承担,家户统一支付、统一管理。

1.性别不同宴请存异

未分家之前,家里不管生男孩还是女孩都会请满月酒,但是娘家这边喝满月酒就和夫家这边不同:要是生了男孩,九天之后再请娘家人吃饭,要是生了女孩,就十二天之后再请娘家人吃饭;夫家这边请吃满月酒,不管是生的男孩子还是生的女孩子,都是三十天之后再请客。

在请客方面,具体的吃喝都没有差别,宴请的酒席都一样,自家的"直近"亲属都会前来喝喜酒,一般不会请一些旁不相干的人①,随礼的人都会带东西或者写礼钱等。

2.生育仪式表祝福

张家人认为婴儿出生后存活了一个月就算是渡过一个难关,这个时候,家长为了庆祝孩子渡过难关,祝愿新生儿健康成长,通常会举行满月礼仪式。该仪式需要邀请亲朋好友参与见证,为孩子祈祷祝福。张家家里生孩子请喝喜酒吃饭是一种风俗习惯,而且也象征着张家的人丁兴旺,是一件值得庆贺、开心的事情,同时这也是为孩子祈福,希望他能健康快乐地成长。

3.大家户承担生育费用

张家在未分家之前,家中的钱财都由当家人统一掌握,因此请人吃饭喝酒的钱是从大家户里面出,由大家户统一支配,统一花销。但是张家请客喝喜酒的方式比较简单,关于生育的花费并不多,张家一直负担得起。

4.家户间的生育仪式不同

大户家庭的钱财和亲戚都很多,因此花销相对小户会多一些,来家里庆贺的人也较多。而小家户的排场自然会小一些,比如,大家户的孩子出生还会有抓阄等活动,而小家户则没有,举办的生育仪式也较为简单。但无论是大家户还是小家户,其心意都一样。

(五)家户孩子取名

张家孩子的名字都是父母按照辈分来取,家里的孩子也有小名,起名字的时候都会选择一些有美好的寓意的字进行起名。张家是按照树、燕、孝、振等为辈分,依次轮回。在给孩子取名字的时候,若是穷人家的孩子,他们的名字多为乱叫,如狗剩、猫蛋等,但也有个好处,即"贱名好养活"。还有好多小家户的孩子都是上学了之后才有个正经的名字,之前都是小名,比如张家的媳妇周庆芬,她便是在上学之后有了文化,才给自己起的名字。若是大户人家还会讲究一些,找一些寓意深刻的字眼来起名字,也都会仔细琢磨一番。

总的来讲,张家的男孩子在取名的时候根据家谱上面的规定,按照家谱进行取名,比如按照"树"字辈、"孝"字辈等进行取名,而张家的女孩子在取名字的时候则没有太多要求。

三、家户分家与继承

随着张家人口的增多,亲戚关系也越来越远,而且听闻外地都在分房子、分地,自己家也到不得不分的时刻。分家的事情是家庭内部成员说的算,平均分配即可。分家的时候也没有请见证人,都是此时当家的张燕义和张孝培说的算,他们列好分家单,平均分配好钱财和土地即可。关于继承权,理论上归儿子继承,但是张家人口庞杂,一起生活的侄子们同样拥有继承权,可以继承老人留下的遗产和养老地等,但不能继承相关的职位。张家关于分家与继承的相关事情,家人和外人都没有任何异议,都服从当家人的安排,也承认当家人的决策地位。

(一)家户分家

张家分家是因为家中枝大叶大,亲戚关系越来越远,并且听闻外地都在分房子、分地,自

---

① 旁不相干的人:指关系一般的人。

己家也不得不分。分家的时候是家庭内部成员说的算,外界的人无法决断,张家分东西的时候都是必须平均分配,否则很容易内乱。分家的时候也没有请见证人,都是当家的说的算,未分家之前,张树蔡虽然已经过世,就由自己的儿孙、侄子们张罗分家,列好分家单,平均分配好钱财和土地。张家分家属于家庭内部的事情,跟外界没有关系,村里的人对张家分家这件事也十分认可。

1.人口益众、血缘渐疏而分家

当家人张树蔡去世之后,剩下的家庭成员都是叔伯亲,大家也过不到一起。家中的张燕宾和张燕誉经营商业,消息比较灵通,得知距离自己家五百多里地的地方都因土地改革而分房子、分地,日本军队投降之后,国民党和共产党来回拉锯,战乱频发,张家便于1945年分家。

家庭外部的成员影响不了张家分家,而且张家也到了不分不行的时候,村里的其他人也不会理会别人家分家的事情。家户大一些的家庭在分家的时候可能会麻烦一些,毕竟人多、地多、家产也多,因此分家的时候会较为复杂;小家户在分家的时候就容易一些,因为人少、钱少、地也少,相对没有那么烦琐,各有利弊。

2.财物需要平均分配

分家的时候只有家庭内部成员才可以分到,但是都不能多分。张家分家的时候,老大家想要给自家的闺女"老娇"多留出来一石粮食当作出嫁的嫁妆,吕文英老人的三大伯子偏不愿意,非得要赶车把这一石粮食拉走,老大就躺在了车的下面不让他们把粮食拉走,吕文英老人的二大伯子就告诉三大伯子:赶紧赶车走,不用管他,还说老大要是一直躺着就压死他,最后"老娇"啥也没得到,出嫁的时候只夹个包袱走了。张家分家的时候家庭外部的成员没有资格分到张家的家产, 外嫁女也没有资格分到, 家中拥有分家资格的必须是家庭内部的成员。张家家中没有干儿子或者改嫁之后带来的孩子,因此没有此种类型的人得到张家家产。

3.分家时无见证人

张家家中在1945年分家的时候没有请见证人,在外面做生意的张燕宾听说很多地方开始分家,就赶紧回来和家人说了此事,家人也觉得不分不行,达成统一共识之后便开始分家。不同的家庭分家的具体形式则不同,大家户分家会更难一些,因为钱财、物品等更复杂一点,因此分家的时候也会稍显烦琐。西莲村中有的家户在分家时会请见证人,可以是村中德高望重的老者,也可以是当家人的亲兄弟等,分完家之后还要请见证人吃一顿饭,但是见证人对于别人家分家的事情不需要承担什么责任,只是在日后若发生推诿扯皮的事情时,见证人要说句公道话,为正义的一方主持公道即可。

4.当家人做主分家

分家的时候都是由当家人做主,主要是在分房子、土地和财产等方面,因为都需要平均分配,家庭成员也都服从。家庭的外部成员无法做主,不参与张家家中分家的相关事情。在大户人家中,对当家人的尊重程度会更高一些,分家的事情可能更为烦琐,但相对于小家庭来说更会服从当家人的安排,显得更为井然有序,小家户可能就不是这个样子,稍显随意一些。

5.以分家单为契约

张家在分家的时候写了分家单,也会特意找第三方来写,这样可以保持公平公正,并且还会防止日后扯皮。各自确定无误之后,便要署名签字。张家的分家单上面会写着每家应该分得的房屋、金钱和土地数量,但是由于张家人疏于保管,后来也找不到,都被弄丢。

6.外界认可分家结果

（1）家族不过问家户分家事宜

张家这个大家庭在进行分家以后,各个小家庭只负责过各自的生活,各个小家庭的生活由小家庭新的当家人进行安排,张家的家族成员不会太多过问张树蔡家的分家情况。但是张家的同门心中都有数,也承认张树蔡家中分家的事情,没有任何异议。

（2）村庄和政府不管张家的家户分家事宜

村庄的保长、甲长等人不会过问张家家户的分家活动,二者之间的联系甚微。县乡更不会管理张家的家户分家活动,二者之间更是毫无联系。张家认为分家是自家家庭内部的事情,与其他人无关,而且村里和县乡也不会管。

（二）家户继承

张家的继承权只有张家人才有,不只是儿子拥有,张树蔡的侄子们也拥有。最终老人落在谁家,谁要给老人养老送终,并继承老人留下的遗产和养老地等,要是有相关职位的话,则不能继承。张家关于继承的事情,家人和外人都没有任何异议,都表示服从与认可。

1.继承时血亲为主、排斥姻亲

在张家,只有男子才有继承资格,即张树蔡的儿孙拥有最先的继承权利,但是张树蔡的侄子也属于张家的一分子,他们也有继承资格。张家之外的家庭成员则没有,如果分家的话,最终老人在谁家,继承权就归哪个儿子。张家家中没有入赘的女婿,入赘在当地叫倒插门,关于倒插门的说法也比较多,有的倒插门女婿可能随女方家的姓,有的可能第一胎孩子随女方姓氏,第二胎孩子才随自己的姓氏,倒插门的女婿并没有继承资格。张家没有抱养的儿子、被逐出家门的儿子或者外出不在家的儿子,也没有未成家的儿子,只有儿童,他和他的父母一同享有继承资格;未出嫁的女儿在分财产的时候也有份。张家只要是有继承权的人,他们的权利都是平等,家庭的外部成员没有继承资格。

2.父死子继、兄终弟及

继承的时候,张树蔡的儿孙、侄子们都有继承权,张家家中没有不孝顺或者被驱逐出家门的子孙,因此没有这种情况发生。张家家庭的外部成员不能影响张家的继承权,即使后期分家,张树蔡的妻子陈氏也是和自己的二儿子一起居住,二儿子拥有着陈氏的继承权。在继承方面,每家每户都差不多,即由长子继承,长子不在的话便由二儿子继承,以此类推。

3.只承家产、不承职位

张家的继承人在继承的时候主要继承房屋、土地、金钱等,没有继承过相关职位,如祖上张八老爷在县令里面的职位,儿子们没有继承资格,当时的职位都是通过考试才可以获得。家族族长的身份也无法继承,比如张家在选择当家人的时候,需要多方考虑,比如声望、能力等各个方面。因此,张家在分家的时候,张燕义和张孝培等人把自家在县城的买卖都卖了,核算成一股应该分多少钱,然后再把房屋给大家分下去;土地也是按照一人几亩地平均分,张家可供继承的东西也基本上是这些,没有其他东西。

四、家户的过继与抱养

未分家之前,张家家中没有过继和抱养的相关情况,一直也没有,但是村中的其他人家却发生过这种现象。

(一)过继

张家有一个远亲王家存在这种过继的情况,王长占是过继到王佐明家的孩子。王佐明是王长占的大爷,当时他家没有孩子,弟弟家一共三个儿子,就把弟弟家的大儿子过继到自己家。村中关于过继还有一些说法,如果大哥家没孩子,就把弟弟家的大儿子过继给自己;要是弟弟家没孩子,就把哥哥家的二儿子或者其他儿子过继给自己,但是不能过继大儿子给弟弟家。过继这种事都是两家自己商量,不用写证明,口头约定即可,也不用给钱或者粮食。后来王长占给王佐明两口子养老送终之后,又去找自己的亲生父母,他也一直和亲生父母、两个弟弟有联系。

总体来看,过继是指自己家没有儿子的家庭才会选择过继,过继来的儿子也当亲生儿子养,自家最后也可以后继有人,香火也可以得到延续,不至于老无所依。

(二)抱养

抱养和过继孩子的目的基本一致,即没有子女的家庭才会选择抱养孩子,同样也是出于养儿防老、延续香火的目的。在抱养孩子的时候,一般会选择自己家的近亲,如果近亲家里儿子较多或者家境贫寒,可以通过给钱粮的方式去抱养子女,一般抱养男娃的情况比较多,而且找近亲去抱养还有利于家族血脉的传承。如果近亲家里也没有男娃,则找一些远房亲戚,或者在贫困家庭人家进行抱养,给予一定的粮食、财物作为一种补偿即可,无须签订相关条例或者说明等,原来的人也比较质朴,基本不会出现日后扯皮的情况。隔壁村中就发生过抱养的事情,这户人家姓孙,中等家户水平,但是夫妻二人40多岁都没有孩子,便从吉林省的远房亲戚家要了一个男孩子回来,夫妻二人当时坐了两天多的火车才赶过去,最终把两岁的男娃接回家,一直抚养其长大成人,这个男孩子最终也给自己的养父母养老送终,孙家人过得亲如一家,没有任何隔阂。

五、家户赡养

家户赡养是张家内部的家庭事务,儿子承担着老人们的赡养义务。分家的时候都会给老人留下足够的养老钱、养老粮、养老地等,并负责给老人看病送医,直至老人去世,为他送终。

(一)家户赡养单位

张家的赡养单位是以家户为主,未分家之前,赡养老人的义务都是归张家的大家户负责,需要人去照顾的时候还是要由自己的儿子和女儿们来完成;张家分家之后就由自己的小家管理,儿女们均摊老人的赡养义务等,直到老人不能自己生活,最后归到哪个儿子家,自己的养老钱和地也都归这个儿子管理。

1.外人不管张家事

赡养老人是家户内部应尽的义务与孝道,家户外部的人没有权力进行干涉。而且张家的家庭成员对张家的老人都毕恭毕敬,没有违背老人们意愿的情况发生过。如果有不赡养老人的情况发生,这会被全村人耻笑和在背地里讲究。张家都是本本分分、尊老爱幼的人,都为家里的老人养老送终。张家的老七虽然抽羊角风,他的儿女也没有嫌弃过他,在他老的时候也尽心尽力地孝敬他,为他养老送终。

2.子女共担赡养责任

未分家之前,张家家中子女众多,因此赡养张树蔡和陈氏两个老人十分容易。外嫁的女儿也有赡养的责任,但是主要责任还是在儿子手里,女儿们都会回家看望父母,张家的家庭成员承担着赡养老人的责任,分家的时候也给老人留下养老钱、地等,而且留的养老地都是土壤肥沃的好地,因为年轻人还可以继续劳动赚钱,而老人则不能,所以要尽量把好地给老人,等到老人彻底干不动活的那一天,老人最终归到了哪个儿子家,养老地和钱等就归哪个儿子。

(二)家户赡养主体

张家家中子女众多,主要由儿子们承担着赡养的责任。家境殷实的女儿还要给父母一些钱,没有钱的就不用拿钱,老人也不会要。当地有一句谚语叫作"儿子江山,女儿饭店",非常贴切地形容了养儿养女与养老关系的不同之处。赡养老人也要看是什么样的人家,"好样的"①人家怎么做都行;最怕的是没有好样的人家,最令人不耻的行为便是"搓球""踢皮球",儿女们谁都不管老人是最可恶的事情。

(三)家户赡养形式

张家在未分家之前,老人由大家户一起赡养,如当家人张树蔡,他便是自己的儿子、侄子们一直赡养,直到去世;分家之后,陈氏由二儿子一直赡养。关于赡养老人的事情也是不用告知或者请示四邻、家族、保甲长等人,张家这种大家户因为子女多,赡养老人的负担也不会那么重,而中小家户的人口较少,财力也不足,在赡养老人方面就会稍显困难一些,例如家里没钱的家庭,需要"成年"②的给财主家扛年头,等到过年了还得赶紧出去要饭,趁着过节的好时候还能多要一些东西出来。

(四)养老钱粮

分家的时候,当家人张树蔡已经过世,家里只剩下他的妻子陈氏一个老人,最后她跟着自己的二儿子在一起居住。分东西的时候由张燕义和张孝培做主,一大家人一起商量,给老人该留的都留了,比如养老地和养老钱都留给老人,而且老人的养老地都是地块儿比较好的地方,基本可以旱涝保收;年轻人的土地不好也没关系,毕竟年轻人可以通过其他途径去挣钱,而老年人随着劳动能力的下降而理应受到关照。从家户之间的对比来看,大家户在分给老人东西的时候会多分一些,而中小家户就不会这样,分到的钱和土地等会相对较少。

(五)治病与送终

张家在未分家之前,家里老人的治病与送终主要由大家户来承担;等到分家之后,则由各个小家自己来承担。张家没有不赡养老人的不肖子孙,家庭成员都极其孝顺。

1.家人需照顾生病者

家庭成员都有照顾生病老人的责任,老人若是生病,就由家里出钱给老人治病。未分家之前,张家的家产都由当家人统一支配和管理。分家之前,当家人张树蔡得的是"哑巴瘟",即现在的脑血栓,照料他的责任主要是妻子、儿孙、儿媳和女儿们,侄子"稍带脚"③地管一管,后来在分家前便过世了;分家之后,照顾陈氏的责任就落到她的二儿子和大孙子身上,女儿们也会时常照顾老人。老人生病的时候是儿子找郎中来看,之后再去药铺里面抓药。若是生一

---

① 好样的:即明白事理。
② 成年:长年。
③ 稍带脚:顺便。

般的小病则不需要大动干戈,小家户的人自己去照顾或者不需要人照顾,即自己照料自己也可以。

2.子女为老人送终

如果已经分家,老人去世之后,他的丧葬费用即他最终落到谁家,就归哪个儿子拿钱,女儿要拿雇佣乐队和纸活钱,还要负责给去世老人哭"十八包"①。如果没有分家,则由大家户一同承担。例如,张家在未分家之前,张树蔡老人的丧葬费用便由大家户一同承担;张家在分家之后,张树蔡妻子陈氏的丧葬费用则由他的小儿子来出,因为老人最终落户到小儿子家中,养老钱粮也都归小儿子管理,由他管理老人的丧事也是合情合理。总之,这些都是约定俗成的规矩,不需要跟村里的保长、甲长等其他人进行请示。

(六)外界对家户赡养的认可与保护

张家人都是尽职尽责的赡养着老人,外人说不出什么闲话,要是子女对父母不孝,就会成为全村人的笑料,被人看不起,但是最多也是被人说道说道,不会有什么惩罚。至于村庄和乡公所,他们不会管这些事情,西莲村里面的保长和甲长只负责粮食税费的征收以及征收壮丁等工作,乡公所等也只负责往下面一级管理主体下达任务,村庄和乡公所等都没有任何权力去干涉张家家户赡养方面的事情,张家关于老人赡养的问题只需要由张家人自己管理即可,外人没有权利对张家的赡养问题进行监督和管理。

六、家户内部交往

张家的父子之间、夫妻之间和婆媳之间的关系都很融洽,没有发生过大的冲突,彼此之间互帮互助、互相关爱,正所谓"兄弟合力山成玉,父子同心土变金。兄弟和气金不换,妯娌和气家不散"。但是兄弟之间在分家之后就发生过冲突,妯娌之间也因为小孩子起名的事情发生过冲突,但是最后也都不了了之,没有人在意。

(一)父子关系

以当家人张树蔡为例,在他未去世之前,他对儿子是处于权威的地位,儿子的学业、娶亲都由他管理,虽然管的较多,但张家的父亲极其爱护自己的儿子,儿子更是尊敬自己的父亲,父子之间没有发生过冲突。

1.权利义务关系:权责明确

关于父子关系在当地没有特殊的俗语,多为"棍棒底下出孝子"之类。父亲要管理儿子的衣食住行等各个方面,抚养、教育、婚配等,等到儿子成年之后,还要负责他的娶亲。张家的老七张燕来虽然抽羊角风②,张树蔡也给他娶了一个妻子。1937年之后,日本军队进入中国,家中的买卖也不好做,张家的当家人张树蔡为了孩子们可以娶妻生子,就把家里的土地卖掉一部分给孩子们作为聘礼使用。张树蔡平时在家里也会给孩子们树立起榜样,给他们一种引导和教育,不会随意役使孩子们做事情,也不会随意打骂孩子们,即使有人做错事,如家里的老四张燕公喜欢听戏,偷拿自家的粮食给戏子,张树蔡也没有说过什么。张燕公有时自己没有零用钱花,还会偷卖几棵树,家里人也没有说过什么,毕竟东西多,张家也不是很在乎。张树

---

① 十八包:即当地办白事时的一种模式。
② 抽羊角风:羊痫风。

蔡在平时都是"以理服人",教会孩子们做人做事的道理。正因为如此,张树蔡在家中,甚至在村中的声望和地位都极高,深得人们钦佩和敬重。

张家的儿子要给父亲养老、送终、祭祀等。在成家以前,儿子需要无条件顺从自己的父亲,即使成家了,父亲的权威也不会降低,家里的事情都会在一起商量。如果真要是遇到父亲做错事的情况,儿子可以向父亲提出来,之后和父亲一起商量着去解决难题。张家的好父亲和好儿子的标准即他们能够好好干活,不扯一些闲事情,都要为张家的繁荣兴盛而努力。总之,父亲要做到公正、慈爱,儿子要做到孝敬、顺从,只有在良好的家风环境中,家户才能兴旺发达,家庭关系才会和睦融洽,"家和万事兴"正是这个道理。

2.日常交往关系:融洽有序

张家父子之间的关系比较融洽,平时不会随意开玩笑,儿子一向很敬重自己的父亲。父子有时候会一起喝酒,经常聊天,儿子有什么事情会和父亲进行商量,父子齐心协力解决所遇到的困难。张家的父子在日常交往的过程中都讲究秩序,儿子不会做一些越级的事情,不同的家户之间的父子关系各有不同,这与家庭背景有关,正所谓"上梁不正下梁歪",长辈没做好表率,晚辈自然不会服从长辈,反观书香世家等,就不会这样。

3.父子冲突关系:敬畏顺从

张家的儿子对父亲都比较敬畏,并且都很顺从。因此,张家父子之间几乎没有发生过冲突事件。在父子冲突关系方面,不同类型和人口规模家庭父子关系大概相同,但是大家户的规矩会相对多一些,家庭成员们更懂得"井然有序"这四个字的道理。

(二)婆媳关系

张家的婆媳关系也比较融洽,平时儿媳都会主动帮助婆婆干活,儿媳生孩子之后,婆婆都会帮忙照看,张家的婆媳之间没有发生过冲突。

1.权利义务关系:权责较明

婆媳之间也有一定责任,在坐月子的时候婆婆需要照顾儿媳妇,帮助儿媳妇洗洗涮涮和带孩子,儿媳妇在坐月子期间不需要做家务。张家的婆婆有权力教育自己的儿媳,但是不可以随意打骂自己的儿媳。张家没有发生过婆婆对儿媳妇随意打骂的情况,都是有事说事,没有尖酸刻薄的婆婆。婆婆说的事情也没有什么不对,也没什么区别,只是居家过日子。不同类型家庭的婆媳关系大致一样,即儿媳要听从婆婆的教导,婆婆要耐心教导儿媳,但不可"无事生非",双方本着平等的关系进行相处即可。张家的婆媳关系处的就比较好,如张树蔡的妻子陈氏和自己的两个儿媳关系就比较好,每逢生产之后,陈氏都会尽心尽力帮忙照顾儿媳,还会帮忙照看孙子、孙女等孩子;儿媳也会听从婆婆的安排,主动做好家里的家务活。

2.日常交往关系:正常交往

张家的婆媳关系比较融洽,大家没有红过脸,厨师做菜忙不过来,便由婆婆和儿媳一同帮忙择菜、切菜,家庭氛围比较融洽,平时会在一起唠家常,都会正常交流。家中的小媳妇们对婆婆都比较敬畏,但是张家的吕文英老人认为谈不上怕,她的婆婆孔氏还是比较平易近人,很好接近。对比不同规模和类型的家户,大家户中的婆婆会更有地位,她的家庭地位也会更高一些。

3.婆媳冲突关系:和气无争

常言道"婆媳关系是世界上最难相处的关系",而值得庆幸的是,张家家中并没有发生过婆媳冲突的事件,张家人的生活还算比较和睦。即使发生冲突,也多是互相拌嘴或者在背后说坏话。但是张家的家庭成员都会进行劝阻,不会让事态扩大。不同类型的家庭成员的婆媳关系都大致如此,均本着和平的原则,和和气气过好家中的日子,不会让不好的事情影响家中的和谐氛围。

(三)夫妻关系

张家的夫妻也没有随意打架,但一般吵吵嘴算是正常,居家过日子、"没有锅碗瓢盆不碰到锅沿儿",这都是极其正常的现象,但是夫妻之间都是互相关爱、互相扶持。张家只有吕文英老人家的公公和婆婆感情不太好,因为公公是二婚,所以家里的活都是小他近20岁的妻子干,但是他俩也不会动手打架。

1.权利义务关系:权责明确

如果妻子生病,丈夫需要照顾自己的妻子,还要请大夫来给他看病,而且在妻子坐月子的时候,丈夫也有照顾妻子的责任,夫妻之间应该互帮互助、互相尊重。张家家中没有随意打骂或者役使妻子的男人,家里的事情,夫妻二人都会进行商量。妻子对丈夫没有惧怕,彼此之间互相尊重。好丈夫即每天做正经事、不招惹是非;好妻子即每天安心顾家、相夫教子,不像是现在,又有女强人、自己做生意等,张家原来没有这样的女人。一家人过日子难免会有磕磕碰碰的事情发生,但张家发生的都是"小小不言"的事情,家人并不会很在意。家家向来都有本难念的经,每个家庭都有不一样的故事,如何把故事"讲"得圆满,这就要看自己家的本事。

2.日常交往关系:相敬如宾

张家夫妻关系都十分融洽,平时在一起都会聊家常。妻子不用畏惧丈夫,彼此之间没有什么禁忌或者限制,但是彼此之间要保持最起码的尊重和爱护,夫妻感情很深厚,自然就会互相吐露心声。不同类型的家户都各有他的特点,不能一概而论。夫妻关系也和夫妻二人各自的性格、家庭环境等相关,张家娶的妻子基本都为门当户对,家世背景都大体相同,张家人也忠厚老实,娶的妻子也都是此种类型,因此张家的夫妻关系都很融洽,二人之间相敬如宾。

3.夫妻冲突关系:吵而不闹

张家家中人口数众多,难免会有磕磕碰碰,但都是小打小闹,没有严重的夫妻冲突,而且次数也很少,都是吵嘴,没有打架的人。不同类型的家庭的夫妻关系大致相同,都本着和和气气的原则,除非两口子实在不想过,才会矛盾横生,否则均是和气度日。

(四)兄弟关系

未分家之前,张家的兄弟之间的关系还是比较融洽,而且有德高望重的当家人张树蔡带领着,家里一直没有出现过什么乱子;分家之后,用吕文英老人的话说:出现的"幺蛾子"比较多,大家的私心也变重了。

1.权利义务关系:权责较明

常言道:"长兄为父,老嫂比母,长兄如父,长姐如母",这两句话就很好地说明了在子女中排行老大的就要承担整个家庭的责任,应当关心爱护自己的弟弟妹妹,要帮父母"拉扯"这个家。张家的孩子在小的时候,都是大孩子要带着小孩子,兄长要带着弟弟,以后还可以教弟弟学习,干农活的时候,哥哥要教弟弟如何做好农活,传授一些基本的经验和技能,如果父母去世的话,哥哥若有能耐就要帮助弟弟娶妻,但是张家家中并没有哥哥帮弟弟娶妻的情况。家中当兄长的没有随意打骂或者故意刁难指使弟弟,兄长说的话,弟弟也会自己辨别,对于有异议的自然会提出,大家共同商量一起解决。好哥哥和好弟弟的标准即大家都有好样儿,都好好干活儿,顾着这一个家。

2.日常交往关系:交往甚多

兄弟之间相处得很融洽,日常开玩笑也都很正常,没有人会因为几句玩笑话而生气。俗话说"兄弟连心,其利断金",张家的兄弟之间一向都很团结,无论是亲兄弟之间还是叔伯兄弟之间,大家都很团结友善。农闲时期,兄弟几人一同喝喝酒、聊聊天也是常有的事情,张树蔡并不会阻拦这些事情,反倒是认为这样更有利于兄弟之间促进感情。因此,张家的兄弟彼此之间不会刻意的保持距离,有什么事情都会主动告知对方,不会掖着藏着。

3.兄弟冲突关系:分后增多

张家在分家之前,兄弟之间没有发生过冲突。分家之后:张家在分家之后,兄弟之间发生过冲突,但是次数极少。有一次是因为张燕誉不让张燕宾用井打水,张燕宾就准备往水井里面拉粪便,后来大伙儿把老大强行拉拽回来才解决好这件事情。还有一次是吕文英老人家和三大伯子家打架,三大伯子是一个好吃懒做、平时总偷盗的人。他家也很困难,有一次吕文英老人的三嫂强行要牵走吕文英老人家的驴和马,吕文英老人的丈夫十分不愿意,和她打了起来,她就赖在吕文英老人家不走,每天让吕文英老人做面汤、包饺子等,后来二哥过来就批评了她,最后讹了吕文英老人家一个柜子、二斤棉花和一袋高粱之后才肯走。把这些东西败没了之后,就把自己家的几亩地交给吕文英老人家种,三大伯子每天都来吕文英老人家中蹭吃蹭喝,还总是偷着打包一份饭菜拿回家给自己的妻子吃,以免被老太太看到,因为容易挨骂。后来他自己家的女儿结婚,都没有亲戚过去捧场,男方家看到这种情况也十分不好,吕文英的三大伯子就来"挨咕"[①]吕文英老人,让她帮忙找几个亲戚去婚礼现场捧场。吕文英老人耳根子软,之后让自己的儿媳妇等人过去帮忙捧场,但是三大伯子也没想过给吕文英老人家送点东西,就连一块糖球都没给过她,因为这件事情让村内的其他人家笑话了好久。除了这些事情,张家的兄弟之间再也没有发生过红脸的事情,并且这件事情还是发生在分家之后,分家之前他们兄弟之间并没有发生过矛盾、纠纷等。

(五)妯娌关系

张家的妯娌关系比较正常,但权责关系并不是十分清晰,偶有冲突发生,但这并不影响张家的和谐与发展。

1.权利义务关系:权责不清

嫂子和弟媳之间就是一起做做家务,因为嫂子先进家门,对张家的事情更为了解,她就要教会自己的弟媳一些家务事、注意事项等。因此,张家新进门的媳妇有什么不懂的地方,嫂子都要教一教她,有什么活也是大家一起做,互相承担。但若是嫂子或者弟媳有一方怀有身孕,对方要承担起照顾的责任,还要主动帮助干一些家务活等。张家家中没有随意打骂弟媳的嫂子,没有随意役使过本人,全家人以团结和睦友善为主。

2.日常交往关系:较为和谐

张家家中的妯娌关系还算融洽,平常都会在一起聊天、开玩笑,比如在一起做衣服、做棉被的时候,妯娌之间都会"东家长、李家短"地唠起来,关系比较融洽。洗衣服做饭的时候也都

---

① 挨咕:劝说。

是一起干活,经常会聊天开一些玩笑。在日常交往上,不同类型和人口规模家庭的妯娌关系还得根据各自的家户状况才能做出具体的评判,张家的妯娌关系一直相处的较为和谐。

3.妯娌冲突关系:因名结怨

未分家之前,老二张燕誉家有两个儿子,其中一个就叫作"虎子",老六张燕义家只有一个儿子,叫作"秃子";后来"秃子"改名为"炮",说要"打死""虎子",谁都没想到,后来有一年赶上出疹子,"虎子"真的病死了。至此,"虎子"妈就和"秃子"妈结了仇,怪"秃子"改名为"炮",把自己的"虎子"打死了。虽然发生了这种事情,但是原来的医疗卫生条件有限,这也是避免不了的事情,随着时间的流逝,这件事情最终也算过去了。

(六)堂兄弟关系

叔伯亲和一奶同胞的亲兄弟还是有很大的区别,但是张家的几兄弟之间并没有发生过大的冲突。张家后来分家也是因为叔伯亲越来越多,亲戚关系也越走越远,最后才分的家。但是张家能够有如此多的人一起生活并居住多年也实属难得,这也不难看出当家人张树蔡的治家有道。

(七)叔嫂关系

张家的小叔子和嫂子之间的关系比较融洽,他们之间平时说的话也不多,即使是一起干活的时候也只是就事论事,仅为言语上的接触,都会注意保持着一定的距离。但是也有嫂子嫁给自己的小叔的事情,隔壁村的李姓人家有两个儿子,家中一直很清贫,哥哥娶了妻子之后不幸英年早逝,还留有一个五六岁的女儿。弟弟因家贫无法娶妻,最终哥哥的妻子嫁给了弟弟,弟弟也待自己的侄女如亲生闺女一般,一家人过得也很和谐幸福。

(八)叔侄关系

张家在未分家之前,叔侄关系维系的相当好,张家的当家人张树蔡在当家的时候,便是叔叔带着五个侄子还有自家的两个儿子一起生活,能把家业维持那么大,而且家庭相对和睦,实属不易。

(九)主雇关系

张家常年雇佣着一个厨师、一个管家、两个长工还有几个打更匠,与他们之间没有发生过冲突,平时相处的都是十分融洽,平时秋收还会雇工,领工、厨师、管家和两个长工的工钱是给 1500 斤(三石)粮食,其余干得好的短工是给 1000 斤(两石)粮食,干得稍微差一点的就给 500 斤(一石)粮食。1949 年以前,都是以粮食为单位进行交易,张家从来没有拖欠过工人们的工资,比如张家的厨师一家人都是常年吃张家的饭菜,每年给他开的工钱不少,但是厨师是一个有钱就花从不攒钱而只"拉饥荒"的人,就因为这样,他养活不起自家的孩子,还把自己的大儿子送给了别人,之后又生下了两个儿子和一个女儿,家中一共五口人常年免费吃张家的粮食,直到 1948 年土地改革之后才分到了房子,土地改革时期工作队的成员让雇农身份的厨师江福宽诉苦,但他自己只是诉苦了这个社会,认为没有张家的活那么老江家的一大家子人也无法存活。

七、家户外部交往

张家在对外关系方面都十分融洽,谁家有什么事情来找张家帮忙,张家都会帮忙张罗,家里的东西平时也是免费让大家吃,与村里人的关系都很好,没有发生过什么冲突。

(一)邻居关系

张家和邻里左右关系都很好,邻居要是需要帮忙的话,张家人都会帮助。比如谁家缺少粮食,从张家家中去借,张家人都会借给他们,也不会要利息;如果来年的产量还是不好,还不上的话,就不用再还,因此和邻居之间的关系十分融洽。邻居家要是来借用农具的话,也可以免费借给他们,即使用坏了也不用赔偿。张家人多,做的饭菜也多,家里只要烙了大饼,周围半趟街的人都来张家拿饼和盐豆子吃,张家也免费让他们吃,不会索要任何回报。

(二)村民关系

张家和村里其他村民的关系也比较融洽,平时来往一般,因为毕竟有远近之分,离得太远的也没打过太多的交道。张家人一向憨厚,在村里面和大家的关系也都很好,有的村民家里实在太穷,就把张家大地里的粮食偷走,张家人也没说什么,只能自己生点闷气,谁愿意抢点就抢点;张家在外村的朋友不多,多为亲戚。家里面的人也出去串门,一般在本村内溜达,男女老少都去,农闲的时候串门机会更多,大家在一起主要是聊一些锅碗瓢盆的家务事。

(三)亲戚关系

本村的亲戚之间平时走动的会多一点,外村的会相对少一些,家里的红白喜事,离得近的亲戚都会特意来帮忙,而且逢年过节的时候,张家的妻子们都会回娘家,而且当家人都会吩咐管家或者厨师备好礼品给娘家人带过去。

八、纠纷调解

张家的大人们没有和外界发生过冲突,但是作为村中有头有脸的人物,倒是帮助别人家调解过一些纠纷。张家有一次和自己家一趟街的两户人家因为打水的先后问题"计咯"①起来,他们俩都是年轻人,年轻气盛、谁也不服谁就吵了起来,打水的水井正好是张家房前的那口井,平时也免费让村民来打水;当时当家人张树蔡正在院子里面坐着,听见门口有吵闹声便出去看看,后来经过一番劝说,两个人才算罢休。张家的小孩子和外边的孩子玩的时候也避免不了打架,但是原来的人都和和气气,外加张家的人品很好,也就没有发生过什么冲突。

---

① 计咯:吵架、拌嘴。

第四章　家户文化制度

　　张家始终重视文化教育,并且不分性别,只要家里的孩子到了上学的年纪都会去学堂读书。张家的家庭成员也一直具备深厚的家户意识,认为具有血缘、亲缘的自家人一定要比亲戚、外人亲密得多。每逢过节,张家的全家人都会在一起过,如春节、元宵节、清明节、端午节等。张家不管是节庆习俗,还是红白喜事都以家户为单位,并且在张家当家人的带领下进行。张家在未分家之前家里没有人信奉宗教,但会供奉观音像,贴家神的画像,如门神、财神爷、关公老爷和灶王爷等。家中的祖先像和家谱也是最重要的祭祀对象,每年都会在过节的时候烧香、点蜡烛、摆供果和酒水,还会举行祭祖仪式等。此外,张家人也会去村里和乡里的大庙上香,为全家人祈福。1949 年以前的张家,主要的娱乐方式是打纸牌、在树荫凉下面和村民们聊天或者串门聊天、去村里或者东蛇山子乡里逛庙会。每逢节日,村里都有唱二人转和扭秧歌的人,家里的人都愿意去听听二人转,凑凑热闹。

一、家户教育

　　张家不管是在分家前还是在分家后,都十分重视孩子的教育,不管是男孩还是女孩,只要适龄了都要去学堂里面读书。张树蔡同辈以及儿孙辈中没有人因为读书走出去,但是等到重孙辈的时候,好多人因为读书好学走出农村,到城市里面去工作。未分家之前,家庭的教育支出由大家户统一支付;等到分家之后就由各个小家自己管理,张家始终秉持并且奉行着一种理念,即"砸锅卖铁也要供孩子们读书",除非孩子们自己主动放弃、不想读书,家长才会让他们不读书。

(一)家户成员教育情况

　　1949 年以前,张家家庭成员的教育水平都不是很高,基本上只是上过几年学,最多是小学文化水平。张树蔡和他的妻子陈氏都没上过几年学,老大和妻子上过不到两年的学,便回家做农活。吕文英的兄弟姐妹们基本都是小学毕业,他们大概在 10 岁左右才读私塾。当时不念书的原因基本上是自己不愿意念,选择在家做农活,但是等到"孝"字辈的下一辈人,通过念书走出农村的家人就比较多,比如老三家张燕举的两个孙子念的是沈阳的农学院,其中一个毕业分配到黑龙江工作,另外一个分配到黑龙江省佳木斯市的林场工作;老四家张燕公的孙子是沈阳医学院毕业,1956 年分配到朝阳市卫生局,在防疫站工作至退休;老六家张燕义的儿子在沈阳读书,之后分配到天津的某工厂,成了工程师。

(二)私塾教育

　　1949 年之前,张家家中念书的人基本都是在村里的私塾读书,当时的当家人是张树蔡,他同意并且鼓励张家人去念书,去私塾读书也很便宜,一般只需要交一块两块钱,这些上学的钱都是由家里统一支出。村里的私塾就在张家附近,距离张家大概几百米的距离,走路的话一般为十分钟以内即可到达。每逢过年的时候,家里都会请教书先生吃一顿饭,以此来感谢老师对孩子的教育之恩。

(三)学校教育

快到 1949 年,张家还未分家的时候,家里有去学校读书的孩子,此时村里并没有小学,必须要去前莲村的小学去上学。张家家里的小孩都可以去学校读书,并且不分男女,交的学费由大家庭来出,虽然此时的当家人是张燕义和张孝培,但是他们也十分重视教育,鼓励家里的孩子们去读书。当时上学的花销也极低,花销主要在书本费方面,自己再出钱买点铅笔和橡皮即可,不用交杂费。随着孩子们慢慢长大,他们要是不愿意读书的话,家里也不会勉强他们继续读,可以直接回家做一些农活、料理家庭事务等。

(四)家庭教育

1949 年之前,张家的家长文化水平普遍较低,教不了小孩子太多东西,家里人都要靠上学去学习文化知识,家里的孩子能有出息,能靠读书走出农村,都是靠他们自己努力学习而得来。张家的父母虽然教不了孩子太多关于读书和写字的知识本领,但是家长及其他人会影响到孩子们的成长,孩子也会在父母那里习得做人做事的道理,张家人承认家长是孩子的第一任老师,会影响着孩子的很多方面。张家家里赞同"勤劳致富""家和万事兴"等说法,并且父母应该做孩子最好的榜样。

孩子要是到岁数了便可以干活,一般需要在 16 周岁以上,家长还会教给他们一些劳动技能,男孩子主要是学习农活和经商的这一类的事情,女孩子主要学习家务活方面,比如做饭和洗衣等。教他们东西没有固定人选,一般是父母告诉的比较多,而且小孩子和父母在一起的时间比较久,耳濡目染也比较多,学起来也更方便,因此还是孩子自己的父母教的比较多。张家家中的女孩子学习过织布,其他比较精细的女工就没有学过了。张家家中没有独门的手艺,要是算一门手艺的话,即做"胰子",但是这项手艺也不是用来谋生,仅是自家用来洗衣服。

(五)教化功能

张家在 1949 年前有过关于日常规矩和德行、品行等方面的教化,如培养家庭成员诚实、勇敢等优良品质,家里的大人们都会给孩子们树立良好的榜样,以言传身教的方式教育孩子们。张家人对孩子们进行教化的主要目的在于让孩子们成人,张家奉行的一条原则也是"先成人、再成才",但是张家的教育仅局限于家庭内部,官府、社会、村庄和家族没有实施过相应的教化功能。如果家庭成员犯了过错,主要由他的父母来批评他,但张家并不会惩罚家庭成员,多为言语上的批评,如张家的小孩子在玩耍期间因为调皮把别人家的小孩子打哭,他的母亲会在言语上对他进行批评教育,并且会让他和其他小朋友道歉。

二、家户意识

张家的家庭成员一直就具备深厚的家户意识,不管是未分家之前的大家,还是分家之后的各小家,都有着家户意识,具有血缘、亲缘的自家人肯定要比亲戚、外人亲密得多的意识。张家的家人都会互相扶持,发达致富是每一个张家人的共同心愿,家庭和睦、多子多福是每一个张家人的生活目标,积德行善是每一个张家人践行的标杆。

(一)自家人意识

张家在没分家的时候,他们在一起生活的这一大家子人都算是自家人,不管是叔伯亲还是亲兄弟姐妹,都是一家人,而不在一起生活的就算是外人,而且外人肯定没有自家人相处的舒服。家中的厨师、长工和管家等雇工,虽然也在张家吃住,但是没有血亲,也还算是外人,即打工者的身份。外人也会分远近,例如姑姑和姑父、阿姨和姨夫等都是自家的亲人,已经分家的兄弟也是自家的亲人,和一般的外人大不相同。张家家中一直也没有发生过什么矛盾,假如有矛盾的话,也是家庭内部自行解决,最多会有亲戚朋友来说和劝阻,但邻居们一般不会管,毕竟他们还算是外人。要是邻里之间发生矛盾的话,张家也不会主动去管。亲戚家中若有事找到自己,还是会去帮忙,尤其是舅舅家里有事情,张家人更会去帮忙,当地有一句话"娘亲舅大",可见舅舅的地位之高。

(二)家户一体意识

未分家之前,张家的人都是"心往一处想,劲往一处使",家里的成员谁有什么困难,都会相互扶持、互相帮助解决困难。

1.大家户注重相互扶持

张家还未分家的时候,几兄弟都会在生产和生活中相互帮助,妯娌之间也会互相帮助。但是分家之后则不然,各自求各自的发展。分家的时候分的东西都一样,能否把生活过得更好就要靠他们自己,比如张家在分家之后,有的家庭的父母选择离开农村,让孩子接受更好的教育,直到考上理想的学校,有了一份稳定的工作;而有的家庭则不知道好好过日子,每天还是按照"败家"的活法继续生活,比如吕文英老人的三哥就是如此,总是偷拿吕文英老人家的东西,让他的亲戚们也很无奈。

2.以发家致富为家户目标

"发家致富"的确是一件好事,家里的每个人都要为此而不断努力,家里的人发财之后,每个人都会跟着沾光。1949年以前,西莲村里面有的人还有"号",即"名号"的意思,能够得到这个"号"是因为看这个人有能耐,比如做官或者发财,村里的其他人就会劝他给自己立个号,然后请大家吃个饭,劝他立号的人吃到了饭,有名号的人也算是光耀了门楣。未分家之前,张家的家庭成员都有着共同的生活目标,都希望家庭和睦、家大业大,家户发达之后,全家人也都会沾光,比如张家在未分家之前所达到的繁荣景象,这是每一个张家人都值得骄傲的事情。

(三)家户至上意识

张家人一直都认为个人和家庭都很重要, 家庭由个人组成, 没有家庭作为强有力的支撑,个人也会分散出去,家庭的团结与安定相当重要。当家庭利益与个人利益发生冲突时,家庭成员们都要先顾着大家户的利益,再顾着小家户的利益。当家人考虑事情的时候都以家庭整体利益为出发点,以家庭为重。张家一向鼓励孩子们多读书,因此张家家中没有发生过为了家庭利益而放弃读书机会的这种情况。

(四)家户积德意识

常言道:"见善如渴,闻恶如聋。"张家家中的老人有行善积德、造福子孙的意识,比如说张家在家中院落的外面还搭有多间窝棚供要饭、逃荒者、孤寡闲人等暂住,到了吃饭的时间,他们自己来屋内打饭,张家会免费供其饭菜。平时还会在自家的大门口设立粥铺,免费让穷人来喝,家中的堂号为"西河堂",但是外人都称为"仁义堂",因为张家人平日里乐善好施、仁义忠厚的办事作风才得此美誉。张家家里的人相信善有善报、恶有恶报,什么事情都有因果,认为"老人积德、福泽子孙"这种说法也很有道理,张家的人一直认为人们还是长存善心比较好。

三、家户习俗

张家在未分家之前,一般的节日都是全家一起过,如春节、元宵节、正月二十五的"填仓日"、打春、二月初二的"龙抬头"、清明节、端午节、乞巧节、中元节、中秋节、重阳节、冬至等都是全家一起过,关于婚丧嫁娶也是有诸多的讲究,程序也较为复杂。张家不管是节庆习俗,还是红白喜事都以家户为单位,并且在当家人的带领下进行,无论是张树蔡当家,还是陈氏或者儿孙当家,过节的习俗都相同,年年如此。

(一)节庆习俗概况

在 1949 年以前,当地过的节日有春节、元宵节、正月二十五的"填仓日"、打春、二月初二的"龙抬头"、清明节、端午节、乞巧节、中元节、中秋节、重阳节、冬至吃饺子等,不同的节日有着不同的习俗。张家关于红白喜事的习俗也是众多,嫁娶包括提亲、相看、合婚、会亲、通信、过礼、添箱、安嫁妆、娶亲、下车、拜天地、揭盖头、座帐、管饭、拜席、入洞房、回门、住对月等;关于丧葬的相关事宜如下,丧葬花销、报丧、请人、行孝、戴孝、出殡、丧后的三天圆坟、烧七、五七扎花篮、坟地的选择等问题、周年、立碑,当然还有一些忌讳,比如父母在去世的三年内,儿子家在三年之内不能贴春联,但是姑娘属于嫁出去的外人,属于外姓人家,允许贴春联。

1.重大节日习俗

张家过的节日比较多,基本每个节日都会过,如春节、元宵节、正月二十五的"填仓日"、打春、二月初二的"龙抬头"、清明节、端午节、中元节、中秋节、重阳节、冬至等,不同的节日都有着不同的习俗。

(1)春节:到了大年初一就算是新的一年,即春节。在过节之前,基本上是在腊月二十九之前,张家就会把年货备齐,但是原来卖的东西花样儿较少,也不像现在,可以买的东西有种类繁多,基本就那几样,自己家杀猪,再买一些果子,给家人新做一套衣服。大扫除和拆被洗被单也是在腊月二十三之前完成,扫完洗完之后就可以过一个干净年。贴春联在腊月二十九和腊月三十上午之前的这两天,也有不贴春联的人家,那是因为家中有亲人过世才不贴。张家家中以家庭为基本单位过年,不是一家子的不会在一起过年,外人不会无缘无故来自己家过年。还有一句俗语:初一饺子初二面,初三的盒烙团团转。大年初一的时候要穿红,尤其是本命年的人更要穿红。

过年的时候需要祭祖,是去自家的坟茔地那里去烧纸,祭祖的都是男人,他们要给祖先们磕头,还要给家里的祖先庙上香、摆贡品等等,贡品一般有馒头、苹果、猪头肉等,还会放鞭炮、烧纸。三十儿晚上妇女就不再出门,因为会影响其他人家接神,女的去不吉利。三十儿晚上有的人家会在外面拢起来一堆堆的火,这象征着新的一年越来越旺、红红火火,还会放鞭炮。春节的时候都会给自己的亲戚或者邻居等关系好的人去拜年,互相走动问候一下,说一些拜年话等,去个人家里拜年的话,都是先给祖先磕头,再给辈分最大的长者拜年,按照辈分依次拜年。吃年夜饭的时间是初一的凌晨,即在此时接神、放鞭炮,吃饭的时候都是自己家人一起吃,不会找外人过来一起,吃的东西也是饺子、鸡鸭鱼肉等,但这些东西也只有大户家庭才能吃到。当时也还有个说法即"正月洗脚臭大酱"。

春节拜年的时候先是给家中最年长的长辈拜年,男性要给磕头,女性一般是行礼。拜年的时间是从大年初一开始,要是亲戚太多,都是腊月三十晚上、大概是大年初一的凌晨就开始拜年,大家提着灯笼挨家挨户的前去拜年,在路上遇到认识的人就会停留一会,互相问个好。新妻子在大年初二的时候才能回门,带着自己的丈夫拿着礼品一起回娘家去拜年。农村主要是过年的时候才走亲戚,对于舅舅和姑姑都是一样,比如新结婚的夫妻,给双方的舅舅和姑姑带的礼物都一样。春节的时候都会有扭秧歌和唱戏的活动,这些都是村庄性的活动,平时就会把村里那些爱唱爱扭秧歌的人召集在一起,平时就在一起活动,过年的时候更会出来活动;有的时候还会请一些外地的人来唱戏,就在村口搭个戏台子,张家家中的老四就愿意听戏,但是因为家中的钱都是归当家人管理,自己手头没钱,就会偷拿家中的粮食,给唱戏的人背过去,作为打赏。

大年初一不能洗衣服、动剪刀,也不能在正月内剪头发,这样会"方舅舅"。初一妇女不能去其他人家串门去,也不能往出扫地、倒水倒垃圾等,因为如果倒了就意味着把福气都送走,自己家什么都没有得到。

(2)正月十五:是元宵节,也是灯节,从正月十四到十六家里的商号便停止营业,白天有的地方有秧歌舞活动,夜晚普遍悬挂灯笼,张家属于大户人家,每年正月十五都会吃汤圆。在过节的时候,张树蔡都会让自己的妻子陈氏吩咐家里的妻子们一同包汤圆,之后由小家户的妻子们把汤圆端上桌,包括女人、孩子在内的一大家子人围坐在一起吃,此时长工、厨师和管家都已经回家过节,不用在张家吃饭,亦不用来帮忙。

(3)正月二十五为"填仓日",这一天,张家的大人会让孩子在自家的院子里用树棍尽可能的画一个大圈,这个圈圈有多大,就意味着来年能打多少粮食,这也叫作"做囤"。

(4)打春:即立春,它是二十四节气中的第一个节气,所谓"一年之计在于春",自古以来,立春都是一个重大节日,张树蔡每年都会吩咐厨师烙春饼吃,家里的小媳妇也会帮助厨师一起做饭。做饭的时候即把两张薄饼摞在一起,在锅里一起烙熟,再炒一些土豆丝、豆芽菜等,饼熟了之后由厨师端上桌,家庭内部的男人、女人和小孩子都可以上桌吃饭,一般是孩子的妈妈会给小孩子卷好,男人的自己卷,不用妻子伺候。家里的长工、厨师和管家等人也可以一起上桌吃饭,吃饼的时候就一张张的掀开,卷着炒菜一起吃即可。

(5)二月初二"龙抬头":男人和女人一般都会在这天剪头发,因为这天才算是真的出了正月,当地有个说法,即"正月剪头发,方舅舅",所以大家都赶着"龙抬头"这天剪发,寓意也好。

(6)清明节:它的前一天是"寒食节",这一天有圆坟、祭亲人等习俗。当时还有个说法,即清明节的时候要是下雨,来年一定是丰收之年,雨水充沛。张家会在这一天进行祭祖仪式,其隆重程度和春节时祭祖一样。张家的男人都会前往祖坟去给先人烧纸,还会带好铁锹等工具给祖先培坟,培坟的时候,家里的男人们要将坟上的杂草清除,并培土整修。清明祭祖的时候张家的女人和小孩子不能前往,家里年岁大的老人若体力不支,也可以不去上坟。

(7)端午节:五月初五是端午节,又称端阳节,到时候会吃粽子和油炸糕,主要是由糯米做成。每逢过节时,张家的大厨师都会和张家的妇女一起包粽子,做好了之后妇女烧柴,厨师煮粽子即可,饭好之后大家一起上桌吃饭,如果剩下的粽子有很多,还会给家里的长工、厨师、管家等人分下去,让他们拿回家给各自的老人、孩子、妻子等食用。端午节当天的清晨,李家的

394

妇女还会在门上插艾蒿、挂上粉红色的纸葫芦等,有的人家还会点燃艾蒿;李家的妇女还会给小孩子们系上事先由自己搓好的五彩绳,这意味着使人健康长寿,等到端午节过后的第一场雨,再把五彩绳扔到车辙里面。

(8)中元节:七月十五为中元节,也叫鬼节,这天家家户户都会给逝去的亲人们上坟烧纸。张家人也不例外,张家的男性成员会去祖坟给逝去的家人上坟,家里的小孩子和妇女不会跟着一起去。

(9)中秋节:各家都团聚在一起,喜庆佳节,白天的时候会吃饺子。饺子一般由家里的厨师剁馅,妇女在一起和面,之后和厨师一起包饺子、煮饺子;等到晚上的时候,张家人还会准备好水果和月饼,如果家里的长工、厨师和管家不回家的话,可以和张家人一边看看月亮,一边吃水果和月饼。

(10)重阳节:这天是九月初九,人们有登高望远的习惯,又称"登高节",家里的年轻人都会去位于法库城西30千米处的丁家房镇的五龙山去爬山,而家里的老人一般不出门,只是在家待着,年轻人在这天会登高远望,为家人祈福。

(11)冬至:冬至这天张家都会吃饺子,有句古话即"冬至吃饺子不冻耳朵",张家人在吃饺子的时候会配着蒜末、醋、酱油、香油等一起吃,这样既可以解腻又可以使食物的味道更美味。张家属于大户人家,一年中吃饺子的次数要高于一般人家。吃饺子的时候张家一大家人都会上桌吃饭,不论男女老少,没有差别,家里的雇工们也会一起吃饭,其乐融融。

(12)腊月初八:在这天,张家人会在一起吃腊八粥和腊八蒜,家里的腊八粥需要一早起来就精心熬制,家里的厨师自己熬粥即可,妇女如果有空的话可以帮助厨师烧火;腊八蒜则很早以前就做好了,等到吃的时候,家里的妇女直接去取即可。

2.红白喜事

(1)婚礼:娶妻子的习俗,新妻子都是三天回门,五天回门。结完婚第一年过年的时候都要带着礼物回娘家,还要去媒人家串门,带好四样彩礼,一般是蛋糕、水果、烟酒、糖、茶等,有的还会给媒人买双鞋。原来每月的初一、初二、初五和十五,家家都会点灯还会上供,出嫁之后的女儿是不允许看娘家的灯和祖先牌位,容易坏了娘家的风水。

嫁出去的女儿就不再回娘家过年,一般是初二回去串门;回去的时候不瞅娘家的"老家",老家即祖先牌位;过完初二来娘家,娘家摆的供不能看;结婚的姑娘和姑爷在娘家不能同宿,有句俗语叫作"娘家行房,家破人亡";也不能在娘家坐月子,有个说法是会招耗子。结完婚之后愿意什么时候回去就什么时候回去,但是必须得在过年的初二三来串门。回门儿的时候要和姑爷给父母带礼物,女儿有能力就管娘家的事,没能力的就不用管。两口子闹矛盾也是尽可能的不回娘家,可以去亲戚家,但尽量不要回娘家。清明时节姑娘得回娘家上坟。

张家都是汉族人,嫁娶过程大致如下:嫁娶包括议婚、提亲、相看、定亲、过礼、添箱、安嫁妆、娶亲、下车、拜天地、揭盖头、坐帐、管饭、拜席、入洞房、回门、住对月等。以张树蔡和陈氏的婚礼为例,张家最开始要议婚、向陈家提亲,媒人也会到男女双方家中去介绍双方家庭的基本概况,如经济条件、人品相貌、脾气秉性、八字、属相等等,都要有一个全方位的了解与认知。媒人也分两种,一种是专门从事这项行业的人,一般是中年妇女居多,俗称"媒婆",会从双方要礼钱,主要是要粮食;还有一种为非专业的,一般是女方或者男方家的亲戚,或者是和女方或者和男方家庭关系比较好的人,媒婆本人对双方家庭都有了解,看着比较合适,便会从中介绍,这样的"媒人"不会收礼金。经媒人介绍完两家情况,并征得张家人和陈家人双方同意后,便由媒人带着双方家长分别到对方家中去看张树蔡和陈氏。双方家长觉得满意之后,还找算命的人给双方看一下生辰八字,一般都是讲究五行相克、五行相生,张树蔡和陈氏的八字很合,双方家长也都同意这门婚事。接下来双方家长便开始商量彩礼钱,都在张树蔡家里进行商量,还会请陈氏的父母、媒人等吃饭,表示正式定亲。婚前的一两个月,张家家中选择吉日,通知女方家结婚日子,这就算是通信儿。通信儿后,张家家中会赠送给陈氏家中一些礼物。陈氏家中得知婚期后,亲戚朋友会赠送给陈氏许多礼物,一般都是一些衣物。张树蔡迎娶陈氏的前一天,女方家里会送嫁妆于男方家里,这叫作"安嫁妆",也叫"安箱柜"。娶亲的当天,男女双方都穿着喜庆的红褂子,自家的门窗上也都贴着囍字,张家安排车马把陈氏接到张家,新娘子接过来之后就可以下车、拜天地。新娘子下车之后在进屋子的正房门时会放一盆炭火,这意味着"发旺";拜天地的时候都是男左女右,行好跪拜礼的时候会放鞭炮,与鼓乐交作。之后张树蔡和陈氏便可以进婚房,新郎可以揭去新娘子的盖头,双方的长相也是第一次见到。之后新娘陈氏就在炕上规规矩矩地坐着,也叫坐帐,坐帐的同时由陈氏家里包席一桌,招待新郎,吃饭期间还要鸣唢呐奏喜歌。新郎拜谢女方家的来宾,俗称"谢亲",也叫"拜席"。男女双方都要给宾客点烟敬酒,宾客欢宴。入夜的时候张家全家都吃宵夜酒,还要给新娘陈氏吃宽心面,之后再入洞房,那个时候也有闹洞房的情况。成亲之后新娘子还要回门,也叫"归宁",归宁的日期一般是三天、五天、七天、九天不等。新娘归宁需要一个月,这叫作"住对月",也叫"住娘家",以上则是张家比较完整的结婚程序。

(2)葬礼大致包括以下事项:丧葬花销、报丧、请人、行孝、戴孝、出殡、丧后的三天圆坟、烧七、五七扎花篮、坟地的选择等问题以及之后的周年、立碑,还有一些忌讳。

①丧葬花销:张树蔡去世的时候,家中还没有分家,因此丧葬费用是由大家户来承担,分家之后,陈氏和自己的二儿子一起居住,去世的丧葬费用主要由二儿子出,雇的"鼓乐队"、纸活儿的花销是由几个女儿平摊,哭"十八包"由女儿完成。有钱的人家会请大家吃饭,没钱的人家就找几个直近亲戚把去世的家人埋入土中之后就算举办完丧事。家中有人去世的话,没有写过悼词,东北的农村一般不流行这个。具体花费要根据家庭的实际情况来,家中有钱就大行孝,多花钱;要是家中没钱就小行孝,少花钱。②报丧:张家会让专门的人去报丧,村里周边的人不用专门去报,喇叭一响大家都知道谁家有人去世,在出灵的前一天晚上大家都会来吊唁,第二天出灵的时候大家都会来。③请人:家里的亲戚和在村中不错的人都会过来,基本都会来吊唁;厨师都是一条龙服务,西莲村本地没有请和尚诵经,都是吹"鸣哇"①。④行孝:家里来人给逝者行孝,家里人就要给人家还回去,一般是给行孝的人行礼。⑤戴孝的区分:家里的姑娘儿子、儿媳妇和姑爷都是戴重孝,即从脑袋上就要顶着一个白布做的帽子,帽子的边缘还有白色的孝带,长度直达脚部;其他旁不相干的人则在腰上扎一条白孝带就可以。孙子和重孙子就在胳膊上绑一小块红补丁,不用戴白布孝。姑娘儿子从老人去世到老人出殡的几天时间内(一般是三天)不允许洗脸、洗头,别人可以坐下来吃饭,他们都是站在一边去吃。原来的孝布都会留着,逢年过节的时候都会为死者戴孝,直到三年之后才不用再戴。⑥出殡:出殡培坟的时候,家中的长子埋第一锹土,抬棺材的时候儿子抬头杠,孙

---

① 鸣哇:喇叭。

子"打零番"①。如果老人出殡的时间赶上了初一或者初十五,则不出殡,因此要多停放在家中一天。戴完孝之后给老人磕头再烧纸,姑娘哭的时候都要坐在炕上哭,儿媳妇则跪在地上哭,家人都要吃小豆饭,等到"打墓"②的时候,"打墓"的人那天要吃烙好的干饼。埋好坟之后再把花圈烧掉,儿女们才能把包头摘掉,还要再翻个面儿,等到有祭祀节日的时候再拿出来戴,其他人则解开孝带即可。⑦丧后:去世后三天圆坟,圆坟即在坟上插三根树棍儿,代表给逝者盖房子,之后还要烧离家纸;去世七天的时候需要烧七;去世五七的时候,需要给逝者扎个花篮,之后再烧掉,还必须要给女性老人扎个牛,给男性老人扎个马或者骡子。一般只需要烧头七和五七即可。⑧坟地:张家的坟地类型都是排葬,即按照辈分进行排列,比如父亲去世,他的儿子就埋在他的后面,给他顶脚,以此类推。而且家里的坟墓都讲究风水,如果家里的坟墓上有野鸡在此下蛋絮窝,就代表家族的兴盛,预示着好运将会降临到家中。如果家里要是有横死的人,则不允许进入祖坟,必须埋在祖坟的外面。张家没有抱养或者入赘的情况。张家的祖坟面积也无从考证,张家坟地的周边有树林,原来都是在清明时节进行培坟。⑨周年:百天和一周年的时候都得特意去上坟,等到三周年的时候会有一个大的纪念,姑娘和儿子都会买很多烧纸、还要摆放许多供果。每年的清明节、七月十五、十月一还有腊月二十三之前都会给逝者上坟烧纸。⑩立碑:张家的当家人张树蔡会写碑文,写的碑文都成章成套,但之后张家家里便没有这样的人才了,立碑的时候只是简单写个名字和谁给立的碑等,一般是写儿女给立的碑,但要等到三年之后才能立碑。⑪其他:还有的说法是家中若有老人先过世,要把他的老伴绑上,不能跟着一起去出殡,怕老人也"跟去",即害怕老人去世。张家都是挂祖先牌位,还要找专门的画匠画牌位图,拿回来的时候都要放到木头桶里面,取画的人骑着大马把它一路背回来,以表示对祖先的尊重,到家之后要经过装裱才能再挂到墙上,每逢初一、十五和节日都需要给祖先牌位上香。⑫忌讳:父母在去世的三年内,儿子家在三年之内不能贴春联,外嫁的姑娘则属于外姓人家,允许她们贴春联。

(二)家户习俗单元

张家每逢欢度佳节的时候都要和大家户一起过节,即只局限于张家一起生活的自家人,没有亲戚或者其他外人在张家过年、过节。每逢春节等重大节日,在外经商的家人也都会回家和家人一同过节。

1.以家户为节庆单元

张家家中在过节的时候主要以家户为基本单元,过节也都在自家过,张家从来不欢迎外姓人家参与到张家的节日中来,因此张家都是一大家子人在一起过节日。不同家户之间过节的方式并不相同,例如村中有一个人独自生活,还有常年给别人家"扛年头的",在春节这天还要出来要饭,更不用提过节。

2.过节习俗因人而异

张家在过年过节的时候都是在自己家过,但嫁出去的女儿不会在娘家过年,因为这样不成体统,只有过完大年初一之后,女儿和姑爷还有孩子们才会回娘家,娘家父母在哪,两口子就去哪,并且还要带一些礼品回来看望父母。原来过年的时候也没有亲戚来自己家过年,自

---

① 打零番:替补。
② 打墓:挖埋棺材的坑。

己家人也不会去别人家过年,家庭成员都在自家过年即可。

张家在过年过节的时候还有全家人在一起吃团圆饭的传统习俗,但并不强求,都是尽量在一起过年,过节也是如此。没有分家的时候,都是一大家子人聚在一起吃饭,但是并没有"吃轮流饭"这件事。

(三)节庆仪式及家长的支配地位

张家人认为在过春节时,并没有过多的仪式,一般是祭祖,祭祖之后全家人围坐在一起吃个饭,而且家中有红白喜事的时候也需要祭祖,烧香摆供果等,在那个时候这算是很好的表达方式;在元宵节,家人还会吃一些元宵,象征着"团团圆圆";在清明节,家庭的男性成员会一起去祭祖,主要是烧纸、烧香和摆供果等,有的时候还会在祖坟旁边植树;在端午节,家中的妇女会在一起包粽子,之后全家人一起吃粽子;在中秋节,大家会在一起聚一聚,吃一些月饼等。总体来看,张家每逢过年过节,需要祭祖的时候当家人都会安排男性家庭成员祭祖,妇女在家留守;不需要祭祖的时候,当家人会安排家中的厨师、妇女做好过节日的饭食,之后一大家人在一起享用。

四、家户信仰

张家在未分家之前家里没有人信仰宗教,但是会供奉观音像,贴家神的画像,如门神、财神爷、关公老爷和灶王爷等。家中的祖先像和家谱都是最重要的祭祀对象,每年都会在过节的时候烧香、点蜡烛、摆供果和酒水。此外,张家人也会去村里和乡里的大庙去上香,为全家人祈福。

(一)宗教信仰概况

张家家中没有人信仰宗教,当时的村中也没有外来的传教文化,信仰宗教的村民数量几乎为零,但张家会供奉观音菩萨的尊像和自家的祖先像,并将他们都放在一排,在一起接受张家人的供奉,一般会在神像和祖先像的前面会摆好烛台、酒盅、小香炉、供盘等,逢年过节的时候都会点好蜡烛、香等,还会摆好供果和酒水。

(二)祖先信仰及祭祀

张家对自家的祖先十分崇敬,而且对于自家的家史都十分清晰,张家人深感祖上先人的不易,因此都会祭拜家祖,以此来表达对祖先的崇敬、思念之情,张家的男人都可以对祖先进行祭拜,清明时节都会去祭祖。

1.对祖先心怀感恩

张家供奉家谱和祖先像,对于祖先的相关事情,家里老一辈子的人都知道,他们也会多多少少的讲给自己的小辈听。张家的祖先从河北省搬迁过来,祖上先人逃荒的过程也极其艰辛,要饭正好要在了当时西莲村中的大户老李家门前,通过几代人不断的努力,才一点点发展起来。因此,张家的后人也不怕艰辛、勤勤恳恳的生活劳作。

张家人都会祭拜祖先,家里的家谱常年用红纸包着,并且只有一个版本,大概在清朝时期修建,它是神圣的象征,不容外人侵犯,除张家以外的人不允许随意查看张家的家谱,更不能被亵渎。因此祖先在张家家中的地位极其神圣又崇高,逢年过节都会对祖先进行祭拜。家中有祖先的牌位,还有家谱;家中也有祖坟,这都神圣不可侵犯。张家可以上家谱的人只能是男性以及男性的妻子,其余的女性不可以上家谱。写家谱的时候一般是由自家有文化的人来写,没有的话可以请其他一些有文化的人来写,但是不能由女性写,必须由男人写。张家全家人都很重视孝道,在分家的时候,专门将好的地块留给老人作为养老地,基本可以旱涝保收,让老人衣食无忧。

2.祭祖以表敬怀之情

祭拜祖先是为了对祖先表达一种崇敬、怀念之情,并求祖先显灵保佑一家人的平安、健康等。逢年过节的时候,张家人都会祭拜祖先,既要准备好上供的供果,还要准备好上坟的纸钱等。平时也会在十字路口给祖先烧纸,以表达对祖先的怀念之感,希望祖先在另一个世界也过得好。

3.家长支配祭拜祖先之事

在祭祀祖先的时候,当家人决定给祖先上香、摆供果的事宜,他会安排具体的人员去做事,其他家庭成员没有支配的权利,只要服从当家人的具体安排即可。陈氏以及她的儿孙当家时,也起到决定作用,家庭成员也会服从其安排。

4.成人祭祖

张家的女性不去祭拜祖先,也不会让小孩子跟大人一起去。因为家里人都迷信小孩子的眼睛比较干净,会把鬼魂召回来,之后小孩子还会得病,小孩子见到鬼怪之后常见的症状是哭闹不止、发高烧等。如果张家的小孩子真的出现这种情况,张家人会想办法帮孩子"叫魂",直至孩子不哭不闹、好起来为止。

(三)庙宇信仰及祭祀

西莲村村内有座关公庙,在东蛇山子乡里也有座庙,都归集体所有,家里人有逛庙会的习惯,但一般都是大人前往,很少带着小孩子前去。

1.关公庙为西莲村所共有

1949年以前,村庄的西面是大庙,那是一座关公庙,归村庄集体所有,张家家里的小孩子再淘气也不会去破坏寺庙,因此一般为五六年才修缮一次;家里有人去世的时候,会去那里给家人送行,逝者的儿子会拖着扫帚倒着走,但是也具体不知道是什么意思。东蛇山子乡里也有大庙,去这个大庙则需要花钱,庙的门口还有两个大石狮子像,做石狮子的石头都是专门从外地运过来。逢年过节的时候张家人都会去祭拜,去的时候还要和家长说一声,家长都会同意。

2.大人携同小孩前往祭拜

家里的人可以去庙里祭拜,小孩子一般不会去,除非逛庙会的时候家里的大人会带着他们。每年的四月初八大人们就会带着孩子们去乡里逛一年一度的庙会。村里还有矮小的土地庙,一般会在它的旁边种一棵树,祭拜的时候还会上香,有的人家还会拿些供果上供,有不怕忌讳的外人会直接把供果吃掉以充饥。

(四)家神信仰及祭祀

1949年以前,张家供奉的家神有财神爷、灶王爷、门神、关公老爷等,祈求这些家神能够保佑全家人的平安,供奉的这些家神一般是一张画,都贴在当家人张树蔡的屋子里,逢年过节的时候张家人都会烧上几柱香、点上蜡烛等,这些和祖先牌位的祭祀方法相类似。

(五)其他禁忌

张家还有一些禁忌存在,对鬼神始终抱着一种"宁可信其有,不可信其无"的心态,"不可全信，但又不能不信"的矛盾心理。比如说，家里人都认为小孩子，尤其是未上学之前的小孩子，他们的眼睛很明亮、很干净，可以看到鬼神，所以一般在晚上的时候不会带着小孩子出门，就怕他们"撞"到什么不干净的东西，要是万不得已必须带着孩子走夜路，就会用被子或者衣服等把小孩子的头蒙上，不让他向外面看。真的要是"撞"到哪位家神，小孩子也会有征兆，主要表现即"磨人"，不断的哭闹，还有的会发烧感冒，连续很长时间都没有好转，这时候家里人就会怀疑是否"撞"到了什么，就会等到小孩子睡着的时候，在他的头顶处放一条自己穿的裤子，裤子呈摊开状，多余的部分会垂到炕沿边儿，而且还会放一把剪刀，剪刀的把手放在孩子的枕头下，剪刀的尖尖朝外，可以保护孩子免受鬼神打扰。

试验孩子到底是因为"撞"到谁生病还是因为真的是疾病，有一个方法，即等到孩子睡着之后，倒好半碗凉水，准备一双新的、没人使用过的筷子把它们立在碗里，如果立住了就证明真的是"撞"到谁，如果没有的话，那孩子只不过是单纯的感冒，赶紧进行医治。如果真的是"撞"到谁的话，孩子的家人就会用家里扫炕的笤帚沾点儿碗里面的水在小孩子的头前洒一洒，再扫一扫，之后赶紧把笤帚拿出去带到外面，表示鬼神也跟着一同出去，家人会在外面站十来分钟再回来，保证鬼神不会再跟回来。

五、家户娱乐

1949 年以前，尤其是农村，物质条件极其匮乏，生活比较单一，张家人的娱乐方式只有简单的结交一些朋友，打打纸牌、在树荫凉下面和人聊天或者串门聊天、去村里或者乡里逛庙会，还有就是每逢过节，村里都有唱二人转的、扭大秧歌，家里的人都会去听听二人转、看看扭秧歌。

（一）结交朋友

张家的男性成员和外界交往较多，结交的朋友也多；而女性结交女性朋友的情况较少，更没有和男性成为朋友的女人，在 1949 年之前的小乡村也是不提倡男女互相交朋友，更是不允许，讲究"男女有别"。张家男性结交的朋友有商业上的伙伴，一般是去进货那家的商家老板，他们算是朋友；也有村中的大户是张家的朋友。家里的人都可以交朋友，但只承认当家人交的朋友，只有他交的朋友才是张家真正意义上的朋友；张家的儿子或者侄子交的朋友不算是张家的朋友，小孩子的小伙伴更不算是张家的朋友，这些只能算是他们的一种个人交往。张家的朋友们有红白喜事的时候，当家人张树蔡都会去，同样的道理，张家有什么事情，朋友们也会过来帮忙，家中有老人去世的时候，双方的朋友还专程赶过去进行吊唁，并且随了礼金。张家在进货的时候，一般是在黑山县进货，因为张家在那边有朋友，并且形成了长期的合作关系。

张家在交朋友的时候没有什么特殊的仪式，也没有拜把子成干兄弟的情况，但是情谊都不差，对于对方的家人都十分尊敬，亲如一家，在办事方面也都不差事。家里也结交村里的朋友，朋友们得知张家有什么事情，都会主动过来帮忙，例如老大在娶亲的时候，村里的朋友都过来帮忙忙活，有去帮忙请客的、有待客的。家庭成员的朋友要是在张家留宿的话，需要和当家人张树蔡说一声，当家人一般都会同意，即使是女性陈氏当家的时候，她也不会反对。

（二）打牌

张家的人打牌，打牌在当地没有特殊的叫法，打的牌都是老式纸牌，即水浒纸牌，一共

120 张。这种纸牌长六七厘米,宽一至三厘米,共一百二十张,与麻将类似,共分丙、条、万一至九点各四张,老千、红花子、黑瞎子各四张。水浒纸牌与众不同的是,在纸牌的上面会绘有梁山英雄的图像,而图像的旁边,则标明当年官府捉拿梁山好汉所出的赏银数目。[①]

虽然玩牌,但是张家人都是带着"小赌怡情"的心态玩牌,张家人认为打牌要钱是不好的行为,而且西莲村就有一家因为愿意玩牌要钱,最后把家业全部输光,最后落得上吊自杀的下场,因此张家人都引以为戒。1949 年之前张家人没有通过打牌进行赢钱,多是在冬天"猫冬"的时候偶尔玩一玩,张家人认为打牌也是不好的事情,有句老话叫作"吃喝嫖赌抽,坑蒙拐骗偷",这些都是张家禁止的行为。

(三)串门聊天

1949 年以前,家里的人会出去串门聊天,张家虽然人多,故事也多,但是和外界多接触,知道点别的事情也很好。家里的妇女和男人有的时候会去别人的家里闲坐一会儿,唠唠家常,一般妇女说得比较多的是"东家长西家短"的家务事;男人们在一起聊得最多的是关于务农的事情,互相交流一下经验;小孩子会去找自己同龄的孩子一起玩耍。去别人家聊天的时候没有在别人家吃过饭,到了饭点的时候都会自己主动回来,也不会耽误别人家里做饭,即使留自己吃饭,也不会在别人家吃饭。客人走的时候,都是笑脸盈盈的送客,有一句话叫做"不吃饭也要送你二里地",就是形容这家人很好客,但是也有一种虚伪的成分在里面,这就要看具体的场合和两家之间的关系。比如两家关系并不是很好,但又因为种种原因不能不联络,只好厚着脸皮去这家办事,虽然互相比较反感,但是因为利益的勾连,客人走的时候,主人会笑脸相送,大家也都维持住了表面的和谐。

(四)逛庙会

西莲村的村西面就有一座关公庙,而且东蛇山子乡里面也有大庙,乡里每年的四月初八的时候都有庙会,家里的妇女都会带着小孩子去逛庙会。去逛庙会的时候一大家人会一起过去,男人赶家里的马车拉着家人一同前往庙会,家里谁想去逛庙会就坐着马车直接去即可,车上要是有位置的话,在半路上看到本村步行去的人,就顺路拉着他们过去。去庙会的时候,妇女和家里的老人会主动给庙里面的神仙烧香、跪拜,祈求来年风调雨顺,有个好收成;保佑家里人平平安安,万事顺心。有的小孩子也有模有样的学习模仿自己的妈妈,跟着一起跪下祭拜神像,不时在口中嘟囔着几句。庙会上还有卖糖人的小贩,家里的小孩子要是想吃的话,可以和自己的父母说,父母都会用自家的零花钱给他们买,如果还有一同来的自家小孩子,也会带上他们的份,兄弟之间的关系都很融洽,相处得也很友善。

(五)听二人转、看扭秧歌

1949 年以前的东北没有太多的娱乐节目,都是以本土的特色为主,张家的老四喜欢听二人转,老大家的三儿子喜欢扭秧歌,他们平时也会去参加相关的活动,家里的人不会拦着他们。

1.二人转

1949 年以前每逢过年过节,西莲村里面便会有艺人来唱二人转。家里的老四张燕公就喜欢听二人转,特别喜欢的是"大西厢"这出戏,所以只要村里一来唱戏的人,张燕公总会在

---

① 源自百度百科。

家偷拿粮食,然后给唱戏的人背过去。但是,家里人也没有说啥,没有管他,张家人认为家里的粮食多,他拿一些给别人也无妨,对他始终持放任不管的态度。

2.扭秧歌

1945 分家之前,村中有高跷会,它是一种娱乐组织,都是村上组织,村民自愿参与,老六家的儿子就参加过高跷会。踩高跷的高脚都是自己提供,自己还要准备一个花被面披在身上,以及准备一把扇子,之后便可以扭秧歌。村里的人在逢年过节的时候都会扭秧歌,村里的扭秧歌爱好者聚在一起,有人负责敲锣、打鼓、踩高跷,还有人专门负责扭秧歌,吹喇叭的也是本村的村民,家里有条件的会免费给秧歌队提供大鼓。有的人家如果办白事,也会请来鼓乐队,在晚上的时候会唱二人转。

1949 年以前,村里虽然没有很多特殊的节目,但村里的人都愿意去凑热闹,张家的大人和小孩都喜欢去。但如果外村有办事情的农户,如红白喜事等,妇女和小孩子便不愿意去。如果本村有唱戏的人,男女老少都喜欢去,年轻的姑娘、妻子也会去,没有那么多讲究。张家最爱听二人转的当属张树蔡的长子张燕公;老大张燕宾家的三儿子喜欢扭秧歌,他在秧歌队踩高跷,家里人不会拦着他,他想去就可以去,剩下的其他家庭成员便没有再去的人,张家的女性更是没有参加过娱乐组织。

第五章　家户治理制度

张家的大大小小事情均由张树蔡当家做主，但是张树蔡的妻子陈氏也会帮助他料理一些家务事，夫妻二人内外分工，共同治家，但做最终决定的时候都是张树蔡做主决定。他得脑血栓去世之后，妻子陈氏便独自管理家庭内外事务，几年之后由她的二儿子张燕义和大孙子张孝培当家主事，他俩主要管理农业事务，两个侄子即张燕宾和张燕誉管理商业方面的事务，四个人相互配合、有主有次共同管理张家的农业和副业。张家的当家人在家中极具权威性，家庭成员都要听当家人的安排，没有违背过当家人的意愿。张家虽然没有成文的家风、家训，但是一直以来保持着谦逊、忠厚的良好家风，并且张家人世世代代传承着。

1949年以前，张家遭遇到最多的天灾即虫灾、旱灾、涝灾、风灾和雹灾也都遭遇过，但都没有虫灾严重。张家也遭遇过"胡子"抢劫，为了防御"胡子"来抢，张家不但进行自我防卫，还帮助村庄挖壕沟，共同抵御盗匪。张家举办过的公共活动即祭祖，每到清明时节，张家的男人们都会去祖坟给先人们烧纸，还会摆好供果和酒水。1945年未分家之前，张家参与过的村庄公共事务有会议、修桥、修路、修庙、打井、参加高跷队、治理灾害等，但是张家一般不会派自家的劳动力参加，都是交粮食顶工。1949年解放之前，农民们都需要交出荷粮，并且张家作为村中的大户，还会多交一些出荷粮。

一、当家人当家

张家的当家人即张树蔡，家里的大事小情均由他一人负责，等到张树蔡去世之后自然由其妻子陈氏说的算，她的儿孙也会帮忙分担。张家无论是谁做主当家，也都要靠自身的实力，只有这样家庭成员才会信服他，如果当家人有做错的地方，家庭成员可以提出来，之后大家互相商议解决。

（一）当家人的选择

张树蔡当家的时候，张家的当家人只有一个，即张树蔡，但是张家的家长有两个，一个是男家长即张树蔡，一个是女家长即张树蔡的妻子陈氏，一个主管外，一个主管内，最终"拍板钉钉儿"的事儿都由张树蔡做主；张树蔡去世之后，则由自己的妻子陈氏管理家事，几年之后由自己的孙子和儿子管理农业事务，两个侄子管理商业事务，各有主次和分工。张家的当家人极具权威性，家庭成员对当家人说的话大多时候表示赞同，没有反对，如果当家人做错事，家庭成员也可以提意见和建议，大家共同商议解决。

1.有父不言子，有男不言女

张家只有一个当家人，而且这个当家人必须存在，大的家庭也一定要有自己的领导者。但是一般会有两个家长，即男家长和女家长。一般情况下，当家人和男家长多为家中的男性长者,女家长和当家人、男家长相对应,若家中的男性长者爷爷是当家人,奶奶即女家长;父亲若是当家人的话,母亲自然就是女家长,这些是无可厚非的事情,而且只要有长辈在,晚辈就不能越界当家。

张家的家长即张树蔡,他的妻子陈氏负责家庭内部事务,一开始的时候也都是他俩在管家事,家中也没有别的男性年长者,而且老人的种地技能、办事能力都很强,又有一些文化,识文断字的能力都具备,自然而然成了张家的当家人。当时也算是家里的长辈看上他俩,然后家庭成员再一选,张树蔡便成为张家的当家人,其妻子陈氏便是女家长,如果当时张家要是有一个"咬尖儿"①的人存在,他们夫妻俩也不一定能够当上张家的家长,这也从另外一个方面说明其他人的能力不足。确定当家人的时候,无论是张树蔡还是陈氏,抑或张燕义和张孝培,家里都不需要开会,只要大家同意就可以。

大概在20世纪30年代末,老人在60多岁的时候便因为脑血栓过世。过世之后,则由他的妻子陈氏当家,随着陈氏年纪的增长,她也不再当家。大儿子张燕公常年吸食大烟,外人都叫他"老糟糕",根本当不起大家的当家人,而且早在30多岁的时候便过世,因此由张树蔡的二儿子张燕义当家,他负主要的责任,张树蔡的长孙张孝培负次要的责任,家里关于耕作的大事小情都由他俩管理;家里的商业则由张燕宾和张燕誉打理,但是张燕宾的办事能力也不强,大家都叫他"大撂货",主要由张燕誉负责。当家人当家都由他自己说的算,不用和别人商量,活儿干不过来的时候可以去雇工,让别人帮着干即可。男女在干活的时候也有分工,例如张树蔡当家的时候,男的干活由男家长张树蔡管,他找男的劳动力来干活即可;女的干活就由女家长即张树蔡的妻子陈氏管理,多为做家务活,她只要找家中的女性来干活即可。

当家人在当地没有什么特殊叫法,家庭内部人员也是按照辈分来叫当家人,即该叫什么就叫什么,没有别的特殊称谓。当家人是家中的权威象征,干农活的时候他会让自己的儿孙或者管家吩咐下去,比如到春天种地的时候,当家的会说今年种什么、种多少,但是具体找人干活、如何分配则都是由管家去办,当家的不会亲自去。家庭内部的事务,比如洗衣、做饭、做被子、做衣服都是张树蔡的妻子陈氏说的算,她会交给各家的小媳妇们去具体操作,只要起着一种引导作用即可。张树蔡的妻子是张家的内当家人,管理着家庭内部的烦琐事务,后来丈夫去世,才当了正当家人,但随着自己年岁的增大,没当几年家便让自己的儿孙管理家中事务。

2.当家人的绝对权威

张家的当家人极具权威性,张家的家庭成员也承认张树蔡的权威性,家庭成员都很尊敬他,毕竟他能把这一大家子人看护好、不分散,这便算是有很强的能力,对于张树蔡这个当家人来当家,张家没有不满意他的人,大伙也都愿意让他当家。等到张树蔡去世之后,陈氏和张燕义、张孝培也当过家,家人也对他们表示满意。张家家中没有写过什么东西来向外人宣布谁是张家的当家人,张家人觉得没有必要,而且大家也都知道张家谁当家、谁管事。假如家里只有一个儿子,当家人必然是他,要是有多个儿子且未分家的话,就由长子当家或者谁的能力强谁当家,没有什么定数,只要兄弟之间商量好,谁当家这件事情没什么问题,大家都可以一致通过;假如长子能力不足,便由次子代替,即"能力优先,年龄次之";如果已经分家,则直

---

① 咬尖儿:飞扬跋扈。

接自己当自己的家,没有那么多的顾虑。

(二)当家人的权力

当家人要想拥有权力,还需要靠自己,正所谓"打铁还需自身硬"。张家的家长在财产管理、制衣分配、劳动分配、婚丧嫁娶管理、对外交往权力等方面都有发言权,他们是全家的代表,家庭成员对他们表示服从。但是如果家长有什么做得不对的地方,家里的人也可以提出来。

1.权力来源于自身能力

当家人的权力来源于自己,他要是自己不行、没有能力,也当不上当家人。只要当了当家人,他的权威便受到全家人的承认。家中同时要存在至少两个当家人,他们各有分工,比如有管外部事务的人、有管内部事物的人。张树蔡当家的时候,外当家的是张树蔡、内当家的是他的妻子陈氏;等到两位老人都不管事的时候,家中由儿孙当家,但分为商业和农业两种模式进行管理,由儿孙和侄子们主持家中大局,每个时期各有不同。家里遇到大事的时候,家人都会在一起商量解决,不是一个人就可以决定。当家人和家里所有人的关系都很好,家里也都和和气气,张家不管谁当家,家人都没有胡乱打架,而且张家人是村里出了名的好脾气,家庭成员只要守规矩,张树蔡对待家里的事一般都表示默许、认可。

2.当家人管理钱财物

张家的收入主要靠农业,还有一部分来自于商业,家庭的财产都由当家人统一管理,家里用钱的时候也都是由当家人统一开销,平时还会按月给各个小家发零花钱,家中的收入也都够花。家里的地契、现金等贵重物品都在当家人的大柜子里面锁着,其他人摸不到。聘礼、彩礼等由当家人张树蔡决定,比如谁家结婚请客,吕文英老人都不知道应该花多少钱,去别人家"下奶"①的时候她也不知道拿什么东西去随礼;张家的家务事全都由内当家的陈氏管理着,都由她经手管理。吕文英老人不用亲自负责管理家务事,而且也管不着家里的事务,她每天只要做家务活、吃饭即可,不用操心家里的事情。儿媳妇带来的嫁妆归他们自己所有,当家人无权支配,分家的时候也归他们自己,别人不能分。1949年以前物资匮乏,陪嫁的嫁妆一般为两床被褥,再加一个红色的铁洗脸盆和一个红色的幔子,没有别的东西。在当时的社会,能有几匹布,再有四套行李以及几个小包就算是很好的嫁妆。张家的儿媳妇们娘家条件不是都很好,有的小媳妇在嫁过来的时候能戴个银镯子,这样的家庭条件就算很好,分家的时候她们自己带来的陪嫁物品也归她们自己所有,没有被家人分割过。

在土地买卖的事情上,当家人会和自己的儿子、侄子们商量,一般不找家里的女人商量。张家在第一代就开始不断买地,到了1949年之前,家里的买卖基本都赔本,因此需要卖地来维持生活,比如家里娶亲的时候,需要通过卖地来解决这一大笔花销。卖地的时候也有讲究,都是先卖给和自己家关系近的人,比如当时自己家的厨师江福宽在1949年之前就买了张家很多土地,江福宽平时花钱大于大脚,在张家当了多年厨师也没有攒下什么钱财,连妻儿都得来张家吃饭,但是张家急于用钱办事情,便把土地贱卖给他,因此他才能买得起地。但世事难料,1948年新民地区开始土地改革,江福宽家买的土地都被大家分掉,他的心里也十分懊恼,只能算是白忙活了一场。

---

① 下奶:喝满月酒。

张家的粮食也由家里统一安排,每天吃什么都由厨师决定,当家的不会管。未分家之前,家里的老四就因为愿意听戏,总是偷背粮食给唱二人转的人送去,还供唱二人转的人们吃饭,但家里的人并没有埋怨他,当家的也没有打骂他,还有老大家的三儿子在没钱的时候就去自家南面的树林子里砍树卖钱,当家人也不说什么,他的几个叔叔也不说他,对待这种事情比较随意,张家没有"膈棱子"①的人存在。

3.内当家拥有制衣分配权

1931年之前家里没有买过布匹,更不用提买现成的衣服,每逢换季的时候,张树蔡的妻子陈氏都会张罗着给家庭成员们换衣服。张家都是自己家种植棉花,之后在冬天来临之前采摘棉花,再找人弹棉花,当时村里一户从关里搬迁过来的王姓人家便专门从事弹棉花这项职业,之后张家的妇女在家里纺线织布,染料可以用立秋之后、白露之前的蒿子,采集好蒿子之后晾晒干再烧成灰兑水,可以用它来染布,布料的颜色较为单一,多为单调的灰蓝色。1931年之后,张家则用棉花换布或者用现金去买布料,买好布料之后由家中的妇女进行缝制。在夏天的时候男人们穿着无袖的"跨栏"背心,下面穿着宽松的裤子,裤脚处会用布袋子绑着,女性则穿着长袖的衣裳,很少穿短袖,下面穿的裤子和男性类似,都是比较宽松的款式。张家的收入足够张家人买布料做衣服,不需要从别人家借衣服穿。只是在年景不好的时候,家里人会少做几套衣服,在平常年份,张家每逢换季的时候都会做新的衣服。

张家是大户人家,在冬天的时候还可以有棉衣穿,像是其他的一些小家户或者穷人家,冬天只穿一件单衣,并且棉被终日不离身,坐在炕头儿"猫一冬"②。各个小家的被子需要共用,因为本来就很少,必须要一起使用,一般小一点的孩子会和自己的母亲用一个被子。家里的衣服在很多时候也是大的孩子不能穿之后再给小孩子穿,由孩子的母亲把衣服改小即可,但这只是一些"零搭";实在穿不了或者没人穿的时候就把旧的衣服做鞋子、鞋垫等,孩子的妈妈再给他们做一些新的衣裳,换季的时候也还是都有新衣服穿。

4.男女分工做劳动

张树蔡当家时,家里的农活由张树蔡做主说的算,家务事由他的妻子陈氏说的算,到了上工的时候,当家人把需要做的农活告诉领工,领工会带着工人们上工干活。家庭成员均会听从当家人的安排,没有不听他安排的家庭成员。家里男性在农忙的时候也和工人们一起下地干活,女性和厨师负责在家做饭、料理家庭事务、看护孩子等;农闲的时候家里人也不只是闲着无事可做,因为家里在县城还有买卖,青壮年男性一般会去料理生意、进货等;女性会在家做一些衣服、带小孩子、忙活家务活;老人只要在家待着即可,不用下地干活,一般只要六十岁以上,便不用下地干活,小孩子等到十六七岁或者成年了之后才下地干活,平时都是在学校读书,不用下地干活。陈氏当家的时候,张家的大事小情由她一人管理,儿子也会帮忙分担一些;等到张燕义和张孝培当家时,家里的活相对好安排一些,家庭成员都听从当家人的安排。

5.当家人管理婚丧嫁娶

张家在娶妻、嫁女儿这方面,孩子们的婚事都由当家人做主说的算。张家是张树蔡当家,

---

① 膈棱子:喜欢挑事儿。
② 猫一冬:在冬天的时候躲在家中不愿意出门。

当儿子、孙子在娶亲的时候，主要征求当家人的意见，如果当家人不同意，他们就没办法结婚，比如孙子在成亲的事情上，即使他的父亲同意这门婚事，张树蔡若不同意的话也不能结婚，但这种情况很少发生，只要当事人的父母和当家人商量的差不多，当事人自己也没有什么意见，他便可以结婚。结婚的时候没有证书，因此不涉及在结婚证上写谁名字的问题，家里也没有离婚的情况。在祭祀方面，比如逢年过节要给自家的祖先庙上香、上供和放鞭等，张树蔡会让自己的儿孙去做这些事情，因为自己年纪大，一般不亲自去。张树蔡过世的时候没有立遗嘱，但如果他要是真的立了遗嘱，后辈们都会按照老人的遗嘱做事，尽力完成老人的遗愿。

6.当家人代表家户对外交往

在对外关系中，张家的当家人可以代表整个家庭，而且只有当家人张树蔡交的朋友才是张家的真正朋友，其余家庭成员交的朋友则不算。张家家中没有发生过借贷行为，在分家之前张家也没有外出打工的家庭成员。陈氏当家的时候，因为她是女性，并没有交过什么朋友，张家的真正朋友仍然是她的丈夫交下的；张燕义和张孝培当家的时候，他们交的朋友也算是张家的朋友。

7.当家人权力也受约束

张家的当家人只有拥有能力强的人才可以当上，和当家人张树蔡同辈的兄弟因为不如张树蔡有文化、能力强，才没有当上张家的当家人，而且张树蔡当上当家人之后，也没有做过违背理法的事情，没有在外面私自借债。当家人对待每一个家庭成员都一视同仁，否则五十几口人的大家庭也难以维持，从给儿子和侄子们娶亲便可以看得出来他的一视同仁，比如在1937年之后，侄子的孙子需要成亲，张树蔡都会卖地给他成婚，还有抽羊角风的老七，还给他娶了一房妻子。张树蔡不抽大烟，但是家里的大儿子喜欢吸食鸦片，最后也过早去世，之后由自己的二儿子和大孙子当家。当家的若有做得不好的地方，家庭成员可以提出意见，但这种情况几乎没有，因为张树蔡做事向来很公正、负责。

张家儿子、孙子众多，没有想过找代理家长的事情。如果要是真的没有孙儿，家里都是女孩的话，张树蔡便会找自己的侄子当代理家长，即挑选自己身边最亲的亲人作为当家人，但这也是一种不成立的假设，因为张家毕竟人口众多、男丁兴旺，不缺继任当家的家庭成员。

（三）当家人的责任

正所谓"算算用用，吃穿不穷；用用算算，海干山空"，张家的家长即张树蔡和妻子陈氏要负起全家大大小小各种事情的重任，保障一大家子人有吃、有穿，还要保证富有盈余。等到当家人年纪大了之后，家中便会产生新的当家人，依然肩负重任，任重道远，张燕义和张孝培当家的时候便肩负起了张家的责任。

1.当家人责任：总揽大局

当家人是家里地位最高的人，主管家里的一切大小事务，需要当家人决策的事情都由他来亲自决策，并亲自出面去解决，比如土地的买卖、随礼、交易等事宜由张树蔡亲力亲为，一旦涉及利益重大的事情等时，必须由当家人亲自去做，家里在最开始的时候总是买地，签约地契的时候，都是张家的当家人去做，别人无法替代；有些事情可以让儿子去做，比如跑腿儿、下请帖等小事，比如张家有红白喜事的时候，张树蔡让自己的儿子或者侄子去发请帖。可见，张家的大事儿都是当家的管，小事由儿子去做。当家人要管理好这一大家子人有吃有穿,还要保护好大家的安全,1949年之前,东北的"胡子"比较多,张家为保障家户的安全,将门都用铁皮包裹起来,并建起高高的围墙,并在围墙的四角安装炮楼,日夜派人把守。张家的当家人还要营造和谐的家庭氛围,为适龄的男女嫁娶等。不仅要保障基础的衣食住行,还要保持家中富有盈余,不能胡乱花钱。自家的小孩犯了一些小错,由小孩子的父母去批评教育即可,家中一般没有犯大错的家庭成员,如果犯了大错,便要由当家人亲自出面去解决。

2.当家人指标:能力为先

好家长首先要有能力,即能把这一个大家治理好的能力,家庭成员能够吃饱穿暖、家人不受穷。原来的人们也不怕辛苦,只要吃饱穿暖就好,没有太多追求,张家家大业大,事情可能比较多,处理好这一大家子的安定团结和婚丧嫁娶非常重要。张树蔡当家的时候,张家不是有一个家长,而是有两个,一个男家长、一个女家长,但是最终的决定权还是掌握在男家长的手中,张家人没有因为当家权利的事情发生过冲突。当家人年纪大了之后就不用再当当家人,比如张树蔡后来因为年纪大则不再管家里的事情,便由自己的妻子陈氏又当了几年家,之后由自己的孙子、儿子和侄子们一同管理张家的家庭事务。

(四)当家人的更替

张家当家人的更替顺序相对容易,之前一直是张树蔡做当家人,主要管理外部事务,妻子管理家庭内部事务,后来张树蔡病逝,由他的妻子陈氏担起全责,直至后来由儿孙和侄子们分工管理家里的农业和副业,直到1945年分家。

1.丈夫年老由妻儿管事

当家人张树蔡没有出过远门经商,而且生前没有生过什么大病,都是小病,几天就可以痊愈,家里的事情一直由他管理,年纪大了之后,他的身体条件真的不行便由他的妻子当家。家里换了当家人,所有的东西都要移交给新的当家人继续管理,家里人和邻居对她原来的称呼并没有因此而改变,张家换当家人的时候不用告知四邻等外人,只要内部的家庭成员知道即可。

2.更替的顺序:先妻子后儿孙

张家当家人更替的顺序如下, 当家人张树蔡得了脑血栓之后, 在六十多岁的时候便去世,之后由他的妻子陈氏当家,随着岁数的增长,她也不再当家,因大儿子张燕公吸食大烟,他在三十多岁的时候便过世,因此由张树蔡的二儿子张燕义当家,他负主要责任,长孙张孝培负次要责任,家里关于耕作的大事小情都由他俩管理着;家里的商业则由张燕宾和张燕誉打理,当时管家也会帮着管理家庭内部事务。

二、家长不当家,妻子当家

张家的大家庭分家之后,若干的小家庭都产生了新的当家人,以老大为例,老大家是二婚,妻子比自己小18岁,妻子当年嫁过来的时候是28岁的大姑娘,老大这个人很懒惰,大家都叫他"大撂货",不愿意管家里的事情,只好由他的妻子当家;老七家也是女人当家,因为老七抽羊角风,不时发病,有一次给老大家十来岁的孙子灌酒,因为给孩子灌太多酒,迷糊了好几天之后才算清醒过来。因此,张家的老大家和老七家都是女人当家管事,其余各家都是男人当家管事。

三、家户决策

张家大大小小事情的决策权均在张家的当家人手中掌握,张树蔡当家的时候,由他主要管理家庭外部的事情,妻子主要管理家内的事务,两人分工比较明确,有事情都是双方配合着处理。等到陈氏当家的时候,她负起全责,儿孙当家时则由他们管事,始终遵循着谁当家谁管事的原则。

(一)决策的主体

张树蔡当家的时候,家内的大小事情由张树蔡的妻子陈氏说的算,家外的事情由当家人张树蔡说的算,他们俩是家里年纪最高的两位长者,有什么事情都是两位老人说的算。家长只要做正确的决定,家庭成员都会服从。家里的事情一般由当家人先做决定,之后再吩咐家人去做,如与张树蔡共同治家的则是内当家人陈氏,张树蔡一般不用和其他家庭成员商量,也没有为此开过家庭会议。

(二)决策的事务

家里的大事情,如种地、秋收都是由张树蔡说的算,还有房屋的修缮、购置房产和田地等,也由他做主决定。对于家庭内部的小事,如做饭、洗衣和做衣服等,就不用当家人亲自管理,陈氏可以直接管理。陈氏当家的时候则要全权负责家内家外的事务,儿孙当家时也是如此,对相关事情做出决定。

四、家户保护

张家在未分家之前,遇到过最多的天灾是虫灾,还有旱灾、涝灾、风灾和雹灾等,但都不是特别严重,张家受灾也和自家土地的位置有关,张家虽然买了李家不少耕地,但是买来的很多土地都是地势低洼的地块儿,旱涝不保收。但是好在张家的存粮很多,几乎不用发愁两三年内的吃喝问题。张家对于防御"胡子"也有自己的措施,院内都会建起高高的围墙,并在四角建有炮楼,平时还帮助村庄挖壕沟,用来抵御盗匪等。

(一)社会庇护

张家没有和别人家发生过矛盾,即使有这种情况的话,也要看事情的轻重缓急,即分大小,如果事情小的话就自行调解;如果事情大的话,就得由当家人亲自出面去调解。如果家庭成员与别人家发生了矛盾,家庭成员不会无论对错、不分青红皂白就站在自家人一方,也会视具体情况而定,一起想解决的方法。家庭成员犯错也不会受到处罚。张家人始终认为"家丑不可外扬"这句话极其正确,但毕竟"好事不出门,坏事传千里",面子和名声固然重要,但张家人有的时候也确实没有办法。

(二)情感支持

如果家庭成员在外面受了委屈,都会回家诉说,家庭成员会帮忙想办法并进行安慰。女儿在婆家受委屈,娘家人也会劝阻,不会把自己的女儿接回家来,更不会因为夫妻吵嘴就解除婚约。张家没有在外打工而长时间不回的家庭成员,也没有让妻子在婆婆家受气的人。张家的家长对儿子的期望值要大于女儿,但也不至于偏要让儿子取得多么大的成就,只要自己有本事,以后组建家庭的时候也可以很好的生活。张家人始终认为家是一种寄托,即累了倦了之后可以回家休息、可以回家吃顿饱饭的港湾,家给人以温暖、舒适的感觉。

(三)防备天灾

张家在未分家之前,遇到最多的天灾是虫灾,至于其他灾害则不是特别严重,每次遇到灾害的时候,张家人都会在一起想办法。张家的存粮很多,几乎不用为吃喝而发愁。

1.全家同舟共济

张家遇到过虫灾,当时的高粱叶子上面长得全都是蜜虫,但当时并没有有效的药物对虫灾进行防治,只能用烧火剩下的小灰兑水,以人工的方式往叶子上涂抹,以达到杀死害虫的目的。每逢这种灾荒年,张家的男女老少都会全体出动抗灾,一起去地里面防治虫灾。还有一年遇到雹灾,张家的窗户都被打烂了。还有遇到"跑风、跑水"①和旱灾的时候,遇到这种年头儿其收成基本为零,如果能留下四分之一的粮食产量就算很好的情况。即使在种地前没有灾害、秧苗长起来后再遭遇灾荒,张家也没有拖欠过雇工的薪资,都会按照事先说好的报酬给雇工,因为家中都有余粮,粮仓中的粮食足够吃两年,家中不用愁吃喝和发薪资。遇到灾害的时候都是全家人一起抗灾、共同患难,因灾害而歉收的时候,张家做的饭就会稀一些,之后再往粥里面放菜,全家人在一起一样吃饭,因为大家都需要活命,张家的粮食也够全家人吃,全家人共患难也使得家人更加团结,家庭氛围也更浓郁。张家的土地很多,因此每年都会有大量的余粮,基本不存在吃不上饭的时候,也没有向外寻求过救济。发生灾害的时候,张家人也没有去求神拜神,也不用在外借粮,家里的人均听从家长的安排,没有自顾自的情况。

2.灾荒年间无须外逃

张家的耕地众多,即使收的粮食再少,张家也可以渡过难关,因为存粮多,最起码够一大家人吃两三年,而且张家人同心协力、一同抗灾,较容易渡过难关。遇到年景不好的时候,家里还会一起节衣缩食,比如少做几件新衣服、少花零花钱等。张家吃的粮食都是去皮吃,家中的余粮也够用,不需要严重的节衣缩食,也没有吃不饱的家庭成员,自然不用找别人家去借粮食,倒是有其他人家找张家来借粮,张家也都会借给他们,还粮食的时候也不用多给,只要还本即可,实在还不起的人,张家也就不再要了。

(四)防备盗匪

张家遭遇过"胡子"抢劫,自家虽然有枪有炮,但是毕竟考虑到全家老小的安全,尽量不和"胡子"火拼,一般是给他们一些钱财他们才罢休;也有因"胡子"来抢导致张家出人命的事情,吕文英老人自己的亲爷爷公②便是被"胡子"打死,张家还有一个老人被"胡子"吓得躲到磨盘底下;家中有小偷来偷东西,一般的小偷小摸张家人也不会在意,更不会报官,但是"胡子"来抢,张家都会举家逃离到县城里面居住。

1.防备"胡子"花心思

张家遭过"胡子"的多次抢劫,有一次被火烧是最惨的经历,大概是在1941年左右的时候,吕文英老人的亲爷爷公被"胡子"打死,之后村里便抓了三个"胡子",并把他们的脑袋砍了下来,之后挂在了南甸子那里搭好的门楼上示威。张家还有一次遭遇过"胡子"抢劫,有一次自家染好布匹之后走漏了风声,"胡子"便将张家家中三柜子的家织布抢劫了,后期张家人只在种地的时候回西莲村居住,冬天的时候都去新民县内住,家里的粮食运送到新民或者平

---

① 跑风、跑水:即风灾和水灾。
② 亲爷爷公:指吕文英丈夫的亲爷爷,吕文英叫他为爷爷公。

罗,老家只剩下看院子的人留守着,土匪知道这家人已经搬走,自然不会再来抢劫。还有一次"胡子"来抢劫,张家的一位长辈都被吓得躲到磨盘底下,后来给了他们钱财才算罢休。

村庄为了防备盗匪、小偷等,都会培墙,即在村的四周挖坑,防止他们进来。吕文英老人在十六七岁的时候,有一次母亲和大娘去房申村"下奶",回家的途中就被"胡子"堵在了高粱地里面,"胡子"告诉她们自己什么都不要,只要饼吃,"胡子"便把吕文英老人的大娘先放回家,自己的母亲则被"胡子"扣下,之后吕文英老人的大娘在家烙了一篮子饼给土匪送过去,才把吕文英老人的母亲放走。张家家中没有被撕票的家庭成员,因为"胡子"们要什么张家人就给他们什么,"胡子"就不会轻易伤害人质。张家后来也受不了"胡子"总来抢劫,家中的老三故意结交了三五个"胡子"当朋友,在"青纱帐"①未起来之前"胡子"没地方待,他们都来张家老三那里蹭吃蹭喝,一待便是好几天,等到"青纱帐"起来之后,"胡子"就会主动离开,躲到庄稼地里面去等着抢劫,至此也不再抢劫张家。原来的"胡子"都是外村的人,他们有自己的名号,还会立大旗,比如"青""海"和"祥"等字即为号,吕文英老人的老姑父是"胡子",名号是"虎"字,他是一个"胡子头儿",但后来被打死。

家中也有小偷来偷东西,张家放在屋后的咸鸭蛋被人偷走过,分家之后,吕文英老人的三大伯子总来偷拿她家的黄豆、芝麻,放在房子边上的梯子也被他偷拿走过,吕文英老人家里也没有找过他,明明知道是他偷的东西,但碍于都是张家人,并没有追究过他偷盗的行为,更没有打骂过他。

2.躲避抢劫全家外逃

张家家中有过躲避"胡子"来抢的情况,在冬天的时候,张树蔡会带着家里的值钱物件如地契等,带领全家老小躲到自家新民的旅店里面去居住,到了种地的时候便回到西莲村,家里的粮食都会运送到新民或者平罗,老家只剩下看院子的人继续留守。

(五)扶弱功能

张家在1949年前家里是有残障的家人,当时张树蔡的侄子张燕来有羊角风,不时会犯抽风,但是未成家之前一直由大家户养着,后来张树蔡给他娶了亲,生下的儿女都没有病。因此,张燕来成亲之后由自己的妻子照顾;年纪大了之后,便由他的子女赡养,但是当地的官府、村庄、家族等并没有给予他一定的照顾,张燕来的羊角风病症并不是特别严重,只是偶尔犯病。但张树蔡十分照顾他,从不要求他下地干活,由大家户出钱供养他的生活,为其提供吃住、安排娶妻生子等,处处都为他提供着生活保障。最终在分家的时候,张燕来一家人都分到了财产,和其他健康的兄弟分得的财产都相同。他在去世的时候,张燕来的儿子为他举办了丧葬仪式,而且办的也很体面,最终葬入了张家的祖坟。

(六)其他保护

张家在西莲村属于村中的大户,经济条件算是村中最好的农户。家里有乞丐来要饭,门口专门为这些人设置过施粥棚,还有供孤寡人居住的窝棚。在年景不好的时候,会有穷人来借粮食,一般都是乡里乡亲,都会借给他们,到后期还不起的话家里也就不要了,张家人也对村里的孤寡老人进行过帮助,但是这些不是出于其他目的,只是简单的发善心而已。

---

① 青纱帐:庄稼长高了。

五、家规家法

张家有着谦逊、忠厚、朴实、坚毅的良好家风,并得到了世世代代的传承,但是并没有形成成文的家规家法,都是一些默认的、在日常生活中约定俗成的家规家法,但所有的家庭成员都需要遵守,比如做饭、吃饭、座位、请示、请客、房屋以及进出居室、制衣洗衣、扫地、茅厕、洗澡等方面的规矩,都需要全家人一起遵守、一起服从。张家在生活方面还有一些禁忌,也需要全家人时刻注意。

(一)成文家规

张家并没有形成成文的家规家法,但十分讲究乐善好施。张家是村中的大户人家,并且家庭和睦,平时乐善好施,比如会在自家院子的门口搭几个窝棚,让一些孤寡老人和流浪、要饭的人免费住,还会给他们提供饭食。吃饭的时候,他们就拿着饭盆来到大院里找厨师打饭菜,之后端着饭盆在门口的窝棚里面吃,不够的话也可以再来添饭菜。张家平时还会在门口摆粥铺,给人们免费施粥,家里是出了名的"仁义堂",根本没有出现过土地被外人侵占的情况。张家在常年的生活中形成的都是一些默认的、约定俗称的规矩,家长都是按照家规家法来做事,家长也会以身作则,对于有错的地方都会提醒,全家人都会遵循,并得到了良好的传承与发扬。张家家中并无成文的家规家法,因此在平时做事的时候,都会去下意识的提醒小孩子,小孩子经常耳濡目染,他们也就知道了家里的一些规则。家庭成员也都知道规则,也会主动遵循这些规则,小孩子们看多了也就懂了,这种耳濡目染的特别教育方式也能够预防他们犯错误。

(二)默认家规

"家兴出孝子,家败出妖孽",家规关系着家庭每一位家庭成员的日后成长,乃至影响着几辈子人。张家的家规家法都是在日常生活中一点点形成,而且都是默认的规矩,张家人都会时刻遵守,比如做饭、吃饭、座位、请示、请客、房屋以及进出居室、制衣洗衣、扫地、茅厕、洗澡等方面的规矩,要求全家人都要遵守,这里面还体现着一种长幼尊卑的次序。

1.做饭的规矩:厨师为主,女性帮忙

家里的饭菜都由厨师做,吃什么也由厨师决定,家里的人不怎么管,小媳妇们只是帮忙择菜,一般谁有空谁就主动过来干活,因为家里的人数太多,必须很多人一起做饭才能做好。张家有自家的菜园子,吃菜的时候直接去地里采摘即可,家里的萝卜、白菜、土豆、大葱和黄豆都是菜,不用特意去外面买菜,而且当时卖菜的很少。吃饭的时候在自家的西厢房里面吃,那有两张大通桌子和很多板凳,一大家子人在那里吃饭。座位没有太多讲究,妇女和小孩子都一样上桌子吃饭。家中没有专门用做吃饭的茶几或者案板,因为家在东北,取暖的工具主要是火炕还有炉子,每个屋子都有大通炕,并用炉子取暖。

2.吃饭的规矩:规矩较多,需要遵循

在冬天的时候,张家人一般吃两顿饭,夏天忙的时候,张家人吃三顿饭,因为在东北,冬天的时候基本都"猫儿冬",每天都是在家待着或者在村里转转,耗费不了太多体力,不像春秋和夏天干的活比较多,而且夏天在家里吃水饭的时候比较多,因为天气太热,吃得太干也吃不下去。原来的时候吃饭都要做到尽量不剩饭,小孩子要是剩饭了就由他的父母帮忙吃掉,不能轻易浪费粮食。大家都是在一起吃饭,全家人吃的饭菜也都一样。张家的小辈需要给

老人盛饭,小孩子一般自己去盛饭,太小的孩子则由他的父母帮他盛饭,丈夫的饭一般是自己盛或者妻子帮忙盛,家里没有太多的讲究。动筷子的时候一般是老人先动,农忙的时候,工人的早饭也在自己家吃,中午饭由张家人还有厨师挑着扁担给雇工们送到田间地头儿,等到吃晚饭的时候,雇工再回到张家来吃饭,吃晚饭的时候都是先让雇工们吃,之后张家人再吃。家里的长工、厨师还有管家都和张家人一同吃饭,吃的饭菜也都一样,没有开小灶的情况,也不用分先后,短工的饭则由厨师统一做,吃完饭由各家的小媳妇们刷碗刷锅。

3.座位的规矩:长幼有差,尊卑有序

要是家中有客人来访,只有同辈的和长辈才能上桌吃饭,而且座位也有讲究,如果坐的是八仙桌,东边为上,西边次之;两旁的座位面向西方的为上,面向东方的次之,即正对门口是主人位、主人右边是主宾,左边是副主宾。等到吃饭的时候,必须是老人先动筷子,大家才能吃饭,小孩子和小辈分的则不能上桌吃饭。如果没有客人来访,则没有那么多讲究,张家的一大家子可以团团围坐,大家在一起吃饭即可。

4.请示的规矩:事先告知当家人

关于家庭中的生产活动,都是由外当家人说的算,即张家的当家人张树蔡说的算,年纪大的老年人他们自己决定干不干活,一般年纪大了之后就自然不再干活,置田够业也需要张树蔡亲自定夺。关于家庭生活方面,吃饭由厨师来决定,做衣服由陈氏来管,每到换季的时候,家里都会重新染布,做一些新的衣服。在 1937 年之前,张家都会在南面的邻村河口和大船进行交易,用粮食换回来一些物资,比如食用盐、食用油、火柴等。家中小孩子上学不需要特殊请示,到了年纪就可以去读书。家庭成员外出的时候,需要和当家人说一声,当家人都会同意,家里有人来借粮借款,都会和当家人说一声。请示的时候口头进行汇报,不用开家庭会议。张家的当家人张树蔡过世之后,由他的妻子陈氏继续当家,家里的事情都由她负责,有什么事情都通过她来处理。参加红白喜事的时候必须要和当家人提前说一声,不能"鸟悄"①的自己离开。家里有人去串门的话,也要和长辈说一声,要给会抽烟的长辈装好一袋烟,并且点好之后才可以离开,串门回来的时候还得给长辈点烟,这代表一种理解和规矩,告诉当家人"我"要离开家一段时间以及"我"返还回家,也没有不让他们去的时候。串门的时候还要提前和家里的当家说一声,让他帮忙准备好串门应该拿的米面油等礼品,不能空着手去串门,这也是张家的一项规矩。

5.请客的规矩:红白事均宴请

在 1949 年解放以前,张家的请客活动比较少见,如张家在买地的时候并没有请客吃饭,但是在盖房子的时候请过客人吃饭,主要是请匠人们吃饭,还有请家里的亲戚们吃饭。张家家中在一些重大的红白事情中需要请客吃饭,如定亲、结婚、生孩子、孩子满月和老人过寿等方面都需要宴请宾客;白事情也一样需要宴请,宴请的对象主要是自己家的亲戚,还有和自己家关系比较好的朋友等。张家在原来很少下请帖,连结婚这种喜事都很少下请帖。孩子在上学的时候也没有特意请老师吃过饭,多是每逢过年的时候,才会请老师吃饭。

宴请的时候家里的亲戚都会请,不分是谁的娘家和婆家等,主要看亲疏远近,兴办酒席的时候,张家还会找来专门陪客的人陪着。在宴请的时候,张家准备的饭菜并没有什么区别,

---

① 鸟悄:悄悄的。

但是张家会把最好的席位留给最亲的亲人，比如家里的正房东屋就是专门留给他们坐的位置，一般关系的人则在院子里面的大棚坐着。家里的贵客一般是指家中比较有能耐、有本事以及辈分较大的亲戚，但在具体宴请的时候，吃的饭菜和其他桌都一样。请客吃饭的厨具都由专门办事情的人带来，不用自己家特意去借。家里安排客人就由自己家的儿子以及侄子们去安排，也有专门待客的人，张家存在"把客人陪好了"的概念，在东北一般是喝好了就算是把客人陪好。饭菜上的差不多的时候就算开席，当家人在开席之前不用发言致辞；菜吃得差不多、客人都陆续走了就算是散席，没有固定的讲究，而且张家虽然是西莲村中的大户人家，但是饭菜很一般，毕竟整个社会的发展水平并不高。

6.居住进出的规矩:居则有类入需告对

张家的正房方向为坐北朝南,共五大间;东西厢房各四间,一共八间;还有厨房、牲口棚等，家中的十余间平房都供这一大家子人居住。五间正房和四间东厢房是按照辈分进行居住,辈分最高的住在正房的最东面,五间正房排满之后,再接着住四间东厢房,家里的长工、厨师和管家都是本村或者邻村的人,他们都回家居住,只有厨师在农忙的时候因为做饭忙不过来才会在张家暂住几日,平时都回家居住。家里的西厢房是厨房和吃饭的地方,还有一间专门用来放农具。一个屋子要住好几家人,一大铺炕用木板隔开,就成了单独的一小间,未成家的儿女则和父母住在一铺炕上。当时家中的房子坐北朝南,因此窗户都为南北走向。房屋整体以土坯和稻草为主,相对来说,在村里能住上这种房子还算是条件比较好的农户。

张家家中有个大院,大门为二层门洞结构,包有铁皮等,门洞两旁有四间门市房,一边两间,供看家护院的、打更的人居住;四周都有高高的院墙,院墙的四个角还有四个炮楼,都有人拿枪看守着,院子里还有巡逻的人,否则有"胡子"来抢劫;院墙都有遮沿,为避雨使用;院内两口井,自家人使用,院外一口井,村庄内的其他人可以使用。家中的正房和厢房都是属于自家人居住的地方,因此这是私人空间,门口的四间门市房就为公共空间。房屋的修建和布局需要看风水,需要请风水先生来看,家里的年轻人会把先生请来,之后再给先生钱,具体给多少则无从考证。家里结婚需要盖新房就再重新盖,之前家里没有那么多房子,比如东西厢房都是后来才新建,随着孩子们不断长大,只有需要用房的时候才会新建,家里也没有在外居住的情况,进别人房门的时候都会问一下屋里有没有人,是否可以进门等。

7.制衣洗衣的规矩:女性完成

家里的衣服都是由各房的小媳妇们来做,因此样式都差不多。穿的衣服由各家的小媳妇洗,丈夫的衣服由自己的妻子洗,如果老人干不动活,他们的衣服可以由儿媳洗也可以由女儿给他们洗,未成年的小孩子的衣服由他的妈妈给他洗。夏天的时候,衣服在院子里喂牲口的槽子里面洗,冬天的时候用洗衣服的大木盆洗,张家院子里面有井,用水极其方便,洗衣服所使用的"胰子"由张树蔡自己做。夏天洗好衣服的水就直接把塞在槽子里的塞子拔出来,水便可以流走;冬天的时候就把脏水倒在院子的后面,以免结冰滑伤家人。洗好的衣服可以直接晾在自家的院子里面,家里有专门用来晾晒衣服的洗衣绳子,张家在洗衣服的时候没有太多的忌讳。

8.洗漱的规矩:单独洗漱自我完成

家中的洗脸盆在最开始的时候都是找木匠用木头做,之后使用烧的瓦盆子,最后才花钱买的铁盆。家中没有盆架子,都是直接放在木头椅子上面进行洗漱。家中盆子的数量众多,做饭的盆子只是用来做饭,洗衣服的盆子只是用来洗衣服,洗脸的盆子只是用来洗脸,即各有各的用途,不会随意掺和着乱用。家里的脸盆在各个小家里面算是公用,毛巾则是自己用自己的。烧热水则不一定,谁有空谁便去烧把火,水过一会就可以烧开。晚辈需要给老人打热水,这种事情也是很常见,但不是必须。每天洗手洗脸的时间都是早上起来以后,一旦"埋汰"①了就可以再洗,没有限制。冬天的时候是用热水洗,夏天就用凉水洗,一个人洗完的脏水就会倒掉,之后再放入新水洗漱。小孩子都是他的妈妈帮他洗。洗澡的时候可以去大河里面去洗,但是男的女的地点不同,分开在两面,互相看不到彼此。原来没有公共的澡堂子,家里没有人给老人专门倒夜壶,都是老人自己去倒,老人年纪大了之后,他的儿子或者伺候他的女儿会给他们倒。

9.扫地的规矩:专人专职,略有禁忌

平时家里就会用抹布抹箱柜,用笤帚打扫屋地等;院子和牲口棚都有长工用扫帚专门负责打扫;厨房由家里的妇女和厨师一起打扫,垃圾要是多了就用铁锹铲到土筐②里,如果特别多的话,就用扁担把它们挑走,再倒到附近的河坑边上等地点。生活困难家庭的扫帚都是自己做的,先种植扫帚菜,等到菜熟了之后,再把它们绑在一起,就可以当扫帚使用,一样用来干活;想要制作笤帚也有"笤帚迷子",也可以自己做。但张家属于大户人家,家里的打扫工具都是购买得来,如果坏了,能自己修修就自己修修,不能的话,就扔掉再买新的工具。家里的工具平时都放在西厢房的仓房里面,有固定放置地点,不会随意乱扔。

扫地的时候会有忌讳,比如一个人扫地还没有扫完,只扫到了一半,则不能让另外一个人接着去扫,即必须要由一个人全部扫完,不能两个人一起扫,因为家里要是有人去世,需要两个人一起扫棺材,因此为了避讳,则不能两个人一起扫地。

10.茅厕的规矩:性别有差,年岁有异

张家家里有厕所,而且鉴于张家人多,还分开男女两个。家里的厕所坑很深,一般是一年收拾一次,有干活的人过来,就让他们帮忙收拾一下,有的时候也是自家人自己收拾。收拾的粪便和黑土放在一起,之后用来施肥。张家各个小家、各屋都有尿盆,主要是给小孩子使用,第二天他的妈妈会给倒掉。张家的大人基本都是出去上厕所,没有在屋内上厕所的习惯,除非是老年人或者在冬天的时候,张家人才会选择在屋内用尿壶上厕所。牲口的粪便由雇工收拾好之后都会放在院子外面,也是掺土用来施肥,拉在路上的粪便自己家人不会去捡,有专门以捡粪便为生的人,他们会拿着筐和铲子捡。等到种地的时候趁好垄沟,雇工们会把粪便扬进去。张家家里的土地多,这点粪肥根本不够用,只能等着"干打雷"③,没有任何办法。

11.洗澡的规矩:季节有差,男女有别

1949年以前,在夏天的时候,张家洗澡也有一些规矩,比如男的都是去南甸子的大河里面去洗,村里甚至是乡公所里面没有公共的澡堂子,有的女人去河里洗也有的女人在家用大盆洗澡,洗完的脏水可以直接倒在院子里;冬天的时候,人们干的农活较少,流的汗也比较

---

① 埋汰:脏了的意思。
② 土筐:即用柳条等编成的盛东西的器具,下面是筐斗儿,上面是筐篮儿。
③ 干打雷:即毫无办法。

少,洗澡的次数就很少,人们最多是用热毛巾擦擦身子。

12.其他规矩

1949 年以前,张家家中关于睡觉没有太多规矩,谁困了谁就可以睡,睡醒就可以起来。屋里面摆放桌子椅子,要是有值钱的东西需要把柜子锁上,若没有值钱的东西则直接把柜子门关上即可。

(三)家庭禁忌

未分家之前的张家规矩很多,相对应的禁忌也较多,比如在过年的时候不允许洗头发、缝针线活儿、动剪子、洗衣服和向外面倒水和倒垃圾等;要是家中有亲人过世,则不可以贴春联;结过婚的妇女不能在三十晚上、初五(破五)去别人家串门,因为串门到谁家谁家就受穷;正月期间也不能剪头发,因为会"方舅舅";新妻子回娘家之后,不允许看娘家的灯和祖先牌位,因为容易坏了娘家的风水;结婚的姑娘和姑爷在娘家不能同宿,有句俗语叫作"娘家行房,家破人亡",也不能在娘家坐月子,有个说法是会招耗子;要是家中有老人先过世,要把他的老伴绑上,不能跟着一起去出殡,怕老人也"跟去",即害怕老人去世。

张家以挂牌位的方式纪念祖先,但这个画像需要找专门的画匠来画,画好之后家人再拿回来的时候需要把画像放到木头桶里面,取画的人骑着大马把它一路背回来,以表示对祖先的尊重,到家之后需装裱再挂到墙上,每逢初一、十五和节日都需要给祖先牌位上香;在吃饭的时候不允许家人吧唧嘴,因为这是没教养的表现;也不可以用筷子或者勺子等敲打碗和盆,因为这样相当于一个要饭的人,而且意味着越敲家里就会越穷。

六、奖励惩罚

张家要是赶上丰收年,当家人会给家庭成员多一些零花钱;平时对表现好的家庭成员一般以语言激励为主,无论是物质奖励还是语言激励,这些都算是有效的奖励措施,但张家基本不会惩罚家庭成员。

(一)对家庭成员的奖励

张家对家庭成员的奖励都是由家长或者父母说的算,奖励的时候以语言激励为主,物质奖励为辅。

1.奖励主体:家长父母

如果家庭成员在生产生活上表现较好,家长可以代表家庭对他给予奖励,口头夸奖比较多;要是赶上丰收年,家长张树蔡会给家庭成员们多分一些零花钱,在饭食方面会更好。吕文英老人嫁到张家的那一年,家里的收成比较好,家长张树蔡总会让自己的妻子陈氏买一些小点心给大家吃。奖励能起到一定的激励作用,对整个家庭的发展氛围也有好处。

2.奖励形式:语言激励、物质奖励

张家奖励的范围仅限于本家户的家庭成员,别人家的家庭成员取得成就跟张家没有关系。如果家庭成员干活比较认真,赶上丰收年的时候,当家人张树蔡既会在语言上激励大家,也会在物质上奖励大家,比如改善伙食,多买些吃的分给大家。家中的年轻人一直孝顺老人会得到家庭成员的赞赏,家族、四邻、乡亲也会称赞,但是这也算是正常现象。

(二)对家庭成员的惩罚

张家家里基本是不会惩罚家庭成员,家里的人缺钱了也会私自卖树;家里的老四喜欢听

二人转,总会偷偷背粮食给唱戏的人,当家人张树蔡知道之后也没有惩罚过他,这些事情到最后也都不了了之。

七、家族公共事务

张家没有举办过太多的公共活动,但都会举行一年一度的祭祖仪式,每逢清明节,家里的男人会带着烧纸到院子里集合,之后一起去祖坟给先人们烧纸,还会摆好供果和酒水。张家的张八老爷当年考取举人之后,请全村人喝过酒,大家都为他中举当官表示庆贺。

(一)参与主体

张家在清明节时会举办祭祖活动,都会去自家的坟茔地那里去烧纸。但不是全家人都参加,妇女和儿童不会参加,祭祖的都是男人,他们要给祖先们磕头,还要给家里的祖先庙上香、摆贡品等等,还要培坟、放鞭炮、烧纸等。张八老爷考取举人的时候,是由家里的孩子们去请客人,既包括全村的人还包括外村的亲戚们,但是来喝酒的基本都是家里的男性当家人,女人和小孩子基本不会前来。

(二)事务类型

张家的家族公共事务比较少,多为祭祖活动,还有就是张八老爷考取举人的时候,张家也请大家吃过饭,基本无其他形式的公共事务。

1.清明祭祖

张家在祭祖的时候,都是家里的成年男性前去坟上祭祖,都会提前准备好烧纸、贡品等,钱由大家户来出,各个小家不用为此担忧。祭祖活动结束之后,大家便回到家里一同吃饭、喝酒,妇女和孩子也都可以上桌吃饭。

2.中举请客

张家的张八老爷在中举的时候,便请了全村的人和外村的亲戚前来喝酒吃饭,大家在一起很热闹,而且在当时也是很正常的行为,村中没有人反对过这种行为,均表示认可和赞同。

八、家户纵向关系

西莲村里面没有会社之类的组织,张家人也没听说过哪个村里面有。张家每年都会按时缴纳出荷粮,需要摊派劳役的时候,张家会派一个青壮年前去干活,干活的最长时间为两个月左右,一般的情况下只有几天。张家没有和别人打过官司,和县乡一级的领导也没有来往,没有发生过冲突事件。

(一)家户与会社

1949年以前的西莲村,这里没有任何会社组织,各个家户的属性均比较明晰,就张树蔡家里而言,家里的集体活动只有一年一度的清明祭祖,除此以外,没有其他形式的集体活动,家里的男性成员,几乎终年被束缚在土地和商业之上,张家的女性则常年在家操持家务,负责管理小孩子、洗衣、做饭、饲养鸡鸭等家禽,张家女性的集体活动便是出门逛庙会或者赶集,再无其他活动。

(二)家户与保甲

张家在1949年以前属于五保,西莲村的保甲制度特是以户为基本单位,户有户长;十户为甲,甲设甲长;十甲为保,保设保长。张家属于村中的大户,因此和张家同甲的都为张姓人家,也都有亲属关系,但也有超出五服的情况,如张兴德这家人,便是和张树蔡这一家人超出五服的亲戚。张家的税负每年都由自家人去缴纳,家里一直没有欠过钱粮或者差役,如果拖欠,保里都会让缓交,但不会抓人。张家家里发生纠纷的时候,从来没有请过保长或者甲长等外人,一般情况下都是张家自家内部解决,张家的当家人张树蔡在张家处在权威地位,家中的大大小小事情均由他掌控, 张家的家庭成员没有违背过他的意愿, 都对他表示尊敬的态度。张家在土地买卖的过程中不需要到保长那里过户或者请保长做见证等,张家都会和买家或者卖家签订契约,只要找来第三方见证人即可,这个人一般都是村中德高望重的人物,但绝非保甲长等人。

张家家里来了村外的亲戚不需要向保甲长报告,即使不报告,保甲长也不会去询问或者事后惩罚等。张家的邻居家里从没有来过可疑的外人,张家人也没有向保甲长报告过,保里没有因为村里来了外人而出事,因此也不需要承担相关的连带责任。张家家里没有家庭成员当过保长或甲长,张家人并不认为当上了保甲长就意味着很光荣,反倒认为这是不好的职位。

(三)家户与县乡

张家虽然是西莲村中的大户人家,但是社会关系相对比较简单,没有因为家庭内部的事情而去找过乡公所或者乡长,也没有因为一些纠纷打过官司,几乎没有与外部发生过矛盾,即使有矛盾,如家里的孩子和其他人家的孩子打架;分家之后,自家兄弟之间出了一点矛盾,多是靠张家自家来解决。

九、村庄公共事务

在未分家之前,张家参与的村庄公共事务比较多,如村中的一些会议、修桥、修路、修庙、打井、参加高跷队、治理灾害等,但是张家一般不会派劳动力参加,都是交粮食来顶工。

(一)参与主体

张家在参与村务会议、修桥、修路、修庙、打井、参加高跷队、治理灾害等事务时,都是张树蔡说的算,他拥有最终的决定权,决定着家里究竟是谁去参加村庄的事务。

1.当家人去开会

村庄开会的时候,一般都是当家人去开,当家人没空的时候就由有空的儿子或者侄子去开会。交税的时候不会特意去村里开会,都是去各家齐税,先给各家估产,之后看产量好坏再进行定夺,等到秋收的时候,如果收成真的和估产差不多,就再进行交税。如果收成不好,会相应的减免税负。

2.修桥、路、河堤:长工代替

1949 年以前,西莲村里面修桥、修路的情况不多,但是修河堤的次数比较多。西莲村里面的主路,还有通往农田的道路,村里都组织村民去修过,以及挖沟之类的活儿,张家人都派出雇工干过。但原来以修河堤为主,例如西莲村附近的大柳、金五台子、刘屯、西甸子、王家山水库、沈北大堤还有辽河,以及远处的一些地方,村里都组织修建过。所有的修桥、修路及修河堤等均为义务出工,村民们都会"挖洼"、挑土来修河堤。张家一般都会让家里的长工代替张家人去出工,之后用粮食作为回报。要是村里要求去比较远的地方修河堤,就会统一派马车,拉着米面及行李等去干活,之后还会找房子去居住,有的时候需要住一个月甚至两个月,有的时候需要住十天或者二十天,时间均不相等。

从实际情况来看,大家对修河堤的热情比较高,因为西莲村临近辽河,而辽河在原来素有"十年九涝"的说法,村民们抵御涝灾的能力十分低下,因此村民们为了能够有足够的粮食填饱肚子,对修河堤的意愿还是较高。距离西莲村北边约几百米处的河网,便是为了防止辽河水泛滥而修建成型,确实疏通了水道,减少了涝灾对村民们的影响。

3.修庙:委托雇工参加

村里修桥、修路和修庙都会事先和当家人张树蔡说好,之后家里会派家里的长工或者短工前去,都是男性青壮年劳动力,去干几天活即可,不用女性参与劳动。在修庙宇方面,村里的村民们也比较积极,因为当时的人们都比较愚昧,大家对于神明和菩萨都有一种敬畏之心,并且信奉神灵者居多,大家对于修建庙宇这件事情都比较积极。

4.不参加家户外的打井淘井活动

张家自家有三口井,不和村民们集体使用水井,因此张家没有参加过村里组织的集体打井、淘井的相关活动,但张家作为大户人家,还是要出一点力;村里其他村民们的打井、淘井行为较多。打井的时候不牵涉保,也不牵涉甲,有几个人出来商量,然后决定开始打井,一般是每户先收一些粮食用于打井,大家一起平摊,之后再去把井匠找来,各个吃水的人家直接出劳动力即可,在井匠的安排下,大家一起干活将井打好。打井的时候先由打井师傅找到哪里有水,即"定好点儿",之后再利用人工挖坑,再往井里面下刻成八个棱的木头,随着挖坑随着往里面下木头,挖好之后就可以在上面砌好石头。

村里很多水井是由整个村庄共用,修建均由各家出钱,过几年之后若有淤泥或者干旱的时候,便需要淘井。只要是谁家吃这眼水井的水,谁家便要出劳动力来一起淘井。淘井这件事对于男人来说还是比较容易,几个人一商量,用绳索把人放下去将淤泥挖出来即可,不需要兴师动众,之后大家要是愿意在一起吃饭,各家拿些吃食,便可以一起吃饭。

5.高跷队:家人的爱好

张家张燕公的三儿子会踩高跷,他平时是参加村里的高跷队,逢年过节的时候都会参加集体活动,全村的男女老少都会来看热闹,而且他去踩高跷,张家人并没有反对过他,都表示默许和同意。

6.村费征收:当家人负责

村里征费主要是征收出荷粮,村民们都交粮食作为税赋,没有其余的村费。村里面在缴纳各类费用的时候均由家户的当家人负责,其他的家庭成员无法做主,说的话也不作数,如张家在村费征收方面,便由当家人张树蔡负责,他往往为了家里的和谐与安定,都会按时按量将村费交齐,这也体现了当家人的一种能力,如若没有这种大家长风范,张家的各种关系也难以维系。

7.治理灾害:全家出动

村庄内发生过虫灾,都是用小灰兑水,人工抹到叶子上,以达到治理虫灾的效果。1949年以前,张家以家户为单位进行防治灾害,并不是与村庄集体一起出动干活。因此,在天灾人祸面前,村里的家户都以自己的能力解决,自己想办法度过困难,村庄、保甲长和家族都不会为其他家庭解决困难,谁家发生了天灾人祸,都要自己挺住,等到下一季度的庄稼有了收成以后,受难的村民们的生活才会好过一些,或者家里面实在没有口粮的时候,村民们还会找亲戚去借粮食。张家因为家大业大,耕地众多,不必担心粮食问题,而且当家人张树蔡还会保证家中的余粮至少要够全家老小足够吃两年。因此,张家人不必过多担心。

8.张家给"胡子"送礼求自保

西莲村里没有发生过战乱,但是"胡子"较多,西莲村李还挖过壕沟用来抵制"胡子",但是仍然无济于事,每年"青纱帐"起来的时候,晚上也没有专门的治安组织,一旦哪家哪户遭遇"胡子"的抢劫,也只能自认倒霉,报官并无门。村里的"胡子"也逐渐多了起来,村庄内并没有良好的保护村民的措施,在村民看来,村庄不和"胡子"勾结就算是很好的事情。因此,村民们都靠自家力量抵御"胡子",但并非所有人家都要防范"胡子",小家户没有钱,"胡子"根本不会惦记。因此,大家户要多加防范,张家便给"胡子"送过礼,但到后来,"胡子"闹得太凶,张家也没有那么多钱给他们,便决定秋收之后全家集体搬走,来年春季种粮食的时候再回到家中。

(二)筹资

村里在组织修桥、修路和修庙的时候,都要先和当家人张树蔡事先说一声,之后再由张树蔡做出具体安排。如果张树蔡不在家,可以先和他的妻子陈氏说一下,等到当家人回家之后,陈氏会把相关事宜告诉当家人,再由他统一定夺。有时张家不想让自家人前去干活,也不想让伙计代替自家人前往时,张家便会出粮食作为补偿,即"出钱不出力"。村里打水井的时候需要每家每户出资金,张家人虽然不用村庄里面的公共水井,但是张家作为西莲村中的大户人家,地位显赫,也要为村中的打井事业出一份力量。其余的筹资花费则没有太多,村里进行的一些娱乐活动,如高跷、扇子、手绢、鼓和喇叭等道具均由村民自行购买而来,如老六的儿子喜欢踩高跷,他的高跷便是自己花钱打制的,并没有通过村庄的筹资行为来实现。

(三)筹劳

村里组织修桥修路的时候都是一家派一个劳动力出工,修河堤、大坝的时候也是一家派一个劳动力前去,张家人不想去的时候就会让家里的雇工前去干活,无论如何,张家都会出一个劳动力,关于筹劳的事情,张家人都会参与。但是家里没有人承担公共事务的看管职责,村庄没有炮楼等防御建筑,也没有举行过集体看青活动,基本为各家看各家的耕地,张家一直花钱雇工请人来自家的地里看青,参加集体筹劳的行为较少。

十、国家事务

张家在未分家之前,村里都需要农民上交出荷粮,大户因为地多还会多交一些。家中老三张燕举的二儿子是国民党的兵,但一直没有音讯。张家几乎没有出过壮丁,都是花粮食让别人去充当劳力;张家也几乎不会摊派劳役,如修河堤、修大坝、修路等,张家人一般都不去,直接用粮食顶替,或者让家里的雇工去出劳役。

(一)纳税

张家在缴纳税负的过程中均以大家户为单位进行缴纳,保甲长通知缴纳赋税的时候都会直接通知张家的当家人张树蔡,之后张树蔡会吩咐自己的儿子或者家中的长工去上交粮食税。每次在缴纳赋税的时候,均是自家赶着马车前往新民县内上交,如果遇到灾荒年间,可能还会适时减免税赋,但这种情况并不多见。

1.纳税的情况

张家在纳税的过程中均以家户为单位进行纳税,在纳税的时候,张家是按照土地面积进行纳税,因为原来都要交出荷粮,一亩地大概是一斗半的出荷粮,即75斤粮食。每年临近秋收的时候都会预估产量,在每年秋季收好粮食之后,便按照估计的产量进行上交,如果多产的话还是按照估产进行上交,少产的话便会少上交一些。每年交出荷粮的时候都是自己家里亲自送往新民县内,一般会让家人或者雇工亲自去上交。张家每年交的税赋以粮食为主,一年只交一次即可。

2.缴税的主体

西莲村每年在收税的时候都有保甲长来通知张家人,一般都会通知张家的当家人张树蔡,要是张树蔡出门不在家,保甲长会直接告诉张树蔡的儿子交税的事情,之后再由张树蔡的儿子转告给自己。张家在交税的时候都由家人或者雇工等前往新民县内的粮库去交税,张树蔡基本不会去,有的时候可能是张树蔡的儿子或者孙子们跟着一起去交粮食税,张树蔡对这些事情都很放心,而且还很放心的交由自己的儿子、侄子或者雇工等人去做。如果当家人长时期不在家,一般由家里的男人说的算,由他去交税,例如当家人的儿子年纪尚小无法主持家事,便由他的妻子陈氏说的算,如果当家人的儿子已经成人立事,便由儿子说的算。如果是女性当家,例如张家的当家人张树蔡去世之后,张家便由张树蔡的妻子当家,因此,保甲长会直接通知张树蔡的妻子交税,之后由她具体安排谁去交粮食等事宜。

3.纳税的过程

1949年以前,乡镇上都没有粮库,均需要去新民县内的粮站里面上交税赋,但不用上交现金,只要交粮食即可。张家每年按时交税,不会拖欠甚至不交。上交粮食的时候都是自己家赶着车拉到县城里面,作为给张家的一些回报,县里还会给一些"韬了布"①,之后张家人再赶车回来。假如张家人不纳税,村里的负责人一定会去找张家的当家人问清情况。西莲村的王守义有一年因为预估产量的时候过高,因为闹虫灾,王家的粮食产量十分少,根本交不起粮食税,王守义便找张家借了将近一千斤粮食用来度日和交粮食税。因此,家中若是受了灾,村民们一般会自行解决,即找亲戚、邻居或者村中的大户去解决,很少有去村里求情的情况。张家一直没有推迟时间纳税,但是村里的其他村民有过这种现象,主要是因为当年的粮食产量不好,如突然遇到风灾、虫灾等自然灾害,村民们会措手不及、无法抵御灾害,也就会出现交不起税收的情况。如果村中出现大面积的自然灾害等情况,村里的保甲长也会对此事进行上报,之后再酌情减免税赋。张家没有请人代缴过税赋,但是有人从张家借粮食,但他们都是自己自行前去缴税,张家很少收到相关报酬。对于实在交不起税负的村民,村里也不会去抓人,西莲村内的人生活的比较和睦,也没有因为交不起粮食税而外出逃跑的人,即使外出逃跑,也不会进行抓捕、实行"连坐"等。但村里发生过因为饥荒而逃跑至黑龙江等地,等到秋收季节又回来继续生活的事情,村里也没有在意过这些事情,没有抓捕过这些人。

(二)征兵

张家有当兵的家庭成员,张燕举家的二儿子就是国民党的兵。张家人没有被抓当过壮丁,一般是花钱找人代替自家人前去。

1.征兵:张家有人去

1937年之后,家中的老三张燕举家的二儿子当过兵,当时是国民党兵中的连长,等到打

---

① 韬了布:指质量差的薄布料。

锦州的时候,队伍路过西莲村的时候他还回来过一次,给父母磕了头之后就走了,之后再也没回来过,即使连和台湾实现"三通"之后,家人特意去找,最后也没有找到。但和他一起当兵的还有韩家窝堡村、冯家窝堡村、东蛇山子村的人最后都回到了家里。

2.抓壮丁:张家找人替

1937年之后有抓壮丁的情况,抓的壮丁都是年轻力壮的小伙子,他们年纪不能超过30岁,身体也要健康。但假如发生战争,不管多大岁数都得去,有一个就算一个。谁家有人当壮丁,村里便会赔给这家一定量的粮食,不能让村民白出劳动力。但是有钱的人家都不去,张家家中没有被抓的人,有别人愿意去的话,张家就给他粮食或者布匹、钱等,让别人替自己家人去。每年在抓壮丁的时候,张家人都会派自家的长工等人去充当壮丁,之后会给长工一定报酬,报酬多为粮食,张家人一直以粮食为单位进行交易,很少花费金钱。还有的人家因为家中比较穷困潦倒,便主动再次充当壮丁,张家也会找这种自愿的人当壮丁,之后再给他们粮食即可,两者之间互相说好,没有日后扯皮的现象发生过。

3.张家有自愿参军者

1937年之后,老三张燕举家的二儿子是国民党的兵,后来当上了连长,也是他自己愿意,张家人并不知道他的真实想法是什么。村中还有一些自愿参军的年轻人和张燕举的二儿子一同参军,但最后很多人都回到了西莲村,唯独张燕举的二儿子一直没有音信。

(三)摊派劳役

西莲村摊派劳役的时候不管家里有多少口人,只要需要摊派劳役,每家每户就得派青壮年劳动力前去干活。张家在1949年以前,也参加过集体出工,但几乎很少去,都用粮食顶替,或者让家里的雇工去干活。出工干的活是修河堤、修大坝、修路等,如果在家的附近修河堤和路,便可以回家来吃饭,如果离得远的话,就得自己带好干粮和行李,吃住都在外面。比如吃饭的时候,就找干活附近有人家的地方,借他们的锅做饭,住的时候就在河堤上随意的住几夜。村里需要派遣劳役的时候都会先告诉当家人,之后当家人再决定家中谁去,当家人也是选家中年轻的劳动力去,一般都是轮流去,大家都听当家人的安排,没有不愿意或者不服从当家人安排的家庭成员。

(四)选举

1949年以前,西莲村里有保甲长和屯搭等职务,屯搭类似于会计,他们若想当选,首先自己要有意愿,之后再由村民进行选举。每逢选举,每家每户都会派来一个代表,大家商量之后,觉得哪个人有能力,可以胜任相关职务,大家便会投他一票,比如李家的同门李恩花就比较有文化,大家看他办事情的能力也比较强,之后便选他为屯搭,村中的人都没有任何意见。

调查小记

丁酉年初,我读研所在的华中师范大学中国农村研究院在徐、邓两位恩师的宏观指导下开展了试点家户调查,我有幸作为试点调研员之一。在熟悉了家户调查提纲之后,于二月初回到家乡新民开始了颇具挑战性的"家户"之旅。作为一名初来乍到的低年级研究生,我虽然多次远赴异地做过寒暑假问卷调查、口述史调查,但是相对于家户调查而言,却不具备持久性、系统性、深入性的研究。说家户调查是我院最前沿的调查应该不为过,因为迄今为止,中农院所进行的百村问卷调查、口述史调查,规模虽大,但对我院的核心理论——家户理论关怀度还不够,在此基础上推出家户制度调查,诚如泰山垒土、锋芒始集。同时,家户理论也是我院最具底色的理论,因为这是徐勇教授长期提倡的核心理论,他试图将其与俄国、印度的村社制、欧洲的庄园制相对照,找出其在中国边疆、内陆地区的普遍适用性。想到能够有幸加入这一历史性的调查中,我深感荣幸,毕竟随着中农院的发展、时间的逝去,很难再找到这样的平台支撑、合适的访谈对象。

回到调研本身,家户访谈至今成稿,已有半年有余。从最初的几经周折寻访到理想的家户形态,到持续一月有余的实地访谈,再到回访补充调查,我首先得感谢的是自己的姥姥,老人家不辞辛劳、带我一路寻找明白人,正因为如此,我才能在人生地不熟的地方顺利完成调研任务。

万事开头难,坚持更重要。有了姥姥这个带路人,我顺利找到了受访者吕文英,老人年过九旬,即便身体偶有不适,但是从未拒绝过我每次长达数小时的访谈,为此我深感愧疚,甚为感激,唯有写好报告,才觉得对老人的默默付出稍有安慰。

当然,这些都只是家户写作的前奏。经历了前期的材料准备,笔者历经数月,至5月初才写好长达十一余万字的初稿,后又经黄振华老师、张航师兄、朱露师姐多次审核指导,数易其稿,方成这篇家户报告的终稿,承蒙邓大才院长不弃草昧,拙文才得以排上家户出版的头班车,在此一并致谢。

最后,笔者想要说明的是,这篇家户报告只想对受访者家户做一个深入细致的白描,其余的评判工作及理论建构则留给各位读者吧。受笔者自身能力限制,文中必然诸多不足,恳请诸君一一指正,以便再次学习、探讨。

第五篇

政护商哺：兼业大户之家户延续
——冀中杨屯村冯氏家户调查

冯娟娟 *

* 冯娟娟(1986—)，女，河北沧州人，华中师范大学中国农村研究院 2016 级硕士研究生。

导　语

　　河北省任丘市长丰镇①杨屯村的冯氏祖上是由山西省洪洞县迁居于此,扎根落户,开荒辟田。迁居人员众多,为了免于政府干预且不至于亲族分离进而分姓而居。延续至1949年的冯家已然是一个拥有27口人的大家庭,四代同堂,一家人居住在四合院格局的南北两个院落中,属于村庄的老户。到土地改革运动之时已经绵延传承十七代人,冯家前十三代人均已辞世;第十四代人是冯廷彬及其妻郑氏;第十五代人是冯树勋、冯树歧、冯树桂,这一代人均娶妻成家;第十六代人是冯永禄、冯永宗、冯永周、冯永河、冯永鸣、冯永平和冯丫;第十七代人是永字辈分之子女。

　　冯家一支被当地称为"西南大院",除了从祖上继承而得的80亩上等良田以外,冯家人分布于商业和政界各个领域。冯家分工严明细致,这种分工使得家庭成员各得其所,承担家庭责任,保障家庭的运转和延续。冯树桂睿智且有文化,担任任河县的毛业局局长,广交良友,为家庭提供政治庇佑和支撑;冯树歧不识字,精通农业种植,是家中的外当家,打理家中外部事务,保障家庭成员的衣食供应;冯树歧之妻邢氏体弱多病且为避嫌便由冯树桂的妻子王氏做冯家的内当家,打理家庭内部的大小事务。冯永周和冯永河未读书识字,为人憨厚踏实,配合冯树歧负责家中农田耕作;冯永禄读书识字,被安排在天津染料房帮工赚钱;冯永宗精明能干,头脑灵活,且学问颇深,负责经营天津的生意;冯永鸣也能写写算算便留在家中打理弹棉花的买卖;冯永禄之妻张氏手巧,负责家人的衣物裁剪缝制;冯永宗之妻孙氏体格健壮负责推碾子踩磨;冯永周之妻李氏、冯永河之妻尧氏及冯永鸣之妻纪氏负责厨房饭食。如果把冯家喻为一台机器,每个家庭成员便是这台机器不可或缺的零件,他们相互合作,各司其职。

---

① 1949年以前,长丰镇为长丰区。

第一章 家户的由来与特性

由于兵荒战乱,冯氏族人被迫迁徙,通过开荒辟田使得杨屯村成为一个独立的村落,因此得以扎根落户,冯家在当地已经延续了十七代人。冯家是人口众多的大家户,在村庄中属于经济富裕的人家,当地称其为"西南大院",家庭成员从事的职业具有鲜明的特征,覆盖农业、商业、政治等诸领域,以农业为基础,政治发挥庇护作用,商业起到扶持功能,形成农、政、商互补格局。

一、家户迁徙与定居

冯氏祖上是由山西省洪洞县迁居于此,扎根落户,开荒辟田。迁居人员众多,为了免于政府干预且不至于亲族分离进而分姓而居,到土地改革运动之时已经绵延传承了十七代人。

(一)战乱迁居,绵延传承

冯家祖上是由山西省洪洞县迁移来的,听长辈们叙述是明朝初期,由于战乱迁居于此。刚刚搬来的时候,当地没有人烟,但是由于当时迁居过来的人口数量庞大,为了防止聚众闹事,县里要求冯姓家族必须分别居住在不同的村落。为了能够同时定居于同一个村落,避免亲族分离,冯氏家族决定划分为两个姓氏,其中一部分人改姓为隋,寓意为随冯而姓。

每年到了清明时节,家族都会把族谱拿出来给族人观摩。按照族谱记载,冯家祖上已经繁衍了十七代人。实际上,冯家的族人延续可能超过了十七代人,因为在日本侵略中国的时候,族人为了保护族谱,无奈之际便将族谱深埋于地下,可还是没有躲过劫数,最终被日本人搜出来,并遭到焚烧,真正的族谱被彻底损毁。后来,族中的老人们根据自己的记忆尽力补全族谱,由颇有学识的冯树勋起草重新书写族谱,但是毕竟当时已经延续了好几代人,是否丢下一代人或者丢下谁家没有记录于族谱也是说不准的事情。

(二)辟田造舍,人丁兴旺

据老人们说,祖上选择迁居此地,是因为当地人烟稀少,开垦耕地可以养活迁居而来的人口。这个村庄的冯、隋两姓都是从明朝迁居于此,一脉相承,延续至今。冯家祖上迁居于此需要到县里登记,得到县衙的入户记册才得以落户此地。来之前,这里没有其他家族,大家用土坯搭成窝棚用于族人居住,族人平整土地并开荒土地种植作物。房屋都是挨着一起形成了一个村落,开辟的耕地没有固定位置,都是选择周围与房屋距离近的地方开荒。

冯家在村子里有十七代人,但是这十七代人具体繁衍了多少人口,无人对其确切数字进行过详细记录,如此庞大的人口数目很难清点,由于没有实际需要,因此也无人进行过具体查点。村庄一共有三个姓氏,除了隋和冯两大姓氏以外,还有一个刘姓,此姓氏人口较少,这个姓氏融入村庄是因为族中一户人家的闺女出嫁后把女婿和孩子带回来长久居住便落户在杨屯村。

(三)重大变故,举家迁徙

按照长辈的叙述,冯树歧的太爷爷当家之时,家里有两项田地,但是因为医生稀缺且难请导致冯树歧的祖奶奶耽误了病情而去世,自此太爷爷便一心学医,励志尽己之力解除乡村疾病之扰、寻医之苦的问题。由于太爷爷给人看病从来都不收取诊金,且送药送钱,久而久之,家境衰落,两项田地也逐渐被售卖殆尽。后来冯树歧爷爷辈分的人长大成年,通过辛勤劳动,制作盖房子用的土坯卖给需要的人,饲养的牲口诞生小驹售卖,渐渐地家里拥有了十二项田地。到了冯树歧的父亲冯廷彬这一辈,家里分到八十亩田地,后来遇到洪灾,泡倒了家里的房屋,然后冯家带着弹棉花的工具、牲口和农具等举家搬到朋友那里生活。五年之后,冯家在村庄盖了南北两个院落,重返故土。

二、家户基本情况

冯家人口多,家户大,书香门第,在村庄中属于经济富裕的人家。冯家的家庭成员从事的职业覆盖农业、商业、政治等诸领域。

(一)繁家大户,人口众多

1949 年以前,冯廷彬和郑氏育有三子,老大冯树勋,其妻邓氏;老二冯树歧,其妻邢氏;老三冯树桂,其妻王氏。冯树勋与邓氏育有四子,由于过继而脱离了冯家;冯树歧和邢氏有冯永禄和冯永周两个儿子,冯永禄的妻子为张氏,冯永周的妻子为李氏;冯树桂和王氏育有四子一女,分别是冯永宗、冯永河、冯永鸣、冯永平、冯丫。除了冯永平和冯丫以外,其他兄弟均已完婚,冯永宗的妻子孙氏、小媳妇史氏[1],冯永河的妻子尧氏,冯永鸣的妻子纪氏。冯家还有两个常年的帮工。有钱人家的子女定亲早,结婚晚,因为有钱人家不缺少劳动力,所以儿子一般都是到了 20 岁才娶妻,而小户人家为了让家里增添一个劳动力,一般都给儿子早早地娶媳妇。但是冯永鸣 14 岁定亲,本来计划 20 岁结婚,可纪氏家遭变故,即纪氏的弟弟上学的时候被日本人扔进火坑里,纪氏的母亲窜入火中把儿子拽出了火海,无奈之余全家人只能到东北逃难,由此双方家长商量着把纪氏留下与冯永鸣成亲,所以冯永鸣 18 岁便与 17 岁的妻子完婚了。

1949 年以前,冯树歧的大儿子冯永禄已有一个儿子和一个闺女,大侄子冯永宗也有一儿一女,二儿子冯永周、二侄子冯永河和三侄子冯永鸣家都是一个孩子,如果不包括过继出去的大哥冯树勋屋里的人,这样算下来,整个大家庭总共有 27 口人,其中有 14 口人可以干活劳动,上了年纪的就是冯树歧的父母冯廷彬和郑氏,家庭覆盖了四代人。冯永禄和冯永宗都在天津,而他们的妻子和孩子都在农村老家,但是有一个特殊情况,冯永宗自己在天津又娶了一房小老婆,生育一个男孩,小老婆和儿子不在老家生活,而是在天津。由于冯家是个礼数严苛的大家主[2],所以这件事一直被冯永宗隐瞒着,直到其被国民党抓住,家里人才知晓整个事情。关于称呼方面,夫妻之间不直呼名字,一般都是指着孩子叫对方,例如:"××他爸""××他妈";长辈称呼小辈就直接叫名字。

---

[1] 史氏为冯永宗在外偷偷娶的小媳妇,冯永宗死后,史氏返回冯家居住。
[2] 大家主:有钱的富裕家庭。

表 5-1　家庭基本情况数据表

家庭基本情况	数据
家庭人口数	27
劳动力数量	14
男性劳动力	8
家庭代际数	4
家内夫妻数	8
老人数量	2
儿童数量	6
其他非亲属成员数	2

(二)书香门第,多受教育

1949 年,冯廷彬 71 岁,郑氏 70 岁,冯树歧和邢氏都是 52 岁,冯树桂 50 岁,王氏 48 岁,冯永禄 31 岁,张氏 30 岁,冯永宗 30 岁,孙氏 28 岁,冯永周 28 岁,李氏 28 岁,冯永河 27 岁,尧氏 27 岁,冯永鸣 26 岁,纪氏 25 岁。除了邢氏体弱,冯廷彬与郑氏年纪大不能够劳动以外,其他人身体都很好。冯廷彬接受了六年的教育,郑氏也读了四五年书,冯树歧不识字,冯树桂是个文化人,读了大概八九年书,冯永禄读了八年书,冯永宗文化程度高,上了十二年学,冯永鸣也接受过教育,读了八年书,冯永平与冯丫都接受了教育。当时,除了冯永平,另外的兄弟五人都已经结婚成家,而且都有孩子。冯家的家庭成员没有宗教信仰,也没有参加过任何社会组织。两个帮助弹棉花的亲戚属于常年住在冯家的非家庭成员,相当于冯家的长工,巧合的是,两个人也和冯永鸣的年纪一般大,且都是在 17 岁的时候来到冯家的。

表 5-2　1949 年冯家主要家庭成员基本信息表

成员序号	姓名	家庭身份	性别	受教育年限	出生年份	职业	婚姻状况	宗教信仰	健康状况
1	冯廷彬	当家人的父亲	男	6	1878	农民	已婚	无	优
2	郑氏	当家人的母亲	女	5	1879	农民	已婚	无	优
3	冯树歧	外当家	男	0	1897	农民	已婚	无	优
4	邢氏	外当家的妻子	女	0	1897	农民	已婚	无	差
5	冯树桂	外当家的弟弟	男	9	1899	毛业局局长	已婚	无	优
6	王氏	弟媳(内当家)	女	0	1901	家庭主妇	已婚	无	优
7	冯永禄	外当家的大儿子	男	8	1918	学徒	已婚	无	优
8	张氏	大儿媳妇	女	未知	1919	家庭主妇	已婚	无	优
9	冯永宗	外当家的大侄子	男	12	1919	商人	已婚	无	优
10	孙氏	大侄媳妇	女	未知	1921	家庭主妇	已婚	无	优
11	史氏	大侄子的妾	女	未知	未知	家庭主妇	已婚	无	优
12	冯永周	外当家的二儿子	男	0	1921	农民	已婚	无	优
13	李氏	二儿媳妇	女	未知	1921	家庭主妇	已婚	无	优
14	冯永河	外当家的二侄子	男	0	1922	农民	已婚	无	优
15	尧氏	二侄媳妇	女	未知	1922	家庭主妇	已婚	无	优
16	冯永鸣	外当家的三侄子	男	8	1923	农民且弹棉花	已婚	无	优
17	纪氏	三侄媳妇	女	5	1924	家庭主妇	已婚	无	优
18	冯永平	外当家的四侄子	男	8	未知	学生	未婚	无	优
19	冯丫	外当家的侄女	女	12	未知	学生	未婚	无	优

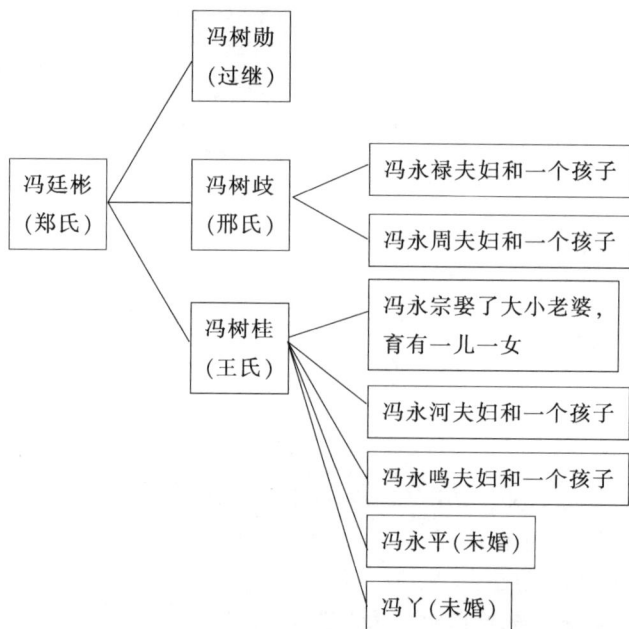

图 5-1　1949 年家庭成员关系图

（三）四合院落，富足之征

冯家的房子在村庄的西南方位，当时周围没有其他人家的房子，家里选择在这个地方盖房子是因为地方宽敞豁亮，方便买卖棉花的马车进去。冯家共有两个院落，均是坐北朝南，便于采光。每个院落都是标准的四合院形式，当地只有大户人家才建造的起这种四合院，正房包括三个房间，东屋、西屋和中间堂屋。堂屋兼具厨房和餐厅的功能，东西正屋作为卧室之用，东西厢房也是卧室，但是其中有一个厢房用于饲养牲口，南房旁边是门楼。因为正房是三间屋，所以大门取向东南门。两间正房和四间正房走西南门，也就是说正房间数为单数的大门设置为东南门，正房间数为双数的大门设置为西南门。每个院里的东厢房旁边是一个厕所，房子外还建有一个厕所，男性家庭成员使用院外的厕所，女性家庭成员使用院内的厕所。隋家按照辈分和长幼来决定家庭成员是住正房，还是住厢房。北院的南房用于弹棉花，南院的南房用于存储粮食和农具。贯穿门楼有一个水道，当地称为"水口眼"，用途是连通院内和街道，保证院内的雨水顺利排到街道上，防止雨水浸泡房屋，起到保护房屋的作用。

（四）职业多样，保家固本

1949 年以前，冯家有 80 亩地，两头牲口，以及南院和北院两座房屋，耕地都是自己家在种植，没有租佃的情况。冯家有两头牲口，农忙的时候下地干活，平时一年四季用其弹棉花。根据北方土质非常硬的特点和弹棉花劳动时间长的特征，需要家里拥有两头牲口才能够顺利完成劳作任务。家里农具很齐全，大车、犁杖、老耙、镂子、锄头、镐等都有配备。冯树歧的弟弟冯树桂是任河县的毛业局局长，大儿子冯永禄在天津染料坊里打工，大侄子冯永宗在天津做生意，二儿子冯永周和二侄子冯永河种家里的 80 亩田地，三侄子冯永鸣负责经营家里的弹棉花买卖，家里的主要收入来源包括种地所得收成，弹棉花所得收入，冯永禄的工资和冯永宗做生意挣的钱。除了冯永周和冯永河不识字，没有上过学以外，家中所有男孩均有读书识字。当时大家主的女性是没有地位的，姥姥家有条件愿意供外甥读书就可以上学，如果姥

430

姥家经济条件不佳,没有能力或者主观不愿意供外甥上学,那外甥就读不了书,家中可以读书的男孩都是由姥姥家供读。

表5-3　1949年以前本家户家计状况表

土地占有与经营情况	土地自有面积	80亩	租入土地面积	0亩
	土地耕作面积	80亩	租出土地面积	0亩
生产资料情况	大型农具	大车1辆,犁杖1架,老耙1架,镬子2个		
	牲畜情况	驴1头,骡子1头		
	小型农具	绳、锄头、镐、铁锹等若干		
雇工情况	雇工类型	长工	短工	其他
	雇工人数	2人	0人	0人

(五)其弟从官,政治庇佑

1949年之前,冯树歧的弟弟冯树桂是任河县的毛业局局长,为八路军做事。当时正赶上日本侵略中国,为了逃避日本侵略者及特务,冯树桂及其同事的工作地点很不固定,今天在这个村庄,明天便可能出现在那个村庄,随时准备转移到其他地方,冯树桂很少回家,而且冯树桂的工作并没有工资,当时国难当头,八路军也没有钱。冯树桂为人睿智且恭敬谦和,结交的朋友多是各个地方的大财主或者同为当官任职之人。有一年,连降数天大暴雨,于是发起洪水,洪水在村庄里泡倒了很多人家的房屋,人逃到地势高点的村庄中心的位置,水边之上到处都漂浮着的锅碗瓢盆、瓶瓶罐罐、板凳柜子等。冯家房屋被洪水泡倒后,全家就是受益于冯树桂的有钱朋友,朋友把自己家的院里腾出一部分给冯家居住和使用,使得冯家得以积攒钱财,重新富硕。冯家在当地很有影响力,社会地位很高,冯树桂的任职不仅是对自己家庭,而且对于村庄也是一种庇护,冯树桂在任职期间从枪口上救下过很多人。

(六)大户老户,内外当家

1.大户、中户、小户之别

冯家在本村属于延续了世世代代的老户人家,从祖上来到杨屯村就一直以此地为根本,还是经济条件优越的大户人家。在当地,大户、中户、小户的区别取决于土地的数量,因为种植土地收入是当时各家各户主要的经济来源,甚至是绝大多数家庭唯一的经济来源。没有耕地或者20亩耕地以下的人家属于小户,20亩至50亩耕地之间的人家属于中户,50亩土地以上的就算是大户人家,当然也得按照家庭的人口总数来衡量土地的多寡。1949年以前,冯家成员众多,属于四世同堂的大家庭。如果单纯按照土地数量而言,冯家有二三十口人,人口和土地的匹配数量和其他一般人家没有区别,冯家在土地改革运动中按照人口分到的土地并不比之前的80亩地少,冯家之所以被划分为富农成分,原因是冯家的总体经济水平,冯家人遍布于农政商各个领域,在当地可谓是经济富硕的人家。按照土地数量划分大户与小户人家只是最一般的规定,家庭的整体经济实力也是一项重要的衡量标准,即使没有土地,富裕的人家也会被戴上大户的帽子。

2.老二外当家,弟媳内当家

老当家人冯廷彬和郑氏上了年纪,基本没有了劳动能力,也不具备管理家庭内外事务的精力和体力,便重新选择了新当家人。冯树歧兄弟三人,大哥冯树勋过继给了三婶,弟弟冯树桂是任河县毛业局局长,在县里当官,所以冯树歧便成为家里的外当家,在外人那里称呼其为"主事人"或者"当家人",晚辈在家中还是按照辈分叫二伯,长辈就直呼其名字。冯树歧主事以后负责处理家外一切事情。冯树歧的妻子邢氏和冯树桂的妻子王氏相比,邢氏体弱多病,身体状况尤为不佳,而王氏身体强壮、干练利落,加上冯树歧是外当家,为了避嫌,所以由王氏管着这些小姑娌们,调配着大家打理家庭内部事项,包括家庭日常做什么饭食,过节做什么饭食,待客做什么饭食,鞋子由谁缝制,衣服由谁裁剪和缝制,每年需要做鞋子和衣服的数量,老人和男人的衣服何时该谁洗换,平常应该谁服侍老人等等,这些都是王氏拿主意,所以王氏为内当家。晚辈在家中按照辈分称呼王氏,而外人称呼王氏就叫"内当家"。

第二章　家户经济制度

土地、房屋是家庭日常生活倚仗,冯家的土地与房屋都有清晰的界限,逾越边界视为侵犯,即使寸土也尤为重要,生活资料的地位稍次之。在生产、分配、交换、消费的各环节中,外当家主持家庭以外的事务,除了买房置地需共同商议外,其他均拥有绝对支配权,内当家负责全权处理家庭内部事宜的运转。其他家庭成员在家庭中需要全力协助与配合当家人,且为家庭的兴旺各尽其力。值得一提的是,冯家有着严明且合理的分工和长幼秩序,家庭成员的分工依其所长,各司其职,人尽其能,敬老尊长是家里不可撼动的秩序,且代代传承,使得家户得以有条不紊地持续,保障了家户兴盛。

一、家户产权

(一)家户土地产权

1949年以前冯家有80亩土地,土地来源于祖上继承,土地属于全家人所有,家庭每个成员都有份。家户的土地与外人之间有明确的界限,买卖、租种土地由当家人及其父母、弟弟共同商量着决定。

1.自有土地,自耕自收

冯家有80亩土地,这些土地都是从祖上传下来的,由于当时没有用于灌溉的水井,所以这些土地都是旱地,靠天打粮。冯家在东洼的土地由于地势低洼,雨水会聚集到那里,由此经常遭受洪涝,华北地区许多是盐碱地,当地称为"薄地",东洼就是这种"薄地",所以一般种植抗涝且不挑土质的高粱。而位于冯家住宅周围的土地大部分是上等地,土质好,地势较高,所以种植抗旱的玉米和小麦。

相对于人口,冯家土地不算很多,只有从祖上分下来的80亩地,没有多余土地出租或者售卖。冯树歧的弟弟冯树桂在县城任职,大儿子冯永禄在天津染坊做事情,大侄子冯永宗在天津做买卖,三侄子冯永鸣在家里弹棉花,四侄子冯永平上学,除了二儿子冯永周和二侄子冯永河,冯家抽调不出多余的劳动力干农活。大家各自差事都不错,长辈因此也不会让他们为了回家种地而放弃现有的生计,所以冯家虽然有足够的能力购买田地,但也没有租入或者购买别人的田地。80亩地凑合着打粮食,不够吃的再用钱买一些粮食作为解决口粮的方式。

每年八月十五中秋节前后玉米渐渐地成熟便开始掰玉米,当地称为"大秋"。过完"大秋"之后,恰值秋分时节八月中下旬到九月间,大家就开始天天等待雨水。天降雨之后,冯家赶紧把平时积攒的粪肥拉到土地里,铺撒开,再用牲口拉着犁杖把土地表面的粪肥翻到土层下边,同时使得土壤松软,便于种子生根发芽,然后播下种子。整个过程要快速完成,趁着土壤湿润而播种对于保障粮食产量有很大作用,这就是抢种小麦的过程。北方种植的是冬小麦,

433

待到第二年四月,小麦就成熟了,俗称"麦收",大家便集中劳动力开始起麦子,麦收过后可以种高粱、谷子或者绿豆。冯家每年种植作物的种类都是由外当家冯树歧说了算,基本上都是一块地今年种什么明年还种什么,具有很强的稳定性。

1949 年以前,冯家均是"大秋"和"麦收"时节收获了粮食,挑选颗粒大而饱满的进行预留作为来年的种子。一般情况下,冯家每年麦子只种植十五亩地,够老人吃白面的就行,因为担心小麦收成不好,且即使风调雨顺,小麦的产量也低于粗粮。冯家其他土地都种谷子和高粱,这些叫作"大田庄稼",产量相对较高。冯家每年过了寒食就开始播种谷子和高粱。东洼土地特殊,所以不得不种植高粱,高粱在水里不至于颗粒无收。赶上风调雨顺,冯家的粮食产量稍高一些,麦子最多可以达到三四十斤,玉米高粱的产量可以达到一百斤。1949 年以前,田地里没有水井,也没有河流,没有办法进行灌溉,如果赶上旱灾,收成不好便是必然的。赶上涝灾也是非常骇人的,因为没有排水的河流,粮食产量会大受影响。加上冰雹和虫灾经常与旱涝并发,遇上这些不好的年份收成是一二斗还是颗粒无收都是有可能的,全凭天意。

农忙时节,出门在外的大儿子冯永禄和大侄子冯永宗都会赶回家帮忙,还有家里专门负责种地的二儿子冯永周和二侄子冯永河,包括三侄子冯永鸣都会到田地里抢收抢种,因为这个时节是和时间比赛。除了"麦收"和"大秋",平时主要是冯永周和冯永河耪地、镞地、撒肥料等等打理田地,田地需要专门占用人进行管理,天天需要下地劳作。每天提着一个小水罐,在井里打一罐凉水,天特别热,水都会被晒得烫嘴,耪地的人渴了就这样喝。冯树歧是外当家人,主要负责支配着小辈们干活,他基本上不怎么干活。冯廷彬年纪大了,不能下田干活。冯家的女性也不用干农活,农活都是男人的事情,再者女人都是"三寸金莲",从小裹脚,不适合参与非常消耗体力的农活,效果不会理想。

2.族中"会地",占有份额

冯氏家族有 80 亩公共土地,族人称其为"会地",这些田地都是土质好的上等地,"会地"属于家族的所有成员,等于是族人中的每家都有份额。这些土地的耕种者都是家族中的穷人们,他们都是自己想办法配置农具,饲养或者借用牲口来完成这些土地的劳作。族人中由辈分高的两个人监管着"会地",租种"会地"不需要签订文书或者契约之类的,仅仅是口头协定,挑选族人当中表示有耕作"会地"意愿且最为贫穷的人家来种"会地"。每年的麦收和秋收时节,粮食收获之后,耕种"会地"的人留下四成,余下的六成粮食都放到寒食和清明节的时候,家族组织全体男性"吃会",女性不可以去吃,但是可以把食物带回家吃。"吃会"就是把粮食卖了换成钱,购买菜酒肉让家族的成员享用,"吃会"是非常热闹的,也是非常好的,每次"吃会"都持续好几天,直到把六成粮食的钱用完为止,这是一种巩固家族成员感情、团结家族的有效方式。"吃会"最好的一次宰过六头猪和半头牛,整整吃了七天。即使赶上闹灾的年份对于"吃会"也不会有太大的影响,因为这些"会地"都是好地,都是出产粮食多的上等地。

3.80 亩地,祖上传承

1949 年以前,因为医生很少又难求,冯树歧的祖奶奶因为生病耽搁了治病而去世,所以太爷爷下定决心成为一个医生。从此太爷爷看医书,日日夜夜钻研医术,最终成为医术很高的人,在河间一代成为有名的"冯一刀"。

太爷爷深谙穷人家的疾苦,深知看病寻医的困难,因此给贫苦人家看病从不收取诊费,还赠送药物,久而久之,太爷爷便把家中的两顷上等田地都变卖了现钱用于给穷人看病,最终家中只剩下12亩地。太爷爷有三个儿子,大儿子广结良友,乐于助人,二儿子和三儿子在村庄里"拖坯"[①]卖钱作为谋生的方式,把赚的钱一点点地积攒起来。为了耕种土地,大儿子就拜托好朋友买了一头牲口,这头牲口特别争气,不仅干活又好又快,而且每年生一个良驹,连续十年如此,每一个小驹售卖以后都给冯家带来一笔财富,兄弟三人用拖坯存下的钱和牲口生育小驹卖的钱买地,开干粉坊,最终拥有了12顷田。分家的时候,每人得到四顷农田,延续到冯树歧的父亲冯廷彬这一辈人分得80亩地,这便是冯家土地的由来及过程。

4.土地归属,家庭共有

冯家的土地属于整个家庭共有,土地文书上写的是父亲冯廷彬的名字,但女孩从出生便不具备对于家中土地的所有权,未出嫁的女孩算是家中的一份子,外嫁的女孩既不算是本家户的成员,更不占有家中的土地,因为根深蒂固的观念是"嫁出去的女儿泼出去的水"。每年收获的粮食也归全家人食用,相对于冯家人口数而言,土地数量偏少,收成不高,自家土地产出的粮食不够供给全家人食用,每年都需要当家人从集市上购进口粮弥补空缺。土地属于全家人所有,没有属于个人的土地,而且必须服从当家人的监督和管理,避免了个人私欲的萌生,有利于维系家庭成员的和睦,保障土地的有效种植,保证家庭的延续和繁荣。

5.地下"灰概",地上"地垄"

土地相邻的人家当地称为地邻,拥有土地的人家事先丈量好自家土地的亩数,然后在地头钉一个桩子,将木桩打入地下再起出,之后向木桩留下的洞里灌石灰,如此便形成一个石灰概子。冯家与四邻也是以石灰概子作为土地之边界,冯家的土地和其他人家的土地有着清晰的界限,因为石灰粉可以避免腐蚀和虫蛀,可以经年累月的存在,所以人们便用此标记土地界限。在地面以上,冯家的土地和四邻以"地垄"相隔,"地垄"是根据石灰概子垫出的界限。种植和收割庄稼的时候,地邻可以越过自己家土地来完成劳动过程,当然也要很小心地保护彼此田地里的庄稼免遭踩压。

除了看得见的界限,冯家对于自家土地有着强烈的心理认同,也就是心理界限。冯家非常重视自己家的土地,把它作为生存的根本,以此冯家对于自己家土地的保护欲和控制欲极强,心理边界极其清楚。冯树歧作为冯家的外当家决定每块土地种什么,何时种,如何种,何时收割及收割方式等。每天冯树歧都在地里转悠着观察田地及庄稼的情况,对于土地的管理,冯树歧有足够决定权,不用和家庭成员商量。到了麦收和秋收,粮食都用于纳粮食税以及全体家庭成员食用。

6.买租土地,长辈商量

有一年,村里下大暴雨,引发洪水。由于冯家当时的房屋都是坯质的,所以很容易就被洪水泡倒,冯家成员不得不举家搬离村子,投奔胡村的一个朋友,后来又因为变故搬到宋村。冯家在胡村和宋村总共待了五年,由冯树歧提出建议,经过冯廷彬和郑氏的应允租种了别人十八亩田地,虽然是租种的朋友家土地,但是需要交纳的租子特别少,可以忽略不计,基本上是免费让冯家种植。因为朋友完全是为了帮忙,但是对于买房置地这样关乎整个家庭利益的大事情,虽然冯树歧是当家人,但是他也必须和父亲冯廷彬、母亲郑氏、弟弟冯树桂商量,由长

---

① 拖坯:即做土砖。

辈们一起做决定。情况包括：一是如果冯廷彬和郑氏不同意，家里就不能租种土地；二是如果冯树桂不同意，冯廷彬、郑氏和冯树歧都同意，是可以租种土地的；三是如果冯廷彬、郑氏和冯树桂同意租种土地，冯树歧不同意，那么最终也能够租种土地，但是要尽力说服作为当家人的冯树歧认可；四是如果冯树歧不在家，租种土地的情况紧急来不及等待当家人回家共同商量，例如有其他人与自己家竞相租种土地的情况等，冯廷彬、郑氏和冯树桂可以共同商量做出是否租种的决定。虽然自家没有出现过土地买卖、置换和典当的行为，不过，即使出现这种情况，也是会像租种土地一样的处理方式。

7.辈分身份，话语权威

作为当家人的冯树歧对于土地的租种、买卖等各方面都有很大的决定权，但是不能够完全决定。父亲冯廷彬和母亲郑氏虽然已经不是当家人，但是在买房置地这等大事情上可以完全做出决定，因为他们不仅是前任当家人，而且处于家中最高长辈的身份，他们是家中最为年长者，他们的身份决定了他们享有对于大事情的最高决定权。作为冯树歧同辈人的弟弟冯树桂没有决定权，只是可以提提意见，说说自己的想法。至于家里其他晚辈连主动发表观点的资格都没有，不能参与这类事情，只有长辈询问晚辈想法的时候，晚辈才可以把自己心中的意见提出来，而且要从这个家庭的整体性最大化利益出发提看法，即为了全家人好的角度出发，不允许以私欲作为出发点和考虑因素。

8.手持文书，无人侵占

冯家的田地没有被人强行侵占过，手里拿着文书，土地就是自己家的，正所谓"私凭文书官凭印"，每家每户的物品所属关系靠的是文书予以确定。房屋文书属于证明文件，上边清楚地写着房屋是买卖而来，还是分家继承而来，上边都有证明人和当事人的签字，有的还有手印，房屋文书清晰地界定出所属关系。在冯家人的心里，土地是生存之根本，是安身立命之基础，如果没有欠债的情况下，没有人可以随意侵占自己家土地。1949年以前是土地代表口粮的时代，土地被人侵占是每个人都不能容忍的事情。但是如果因为赌博等原因欠了别人钱，而且还不起主家的时候，有把土地强行抵还债务的情况。"欠债还钱，天经地义"这是自古的道理，如果确实欠人家钱又没有还，对于这种拿走土地强行抵还债务的情况是被大家承认的。

9.家户所有，外界认可

从家庭的经济实力而言，冯家在当地算得上是大户人家。常年居住在同一个村子里，村里的农户对于冯家土地的地理位置、亩数都比较清楚，也知道土地属于他们家所有。对于土地在冯家人心目中的重要性，村民们也极其清晰，因此村民不会轻易侵占和破坏。如果有人要购买、租用或者置换冯家的土地，需要和冯家当家人事先商量，由冯家当家人及其长辈共同讨论决定。同时村民都承认土地所有者拥有对于产出粮食的所有权和享用权，拥有对于土地的耕作权和使用权。

冯氏家族在村庄属于大姓，家族内承认各家各户对于自家土地的所有权、收益权和使用权，家族不会随意侵占族人的土地。村里有专门的账本记载着各家各户拥有土地的亩数、土地的位置、每块土地的等级，说明村里承认自家对于土地的权力，也不会随意侵占家里的土地。1949年以前，土地不是由国家按照人口分给家庭的，是农户自己购买的，并签订土地购买文书，所以土地是属于农户自家所有，不属于国家所有，政府承认农户的自家土地。

(二)家户房屋产权

家里有南北两个院落,大小有二十间房子,房子多,一家人足够住,房子是自己家盖的,一家子大人小孩都有份。1949年以前,冯家的房屋数量多,不需要租住或者借住别人家的房屋,房屋对于家庭来说很是重要,南北两个院落都建有院墙作为边界,对于房屋的修建是当家人同父母及弟弟共同决定,冯树歧不可以单独做主。

1.两个院落,二十间屋

家中两个院落,两个宅基地面积基本相当,都有260平方米左右,房屋的建筑面积占到3/4。北院是砖房有十间屋,南院是坯房亦有十间屋,院落的构造是正房三间,东西厢房各两间,南房三间,属于四合院形式。三间正房中间一间用于做饭,是吃饭和洗漱的堂屋,当地称为"外间屋",此屋东西为12.6尺,南北为10.5尺,每个"外间屋"建有两个灶台。"外间屋"两边的房间都是卧室,北方的冬季天寒地冻,灶台烧火可以给两边房间供暖。东屋东西为10尺,南北为10.5尺,西屋东西为9.5尺,南北为10.5尺。正房和厢房之间有个宽为"一弓"即5.4尺的"夹道①",正房都是坐北朝南,南房与之相反,东厢房是做东朝西,西厢房自然与东厢房方位相反。正房间数为单数的走东南门,正房间数为双数的走西南门。冯家刚开始是一个坯房子,后来发大水泡倒了就全家逃难了,再后来盖南北两个院子,之后再也没有增减过房屋。

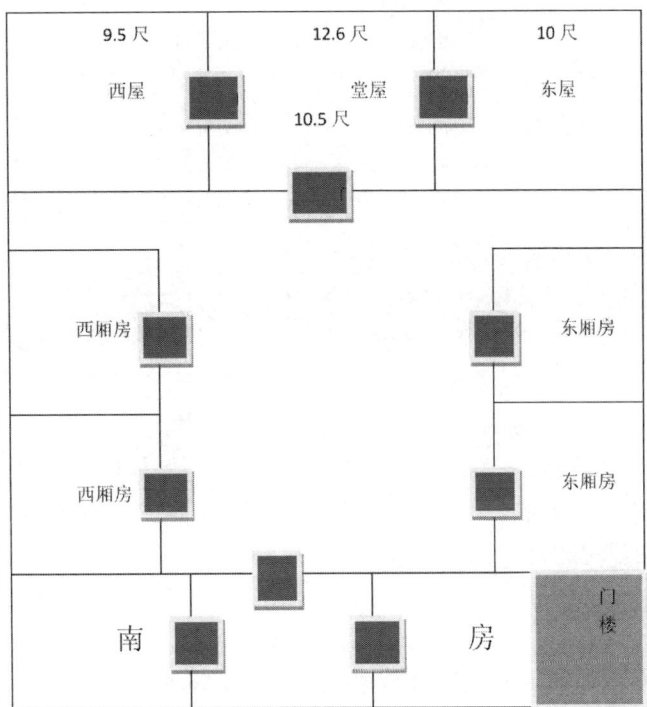

图5-2 1949年房屋建筑布局图

---

① 夹道:空隙。

2.旧房泡倒,新房搭建

冯家的房屋开始只有一个院落,是由祖上继承得来,房子为坯质构造,当地称为"里生外熟",就是房子外层镶一层砖,房子里层用坯堆制而成,这样的房子发水泡几天就会被碱倒。1936年的时候,村庄里下大暴雨引发洪水,把家里的房子泡倒了,冯家只好搬家逃难,投奔到五里处的胡村冯树桂的一个财主朋友家,后来八路军打死一个日本人,日本在送村放火烧村,冯家由于害怕遭殃,又一次搬家到了宋村。可是终究是归属感的影响,长辈思念家乡心切,冯家通过弹棉花、种地和大儿子冯永禄、大侄子冯永宗在外工作积攒够了盖房子的钱之后便回到原来地村庄,建设了南北两个院子,总体上花费几百块钱,具体数目不是很清晰,家里不可能面面俱到的记下每一项盖房花销。当家人是冯树歧,这些事情长辈不会和晚辈商量,晚辈也不需要知道,晚辈按照长辈的要求做事即可,不可以多嘴多舌横加询问。

3.尊卑有别,居住有异

尽管冯家的房屋在居住次序和方位方面都有区别,但是这些房屋均属于所有家庭成员共有,确定房屋所属关系的文书上写的是父亲冯廷彬的名字。家中两个院落,北院是砖房有十间房屋,南院是坯房亦有十间房屋,院落的构造是正房三间,东西厢房各两间,南房三间。长辈住质地好的砖房,晚辈住质地稍逊色的坯房。父亲冯廷彬和母亲郑氏最为年长住北院东屋,冯树歧和妻子邢氏住北院西屋,弟弟冯树桂和弟媳王氏住东厢房,四侄子冯永平和侄女冯丫各自住在北院的两间西厢房。在这个家庭,没有结婚的人依旧是孩子,所以会安排其和父母居住在同一个院落。弹棉花的机器放置于北院南房,因此三侄子冯永鸣居住在北院南房中,方便经营弹棉花生意。按照长幼辈分,大儿媳妇张氏住南院东屋,大侄媳妇孙氏住南院西屋,二儿媳妇李氏住南院东厢房,二侄媳妇尧氏住南院西厢房。大哥冯树勋和大嫂邓氏带着孩子们过继给了三婶,从此便不属于这个家庭的成员。因为冯树歧和邢氏年长于冯树桂及其妻子王氏,居住以东方为尊,所以居住次序和方位如上安排,晚辈人的居住亦如此。可以看出,这种房屋的居住和使用格局是存在长幼尊卑秩序的。

北院和南院中间都有一间堂屋,堂屋各自有两个灶台,灶台用来煮饭和烧炕取暖,当地称作"外间屋"。平日里做饭都是交替使用两个院落的灶台,当时没有火炉等取暖设施,烧炕是北方人冬天的主要取暖方式,否则冬季扛不住严寒。每到寒冬腊月,因为冯廷彬和郑氏年事已高,身体素质差,所以冯家每天都需要给二老所居住的北院东屋烧炕供暖,即使不做饭也需要单另烧炕。南房没有灶台,也不会供暖,所以放置于此屋内的液体经常是结冰而无法倒出来,冯永鸣是小辈人居住于南房不享受供暖是正常的事情。可见,房屋属于全家人使用和所有,但是在居住方位和待遇方面依长幼而有区别。

冯家出嫁的女儿对于房屋只有暂时居住娘家的权力,家中除了长辈以外,没有人可以剥夺她住娘家的权力,这是自古有之的权力,但其既没有长久的居住权力,更没有房屋的所有权,出嫁的女儿就不算自己家人。未出嫁的女儿和常住家里的非家庭成员享有对于家中房屋的居住权,但是他们不拥有房屋,不享有对于房屋的所有权。其他的家庭成员,无论是留在家里种地的家庭成员,还是在外打工的家庭成员,对于家中的房屋都享有使用权和所有权。

冯家认为没有分家的情况下,房屋就应该归属于所有家庭成员共有,不应明确每个房屋的具体所有权者,不用写下文书明确将房屋所有权分配到具体的个人。房屋属于每个家庭成员,每个家庭成员都意识到自己在这个家是有一定位置的即可,这样更有益于保障整个家庭团结和睦,促进整个家庭和谐发展。

4."地脚"为界,不得跨越

房屋在当地叫院子,院子占用的地方叫宅基地。冯家有两个院子,都有"边",当地把房屋的界限称为"边"。两个院落都是单家独院的布局,南院北院周围均没有住户为邻,房屋均以"地脚"为界限,家里为了房子结实,并不是从平地垒院墙,而是从地下二三尺的位置用砖和白灰垒筑到地面,这一段就是"地脚",白灰有良好的防潮作用,可以使得砖不被碱化。地面以上便是院墙,墙一般与"地脚"宽度一致,基本上墙里是自家范围,墙外是道路,但因为个别人家"地脚"宽,而墙窄,所以当发生纠纷的时候,需要以"地脚"为边界。自己家的两个院落是全家人一起居住,长辈住在北院,晚辈住在南院,家里雇用的两个帮忙弹棉花的亲戚也和冯家人一起居住。当然如果有非家庭成员要到家里来住的话,是需要请示当家人的。房屋的继承权属于家中的男性成员所有。

房屋对于家庭而言异常重要,冯家对于房屋都有明晰的心理界限,自己家房屋和别人家房屋有明晰的界限,没有人能够接受自己家的房屋被人强行占有,大家对于侵占别人家房屋的情况也是极其反感和愤怒的。平时房屋都是由冯树歧负责查看,然后由二儿子冯永周和二侄子冯永河定期修整房顶。因为北方天气无常,时有暴雨,而房屋都是土顶经常年雨水冲刷很容易漏雨,所以需要家庭成员时常给房屋顶上泥巴修葺房屋。冯树歧作为当家人是非常操心的,保障整个家庭正常运转并非易事,房屋修缮事情都需要由冯树歧拿主意。涉及买卖、重建、拆除房屋等大事情的时候,需要冯树歧和长辈们共同商量决定。

5.修葺做主,搭建共商

家里的房屋需要经常修葺,南北两个院落的房屋都是泥巴抹的土质房顶,尤其是到夏天雨季,漏雨是常见的事情。下一次雨,房屋上的泥巴就被冲刷掉一层,因此一年至少抹四五次房顶。冯树歧年年负责查看房屋状况,支配着小辈们进行修理,保护着居所的安全,使得房屋能够供一大家人正常居住。保护好房屋是当家人的一项重要职责,修葺事宜完全由作为当家人的冯树歧决定。冯家没有出现过买卖、出租和典当房屋的情况,但是有建造南院和北院两个院落,这个决定由冯树歧和父亲冯廷彬、母亲郑氏、弟弟冯树桂共同做出决定,虽然冯树歧是当家人,面对盖房子这种关系到全家人的大事情也不可以单独做决定,必须有冯廷彬与郑氏的同意和支持。如果冯廷彬和郑氏不同意,家里就不能建造新房屋;如果冯树桂不同意,冯廷彬、郑氏和冯树歧都同意,是可以建造新房屋的;如果冯廷彬和冯树桂同意盖新房子,冯树歧不同意,那么最终也是能够进行的,但是要尽力说服作为当家人的冯树歧同意;如果冯树歧不在家,情况紧急来不及等待冯树歧回家共同商量,冯廷彬、郑氏和冯树桂可以共同商量做出是否建造新房的决定。当然这个事情属于自己家的家务事,不需要告知和请示家族和村长。

6.长辈决定,晚辈无权

冯家房屋在一次洪水中倒塌之后,全家人失去固定的居所,于是出现过借用朋友房屋和修建房屋的情况。房屋对于冯家而言可是了不得的大事情,冯树歧需要和父亲冯廷彬及母亲郑氏商量,需要和弟弟冯树桂商量,由大家一起拿主意。盖房子的时候,长辈想不到丢落的地方,或者有更加便捷的处理办法,小辈人可以告诉家长,或者提意见,出发点要立足于整个大家庭的利益,为了整个大家庭好,如果是表示不满而提意见绝对不许可。在冯家盖房子的时候,冯树歧打算使用"通檩"①,可是大儿子冯永禄觉得打个梁的话可以买短一半的檩条,这种檩条的价格便宜,而且容易买到,所以冯永禄把自己的想法告诉了当家人,最终按照冯永禄的主意打了梁,为家庭节约了一笔不小的开支。至于晚辈,倘若有好的想法要请示长辈,得到长辈的许可才可以发言,如果没有长辈的应允,对于建房这种家庭大事没有权力发表意见,基本是不允许随便参与,总之不能表现出任何的情绪,这是规矩。

7.自家所有,无人侵犯

冯家的房屋没有被人用非常手段侵占过,也没有听说村庄出现过这种情况,房屋是一个家庭的重中之重,没有人会随意占有别人家的房屋,也没有人会允许自己家的房屋被人侵占。不过有赌博的人家输钱太多,还不起赌债而需要用房屋抵押还债。如果真的出现房屋被人侵占的情况,族人会抱打不平和出头帮忙,村庄也会出面调解和处理。

冯家在村庄里是有名望的"西南大院",和善谦逊的一家人,没有出现过房屋被侵占的情况。农户、族人、村庄及政府不但不会轻易侵占家户的房屋,反而认可家户对于房屋的所有权,侵占别人的房屋是一件会引起公愤的事情。即使是国家需要征用房屋也要和主家沟通与协调,并获得主家的同意,且给予适当补偿,当时村庄没有修建马路,也没有修建河道之类的工程,没有需要用到冯家房屋的情况,因此冯家没有被占用或者侵占过房屋。1949年以前,土地都是家户所有,不属于国家所有,房屋都是家里买的别人的房基地,签订文书,然后搭屋建舍。

(三)生产资料产权

庄稼人种地所需要的"绳犁套耙"等农具能够买一件就买一件,但凡有条件能备齐就都会备齐。1949年以前,因为冯家土地还算比较多,经济条件也允许,所以种地用的农具和牲口都很齐全。这些生产资料都是从集市上买来的,生产资料的借用或者买卖等都由冯树歧说了算,其他人可以提建议。

1.农具一应俱全

平日里冯树歧和二儿子冯永周和二侄子冯永河负责耕种家中的80亩地,冯永周负责喂养牲口,牲口在当时是家中的宝贝,没有牲口根本种不了地,牲口比人要金贵。冯永周负责给牲口添置草料,每天给牲口清理粪便,抓痒刮毛,照顾牲口。牲口和冯永周的关系比其他家庭成员要熟些,它很听冯永周的话,到田地里干活也是冯永周负责使用牲口。关于农具,例如犁杖、老耙、镬子、耧、锄头、镐,庄稼人基本的农具都有。冯家家境殷实,所以除了基本的农具之外,还拥有大车和两头牲口。冯家种地没有缺少过农具,因为有了农具可以提高田地种植的效率,减轻种地的劳动负担,节约种地所花费的时间,家里人可以干更多的活,打更多的粮食。就拿自己家里而言,有牲口和镬子,到了玉米需要锄草和松土的时候,家人带着牲口和镬子到地里,一天的时间可以完成30亩地的劳动,但是如果用人拉耧,不仅累得半死,而且一天最多能完成10亩地,所以老百姓尽量还是买牲口买农具。

2.全部集市购买

家里的全部生产资料都是从集市上购买,制造生产工具需要技术,个人没有足够的能力

---

① 通檩:贯穿两个房屋的檩条。

制造生产工具。看着一个锄头简单，但是自己家制造不成，只能去集市上购买，因为农具需要专门的木匠和铁匠才能打造出来，由专门手艺制造出来的农具好用，自己制造的不好用，甚至是没有办法用。冯家没有分家，生产工具由全体家庭成员共用，家里的人去地里干活就自己挑选农具直接去地里，一般是自己往年用习惯的农具就一直喜欢用。搭伙购买生产资料一般是因为单独一个家庭买不起，因为冯家有足够经济能力单独购买所需的生产工具，所以不需要和其他人家搭伙，生产资料都由自己家购买。冯家配备的生产资料非常齐全，有了生产工具才不会耽误干活，就拿种地来说，如果自己家里缺少犁杖，使用犁杖的时候就需要到处去借，既浪费时间，还得欠人情，自己家里有了，可以在最短的时间里把田种好，耽误不着种植庄稼，庄稼长得好，粮食自然打得多。

3."自己家人"所有

冯家在没有分家的情况下，生产资料属于全体家庭成员共有，但是出嫁的姑娘不作数，按照当地的传统，出嫁的姑娘不算本家人口，而且作为常住人口帮忙弹棉花的两个长工也没有对于生产资料的所有权。没有分家的时候，生产资料都伙到一起使用，不分配到个人。冯家采用这种方式对待生产资料，一方面使得生产资料得到充分而有效的利用，即使平日里一个家庭成员经常使用的生产工具损坏了，他可以马上拿着另一个继续到地里干活，不至于耽误劳动，然后由当家人重新购买或者再做其他处理；另一方面使得家庭成员没有私心，有助于家庭的团结与和睦。大家都在一起生活，一起劳动，如果区分出来个人的生产资料，等于划分所属关系，那么就只能自己使用自己的，互相使用就会产生矛盾，这样大家就不再是一条心，不利于家庭的和睦与团结。

4.家长享绝对支配权

在生产资料的购买、修理、借用等活动中，冯树歧是总体上的实际支配者，真正做主的人。如果冯树歧不在家，又耽误着干活的时候，小辈就和内当家商量着决定，由其他家庭成员购买、修理和借用。

平日冯树歧不怎么干农活，比较清闲，几乎每个集必到，因此家庭成员需要购买生产资料就告诉当家人，当家人觉得合理就直接从集市上买回家。如果冯树歧不在家，生产资料又急需使用，二儿子冯永周和二侄子冯永河会找作为内当家的弟媳王氏商量着决定购买与否。不需要和家庭以外的村长、邻居等打招呼，这是属于自己家庭内部的事情，别人没有必要知晓。

冯家有生产工具需要维修一般是谁使用坏的谁自己修理。例如冯永周平时负责与牲口打交道，关于牲口的犁杖、老耙、镘子等农具，冯永周用得多自然渐渐地也学会修理；冯永鸣负责弹棉花，久而久之，学会了修理弹棉花用的工具。生产资料基本都是木头做成的，自己很容易修理好，不需要专业的技术。实在修理不好的就向作为当家人的冯树歧请示，找会修理工具的外人帮忙或者购买新的工具。费用由家庭承担，不是谁用坏了工具谁承担，因为大家都是为了家庭而劳动，本意都是为了这个家，用坏工具是每个人都不愿意出现的情况。如果冯树歧不在家，农具坏了耽误了农业劳动，那么小辈也可以和内当家商量着决定去找别人修理或者购买新的。

1949 年以前，冯家有一头骡子和一头驴，养牲口是为了种地和弹棉花，两头牲口都是自己家的。骡子和驴在当地叫作"连蹄"牲口，比牛这样的"分瓣"牲口干活快且吃得少，因此好喂养,就是力气小点,对于冯家这样一年四季弹棉花的人家而言,"连蹄"牲口更适合,而且农忙的时候也可以下地干农活。冯家的两头牲口足够自己家使用,不用借用别人家的牲口,没有牲口且与冯家关系好的人家会来借用牲口,借牲口的人都要和冯树歧商量。由于平日都是冯永周照看和喂牲口,所以冯树歧会叮嘱冯永周多给牲口添点草料喂饱牲口,然后再把牲口借给别人使用。

牲口平时吃轧好的干草,无论是自家还是别人家使用牲口都要在干草中加拌炒熟而且磨成粉状的黑豆,以此支撑牲口干农活所消耗的过多的体力。肯到家里来借牲口一定是平常过的着①又要好的农户,只要自己家里牲口闲着就借给对方使用,不需要对方给任何报酬或者帮忙干活之类的, 只是有时候, 他们会把自己家的庄稼秸秆给送来当作牲口草料算是答谢。一般没有牲口的人家,当然也没有大车、犁杖、老耙、拖床、耧和镲子等大农具,借用牲口的人家一般也借用农具,牲口和农具是干活的一整套,大多都是借用半天,最多也就是一天,对于后者因为借用牲口的人家都很穷,没有粮食给牲口吃,所以中午就会给送到冯家让冯永周喂饱牲口,下午再牵走借用。如果冯树歧不在家,有人来借用牲口,牲口闲置着,冯永周也可以做主把牲口外借,不过,当冯树歧回来要告知一下。

生产资料共有,但是共用的生产工具少之又少,除了田地里极少的水井,几乎没有其他生产工具是家庭成员共同使用的。牲口、马车、犁杖、老耙、镲子等都是冯永周使用;弹棉花的活计是冯永鸣负责;小的农具例如锄、镐、铁锹等也都是平时自己用习惯哪一个就每年都使用哪一个。正所谓"换镰别换锄,换锄两不熟",意思是说生产工具,尤其是小型生产工具能够不共用就不共用,人是习惯性的动物,交换生产工具会影响劳动效率。

5.建议与"拍板"分属存在差异

在生产资料的购买、维修、借用等活动中,冯家的其他家庭成员没有实际的决定权和支配权,但是当生产需要的时候,可以向当家人提出购买、维修、借用建议。因为当家人不是每样生产资料的实际使用者,每个家庭成员才是,所以有些时候,家庭成员比家长更清楚需要购买、维修、借用的生产资料。如果当家人不在,且急需购买和借用的话,其他家庭成员需要询问内当家再做决定,如果能够自己修理的话,其他家庭成员自己修理就可以。这种不是很重要的事情一般不会打扰到冯廷斌和郑氏,毕竟他们岁数大了,不愿意操心。

家里需要购买生产资料的时候,其他家庭成员只能够向作为当家人的冯树歧提议,由当家人去集市上购买,其他家庭成员不能够擅自决定和购买。当家人不在的情况下,一般需要等当家人回来决定,如果影响到干活,就需要和内当家商量,得到允许后再可以去集市购买。

在生产资料的维修活动中,其他家庭成员都是谁使用谁修理,修理好了就马上可以继续使用。如果实在修理不好,家庭成员可以向冯树歧提议重新购买生产资料,或者拿到会修理的工匠那里修好。如果冯树歧不在家,家庭成员又急用这种生产资料,那么他可以和内当家商量决定,由内当家拿主意。

涉及生产资料借用活动,需要冯树歧借用或者经过冯树歧的授意,如果家里干活需要生产资料,影响到生产活动,其他男性家庭成员可以提意见,在合理的情况下,当家人会同意。如果当家人不在,影响到生产活动,偶尔可以由参与干活的其他家庭成员去借农用工具,在

---

① 过的着:打交道多。

家长不在的情况之下,准时归还,且谁借用谁归还。

6.家户以外不得侵占生产资料

生产资料对于家庭来说至关重要,种地干活都靠着农具和牲口等生产资料,不然地里打不了粮食或者打的粮食不多,家里会连饭都吃不上。因此农具在家里的地位不亚于人在家里的地位,别人绝对不可以随意侵占非自己家的生产资料,当然村庄里也没有人会这样做,大家又不是强盗,不会破坏规矩乱占别人的东西。家里人对于生产资料都极其重视,南院有专门放置农具的空间,有专门放置弹棉花工具的房屋,每次家里人下地干活回到家中都会用草把农具擦得锃亮,这样做是为了保护农具不生锈,延长农具的使用寿命,大家对于农具的珍爱程度不亚于对于家庭成员的呵护程度,家里的生产资料从来不会任意放到院子中任风吹雨淋,像耧每次用完都会用布条把下种的地方包好生怕进去水腐蚀。家里的生产资料没有出现过被外人侵占的情况,正是因为生产资料在人们心目中地位如此之高,所以没有合理的理由随意侵占别人的生产资料是绝对不被任何人认可的,如果出现这种情况会引起大范围的干涉和愤怒。家族会介入其中维护族人的利益,其他的村民也会劝诫,甚至会亲自阻止这种侵占行为。

7.外界对于“牲犁套耙”的认可

“土改的时候,上边把富人的东西都分给大伙,大伙都不愿意要,捏①的东西,大伙不强占。”村民对于生产资料的产权是完全认可的,不能够侵占人家的生产资料。如果要买卖、借用生产资料,必须要和当家人商量。如果当家人不同意,绝对不能够强行买卖、租用、置换。

家族承认家庭对于生产资料的产权,在人们的观念和认知中不会随意侵占别人家的“绳犁套耙”,“绳犁套耙”是冯家对于生产工具的称呼。处理生产资料是一件非常重大的事情,尤其是买卖生产资料,不经过当家人的同意,其他家庭成员绝对不可以随意买卖。如果家族成员要买卖生产资料需要与当家人协商决定。如果要借用生产资料,当家人不在的情况下,晚辈可以询问内当家,获取同意再出借或者借用。如果家里的生产资料被人侵占,家族会出面保护,会强行阻止本族人的生产资料被人侵占。

不过,兄弟之间的生活有富裕的,也有日子过不去的,过不去的一家有的会“讹”日子好过的兄弟。村里有个叫傻大来的人,平日里好吃懒做,家里穷的吃不上饭的时候就去借叔伯哥家的粮食,叔伯哥名叫曾子,有一次曾子没有借给他,大来牵着曾子家的牛就去了大局子,结果曾子去大局子“赎”牛花了40块钱,还不如早些借给他点粮食。这种出现在亲人之间的事情,家族一般不会插手,毕竟是对方的家务事,家族插手干涉的一般是外姓或者外村等侵占本族成员的生产资料。

村庄承认每个门户对于自己生产资料的产权,所属关系在人们的观念中根深蒂固,不会侵占主家的生产资料。村里需要买卖、租用、置换主家的生产资料要经过当家人同意,强行买卖、借用绝对不会发生,没有人去这样做。假设发生这样的事情,村庄也会出面解决和保护。

县乡政府承认主家对于生产资料的所有权,不会随意侵占主家的生产资料,如果买卖、借用农户生产资料,是需要和当家人商量着决定。如果不同意,是不会强买强卖和强行借用。当生产资料被外人侵占,县乡政府也不会出面保护,都没有听说过政府,倒是有大局子。冯永

---

① 捏:音译,指别人家。

鸣的舅爷家有哥俩,大哥日子好过,弟弟好吃懒做,过的日子不行,弟弟就年年找哥要钱要粮,找茬说分家不均。最后大哥受不了了,说什么也不给,弟弟就到大局子告了他,大局子劝说大哥给弟弟点粮食来化解矛盾,大哥无论如何都不让步,最后大局子调解不成反而恼怒,把大哥关在"班房"①里,大哥死在里边。普遍的情况是有钱人家自己雇佣护院的人看管和保护家里财产,不惊动大局子。

(四)生活资料产权

冯家的生活资料还是挺全的,共用的居多,油盐酱醋、锅碗瓢盆、碾子磨石、柜箱桌凳等应有尽有。自己家制造的就自己制造,自己家制造不了就购买。生活资料的购买、借用都由当家人做主。

1.满足需求,共享共用

1949年以前,冯家田地里种的主要农作物有小麦、谷子、高粱等,这些带皮的粮食都需要在晒谷场用石磨碾压去皮,家里的晒谷场大概有三百平方米,在村南头的位置,离家近。当时家家户户都有碾子,碾子是把从晒谷场碾压去皮的粮食磨成粉状用的。家里的碾子是父亲冯廷彬从西北山②买来的,西北山专门制造石具,比如碾子、磨、砘子等都是西北山出的,大概花了五十块钱。

冯家有两个饭桌,当地称作"八仙桌",一个放置于冯廷彬的炕上,一个放置于南院的堂屋。还有相配套的板凳,板凳是离不开的常用生活资料。平日小辈们一起用一条毛巾和一个脸盆,洗手水和洗脸水也是共用的,尤其是冬天烧了热水,一盆热水舍不得倒掉,大伙就用一盆热水洗脸洗手。冯廷彬夫妻二人有一条毛巾,因为对老人要孝顺。当时人们讲究少,不注重干净。平时大家吃的油盐酱醋都是一个月打③一次。就拿香油来说,每天拌咸菜浇几滴,就觉得特别好吃,一个月打一回香油,一回只打二两。家里的生活资料能够满足全家人的需要,家里经济条件富裕,缺少的话可以购买,一家人都占有份额。

2.生活资料,来源不一

家里的晒谷场是冯树歧主观性的从自家土地中挑选出一块进行碾压与平整,晒谷场离住宅很近,方便干活。水井在村庄内属于全体村民共同所有,村庄总共有两口水井,由村庄组织村民挖建而成,冯家没有属于自己家的专门水井,各家各户都没有自己的吃水井,村庄所有人都需要根据自己的喜好或者距离随便选择去这两口井里挑水喝。西坑④边的那口井水质不好,非常苦,村民都不喜欢吃此井的水。每天傍晚,二儿子冯永周、二侄子冯永河或者三侄子冯永鸣就把家里的水缸灌满水,以便第二天使用,日日如此,年年如此。至于挑水是不需要冯家哥仨排顺序的,大家都是谁有空谁去,都非常积极,不偷懒不敷衍。1949年以前,小辈都守规矩,不敢忤逆长辈,特别听话。家中洗脸的铜盆、洗衣服的瓦盆、毛巾、炊具等都是向来村庄的流商或者到集市上购置的。每个屋里有箱柜用于存放衣服被褥,这些都是每个媳妇嫁过来时,娘家给的嫁妆。

---

① 班房:相当于现在的牢房。
② 西北山:一片山的名字。
③ 打:买。
④ 西坑:中间低且四周高的圆形的储水的地方。

3.家户所有,不予份化

毛巾脸盆都是全家人一起用,书包什么的也是哥哥用过,弟弟上学接着用,衣服也是哥哥穿着小了就给弟弟穿。冯家的生活资料是属于全家人所有,这种共用的习惯使得家庭成员形成了生活资料属于全家人的认知。

冯家的生活资料属于每个家庭成员所有,即使外出打工的家庭成员也是有份的,因为外出打工的人没有分家,没有独立于家庭,而且也不是永远不回家。出嫁的女儿没有对于生活资料的所有权,这是从古至今遗留下来的观念和传统,姑娘早晚是别人家的人。未成年的男孩对于生活资料有所有权,未成年的女孩对于家里的生活资料只有使用权,没有所有权。嫁进来的媳妇和入赘的女婿是家里的一员,对于家里的生活资料拥有所有权和使用权,但是媳妇一旦离婚或者被休妻就失去了对于该家庭生活资料的所有权。无论是兄弟或者父母,虽然仍是一家人,但已分家的话就不再占有份额。常住家里的其他非家庭成员,例如帮助冯家弹棉花的两个长工对于这个家的生活资料是没有份的,即不享有所有权。

1949年以前,大家没有把生活资料分配到个人的想法和习惯,生活资料就是属于大家共有,分配到个人是经济条件不允许的,没有经济基础的情况之下,不可能有分配到个人的想法。同时,伙着①过日子的不分家状态也决定了生活资料的共有性。冯家的家长并不比其他家庭成员在生活资料的产权上更有权力,但是当家人可以决定给谁,比其他家庭成员更有分配决定权。生活资料属于全家人所有挺好的,有利于家庭成员守望相助与和睦相处,伙着过日子共同生活,生活资料属于全家人所有是理所应当的事情。

4.生活资料,家长支配

生活资料一般都是内当人经常接触,所以在生活资料需要购买、维修、借用等活动中,都是内当家向外当家提议,外当家去购买,作为内当家的女性一般都不抛头露面。如果外当家不在家,内当家就让家庭中其他男性家庭成员去购买,不能够耽误着干活。

在生活资料的购买中,都是内当家需要就向外当家提出建议,因为内当家对生活资料进行管理且熟知,外当家一般都会同意并购买。如果外当家人不在家,内当家又需要使用,就可以决定让家庭其他男性家庭成员去购买。这些不需要告知四邻、家族、村长等家庭以外的人员。

在生活资料的维修活动中,属于家庭内部的生活资料就由内当家管安排和决定谁修理,所需费用由家庭承担。如果内当家不在,就由大儿媳妇张氏决定,做出的相应决定都是情理之中,都是为了家庭的利益考虑,当家人是能够理解的,不会责怪张氏。如果属于家庭外部的生活资料,例如晒谷场上使用的碾子等就得由冯树歧负责安排和决定维修。

在生活资料的借用活动中,由当家人决定借用谁的,决定由谁去借。生活资料比不得生产资料,生活资料基本都是小物件,所以当家人对于生活资料的决定权比对于生产资料的决定权要大得多,可以单独决定生活资料的借用、维修和购买。

5.决定建议,各有归属

在生活资料的购买、维修、借用等活动中,都由内当家决定或者内当家向外当家提议,由外当家购买、维修和借用。其他家庭成员可以提意见,如果合情合理会被当家人允许,但是其

---

① 伙着:一同、一起。

他家庭成员没有决定权。

家里的日常生活用品坏了是普遍出现的事情,坏了要首先选择修理,而不是买新的。在生活资料的维修活动中,任何家庭成员都可以自己修理,如果修不好,可以建议内家长去通知外当家请别人修理。两位当家人都不在的情况下,影响到正常生活,其他家庭成员可以建议大儿媳妇张氏找人修理,张氏可以决定。享有处理权是分长幼的,不过一般晚辈都不能够私自处理,都是需要等待当家人回家再做安排。

在生活资料的借用活动中,家长以外的其他家庭成员是借用生产资料的执行者,家长是决定者。家长不在的情况下,如果缺少的生活资料不着急使用就需要等家长回来再做决定;如果耽误事情,着急使用就需要张氏拿主意。

6.来源合理,广为认可

只要是属于冯家自己的生活资料,村民便会承认其对于生活资料的产权,大家在心里会有明确的所属界限。如果要买卖、借用生活资料都要获得冯家当家人的同意。冯氏家族也是如此,只要家里通过合理的方式拥有的生活资料,家族都会认可家庭对于生活资料的产权。家族不会随意侵占家庭的生活资料,大家都遵守这种无形的所属界限。如果家族要买卖、借用冯家的生活资料必须要经过作为当家人的冯树歧的同意,不可以强行买卖和借用冯家的东西。如果家里生活资料被外人侵占,家族中有威望的人会出头保护。村庄对于农户的生活资料的产权持认可的态度,村里不会随意侵占农户的生活资料,村里买卖、借用冯家的生活资料都必须与当家人协商,需要得到应允。如果其他村庄的人侵占家庭的生活资料,村庄会出面保护,如果本村内部侵占,村庄就以温和的方式规劝,一般都是族人出头,村庄不会强烈保护。官府承认家户对于生活资料的产权,不会随意侵占家户的生活资料,不经过同意不能够买卖、借用家户的生活资料,必须要经过当家人的同意才可以买卖、借用,如果有外人侵占家户生活资料,家户报官,官府会出面处理和保护,如果没有人报官,官府不会干涉,所谓"民不报,官不究"。

二、家户经营

(一)生产资料

在 1949 年以前,冯家人有种地的,有从商的,有从政的,冯家有 80 亩土地,农忙的时候,出门在外的家庭成员均需返回家中抢种抢收,牲口、土地和农具都是自己家保管、使用和安排。

1.自家劳动,鲜有雇工

(1)参与家庭生产的自家劳动力构成

除了老人、孩子和因工作而脱不开身的家庭成员,冯家其他人都得从事劳动。父亲冯廷彬和母亲郑氏年纪大了,干不了活;弟弟冯树桂在县城任毛业局局长;冯树歧是家里的外当家,安排家里的粮食种植;大儿子冯永禄在染料坊打工;大侄子冯永宗在天津做生意;二儿子冯永周与二侄子冯永河配合着冯树歧种家里的 80 亩地;两个亲戚家的孩子算是冯家长工,三侄子冯永鸣和他们一起负责家里弹棉花的劳动过程;冯树歧的妻子邢氏身体不好,平时只是收拾一下屋子,最多洗洗衣服;弟媳王氏是家中的内当家,调配着小姑娌的分工和活计,此外平日里王氏负责照看所有的孩子们;大儿媳妇张氏负责为全家人裁剪衣物;大侄媳妇孙氏负责推碾子踩磨盘;二儿媳妇李氏、二侄媳妇尧氏和三侄媳妇纪氏负责给一大家子人做饭吃。能够干活的人都要干活,赶上天灾人祸,干活都不一定衣食无忧,不干活当然不被家人允许和容忍。尤其是在经济条件好的富裕人家,大家必须合理分工劳作才可以继续维持家庭富有,更是没有不干活的人,大家主的男人和媳妇是维护家庭生活的主要角色。

(2)家户劳动力的自给程度与劳力调剂

1949 年之前,冯家一直是伙着同灶同居的大家庭状态,家中除了连带血缘关系的成员之外,还雇用了两个 17 岁的男孩。①雇工原因。冯家有弹棉花的买卖,弹棉花需要三个人配合才可以完成,由于家里的人手不够,所以邢氏娘家的侄子和李氏娘家的弟弟在冯家帮工,属于雇佣长工,他们两人和三侄子冯永鸣负责弹棉花,三个人年纪相仿,都是 17 岁。他们的家中条件都比较贫困,家里供给他们饭食困难,所以就来到冯家帮工。②雇工的日常衣食住行和工钱。平日他们两个和冯家的家庭成员都是吃一样的饭,都和冯永鸣一样睡在北院南房中。由于他们是自己家的亲戚,所以他们的衣服脏了也就由儿媳妇或者侄媳妇们帮忙洗洗涮涮。当时普通老百姓能够吃饱饭就是很奢望的事情,所以他们跟着冯家吃住,不用冯家支付工钱,只是到了过年,他们回家的时候,冯树歧给他们各自买十斤猪肉带回家过年,而且给两个人一人买一身新衣裳。③雇工干活的季节和时长。由于弹棉花的买卖不像农田劳作分成忙闲季节,弹棉花不分季节,一年四季都干活。夏天六点多吃完早饭就开始干活,冬季天亮的晚些,七点多开始干活,一直忙到晚上十点左右,点着煤油灯干活。只是农忙的时候,两个雇工需要回他们自己家帮忙干农活,这个时候,二儿子冯永周和二侄子冯永河就搭手帮冯永鸣弹棉花。④随礼和帮忙。两个帮忙弹棉花的长工家里有红白喜事,冯家会随份子,叫作"随礼",冯家有红白喜事,两个雇工家也会来随礼。1949 年以前,礼金是一块或者两块钱,当时的一块钱相当于现在的一百块钱。随份子的原因并不是因为存在雇佣关系,而是因为亲戚关系,如果不是这层关系便不需要礼尚往来的招呼红白喜事。当时他们遇到困难,小额的粮食也是会借给的,不用写契约之类,冯家也不要求归还,算是亲戚之间的帮忙,不过一年也借不了一次。⑤雇工者的责任。雇工者对于被雇工者富有照看之责,保障被雇工者的日常生活和安全。冯家有一个亲戚雇作着好几个长工,其中有一个长工自己逃跑了,当时大家都不知道他的踪迹,这个长工没有回到老家,也没有返回雇主家里。为此,这个事情经过了官府处理,官府要求雇人者赔偿了受雇者家人众多钱财。⑥雇工的决定人。冯树歧是家里的外当家,负责决定家外的一切事情,雇工就是其中之一,雇用谁以及如何雇用都由外当家决定。家外的事情就是除了"围着锅台转悠"以外的一切事情。

当时冯家有 80 亩地,相对于二三十口子的人家,这算是人多地少的主家,冯家的富裕并不是体现在土地的数量上,而是冯家每年得总收入。由于地不算多,所以平日里不用请人帮忙,二儿子冯永周和二侄子冯永河两个人种地忙的过来,赶上农忙的时候,在外打工和做买卖的家庭成员都会回家来忙活着抢收抢种,所以冯家不需要请人帮忙干农活。有的人家土地多,干活的人少,就需要雇工或者请关系好的人帮忙,既然是帮忙也就是一天半天的,不用给工钱和礼物,只需要炒点热菜,例如炒白菜豆腐,炒鸡蛋等,只要管顿好饭食可以。1949 年以前,人们穷,即使是炒菜也是使用像成人手掌似的那么小的盘子,不是随便吃多少都可以,好点的人家就打半斤酒,日子不好过的就尽量准备好点的饭食,根据家里的经济条件准备,没有固定讲究。

当时存在一种特殊的帮工情况是盖房子,之所以相互帮忙盖房是因为普通人家经济条件都不好,雇不起人,又不得不住房,所以才兴起这么一种互帮互助的方式。盖房不用花钱雇人,由族人之间帮忙。给条件不好的人家"助工"不需要给钱,平时也不需要管饭,只需要在给新房上梁的时候,管大伙一顿包子吃,叫作"上梁包子",买点酒菜,这顿饭是必须请的,就算是借钱也必须管这顿饭。当然盖房的人家条件好点的就会在盖房期间时不时地管大家饭吃,也就是玉米饼子和窝窝头。需要盖房的人家提前买好檩木,然后把盖房的信号告知家族内的各家各户。到了动工的那一天,大家就都来帮忙,叫作"助工",大家分工负责拉土、搅土、打坯、拖坯。

2.土地自给,偶有变故

1949 年以前,冯家只有从祖上继承下来的 80 亩地,相对于人口的数量,冯家属于人多地少的家庭,没有多余土地出租或者售卖。弟弟冯树桂在县城任职,大儿子冯永禄在天津染坊做事情,大侄子冯永宗在天津做买卖,三侄子冯永鸣在家里弹棉花,四侄子冯永平上学,除了二儿子冯永周和二侄子冯永河以外,冯家抽调不出多余的劳动力干农活,大家各自差事都不错,当家人也不会让他们为了回家种地而放弃现有的生计方式,所以冯家虽然有足够的经济能力购买土地,但因为人手限制也就没有租入或购买别人的田地。80 亩地凑合着打粮食,不够吃的再用钱买一些粮食来解决。

不过,冯家出现过租种朋友土地的情况,在冯永鸣 13 岁(1936 年)的时候,村庄下大暴雨,引发洪水。因为当时的房屋都是坯质的,所以很容易被洪水泡倒,冯家不得不举家搬离村庄,于是投奔到胡村的一个朋友家里,后来又搬至宋村朋友家。全家在外总共待了五年,在当家人冯树歧的提议之下,经过父亲冯廷彬和母亲郑氏的同意租种朋友 18 亩田地。虽然是租种朋友的地,但需要交纳的租子少之又少,基本可以忽略不计,是纯粹的朋友之间帮忙。

3.牲口自给,乡邻借用

1949 年以前,冯家有两头牲口,一头骡子和一头驴,两头牲口耕种 80 亩田地绰绰有余,家里经济条件很好,因此没有和人搭伙买牲口,也不需要借用其他人家的牲口。

乡邻借用牲口的情况:没有牲口,且和家里关系好的人家会来借用牲口,借牲口的人需要和冯树歧商量,平日里都是二儿子冯永周照看牲口和给牲口喂草料,把牲口借给别人使用之前,冯树歧会叮嘱冯永周给牲口多添草料喂饱牲口。牲口平时都吃轧好的干草,无论是自家还是别人家使用牲口便要在干草中加拌炒熟而且磨成粉状的黑豆,以此支撑牲口干农活所消耗的过多体力。肯到家里来借牲口一定是平常过的着,和自己家要好的农户,只要自己家里牲口闲着就尽量借给对方使用,不需要给任何报酬或者帮忙干活之类,只是有时候,他们会把自己家的庄稼秸秆送来当作牲口草料算是答谢。一般没有牲口的人家,当然也没有大车、犁杖、老耙、拖床、耧和镂子等大农具,借用牲口一般也借用农具,也就是借用干活的一整套,大多借用半天,最多一天,对于后者因为借用牲口的人家都很穷,没有粮食给牲口吃,所以中午会送回到冯家让冯永周喂饱牲口,下午再牵走借用。如果冯树歧不在家,有人来借用牲口,牲口闲置着,冯永周也可以做主把牲口外借,但等外当家回来要告知一声。

伙养伙用的情况:冯家不需要和其他人搭伙饲养和共用牲口,伙养伙用牲口的人家都是因为家里经济条件贫穷,单独买不起牲口,所以就和关系好的人家的当家人商量着共同买一头牲口共同饲养和使用,一般是两家或者三家一起买一头牲口,这种情况一般选择共同买一头牛,牛力气大,干活多,可以承担多家庭的农业劳动。农闲的时候,饲养牲口由伙养的几户人家商量好,牲口在每户待相同的天数,各自准备草料,牲口的粪肥在谁家就归谁家所有。1949年以前,农民的唯一肥料是牲口粪便,它们是农民的宝贝。农忙的时候,伙养牲口的家庭也是共同商量决定轮流喂养,牲口在谁家就谁家使用。

4.农具自给,无须外借

家庭需要的大型农具有犁杖、老耙、馒子、楼、大车、拖床等,小型农具有镐、锄头、铁锹等,农具都由冯树歧购买而来,自己家制造不成,因为制造农具需要专业的木匠和铁匠才可以完成,这是一门手艺。农民只要有条件首先购置的就是农具,配齐农具是每个农户的愿望。冯家经济条件富裕,备用的农具足够自己家使用,不需要借用别人家的农具。家里把农具配备齐全才能在最短的时间里干最多的农活,地里才能打出最多的粮食。赶上播种的季节,天下点雨,家里有农具和牲口就能在最短的时间里把种子撒到地里,水分充足,种子发芽好对于保障收成大有裨益,但是对于没有楼和牲口等生产资料的人家,就需要使用人工或者四处借用别人家的农具,等到自己家用人力种完或者等到别人家用完农具轮到自己家种植的时候,土地就干了许多,对于庄稼的收成大大不利。因此有经济条件的冯家,首先置办的就是农具,农具齐备是粮食收成的保障。

(二)生产过程

冯家在生产的安排上分工明确,冯树歧和二儿子冯永周、二侄子冯永河负责在家里种地,三侄子冯永鸣负责家里的弹棉花买卖,其他男性成员分布在商业领域、政治领域和务工领域。女性成员中,年长的看管孩子,媳妇们推碾子踩磨和洗衣做饭。

1.农业耕种,农忙归家

一是人员分工。冯树歧与二儿子冯永周、二侄子冯永河种田。冯永周和冯永河没有上过学,不识字,所以长辈就安排他们在家里负责耕种家中的80亩田地,冯永周平日里负责喂养牲口和使用牲口耕地、播种、套车之类,冯永河负责干地里其他的农活,冯树歧与两个小辈作为留在家里的男丁照顾家庭。冯树歧虽然没有文化,但是在种田方面非常有经验,父亲冯廷彬与母亲郑氏年纪大了,冯树歧就成了当家人,当家人主要是费心,自己不干活,平日负责安排家外事情,安排农田种植。当时基本都有看青人,一般是上了年纪的老人到自己家的各块地里每天溜达着注意着庄稼,没有人专门住到地里去看青,冯树歧也是天天到地里转悠着。1949年以前,没有机械,地里都需要专门的人种植庄稼,活也多,天天需要下地,没有人偷粮食,也没有人兴那样的心思。大家都是一个村庄的人,老辈子的人都要面子,哪里会好意思偷同一个村里人的粮食,而且地邻之间也会互相帮忙看着彼此的庄稼。

二是耕作过程。每年秋分玉米渐渐地成熟,开始掰玉米,当地称作大秋。过完大秋之后,八月中下旬到九月里,大家开始天天等待雨水,天降雨之后,赶紧把平时积攒的粪肥拉到地里,铺撒开,再用牲口拉着犁杖把土地表面的粪肥翻到土层下边,当地称作“经地”。同时使土壤松软,便于种子生根发芽,然后播种,整个过程要快速完成,趁着土壤湿润播种对于保障粮食产量有很大作用,这就是抢种小麦的过程。比方种植的是冬小麦,待到第二年四月,小麦便成熟了,俗称麦收,大家就开始起麦子,麦收过后可以种高粱、谷子或者绿豆。冯家下地干活的都是男性,原因一是冯家属于大户人家,女人抛头露面不合适;二是冯家男性劳动力足够从事农业劳动,不需要女性帮忙。只有收割庄稼的时候需要外出工作的小辈们回家,平时主要由冯永周和冯永河耙地、锄草、犁地,忙不过来的时候,冯树歧偶尔帮帮忙。每年种植作物的种类是冯树歧说了算,基本上这一块地今年种什么明年还种什么,具有很强的稳定性。

种地很有学问的,"谷耪八遍饿死狗"意思是说谷子越耪的次数多,谷糠越薄,谷粒就越饱满;"豆子耪过了胆,一亩地里收一碗",意思是说豆子不能耪太深,否则会导致减产;"棒子耪多遍,一粒便封顶",意思是说玉米耪多遍以后,到了收获的季节,玉米从头到顶都是粒,这些都是种地的诀窍。

三是种植面积。每年秋收和麦收时节,冯家收获了粮食会挑选出颗粒大而饱满的存储起来作为来年的种子。一般情况下,麦子只种植15亩,够老人吃白面的即可,因为小麦收成不高,即使风调雨顺,小麦的产量也低于粗粮。其他土地都种谷子和高粱,这些叫做"大田庄稼",产量相对较高。每年过了寒食就开始播种谷子和高粱。东洼土地特殊,常年涝,所以只能种高粱,因为高粱在水里泡着也不至于颗粒无收。

2.家畜饲养,小辈负责

小辈人中的冯永周平日里负责喂养家中的两头牲口和一头猪,每到收获的季节,冯永周和冯永河把庄稼的秸秆与平日打的干草用闸刀斩成三寸长的段子,然后晒干作为牲口的草料。一部分干草被磨成草面伙着平时打的野菜和涮锅的泔水喂猪。每年家里会养一头猪,自己家里有猪圈,养猪不是为了卖钱,而是为了每年到年底的时候宰杀过春节。大家都辛辛苦苦忙活了一年,犒劳一下全家人。一头猪养一年能够长到二百多斤,全家人从大年三十吃到初五,俗称"破五",过了初五,年就算过完了,剩下的猪肉要留给年长的冯廷彬和郑氏每餐吃,其他人不许再吃。

骡子和驴在当地叫作"连蹄"牲口,比牛这样的"分瓣"牲口干活快且吃得少,因此好喂养,所以养骡子和驴的人家比较多。1949年以前,对于普通人家而言,一头牲口相当于半个家当,即使是有钱人家也不会拿着牲口当作儿戏,牲口一旦有点生病的迹象会赶紧让兽医治。如果真的病死也是没有办法的事情,不过在冯家没有出现过这种情况。

3.非农经营,占比居高

冯家在本地算是混的风生水起的人家,家庭成员之间明确的分工起着重要作用。男性分工:一是弟弟冯树桂是毛业局局长。冯树桂读书识字,为人睿智,当局长之前就在外地跑买卖做生意,后来父亲冯廷彬基于家庭考虑,作为有钱的大家主,在政治上需要有个依靠,遇上祸事可以帮忙。有一个机遇为冯树桂赢得了很高的威望,有一年,天连降大雨,引发洪水,村庄内有一个闸口,需要打桩加固,尽管大家拼尽全力都未能成功,于是冯树歧和大哥冯树勋、弟弟冯树桂到了闸口,兄弟三人合力竟然打好木桩,本来冯树桂在村庄就以精明谦和而小有名气,这件事情更是使得冯树桂声名大振。后来,有一次上级对吕公堡下达死命令,要求必须拦截住洪水,保护下游农田,也是需要打桩,无奈之际,有人提起了冯家兄弟三人当年打桩成功的事情,于是他们负责人亲自来请冯树桂,因为这件事情成功了,吕公堡请整个杨屯村吃菜瓜。在那个饥饿为常态的岁月,整个村庄吃瓜已经是很大的花销和奢侈,也是足够的面子。冯树歧不识字,冯树勋过继给了三婶,于是吕公堡负责人便推荐冯树桂到县里任职。二是大儿子冯永禄在染坊打工。他从小在姥姥家上学,有文化,性情沉稳,姥姥家在天津有染坊的生意,冯永禄到了十七八岁就去了天津算是帮工,也是学着做生意。每年只有农忙和过年的时候才会回家,农忙回家是为了帮忙干农活,平时都是在染坊里干活。三是大侄子冯永宗做生意。冯永宗也是由姥姥家供学读书的，是小辈兄弟六人当中文化程度最高，头脑最为聪慧，心眼最为灵活之人。冯永宗在天津负责给八路军运输军用物资，以盈利为目的，买通国民党干部，可以随便出入国民党所设立的关卡，于国民党购进物资，倒卖给八路军。四是三侄子冯永鸣在家经营弹棉花的生意。冯永鸣也有读书识字，为人憨厚，又是家里年龄小的男孩，家里就决定让其接管家中弹棉花的买卖。弹棉花不分时节，一年四季都可以进行，需要弹棉花的农户会把自己的棉花交给冯永鸣，冯永鸣称重、记账、协定完成时间。棉花弹好之后，冯家留下棉籽作为报酬，棉花交给农户拿走。棉籽是榨黑油的原料，有专门收棉籽的人定期到访。有一年，冯家赚了一万斤棉籽卖了一万块钱，要知道一万块钱可以购买一万斤面粉，这是一笔很大的收入。冯永鸣除了弹棉花之外，冯树歧还让冯永鸣掌管和存放家中钱财，收入支出需要记账，到时候长辈会与冯永鸣"对账"。五是全部家庭成员的所有收入都需要交给当家人，由当家人统一安排，冯树歧是冯家当家人，大家把钱交给他，他再把钱交给冯永鸣保存，由冯永鸣对于生活一切收支记账。整个大家庭一起生活，对于生活需要精打细算、认真经营，不是一时间挣了钱就可以肆意开支，老人需要养老，去世之后需要办理后事，子女需要娶妻生子，抚养孩子，因此当家人对于家庭必须好好管理。

4.女人干活，舍短取长

因为大儿媳妇张氏针线活好，所以她负责给大伙做鞋子和裁剪衣裳，保证家庭成员的穿着。大侄媳妇孙氏体质强壮，所以她管推碾子踩磨，保证家庭成员的面食。二儿媳妇李氏、二侄媳妇尧氏和三侄媳妇纪氏管给整个大家庭的人做饭。其他杂七杂八的事情分工是这样的，例如洗衣服，长辈的衣服是小姑娌们抢着洗，没有人说是你婆婆的衣服我不管。同辈和晚辈的衣服就是谁屋里的谁的媳妇负责洗，比如说大儿子冯永禄及其孩子的衣服就由大儿媳妇张氏洗。家里的女人不用到地里干活，因为当时的女人都是小脚，他们自己固定性的站立都很困难，根本干不多农活。家里的女人们说活都是一边踩着脚一边说，彼此需要询问或者交谈的时候从来不会站着不动把话说完，因为她们的脚太小，根本站不住，只能不停地活动才能保持整个身体的平衡。家庭分工考虑到每个人的特长，考虑到每个人适合干的活，不是单纯的分配，由当家人决定，因为合情合理，因此没有人提出异议和反对。

5.外出工作，不带家眷

冯家外出工作的人不可以带着妻子和孩子，因为外出是为了挣钱，如果携带妻子和孩子会惹人说闲话。再者妻子和丈夫一起外出，家中劳动力缺少也会影响整个家庭的收入和生活。如果带着父母外出的话就可以一起携带妻子和孩子。当家人通常情况会阻止家庭成员携带妻子外出工作，因为这种行为不合礼法，有损家庭名誉。没有当家人的同意，家庭成员自己不可以私自做主或者偷偷带着妻儿出门。当然如果是处于迫不得已的情况除外，村里有一户人家的丈夫带着妻子和孩子外出，得到了家长的允许，因为他们家太穷了，吃不上饭，家里的地不多，不需要太多劳动力，丈夫能够带出去一口人就可以少一个人在家里吃饭，生活所迫之下做出了这样的行为是被大家认可的，除此以外不可以随意携带妻子外出。

（三）生产结果

冯家人多，从事的行业也多，收入的来源自然比较分散，包括农业、副业、经商、帮工、饲养牲畜等方面。对于家庭成员的收入，家庭成员个人没有管理权和支配权。

1.收成自食，且需外购

一是家庭收成。在冯家，冯树歧和二儿子冯永周、二侄子冯永河主要管着种地，地里收获的粮食供给整个大家庭成员食用，属于全部家庭成员所有。光景好的时候，平均一亩地最多打七八十斤粮食，80亩地收获六千斤左右。所谓"谷雨麦子怀胎"就是说谷雨准时足量就能够保障麦子的收成，而"七月十五定旱涝，八月十五定收成"意思是七月的降雨量，到八月就可以看准收成好坏。

二是对于家庭收成的关心程度。当家人最关心收成，因为家里没有粮食吃，当家人最发愁，当家人是直接的负责人，当家人需要解决家庭成员的口粮问题。当然，除了小孩子，只要有思维能力的家庭成员都关心收成，只是关心程度不如当家人。

三是解决家庭粮食供需。每年家中收获的粮食都不够吃，冯树歧需要到集市上购买。1949年以前，冯家有80亩地，粮食产量低，而且需要给国家缴纳公粮。对于将近三十口的大家庭而言，这些土地出产的粮食除去"皇粮国税"之后不够全家人食用，每年都需要购买粮食，这是每年都需要做的事情。冯家所在的长丰区每个月以4和9为尾号的日子集市都开张，粮食的价格波动非常大，几乎每个集市上，粮食的价格都不一样。因为粮食是耐放的东西，所以冯树歧一年四季无论什么时候，只要在市场上遇到便宜的粮食就买回家储存着以作为全家人的口粮补充，购买的粮食有用于喝粥的白高粱，吃饼子的谷子和蒸窝窝头用的玉米，还有给老人吃或者待客人用做馒头的小麦，每年购买的粮食有四千斤左右。

2.家畜饲养，新年食用

1949年以前，冯家每年都会养一头猪，一部分干草被磨成草面伙着平时打的野菜和涮锅的泔水喂猪。自己家里有猪圈，养猪不是为了卖钱，是为了每年到年底的时候宰杀过春节。大家都辛辛苦苦忙活了一年，犒劳一下全家人。一头猪养一年能够长到二百多斤，每年宰猪的时间不固定，基本是从腊月二十五六到大年三十期间宰杀，全家人从大年三十或者二十几一直吃到初五，俗称"破五"。这十多天里，全家人天天吃猪头，等过了初五，年就算过完了，剩下的猪肉需要留给年长的父亲冯廷彬和母亲郑氏每餐吃，其他人不许再吃。年年如此，直到土地改革时期分家为止，这种习惯从未改变。

3.副业收入，账目清晰

冯家有弹棉花的副业，平常的年份一年能收入四千块钱。如果赶上年景不好，遇上天灾，棉花收成不好，会影响家里弹棉花的收入。有一年，家里弹棉花收入一万块钱，可以购买一万斤粮食，这一年风调雨顺，棉花产量高，来弹棉花的人也多。然而，有一年大涝，加之冯家所在的村庄地势相较于其他村庄地势低洼，水都流入此地，大大加剧了涝灾，棉花不收，弹棉花的收入也就几百块钱。

副业的收入属于全家人所有，钱都统一交给家长管理和支配。因为三侄子冯永鸣是留在家中唯一识字的男丁，且为人忠厚老实，所以作为当家人的冯树歧平日就让冯永鸣保管家庭全部钱财，包括副业收入，家庭收支需要冯永鸣记账，但是冯永鸣对于这些钱财并没有支配权和随意使用权。

4.经商收入，交予家长

大侄子冯永宗脑瓜好使，从小聪慧，读书识字肚子里有墨水，家里人看出他是把做生意的好手，所以从十八九岁就允许他出门做生意，几年的时间里在天津把生意做得风生水起。

冯永宗每年过年回来,都给家里人买东西,把赚的钱交给作为当家人的冯树歧。1949年以前,冯树歧当家,冯树歧对于家里的事情说了算。虽然钱是冯永宗自己做生意挣来的,但是冯永宗不可以把钱占为己有,因为冯家处于不分家的状态,家里的任何东西都属于全家人所有,无论是谁挣的钱都不能自己留用或者保存,都要统一交给家长,再由家长做出家庭分配。

5.帮工收入,家长收管

大儿子冯永禄识字,小时候在姥姥家没少读书,长大以后,长辈们看着冯永禄为人踏实,做事稳当,于是让他去天津当学徒,帮忙打理染料房的生意。冯永禄挣的钱自己不能支取,也不能自己保管和私自占有,都是染料房的管事直接给邮寄到家里或者冯永禄回家的时候带回家,最后由冯树歧收管着钱。冯永禄不能私自留下零用钱或者不上交钱财,因为钱虽然是冯永禄挣的,但是仍然属于所有家庭成员,不是属于冯永禄一个人所有,同样其他家庭成员的劳动收入也有冯永禄的一份,这就是不分家的规矩。家里无论是谁挣的钱都被要求交给作为当家人的冯树歧,等到家里需要支出再由冯树歧进行统一分配。

三、家户分配

冯家种地收获的粮食,先交够公粮,然后剩下的粮食由自己家食用。家族里存在一项分配,就是"吃会"。冯家的家庭成员从事商业、副业等所得收入都交给当家人,再由当家人统一分配给全部家庭成员使用。

(一)分配主体

1.家族分配,仅有一项

冯家是以家户为分配主体,不过家族内存在一项分配,就是家族内有一部分坟地作为公地,每年族长和族中的长辈都组织"抓阄"把公地租给贫困的族人耕种。等到麦收和收秋时节,收取的地租给族人于寒食节气杀猪宰羊,请大家吃饭,犒劳族人,称为"吃会"。

"吃会"的原因:一是坟地属于族间共有,收获的粮食当然是以族人消费的方式处理最为适宜。二是当时人们生活拮据,吃不上饭,更是吃不上好的饮食,公地收获的粮食给族人换成肉、菜和酒,让族人享用,促使族人更加团结和睦,沟通族人的感情。

"吃会"的成员:冯家男丁都去"吃会",闺女媳妇一概不可以去"吃会",但是可以由男性成员给家里的女人把饭菜带回家吃;还有一种例外的情况就是寡妇可以去现场"吃会",这些是族间的规定。

"吃会"的场所:族人中有空闲房子的人家,地方又大,族长就和人家商量着在人家"吃会",也不用给报酬。

2.公粮优先,余均自食

家里打了粮食首先要交齐公粮,这是所谓的"皇粮国税",每家每户都必须优先完成公粮的缴纳,给国家交够了公粮,剩下的才属于自己家所有和支配。公粮一年交两回,麦收一回,秋收一回,交公粮的时候可以选择交粮食,也可以按照当时的粮食价格进行折算,交相应的钱数。交公粮的时候,村里拿着喇叭一喊叫:"交公粮了,大伙快交公粮,大家注意了,赶紧交公粮。"冯树歧和二儿子冯永周、二侄子冯永河把粮食筛干净,套着马车,给村里送去,等全村人交得差不多,村里便套着马车给送到区里。在冯家人的观念中,种地就得纳粮,这是天经地义的事情,不得违抗和拒绝,按照规矩办事才可以维护秩序。

3.吃穿用度,听从安排

土地改革运动以前,冯家始终是个大家庭,一直没有分家,家庭成员在分配活动中以大家庭的所有家庭成员为单位。常住家里的非家庭成员有两个帮助弹棉花的长工,他们参与家庭的饮食分配,不参与冯家的其他分配内容。

家里进行分配活动由冯树歧负责,地里的农活、"绳犁套耙"的借用等等一切家外的事情都由作为外当家的冯树歧说了算。关于家里人的吃穿用度就得由内当家做主。当家人说的话,家里人不能反对,提意见的情况都是极少的,几乎没有。在家里只能提多干活的意见,没有人提多要东西的意见,都是当家人怎么吩咐,其他人便怎么做。

4.家长做主,家人服从

作为外当家的冯树歧专门管种地,常年在家种地,不会出远门,家里有需要出远门处理的事情便由冯树桂去做。一般新结婚的媳妇爱住娘家,而40岁以后的媳妇便不会经常回娘家,作为内当家的弟媳王氏已经是老媳妇,为了打理家庭,几乎不住娘家,也不会出远门撂下家里的一大摊子事情。冯家分工是非常明确的,目的是为了保障各司其职,保证不耽误家中各项事情,保证家庭正常运转。家庭的分配活动都由作为外当家的冯树歧和作为内当家的王氏做决定。

其他家庭成员在分配过程中,只能够听从当家人的安排,不能够提意见,在劳动方面,其他家庭成员可以为了干活提意见,但是在吃穿用度等分配方面,其他家庭成员没有人好意思开口要求或者提意见。为了吃穿提意见,大家都张不开嘴,那是非常丢人的事情,极有可能被长辈训斥一顿。

5.家户主体,不得介入

冯家没有分家,所以任何东西都属于大家庭所有,小家庭没有私有财产,自然不会存在单独的分配活动。家庭在进行分配的时候,不需要通知四邻、家族和村庄其他人,四邻、家庭、村庄也不会随便介入家庭分配过程。因为家庭内部的分配活动是一个家庭的私事,所以外部力量不会予以干涉,这是一种观念和惯常认知。干涉别人家的内部事情会招致厌恶,甚至引起冲突与矛盾,这是不被允许和认可的事情,除非被其家庭中的人邀请介入,否则决不可以介入其中。比方说分家的时候,家里会上门邀请族人中的长辈担任分家人和见证人,这个时候作为家庭外部成员的族人可以以正当的身份介入家庭内部分家这项分配事宜。

(二)一灶吃饭,资格局限

在分配的过程中,本家庭成员作为分配对象,仅限于一口锅里吃饭的人,不包括其他人。冯家的分配物来源主要包括粮食收成、弹棉花的收入、打工的收入、经商的收入。冯家的家庭成员都享受分配权,除了上了年纪的父亲冯廷彬和母亲郑氏、处于坐月子的特殊时期的妇女和刚刚加入婆家前三天的新媳妇,其他家庭成员基本上都同等享受分配权。冯廷彬和郑氏常年吃白面,家里其他人都吃小米面和玉米面,坐月子的人吃鸡蛋、白面和芝麻盐,新媳妇刚刚嫁进婆婆家的前三天均是宴席款待,这些人都是享受特殊优待的对象。

(三)分配类型

1.先交公粮,剩属家户

一是交税的种类和拖欠的后果。农业收入即种庄稼所得的收成,每年需要交税,俗称公粮。国家收取公粮的数目是按照土地的等级和收成情况而定,风调雨顺的年份就高点,赶上天灾而歉收的年份就低些。在人们的观念中，"皇粮国税"必须缴纳，没有钱借钱也要备齐，种田收粮食，当然要给国家交税。收获了粮食首先要交齐公粮，剩下的才归于家里人食用。如果交不起公粮，局子会抓人。局子先抓当家人，当家人不在就抓当家人的长辈或者同辈，再不行就抓当家人的儿子，他们不会抓女人和小孩。人让局子抓去很麻烦，不仅需要家人缴纳足额的公粮，还要拿钱打理局子里的人才肯放人，到时候，付出的代价比单纯缴纳公粮要大许多。

二是家庭交税的决定者和方式。冯家缴纳公粮由冯树歧决定，按照国家规定的数目缴纳。交公粮是大事情必须要当家人安排和决定，当家人不在就需要冯廷彬和郑氏做主，而其他的家庭成员没有决定权。每家每户将粮食送到村里，再由村长统一送到局子里。国家每年收取两次公粮，麦收一次，秋收一次，交公粮的时候可以缴纳粮食，也可以交钱。

2.副业收入，悉属家人

1949 年以前，冯家有弹棉花的副业，平常年份能够挣得四五千块钱，不需要缴纳任何费用给任何人，完全属于自己家所有。家里人有着严明的分工，因为弹棉花需要三个劳动力互相配合着完成，所以冯家雇着两个亲戚和三侄子冯永鸣一起弹棉花，弹棉花常年需要使用牲口，家中便饲养了一头骡子和一头驴交替弹棉花。家里是冯树歧当家做主，弹棉花赚的钱一家子大人小孩都有份。因为冯永鸣是留在家里的成员中唯一识字和会算账的人，所以当家人让冯永鸣保管家里的钱财。家庭有任何支出，冯永鸣都出钱和记账。在当家人的叮嘱下，冯永鸣把每一笔收支都进行详细记录，以便长辈询问之时好交代。任何家庭成员不能私自留存钱财，要统一上交给家长，家长再交由冯永鸣统一保管。冯永鸣负责的弹棉花所得副业收入亦是如此，也是属于全家人所有。

3.家长做主，统一分配

家中成员不被允许有零花钱、私房钱和私房地，如果有需要花钱的事情就向作为当家人的冯树歧提出要求，合理的情况下，当家人会如数给钱。平时一个灶吃饭，吃穿用度都统一分配。家里人几乎没有人为了自己的开销去向当家人张开要钱，没有人产生那种想法，也不敢有那种想法，更不敢去实施，因为一家人过日子，为了自己会被家里人和外人嘲讽，面子上挂不住。处于不分家的状态，提出或者抱有个人的想法都会受到长辈的训斥，在家人的观念中，这是可耻的行为，还会破坏家庭的和睦相处。家庭中的分配只能是处于正当的情况，而且只能是为了全家人利益的情况。大侄子冯永宗为了做生意赚钱可以随意向冯树歧提出支取家里钱的请求，二儿子冯永周和二侄子冯永河看到家里的农具坏了提出购买请求是合情合理的，这些都被允许，都属于正当的。但是任何人不可以以自己需要为立足点提出花钱的要求。

（四）家长在分配中的地位

1.宏观：外当家主外，内当家主内

冯家属于家户分配方面的包括衣服、食物、缴纳的公粮等，没有私房钱、私房地，也不给家庭成员零花钱。在分配活动中，家长是实际的支配者，属于家庭外部的如缴纳公粮由外当家负责，属于家庭内部的如吃穿由内当家负责。冯家当家人专门负责家庭事务，如果当家人不在家，需要等待当家人回家再做处理和安排。其他家庭成员不可轻易私自决定，之所以选择和存在当家人就是为了家庭意见的统一，为了家里的事情得到高效率的处理。冯家的当家人都是得到了老辈当家人的认可，由老辈当家人进行的选择，他们具备把家当好的本领。之所以出现外当家人和内当家人是因为各自负责的领域不相同，基本上外当家都是男性，内当家都是女性,考虑的是各自擅长的和家庭事务分担的益处。

2.衣物:内当家安排,外当家购买

一是衣物分配。衣服都是王氏统一安排,王氏是内当家管着这方面的家庭内部分配,不用告诉街坊、四邻、家族,这是自己家的事情,外人不干预。平时大人的衣服坏了就和内当家说明情况,内当家会告诉外当家由其从集市上买回来新布料,再让手巧的张氏裁剪,然后交给坏了衣服屋里的媳妇缝制。每到过年的时候,当家人会给每个小孩(13岁以下)和老人安排一套新衣裳,可是不会给大人买新衣服,大人都是平时现需要现安排。当家人不在家的时候,要等当家的回来再商量,家里其他人不能拿主意。

二是添置衣物的情况和缝制情况。家里大人的衣服坏了,穿不了了,不会受到长辈责备,因为没有人一门心思想着把衣裳弄坏。衣裳坏了,儿媳妇或者侄媳妇向内当家人说明情况,内当家再告诉外当家,由外当家从集上买新的布料回来交给大儿媳妇张氏裁剪,张氏裁剪的活好,再由坏了衣服屋的媳妇把裁好的衣裳缝起来。春节的时候,内当家会给老人和孩子们每人添置一套新衣服,也会给两个长工各自添置一套新衣服。这些由外当家从集市上购买新布料,然后由张氏裁剪,再由孩子的母亲缝制,家里老人的衣服由内当家缝制,两个长工的衣服由妻子邢氏和二儿媳妇李氏缝制,冯树歧、邢氏和王氏的衣服由小辈妯娌们缝制。

3.食物:内当家决定,次序有别

外当家需要精心打理几十亩地,保证好收成,然后把粮食拉回来,放家里,但是粮食怎么吃,具体的安排属于内当家负责的事情。在食物的分配中,冯家由当家人统一安排。1949年以前,食物分配主要涉及粮食分配,吃饱饭是唯一的难题和最重要的事情。分配的顺序是先老后幼,再顾青壮年。分配的原则是老人为主,孝顺当先,在冯家先得父亲冯廷彬和母亲郑氏吃好喝好。如果负责具体分配的内当家不在,就由作为外当家的冯树歧做主,冯树歧一般安排作为小辈妯娌之首的张氏暂管食物分配的事情。

4.零花钱:成员不可私有,家长立规矩

1949年以前,小孩们没有零花钱,花不着钱,除了吃喝,没有其他需要买的东西,吃喝都由大人提供。平时也就是作为当家人的冯树歧赶集的时候,给孩子们买点火烧或者点心吃就很好。主要是老人享有"特殊待遇",冯树歧每个集都给年长的冯廷彬和郑氏买驴肉火烧,对于孩子们只是偶尔给买点吃的。小辈自己也没有要零花钱的时候,没有那个想法,而且自己挣钱也不会私自留下些零花钱用,也不敢那么做。比如大儿子冯永禄在天津打工,家长都问过掌柜,知道冯永禄一个月挣多少工钱,冯永禄不能私自留下零花钱用。不可私自拥有零花钱,这是冯廷彬和郑氏当家的时候就流传下来的规矩,到了冯树歧当家依旧遵照此规矩执行。根据上述的这些情况,我们可以做出这样的推测:零花钱是属于不合理的要求,在家庭成员中,没有人有权力拥有私房钱财,这是一种强化家长权威弱化其他家庭成员权威的方式。

(五)家庭成员在分配中的地位

1.衣物:内当家告知,外当家决定

在衣物分配活动中,家庭成员的衣服破损,如果可以补一下就贴块补丁将就着穿,如果实在是坏得厉害穿不得就告诉作为内当家的王氏,由王氏告诉外当家,外当家同意之后会亲自去集市购买布料,然后由大儿媳妇张氏裁剪好布料,由坏衣服的家庭中媳妇缝制成衣服。

如果当家人不在,需要等当家人回来再安排,家庭成员不可以私自到集市购买,毕竟不可能只有一件衣服,坏了就真的没有衣服穿,立刻需要去现买,冯家每个成员基本上春夏秋冬每个季节都有两三套衣服替换,先将就着穿其他衣服等当家人回来再安排。

2.公粮:成员不可过问,听从家长安排

冯家在缴纳"皇粮国税"的时候,其他家庭成员没有提意见的权力,更不可以擅自决定。当家人不在,其他家庭成员需要通知当家人回到家中再做处理,交税是大事情,涉及到粮食的都是大事情。每年麦收和秋收两季交公粮,麦收的时候缴纳麦子,秋收的时候可以交谷子、玉米,但是公粮有指定的粮食要求,如果家里不愿意缴纳粮食,交钱也可以。每年到了交公粮的时候,村里的人拿着喇叭站在房子上喊着大伙交公粮。冯树歧、冯永周和冯永河会把粮食筛干净送到村里,不干净不行,人家会检查,不合格的还得拉回来弄干净,更费事,不如自己在家弄好再送去。

3.食物不可挑,零用钱需提议

冯家的经济条件和村庄的其他农户比较起来是富裕的人家,冯家之所以富裕很大程度上源于不铺张浪费,冯家人讲求"吃饭穿衣量家当",这句话的意思是吃穿可以测量一个家庭的财富,言外之意是在吃穿上铺张浪费可以使得家庭败落,可见省吃俭用对于家庭过日子的重要性,因此平日里除了父亲冯廷彬和母亲郑氏吃白面以外,冯家其他人都吃粗粮和咸菜,在吃食上能节约就节约。在食物分配中,即使家庭成员不爱吃,即使伙食不好,成员也不会提意见,尤其是不能够提议吃好的东西,没有人好意思说出口,也没有人有那种想法,也不敢说出口。家里做什么饭食就吃什么饭食,谁都不能就吃食提出要求和意见。

平日里当家人不会给家庭成员分配零花钱,都是谁需要用钱就向当家人提出来,如果合理且获取当家人的同意,当家人会分配给此家庭成员使用,个人不能存放零花钱,无论钱是谁挣得都要归于家庭,都不可以自己留出零用钱,必须经过当家人的这道手分到的东西才具有合理性。

4.分东西提异议,被人瞧不起

在家庭分配活动中,其他家庭成员不能为了自己分到东西而表达任何意见,即使是分配过程中存在不公平,自己在分配中吃亏也绝对不可以提出,会招致家庭成员瞧不起,如果家庭以外的成员知道后会认为这个家庭成员极其"浅暴"[1],不再愿意与该家庭成员打交道,而且会成为大家的笑料。如果家庭成员感觉分配过程中存在多个家庭成员的不均,可以为了其他家庭成员而就分配活动提出意见。当家人之所以作为当家人,通常情况下,处理各项事务都是非常公平公道的,所以出现提意见的情况很少。就拿接受教育而言,可以说是一种受教育名额的分配,冯树歧家只有冯永禄和冯永周两个孩子,冯树桂家有四个儿子一个女儿,可是基于家里土地种植对于劳动力的需要,作为当家人的冯树歧做出的决定是让二儿子冯永周与二侄子冯永河不上学,其他男孩子上学读书,而且当时女孩子很少读书,冯树歧却依旧让冯树桂的女儿读书,冯树歧明显是让自己屋里吃亏,偏袒冯树桂屋里的孩子,这就是当家人的做法,所以当家人对于家庭分配是让人信服的。如果外当家不在,内当家可以和长辈商量着做主分配。

---

[1] 浅暴:小气、贪财,斤斤计较。

（六）分配统筹

1.原则：全家需要，收支平衡

家庭在分配的时候，当家人会以全家人的主要需要为前提，当然不会是想要什么就都满足。家里的老人不喜欢大侄子冯永宗，相对来说，偏袒其他晚辈，因为冯永宗平时我行我素，想干什么就干什么，不听长辈的话。可以看出就是因为冯永宗违背了"尊老"的这种根深蒂固的规矩才不被大人喜欢。家长一般都会更疼爱听话的孩子，但不会无缘无故的主观偏心。当然，偏心对于家庭成员很可能产生不良影响，造成恶性循环，冯永宗越来越不听家长的话，家长越来越不喜欢冯永宗。

2.次序：食物为先，实需为准

冯家在分配自家食物的时候，首先要交齐公粮，即"皇粮国税"，剩下的才由自家成员消费，即使地里打的粮食全部用于自家吃都不够的情况下，还是要先交齐公粮，交税是天经地义的事情，没有人抗税。

在分配自家产品的时候，食物方面没有特殊的分配，在一个灶上一起做饭，一起吃饭，每个人的伙食都一样，除了父亲冯廷彬和母亲郑氏的吃食好以外，其他家庭成员不加以区别，而且食物分配位居第一位，吃饱饭是头等大事。衣服方面都是谁需要就给谁安排，以实际需要为准则。家庭成员有需要衣服的情况可以告诉作为内当家的王氏，由其做主和安排，再由内当家告知作为外当家的冯树歧购买布料，其他家庭成员不可以安排和决定。除了棉花按照人头平均分配，其他东西基本都不固定的分配到具体个人，而是按照需要进行分配。

3.数量：长幼为准，参考需求

家庭分配的规则：首先是长幼顺序，例如在吃食上，冯廷彬和郑氏吃白面，其他家庭成员吃粗粮，长幼顺序是必须遵从的首要原则。其次是实际需要的规则，谁的衣服坏了，需要做新的，经过家长同意就可以购买布料做新衣服。

在分配时，老人因为年纪大了，年轻的时候给家里做出了贡献，所以冯廷彬和郑氏平时吃白面馒头。孕妇生孩子以后坐月子，家长会允许其在一个月内吃白面馒头、鸡蛋和芝麻，因为刚生完孩子身子虚弱，需要补身子。这些都是可以理解的，都是被其他家庭成员认可和接受的。

当家人在分配的时候没有特权，吃穿和其他家庭成员一样。当家人不仅没有特权，而且更加低调，恪守本分。1949年以前的时代，人们更爱面子，如果自己的行为引起其他家庭成员的不满，当家人认为那是极大的耻辱。为了避嫌，当家人甚至会更加疼爱兄弟的孩子，而不是自己屋里的孩子，当家人处理任何事情都要做到让家人佩服，都要做到公平公正。

在年景不好的时候，冯家会在饮食上多吃粗粮，并且掺糠掺菜，衣服能不买就不买。当然粮食不够吃，家庭成员会优先给老人吃。1949年以前，每家每户生的孩子都多，拿着孩子不当回事，传统都讲究尊敬和孝顺老人，冯家亦是如此。

（七）分配结果

1.食物分配占主导，成员接受分配结果

在冯家实际分配过程中，地里的收入大概有一成用于交税，剩下的九成全部用于食物分配，而且每年都需要购买粮食贴补家庭成员的口粮。1949年以前，吃饭生存是头等大事，食物分配优先于其他一切分配活动，如果遇到吃不上饭的年份，为了吃饭可以放弃其他分配。

对于已有的分配结果,家庭成员不会提出不同的意见,不愿意也不敢吱声。1949年以前,人都讲究规矩,大家自动遵守分配的规矩。有一次大儿媳妇张氏身体不舒服,同为妯娌的大侄媳妇孙氏出于关心就给张氏煮了一个鸡蛋,让张氏吃下提前睡下,正巧母亲郑氏进门看到鸡蛋皮,舀着一瓢凉水掀起被子就泼孙媳妇张氏一身,打破分配规矩是不被长辈所允许的,会引起长辈的愤怒。

2.大方向不更改,小范围内微调

每年的分配结果基本一样,因为每年的分配方式和原则没有变动。只有在农忙的时候和女性坐月子等特殊时期,当家人才会适当做出调整。农忙的时候,因为劳动繁重,需要下地干活的成员可以在家里吃饱饭再带着几个玉米饼子去干活,饿了可以吃点,家庭成员平日里都吃粗粮咸菜,肚子里没有油水,所以干体力活的时候抵不住饿,需要多吃些,作为内当家的王氏会吩咐给几个小妯娌伙食稍微改善点,作为外当家的冯树歧赶集的时候也尽量买点蔬菜,给家庭成员尽量添上几个熟菜。家中女性坐月子亦是如此,身体虚弱,需要补充营养,所以会改善其饮食。王氏会吩咐其他人给家里坐月子的人准备白面馒头、小米粥、芝麻、鸡蛋,这一个月都吃这些,不再吃粗粮和咸菜。还有过年的时候,家里人辛辛苦苦忙活一年不容易,冯树歧会吩咐家里的人把养了一年的大猪宰杀了犒劳家庭成员,从腊月二十多把猪宰了,天天都给家里的人炖肉吃,一年到头吃粗粮,这几天全家老少都吃白面馒头,一直吃到大年初五,初五之后需要把剩下的猪肉留给上了年纪的父亲冯廷彬和母亲郑氏吃,其他人不许继续吃了。

四、家户消费

(一)家户消费及自足程度

冯家是大户人家,经济条件优越,生活富裕。家庭消费中占比最大的是粮食消费,粮食消费和衣物消费无法完全自给,存在外购现象;冯家南北两个院落,住房实现自给;医疗资源匮乏,由此生病是件令人极其恐慌的事情;人情消费有小额和大额之别,前者指婚丧嫁娶随份子的日常支出,后者指给子女盖房娶妻所付出的毕生积蓄;教育消费无须家户支出。

1.粮食消费:自给为主,外购补充

1949年以前,家里平常一年的花销折合成钱大约一万五千块,如果按照粮食折算的话大概有一万五千斤粮食,其中粮食消费占到总收入的百分之五十左右。相比较而言,冯家在村里算是家境殷实的人家。

1949年以前,农业没有实现机械化,肥料匮乏,土壤贫瘠,粮食产量低下,而且需要给国家缴纳公粮。冯家有80亩地,对于将近三十口的家庭而言,等于处于人多地少的状态,这些土地出产的粮食除去公粮之后,每年剩下的粮食根本不够全家人食用,每年都需要购买粮食,这是作为当家人的冯树歧每年都需要做的事情。冯家所在的长丰区每个月以4和9为尾数的日子便是集上开市的日子,粮食的价格波动非常大,几乎每个集市粮食的价格都不一样,加之粮食是耐放的东西,所以一年四季不管什么时候,当家人只要在市场上遇到便宜的粮食便会买回家储存着以作为全家人的口粮补充,购买的粮食有用于喝粥的白高粱,吃饼子的谷子和蒸窝窝头用的玉米,还有给老人吃或者待客人用做馒头的小麦,每年购买的粮食有六七千斤左右。

2.食物消费:粮食为主,其他外购

1949年以前,冯家常年在家吃饭的有二十几口人,每年消费的粮食有一万二千斤,占总体消费的百分之八十左右。每年缴纳完公粮,家里还剩下五千斤左右的粮食,剩下的粮食占到粮食消费的百分之四十左右,每年需要购买六七千斤粮食,占比约为百分之六十。家里一年也舍不得吃肉,只有到了过年才把自己家中饲养的猪宰杀了食用。平时一家人多是吃咸菜,不买其他蔬菜,只有来了客人,冯树歧才会到集市上买点新鲜蔬菜待客。在吃食上消费占比最大的就是粮食,至于需要蔬菜的时候就到集市上购买。

3.衣物消费:成员穿着,全部外购

1949年以前,家庭的衣服消费大概有五百块钱,占总体消费的百分之三左右。因为自己家不织布,所以衣服都是由当家人购买布料,再由家庭成员进行裁剪和缝制。出于孝顺,冯家给老人穿洋布衣裳,因为当时洋布是最好的布料,价位高、不容易磨坏而且穿着好看。弟弟冯树桂是公职人员穿的比较正式且普通,一般也多穿粗布衣裳。大侄子冯永宗经商穿的是洋布,其他家庭成员舍不得穿好布料衣服,基本都是穿棉花线衣服,而且衣服坏了能补就尽量补,尽量节约,条件好也不能铺张浪费。节约归节约,但家里一直有经济能力购买衣物,家人不缺衣服穿,因此不需要借用别人的衣服。

4.住房消费:规划设计,完全自给

冯家房屋足够满足全家人居住的需要, 没有因为超过居住需求而借用或者租住过别人的房子,但是因闹洪灾导致自家房屋倒塌而借住过朋友家的房屋。冯家共有两个院落,均是坐北朝南,便于采光。每个院落都是标准的四合院形式,正房包括三个房间,东屋、西屋和中间堂屋。堂屋兼具厨房和餐厅的功用,东西正屋作为卧室之用,东西厢房也是卧室,但是其中有一个厢房用于饲养牲口。父亲冯廷彬和母亲郑氏住北院东屋,冯树歧和邢氏住北院西屋,弟媳王氏住东厢房,四侄子冯永平和侄女冯丫各自住在北院的两家西厢房,因为他们没有结婚,在当地算是小孩子,按照规矩理应跟着父母在一个院子里居住。大儿媳妇张氏住南院东屋,大侄媳妇孙氏住南院西屋,二儿媳妇李氏住南院东厢房,二侄媳妇尧氏住南院西厢房。当初盖房子的时候,冯廷彬、郑氏、冯树歧和冯树桂在一起商量就合计好家里的人口和房间数相匹配的问题,完全是根据家里人口数来建造的房子,即使是没有结婚的冯永平,家里也给他准备了完婚后的住处,冯家每个家庭成员都有单独的房间居住。一般的人家会出现家里有结婚的人其他家庭成员就要腾出房间给新婚夫妇的情况,冯家从来没有过这种情况,冯家房屋从建造到入住就已经按照长幼设计而安排好具体的居住位置, 每个人都有固定且合理的房间。

5.医疗消费:医生稀缺,惧怕疾病

1949年以前,医生极其稀缺,医疗技术落后,不要说专业的医生,就是"赤脚医生"①,十里八乡都不见得有一个。也就是大家听说哪里有个老医生,只要听说能给人看病,家里有重病人了, 还得有钱看病的人家就套着自己家马车或者借用别人家的牲口和马车去医生家请人家过来看诊。如果家里年长的冯廷彬或者郑氏生病了,当家人冯树歧亲自去请医生。每个村都有妇道人家会收魂之类的,这属于一种迷信,如果是小孩们头疼脑热的毛病,比方说感

---

① 赤脚医生:乡村中通过师徒关系学会的医术,然后到处给人看病的人。

冒了,弟媳王氏或是小妯娌们就去请这样的妇道人家给孩子收魂什么的折腾一下了事,所以小孩子夭折是常有的事,没有为孩子去请医生来家里看病的情况。家里没有卖房子卖地治病的时候,房子和土地是根本,卖了就没法活了。再者,既没有医生,也没有医院,家人生大病想治疗也没有办法,病人只能耗着日子渐渐地就去世了。

6.礼品消费:种类无别,数额有异

1949年以前,过年过节的走亲戚或者族人及亲戚等生病了就需要去看望,拜访之前需要准备一包点心,当地称为"果子包"或"小脯包",这便是当时的礼品。一个"脯包"是一斤,多的装二斤点心,不管什么亲戚都是拿着装一样点心的"果子包",只有斤数的差别。大多数人家的经济条件不好,没有拿好的或者贵重东西随礼的。遇到亲戚或者族人有婚丧嫁娶的事情,冯树歧负责去随礼,近亲随礼两块钱,远亲随礼一块或者五毛钱。

别人给自己家里随礼了,人家遇上婚丧嫁娶或者生病,自己家也必须给对方还礼。对于人情消费的看法,冯家认为人家给自己家随礼了,自己家就必须礼尚往来进行还礼。不管贫穷或者富有,都要讲究人情往来,只是随礼具体数额多少的区别,近亲或者关系好的礼金就自然多些,远亲或者关系一般的礼金自然少些。

7.红白喜事消费:数额巨大,多年积攒

1949年以前,红白喜事的随礼花费一年有一百块钱左右,红白喜事的随礼数额按照亲疏关系分为五角、一块和两块。这方面开销不大,因为人们太穷了,不愿意过多和过频繁的走动亲戚,冯家的红白喜事花费,占总体消费的百分之二左右。但是如果自己家需要办理红白喜事,那开支就比较大了,丧葬或者喜事一次至少要花费四五百块钱,普通人家需要积攒多年,富裕人家未必压力小,因为富裕人家碍于自己在村庄的地位,所以办丧葬或者办喜事都是大操大办,因此同样是一笔很大的支出。当然大家不会选择卖房子卖地也要大办红白喜事,都是尽力而为。

8.教育消费:娘家供读,自家无关

1949年以前,冯家没有教育支出,上学的孩子在自己母亲的娘家居住,且由姥姥家供给得以接受的教育,当时孩子们时兴住姥姥家。对于冯家的孩子来说,如果姥姥家不愿意供读书,那么孩子就没有机会上学,例如冯树歧二儿子冯永周和二侄子冯永河不识字的原因就在于此。大家普遍认为识字也没有什么用途,识字对种地抵不上用,最多读点书,"自己认识自己"就够了,加上冯家的八十亩地靠着当家人冯树歧一个人也种不过来,即使姥姥家愿意供冯永周和冯永河读书,当家人在考虑家庭实际情况的基础上也可以决定让他们留在家里种地。当然如果姥姥家拒绝供外甥读书,家里也不能强制,孩子自然也不能读书识字了。

(二)家户消费主体与单元

冯家的粮食消费、食物消费、人情消费、红白喜事消费、医疗消费完全由家户担负,而住房消费和教育消费存在家户外承担的情况。

1.家户负担为主,偶有特殊情况

在消费方面,冯家主要是由家户承担。如果家户无法负担消费的时候,例如粮食不够食用就想办法借一些,一般都是借用几斤粮食,不敢借多了,借多了怕还不上人家,如果能吃点野菜度日就尽量不借粮食;如果是太贫穷的人家娶不上媳妇,外人不会介入。但存在情况稍有例外,如果家庭承担不起丧葬费用的时候分三种情况:一是如果缺钱多的时候,根本出不

起殡了就不买棺材,直接用席子卷了或者建造"砖丘"①把去世之人放入其中,然后埋入祖坟;二是如果缺钱少的话就借亲戚朋友的,等到以后存了钱再还给人家;三是无论缺钱多少,有的族人关系亲密,家庭出不起殡,族人会摊钱处理,不用家庭归还。

2.衣食人情消费,完全自家承担

冯家在粮食消费方面,占到日常消费的百分之八十左右,都由本家户负担。其他人没有代替家户负担的责任和义务,如果没有粮食吃的时候,家户成员可以到别人家借粮食,但是等到家户有了粮食就需要偿还给对方。除粮食消费以外,冯家的食物消费均由本家户自行负担,在家户全部消费支出中所占比重最高,占到总体消费的百分之八十五左右。

冯家在衣物消费方面也主要由本家户自行负担,每年的衣物消费占到家户总体消费的百分之三。对于衣物消费也存在家户外负担的情况:一是每年儿媳妇和侄媳妇的娘家都会给自己的闺女和外甥们置办部分衣物;二是冯家有一些亲戚的经济条件非常优越,过年过节来家中探望父亲冯廷彬、母亲郑氏和其他家庭成员的时候会赠送一些新的衣服或者穿过的较好的旧衣物。

家户的人情消费由本家户自己负责,这部分消费占家户总体消费比重很小,占到百分之二左右。如果家庭特别贫穷甚至会取消自己家的人情支出,把缩减下来的开支用于生存需要,所谓的有的人家"穷的把亲戚都断了"就是这个原因。

3.住房家户负担,天灾变更主体

冯家的住房消费由本家户自行承担,盖房子虽耗资极大,但是一旦把房子盖好,房子耐用,每年都可以居住,一套房子尽心尽力保护可以保障一两代人居住。由家户外负担的情况:当发生天灾人祸的时候,家户成员迫不得已逃难,会借用别人家的房屋居住。1936年夏天,村里下大暴雨,引发洪水。由于当时的房屋是坏质的,所以很容易被洪水泡倒了,家庭成员不得不举家搬离村子,投奔胡村的一个朋友。全家在胡村待了三年,后来又在宋村待了两年,在冯树歧的建议下,经过父亲冯廷彬和母亲郑氏的同意租种了别人18亩田地,虽然是租种的朋友家土地,但是需要交纳的租子特别少,可以忽略不计,基本上是免费让冯家种植,因为朋友完全是为了帮忙。由于天灾的缘故,冯家住房的提供主体发生了变更,由本家户变成了冯家的朋友。

4.红白喜事花销,偶由家族负担

红白喜事的消费一般由本家户承担,属于偶然性事件,并非每年的固定支出。由家户外负担的情况:一是遇到婚丧嫁娶大事情,一个家庭一时负担不起这么大额的支出,家庭就会借用其他人家的钱财支付这项消费;二是如果经济上遇到困难,尤其是老人去世了,无法出丧,家族内的近亲会摊钱帮助办理,不过这是不常见的特殊情况。家里终日劳作除了吃饭糊口之外,就是为了积攒钱财打理红白喜事,使得孩子到了适婚年纪能够为其盖房娶妻,使得老人在世获得赡养,老人去世能够出的起殡,所谓生有所养,老有所终。虽然红白喜事的花销是偶然性的,但是耗资数额巨大。

5.子女教育消费,姥姥家供读

冯家本身没有教育支出,因为教育支出均由孩子的姥姥家负担,这是有钱人家的模式。

---

① 砖丘:用砖垒砌而成,形状似棺材。

1949年以前,有钱的大家主都讲究"门当户对",所以能够嫁进大家主的女人,其娘家的经济条件一定也相当富裕。冯家作为大户人家,冯家的媳妇娘家基本都是当地的大家主,经济条件优越,因此娘家经常会给女儿及其外甥、外甥女买衣物,供给读书等,这样做女儿在婆婆家才更有面子和地位。

冯家媳妇的娘家基本在孩子五六岁能够离开家时,就接到姥姥家常住,姥姥家给孩子提供衣食住行,供孩子读书识字。当然这一切的进行都要经过冯家当家人的同意,如果当家人不同意,那么孩子的姥姥家便不可以接走外甥,如果冯家拒绝孩子读书,那么姥姥家就不能供孩子读书,姥姥家对于孩子没有决定权。

6.医疗消费占比小,家户负全责

1949年以前,冯家的医疗消费由家户担负,医生稀缺,孩子也不被重视,如果是孩子病了,就给做点热面条吃,用棉被捂着出汗,或者是孩子的母亲经过内当家人的同意,带着孩子去找村庄里会收魂的老太太给孩子瞧一瞧,祛除使得孩子生病的妖魔鬼怪。孩子生病都使用这些方法加以"治疗",后者是一种迷信方式,如果病好了算是幸运,实在好不了甚至会使得孩子丢了性命。只有老人病了且病的比较严重的时候才去求医问药,所以这部分开支在家户总消费中比重非常小,不足百分之一。

(三)家长在消费中的地位

冯家的衣物消费、人情消费、医疗消费、赌博消费、粮食和食物消费均由当家人决定或者授意于其他家庭成员;对于住房消费和红白喜事消费,当家人不可以擅自决定,需要和长辈及其同辈人共同商量一起拿主意;教育消费由姥姥家提供,至于孩子在姥姥家接受教育的具体过程,冯家不予以干涉。

1.粮食、食物、衣物消费:当家人决定或授意

1949年以前,粮食和食物消费安排和决定的情况:一是在冯家,关于粮食和食物消费方面的安排都由当家人的冯树歧决定,不过基本是地里种植什么庄稼就吃什么粮食,当家人安排做什么饭食就吃什么饭食;二是如果外当家和内当家都不在家的时候,遵从长幼顺序就得由大儿媳妇张氏依照往常的饮食习惯和种类进行安排。

1949年以前,衣物消费的安排和决定:一是家庭成员有需要衣服的情况就告诉作为内当家的王氏,由其做主和安排,再由内当家告知作为外当家的冯树歧购买布料,其他家庭成员不可以安排和决定。二是每年到了棉花收获季节,当家人会给家庭成员分配弹好的棉花,每个大人分到三斤,孩子到了16岁也按照这个标准分配,其他孩子按照一斤半的标准进行分配,每个小家庭可以用这些棉花来做棉被和棉衣,分到自己家,自己小家庭就可以做主和安排。

2.住房消费:当家人与长辈共商议

1949年以前,家户住房消费的安排与决定:对于冯家而言,住房属于极其重大的事情,所以必须由外当家安排,而且外当家一个人也不能够单独决定,必须与父亲冯廷彬、母亲郑氏及家中其他长辈共同商量才可以做出安排和决定。1936年夏天,天连降大雨,村庄中洪水肆虐,冯家的老房屋被泡倒,于是搬家逃难到朋友所在的村庄,由于思乡心切,最后决定回家盖新房,但是新房子的建造需要当家人和长辈们共同决定。情况包括:一是如果冯廷彬和郑氏不同意,家里就不能盖新房子;二是如果冯树桂不同意,冯廷彬、郑氏和冯树歧都同意,是

可以盖新房子的;三是如果冯廷彬、郑氏和冯树桂同意,冯树歧不同意,那么最终也能建造新房,但是要尽力说服作为当家人冯树歧的认可;四是如果当家人不在家,盖新房子的情况紧急来不及等待当家人回家共同商量,例如若有其他人家与自己家竞相购买庄基地的情况等,冯廷彬、郑氏和冯树桂可以共同商量做出是否购买庄基地和建造新房的决定。

3.人情医疗消费:当家人做决定

1949 年以前,冯家人情消费的安排和决定:人情消费属于家庭外部事务,主要是随份子、回礼、待客之类。一是家中有办红白喜事的亲戚或者族人需要给人家随份子的话由冯树歧全权处理,抛头露面的事情都是外当家负责;二是有亲戚或者族人生儿育女需要回礼的人家就由内当家负责,毕竟女儿家的事情由女人处理起来比较方便;三是家中需要请客吃饭答谢别人的情况,外当家直接告诉内当家,再由内当家吩咐给小辈妯娌们做饭即可。人情消费并不是家庭生活中天天接触到的事情,属于偶然性事件,也不是关乎家庭生存的大事情,所以当家人拿主意,再吩咐给其他家庭成员协作完成即可。

医疗消费的安排和决定:一是如果父亲冯廷彬或者母亲郑氏生病了,作为外当家的冯树歧决定请医生;二是如果是孩子生病了,由其母亲告知内当家,内当家同意,并带着孩子及其母亲去找村庄的老太太"治病",这种老太太在当地叫作"相门",属于一种迷信方式。1949 年以前,孩子的命一点不被重视,只有赶上长辈生病请医生来了可以顺便给孩子看看,不会特意为孩子请医生;三是如果是家里的其他人生病了,也是捱过去,一般不会给找医生,经常是做点热汤喝,再捂一身汗便罢。医生特别少,请医生不是一件容易的事情,虽然请医生是当家人安排,不过家长通常只会为老人请医生。

4.赌博消费:当家人擅自进行

冯家只有当家人冯树歧有赌博的习惯,冯树歧也是在不忙的时候才去打牌,他不需要询问其他人,直接向保管钱的三侄子冯永鸣要钱便去打牌。打牌在当地叫作"耍钱"或"玩钱",打牌在当地是一件很不好的事情,整日劳作才勉强维持生活,打牌只会给生活带来不好的影响,所以在人们的心目中,打牌是非常不好的事情。当家人冯树歧打牌,父亲冯廷彬和母亲郑氏批评冯树歧好多次,冯树歧也是偶尔去,因此对家庭影响不大,家人勉强能够容忍当家人打牌,其他家庭成员不可以打牌。村庄里有专门的牌局,打牌的人不分经济条件,有富有的,也有困难的,打牌并不是由经济条件决定,打牌的人是因为无法控制自己,有些人家即便吃不上饭也戒不了打牌的瘾。

冯家当家人打牌,虽然误不了大事,但是其他家庭成员也很有意见,父亲冯廷彬和母亲郑氏是长辈管他也没有作用,冯树歧也改不掉,晚辈不敢表达不满,再者也没有影响到干活,所以矛盾没有太过激烈。冯树歧一般在农闲的时候打牌,一般在本村,属于固定的地点,有专门的牌局。打牌的时候都有赌注,以赌钱为目的。打牌的人到了饭点就各自回家吃饭,庄家不提供饮食,冯树歧去打牌之前,每次都从家里拿钱,他并不非常痴迷,对家庭生活没有造成不良影响。冯树歧打牌是自己决定,不经过其他家庭成员同意。

5.红白喜事消费:共同商量,共同决定

1949 年以前,冯家红白喜事的安排和决定:一个家庭的红白喜事属于偶然性事件,不经常发生,但是耗资很大,对于每个家庭而言都是需要长久积蓄才可以应付,属于家庭中一个大难关,所以冯家由外当家和家庭中的长辈共同商量着决定,当家人单独做不了主。冯家每

次降生一个男孩子便意味着家庭要为他盖房子娶媳妇，这是一个家庭的家长义不容辞的责任和义务。等到家中的老人去世了，家中需要给老人办丧事，需要买棺送葬，请亲戚待客人，需要请吹拉弹唱之人为去世者悼念，以此表示晚辈重孝道。

6.教育消费：姥家先决定，主家后"拍板"

1949 年以前，教育消费的安排和决定：冯家的孩子读书识字都是由其姥姥家供读，愿不愿意供外甥读书由姥姥家决定，但是姥姥家做出供孩子读书的决定，最终让不让子女读书的决定权在于冯家，这叫作最后"拍板"。冯家作为大户人家，冯家的媳妇娘家也多是当地的大家主，经济条件优越，因此娘家经常会给女儿及其外甥、外甥女买衣物，供给读书等，这样做女儿在婆婆家才更有面子和地位。冯家的媳妇娘家基本在孩子五六岁之时离的开家了就将孩子接到姥姥家常住，姥姥家给孩子提供衣食住行，供孩子读书识字。当然这一切的进行都要经过冯家当家人的同意，如果当家人不同意，那么孩子的姥姥家便不可以强行接走外甥，如果冯家拒绝孩子读书，那么孩子的姥姥家就不能供外甥读书，姥姥家对于孩子没有决定权。

（四）家庭成员在消费中的地位

冯家在粮食消费、食物消费、衣物消费、住房消费方面有着严明的长幼界限，尊老是第一条准则，且其他家庭成员不可以提出异议；红白喜事关系重大，家庭成员可以参与意见；教育开支由姥姥家提供，家庭成员无须过问。

1.总体原则：敬老第一，成员平等

不同家庭成员在粮食消费、食物消费、衣物消费、住房消费和医疗消费中的地位和消费次序：老人优先且优待，敬老是第一准则，其他家庭成员次之且平等。上了年纪的冯廷彬和郑氏住材质好的砖房，吃白面食物，生病的时候由当家人套着马车请医生上门看诊，这些都是其他家庭成员没有的待遇，当时对于其他家庭成员的待遇都是一样的，他们之间倒是毫无差别。冯家遵循尊卑有序，尤其是对老人要无条件的孝顺。就拿做饭供暖来说，北方的冬季，天寒地冻，而且没有专门的供暖设施，只能依靠火炕供暖。家里人为了让两个院子都有热乎气，到了冬天便南北两个院子交替着做饭，但是即使轮不到在北院房屋中做饭，孙媳妇们也会过去给两位老人把炕烧热乎，但是南院不做饭就不能单独烧炕，因为柴火不是想要多少就有多少，能省则省一些。

2.人情消费：亲疏有别，经济为准

冯家不同家庭成员在人情消费中的地位和消费次序：一是由外当家决定和安排，其他家庭成员不可以干涉。二是近亲为先为主，远亲为后为次，人情支出的份额也是按照亲疏远近而有区别，随礼的数额是不一样的。三是如果赶上天灾人祸，吃饭都成为问题的时候，支付不起人情消费，家庭便会舍弃人情开销。

过年过节走亲戚，或者族人及亲戚等生病了需要去看望，拜访之前要准备一包点心作为探望的礼品，当地称为"果子包"或"小脯包"。一个"小脯包"是一斤，多的装二斤点心，走访任何关系的亲戚都拿着装同样点心的"果子包"，只有斤数的差别。1949 年以前，大多数人家的经济条件不好，没有拿好的或者贵重东西随礼的。遇到亲戚或者族人有婚丧嫁娶的事情，冯家的外当家负责去随礼，近亲随礼两块钱，远亲随礼一块或者五毛钱。有生养孩子的亲戚由冯家的内当家去送礼，礼品为 21 个鸡蛋，是送给月子人调养身体用的。冯家的媳妇生养孩子，娘家人会送来米、面、鸡蛋和婴儿衣服，不用随礼，不用给钱。平日里媳妇不能随便回娘

家,由娘家哥哥或者弟弟套着马车过来接才可以回去,媳妇征得婆婆和爷爷奶奶同意便可以去,媳妇回去可以不带礼物,也可以带礼物。

3.红白喜事:关系重大,共同商量

不同家庭成员在红白喜事消费中的地位和消费次序:红白喜事对于一个家庭而言是非常重要的事情,不仅仅是涉及一生的事件,而且开支非常大,所以能够在红白喜事中做主的人只能是当家人和长辈们,他们共同商量决定。在家庭中,红白喜事消费的重要程度仅次于孝顺老人的位置,家里长久积攒钱财除了维持家庭运转,另一个目的便是家庭成员的红白喜事到来之时能够应付过去。

红白喜事的花销和排场根据家里的生活条件进行安排,像冯家这样的有钱人家,红白喜事不可以办的寒酸,穷人家用席子卷着去世的父母也不会招致嘲笑,但是有钱人家如果办的不光彩就会被人说长道短。冯家的子女结婚所有花销都由当家人和长辈们共同合计出多少钱,各个环节花钱的数目。家中老人去世由作为当家人的冯树歧与同辈兄弟冯树桂共同拿主意,其他小辈人不可以发表观点,听从长辈们安排即可。

4.教育消费:姥家供读,成员无涉

冯树歧有子侄六人,除了二儿子冯永周和二侄子冯永河以外,其他人都有上学读书,也都是由姥姥家供读。冯永周和冯永河不是其姥姥家不愿意供他们读书,是冯家的当家人和长辈决定不让他们读书,因为家里有 80 亩地,大家都读书出去工作,家里没有人种地也不行,种地不是一朝一夕的事情,需要专门有人常年在家,于是冯永周和冯永河便留下来种地,长辈认为他们种地也用不着墨水,于是他们没有上学。不同家庭成员在教育消费中的地位和消费次序:冯家家庭成员的教育支出是由姥姥家提供的,姥姥家愿意供给家庭成员,其便可以读书,如果不愿意供读,那就不可以接受教育,这不是由本家庭成员做主和决定的,也不用本家庭支付教育产生的费用,当然家里的成员也没有干涉的权力,最多是家里的当家人和长辈们商量决定是否让晚辈接受教育,冯家虽然认为读书识字有用,但是其重视程度并没有到达非读不可的地步,因为人们的目标还是衣食无忧即可。

五、家户借贷

冯家经济条件优越,鲜有借贷的情况,一般是由家长或者家长授意家庭成员去与自己家关系好的人家借贷。借贷的主体是家庭整体,还贷的主体也是家庭整体。

(一)借钱与使用

1.家庭经济富裕,迫于官司借贷

1949 年以前,冯家家境殷实,很少借钱,只是有一次因为纠纷,打起了官司,正所谓"冤死也不能告状",意思是打官司支出很大,家庭负担不起,老百姓即使蒙冤也要把气咽下去,尽量不要经过官府去告状,即使是大户人家也会因为打官司而"爆谷"①。冯家所在的村庄有多个姓氏,不同姓氏之间素有积怨。当时斗争地主富农成为土地改革运动的一项重要任务,赵姓和刘姓便联合起来告冯树桂贪污公粮,打起了官司,对立双方都是实力雄厚的有钱人,整场官司持续了两年,对财力的消耗巨大。最后冯家都没有饭吃了,媳妇带着孩子各自回

---

① 爆谷:破产。

娘家,冯家多次请多批中间人希望能够和解,两大姓氏一直不肯放过,冯家自己的财力无力支撑,借了亲戚朋友许多债务,最后冯氏家族也决定加入这场官司的纠纷中,凑钱帮助冯家打官司。在家族财力的支撑之下,官司以非输非赢为结局,事情压了下来,冯家便因此破产败落了。

对于冯家而言,这次大官司导致的借贷是危难之下的无奈之举,这次借贷是以整个家庭的名义进行,由当家人和长辈们共同商量着安排和决定。借多少钱还多少,不需要还利息,都是关系好的族人、亲戚和朋友,不会收取利息,只有借用放贷人的钱才需要偿还本金,外加利息。因为冯家是没有分家的大家庭,所以家内的小家庭不可以单独借贷。只有当家人可以以整个家庭的生存和发展为基础才可以借贷,其他任何家庭成员不可以因为自己的需要进行借贷,即使是当家人也不可以为了自己而借钱,只能够为了家庭,且以家庭的名义借钱。

2.家户为借贷单位,个人借贷不合规矩

借钱以家户为单位进行,没有分家的情况下,家中任何个人不能进行任何借贷活动。冯家的家庭成员只有在与别人合伙购买东西或者做生意的时候经过家长同意才可以出现借贷的现象,例如共同购买农具,如果钱不够可以借其他人的,当然也要事先请示当家人且获得当家人的赞同。

冯家没有出现过个人单独借贷的情况。原因是人们的观念使然,个人要服从家庭,个人不能做超出长辈要求且逾越规矩的事情;个人需要钱可以求助于当家人,即使是个人的朋友或者拜把子兄弟愿意借给钱,也需要和当家人商量,经过当家人的许可才行,如若不被允许,家庭成员个人就不能借贷。

(二)家长支配借贷,特殊情况居少

冯家在借贷中,当家人是实际的支配者,当家人不在的情况:一是如果情况紧急,借钱又是为家庭解决问题或者对于家庭大有裨益,个人可以做主,但是这是极其少有的情况。例如有一次大侄子冯永宗进货需要钱,当家人不在,又不能耽误生意,所有冯永宗只能自己做主借钱;二是如果情况不是非常紧急,一般需要等待当家人返回再商量决定;三是男性当家人可以直接做主,女性当家人需要和丈夫与长辈商量;四是如果父母年纪大了,儿子当家的话就可以直接决定,如果父母不是很年长就需要与父母商量。

还存在一种借贷的情形就是家长授意家庭成员进行借贷,也是以家庭的名义进行借贷。冯树桂和冯树歧是同辈人,如果家里需要用钱的话,作为当家人的冯树歧可以委托给弟弟冯树桂,如果冯树桂不在,那就得冯树歧亲自去,让晚辈去借钱比较困难,甚至会空手而归,借钱是大事情,没有大人去不行。向直系亲属或者关系好的人借钱不需要立字据或者写借条。没有经过当家人的同意,家里人不可以随便借钱。在借贷中,除了当家人以外,其他家庭成员可以提意见,可以出主意,当然出发点必须是以家户主体的利益为根本,但是非当家人的家庭成员一般不可以擅自做决定。

(三)家中借贷责任,承担主体不一

不同家庭成员借贷责任的分配:一是不分家的情况下,为了大家庭而借贷的情况,那责任就属于全部家庭成员共同承担,大家庭财力集中,有了钱首先还债;二是不分家的情况下,如果当家人不知情或者没有授权,其他家庭成员进行了借贷活动,那么这个家庭成员不仅仅会受到训斥,还需要自己挣钱还清所欠钱款或者由家里还债,全凭当家人的决定;三是处于分家过程中,儿子和父母共同承担借贷责任,女儿不用承担,而且因为父母年纪大了,劳动能力不强,收入低,所以父母少承担一些,儿子多承担一些;四是对于已经分家完成的家庭,谁借的钱,谁自己还债,每个小家庭随着分家都成为独立的家庭主体,同时也是承担各自债务的主体;五是家庭进行的借贷活动,家族和家庭以外的其他人不用承担还贷责任。

家长不在的情况下谁可以借贷:一是如果当家人不在,需要通过借钱来处理的事情不是非常紧急的情况,家庭成员需要通知当家人且等待当家人回来再由当家人做出决定;二是如果情况非常紧急等不及当家人回来做出决定,那么需要和上一辈当家人或者与当家人同辈的长辈商量以得到许可并做出决定。

(四)借贷过程

1.人情借贷,无须抵押与证人

家里不会轻易张口向别人借钱,只有生活上实在过不去的时候才会开口,而且借钱的对象是与自己家关系非常好的人,所以不需要抵押东西和写借条。冯家日子好过,平常用不着借钱,倒是有来冯家借钱借粮的街坊邻居。文叔和冯家是同族本家,两家关系不错,他兄弟结婚的时候到了冯家让冯树歧帮忙准备一口袋麦子,冯树歧把麦子给他,他扛着就走了,不用写字据。

张开口借钱的人都是平日关系好来往密切的人家,大家不会抵赖,都遵循着自古遗留下来借钱要还的观念,"欠债还钱,天经地义",这种观念早已经根深蒂固。借钱者不需要摆设酒席,也不需要请证人,只是人家现在帮了你,等到以后人家有需要帮忙的地方,要积极帮助人家,等于是还人情,这种借贷完全属于人情关系下的借贷,以两家的深厚人情交往为担保。

2.人情借贷无利息,专门贷款偿利息

借钱都是凭借着人情,凭借两家的深厚情谊,所以没有人会收利息,也不会规定还钱期限。不过借钱的人一旦有了钱首先要还债,这样下次遇到困难,人家还愿意继续帮忙,借钱也容易,不然下次再借就困难了。1949年以前,有一种人手里有闲钱便专门向外放贷款收取利息,以此盈利。连柜老太爷家里没有地,没有闺女,也没有儿子,他攒了很多现大洋,以放钱收利息作为营生。这样的借贷需要借款者找保人、立字据,到了还款期限还要按照约定支付利息。一般的人家不愿意向这种专门贷给别人款的人借钱,不仅仅是因为这种借款方式需要偿还利息而付出更大的代价导致生活负担更重,而且因为人们爱面子,如果利用这种方式借钱,街坊邻居会说闲话,认为这个家庭没有人缘,所以家里缺钱都找和自己家关系好的人借少量的钱度过困难,等有了钱再归还。

(五)还贷情况

1.家户还债,据况而论

还款都是自己亲自给人家送到家里,等着对方来自己家要极其少见,这都是默认的规矩。自己有点钱就慢慢攒着,攒够了马上还债,这也是约定俗成的认知。欠款数额巨大,一年半载还不上的情况可以分批还款。欠款数额小,一般都是一次性还清,防止彼此记错还款次数而发生矛盾,闹的大家都不好看。一般是借什么还什么,借人家钱就还人家钱;借人家粮食就还人家粮食,借什么种类的粮食就还什么种类的粮食。一般是谁去人家借的,谁就拿着钱亲自去还,而且对方的交接对象也要是当初出借钱的人,这样做是为了防止发生误会和矛盾,也好清账。

1949 年以前，冯家没有出现过借钱还不上的情况，按照村庄的规矩，如果出现了还不起欠款的事情，处理方式为：一是如果家里没有现钱还债，就要卖掉家里的财产来还钱，哪怕是卖了房子和土地也要还清人家债务；二是如果家里实在太贫穷，没有牲口和土地，甚至连房屋都没有，那对方一般不会再要求还款了；三是如果对方放弃追回债务，并不代表一直放弃，如果以后欠款的人家经济条件好转，有能力偿还债务，债主可以选择收回债务，也可以不收回债务。

2.“父债子偿”，“夫债妻偿”

如果欠款金额在还款能力范围以内，家庭成员确实进行了借贷，那么家户就需要还钱。在大家的观念中“欠债还钱，天经地义”，属于家户的人员，其进行的借贷就应该家户承担。但是如果欠款金额巨大，在家户还款能力之外，也需要尽力偿还，剩下的实在还不起的或者对方放弃追款，抑或延迟还款期限。如果是赌债，家庭成员需要告知家中年长者，年长者会管教借钱的家庭成员，并且叮嘱对方不要再借给此家庭成员钱财。

如果父亲不在了，且父亲借了人家的钱没有还上：一是如果有儿子，债务需由儿子们均摊还清；二是如果只有女儿，没有儿子，那么债务就不用还了；三是儿女都没有的情况，但是有房屋土地等财产，那么这些可以用来抵债，或者是家族内谁继承了其财产，谁偿还其债务。如果没有任何财产，那债务只能不了了之；四是如果孩子没有长大成人，妻子有代替丈夫还钱的责任，但妻子没有能力的情况下，债主不能强迫妻子马上还清债务，妻子可以推迟还款期限，随着时间推移慢慢还清。

3.分家之后，债务分割

家长去世后对于所欠债务：一是如果没有分家，家长欠下的债务，兄弟要分摊承担；二是如果没有分家，家长为了女儿借钱，例如女儿置办嫁妆或是生病等欠下的债务，兄弟需要分摊承担；三是如果已经分家，父亲为了哪个儿子借的钱，就由哪个儿子自己还钱。

如果兄弟已经分家：一是兄弟借钱是为了自己，那其他兄弟没有偿还的义务；二是如果兄弟借钱是为了长辈，那其他兄弟有偿还的义务，需共同偿还。

如果欠多人的债务，还债顺序有两种：一是时间，如果借了多人的钱，自己和多人的亲疏关系一样，还款顺序就按照借款的先后时间来决定，先借谁的钱就先还给谁；二是关系，如果这些人中亲疏关系不一样，那么先还给关系疏远的，后还给关系亲近的。关系亲近的容易谅解，晚点还钱也没有关系，但是关系疏远的就要紧着还，欠钱久了不还清，人家会不愿意，会怪罪。

六、家户交换

冯家交换因交换物的不同而做主的主体也不尽相同，如果涉及房屋土地等大事情，当家人必须和父母及弟弟商量而共同决定，自己不能单独拿主意。其他的小物件交换，当家人决定或者当家人授意便可以完成。其他家庭成员可以对自己的物品进行自由交换，但是涉及家庭的物件需要和当家人商量。

(一)交换单位

所谓“货换货，两头热”，交换是因彼此喜欢和需要才产生的活动。情况如下：一是冯家进行经济交换的时候，由外当家安排。二是涉及房子和土地等大事情的时候，作为当家人的冯树歧必须同其长辈冯廷彬及郑氏商量而共同决定。例如两家土地数量和肥沃程度一样,为了让地块集中到一起方便耕种,就可以把土地和其他人家同一位置土地进行交换。三是关于房子、田地和生意等大事情,如果外当家不在,外当家人的父母可以做主,但其他人不可以拿主意。四是如果比较紧急,耽误到干活,而且涉及的交换物品花费低,例如锄头坏了,耽误干活,买个锄头又花费不大,其家庭成员可以决定购买。以上这些都是与整个家庭相关的交换活动的处理方式,即家庭交换。

另外,冯家还存在两种特殊的交换形式就是家内小家交换和个人交换。有一次,大儿媳妇张氏娘家给了一双袜子,张氏穿着尺码偏小,便和大侄媳妇孙氏的一个枕巾进行了交换。如果是属于小家庭的物品,双方可以单独开展交换活动。交换是为了物尽其用,属于自己房间里的物件,自己协商决定交换即可,不需要和任何人商量。冯家成员众多,个人交换是在所难免的事情。如果属于个人的物品,不影响家庭利益,物品的所有者在家庭内部可以随意交换,不需要请示任何人,但是要和物品的所有者进行商量。例如物品属于丈夫,媳妇要交换需要询问丈夫,反之亦然。如果属于个人的物品,但是个人想要和家庭之外的人员交换,如果主体是媳妇要交换便需要询问丈夫,如果涉及家庭利益,还需要丈夫请示当家人。如果主体是丈夫,那么涉及家庭利益需要请示当家人;如果不涉及家庭利益,丈夫可以直接决定,不需要和当家人及媳妇商量。

(二)交换主体

1.当家人交换与其委托交换

在冯家,作为当家人的冯树歧是交换活动中的重要主体。在交换过程中,涉及房子和土地交换的大事情,冯树歧需要与父亲冯廷彬及弟弟冯树桂共同商量决定。涉及农具、牲畜这些次于房屋、土地地位的交换活动,冯树歧可以作为交换活动的实际支配者和决定者全权负责。如果冯树歧不在家,父亲冯廷彬和母亲郑氏可以做主完成交换活动。因为三侄子冯永鸣是留在家中唯一识字,且不再继续接受教育的男丁,所以冯树歧把冯家经营弹棉花的营生交给冯永鸣打理,同时把售卖棉花籽的交换活动委托给识字的冯永鸣管理,但是需要冯永鸣进行详细的收支记账。当家人委托交换的情况一般都是委托给能够胜任的家庭成员,交换费用由家庭承担。未经委托,家庭成员不可以自作主张进行交换活动。

2.其他家庭成员交换

冯家的其他家庭成员对于涉及家庭利益的交换活动可以向当家人提出建议,如果合理会被采纳,但是家里人不可以擅自进行交换。如果当家人不在,其他家庭成员对于关乎整个家庭利益的交换活动可以请示冯廷彬和郑氏,让两位最为年长者拿主意。村庄内其他人家还存在这些情况:一是女人精明能干成为当家人,那么她决定交换的活动必须请示丈夫和长辈;二是儿子当家且成为当家人的时间不长,上一辈当家人仍然在世,儿子对于小物件的交换可以直接做主,大物件的交换需要和长辈商量交换进行与否,属于共同决定。

(三)交换客体

1.集市:主体交易场所

家里需要东西的时候绝大多数是由冯树歧步行到离村子三里地的长丰集市进行购买,每个月以 4 和 9 为尾数的日子是长丰集,家里其他成员不经过冯树歧的允许不能随便到集市去赶集。冯树歧平日不需要干活,几乎每个长丰集都去转转,之所以去长丰集,因为距离最近，集市东西又很齐全。一般冯树歧早上吃了饭七点钟就出发，中午之前返回家。在长丰集上每一种东西都有好多摊位，冯树歧可以货比三家之后再决定买谁家的。除了锅碗瓢盆和盐巴可以在家里向流动商贩购买以外，其他的东西基本都是从集市上购买。

其中冯家的一项重要购买物品是粮食，需要从集市上购买。因为冯家人口多，粮食产量不高，所以每年的粮食都不够吃，作为当家人的冯树歧几乎每个月尾数为4和9的日子都步行去三里处的长丰集市逛一下卖粮食的摊位，这是距离本村最近的集市。在集市有专门买卖粮食的区域，卖粮食的人家把粮食放到那里摆摊，冯树歧遇到价格合适的粮食便会购买，然后背回家。其他人平日都在家里从事劳动，家里只有冯树歧可以去赶集。有时候，购买的粮食多了，冯树歧搬运不动便会叫二儿子冯永周与二侄子冯永河到集市帮忙搬运粮食。

2.流商：内当家负责交易

1949年以前，流商贸易不发达且不普遍，流动商贩一般挑着担子到各个村庄里转悠，流动商贩卖的只是简单的果子[①]、脸盆、锅碗、盐巴等物品，涉及的主要是家庭内部使用的东西，所以和流商打交道的主要是内当家王氏。如果冯家需要购买的话，内当家本人或者由内当家授意媳妇去购买这些流商的东西。有时候，王氏觉得父亲冯廷彬和母亲郑氏想吃果子了，赶上挑着果子的人路过门口喊着："果子炸糕，谁吃果子炸糕"的时候，王氏就让儿媳妇出去买半斤回来给两位老人送北院去。流动商贩到村庄里卖碗的时候，王氏会根据过年过节待客和日常自己家使用的不同需求买上几个。卖锅碗瓢盆和盐巴的流动商贩不经常来，基本都是两三个月过来转悠一次，所以冯家遇上需要买的东西就尽量买，以免需要的时候耽误事情。

3.市场管理部门：打交道主体为卖方

过去集市上有专门收取摆摊人费用的部门，归区公所管。这些部门负责维持各个摊位的秩序，当卖方和买方发生矛盾冲突时，这些部门出面协调和解决。冯树歧经常去的长丰集是四村八里最大的集市，摆摊数量也是最多的集市，摊位不能够谁占了算谁的，必须按照规定在自己固定的位置上摆摊。区公所的部门根据每个摊位地理位置的优劣收取不同数额的费用，尤其是同类商品的摊位，不同的摆摊位置招揽买家的数量不同，越是刚进集市的位置，生意越好，需要缴纳的出摊费也越高。这些部门不需要和购买者打交道，他们收费的主体是摆摊人。

（四）交换过程

1.货比三家，择优而选

冯树歧负责操心家里的各个方面的事情，平日不需要干具体的活。冯家虽有80亩地，但是相较于人口数量而言，每年地里打的粮食都不能满足全家人食用需要，因此冯树歧几乎每个长丰集都去转悠，主要是为了买粮食。粮食的价格波动很大，不仅每个集价格不一样，就算同一个集，卖粮食的人根据自己家粮食的品相所定出的价格也不一样。冯树歧不会看见粮食就买，往往会货比三家来挑选价格便宜且品相过得去的粮食买回家。虽然冯家的经济条件很好，但是冯家能够过上好日子和当家人会过日子是分不开的，冯家当家人平日都是这样精

---

① 果子：油条。

打细算、有计划地过日子。

2.熟人交换,经纪交易

冯家买东西一般不愿意和熟人打交道,与熟人交换,价格不一定便宜,因为不好意思讨价还价。虽然冯家经济条件还算优越,但是挣钱攒钱也不容易,都是辛辛苦苦挣钱,不能大手大脚,买卖东西能省则省,非常慎重。家里人买东西的时候如果真的看见熟人在卖东西,冯树歧因为抹不开面子也只好买熟人的东西,熟人之间交换由彼此家里能够主事的当家人进行,一般不经过授意,其他成员不能够买卖。

当地的经纪不需要特意寻找,距离本村最近的集市是长丰集,在那里有一些能说会道的人专门做经纪,目的是替两边协商价格,赚取中间的差价。家里买牲口不用这些经纪不行,他们看到买卖双方正在商量价格,便会走过去搞破坏,说卖家要的价格太高,煽动买家放弃购买,以此故意搅黄两家的买卖,让双方的交易泡汤。再者说,经纪都在长丰集市周边居住,位于街头上的人,没有人敢招惹,所以只能用他们。

3.过斗过秤,赊账还账

冯家的主要交易是粮食的购买,需要用国家在集市设置的斗进行称重,不许私自称量,否则会罚钱,称一斗粮食收取两分钱的使用费。缺斤短两的话,自己不会知道,因为自己家没有备有称量工具,即使自备,也不被允许带着自备的称重工具去集市。交易由当家人完成,其他家庭成员很少进行交易,即使需要也要与当家人商量,被授意且委托才可以。

赊账的情况并不多见,主要包括两种情形:一是集市交易的赊账行为。家里买牲口的话,卖牲口的人会允许冯树歧把牲口牵回家试一试牲口干活的好坏,试一试牲口听话不听话,试用期间先不付款,先把牲口牵回家做几天活,看看牲口做活挺好的决定购买,最后再付款。如果买卖双方认识就直接口头约定即可,如果买卖双方相互不认识,就需要找一个彼此都认识的人作为见证人。只有像牲口这种花费较大的交易才可以赊账。二是固定生意可以赊账。冯家有弹棉花的生意,买棉花籽的人不是每次都带够现钱,很多时候采取赊账的方式,下次见面再还给冯家,彼此已经很熟悉,双方又固定的做生意,因此可以赊账。一般只有当家人才可以赊账,不主事的其他家庭成员不能赊账,当然如果其他家庭成员赊账了,当家人也必须还清。

第三章 家户社会制度

对于子女婚配,父亲拥有最终决定权,此时父亲的权力高于当家人的权力,高于爷爷奶奶的权力,跨越了当家人的权威和以长为尊的限制。无子家庭可以过继兄弟家的儿子,过继有严格的顺序规矩,且过继与继承资格、赡养与继承资格密切关联,尤其是赡养与继承资格,一般而言,二者是彼此依存关系,一存俱存。在家庭的内外交往过程中,冯家坚守以和为贵和长幼尊卑,这些规矩的目的均是为了维持和保障家庭的繁荣和延续。

一、家户婚配

"男大当婚,女大当嫁",婚配是一件大事情,冯家属于村庄的大户人家,冯家人非常讲究"门当户对"。冯家人娶媳妇、嫁闺女由当家人和孩子的爷爷奶奶、孩子的父母一起商量决定,其他家庭成员不可以发表意见,更没有决定权。

(一)婚姻情况:家中兄弟多完婚

1949年之前,除了四侄子冯永平和侄女冯丫以外,其他子侄均已完婚,后来大侄媳妇孙氏因为冯永宗被特务连杀害而改嫁。按照村里的规矩,同姓之人不可以通婚,但是同村非同姓的人可以通婚,没有其他关于婚配的限制。介绍人在当地叫作媒人,媒人一般是因为与男方或者女方家关系要好才给两家说亲。冯家挑选媳妇除了遵守村庄规矩以外,还有就是注重门当户对,冯家这样的富裕人家的媳妇也均是大户人家所出。

在婚姻的过程中,俗语"破驴配疙瘩套",意思是不好的驴配不好的家什,好驴要配好的家什,这句话经常被用于婚配过程中,由此可以看出人们非常讲究门当户对。虽然大户不一定和大户通婚,但是绝大多数是大户和大户通婚。原因一是大户人家看不上小户人家,小户人家经济条件不佳,大户人家会担心被拖累;二是大户人家家规严格,调教的孩子彼此也能够良好沟通,生活习性方面共同点多。

通婚意愿情况如下:一是大户和中户、小户通婚的情况多存在于没落的大户,这种大户人家在当地被叫作"哗啦地主"。因为他们已经不再显赫和富裕,所以会和中户、小户通婚。二是小户与大户、中户通婚,小户人家一般非常愿意与大户人家通婚,所谓"饽饽的儿女,柴米的夫妻",从这句话可以看出吃饱饭是普通人家最大的愿望,和大户通婚可以衣食无忧,所以小户非常愿意与大户通婚。按照冯家来说,家庭人口对于婚姻的影响微乎其微,影响婚姻最主要的因素是经济条件。经济条件好,能够衣食无忧的人家一般娶上富裕人家的女儿,相反,吃顿饱饭都是奢望的人家只能娶上小户人家的女儿,甚至是娶不上媳妇。

(二)婚前准备

1.长辈共同做主

冯家的男性成员到了结婚的年龄,村庄里便会有人给上门说媳妇,当地称为"说媒"。冯永禄和冯永周是冯树歧屋里的,冯树歧可以完全决定儿子的亲事,告知孩子的爷爷奶奶冯廷彬和郑氏一声即可。冯永宗、冯永河、冯永鸣和冯丫是冯树桂屋里的,虽然冯树歧是当家人,但是冯树歧不可以单独决定四个孩子的亲事,当家人必须和孩子的父亲商量,和孩子的爷爷奶奶商量,都愿意才可以把亲事定下来。

定亲以后,男女双方当事人是不能见面的,只有结婚以后才可以见面。长辈给定下婚事,无论晚辈愿意与否都得结婚,遵循"父母之命,媒妁之言"。冯永鸣的表姐是大舅跟着媒人给看的对象,大舅没有看出来男方一脸麻子,结婚的时候,表姐才知道,表姐又哭又闹,可是作为当家人的父亲应承下来了,退婚是不可能的事情,任何事情都得听长辈的安排,最后表姐还是嫁了。男女双方定亲以后,双方亲家是不走动的,过节的时候,准女婿不需要拜见丈人和丈母娘,因为按照当地的习俗结婚以后才是亲戚,成为亲戚以后才会拜望与往来。

2.父亲亲自过目

结亲家需要由孩子的父亲亲自去相看,孩子的母亲一般不出门。冯永鸣大舅家的儿子定亲的时候,是大舅去相看的,大舅说:"脚底下挺利落的,个子不大。"意思是小脚女人,身高一般,这就算过了大舅的一关。表姐的对象也是大舅去看的,大舅说:"行,大眼。"意思是长相过得去,他却没有看出来男方一脸麻子。1949年以前,冯家男性家庭成员寻找结婚对象的标准是:小脚女人,其父母、爷爷、奶奶人性要好,至于长相、身高一般即可,脾气温顺,针线活要好,年龄大点小点都没有关系,一般要年龄偏大的媳妇,为的是到了婆婆家可以充当劳动力干活。值得一提的是大户人家在经济条件上更讲究门当户对。冯家给女孩找婆家的标准是男方及其父母人品好,且身体健康,没有疾病,为人踏实肯干,所谓"嫁汉嫁汉,穿衣吃饭",女儿能嫁个衣食无忧的好婆家就是福气。

3.自由恋爱为大忌

1949年以前,无论大户、中户,还是小户人家都绝对不允许晚辈自由恋爱,冯家亦是如此。大家秉承着封建观念,自由恋爱的人会受到村庄极大的耻笑,成为村庄茶余饭后的笑料。自由恋爱之人的长辈及其亲属也会成为被嘲讽的对象,抬不起头做人。如果发生自由恋爱的现象,女孩的家长会把女孩活埋或者由亲戚领养,逐出家门,不再有联系。冯家所在的村庄发生过一件关于自由恋爱的事情,即铁家的闺女和一个小伙子好了,这可是不得了的事情,她爹非把她淹死,她大姑实在不忍心便把这个闺女领回家了,从此这个闺女便不再和原来的家庭有任何联系。1949年以前,对于自由恋爱的男孩没有严苛的惩罚措施,最多是训斥和口头责备。

冯永鸣作为晚辈,本人没有想过结婚为了什么目的,也没有想过自己找个对象自由恋爱,就是按照"男大当婚,女大当嫁"的传统,到了结婚的年纪,家里给安排娶妻成家。长辈给晚辈们安排结婚是为了延续血脉,传宗接代,为了维护家族的兴旺。

4.聘礼不如嫁妆多

"大家主死媳妇就死发财呗,再信①个媳妇就带一屋子红②,娘家人怕自己的闺女到了大家主的婆婆家被人看不起,所以陪嫁的东西多。"冯家的男性成员结婚的时候,女方不收取聘礼,既不要钱,也不要过多其他东西,只是男方赠送女方布料用于做棉袄和被子即可。相反,

---

① 信:娶或者嫁。

② 一屋子红:新媳妇的陪嫁品都是红色的。

女方娘家嫁闺女需要买箱、柜、桌子上的家伙①、衣服等作为嫁妆。

冯家的男性家庭成员婚配分为"就亲"和嫁娶两种形式,三侄子冯永鸣结婚形式属于就亲,女方娘家距离太远或者身为孤儿便需要"就亲"。冯永鸣的亲家因为日本人烧村而遭殃不得不举家到东北逃难,经过双方家长商议决定留下女儿嫁入冯家。因为亲家的房屋被烧成灰烬,所以只能采取"就亲"的婚配方式,"就亲"即在出嫁当天把女孩子放到男方的邻居家或者与男方关系好的族人家,然后于婚礼当天由男方迎娶。冯家其他的男性成员完婚都是采取的嫁娶方式,嫁娶就是男方到女方娘家亲自迎娶女孩子。

(三)婚配过程

1.媒人介绍,双方愿意

冯家家庭成员在婚配过程中必须遵照传统"父母之命,媒妁之言",必须经过媒人介绍才可以。媒人没有固定的人,可以是自己家的亲戚,可以是村庄的同姓族人,也可以是与自己家关系不错的人。冯家的经济条件优越,生活富足,孩子到了结婚的年纪,媒人便亲自上门来给说亲。媒人不图东西,只是单纯地为了撮合成一对良好姻缘。媒人提前在心里按照门当户对的标准掂量好,心里有谱便到男女双方家给互相介绍情况,得到应允后安排男方的父亲到女方家里相相看看,双方没有意见就算把一门亲事定下来了。结婚以前的整个过程中任何事情均由媒人亲自跑腿,等到媒人给女方家送"小贴"的时候,男方管媒人一顿好饭食。在婚配中,孩子结婚的方案由当家人和孩子的父母共同制定,双方父母愿意即可,孩子本人没有决定权。

2.长辈权力,亲疏有异

如果要结婚的孩子不是当家人的孩子,而是其他家庭成员的孩子,那么当家人需要和孩子的父母商量,当家人不可以单独决定,即使当家人不同意孩子的婚事,但是孩子的父母同意的话,这门亲事也可以定下来,孩子的父母可以单独决定其子女的婚事。这种情况下,当家人的权威输于孩子父母的权威。如果要结婚的孩子是当家人的孩子,那么当家人拥有完全的决定权,其他家庭成员没有决定权。如果其他家庭成员中也有孩子的长辈,那么作为长辈身份可以提出意见,但是采纳与否由当家人决定。

(四)婚配原则

1.结婚次序,遵循长幼

结婚要遵循长幼顺序,正常的顺序自然是大的先结婚,小的后结婚。子女婚配是家里的大事情,需要当家人和其他长辈亲自把关,谨慎选择和决定,孩子找对象都是遵循"父母之命,媒妁之言",而且按照老大、老二、老三……的顺序依次进行。打破婚配的长幼顺序需要条件,比如说老大身体有疾病娶不上媳妇,那么老二就可以不管老大而进行婚配。不仅是婚配讲究顺序,即使在婚房的安排上也是按照长幼顺序的。在晚辈子侄中,冯永禄作为老大结婚后居住在南院东屋,冯永宗作为老二结婚后居住在南院西屋,冯永周作为老三结婚后居住在东厢房,冯永河作为老四结婚后居住在西厢房,即居住方位遵循长幼之序。过去,人们特别讲究长幼尊卑的规矩,结婚亦是如此,长幼有序即为规矩。

---

① 桌子上的家伙:锅碗瓢盆,梳妆的物品等凡是需要放置于桌子上的东西。

2.结婚花费,遵从时代

男人结婚要待①亲戚,雇轿子,请锣鼓唢呐队,请红白理事会操办婚事过程中的待客吃喝等等,娶媳妇的整个过程开销为三四百块钱。结婚的时候,待客要请大家吃白面馒头,需要成席宴请街坊邻居和亲戚,开支很大。女方家需要买箱、柜、桌子上的家伙、衣服等作为嫁妆,然后把闺女送过来,新人拜完天地就算完成了结婚过程。

因为冯家是没有分家的大家庭,所以家庭成员结婚的一切开销是以家庭的整体财力为支撑,由家庭整体承担。但是如果已经分家了的家庭,其他儿子需要给没有结婚的兄弟摊钱结婚,因为他虽然结婚了,可是不能不管兄弟。冯家每个家庭成员结婚的花销不一样,因为随着时间推移,时代发展,经济水平提高,人们生活改善,这些会致使物价高低产生波动,婚礼花销自然不一样。不一样的话,其他家庭成员没有抱怨,因为是客观原因造成,不是家长的主观偏心。此外,大户、中户、小户,在婚姻花费上是不一样的,有钱人家开支大,没钱人家开支小。多子女的家庭和少子女的家庭差距不大。

(五)其他婚配形式

1.娶小媳妇

1949年以前,纳妾在当地称为娶小媳妇,如果家里有长辈,晚辈要想娶小媳妇需要经过当家人和长辈们的同意,自己不可以擅自做主。大侄子冯永宗除了在家中有一房明媒正娶的媳妇以外,自己在天津又偷偷娶了一房小媳妇。当然,他不敢让家中的长辈们知道,因为家里礼法严明,私自娶小媳妇是大大违背礼数的事情,长辈知道之后会对他不依不饶,后来就是因为这件事儿,弟弟冯树桂不认这个儿子,即使儿子被特务连抓走也没有进行营救,冯永宗最终被特务连杀害。

除了冯永宗,冯家其他人没有娶两房老婆的人。不过,听说长丰区有一个大户人家名正言顺的讨了两房媳妇,因为大老婆不能生育子女,而丈夫又不愿意休掉妻子另娶,所以又娶了一房媳妇延续香火。一般情况下,能够讨两房媳妇的都是有钱的大户人家,小户人家糊口都困难,也养不住两个媳妇。在这样娶妾的家庭,小老婆要听从大老婆的安排和决定,大老婆就像婆婆一样管理着整个家庭的事务,如果大老婆知书达理,那么小老婆就不被欺负,否则小老婆会受大老婆的气。

2.童养媳

童养媳在当地叫作"囤香着",童养媳就是在女孩子年幼的时候便寄养在男方家里。女孩子家里是条件不好的人家,吃饭都成为难题,养不起小孩了,只能让人家养着这个女孩子,成为人家的童养媳。养童养媳的男方家一般也不富裕,贫穷人家的儿子如果娶不上媳妇就收养一个贫穷人家的孩子,待具长大后嫁入自己家当媳妇。

12岁以前寄养到婆婆家的都算童养媳,娶童养媳也是媒人给说媒,然后由爹妈决定把闺女送去做童养媳,童养媳在与丈夫结婚以前就像这家人的闺女一样什么活都帮助干,跟着这家人吃饭。过去都是遵照"父母之命,媒妁之言",当事人不同意也必须送到别人家当童养媳,必须听父母的话。童养媳的双方都不需要立字据,均为口头约定。娶童养媳不需要给女方任何东西,等女孩子到了结婚的年纪,男方通过办酒席和祭拜祖坟表示迎娶,这些花费都由

---

① 待:宴请。

男方家出。

3.改嫁

丈夫去世,女方改嫁于冯家所在的村庄称为"走道"。当丈夫去世以后,妻子可以自己做主改嫁,族间长辈不会阻拦,毕竟人之常情,不能够让人家守寡,这样的人改嫁的时候,把婆婆家作为娘家,从婆婆家被迎娶走。但是如果妻子自愿留着婆婆家当然是求之不得的事情。如果是休妻,女方改嫁在当地称为"后婚"。1949年以前,休妻的行为少之又少,被休妻的女人需要回娘家,是一件非常丢脸的事情,可以改嫁,但是很少有人会娶这样的女人。被婆家休掉的女性对于自己改嫁与否没有决定权,由娘家父母或者兄弟决定。

无论是"走道",还是"后婚",改嫁的话均不需要写文书和契约,相对来说特别简单,结婚的过程也没有什么仪式。简单地把新娘子用"敞轿"或者马车接到婆婆家就算办完婚礼,婆婆家也不需要给任何聘礼,连布料都省了。区别就是"走道"的女人由婆家亲自来接,"后婚"的女人的娘家需要把她亲自送到婆家。第一次结婚的人坐窗户有帘子的女式轿子,改嫁的人坐没有帘子的男式"敞轿"。改嫁的话,如果前夫家要留下孩子,女方便不可以带走孩子,在传统的观念之中,孩子是男人的所有物,是男方的根本,女方没有权力带走。男方如果不要孩子,女方可以带着孩子一同改嫁。1949年以前,男人娶媳妇不容易,所以带着孩子的女方是不受嫌弃的。

改嫁的女人一般都是因为丈夫去世了,那时候的女人都是小脚,自己干不了活,丈夫死了就失去了经济来源,大人和孩子很难活下去,没有人干活了就没有钱活下去。而且娘家人觉得没有了女婿,闺女不容易,娘家人便主张改嫁。有的人家兄弟好几个,其中一个兄弟死了,其他兄弟想着分他的家产,便容不下其妻子和孩子,于是对守寡的女人百般刁难和挤兑,目的是逼她改嫁,离开男方家,因为改嫁的女人不可携带夫家的财产离开。

(六)婚配终止

1.休妻

冯家没有出现过休妻的情况,冯家在村里是大户人家,家里的子女都遵守规矩,大户人家讲究门当户对,这样的大户人家娶的媳妇一般也都是来自家境殷实的大户人家的闺女。这样的闺女从小在良好的家教熏陶和要求之下,性情知书达理,大方豁达,在家里从来不和公公婆婆、小叔小姑、妯娌们计较。不过,村庄里有休妻的人家,被休掉的妻子在当地被称为"不要了",休妻的原因包括:一是夫妻感情不好,总是吵架,两个人的日子实在过不下去,性格无法融合,男方便会休妻;二是媳妇和婆婆总是争吵,婆媳之间矛盾突出,无法调和,于是丈夫只能休掉媳妇;三是媳妇一直不生孩子,当时不生孩子会认为是女人的原因,女人会被休掉。被夫家休掉是非常可耻的事情,不仅是本人,连同娘家也会遭人嘲笑,被休掉的妻子不能带着夫家任何东西离开,只能被娘家人接走,或者自己不回娘家,悄悄地到别的地方生活。

2.守寡

三叔在十八岁的时候由于惹其父亲生气,其父亲在追打的过程中,导致三叔掉进井中,挂断气管死了。但是二叔等家庭成员体谅的劝说三婶改嫁的时候,三婶的回复是:"二哥,我命苦,走到蜜州也甜不了,我就守着这个家吧!"1949年以前,三婶孤身一人,没有儿子,所以后来过继了大哥冯树勋为儿子,延续香火,继承家业。守寡的妇女会被婆婆家特别尊重,认为这样的女人非常贞洁和守德行。

丧夫的妇女一般都是在婆家生活,其自己可以决定是否改嫁,如若决定不改嫁,婆家的当家人会同意其继续居住。1949年以前,女性的社会地位低,所谓"嫁出去的姑娘,泼出去的水",娘家一般不愿意接纳出嫁的女儿再回到娘家继续居住,尤其是娘家有了嫂子或者弟妹以后,根本容不下出嫁的姑娘在娘家长期居住。如若守寡的人有孩子,虽然守寡的妇女是否改嫁由自己决定,但是孩子是不是留在夫家,由夫家的当家人决定。无论有没有孩子,守寡的妇女只要愿意留在夫家而不改嫁,她便享有和其他兄弟同等的财产继承权,因为其代表着丈夫。如果没有孩子且选择留在夫家,不仅不会低其他媳妇一等,而且当家人及家庭成员还会高看她。

二、家户生育

冯家渴望子孙满堂,希望家庭人丁兴旺。同时,冯家也有重男轻女的观念,对于男孩子的庆生仪式比较重视,而且男孩子的取名比女孩子讲究,男孩子有大小名之分,女孩子只有一个名字。平日里对孕妇没有特殊照顾,只在坐月子的时候,饮食会改善,不再参加劳动,还有专门的人照顾,尤其是生了男孩的女人可谓是备受重视。

(一)生育基本情况:男丁兴旺

冯树歧的父辈有三男二女,兄弟辈三男一女,子侄辈六男一女,人口数量在村里算中等水平。父辈夭折有两个孩子,兄弟辈没有夭折的孩子,子侄辈没有夭折的孩子。丢弃、溺死和买卖孩子的情况都没有。冯家家教非常严格,没有非婚生育的情况,家庭成员按照家里的意愿正常娶妻生子。

在不同的家庭,大户、中户、小户人家在生育观念等方面没有什么不同,最重要的就是每个家庭都渴望生育男孩,且必须要有男孩,认为多子多孙多福气,尤其是长辈特别希望自己的子孙可以多生育后代,后代的数量越多越好。在冯家人的观念中,子孙越多代表着家户人丁越兴旺,代表这户人家越有地位,越有好运气和好福气。

(二)生育目的与态度

1.养儿防老,传宗接代

家里生孩子是为了养儿防老、传宗接代,长辈盼望子孙越多越好。生儿育女对家庭来说意味着尊严和面子,意味着门户的存在和延续。没有孩子或者没有儿子会被人笑话和瞧不起,会在村里没有威信和地位。生育孩子也是给家里增添劳动力的需要,人们都是靠着种地生活,没有男丁就没有人干农活。一个家庭男孩越多意味着越能有效地供给劳动力,意味着家庭和家族越是兴旺。

1949年以前,人们没有太多的想法,没有自己的思想,家里经济条件差不多的人家,老人都愿意小辈多要儿子,没有打胎的人。可以看出,冯家人在生育方面:一是没有计划性和目标性,怀孕了就生;二是在冯家这样经济条件好的人家,长辈都希望晚辈多生孩子,渴望子孙满堂,认为男孩越多越好。

2.重男轻女,非婚生育

在子女生育上,冯家倾向于要男孩,因为男孩是家之根本,传宗接代。在农村,男孩负责赡养父母,女孩则没有这个义务。此外,男孩是农业的重要劳动力,"举麦子捆装车,女孩子根本举不动,男孩子力气大,可以干繁重的体力活"。

非婚生育的情况是不被允许和接受的，是非常丢人的事情，如果出现会被父母赶出家门，并与之断绝关系。如果家庭出现这种情况，不仅仅是未婚生育的人会被人嘲笑讥讽，不能够做人，她的兄弟、姐妹、父母、亲戚、族人都会觉得丢人，都会被瞧不起，这样的女孩很难再找到婆家嫁人。1949年以前，即使异性之间正常的说话都会惹人非议，被认为是不成体统的事情，未婚生孩子更是不可原谅和接受的事情。

3.早婚早育，多子多孙

冯家的男孩子往往到了20岁左右便可以结婚，结婚之后的第一年基本都会怀孕生孩子。如果结婚一两年内，新媳妇的肚子没有动静，婆家会有意见，外人也会说闲话。1949年以前，子女结婚早，生孩子早，结婚了就是大人了，就得支撑家庭过日子。

冯家倾向于多生，家里愿意生育五六个孩子，希望儿子多些，但是女儿只要有就好，不愿意多。如果家里儿子多，村庄里的人会比较重视，没有人敢欺负。1949年以前，家境好坏并不决定着儿子的多寡，因为无论家境好坏，儿子都很多。冯家属于经济条件好的人家，当然希望多生育孩子，希望自己家人丁兴旺。冯树歧生育了两个儿子，冯树桂生育了四个男孩和一个女孩，子侄人丁如此兴旺，算是给家里挣足了面子，父亲冯廷彬和母亲郑氏更是欢喜的不得了。

(三)生育过程

1.孕期照旧干活，月子备受照顾

家里的女人怀孕了依然需要操持家务干活，做饭、洗衣服、收拾家务之类的并不比没有怀孕的时候少干。家里的长辈认为怀孕期间照常干活的女人容易顺产，要知道在当时那个医疗资源匮乏，医疗技术落后的年代，女人生孩子之时就像阎王爷接一张纸一样危险，一旦接不住这张纸，母子就面临着殒命的危险，所以为了顺产，为了母子平安，大家都接受孕期干活的这个事情。怀孕的女人一直干活，直到孩子月数大了，实在做不了家务，婆婆就不让其再干活。1949年以前，冯家的观念也是参加劳动的孕妇容易顺产，平时饮食和劳动上都没有特殊的照顾，和没有怀孕的时候一模一样。只有在生完孩子坐月子的时候，饮食会由平日里的粗粮调整为鸡蛋和细粮，还有炒熟芝麻做成的芝麻盐，坐月子的妇女不用干家务活，而且由婆婆和娘家母亲一起照顾孩子和坐月子的产妇，产妇只管好好调养身体。

大户、中户、小户人家的生育过程大体一样，区别只是大户人家给产妇提供的饮食比平时要好很多，为了让产妇的身子尽快调理和恢复，小户人家没有条件，饮食只能够尽量改善。就像冯家的媳妇在坐月子之前和其他家庭成员一样吃粗粮和咸菜，但是在坐月子期间便调整为白面馒头、鸡蛋、红糖等好饭食。换成贫穷的人家，即使是女人坐月子也吃不上好饭食，能吃饱饭就很好了，穷人家不是不给产妇吃好的，而是家里没有粮食，不具备经济能力。

2.村庄产婆接生，吃饭请客送衣

1949年以前，冯家生孩子都是在家里生产，冯家所在的村庄里由年纪大的自己生孩子多了由此积累了丰富生产经验的老太太担任产婆。孕妇生产前的一个月，家里就需要和产婆打好招呼，告知产婆生产的预计时间。生产的时候，孕妇的婆婆或者嫂子负责亲自去请产婆。

负责接生的人一般是村里上了年纪的老太太，这样的老太太生孩子多而又有经验。产婆接生不收一点钱，只是在孩子出生的第三天，家里必须蒸包子炒菜请产婆吃顿饭，冯树歧亲自去集市上挑选和购买当季的蔬菜。如果产婆在接生的过程中，衣服被产妇弄脏了就需要把手上的戒指摘下来送给产婆，如果没有弄脏产婆的衣服就不用送戒指，不过家里每次生完孩子都给产婆买身新衣服,费用由整个家庭承担。

(四)生育仪式

1."十二晌"庆"小满月",三十天庆"大满月"

冯家媳妇生育后,孩子降生第十二天的时候,家里会给其庆祝,俗称"十二晌",还有孩子满月的时候会予以庆祝。庆祝的时候,蒸包子炒菜宴请娘家人和近亲,包括孩子的姥姥、姥爷、舅舅、妗子、姨、伯伯、叔叔、婶子、大娘等。生男孩和女孩在仪式上没有区别,但是如果不生男孩,只生女孩,家里便不会庆祝"十二晌"和"大满月"。老人会对媳妇有很大的意见,会苛待媳妇,看媳妇不顺眼免不了找茬训斥,更不要说为孩子庆祝了。

生育时举办仪式的费用由整个家庭负担。当时随份子不给钱,而是给一斤红糖或者一斤芝麻或者是 21 个鸡蛋,家庭其他人不会吃这些东西,都给生孩子的月子人补身子。当地的"十二晌"俗称"小满月",孩子出生十二天之后,冯家的长辈们会说"收了",意思是说,孩子满了十二天,就等于度过了危险期,不容易夭折了。庆祝三十天的"大满月"意味着孩子夭折的可能性更是大大降低。所以生育时举办仪式目的是庆祝孩子渡过难关,能够成功的留存人世。

2.男孩系红绳,女孩不系

孩子出生以后,如果是男孩会在他的衣服扣眼里穿一个红色布条,女孩子就没有红布条。当时的人都重男轻女,女孩子不受重视。冯家所在的村庄里,有一个人连续生了四个闺女,第五个孩子是在娘家出生的,丈夫本来推着小米和面粉去丈母娘家,半路听说生了个闺女便非常生气,直接回自己家了,东西也不送了。

在生育仪式上,尤其是生了男孩,大户人家会筹办的隆重一些,菜肴丰盛一些,小户人家筹办规模会小一些,菜品会简单一些,有的小户人家蒸包子,不准备其他的食物。仪式的举办和家庭的经济条件有关,和生男孩还是女孩有关,和其他因素几乎没有关系。

(五)孩子取名

1.孩子取名,优请学问人

冯家孩子一般是由家中有学问的人给起名字,基本都是出生之后起名字,因为之前不知道孩子的性别。男孩子均是按照辈分排,有大名和小名之别。女孩子不区分大名和小名,只起一个名字,而且女孩子不需要按照辈分排字起名字,起的名字也较为随意。给孩子起名字,大户人家和小户人家的区别不大,都是按照族间对于不同辈分给出的字起名字,自己家庭不能随便起名字。唯一的不同就是大户人家会找有文化的人给孩子起名字,比较讲究,希望使用吉利且有文化的字成为孩子的名字,希望带给家庭和子女好运气。相比较而言,小门小户给孩子取名字就随意多了,小户人家不讲究那么多。

2.按字排列,无特殊意义

冯家孩子起名字没有特殊意义和讲究,只要不和亲戚的长辈名字重叠即可,而且大名,当地称为"大号",按照家族的字排列,冯树歧的父亲一辈按照"廷"字排列,兄弟一辈按照"树"字排列,到子侄这一辈大名按照"永"排列。冯家男孩子都有两个名字,即大名和小名,大名必须按照统一的字排列,小名由父母或者长辈随意取名即可。就像三侄子冯永鸣是其大名,但是因为他在叔伯兄弟的大排行中位居老九,因此长辈取其小名叫九儿。女孩子的名字没有讲究,取一个名字就可以,并且比较随意。

三、家户分家与继承

(一)分家

冯家是在土地改革运动以后分的家,由于土地改革运动的开展,冯家被划成富农成分,成为阶级的敌人,加上当家人及长辈们依次去世等一系列变故,因此冯家被迫分家。

1.分家的缘由

土地改革运动发起,冯家被评定的成分是富农,贫雇农收走了冯家的牲口和器具,把冯家的上等地换成薄碱地。紧接着一系列原因导致冯家由一个完整的大家庭分割成为多个小家庭,即分家。

分析开来,冯家分家的原因包括:一是土地改革的成分评定之后,老百姓对于冯家不分家的状态意见很大,认为不分家是有钱的大家主的主要特点,面对国家的政治形势,面对乡亲们的巨大压力,冯家决定分家。二是土地改革运动前后,冯树歧和弟弟冯树桂相继去世,只剩下年迈的父亲冯廷彬、母亲郑氏和其他小辈,没有了长辈当家人管理大家庭,缺少了聚拢大家庭的关键人物,家庭成员于是决定分家。三是冯家发生一系列变故,冯树歧和弟弟冯树桂相继离世,大儿子冯永禄和大侄子冯永宗也去世了,渐渐地,兄弟之间生有嫌隙和矛盾,大家感觉三侄子冯永鸣弹棉花轻松,对家庭出力小,而大儿媳妇张氏和大侄媳妇孙氏及其孩子们不能干农活,只有二儿子冯永周和二侄子冯永河负责种地,他们觉得不公平。于是三侄子冯永鸣一气之下远走他乡,去了东北当瓦工,失去冯永鸣的照顾,其嫂子孙氏及女儿没有了庇护,最终带着女儿改嫁他人,这些矛盾也是导致冯家分家的一个重要原因。四是土地改革运动以后,家里比普通百姓多出的财富被平分,冯家没有了经济财力的优势,家庭内部威望自然降低,家庭成员不再愿意听一个当家人的支配和调遣。家境贫困的人家容易分家,因为一个统一的大家庭虽然凝聚了力量,但同时也缺乏灵活性,对于过日子谋生有一定的限制。

冯家由兄弟们共同商量着决定和提出分家,这属于特殊情况,因为冯家的当家人一辈都去世了,失去了主事人。正常的情况是由当家人提出分家,晚辈一律不可以提出分家的要求,因为如果晚辈提出意味着其自私,且要背负破坏家庭和睦骂名。如果冯家不是处于特殊时期和时代背景之下,家庭外部力量也不会影响到其分家。一般情况下,其他人不可以对家户分家进行干涉,分家是一个家庭内部的事情,只有家庭请中间人的时候,对方会作为见证人出面。

小户人家愿意分家,因为贫穷吃不饱饭,所以人心不容易聚拢。而且土地少,不需要太多劳动力。大户人家倾向于不分家,因为大户人家土地多,产业多,需要聚拢力量维护财富,并使得财富增长和延续,而且由于大户人家经济条件优越,家庭成员也愿意顺从,所以不容易产生分家的想法,衣食无忧不需要分家。

2.分家的资格与原则

冯家分家的时候,只有儿子可以继承父辈的财产,女儿不作数,不能够参与分家的过程,也不能出现在分家现场。分家是成年男人的事情,媳妇和孩子不能参加或者发表意见,只能趁着丈夫心情好的时候,背地里询问一下丈夫分家的具体情况。分家之后各自成为一个独立的小家,男性成为各自小家的新的当家人。冯家分过一次家,分割成五个小家庭,各自生活。

分家的原则包括：一是儿子均分财产的原则。在 1949 年以前的农村，儿子是家庭的代表，儿子多寡象征着这个家庭的兴旺和衰败。分家的时候，无论老人留下多少财产，都需要儿子们平均分配，绝对不可以厚此薄彼。二是儿子享有继承财产权。在农村，只有儿子算作本家的财产继承人，女儿迟早要嫁人，根本不能算作家庭财产继承人。冯家分家均由儿子参与，享有分得长辈财产的权力，女儿不作数。女儿不分得财产，同时也不需要其赡养老人。

3.分家的流程

一是提出分家。在有长辈当家人的家庭，分家由当家人提出来，或者由其他长辈提出分家的想法，再获得当家人的赞成，最后由当家人提出分家。晚辈不能直接公开表示愿意分家，也不敢提出分家，冯家是很讲究规矩的大家主。二是寻找证明人（见证人）。分家离灶在农村是件大事情，意味着独立门户，涉及财产的分配，有固定的讲究和程序。需要寻找族人当中的三个或者三个以上的人作为中间证明人，见证分家的公平公正性，其中包括一个有文化的人起草文书，分家文书给各个兄弟每人一份。文书上写清楚总财产所包括的土地、房子、牲口及其他财产，然后具体写明分配情况。冯家分家的时候，只剩下南北院两座房屋和八十亩薄碱地，所以财产分割起来非常容易。由于孙氏已经改嫁，所以 80 亩地就按照远近和贫瘠肥沃程度平均分成五份，两套房子是按照正屋搭配一个厢房和正屋搭配南房的方式平均分成五份。然后采取抓阄的方式，一般是哥哥让与弟弟先抓表示为兄的谦让。三是冯家兄弟分家以后，各家搬运自己分到的物品。分家文书签字之后，各个部分的财产所属明确，大家开始搬运自己的物品，晚饭作为大家庭最后一次大聚餐，俗称"分家饭"。这一顿饭很隆重和正式，北方人在重要的时候都吃饺子，"分家饭"自然以饺子为主食。

4.见证人委于威望之辈，分家契约一式多份

分家的时候，冯家当家人会找村庄里平日里管理事情的长辈且有威望的人充当见证人，一般是族间的老族长或者叔叔伯伯。见证人的责任是将来参与分家的家庭成员发生矛盾的时候，见证人可以站出来起到证明人的作用，能够说得上话以平息家庭由分家产生的异议和冲突。分家需要由冯氏家族中的叔叔伯伯等长辈充当中间证明人而且写文书，文书上写着整个家庭所拥有的财产，包括土地、房屋、买卖营生、农具、牲畜之类；写明冯家五兄弟平均每人分得的财产数，以及中间证明人和参与分家人的名字。大家各自持有一份文书且各自保管。证明人的作用就是见证分家的公平公正，而且在分家之后产生财产纠纷的时候充当调解人和公证人。

5.长辈做主分家，成员不得提出

在土地改革之前，冯家一直是统一不分家的大家庭，小辈们即使有想法也不敢提出分家，提出分家代表不孝，意味着其在制造家庭矛盾与分歧，小辈都遵守规矩，没有人产生过分家的想法。在有长辈当家人的家庭，分家都是由当家人提出来的，或者由当家人的同辈提出分家的想法，再获得当家人的应允，最后由当家人提出分家，也就是说分家是由当家人做主，其他小辈家庭成员不可以提出，而其他长辈可以提出，但没有决定权。

6."一个门口一个天"，外界认可与保护

分家之后就是独立的门户了，一般不再居住于同一个院落之中，而是另起灶台，各自单过，这便是所谓的"一个门口一个天"。族人们有事情商量会去分别到长辈和晚辈家里，他们两个之间不再是长辈做主，晚辈听从的关系。村庄对于分家的家庭的看法和态度也是如此，

在分家之后就作为两个单独的家庭来看待了,但是没有什么登记之类的。1949年以前,一个家庭和国家打交道的地方主要是缴纳公粮和征兵,公粮的缴纳数额只是和土地的亩数有关系,和家户数量与人口数量没有关系,征兵也只和村民的年龄有关系,这些均和分家与否关系不大。户籍会跟随着分家有所改变,户主变成两家的男性成员,代表由一户人家分为两户人家。分家之后的家庭会得到家族、村庄和国家的一致认可,且三方对于家户分家都不予以干预,将分家看成是一个家庭内部的事情,家庭对于分家拥有独立的决定权和操作权。家户分家对于家族、村庄和国家实际上不会产生不良影响,家户分家只是家庭内部组织架构发生变化而已。

(二)继承

土地改革运动结束之后,冯家开始进行分家由此产生了继承关系。冯家的男丁拥有继承资格,因为儿子赡养老人,而且媳妇和孩子借此也获得和享有继承权,继承的时候"按股拉",一个儿子不管有多少个孩子都算是"一股",也就是享有一份继承权。继承的内容涉及房子、土地、牲口、农具、箱柜、桌椅、碗筷等。

1.继承资格由自家人享有

在冯家,只有自己家里的人享有继承家产的资格,家以外的人没有资格,财产继承和他们没有关系,除非是过继的人,还有养老送终的没有过继人也可以继承家产,因为他也算是这一家人,而且继承的权力和赡养的义务保持紧密的依存关系,这是老辈子留下来的想法,轻易改变不得。由此可见,只有家庭内部成员有继承资格,家庭外部成员没有继承资格,但是有两种特殊情况是可以继承家产的:一是过继之人,二是对家庭成员养老送终的人。

2.继承资格与赡养义务对等

冯家是由晚辈赡养老人,然后晚辈继承老人留下来的家产,这也是最为传统的方式。继承财产的情况可以分成四种情形:一是自己家的儿子有资格继承家产,即使是改嫁的女方带过来的儿子或者过继的儿子也是允许继承家产的。二是如果儿子没有成家,那么他和成家的兄弟有同样的继承资格,而且还要给他留出结婚的钱或者等到结婚的时候再由其他成家的兄弟出钱共同完成支出。三是如果只有闺女,没有儿子,就过继兄弟的儿子,闺女不可以继承父母的财产。1949年以前,家里的观念是闺女结婚了便是婆家的人,不属于自己家的人,所以她不能享有继承权。四是如果家里没有儿子,也没有过继其他男孩,由女儿对老人进行赡养,那么女儿可以继承家产。家里有继承资格的人都会继承同等家产,不会厚此薄彼,家庭非常注意公平。

3.家庭外部成员继承有特殊要求

冯家没有出现家户外部成员继承家产的情况,有儿子的家庭不会出现家长指定其他继承人的情况。自古以来,大家就有约定成俗的观念,儿子赡养老人,儿子继承财产,没有人去打破和违背这个规矩。冯家所在的村庄存在两种家庭外成员继承的情况:一是没有儿子的家庭,即使有女儿,也尽量不让女儿赡养老人和继承财产,而是由侄子承担赡养老人的责任,同时侄子可以继承此家庭的财产。二是没有侄子,再按照亲疏远近由家族的人进行赡养和继承,家族中没有人拒绝这种赡养和继承关系,没有人会说不养老人,不然会受人耻笑,被人瞧不起。

4.继承的条件与赡养父母相关联

如果晚辈不孝顺,冯氏家族内的叔叔、伯伯等长辈会出面训斥晚辈,让其好好照顾老人,但不会剥夺其继承财产的权力。如果冯家的子孙不给老人养老送终,他们便不可以继承家庭财产。对于犯了错误而被逐出家门的晚辈,家庭等于与其划清了界限,断绝了关系,当然不允许其继承家庭财产。这些并不是由当家人决定,而是受到传统观念的支配,这些观念是大家都要遵守的不成文的规矩,当家人只是这种规矩的执行人。其他家庭成员不可以决定继承的条件,赡养的顺序是按照亲疏关系,继承的顺序与赡养的顺序一致,不需要任何人指定。家庭外成员不能影响继承条件,继承条件就是谁赡养谁继承,赡养有顺序的限制,即按照亲疏关系进行,这些是世世代代遗留的传统,没有人可以打破和违抗。

5.继承的内容与继承权的确立

冯家的财产继承伴随着分家一同出现,共有的财产包括南北两个院落,80亩薄碱地,还有一些农具和锅碗瓢盆等。因为共有财产清晰明了,所以分割起来非常容易。由于大侄子冯永宗已经去世,大侄媳妇孙氏又带着女儿改嫁了,所以80亩地按照远近和贫瘠肥沃程度平均分成五份,两套房子按照正屋搭配一个厢房和正屋搭配南房的方式平均分成五份,农具和生活用品也同样平均分成五份。冯家对于财产的继承规则:一是女儿不能继承家中财产,只有儿子享有继承资格;二是儿子均等继承制,即每个儿子享有同等的继承资格和权力。

继承权的确立不是由家长决定的,而是代代流传下来的规矩,即使是家长也不可以强行改变这些规矩,其他家庭成员更要遵从和执行。这种确定是无形的规矩,是默认的规矩,不需要字据和遗嘱,这些规矩的基点是具备合理性。如果家里出现不按照规矩继承财产的情况便会受到家庭外部人员的谈论和嘲笑,会成为大家茶余饭后的谈资。在继承的资格、条件以及决定权方面,不同类型的家庭没有差异,家庭之间只有财产数量的区别,没有继承规矩的区别。

四、家户过继

三叔不幸离世,留下三婶一个人,而三婶不但没有改嫁,反而支撑起家业。因为其没有男丁,所以家里把大哥冯树勋过继给了三婶,从此冯树勋脱离了原来的家庭关系,成为三婶的儿子。

1.家无男孩,需要过继

过继在当地是一个非常普遍的现象,选择过继的家庭或是只生育女孩,没有生育男孩,抑或是男孩因为某种原因离开了人世使得家中没有了男孩。总之过继的原因归根结底是家中没有男孩,男孩代表家庭的根本和延续,代表家庭的依托和支撑,过继是对于家无男孩问题的一种解决方式。1949年以前,入赘的男人少之又少,因为基本上每家都有少则五六个孩子,多则十多个孩子,几乎每家每户都有儿子,不需要招女婿,即使没有男孩的人家也会选择过继,冯家所在村庄内没有入赘的男性。

三爷爷只有三叔一个儿子,17岁的时候三叔结婚娶了媳妇,便是冯树歧的三婶。一次他不听话,三爷爷管教他,他本来想跳过井,可是不小心掉入井中,被井沿挂断气管而不幸离世。但是三婶毅然决定守住这个家,不再改嫁。冯廷彬兄弟三人,且冯廷彬排行老大,冯廷彬有三个儿子,而老二家有四个儿子,按照当地习俗,三婶过继二叔家的儿子更为合适。但是三婶特别喜欢冯廷彬的大儿子冯树勋,又因她没有改嫁而备受大家尊重,所以最终依随着她的喜好过继的冯树勋。过继一般出现在亲兄弟之间,过继其他关系男孩的情况非常少。过继是为了延续香火,赡养老人和打理家庭事务。

2.过继次序,无以固定

过继讲求顺序,不同情况,次序不同。一是哥哥过继弟弟家的儿子要是长子过继,弟弟过继哥哥家的儿子要是非长子过继。具体而言,老大就要过继老二家的长子,一般情况之下,不能过继老三家的儿子;老二可以过继老大家的非长子或者老三家的长子;老三能过继老二家的非长子,但一般不能过继老大家的儿子,总之,只能够过继挨着的兄弟的儿子。二是如果亲兄弟只有一个儿子是不需要出继的。三是如果儿子多于一个,出继者的父母不能够阻止。四是过继都是男孩子,没有女孩子的事情。五是如果是受到特殊尊重的人可以选择"爱子过孙"的规则,即喜欢谁就过继谁,一般其他人不可以按照这个规则过继。

冯树歧的三叔位居老三,而冯树歧的父亲是老大,按照顺序三婶应该过继二叔屋里的男孩。可是因为三婶从18岁守寡,没有改嫁,倍受尊重,所以她可以按照"爱子过孙"的规矩过继男孩。

3.家长商定,成员不干涉

冯树歧的母亲郑氏本舍不得把大儿子过继出去,因为三个儿子当中,大儿子一直上学,非常有出息,又听话懂事。可是按照当地风俗,按照长辈们的决定,郑氏不能阻止这次过继行为,甚至产生这种想法都会被人嘲笑。因为这件事情,郑氏自己在心里别扭了好几年,身体也越来越差。家中三婶从18岁就开始守寡,没有改嫁,看着这份付出,家里人都得依着她。过继完全是由长辈决定,只要双方长辈商量即可,其他家庭成员没有决定权,当然也会问问出继者本人的意见,虽然出继者不同意也起不到决定性作用。

4.形式不一,无须钱物

三婶过继冯树勋的方式属于完全过继,即男孩子脱离原来的家庭,成为另一个家庭的儿子。冯家所在的村庄还存在一种过继形式,即一子两(三)不绝。即如果兄弟两人或者兄弟三人只有一个屋里有男孩子,无论是哪个屋子的孩子,他都作为这些兄弟的儿子。多个兄弟共同扶养孩子,孩子长大成人后为他们养老送终。

三婶过继冯树勋不需要给冯家钱和物,因为兄弟家没有了儿子,自己屋里男孩多,过继是理所应当的事情。入继者会赡养入继家庭的父母,且继承入继家庭的财产,而入继者和原来的家庭不再具备赡养和继承关系。

5.文书有效,族人见证

大哥冯树勋过继的时候,族人中的长辈作为中间人和协商人,而且写了文书,冯家还请客招待大家,以此作为过继的仪式。文书上写着过继者和出继者,还有中间证明人的名字,内容写明把儿子过继给了人家就是人家的儿了了,不可以反悔和发生矛盾。文书一式三份,过继者、出继者和证明人各执一份。

过继不需要有人介绍,就是双方长辈协商决定。在过继的时候,可以请证明人,也可以不请,完全属于个人意愿。当过继双方发生矛盾,一般多是对于过继的人选出现分歧的时候,家族中的长辈会自动出面协调且充当中间人,不要报酬。出继时不需要考虑出继者的意愿,出继者提出意见也没有实际作用,出继者本人也不好意思提出异议,由双方家长协商决定即可,出继者遵照执行,没有决定权。

6.家户过继,认可保护

大哥冯树勋过继给了三婶,家族对于冯家的过继持有认可的态度,认为是合情合理的事情。在家谱上会写清楚过继方、入继方和入继者,从此冯树勋便脱离与原来家庭的关系,与三婶成为母子关系。当然冯树勋对于原来家庭的父母还是非常孝顺的,每次去长丰集上都给父亲冯廷彬和母亲郑氏捎带肉火烧回来,这个没有人阻止,但是如果冯树勋不这样做也不会招致不满,因为冯树勋过继给了三婶就是三婶的儿子了,和原来的家庭没有关系了,不用赡养和孝顺原来的父母及其他长辈。在本家族内部对于过继的冯树勋不会加以区别对待,相反,大家会更加尊重他。村庄对于过继是非常认可的,过继的男孩在村里不会被歧视和嘲笑。政府对于过继也持不干涉的态度,土地税按照家户所拥有的土地亩数征收,和过继没有关系。

五、家户赡养

1949 年以前,冯家作为赡养对象的老人是冯廷彬和郑氏,两个老人年纪大了干不了活了,便由家中的人照顾,平日里吃食和住宅都比其他人要好,支出还包括医疗和丧葬。由于没有分家,费用由家庭总收入中支出,等于是家户承担。

(一)养老人,家内事儿

养老人是一个家庭的家务事,正常情况下,外人不会干涉。但是如果不好好对待老人,虐待老人,不尊重老人,族间的长辈们会不依不饶这样的晚辈,就得叫晚辈去说道和解释,并且晚辈会遭到责备与训斥。不孝顺老人会被人瞧不起,街坊邻居也会笑话这样的人家。连爹妈都不养的人,交往不得,这样的人家在村庄内无法做人。冯家人对待冯廷彬和郑氏非常恭敬孝顺,让两位老人住家里最好的砖房,吃最好的白面馒头,老人的衣食不需要自己劳动和操心,家里没有不赡养老人的行为,但是冯家所在的村庄有一个叫小儿的人因为母亲脾气大而拒绝赡养母亲,母亲 90 多岁了,站直身子都是非常困难的事情,更不要说自己做饭洗衣,家族实在看不下去便以族长为首带领几个族中长辈来到小儿家里训斥他,最终碍于颜面,他不得不放下嫌隙,从此善待母亲。

(二)养老人,找男丁

养老人都是儿子负责的事情,有几个儿子就由几个儿子负责赡养老人,闺女不算份儿。冯家的老人就是冯廷彬和郑氏,他们有三个儿子,而且有多个孙男嫡女[①],所以自家赡养老人不成问题,由三个儿子共同来赡养两位老人,各个儿子均等负担赡养的责任。还有的人家一个儿子都没有,这样的人家会选择过继其兄弟家的儿子来赡养老人。如果没有儿子又不过继男孩,那等到老了就得侄子们养着。赡养老人是男人的事情,和女儿没有关系,如果女儿不愿意赡养老人,任何人都不会提出异议或者表示不满。即使女儿想要赡养老人也不能自己决定,要经过哥哥弟弟同意,哥哥弟弟不答应的话,女儿想要赡养老人也不可以实现。对于没有儿子,但有闺女的家庭,父母上了岁数,如果过继了弟弟或者哥哥家的儿子,抑或没有过继男丁,堂兄弟要求赡养老人,那么女儿便不能赡养父母亲,只有所有人都放弃赡养的时候,女儿

---

① 孙男嫡女:孙子和孙女。

才可以选择自己是否赡养。

（三）赡养形式

1.家庭养老，成员不得多言语

家里上了年纪的是父亲冯廷彬和母亲郑氏，大家都伙着过日子，地里收获了粮食，小麦用于给两位老人磨成面粉，保证两位老人常年吃白面馒头，其他家庭成员都吃粗粮饼子。虽然没有冯廷彬和郑氏的专门养老地，但是也会优先保证两位老人享有最好的生活，吃好穿好住好。家里有南北两个院落，冯廷彬和郑氏居住在质地好的北院砖房中，北院相当于两位老人的养老房，住到去世。

冯家的养老方式由当家人决定，赡养老人属于家庭内部的事情，不需要告知任何人。在赡养中，家长之外的家庭成员不能提意见，只能顺从，这是作为晚辈的规矩。冯家对于老人的赡养义务没有分配到具体的家庭成员，年迈的冯廷彬和郑氏也没有瘫痪在床，不需要贴身照顾，平日里冯家把好吃好住安排给两位老人，以此方式孝顺两位老人。

2.家户赡养，类型与规模之差异

在家户赡养的形式上，大户、中户、小户都是以尊老为主，观念上没有多大的差别，只是在吃食和居住条件方面，大户人家的老人要比小户人家的老人享福。小户人家经济条件不好，生活贫困，老人的养老形式简单，饮食简单，吃的不太好，多是高粱饼子搭配咸菜等粗茶淡饭。小户人家老人的居住环境和条件也比较简陋，村庄里有的人家三代人挤在一个屋里。但是即使如此，这样的家庭中老人偶尔想要改善一下伙食，家里人没有意见，而其他家庭成员绝对不可以随便改善伙食，而且出嫁的闺女或者其他亲戚来访带来的吃食必须优先留给老人吃，无论是看望家里哪一个人，即使不是看望老人本人，好吃的东西也要留给老人吃。大户人家经济条件好，生活富裕，所以老人的日常生活条件要比小户人家好许多。

（四）治病与送终

1.老人生病，家庭照管

1949年以前，农村医疗资源缺乏，好几个村庄才有一个"赤脚医生"。冯家老人生病的时候，作为当家人的冯树歧会亲自和家庭成员一起套着马车去请医生，吩咐儿媳妇和侄媳妇给老人做好吃的让老人多吃点东西，以便老人的病恢复得快些，病人吃进去东西是好现象，吃不进东西说明病情越来越严重。医生看诊后开出药方且收取诊金，这些都由冯树歧操心。当家人以外的其他家庭成员必须配合着照顾老人，如果冯树歧让其他家庭成员去请医生，其他家庭成员必须按照冯树歧的意思去做，不可以提意见。但是有好主意的时候，可以建议给当家人，如果合理，当家人会采纳。对于没有分家的家庭，整个家庭是给老人治病的实际承担者，费用由家庭的全部财力来完成支出。如果是已经分家的家庭，老人生病的费用便由儿子们均等承担。无论分家与否，对于老人的医疗费用支出，出嫁的女儿和家庭外部的成员都不需要承担责任。

2.丧葬角色，成员迥异

老人去世后，如果没有分家，那丧葬费用由家庭共同承担，冯家就属于这种情况，大伙挣钱都伙在一起，家里有婚丧嫁娶的大事情的时候，家里就出钱把事情办了。对于已经分家的家庭，丧葬的花费就由儿子们均摊，女儿凭借自己的意愿，可以出钱，也可以不出钱，在冯家所在的村庄，女儿根本不作数。

家中的老人生病越来越严重的形势下,儿子们会商量着给老人准备"装老衣裳"①,待老人刚一咽气便给老人换上。老人去世的时候,如果是女性老族长指派族中小辈去给亲戚报丧,报丧有顺序要求,首先要把老人去世的消息送达其娘家,然后再到老人其他亲戚处报丧。村庄里与冯家关系好的人家会主动登门悼念和帮忙。老人的子女及亲戚都会披麻戴孝为老人守丧,祭奠去世老人。

老人入殓的时候,需要在棺材中放入五种颜色的粮食,而且这五种颜色的粮食不可以是"分瓣"的,小麦就属于"分瓣"的粮食,玉米不属于"分瓣"的粮食。出殡的时候需要老人的长子打幡,由长媳抱罐。当地还有一种关于打幡抱罐的说法,即一个人一生最多给两个人打幡,否则会被晦气压住命运而导致人生变得坎坷。

在丧葬中,长子与其余儿子职责是同等的,需要共同承当丧葬的所有费用。出嫁的女儿负责摆贡品,当地称为"九级转",即任何祭品均需摆设九件,还需要用纸币在灵堂棱木上贴字,用纸币贴成"流芳百世"等字样,褒奖去世者的功德。至于未出嫁的女儿则不需要负担任何费用。刚刚去世的人不允许立碑,三年以后才可以立碑。立碑的费用也由儿子们承担,女儿自愿决定出钱与否,石碑上写的是儿子孙子等男性的名字。

(五)赡养老人,不可违抗

家族对于家户赡养持有认可的态度,如果儿子不愿意赡养老人,会被家族成员瞧不起,会被说闲话,是一件非常不齿的事情。村庄有一个叫良子的人,不赡养母亲,他请族间的叔叔吃饭,叔叔嘲笑他说:"我去吃你饭呀,让你毒死我呀?"意思是你连母亲都不赡养,我不愿意和你接触。而且族间长辈会斥责不尽赡养义务的族人。

官府对于家户赡养同样是认可的态度,如果有儿子不愿意承担赡养责任,有人告状,官府会要求家户赡养老人,会制定出家户赡养老人的饮食和费用标准,强制性的要求晚辈执行赡养义务。冯家所在的村庄里有一个叫良子的人不善待老娘,老娘已经没有了劳动能力,自己挣不了粮食,而且上了岁数,腿脚都不利落,走路拉着腿走,洗衣做饭极为困难。她的儿子不养着他,不给她提供吃的穿的。有人举报良子,告到了大局子里,局子就把良子传了去,强行要求他赡养老人,让老娘穿暖吃饱,而且关押了良子好几天直到他真心悔悟。

六、家户内部交往

1949 年以前,冯家的家户内部交往关系包括父子关系、婆媳关系、夫妻关系、兄弟关系、妯娌关系等诸多关系,关系复杂多样,但是井然有序。

(一)父子关系

1.权利义务,关系对等

1949 年以前,对于冯家而言,父亲对于儿子要承担的责任:抚养儿子长大成人;给儿子娶媳妇盖房子使其成立家庭;教育儿子为人处事之道和谋生之道;父亲对儿子起到表率作用,儿子会模仿父亲的一言一行,因此父亲必须谨言慎行。对应于责任,父亲对儿子同样享有对等的权利:父亲让儿子做的事情基本都是有道理的,父亲让儿子所做事情在合理的范围内可以随意支配儿子;当儿子犯错的时候,父亲可以打骂儿子,但是孩子尊礼法懂规矩,如若孩

---

① 装老衣裳:给去世老人做的新衣服,包括一套棉衣棉裤和一件棉大氅。

子听话,基本不会被打骂;如果儿子犯了大错,比如说吸毒、赌博等,父亲有权力将儿子逐出家门;父亲说的话和吩咐的事情,儿子都要服从和照做;面对小事情的时候,即使父亲说的不对,儿子也要服从,但遇到父亲威胁到家庭利益的大事情的时候,儿子不可以直接违抗父亲,但是可以告知爷爷奶奶或者族间的长辈,让其劝说和管束父亲。

1949年以前,好父亲的标准:繁盛家业,保护家人,不赌博、不吸毒、孝顺长辈。好儿子的标准:踏实干活,尊老爱幼。在冯家,冯永鸣的父亲担任毛业局局长,平日不经常在家,但是父亲对子女要求非常的严格,只要回家就把子女叫到一起教给子女为人处事的道理。要求子女与人为善,对待长辈要谦恭礼貌,在家要孝顺听话等。

2.关系融洽,但不亲密

平时,父子之间关系很是融洽,但是尊卑长幼的边界却非常清晰。在冯家,父亲和儿子不会开玩笑,也很少聊天,都是父亲指挥着儿子干事情,父亲让干什么就干什么,父亲和儿子之间始终有着距离感,交流的话题基本都是关于家庭。冯家的孩子对于父亲是尊重,而不是惧怕。晚辈遵从礼法约束,合理的事情会跟父亲说,不合理的事情自然不敢提出来。父子之间有明确的界限,父亲代表着说一不二,代表着必须服从和绝对权威,他是家里做主的男人。

在日常的交往关系中,不同类型和人口规模家庭的父子之间的关系没有多大差异。不过,冯家作为富裕的大户人家,规矩更大一些,父亲和孩子的长幼界限比小户人家更为分明,小户人家的父子关系比大户人家要亲密一些,因为大户人家父亲的权威会让父子之间产生比小户父子更大的距离感和疏离感。冯永鸣路过别人家的时候,常常看到有的经济条件一般的人家的儿子和父亲说说笑笑,有时候还喝酒聊天许久,冯家基本不会出现这样的情况。

3.冲突关系,调适处理

父亲拥有绝对的权威,注重规矩和礼节,父子之间很少产生直接的矛盾,即使有矛盾,作为晚辈只可以认错和妥协,请求长辈的原谅。冯家对外谦和,对内却是家规甚严,长辈对晚辈有绝对的权威性,当家人更是如此,当家人或者长辈说一,其他人不能说二,未经过允许,其他人不可以任意妄为。

大侄子冯永宗从小机智,头脑灵活,胆子又大,加之有文化,长大成人以后在天津做买卖,通过打通关系将国民党的枪弹炮弹等物资进行购买,然后贩卖给共产党军队。家中"父母之命,媒妁之言"已经给他娶了一房妻子,并且育有一女,可是冯永宗有违家规礼法,自己在外又偷偷娶了一房小媳妇,生了一个儿子。有一次,冯永宗满载物资经过国民党关卡,赶上一个军官的儿子娶媳妇,冯永宗受到邀请参加婚礼,结果特务连经过之时发现了物资并逮捕了冯永宗,经过严刑拷打,最终给他定了"八路军采买大队长"的罪名而判了死刑。冯永宗被抓导致其私自娶妻生子的事情很快暴露。因为这件事情,冯永宗与其父亲冯树桂之间发生了激烈的冲突,按照冯树桂的人脉拯救自己儿子轻而易举,冯树桂在天津做过生意,而且从任丘到天津出差从未自己掏过食宿费和路费,因为一路都是熟识的朋友,愿意提供帮助的朋友不胜枚举。

冯永宗的做法伤风败俗,严重违反了家规,他在天津娶的小媳妇面向北给冯树桂跪了整整一夜,求自己的公公能够救救丈夫的性命,冯树桂在牌桌上打牌毫无动容,整整一夜没有理会。冯树桂的意思是不认这个儿子,同时也不认这个儿媳和孙子,并且知道冯永宗做的错事之后便驱逐了他。最后冯永宗被特务连在静海县刺伤并枪杀,家中长辈拒绝营救。不过族间还是允许被驱逐孩子的尸体埋入祖坟,冯永宗的小媳妇将他的尸体打捞上来,雇用马车送到了冯家,入了祖坟。不被其父亲认可的家庭成员等于和家庭毫无干系了,虽然是以口头的方式进行,但是这个孩子的生死存亡,家庭都不会再进行干涉,在当地人的观念中等于断绝了关系。

(二)婆媳关系

1.婆婆是绝对权威者

弟媳王氏是家里的内当家,为人豁达,干练精明,管理着家庭内部的所有事情,小姑娌们配合王氏完成家庭内部的事务。虽然张氏和李氏是冯树歧和邢氏的儿媳妇,但因为邢氏身体不好,且不主事,王氏作为内当家,母亲郑氏明确叮嘱过小姑娌们,王氏就相当于她们婆婆,要听王氏的话。平时婆婆需要指点儿媳妇做事情,教会儿媳妇如何遵守婆婆家的规矩。媳妇坐月子,婆婆要给儿媳妇准备鸡蛋、小米、婴儿的衣物,在儿媳妇坐月子期间要照顾儿媳妇和孩子的饮食起居。儿媳妇的衣物坏了,婆婆需要安排给儿媳妇添置衣物。儿媳妇生下孩子以后,婆婆需要给儿媳妇看管孩子,因为儿媳妇需要干活,带着孩子干不了,所以婆婆负责照看孩子。

婆婆可以随意差遣儿媳妇,合理的情况下可以打骂儿媳妇,轻易不可以将儿媳妇赶出家门。儿媳妇必须听从婆婆的吩咐,儿媳妇必须对婆婆好言好语,即使婆婆有错误,儿媳妇的态度也要好,儿媳妇不可以批评婆婆,因为儿媳妇是晚辈,尊重长辈是首要的原则。如果态度不好,婆婆会打骂儿媳妇。婆婆的话,儿媳妇必须无条件服从。如果婆婆说的不对,儿媳妇也要尽量满足,婆婆太过分的时候,儿媳妇可以找婆婆的姑娌叙述,借助婶子劝说婆婆。

过去,好婆婆的标准:通情达理,不苛待儿媳妇,有能力管理家庭内的事务,让家庭内部运转井井有条,办事情合理,处理事情利落。好儿媳妇的标准:知书达理、尊老爱幼、踏实肯干。

2.婆婆指挥儿媳妇

冯家的婆婆和儿媳妇之间的关系属于支配与服从的关系,婆婆吩咐的事情,儿媳妇必须按照指示完成。婆婆和儿媳妇不会开玩笑,那样显得没大没小,真正谈心拉家常的时候也少之又少,关系很融洽,但是心里并不亲近。在婆婆脾气大的家庭,儿媳妇会非常惧怕婆婆。冯家规矩大,尊卑长幼有序,且婆婆也是大户人家出身,因此婆婆知书达理,对待儿媳妇严格,但不苛刻。儿媳妇和婆婆不可能特别亲近,但彼此都客客气气,都为了家庭干活,为了家庭好。在日常交往关系上,不同家庭类型的婆媳关系存在差异。在大户人家,媳妇对于婆婆的顺从程度要高于小户人家。大户人家婆婆的威信度要高于小户人家,大户人家的规矩也比小户人家多。

3.婆婆永远是对的

冯家属于大户人家,媳妇不敢和婆婆发生冲突,家里老人都说"一层泥片一层新"①,大户人家把媳妇去世都不当回事,把不要儿媳妇更不当回事,儿媳妇对于婆婆要无条件服从。在小户人家,经济条件限制,娶媳妇不容易,所以婆婆对儿媳妇更加看重一点。

婆媳之间有了冲突,基本上都是儿媳妇服软,即使婆婆打儿媳妇,外人也不会说婆婆的不对,最多说这家的婆婆很厉害。大多数的时候,婆婆和儿媳妇有了矛盾,无论儿媳妇错了,

---

① 一层泥片一层新:解放以前,每年都会用泥巴刷墙面,表示去旧换新。

还是婆婆错了,儿媳妇都要哄好婆婆,央求婆婆原谅她。有一次,大儿媳妇张氏起床迟了点,没有及时给婆婆倒尿盆,婆婆就不高兴了,训了张氏几句,而且婆婆拒绝进食,以此表示生气和不满。作为儿媳妇的张氏虽然委屈,但是还是给婆婆做了面条,给躺在炕上生气的婆婆送到嘴巴,劝婆婆消消气。

(三)夫妻关系

1.妻子言听计从,丈夫管束妻子

在冯家,丈夫对于妻子承担着重要的责任,丈夫需要挣钱养活妻子,照管妻子和保护妻子。平日不能随便训斥与打骂妻子,丈夫对待妻子要讲道理,要和善。丈夫在家的时候,赶上妻子生病了要尽量照顾妻子。对待妻子的娘家人要尊敬,要友善。当然丈夫对于妻子也有权力,丈夫对妻子可以像主人一样差使,妻子必须顺从,在妻子不犯错的时候,丈夫不会打骂妻子。丈夫对妻子虽然一言九鼎,但是在丈夫心里,妻子是很重要的人。丈夫的话,妻子必须无条件地服从,当然丈夫都是听从当家人的,也是按照规矩行为,一般情况下,丈夫也不会无理取闹的对待妻子。过去,好丈夫:维护家业,干活养活的了一家人。好妻子:勤劳持家、心灵手巧、孝敬父母。在权利义务关系上,不同类型和人口规模家庭的夫妻关系没有差异。都是丈夫说了算,妻子听从丈夫的。

2.夫妻关系融洽,彼此遵守规矩

两口子就要好好的过日子,平时两人很少吵闹,关系比较融洽,大家都在规矩的范围内行为,都是为了这个家庭能够好好的维持而干活和费心。夫妻之间很少开玩笑,会聊家常,但都聊开心的事情,不能聊挑剔家庭成员的话题,否则丈夫会不高兴,会训斥妻子。

1949年以前,女性在家中没有地位,妻子听从丈夫的所有安排和决定,且要知书达理,不会违背丈夫的意愿,谈不上惧怕。心里有事情会跟丈夫说,不可以说影响家庭关系的事情,不可以挑剔丈夫的家人和亲戚,不可以挑拨家庭成员之间的关系,其他的事情可以和丈夫说。在妻子看来,丈夫是过日子的对象,算是好相处的人,大家心里都遵守规矩,这些规矩是一条无形的准绳。

3.小矛盾忍受,大矛盾回娘家

冯家属于大户人家,规矩大,妻子任何时候都要听丈夫的话,服从丈夫的决定,不敢顶撞丈夫,妻子不敢和丈夫正面冲突,否则会招致丈夫的打骂,还会招致长辈的训斥。妻子实在生丈夫的气,看不惯丈夫的时候,可以找公公婆婆评理,让公公婆婆劝说和管教丈夫。冯家的长辈算是明事理的人,儿子不对,长辈会训斥儿子。很多人家护着自己的儿子,拿着儿媳妇当外人,所以很多人家的儿媳妇只能生闷气,不敢吱声。家里父辈和兄弟辈的几对夫妻都是多年的老夫老妻了,他们很少有冲突,小辈夫妻之间的冲突一般都在家庭内部解决,属于家务事,外人不会介入。但是如果矛盾很大,妻子跑回了娘家,家里的当家人或者其他长辈就需要请家族的人去接妻子,给妻子的父母赔礼道歉,劝说妻子回家把矛盾化解了,等矛盾得到有效调解后,夫妻两个人继续过日子。

发生冲突后,冯家的成员基本都站在妻子的一边说话,这是会处事的家庭所为。再者,女性本来就没有社会地位,受气于丈夫,如果大家再都欺负媳妇,媳妇会与婆婆家格格不入,这样很难维持家庭的和睦。这些道理家庭成员都明白,所以大家会选择以支持妻子的方式来平息小两口的矛盾。

（四）兄弟关系

1.照管弟弟，长兄为父

平日兄长都和弟弟一起干活，不会自己不干而随意差使弟弟。兄长不会随意打骂弟弟，即使弟弟犯了错，兄长也会为了纠正弟弟错误来训斥弟弟和教育弟弟，弟弟本来就年纪比哥哥小，哥哥应该疼弟弟，不忍心苛待弟弟，尤其是在父亲或者母亲去世的家庭，缺父少母的情况，弟弟没有人照顾已经很可怜了，兄长更不会打骂弟弟。作为兄长要照顾好弟弟，干活要抢着干重活，把容易的活留给弟弟，把好吃的留给弟弟。如果父母不在了，哥哥要抚养年幼的弟弟，且给弟弟盖房子娶媳妇，帮助弟弟成家立业。哥哥要把劳动的技能教会弟弟，保障弟弟以后能够好好生活。所谓"长兄如父"就是这个道理，兄长充当的是父亲的角色，承担的是父亲的责任。弟弟要听哥哥的话，如果兄长说的不对，弟弟可以提出不同意见，和哥哥商量着解决问题。哥哥如果做错了事情，弟弟可以提出意见，好言好语的指出哥哥做得不对，不可以激烈的批评和训斥哥哥。平时，弟弟也要关心和爱护哥哥，不给哥哥添麻烦，替哥哥分担家庭的负担。

过去，好兄长就是为家庭利益着想，为弟弟生活和婚姻等着想，懂得照顾好弟弟，懂得疼爱弟弟。好弟弟就是听话、懂事、疼人、理解哥哥、替哥哥着想。

在权利义务关系上，不同类型和人口规模家庭的兄弟关系没有差异，大多数家庭都没有什么区别。但是，如果兄弟之间是同父异母或者同母异父的关系，那么关系就复杂一些了，这样的兄弟很少有相亲相爱的，至多就是闹个面上过得去，实际上都是钩心斗角的，彼此防着对方。

2.关系融洽，无拘无束

平时兄弟关系很融洽，兄弟之间经常商量关于家里种田、做买卖之类的事情。也会开玩笑、聊天、喝酒、吃饭，兄弟之间没有拘束。兄弟之间的关系不像晚辈与长辈之间的关系，兄弟之间没有惧怕和约束，而且年纪相仿，兄弟之间有共同的话题，没有代沟，相处起来很容易。兄长很照顾弟弟，弟弟不是怕兄长，而是很尊重兄长，弟弟很爱兄长。弟弟心里有事情会和兄长说，会找兄长帮忙，兄弟是手足帮手，没有比兄弟更加亲的人了，当地把兄弟之间的关系叫作"亲兄奶弟""一奶同袍"。可见，兄弟之间的关系是多么亲近。在日常的交往关系中，不同类型和人口规模家庭的兄弟关系没有差异。兄弟之间都是最为亲近的关系，遇到困难首先想到的就是找兄弟帮忙。但是如果兄弟之间不是共同的父母，关系就相对复杂一些，兄弟之间心里就彼此疏远一些，甚至有着敌意。

3.小打小闹，很少动手

兄弟之间不可避免会发生冲突，小打小闹是免不了的事情，也就是吵吵嘴、斗斗气，很少动手打架。如果兄弟之间发生了冲突，基本都是拌嘴，原因基本都是意见不统一，说着便容易争执起来。兄弟之间发生冲突后，一会儿便会自行和好，兄弟之间没有较真的，兄一言弟一语便又说到一块去了。冯家兄弟矛盾产生频率和年龄有关系，小的时候，不懂事，兄弟之间断不了吵架，长辈把这当成孩子间的玩闹也不过多斥责，随着年龄的增长，尤其是兄弟都成年的话，弟弟绝对不可以轻易得和哥哥发生争执，"长兄如父"，弟弟对于兄弟要尊重，不可以正面与哥哥发生冲突，这样的话，当家人和其他长辈会对弟弟不依不饶。一般家庭成员都会占到哥哥的一边，帮着哥哥说弟弟，因为弟弟要尊重哥哥，当然哥哥也不许欺负弟弟，这样的话，家长会非常生气的训斥哥哥。兄弟发生冲突之后,一般不敢让家长知道,害怕被家长训斥。外人不会轻易介入家庭成员的矛盾和冲突中,除非家庭成员邀请外人调解,因为家务事,外人不经允许不会干涉。在冲突关系上,不同类型和人口规模家庭的兄弟关系没有差异。只是在多子的家庭,兄弟多更容易发生冲突。

(五)妯娌关系

1.平等关系,面上和气

妯娌之间是平等的关系,不存在责任和义务的关系,妯娌都是按照内当家的吩咐干活,嫂子不可以打骂和任意差使弟媳。嫂子说话,没有那么重的分量,弟媳不会无条件服从。嫂子说的不对或者做得不对,弟媳会表现出不高兴,会告知婆婆,甚至会直接指责批评嫂子,妯娌之间没有尊卑服从的关系。过去,好嫂子和好弟媳的标准就是:和和气气,不闹矛盾,相安无事。

妯娌之间关系基本上冷冷淡淡,关系不是特别融洽。俗语"恩人转夫妻,仇人转弟兄"意思是说夫妻之间关系会越来越亲近,兄弟结婚之后,随着妯娌之间矛盾和利益冲突的产生和加剧会导致关系疏离。妯娌之间也经常聊家常,但是都是"嘴和心不和",心里盘算着自己的小九九。弟媳不怕嫂子,妯娌之间不存在尊卑关系。弟媳心里对嫂子有意见会告诉嫂子,态度会比较婉转,但是嫂子不听,弟媳会指责嫂子,会发生矛盾。妯娌之间本来就是冤家,妯娌之间产生相亲相爱感情的少之又少。

2.小冲突居多,家内部化解

妯娌之间会发生小冲突,但是次数不多。妯娌之间的冲突主要是口头吵两句,一会儿说说笑笑就算过去了。妯娌之间发生冲突后,基本都是其他妯娌劝说两句就和好。有时候弟媳向嫂子先打招呼,或者嫂子先和弟媳说句话,心结也就解开了。妯娌之间闹矛盾一般不愿意让长辈知道,如果长辈知道了,长辈会批评双方,当然这也是化解矛盾的一种方式。

妯娌之间发生冲突之后,其他家庭成员一般会采取和稀泥的方式来劝说矛盾双方,不会选择明确的占到一方。如果被家长发现妯娌之间发生冲突,家长会介入调解,长辈会强制妯娌双方停止冲突,会训斥双方。一般的冲突,外人不会介入,因为妯娌之间的事情属于人家的家务事。只有非常大的冲突,依靠家庭内部的力量无法解决了,家里人才会请家族成员介入调解。

(六)主雇关系

1.自家亲戚,待其如家人

家里帮忙弹棉花的两个长工,一个是妻子邢氏娘家的侄子,另一个是二儿媳妇李氏娘家的弟弟,都是自家的亲戚。与其说是长工,不如说是帮忙。家里之所以雇用他们是看他们生活条件不好,所以帮助他们养着这两个孩子,普通老百姓能够吃饱饭已经是很奢望的事情,所以他们跟着家里吃住,不用支付工钱。只是到了过年的时候,他们回家的时候,当家人会给他们各自买十斤猪肉带回家过年,而且给两个人一人买一身新衣服。因为都是自己家的亲戚,年纪也不大,所以平时他们的衣服脏了也就由儿媳妇或者侄媳妇帮忙洗洗涮涮。他们也和冯家晚辈一样在南院吃饭,冯家晚辈吃什么,他们也吃什么,他们同样和冯永鸣一样一起住在北院南房里,他们就像家里的人一样,不区别对待。

2.常年在东家,唯农忙回自家

平时由于弹棉花的买卖不像农田劳作分成忙闲季节,弹棉花不分季节,一年四季都干活。夏天六点多吃完早饭便开始干活,冬季天亮的晚些,七点多开始干活,一直干到晚上十点左右,天太黑看不清楚就点着煤油灯干活。年复一年,两个亲戚平常和冯永鸣一起弹棉花,不回家,只是在农忙的时候,两个雇工需要回他们自己家帮忙干农活,这个时候,冯永周和冯永河干农活回到家后会搭手帮着冯永鸣弹棉花。当然,家里雇用的这两个亲戚回家帮忙至多用七八天,不会太久,因此也不会耽误到弹棉花的买卖。

3.红白事要随礼,遇困难需帮忙

两个长工家里有红白喜事,冯家需要随份子,叫作"随礼",冯家有红白喜事,两个雇工也会随礼。1949年以前,如果是近亲的话,礼金是一块或者两块钱,如果是远亲的话,礼金一般是五毛钱。冯家给两个长工"随礼"一般是两块钱,属于最重的礼了。"随礼"并不是因为彼此之间存在雇佣关系,而是因为亲戚关系,如果不是这层亲戚关系,双方便不需要礼尚往来的招呼红白喜事。他们家里生活遇到困难,小额的粮食也会借给他们,不用写契约之类的。因为数量不多,所以冯家一般就不要了,算是亲戚之间的帮忙,不过一年也借不了一次,基本上不怎么借。

七、家户外部交往

1949年以前,冯家的对外交往关系包括村民关系、族人关系、地邻关系、朋友关系等诸多关系,关系比较融洽。冯家是大户人家,不愿意因别人不满招致报复而殃及家庭,讲究不得罪人,与人为善。

(一)对外关系:村民、族人、地邻、朋友

冯家平时特别注意不得罪人,与人和善,谦恭有礼,所以与村里人的关系非常融洽。冯家属于富裕的家庭,平时打交道多的主要是村子里有地位的富人,与普通人家关系也很好。冯树桂作为毛业局局长,没少救人。村庄里有个平时给"白脖子"[①]征收村民粮食的人,叫刘丫头,被八路军抓住了要枪毙,刘丫头的家人便来拜托冯家帮忙。冯树桂是个特别热心肠的人,连夜骑马到了关押地点,因为他和执行命令的人熟识,最终说服对方让刘丫头"陪嘣[②]"救下了他的性命。

家族是一个由姓氏组成的亲密的相互依附的有机整体,冯氏家族内的婚丧嫁娶都由家族成员组成的"红白理事会"帮忙得以完成。家里娶媳妇,嫁女儿,生孩子,族人都会给钱或物,当地称为"随礼"。盖房子在当地不需要花钱雇人,而是由关系好的街坊邻居和族人帮忙完成,当地称为"助工",完成整个盖房过程的主体是族人。有一次,族人中的一个四十多岁妇女突然发病,冯家主动把自己家的门板卸下来作为担架,然后由族人连夜轮流抬着病人去找医生。家族的和睦相处和互帮互助维系着整个家族的团结,保障家族的强大和生生不息。

地邻之间的田地都有明显的边界,当地称为"地垄",邻居之间会相互帮忙看管庄稼,防止庄稼被人偷走或者被人祸害。地邻之间的关系都不错,拉拉拽拽帮忙的时候也是很多的。

对于冯家而言,朋友起着至关重要的作用,遇上发水,房子被泡倒了,冯家举家搬到朋友

---

① 白脖子:相当于汉奸,给日本人办事的中国人。

② 陪嘣:事先不告诉此人,让他以为自己和其他人一起被枪毙,但是只枪毙其他人,让此人眼睁睁看着,目的是对此人起到恫吓作用。

家,朋友提供房子和田地,使得冯家得以渡过难关。冯家在外做买卖主要也是靠着朋友帮忙和联络,冯家结交的朋友多为有本事且富有的人家。朋友之间经常聚聚,在婚丧嫁娶的"礼儿"①上也是互相连接着关系。

(二)对待冲突:能退则退,能躲则躲

冯家是村庄内的有钱人家,这样的家庭平时都为人谦和谨慎,生怕得罪人。每天早晨家里会准备一篮子窝窝头,应付这一整天来家中乞讨的穷人。面对缺柴少粮的穷人来借东西,家里没有拒绝的时候。就拿冯树桂来说,当时是县里毛业局局长,每次骑着自行车回家,刚到进村的桥头就下车步行,无论是遇到村庄的长辈还是晚辈都亲切虔诚的打招呼。要知道在过去,大家都是食不果腹,家境殷实本就遭人妒忌,如果再为人刻薄,那必将是众矢之的,冯家人深谙这个道理。

即使如此,在后来土地改革的时候,面对大形势的驱使,冯家还是因为富裕而惹上了官司。冯家所在的村庄有多个姓氏,不同姓氏之间宿有积怨。当时斗争地主和富农成为土地改革运动的一项重要任务,赵姓和刘姓便联合起来告冯树桂贪污公粮,打起了官司,对立双方都是实力雄厚的有钱人,整场官司持续了两年,对财力的消耗巨大。最后冯家都没有饭吃了,媳妇带着孩子各自回娘家,冯家多次请多批中间人进行调解,希望双方能够和解,两大姓氏一直不肯放过,接着冯氏家族也加入了这场官司的纠纷之中,凑钱帮助冯家打官司,最后在家族财力的支撑之下,官司以非输非赢而得到解决,事情压了下来,冯家也因此破产败落了,当地称为"爆谷"。

其中与冯家打官司的主要带头人是赵文元,为了拒绝归还钱财打死了毕德龙的人之一便是赵文元。当时为赵家护院的是赵东升,赵东升到天津采购物品,回来的时候告诉赵文元在天津戏园子里看到了毕德龙的外甥墩子。赵家因惧怕墩子寻仇报复便把家中的门垒的只容得一个人侧身而过。就是这样一个小门,赵家还是害怕墩子把门卸下来杀害他们,于是想到冯家曾经搞过染房的副业,后来不干了就把锤布用的一块大石头闲置下来了。赵文元建议孙子赵和尚试着借用冯家的这块石头以便夜间锁死大门防止墩子加害家人。出乎所有人的意料,冯树桂立刻同意,没有表现出一丝的不悦。据说,冯树桂多年从政,结交的朋友也非泛泛之辈,除了做买卖的,就是当官的,有人想替他家出头,都被冯树桂拦下,冯树桂告诉朋友自己与村庄的人关系都非常融洽,没有仇家,也不需要他们出头。拥有这样的胸襟和修养的冯家平日自然不会和外人发生矛盾,有了冲突也是能够化解就尽量化解,能够退一步就尽量退一步。

---

① 礼儿:随份子。

第四章　家户文化制度

　　冯家经济条件优越,按照门当户对原则结下的亲家自然也是大户人家,娘家为了让女儿在婆家更有地位,因此对女儿和外甥多有照顾,其中一项便是给外甥提供教育机会,支付教育产生的一切开支。另外,孩子的家庭教育由家中长辈负责,晚辈在日常生活中效仿长辈,在耳濡目染中养成良好的家教。家里人有着严明的家户意识,自家人和外人有着清晰的界限,相关事务也有明确的范围归属。此外,冯家有节庆习俗、婚丧习俗、家户信仰,这些既是家户遵从的习俗,也是自古流传的风俗。冯家的娱乐活动甚少,男性成员偶尔可以结交朋友和打牌,全家人均可参与的娱乐仅有逛庙会。

一、家户教育

　　冯家是比较重视教育的家庭,接受教育的家庭成员居于多数,特殊的情况是,孩子由姥姥家供书,姥姥家不供读书的孩子便不会接受教育。除了学校教育,孩子为人处事,技能教养都由当家人和其他长辈负责,男孩子由男性长辈负责,女孩子由女性长辈负责。孩子在日常生活中也效仿长辈的做法,耳濡目染得以习成。

(一)家户教育,姥家供读

　　在冯家的长辈当中,除了当家人冯树歧,妻子邢氏,弟媳王氏不识字以外,其他人都识字。至于冯家的晚辈,只有二儿子冯永周和二侄子冯永河没有读过书,其他都有上学读书。大儿子冯永禄五岁开始上学,读了八年书;大侄子冯永宗也是五岁开始上学,到了 17 岁去天津做买卖;三侄子冯永鸣和四侄子冯永平 5 岁开始读书,到了高小便没有再继续接受教育;侄女冯丫从 5 岁读书,读了十二年书。家庭成员停止读书是因为家长觉得识字够用就行了,做买卖算账够用即可。当然也到了可以帮助家里干活和打理生意的年纪,十五六岁的孩子可以算是劳动力要回家干活或者是出门打工、做买卖。孩子接受教育或者终止教育都由当家人和长辈们共同商量着做决定。

　　冯家的孩子都是由姥姥家供读书,如果姥姥家供读就有机会读书,如果姥姥家不供外甥读书,那么家里便放弃让孩子接受教育的机会。家里由冯树歧当家,对于冯树歧屋里的孩子,他可以在公平的前提下单独决定是否让孩子接受教育,而对于弟弟冯树桂屋里的孩子,当家人需要和冯廷彬及冯树桂共同商量着做出决定。家里愿意让孩子读书,因为识字方便写写算算,一辈子用得着,"大字不识吃不开",读书还可以光宗耀祖。大哥冯树勋读书特别用功,在过继以前,他一直想考个官职,可惜过继给了三婶,只能放弃当初的梦想,负责打理整个家庭的日常生活,支撑起一个家庭的运转和延续。冯丫是家里唯一一个女孩且年纪最小,经过当家人和长辈们商量决定让她上学读书,全家人对于这个最年幼的闺女格外宠爱。

(二)私塾教育,雇请先生

1949年以前,大部分村庄没有学校。冯家的孩子大多住在姥姥家,由姥姥家提供读书机会,进入私塾读书,十几个孩子请一个教书先生,能够上学的孩子基本都来自于经济条件富裕的人家。孩子的年龄不等,十几个孩子中有几岁的,也有十几岁的。孩子入学的年龄也不受限制,有的孩子五六岁被家人送入私塾读书,有的孩子十多岁开始读书。同时,孩子读几年书也是不受限制的,家长可以带孩子随时离开私塾而终止教育。孩子的姥姥家每个月给私塾先生几块钱的学费,八月十五中秋节和新年的时候再带着孩子拜望先生,当地讲求"一日为师,终身为父",对先生极其尊重。拜望先生的时候,条件好的家庭会提上几斤猪肉,条件不好的家庭便提着几斤粮食。平时,条件好的家庭偶尔也会请私塾先生到家里吃饭,算是酬谢先生。

(三)子女教育,各屋负责

幼年时期,冯家孩子的主要教育来自父辈,孩子的爷爷奶奶年纪很大了,对孙辈的教育能力很弱,平日极少对孩子们进行教育,只有当孩子犯错的时候会把他们叫到身边进行说教。父亲会教会儿子如何与人为善的相处,如何过日子,如何经营买卖;母亲会教育女儿通晓人情、尊重长辈、爱护兄长。冯家在当地算是有钱人家,冯树桂认为越是富裕越是应该为人谦恭,而不是高傲,他本人一言一行都遵此行事,村里有人遇难只要是找到冯家,冯家会尽力帮忙,冯家平日里对子女的教育亦是如此。冯树桂每次回家都把孩子们叫到身边,教育他们要为人谦和。冯家基本上是各自屋里教育各的孩子,而且男孩的教育由父亲负责,女孩的教育由母亲负责,长辈也可以教育不是自己屋里的孩子,不过要拿捏分寸,太过火的话会招致孩子父母的不高兴。小孩子长到十六岁被大人认为是长大了,干的了农活,撑得起家庭就被认为是懂事。

(四)父母榜样,子女效仿

冯永鸣的父亲是一个谦逊和与人为善的人,又是毛业局局长,父亲为人不骄不傲,每次骑自行车回家,进村之前会下车步行,见到村里大人小孩都热情地打招呼,晚辈也都愿意向父亲学习,愿意做一个谦和的人。在长辈这样的性格影响之下,冯永鸣本人及其他哥哥都是非常和蔼谦逊且豁达的人。父母以及其他家人的思维方式和性格在孩子的成长过程中会对其产生很大的影响。冯永鸣生活在一个非常有规矩的家庭,平时家庭成员的相处模式和生活氛围非常讲究长幼尊卑,孩子们也渐渐养成了尊老爱幼、规矩本分的性格。

冯家孩子平时做人做事的道理是在长辈的长期熏染之下习得的,平日里模仿长辈的做事方式。当晚辈犯错的时候,做事情有偏差的时候,家长会及时教育和指导。冯家非常讲求"勤劳致富"和"家和万事兴",冯家长辈根据不同家庭成员的特点和学识进行分工,而且要求每个人按照规矩办事,每个人都在一定的约束下行动,不允许出现家庭不和睦的情况。在遇到困难的时候,家庭成员提供的帮助最多,不仅是父母,凡是有能力的家庭成员都尽量帮助处于困境中的家人。一家人在一起不分家是最好的状态,没有闲置的劳动力,大家各司其职,各尽其责,心里都想着整个家庭的利益,都尽量为了家庭做出自己的努力。

(五)劳动技能,代代相传

冯家子侄辈分有六个男孩子,只有一个女孩,且年纪最小,长辈们都非常宠爱她,家长允许其读书识字。种地的所有技能都教给家里的男孩,六个男孩子都要学会耕地、耩地、耪地、钊地等,"谷耪八遍饿死狗"意思是说谷地耪的次数越多,谷糠越薄,谷粒越饱满,这些都是劳动的技能,都饱含学问。父辈也是跟着爷爷学会的,一代代相传。孩子在上学以前由其奶奶看管,也不学习什么东西。等到孩子到了上学的年纪,学校对孩子的教育才正式开始。除了学校教育,家里男性长辈负责教育男孩子,女性长辈负责教育女孩子。男孩子到了十四五岁就开始跟着大人到地里干活,冯树歧会教会大家耕地、耙地、收割等。老人都让晚辈做活,好吃懒做不行,每个人都得学会做活、过日子,不然家长会打骂。

二、家户意识

1949 年以前,冯家家庭成员都有严明的家户意识,自家人和外人分的特别清楚。有了困难和麻烦都是依靠自己家人商量和解决,外人一般不会插手家庭内部的家务事。冯家是一个大户人家,家庭繁盛和家庭和睦是家庭成员共同的生活目标。

(一)自家人意识

冯家认为在一个灶台上吃饭,父辈在血缘上是亲兄弟,没有分家的就是自家人。外人是完全没有血缘关系的人。还有一部分人是介于自家人和外人之间,即血缘关系在三代以外。自家人和外人的区别就是自家人亲近,互相帮助。不仅小家庭成员算自家人,而且没有分家的叔叔伯伯也算自家人,出嫁的姑姑和姑父不算自家人,舅舅、舅妈不算自家人,嫁出去的姨和姨夫不算自家人,已经分家的兄弟不算自家人。距离远近不是自家人的界定条件,血缘是自家人的界定条件,至少血缘要在三代以内算是自家人,但这只是必要条件,而不是充分条件。如果不是亲戚但是平时能够相互帮助,比较靠得住的人算是朋友。像大儿子冯永禄这样出去打工常年不回家的血亲也算自家人,雇佣的长工不算自家人,长工如果在家里待的时间特别长也算是自家人。冯家明媒正娶的媳妇算是自家人,没有经过"媒妁之言,父母之命",自己娶的媳妇不算是自家人。大侄子冯永宗在天津做生意的时候,自己偷偷娶了一房小妾,还生了一个儿子,家里一直都没有承认这对母子的自家人身份,没有接受她们。

在土地改革运动以前,冯家一直是一个大家庭没有分家,底下有五个小家庭,依然同住在一个院子里,一个灶台吃饭,又有极其亲近的血缘关系,所以算是自家人。如果不住在同一个院子里,分居但是没有明确分家也算一家人。对于自家人要相亲相爱,互相照顾,因为自家人是最重要的人。外人不会干涉和强行管理自己家的家事,发生矛盾时,亲戚、邻居们会来劝说。如果别人介入了冯家的家事,是为了冯家的家庭成员好,冯家也会非常感激,所谓"远亲不如近邻"。当邻居发生矛盾的时候,冯家也会帮忙进行协调和劝说,帮助邻居解决矛盾。对于冯家来说,亲戚自己可以解决的问题,冯家人就不会介入。但是当亲戚需要帮忙,而且主动求助的时候,冯家会出面帮助解决,但是也要把握好分寸,不能够当成自己家的事情一样训斥和打骂,毕竟是人家的家事,过多干涉是不合适的。

(二)家户一体意识

1.家人的相互扶持

冯家还没有分家的时候,兄弟会在生产生活上相互帮助,妯娌之间也会互相帮助。如果家里人受了外人的欺负,如果欺负自己家人的这个人和自己家之前有矛盾,全家人会感觉受到外人的欺负,全家人会联合起来帮助这个被欺负的家庭成员讨个说法和公道。如果这个人和自己家关系不错,大家会认为是误会,安慰好受欺负的家庭成员即可,不会找对方麻烦。

2.家户的共同目标

冯家的共同生活目标是家庭和睦、身体健康、衣食无忧、人丁兴旺。冯家在当地属于大户人家,是村民口中的"西南大院",家庭成员的职业分布于政治、商业、农业诸领域,为家庭的繁盛建筑了坚固的堡垒,提供了强健的支撑。这样的家庭基于其社会地位和固有的认知,成员对于家庭整体有极强的使命和责任,家庭成员的首要职责是使得家业更加兴盛,当家人带领着其他家庭成员为了家庭的更加富裕而辛勤劳动。整个家庭越来越繁盛和富裕,每个家庭成员会感到自豪和自信。

1949 年以前,光耀门楣的路径狭窄,社会又不是非常安定,家庭没有着重强调光耀门楣的重要性。再者,光耀门楣也不是主观想要完成,客观就完成得了的事情,光耀门楣并不是件容易的事情。过去对于教育并不是非常重视,即使是冯家这样富裕的大户人家,也是比较重视教育,讲求晚辈读书的程度是"自己认识自己"即可,不强求有多么高深的文化和学识。家庭成员读书是为了家庭繁盛的目标服务,读书不是目的,是更好地服务家庭的方式和手段。

(三)家户至上的意识

1.个人从属于家庭

冯家认为个人从属于家庭的观念非常重要,每个人都是大家庭的一分子,都尽自己的一份力量才可以让大家庭越来越好,缺了谁都会削弱大家庭的力量,大家庭比个人更重要,如果人人都考虑自己,那就不叫一个家了。在没有分家的情况下,家庭的整体利益至高无上,个人利益必须让位于整个大家庭利益。家中长辈带头劳作,为了家庭整体利益奋斗,小辈也要守规矩,不能为了个人利益损坏家庭的利益。为了个人的私利损害大家庭的利益是非常可耻的,会被人瞧不起。

冯永周是当家人冯树歧的亲儿子,冯树歧考虑到大家都读书识字出去工作,家中的土地便没有人耕种,于是没有让儿子上学,直接决定让儿子打理家中的田地,因此冯永周完全没有上过学,一个字都不认识。冯树歧作为当家人考虑事情要优先考虑整个家庭的利益,不会有不公和私利的想法和行为,恰恰相反,家庭成员大多会为了家庭的利益牺牲自己的利益,在家庭成员的心目中,个人和家庭比起来要毫无顾虑的维护后者的利益。

2.为家弃读弃工作

冯家的家庭成员都要听从家长的安排,一切都由家长做主,如果家庭成员很喜欢读书,但是家庭条件不允许,家长希望这个家庭成员回家帮忙干活的话,他会选择放弃读书的机会。因为观念中需要听家长的话,家长也是为了整个家庭考虑。如果是为了家庭放弃了读书,心里会觉得可惜和遗憾,但是不会有怨言,也算是心甘情愿。子侄六人中,只有二儿子冯永周和二侄子冯永河没有读书,大字不识一个,他们不是自己不想读书,当初弟弟冯树桂没有公职,自己跑生意,经常有时间和当家人一起打理家里的田地,后来冯树桂需要到县里的毛业局任职,便没有时间帮助家里种地了。这时候大儿子冯永禄和大侄子冯永宗都在天津站稳了脚跟,干得有声有色,家里把他们叫回家种地不现实,所以为了不让家里的土地荒芜,以此保障一家人的口粮,只能不让冯永周和冯永河上学,让他们帮助当家人一起种地。对于这个决定,冯永周和冯永河一直没有怨言,都明白其中的道理。冯永禄在天津染料房里干活,冯永宗在天津做买卖,但是过年过节和农忙的时候,当家人希望他们回来,他们都会按期回到家来拜见老人和帮着家里干农活。如果家里老人需要赡养的时候,家里人都会为了赡养老人而放弃工作,家人秉承孝字为先。

3.婚姻由父母安排

1949 年以前,在子女的婚姻问题上,冯家要由当家人、孩子的父母及其爷爷奶奶共同商量,由孩子父母决定,即使当事人有喜欢的人,长辈不同意,也绝对不能成婚。一般也不敢有自己喜欢的人,不敢自己结交异性朋友。家里的孩子到了谈婚论嫁的年纪,村子里媒婆便会上门给说媒,媒婆会先见到孩子的父母,介绍对方的家庭经济条件,世代人品等方面,如果父母觉得合适便可以和媒婆协商个固定时间到女方家看看姑娘,当事人在结婚以前不可以见面,均由双方的父母看双方的子女而代替自己的子女选择婚配对象。冯家的子女和村庄的其他人家一样都是如此,由父母安排婚姻大事,其他长辈不可以决定,但可以发表意见。在大户人家,如果当家人不喜欢儿子的媳妇,希望他们离婚,儿子要听当家人的话而放弃自己的婚姻,但是冯家没有出现过此种情况,媳妇都遵守规矩,都听当家人的话,不会出现不喜欢的情况,毕竟离婚是件了不得的大事。

(四)家户积德意识

每天家里都会准备一篮子窝窝头,掰成一小块一小块的,给来自于各个村庄上门乞讨的人。平时,村里的缺吃少穿的或者没有农具、牲口的人家,只要到了家门口,张开嘴借用,家里就没有拒绝的时候。一方面是长辈们觉得自己家过得好不能对别人苛刻,要善待别人,这样自己家才能留住福气,日子会更好;另一方面也担心待人苛刻会招致仇恨和报复,烧毁田里的庄稼、柴火垛、谷草垛,从而失去粮食、烧火做饭的柴火、喂牲口的草料,这样会给家庭带来巨大的损失。

冯家的老人有行善积德造福子孙的意识,也是非常低调的人,平日基本不会"爱管闲事"。但是只要别人找到自己家帮忙便会尽全力提供帮助。冯永鸣每年要陪着奶奶郑氏携带着贡品和香纸到奶奶庙拜神,目的是求福气和家人的平安。大家都不知道奶奶庙的来历,只是老太太们经常会到这个庙里拜拜,这也是冯家所在的村庄唯一的一个庙。冯树桂担任毛业局局长,而且冯永禄、冯永宗也算有出息,不过家人一直认为这是大家拼搏奋斗和聪明睿智的结果,不是单个家庭成员的个人成果。冯永鸣个人也认为人应该积德行善,但是不能完全依赖神灵,还得依赖自己奋斗和双手的劳动,所谓"干活才有饭吃,天上掉不来肉包子"。冯家感觉无德的人是不值得交往的人,瞧不起无德的人,这样的人心肠不好。如果自己家出现无德的人,家长会训斥,甚至会将其赶出家门,与其断绝关系。

三、家户习俗

1949 年以前,冯家有节庆习俗和婚丧习俗,虽然不多但很是重视,前者主要包括新年、清明节,出门在外的家庭成员也需要回家,需要全家人一起出席;后者涉及的婚丧嫁娶不仅仅需要家人参与,更是需要族人的参加,规模大,仪式隆重。

(一)节庆习俗概况

1.辞旧岁,迎新年

置年货,大扫除:春节从腊月二十三日开始算起,从二十三开始冯家就陆续准备年货,一般年货有年糕、豆包、花糕、猪肉、蔬菜。二十四五进行大扫除,使得家内外焕然一新。大年三十贴春联,如果父母去世了就不贴春联了,到了第三年才贴春联。过春节是以家庭为基本单元,不是一家人不会在一起过春节。

上坟祭祖:大年三十需要上坟祭祖,家里的兄弟一起到坟地上烧纸,带着供品祭祖,女性一般不去,因为丈夫去祭祖即可,不需要媳妇去。如果丈夫不在家,冯家的媳妇是需要去给去世的先人烧纸祭拜的,不然,村里的人会笑话这家人不讲究,不孝顺。

走亲戚拜年:春节的时候,家里人需要走亲戚,初二去丈母娘家拜年,初三到舅舅姑姑家拜年,初四到远亲家拜年。亲戚来了自己家,自己家一定要回礼去亲戚家。如果父母去世了,大年三十和初一拜年,初二至初五属于守孝期,过了初五才可以走亲戚拜年。

年夜饭:过年的年夜饭一般是自己家的人参加,大家团聚到一起,把热腾腾的饺子端上桌,其他人不会参加别人家的年夜饭。

春节拜年:大年初一只要爷爷、奶奶、父亲、母亲、伯伯、叔叔在世就需要首先给这些近亲拜年,此外这一天六十岁以下的人都需要给族间的长辈拜年,按照辈分的大小决定拜年的顺序。拜年不需要携带礼物,因为族人不是亲戚或者客人,是血脉相连的本家,不需要过于客套,这样就见外了,但是礼法严格,拜年的方式是实实在在的下跪磕头。初二和初三当天需要去给姥姥、舅舅、姑姑和姨娘拜年,当然姑姑和姨娘必须是出嫁了的。给姥姥和舅舅等拜年需要带着点心包作为礼物。因为家里的老人都健在,所以作为礼物的点心包不会被留下,意思是对方让给家中的两位老人带回来吃。

2.清明时节,上坟祭祖

清明节是冯家祭祀先人的三大节日之一,另外的两个节日是七月十五和十月一日。对于冯家而言,清明节是用于悼念去世亲人的节日,祭拜先人是极其重要的事情,借此表达对于去世先人的敬重和想念之情。清明节的时候,无论晚辈有多么重要的事情,都要尽量赶回家祭奠去世的先人。家庭成员必须恪守孝道,对于去世先人的孝尤为重要,清明祭祖就是表达孝意的一种重要形式。对于冯家来说,清明节祭祀的场所是冯姓的墓地,此墓地在一片梨园之中,所有的族人去世都会按照族谱统一埋葬到墓地。清明节当天,家里的男性成员必须全部到祖坟祭拜,女性成员不需要到祖坟,在家为男性成员将上坟祭品准备妥当即可。祭品包括肉、水果、包子等,还需要携带铁锹,清明节必须为先人的坟墓培土,当地称为"添坟",经过整整一年的雨水冲刷,由土堆砌而成的坟头会变少,因此需要后辈在清明节当天将冲刷的土补上。按照当地的风俗,晚辈为去世亲人的坟头培土越多,日子过得越红火越富裕。如果连给祖先的坟头添加一些土都不愿意的话,显然,这家人是好吃懒惰之辈和毫无敬意之人,这样的人家在自家的生活中自然不会吃苦耐劳。

(二)婚丧习俗,各有缘由

娶媳妇需要双月给新人做被子,寓意成双成对,图个吉利;结婚当日过坟地需要放枪,当地称作"放神枪",目的是吓跑鬼魂和霉运;大婚当天,尽量两个花轿不碰头,如果碰到要扔下一些钱,寓意"买路走";送亲的人需邀请儿女齐全和婚姻美满之人;拜天地的时候不允许怀孕的人参加,这类人被叫作"四眼人",当地认为这样的人与新人相冲;嫁女儿的时候,不允许出嫁的女儿穿着沾有娘家土的鞋子走,必须换成新鞋上轿子;出嫁的闺女吃一口饭,出娘家门的时候,吐一半在娘家的锅盖上,咽下半口,寓意娘家人"有饭吃"。婚礼后姑娘需要回门,由两家商量着回门的具体时间,一般是第四天回门。女婿和闺女一块回去,当地称为"煮酒",女婿会被女方的本家邀请到各家喝酒,算是结为亲戚。新媳妇在结婚的第二天起床后需要到米缸里舀米做饭,到灶膛掏锅灰,米缸和锅灰中各自埋着两毛钱是给新媳妇的,新媳妇煮好饭需要叫公公婆婆爷爷奶奶等长辈进餐和问好,这是礼数规矩,但是不需要向同辈人或者小辈人问好。

老年人的丧礼上需要给其用棉花洗净脸部,称为"净面",然后把棉花塞到过世老人的耳朵中;老年人的丧礼需要晚辈彻夜守灵;需要给过世老人手里放钱和面棒,寓意"到阴间买路走"和"开路棒"。村里传说,人去世以后,在去天堂的路上有拦路的人和一条凶残的大狗,所以需要给过世的人准备"买路钱"和"开路棒";在去世的老人头前放灯,一直到埋葬不允许灭掉,寓意"一路长明",传说去天堂的路上非常黑暗,所以需要灯火照亮;去世的老人的棺材需要放上五种颜色的粮食,不可以用分瓣生长的粮食,比如小麦就不被允许放入棺木;棺木抬往坟地埋葬的时候,不许路过儿女家的门口,寓意阴阳两隔,不许再回人间的家,而且路过非子女家门口的时候,要在人家门口散上草木灰,寓意阻拦鬼魂不得进入;葬礼的时候,去世老人多少岁,女儿需要磕多少个头,称为"岁数头",表达对死者的哀悼之情。

若家庭成员非正常死亡,在埋葬的时候,会给去世之人带上首饰或者其他金银珠宝,根据家庭条件来确定带的首饰的种类。16 岁以下且未结婚的人属于未成年的孩子,这样的孩子去世,不允许进祖坟,而且会在脸上或者身上涂抹上草木灰,寓意"做记号,来世不要再投胎到这一户人家"。大家都认为未成年孩子死去是不吉利的征兆,是一件非常晦气的事情。

(三)家户习俗单元

在过年过节的时候,因为没有分家,所以冯家必须全家人聚在一起过节,平时出远门工作的人在过节的时候也会赶回家中,正是所谓的"家为单位,均需回家"。对于分家的家庭就不像没有分家的家庭,基本上都是自己小家单独过节,自己庆祝自己的节日,如果大家相处的好,也会一起过节,全凭自己意愿。过节的时候,媳妇不能自己随便回娘家。平时回娘家也需要和婆婆商量,得到长辈的应允把屋里的钥匙交给婆婆才可以回娘家。新年过后,弟弟冯树桂、大儿子冯永禄和大侄子冯永宗便要动身出门了,离开家的时候,作为内当家的王氏会吩咐媳妇们包饺子,遵循着"上马饺子,下马面"的习俗,目的是图个吉利,希望家人在外工作顺顺利利,平平安安。

四、家户信仰

1949 年以前,冯家没有宗教信仰,家里仅仅供奉着灶王爷和天地爷,祈求他们保佑一家人衣食无忧和平安富足。此外,祭拜祖先也是冯家重要的家庭信仰,每年的大年三十、清明节、七月十五、十月一是固定的必须祭拜祖先的日子,既是表达对祖先的敬仰,也希望祖先保佑子孙平平安安。正常情况下,祭拜祖先由家中男丁完成,女人不露面。

(一)家神信仰及祭祀

1.祭灶神

1949 年以前,祭灶在民间是一项影响很大、流传很广的传统习俗,人们尊称灶神为"灶君司命",冯家所在的当地深信灶神负责管理各家各户的灶火,是一个家庭的保护神。冯家每年都设有灶王爷的神位,灶王龛放置在灶房的灶台东面,中间供上灶王爷的神像,灶王爷神像上写着"上天言好事,下界保平安",以保佑全家老小的安康,即使没有灶王龛的人家也把神像贴在墙上。有的神像只画着灶王爷一个神,有的则画着男女两个神,女神被称为"灶王奶奶"。"二十三,祭灶官",腊月二十三是祭祀灶神的日子。这一天,家里会早早地包好饺子,出锅的第一碗饺子要先给灶王爷享用,饺子摆到神龛下,烧香祭拜,期望灶王爷上天见到玉皇大帝之后,为家庭多多言好话,赐给家里来年的丰衣足食。

2.祭天地爷

天地神俗称天地爷,1949年以前,冯家所在的村庄里差不多家家都供奉着天地爷。每家每户在盖房子的时候,都会在面向院子的北面墙上留有一个方形的天地龛,看起来特别像一个小房间,当地称为"天堂",这个小房间就是用来供奉天地爷的龛位。天地爷就是传说中的玉皇大帝,天地神像上写着"天地三界十方万灵真宰"。祭拜天地爷由家中年纪最长的女性郑氏进行以表示对天地爷的崇敬,每年的大年初一的第一碗饺子都会被用来祭拜天地爷,目的是祈求家庭的兴旺和家人的健康。天地爷在冯家人的心目中非常重要,子女结婚的时候所谓的"拜天地"就在"天堂"进行,祭拜过天地爷以后就代表这对夫妻得到了天地的认可,今后会受到天地爷的保佑,和和美美地生活。

(二)祭拜祖先,家庭孝道

冯家对于祖先的信仰体现在祭祀上,祭拜祖先的日子有每年的大年三十、清明节、七月十五、十月一,这些都是固定的必须祭拜祖先的日子。在这四个祭拜祖先的节日中,清明节最为隆重,晚辈需要带着铁锹给去世先人的坟前培土,放鞭炮,摆贡品,烧纸钱来表示对于去世先祖的尊敬之情。冯家没有祠堂,唯一祭拜祖先的地点是埋葬各位先人的冯姓墓地。冯姓一脉都埋葬在统一的墓地上,也是冯家的梨园。墓地的埋葬方式是排棺葬,即按照辈分把同一辈分的冯姓之人埋在一行,妻子和丈夫埋在同一个坟坑中合葬。出嫁的女儿和未娶妻的男性都不能够进入祖坟。过继和抱养的男性随冯而姓便可以埋入祖坟。冯家祭拜祖先的人员均为家中男丁,女的一般不到坟地去。每年都是当家人带着16岁以上的男丁们一起去坟上祭祖,点着香纸和爆竹,摆上瓜果、饺子等贡品,当家人念叨几句祈福的话,一般都是:"先祖来收钱吧,保佑家里子孙平平安安"之类的言语。

五、家户娱乐

1949年以前,当时的物质生活匮乏,冯家的娱乐活动少之又少,也就是结交朋友、打牌、逛庙会等。冯家结交朋友的一般是男性,女性基本不可以"串门数板子"、结交朋友,更不可以打牌,不过当家人允许一家人一起去逛庙会。

(一)结交朋友

家里并不是每个家庭成员都有自己的朋友,二儿子冯永周、二侄子冯永河和三侄子冯永鸣基本每天都在家里干活,没有时间接触到外人,与家庭以外的人打交道都是作为当家人的冯树歧进行。相对而言,弟弟冯树桂、大儿子冯永禄和大侄子冯永宗都在外工作,有结交朋友的机会和条件,他们都有自己的朋友。女性天天在家,大门不出,不能串门聊天之类的,"串门子,数板子"是对随意串门的女人的嘲笑,所以家里的女人基本没有什么朋友。结交朋友都要是聪明伶俐的人、有能力的人、人品好的人,为的是遇到困难可以相互帮助,出门在外彼此可以提供便利。冯家在村内的朋友很多,冯树桂是个知识分子,聪慧、豁达、谦逊、为人善良,在村庄很受尊重和爱戴,也救过不少人的性命。有一次,一个叫刘五奎的村内异性村民,被八路军捉走了,其担任日本村长,当然也是出于被迫。1949 年之前,一个村庄有两个村长,"日本村长"和"八路村长",八路军捉走了他,冯树桂拼尽全力救下了他。冯树桂也救过不少村外的人,当时社会动荡不安,人们的生命轻如鸿毛。

家庭内部的男性都可以交朋友,20 岁以下的成员交朋友要和家里商量,获得当家人的同意是其结交朋友的限制条件。20 岁以上的家庭成员有自己的判断能力,所以交朋友由自己决定即可。妻子不能交朋友,女性没有社会地位,没有事情的情况下不能出门。家庭成员的朋友如果要在家中留宿需要和长辈商量,弟弟冯树桂的朋友要和父亲冯廷彬商量决定,大儿子冯永禄这一辈人的朋友要和作为当家人的冯树歧商量,若朋友常住的话既要和冯树歧商量,也要告诉冯廷彬和郑氏一声。普通的结交朋友,不需要任何仪式。如果是拜把子兄弟,需要拜见彼此的父母,包饺子结拜,且以哥哥弟弟相称,称呼较为年长的一方父母为伯娘,称呼另一方为叔婶。朋友之间会到对方家里串门,红白喜事也互相来往、随礼上份子,不用邀请就主动到家里帮忙,与距离远近没有关系。冯家结交的朋友中经商的比较多,因为冯树桂从政以前多年经商,冯永禄、冯永宗也多和生意人打交道。相比于自己家的条件,家庭成员结交的朋友也都经济条件优越,主要收入来源是经商和出租土地,他们家里一般都有百十亩耕地。有一年闹洪灾,冯家房屋被洪水泡倒,冯树桂就借用了财主朋友家的房屋和土地,帮助家里渡过了难关。如果朋友遇到困难,自己家也会提供相应的帮助。交朋友结交人品好的,条件当然也是与冯家相互匹配的人家。

(二)打牌

打牌在当地叫作"耍钱"或"玩钱",打牌在当地是一件很不好的事情,整日劳作才勉强维持生活,打牌只会给生活带来不好的影响,所以在人们的心目中,打牌是非常不好的事情。村庄里有专门的牌局,家里冯树歧打牌,父亲冯廷彬和母亲郑氏批评了冯树歧好多次,冯树歧只是偶尔去,所以对于家庭的影响不算大,其他家庭成员不可以打牌。打牌的人不分经济条件,有富有的人家,也有困难的人家,打牌并不是由经济条件决定的,打牌的人是因为无法控制自己,有些人家吃不上饭也戒不了打牌。冯家的当家人打牌,虽然误不了大事,但是其他家庭成员对此很有意见,作为长辈的冯廷彬和郑氏多次训斥他也没有作用,打牌是很难改掉的习惯,晚辈不敢表达不满,再者也没有影响到干活,所以矛盾没有过于激化。冯树歧一般在农闲的时候打牌,且在本村,他去的是专门的牌局,有固定的地点。打牌的时候需要下赌注,以赌钱为目的。打牌的人到了饭点就各自回家吃饭,庄家不提供饮食。每次冯树歧去打牌都在家里拿钱,他并不痴迷,对家庭生活没有造成不良影响。

(三)逛庙会

1949 年以前,冯家所在的村庄内没有庙会,但是每年长丰集市都会举办庙会,冯树歧会套着马车载着一家人去逛庙会。庙会在四村八里最大的村庄长丰村的晒谷场举行,属于外村,家里人去不去逛庙会全凭自愿,长丰每年四月举行庙会,所以叫作"四月庙"。每年举行一次,庙会一般持续三至五天。逛庙会一般是看变戏法、看戏、买布料等,钱由当家人出,当家人组织大家去赶庙会。举行庙会的时候,集市上的商贩一般都把东西摆到庙会上去卖,集市出摊和赶集的人非常少,买卖东西基本都选择赶庙会。

第五章　家户治理制度

冯家成员分工明确,家长亦是如此,有内外当家分管家庭内部与外部事宜,家长拥有权力和权威的同时,必须挑起家庭的重担和责任,担起家中的顶梁柱。面对家庭内部的衣食住行要约束成员遵守规矩,保障家庭日常有条不紊的运行;面对降临到家人头上的天灾人祸,绑票、劫道、洪水、冰雹等要有能力指挥家人或者协助族人乡邻抵御,保障家人生存和生活;面对村庄征粮征兵或者淘井等村庄事务要做好合理规划,协调好村庄和家庭的关系。

一、家长当家

家有千口,主事一人。冯家属于大家庭,有二十多口人,家长是不可或缺的角色。冯树歧是外当家,王氏是内当家。外当家负责家庭以外的事情,包括负责农业劳动、管理红白喜事、保障家庭财务等;内当家负责家务事,照顾一家子的衣食起居。冯家的当家人基本不出远门,需要出门处理的事情一般交由冯树桂去办理,冯家内当家也是老媳妇了,很少住娘家,基本不出远门。当家人肩负着一家人的责任,他们自己有着强烈的责任意识。

(一)家长的选择

1.按辈分能力决定内外当家

谁当一家之主需要按照年纪长幼,如果父亲冯廷彬和母亲郑氏身体健康,身子骨硬朗,当然就由家庭中最为年长的两位老人一直当家。可是随着两位老人的岁数越来越大失去了当家主事的能力,一般更换当家人的规则为男性当家人由下一辈人中的老大当,除非老大有疾病或者常年出差等原因没有办法管理家庭事务。内当家一般都是女人,她的选择标准同外当家稍微有些差别,内当家除了要是年长和辈分高以外,还要有能力,她要具备管理家庭内务的头脑,保障整个家庭内部衣食住行有条理。在内当家人的选择中,能力更重要一些。冯家之所以是冯树歧成为外当家,因为大哥冯树勋过继给了三婶,冯树歧就变成了长子的身份,而且冯树歧精于种地,成为家里的外当家也是合情合理的安排。王氏之所以成为内当家是因为冯树勋的妻子邓氏一同过继给了三婶,冯树歧的妻子邢氏身体不好,最为重要的是王氏精明料靓,具备当家的能力,是当家的材料。总之,冯家外当家人的选择按照辈分,内当家人的选择基于能力。

2.当家人的称呼与威信

外当家在本地称为主事人或者当家人,但是这个称呼只有在谈论事情需要找当家人拿主意的时候才会有人叫出,平时都是按照辈分称呼。冯家是男性为外当家,女性为内当家,家外家内各自负责各自的领域。在威信方面,一般小户人家的当家人威信度较低,遇到事情都是商量着共同拿主意和处理,可是像冯家这样经济条件富足的大户人家就不一样了,当家人的话可谓是一言九鼎,面对当家人的决定与安排,尤其是女性家庭成员和小辈家庭成员绝对不可以提出异议,必须言听计从。

3.女性当家的情形

女性当家的情况少之又少,冯家没有这样的情形,村庄里虽然存在,但是很少。女性当家一般分为两种情况:一是丈夫去世了,又没有其他兄弟或者兄弟分家了,妻子放弃改嫁,在婆婆家守寡到终老,等到公公婆婆年纪大了,妻子就会成为当家人;二是家中丈夫有疾病,没有其他兄弟或者兄弟分家了,公公婆婆年纪大没有能力继续当家,家中的媳妇便会成为当家人。女性当家一般都不是主动的行为,而是家中没有其他的人选,而女性不得不承担起当家人的职责。家里只要有其他的人选,女人不会主动成为当家人,如果女人积极地成为当家人,她会遭到村庄的嘲讽,她的家庭也会被村庄的人瞧不起。当然如果女性是被迫成为家庭的当家人,村庄的人不会说闲话,也会尊重她,但是还是不太相信这个家庭由女人当家会产生好的效果。

4.外人熟识当家人

冯树歧之所以成为外当家人,一是因为大哥冯树勖过继给三婶了,否则按照辈分就得冯树勖当家,而且弟弟冯树桂在毛业局工作,平日里顾不得家里的活计,父亲冯廷彬岁数也大了,长辈中没有比冯树歧更合适的当家人选;二是冯树歧是地地道道的庄稼人,有能力打理家中的土地。弟媳王氏之所以成为内当家,一是因为没有更为合适的人选,二是因为她拥有当家主事的能力。当家人不好当,所以家庭成员对于当家人特别尊重,言听计从。一个人确定成为一个家庭的当家人之后,和外人打交道的主体便发生了变化,时间久了,大家自然会都知道这个家庭的当家人为谁,不需要特殊标志。有时候,旧当家人会特意向街坊邻居说起,自己家更换了新当家的人。冯家开始是冯廷彬和郑氏当家,后来族人和街坊邻居来到家里商量事情都是冯树歧负责,渐渐地大家就知道冯家换成了冯树歧当家。

(二)家长的权力

1.家庭赋予权力及权力范围

家长的权力在家庭中不可或缺,一个家庭缺失管理便会陷入杂乱无章的境地。家长的权力在家庭中也具有一定意义上的至高性,家庭成员必须听从家长的安排和决定,同时家长的权力也由家庭成员赋予。"家有千事,主事一人",如果当家人吩咐的事情,家庭成员阳奉阴违,最终只会是整个大家庭受损失,也就等于每个家庭成员遭受损失。家长负责管理整个家,为整个家操心,任何事情都要带头干,当家并不是多好的事情。

冯树歧作为当家人对于家庭方方面面的事情和除了长辈外的每个人都有管理权,但是内当家和外当家分工范围不同,外当家一般不能干涉到家庭内务,因为外当家一般是男性,首先多有不便且尴尬去管理内务;其次内务不是男性擅长的领域。同时内当家也不能参与家庭的外部事情,古语:"女人当家瞎胡闹",这里的当家指的是管理家庭的外部事情,首先女性不具备管理家庭外部事情的能力,例如女人不具备高强度劳动的体力,而且女人都裹脚,三寸小脚连固定站立都极难实现,干农活就更加困难了;其次传统上歧视女性当家,好女人的标准为大门不出、二门不迈,因此正常情况下大家接受不了女人成为外当家。冯家的大事情都由作为外当家的冯树歧和其父亲冯廷彬及兄弟冯树桂共同商量着做决定。

2.财产管理权

冯家的收入主要来自经商、打工和种地三种。家庭财产属于全家人共同享有,当家人拥有管理家庭全部财产的权力,但是不拥有随意支配大额财产的权力,需要经过父亲冯廷彬同意。大侄子冯永宗在天津染料房里打工,每次过年要归家,回到家中第一件事情就是把工资交给冯树歧,然后去看望其爷爷奶奶及二娘等长辈,最后再回到自己屋内见妻子与孩子。不只是在外面挣钱的家庭成员,即使是有时候亲戚家盖房子,需要到亲戚家帮忙住上一段时间,回家后也需要先拜见长辈,再回到自己房间。如果在外边挣钱的家庭成员回到家不是先把钱交给当家人,会受到当家人的责备和其他家庭成员的嘲笑。家庭成员不可以存私房钱,也不需要留有私房钱,有正当需求可以向当家人要钱。

冯家的贵重物品并不是由一个人保管,地契、房契、过继单等重要文书由冯廷彬锁在自己房间的一个柜子中,钥匙由冯廷彬掌管,而不是当家人掌管。因为三侄子冯永鸣是留在家中唯一识字的男性成员,所以当家人将家中现金交由冯永鸣保管。冯家在南院堂屋的北面墙壁的正中间做了一个窗户,当地叫作"哑巴窗口",其用途是存放物品,而不是用来采光。不同的是,冯家把这个窗户做成后再封闭,且在地面和坑壁上都挖了洞,平时上边覆盖砖面,无法认出。当时社会动荡,兵荒马乱且匪患严重,冯家就把钱财分散存放在这些位置以保障其安全。对于公共物品的存放人选首先考虑的是长幼,其次是能力。对于衣服等个人物品都由自己存放。

平日当家人不给家庭成员零花钱,而是家庭成员需要用钱的时候,告诉当家人,当家人同意之后,再向冯永鸣支取,且由冯永鸣记录出入账目。子女结婚的花销按照当时当地的风俗进行支出,由孩子的爷爷奶奶、父母、当家人共同协商决定。在土地买卖等重大事情上,当家人需要到北院同父亲冯廷彬和母亲郑氏商量后再做出决定,不需要与其他家庭成员商量。冯家的粮食供家庭成员统一食用,每天的饮食差不多,基本都是咸菜、小米馒头、玉米窝窝头和粥,不需要特殊安排。只有到了过年过节或者家中待客人的时候,内当家会和外当家商量购买菜品,再吩咐媳妇们煮饭。家中的粮食储放在南院的南房中,平时冯永鸣居住于南房,顺便看管弹棉花的机器和粮食。家中的粮食每年都不够吃,更没有多余的粮食进行售卖,家庭成员不能随意卖粮食,没有人敢偷卖粮食。

3.制衣分配权

每年到了收棉花的季节,当家人会给家里的媳妇们分配棉花,因为媳妇们管做衣服,所以分给她们,其实就是分给各个屋里。分配的标准是一个大人三斤,一个孩子一斤半,用于做棉衣,但是每年每个屋里分到的棉花数额都要随着年头收成的好坏来定。棉花分配给小家庭就算是小家庭的了,属于自己屋里所有,即便自己屋里用不完所分到的棉花也要归小家庭所有,当家人不可以收回,小家庭会把剩下的棉花用于来年,而不是把剩下的棉花卖出去或者送人。冯廷彬和郑氏的衣服由孙媳妇中针线活最好的张氏负责缝制,冯树歧和冯树桂的衣服由各种的妻子安排儿媳妇缝制,小辈的衣服由其妻子缝制,小孩的衣服由自己的母亲缝制,这些都是内当家做出的规定。

4.劳动分配权

家庭成员的劳动分工是由冯树歧根据各自的特长和他们的喜好安排的,且分工很明确,家庭成员们都听从当家人的安排。大儿子冯永禄识字且为人憨厚老实,所以安排在染料房当学徒,既是打工,也是学做生意。大侄子冯永宗读书多,学问高,且聪慧伶俐,喜好做生意,所以当家人便同意他在天津做生意。二儿子冯永周和二侄子冯永河没有读书识字,于是当家人让其打理家中的耕地。三侄子冯永鸣识字且为人踏实,所以当家人决定其打理家里的弹棉花的买卖。到了农忙时节,所有男性成员都要回家帮忙抢种抢收,冯家的男孩子在 15 岁的时候便学会干农活。大儿媳妇张氏针线活好,内当家安排其裁剪家庭成员的衣物;大侄媳妇孙氏体格健壮,因此负责推碾子踩磨;二儿媳妇李氏、二侄媳妇尧氏和三侄媳妇纪氏负责做饭。农忙和农闲的时候,家庭中的女性劳动分工不会发生变化。父亲冯廷彬和母亲郑氏年纪大了,因此不用参加家庭劳作。冯家的子侄辈有六个男孩,只有一个女孩,所以娇惯一些,不用劳动。年纪小于 15 岁的孩子在冯家已经是第四代人,平时帮着照看弟弟妹妹,帮忙做些力所能及的家务活,打打下手之类,他们年纪还小,不具备参与繁重体力劳动的能力。

5.婚丧嫁娶管理权

1949 年以前,家里在娶媳妇或者嫁女儿方面要完全听从当家人和其他长辈的安排。父亲冯廷彬当家的情况下,因为他不仅是当家人的身份,同样位于家中最高长辈的身份,所以家里人要听从他的安排,当家人同意或者反对孩子的婚事,而父母持不同的意见的时候,婚事要按照当家人的意愿决定;如果当家人是父母的同辈,孩子的父母不同意婚事,当家人同意,那么孩子也是不能够结婚的;如果当家人是父母的同辈,孩子的父母同意结婚,当家人却不同意结婚,那么孩子也不可以强行结婚。这个时候,当家人或者孩子的父母需要征求孩子爷爷奶奶的意见,听从其爷爷奶奶的安排。没有爷爷奶奶的情况下,就请族间中颇有威望的人进行分析和调解,待意见一致为止。结婚的时候需要立文书,如果爷爷在世,孙子辈结婚在文书上要写上爷爷和父亲两个人的名字。

如果家里有人打算离婚,必须要得到当家人的同意,如果当家人死活不答应,这个婚就离不了。如果当家人同意了,当家人还需要找村里的族人到女方家把事情说清楚,媳妇不能说不要就不要了,要有个交代和说法。一般家里的人并不亲自去女方家,因为离婚会招致女方家的仇视,双方碰面很容易发生正面冲突。过去基本没有离婚的人家,倒是有休妻的。不过就算长辈对儿媳妇不满意,也不会轻易叫儿子写休书。1949 年以前,被夫家休掉对于女人而言是极大的耻辱,等于完全毁了一个妇女,而且对于男方来说也不是一件光彩的事情。休妻需要极其慎重,只有在女方犯了特别大且违背礼数的错误时才会休妻。如果儿子与妻子感情好,儿子不愿意休掉妻子,长辈也不会强迫儿子做出这样的决定。

当地的祭祀活动主要是每年上坟拜祖,祭祀活动仪式简单,却是家庭中的大事情,需要由当家人亲自到坟地主持和组织祭祀。当家人过世之后,如果当家人有生前未了的遗愿,遗愿是合理的且关于家庭的事情,那么家庭成员一定要遵循和完成,因为是为了家庭整体的发展。如果遗愿是合理的且关于当家人自己的事情,家庭成员也会尽力去完成,不过这个时候,家里人是把当家人作为长辈看待,而不是作为当家人看待,完成遗愿是晚辈对长辈所尽的孝道。

6.对外交往权

冯家日常几乎没有借过别人家的钱物,其经济条件优越,倒是本家或者关系不错的人家日子过不去的时候会来家里借钱,有的会还回来,有的条件不行还不了就只能算了。家庭成员外出打工,必须要经过当家人的同意,在外面挣得钱需要在过年过节回家的时候一并带回家交给当家人。如果自己需要留用一些钱,一般不好意思提出来,基本上都是在客观需要的情况下才会提出这样的请求。冯家属于富裕的人家,在当地是大户人家,家庭的运转需要成员都按照规矩办事情。丈夫出门工作不可以单独带妻子出去,会损坏家庭的荣誉,如果违反了私自带妻子一起出门,当家人会教育训诫丈夫,不允许再犯。如果妻子不告而别去找丈夫,那么当家人会把妻子送回娘家,基本不会再接回。冯树歧是当家人,他说的话小辈人非听不可,只要是不分家,就算是已经结婚的人也要听当家人和长辈们的话。本来子侄们有意去当兵,可是冯廷彬和郑氏站出来极力反对。当时赶上日本侵略军占据华北地区,两位老人怕自己的孙子受伤,所以不让去,就因为这个没有去成。1949年以前,无论家里的长辈是对还是错,小辈人都必须听从。

7.家长权力的约束

面对家长当家能力不强的问题,处理方式包括:一是如果家中有比家长年长的长辈,例如爷爷、伯伯、叔叔等,那么长辈首先会教育和指导家长如何当家,如果家长还是不具备当家的能力,长辈会重新选择当家人。二是如果家中没有比家长年长的长辈,但是家中有和家长同辈的兄弟,例如有哥哥,所谓"长兄如父",哥哥可以直接决定不让家长再当家,以免家业败落;如果是弟弟,弟弟首先会规劝哥哥好好当家,如果实在不行,弟弟会请示族间的长辈,让族间的叔叔伯伯做主换合适的当家人。三是如果家中均是当家人的晚辈,这是最为被动的情况,晚辈没有更换当家人的权力,一般这种情况下,如果当家人能力不强就只能导致家境衰败。弟媳王氏的娘家就存在这种情况,其姐夫是一家之主,家中没有其他兄弟,父母也去世了,家庭成员就是妻儿。不幸的是,姐夫沉迷于赌博的恶习,最终输光了家业,房子和土地都被姐夫变卖了,连孩子都送人了。在这种类型的家庭中,妻儿没有更换家长的权力。

冯家确实存在过当家人为了个人私事借债的情况,冯树歧有打牌的习惯,父亲冯廷彬多次教育他,其他家庭成员虽有不满,但也没有人敢提出意见。因为沾染赌博的人很难更改恶习,而且冯树歧并没有到达迷恋的地步,并没有耽误家庭的农耕等事务,都是在闲暇时间玩牌,且冯树歧借用外债的数额小,他的行为也在家庭成员可以容忍的范围之内,所以家庭成员没有采取措施,用家庭成员共同的劳动所赚取的钱还清债务。但是如果当家人为了个人私事借用大额外债,长辈会取消其当家人的资格,甚至会将其赶出家门。如果已经分家了,当家人的儿子需要分摊债务,"父债子还"是当地一条不变的广被认可的准则。

家长所具有的权威性是绝对的,谁都不是完美的,即使家长身上也必定会有缺点和毛病。当家长做了不被大家认可的事情的时候,如果对家庭成员的生活生产没有造成很大影响,家庭成员依然会接受家长的行为,尊重家长。如果家长瞒着家里的人做了不该做的事情,尤其是对整个家庭极为不利的事情,家里的人会对家长有很大的意见。这样的事情发生的时候,比当家人年长的长辈会站出来训斥当家人,强迫他改正错误。1949年以前是礼法社会,毫不夸张地说,受到长辈训斥是极其丢脸的事情,比触犯法律还要感觉羞愧,所以当家人会按照长辈的意思改正。1949年以前的中国社会,大家心里有一条严格的公正规则。冯家是祖孙四代人伙着生活,作为当家人的冯树歧不仅不会偏爱自己的儿子,相反对自己的儿子更为严苛。冯树歧仅有两个孩子,其中一个儿子没有读书识字,而兄弟有五个孩子,也是只有一个男孩子放弃了读书,显然冯树歧屋里吃亏。作为当家人会努力做到公平公正,甚至对自己屋里的成员更为苛刻,这样的当家人才更有威信,其他家庭成员对其才会尤为敬重。

(三)家长的责任

1.家长必须做的事情

一是保证家庭农业生产和粮食供给。1949年以前,冯家虽有80亩地,但是当时农业生产条件恶劣,人的能动性很差,可操作的地方不多,机械、水井、良种等都是空白,粮食产量自然低下,那么如何保障这个大家庭的粮食供给就成为当家人最为关心的事情。当家人每天都会到田间去查看哪块地应该下种了,哪块地应该翻土了,哪块地应该锄草了,哪块地的庄稼应该先收割……当家人在种地上花费的时间和精力最多, 尽量保证每块田地最高效率和最大产量。

对于冯家这个相对而言人多地少的家庭,加之当时土地缺肥,玉米大小似小孩手一般,长不了许多粮食。每亩地产量至多有两斗粮食,收获60斤就是丰收年份了。而且还需要种植产量低的小麦或者拿出一部分粗粮换取白面作为冯廷彬和郑氏两位老人的口粮, 此外还需要给国家缴纳公粮,当时公粮的负担比较沉重,公粮是按照地的等级来缴纳,上等地交公粮数额大,所以每年家庭自产的粮食不够吃,除去缴纳的公粮,家中余粮不多,每年需要购进粮食弥补全家口粮的缺口。有的人家都是上等地,赶上公粮缴纳的多,导致打的粮食不够交公粮,还需要购买粮食交公粮。由此可见,冯树歧作为当家人购买粮食保障家庭成员口粮也是他的任务。当时家家户户产量都不高,没有专门大批量买卖粮食的商店、粮站等,家里需要粮食也就是到集市上几斤、几十斤的买粮食。冯树歧几乎每个月以4和9为尾数的日子都会去集市,购买便宜又优质的粮食。

二是保证家庭成员的合理分工。家中的土地相对较少,当家人便安排不识字的二儿子冯永周和二侄子冯永河负责种地,安排有文化的大儿子冯永禄和大侄子冯永宗做生意,三侄子冯永鸣年龄尚幼且又读书识字便让其经营家中弹棉花的买卖和收管家庭现金, 还有对家庭收支进行记账。因为大儿媳妇张氏针线活好,所以她负责给大伙做鞋子和裁剪衣裳,保证家庭成员的穿着。大侄媳妇孙氏体质强壮,所以孙氏管推碾子踩磨,保证家庭成员的面食。二儿媳妇李氏、二侄媳尧氏和三侄媳纪氏管给整个大家庭的人做饭。

三是督导家庭成员孝道、长幼有序。冯家的确在村庄内算得上是家境殷实,这样的大家主讲究孝道和长幼有序。就拿饮食来说,年长的父亲冯廷彬和母亲郑氏常年吃白面,菜桌上要有一两道蔬菜。而其他人,无论是大人还是孩子都吃窝头和咸菜萝卜。拿取暖而言,南北两个院落交替做饭,冯廷彬和郑氏的院子不做饭的时候,晚辈也必须给两位老人烧炕,保障供暖。每天早晨儿媳妇或者侄媳妇需要轮流给两位老人倒尿盆,并轮流给两位老人洗衣服,其他人都是妻子洗自己家孩子和丈夫的衣服。每次冯树歧到集市上去的时候都会给两位老人捎带两个驴肉火烧,当家人和其他人都没有份。长辈住质地好的北院砖房,晚辈住质地逊色的南院坯房。父亲冯廷彬和母亲郑氏住北院东屋,冯树歧和邢氏住北院西屋,弟弟冯树桂和弟媳王氏住东厢房,四侄子冯永平和侄女冯丫各自住在北院的两家西厢房。大儿媳妇张氏住南院东屋,大侄媳妇孙氏住南院西屋,二儿媳妇李氏住南院东厢房,二侄媳尧氏住南院西厢房。在座次方面,冯廷彬和郑氏坐到炕最里侧的尊位,如果在南院做饭,饭做熟的时候首先要给北院的长辈送过去,而且长辈吃饭时需要儿媳妇伺候盛碗。每年自己家里都会养一头猪用于过年宰杀,小辈只能吃到大年初五,之后猪肉就要让两位老人慢慢吃,其他人不可以吃肉了。还有长辈对晚辈训话或者下达任务,晚辈只能够听从和照做,不能够反驳或者质疑。

四是保证家庭成员对家族荣誉的绝对维护和尊重。冯家有严苛的规矩,要求其成员为人谦和,与人为善,必须以家族荣誉为重。冯树桂虽是个局长,可是每次刚进村庄便下车步行,遇到乡亲不论长幼都打招呼。冯永宗因为在天津没有经过家长同意而私自娶了一房小妾,损毁家族荣誉,当他被特务连抓获的时候,小妾给公公跪地整整一夜都没有获得原谅。当时冯树桂是个极其有本事的人,他结交的朋友都非同寻常,解救自己的儿子并非难事,可是就因为儿子的行径伤风败俗,所以他放弃了儿子的生命,家族荣誉大于生命。

五是维持家庭成员和谐,结交良友。冯家的家庭成员众多,纵使有规有矩,但不可避免的长辈与晚辈之间及同辈之间会产生和存在明显或潜在的小矛盾,作为当家人需要足够睿智,察言观色,一方面自己分配活计要公道,另一方面要及时察觉家庭成员之间的关系,防止家庭的和睦土崩瓦解。另外,冯家的家长鼓励男性成员广交良友,当然该家庭也受惠于此,冯家曾经因为洪水泡倒房屋得到朋友的帮助从而渡过难关。

2.家长优劣标准

在冯家晚辈的认知中,好家长的特征是对晚辈要公平公正、善待幼者;对待长辈要恭敬孝顺、以长为先;对待家庭要维护整体利益,保障家庭运转和延续。冯家的当家人冯树歧就是一位好家长,他在家照顾着全家人的衣食住行,负责耕种家里的80亩地,照顾家里的老人孩童,料理家庭外部的大小事宜。当好家并不容易,很多家庭的家长并不能承担起这份责任。家长不能够胜任的情况包括:一是家长沾染赌博或者吸食鸦片的陋习,且情况严重,无法克制,家庭中的长辈很有可能重新选择和更换当家人;二是家长如果没有经过长辈同意招惹其他女人,这是被认定为严重的伤风败俗和不守规矩的事情,长辈会重新选择当家人,其他家庭成员对其也不再尊重;三是家长上了年纪,没有精力和体力继续担任当家人的职务,那么他就会自动退出,从晚辈中选择出色且合适的人员担任当家人。

3.只能有一个家长

一个家庭只许有一个外当家和一个内当家,还有就是外当家一般是男人,外当家比内当家更有威信。虽然外当家和内当家不掺和,一个管着家外,一个管着家内,但是内当家要服从外当家的要求,冯家严格遵守这种当家模式。外当家对属于内当家管理范围的事情有异议的时候,内当家要按照外当家的意愿处理和做出调整。此外,外当家和内当家都要听从前任当家人和长辈们的指示。也就是说弟媳王氏要听从外当家冯树歧的安排,即使自己有不同的看法,也要按照冯树歧的要求去做,而且冯树歧和王氏都要服从父亲冯廷彬和母亲郑氏的决定。1949年,家庭成员即使有矛盾冲突和不满,也是默默地忍着,不会抬到桌面上谈论和处理,家庭不和是冯家的大忌。

(四)家长的更替

1.更替的情况及人员

当家人出远门不在家的时候,他会暂时把家长的权力交给内当家或者自己的大儿子,这样由内当家管理着家庭并不会引来流言蜚语。三叔在18岁的时候,有一次不听话,三爷爷就追赶着打他,他在跑的途中越过一个土井,可是不小心挂在了井沿上,气管挂断死亡。可是同样18岁的三婶没有改嫁,从此成了当家人,乡里乡亲都对她十分的尊敬,本家和乡亲能够帮忙的都会帮忙。按照乡俗,三婶是不应该过继大哥冯树勋当儿子的,因为父亲冯廷彬屋里在兄弟中排行老大,理应过继二叔家的儿子,但是三婶在丈夫去世以后没有改嫁并把家庭管理得井井有条,大家都非常的尊敬她。母亲郑氏当时不舍得把自己儿子给三婶,家族的大辈们就聚到一块劝说郑氏,最后还是依了三婶的意思,按照"爱子过孙"的说法签了文书,把冯树勋过继给了三婶。

当家人年迈,无力继续管理家庭,便会把当家人的位置让与长子。当家人的继位一般是按照长幼的顺序,平日里父母会习惯性地把家庭事情交给老大处理得多一些,久而久之便锻炼了他当家的能力。除非长子身体状况有问题或者不在家,否则都由年长的为当家人。冯树勋过继出去了,所以由老二冯树歧继任了当家人的位置。大家觉得当家人还是不错的,任何事情都可以决定,家庭成员不可以不听当家人的安排,大家头脑中根本没有忤逆当家人的意识。

2.更替的顺序与表现

在伙着一起生活的大家庭里,如果要更换当家人,新的当家人除了要不呆不傻以外,还要辈分高。当然光是辈分高也不行,如果年龄特别小,那也担当不起当家人的重担,当家人更多的是承担责任,负责管理家庭大小事情。另外,外当家一般由男性担任,内当家一般由女人担任。冯家有个专门放置房契、地契、分家协议等各种文书的铁箱子,更换当家人的时候同样会把这些文书交予新当家人保管。家里存在的特殊情况是由于冯树歧觉得麻烦,所以没有接管,仍然由上一辈当家人冯廷彬保管。新当家人在家中农田种植与劳作,生意经营等家庭生计方面有绝对的决定权,并不需要与旧当家人商量。不过家庭成员的婚嫁均通过说媒的方式,有决定权的是孩子的父母和孩子的爷爷奶奶,也就是说面对婚丧嫁娶需要告诉旧当家人,让旧当家人也参与意见,但是一般只是将旧当家人当作长辈讲述一下事情,并不是作为当家人的角色需要其拿主意拍板决定。长辈和当家人是两个不同的身份,作为长辈的角色不同意,晚辈也是不可以进行婚嫁的。冯廷彬和郑氏把当家的权力交给冯树歧和王氏以后,他们对于家庭中绝大多数事情便完全放手不再干涉,比如钱财花销方面,无论新当家人如何决定花销,只要不损坏家庭利益,旧当家人连问都不问,基本上家中事情不再管。涉及晚辈德行不好等方面,冯廷彬和郑氏会以爷爷奶奶的身份进行干预和管理,小辈必须承认并认识到自己的错误,且要改正错误。更换了当家人以后,邻居对于这个家的称呼会变成新当家人的名字,有事情的时候会和新当家人商量而定,在红白喜事的礼单上会写新当家人姓名,村庄的花名册上也会改成新当家人的名字。家里换成冯树歧当家以后,大家对于冯树歧依然按照辈分称呼,但是心中都明确了冯树歧是现在当家人和决策者的地位。冯廷彬和郑氏也可以口头告知四邻家中更换当家人的事情,为的是大家商量事情方便。冯廷彬和郑氏在世的话,家中的土地会继续写在他们的名下,土地的买卖必须与两位老人商量且得到许可。

二、家户决策

冯家的事情都由当家人说了算,当家人拥有绝对的权威,家庭成员必须听从当家人的安排和决定,如果一家人各有各的意见便没有办法有效维持整个家庭的正常运转秩序,也会极大降低解决问题的效率。

(一)决策的主体

1.当家人为主体决策者

冯家分工明确,而且大家心目中都划定界限,各司其职且认可分工。冯家分外当家和内当家。一般情况下，家内的事情由内当家负责，家外的事情由外当家负责，当家人对于家庭事务拥有最终决定权，其他家庭成员只有建议权，而且这种建议权局限于比当家人年长的人身上，虽然晚辈也可以提意见，但是这种情况少之又少，会被误会为对长辈不敬。

当家人有事情需要外出，暂时没有办法打理家庭事务的情况下，当家人需要委托家庭成员处理家庭事务，首先当家人会把家里边的事情托付给前任当家人。如果前任当家人的身体状况不容许其处理事务了，那么当家人会委托给同辈的年长的家庭成员来暂代当家人。如果没有同辈或者同辈有其他事情而没有办法担任当家人，那么当家人会从小辈的年纪长点的人选中择取且暂时担任当家人。

2.成员服从家长决定

冯树歧作为冯家的当家人，为了整个家庭的利益考虑，种地打粮食，孝顺长辈，教给小辈们为人处事的道理……冯树歧为了整个家处处操心。当家人办事谨小慎微，一心想着管理好整个家庭，想着使得全家人过好日子，所以当家人做出的决定都是基于家庭的整体利益，不会为了自己或者某个人的私利而行为。家里人必须听从当家人的决定和安排，就像当官一样，当家人就是一个家中官最大的人，拥有最高的权力，享有最高的权威，其他家庭成员必须服从，尤其是小辈不敢不听。

3.成员不服家长的情况

家庭成员不服从家长决策的时候要遵守前提，即出发点是家庭利益，哪怕是以此为借口，但不可以公然强行违抗家长的命令，要与家长沟通好自己的想法，得到许可。作为当家人的冯树歧想要三侄子冯永鸣继续在家里打理弹棉花的生意，但是冯永鸣提出到东北当瓦匠的目的是挣钱养家和见见世面，最终得到了当家人的同意。实际上，冯永鸣心里是对于家里人认为他不重要而心有怨言才打算离开家的，这些只能在心底想想，不敢提出来，也不能提出来。

对于家长独自做出的决策，家庭成员基本都会服从，因为家长也是家庭成员之一，他的决策当然是为了整个家庭着想。家长的决策如果出现偏差，且偏差过大的情况之下，家庭成员可以提出意见，从而使得家长改变或者完善自己的决策。如果出现了家长赌博，又无法自控，且严重危害到整个家庭的生存和发展的情况，其他家庭成员会提请长辈进行阻止，对于家长的决定，长辈有作废的权力。

4.需要共同商议的事情

家庭需要共同商量而做出决策的事情：一是晚辈的婚嫁大事需要冯廷彬、郑氏、冯树歧、冯树桂及其他长辈共同商量决定；二是买房置地需要冯廷彬、冯树歧、冯树桂等男性长辈共同商量决定；三是涉及家庭女性成员的娘家事情的时候，需要当家人和当事人商量决定；四是涉及冯廷彬和郑氏的事情需要冯树歧和冯树桂商量决定；五是涉及到族人的事情的时候，需要冯廷彬、郑氏、冯树歧和冯树桂共同商量决定。

(二)决策的事务

涉及整个家庭的事情必须要家长做主。不需要家长做主的事情包括每个小家庭自己屋里的事情，比如说丈夫、妻子和孩子的衣服，由妻子自己决定清洗时间等具体事项即可。

三、家户保护

冯家很少与家庭外部成员发生冲突和矛盾，发生矛盾的时候，一般由冯家的当家人出面调解。面对灾害和匪患的时候,所有家庭成员,包括族人、乡邻等都会团结一心、共同抵抗、共渡难关。

(一)社会庇护

冯家很少和家庭以外的人发生冲突和矛盾,但是也断不了和外人争议的情况发生,这个时候都是由作为外当家人的冯树歧来调解。无论是不是自己家人的错误,当家人都会当着对方的面训斥自己家的人,回到家以后再和自己家的人讲道理来教育他,因此家里的人和村里人的关系一直都很不错。

(二)情感支持

家庭成员有不如意或者委屈的事情的时候会首先想到家人,回到家中诉说的对象一般都是选择母亲,因为母亲温和慈善。如果和父亲或者家中其他男性成员说的话,多半会招致他们的训斥,而不是安慰。冯家虽然经济条件优越,但是婆家再好,媳妇也不可能样样都对婆家的事情称心如意,媳妇有感觉婆家做得不到位的地方会利用回娘家的机会哭诉来倒倒苦水,娘家人基本都是安慰自己的闺女,不会找婆家的麻烦,更不会为此主动提出解除婚约的要求。

(三)防备天灾

1.虫灾

1949年以前,生产力水平低下,田地都是靠天打粮,旱灾和涝灾常年发生。旱灾过后庄稼会长一二寸的大黏虫,谷子都被咬坏了,农民没有农药只能采取机械的方式拿着簸箕去磕打谷穗上的黏虫,尽量降低虫害对于粮食产量的损失,不管的话庄稼会都被虫子吃光。涝灾之后便是蝗虫猖獗的时候,铺天盖地的蝗虫经过庄稼地,连日光都会被遮挡住,几天的时间便会把庄稼叶子都吃光,庄稼就毁了,没有叶子长不了粮食。听老人们说蝗虫是因为地势低洼的文安县常年积水,鱼子繁衍成为蝗虫。

2.冰雹

天有不测风云,冯家所在的当地时不时会下冰雹,庄稼便均被砸毁,失去收成。每当这样的年份,粮食就会大大减产,甚至是颗粒无收,有的人家不得不逃难要饭。孝道是永远的准则,无论丰收还是天灾年份,家里的粮食首先要保障老人的吃食,而且尽量让老人吃得好。1949年以前,冯家能够保证冯廷彬和郑氏常年吃白面馒头已经是最好的饭食了。发生天灾的时候,国家和村庄没有救助机制,家家户户的日子都很艰难,家家户户都自顾不暇,不过国家收取公粮的数额会根据农户实际收成状况进行调整,天灾会减少或者全免公粮征收的数额。

3.洪灾

1949年以前,家里的房子是坯质的,当地叫作"里生外熟",即房子外层镶一层砖,房子里层都是坯堆砌而成,这样的房子发洪水泡几天就会被碱倒。1936年,村庄里下大暴雨从而引发了洪水把家里的房子泡倒了,因此冯家不得不举家搬迁逃难,投奔到五里处的胡村一个地主朋友家。后来八路军打死一个日本兵,日本军队便在胡村放火烧村报复老百姓,全家由于害怕又一次搬到宋村,宋村有冯树桂的一个财主朋友,这个朋友家的一个大门进去,里面包括九个大院,每个院子有十多间房屋,属于院中院,于是朋友给冯家腾出三个院子用于居住和弹棉花,家里还租种了这个朋友18亩田地,基本上是朋友让白种的,租子非常低,在宋村待了三年。三年没有回家是因为在宋村住的非常舒心,一直也在积攒盖房子的钱,朋友也是知心之人,无须见外,提供的房屋宽敞而豁亮,再者举家搬迁并不是容易之事。可是人之天性怀念故乡和归根情怀,世世代代都在杨屯村里,因此后来作为当家人的冯树歧安排在老家盖了南北两个院落,全家又都返回了故乡杨屯村。发水的时候,地里的谷子、玉米、红薯等庄稼都被淹了,然后被泡至腐烂导致颗粒无收。村庄里发水并非几天就会过去,有的年份整个冬天都处于水灾的困扰之下,水的深度甚至能够淹没房屋。

4.应对天灾方式

1949 年以前,闹灾逃难是没有限制的,只需要自己一家人商量好即可。家里人搬到哪了去都没有人管,不需要经过族长与村庄等的同意,但是因为需要回家种地打粮,所以依旧需要给国家缴纳公粮。面对灾荒威胁到家庭生存的时候,冯家的选择是借助于朋友的帮助,到朋友家逃难且重新营生。冯家因为洪灾逃荒的那一年是 1936 年,逃荒的单位是全体家庭成员,洪灾使得房屋倒塌,且当季庄稼颗粒无收,只能求助于朋友,朋友派人赶着马车来接济冯家一家人。冯家携带着自家的两头牲口,弹棉花的机器,房契地契等重要文书和锅碗瓢盆被箱柜等一切可以带走的东西搬到朋友家居住。在那个物质贫乏的时代,即使是温饱有余济大家庭也需要格外节约,奢侈是大忌讳。弟弟冯树桂作为毛业局局长并没有工资收入,但是父亲冯廷彬和母亲郑氏还是允许儿子去就职,因为考虑到冯树桂为人谨慎成熟,家庭需要一份政治上的庇佑。冯树桂广结良友,且擅交益友,在官场上为大家庭的发展提供倚仗。在冯家,最明显的特征就是分工明确,像一台机器一样运转而有条不紊。

(四)防备盗匪

1.绑票人

1949 年之前,绑票是很常见的,当时正是闹这些猖獗的年代。绑票有大绑票和小绑票之分。大绑票就是到家里把人绑走,把被绑者带到指定地点,然后被绑者的家人交出指定数额的赎金赎人,需要几千现大洋,通常是大数额的赎金,而且大绑票的参与人数有二十余人。小绑票的就是到家里把人绑走,带到田地或坟地等空旷无人烟的地方,然后假装打被绑者,比如用棍子敲打坟头子,吓唬得被绑者喊叫:“快点赎我来吧。”然后主家拿着几十到几百的赎金赎人,小绑票参与的人数少,基本是三人以上,至多五个人。绑票的人都是心狠之人,要多少钱都得给,不然会把被绑架者打死。冯家所在的村庄没有强盗,有绑票的人,绑票的对象多是有钱的大财主,绑架普通老百姓的情况极为少见。记得有一次绑票的来了要绑架冯家的老太爷,仗着家里人多就打跑了他们。有时候,绑票人遇到农户带着牲口在田地干活就下来几个人把牲口抢走。

打劫杨屯村和周围村庄的大绑票来自山东,名叫毕德龙,号称“山东三龙”之一,因为打劫百姓,他当时被山东全省严拿,相当于通缉,他和外甥墩子逃到东北,又逃到河北省,最后落脚到了杨屯村。毕德龙结交的朋友都是每个村庄里的能人,其中包括杨屯村的财主赵东元和南庄村的财主曹了平。赵文元和曹子平经营宰杀牲畜的买卖,毕德龙在东北也结交了很多朋友,毕德龙威望很高,只要他出面,不需要现钱,通过赊账就可以在东北带来大批的野马,加上毕德龙平日经常绑架富裕人家,久而久之,赵文元和曹子平欠毕德龙的钱越来越多,加上山东省为追查毕德龙到了河北省,二人便商量并决定把毕德龙杀死。

2.劫道人

劫道人就是拦截路过的人,强迫过路人拿出身上的钱财和其他东西。1949 年以前,劫道的人挺多的,一般都是在比较偏僻,人烟稀少,远离村庄的地方。在杨屯村的东洼通向北边村庄的路上经常有劫道的人,尤其是到了秋天,高粱长的超过了人的身高,整个东洼都是高粱地,看不见人头,劫道的人便经常隐匿于高粱地中,看到有路过的老百姓就出来抢老百姓的钱财。因为劫道的人并非赤手空拳,他们一般都携带着刀子,且多为体格彪悍之人,所以老百姓一旦遇到劫道的人基本都会乖乖地交出身上的东西,有钱财就奉上钱财,有粮食就留下粮食,套着马车经过的农户就留下马车和牲口……总之,劫道的人要什么东西都得交出来,否则劫道的人很可能伤害到过路人。平日遇到劫道的人都要好言好语,如果恶语相向激怒劫道的人,他们轻则对过路人拳打脚踢,重则伤害到过路人的身体,当然劫道的人轻易地也不会伤害到过路人的性命。

3.防御方式

一是自我防卫方式。为了防御绑票的人,大财主家基本都雇佣有看家护院的人,此外都准备有枪支,门和窗户都是大铁栏杆制造的。当时的人只要买得起就会买一支枪,便于抵制绑票的人。

二是联合防卫方式。面对绑票的时候,周围的邻居只要听到声音便都会持枪出去,大伙齐心协力把他们吓跑。在大家的观念中抵御绑票的人主要方法就是大伙合力,互相保卫,以吓跑为原则,尽量不要打死绑票的人,如果打死了绑票的团伙中的人员,主家很可能遭到报复,他们会伤及家庭成员的性命,并且抢劫财产,后果非常严重。大家一般都是采取温和的方式抵御绑票人,不打死他们,以赶走绑票人为目标,大家都害怕得罪绑票的人。

三是村庄和官府防卫。对于绑票人,村庄没有保护设施。村民面对这些人也不会报官,当时有局子管理社会治安,但是基本也管不了绑票人,国家没有现在这么强大的力量。连贵祖太爷有钱,以放贷方式获取和积累财富,有绑票的来到他家,进入了他家院子,但是窗户门都是用大铁链子锁死的,绑票的进不去就用棍子敲打窗户,连贵祖太爷在屋里,手中有可以打六响的手枪,连贵祖太爷说:"进来一个,打死一个",然后朝着门口打枪。周围的邻居听到枪声立刻出来围住了绑票人,而且冯树勋是连贵祖太爷的后邻,黑天黑夜的看不清楚周围,冯树勋说:"太爷把枪给我。""卡住子弹了。"绑票的人听到这句话便趁机逃走了。其实太爷是故意放走绑票之人,大家不愿意得罪他们,多一事不如少一事,大家愿意以妥协的方式来尽量维护自己的利益。

四是应对小偷的方式。抓住小偷也就是数落一顿,严重的就交到局子里,基本上都是放走,不敢过分苛待这些人。如果得罪了小偷,他会偷偷给家里点着晒谷场的柴火垛,或者偷地里的庄稼。粮食的重要性不言而喻,即使是柴火也是至关重要的,柴火是取暖和做饭的唯一火源,对于家庭来说不可或缺。麦收时节,北方的农民都选择拔麦子,把手勒的全是大泡,即便如此,还是那样年复一年的拔麦子,并非没有镰刀这种工具,老百姓为的是要麦根,为了能够多那么一点柴火,看见柴火的重要性。

五是应对穷人的方式。有钱的主家都需要会来事,轻易不敢得罪穷人。有贫穷的人家吃不上,穿不上,孩子又多,冬天走起路来就像骑着大白羊一样,这样的穷苦人家到了阴天下雨的时候没有柴火做饭,有钱人家的柴火垛就允许他们随便取。赶上穷苦人家日子混不下去,借富人点粮食,如果富人不借,眼睁睁看着穷人饿肚子,这是非常招人记恨的事情。就拿冯家来说,当时家境殷实,每天家里都会准备一篮子窝窝头,全部掰成小块的,专门为乞讨的人准备着,这样做就没有人仇恨。如果特别抠门,对待穷人刻薄,老百姓会暗自偷窃或者糟蹋家里的庄稼,给点着柴火垛,对于家里而言反而是吃大亏,也得不偿失,为富不仁不可取。1949年以前,点火放火的基本都是自己村庄的人做的,都是穷人存在不满而进行发泄和报复。

(五)防备战乱

冯家所在村庄遭受过的战乱就是日本侵略,当时防卫战乱的方式是挖地道。在冯家北院的东屋里有一个地道的入口,直接通往长丰街头和其他几个村庄。当日本人进村的时候,村民就都躲到地道里逃跑,没有其他的抵御方式。

四、家规家法

(一)默认家规及主要内容

1.家规成形,潜移默化

冯家的家规都是默认的家规,是世世代代在行为过程中潜移默化的形成且晚辈向长辈学习,长辈有意识引导和教育长辈得以成熟。平日里长辈很少专门抽出时间教导晚辈,冯家的长辈们平日里兢兢业业、谦恭有礼,以自己的实际行为不仅使得家庭生活条件优越,成为村庄里有头有脸的大户人家,而且也为自己的后代树立了榜样,成为后代学习的风向标,冯家的后代是在日常生活中通过观察和模仿长辈于无形中学习家规的。

2.做饭及吃饭规矩

平日家里都是二儿媳妇李氏、二侄媳妇尧氏和三侄媳妇纪氏负责做饭,没有明确的分工,三个人相互配合。除了过年过节和来客人的时候,平时家里的饭食都一样,上了年纪的父亲冯廷彬和母亲郑氏吃白面馒头、咸菜、经常再炒个鸡蛋;小辈们吃窝窝头、小米饼子等粗食,外加咸菜。北方人有早晚餐喝粥的习惯,所以冯家是早晚玉米粥或高粱粥。小辈的饮食调整的情况不多,家庭成员生病了,如果小毛病就熬着,病得实在厉害了才给做好吃的调养身体,才会去请医生。1949年以前,从医的人特别少,二三十里地难得寻到一个医生。孕妇只有在生完孩子后的一个月内,饮食会调整为鸡蛋、馒头,还有炒熟的芝麻做成的芝麻盐。农闲与农忙之时,家庭成员吃的饭菜没有区别,下地的人和不下地的人也都是一样的饮食,区别只是下地干活的人会加一顿餐,因为体力消耗大,容易饥饿。关于每餐吃什么都是由内当家安排,除了冯廷彬和郑氏以外,其他家庭成员没有选择自己吃什么的权力。过年过节的时候,饮食调整为白面烙饼、蒸小米和面粉各半的馒头。一般情况下,家里人舍不得吃蔬菜,所以不会专门购买蔬菜。只有中秋节、端午节、过年的时候,或者家里来了客人的时候,外当家会到集市上采购菜品。

冯家长辈都在北院吃饭,小辈都在南院吃饭。大家吃饭的时候会在桌子上吃,但是座位有区别。在北院,冯廷彬和郑氏坐炕头里边,冯树歧坐在挨着两位老人的位置,邢氏和王氏在炕沿边上吃饭,负责给两位老人和外当家人盛碗。在南院,大家都在一个桌子上,座位随意,没有讲究。媳妇们各自抱着自己的孩子吃饭,男的都自己盛碗。当时,没有取暖的用具,唯一供暖的方式就是烧热炕,南院和北院轮流做饭以保障冬天不太冷,不同的是,两位老人居住的房间在不做饭的时候需要单独烧炕。吃饭的时候,大家吃多少盛多少,自己碗里不能剩下饭菜,因为粮食不富裕,不允许浪费。大人们会教小孩子们关于吃饭的规矩,例如吃饭的时候,不能够敲打碗碟,意思是对做饭人的辱骂;还有"寝不言,饭不语",吃饭的时候不能说话,因为既不礼貌,又容易呛伤人。如果是在晚辈院里做饭,晚辈需要送过去吃的给北院,在场的晚辈负责给长辈们盛碗,小孩子由自己的母亲搂着喂饭。由于小妯娌们吃饭都抱着孩子,所以丈夫自己负责盛自己的碗,不可以使唤妻子盛碗。北院长辈们吃饭都是在冯廷彬和郑氏的房间,而南院的晚辈们吃饭都是在堂屋,堂屋也是做饭的地方。女性需要在桌上吃饭,至于男性可以端着碗筷随意选择吃饭地点。每天就餐之后,王氏会到南院照看孩子们,然后小妯娌们一起收拾碗筷,刷锅洗碗,这种方式不会随着季节改变。家里来客人的时候会请到北院吃饭,如果是长辈就坐在炕里边,如果是小辈就坐在侧边进餐。开席的时候,长辈先动筷子。女婿到老丈人家算是重要的客人,行为做事要小心谨慎。

农忙的时候,为了抢种抢收,家里不下地的人需要送饭给在地里干活的人,干活的人劳动量大,容易饥饿,因此一天需要吃四至五顿饭,一般是冯树歧负责送饭。家里实在忙不过来的时候会请短工,短工的饭食一般是送到地里,饭食的种类和家里人一样。冯家有两个亲戚常年帮忙一起弹棉花,他们算是家里的长工,他们也在南院吃饭,餐食种类、就餐地点、就餐时间与家庭成员毫无区别。

3.座位规矩

冯家有很多日常的潜移默化中形成的座位规矩:一是做熟了饭菜,要先给北院的长辈们送去,南院的晚辈们才可以入座上桌准备吃饭;二是夫妻之间可以挨着座位,妯娌之间可以挨着座位,兄弟之间可以挨着座位,但不是夫妻的其他成员不可以挨着入座;三是如果长辈在场,长辈没有入座,晚辈不可以先入座;四是抱着幼儿的妇女坐到饭桌里边,没有抱着幼儿的妇女坐到外部的距离堂屋近的位置,方便给有孩子的妯娌盛碗以及到堂屋端饭,因为带孩子的人不方便干这些。

家里来了拜访的客人,按照规矩要先去拜望年长的冯廷彬和郑氏等长辈。如果客人辈分高于家中的两位老人,家中会安排其坐到炕头里边,表示客人很尊贵;如果来访的客人是和冯树歧同一个辈分,那么家中的两位老人就如往常一样坐到炕头里边,客人挨着老人坐到侧边;如果客人是与子侄们同辈,那么家中两位老人坐到炕里边,客人坐到炕沿上或者坐到凳子上。

宴请中,与堂屋门口相望的位置是上座,两侧的座位次之,背对堂屋门口座位为下座。上座一般由自己家的长辈、年长的客人或者重要的客人入座。下座一般都是自己家人坐,因为这个位置最危险,端菜者倾洒的话很容易弄脏下座位置上的人,再者,处于下座位置上的人一般要负责注意和照顾整桌的饮食,缺了菜饭,及时叫堂屋的人添置。

当客人主要为本家亲戚时,家里会按照辈分排座位;当客人中有奶奶的娘家、母亲的娘家、姐妹的婆家、自己儿女亲家等亲戚时,长辈的娘家亲戚会被安排到上座的位置,按照各家女儿在婆家的辈分排座位;当客人是街坊邻居的时候,排座位也是按照辈分;当客人是冯树桂担任公职的朋友之时,一般会让朋友入上座;遇上自己家里有红白喜事的时候,女方娘家来的人都属于有挑的亲戚,一般会被引入上座。

4.请示规矩

生产活动中,家里的主要营生之一是种地,平日作为当家人的冯树歧几乎天天到田地里溜达,看看哪一块地应该锄草,哪一块地长虫子该用药了,哪一块地应该培粪肥了,以及牲口出借与否等,这些由冯树歧安排。冯廷彬和郑氏年纪大了便把当家人的位置传给了冯树歧,他们就不管种地等方面的事情了，冯树歧拿主意的时候不用请示他们，作为当家人直接决定即可。

　　家庭生活中，冯家有外当家和内当家之分，外当家主要管着家外的事情或者需要男人才可以完成的活，比方说种地、打工或者做买卖。但是涉及关乎整个家庭命运的大事情的时候，比如说买房置地，冯树歧必须要向冯廷彬和郑氏请示。至于家里每天吃什么饭，做什么饭，长辈和晚辈饭食等具体安排，这些都需要小妯娌们征求内当家的意见，由内当家决定。关于做什么衣服，做多少衣服也由作为内当家的王氏拿主意，裁剪衣服统一由手巧的张氏负责，如果大儿媳妇张氏一个人缝制衣服忙不过来可以让其他妯娌帮忙。关于洗衣服，如果是长辈的衣服需要请示长辈可不可以把衣服拿去洗一下，如果是丈夫的衣服也是要问一下丈夫，如果是孩子的衣服，作为母亲的就可以决定什么时候洗，怎么洗，不用问别人。

　　外界交往中，一是一般情况下都是外当家冯树歧到集市上，其他家庭成员有需要购买的东西可以把需求告知冯树歧，得到许可后，可由冯树歧代为购买回来。家庭成员果真需要外出到集市的话，男性要向外当家请示，女性不可以到集市上抛头露面。冯永鸣每年都会陪着奶奶到奶奶庙上香为子孙祈福，奶奶需要向爷爷请示，商量好适宜的时间。二是男性走亲戚一般都是为了家庭的事情，亲戚家婚丧嫁娶或者建造新房子需要帮忙之类的，这个时候直接向外当家请示即可；女性走亲戚一般都是和娘家有关的亲戚，需要向内当家请示，且需要告知爷爷奶奶自己的去向和回来的时间。三是家中的女性平日都是和妯娌们一起，不和外界交往。家庭成员结交朋友或者成为拜把子兄弟都是男性的事情，这个时候，需要向当家人请示，家长会对家庭男性成员结交的朋友进行考量，决定是否允许。四是冯家的经济条件在当地位于上等，涉及借钱借粮借农具借牲口等都是别人来冯家借用，借用的事情需要向外当家人请示并得到许可后才可以外借。

　　在农村，没有什么比婚丧嫁娶和买房置地更重要的事情了，只有这样的事情才需要家中的长辈们坐下来共同商量做决定。其他的小事情可以口头交给当家人去办，如果当家人同意便接着做，如果当家人不同意可以不做，当家人拥有决定权。请示一般存在于长辈与晚辈之间，或者是男人和女人之间，如果请示没有得到允许，这个行为就不可以进行，一般情况下也不可以协调，即使挨训也不能说话，否则就代表反驳长辈，代表不懂规矩，代表没有礼法，尤其是晚辈要讲究孝道，晚辈绝对不可以忤逆长辈的意思，不顺从会被视为不孝。

　　若家中的老当家人过世，一般不会向家中老人提起，免得引发老人的悲痛情绪，家中的晚辈们需要向年轻一辈的新当家人请示，新当家人再和其他长辈共同商量处理即可。作为当家人的冯树歧和冯树桂是冯家在世的第二代人，他们都是在55岁就过世了，就在他们过世不久开始了土地改革运动，紧接着冯家也分家了。虽然父亲冯廷彬和母亲郑氏都挺长寿的，但是毕竟年纪大了，身体不是很好，冯家分家后遇到事情不会向老人家请示，也不告诉老人家，目的是为了保护老人。

5.请客规矩

　　生产活动中，一是别人借用自己家的农具或者牲畜是因为彼此关系不错，所以一般不需要请客，完全是人情交往，但是也有叫当家人去家里吃顿便饭表达谢意的人家；二是家中盖房子需要请人帮忙，冯家也不例外，当地称为"助工"，平日里都是请这些帮忙的人吃普通的粗粮饭食，唯独到了上梁封顶的时候，盖房的人家会请帮忙的人吃肉包子，当地称为"上梁包子"。

生活中需要请客的情况很少,主要是红白喜事的时候需要请客。在宴请活动中,只有在男方娶媳妇的时候,在同一次宴席宴请不同的人群的饭菜的数量与质量有些许差别。新媳妇及其娘家人所在的一桌是主桌,主桌的饭菜是最好的炒菜。其他宴请活动范围小且人数少,基本上没有主次桌之分。在冯家所在的村庄,红白喜事都有专门的人负责,他们是由每家出一个男性劳动力组成的红白理事会。这些人根据个人特长和长幼而分工明确,例如洗碗、炒菜、蒸馍等都由专人负责。婚丧嫁娶属于大型的宴请活动,当地用布幔在街上或者晒谷场搭建好临时场所宴请宾客。餐具及桌椅板凳等用具是在红白理事会的倡议之下,各家各户摊钱伙着购买的以便于使用。每次宴请活动都需要备置酒水,饮酒在宴请活动中比就餐更为重要,饮酒的数量是自愿的,宾客根据自己的酒量自行决定。

宴席之上,男性和女性分开入座,所以需要男性和女性陪客。陪客都是在自己的族人当中寻找能说会道、精明能干的人担任,当然男性陪客还要会喝酒且根据客人酒量来选择合适的陪客。在大家的观念中,既然需要宴请的客人就一定是本次宴席间重要的人,当然大家的概念中存在"把客人陪好了"的概念,即让客人感觉得体且饮食合理,菜品安排不寒酸。大家有"贵客"的意识,结婚的时候,女方和她的娘家人都算是"贵客"。"贵客"一般由客人请族人中的能说会道、干练利落的人来陪同。招待"贵客"的饭菜相较于其他桌位要精致且菜品要多一些。"贵客"所在的桌位也是本家的家长所在的桌位,以此表示对于客人的重视和尊重。

举办宴席的时候,会根据时间,提前准备饭菜,在客人到来之时,保障饭菜陆续上桌,因为让客人等待是怠慢和不尊重的行为。待菜品上好桌,主人会举杯祝酒并请主客先动筷子夹菜即表示开席。菜的数量根据宴席的重要程度来确定,例如婚丧嫁娶,这种大事情都要求饭菜摆满圆桌,如果是平日里来了朋友就简单的炒几个小菜即可。冯家所在的当地,饮酒虽然不是重中之重,很少有人贪杯,但是饮酒却是各类宴请活动中不可或缺的项目。开席前,主人会举杯祝酒。到了大家酒过三巡酣畅淋漓,主人和宾客都交谈甚欢,这时宾客会放下碗筷,主人也如此,其他人便陆续放下碗筷表示宴席结束了,没有人会继续再吃。

6.房屋居住及进出居室规矩

冯家的房屋坐北朝南,这样的布局自古流传下来,目的是便于采光。而且家中房屋的建构是标准的四合院形式,包括正屋、东西厢房和南房,除了堂屋作为厨房和餐厅之外,其他房屋均用于居住。冯家拥有南院和北院两个院落,因为北院是砖房,材质好,所以用于长辈们居住。南院是坏房,材质逊色于北院,由晚辈们居住。当地以东为尊,所以家庭成员的居住方位按照长幼而有区别。父亲冯廷彬和母亲郑氏住在北院的正房东屋,中间是堂屋,冯树歧和妻子邢氏居住于北院的正房西屋,弟弟冯树桂和弟媳王氏住在北院的东厢房中。南院的居住规矩亦是如此,大儿子冯永禄和大儿媳妇张氏住在南院的正房东屋,中间是堂屋,大侄子冯永宗和大侄媳妇孙氏住在南院的正房西屋,二儿子冯永周和二儿媳妇李氏住在东厢房,二侄子冯永河和二侄媳妇尧氏住在西厢房,三侄子冯永鸣和帮忙弹棉花的两个长工住在南院南房内。四侄子冯永平和侄女冯丫没有成家,年龄小且都在读书,所以他们跟着长辈也住在北院。这样的居住顺序不会随着季节而改变,唯独在家中来了客人需要住宿且客人数量多的时候,大家会挤一挤把房间腾出来给客人,根据客人的长幼来确定其居住在北院,还是南院。冯家修建房屋之初根据家庭成员的人口数进行的安排,所以晚辈成婚的时候,房屋数量足够使用,不需要腾让。关于堂屋,北院和南院的堂屋均属于公共空间,是大家用于洗漱和就餐的公共区域。在公共空间里,大家要保证使用过的东西归于原位,爱护公共空间的器具。这些约束没有人明确规定和要求, 家庭成员就这样仿佛来自潜意识一样遵守着。冯树桂是毛业局局长,在外居住的时间远远多于在家的时间,冯永禄在天津染料房里学做买卖,冯永宗也因为做生意的缘故而在天津。他们几乎每年的大多数时间都在外地居住,只有农忙或者过年过节的时候会回家住几天,但是他们的妻儿常年在家居住。

1949 年以前,不仅是冯家,村里几乎家家户户都有院子,都会修院墙,为了保护整个家。冯家的院子里种有杏树和枣树。门楼的方位是有讲究的,房屋数量为单数走东南门,房屋数量为双数走西南门,门楼比厢房和院墙都要高,但是不可以超过正房的高度。冯家的门楼位于南房的旁边,南房的一面墙也是门楼的一墙,这样节约了砖、瓦、坯等建筑材料。家里没有电灯,除了冯永鸣因为管着弹棉花的事情而晚上会点着煤油灯干活以外,其他家庭成员都是日出而作,日落而息。在当地,一般有钱人家非常讲究,害怕有失当之处导致家道败落,因此对于修建房屋这样的大事件会请风水先生,风水先生会测算出此地适不适合建屋居住和建屋适宜动土的时间。请风水先生需要付钱答谢,但是不需要请客吃饭。家里盖南院和北院房屋的时候,当时风水先生觉得冯家的南院和北院位置很好,表示居住此地会官运财运亨通。

家庭成员出入房屋不能随意为之,公公不能随便进入儿媳妇房间。婆婆可以进,但是需要儿媳妇在屋的时候,如果儿媳妇不在屋内,婆婆随便进去也是不合适的。小姑子和小叔子在当地讲究上不像公公或者大大板①那么忌讳,可以进入嫂子的房间,但同样也需要嫂子在屋内的时候才行。冯家的事情一般都由作为当家人的冯树歧拿主意,但是当涉及婚丧嫁娶或者买房置地等重大事情的时候,长辈们会聚到一起共同商量决定,他们会到北院老人的屋里讨论,进屋的时候和老人说明需要商量的事情。

7.制衣洗衣规矩

家中成员缺少衣服可以告诉内当家,然后由内当家告知外当家,等到长丰集的时候,外当家会到集市购买布料。家里人的衣服都由手巧的大儿媳妇张氏负责裁剪,然后由张氏和其他妯娌们缝制。一般都是自己屋里的丈夫和孩子的衣服由这个屋的女人负责,至于长辈们的衣服由各自的儿媳妇来缝制。

家中女性长辈的衣服由小辈妯娌们来洗,该洗衣服的时候,这些小妯娌们都争抢着洗,不区分是谁的婆婆。男性成员的衣服由各自的媳妇负责清洗。忙不过来的时候,孙媳妇也洗爷爷奶奶的衣服,儿媳妇也帮助婆婆洗公公的衣服。12 岁以上未出嫁的闺女的衣服由自己洗。12 岁以上且未娶妻的男性成员由其母亲或者嫂子洗衣服,但是内衣必须由自己的母亲洗。12 岁以下的孩子的衣服都是由自己的母亲洗。家里帮忙弹棉花的两个长工,一个是邢氏娘家的侄子,另一个是李氏娘家的弟弟,他们的衣服分别由邢氏和李氏来洗,内衣由他们自己洗。

洗衣服的地点不固定,有时候在大坑边上,有时候在井台上。家里把豆子秸秆烧成灰,再把灰用水调好,洗衣服使用豆灰水,对于比较脏的衣服使用碱清洗。每次要洗衣服的时候,妯娌们商量好便带着搓衣板和洗衣盆出发。洗衣盆用大个的瓦盆,搓衣板和洗衣盆都是外当

---

① 大大板:丈夫的哥哥。

家到集上买来的。洗衣服的水就倒在洗衣服的地方或是周边，在坑边上洗衣服就倒到大坑里，在井边洗衣服就倒到井旁边，不能倒井里，不然井水被弄脏，大伙都没法吃水了。家里的院子中间拴着绳子，洗好的衣服搭到绳子上，所有的衣服晾晒的时候不单放着，统一晾晒到绳子上。衣服晒干以后由小妯娌们收回来，谁有空就谁收衣服，收回来是谁家的衣服就给谁送到屋里。衣服多是棉花线材质，非常容易破损，一点都不耐磨。如果衣服洗破了，洗衣服的人不会受到责备，尽量贴上一块补丁，不影响穿着即可，实在破损的严重就告诉内当家，由内当家告知外当家，然后外当家赶集购买新的布料由小妯娌们裁剪缝制衣服。

8.洗脸洗澡规矩

南院小辈人一块用一个洗脸盆、一条毛巾和一盆洗脸水，北院长辈们同样共同用一个洗脸盆、一条毛巾和一盆洗脸水。夏天，人容易出汗需要经常洗手洗脸，而且不需要使用热水，所以洗脸水脏了便会被倒掉，也没有固定的限制具体几个人使用一盆水，而且春天和秋天亦如夏季同样的规矩，可是在冬天，家里烧好热水，洗脸统一用热水，基本都是一家人用一盆洗脸水，轻易舍不得倒掉。洗脸顺序一般是按年龄长幼来进行，小孩子能自己洗脸的就自己洗，年龄实在小的不会洗脸的就让孩子的母亲给洗脸。

1949年以前农村没有洗澡堂子，男人们洗澡就到大坑里去洗。女人需要洗澡了就自己在家里用盆子洗洗干净，妯娌之间互相帮着搓搓背。到了冬季，天寒地冻，供暖不好，家里人冬天基本上不洗澡。洗澡的季节随着天气而转变，天气暖和的夏天，家里人几乎天天洗澡，到了冬天便极大的降低洗澡的频率，两三个月不洗澡。年轻人洗澡比较勤快，而上了岁数的冯廷彬和郑氏平日不怎么出汗，加之活动不便，所以很少洗澡，尤其是到了冬天天气阴冷，老人洗澡的频率降到最低。

9.茅厕规矩

冯家特意盖了两个茅厕，一个在院内，一个在院外。男性家庭成员和女性家庭成员分开使用茅厕，男性成员使用院外的茅厕，女性成员使用院内的茅厕。当茅厕需要清理粪便时，冯永周和冯永河负责清理茅厕和牲口棚中的粪便，把牲口粪和人粪掺和到一起晒干，庄稼人说这样粪有劲[①]，然后再用马车拉到地里作为庄稼的肥料。

(二)默认家规，不得违抗

冯家的默认家规是从上一辈人手中传下来，没有明确的成文性家规家法。诸多默认家规在家庭成员心中形成了清晰的是非对错界限，在日常的生活中，当家人和其他长辈都按照这些默认的家规家法办事，发现家庭成员中有违反的行为出现时，会及时提醒和训斥。当家人及其他长辈均以身作则，不会违背家规家法。执行家规家法的人只有当家人和长辈们，晚辈和同辈不可以执行家规家法，但是可以利用家规家法监督家庭成员。家庭成员习得家规家法的途径有两种：一是长辈日常教育晚辈的行为举止，长辈告知晚辈应该如何说话做事，采取口头说服的教育方式；二是晚辈在日常生活中看到长辈的行为举止而进行不自觉的主动性的模仿，这种教育方式是耳濡目染的无意识的行为。1949年以前，礼法在农村社会有着根深蒂固的基础和至高无上的地位，冯家孩子的爷爷奶奶、伯娘叔婶都可以教育和指导晚辈，但是平日里父母是教育孩子最多的人。

---

① 有劲：肥力大。

(三)家庭禁忌

1.生产上的禁忌

"犁地深一寸,等于上层粪",意思是说深耕有利于农田中的粮食作物,可以提高粮食产量;"犁地要见死土,耙地要见扑土",意思是犁地见到成块的死土块,耙地要见到细碎的土,这样对于农作物有好处;"人误地一时,地误人一年"意思是人在短时间内没有精心打理田地会导致一年的收成不好;"棉花锄八遍,棉桃连成串",意思是说种棉花要勤于锄地,这样可以保障棉花的好收成;"麦怕清明连夜雨",意思是说清明时节,天不可以接连下雨,否则会影响小麦的产量;"春雨贵似油,多下农民愁"和"春雨漫了垅,麦子豌豆丢了种"的意思差不多,都是说春天的雨水非常宝贵,因为春天播种的庄稼需要雨水滋润才能成活,但是雨水多了,植物浸泡在水里也不利于作物的生长,时间长了,植物会烂根,所以雨水下多了,农民需要排涝,也发愁如何将多余的水排出去,如果排涝不及时会使得庄稼大大减产。

2.生活上的禁忌

婚礼的禁忌:大年三十和初一,冯家出嫁的闺女必须在婆婆家过,不能看见娘家的灯,不然对于娘家而言不吉利。婆媳妇需要双月给新人做被子,寓意"成双成对",图个吉利。结婚当日过坟地需要放枪,冯家所在的当地称为"放神枪",目的是吓跑鬼魂和霉运。大婚当天,尽量两个新人的花轿不碰头,如果凑巧碰到需要扔下一些钱,寓意"买路走"。送亲的人必须邀请儿女齐全和婚姻美满之人。拜天地的时候不允许怀孕的人观看,这类人被称为"四眼人",当地认为这样的人与新人相冲。嫁女儿的时候,不允许出嫁的女儿穿着沾有娘家土的鞋子走,必须换成新鞋上轿子。出嫁的闺女吃一口饭,出娘家门的时候,吐一半在娘家的锅盖上,自己咽下半口,寓意娘家人"有饭吃"。结婚的第一年不能经常住娘家,仿佛婆婆家待人不好,婆婆家会有意见。新婚夫妇在婚后两年内如果没有生儿育女会招人闲话,尤其对女方的名声会造成不良影响,大家会觉得家里的媳妇生不出孩子。

女性在生育上的忌讳:冯家媳妇生孩子要提前一个月和产婆约定好预期的生产时间,因为在人们的观念中,尤其是在那个医疗技术和资源匮乏的时代,生产是一件极其危险的事情,当地流传一句话"女人生孩子就像阎王爷接着一张纸",意思是说难度大,倘若接不住这张纸,母子性命可能不保,因此接生需要格外小心谨慎。生完孩子以后,女人一定要坐月子,在此期间,不能着凉受热,否则会落下病根,终生痛苦。孕妇如果在临产之前住在娘家,一定要赶在生产前返回婆家,如果正赶上生产的时候回婆家,会被拒绝和遭到婆家人厌恶,因为当地认为,婆家给其开门会有大凶。即使婆家人心软给即将要生产的孕妇开了门,该媳妇今后在婆家也很难做人,婆婆会因媳妇及其娘家人不懂规矩而瞧不起他们。

丧葬忌讳:冯家的男性长辈去世,子女需要守孝三年,女性长辈去世,子女需要守孝三年半,守孝的方式是穿"孝鞋",即鞋子面要用白色布料缝制。长辈去世的当年,过新年不贴春联,第二年和第三年贴蓝色春联,大年三十和初一拜年,初二至初五属于守孝期,过了初五才可以走亲戚拜年。这些禁忌表达的都是对于去世之人的尊重,因此大家潜意识中愿意遵守这些忌讳,没有人去逆行违抗。

逢年过节的忌讳:一是初一早晨不能催促丈夫起床,否则按照当地的说法会使得对方接下来整整一年都要不停地忙碌;大年初一最好什么活都不要做,不然亦是意味着将要忙碌一年不得停息。二是新年的时候,不能对着正在睡觉的人拜年,需要等待对方起床后再拜年,否则会使得对方一整年卧病在床。三是大年初一不可以说不吉利的话,也不可以和人吵架,避免"多""少""死""病""输"等不吉利的字眼出现。四是大年初一严禁洒、扫、倒垃圾、洗衣服,意味着会把家里的好福气和财运都一扫而空。五是不能打碎碗碟,意味着接下来一年都有"破运",如果不小心打破了碗碟杯盘一定要及时补救破解,赶紧说"碎(岁)碎(岁)平安",以此祈求来年吉祥如意。五是大年初一不可以动剪刀和针线,表示把财路剪断而不吉利。六是新年初二,出嫁的闺女回娘家,千万不可以空手而归,需要带着礼物,而且礼物要为双数,表示成双入对,图个吉利。七是祭灶日,家里人口尽量不要外出,这一天是恭迎灶神回民间的日子,灶王爷在这一天会点查人口,所以家庭成员都要守在家里。

(四)族法严苛,族人遵守

冯姓属于村庄的大姓家族,族人有着全族认可的族规:一是同族不得通婚;二是过继必须同族;三是尊祖不忘本;四是睦兄弟,敬长辈;五是勤修业,兴家族;六是重修养,嫖赌为大忌,不能偷盗和抢劫。如果族中有人违背了族规,族长和族中长辈会对其进行说服和训斥,督促其纠正错误,以后不可以再触犯。对于家庭而言,家族的地位高于单独家庭的地位,家族可以越过家长惩罚族人,因为面对家族的压力,没有单独的家庭可以承受。

冯家没有人触犯过族规,不过族中有个叫立的人,他们一家在老丈人所在的黄家务村居住,有一天黄家务的村长李德福在喇叭里喊叫:"贼立偷了……"很快族人便知道他因偷了人家的东西,丢了族人的脸面,而且屡教不改,老族长和族里的长辈们商量着等他赶长丰集的时候堵住他,打折他的腿,让他再也偷不了东西。对于族规族法,族中没有明确规定违背了哪一条要受到怎样的具体惩罚,遇到事情由族长和族中长辈共同商量出处罚措施。

五、奖励惩罚

(一)长辈奖励家庭成员

家里的长辈和当家人都喜欢听话持家爱干活的小辈,家里的人谁听话,谁不挑肥拣瘦,任劳任怨,作为当家人的冯树歧会代表家人奖励他,也是激励大家好好过日子一种方式。奖励的范围是当家人以下的晚辈,这是一种激励和奖励方式,也是表达家庭对于认真劳动家庭成员的感谢,同时也包含了长辈对于晚辈的宠爱。奖励的方式和对象:一是冯树歧会到集市上购买一些新鲜的菜品和肉犒劳全体家庭成员,这种情况一般是收成不错的年份,大家农忙劳动很辛苦;二是如果是单个家庭成员表现好,比如说出了好主意,冯树歧会在赶集的时候给他捎带两个驴肉火烧,要知道在那个省吃俭用的时代,平日基本吃不上肉,能够有驴肉火烧吃已经是不错的奖励。三是口头夸奖表扬,这也是针对个人的一种奖励方式。因为平日三侄子冯永鸣对待街坊邻居非常和气,谦恭有礼,为人敦厚,终日勤勤恳恳的弹棉花,多次得到家长及其他长辈的称赞,在那个礼法严苛的社会,受到家长的表扬是一件非常值得骄傲的事情。

(二)对家庭成员的惩罚

1.惩罚主体

当家人惩罚孩子是天经地义的再自然不过的事情。不光是当家人,包括叔伯娘婶等长辈都可以惩罚晚辈,只是惩罚不可以太过分。由此看见,惩罚程度的深浅根据双方当事人之间的关系亲疏而定,血缘关系越亲近,拥有的惩罚权力越大,惩罚程度越可以深入。亲叔亲伯和亲爹没有区别,孩子犯了错,这些至亲管得着,打骂都可以。如果管教孩子,有家庭以外的人强行阻拦,这是一件非常别扭的事情,属于多管闲事。由此可见,家庭内部管教孩子被人们广泛认可,家庭内部在惩罚小孩的时候,亲戚、邻居、熟人等外部家庭人员不可以介入,因为属于别人家的家事。如果家里的孩子做错事情,比方说调皮捣蛋偷挖了别人家田地的红薯、西瓜,或者是和邻里孩子打架,长辈会带着孩子登门表示歉意,如果把人家孩子打伤了,家里需要出一些钱财补偿人家,当地称其为"述白",这样做是希望得到街坊邻居的谅解,毕竟乡里乡亲,抬头不见低头见,需要彼此维持良好的关系。带着孩子回到家中,长辈会把事情告诉给孩子的父亲,由孩子的父亲进行管束。

不尊重长辈,傲慢自大,不认真干活,没有按照长辈的话去做事情等都是错误的,都要受到训斥和说服教育。小孩子做错一些事情,如果孩子父亲过世了,孩子在十二三岁以前,由孩子的母亲惩罚和教育,等到以后孩子长大了,这里指的是男孩子,犯错以后就由孩子的叔叔伯伯管教,等到孩子娶妻成家,家人管教的责任算是完成。女孩子一直由母亲管教即可,不需要叔叔伯伯惩罚和教育。可以使用惩罚权力的人:一是当家人,二是长辈。家长平时会教育孩子过日子,教育孩子如何持家,教育孩子不要吸烟、不要喝酒、不要打牌。孩子犯错了,必须教育孩子认识并改正错误才算终止。

2.惩罚对象与具体形式

随便惩罚家庭以外的成员绝对不可以,这样做会导致乡邻矛盾和冲突的产生,也没有那种想法,家庭的惩罚措施只能是针对家庭内部成员,如果家庭以外的成员做错事情,需要告知对方家庭,让对方家庭惩罚其成员。冯家的当家人平时都是非常严肃的表情,行为举止都中规中矩,当家人以及长辈严于律己,面对晚辈犯了错也毫不姑息,晚辈很敬重长辈,其中包含有惧怕的成分。冯家不会随随便便惩罚家庭成员,一定是家庭成员犯了错误才会受到惩罚,所以家庭成员对于家长做出的惩罚也心服口服,即使有点冤枉和委屈的成分也必须接受家长的训诫和惩罚,重道尊长要求如此。不同的惩罚形式:口头训斥、打骂、逐出家门。口头训斥是最为普通的惩罚方式,冯家的所有长辈都可以实施;打骂家庭成员一般只适用于犯错者的父母;逐出家门需要当家人和长辈们共同商量决定,单个人不能决定和实施,甚至是孩子的父亲都不可以,需要经过孩子的爷爷奶奶等长辈共同应允。

六、家族事务,族人"吃会"

1949 年以前,冯姓家族中有 80 亩公共土地,叫作"会地",这些田地是土质好的上等地。这些土地的耕种者是家族中的穷人们,他们都是自己想办法配置农具,饲养或者借用牲口来完成这些土地的劳作。族人中由辈分高的两个人监管着"会地",租种"会地"不需要签订文书和契约,口头协定即可,挑选族人当中表示愿意种"会地"且最为贫穷的人家耕种"会地"。每年的麦收和收秋时节,粮食收割上来,耕种族中土地的人留下四成,其他的六成粮食都放到寒食和清明节的时候,家族组织全体族中男性成员"吃会",女性成员不可以去吃,可以领回家吃,寡妇除外,寡妇可以去现场吃。"吃会"就是把粮食卖掉换成钱,购买菜酒肉让家族中的人享用。"吃会"非常热闹,吃食也非常好,每次"吃会"都持续好几天,直到六成粮食的钱用完为止,这是一种巩固家族成员感情的方式。冯家"吃会"最好的一次宰过六头猪和半头牛,全族的人整整吃了七天。即使是赶上闹灾的年份对于"吃会"也不会有多大的影响,因为这些

"会地"都是粮食产量高的上等地。每年到了"吃会"的时候,家里的男性成员,不管是大人,还是小孩都会去吃,媳妇和闺女不去,回家的时候给他们捎回来在家里吃。

七、村庄公共事务

1949 年以前,冯家参与的村庄公共事务主要包括村务会议、征税会议、淘井打井等,其参与的主体为当家人,其他家庭成员极少参加,基本都是当家人不在或者特殊的情况下,其他家庭成员受到当家人委托和授意才可以代表整个家庭参加村庄公共事务。

(一)参与主体

1.村务会议

村里组织召开村务会议的时候,一般情况下,都要求每家每户的当家人去开会,如果当家人不在家或者有事情脱不开身,家里的男性成员可以代替当家人去参加,代替开会的家庭成员尽量是家里的年长者。冯家的女性家庭成员不可以代表家庭去开会,首先,家里男性成员很多,没有必要女人去;其次,1949 年以前,不时兴女性抛头露面,尽量能不出门还是不出门为好。如果一个家庭是女人当家,只要家里有成年男人,也尽量让男人去参加村里召开的会议,实在没有办法,女人才去开会,村民也都知道各家各户的情况,对于缺少男丁的人家,女人去开会,村里人不会有非议和闲话。不过女人在会上不会发言,本来就觉得自己在男人堆里开会很不好意思,所以一般是静静地听村长安排,回家以后照做。村庄召开会议的次数很少,一年至多两三回,村里开会一般都是为了征税征兵。在会上,男性当家人可以代表自己的家庭提出一些建议,例如关于收成的状况来提出一些关于缴纳公粮数量的建议等,村里采纳农户意见的情况特别少,毕竟是上边委派的任务量,不过在发水歉收的年份,大家提出意见偶尔也会有效,并因此可以少缴纳一些粮食。

2.征税会议

村里开征税会议的时候,首先通知各家各户的当家人。去村里参加会议的都是家里有土地的人家,因为征税是按照拥有土地亩数而进行,自己家没有土地而是租种别人土地的人家不用去参加。家里几乎每次都是当家人去开会,当家人回来就开始准备该交的粮食。当家人冯树歧和二儿子冯永周、二侄子冯永河把粮食筛干净,然后套着马车给村里送去,等村里人都交得差不多了,村里就套着马车把粮食送到区里。在冯家人的观念中,种地就得纳粮,这是天经地义的事情。

3.打井淘井

村庄里一直有两口井,没有重新挖过新井。由于整个村庄只有两口水井,各家各户都没有自己的吃水井,所以都需要去这两口井里挑水喝,冯永周与冯永河每天负责给家里的水缸挑满水。西坑边的那口井水质不好,非常苦,村民都不喜欢吃此井的水。水井每年都需要淘井,就是把井水抽干净,再把淘井的人用绳子送到井底,由他们将井底淤积的臭泥清理出来,这样做一是为了井水的干净卫生,二是为了地下水渗出,不堵塞出水眼。淘井也没有什么费用,主要是出劳动力,每到了淘井的时候,村里就开会,整个村庄的人轮流安排出劳力淘井。每次村里让大伙淘井了,冯树歧就让二儿子冯永周或者二侄子冯永河去,也没有什么顺序,两人谁有空谁去,当家人没有让三侄子冯永鸣去过,因为冯永鸣需要在家管着弹棉花的事情,抽不开身出门。

4.其他会议

1949年以前,村民都是以家为单位,村里的事务少之又少,大家对于村里的事务参与积极性低,基本上是上边有吩咐就照做,很少主动提出观点与建议。家庭成员之间会讨论村庄的事情,不过都是讨论和自己家庭有关联的事情,都是需要自己家里出钱或者出力的事情。村长把当家人召集到一起开会,村庄会议讨论出来的结果,当家人都要接受,如果存在异议,各家庭的当家人可以提出反对意见,但是绝大多数意见都不会被采纳,因为村长也是传达上级的要求,如果是村里的村长可以说了算的事情或许可以商量着决定。不过在当时,村长之类的人都是听从上级的安排,上级让怎么做就需要服从,几乎没有自己可以决定和变通的空间。

(二)吃水淘井,各家出力

冯家所在的村庄内一直都是有两口水井,这两口水井是许多代人以前建造且由后人延续使用,村庄没有重新挖过水井。由于整个村庄只有两口水井,各家各户都没有自己的吃水井,所有都需要去这两口井里挑水喝。西坑边的那口井水质不好,非常苦,村民都不喜欢吃此井的水。由于水井位于地面,四季雨水汇集于井中会有大量的泥巴,甚至是死猫烂狗等顺着水流灌入井中,因此水井每年需要人工淘井,就是把井水抽干净,再把淘井的人吊到井底,由他们将井底淤积的臭泥和脏物清理出来。淘井不需要费用,主要是需要各家各户出劳动力。淘井是个体力活,淘一口井需要整整一天,每次淘井村庄里都会安排七八个壮实的小伙子。每家每户轮流出强壮的男劳力,轮到谁家,村长便通知这几家的当家人。家里每次去淘井是二儿子冯永周或是二侄子冯永河,当家人没有让三侄子冯永鸣去过,因为弹棉花离不开人,冯永鸣专门管着在家弹棉花,冯永周和冯永河谁有空谁去淘井。

八、国家事务

冯家参与的国家事务最主要的是纳税、征兵等,其他需要与国家打交道的地方很少,一般都是当家人出面,然后安排家庭出钱出力。

(一)纳税

1.缴纳公粮,以粮补兵

冯家所在的村庄以土地的亩数为单位来缴纳公粮,每年缴纳的粮食数量不固定,上级根据农户每年收成的好坏来调整每年的收粮数额,村民再根据规定进行缴纳。新中国成立之前,每年麦收和秋收之后开始交税,一年两次,麦收收取小麦,秋收收取豆子、谷子和玉米。缴纳粮食的数量每年都不一样多,风调雨顺丰收的年份,国家征收的粮食就多些;天灾歉收的年份,国家征收的粮食就少些。

冯家所在的村庄交税包括两样,一是交粮食税,这是因为种着地,交税是天经地义的,自古被称作"皇粮国税";二是国家征兵,不出兵的人家给愿意出兵的人家凑粮食作为补偿,也属于交税方面的事情。

2.家长带头,成员帮忙

每年麦收和秋收的季节,村长负责通知各家各户的家长缴纳公粮。冯家每年都是由作为当家人的冯树歧和小辈的冯永周与冯永河一起把需要缴纳的粮食送到村里,家里之所以让冯永周和冯永河配合当家人交公粮,首先是因为缴纳的粮食需要用马车送去,一两个人完成整个过程不容易;其次是因为冯永周和冯永河做事踏实稳当,负责家里的事情,所以当家人喜欢带这两个人一起干活。如果当家人不在家,村长会告知家里的男性成年人需要纳税的事情,村长会叮嘱被告知的这个人转告给当家人。从村长及其上级的角度而言,他们并不关心交税的主体, 只要把各家各户粮食按时收齐完成任务即可。但是对于冯家这样的大家庭而言,缴纳粮食是大事情,即使当家人不在家,也需要派人去把当家人请回家来商量,然后缴纳粮食。冯家是个分工明确的家庭,有条不紊,冯树歧专门在家负责打理家庭,也没有出现过需要长期离开家而要去处理的事情。不过如果出现这样的情况,当家人的兄弟冯树桂会回家代表家庭去交税,在人们的观念中,交税是很大的事情,因为每次缴纳的粮食数量对于一个家庭来说负担不算轻。对于女性当家的家庭,村长会通知这位女当家人,如果女当家人不在的话,村长会告知其家里的其他男性交税的适宜。一个家庭女性当家,一般是丈夫去世了,女性没有改嫁且年轻,家庭中孩子还小,没有适合的当家人,对于这样的家庭,村中的人不但不会瞧不起,反而非常尊重,同样会认可这个女当家人的身份和权力。

3.逃税代价大,家户必须拿

家里收到纳税通知后,当家人会赶紧准备粮食,冯家每年都会按时交粮食,没有过不交或是晚交的时候。原因一是种地交税,属于"皇粮国税",在人们的观念中这是理所当然的事情,没有什么可以质疑;二是如果有的家庭实在是贫穷交不上税,那么这个家庭的当家人会被抓到局子里扣押起来,所以即使是借钱也需要把税交齐,因为抓走了当家人,需要付出的代价更大,麻烦也更大。除了要交齐粮食以外,还要拿钱把抓走的人赎回家,即使是当家人不在,局子也会抓家里成年的其他男人。1949年以前,没有因为交不起税而逃跑的人,虽然逃跑也没有人管,可是没有人会离开自己家的土地而逃跑。人逃跑了,不种地了,没有饭吃了,还是会饿死,所以没有人抛下土地而逃跑。

(二)穷人孩子去当兵

1949年以前,国民党每次征兵会派到村里一定的名额数目,不管是谁,只要愿意去都可以参军去打仗,村里凑够名额才可以交差。家境不好的人家愿意去当兵,这样村里没有去当兵的人家需要给去当兵的人家粮食和钱。国民党有一次向村里摊派当兵名额,家里条件不好的,吃不上饭的愿意去当兵,而且对于抵抗日本侵略的人家称作抗属,村里会给予照顾,当兵的一个人给一百块钱。家里有年满18周岁到了当兵年纪而不愿意当兵的人需要多交钱和粮食,如果没有就少交钱和粮食。

(三)村长任命非选举

冯家所在的村庄只有一个村长负责村里事务,平时上级下达任务,例如交公粮、征兵等,村长负责通知给各家各户,村庄内部的事务很少。这个村长是由区上任命的,不是由村民选举产生。

调查小记

坐了 17 个小时的火车和 3 个小时的汽车,虽然百般劳累,心里还是异常兴奋,许久没有回家而思乡心切。2017 年寒假,学校组织了家户试调查,家户是学院开启的一项全新的调查篇章,我幸运地成为其中一员,因此这次回家除了可以见到亲人,还身负一项重要的调查任务。这次调查需要寻找一位合格的家户对象,由于调查对象条件要求颇高,所以我提前便和爸爸打好招呼,爸爸也非常给力,在村庄中走访排查替我找到了本族中一个非常理想的家户,其为家境殷实、成员广布于农政商的大户人家。

到家的第二天稍作调整,我便开始了自己的家户调查之旅,接受访谈的对象是一位 94 岁老人,我们同属一族,他是我们家族中的长辈。虽然已有 94 岁的高龄,但老人身体很是硬朗。因为我的爷爷和爸爸都是村庄里出了名的老好人,平日村里人只要需要帮忙,他们都主动的尽心尽力给予帮助,所以和街坊邻居多有着深厚的交情。基于此,老人很愿意接受我的访谈。1949 年以前,老人家境富裕,在当地是首屈一指的大户人家,号称"西南大院",家庭内部规矩大,家庭成员分工明确,具有极强的统一性。

调查顺利地进行了五天,到第六天的时候,连续的阴雨天气,老人的身体状况很是不佳,因此无法继续进行调查,这样老人休息了两天时间。我的感受是本次家户调查非常难以找到符合要求的调查对象,而且调查具有高强度性,调查持续时间需要两周左右,连续的调查会给老人带来沉重的身体负担,而且老人的抵触情绪随着时间的推移极有可能会显现。如果没有深厚的人情面子,老人很难坚持下来这么长时间的调查,因此平日与人为善,乐施恩惠,当自己需要别人帮助的时候,别人才会竭力相助。

幸运的是,我的调查对象是自己的族人,血脉相承,而且父辈深有交情,老人本身也有着极好的修养,在整个调查过程中态度温和且全力配合。由于老人毕竟经历过土地改革运动,生于大户人家的他还留有深刻的记忆,因此老人对于家户调查有所担忧,害怕会给自己家带来祸患,以至于在回答我的提问时有所保留,有些地方避重就轻。面对这种情况,我向老人讲明调查的目的是保住历史的记忆,对中国的家户制度进行记录,对历史进行挽救。老人读书识字,为人聪慧,一点即明,接下来的调查极为顺利,老人滔滔不绝的叙述将我带入这个四世同堂,且生生不息运转之中的大家户之中,素材极为丰富。

承载硕果,心怀感恩。首先非常感谢学院给我提供一个如此宽阔的实践平台,且提供经费支持,免除了调查的物质之忧,感谢恩师的谆谆教导和不懈指导;其次非常感谢接受我访谈的冯永鸣老人,老人不愧是大户人家出身,举止优雅,谈吐不凡,将整个家庭的方方面面有条不紊地娓娓道来,而且老人在整个调查过程中极为和气热情,对于我提出的问题知无不言且言无不尽,使我有机会获得一份厚重的第一手资料;再次非常感谢我的父亲,在访谈的过

529

程中,如果有幸找到一位符合家户要求,且特征鲜明的受访者是一件极其幸运的事情,寻到的老人乐于配合完成如此大篇幅的访谈任务实属不易，而我的父亲帮助我找到合适的受访者,而且凭借他的好名声使得我的调查对象极为配合,成全我带着一份历史的责任感,竭尽全力完成了这份沉甸的历史记录。

第六篇

"木龙赴水":以渔养农的崛起中户
——闽东本斗坑村王氏家户调查

王彬彬 *

* 王彬彬(1993—),男,福建宁德人,华中师范大学中国农村研究院 2016 级硕士研究生。

导　语

　　王家祖上定居于现在的宁德市八都镇,世代皆为渔民。祖上师玻公因成家立业维持生计需要,便刨木成舟沿河而下,以寻渔业资源丰富的海域。恰遇当前子孙所在生产活动海域,海水自西向东滚滚而流,并于东边尽头形成回流,具有紫气东来、聚力生财之意,于是心生恋意,遂决定世代定居于此。由于该村多为陡峭贫瘠山地,缺乏平坦肥沃水田,因此,各家各户实际拥有的可耕种土地十分有限。为求生计,人们将希望寄托于村前广阔的海域上。由此,便赋予“木船”以“木龙”的神圣称号,“下海”以“赴水”(方言谐音为富裕)的美好寓意。“木龙赴水”既刻画了沿海渔民浮家江海、舟楫为家的生存状态,也寄托了人们向往富庶生活的美好愿景。1949 年以前,王家同居共财,家庭人口数达到九人,堂兄弟人数众多。自王文锡成家以来,前后育有五男两女,从而使家庭人口规模显著扩大。王家自有土地不足两亩,常年以种植粮食作物地瓜为主。

　　1949 年以前该村整体较为贫困,但王家于夹缝中凭借当家人持家有道、依靠新生力量锐意进取,促使家庭经济状况由穷困潦倒转变为中户自足。家长王文锡幼年丧父、家无长兄、家境贫苦,由母亲一手抚养带大。穷人的孩子早当家,王文锡自接手家中事务起,勤劳踏实竭力开源、勤俭持家节约用度、育子有方治家有道,从而发展起王家这一人口规模较大的家庭。立足“鸡不食谷”的村庄穷貌,王文锡除精心经营家中耕地,保障基本粮食需求外,还积极投入到渔业生产活动中,通过捕鱼、卖鱼、易物以补助家用。随着长子王加申日益成熟并顺理接替了当家人的生产重担,使得王文锡在生产上转向主要负责指导监督孩子们开展农业、渔业生产活动。王文锡认为艺高人胆大,技多不压身,教育孩子需要因材施策,便根据孩子们性格特点,让二儿子学做面食、三儿子学轮机、四儿子学制衣,从而充分利用家中劳动力,实现了育子有方,发家有道。最终在一家子齐心合力奋斗下,王家经济状况实现大幅度改观、人口规模也实现大幅壮大。在王文锡主家期间,王家根据时势发展变化,立足给孩子们造好房、分好房、配好船的前提,于 1952 年土地改革前进行了分家。宗族社会,分家合心,即便分了家,王家成员始终凝心聚力,共同维护着大家庭的生存、发展、团结。

第一章　家户由来与特性

本斗坑王氏始祖师玻公以捕鱼为业,因生计需要,便沿江辟路以开发新海域。恰遇该村东边一处回流,具有紫气东来,聚力生财之意,于是心生恋意成家立业于此。师玻公生有四子,开枝散叶,衍生四房,截至当前,已传二十三世。王文锡属二房祖王宗镌后人,即王氏二房第十七世文字辈传人。王文锡自幼家境穷困,既无家父也无长兄,仅靠家母一手拉扯长大。窘困落魄家境中慈母良苦用心的培育,使得王文锡在现实历炼中快速成长为一个独立自主、积极上进的当家人。凭借耕种为本,渔业为辅的发家道路,王文锡最终养活、撑起、发展了一个人口规模较大、经济条件显著改善的中户家庭。

一、家户迁徙与定居

(一)寻龙观水以择选宜居宜业之地

"五代相继,中原寇乱,宗支散逸。"[1]自唐朝王潮、王审邦、王审知兄弟三人建立闽政权以后,中原士大夫莫不扶老携幼,避诸闽中。王家祖上自山西太原迁徙而来,据说为战国名将王翦后代分支。王氏始祖因厌恶连年战乱环境,为寻可安稳度日之"静土",于是携家带口一路南迁,最终落户浙闽交界处。随着祖上在浙闽处落地生根、传宗接代,由此,繁衍了一代又一代子孙。本斗坑村王氏始终祖,名师玻(原名瑚),字希夏,号龙舍,取石氏生四子,族人敬称师玻公。师玻公原为今宁德市八都镇贵村人,家中兄弟众多,祖上世代皆为渔民,以沿江沿海捕鱼为生。为谋生计,师玻公计划打破往常捕鱼范围,跟随退去的潮水顺流而下探究新海域,于是,在一个下着细雨的清晨,师玻公头戴斗帽,身着蓑衣,备齐干粮,乘坐竹排,一路顺流而下以寻渔业资源丰富的风水宝地。师玻公顺着流水一路往东,一路查看地形地貌,一路观察水文特征,最终漂至如今的曡尾村。师玻公发现此地,山上地形相对缓和,地势较高,利于农业耕种;流水由缓向急,富有变化,又有源源山间溪水直入海口,淡咸两水交汇,渔业资源丰富。因此,觉得是宜居宜业之地,但美中不足在于,流水由缓向急而一泻千里,奔流不复返,从风水角度考量意为有去无回,不易聚财、居财。为此,师玻公决定回走一段以察水流情况,恰好漂至如今本斗坑村处,却见一处倒向流水,原本由缓到急,但一到该村东边尽头,却戛然而止,并自动形成回圈流向村庄西边,具有紫气东来,财力积聚之意,所以便选择落脚于此。为方便开展生产活动,师玻公在山上盖起简陋茅草屋作为日常捕鱼休憩场所,师玻公久来该海域捕鱼,愈发觉得渔业资源丰富,于是就定居在岸上。当时此地多为未被开发山地,人烟稀少,寥寥有几户人家,据说为石氏族人祖先。师玻公因长期出没该海域捕鱼并歇脚于岸上,长

---

① 摘自《石林叶氏族谱》。

此以往,便和大家打成一片,自然而然就落户于此,由于当时此地尚未有地主、寨主、保长,所以不需要征得谁人同意。

(二)祖上生四子、分四支、建四房

师玻公定居于本斗坑村,娶石氏女,先后生有宗铭、宗镌、宗错、宗锡四个儿子,由此便产生了四个房支。截至目前,王氏已延续二十三代,总共有四个房支,四个分支下分别是师玻公四个儿子的后人。王文锡所在房支是为师玻公二子王宗镌子孙后代。在王家四个房支中,长房后人衍生的家庭规模最大、人口数量最多,直到现在依旧如此。长房后人男丁性格较为强势,少有读书人,多为从事渔业活动或做小本生意者。二房后人家庭规模、数量次之,人丁比较兴旺,不过,二房整体上出的读书人、能人较多。因此,在其他三房眼里,二房后生相较一房更显文雅。很久以前,二房曾出一位"大读书人"①,在仕途上有所建树以后,大力支持族人建造了一座占地九百多平方米、三层楼高、能够容纳众多二房族人的土楼。该土楼修建过程专门聘请风水大师、雕刻大师、书法大师参与其中设计,据说,仅房梁、门柱上的诗句,就花费十几两重金请书法先生做得。三房、四房后代人口数量少、家庭规模小,直到当前也只有几户人家,大约二十多口人。其中,三房由于每代男丁数量有限,致使家庭规模不能有效扩大,家户数量难以显著增加。因此,在三房出现男丁过继、抱养、买卖的现象比较常见。

通过观察祖宅规模的大小可直观体现房支的盛衰情况。四个房支中,祖宅规模最大的属二房,族人称其祖宅为"蜂窝",体现此宅房间之多、家户之多、人口之多;祖宅规模次之的属长房,长房虽然人口众多,但多为独立小家庭,加之未出大人物的缘故,因而难以聚力修建大祖屋;再者为三房、四房,祖宅规模均比较小,加之年久缺少维护、修缮,祖屋均出现了不同程度的损毁。

(三)在代际间绵延传递的恩怨

四个房支,虽然同根同源,但是血亲关系也因为时间的磨蚀呈现"一代亲,二代疏,三代无牵亲"的特征。随着时间的流逝,各房族人不断强化着对自身所在房支的认同,而忽视了对共同祖宗的认同,因而房支间倾向于牢记相互间的历史矛盾,并在代与代之间不断延续。王氏祖上长房和二房从分家起就存在着矛盾,因为彼此品性不合,分家分房时,祖屋建设就一东一西以减少交集往来。长房孩子性格蛮霸,容易招惹是非。王文锡爷爷一辈,长房曾出一个习武之人,绰号"黑痣",年轻时蛮横不讲理,习惯将他人的忍让视为一种懦弱,经常见着二房同辈就拳脚相向。一次,长房与二房年轻人在重阳节看戏时因口角之争,产生了肢体对抗,二房年轻人被长房年轻人追打得无处躲藏,只好退守祖屋。即便如此,黑痣仍旧带上斧头,半夜三更,追至二房祖宅,企图用斧头劈开大门,殴打同辈族人,并在二房祖宅大门上留下了永久的斧头印。最终,以二房长辈主动出面邀请长房长者共同协调,才制止了黑痣此次活动,但并不能因此而长久制止黑痣挑事行为,二房后生中常有被截拦殴打、当街羞辱者。由于二房多文雅读书人缘故,并不善于武力对抗,因此二房长辈总会教导晚辈,时刻铭记祖宅大门上的"刀斧印"和被欺负的屈辱过去,防着长房的蛮横,他日光耀门楣时刻勿忘维护房支利益。就这样,祖上的恩怨在代际间不断延续,每当遇及两个房支间的矛盾,这种恩怨总会得到进一步的强化。

---

① 指通过读书有所成就的人。

二、家户基本情况

(一)独苗传家燃旺香火

1949 年以前,王家三代同堂,总共有 9 口人。第一代有王肇和、石福莲两位老人,因当家人王肇和过世早,家中老人仅剩石福莲。第二代仅有王文锡一男丁,王文锡没有兄弟,但有一个姐姐,姐姐三岁就夭折了。王文锡配偶林玉燕为隔壁村北斗都人,经媒人介绍嫁给王文锡。王家人口大幅增加,家庭规模迅速壮大主要归功于第二代。1949 年前,王文锡与林玉燕生有5 个孩子,有长子王加申,次子王加春,三子王加盛,长女王娇清,二女王娇桃,而后还生了两个男孩。其中长子王加申 17 岁左右结婚,长媳妇蒋嫩菊为福屿村人。在王家,即便当家人王肇和过世早,仅有儿子王文锡继承香火,王家也未曾想过从堂兄弟处过继或领养男丁。石福莲坚持从一而终,并果敢地肩负起抚养唯一儿子长大成人,以延续王家香火的重担。因此,王家不存在过继、收养、领养情况。

表 6-1　王家家庭基本情况数据表

家庭基本情况	数据
家庭人口数	9
劳动力数	4
男性劳动力	3
家庭代际数	3
家内夫妻数	2
老人数量	2
儿童数量	3
其他非亲属成员数	0

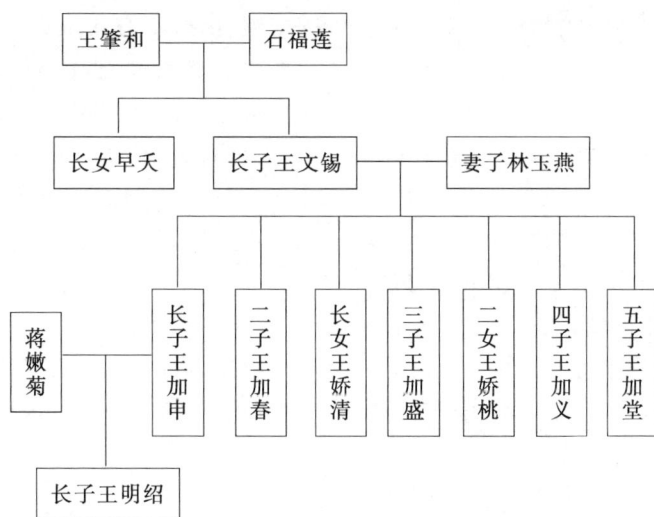

图 6-1　1949 年以前本斗坑村王氏家庭成员关系图

注:该表为 1949 年前后王家成员概况,其中 1949 年前四子、五子及王加申长子均未出生。

表 6-2　1948 年王家家庭成员基本信息表

序号	家庭关系	姓名	性别	当时年龄	婚姻状况	健康状况	参与社会组织情况	备注
1	第一代当家人	王肇和	男		已婚	差	无	过世早
2	第一代当家人配偶	石福莲	女	51	已婚	良好	无	
3	第二代当家人	王文锡	男	32	已婚	优	无	74 岁过世
4	第二代当家人配偶	林玉燕	女	30	已婚	优	无	80 岁过世
5	第三代长子	王加申	男	14	未婚	优	无	
6	第三代二子	王加春	男	13	未婚	优	无	
7	第三代长女	王娇清	女	11	未婚	优	无	
8	第三代三子	王加盛	男	10	未婚	优	无	
9	第三代二女	王娇桃	女	8	未婚	优	无	

（二）集天时地利人和的宅居空间

1949 年之前，王家主要在老祖屋居住，老祖屋位于村中北面山脚下，处在村中地势高处。王家祖先之所以选择山脚高位建房基于以下原因：

从生产生活角度而言，首先，有利于接近山脚水源，便于获取日常饮用水、生活用水；其次，临近耕地，方便管业，利于开展农业生产活动；再次，房屋地势高，远离海岸，避免大潮水泛滥期间房屋被淹没、台风天气下房屋被海浪吞没的风险；最后，房屋地势高利于当家人高瞻远瞩以便随时关注海面气象情况，从而选择合适时机出海捕鱼。

从集中居住角度而言，房屋处在王氏族人聚居片区中心位置，并与王氏祖宅紧密相连。王家人通过一条小道，可从后门直入祖宅，日常与族人联系十分便捷。王家老房四面均建有王氏族人房子，左邻右舍皆称为自家人，彼此之间往来密切、相互照应。王家房屋北面，也即房屋后门为堂兄弟的房子，西边开侧门为王细品①祖屋，南边正前方为王氏三房大祖屋，东南边方位便是王家祖屋。房子与房子之间留有小巷，略大的通风口，基本能够保证一人通行。王家老房子正大门出口留有一块空地，空地出去便是通向大道的小路，小路为大家公有，并非王文锡独家建造，小路宽度可同时并行四个人，主要目的在于保证一个人挑着扁担能够横向通过。

从房屋内部结构角度而言，老房子外墙以土制为主，内部主要是木制，楼高两层。房子为南北走向，坐北朝南，大门方向朝东，意为紫气东来，开门迎福运。老房子内部结构布局呈对称型，以前厅后厅为中轴，左右两边分别建有前间、后间、厨房，家中总共有 8 个房间。为保证房屋良好的采光及通透性，前厅后厅分别开有天窗，阳光、雨水可进入。老宅是王家未分家之前所建造，配套比较齐全，留有柴火间、饲养家畜的栏圈、储物室等。

---

① 王氏长房族人。

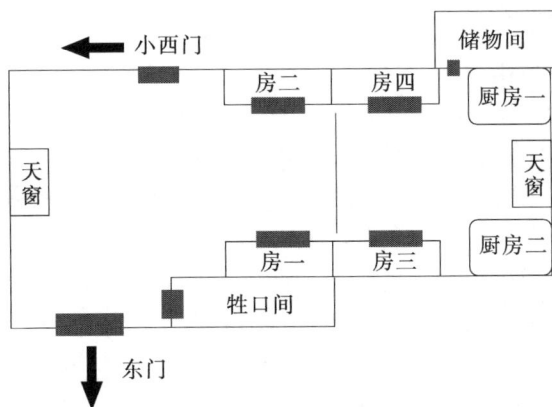

图 6-2　1949 年王家宅基地分布图

(三)农渔兼业的自给自足经济

1949 年以前王家可用于耕种的土地面积约为 2 亩,土地总量在村里属于中等偏上。村中多山地,无田地,日常耕种主要依靠人力,无须使用牲口,也就无人养牲口。王家主要通过务农,依赖土地获取地瓜并制成地瓜米作为主食,除此,日常收入来源和配菜大都通过捕鱼获得。在当地,村民更多以渔民自称,鲜用农民称谓,干农活即务农也称为"做粗人"[①]。王家内部劳动存在一定分工,主要由当家人王文锡负责农业生产,具体指导开展农业活动,孩子们辅助做重活;渔业活动早期由王文锡一手操持,后来则交给年轻气盛的长子王加申负责。此外,王文锡还掌握着酿酒的手艺,在积累了些许小本钱之后,王文锡、林玉燕便开始经营酿酒生意,以获取额外收益补助家用。因此,王家基本上解决了温饱、生存问题,实现了家户自给自足。

表 6-3　1949 年以前本户家计状况表

土地占有与经营情况		土地自有面积	2 亩	租入土地面积	0
		土地耕作面积	2 亩	租出土地面积	0
生产资料情况		大型农具	船只、渔网		
		牲畜情况	无大型牲畜		
雇工情况		雇工类型	长工	短工	其他
		雇工人数	0	0	0
收入情况		农作物收入			其他收入	
	农作物名称	耕作面积	农作物产量	农作物单价	收入金额(折算)	收入来源	收入金额
	地瓜	2 亩	300 斤/亩	——	不详	渔业	几十元
	蔬菜	不详	不详	不详	不详	酿酒	几十元
						收入共计	
						不详	
支出情况	食物消费	衣服鞋帽	燃料	燃料	租金		
	不详	不详	不详	不详	不详		
	赋税	雇工支出	医疗	医疗	支出共计		
	不详	不详	不详	不详	不详		
结余情况	结余　　元		资金借贷	借入金额	十多块		
				借出金额	十多块		

---

① 做粗人:意指依靠体力劳动从事农业生产的人。

(四)励志的发家典范

王家祖上未曾有人担任乡长、保长、会首等职务。在王文锡及长辈看来，首先，担任公职要有一颗不偏不倚、为民谋利的公心，否则个人一旦不能突破家族至亲束缚，就容易做出偏袒族人、维护家人的事情，但该行为对本姓以外村民是不公正的，并且有愧于"公家饭"①。因此，人们认为担任公职容易得罪人，以招致他人的咒骂，长期闲言碎语最终会让祖先不得安宁。其次，村中这些要职人员是为国民党时期的"爪牙"，做事身不由己，无形中做了许多错事、坏事，不利积德有害子孙后代。基于以上考虑，王文锡十分排斥、反对家中后人参与其中。

王家当家人在村中威望较高，声誉良好，这与其忍让的品格、励志的发家经历有着紧密的联系。王文锡自幼丧父，家无亲兄弟，只能依靠自己白手起家。日常干活，废寝忘食，早出晚归，无论在田地里还是海面上，都是最早一个出工，最晚一个收工的人。所谓"息一场祸子孙满堂，惹一场祸家破人亡"，在势单力薄的早期，面对外人欺负，王文锡选择让步、吃亏、隐忍，少有与人发生争执，即便遭到他人欺负也忍气吞声应对。长期的踏实奋斗以及端正的品质为人，使得王文锡在生产结果上相比他人能够更好一些，最终不断壮大的人口和家产促使王家成为一个中等家户。因此，当地村民，尤其村中二房族人，都十分尊敬认同王文锡。不过，村中也存在他房族人对其心怀妒嫉、吹毛求疵、挑衅寻事，贬低王文锡，对此，王文锡经常劝导孩子们，不要去斤斤计较，吃亏积德造福的是下一代。

(五)三代人的共同努力

1949 年王家总共有三代人，家中人员具体职责分工存在区别，具体表现为王文锡主外，林玉燕主内。家中日常运行以及秩序的维持，需要王文锡、林玉燕夫妻双方一同配合完成，而以长子王加申为首的王家新生代致力于日常农渔生产活动，从而保证家庭的经济收入。同时，石福莲为家中资格最老长辈，以长者身份负责联络、维护、巩固内外宗亲关系，同时，参与特殊场合，代表王家上一辈象征性地行一些必要的礼节来维护王家声誉。依据当地衡量富庶程度标准，王家在当地属于中户非富裕人家。考量一大户的标准，不仅在于其家拥有多少土地，而且在于能够保证家庭成员能够长期吃上白米饭。该村历史上具有"鸡不食谷之穷貌"的记载，意思说家养的小鸡因为从没见过谷子，即便碰到谷子，也不懂吃。产生这一现象的主要原因在于，村中多山地，缺乏水田，不产稻米，寻常人家以地瓜米为主食，因此，能够在他村置办水田，生产出金贵的稻米以异于村中地瓜米便成为了大家户的标志。

人们认为只有常年吃稻米的家庭才为有"本事"的家庭。石玉妹②家属于村中首屈一指的第一大户，其家祖上依靠商业起家，垄断着村中的盐业买卖和鱼货交易，由此积累了大量财富。石玉妹父亲通过利用这些财富在他村庄购买田产，对外出租一部分用于获取地租收益，雇人耕种一部分产出稻米维持家用，使得家庭快速成为经济大户。该类家庭不但家中有产业、手中有活钱、碗里有米饭，而且孩子都能读大书③，故而称之为大户。

在村民眼里，人们间生活水平差异不大，除去大户人家以外，其余均可归为贫穷一类。在王文锡看来，除去有钱人，剩下的无非是和自己生活水平相近的人家。"村下人"④较为保守，

---

① 公家饭：指村民公共利益。
② 村中一石姓大户人家。
③ 意指通过读书，走上仕途的人。
④ 村下人：与城里人相对。

掩饰财产外露的有效方式就是哭穷,并且认为自家永远是村中最穷的那户。有些家庭虽然看似田地少、捕鱼获得量少,但因家庭人口少却也吃得饱、住得好,这类哭穷家庭普遍存在;有些家庭人口众多、土地相对较多、人力投入足、捕鱼获得丰富,可不见得一家人房子够住、吃用够好,此种情况在村人看来条件已经比较良好,但实际也哭穷,习惯对外宣称"穷得锅盖都不响了"。

王家在村中家境实现了由底层水平到中上层的转变。无论从家庭人口数量还是家庭财产总量而言,都有了一定程度的增长。王文锡为人德正品端,生财有道,团结族人,因此在家族内十分受人尊敬,直到后来,王家规模不断壮大,总共生有五个儿子,两个女儿,各自开枝散叶,最终实现了四代同堂。在农村社会,评定一个家庭的强大与否主要依据家庭人口数,家庭人口数越多,家户规模越大,家底越殷实,在村中的影响力越强,越让人敬畏。

第二章　家户经济制度

王文锡为王家进行内外经济活动的核心主体,在家户资料产权所有、生产经营、消费分配、交换借贷中均占据主导支配地位。首先,王家生产生活资料既有祖上承袭,也有后天创造所得,均归属以当家人为核心的家户男性所有。生产资料产权边界清晰,对外来侵权行为,势必举家反抗。其次,生产经营上,家庭成员分工明确、农渔兼业、工艺传家、副业添财、家户经营稳当有序。再次,消费分配,以家户为单位,以成员为分配对象,对家中各项收入所得精打细算以实现自产自销、自给自足。然后,家户借贷基于熟人社会血缘纽带,家长圈号为证,互借人情钱。举债偿还具有连带性,通常父债子还,子债父还。最后,家户交换以日用需求为导向,从而决定交易的场所、内容、方式。王家以诚信交易为准则,以鱼粮交易为对象,以满足生活需要为目的,灵活选择不同级别市场,实现最大化经济效益。

一、家户产权

(一)家户土地产权

1.多山、少地、无水田

1949年以前王家约有两亩土地,这些土地当中以山地、灌木林地、宅基地、茅房地(厕所地)为主,村中没有水田。熟人社会土地归属明确,产权边界清晰,具体情况如下:

(1)山地

该村地形地貌以山地为主,背山面海,没有水田,只有山地。山地适于农业生产,日常村民以种植地瓜作为主食,一年生产两季并在十一月集中制成地瓜米。王家共有山地面积约为1.6亩,其中可用于耕种的山地面积为1.3亩,这些山地大都源于自家开垦,耕地并非集中连片存在于村后山,而是分散在各个山头或是偏远的山间。在该村的正后山约有0.3亩的耕地,该耕地位于山脚下,呈梯田状分布,地势平坦,灌溉水源充足,距离住房处不远,日常耕作劳动十分便捷,是为王家所有土地中质量最优的一块。除此,家中的其他耕地多分布在村西边的山里头,步行到所有耕地位置约为40分钟的路程。该耕地土地肥沃程度较为一般,加之山中多虫、鸟、山猪出没,从而影响了农作物生长,所产地瓜不但质量低劣,而且产量不高。还有一些耕地已经位于其他村的山头,这些山地多为王文锡手中开垦出来,日常耕种往返一趟需要两三个小时,土地质量不差,但因路途遥远、打理不便,也未能有很好的收益。家中土地日常由王文锡和长子王加申主要负责管理,其余儿子辅助参与耕作。仅依靠一年所获地瓜米大多情况不能够维持家庭粮食需求,尚需依赖捕鱼所得添补家用。

(2)林地

王家灌木林地由王文锡手中购买获得,林地位于距离本村较远的"炉坑村"附近,不属于本村的管辖范围。该林地处在一个地势陡峭的山包上,由于地势过于陡峭不适合耕种粮食作物,因此王文锡决定在这里种植树木用于造船、造房。家中子孙均知悉该片林地的存在,次子王加春、三子王加盛经常到自家林地里拾柴火。该块林地种有王家人共同出资种植的大面积松树,不论分家前后均属于王家,为王家几个兄弟所共有,次子王加春对于这片松树林的用途表过态:"王家后人中倘若有小孩想读书、能读书,但因为没钱而上不起学的情况,五家兄弟就算把山上的松树都砍光、卖光,也要资助其上学。"对此,王家兄弟都表示十分的认同、支持。

2.土地来源较为多样

(1)祖辈继承

王家部分耕地由祖上继承而来。该村多山少地的地理环境决定了有限的耕地面积,后来者能够进行开拓的土地十分有限。对于王文锡来说,土地继承权是与生俱来的,从王文锡出生落地那一刻起,由于身为独子的缘故,从而决定了其无可争议悉数继承家中土地的事实。

(2)开荒而来

住房用地对耕地的切割,使得农业用地更为紧张,基于此困境,人们只有往后山上、相邻的山地、其他未开垦的荒地进行开垦。王文锡为人踏实肯干、积极进取,除部分耕地继承祖上得来,大部分山间耕地均是其和长子开荒而来,比如隐匿在村东头大面积的山间丘陵耕地,就由王文锡发现、开路、垦荒得来。为方便生产,王文锡携长子王加申特意费力锄草、铺石开路。

(3)买入土地

"家里有地,干活有力;手中有粮,心中不慌。"土地为王家生存的根本,而拥有更多的土地也是王文锡一生的追求,王文锡、林玉燕一辈子省吃俭用,一旦积攒了积蓄就盘算着购买土地。王文锡手上曾买了"康坑村"后山的一小片林地,这片小林地本为私人所有,因为所有者急于用钱,便转卖给了不同村的王文锡。当时,买卖中交了地契,彼此做字立据,双方圈号为证。由于该林地在其他村庄,管业困难,王文锡为表示权属所有,就在山上种树,但树木经常被村中人偷偷砍伐。遇到用粮紧张年头,王文锡也会种上地瓜,不过收成总是不好,即便土地贫瘠,不适于种植作物;纵使土地在他村,管业困难,王文锡对于买入的土地从未想过要转手、出卖。

3.土地家户所有,男丁继承支配

(1)大部分家户所有,少部分个人支配

王家是一个以当家人王文锡为核心的大家庭,对于王家子孙而言,从小就在大家庭中长大,具有更为强烈的家庭整体观念。在未分家之前,王家的土地,不管从何处买入,还是暂时在谁手中打理,都归属整个家庭所有并非个人占有,无论在外还是家里,如果非要将土地归为王家某个人所有,那也只能属于王文锡所有。因为在家人和外人看来,地契由王文锡圈号并由其署名,只有当家人具有合理的代表性,再者,倘若遇到涉及土地争执的情况,外人仅认同王文锡地位,需要找其出面调解。

分家以后王家土地产权在认识和实质上发生了一些变化,但是这种变化更多的是对内不对外。在外人看来,不管王家怎么分家,土地产权怎么分配,这些土地依旧归王家所有,外人不会刻意去弄清楚这块土地到底归王家哪个兄弟所有。如果遇到土地产权争执问题,第一时间找到的也是当家人王文锡,因为王文锡更明白这块土地的历史,也能更快速地表态处理问题。王文锡过世以后,在涉及土地权属方面,村中人们默认寻找长子王加申处理,通常情况王家其他几个兄弟也会在场。在自家兄弟和家人看来,分家之后土地的支配权相较之前更加具体明确。

首先,王家的耕地由早先大家庭共有到分配给了五个家庭所有,土地的经营权也由王文锡一人支配转变为五个孩子自己做主,王文锡不加以干涉。但是王文锡不允许儿子随意卖土地,土地买卖必须经得自身同意。兄弟之间土地所有、经营情况可以调整,比如三子王加盛常年经营着轮渡,没有时间耕作,便将大部分的土地让给大哥王加申经营、管理,自己留有少部分种植地瓜。倘若王加盛需要经营土地,则王加申也会返还。

其次,在宅基地所有权上变化尤为明显,由家庭共有转变为共有及个人所有。长子王加申所在的住所本为大家庭所有,在分家重建房屋后,五个兄弟则认为,宅基地所有权归大哥所有,而第二次分家所建的房子,产权归次子、三子、四子、五子共同所有,长子王加申不具有所有权。但王文锡所住的老房子为五个兄弟共同所有,家中男丁无论辈分大小皆没有单一的支配权,日常老房子的修缮、打理也由五个兄弟共同参与完成。

再次,灌木林地的所有权、经营权分家前后仍归王家五个兄弟共同所有,但王文锡参与经营情况把关。五家兄弟共同出资购买树苗、种植、打理,各家日常可以到林中收拾枯枝残叶作为柴火,家中需要木材用于造房、造船或是他用,个人不能够随意砍伐,需要征得五家兄弟同意。如遇到家中亟须用钱的紧急情况,可通过几个兄弟商议同意后,砍伐树木卖钱以用于救急;如果王加申想要使用山中林木,其他兄弟不会干涉、也不会埋怨。

最后,家中存有的茅房地,在分家之后由共同所有转变为长子所有,其他几个兄弟不能干涉长子对该地的使用。例如,后来长子改建茅房用地为经营酿酒用地,既得到了母亲认同也得到了兄弟支持。

(2)仅男丁享有分配、继承、使用权

在1949年之前,王家家中所有土地由全家人共有。关于家庭成员集体共有是一个模糊的概念,有些家庭通常认为只是家中的男性共同所有,在王家也即由王文锡以及五个男孩子拥有土地的所有权,不包括林玉燕及两个女儿。家中宅基地,除了老宅为家庭男性共同所有外,长子手中建造的90平方米房子为长子所有,200平方米的新房子为其余四个兄弟共同所有,茅房地为长子王加申小家庭所有。虽然家中土地具体使用存在差异,但五个小家庭一致认同和不容改变的事实是,不管何种类型的土地、目前归属哪一个兄弟支配,这些土地均源于王文锡及祖上,王文锡有权支配土地使用情况,也有义务将这些土地传给后世子孙。家中女性,无论是娶进来还是嫁出去,均不在土地所有权的考虑范围,而对于出生的男丁,在家人眼里迟早需要继承家中所有的土地,意味着从其出生的那一刻起就已经获得了参与土地继承、使用、分配的权利。王家没有入赘女婿的情况,该村庄过去普遍整体贫穷,因此也不存在入赘女婿。

(3)祖宗家业,不可偏废

维系一个大家庭的存续,除了依赖先天性血脉相连关系外,还需要有物质上共同的利益。王文锡以及王家几个孩子都认为,祖宗的祖业最为珍贵,家中所有的土地是为祖宗留下的重要家产,也即王家的家业,因此本应该属于家中的所有成员(指家中男性成员)。家庭每个成员应齐心协力,共同加以维护,只有把土地一代交一代地传承下去,才能更好地凝聚家人、团结家人。倘若把土地都分配给了每一个家庭,家中缺少公共土地以及收入,一方面,遇到公共开支,每次兄弟之间都要讨论如何集资的问题。五个兄弟就像手上的五个长短不一的手指,同理各家经济条件会有差异,集资多少以及各家经济负担能力均有差异,这个现实问题如若处理不好,兄弟之间容易产生矛盾伤和气;另一方面,共同土地的存在加强了兄弟之间的联系,有利于巩固兄弟家人的情谊。长子王加申表示:"说得难听一点,即便在土地问题上与别家产生了争议,打虎亲兄弟,上阵父子兵,五家兄弟共同出马①,气势上也能胜人一筹。如果将土地都分到各家,家庭之间各自过各自的,当家人前脚一走②,兄弟间后脚就跟着散伙了。"

4.土地归属边界清晰,产权神圣不可侵犯

(1)天然阻隔为界,人为划定为限

有规矩才成方圆,有边界才有权属,同样,各家土地有边界才能更好地规范生产。该村庄多山地,土地分布本身比较分散,并且多人为开垦出来,因此在开垦过程中往往会因为天然的地理阻隔因素而形成边界。

第一,分布在不同高度上的土地,以天然地理阻隔为界。土地多在小山腰下,地势比较陡,开发的单片土地面积有限,排列类似"梯田",上下分层本身就形成了一种天然空间边界。上片的土地是张三的,下片李四的,土地边界清晰,产权归属明确,相互之间互不干涉。第二,同一水平面上的山间土地,以人为加固的石头外侧为界。山间小块土地,需要在土地边缘加固一层石头,以避免雨水冲刷下水土流失,所以通常都是以加固的外层石头作为边界。第三,面积较大且连片的平整土地,以人为耕作过程中共同划定的默认开垦印迹为界,也存在以人为引入的沟渠为界。大家都在各自的土地上进行耕种,不存在越界耕种的情况,有些植物长得枝繁叶茂,会跨越边界,但是只要植物的根部在自己的土地,终究都是自己的。一般情况下,双方不会去计较土地交界处植物相互越界而是否去清理的问题,更不会因此发生争执。

(2)王家土地王家人种,王家林木王家人用

王家的土地,理所应当由王家人耕种;王家的林地,也应该由王家人使用。外人在未经过王文锡允许,绝不能够耕种王家土地,也不能够使用林地中的树木。通常情况下,村中土地权属比较明确,没有哪家人会未经允许贸然跑到他人家土地栽种农作物,强行种他人土地是为耍无赖,强行使用他人林木是为偷盗。村子规模有限,该行为很容易被村中人发现,一旦人们知晓必然招来非议,"偷鸡不成蚀把米"。王家土地继承权,归王家男丁享有,外人不能继承,也不存在继承的先例,即便分家,还是共同继承着家中共有的林地、土地。

(3)自家土地坚决守护,他家土地不可侵犯

土地对于农民的必要性就如同水对于鱼的重要性。王文锡对于自家拥有的有限土地具体情况自然如数家珍。对丁王家的子孙而言,家中有多少土地,土地存在于哪个山头,范围面积有多大,这些基本信息都记得很清楚,因为这些地方都是他们年轻时候抛洒汗水的地方。直至后来,孩子们从商,王文锡也老去,不再种地,王文锡一有空也还会拉着孩子们定期到山

---

① 共同出马:意为共同出力。

② 前脚一走:意为过世。

上转转,交代孩子自家土地的范围。逐渐老去的长子王加申也是这么交代、引导自己的孩子,春节期间儿子一旦回来,也都会叫上儿子、孙子们到山上转转,记住自家的土地,即便后代子孙已经不再为农种地。王文锡爱土地如命,家中再差的土地也不允许出卖,手中所有土地是为家业,对于家业不容许他人侵占。在该村,有限的土地面积,哪一块归谁,哪一块为公共用地,这些基本情况均为世代沿袭,即便有所变动,村中长者也都知晓。倘若有人想侵占王家土地,这就好比青天白日下,生偷硬抢,不要说王文锡不肯,整个村子知礼的人皆会站队以对不端行为进行指责、制止。

(4)名义上的放任自由,实际上的监督管理

分家之前,家中土地经营权统归王文锡管理,种什么、种多少、怎么种虽然由长子王加申具体负责,但王文锡也都会亲自参与其中。因为家庭人口众多,解决口粮是一个很大的问题,所以当家人必会严格把关。分家以后,各家各自经营着土地,关于具体种什么,种多少的问题,王文锡就不会加以干涉,不过即便土地分开耕种,王文锡仍然会监督孩子们的耕作情况,王家兄弟之间在生产上依旧会相互帮助。比如,种地过程中发现地瓜苗长势不好,需要想什么办法来应对,无论王文锡还是王加申兄弟几个只要见状就会相互提醒。如果遇到家中有孩子偷懒,土地荒废情况,王文锡也会私下找儿子,催着把地种起来,严重情况下也会当面斥责。

5.家长绝对支配,成员顺理服从

(1)家长为土地实际支配者

在土地买卖、租佃、置换、典当等涉及土地交易的主要活动中,王文锡均起决定作用。长子王加申参与其中提供一些建议或参考,但实际的支配者主要是王文锡,交涉、交易、圈号均是以王文锡的名义进行。王文锡去世以后,林玉燕对家中涉及土地的重大问题具有决定作用,但此时更多情况下会征询孩子们的意见,主要通过与王家长子及其他孩子讨论后再做决定。林玉燕过世以后,涉及家中重大事情,基本由长子牵头,五家共同商议,最终由王加申代表出面表态。至于每一次对外表态的代表人,也非固定不变,正式场合下,长子王加申参与比较频繁,倘若没空缺席,则由二子王加春,三子王加盛顶替,前提是任何一个人表态必须代表着五个小家庭的共同意见。

针对第二次分家中补贴给长子王加申的茅房地,在长子以及众兄弟看来,既然是王文锡手上做的决定作为给予大哥补偿,那么用地的支配权也就属于大哥,其他兄弟无权支配和干涉该土地的使用权。王加申内心也认同自己享有该土地的使用权,但如果王文锡需要使用这块土地,或是兄弟之间为了家庭需要动用这块土地,王加申则会为了顾全大家庭而出让这块土地的使用权。截至目前,这块土地依然在长子王加申手中。

(2)家长主导土地交易活动

王家在王文锡主导下进行过一次土地买卖活动。王氏家族内部,王文信[①]的儿子因为牵连进了一场刑事案件,家中举力为救其儿子打官司。王文信的弟弟家境本十分贫困,但为帮助哥哥救儿子,只好将家中的一块土地出卖以提供资金帮助。面对家族中的土地即将外流困境,王文锡、王文信等老一辈坚持认为"好水不流外人田",所以王文锡说服当时已经成家并

---

① 王文信为二房族人,与王文锡同辈。

分家的长子王加申，要求家里凑钱先买下这块地，也算是为家庭多囤积一块土地。就这样，在王文锡的引导、支持、见证下，长子王加申买下了这块地。但因为这块地靠近海边，盐碱化严重，不适合耕种，适于建房，因此一直未充分利用。

6.成员提议以参与土地交易

除家长王文锡以外，家庭成员在土地买卖中可以提供建议、意见，主要提供一些关于土地的质量，生产用途等信息作为参考，如果王文锡觉得合理也会加以采用。王家孩子参与家庭事务的比重，随着王文锡的老去也逐步提高。家中众孩子对于王文锡所做的决定基本均会服从，但孩子们偶尔也会因为王文锡不采纳自己的建议而在暗地里发些牢骚。三子王加盛性情耿直，有什么不满就会说什么话，在大哥王加申购买王文信公的那块土地中，他就对大哥直言这块土地盐碱化严重，没有多大的利用价值提议不买。但是王文锡出于团结族人的目的，还是坚持说服长子买下土地。1949年以前，家庭女性基本不参与讨论家中事务，不过，在王家林玉燕也具备一定的话语权，也能够说上话，这得益于林玉燕为王家生了五个男丁。有时候王文锡如果外出不在家，孩子们有急事也会找林玉燕交代清楚或是听从林玉燕的意见和安排，同时，林玉燕的精明使得王文锡在许多决定上也需要与其商讨以做出决定。

7.无论穷富，侵权必追究

在本村以及村周边的土地，边界均比较清晰也都为村中熟人所有，王家乃至村中其他人家很少在土地边界权属上发生争议。小户人家，土地少，生活条件困苦，村中人不但不会去侵占，反而会相互之间给予谅解和同情。再者，在王文锡看来欺负弱者是一种容易引起众怒，遭来村中舆论攻击的事情，因此不会蛮横不讲理去侵占他人土地。对于距离本村路途遥远或是偏僻的土地，由于管业困难、不方便，收益权经常遭到侵犯，但无处申诉也无可避免。长子王加申去巡山的时候，经常发现家中所种植的树木被人偷偷砍伐，或是栽种的树苗被人移植，甚至有的时候地瓜也被人偷挖走，对于这样的情况难以完全规避也无法申诉。所以遇到地瓜或是果子收成季节，王文锡通常会在山地里临时搭建一个草屋，让家中的孩子轮流守夜看管，以防止被偷摘、移植。

贫穷家庭因为土地有限，栽种的作物相应也比较少，也鲜有遭到侵犯。反而是村中大户人家，特别是瓜果种植比较多的情况下，通常会受到村中的小孩子或是它村孩子的偷移植、偷摘。村中王氏长房有一户人家，在离村中较远的山间种有龙眼树。有一年，王氏二房有一小孩在知道他家种有龙眼树后，便背着家人去偷偷折枝移植，并未偷摘果实。恰巧被果树主人当场抓到，便把小孩带回村中，并将此事公之于众，使得小孩以及家人蒙受羞辱，同时索要赔偿。由于偷移植龙眼树小孩家境贫困，没能力赔偿，家人只好当场道歉以求了事。但是，大户人家的孩子不同意，于是叫了几个外村小孩，背着家人把偷移植龙眼树的小孩关起来殴打了一番作为教训，从此两家反目结怨。倘若是村中的长者或是大人之间出现偷移植、采摘果树的情况，结果相对而言则比较严重，这种情况下，通常会引起两家之间打架，而且均会把事情摆在村中公众前争吵，最终将会引发不同房支或是不同姓氏之间的矛盾。

在王文锡看来，家中的土地如果遭到侵犯，这种事情搁谁家也不会容许。本身该村中土地总量就少，各家各户手中所有土地也不多，村民日常倍加珍惜，一旦碰到侵犯的情况，基本属于巧取豪夺的欺诈行为。对于王家而言，一家有五个儿子，人多势众的情况下绝不会容忍这种欺诈行为在自家发生。如果发生了却不加以反抗，在外人认为会是王家兄弟不团结、无能软弱的表现,会使王文锡及儿子们在村中被村民看不起,村里的闲言碎语会说:"好好的土地都被人活活拐走了,那他们家还有什么东西是其他人拿不走的。"

8.土地确权以多方认可为依据

(1)村民对土地:睦邻友好互相尊重

人们因为习惯在村头村尾、街边小巷、邻里邻外以闲言碎语作为舆论监督,使得村民之间能够墨守着一种约定俗成的秩序,知道什么事情不能做,什么事情做了容易激起众怒。对于王家,王文锡虽然不能确保村中村民都知道自家所有土地的详细状况,但是村民对其土地所有及权益还是十分认可、尊重的。通常左邻右舍,土地在同一座山头、片区的人们熟悉彼此土地所有情况,因为熟知所以倍加尊重,相互之间不但没有侵犯,反而更多的是彼此之间的维护、关照。王文锡家有一块土地与邻居家土地是相连的,以边上加固的石头为界,邻居在锄草过程中,看到边界一侧王家的土地杂草丛生,就会自觉顺带帮忙锄草。而长子王加申在栽种地瓜苗的过程中,邻居家如果遇到急事,早晨太阳出来前不能及时去给地瓜苗浇水,王加申也会帮忙照看。至于不熟悉王家土地情况的村民,相互之间的尊重体现在,首先,不会侵占王家的土地,村民认为:"不是你的东西,你凭什么道理去占领";其次,对于土地上栽种东西的认可,并不会偷偷去采摘或是去破坏;最后,如果上山下山有路过王家土地,需要借道,一般都会和王文锡说明情况。如遇到从山上引到山下的竹管需要经过该土地边缘,也会与王文锡事前打下招呼。

(2)家族对土地:本房人维护本家人

二房二十多户,对外均统称为自己人,自家人自然维护自家人的利益。王氏二房族人对自家兄弟利益的维护,特别是在应对外来威胁、侵犯的时候,表现得特别明显。或许日常,族人之间还因为砌边界的石头崩了,由谁来重修的问题而斤斤计较,不过一旦遇到外房人、外姓人肆意在自家人土地上动心思的时候,就会团结一致维护属于二房人该有的利益,必要时刻都会自觉地站出来替族人说话。同时,族人之间,特别是不同房家人之间,也不存在侵占同姓族人土地的情况,因为该行为往往容易引起同族不同房之间的斗争。窝里斗会遭到外姓人的鄙视,相反,如果王姓族人发现自家人远山树木被砍伐或是偷移植的情况,还会第一时间告知并自觉加以维护。

(3)保长对土地:维护"公地"不顾"私地"

王文锡认为保长在维护村庄整体土地产权上做得比较好,但对于小家庭土地产权的维护则有所不足。在村庄方面,本斗坑村与相邻的北斗都村经常因为边界问题,也即山地产权归属问题,产生群体斗殴事件。有些关系紧张年份两村年轻人甚至会进行械斗。针对此情况,本村保长也不妥协,带领村民据理力争划定两村的边界,解决纠纷问题。一方面,避免了两村之间不必要的流血事件的发生;另一方面,也为村庄中的村民争取到了山地的所有权。对此,村中村民均十分认可、称赞。在王文锡看来,保长此行出于公心,维护了全村人乃至子孙的利益,对此表示高度的认同,与此同时,不单是王文锡,甚至是村中的村民均认为,保长也是一个容易得罪人,不容易积德的职务。保长在当地也称为"报长",意为凡大小事情均需要向上级汇报和检举,容易打小报告,最见不得他人过得好的人。因此,王家认为保长给自家带来了不少麻烦,保长总认为王家兄弟多,族房大,土地数量也比较多,占据的财产总量大,容易形成势力,从而威胁到自己的地位,于是总是虎视眈眈地守着王文锡及一家人,一有什么情况就向上面汇报。王文锡认为保长对于王家持有意见的态度，是一种假借公权谋取私心的行为，因而要让保长出面来维护王家的利益这是不大可能的事情。

（4）政府对土地：名义的认同，微弱的保护

政府离村庄、百姓的生活都比较遥远，村中大多事情与政府没有直接联系，除了纳税、征兵时候与自家联系比较紧密，其他时候政府就等同于保长。政府纳税以承认每个人手中的土地并保护土地的收益权为前提，否则村民都将无土地，无能力纳税，也不愿纳税。村中没有出现政府征用、置换村民土地的情况。如果村民的土地被侵占了，可通过花钱写诉状，找政府伸张正义。由于县政府距本村路途遥远，加之村民没文化，很少有村民能够有勇气走出去寻求政府的帮助，最为常见的情况是在现实问题面前，村民大都协商妥协抑或活生生咽下这口气了事。

（二）家户房屋产权

1.三片宅基地，一处茅房地

（1）宅基地

王家总共有 3 处宅基地，分散在不同片区，宅基地占地面积总共约为五百平方米。

第一处老宅为王文锡自己手上所建，建设用地由祖上继承而来，房屋为土质，总共两层，占地面积约为二百平方米。老宅为南北走向，坐北朝南，大门方向朝东，意为紫气东来，开门迎好运。老宅内部结构布局呈对称型，以前厅后厅为中轴，左右两边分别建有厨房、前间、后间。为使房子获得良好采光，前厅后厅分别开有天窗，阳光、雨水可以进入。老宅是王家未分家之前建造的，配套比较齐全，留有柴火间、饲养家畜的用地、储物室等。分家之前王家一大家子都住在这里，分家以后，次子王加春一家由于人口较多，王加春夫妇依旧与王文锡、林玉燕住在老房子。王文锡生前并未规定自己过世后房屋的分配问题，因此王家孩子默认为共同所有。

第二处宅基地为长子王加申所在的住处，约 90 平方米。该宅基地历史最为悠久，祖上为王文锡父亲所有，王文锡父亲过世以后，王文锡便继承了此宅基地，早先王文锡一家均是住在此处的茅草屋中。而后，王文锡成家立业额外建造了 200 平方米的土房子，该处茅草屋在第一次分家中就留给了长子王加申。长子王加申从小跟随王文锡上山下海，自然熟悉地掌握了各项基本的生活技能，加之考虑到长子既已成家而家中人口较多的情况，通过商量王家决定进行了第一次的分家。分家之时就将这块宅基地划分给了长子，王加申一家就长住在此"小房子"。随着王加申儿子长大成人，在儿子娶媳妇前家中重建了砖瓦房子。该房子受占地面积限制，房屋布局没有依据对称性加以设计，房子结构比较简单，一层为一厅、一房间、一厨房，二层为两个房间。在建房子过程中，因为宅基地的产权边界问题与隔壁家发生了争执。过去祖上所建茅草屋与隔壁人家的老土屋本是共用一面墙体，茅草屋拆除以后，在建房梁过程中王家本来想继续共用墙体，但需要凿洞架房梁，此行为遭到了邻居家的强烈拒绝，双方因此发生多次争执。最终，因儿子娶媳妇用新房时间紧迫，再加上林玉燕开导家人就当为子孙积德，让给对方一堵墙，于是王家只好与邻居贴墙再砌一面墙以墙作为边界。长子王加申认为，自家在建房过程中至少损失了半块砖头大小的宅基地面积。

第三处宅基地是为王文锡与孩子们手上共建完成，占地面积在三所房子中最大，约为200 平米，房子结构以前厅后厅为中线呈对称型，一层建有四厨房、四卧房，二层同样结构布局。该房子建造用地为王文锡向其他人所买，购买宅基地的费用、建造费用是为次子、三子、

四子、五子共同赚取、出资。在王家,第一次分家中只是将长子分离出去,实现其生产、生活独立,次子、三子、四子、五子还是与王文锡林玉燕同居共财,日常这四个孩子赚的钱都悉数交给王文锡保管,因此,在家人看来此处房子与长子没有太大的关联性。在建完此房子后,王家就进行了第二次分家。分家基本上遵循了"诸子均分"的原则,在王文锡看来自己给每个孩子都娶了媳妇,均等分配了房子,具体而言每人四间,并且还人人分配了一艘木船。长孙王明绍说道:"我爷爷平直的端好了一碗水,并且公正的把水分配给了五家。分家时,家中实际上没有五艘船,但为了给五个孩子都能配上一艘船,爷爷特意把自己的老本都拿出来,还去借了钱,造了新船用来分家。"第二次分家,王文锡也为长子补上了一条船,因为第一次分家中,碍于经济条件,长子没有分得船只。

(2)茅房地

在该村中存在着较多的茅房地,后来也称为厕所地。茅房地原本也是每家每户的普通用地,通常位于房后或是比较靠近角落的阴暗处,这些土地面积狭小,一般为15~20平方米,与宅基地未能集中连成一块,且不适于耕种农作物。村中人为充分利用自家这些闲散的小块土地,同时,也为了在肥料缺乏的年代能够为自家农业生产积蓄"农家肥",所以将该种土地用于建造茅房。茅房为集中居住的左邻右舍提供了如厕方便,也为自家农作物积蓄了"肥料",但是茅房中粪便的使用权只能归茅房的所有者,其他人未经允许不能够使用。

王家之前老房茅屋出门10米拐角处就有一处茅房地,该茅房地为王家祖上所有,之前为五兄弟共同所有,后来在第二次分家中分给了长子王加申。第二次分家,长子王加申要求王文锡理应将200平方米的新房分其一份,在王加申以及王文锡、林玉燕看来,第一次分家以后,长子虽然实现财务独立并自成一家,但是无论过去还是分家之后,王加申对于大家庭的维护、贡献还是十分突出。

其一,长子承担了帮扶家庭抚养兄弟姐妹的重担,撑起了这个大家庭。王加申有四个弟弟、两个妹妹,兄弟姐妹多,岁数相差较大,劳动能力不齐,为了养活家人,作为长子很早就从事农业、渔业活动,所有收获悉数交给王文锡供养家庭。因此,没有长子的付出,或许王家也不能够养活如此之多的兄弟姐妹。其二,早前王家经济条件差,家中所有财产不多,并且第一次分家之前家中收入大多为长子劳动获得,整体而言,在第一次分家中长子所得财产相比第二次分家中兄弟几个所获财产来得少;其三,王家三处房子的建造,长子都参与其中并且出力最多。尤其第一处住所,当时兄弟姐妹年龄还小,搬运树木、泥石等建造房屋的重活基本由其完成。建造第三处住所时,长子还是义无反顾地参与其中。综合以上因素考量,王文锡在与其他四个孩子商量以后,决定将那一块茅房地作为第二次分家财产补贴给长子王加申,并劝说道:"新房子空间有限,只能容纳四家,你自己这边已经有房子,就不要去那边凑热闹了。虽然一家分成五家但还是一个大家庭,兄弟之间不能因为分完家就拆台散戏了,家里之前的那个茅房地就给你了。"长子王加申在听得王文锡这一番话后也接受了这份补偿。该茅房地之后为王加申所有,后来经改造用于自家酿酒、藏酒的房屋用地。

2.祖上留宅基,长子不离居

家中宅基地多从祖继承而来,包括未分家前集体住房用地、长子王加申住房用地以及家中的茅房地。这些用地均位于山脚冲积扇下,整体地势较高,分布在族人住房区域间,不适合种植作物。再加上该村正前方面朝大海,存在着被海浪淹没的潜在风险,所以村民一般都是继承祖上建房用地,并将房屋建在地势较高的地方,而这将进一步挤占原本就十分有限的山脚平坦耕地。

3.房归家户有,传男不传女

（1）宅基地隶属家户所有

在王家长子看来,王家所有房子追根溯源全是在王文锡手上建造的,因此,应该归家户共同所有。王文锡即家长,家长代表着家户,所以也可以认为是王文锡所有。倘若王文锡索要房产,进行重建,儿子们无权反对。但是在分家以后,房产的所有权性质有所转变,在王家兄弟中,分家以后宅基地具体归属小家庭所有。王家老大分到了90平方米的宅基地,这个宅地基的使用、支配权就交由长子,其他四个兄弟不能加以干涉;王家其他四个兄弟分得新房子的宅基地,长子王加申就没有参与分房的权利。而对于王文锡住的宅地基,由于分家之后并未做有具体的产权分配规定,因此根据传统则属于五个兄弟、五个小家庭共同所有。

（2）房屋为家中男性所有

表面上看,家中每一成员均可以对外宣称房屋属于自己,但在实际分配中,房屋仅为家中男性所有,女性不参与房屋分配活动。在分家过程中,只要家中有儿子,房子最终均分配给了儿子,而不管是已婚还是未婚女儿,村中尚未出现有哪一家姑娘参与了分家分房。这一事实为村中女性所普遍接受,家中有意偷懒不愿干活的女孩,通常会在母亲强迫其清扫房屋的时候私下里嘀咕:"反正房子又不属于我,打扫那么干净,将来既没有份也不是我住。"对于家中无子有女的情况,房屋通常由侄子继承;倘若无子无女则由家中兄弟的孩子继承。

（3）房屋传子不传女

在王文锡看来,维持一家兴旺发达的风水命门主要在两个事情上,一是祖坟墓地,二是家庭房屋。修墓、扫墓、祭墓均由男性完成,以享受风水带来的好运。房屋坐向上十分注重风水,并且房屋作为财运的象征,自然也由家中男丁来继承。男孩子不仅需要传宗接代而且还要撑起一个家庭,责任十分重大;而出嫁的女儿往往被视为他家人,所以女孩不存在参与分房的合理性、必要性。至于房子到底属于全家人好还是个人好,需要根据家庭的经济条件、兄弟之间的和睦关系来看。对于有些家庭,分房子是为了减少分歧,维持兄弟之间的和睦关系;对于有些家庭,合房子是为了加强兄弟之间的联系和纽带,巩固家庭的团结。

4.划边界以证房屋所有

（1）以墙体风道为界,自成一家

共墙为界。村中村民多以姓氏划片区居住,出于既是同根同源,又为建房节省用地、开支的考虑,因此,两家人建房往往共用一面墙体。也即彼此之间,隔着一堵墙就是两个家庭,十分常见的是邻居之间的房梁都会相互穿墙而入。

风道为界。为了保证房屋之间的通风和采光,房屋建设过程中,在宅基地建设面积足够的情况下,一般大户人家都会选择自立一道墙,并且通过与邻户保持一定的距离,形成风道,作为界线。夏天人们往往喜欢躲在风道口乘凉,因为来自风道中的阴风更为清凉。

在共有的边界范围内,各自修建房屋。倘若相互之间越界,必然会引起相互之间的争执和矛盾,这种情况在日常房屋重建过程中十分常见。房屋重建过程中,新设计的房子需要选择新的房梁,如果继续选择共墙,出于建房需要,必须打新的架梁口子,由此会给邻居房体带来影响,从而招致不满。如果选择自己再砌一堵墙,不仅花费大而且挤占了自家房屋空间,也给别人捡了便宜。因此，人们常常觉得房子重建过程中，所面临的这个问题最容易引发争执。

（2）自家后厅设灵堂，自家梁下立灵牌

房屋所有权、使用权只能归自家所有，外人不得侵犯。村中人认为，未经过当家人同意，乱入他人房屋、破门而入放脏物，都是对对方的挑衅和侮辱。自家房子的后厅只能用于过世的家人设置灵堂，自家的房梁下也只能摆放自家祖先的灵位。村中尚不存在借用他人房屋设置灵堂、暂存灵牌的情况。对此，王文锡说道，多个家庭之间如果因矛盾而打架，倘若一方出现伤势严重的情况，不管理亏与否，无理取闹的做法就是第一时间抬着重伤者放到对方家门口或是客厅。受伤者家人明白这是对方的家，赖在对方家也好、死在对方家也罢，只要在对方房子范围内出了事，"脏"的是对方房子，需要负责的是对方家人，受人诟病的还是对方家。有些人甚至背着"灵位"硬要摆放到对方家里，以"打污"①对方家，通过利用这种非常手段，往往逼迫对方轻易妥协。但人们通常不采取这种极端方法，而在本身理正却吃了大亏无处申诉情况下才使用，因为这本身不是一种积德的做法。

5.家长支配房屋使用权

在房屋买卖、建造、借用活动中，王文锡占据着支配权。王家及村中人家尚未出现买卖房子的事情，有卖建房用地，但是不会卖房子，尤其是祖屋，这是十分羞先人、丢祖宗颜面的事情。人们认为祖屋存放着先人的灵位，祖先生于斯，死于斯，卖祖屋，是对祖先最大的不敬。因此，对于祖屋人们心怀敬意，十分珍惜。无论是家长还是族人长辈，均不会允许同一姓氏的共同祖屋流入他姓人手中，即便一些祖屋破旧不堪，直到最后坍塌不能够住人，家长也不会允许将房屋转卖给他人，因为这是败家行为。

（三）生产资料产权

1.多而全的小农具配备

地理环境决定了该村多为碎片化崎岖山地，缺乏集中连片田地的状况。王文锡看来，大型的生产农具一方面用不着，另一方面用不起。为应付日常农业生产活动，家中备有锄头、大镰刀、箩筐、簸箕、扁担等生产用具，没有犁、水车、牲口之类的大型农具。除了农业，王家还从事海洋捕捞活动，家中配有小船只、渔网、竹绳、锚等生产用具，通常情况下，各家各户配备的小工具比较多、齐全，均能满足日常生产所需。对于木制以及需要编制打磨的简易工具，各家各户具备工艺，能够独立制作和创造。

2.祖上留农具，自费添工具

生产资料，自费自用。农用铁具不能自家锻造，主要通过两个途径获得。一是购买获得。通常都是到镇上购买，有些时候，有专门的"打铁师"来到村中出售一些铁具，王文锡发觉家中农具缺少、损坏了，就会在此刻就近购买。铁农具为日常生产所必需，王家平时家中也会存留一部分钱用于指定购买生产资料。二是继承获得。除购买以外，还有一部分工具为祖上留存下来，生产资料全部归家户所有，可继承传用。由于不存在共用大型生产农具的情况，家庭之间没有共同共用的生产工具。王家所有生产工具比较齐全，基本能够满足生产日用，遇到工具缺乏或是农具损坏情况，可以向左邻右舍临时借用。

---

① 意为带去晦气。

3.生产工具"不离家"

（1）家户所有，男丁继承

生产资料，家户所有，家人使用，男丁继承。在王家，生产工具日常无论男女老少，人人皆可使用，但实际分家过程中，只有家中男性具备分得生产工具的资格。在村中，从来没有出现分家过程或是女孩出嫁，分到锄头、扁担、箩筐等农具的情况。

农业生产上，各家各户以配备一些本钱轻而使用频繁的小工具为主，因此不方便、不存在共用。但在渔业生产中，由于存在协作关系，在涉及大的渔网、船只、麻绳、铁锚等工具配备上，贫穷人家就需要抱团集资购买、共同使用。人们倾向于选择与自己要好的朋友、亲戚、族人一起共用，熟人之间共用生产工具，一者生产合作有默契，二来不会轻易计较、不易产生矛盾。要是家中缺乏大型渔业工具，通常也是向自己的亲人、朋友借用。对于长期从事农业与渔业的农民来说，生产工具也即自己的饭碗，没有饭碗，等同于缺乏养活一家人的能力。因此，只要家中经济条件允许，都会尽量添置生产工具。

（2）合农具、聚人心、提效率

相对于个人而言，生产资料归家户所有。在王文锡看来，生产工具因为频繁使用才能凸显它的价值，无所谓分还是合，没必要将生产资料具体分配到每一个人。再说，王家孩子众多，并不是每一个人都要从事农业生产活动，都同时从事生产活动。倘若将农具分配到每一个人手中，将造成生产上的诸多不便。比如农忙时，需要到各个小家庭去借用农具，既耽误时间，也不利于提高农具的使用效率。倘若将生产资料划分到每一个人，其中还涉及新老生产工具的公平分配问题，很容易产生矛盾，这样反而不利于家庭的团结、和睦。不过，如果将生产资料具体划分到每一个人的话，那么生产工具的使用年限通常能够延长一些。因为每个人都会更加珍惜自己所有的工具，对于共有的工具，只有王文锡叫孩子们去维护、保养的时候，孩子们才会动手。

4.借物看主人

在王家，王文锡对生产工具拥有最高的支配权、使用权。王文锡掌控着家中的收支用度情况，王家一切生产、生活资料的购买、修缮费用均由王文锡支付，日常生产，需要带多少农具，带什么农具，有时候也是由家长分配好。邻里邻外向王家借用农具，先向王文锡申请，征得王文锡同意后方能使用。倘若自家亲人借用工具，相对比较随意，只要家中成员知晓即可。王家工具的存放具有隐秘性，特别是对于新工具、重要工具，一般不轻易借人。为避免不想借而必须借用的尴尬处境，王文锡采取了分类存放工具的办法，对于常用、老旧工具放于门房后，开门即可取用；对于重要、全新的工具存放在自家卧室门后，外人不会轻易见到，因此也不会轻易外借。

5.有借有还情更佳

（1）生产资料熟人借用熟人侵占

生产资料有借有还，再借不难；生产资料有借无还，再借麻烦。王家日常生产资料借用也以人情关系深浅为基础。王文锡偏向于把自家劳动工具借给自己的亲戚、朋友、邻居，其他村人借用的情况比较罕见。渔具、农具借用过程中会出现不同程度的磨损、变形、毁坏，这种情况就比较考验借方的自觉性，有些家庭经济条件可以，并且认为是由于自己原因造成损坏的，都会主动要求赔偿或者道歉，这样的人家，王文锡通常十分乐意出借农具。有些人则不会这般通情达理,遇到损坏的情况,趁着王文锡不留意没有对借用的工具进行检查,在归还中蒙混过关。还有一些人,借用工具不及时还,长期占据着,只好等到王家人想起来,急用前去索要才归还,这样的话下一次就很难借到工具。由于生产工具通常都放置家中,未经得家人同意,借方一般不会贸然强行借用,如果出现强行使用,可视为偷窃行为,会遭到村中舆论的谴责。村中偷盗生产工具的情况十分少见,各家主人由于长年累月使用工具,对自己的工具都比较熟悉,单单看外形,靠手感,就能一眼辨认出来。熟人社会出现偷盗本村人工具的情况十分罕见,偷盗生产工具风险性太大,但是外村人偷盗本村人生产工具的情况就十分常见。

(2)生产资料流动性越强,越容易遭到侵犯

农业生产中,由于生产资料比较固定,因此不容易出现侵占的情况。对于王家日常放置在山地、田间的一些劳动工具,比如,簸箕、箩筐、扁担,因为不具备流动性,不会自觉地移动到别人家的田地中,所以权属关系清晰,不会出现归属问题的争议。但是在渔业捕捞活动中,由于海水具有流动性,海上的渔业工具也会随着水流出现自然地流动,产权边界模糊则容易出现产权侵犯问题。比如上游渔民的浮球、泡沫球,捆绑不够牢固,经常会随水流漂到下游渔民的渔网中,两者距离相去甚远,如果在泡沫球没有标记的情况下,就容易被他人获得,从而造成生产资料产权的侵犯。至于日常,村中人们自觉、自愿遵循着约定俗成的治安规则、秩序,对于人口较少的家庭或是寡妇家的财产,更是不会轻易侵占。本能的同情心,以及村中闲言碎语的监督,使得大家都会遵守固有的规则,规范自身行为,从而维护村中秩序。

(3)犯我资产,据理力争,锱铢必较

王家曾经发生过两件比较重大涉及自家财产被外人侵占的事件。第一件事情,王家长孙成家,亟须盖新房,在盖房过程中与隔壁邻居因为共墙问题发生了争执。隔壁邻居拒绝王家新房建造过程在原来共同拥有的墙体上重新凿洞架房梁,双方因此发生很大争执。王家五个兄弟及家长全都介入当中,双方为此争执不下。最终考虑到长孙急于结婚用房,并且家中经济能够支付起重建一面墙的费用,因此王文锡劝说家人以及众儿子选择了吃亏让步。长子王加申在回忆这一涉及产权争议事件中, 常常念叨自家因为心善而无偿让给对方家庭一堵墙的面积,支付了一堵墙的花费。

第二件事情关乎家中林地资源被他村人员恶意砍伐、占用。王家有一片林地为王文锡手上购买,位于其他村庄,管业十分困难,山中树木经常遭到他村人员偷偷砍伐和使用。有一次被王文锡抓个正着,王文锡出面要求其家人就关于被砍伐的树木进行赔偿,但对方仗着家中兄弟四个,人口众多,家族势力大便不认同产权归属,因而给予抵赖。王文锡一怒之下,便带着五个儿子到他家中索要赔偿,儿子们气势汹汹随身携带工具,武力示意让对方认错,并且联系了当地保长要求进行解决,否则到镇里报案。最终,经调解在证据确凿以及王家集体成员施压下,对方承认了自己的偷盗行为,并且支付一定的赔偿费用。通过这件事情,王家不仅维护了自家利益,也向他村人员宣示了林地产权归属。在王文锡看来,这是十分必要的,外村人往往凭借家中成员众多而仗势欺人,倘若这一次不尽力争取应有的赔偿,无论村中人还是外村人都会认为王家兄弟软弱无能,外村人以后就会更加肆意地去砍伐王家所有林地树木,同时也使得王家在村中被人看不起、无法立足。

6.生财有道身自重

王家所拥有的农业、渔业生产资料,主要通过祖上继承和后天买卖交易获得,因此十分

正当合理。在农村社会,家家户户的生产资料,只要通过正当途径而不以强取豪夺所得,"家产"越多则越受人尊敬、越受人认同。家长王文锡,从一穷二白到凭借自己的辛勤劳动、后天努力,使得王家财产总量有所增加,既改变了家庭的生存条件,也赢得家人、族人、村民的认同。一般农忙时节,王家的劳动工具都直接放置在山地间,不必每天带回家中,从始至终未曾出现被盗用的情况。日常族人遇到王文锡总会礼貌地叫上一句"文寿公",同辈人则会恭敬请教其一些农业生产或渔业生产中的经验。而对于村中一些品行不正、发家不当的人家,人们时刻都会关注着他的家产动态,一旦发现该户人家不是通过合理、合法渠道赚取钱财,村民就会嗤之以鼻,背地里议论纷纷。此类家庭一旦家境败坏,就会引起村中人们的数落,并且认为是发不仁义之财引起了报应,甚至引发村民对不合理财产的瓜分。村民会觉得,这钱怎么来就该怎么去。

(四)生活资料产权

1.生活资料简约有限

一是晾晒场。1949 年之前,各家各户都具备面积或大或小,长期或临时的晾晒场。主要基于以下两个方面的作用:其一,制作地瓜米的需要。一年两季的地瓜皆需制成地瓜米以作为主食。从地瓜到地瓜米的转变,最重要的环节在于进行晾晒。这种晾晒场基本都是临时性的,王家会选择在山地间,自己的土地中,也可能在自家门前的空地上,只要具备是空地、有光照的条件,即可满足。其二,制作鱼干的需要。家家户户日常从事渔业捕捞活动,需要将鲜货制成干货,因此也需要晾晒场进行制作。鱼干在晾晒过程中需要反复对正反面进行"翻身",以保证干度和肉质,因此通常需要将晾晒场地设置在自家门前空地上,以方便管理。遇到夏天,如果晾晒场地不够,往往会选择将需要晒干的货物摆放到房屋瓦片上进行晾晒。

二是水井。村中用水比较紧张,一房族人通常共用一口水井。王家也有一口水井,位于王氏二房祖宅院中,该水井为祖上所打,后来水井枯竭,王家人没有进行再次挖井、打井,而是都选择到山中挑泉水喝。王文锡一家也没有自家的水井,日常生活用水皆通过挑水取得。

三是家具。对于王家及普通家庭,家中均置办有工艺粗糙的桌子、座椅、板凳等家具,这些家具通常只有在结婚、乔迁的时候才会翻新和重新置办。对于富裕人家而言,为了修饰家庭环境,体现富庶家境和在村中地位,通常会请木工定做一套八仙桌、几桌放置在前厅进门正对处,起到避邪、聚气、招财作用。

四是调料。王家和村中大多数家庭一样,没能置办齐油盐酱醋等多样的调味品,一般情况下家里煮菜只要放盐即可。对于寻常人家而言,猪油是昂贵的物品,只有在逢年过节,家中才会买猪肉。所买猪肉专挑肥肉,不是一次性食用,而是挂在家中经过反复炸油以后才舍得吃掉。遇到有人来家中做客,炒菜时就拿着猪肉在锅底滚一圈,炸出油后再悬挂起来,反反复复,如此使用猪肉炸油,直到炸干了才把猪肉煮掉。酱油也是一种不常用的调味品,不是瓶装而是大桶散装。王家需要酱油的时候,林玉燕就会叫上小儿子到店铺里面购买,花上几分钱舀一勺,作为长期日用。王家以及村中家庭都没有固定多长时间置办一次调味品的习惯,除去生活必需品盐以外,猪油、酱油、醋可有可无,具体调味品的置办情况视每家经济条件而定。

2.生活资料自给自足

主食。王家主食以自给自足的地瓜米为主,制作地瓜米需要耗费较多的人力。首先,要有人第一时间去挖地瓜;其次,要将地瓜从山上挑到制作地瓜米的平坦空地;再者,要有人将出土的地瓜洗干净,然后将地瓜削成地瓜米;最后将地瓜米进行晾晒,晾晒期间需要有人看护。一方面,需要根据天气变化,及时回收和再次晾晒;另一方面要防止猫、狗偷吃地瓜米。

配菜。家中配菜主要有鲜鱼、鱼干、野菜。鱼干制作过程相对简单,因为主要是海水鱼,出水以后经过淡水清洗,置于阳光下晾晒即可,晒干后就能成为日常配菜。除此,有些家庭还有上山挖野菜作为日常配菜。

家具。家中家具中凳子、架子制作工艺较为简单,因此王文锡可以根据需要,自己伐木制造。而对于工艺烦琐的衣柜、床铺、碗筷等生活用具,有些是继承父辈的,有些是后来请师傅制作或购买添置的。

衣服。家人日常所穿衣服,大部分为自家缝制,少部分购买所得。所穿衣服多为麻布制成,色调灰黑为主。夏日里,男性老少习惯于光着膀子干活,尤其在海面捕鱼的时候基本不穿上衣。毛线衣通常由家中妇女纺织而成,出嫁的姑娘逢年过节视情况会给家中父母赠送衣服。整体而言,物质资料比较匮乏,生活日用比较简单。

3.生活资料归属家户

(1)生活资料全权归属家户

王文锡看来,同是一家人,同吃一锅饭。家中物质匮乏,生活条件艰苦情况下,王家从老到少都勒紧裤腰带过日子,只要能养活家人,踏实过日子就是最大的满足,因此,家人不会将时间精力放在计较日常生产资料归属问题上。长子王加申、二子王加春都是顾家、懂事的孩子,干的活多,承受的压力大,可是赚取的收入一分一厘都交代到了王文锡手中。王家兄弟之间,没有因为劳动付出多少不一,于家庭贡献大小不同,而在家产分配、生活资料归属等问题上斤斤计较,家庭成员均十分认同家长对自己的安排。

(2)生活资料家户成员使用

生活资料为家户成员所有,不具体细分家庭和个人之间的关系。柴米油盐由家中提供,王家一大家子同居共财,同食共用。王文锡、林玉燕发现日常用品不足,则需要想办法购买。儿子没分家,女儿未出嫁,只要一在家就有资格使用这些日用品。比如,在衣柜的使用上家庭成员都是平等的,生活中不见得有哪个家庭因为女儿要出嫁,而家中柜子最终需要留给哥哥弟弟,家长日常就禁止女儿使用衣柜。尽管在使用顺序上存在先后的差别,但这并不意味着只允许男性使用,而女性不能够使用。再者,出嫁的女儿如果回娘家做客,依旧可以使用衣柜存放物品。

(3)共财聚力促进家户发展

在王家,王文锡主外,林玉燕主内,因此林玉燕对于生活资料的支配、管理更为核心。不过,在涉及王家消费开支等方面,林玉燕需要和王文锡商量后再做决定。王家人口数量多,家庭规模大,但如锅碗瓢盆、房屋建筑、捕鱼船只等可分配的生活资料在早先并不多,所以家长王文锡不主张尽早对生活资料进行分配。以王加申为代表的长子也服从王文锡的安排,从来未提过分家,在长子王加申看来,自己一到饭点回家就有饭吃,刮风下雨了就可以回家避雨,兄弟之间和睦共处,人多做事力量大,不需要计较分家。再者,家中家产本来十分有限,硬是把东西都平分了,就很难支撑这个家的正常生活。有些家庭,兄弟人数多、家产少、关系僵,分家到最后就真把整个家庭彻底拆了,这就是所谓的分家失败。

4.家长支配生活资料

王文锡在家中对于生活资料享有高度的支配权,但具体生活资料的管理、筹备是由林玉燕负责。王家的一碗一筷、一桌一椅为举家出力所得,族人、保长、外家人借用皆须向王文锡事先打招呼说明,征得王文锡同意后,即便家中孩子不同意出借,借用人仍可照搬借用,事后借用归还以与王文锡交接为准。碗筷桌椅借用较为随意,但锅灶借用相对慎重。王家以及村中人们往往不会轻易将自家的锅灶借给他人使用,如果有人未征得当家人同意而直接端锅,则是对当家人的一种挑衅和侮辱,更是对一个家庭经济能力的彻底否定。揭不开锅很正常,被人端锅,则意味着炉灶熄火,家庭散伙。

王家隔壁有一单身汉,常年打酱油、买盐巴都是赊账,到年底小卖部老板前来结账,单身汉一如既往耍赖不还钱。因单身汉欠债多年没想偿还,小卖部老板束手无策,为解心头气,一怒之下便将他家的锅给端走了。而对于小卖部老板的行为,村中人都表示理解和支持。

5.舆论问责维护生活资料

村庄、村民对于家户生产资料的认可与保护,主要通过对偷盗、赊账、抢夺等不良行为的谴责得以体现。王文锡及村中长辈均提倡通过正义的行为,合理的方式,实现生财有道。对于个人所获的不正义之财,人们不但反感、反对,还经常在大街小巷议论以形成舆论压力,有些人甚至偷偷向保长检举,从而使得不正义的财产遭受查收。基于该风气,王文锡、林玉燕教育孩子从小要学会尊重别人的劳动成果,不能乱动他人家中东西,不能采摘他人地里作物,不能偷收他人渔网渔货,小时候偷针,长大了就会偷梁。村民相互之间的监督和约束,使得人们尊重家家户户辛劳所得来之不易的劳动成果。

二、家户经营

(一)生产资料

1.劳力充足,壮年为主

王家是一个宗族大家庭,家庭成员众多,劳动力充足。1949年时,王家常用劳动力包括王文锡母亲、王文锡、林玉燕、长子、二子、大女儿、三子,其中,二女儿还不算正式劳动力。王家男性自幼跟随王文锡参与劳作,参与劳动时间起始早且历时长。日常,家中如果遇到劳动力不足情况,还可请求众多的堂兄弟帮忙。王家内部劳动也存在分工,根据季节性,分为农忙和渔忙季。

农忙时节。在该村各家各户所有土地数量有限,农业生产活动一般不需要投入过多劳动力,因此,农业生产活动通常由家中年龄较大的长辈来完成,比如在王家就由王文锡、林玉燕一起负责,长子加以协助。农忙时节,王家在土地上干活所花费的时间不会占据日常时间的全部分,加之家中人手充足,一般集中忙活几天就可结束。王家农业生产活动中,唯一需要投入大量劳动力帮忙的是每年制作地瓜米的时段。这种情况下需要像长子王加申这样的强劳动力,将地瓜从山地中挑到平坦的地方进行削丝,仅靠王文锡、林玉燕挑担,过于劳累也缺乏效率。

渔忙时节。农忙时节过后,家中成年男性大部分集中从事海上捕捞业,以捕鱼为生。渔业生产活动忙活不同于农业生产,周期短、杂务多、情况急,各家都需要争分夺秒。因为海上作业风险大、出力多,需要时刻面对风浪及恶劣天气,所以这种不确定因素大的活就只能交由家中身强体壮的年轻人来完成。渔忙季节在每年九月后,海货多,流水急,经常造成破网、断竹绳情况,为此需要连夜收货、连夜补网。在这期间,家家户户都比较忙碌,劳力使用较为紧张,相互之间能够长时间帮忙的机会不多,只能临时性地搭把手。比如,在海面进行收网作业,见到隔区的熟人没完成,就主动前去帮忙一会。

2.互送人情,互帮互助

"人靠人助,鱼靠水养"。对于家庭人口少,儿子又忙于海上作业的家庭而言,这时候就需要依靠左邻右舍、亲戚朋友之间的相互帮工来完成农业生产活动。帮工也称为换工,具体分为长期性和临时性。长期性帮工指两家基于人情往来,结成互帮互助关系,只要对方家庭缺少劳动力,另一方必定会出劳力给予帮助。两家之间往来帮助,相互之间建立"送人情"与"还人情"的关系;临时性帮工缺少了长期合作的人情味,具有以物易物的性质,你帮我一次,我也帮你一次,这就两清了。临时性帮工还体现在随时性地搭把手,比如王家所制的新木船需要下水,为了摘得好彩头,需要召集路过的年轻人搭把手将船顺利推进水中。此时,路过的年轻人则会毫不犹豫参与其中搭把手。

村中少有长年雇工的情况,一方面,是普遍家庭因为经济条件不乐观雇不起;另一方面,是不存在雇工的必要性及雇工市场。村中仅存少有的两户富裕人家,自己经营生意,儿子外出读书,从而导致农业生产中劳动力不足,因此到了农忙季节就需要雇佣短工,帮忙挖地瓜、挑地瓜、洗地瓜、削地瓜,收工以后支付工资。除此,平日里少有人家真正意义上花钱雇佣劳动力干活。对于穷苦人家而言,都是相互之间帮忙以解决生产中劳动力不足的问题。

王家劳动力比较充足,王文锡主导农业生产,孩子们负责渔业生产并辅助王文锡干农活,因此不需要雇佣劳动力。相反,家中劳动力有剩余的情况下,王文锡鼓励孩子们多去帮助族里缺乏劳动力的家庭,特别是曾经帮助过王文锡的人家。劳动力的支配主要是家庭范围内的事情,除了王文锡和林玉燕可以使唤孩子们以外,保长等外人均没有强制使唤资格。孩子外出临时帮忙不需要与家长支会,如若遇到饭点不回家吃饭,则需要提前告知家长。

(二)生产过程

1.农渔结合的自然经济生产方式

王家由于没有水田,只有山地,且该地土质不适合种植水稻,所以栽种的农作物主要以地瓜、白萝卜、土豆为主。王文锡根据生活需要,安排农作物生产活动,所种农作物皆为一些生长周期短,又能填饱肚子的食物。地瓜作为主食,种植面积广、数量多,日常既可水煮鲜吃,又可制成地瓜米长期食用。家中生产活动除务农所占比重比较大,其次是渔业捕捞活动。1949年以前,海洋渔业资源比较丰富,鱼货多不值钱,加之沿海一带缺乏销路,除去日常闲散零售些,剩下大部分鱼货均用于自家日常消费。

王家生产活动以明确的人员分工为前提。男性所从事活动相对专业,女性则相对分散。男性主要负责繁重、户外的体力活,女性主要负责家中寝居食用及部分轻快劳务。家长需要对农业生产进行整体把握、指导,具体操作中涉及重活均由长子完成,长子王加申携带两个弟弟从事海洋捕捞活动,其中需要完成的事项包括捕鱼、卖鱼、制作鱼干。林玉燕除照顾家庭日常外,全权负责制作鱼干,洗鱼、腌制、晾晒等,遇及渔网撕裂情况,则全家动员及时修补。再是像王文锡母亲一辈年长者,不参与劳动分工,日常职责在于帮忙带孩子、收地瓜米、晒鱼干。

2.以获利为目的的牲畜饲养活动

家庭饲养牲畜是基于对经济利益的考量,而并非用于改善生活伙食。一般家庭养不起牲畜,只有大户人家才养得起,常见的家养牲畜主要包括猪、羊、鸡。在王家,王文锡母亲及林玉燕会习惯性养几只鸡,小鸡均是从城镇小商户处买来,由家中女性负责喂养、看护,除了喂食外,还要保障鸡能够及时回窝,以防被人偷抓、偷卖、偷吃。一旦发现家养鸡没有及时回窝,家中女性就要出动四处寻找。之所以养鸡主要基于以下原因:首先,养鸡花费的本钱不大,对于王家来说,还是能够承受。其次,鸡是农村社会补养身体的主要营养品,无论是林玉燕还是日后儿媳妇生孩子均需要营养品补身体。最后,养鸡的收益比较高,母鸡可下蛋,鸡蛋不但金贵而且用处也多,可用于买卖换钱、作为礼品送人、当作营养品补身体。

随着经济条件有所改善,王家也养起了小猪。王家在住房附近搭了一个猪圈,专门用于饲养小猪。王家抓养小猪尽量抓一对,即买两只小猪喂养。王文锡看来,所谓好事成双,一对猪彼此有伴利于养活。养猪的目的不是为了给家中提供猪肉、猪油等用品,养猪是为家中副业,主要为了赚点小钱补贴家用。一般家庭,只要将猪养到一百多斤就准备出售。一种是直接根据市场价格,称重估价卖给商户,另一种则是请师傅屠杀以后自己零售。

3.限于家内传承的酿酒工艺

王文锡传承了家中酿酒工艺,制作米酒用于零售。早年间,由于家境困窘,没有成本配备制作酿酒的设备,也没有本钱购买糯米进行酿酒。直到后来,孩子们长大,家中经济条件逐步改善以后才开始酿制。王家制作的米酒,主要在王姓族人片区零售,因为其他姓氏居住片区也都会有各自的酿酒户,贸然扩大销售范围,容易遭到他姓族人的抵抗。为打开销路,王文锡经常挑着米酒,到周边村庄去转悠叫卖。

王家手艺只对家中所有成员开放而拒绝传授给外人。家中成员,无论男女,只要愿意学习,均可在日常生活中学得酿酒的工艺,并且,王文锡会将酿酒过程中一些细节、技巧、经验告知家中的子女。而对于家庭之外的人,问及酿酒上的一些事情,王文锡以及家人不会详细、轻易告知。平时酿酒过程在自家比较封闭的酿酒房完成,以避免为外人偷窥,偷习当中的一些技巧。为了挑拣酿酒所需的适宜温度,也为了做好保密工作,酿酒活动在时间的选择上也特别讲究。尤其是夏天,要么选择在凌晨4点,要么就是下午5点以后。后来,长子王加申继承了王文锡酿酒的工艺,王文锡、林玉燕将酿酒技巧和一些酿酒的工具一并传给了长子。不过,长子并不是唯一的传承人,王家五个儿子基本都掌握了酿酒的工艺。逢年过节,为了招待客人,各家也会自酿一坛酒,而只有长子王加申,将酿酒工艺作为了赚钱、营生的途径。

(三)生产结果

1.手中有粮心中不慌

王家在王文锡的主持下一年种植两季地瓜,制作两次地瓜米。在当地,地瓜是一种比较"贱"①的农作物,生命力顽强,成长速度快,正常年份,只要加以适当的看护、照料,基本都能保证应有的收成。就一亩地而言,生地瓜含水分,产量可达几百斤,制作地瓜米过程则会严重脱水,导致重量大打折扣。农业生产中除去人为影响,影响农作物生长的关键因素在于自然气候、虫鸟病害。首先,天气过于干旱或是雨水过于充足,都会导致地瓜生长不良,长势不好。

---

① 贱指生命力顽强。

要不然甜分不足,要不然就会脱水过甜。其次最可怕的在于虫害,地瓜一旦在地里生虫,往往会引发大面积虫害叮咬。生虫的地瓜,既不能够食用也不能用于制作地瓜米,甚至连家中的牲畜都不能食用,因此该情况最容易导致家中收成受减,为了生计,逼得王家只能到他家或是镇上买地瓜米吃。

家中应属王文锡、林玉燕最为关心收成情况。作为家长首要职责在于保障家人生存的基本条件。所谓"手中有粮,心中不慌;手中无粮,叫爹喊娘"。遇到缺粮状况,王文锡、林玉燕就要为过日子发愁,只能重新盘算家中的用度。家中成年、懂事的孩子也会发现这一事实,想方设法实现开源节流。家中所收成的地瓜,王文锡针对不同用途进行适量分配。第一,精挑细选一小部分质地优良的地瓜,储存在温度适宜的地方,作为地瓜种,用于下一次孕育地瓜苗;第二,挑选一部分地瓜用于家中日常食用,或是将地瓜直接保存在地里边,提高地瓜新鲜度和保质期;第三,大部分地瓜用于制作地瓜米,制作成功以后存在家中的"小粮仓"中,常年使用。

1949年以前王家收成基本能够满足家庭需要,大部分年时过得紧巴,这也是大家生活水平为什么不能提高的原因。土地有限,生产工具缺乏更新,年复一年靠天吃饭,没有结余,没有积累,就没有财富。庆幸的是门前还有一片海,年景不好,则村民还可以通过捕鱼,补贴家用,不至于闹饥荒、饿死人的情况发生。

2.副业创收滋补生活

王家手工业、副业收入由王文锡酿酒和儿子做面食零售构成。早期,王文锡酿酒零售,收入形式通常都是以物易物,买方家庭惯用稻米或地瓜米进行交换,其中嗜酒、赖账、无力偿还的大有人在。二儿子做面条、面饼出售的时候,王家经济条件已有所改观,人们基本使用现钱进行交易。在王文锡看来,副业收入使得家庭经济水平小量、逐步提高。王文锡把副业收入对于家庭的作用比作营养液对于个体成长的意义,一个人通过一日三餐也能够正常成长,但是加点营养液滋润则效果更佳,这样就会成长得更快,更有活力。同样,一个家庭的发展也是如此,日常农业、渔业生产能够勉强维持家庭的运转,但不能发财,倘若增加了副业收入,虽然不多,但是日积月累就会使家庭运转更加"活"。

三、家户分配

(一)分配主体:家户为单位,家长占主导

无论是村庄还是宗族,都不涉及具体资产、资源、资金的分配。分配活动主要在家户单元范围内完成,因此,家户是最为核心的分配主体。王文锡是一家之主,掌握着王家的日常资源分配,具体表现在分家过程中,对于土地、财产、房屋的分配。分配多少,分配给谁,如何分配都是由王文锡做出。

分配对象主要包含王家男孩子,未出嫁、外嫁的女儿均不具备参与分配的资格和权利。家中女儿唯一参与财产分配的事情表现在,出嫁时候爹娘适当给一些陪嫁品或私房钱。但是,这种钱财的给予多为象征性关照,并不会在家中财产中占据一定的比例。王家日常饭桌上也存在分配活动,以吃米饭为例,白米饭是为稀罕物,地瓜米是常见主食。家中为了照顾长子,通常只有付出最多的长子具备吃白米饭的资格,其他子女,尤其是女孩子只能吃地瓜米。为防止女孩子偷吃白米饭的事情发生,也为维持家庭秩序,有时候由林玉燕亲自盛饭,对白米饭和地瓜米进行分配;有时候则让长子先盛饭,依次让其他几个男孩子盛饭,女孩子轮到

最后,没有白米饭自然也就只能吃地瓜米了。

王文锡在进行分配活动中,根据具体情况选择众议或是独断的决策方式。对于涉及影响整个家庭的事情,往往采取众议的方式。比如,涉及家中是否需要购买船只用于分家,还是直接以现金补贴少船家庭的问题,就会征询家中五个孩子的建议。对于家中一些小的、需依据经验做出判断,同时又不会影响到家庭和睦的问题,王文锡就会主动做出决定。比如,根据市场价格及时做出决定,所捕的鱼货是应该卖出去还是应该制成鱼干留存家用。

(二)分配类型:合各项收入,公平化分配

王家同居共财,在生活中没有必要对家庭收入所得做出具体的分配活动。家中一切财务、事务的操作权力全都掌握在王文锡、林玉燕手中。王家五个儿子虽然分开做事情,有从事农业生产,有进行海洋捕捞,有依靠手工工艺营生,但收入所得,一分一毛最终均需要交到王文锡、林玉燕手中。王家日常开支来源主要包括农业、渔业、手工业所得,具体使用开支项目、个人用度额度在家庭成员间没有做出分配。孩子们需要用钱零花,就向王文锡或是林玉燕申请,给多给少,也由家长决定。

分家过程,王文锡主要对五个兄弟共同创造、积累的财富进行分配。财富分配不分具体收入来源项和个体在当中所赚财富比重。为保证公平公正,根据诸子均分的原则进行分配,但实际中有根据贡献大小,参考孩子们的意见,进行差异化的二次再分配。比如,长子参与劳动早,帮扶家庭时间长,整体劳动所得占比高,对家庭具有很大的贡献,因此分配过程注重考虑这些因素。

分家以后,各家收入为各个家庭支配、保管。无论是村中唱大戏需要集资,还是需要缴纳农业税,均根据家庭人口数,在小家庭、小单位范围内进行征收,区别于之前以大家户为单位开展相应的支出活动。

四、家户消费

(一)家户消费多自给,以物易物因需要

王家生活消费水平在村中属于中等偏上,相比同村范围一般家庭,王家平日消费,正常年份能够实现自给自足。村中整体情况虽然不富裕,但是在1949年以前也没有出现过大饥荒、饿死人的情况,这得益于海洋捕捞业在当中起的重要支撑作用。村中人生活状况不温不火,个人没有太大的追求与欲望,只求通过种地、捕鱼,以填饱家人肚子,维持家庭生活即可。

其一,粮食消费。王家日用粮食,60%以上以自家生产的地瓜米为主,40%左右依靠副业(渔业)和以物易物的形式,到他村或镇上换取、买卖稻米,因此家中主食基本实现自产自销。日常食用配菜以自家捕获的鲜鱼、晾制的咸鱼、野菜、瓜果为主,基本能够满足日用。加之左邻右舍彼此时常互赠对方没有栽种的配菜,由此一来维持家庭生计不成问题。至于,食用油、盐、酱、醋由自家不能制作,基本依靠购买,但这部分消费所占家庭总消费比重不大。

其二,衣服消费。当地不能种植棉花,衣服布料需要对外购买,由家中妇女缝制。衣服更新速度并不频繁,利用率比较高,习惯重复使用,"新三年、旧三年、缝缝补补又三年"。王家衣服开销集中在众孩子身上,大人比较少置办衣服,一个成年人日常置办两套粗衫[1],足够换洗

---

① 粗衫:指做工粗糙,劳动生产中常穿的衣服。

即可。逢年过节为了增强喜庆感、仪式感需要,也会给家中小孩添置一两件新衣服。

其三,医疗消费。日常生病,每家每户均有村中、祖上流传的草药偏方用于应急。王文锡平时上山砍柴会采集一些草药,留存家用以防害病、受伤时急用。一旦生病,首先家户草药治疗,其次是村中的赤脚医生。看医生所支付的医疗费用有现金用现金,没现金则用实物相抵,实在没有就暂时赊账。

其四,人情消费。人情支出主要集中于红白喜事,不管好事、丧事,只要遇到,除了基本人力之间相互帮忙料理丧事外,有些还需要红包往来。白事人情支出费用每次较少,喜事费用单次支出比较大。人情支出讲求礼尚往来,并且针对不同的对象,依据血缘关系的远近亲疏情况,送上钱数多少不等的红包。即便父亲过世,父亲手上的人情债仍需要儿子继续还完,直到双方做平了往来次数为止。

(二)家户为消费主体,宗族帮扶有条件

日常生活消费以家庭为单位,所有支出所购买物品由家庭成员消费。因此,一切费用均由家庭负担,村庄不承担家庭消费花费支出,即谁消费谁负担。村中只有关于集体性的娱乐、公共活动部分才需要全体出资,比如每年闹元宵、重阳唱戏、村中修宫庙等这些费用需要由村庄、宗族、家庭共同支付。其中,家族如果有公共收入则加以垫付一部分,没有或是不够的情况下,就需要各家各户按人丁收取。家族中针对单个家庭会加以帮扶的开支有两个方面:一是寒门出秀才但无力供养,则族中年长者牵头加以帮助,为保障宗族中有能力读大书的孩子能够继续学习,各家各户则会有钱出钱、有物出物,帮助该家庭孩子读书;二是,族中家境贫寒者,遭遇大病而无力救治情况下,族人也会伸出援手,各家筹钱、出力给予帮扶。直到后来,随着经济条件逐步改善,王氏族人依旧延续了这种帮扶的传统。

(三)成员身份有差别,消费顺序有先后

王家一切消费物品、费用支出比重全部由当家人王文锡决定。王家家庭成员在消费上也存在差别性。以食物、衣服消费为例,在王家,通常男孩子享受的待遇优于女孩子。男孩有资格吃到白花花的稻米饭,而女孩子只能吃黑乎乎的地瓜米;逢年过节长子王加申可优先享有穿新衣服的权利,长女王骄清则视情况可有可无。在家庭消费中,王家男丁所花费的比重比女孩子大。在王文锡看来,儿子娶妻成家,从物质角度而言是为付出,因为需要付礼金、下聘礼、办酒宴等开销,这些费用均由家长支付。但是女孩子出嫁则不一样,对于一些家庭来说还是一种收入。大户人家若娶了本家女儿,本家会收入一定的礼金、许多礼品等,因此,对于穷人家而言,生男孩子实际上是一种负担,而生女儿最终有所收获。对于一般人家父母,最为期望的就是能够早日吃到女儿定亲时男方亲家送来的大猪脚。

家庭成员在具体消费中也遵循着一定的礼仪、秩序。在王家无论男女长辈、老者,通常好东西皆由长者优先享用。王文锡母亲在世时候,林玉燕的主要任务还在于伺候好老婆婆。孩子们捕到新鲜的好鱼,林玉燕炖了鱼汤,首先需要先端给老婆婆食用。在王家大家庭中,长子对家中消费物品也享有优先权,长子可以吃白米饭,可以穿到新衣服,然后是次子,再接着是三子,总之优先满足家中辈分大的消费需求,再依次由长及幼推移,直到最后是家中的女儿。但是,王家父母也偏爱小儿子,小儿子在家中通常享受着许多仅次于长子的特权。例如,能够吃上白米饭、优先制衣权等。

五、家户借贷

（一）家长全权承担举债责任

1949年之前，穷人之间较少发生借贷关系。借钱在当地称之为"借人情钱"，相互之间基于社会关系借用零钱，不算利息，用于救急。对于普通家庭，不会轻易举债，借钱主要用于置办一些重要的家产，比如王家孩子要出海捕鱼，急需花钱购买渔网、竹绳、修缮船只，王文锡就会向二房族人求助。对于未来预期收益良好的借钱行为，左邻右舍亲戚朋友只要有储蓄，基本上能够加以支助。借人情钱需要家长出面，偿还时仍由家长亲自偿还，偿还人情债过程中为了表示感谢，也会买一些小礼品加以酬谢。

平日里，王家小孩不能够随意向其他家长、家人、朋友借用现金。倘若没有家长允许、出面，一般家庭也不会将现金借给王家孩子。王家长子、二子，由于出海捕鱼，经常进行鱼货交易，手头会有活钱。有些人家的孩子在交易完成后并没有将手中的钱悉数交给家长，由此就给自己攒下了一点小积蓄。这种情况下朋友之间、发小之间容易借到彼此的钱。如果孩子之间出现借债不还，一方就会把另一方的行为告知家长，最后仍由家长偿还。王家个人少有借贷，主要以家户为单位，由王文锡亲自出面进行借贷。王文锡也不允许五个儿子对外随意地借钱，这样有辱家庭名声。

（二）圈号为证的借债机制

如果是熟人之间的人情债，正常不用写字据、画押、圈号；如果是穷人与大户、穷人与陌生人之间进行借债，通常要寻找证人或是写字据、画押、圈号。当时没有印泥，为了增强字据的效力，通常以中间人圈号，从而带动交易双方圈号作为凭证。熟人之间借钱不用利息，但是陌生人之间或是专门提供借贷的人家，必然会进行收费。地主人家对穷人家的收费，利息不低，当地俗称150担①，也即向地主借100担粮，半年时间到期就要连本带息偿还150担粮食，其中，50担作为半年的利息。通常半年就要上交一次利息，但也存在月月交利的情况。在沉重的利息负担下，自然也存在拖欠利息，未能及时还债的情况。有些大户、地主人家心地善良会加以宽限；有些不通情达理，不加以体谅就会追到家中，催促、打骂、闹事情。

（三）多样灵活的偿债方式

未分家之前，王家债务均由王文锡一手承担，还债活动也由王文锡进行。不过，由孩子手上向朋友借的钱，就让孩子亲手去交付。熟人之间，借钱具有一定的自觉性，一旦手中宽裕，就会及时进行偿还。王家借钱情况不多，但是借地瓜米的情况比较常见。地瓜米制作每年两季，做完会选择优先偿还债务，为了表示感谢，借方都是带着地瓜米亲自登门偿还债务。对于还不上的情况，往往都是以帮工或是以其他物品作为抵押的形式加以补偿。通常债务谁手上所借就由谁还，但是也存在家户内部债务责任连带性，比如父亲手中借的钱，在父亲临终前，会把这些具体债务交给孩子，并且嘱咐孩子一定要偿还。家中如果有好几个儿子，则由孩子均摊偿还债务；家中如果只有一个孩子，则需要背负所有的债务。有女儿的情况下，父母也会嘱咐女儿要帮助弟弟或哥哥还债，以表对父母的孝心。家长过世，子孙无法偿还债务，债主视情况索要财产。村中人对此行为表示支持，杀人偿命，欠债还钱，天经地义。

---

① 担为度量单位，1担=100斤。

六、家户交换

(一)家户与集市的交换

王家交换活动根据需要区分大小。大交换指到镇上进行买卖交易、鱼干出售活动,由王文锡亲自出马办理。镇上店里老板认识王文锡,人熟事简,交易效率高、效益良好。随着家中孩子长大,王文锡就有意识地让孩子逐步参与交易,在一些大型买卖中历练孩子。日常涉及鲜鱼货的小交易,主要在村域范围内进行,王文锡则慢慢交由孩子独立完成,自身基本不参与其中。开展日常单独交易活动也是为了增加家庭收入,维持家庭的正常运营,王家孩子在交易中所获收入,悉数交由王文锡、林玉燕作为当家开支。在王家,林玉燕不参与经济活动,对外经济交往活动由王文锡及孩子们来完成。

(二)鱼粮杂货皆有交易

王文锡作为当家人,是与市场打交道最主要和频繁的核心主体。村中没有正式集市,只有临时的交易场所,该临时交易场所通常在人流集聚、往来便捷的鱼码头等地。交易对象主要是村中、村外农户及一些鱼贩子。临时交易市场,集中交易时段根据潮水的情况而定,海水处于平潮是为收网捞鱼的最佳时机,一天中海鲜鱼货的买卖交易,主要集中在凌晨四点后以及傍晚时分。大型、正规的市场在镇上,因交通不便,没有更好的保鲜技术,所以王家到大型市场均以交易鱼干为主。王文锡白天早早出发,走路加船渡,两天才能完成一次交易。每当交易一次,王文锡首先会购买一些稻米,其次置办一些农业用具如购买一把新的锄头,然后根据家中实际需要买点调料品,最后手中宽裕也给孩子们带点吃的尝尝鲜。平日进镇一趟实属不易,王家孩子个个都喜欢跟随,但是王文锡根据交易需要往往优先带年长的孩子。只有年龄大的孩子才会在买卖中更快地学习和掌握交易技巧,而对于小儿子,王文锡觉得玩心太重,进了市场不容易学好,反而容易受外界干扰,变得不踏实,从而影响日后成长。

(三)诚信为准货入一家

长期交易往来,使得王文锡和商户在早前相互选择过程中,不但建立了良好的交易关系,而且建立了交易信任机制。王文锡所提供的鱼货往往比较符合老板的需要,干度适度、色泽鲜亮、大小合规、同一箩筐货物上下分层一致,加之老板提供真诚价格,秤秤不偷斤少量,多次交易下来以后,供需之间匹配度良好,王文锡与商户石玉①就形成了合作关系。王家一有鱼货就直接送到商户石玉店中,店长石玉均以等同或略高于市场价格悉数收购。有时候碰到王文锡身体不适或无暇进行交易,就由长子王加申前去交易,长子王加申只要自报家门、父亲王文锡的名字及日常交易经历,石老板就会给予优先成交,并且保证价格与重量。

---

① 石玉:人名。

第三章　家户社会制度

家户作为社会的细胞,是社会所确定的基本时空单位。家户在与社会发生着千丝万缕关系的同时,也承载着许多特定功能,具体包括婚配功能、生育功能、继承功能、赡养功能、情感交流功能等。王家家户功能的实现,立足于成员对家长权威性地位认同的基础,依托于传统观念与惯习对个人自觉约束的作用,依赖于家长精明强干所积累的物质条件。

一、家户婚配

(一)婚配要求

娶得好媳妇,幸福三代人。王家格外注重儿媳妇人选,在王文锡、林玉燕的物色和把关下,家中子女到了适婚年龄均已成家,未曾出现难嫁人、闹离婚、打光棍的情况。同时,王家娶亲嫁女一样参考着村中默认的准则:

第一,杜绝同姓通婚。在村里,于孩子成长过程中,族人家长就会不断教育子女,严禁同姓结婚。自孩子小时候起,家长就会对其进行严加管教,确保自家子女和同姓族人不产生不正当关系。在王文锡及族人看来,同姓婚姻彻底违背伦理,是一件伤风败俗,让祖先蒙羞的事情。王家孩子婚姻多为父母之命、媒妁之言,在王氏二房中同姓婚姻的情况不可能存在,即便存有自由恋爱情况,一旦年轻人有此倾向,立马就会遭到家长的强烈干涉和阻拦。王文锡提倡不同村庄不同姓氏之间进行联姻,这样利于后代的发展,比如,王文锡的配偶林玉燕就是隔壁北斗都村的;二子王加春的媳妇就是外宅村的。

第二,提倡门当户对。门当户对是潜在且为人们所遵循的婚姻准则。婚姻讲求对等的家庭条件,只有对等的家庭背景,才能使双方处在一个平等的位置上,如此组成的家庭,基础更加牢固,更有利于长久地生活在一起。但是,对于贫苦人家而言,实际上心中都藏有一个飞上枝头变凤凰的梦,人们均希望自家女儿有一天能够嫁入大户人家,从而改变家境状况。不过,现实中鲜有穷人家女嫁进富人家中,通常大户倾向与大户结为连理,所以家庭条件贫穷或是一般的家庭间通婚较为普遍。在这种情况下,双方家庭往往更看重未来对象的人品,比如是否勤劳能干、是否明理孝顺。

第二,偏好大家庭。王文锡在选取儿媳妇过程中,注重深入了解对方的家族、房支情况。家族越大,人口越多,势力越强,状况则越好。人们认为,一个大家族能"发"①很多后人,那是因为祖上积德,说明该家庭品性好;能养活这么多后人,那说明家庭经济条件不错。因此,人口规模大的家庭更容易受到青睐。

---

① 发:意为繁衍后代,下同。

第四，重风水讨彩头。在男丁数量众多的家庭，娶妻顺序安排上也有一定讲究，这种讲究是为保存家中财运需要。在王家必须是长子王加申娶了媳妇，接下去弟弟王加春才可娶媳妇，妹妹也可以在家中顺利出嫁；倘若王家长子之前有姐姐，则家中正常还是长子第一个娶媳妇，接着弟弟可娶，姐姐可嫁；但是如果姐姐想在长子之前出嫁，并且利用家中的场地，往往得不到允许，原因在于家中长子尚未成家，新生力量未成气候，外嫁女儿，意为有出无进、财运外流。为避免该情况发生，家家户户均会选择让家中长子优先成婚。

(二)婚前准备

1.父母包办的婚姻

1949年之前，适龄儿子娶媳妇均由当家人或父母亲提出。在王家，孩子们的终身大事以王文锡、林玉燕操心、包办为主，王家几个孩子婚姻皆是父母一手包办，家中孩子没有抗拒、反对。结婚是两家子的事情，所以双方父母皆会细致了解、摸底对方家庭条件、情况。在这过程中，王文锡必定会核对双方生辰八字，两人结为连理的首要条件就是八字要相合，不能相克、犯冲。不管几世同堂，婚礼基本由父母做主，但出于应有的礼仪和对长者的尊重，也需要邀请长辈们出面主持大局，让长辈过目。

2.崇优重德的择偶标准

对于大部分家庭而言，迎娶一个勤劳能干、勤俭持家的媳妇是基于现实生活的需要。王家选择儿媳妇，特别看重品质，一方面需要勤劳踏实，另一方面要机灵善良。儿媳妇为人如果勤劳踏实，则意味着可以主动分担家中内务，从而照顾好家庭；为人机灵则意味着生下的孩子聪慧健康，血脉后继有人；为人善良则意味着与人为善，能够孝敬父母。对于那些闺中待嫁时就有好名声、好声誉的姑娘，王家很乐意接纳；对于那些为人女儿时就行为不正、名声不好的姑娘，即便长的再好看，王文锡、林玉燕坚决不接纳。

在村民看来，女儿理应嫁得离家近些，这样当自己老了就会得到女儿贴心的照顾。王文锡有两个女儿，但两个人女儿都嫁到了离家较远的村庄。在王文锡看来，宁愿自己养老中因为女儿不常在身边，老来或许辛苦一点，但也要让女儿嫁对人家，过得幸福一些。王文锡及家中长辈认为，王家女儿之所以不能够嫁到本村是出于对女儿幸福的考虑。本村没有水田，只有山地，只能吃地瓜米，世代以来为了解决温饱问题，已经挣扎怕了。因此，为了两个女儿着想，王文锡将两个女儿都嫁到了有水田的地方。王家选择女婿的要求主要有：第一，家中有水田，能够生产出一年两季的稻米；第二，人品端正，在村中没有不务正业，没有不良的习惯和行为；第三，年轻力壮、勤劳能干。身体没有残疾，而且能够自觉主动下地干活，富有责任心。此外，王文锡等老一辈还喜欢看相，用"土眼"①来判断出女婿是否聪慧、未来是否有前途等。以上条件如果都符合，无非是一种最优、让王文锡、林玉燕满意的选择。

3.婚姻的核心价值在于传宗接代

在王文锡、长子、长孙看来，结婚的直接、核心目的在于生儿育女、传宗接代，从而实现自我价值。一个男孩子自出生一刻起，就决定了其人生价值在于维护家庭的发展、壮大。王文锡所有的行为付出都是围绕着壮大王家这个目的而展开，结婚是检验自我成熟担当的体现，生儿育女是尽孝传承血脉的需要，培育子女成人成才是凸显自我价值的表现。婚姻所带来了人

---

① 土眼：指看面相。

丁兴旺、财运亨通,因此王文锡才会认为自己的婚姻是成功、幸福的。村民们普遍认为,即便一个人在事业上再成功,只要没有家室,没能给家庭延续香火,未对祖上尽孝,皆是没有意义、没有价值。

4.父母之命,媒妁之言

婚姻以"父母之命,媒妁之言"为基调,不允许、不能够、不能成自由恋爱。王家女儿活动范围受限,多在家中操持家务,基本没有对外交往,因此自由恋爱的情况未曾有过。王文锡认为,在婚姻方面,家长、父母皆是经验丰富的过来人,涉世老练、看人精准,只有对子女的婚姻进行把关这样才更稳妥。倘若放纵子女自由恋爱,万一爱上同姓氏的就毁名声了;若碰到陌生人家,缺乏准确了解下,遇及有遗传病史的情况,这样必将累及家人、家族的下一代。所以对于自由恋爱,王家父母都保持着十分谨慎的态度。

王家三房一户人家女儿与四房一户人家儿子,因两家互为邻居,彼此往来较为密切,加之女方家庭早先对女儿管教宽松,使得该户人家与四房家户儿子产生了感情。随后,此事被双方父母知晓,为了降低乃至消灭两者在一起的可能性,男方家长在和孩子说清了利害性以后,便强行直接将儿子送到异地亲戚家去学医,长此以往不再归家,女方父母则根据自己意愿为女儿找了一户人家出嫁了。

5.因人而异的聘礼嫁妆

关于聘礼均由两家参考村中默认的价格共同商讨决定,具体还根据每家情况进行浮动调整。如果对方家庭条件好,出于面子需要也会相应提高点。王家聘礼、嫁妆由王文锡、林玉燕把握,孩子们对此也不存在意见,对于亲兄弟、亲姐妹的婚庆大事都表示出理所应当的帮助和支持,并不因为差别的聘礼而不平衡。定亲程序和仪式比较简单,两家选择良辰吉日,配对生辰八字,再定好结婚的日子、礼金等相关事宜,基本就可成婚。跨村男女之间直到结婚前双方一直未见面。对于女儿的陪嫁品,王文锡主要根据对方家庭情况给予一定的调整,通常情况下,都会定做柜子、桌子一套家具作为陪嫁,如果王文锡认为对方家庭条件较为困难,但是女婿十分懂事,也会想尽办法多给女儿陪嫁一些物品。王文锡坚信对为人踏实而又勤劳肯干的女婿应该给予支持帮助,这样的女婿以后会有出头的一天。

(三)婚配过程

王家孩子结婚方案由王文锡拍板,众孩子负责具体操办。王文锡与林玉燕会指定家中有经验的长辈来担任媒人,主要是为表现尊老,再是为保证给定的红包不流"外人田"。家庭内结婚事项的办理也存在一定分工,涉及礼仪性、人情招待方面的事情由王文锡带头操办,像新房的布置、新娘迎娶、氛围营造该类事情则交给朋友、发小负责。

婚姻虽由王文锡及家中长辈做主,但王家兄弟姐妹也会参与其中提供建议。在王家,王文锡三子、四子的婚姻全是家人一起商量决定。王加申作为老大哥,时常留意弟弟们的婚事,在三弟婚姻上,王文锡当时就让长子王加申到弟媳所在的村庄去了解其家庭情况,通过动用朋友的关系,旁敲侧击去掌握弟媳的家境、品行、性格等方面,回来以后再将具体情况告知王文锡,由此再确定这门婚事。倘若在了解过程中发现什么问题,则及时向王文锡和弟弟说明,经家庭会议讨论问题定性为大或为小。村中有些家庭如果遇及父母均已过世的情况,婚姻的主动权大部分也会掌握在上一辈老人家的手中,例如伯伯、叔叔等人,但这时候的干预程度远没有父母干预来的强烈。

(四)婚配原则

1.长幼有序,结婚顺序有别

通常家中叔伯辈长者先结婚,再到年幼者结婚。在王家,长子王加申先结婚,弟弟妹妹依据适龄顺序及父母的安排先后结婚。家中倘若哥哥没有娶亲,原则上妹妹不能够结婚,原因在于哥哥是未来一家之主,尚未成家立业,家中财运缺乏守护者,哥哥未娶,妹妹却出嫁,家庭人口表现为有减无增,视为有坏风水。针对妹妹实在需要结婚嫁人的情况,根据规定出嫁的那一良辰吉日不能在哥哥所在家中举行仪式,可挪到老宅中举办。

2.结婚花费,诸子各不相等

普通家庭条件艰苦,家中子女较多,加之重男轻女观念根深蒂固,使得女孩子十分"不值钱"。对于条件困苦的家庭而言,女孩子能够成家,有人养活,也算是不错的归宿,因此在礼金上要求不高。俗语"一个南瓜,换一个老婆",就体现了女子的价值。人们之所以选择南瓜来衡量女孩子的价值,原因在于,农村南瓜个个都重达十几、二十来斤,一个南瓜足够让一个家庭饱餐一顿。所以,娶媳妇可能只需要一担米、一担麦、一个南瓜就可作为礼金,条件稍好人家可能给个十来块钱作为礼金。除了礼金,结婚中大部分的开销在于置办一些家具以及办酒宴上,这些费用都是由家长王文锡负担。

王文锡在给孩子娶了媳妇、盖了房以后再行分家。王家孩子之间年龄有别,结婚时间有先有后,花费的财力也不一样。王文锡总管家中财务,具体结婚费用预算多少皆是王文锡、林玉燕决定,对此,王家众儿子之间并未因为花费上的不均等而产生争议、不和。在王家,长子、次子出生早,赚钱资助家里的时间更长,对于家庭的贡献更大,为平衡差异,王文锡在分家时突出了长子的贡献,将自家一小片"厕所地"划给了长子,对此,其他几个兄弟也不存在意见。

(五)其他婚配形式

1.童养媳

(1)养童养媳的原因

首先,童养媳长大后为家庭指定的儿媳妇,从而父母一早就为孩子解决了婚姻大事,进而降低了家中后继无人的风险性。其次,童养媳是为廉价的劳动力,自其进入家门起,就要开始忙活家中所有内务,为家庭忙活一辈子。最后,童养媳从小在自家长大,使得未来公婆对儿媳妇有更为知根知底的了解。

(2)成为童养媳的原因

有些家庭让女儿成为童养媳,一般基于以下两种情况:一种是因家境贫穷,无法负担起养女儿的压力,为给女儿寻活路,也为积德行善,只能将女儿送出保命;另一种是家中女儿过多,而远亲家庭缺少女儿,在对方需要的情况下,于是便将女儿送给对方作为童养媳。

(3)送出童养媳的条件

家庭一般无条件将女儿送出作为童养媳。有的父母心疼自己的女儿,会给女儿包上布,用于女儿满月做衣服;有的父母则会给女儿带上"平安符",以保女儿平安、健康。除此,亲生父母对于收养自己女儿家庭的要求,仅限于让孩子吃饱,长大成人。收领童养媳的家庭,倘若家庭条件良好,则会给予对方一定的报酬,比如几斗米、几尺布;但如果家庭经济条件一般,就什么都不会给。

（4）村中童养媳的命运

在穷人家庭，童养媳会出现以下情况。送出的童养媳最终因对方家庭条件太差，童养媳得不到应有的照顾，在小时候就饿死了，亲生父母听闻后也十分伤心，但没有追究责任；有些原生家庭父母听闻女儿在外惨状，良心过意不去，又前去要求归还孩子；只有部分的童养媳得到了善待，最终顺利成为儿媳妇。

童养媳在村中为"苦命"的代名词，童养媳的命运从其被家人送出去的那一刻起，就意味着需要经历更多的磨砺。许多父母明知这样的经历对于孩子来说是一种苦难，但出于生计需要还是这样做了。童养媳不能够上学，从小需要帮忙家中洗衣、做饭、砍柴、伺候公婆，对此，村中人多用"受虐"来形容童养媳的日常。但是村中也有一位受人称羡的童养媳，该童养媳从小在领养的家中长大，并且最终成为儿媳妇。该家庭经济条件良好，但家中老婆婆看不起孙媳妇，婆婆对儿媳妇也异常严苛，家中一切劳务基本由童养媳包办。等到该户人家儿子到了适婚年龄，儿子也有了自己喜欢的对象，便拒绝了家人早先为他安排的与童养媳的婚姻。对此，童养媳不但更加贤惠地操持家中事务，而且倍加体贴入微照顾公公婆婆。最终，因为该童养媳的勤劳能干、温良恭俭，不但赢得了公婆的认可，而且使得儿子深受感动，于是便顺利完婚，嫁入了该富庶人家。婚后，由于该童养媳为其家中增添了两个男丁，公公婆婆对此甚为满意，这也让童养媳在家中的地位逐渐提高了。

2.改嫁女

改嫁在当地的方言意为"再送给人家"，一个"送"字体现了改嫁女身份、地位的卑微。在村中改嫁情况较为罕见，人们对待改嫁的态度也不一样。

第一种，丧偶妇女的改嫁。即便丈夫过世的早，对于大部分妇女而言多为守寡，少有改嫁。一者，改嫁有坏家庭风气，败坏家族名声，易遭到家庭乃至村中人冷言冷语反对；二者，一般家庭也不愿意接纳丧偶女，家长习惯性认为丧偶女八字克夫、命运坎坷，从而会给家庭招来苦难。但对于那些平日声誉良好，为人贤惠踏实的丧偶女，村民接纳的程度略高一些。在此情况下，一般丧偶女选择坚持守寡、尽力抚养孩子。

第二种，被休妇女的改嫁。村中休妻情况比较少见，被休妇女改嫁情况也比较罕见。日常生活中村民对于被休妇女的接受程度十分低，人们认为被休肯定是有原因，要么是品德不正、行为不端；要么就是生理存在缺陷，比如不能生儿育女。因此，被休女在村中声誉不好，人们大都不愿意接纳。

不过，村中一些单身汉、身有残疾、穷困潦倒的家庭，出于孩子成家立业，传宗接代需要，也能够接受改嫁女，在此情况下，改嫁女基于父母之命、生活所迫也能够接受自己改嫁的命运。改嫁因为声誉不好，家庭条件有限，通常没有大张旗鼓举行盛大的娶亲仪式，更为常见的是小家庭、小范围、小规模象征性的庆祝。

3.入赘男

入赘女婿在当地也称为上门女婿，村中鲜有大户缺子人家，因此少有入赘。王家男丁众多，也不存在入赘的情况。通常人家基于以下原因才需要、才能够招纳上门女婿。首先，家中无子嗣，必须通过招上门女婿，传宗接代，维继香火。隔壁村庄有一大户人家姓蒋，连生3个女儿后，因为身体缘故，最终无法生育男孩子。出于延续香火需要，便招了一个上门女婿，所生孩子，皆为蒋家所有，并且根据蒋家族谱取名作字。其次，生活条件比较优越，能够负担起女儿、女婿的生活。大户人家,不但能够一辈子养得起女儿,还能够养得起女婿。最后,家中有家产、家业,但唯一子嗣无能、残疾、带病的家庭,也需要招纳上门女婿。招女婿的作用一方面,辅助家中孩子,继承家业;另一方面,以防家庭香火不能为继,确保继有人。招入赘也是家中的当家人做主,只要是家长同意,并且觉得对方可以就决定了,在父母包办婚姻的年代,招入赘不需要和女儿商量。有些家庭母亲心疼女儿,会事先和女儿通气,以让女儿做好心理准备。为了招入赘更加合理一些,当家人也会多方收集信息,听取族人的建议,委托亲人去探听情况,以便全面详细地了解未来女婿。

当地人对于入赘男带有天然轻蔑情感,人们觉得一个男丁就是一个劳动力,家中多一个劳动力就可能使家人多一碗饭吃,一旦入赘,不但使家庭失去了一个儿子而且还少了一个劳动力,无论如何都对不起自己的父母和家庭。村民认为入赘就是"吃软饭",入赘者多为没有骨气之人,顶天立地的男子汉是不会因为家庭的穷苦而放弃奋斗、改变的念头。

对于入赘者而言,有些确实是因为家庭条件过于艰苦,家中兄弟太多,为减轻家庭负担,只能通过入赘到他人家中,以求活路。这种情况下,上门的女婿一般都比较踏实勤劳、较得人心。不过,也存在一部分入赘者是单纯因为对方优越的家庭条件,入赘以后也有好吃懒做,得过且过者。

(六)婚配终止

1.休妻

王家没有出现休妻的先例。在王家,男女一旦结婚,成为结发夫妻,就会将对方的名字上到族谱,并且注明与男方及家庭的关系。名字明确写上了族谱,则意味着从此确立了双方长久的夫妻关系,家长为顾全面子,一般情况下,不会同意自己的孩子由着性子休妻。农村社会,凡是人们认为不正当、有辱家门的先例,均会受到来自族人、家长、闲言碎语的指责和谩骂,所以,家长都会克制自己的孩子。即便有存在休妻情况,通常均为丈夫提出,妻子多处于被动一方,因为没有权利提出、拒绝乃至表态。村中有一户人家,儿子因不满父亲安排的婚事,在结婚生子后便想断绝夫妻关系,家中老父亲始终不同意,孩子无可奈何便常年离家出走。该情况在村中比较常见,双方是为名义夫妻,却已经无夫妻之实,但为了顾全家庭,往往不采取休妻的方式断绝关系。

2.守寡

王家从祖上开始均未出现过休妻的先例,但是出现过守寡情况。当家人王文锡的父亲,也即王加申的爷爷,在王文锡出生后不久就过世了,所以王文锡的母亲一直处于守寡的状态。王文锡年幼,需要母亲照料,王文锡的母亲便一直住在王家,即使王家家徒四壁,生活困苦,并未因为丈夫过世就回娘家。依据传统,守寡的妇女不能够改嫁,必须要留在婆家尽到照顾家庭的责任。王文锡由母亲一人抚养长大,在王文锡成人能够担当家庭重任之前,家中的一切事情都是母亲料理,母亲基本上起了担任当家人的角色。日常除了一些忌讳的场合、活动不能参加,由堂兄弟代为参加以外,王母遇到事情都身体力行去做到。王母尽职尽责的行为及温良恭俭的品质,顺利地培养王文锡健康成人,为此,不但受到了族人的好评,村中人对王母的举动也赞美有加。随着王文锡长大,王母便主要负责打理好家庭日常事务,家中的对外事情就交给儿子王文锡处理,从此,王文锡在历练中也慢慢成长为王家的当家人。王文锡的母亲过世后,王文锡亲自选择风水宝地做墓,根据习俗将父亲和母亲合葬到自家一房的墓地里。

二、家户生育

(一)兴仁兴义人丁兴旺

王文锡结婚成家后,前后总共生有五男两女,孩子们都顺产并且茁壮长大,家中没有出现夭折的情况。王家将人丁兴旺归功于祖上行善积德,所以福泽恩荫后代。王文锡提倡多子多福,坚持多生多养,对于自己的孩子,无论生活怎么穷苦,都想办法抚养,不允许送给他人。所以,在王家出现了林玉燕和自己的大媳妇同一年生养的情况,也即家中五子王加堂与长孙王明绍为同一年出生。与村中其他房或是村中他姓家庭比起来,王家的生育水平算是比较高。正常家庭,生育孩子数为 2~4 个,其中男孩子 1~2 个,女孩子 1~2 个,王家总共生有 7 个孩子,男孩子 5 个,远超过一般家庭水平,女孩子也达到 2 个。在兄弟辈中,王家的生育人数更是达到了一个顶峰,分家以后,每家基本都生了 2~3 个男孩子,1 个女孩子,人口总数高达30 人以上,因此在外人看来王家人丁极其兴旺。小户人家坚持越穷越生,但生育的质量不高,多出现夭折、丢弃、外送的情况,因此穷人家的人口规模不大。

王家兄弟媳妇都娶自不同的外村,缔结婚姻多为父母之命、媒妁之言,在结婚之前儿子与儿媳妇之间都没有往来,不存在未婚先孕的情况。过去,由于习俗礼节的限制,未婚先孕的情况一般不会出现。

(二)延系香火光耀门楣

1.不孝有三无后为大的生育观

生育的目的在于传宗接代,并在抚养孩子成才过程中,实现自我的使命和价值。所谓"不孝有三,无后为大",结婚生子是为子孙对祖先尽孝的表现。但是在王家长辈看来,生育孩子延续香火,这只是最为一般的孝,这是每一个成家的子孙,只要身体没有障碍都能做到,也必须做到的。在王文锡看来,生育之后的目的更在于培养孩子成才以光耀门楣。长子王加申说道:"小时候父亲经常教育他,子孙一代要比一代强,只有强过父辈,胜过祖辈,这样才能使家族发展、壮大。"为此,日后王加申把所有的精力都放在培养长子王明绍身上。事实证明,长子王明绍在同龄人中算是出类拔萃的,12 岁就能独当一面,顺利接过父亲手中的事务,使得王加申很快不用忙于操劳。王加申认为自身不但延续了香火,而且培养了一个好儿子,为王家未来的发展撑起了希望,从而已经实现了自身的价值。

一个没有孩子的家庭是让人同情和悲哀的。村民认为最坏的遭遇就是无后,不能够延续自己的血脉,人们日常发生口角争执,骂的最狠的话就是"全家死""绝子绝孙"这些涉及香火继承的话语。一个人在村中无论有什么样的地位,有多少的财富,一旦没有后代,均会被人认为这一切没有意义,并且祖上失德所致。一个完整的家庭,必定是一个有儿子的家庭。

2.重男轻女的生育性别观

在该村,重男轻女的观念深深地融入人们世代流淌的血液中。对于王文锡乃至王家每一个兄弟来说,重男轻女的观念也是根深蒂固的。倘若在村中问及长子王加申,您有几个孩子?他必定会回答我只有一个孩子,但实际上他有 1 个男孩、3 个女孩。王加申之所以这么回答,因为在传统的观念中只有儿子才是继承自己香火的孩子,女孩迟早嫁人是别人家的,所以不算自己的孩子。在当地,之所以会出现如此重男轻女的现象主要出于以下原因:第一,该地宗族文化浓厚,传宗接代的现实需要十分强烈。人们认为只有男孩子可以实现该功能,而女孩子不能。第二,生存、生产、生活环境的恶劣性决定了单一家庭必须求得多子以抱团取暖。该村多为从事海洋捕捞业的渔民,经常在风浪中打拼,出事故的可能性极高,生命安全缺乏保障。只有多子才能保证外出捕捞能够有更多的帮手、更强大的力量,以应对自然,同时,也能够避免意外事故发生所带来的绝后风险。倘若一个家庭只有一个男孩子,则潜在的绝后风险会因为所从事生产活动的性质而增大。生活上,多儿子也即多力量,家长也能够集众多儿子力量应对一些村中恶势力的欺诈。村中有些家户,因为自身族房大、男丁多,常常仗势欺压一些独子的家庭,通常表现为言语上的寻衅:"你个独籽豆①,我怕你呀?!大不了,你我一命换一命,看谁吃亏!"第三,多一个儿子就意味着多一个劳动力,多一分发家的可能性。生存条件极差情况下,每个家庭都希望有更多的劳动力去创造财富以改变生存环境,多一个儿子,就是多了一双勤劳的手,也多了一分收获。

3.多生多育添丁添财的幸福观

王家提倡多子多福,多生多育,家庭的幸福程度与子女的数量密切相关。一个家庭人多势众,可避免被大姓氏族人欺负;同时,人多力量大,从事劳动生产更有优势。但是现实中王文锡在生孩子上也有一个比较理想的数量和比例。一般认为,一个家庭至少需要两个男孩子,女孩子可以少一点,之所以提倡两个男孩子是因为,一方面好事成双,生两个男孩子,兄弟之间就有照应了。一个儿子,不但对于儿子来说养家的压力大,而且对于家长来说操心的压力也大。另一方面,两个孩子在分家时候可以比较均衡,而且在寻找风水宝地祖上的墓地时候也比较容易,儿子太多,各方面都不好平衡。除了儿子,还希望有一两个女儿,主要是因为女儿比较贴心,父母老了以后得到女儿悉心照顾的时间更多。

(三)家庭关照生育过程

1.生育决定

对于普通家庭而言,在生孩子上没有要不要生、生多少的概念,只要身体状况允许、怀孕了就要生。生孩子无须征得谁人的同意,夫妻双方生儿育女这是默认的传统,因此夫妻双方都必须愿意生。当然,在王加申看来,自己身为家中长子,尽快生出儿子以延续家中香火的压力还是存在的,因为这是王文锡、林玉燕的要求,同时也是自己的使命。

2.孕期照顾

在怀孕期间,无论是林玉燕还是长媳蒋嫩菊,为了维持家庭的正常运转都需要干活。从怀孕到生产前,大部分女性的时间还是花在灶台锅边、山间土地,直到要生产了才回家休息。在王家女性看来,怀孕期间的劳动也是必要的,世世代代为了家庭都是这么做,对于个人而言,没有例外,不存在不合理的说法。长媳蒋嫩菊怀孕期间,均为自己照顾自己,林玉燕偶尔传授生养经验,提醒长媳要注意什么,特别在饮食、习惯上面,家中该做事务仍然需要及时完成。即便有时候感染了风寒,做饭、洗碗、洗衣这类简单的事情还是得咬牙坚持做下来,至于重活可以不干。王文锡、林玉燕也会体谅长媳怀孕期间的不容易,所以并不会过于要求或是多唠叨,日常家中,林玉燕对长媳妇的管教、要求偏多。

---

① 独籽豆:一毛豆通常有多个籽,独籽豆意在嘲讽他人家中只有一个独子。

3.请接生婆

生产大都在家中进行,长媳蒋嫩菊是由林玉燕接生,没有请接生婆。在当地没有所谓的专业接生婆,家中媳妇、女儿生产基本皆由自家母亲或是有经验的老婆子帮忙接生。遇到生产过程中紧急情况,就会请村中口碑比较好的接生婆来帮忙。请接生婆没有特别讲究,生产过程家中男性在家,就男性去请,而当家人去请的话,面子更大,说明更为紧迫。如果家人不在家,也会求助于左邻右舍。村中接生婆也比较热情,有空基本随叫随到。在接生婆乃至村中所有人看来,替人接生是一件积德行善的事情,如果接生顺利,家中会给接生婆一些生鸡蛋,以作为答谢。

4.生育费用

未分家之前,家中生育所产生的一切费用皆为大家庭承担,生育过程中的费用,主要涉及两个方面。一方面,请接生婆或是他人帮忙,生产顺利,都会给一定的鸡蛋作为答谢;另一方面,家中为了顺利生产,也会求神拜佛。烧香、烧纸钱、买食物供神明,这些费用也由大家庭负担。生育后,如果是男孩子,则开销大点,满月时候即使没办满月酒,也要给左邻右舍、族人家人、亲朋好友分点定做的包子,该包子因为在孩子满月可行剃发之礼后分发,也称为"剃发包"。这种礼节尤其在家里第一胎生出男孩子的情况下特别重要和隆重,主要因为体现了后继有人。分家之后,生育的一切费用就由小家庭自己承担,如果兄弟、父母之间不计较,在香火钱上也会主动帮衬一些。

5.产后照顾

产后坐月子以尽快恢复身体十分必要。长媳妇蒋嫩菊产后,林玉燕来帮忙,坐月子的时长一般为10~20天左右,坐月子期间不能够沾水、不能够出门、不能够干重活,主要以休养和带孩子为主。日常饮食主要吃家养的炖鸡、鸡汤来滋补身体,在当地看来家养母鸡是为大补之物,是为女性坐月子期间必吃的食物,而这些母鸡,娘家也会提供一些。

(四)举行仪式意在祝福

1.满月酒

在村中人看来,满月酒是庆贺"万年香火"的一件大事。倘若家中第一胎生男孩子,需要举办满月酒,头一个正月十五需要筹办答谢王母娘娘的宴会。办满月酒需要邀请亲家、外公、外婆、舅舅、姑妈有时间均需要前来参加酒席,在这其中,外婆通常会打一副银制的八卦链条给外甥,以保佑祝福外甥平安健康成长。除此,满月酒主要邀请关系要好的左邻右舍、亲戚朋友,大家一起热闹一下,往来喝喜酒的客人,出于礼尚往来的需要,也会包个小红包以表示祝福。对于关系一般的族人,通常就是发一下"剃发包",以表示礼节和庆贺。满月酒上小孩子除了行剃发礼,还要进行抓周,抓周一般由家中的当家人,或是族中老资历的长者主持。抓周需要挑个良辰吉时,由孩子的父亲或是爷爷抱着,在王家就由王文锡抱着孩子,让孩子在事先摆好的竹绳、算盘、毛笔、钱币、秤等上面抓取。家中如果生女孩子,一切礼节从简,不需要办满月酒、不需要抓周等。

2.答谢宴

男孩子出生后在第一个正月十五还需要摆宴答谢"王母娘娘"。村中的每一个男孩子均是王母娘娘的孩子,均为上天的恩赐,因此特别珍贵。为答谢上天的恩赐,需要在正月十四晚上到"通天王母"宫中摆上丰盛的半熟食,请王母娘娘享用上一天,到了第二天正月十五,宴请礼毕,人们就将这些食物领回家中,然后再次宴请家中族人、亲朋好友一起庆祝。这次宴会比较随意,宴请的客人也不做规定,规模较小,只为图一个吉庆。为了确保家中的男丁能够健康、平安的成长,在这一天王家家长也会从形式上将儿子寄在王母娘娘名下做干儿子,直到十六岁再还礼以解除这种关系。女孩子出生了也不需要行该礼节,家中人为了表示答谢,只需要在正月十四晚上,在宫殿中送上一对蜡烛就可以。

3.礼仪意义

举行生育礼的目的主要有以下几个方面:第一,庆生。为家中诞下男婴,家庭后继有人表示庆祝。要知道每一个家庭都背负着生育男丁的沉重压力,延续香火是家长的使命,庆生意味着对外宣誓,家长或是父亲的责任和使命已经尽到了,同时,也是证明自我能力与成就的方式。第二,感恩。感谢祖上的庇佑、神明的保佑、亲戚家人的帮助、邻居朋友的支持。第三,祝福。通过这些仪式,使孩子得到更多人的祝福,以保佑孩子能够平安健康地茁壮成长。

(五)依据族谱论辈取名

长辈、长老根据族谱里的辈分,给自家出生的孩子取名字。王文锡一辈是“文”字辈,家长王文锡,王家兄弟一辈是“加”字辈,长子王加申,孙子一辈是“明”字辈,长孙王明绍,曾孙一辈为“君”字辈,曾孙王君温。王家子孙姓名由三个字构成,结构为姓氏+辈分字+自选字。根据辈分取名字,最后一个自选字由家里有文化、有威望的长辈选取,这个字要求比较多,比如需要根据生辰八字、五行缺什么补什么、具备一定的意义等原则进行。完整的名字都是在孩子出生以后再定下来,一般家庭孩子均遵循按辈分取名字的原则,鲜有家长不沿袭该传统方式给孩子取名。该命名方式之所以为人们所接受,原因在于遵循了祖上对于长幼有序的要求,体现出了家庭的秩序和伦理,族谱记录着个人以辈分为基础的命名,翻开族谱正本清源,更统一、更明确、更有序。

三、家户分家与继承

(一)审时度势家长主导分家

1.分家缘由

(1)所处形势不同,分家次数不一

王家总共经历两次分家,第一次是小分家,主要把大儿子从家中分离出去;第二次是大分家,五个孩子都分离出去,成家立业。两次分家全由王文锡提出,经与孩子们商讨以后,无异议通过并顺利分家。在村中,遵循着一种惯例,家中长子娶了媳妇就可以分家,有时候为了公平起见、尽量消除兄弟不和的潜在因素,也有等兄弟都娶了妻子再行分家。王家采用了第一种分家方式,对此,家中儿子、儿媳没有反对,也没有提意见。家庭外部人员会对分家时间早晚起到影响,但不能决定是否需要分家。分家为王家家事,亲戚、族人在聊天的时候,可能会针对孩子能力、时势情况给予当家人分家的建议,但是是否分家还是家长王文锡说了算。

王家进行过两次分家,两次分家的情况、缘由有所不同。第一次分家,主要是将长子王加申分离出去。在王文锡、林玉燕看来,长子王加申既然已经娶媳妇并且成家了,从小也跟随王文锡学习并掌握了许多生活技能,应该具备足够的能力去应对生活、生产。同时,身为长子肩负着重担,为了给兄弟几个能够起到模范带头作用,王文锡便决定尽早分家,让其自谋出路。对于当时的王加申而言,觉得分家也是一种再自然不过的事情,自成一家,实现财务独立,生活自主,因此也认同了王文锡的分家建议。第二次分家是内因外因综合作用的结果。王文锡将几个孩子都培养成人,并且能够独当一面,也给几个孩子们都娶好了媳妇,但是并未因此就分家。生产活动、财富创造还需要依靠众多孩子才能更好开展,所以四家合在一起做事情,并由王文锡当家紧紧地控制着家中的财务收支情况,才能更有效率地积累财富,同时能让孩子从中学会管业持家。后来,在王文锡的经营、管教下,孩子们逐渐成熟,也到了自立一家的时候,王文锡就有打算开始分家。再者,王文锡敏锐地意识到时代在变化,政治、社会风气与之前有所不同,四家合在一起的家庭财产总量在外人看起来很多,容易招来麻烦,于是为顺应时势舆论导向,王文锡提议进行分家。这样一来实现了孩子的独立,二来家庭财产由一家分到五家,每家的财富总量也不多,符合国家政策提倡的方向,更容易在村中立足。

(2)分家诱因不同,分家进度不一

不同家庭生活条件差异程度有别,成员关系错综复杂,针对分家,所持的态度也不一样。

首先,经济条件。对于穷人家来说,制约分家的因素并不在于主观想不想分,更多是受到现实条件的约束。分家需要解决住房、基本生活资料配备的问题,但现实中,穷人家本来就没有生产和生活资料可以分配。村中"贫者无立锥之地"的情况十分常见,家中没有充足的土地、雄厚的资金去盖新房,在这种情况下,家长提议只能不分家,一家子挤一屋生活以勉强度日。再者,两家并一家,只要一个灶台、一口锅、一个人做饭,一家子生活,减少了生活的配套措施,并且可以充分利用家中劳动力,从而达到节约生活成本的目的。

对于家庭条件较好,生产、生活资料比较丰富的家庭而言,家庭成员分家的动力充足、欲望更加强烈。王文锡及长辈都认为分家是一件十分有意义的事情,体现了一个家庭的经济情况,也表现了一个家庭的生命力。分家是立足于经济条件基础上开枝散叶的大事,儿子从此自主独立、父母从此旁观指导,不为家庭过劳操心,这是每一个父母都盼望尽快享受的福气。因此,对于一般家庭的父母而言,能够分家、能分好家,也是一件十分有成就感的事情。

其次,成员能力。一个家庭当家人能力强,威望高,分不分家主要由其说了算,孩子们多是顺从。能力强的当家人具备一定的财产,能够操持全家,而且能够较好控制孩子们的小家庭,因此,分家早晚,对整个大家庭并不产生实质的影响。即便分了家,家人对于大家庭依然具有强烈的认同感、依赖性,家庭依旧具有凝聚力,这样的情况下,当家人会根据孩子个人能力、发展情况,审时度势进行分家,通常而言分家比较早,王家王文锡的分家就偏向此类型。倘若当家人能力弱,儿子比较强势,分不分家通常由儿子说了算。

最后,家庭矛盾。家庭和睦、妯娌关系和谐、兄弟一心的家庭分家一般比较晚。这样的家庭,和气生财,同居共财,能够创造更多的财富,不急于分家过日子。倘若婆媳不和、兄弟有矛盾的家庭,则分家比较早,目的在于分家过日子,各自负责各自的,减少日常交集,避免矛盾和冲突。

(3)家庭规模不同,分家难度不一

俗话说:"家家有本难念的经。"不同的家庭,想要分家、能够分家都是出于不同的考虑。从分家早晚来说,小家户家庭如果只有两个男孩子,并且一男成家一男还未成家,兄弟和睦,一般情况不轻易分家,即便要分家也要等到兄弟双方均已成家了,再对共同财产进行分配,因为这样有利于团结兄弟,维护家庭。而对于大户人家而言,财产总量大,兄弟众多,家中关系复杂,容易产生矛盾,为了使家庭更加和睦,早点独立分家,理清分配关系,是减少家庭不必要矛盾发生的有效方法。其次，从分家的难易程度上而言，小家家庭财产分配关系明确，分家容易做到均衡；大家庭分家，关系复杂，财产数量较多，分家难以做到面面均衡，所以分家难度比较大。

2.分家资格

分家通常是指家长主导下，所进行的财产在家庭兄弟之间的内部分配活动，因此只有家中的男性具有参与分家资格。如果家中的女孩都出嫁，儿子都成婚了，该家庭分家主要在两个兄弟之间进行，这样分家比较容易。如果家中的女孩都出嫁，儿子部分成婚，那么也是兄弟均分，但是通常要求已经成婚的长兄要多帮助未成婚的，原因在于，成婚的兄弟前期花费更多，理应对家庭做出更大的贡献。外人、嫁出去的女儿均没有资格参与分家，对于未出嫁的女儿也没有资格，但是父母在分家过程中，会私下留一点财产给女儿，为了出嫁时候用，同时也会明确地交代儿子们，未来姐妹出嫁的婚礼需要由家中兄弟负责筹办。村中对于过继的儿子也视为自家的儿子，在分家过程中享有同等的权利。改嫁带进来的孩子，通常在分家中不能够得到平等的待遇，这种情况主要根据该孩子与家中其他兄弟的关系好坏情况来定夺，关系好，或许也能够分得，不过一般情况下不参与分家。

3.分家证人

分家由当家人和儿子商量决定，王家由王文锡、林玉燕以及儿子、儿媳妇到场讨论、决定分家事宜。当地没有请证人见证分家的传统，分家是家庭的事情，自家怎么说怎么定，不请外人主持，也不必外扬。除非有些家庭当家人过世了，兄弟之间矛盾争议很大，母亲又不能当家做主情况下，就会叫叔叔伯伯前来主持公道、做个证明。对于小户人家分家比较随意，没有太多烦琐的礼节，有时候只是表现为分开吃饭，因为，即便分家了，生活的圈子、环境、条件并未有很大的改观。对于大户人家而言，在分家前会根据家庭情况，大家聚一起，同坐一张桌子，同吃一锅饭，以吃饭的形式来讨论、决定、宣布分家事宜。这种情况下，父母、兄弟、媳妇等则为分家证人。

4.分家做主

王家分家事宜由王文锡做主决定，期间需要和林玉燕及孩子们商量讨论。在孩子们看来，父亲王文锡决定分家有其考量，再者自身都已成人成家也有了自己的想法，分家以后也是自我独立发展的好机会，因此都比较赞同。分家过程中，王文锡先提出分家的想法，解释分家理由，再具体说出怎么分家，主要涉及财产等分配问题，最后强调分家后兄弟之间感情的巩固、大家庭的维护以及如何持家发家的一些寄语。分家过程有异议也都可提出，王家二次分家时候，长子王加申在与父亲商议后，就向众兄弟提出了想要分得新房的要求，最终王文锡经过与孩子们讨论，通过考量长子王加申对家庭的历史贡献和分家中现实的不公因素，便决定把家中共有的茅房地分配给了长子以作为补偿。分家是自家的事情，外家人无权力加以干涉，更不能够参与分家。分家分完，小家庭各家生火做饭，各自安排生产活动，各房开始过各自日子。分家并未有签订什么契约以作为凭证，在长子王加申认为，兄弟始终是兄弟，分家是过日子，并不需要通过什么契约来规定这种关系，分家以后如果兄弟过不下去，作为长兄自己也要责无旁贷地去救助，不可能因为一纸契约而撇清分家后兄弟间的责任和关系。

5.分家认同

家族对于分家的认可表现在重大事情的商讨上，由原先只要求王文锡这一大当家人到场,转变为要求王家五家人到场,但是五家兄弟倘若有人缺席,要是王文锡和部分兄弟在场,也能够被接受。在家族公共事务上,比如公共费用就是根据五家人来摊收,不再只收取一家。王氏族人如果办喜事,由早先只邀请王文锡即可转变为需要分别邀请五个兄弟、五个家庭,此外参加宗族祭祀也都是五个家庭各自花钱祭祀,而且每个家庭必须参与祭祀,不得缺席。

村庄的认可表现在,保长认同村中增加了五户人家,并且税收、征兵都是以小家庭为单位,遇到事情也都需要挨家挨户去通知。王家兄弟哪一个出了问题,则去找该户人家来解决,王家所有事情不再都找王文锡,不要求其承担责任,只有涉及五家,需要有人牵头的事情,该情况下会邀请王文锡全权协助解决。

(二)遵循传统实现家财子继

1.继承资格

(1)父财子继的传统

财产由家庭内部成员继承,根据血亲远近亲疏关系呈现次序性。在王家,王文锡的财产由王家五个儿子继承,外嫁的女儿没有资格参与继承,家庭外部成员更没有资格参与财产继承。首先,家庭成员因具备先天的血亲关系而拥有继承资格。无论是王家还是村中的其他家户,父财子继这是与生俱来、不容争议的事实,即"只要是你的亲儿子,便有资格继承财产"。人们普遍认为,父亲忙碌一生是为了儿子,给后代积攒更多的财富,留下的财富也因为有人继承才能凸显其意义。其次,对于外嫁的女儿虽然也与原生家庭具备先天的血亲关系,但是女儿嫁出去成家就是外人,女儿只有具备接受原生家庭父母亲给予的物质奖励、照顾、慰问的资格,并不能够名正言顺地继承父母亲的家产。所谓嫁出去的女儿,泼出去的水,正常情况下,女儿在嫁出去以后就不能够插足原生家庭的事情,因此在家产继承事务上也不会主动加以干预。各个家户因为都必须具有男丁,很少存在只有女儿没有男孩子的家庭,所以财产的继承优先儿子,其次就是以关爱的名义恩赠给女儿。最后,家庭外部成员严格意义上不具备继承家产的资格。外人本身不具备插足他人家庭事务的前提条件,涉及最为关键的财产分配问题上更是如此。

(2)成员继承资格范围

家庭财产的优先继承者为自家儿子。具体情况如下:对于王家儿子,王文锡会毫无保留将家中的一切交给孩子,由众儿子继承,并且无论在家人还是外人看来这是最为合理、稳妥的传统继承方式。对于过继、入赘的儿子,只要儿子上了自家的族谱,为自己在族谱上"牵线",也就必须视如己出,拥有同等的家产继承权利。在村民看来,该继承资格也是合情合理的,因为过继、入赘的儿子在传宗接代、延续血脉、维护家庭上做出了贡献。对于抱养给别人家的孩子,就不具备在原生家庭的财产继承权。抱养给他人的孩子,上的是别人家的族谱,属于别人家的子孙,因此即便具备血亲关系,但不享有继承资格。日后生活中,原生家庭可以视情况,给予一定的生活救助。家中财产的继承顺序,通常按照有儿子就由儿子优先继承,家中女性不具有继承资格;家中如果没有儿子,家中女儿已出嫁,则由家中侄子继承;适龄女子该出嫁而未嫁人,可招入上门女婿,共同继承家产。

出嫁的女儿不参与家产的分配,未出嫁的女儿也不参与家产的继承。在1949年以前,家中的财产主要以土地、房屋、生产生活用具为主,很少有涉及现金的分配。对于出嫁或是未嫁的女儿而言,从来没有想分得这些财产的念头、盼头,因为女孩子明白,传统与家境决定了这些资源的有限分配和不被允许的困境。但是对于未出嫁的女儿，家长在分家和财产的继承上，会私自提早为女儿出嫁留足一定的活钱，或是提出儿子应该以"家长"身份，对未出嫁的姐妹届时给予支持。

不同的继承人，继承权形式上平等，具体分配中具有灵活性和相对的公平性。王家有五个男丁，为维持五个儿子之间的和睦关系，王文锡依据"诸子均分"的原则进行财产分配，但实际分配中还要参考孩子们对家庭所做的贡献，根据贡献大小提出小范围内共同认可的差等分配，以从物资上进行相应的调整。

2.继承条件

如果家中只有一个儿子，则必定无条件继承家中财产，这个决定都不需要家长做出，是一种自然而然的结果；如果家中有多个儿子，家产通常在分家的时候就已经实现了较为公平的分配，关于老人即将过世后的财产继承，主要在一些钱物上，这时候继承权分配就比较随意灵活。当家人根据孩子们日常对自己的孝顺程度、生活关照情况给予分配。在王家，分家以后王文锡、林玉燕自食其力，通过酿酒零售也积攒了一定的积蓄，这些积蓄的处置权主要在两位老人家手中。老人家在临走前，由于对小儿子疼爱有加，加之小儿子经常为二老管理账目，于是王文锡、林玉燕便私下给了小儿子一部分钱，剩下的钱再公开于诸子，进行均分。该分配、继承决定早先就由王文锡做出，王文锡过世以后，财产、财务的分配大权便落入了林玉燕手中，最终具体如何继承的方案由林玉燕做出。家庭外部环境，特别是村中人员的闲言碎语能够影响家长做出决定，因为在农村社会，一个人是否得到了他人的认可、是否为他人接受的重要表现在于是否拥有一个良好的声誉，倘若一个人在外声誉良好，在家自然会得到家长、族人的认可。在此情况下，品行优良的人在家庭财产继承中，往往能够深得家长的偏爱。

3.继承内容

继承内容主要以房产、土地、捕鱼海域、生产生活用具为主，少部分家庭有继承手工工艺、现钱。财产继承是为约定俗成，该继承没有特别仪式，是一种随着儿子长大，父母亲老去，渐进式的交接继承，直至父母最终离开，孩子就自然而然全部接手、继承家中所有的一切。除物质层面财产继承，还存在一些精神、文化上的继承，比如，家长身份自然而然地继承，家中一些传家文化的继承。王文锡在过世前，就将自己对于风水如何旺家的理解、如何寻找好风水宝地、如何在大场面行传统礼节等一些家庭的文化传给了孩子们。而王加申作为长子，也因为受王文锡的教育和熏陶，逐渐成了一名合格的家长。

4.继承权利

继承权是祖宗赋予的权利，王家儿子都会无条件继承家中财产。不过，具体继承中财产如何分配、继承多少问题上存在差别。对于独子的家庭或是穷苦的家庭而言，家长即便具备所有的权利，但是发挥的实质作用也不大，独子家庭，继承权具有很大的确定性，无可争议，由唯一的儿子继承；穷人家庭，没有多少财产可继承，家产可分配，因而对于家中老去的当家人，实质上不需要行使确立继承权的权限，更不具备需要写遗嘱、遗言的必要性。对于多子的家庭，继承权诸子均沾，因为财产的继承分配中涉及公平分配问题，所以必须要由当家人王文锡制定比较明确的分配方案，做出确定的表态，这样才能避免因不公平分配所带来的争执与矛盾，这种情况对于财富多的家庭也是如此。有钱人家弟兄如遇到父亲突发过世状况，不团结的兄弟之间就会因为争夺财产导致矛盾重重。

四、家户过继与抱养

(一)过继

1.过继目的:传宗接代

(1)过继的情况

通常情况下家中没有儿子,但为了延续香火的需要,就会在兄弟、堂兄弟之间选择过继,过继的家庭是自身没有儿子,并且确定以后不能够有孩子的情况下才进行。兄弟、堂兄弟之间如果只有一个儿子,表面上虽然没有实现过继,但实际上已经有半过继的特征;如果兄弟、堂兄弟之间有两个以上的孩子,出于家族维系血脉的需要,就必须将一个孩子名正言顺地过继到无子兄弟名下并上族谱,为过继家庭在族谱上"牵线"。家中如果生了女儿,没有男孩子的情况,也要想办法过继男孩子。

(2)过继的原因

对于出继的家庭,选择出继也是一种遵循传统的需要。不管当家人在不在世,兄弟之间都会为了家族、家庭自觉出继儿子。村中有一户人家,长兄为单身汉,没有领养、抱养孩子,家中二弟生有两个儿子,出于为长兄房延续香火的需要,便将长子过继到长兄名下,剩二子为自己名下。这样的过继,往往存在于兄弟之间,并且遵循着一定的礼节,如果为长兄,则需要过继长子;如果排行第二,宜出继次子。倘若拒绝过继,从个人自身角度而言,会认为是一种不敬祖上,绝兄弟血脉、断兄弟香火的行为;从村中舆论而言,会受到村中人员的非议,村民会认为兄弟之间不和、无情无义。

(3)对待过继的态度与看法

过继在村中既是一种传承血脉、延续香火、尽孝祖上的传统,但又是一种十分无奈的选择和做法。现实和观念中,过继儿很"瘦","瘦"在当地多指命运不顺的意思。无论从风水还是命运的角度来看,既然生不出儿子,香火本应该就此断绝,这是一种命理所定的结果,这种结果缘于两种情况,一种是祖上缺德所致;一种是祖上墓地风水出了问题。因此,如果人为强行进行过继,要实现从"无"到"有",实际上未能顺应命运,有悖命理,所以过继的儿子背负着"强行开路"的重担,命运一般都不顺。从现实来看,过继儿的不顺主要表现在家庭经济条件艰苦、后继无人、疾病缠身、妻离子散、英年早逝等常见情况。因此,一般家庭不会选择过继儿子,这是一件不利于儿子未来发展的事情。再者,过继者的声誉会不大好,一生都将背负着过继儿的称号,人们在认为过继儿命运不好的情况下,也不会贸然将女儿嫁给对方,由此导致过继儿不好娶妻,这样产生一种恶性循环,导致过继儿又将面临传宗接代困难的问题。

过继儿子的核心目的在于传宗接代,延续本房香火。由于实现了过继,则族谱上就会注明其个人身世来源,并且将其标注为过继家庭的正式传承人,意味着能够享受继承家产的权利,同时也要承担起赡养老人的义务。

2.过继次序:亲疏长幼

过继依据传统礼法,遵循着一定的顺序。过继一般遵循过继血缘关系最为密切、直接家庭成员儿子的原则,这样才能保证血脉的相连和相近性,从而更具备合理性和认同感。通常情况下,优先过继自己亲兄弟的儿子,如果亲兄弟只有一个儿子或是没有儿子,就只能过继同房堂兄弟家的儿子,对于堂兄弟家的儿子,需要双方商议决定,与亲兄弟间自然而然地过继存在差别。

对于家中儿子众多的家庭,出继儿子则遵循着一定的次序和规则。亲兄弟间过继,如果过继到长兄家,出继家庭让长子过继;如果是过继到弟弟家,出继家庭过"幼"不过"长"。该过继顺序遵循着固有的长幼礼节,也是出于对传统的延续和维护,除此,一般不考虑个人意愿以及其他缘由因素。

3.过继决定:家长主导

家中爷爷辈如果在世,过继决定由爷爷辈做出;爷爷辈过世,过继决定由家中父母做出。过继决定以名义上做出为主,实际中抚养过继儿的责任,基本仍由原生父母承担,因此,对于过继者来说,生活环境和人情关系并未做出改变,故而,家中孩子在长大以后,父母才会告知这个事情,此种行为也能够得到孩子的理解。过继的事情涉及自家家事,与村庄无关,无须告知外人或村庄的管理者,只需要在修族谱的时候,将过继者的名字记录在当家人名下,并注明是自己的儿子即可。村中不曾出现偷偷过继的情况,该决定只能由当家人和父母做出,并且通过族谱的确认才能得以正式形成,所以,在一定范围内具有公开性,无法做到偷偷过继。

过继者多为全过继,只有全过继才能担当起发展一房的重担,否则无以为继。为人父母也不乐意自家孩子半过继,对半过继者来说是一件不公平而且不利于其发展的事情。出继没有举行什么特别的仪式,只需要以族谱的修改作为标志,同时很快就会在族人中传开,得到族人的认同即可。日后,过继者对于过继的家庭需要承担相应的祭祀责任、赡养义务等。

(二)抱养

1.抱养目的:续子以旺香火

对于一般家庭而言,无论家中有几个女孩子,只要没有男孩子并且确认不能够生育的情况下就会选择抱养孩子。如果生下男丁,而儿子有先天的残疾并且确定父母已经无法再生育,也会前去抱养孩子。对于富裕家庭来说,倘若家中缺少男丁,也偏向于选择抱养孩子,从小培养以维系香火,除此,也存在让抱养的孩子与自家女儿成婚的情况,形同招入上门女婿,该两种情况皆出于延续香火的需要。

2.抱养概况:送人孩子存其命,养人孩子为积德

(1)多子难养活,送人求生存

被抱养的家庭通常条件较为恶劣,家中儿子众多,生活难以为继,与其让儿子饿死,不如送给他家求活路,人们相信,孩子长大了,终究会来认亲。再者,在被抱养家庭的父母看来,抱养儿子的家庭应该不会亏待自己的儿子,因为儿子是其家中唯一的继承者,所以会好好对待这根"独苗"。

(2)养子续香火,积德与行善

抱养家庭之间有的属于近亲熟人关系,此类情况在村中也存在几户。等到被抱养的孩子长大,基本上也知道自己的原生父母,但并不会因此离开抚养自己的家庭,而对于次生家庭该尽的义务也会尽到。除此,更普遍的是陌生人之间的抱养,该抱养类型往往跨越好几个村庄,主要是为避免孩子长大以后与亲父母认亲,从而希望以地理阻隔来模糊抱养孩子与原生家庭亲人的血缘关系。

抱养孩子行为除了基于继承香火的现实需要外,还具有积德行善的意义。在穷人家庭,如果不抱养这一孩子,估计该孩子的存活率还不到30%,通过抱养使得孩子正常都能够存活

下来,所以抱养孩子是一件积德、利己的好事。然而生活中男丁可贵,因此也没有那么多孩子可让抱养。一般家庭重男轻女,求得多子多福,宁愿家中儿子养到最后饿死,早期也不愿意送给别人。对于穷苦家庭,出于生活压力所迫,自家有孩子就不会选择抱养他人孩子,而只有缺子的富裕家庭才会抱养。

3.抱养决定:家长做主支配

(1)家长提议,家人认同

对于家长在世的家庭,家长决定抱养孩子事宜。家长往往从家庭的角度对抱养给予考量,认为合理则会与家人商讨,以征得家庭成员的认同。隔壁邻居,其家长子只生得两个儿子,缺少女儿。其家家长在世的时候就认为,家中必须要有一个女儿,如此才圆满,因为父母老了以后,很多方面需要女儿照顾,为此,家长就把想法告知儿子和媳妇。最后,通过他人介绍,从隔壁村庄一户三个女儿的家庭中抱养了一个刚出生不久的女孩,并且由其家亲自从小抚养。抱养子女,事关一个家庭的香火维系,通常由自家人定夺,家中无论族长还是族里亲人,都不会加以干涉。家中如果当家人不在,抱养的事情由夫妻二人决定。基于抱养孩子由自家抚养的事实,家庭中其他兄弟也无权干涉,兄弟之间只会给予建议,更多关注去哪里抱养、抱养什么样家庭条件的女孩子、这样家庭的孩子是否健康等问题。

(2)精选吉日,良辰交接

抱养孩子不存在过多形式,由于孩子小,抱养一切事宜均由双方家长决定。通常来说,在孩子满月或断奶时候就可抱养。抱养孩子过程,家长会精挑好日子,并且在夜里吉时进行,主要为了避免过于招摇,引起村中人的闲言碎语。有些家庭为了掩人耳目,常会对外宣称,有人将遗弃孩子送到自家门口,为了积德行善,自家接纳并抚养孩子。为此,村中孩子长大以后常会询问父母自己的出处,父母常会玩笑道:"你是从门口捡来的。"

(3)附赠钱物,意在祝福

对于原生家庭来说,子女被抱养,本身就是一种无偿的付出,因此通常不会附赠钱财。但出于对子女的关照,会在孩子被抱走的时候在孩子的衣服口袋边放上水煮的鸡蛋,意为"平安蛋",希望孩子能够平安健康的成长;同时,也会放上少许象征性的钱物,意义在于祝福孩子未来生活衣足饭饱。随着经济条件的改善,生活水平的提高,抱养孩子的行为,慢慢演化成极具商业性的交易行为。抱养子女需要双方协定给予一定的钱财,原生家庭才能够接受。在村中人认为,抱养孩子,主要还是为了达到维系香火、尽孝养老的目的,因此,子女能够尽到这些义务,抱养家庭就比较满足,并不会通过契约形式来强加固化抱养孩子与后生家庭的关系。抱养孩子的家庭也都明白,血缘关系无法改变,孩子长大终究也会知晓事实,仅靠一纸契约加以绑定,显得不近人情也毫无意义。

(4)中人互通信息,见证抱养关系

抱养需要中人介绍,中人在抱养过程中具备两种功能:第一,传递信息,即在抱养与被抱养家庭之间架起信息传递的桥梁纽带。抱养家庭需要掌握孩子的生辰八字,以了解其是否与家人相合、相冲;需要了解原生家庭、家族的病史,以判断该孩子是否有遗传病、是否健康;需要与原生家庭交换一些抱养孩子的事宜,这些具体工作都是交由中人来完成。对于被抱养家庭,最主要是判断抱养家庭经济条件、家庭成员关系情况,一般家族大、经济好、关系和的家庭往往受到青睐。第二,见证关系,即充当中间人见证这种抱养关系。抱养不是一种契约而定

的关系,更多的是人为介绍见证关系。之所以要加以见证,旨在通过这种仪式,从而更加规范抱养关系,避免原生家庭和次生家庭之间日后不必要的矛盾。抱养过程完成以后,双方家庭都会出于感谢,给予中间人一定的物质报酬,请吃一顿饭或是赠送一些鸡蛋。

4.外界认同:一视同仁上族谱

抱养子女都是出于一种迫切的现实需求,要不是维系香火、传宗接代,就是养子女防老,因此,家庭成员会加以重视。在家族范围内,抱养的子女一样享受上族谱的权利,一样根据辈分起名字,也即意味着祖上给予视为自家子孙的认同。在自家范围内,无论家长还是家庭成员也会视为己出,一视同仁地培养和对待,尤其,对于独子的家庭,家长出于现实的考虑,更是加以爱护、保护。在村庄范围内,人们不会认为这是孩子的错从而歧视孩子,恰恰相反村民会偷偷议论这是家长乃至祖上出了问题,才让家庭绝子以示惩罚。一旦涉及农户家庭之间的矛盾或是争吵,外家人就会把抱养的事情拿出来说事、放狠话作为攻击,至于其他时候,村中大人不会歧视抱养的孩子,叫不出名字的情况下也都是说"这是某某家谁的孩子"。

(三)买卖孩子

1.原因:现实生活需求所迫

(1)无子嗣则买子

买子交易最常见的发生在单身汉家庭,单身汉无家庭、无孩子,一方面要维系香火,一方面需要有人养老送终,因此都会想办法买个儿子。一些兄弟众多的家庭,能采取过继的就过继,实在不能过继的情况下才选择买孩子。生男孩的家庭,一般不会买孩子,有亲生的儿子,自然是继承血脉、继承财产的最佳人选。倘若买了儿子,反而会引起家中内部的不和,带来不必要的麻烦。再者,买来的儿子体内流淌的终究不是自家人的血液,在有儿子的家庭,不存在买子以求多子多福的必要性。女儿多为"送",买卖情况不常见,主要以童养媳的形式存在。

(2)穷则思卖求存

"穷人世道,一个南瓜,换一儿子。"男丁对于一个家庭的重要性自是不言而喻,村中人家提倡多子多福,养儿防老,不会轻易出卖儿子。然而,一个家庭之所以会选择卖儿子,绝大部分原因在于现实所迫,实在养不起儿子,养不起既表现在当前家庭人口众多,压力已超出了家庭承载能力范围;也表现在未来不能够给孩子盖房子、娶媳妇,因此,只能选择卖儿子。卖儿子也不值钱,通常一个南瓜换一个儿子。买卖行为频繁的存在于本村与外村之间,在家长看来,本村穷在只有山地没有水田,因此,都希望自己的孩子卖到有水田的人家。村中买卖,多发生在近亲熟人之间。买方因家中无子,所以家庭负担较轻,选择这样的买方家庭至少可以保证出卖的孩子能够存活,达到此条件,买卖交易行为就可发生。

(3)买卖有理有据

买儿子与卖儿子并非一件光彩的事情,也是迫于现实没能力却也想尽孝的无奈选择,村中人理应均会给予同情和支持。不孝有三,无后为大。买儿子的家庭最为首要的目的还是为了传宗接代,维系香火。在王家族人看来,绝人香火为最缺德,最易遭报应的事情,因此,无论与他人发生什么争执、产生什么矛盾,都不应该在绝人子孙上较劲。否则,因果循环说不定哪天就会落到自家头上,到时候则容易给人落下口实,招人嘲讽和谩骂。卖儿子则是为了给孩子留生路,同时也是给他人家庭留后代,也给自家积德铺福路。

2.做主：当家人点头以示意

卖孩子决定尤为重大，家中只有家长具备做出决定的资格。由于父母多不忍心将孩子送出，所以做出决定过程往往不以明说而是点头示意。隔壁村一户人家，黄家生有五个男孩，由于家庭困苦，不容易养活孩子，只好选择卖子到本村一个单身汉家庭。家长同意卖出孩子，主要是考虑到家中孩子众多，无法养活的现实，便将三子卖给了对方。买卖孩子，由两家自行商议决定较为常见，只要双方条件满足，私下就可成交。对于一般家庭而言，绝对不会卖长子，也不会选择卖最小的儿子。村中人认为，父母都疼长子和小儿子，因为长子背负着传宗接代、引导家庭发展的重担，是值得托付的家庭希望，身份较为珍贵，所以不会将长子卖出；小儿子是家中最后一个男孩子，是母亲身上掉下的最后一块肉，母亲尤为疼爱，随着其他儿子长大成家、父母逐渐老去，儿子与父母的亲切关系也淡去，这时候往往小儿子能够给予父母更多的亲切感，加之成长过程小儿子年龄最小，父母操心的也最多，为此父母与小儿子的关系更为密切、深厚，便不会选择将小儿子卖出。

3.结果：孩子意志决定去留

买卖孩子以后，出现家庭之间反悔的情况不常见；有出现反悔的家庭，原因多半出现在孩子身上。村中有一户人家，将孩子卖到别的村庄，由于孩子已经比较大，并且与原生家庭建立了感情，在出卖后不久，因为想念亲生父母，便背着买方家庭偷偷出逃，回到了亲生父母身边。亲生家庭在安慰了儿子一番以后，为履行口头契约，又将孩子送回买子家庭，但后来该孩子再次拒绝又跑回家中。出于无奈，买方家庭只好放弃买卖交易，让孩子回到原来的家庭生活。

五、家户赡养

（一）赡养单位：家户一体，养老送终

赡养老人是王家内部事务，是家庭范围内成员的责任。王家长辈主要由家庭子女负责共同养老和照顾，家户之外人员通过舆论能够对家户养老形成一定的影响。日常而言，老人的衣食起居由孩子们照顾，老人家状态好，出去溜达与左邻右舍聊天过程中所透露的满意度、幸福感，就能体现出子女是否孝顺。如果子女对老人家缺乏照顾，左邻右舍通常最早知晓，尤其是族中的亲人就会偷偷在背地里议论该户人家子女的不孝顺行为，从而会引起村民大范围的非议，使该户人家儿子在村中陷入不孝的舆论争议。好心邻居见此就会从中开导该家儿子、儿媳妇，使其能够孝顺对待父母。因此，儿子为了在村中能够立足并且享有良好品行口碑，即便实际上再不孝顺，也会将赡养老人的表面工作做好，尽到应有责任，以应对族人、外人的评论。

家庭除了需要承担起日常养老重担外，还需要肩负起父母终老送终的责任。家中父母临终前可以选择自己过世后设置灵堂的房子，也即是自己生前所住的祖屋还是分家后孩子所盖新屋。家中父母过世后，众孩子根据传统下葬父母、头七做法事、修建坟墓、看清明、祭祀祭拜等。即便家中孩子再不孝顺，但在这些事情上均表现得十分积极主动、上心，在王文锡看来，家中父母过世后，尤其在入葬坟墓之后，就会产生无形的力量，深远持久地影响着家庭的人丁、财运情况。为此，家中儿子总能尽力去承担父母死后尽孝的义务。

（二）赡养主体：儿子为主，女儿为辅

在王家主要由众多儿子承当赡养老人的义务，具体负责老人的衣食住行以及日常生活

的开支。对于不承担养老责任的儿子、女儿，不但父母会指责其不孝，就连村中人们皆会谴责该种行为，称其"不成人"。一些年长者通常会出面加以干预，开导、教育家中的子女，从而使其承担起应有的责任。王家乃至该村养老情况整体比较良好，由于各姓氏族人均有宗族力量的监督制约，再者村中绝大部分家庭至少拥有两个儿子均摊养老重担，加之父母在家中具有权威地位，因此，敬老、爱老的传统保持得比较良好。

1.多子家庭

儿子众多的家庭，则养老责任由几个儿子共同承担，基本采取"伙食"轮流制。比如在老大家住一个月，让老大家负责父母的一切，再到老二家住一个月，接着又到老三家住一个月，由此，在孩子中形成轮流照顾的家庭养老制度。遇到父母过寿或是生病需要就医花钱的情况，就由王家几个兄弟共同分担。日常生活中，有些子女家庭状况比较良好，也可以自觉地给老人一些物质、精神上的关爱，给老人买些水果罐头、制作一两件衣服、逢年过节请父母到自家吃饭，这皆是十分尽孝的表现。除了儿子主要尽孝外，不管是嫁在村里的女儿还是嫁到外村的女儿也应该尽一定的赡养义务，主要表现为精神关爱，女儿在出嫁的第一年，遇及春节、端午、重阳需要回家看望父母并带上一些礼物，从出嫁后的第二年开始，回家不固定，但出于对父母的关爱，也会邀请父母到家中作客，或是偶尔回家看望父母，给父母洗衣服、做家务、唠家常。

2.少子家庭

对于少子的部分家庭，通常会将一个女儿嫁在本村，以防老了以后，倘若儿子、儿媳妇不孝顺，至少还有在村女儿可以照顾自己。在村的女儿，日常方便照顾到父母的生活，比如时常去给老人家洗洗衣服，卧病在床情况下女儿就帮忙洗澡搓背，煎药送饭。对于不在村的女儿，有空就回家看看老父母，经济条件好的就可以带点吃的礼物或是给二老一些现钱，陪二老聊聊天，做一些家务。有些情况下，家中哥哥弟弟遇到紧急情况无法照顾到老人，作为女儿的就接父母到自己家中住几天，从而承担起辅助养老的责任。如果没有儿子，只有女儿，则女儿一般不会远嫁，主要在该村范围内，就是为了方便赡养老人。

3.独子家庭

对于独子的家庭，养老的责任由孩子一个人承担，父母与孩子常年生活在一起，儿子、儿媳妇负责老人家日常生活起居。相对而言，独子家庭养老压力较大。明理的父母为了减轻孩子的负担，也会身体力行坚持从事劳动，而不希望坐吃山空。对于当地渔民而言，即便老去，仍习惯于帮忙家里织网、戳绳、干农活，以此减轻家庭负担。

4.无子家庭

如果没有儿子，没有女儿，这种情况下则由其兄弟、侄儿一辈负责帮忙照顾，死后的后事主要由其家人帮助料理。村中有一句话语说明此情况："今世单身享受了自由，后事可就都赖家人了。"除此，左邻右舍也会自觉自愿给予关怀和照顾。村中有一"酒鬼"，孑然一身，加之家有一亲哥哥因过继他人缘故很早就搬离了该村，因此日常无人照顾。随着其年龄的增长，劳动能力丧失，酗酒也愈加厉害。邻居为防其酗酒过度可能遭到意外而无人发现，日常起来总要到他家中敲敲门、打个招呼，以察看状态是否良好。最终，该"酒鬼"意外死在家中房塌上，也是由邻居第一时间到其家中发现，呼叫其人而无应答了，才发现其人已经去世。随后，邻居便通知其哥哥并协助料理丧事。

(三)赡养形式:自食其力兼诸子轮流

王家分家以后,王文锡基于自己身体硬朗、体力良好、儿子们各有负担的现实,要求进行自我养老,不想将养老的重担强加在孩子们身上。王文锡、林玉燕通过自家酿酒、打面条的工艺,不但维持了当前老两口的日常开支,而且为日后的养老储备了一定的养老金。这期间,儿子们一旦逢年过节也都会给老两口送点好吃的,日常也到老人家住的房子转转,有什么事情也经常和父母商量。直到后来,王文锡过世了,林玉燕自己一人形单影只,孩子们出于方便照顾母亲的目的,经兄弟们共同商议,林玉燕决定,便采取了轮流养老的模式,每个儿子具体负责老母亲一个星期的伙食和日常开支,直到老人家过世。

王家诸子共同商讨、议定出养老方案以后,各家负责具体落实和执行。执行当中如果遇到问题,则需要和兄弟几家共同讨论决定,不能够自家随意更改这种养老方式,置父母意见、感受、状况于不顾。但是养老过程中的轮流顺序,可以根据家庭的紧急情况做出灵活调整。比如,老大家中这个星期忙于出海捕鱼,家人怕因此对老母亲照顾不周,可以经过和老母亲解释,和老二家商量,置换下轮流的顺序,由老二家暂先负责这个星期母亲的日常,下个星期再由老大家负责,不过不能够跳过。

(四)治病送终:诸子同责共担

1.治病照顾:费用均摊

家庭子女需要承担起照顾病中父母的责任,家中老母生病了,作为儿子必须义无反顾地承担治病所花费的费用。两个兄弟的家庭倾向采取一家分一人的养老方式,但这更多只是针对日常父母的住宿和吃饭问题,实际中遇到父母生病,产生的开销费用大都两个家庭共同承担。倘若有一家兄弟暂时出不起治病的费用,只能去筹借,实在没有办法情况下,只能由兄弟代付,欠着兄弟,日后偿还。出嫁的女儿,遇到父母生病,家庭经济条件如果较好也会主动帮助娘家,给予物质上的支持,如果家境不好,女儿通过回家帮忙照顾父母几天以表尽孝。

2.治病决定权:子女意见为主

村中医疗条件有限,老年人发病大都依靠赤脚医生进行医治。日常家人小病,在自家土方子医治无效下,会自行到村中医生处医治。遇到家中父母大病,急需到大型医院查看的状况,则对于家人来说是为一件大事。村中一户人家,父亲年迈,在一次晾晒鱼干中倒地脑溢血,面临生死抉择,家中众孩子四处打探消息,了解医治的办法和成功率。最终,因为交通不便、父亲年迈、经济条件不允许等原因,家中孩子讨论决定放弃医治,让父亲在家中安乐过世,以免途中过世落下"死在半路"[①]的不好声誉。

3.丧葬费用:儿子出资出力,女儿尽孝尽心

家中老人家去世的丧葬费用主要由儿子负担,并且丧葬事宜由儿子一手操办。独子家庭由一个儿子负担,多子家庭由众孩子平均分担,无子家庭通常由近亲出资简单操办。对于有子家庭,女儿在丧葬事情上不用费大资、出大力,主要责任是回家戴孝,倘若手头比较活,也可出资表心意以此来支助家中兄弟,这种情况,更多是代表夫家"做门头",尽孝心。对于无子有女儿的家庭,则女儿需要在近亲的帮助下,料理家中的后事,但是丧葬事宜上做主还是由男性完成,女性因为存在诸多忌讳,不宜介入太多。

---

① 死在半路:当地习俗强调落叶归根,安死在家。

4.丧葬筹办：长子主事，亲人协助

丧葬中长子需要作为主事，承担起主要的责任。长子应当妥善安排好丧葬的一系列事情，例如何时入葬、入葬何处、行拜别礼等相关事项均由长子带头，各兄弟依据指示服从配合完成，其中，涉及一些比较重大的仪式，仅限由长子来完成。其余孩子则追随长兄其后，负责一些具体事情的操作，例如安排人员去挖葬洞、棺材开封、吊唁接待等。丧事通常都在老宅办理，即便分家，众多儿子也都要集中到老宅。丧葬事情需要众多帮手，因此与族人联系比较密切，涉及挖葬洞、抬棺材、守灵堂等程序都要族人加以操办，少有外姓族人加入这些事情的准备中。亲朋好友参与的主要活动在于目送、跟送逝者进葬。

（五）外界认同：崇尚孝道，鼓励赡养

二房族人对于家户赡养表现出了极大程度的认可，鼓励、维护家户养老以求得家族的稳定、和谐、发展。家族年长者常常言传身教，教育后来人只有儿女尽孝，老有所养，家庭和顺，才能万事清吉、平安发达。长辈往往通过将现世尽孝与子孙后代获得福报相联系，使得子孙在敬畏中循规守孝。对于那些成家后的不肖子孙，家族成员往往会在日常实行冷暴力，拒绝往来"门头"①，拒绝互相帮助，使其因失德而孤立于大家庭之外。因此，出于族人带来的无形压力，一般人员不敢直接表现出大不孝的行为，以避免遭到族人的讨伐和孤立。对于村中人而言，也是耻于和不孝顺的子女结伴、共事，最为关键的是村中的舆论导向将使得个人在村中抬不起头做人。一些道德责任感比较强的保长，就会劝说这些人和家人化解矛盾，尽到扶养老人的责任和义务。

六、家户内部交往

（一）父子关系

1.不对等的权责关系

（1）父亲于孩子的责任

首先，抚养孩子成人并培养其生存能力。父亲需要将儿子抚养长大成人，之后帮助儿子娶媳妇，有能力前提下需要给儿子盖新房，没能力情况下暂时勉强不盖。同时还需教会孩子生存的技能，比如，最基本的捕鱼、摇橹、开船、耕种农作物等，以保证父母没能力从事劳动时，孩子不但具备养活家庭的能力，而且能够顶替父亲成为家中的顶梁柱。再者，还要强化道德、品行的教育。不能让孩子因为品行不端、行为不正而误入歧途，成为村人口中谩骂的"不成人""不像子""没样儿"。宁愿在家里把孩子骂透，也不能让孩子在外受别人训斥。虽然村中父母文化水平不高，但十分注重孩子的品行教育，家长最为担忧的不是孩子没有能力，而是孩子无所事事、好吃懒做、打骂无畏。最后，尽力给孩子铺路以让子孙所走的道路平坦些。有些父母会为孩子存下现金积蓄，有些家长会在生前为死后找好墓地，有些则会为孩子留下人脉资源。

（2）父亲于孩子的权利

父亲对孩子从始至终具有管教权、役使权，但是这种权利的效力、强弱具有阶段性的特征。早先，儿子未成年或是未成家的时候，父亲对儿子行使管教权和役使权表现尤为明显，儿

---

① 门头：指人情红包往来。

子事情做得不好或是不对,父亲都会第一时间给予教训、打骂,在农村家长看来儿子小时候不打不成材。因此,打骂孩子成了家家户户管教孩子的最常用方式。对于王家小孩而言,小时候最为厌烦的事莫过于除了听从家长的差使外,还要接受族中长辈的使唤。在长辈眼里,多使唤男孩子做些力所能及的事情是锻炼孩子的有效途径,不仅可以让孩子熟悉怎么做事情,而且能够培养孩子形成勤快的习惯,从而利于孩子未来成长。等到孩子成年、成家,父亲对孩子的教育和使唤会大为减弱,教育更多的是一种指导、警醒及关照。而停止使唤也成为一种信任和认同,迫不得已情况下家长再不会随意役使孩子了。村里人认为,一个脱离不开父母、事事受父母摆布的男人是不成熟的,容易遭到村中同龄人鄙视,进而导致出海共事不易寻找到合伙人。

王文锡较为强势,其儿子在未独立成家前,出于对父亲的敬重,基本不会当面顶撞。有些家庭父亲比较弱势,儿子比较强势,独立意识强,该类家庭的孩子早当家,常会用自己的方式影响父亲做出决定。等到父亲老了,孩子出于对父亲的尊重,即使面对父亲不恰当的言语,也不会当面指责和反驳,表面服从但实际上坚持自己的想法。

(3)好父亲的标准

一个好父亲必定是对内持家有道、育子有方,对外德正品端、勤劳能干。对内表现在,父亲虽然不细管家庭中一切事务,但是能够把家中的成员充分利用起来,使得家庭的正常运转十分有序。王文锡就是一位好父亲、好家长,王文锡能够针对孩子的兴趣特长,从小就培养孩子的技能并让孩子各司其职,同时让林玉燕操持家中的内务,自己把控家庭的财权和家中的运转,从而让家庭成员有事情做、有饭吃、有家归。其次,好父亲体现为在教育孩子、培养孩子成才方面有其固有成功的一套。王文锡注重培养儿子做人、做事,使得孩子走出家门像个人,做事就能独当一面。在外人看来,一个合格的家长、父亲必定是德高望重,说话算话的年长者。由于其年轻时候勤劳肯干、生财有道,所以给家庭积攒了一定的财富,才能力促孩子们成家立业。

(4)好儿子的条件

一个好儿子具备如下条件:第一,儿子在适婚年龄能够成家、独立,生儿育女、传宗接代。第二,具备独立的经济能力,不用再依靠、依赖、依附于父母生活,能够凭借自己的本事技能撑起一片天地。第三,孝顺父母,团结兄弟,亲近族人。总而言之,是一个重感情、讲义气、爱家人的年轻人,倘若六亲不认,再有成就也必将遭到族人的唾弃。第四,品行端正,勤劳踏实,敢于拼搏。在村中能立得住脚,能受人好评,并且不图安逸享乐,无所事事,吃软饭、做闲事、嗜赌博等。

2.和睦的父子交往关系

王家父子关系十分和睦,孩子们对于王文锡始终保持着敬重、拥护、爱戴的态度。在王家兄弟看来,王文锡能够一人撑起、发展、维护好五个小家庭,十分不容易,也算是穷其一生、尽心尽力了,在全村没有几个家长能够做到这般出色。王文锡喜欢与孩子们分享家族的历史、自己的经历、处事的道理,随王文锡出海捕鱼的王家孩子,一旦忙完活,夜宿海面,趁着月光,就会让父亲讲故事。冬日的夜里王文锡经常聚集孩子们烤火、聊天、说事,分家后也保持了这一习惯,并时常在孩子家吃饭以加强感情联络。王家家教比较严格,即便自家酿酒营生,王母林玉燕也从不让孩子们沾酒,在王文锡、林玉燕看来酒精容易麻醉一个人的心智,易导致孩子堕落;再者,孩子们经常出海捕鱼,喝酒误事,加剧了海上作业的风险性,因此,王文锡严禁孩子在年轻时候养成饮酒的习惯。在长子王加申看来,自己和父亲之间更像是老师和学生的关系。长子责任重、涉猎多、懂事早、成家先,因此王文锡着重培养长子独立能力,更多时候对于长子以循循善诱。而王加申对于父亲,则是时刻保持敬重、孝顺的心态,有问题就请教父亲、有想法就找父亲交流,有疑问就请父亲解答,父子俩经常烤火长谈,如此,没有了畏惧而心怀崇拜。

3.和气的矛盾消解方式

在王家,父子之间关系整体十分和谐,只是王文锡与二儿子偶有口角争执。二儿子与王文锡长期同住一屋,使得二儿子的一举一动都在其监控下。在王文锡看来,二儿子虽然做事态度认真,办事能力较强,可是在教育孩子方面有所欠缺。二儿子生有三个男孩,对于孩子的管教基本处于放养状态,导致孩子没能够发现自己的特长而充分利用发展,因此,王文锡认为二儿子教育孙子不到位。针对这个问题,王文锡经常念叨,难免引起二儿子的反感从而有所反驳。每当发生争吵,王文锡就会叫其他几个儿子多和二儿子进行交流,其他儿子见状则会及时给予劝阻。王家分家之后,各兄弟之间生活上交集不多,鲜少冲突,偶有口角争执。所谓家丑不可外扬,为了维持家庭的和谐,有吵架也是关起门来吵,不管动手也好、动口也罢,均关在门内一起解决,但只要打开家门,走出去就要泯弃一切的矛盾,团结一致一家人。王家遵守着默许的家规,一辈人的事情一辈人解决,晚辈不能够参与其中。比如,大哥和二哥有分歧,打架也好吵架也罢,均属于亲兄弟之间的矛盾,人们相信因为血浓于水的缘故,问题迟早都会得到妥善解决,为此,不允许晚辈插手其中,以免加剧家庭的矛盾。

(二)婆媳关系

1.权利义务关系

(1)婆婆的责任

婆婆对于儿媳妇享有管教、照顾的责任。首先,婆婆要教会儿媳妇持家、顾家,比如一天下来,儿媳妇需要做哪些家务、怎么做、何时做以维持家庭得正常运行。除此,还要教会儿媳妇一些技能,如针线活、织布、织网;再者,对于儿媳妇日常做的不对、不足、不好的地方给予指正,以求儿媳妇做得更好。其次,婆婆还要照顾自己的儿媳妇,儿媳妇日常身体不适的时候,就应该及时关照、照顾。儿媳妇怀孕与生育期间,婆婆应尽量改善家中的伙食,减轻儿媳妇家中劳务负担,并身体力行地让儿媳妇坐月子。坐月子是婆婆对儿媳妇该尽、应尽的责任,如果婆婆不让儿媳妇坐月子,儿媳妇只能求助娘家母亲帮忙,这样一来,村里村外就会对婆婆的行为评头论足。婆婆还具有帮忙儿媳妇带孙子、孙女,照看家中子孙的责任和义务,照看孙子是婆婆共享天伦的体现,是一件值得骄傲的事情,因此,绝大多数婆婆都会尽力帮助儿媳妇带孩子。

(2)婆婆的权利

婆婆对于儿媳妇具有很大随意役使权,在家中婆婆主要管着儿媳妇。婆婆要求做什么,儿媳妇就得遵从做什么。婆婆在家中享有威望,儿媳妇出于尊重长辈的需要,加之阅历少说话分量轻,所以皆会遵循婆婆的话语。一旦有所不满意,必然会引起婆婆的反感,只能进一步激化两者之间的矛盾,倘若婆婆做错了事,儿媳妇也会主动加以解释、认领,懂事的儿媳妇通常宁愿委屈自己,也要服从婆婆。为此,儿媳妇在家通常比较受气,但多半忍气吞声,不加以反抗,从而导致一般家庭婆媳关系不太好。这种不太好直接表现在一旦家中婆婆老去,在家中的权威、地位被削弱,与此同时,儿媳妇的地位提高,儿媳妇对于婆婆晚年的照顾往往不那么体贴周到。在王家,婆婆对于儿媳妇的品行严加要求,但未曾有过言语的中伤和肢体上的拷打,更未有逼迫儿媳妇离家出走的情况。正因为婆媳关系比较缓和,王家分家才比较晚,而对于那些婆媳关系不好的家庭而言,儿媳妇最盼望的就是尽早分家,尽快离开婆婆的管教、束缚。

(3)好婆婆、好儿媳的标准

一个受人尊重认同的好婆婆、好儿媳具有温良恭俭的好品质。对待家人、族人、朋友要有礼貌、讲礼数,行为上表现较为温柔,不能粗枝大叶。操持家务、照顾家庭要贤惠,松弛有度以让外人看来家庭因为有女性的照顾秩序良好。日常要开源节流,勤俭持家。儿媳妇不仅要照顾好自己的老公,让老公愿意归家,而且还要尽到照顾好公婆的责任。一个不孝的儿媳妇,不但会激化婆媳关系而且也会招致外人背地里的指责。

不同类型和人口规模越大的家庭,婆媳关系更为复杂,但是往往也更容易找到和睦相处的平衡点。因为媳妇多了,各个儿媳妇之间都有争宠的心理,希望得到老婆婆的认同,得到外界的认可,由此鼓励儿媳妇能够更加平和地服务家庭。再者,由于儿媳妇多,赡养老人的重担就较为匀称地得到了分担,儿媳妇与婆婆朝夕相处时间少了,距离消除了许多不必要的矛盾,自然关系更加和顺。

2.日常交往关系

在王家婆媳关系融洽,日常中既有严肃的命令和执行关系,也有随意的逗趣缓和场景。为维持大家庭的有序运转,有些方面林玉燕必须严肃、认真对待,才能保证这一人口众多的大家庭,能够按照既有规则,又有条不紊地过日子。比如,林玉燕规定,无论寒冬酷暑,儿媳妇必须要在凌晨4点起来做饭,保证家中的男性在5点能够吃上饭,早点出去干活;又如,在农忙、渔忙的季节,规定家中几个儿媳妇必须轮流到山上去砍柴火。山路险峻崎岖,路途遥远,柴火担子沉重,但是儿媳妇们也必须保证完成任务,以好向林玉燕有交代。倘若遇到儿媳妇中未能够把事情做好的,林玉燕也会发脾气,不给好脸色看,以此警示儿媳妇。除安排儿媳妇干活外,林玉燕也是身体力行,参与到家里事务中来,经常跟儿媳妇一起洗衣服,帮忙生火做饭,一起织网、补网、编竹绳。在这悠闲的过程中,林玉燕就会和儿媳妇聊聊天,讲一些故事及有趣的见闻。

3.婆媳冲突调试

王家儿媳与婆婆日常相处没有发生特别矛盾,也未有口角之争。儿媳妇或许有难为情、受委屈的时候,但是不敢与婆婆顶嘴及发生正面冲突。最多的情况就是暗地里受气,偷偷抹眼泪或是私下和老公诉苦,对于婆媳之间的小矛盾,王文锡和儿子们均不会介入调解,儿子即便有介入,多半是为维护母亲,同时私下开导自己的妻子。

(三)夫妻关系

1.权利义务

(1)夫于妻的责任

王文锡需要承担起保护、照顾妻子以及孩子的责任。妻子日常在家中照料一切,丈夫则在外赚钱并将所赚钱物交由妻子保管以保证巧妇有米可炊。日常妻子生病,丈夫应该第一时间请医生来家中医治,在没有医生的情况下,也可根据老先生的偏方,到山上挖草药治病。遇及自家与其他家产生矛盾或是有人来家中闹事情况,丈夫必须冲在最前面,保证家中妻儿的人身安全。

丈夫对于妻子的役使,更多体现在让妻子照顾家庭或是伺候自己方面。比如,丈夫在外面忙碌了一天,回到家中,妻子需要给丈夫烧好洗澡水,准备好换洗衣服,倘若未能准备好,丈夫也会嚷着让妻子去做而不会自己主动解决。至于日常烧水、做饭、清扫卫生等活均由妻子来完成。夫妻之间经常因为口角之争、意见相左,彼此双方闹脾气,丈夫因此也会大打出手以维护自己的尊严和在家中的管制地位。不过,夫妻之间,床头吵架床尾和,这也构成了日常生活的一部分,也成为调解夫妻之间矛盾、缓和紧张关系的有效途径。

(2)好丈夫的标准

在村中人眼里,一个成熟、有能力养家,并且忠于家庭,又踏实勤劳的男人就是一个好丈夫。村中也存在一些寻花问柳的成家男人,村民对于该行为都是背地里议论纷纷,极力排斥和抵制,家长都会劝诫自己的孩子要远离这类人。村中有一户人家,已结婚多年并且生有一男一女,可是家长与他人老婆好上了,结果抛妻弃儿与他人组建家庭。从此,该男人不但遭到村民冷眼和谩骂,就连其族人也和他断绝了"门头"往来。族人都说"好好的不归家,不做人,要去做鬼了"。

2.交往与关系

夫妻双方绝大部分时间关系融洽,偶尔因为拌嘴、吵架出现间歇性的不和谐。随着时间的推移,关系处于不融洽的时间越来越少,夫妻之间和睦相处、相敬如宾的时间越来越多。夫妻之间就孩子的成长、家中事务的操持、亲情维护等一些话题进行聊天和讨论。王家因为孩子众多,夫妻双方便主要将时间和精力放在儿子上,为此,常常因为儿子的成长夫妻之间关系更加融洽。林玉燕对于丈夫没有过多的畏惧,只是在他发脾气的时候或许会出现些微的害怕。日常之中,为了维护这个家庭,妻子、丈夫各有职能、各司其职。在妻子眼里毕竟结发夫妻,同床共枕,拥有更多自然的亲切感。

3.冲突及调试

夫妻之间常有矛盾和冲突,最为常见的矛盾爆发形式就是吵架、打架。夫妻之间吵架,多半为了一点生活小事,双方脾气上来就激化了矛盾。一般情况下家中长辈见状,尤其家中婆婆都会出面加以劝嘱,左邻右舍见了,也会前来劝架。矛盾如果大,打架严重,妻子娘家在本村,有时候就会跑回娘家住几天,这种情况下,丈夫则会主动出面到丈母娘家把妻子叫回来。日常夫妻之间小打小闹,在家中彼此沉默两三天后,基于生活需要彼此就能自动和好。

(四)兄弟关系

1.权利义务

(1)兄长的责任

兄长的责任在于照顾、帮助、引导弟弟成长。第一,照顾体现在无论是日常生活还是生产活动,作为兄长有责任保护弟弟,使弟弟不受欺负、不承当过多的风险,以保弟弟周全。第二,帮助体现在,弟弟遇及困难,兄长应该责无旁贷地出手相助,无论是技术上还是人力资源上都应该鼎力相助。第三,引导体现在,教会弟弟生存的技能,带领弟弟跟随自己的脚步,找到从业的方向。比如,有学习天分就去学习技术,有捕鱼兴趣的就投入到渔业活动中。如果家中父母过世的早,哥哥不管成家与否,都有义务帮助弟弟建房子、娶媳妇,父母不在,长兄为父。

（2）兄长的权利

兄长对弟弟可以训斥、教育和差使，但是在差使方面通常要征得家长的应允。小事情叫兄弟跑跑腿，没有大问题，也不需要征得家长同意，但是涉及弟弟个人发展大问题、面临大风险的事情，就需要征得家长的同意以后方可差使。兄弟之间因年幼不懂事，彼此之间多有打闹。长大以后，兄长出于礼让，出于父母护小不护大的现实，兄弟之间少有打架。兄弟之间打断骨头连着筋，村中尚未出现长兄驱逐弟弟出家门，断绝兄弟之间关系的情况。

王文锡当家期间，王家孩子主要听父亲的。父亲过世以后，长兄为父，家中决定多为王加申做主，具体操作也由长兄带头完成。兄弟之间在话语上比较平等，没有绝对的信任和服从，只有相对的认理、认同，针对长兄做得不对、不好、不足的地方，兄弟之间可以提出建议甚至有资格对兄长进行指责，但儿子就不能如此。

（3）好兄长的标准

一个好的兄长必定能够赢得晚辈认同，获得晚辈跟随的大哥哥。认同、追随体现了兄长的权威地位，这种权威地位的获得来源于哥哥所具备的过硬生存能力以及良好的品质，二者缺一不可。有才无德，只能够自己发家致富，难以让他人追随和认同；有德无才，不能发家致富，致使家境败落，也不能够引起兄弟的认同。有德有才，才能发家致富，引领兄弟们壮大家族。兄弟众多、人口规模庞大的家庭，兄弟之间因为财产分配，父母偏爱等因素分家过程产生的内斗、内耗情况严重，往往导致兄弟不和、家庭破碎的局面。因此，对于大家庭而言，一个有能力、有公心、团结亲人的家长或是长兄尤为重要。

2.日常关系

王家兄弟分家之后往来频繁，经常聚一起议论事情、相互帮工、相互帮衬。日常生活中，只要一家有事需援助，其他兄弟均会及时到场助阵，比如，王家兄弟中有人与村中其他人发生争执，兄弟几个就会赶往现场给予支援，其中，有过口水之争，有过及时劝架，也有过大打出手。可见，多几个兄弟也就多了几分照应。生活中，弟弟们保持着对兄长地位的认同感，但也不是盲目地跟随，针对哥哥的缺点、过失，往往家中最小的弟弟会敢于顶嘴和指正，因为年幼的缘故，即便说的不对，也会得到谅解。再者，家中保持着尊老爱幼的传统。长兄有时对弟弟的顶撞一时也表示愤怒，但未因此记仇不和，兄弟之间于家中再怎么吵架、打架、结怨，打开房门对外仍是自家亲兄弟。

3.冲突调试

兄弟之间没有永久的伤疤和仇恨，即便有过争吵，也会在兄弟共事、说情、道理之间，随着时间慢慢地消除。再大的仇恨，想念到共同的母亲、父亲，流淌的相同血液，自然就能够化解。在王家，随着小一辈逐渐长大，各家孩子们从小一起玩大，小孩之间形成的深厚兄弟感情，无形间也助力弥合父辈们的感情裂口。王家晚辈清楚，不管父辈之间结怨再深，那都属于长辈的事情，与下一代无关，上辈的恩怨情仇不应该留给下一代。

七、家户外部交往

（一）对外权利义务关系

1.互帮互助，睦邻友好

邻里、街坊之间不存在规定的责任和义务，但是拥有约定俗成相互帮忙的传统。除了自家亲人以外,日常中接触最为频繁的就是邻里街坊。正所谓:"远水解不了近渴",倘若自家遇到紧急问题,第一时间必定寻求邻里街坊的帮助,比如,媳妇在家中临产,恰遇家中男性都出海捕鱼了,举目无亲的关键时刻就只能寻求邻居帮忙,需要依靠邻居去叫医生、去找接生婆、去通知家人。

首先,邻里街坊之间具有为彼此看家、确保家庭安全的职能。例如,对门一家人外出干活了,门只是虚掩着。家中若有人来访,均通过邻里街坊打听家户主人的去向;有人到他家借东西,第一时间也都是向邻居报备,以要求邻居充当证人。其次,邻里街坊共同生活,分享乐趣。该村村民多为根据姓氏集中居住,村中尚未通电,也缺乏娱乐活动,而人们最大的娱乐在于忙碌一天之后,邻里街坊聚在一起聊聊天、打打趣。最后,邻里街坊在红白喜事上具有高度的自觉参与性。只要邻居家中要办事情,相互之间都会自愿前去帮忙。遇到喜事,帮忙洗菜、洗碗、摆桌、做卫生等;遇到白事,也毫无忌讳,哪里有需要就会有邻居的身影。倘若邻居之间拒绝相互帮忙,必将孤立彼此,使各家都处于一种孤立无援的状态。

2.远亲不如近邻

亲戚与家户之间的关系,和邻里街坊与家户的关系存在差异。亲戚所提供帮助是一种天然的、先天的关系,具有责无旁贷的特点,家中操办红白喜事,亲戚必须到场。但是邻里街坊并不是必要的,而是一种建立在后天人情基础上的往来关系。家中遇到临时、突发的小事情,左邻右舍第一时间能够到场帮忙,并且这种帮忙具有日常性,而亲戚做不到。亲戚只有在大事情的时候,才能开口求助,从而到场帮助。所以邻里街坊是一种轻松随意友好的关系,亲戚是一种严肃认真的人情关系,远亲不如近邻,说的就是这个道理。

(二)对外日常交往关系

1.友善的邻里往来

邻里街坊走动频繁,经常串门聊天。村中同一姓氏人员之间礼数到位,见到了也都会象征性地问好。最常见的问候语如"阿公,饭吃了吗?""阿玛,去干吗?""最近在哪里发财"等。王家从小教育孩子们养成了问候长辈的习惯,遇到邻里街坊就需要打招呼。此外,邻里街坊所具有的特殊交往方式是彼此借用工具,比如生产上家中少一个簸箕,就向邻居借一个;平日里来了客人,家中凳子不够坐,就到邻居家借用几条,一借一还,相互往来,再借不难。再者,邻居还能够使唤对家小孩去跑腿。比如,叫对家小孩到小卖部打上几分酱油,这时候家中小孩就会被家长催着赶紧去帮忙;自家要是来了客人,邻居见状也会主动叫自家小孩把凳子搬过来。逢年过节,邻里之间也会分享食物。

有些大户家庭条件好,看不起穷人家,这样的家庭所有日常事务的完成基本依赖于用钱雇佣工人,容易没有街坊邻居。有些大户人家经济条件好而且与人为善,经常接济左邻右舍,对此,左邻右舍不但感恩戴德而且能够自觉去帮助、维护该人家的利益。当然和睦之外,有些邻里街坊相互之间积怨太深,相互嫌弃,相互提防,导致邻里关系不和,动手动脚,老死不相往来。

2.体贴的远方亲家

亲戚因距离缘故,相互往来不频繁,利益纠葛矛盾均比较少,因此关系保持良好。亲家生活状况良好,家有水田种有水稻,一到水稻收割的季节,亲家总会抬上几袋,隔着三个村庄的距离,走路送到王家让外孙尝尝六月稻米的味道。亲家知道女儿所嫁村庄没有水田,日常只能吃地瓜米,因此格外照顾。有一回王家家长外出打工,恰遇饥荒年,家中妻儿都在挨饿,亲家听闻,省吃俭用马上又送来几袋米给予女儿家中救济度日。基于外公的恩德,王家小孩听闻外公前来做客,均十分欣喜,总围着外公端茶送水、闲谈话语。遇到村中唱大戏的时候,王家也会邀请亲家前来做客看戏。

(三)对外冲突及其调试

1.家户为单位参与调解

处理对外冲突的正式单位为家户。在冲突中,人们往往不认具体行为人,村民们偏向于议论是谁家、谁子、何人兄弟在闹事。基于这种情况,往往需要家长出面加以调解,如此更具代表性、合理性、权威性。倘若家中家长过世或是家长不在场,就由家中长子作为代表人参与问题的解决,遇到家中长子年幼不具备处理问题的能力,则交由其叔叔伯伯出面加以干涉,帮助家中解围。家中女性缺乏话语权,不参与调解,发生冲突过程会加以阻拦,但双方均不会对女性下手。

2.据理维权谋利立声誉

冲突处理中需要遵循一定的原则。首先是保住家人性命,再是据理争取家庭利益,最后是维护家族的声誉。王文锡认为,一定程度上吃亏是福,小事情方面不能斤斤计较,只要留得青山在就不怕没柴烧,因此在争议中王文锡尽量希望息事宁人,避免让孩子们卷入动手打架中。在双方能够依据事实讲道理的情况下,就用合理的方式去争取自身的利益。王家曾因为被他村人误解,大年初一家庭成员遭到了他村人员的突然袭击,王家上下对此耿耿于怀。为了给家庭成员一个交代,也为了给自家争口气,王文锡费力聘请律师打官司,遇到费用紧缺瓶颈,王文锡狠下决心把为自己准备的棺材转卖以凑齐费用。维护小家庭合理的利益,避免遭他人随意侵犯,也是在对外宣示家庭、家族的实力。

涉及村中大打出手的事件或是多个村庄的矛盾冲突,村中保长会出面加以干涉、调解,但因保长为长房族人并与二房长期不合,在处理事务过程中难免有失偏颇。为提防王家由于在村中不断壮大的势力而危及自家地位,保长会对王家加以打压,处理问题上表现为帮外不帮里,由此导致王家人和保长的关系并不好,王家二子、三子都对保长的不公正作风心怀芥蒂。

3.矛盾由家到房的扩大

个人从属并代表着家户,家户的整体性依赖于个人的维护。家庭成员的事情也即整个家庭的事情。维护好个人利益,保护好了个人,相当于维护了整个家庭。倘若家中最初因个人冲突把事情闹大转变为家庭冲突,则会累及两个家户之间的矛盾,乃至族房之间的斗争。一旦个人冲突演化为家庭冲突,就需要通过两家家长协商以息事宁人。大家户凭借着人多势众,不怕把事情闹大,所以更习惯以武力方式解决问题,由此导致家户之间积仇积怨越来越深,引发世代反目。每当发生冲突事件,村中看热闹的人远多于劝架的人,家家户户甚至携家带口挤去看热闹。对此,林玉燕经常嘱咐孩子,可以前去劝架但不能瞎起哄看热闹,不劝架还添乱的缺德行为会使自己日后孤立无援。

第四章　家户文化制度

　　家户的历史演变、经济状况、传统沉淀,尤其是家庭主要成员当家人的文化素养、家庭意识、信仰品质、生活方式均会潜移默化地影响着家户文化的塑造与形成。王家注重家户教育,通过家风熏陶塑造良好品质、读书学艺增加入仕可能性、工艺传家确保谋生有道,以期子孙有朝一日光耀门楣;王家强调家户意识,通过团结同房族人、维护宗亲利益、帮扶弱势家庭、不忘积德行善,以期家户人丁兴旺、财运亨通;王家传承家户习俗,通过以自家为单位欢度节庆习俗,以期加强家庭成员及亲朋好友之间的情感联络;王家倡导家户信仰,通过家长主导信仰神明、拜祖求佑、祭祀祈福,以期借助诸多力量保家庭平安、护事业有成;王家开展家户娱乐活动,通过认同积极结交良友,杜绝养成不良习惯,密切人情日常往来等理念,以期儿孙德正品端积极上进。

一、家户教育

(一)寄托在读书上的仕途梦

　　王家祖上皆为文化水平不高的渔民、农民,因此,家中十分希望儿孙们能够通过读书、学习文化,转业走向仕途道路,而不是一味继续祖辈们的老路。在重男轻女观念的影响下,男孩均上学读书,女孩基本没有接受教育。王文锡的双亲,父亲小时候上过私塾识一些字,母亲没有上过学,是一个文盲。家中父亲过世早,王文锡由母亲拉扯大,即便生活不易,王文锡的母亲还是尽力让王文锡读上了几年私塾。因此,王文锡具备基本文化功底,“算盘字”①打得很好。到了王文锡当家,王文锡对儿子们的教育问题十分重视,王家孩子,除了女儿,男孩大都不同程度上读过书、接受了教育。在王文锡看来,读书识字、精通算术是一项技能,也是自己培养孩子成才不可或缺的一个重要环节,因此,即便家中穷苦,也要想办法让孩子读书。倘若孩子们能够通过读书,走上仕途之路,在人们看来就是最大的成就。不过,该情况在村中比较罕见,培养孩子读书是一件消耗人力、财力的事情,只有大户人家能够为孩子走上仕途提供物质基础,所以大户人家能够出“读大书”人的机会更多。长子王加申接受教育的时间比较长,曾到顶头镇读过书,除长子外,二子王加春也读过私塾。王加春精通算术,算盘打得十分好,后来因家中劳动需要,便辍学转向学习制作面条、米粉工艺。

(二)爱拼促家和的家风熏陶

　　父母对孩子的教育、对孩子行为的引导都将影响着个人,进而影响着整个家族的发展。长辈的教育、家风的熏陶,潜移默化地影响着王家子弟的性格与作风。王家家风教育的

---

　　① 算盘子:指识字并精于计算。

核心宗旨在于,一个人一生的劳碌皆在于发展、壮大家庭。过去也罢,现在也好,打虎亲兄弟,上阵父子兵,危难时候,只有自己的至亲才是坚实的后盾。一个没有家庭的人,有再多的财富、再强的能力,意义都不大,为此,王家崇尚以家为核心的"家和万事兴"及"爱拼才会赢"的家风。

一方面,王家一直以来强调要团结兄弟、团结亲人、团结族人,相互之间要拧成一股绳,只有和睦才能聚力生财,才能把家庭存续下去。王文锡经常交代儿子们,五个兄弟五个小家庭要有大家庭意识,遇到危急情况,时刻不忘凝聚成一股力量以攻坚克难。五家兄弟只要有一家不和谐,就如同唱戏奏乐一般,缺乏协调,合唱不下去就容易塌台。对此,王家兄弟谨记在心,在生产生活上表现得十分团结,对内有矛盾都是关起门来自家解决;对外有事情经常顾及兄弟情谊大家齐上阵。在外人看来,王家只要办事情,通常都不缺人手,家庭的凝聚力使得自家兄弟都会到场帮忙,因此不需要求助于外人。

另一方面,所谓家和万事兴,团结家人的同时,还需要充分利用这股凝聚力以实现勤劳拓业。王文锡掌管着家中财务支配权,各个孩子有的做面条、有的经营轮渡、有的出海捕鱼,但这些收益皆以日结方式悉数交到王文锡手中。在王文锡的引导下,孩子们勇于拼搏、多方拓业,王家不存在好吃懒做、游手好闲的孩子。这当中属长孙王明绍做事情最勤快、最善于思考。同在一片海域捕鱼,却能够通过观察水流变化,及时调整渔网深度,从而在收获上胜过他人;再者,次子王加春也喜欢侄儿王明绍,其日常做面条需要凌晨三点起来筹备,其他兄弟、侄儿都叫不起来帮忙,唯独王明绍一叫就醒,而且在拉面条上自己研发了一套工具,使得做面条效率高、质地好。在王家子孙看来,一定要强过父辈,胜过祖宗,这样一代才能更比一代强,倘若做事情总和别人如出一辙,付出一致,那么就体现不出差异。

(三)耳濡目染的技能传授

该村依山傍海,寻常人家为谋生计,一手握锄头,一手收渔网是必备的技能。自孩子们五六岁起,王文锡就带孩子们逛山头,察看自家的土地。耕地、播种、收割过程就让孩子们在一旁观看,并且交代孩子们种什么、怎么种及注意事项。山上农活相对海里事项会简单很多,加之王家祖上主要以捕鱼为生,因此王文锡将重心放在培养孩子们掌握海上作业技能上。为使孩子们能够成为一名独立、合格的渔民,王文锡要求家中孩子打小首先要学会游泳的技能,以面对海上变幻莫测的风浪天气,应急以求生。其次,要让孩子学会"摇橹",只有学会了摇橹,才能独立掌船,驱动船只进行独立海上捕捞作业。再次,王文锡从小就让孩子跟随自己到海上露宿,使其在海上学会生存,比如做饭、捕鱼、避风等。最后,要学会撒网捕鱼,在此过程中掌握看天象、看潮水、收放渔网的技能。只有掌握了以上技能,才能成为一名合格的渔民。对于一个成熟的海上渔民来说,除学会以上基本技能外,还要学会修船、补网、使用工具的技能。

在王家,男孩子主外,因此需要学习捕鱼、耕种等技能;女孩子主内,主要学习纺织、针线、家务等活。男孩子的技能主要由王文锡教会,女孩子的技能则主要由林玉燕传授。林玉燕要求女儿从小学习针线活,学会洗衣做饭,学会一些礼节,一方面是为了帮衬家里,一方面则是掌握技能以寻到好的婆家。家中儿子如果不爱读书、偏好玩耍就要听从王文锡安排,尽早学习捕鱼、耕种技能;女孩在家中则较为勤快、听话、顺从,以博取父母欢心,否则容易遭到家人训斥。

(四)手艺传家辟路添财

王家有酿造米酒的手艺,该手艺是王文锡从亲戚处学得。后来,通过技术改进,王文锡将比较成熟的酿酒工艺传给了家中每一个孩子,孩子们基本都掌握了酿酒的技术,但唯独长子王加申掌握的较好并且以酿酒营生。家里的工艺传承不分男女、不分长幼,只要肯学,王文锡都会教授。在王家不但儿子会酿酒,而且外嫁的女儿也会酿酒。王家认为祖上的工艺必须留传给孩子,工艺不传承也带不到棺材里,技术只有在使用中才会越用越好用。除此,王文锡还送孩子们到各处学习工艺,次子王加春学会了制作面条、光饼的工艺;三子王加盛到上白石镇学会了制作米粉、修理轮机的工艺;四子王加义学会了制作衣服的工艺;五子王加堂跟随三哥王加盛学习柴油机器工艺,并成了一名机器修理师傅。基于技多不压身,多门技艺多条活路的认知,王文锡当家期间就要求孩子们多加学习技艺。最终,通过以上技艺学习,王家孩子都拥有了属于自己的谋生技能,促使家庭收入实现较大幅度增长。

二、家户意识

(一)自家人意识

家对于王氏族人是一个相对的概念,在不同条件下,家的规模范围、人员数量都不一样。核心的自家人是指关起门来一起吃饭,同桌子,共碗筷,不说两家话的亲人,如果打开门,那就包含堂兄弟、姐妹、远房亲人、宗亲族人。特别是对外一致维护集体族人利益的时候,家人的概念范围及包含的主体将更加多元。在王家,未分家之前是一家人,分家之后纵使小家庭各自生活但还是一家人。即便各小家庭和王文锡、林玉燕不住在一起了,但是家人的概念还是根深蒂固,孩子们回到二老所住房子也叫回家。时间可以改变人情关系,但是改变不了血脉相连的亲缘关系,对于外出打工的亲人,无论走了多久、去了多远,还是自己的亲人。因此,一旦遇到家中父母去世情况,尽管亲人相距甚远,也要想方设法让其回家拜别至亲。

对于出嫁女儿的婆家也称之为亲家,其中的攀亲带故就包含着亲人的意思。外人,一般指没有血亲关系,不同宗、不同族的村中外姓人。王文锡及其王氏子弟具有强烈的家族、家庭、家人观念,对外极力维护族人利益,必要时刻给予族人鼎力支持。堂兄弟王文信公的儿子自幼体弱多病,体格瘦小,为此常受到其他姓氏孩子的欺负、欺辱。王家子弟念及家人情分,每每看不过去,就经常为文信公的孩子出头。在王家兄弟看来,王氏子弟一个人受到欺辱等同于整个王家的孩子受到了欺负,故而极力维护;对于王氏外的村中人,只要不涉及亲朋好友关系,王家子弟遇到事情就比较理性参其中与,没有维护情意而只有维护道理。

(二)家户一体意识

1.家户帮扶:以长带幼,以强扶弱

王家未分家之前,生产、生活上都是以大带小,传授经验、阶梯式帮扶。比如,王文锡带着长子王加申出海捕鱼,之后王加申带着王加盛学习捕鱼技巧,再后来,王加盛带着三弟王加堂学习轮机修理技术。兄弟之间遇及困难,相互请教提问、相互献言献策、相互出力帮忙,例如,二弟王加春突遇突发大潮水大风浪天气,导致渔网回收难度大、不及时,这时候就会叫上有经验的大哥王加申及强劳力四弟、五弟前去帮忙。王文锡也经常提及:"打虎亲兄弟,上阵父子兵",兄弟之间有困难相互帮衬是为理所应当。当然,也存在个别家庭、兄弟之间因为财产分配不公导致兄弟反目成仇、老死不相往来的情况,更别说有难时候兄弟之间相互帮忙。

分家之后王家各个儿子家庭经济状况整体比较良好。长子王加申家庭经济收入稳定且比较可观,王加申自己从事农业劳动,主要生产地瓜米及种植一些农作物,儿子王明绍,勤劳踏实、勇于进取,因此在从事捕捞业之余,还自己做点小生意,收入比较可观。二子王加春,分家之后没过多久,就暂停生产面食,转而投入到"基塘鲜料"供应的转手生意中,但因收入不可观,再加上家中生有三个男孩,生活压力较大。针对此情况,长兄王加申经常出面帮扶二弟,给予物质上的支持和帮助。王家孩子在村中个个算是勤劳能干的强劳动力,个个都有事可做,有渠道谋生,虽然分家后各小家庭的经济收入总量不比分家之前,但是各家有各家的谋生之道,生活还能够继续。

2.家户目标:人丁兴旺,财运亨通

人丁兴旺、财运亨通,这是历代王家人共同的希望。传宗接代是先祖赋予每一个家中男性的使命,每个小家庭只有保证人丁兴旺了才能顺利完满地完成这一使命。同时,每一个家庭人口规模越大,衍生的后代越多,意味着对壮大家族势力所做的贡献越突出,因此,意义更为重大。对于王家年轻一辈来说,一直拥有着一个财富梦,王氏族人虽然众多,但大都分散在各行各业,尚未在某个行业有所大的建树。王家子孙始终在寻求机会,希望能够充分利用家中人口资源,干出一番事业以光宗耀祖。

村中普通家庭大都生活条件艰苦,生财机会渺茫,每个男人都有一个地主公梦,每个妇女也有一个地主婆梦,原因在于生活得困窘让大家穷怕了。人们对于财富的追求欲望十分强烈,但无论是个人还是家庭,都不存有具体的财富数量概念。有钱人家的标志在于拥有着数量较多的土地田产及营生渠道,只有土地田产数量多、副业增收稳当的家庭才具备发家致富的基础条件。因此,王文锡经常教导孩子们一要开源增收,学会多方面营生;二是,节约用度,存储积蓄购买田产。

财富之外村民对于博学的文化人也十分敬重。在当地,人们将家底殷实,能够送孩子到城里念书,让孩子致力于仕途的读书人称之为"傲人"或是"读大书之人"。一方面,普通家庭常常因为贫穷导致无力供养孩子读书;另一方面,仕途是属于少数人的道路,因此普通家庭子弟基本没有出仕的机会,从而促使人们对于那些能够谋个"一官半职"的大户人家弟子格外羡慕。王家始终寄希望于下一代,希望晚辈中也能够出现通过读书进入仕途以光宗耀祖的"傲人",为此,王文锡不但要多生儿子,还要尽力培养儿子前去读书以实现光耀门楣的愿望。

(三)家户至上意识

成立并维系一个家庭或许需要用尽几十年乃至一辈子的时间精力;破坏毁灭一个家庭或许只需要一夜之间甚至一件事情。王家祖训提倡先有家,再有人;先成人,再成家。因为个人来源于家庭,所以要感念原生家庭的恩情,时刻维护家庭的利益。就王家儿孙而言,出门在外,个人的一言一行往往代表的是整个王家形象。在农村社会,陌生环境中,问候了解通常先询问个人出处,也即你是谁家的孩子,个人则立足家庭背景回答我是某某家谁的孩子。跨村、跨镇的情况下,则回答我祖上是谁,是谁的后人,所以,家在前个人在后,自然当以家庭为重。同时,父辈强调先成人再成家,是基于不成熟孩子容易导致败家的考虑。村中一户人家,孩子年轻不成熟,生性懒惰好赌、游手好闲、不负责任,家人为了促使其转变而强迫其成立家庭,希望通过尽早分家赋予其生活重担,以期待其转变。结果,成家后不但闹得财产败光最后妻子也跑了。

家庭对于个人的重要性就如同大风大浪中避风港对于漂泊船只的意义，维护王家的存续和发展是王家子孙的责任。在家族面前，个人首先需要考虑家庭的利益；其次，个人利益远小于家族共同的利益。王氏二房族人需要建造一公共场地，供老人休养、小孩娱乐、族人团聚。而场地建设需要较大面积的用地，在大家一致认为需要建设的情况下，均同意对族人采取征地活动，族人为支持建设，有些人只能将此建设范围内原本自家放置柴火的杂物间拆除，无偿捐给集体；有些人将存放物搬离挪腾空间。

（四）家户积德意识

对于王家老一辈的长者而言，不仅身体力行积德行善，而且言传身教引导晚辈与人为善，广积善缘。所谓因果有报，善有善报，恶有恶报。在家庭条件允许的情况下，王家经常救助家庭条件困难的族人，并且不忘感念过去帮助过自己的亲朋好友。王加法父亲与王文锡同辈，在王文锡只身一人干活时候经常给他搭把手，王文锡感念在心，不断要求孩子日后家庭财力发达了，一定要帮助王加法兄弟。再者，在王文锡、林玉燕看来，积德行善是为下一代种善果，为子孙谋福报。人们认为上一代积累下的善果会在下一代开花，祖辈积德，晚辈享福；上一代人种下的恶果，也总会使下一辈遭受报应、自食其果。通常，村民认为上一辈恶行太多，下一代香火难以为继，抑或后来人中多为单身汉或是缺少男丁。

做好事是为积德行善，除此，不破坏别人家庭，不给他人带去灾难，不使他人妻离子散也是莫大的善行。例如，村中保长即便贪赃枉法、欺压百姓，村民认为不能够因此去举报保长，因为一旦此人被判刑坐牢，连累的是其身后整个家庭，破坏他人家庭、绝人后代的事情本身也是最大的恶行，所以村民不会轻易去检举可能给对方家庭带来重大伤害的行为。对于村中一些行不端、品不正的人，人们认为上天自会惩罚，不是不报，时候未到罢了。

倘若家中有孩子做了缺德的事情，父母会认为是自己管教无方，通常会以行善的方式祈求为孩子赎罪。比如初一十五吃素食，不开杀戒，烧香拜佛，有些母亲甚至出家，为孩子赎罪，以求得子孙的平安。对于实在无法管教的孩子，极端情况下，父母会将孩子送出村庄从军或是换个环境让他重新做人。

三、家户习俗

（一）节庆习俗概况
1.重大节庆
（1）春节

春节从除夕开始，直到正月十六才结束，春节是该村一年之中为期最长、最重要、最盛大的节日。在春节临近之前，王文锡会核算一年的收入情况，理清外债；回想总结过去家中一年的总体状况，并且在春节到来之前，把孩子们从忙碌的事情从解放出来，该收渔网回家过节的就收网、船只该靠岸的就停泊到岸边，该停止做生意的就收手。而此时，往往是林玉燕和家中媳妇、女儿最为忙碌的时候。首先，需要把家里的卫生打扫干净以迎接新年，房屋清洁、家具清尘、衣被清洗等；其次，需要准备年货，无论家庭收入情况如何，忙碌了一年也要让家人吃上一顿丰盛的团圆饭。对于沿海渔民来说，年夜饭桌上就是各种鲜鱼、干货，些许野菜以及少有的肉，但是对于孩子来说最为兴奋的是终于可以吃上一年少有的白米饭。年三十从下午1点开始，对于王家长辈来说比较忙碌，王文锡要忙着贴对联、祭祖，林玉燕要忙着做饭、安排孩子们洗澡,并尽早将衣服当夜洗掉,因为根据传统大年初一不能够洗衣服,除此之外还要忙着给亲戚朋友、左邻右舍互赠小礼物。

祭祀。年三十下午一点多左右开始需要由家长参与举行盛大的祭祖仪式。祭祖活动由家族年长者共同完成,各家各自准备半熟的食物,依据长幼顺序,汇聚排列在老宅前厅,根据时辰燃放鞭炮开始祭祀。祭祖使用的桌子多为八仙桌,少有圆桌,摆放规整,食物摆放有序整齐。祭祀过程,庄严肃穆,进行两三个小时不等,祭祀完毕,各家主妇将各自的半熟食物收回家中烹制成年夜饭的主要配菜。人们之所以将祭祀用的食物继续利用,主要为表达对祖宗的敬意,意为祖先优先食用,后人再为享用,同时也是为了提倡节俭、避免浪费。

年夜饭。年夜饭不仅意味着辞旧迎新,而且象征着团圆和顺。因此,王家家庭成员都会赶回家中吃饭团聚。年夜饭一般不邀请亲戚朋友、左邻右舍参与其中,主要是家庭成员的团聚。等饭菜准备完毕,长辈上桌坐正位,孩子换上新衣服就位,家长王文锡燃放鞭炮便准时开饭。

走访亲戚。春节期间需要走访亲戚,但没有特别的讲究。由于村庄不大,亲戚间住的也比较相近,大年初一都是象征性的走访,比如兄弟之间会相互串门,每当串门,主人都会泡上甜茶,客人无论如何也得喝上一口,以表尊敬。走访亲戚则更为客气,通常都要随手带点礼物以表敬意。亲戚来访,也是如此,主人除了请喝糖茶以外也会邀请留下吃饭。亲戚之间走访,不强求一来一去,通常都是今年我去你家,明年你来我家,只要近年间相互走访即可,倘若都是单方走动则显得不通人情。除此之外,家中都会组织集体去烧香或是根据风水要求往东西南北具体一个方向进行"出行取财"。只要大年初一择吉时出行踏青过,随后出行就可适当放松选好日子、图吉利的要求。但是大年初二是为乞丐日,家家户户杜绝走访亲朋好友;正月十二为"杨家将战败日",也不宜出门办事情。

木龙赴水。新年伊始,不但人出行祈福,作为家中最为重要的生产工具木船也要出水求财。渔民们会选择好的日子、好的时辰,将停靠在岸边的小船只入水出行,同时燃放鞭炮,出海以后朝着固定方向划行一圈以示圆满圈财,求财成功,然后将船只停靠岸边,准备随时出海劳作。木船除了每年第一次出水比较重要外,最为关键和重大的仪式在于新船打造好之后,挂红带,上油漆,撒糖果、放鞭炮,并集合村中众年轻人齐心协力将船只推入水中。

(2)端午节

送礼。端午节在该村也为重要的、值得庆祝的节日。亲戚朋友之间通常会互送礼物,在当地,端午节流行吃"黄花鱼",女婿对丈母娘的最佳孝敬礼物就是送上一对金灿灿的黄鱼。除此,寻常百姓家中,朋友之间也会互送新鲜的鱼货,虽然普通海鱼不比黄鱼金贵,但是也饱含着心意与祝福。大人之间的人情往来,也体现于对晚辈的关心和照顾上,出嫁的姐妹,在这一天往往会给娘家哥哥、弟弟的儿子买上一套新衣服、送上自己织的布抑或是给点零花钱,以此来维系与娘家的联系以及表达对下一代的关心。娘家作为回敬,则会送上自家准备的特色礼品,比如鱼干、咸蛋、米酒等。

习俗。端午节的正餐设为午饭而非晚饭,因此这天王文锡会要求孩子尽早忙活完以后回家团聚吃午饭。王家过端午,家长会在门楣左右两边各插上一束艾草,作为辟邪。吃饭前林玉燕会给儿子涂抹少量的雄黄以辟邪,王文锡会给儿子们倒上少量的雄黄酒与家人一起共饮。对于家中未成年的孩童,母亲会鼓励孩子依据传统到当年结婚的人家索要彩带,意在讨得好彩头。王家父母为祈求孩子健康成长,会将索要的彩带编织成小挂袋并装上咸蛋由小孩子随身佩戴一天。再者，就是饭前饭后吃粽子，粽子的材料主要是糯米，有分花生粽、豌豆粽，少有肉粽、蛋黄粽。粽子可以存放几天的时间，端午节后林玉燕会重新蒸粽子让孩子们出海捕鱼、外出干活时带着吃。端午时节吃完午饭就开始赛龙舟，但是，该村没有龙舟队，赛龙舟活动需要到镇上观看，由于村庄到乡镇距离遥远，村中前去观看的村民不多。村中人们热衷于水上游戏，对于赛龙舟活动虽然少见，不过自小就会听家里人提及，并且因"龙舟"这个名称而充满着好奇，因此一旦孩子长大成人，必定会特意到镇上观看一次龙舟比赛。

（3）中秋节

每年的八月十五为中秋节。亲戚朋友之间讲究"送中秋"，主要是亲人之间互赠月饼、鱼货、水果，在王家具体表现为，没分家之前，王文锡需要给林玉燕娘家"送中秋"，需要给家族中自家的堂兄弟"送中秋"，同时，王家也会收到亲家送的中秋礼品、朋友送来的鱼货等。王家分家以后，王家孩子们需要给王文锡、林玉燕二老送中秋，尤其出嫁女儿每年必须通过正式的"送节"形式，给父母送去礼品和祝福。对于王家儿子，送节则比较随意，可以在中秋饭前给父母送上鲜鱼、瓜果、月饼就可以。中秋节家宴安排在晚饭，出于自家团圆的需要，一般情况下也不邀请亲戚朋友一起吃晚饭，通常会邀请亲戚朋友、左邻右舍一起赏月亮。族人、朋友聚在一起，借着皎洁的月光，习惯于聊一些关于渔业生产上的话题，小孩子则偏好听家长说一些神话传说、人鬼故事。

（4）重阳节

重阳节对当地村民的意义以及村民对重阳节的重视程度堪比元宵节。这种重视程度表现在：首先，各家各户自愿筹钱请戏班子唱上两天抑或三天的大戏；其次，村中一年两次正式的唱戏活动，重阳节不可或缺的占其一；再次，长年外出务工的人们也更愿意选择在这一节庆时节回家，亲戚朋友之间走动更为频繁。最后，在该节庆过程中，村中才会组织老年人登高、青壮年露营的活动。沿海渔民之所以如此重视重阳节，主要原因在于：第一，每年九月九的到来，意味着台风季的结束，台风危险警报已经解除。家中无论男女老少均可放下担忧的心，将更加大胆、专注地活跃于海面上从事渔业生产活动。第二，九月九寓意着健康、平安、长寿。对于沿海渔民而言，常年出没风浪中与大自然斗智斗勇，并且生命危险常在，健康、平安是为第一位。同时，庆重阳也旨在祝福、孝敬那些为家庭做过贡献而现在已经老去的长辈。

（5）冬至

冬至在当地是个特殊的日子，不仅与生产生活相联系，而且和祭祀祖先相关。首先，冬至这一天家中会吃"日怕"，类似冬至吃汤圆的习俗，但其特殊处在于各家各户需要买上"继光饼"①泡水，待继光饼膨胀以后，用于煮肉汤。此习俗意在怀亲念祖，同时也提醒人们寒冬已至，喝汤取暖，昼短夜长下白天干活需要抓紧时间。每逢冬至，均是王家上下比较忙碌的时候，二子王加春掌握着制作继光饼的手艺，因此一到冬至来临，为了能够给村中各户提供足量的继光饼，一家老小必须在凌晨三点左右就要起床开始和面粉、做面饼、烧炉子。其次，依据旧俗，冬至节期间需要祭扫先人坟墓，并与清明合为春秋祭扫。冬至这一天，王文锡还需要安排家中人手前去清扫祖坟。因为冬至为新旧年分界，多用于风水流年划分，所以村中人比

---

① 后人为怀念戚继光在福建抗倭，便把这种小饼叫作"继光饼"或"光饼"。光饼为冬至祭祖的必备贡品，具有感怀祖恩之意。

较重视。

2.红白喜事

(1)婚礼

在王文锡看来，娶得一个好媳妇，至少幸福三代人，因此，王家娶媳妇比较慎重。父母包办婚姻则主要通过中间媒人来了解对方的情况，了解的内容包括对方家族规模大小、家庭遗传病史、生辰八字契合、双方性格脾气等一些基本情况。其中生辰八字最为主要，一旦生辰八字不符，其他条件再优越也将遭到拒绝。男方在娶媳妇仪式上则要准备好礼金，与女方家庭约好条件，在双方同意之下选择良辰吉日完婚。结婚需要举行传统仪式，由媒婆主持进行拜天地、拜祖宗、拜父母、夫妻对拜等礼节，行礼过程，爷爷辈会给晚辈送上一个小红包以表祝福。随后，家中开始吃酒宴，宴请亲人、族人、朋友入座，当家人及新郎逐一敬酒。

(2)嫁女儿

嫁女儿也遵循着传统习俗和固有的礼节。在女儿出嫁的良辰时刻到来之前，女儿需要在家中完成一系列的行礼程序。首先，林玉燕要对女儿进行象征性的梳头并穿衣服；其次，挪步到前厅由媒婆主持仪式，在媒婆的引导下，女儿需要象征性吃口米饭、抓把生米、带上剪刀等东西放入随身携带的小布袋中；最后，就是敲锣打鼓，跪拜父母，感谢父母的养育之恩。在这一环节，父母、女儿都会含泪哭别。女儿这一拜是为了报答养育之恩；父母受这一拜而流泪是因为，女儿终究要嫁出去为人妻为人母。对于普通家庭而言，嫁女儿不大摆酒宴，主要邀请亲人朋友简单吃一个便饭，不过，大户人家嫁女儿情况有所差别，大户人家会大张旗鼓、大摆酒宴，宴请亲朋好友前来做客。

(3)葬礼

在确认家属死亡后，女儿为表最后孝敬需要给过世的父母穿上寿衣，先由孝男(通常为长子)用秤把七重或五重的衣裤称量，同时记清重量，并点燃香火，在衣襟边烧个洞为记，然后由孝男向天地哭叫："父啊(或母啊)！您衣服共七重(或五重)几斤重，衣襟做了记号，切莫穿错。"逝者穿好寿衣后，由众子女一起抬着安放到棺木中。盖棺是为十分遭人忌讳的事情，盖棺后意味着逝者永无天日、天人永别，因此最后的盖棺步骤往往由族人中一些不惧忌讳的单身汉或是老者完成，当家人则需要给予红包作为酬谢。最后，家中族人、晚辈(多为青壮年)抬棺入葬。对于富人家和大地主而言，财力雄厚，会请乐队、唱班哭丧拜别，对于普通家庭而言只有家人一路扶灵柩哭丧。哭丧围绕感念父母恩情、追思父母功绩、忆与父母往事等主题，根据一定的哀调展开。家中女子到了一定年龄，就要学习"哭父母"的技巧。

针对逝者，当地习惯于"洗骨葬"。入葬是一种暂时性的存放，主要将棺木放入事先挖掘好的拱形洞中，封好口子，并在洞前立好牌子。如果家中父母双方均过世，等到逝者肉体彻底腐化，则由长子带头，择良辰吉日打开棺木，在专业师傅的指导下有顺序地挑拣骨头，再安放到土罐里，最后将父母骨头罐葬入坟墓中。孩子需要披麻戴孝送父母进葬，亲朋好友则需戴白帽穿白衣服，以表达对逝者的敬意。一旦入葬，则在墓地上要将麻衣、白衣即刻换掉，戴上事前准备好的红帽、围上红带等，以表示除晦气、迎新生。葬礼结束，回到家中需要办一次"白"酒，宴请为这次事情操劳的亲人朋友、左邻右舍吃一顿饭。由于称为"白"酒，因此，部分村民心中有所顾忌，遇到自家身体不舒服或是心气不顺的情况下就会缺席该酒席，当家人对此行为皆表示出理解。

(二)家户习俗单位

村中家户,逢年过节均以家庭为单位。未分家之前,王家一大家子一起过节;分家以后,则是小家庭各过各的,这种情况下,王家儿子均会邀请王文锡、林玉燕到自家一起过节或是各家均聚到祖宅一起过节。有些家庭由于兄弟分家早,家中尚有未婚的弟弟妹妹,逢年过节也和父母一起过。王家节庆日要求孩子必须留在自家中与家人团聚,尤其正餐不能缺席,杜绝在他人家中吃饭,不过,朋友之间也会往来做客,主要是喝小酒、闲聊。春节期间,至亲好友走动相比其他时候会频繁一些,相互之间吃饭比较常见。对于嫁出去的女儿而言,不能够在娘家过年。寄宿在亲戚家过年的一般都是小孩,大人寄人篱下的情况比较少见。分家后,过年期间,王家兄弟会各家准备好饭菜,邀请王文锡、林玉燕一起吃团圆饭、聊聊天。王家父母也会在几个儿子的小家庭间进行流水宴,节日期间相互吃个遍。在村中,普通节日亲朋好友不容易全聚在一起,生活条件有限,各家忙于生产活动,导致过节也没有特别的讲究。

(三)家长主持节庆

春节期间王家对内、对外走亲戚活动以王文锡决定为主。相互之间是否送礼、送什么、怎么送都十分讲究,通常由林玉燕加以参谋。大年三十下午一点左右由当家人主持进行祭祀祖先仪式,并在大年初一凌晨开门燃放鞭炮迎"天地神",初一早上由林玉燕携带孩子到寺庙烧香。此次烧香较为特别,比如,家长在家中点好十六根香,到了庙中根据各个分属不同神明的香炉叩拜完、分好后,个人需要从寺庙中带上六根他人点燃的香带回家,此行为寓意着将吉祥平安带回家。这种方式使得人们倾向于守候、拿取富人家的香。过去人们烧第一炷香为图吉利,都是默默守在炉旁,看到有大户来烧香,对方前脚走,穷人家则后脚跟上将对方的香火带回家。

元宵期间活动比较多,涉及闹元宵、游神明、唱大戏等活动。这些活动均是由各家的当家人、年长的族人共同组织完成。在王家未分家前,每年以王文锡为带头人,代表家庭参与其中。各家各户的未成年男子也会主动参与帮忙筹备工作,女性因为涉及比较多的忌讳,不能够随意参与其中,因此主要负责家里欢庆元宵佳节的准备工作,如送神、接神、请神物品的准备、摆放、清理。

清明节需要扫墓、祭祀祖先。未分家之前,王家由王文锡组织孩子们去除草、扫墓、祭祀。分家之后,王文锡每年依旧组织扫墓任务,家中儿子协调配合;王文锡过世以后,就由王家兄弟在长兄的主持下轮流扫墓。家中妇女一般不参与扫墓,尤其不能爬到墓地高处,但日后该习俗有所改变,慢慢地,妇女也能够去除草,主要负责清扫墓地的低处,仍旧不能够清扫墓地的高处。

中元节也称为"七月半""鬼节",王家需要进行祭祀祖先活动。此次祭祀活动比较重要,主要是给祖宗烧纸钱。对于第一年过世的长辈,亲人之间要互送冥钱,以表敬意。王家由林玉燕在七月之前进行送礼、回礼,并将这些冥钱折成特定形状,在祭祀当天交由王文锡进行焚烧,并喊话示意祖先收钱。

重阳节在当地意义非凡,象征着平安、健康。从气候上来看,重阳节的到来意味着台风季的结束,也即渔民们从事海上作业的风险大大减小,因此十分值得庆祝。村中在各家各户经济条件允许情况下,由各族主事人主持集体出钱请戏班子到村中唱上两天的大戏,同时,村中老年人也会组织登高、夜宿活动，以表达对平安、健康的追求。

四、家户信仰

（一）求索型神明信仰

王家整体信神也信佛。信仰主要是为了祈求家人平安、寻求内心安定。尤其身体状况不好的老年人，家境困窘的家户，对于神明①的信仰更加强烈。信教由家长带动，妇女日常维持仪式加以强化，从而带动家庭所有成员养成信仰神明的意识。王家对于神明信仰，通过频繁的求助于神明得以体现。

首先，为求安定，为保平安，王家以上香、祈祷、跪拜形式实现信教。1949 年以前的农村基础设施条件差，科学技术不发达，在村庄社会充满了许多未知和疑惑，为求得内心的安定，所以经常求助于神灵。王家儿媳妇要生孩子，遇到生育过程突发情况，家人第一时间不是求助于医生而是先求神拜佛、求得保佑；王家儿子要出海捕鱼了，王文锡就会到神庙中叩首焚香，祈求神明保佑孩子一路顺风。

其次，初一十五焚香斋戒，行善积德祈求为子孙添福运。该村多为渔民，经常进行在海上遇及大风大浪的捕捞作业。由于通信技术落后，联系不便，消息不通，遇到问题双方难以及时沟通，导致家中亲人只能望眼欲穿等待孩子平安归来，为祈求平安，村民相信，自己的善行能够给子孙带来福运。因此，通过初一十五在神明的见证下行斋戒、不杀生为子孙积德。

最后，在大事大难上以"通灵人"为媒介问计于神明。该村存在一种请神的传统，主要以掌握特殊技能的"通灵人"为中介，将请神家庭的愿望和要求告知神明，并且依赖通灵人传达神明的旨意。王家经常在涉及决定孩子是否去陌生海域捕鱼等重大问题上进行请神活动。

对于常年出没在海上的王家子弟来说，信仰斗战神佛、海神、地头神、妈祖等诸神是十分必要的。王文锡会以一系列请神活动，求得"神明香位"，并且安放在船只的高处，以示自家信仰该神，求得该神时刻的庇佑。在广阔无人烟的海面上，风云变幻莫测，只有心中有神，拥有信仰才能起到一定壮胆作用。因此，王家孩子从小就见识了家庭请神明、做法事、求平安、问计谋的信仰仪式，在王文锡、林玉燕的引导、熏陶下，从小就开始敬畏神明、信仰神明。海上作业中遇及突发危险状况，也会心中默念神明保佑之类的话语。

王家乃至村中皆是信神拜佛，村中没有人信仰基督教，在当地人看来基督教和佛教水火不相容，并且不允许自家范围内有人信仰基督教，也不能够与信奉基督教的子女通婚。人们深信，同时信仰不同的宗教是对神明的大不敬，由此必将给家庭带来重大的灾难。后来有外来者到村中传教，但是村中并未有人因此改变信仰。村中基督教信仰者多为外来者且信教多事出有因，例如，有些家庭成员得了绝症，认为通过信基督教赎罪以求得身体健康。

（二）家长的宗教信仰

信教以家庭为单位，以当家人的信仰为核心。在王家，由王文锡主导信仰佛教从而影响带动家人皆信神拜佛，所以王家上下皆是忠实的佛教信仰者。王家早年家境落魄、生活困窘，家人从业十分不顺且家中连年出现怪异事件，一年下来家中发生了许多糟心事情。其中，次孙王君灿自幼体弱多病，到处求医无效，令家人忧心忡忡。为改变家中状况，破除困境以稳定

① 指神仙。

人心,王文锡在得知"丹野村"有一神明十分灵异后,便亲赴该村庄将这位灵性十足的"元帅神"请到家中,每逢初一十五供香火、送元宝、做祈福。请神行为稳定了家人人心,促使王家情况也得到了好转。通过这件事,王文锡更加坚定认为是神灵保佑了王家,所以不断引导家中亲人、孩子信仰该神明,日后王家每每遇及大事,孩子们也学会了自觉上香祷告。

(三)家神信仰及祭祀

求神拜佛是一种信仰,也是一种寄托。王文锡、林玉燕信神原因在于求得子孙的平安,生活的和顺。王家供应着"元帅神",摆放在顶楼房梁的正中央,因为神具有至高无上的地位,出于尊敬,不能放在低处,只能放在高处,供家人瞻仰、跪拜。林玉燕会经常教育年纪还小的孩子们,不能用单手指着神明,这是大不敬,同时还教会孩子们拜神的姿态和礼节。作为庇护一家人的神明,拥有着无所不能的本领,家人只要有什么疑难问题或是遭遇了不顺,都会烧香到神明面前去祷告以求神明的帮助。王家倘若遇到重大的事情,就不止烧香,还需要在神位前供奉上水果、过水的猪肉、素菜等食物,并且请村中具有通灵本领的长者,通过一定的程序,施以法术、传达神明旨意以解决问题。整个仪式过程,当家人要手持香火,跪拜询问,一旁的家人则要帮忙烧纸钱,并根据指示燃放鞭炮,做完法事,开门送神,当家人亲自答谢并给予通灵者一定的劳务报酬。

(四)认同型祖先信仰

1.对祭祖的看法

(1)祖先来处

祖先主要指与自己有直接血亲关系的祖上亲人,具体包括同姓氏共有的开宗祖爷爷祖奶奶、不同房支的太爷爷太奶奶以及与自己血缘最近的爷爷奶奶等。对于这些过世长辈,亲属都笼统称之为祖先。祖先是一个比较模糊的概念,特别对于家中晚辈而言,通常会询问一个问题,祖先是谁、长什么样。家长会回答道:"祖宗即是保佑我们家庭和顺发达的过世长辈。"王文锡在日常教育中,经常以"光宗耀祖、祖上积德、祖先在天之灵"等话语强调祖宗的存在,从而促使王家孩子强化对祖宗的认同。

(2)牌位放置

大家庭如果有祠堂,则将逝者的牌位放置在祠堂;没有祠堂如有祖屋,则将过世长辈的牌位、老人遗像放置在老祖屋;既没有祠堂也没有老祖屋,则将牌位、遗像放置在自家楼中高处。王氏家族许多先人的遗像都放置在老宅子中,具体摆放位置在前厅左右两个门框顶上。过世灵位按照一定顺序、大小,从高处到低处摆放。遇到主要祭祀节日时间或是具有纪念意义的时间节点,家人也会焚香祭拜。日常对于祖先的祭拜直接体现于对悬挂画像、灵位的瞻仰。

(3)祠堂作用

王氏族人在本村尚未修建祠堂,主要原因在于经长辈们讨论商议以及请风水大师察看,该村庄缺乏修建宗祠的风水宝地,所以一直未能够建造。倘若村中需要修建祠堂,必须征得王氏各房族人的认同、参与,需要共同筹资、共同筹建。祠堂具有神圣不可侵犯的地位,一般情况下祠堂修建完毕,需要举行落成庆典,落成庆典不但需要本村所有王氏族人的参与,而且还要邀请王氏宗亲来共同参与。届时,王氏宗亲会带上族谱,根据族谱相互之间进行排行与会亲。祠堂在庆典大庆过后,就投入使用,摆上族人、祖先的牌位,供上香火,随后便将祠堂的正大门关闭。此后,祠堂正大门不能随意打开,但留着左右两侧门,供族人日常进出。遇到族中有重大、有意义的事情的时候，族长会打开祠堂大门以利用祠堂的公共大场地，比如，家中族人中了科举，进入仕途，像这样光耀门楣的时刻，祠堂的大门便会打开欢迎该族人进祠堂受表彰。其次，就是族里办大事，例如需要商议会亲、敬祖先等大事的情况下，可挑选好日子打开祠堂大门让族人进入祠堂。家族中的孩子对祠堂具有天然的敬畏感，王家从小对孩子进行有关宗祠玄幻作用方面的教育熏陶，因此孩子们不敢破坏或是做出对不起祖宗的事情。

（4）祖坟修建

王文锡一房祖坟由王文锡手上修建而成。该坟墓的主人主要安葬有王文锡的父母。坟墓的选址主要依据了王文锡的心意。早年王文锡主要以捕鱼为生，有一日顺风顺水夜宿到蕾尾一带海域，夜里突然梦见一位白发老人对其说："年轻人呀，生活要继续，必须有法子"，说着便指向了蕾尾村的西侧老虎山。王文锡夜里惊醒，恰好发现自己已泊船到了老虎山，思来想去老人话语犹在耳畔，生活要有法子，老人家直入山中，王文锡顿悟是为此处有龙脉，能添丁、可旺财之意，便决定将祖先坟墓修在这里。第二天王文锡便开始请风水大师在此山里"寻龙"，最终在该"老虎山"中寻得一块风水宝地。随后，王文锡动用家中所有积蓄并且求助亲朋好友，开始修建祖坟墓，该坟墓位于老虎山顶，占地面积约为五十平方米。修建祖坟为一件积德利家的事情，因此二房族人大为支持。

（5）王氏家谱

王氏家族有一本总谱，该总谱存放在同族长者王加住家里。过去族谱放置在一个木制的盒子里，里边放有干燥剂、樟脑丸等以除湿、防腐蚀。后来族人将族谱放置在不锈钢盒子里。族谱记载了王氏祖宗来源、迁居、发展脉络，其中，有图形描绘迁居路线、迁居所到处地理环境；有文字以记载各房子孙后代维系情况。族谱过一些年份，就需要年长者主持进行修缮一次。日常族谱不能够随意打开，或拿给他人翻看，翻看族谱需要选择良辰吉日，另外只有遇到重大事件的时候才能翻阅族谱。族谱的功能和作用在于：第一，根据族谱，证明族人身份、来源出处。每个王氏成员都有共同的祖先，这是证明个人来源出处的体现，比如，同是王氏族人，却有许多分支，具体是哪一个祖先下的子孙就需要通过族谱加以核对，依据族谱起到寻根问祖，自证身份的目的。第二，依据族谱，家族会亲，凝聚人心。假使王氏宗亲祠堂落成，为了联络族人、巩固关系网络，通常在依据族谱寻根问祖后，对外发放请柬以宴请本市范围内的王氏族人。到来的客人，也会依据族谱介绍自身的祖上来源，由此建立、强化族人的关系网络。第三，凭借族谱，认谱不认人，施以援助。家族中倘若发难，遇及荒年、灾年，族中长者就会背着族谱向他村王氏族人请求援助，他村族人，首先核对、查看族谱，发现是为同宗同源，经济条件允许就会无偿施以援手。

除了族中共同拥有一本总谱以外，各家都有一本涉及自身一房的家谱。该家谱也由家中年长经世者掌管，保管者不但知晓家族简史，而且能说会道，善于将族谱的相应内容解读给晚辈听。家谱的翻阅相比族谱没那么规范、正式，家谱可由自家人查阅和修缮，但一般情况下，不会让外人查看。王家老一辈长者均认为无论是族谱还是家谱，兼具有十分神圣的地位，不能由外姓人、外家人查看。

2.祭祖的目的性

（1）尽孝积德的祭祖观

王家从家长王文锡到长子王加申再到长孙王明绍，一直在代与代之间传承并延续着对祖宗尽孝的祭祀传统。祭祀祖先是一种传承，是一种尽孝，是一种积德。每年除了年三十下午、七月半的集中祭祀外，还有清明节、冬至两个祭祀时间，而后两个祭祀时间在使用上又有差异。清明祭祖又称为"看清明"，通常是当年去世或为去世者的头一个清明节，这种情况下，自家兄弟必须要去祭祀、扫墓。这两种情况之外，各家可以根据清明节当天日子的好坏、时辰的吉凶情况决定是否前去祭祀。其次，冬至时间扫墓、祭祀更为常见。清明节没有祭祀的家庭，都在冬至进行。据了解，之所以选择冬至这个时间点，也是一种惯例，带有嘘寒问暖对祖上关怀之意。对于逝者，无论是暂时存放在山中，还是下葬于墓地，当家人都会组织晚辈前去"看清明""看冬至"，哪怕当家人过世，也会交代子孙，要祭祀、要修墓、要扫墓。一方面，是为了通过这些仪式表达对先人的尊重和认同，以维持家庭成员的亲情关系，促进族人的团结；另一方面，王家认为，祭祀祖先在天之灵能够让祖先保佑子孙平安、家族兴旺发达。因此，在当地十分重视修墓、扫墓、祭祀活动。有些家庭兄弟甚至认为，祭祀风水宝地，能够给自己带来财运，为此，在如何祭祀、祭祀顺序上发生了争执而导致兄弟不和；还有一些村民认为，大户人家之所以财运亨通、人丁兴旺也主要是因为其祖先的坟地修得好，选取了一块风水宝地从而带来了财运、人丁。所以有些穷人家还会偷偷去祭祀富人家的墓地，盘算着从祭祀中沾取他家风水。

（2）家长主持的祭祀观

在祭祀前，当家人需要召集子孙做好准备工作，例如祭祀时间的选定、人员的安排、工具的筹备，因为墓地多在偏远的山中，路况十分荒芜复杂，所以还需要安排家庭成员事先去除草、开路。在祭祀过程中，首先是按照选好的吉日良辰，事先摆好米酒、茶水、水果，以燃放鞭炮作为开始祭祀。当家人或主事人，会在祭祀开始前说上一段话，王文锡会说："太原堂上，晚辈王文锡携众子孙谁谁前来看清明。祖上在天有灵，保佑王家子孙满堂发，财运滚滚来……"说话的同时，家长组织大家跪拜祖上，再由家中年幼的男丁或是成年男丁参与烧纸钱，家中年幼男孩参与烧纸钱会被长辈认为是一件十分积德敬祖的事情。说完话、跪拜毕、烧完纸钱，王文锡就组织家人开始清扫墓地，由当家人或是成年男性负责清扫墓地的高处、正中央；倘若有小孩、妇女前去扫墓，则只能清扫低处或是参与墓角锄草。清扫墓地需要根据祭祀时间安排进度，祭祀结束以事先看好的吉时为准，不以清扫任务的完成为限，时辰到，当家人、主事者燃放鞭炮以表示祭祀结束。

（五）庙宇信仰及祭祀

1.村庄庙宇情况

1949年之前，村中主要有两个庙宇，当地俗称为"宫"。之所以称为"宫"是因为村民信神，认为神仙住在"天宫"，以宫或宫殿称之具有神圣、威严性。两个宫所发挥的功能和作用也各有侧重点。

东边的宫殿为"通天王母"宫，该宫中有王母娘娘、虎状元、马状元。王母娘娘具有通天的本领，凡涉及村中事情，村民觉得疑难、古怪、求保佑、求安心的均可到宫中祷告，请求神明帮助。对于家庭求子、妇女生养等方面事情主要求助于王母娘娘。另外，左右状元，一文一武、一柔一刚，辅助娘娘保全村平安。虎状元面容庄严严肃，手持重锤，除奸惩恶，是为上天入地除暴安良；马状元面容慈善英俊，一手持照妖镜，一手握宝剑，能文会武，能入产房捉妖除魔，保房中母子平安。该宫规模较大，宫内搭有固定的戏台，本村村民为驱邪避祸、增添喜庆，各家各户集资每年至少唱两次"闽剧",具体时间为元宵节、重阳节。每月初一十五,林玉燕依照惯例前去焚香祈福,如遇农忙时节,则会交代女儿前去代为焚香。宫殿因为其规模大、地势高、又充满着灵性的缘故,因此,每逢台风到来之际,一些房屋老旧破败的家庭就会让家人到宫殿中"躲台风",家家户户则会铺在戏台上休息。

西边宫殿是"忠平王宫",该宫中有忠平王、齐天大圣两位神明。忠平王是位帅才,足智多谋,忠义两全;齐天大圣,本领非凡,上天入地无所不能。村中之所以选择这两位神明也是基于一种信仰,村民们希望自己的孩子,既具备斗战胜佛的本领,又拥有忠平王的品质人格。该宫殿规模较小,主要因为不需要承接搭台唱戏的职能。

2.家人均可祭拜

由于村子规模不大,尽管一个宫殿在村的东头,一个在村中的西头,但是东西之间最远不过 10 分钟路程。家家户户每逢初一十五就到宫中烧香拜神,拜神同样讲究先后次序,先王母娘娘宫,后忠平王宫。此外,家中遇及重要事情,比如自家儿媳生育,儿子出外海捕鱼等方面,王家妇女就会到宫中祈祷。倘若遇到棘手、严重问题,家长还会邀请"通灵者"进行"请神"活动。通灵者将问题告知神明请求神明给予指导,再通过通灵者告知请求帮助者。

村中村民崇尚神灵信仰,只要听闻某个地方的神明特别灵异,全村人都会慕名前去朝拜。该地区有一个卢坑村距离本斗坑村较远,有一位被当地称之为"吴师公"的神明,本领超凡、十分灵验,初一十五有心的村民就会前去烧香、求签、求福。

求神拜佛倾向于女性的职责。烧香、请神、求福、还福、求签等事情在日常主要由家中妇女来完成。村中的"通灵者"皆是男性,并且是当地德高望重的长者居多,年轻人中学习通灵术的较少,女性则不能够学习该法术。求神拜佛以家庭为单位,遇及重要事情求助神明,自家女性则悄悄前去;如果是求福、求财、求运,左邻右舍妇女们也会结伴而行。不过,前提条件在于各家带各自的香、元宝、蜡烛、鞭炮,凡用于祭拜神明的物品必须本家自备,不能借用共用。到宫殿请神,需准备米酒、茶水、瓜果,除此,有钱人家会准备过水的生肉、蔬菜、水果、干果;穷人家一般摆放蔬菜、水果等几样简单物品。拜神没有限制,只要诚心诚意,时间适合,无论男女老少、贫穷富贵皆可拜神。

五、家户娱乐

(一)结交朋友

1949 年村中交通条件落后,通信设备缺乏,再加之山海地理阻隔,村民交往圈子比较狭窄。王家的交往圈子主要在本村,具体包括族人、亲家、朋友以及村民,在这当中,族人是交往最为密切频繁的群体。王氏族人大体根据姓氏分片区集中居住,有的好几辈人、好几家人甚至在同一个大祖屋中长大,相互之间从小感情比较深厚。

在王家,父母对孩子在不同阶段结交朋友的干预程度不一样,王文锡认为一代人有一代人的性格,一代人自有一代人的朋友,因此要在正确时候交好友。王文锡时常嘱咐孩子,物以类聚,人以群分,所以要注意与习惯好、人品好的人结交朋友。但随着孩子长大成年,父母就不会干涉孩子的交友行为,由于村庄规模不大,人口数量有限,平辈孩子自小在打闹中自然而然成了好朋友。对于女性而言,较少提及朋友,女性主要把时间和精力花在照顾家庭上,因此鲜少有对外交际。

王家热情好客,对于前来家中做客的远房亲戚或是他村朋友均热心接待,遇到客人留宿家中,则由当家人王文锡和林玉燕负责食宿安排。王家结交的朋友大多从事捕捞业,往往因为患难中同舟共济而相识;再者,王家孩子们多外出学习手艺,在学艺过程中也结交了不少同行朋友,这些朋友日常往来不频繁,倘若有经过彼此朋友所在村庄也会见面、吃饭、聊天。王文锡虽然与外村朋友往来较少,但彼此感情深厚,有难则会出手相助。人们都清楚地意识到人要人助,鱼要人养,多一个朋友则多一条道路。通常相互之间在需要帮助的时候就会到彼此家中,除此每逢遇到重大节日如重阳节、春节,村中唱戏闹腾、家中伙食良好的情况,就会邀请朋友前来家中做客。

王家提倡以德会友,结交朋友重看人品,同时交朋友如同做事情一样皆需要慎重。与积极上进的人交朋友则会引导自己更加上进,与无所事事的人交友容易导致自己意志消沉。王文锡比较开明,认为人不可貌相,海水不可斗量,不能以外在条件或因个人暂时的寒酸背景而取笑他人,限制彼此往来,对于所结交朋友的家庭背景没有过多限制。王家严禁赌博,对于不求上进而又喜好赌博的年轻人,王文锡要求孩子们尽量远离。倘若族人儿孙有此习惯,王文锡则会苦口婆心加以劝导;倘若是村中外姓孩子,王文锡就会在自家孩子面前以此为反例警示孩子以正确交友。

熟人社会,朋友之间互帮互助行为是维系人情关系的有效方式。在经济状况普遍不容乐观情况下,朋友间的照应以生产活动的相互帮工、生活方面的相互关照、少量的金钱往来为主。钱物往来均为暂时借用、救急、救济使用,不算利息。但是,在村民看来,越是富裕人家则越小气,对外不存在"人情钱",均是以收取利息为目的的利息钱,该类钱利息增长十分快速,王家用"夜加三,日加四"来形容其利息增长之速度。相反,穷人朋友间"人情钱"往来更为常见,偶尔有钱则慷慨转手救济并且不算利息。基于该情况,穷人家庭,朋友之间遇到事情彼此总能自觉帮忙;而富人家庭遇及困难,除阿谀奉承的少数人前去相助外,则需花钱雇人帮忙。

(二)打牌消遣

桥牌历史较为古老,是村中长辈偏爱的娱乐方式。王家普遍认为,打牌等同于赌博,因此不允许孩子们接触该娱乐方式。家长王文锡十分排斥打牌活动,并且严禁自己的孩子参与其中,王家孩子小时候经常背着家长偷偷玩牌,纯粹为娱乐而不是为赌博赢钱,可即便如此,王文锡见一次没收一次纸牌并且训斥一次。王家二子王加春从小精于算计、喜好打桥牌,王文锡对此一直持反对态度,家中其他兄弟见其行为也会加以规劝。

村中人们在农闲或是传统节庆时刻,同年龄段人喜欢一起组局打桥牌。打桥牌也称之为"打猪蹄",彼此不赢钱而是以猪蹄为赌注。人们根据打桥牌性质,即以娱乐还是以赢钱为目的,相应选择不同的场合,如若属于娱乐性质,则选择较为公开的场所,比如大树荫底下、大伙经常聊天的小卖部、村中空地。打牌场所较为公开,因此常招引许多村民前来围观;如若是以赢钱为目的,则会选择比较隐蔽的场所。年轻人会组队藏到老宅房人迹罕见的楼上进行赌博。王家打牌活动偏好以自家为单位,也即王氏二房族人间以娱乐为目的活动,外人不参与其中,家中成年男性参与打牌,家中女性和孩童不能参与。

(三)串门聊天

该村村民多为集中居住,同一姓氏同一房人同住一片区,家门基本挨家挨户相对着,王家人相互间抬头不见低头见,往来比较密切。夏日夜里村中没有通电,缺乏娱乐活动,王家左邻右舍都会把家中板凳搬到门外,一起燃烟驱虫、乘凉聊天。聊天内容涉及家长里短、农业渔业生产等。冬日里大家围坐烤火取暖、聊天度日,王家长辈均会在大暖阳里拄着拐杖,搬条椅子,带上烟袋,围坐一起"旁讲"①。白天树荫下、小商铺里围坐着聊天的多半是老人,年轻人在白天忙于生产活动,很少参与聊天。到了晚上比较清闲,年轻人也会聚在一起旁讲或是听长辈讲一些涉及风水宝地、祖坟宗祠的作用等话题。

人们往往不喜欢到别人家中聊天,除非涉及私密的事情需要商量才去他人家中。个人不选择在他人家庭吃饭时间去串门,主要出于对彼此的尊重。一来,他人吃饭期间说话聊天是为不礼貌;二来,遇上饭点,来人即是客,主人会邀请客人上桌吃饭,倘若客人未上桌,主人觉得让客人等着陪同自己吃饭是为不礼貌。个人不能在家中有亲人逝世的情况下到他人家中串门,这会让对方会觉得,来者因家中死人充满着晦气,来到家中会将晦气带给自己。有些家庭喜欢寻找"好彩头",遇及初一、十五重要的日子,十分反感对方穿着白衣服到自己家中,而更愿意看到来串门的朋友及客人都穿着红衣服,红红火火,更为喜庆。

(四)其他活动

1.唱戏

当地村民具有看"闽剧"的传统,特别对于老年人来说,这是一年中最大的娱乐活动。村中一年之中会请戏班子唱两次闽剧,时间分别在元宵节、重阳节。之所以选择这两个时间点,原因在于元宵节代表着春节的结束,也是一年中人们停止休息,开始忙碌的象征;重阳节唱戏则体现的是尊老、敬老、爱老的传统。元宵唱戏旨在赋予新年更多的福气和好运;重阳唱戏则是为祈福平安健康。村中唱戏费用按每个家庭人口进行均摊,各家各户家庭成员均可观看,并且可以允许亲戚朋友前来观看。唱戏期间,王家长子白天仍需要进行海上捕捞作业,王文锡、林玉燕则在家中忙活家中闹元宵、庆重阳事宜。到了晚上则举家前去看戏。

(1)组织者

村中请戏班子需要有人来组织该项公共事务。组织人需要外出邀请戏班子、谈演出费用、安排戏班子食宿等问题。春节期间村民比较空闲,可重阳节期间大家均忙碌,为完成该件公事,则需要通过一定制度加以规范以保证有人来完成。因此,村中商定了如下办法:首先,基于村中有王、龚、石三大姓氏,每年各姓氏出一个组织者,共同组成组织团队。其次,各姓氏内部的组织者选取,采用各家各户轮流制度,比如,今年王五家,明年王六家。最后,还需要考虑特殊情况。当年成婚的男性家庭,或是当年生了男孩子的家庭,当家人必须参与组织工作,因为村民认为娶妻生子、维系香火是最大的事情,个人必须要有所行动回馈神明、回馈乡村,再者此行为积德行善。王文锡总共生有五个男孩,因此至少参加了五次请戏筹办活动。

(2)费用

唱戏是村中公共大事,需要通过集体募资来完成。一般情况下,由组织者到各家各户根据家庭人口数进行募资。王家十分认可、支持村中唱戏活动,但村中少部分人家因家庭条件困难、生活困苦,也存在一时半会交不齐费用的情况。对此,组织者通常先说理、再劝导,以催

---

① 旁讲:指无关紧要的闲聊。

促其想办法凑钱,因募资唱戏为集体大事,大吵大闹会遭村人谴责,所以无论是收钱人还是交钱人均会以比较平和的态度和方式对待彼此。

2.习武

村中青壮年经常出没海上从事捕捞作业,一方面,需要健康强壮的体魄以应对高强度的劳动;另一方面,海上常有海盗及恶势力出没,习武防身利于应对。王文锡等村中长辈,希望家中孩子通过习武强身健体,以加强家庭的防御力。于是,村中集体出资聘请武术师傅集中教习各家小孩习武。随后,王家针对自家孩子习武程度,又聘请了私人教练教习自家孩子。众人习武、日夜操练、相互切磋,便成了村中、家中年轻人日常的娱乐方式,家中长辈也喜好观看孩子们的习武并且津津乐道加以指点。家中女性白天可观看村中孩子习武情况,但不能参与其中习武。

3.海钓

钓鱼是王家乃至全村渔民的重要娱乐方式。遇到"鱼汛期",春天的暖阳里,家中老少均会出动前去海钓。一天下来运气好的话,也能够收获三十多斤。为了让孩子尽快掌握钓鱼技术,王文锡会在钓鱼过程中教会孩子们如何捆扎鱼钩、如何挂鱼饵、如何放线收线等技巧。同时,为激励孩子们认真垂钓以及增加钓鱼乐趣,王文锡会在孩子们之间开展钓鱼比赛,以收工前所钓鱼儿重量最多为胜者,并奖励获胜者自由活动半天。据村中长者经验,如果钓鱼前把鱼钩用油炒一下则会更加吸引鱼群,因此林玉燕在家中主要通过炒鱼钩的方式参与到举家海钓的行列中。家中女儿一般不参与钓鱼,但是有些家户的调皮女儿往往暗地与兄弟合计,绕开母亲的束缚偷跑去观看。

4.游泳

游泳既是一项生存技能,也是一种娱乐活动。自打孩子们四五岁起,王文锡就通过教习孩子们游泳以提高水性。在孩子们前两次的游泳中家长均会加以陪同和指导,一旦孩子们掌握了该项技能,家长就不加以陪同。村中无论年轻人还是小孩均热衷于游泳,习惯三五成群结伴在水中开展游戏,展示各种游法,一下水一游往往都是大半天,直到游得精疲力竭,嘴唇发紫,还不肯回家。该情况下,家中母亲为了孩子安全着想就会到岸边寻找孩子,催促赶紧上岸。

第五章　家户治理制度

传统家庭结构范围内,当家人自然而然继承祖上赋予的权威,以父权为基础在长期生活中形成了一种支配性威权,由此,扮演着治理家庭的核心角色。王文锡作为王家最高权威代言人,享受权利的同时也承担着相应的义务。当家人凭借权威的地位、成熟老练的心智、出色精干的能力,时刻准备应对家内家外疑难突发事件,从而保护家人周全;同时,充分利用传统惯习、家规家法、奖惩措施以规制教化成员行为;最后,尚需团结族人,凝聚人心、动用群智以应对国家事务,从而极力维护家人利益。

一、家长当家:家户范围最高权威

(一)家长的选择

1.家长特征

家长的产生、确定、传承主要延续了传统的习惯确认方式。各自家庭中家长的确立,没有特定的产生方法及特别的仪式,其实质遵循了约定俗成的习惯方法。正常情况,家户没有分家,则由父亲当家为家中家长。父亲因其掌管着家中一切的财、物、事,维系着家中一切的人和事而在家中最具权威。家长王文锡在王家处于核心地位,王家无论家里家外事情都以其决断为主,因此一个家庭的兴旺发达取决于家长的优秀与否。

当家人即家长具有年龄长、德高望重且均已成家立业、儿孙满堂等特征。家长因其社会阅历丰富、解决问题能力强,所以在家中拥有着绝对的话语权。王家孩子接受的更多是家庭教育、家族教育,因而受到家庭的约束、影响比较强烈。这种家庭、家族教育的印迹直接体现在,父母在教育过程中习惯性地将自家孩子与他家孩子进行对比,以此来激励孩子;同时,夸大个人行为的作用,赋予个人行为代表家庭行为的意义,使其受到来自族人、家人、村人的舆论监督。倘若遇及家中"当家人"主事能力弱情况,家中也不会做出更易家长的决定及行为,在遵循辈分的基础上仍然需要由当家人担当门面,不过具体事务操作可交给儿子。儿子在这当中能够更多参与家中具体事务的操办,但只要其父亲在世,村民始终一致认同的是其父当家人的地位。

2.家长认同

在王家,由于王文锡父亲过世早,随着王文锡长大较早接手家中事情,很快便成为了家中最具权威的一家之长。当地将家长称之为"当家人"或是"做主人",意为家中权力的象征。一般情况下,村中、族里、家庭间的事情皆交由"当家人"进行交涉,平日里家长和家中具体管事人同为一个人。在王家,林玉燕参与辅助管理家中事务,长子王加申参与谋划、负责具体执行王文锡的决定。

王文锡精明强干、育子有方、治家有道,针对孩子们的性格特点与兴趣爱好,便安排孩子们进行学艺。长子王加申背负着分担家庭重任的使命,自小就学会了造船、捕捞技术;次子王加春小时候被送到赛岐镇学做面条、烤饼技能;三子王加盛学习轮机技术,随后经营渡船;四子王加义学习制作衣服工艺成了一名裁缝;五子王加堂后来随王加盛学习轮机技术成为了一名机器修理师。

在王文锡的管理下,家庭成员分工有别,家庭运行十分有序。长期以来由于其突出的能力,整体上统管着家中一切事情,直到后来,虽然孩子们分家,各自成家立业成为小家庭的当家人,但王文锡当家人管家的地位并未因此被削弱。即便后来分家了,王文锡依旧备受子女们的爱戴,家中大小事情子女均会与其商量,并且需要征得父母同意。为维系这个家庭的凝聚力,王文锡经常召开家庭会议讨论家中事情和状况。家长王文锡与长子王加申住处离得比较近,冬夜里王文锡经常到长子家中烤火,围坐炉灶旁,就家庭发展问题、生产中的困难等进行探讨。

女性通常不当家,当家则皆因情况特殊。对于村中女性当家的特殊情况,村民往往表示理解。村中女性当家有以下原因:一种是家中长辈皆过世,家里男性无能而女性特别精明强干。男性实质只有当家人的虚名,但不做当家人应有的实事,即在家中,女性实实在在地掌管着大小事情。当外人有事找家户当家人商量,问女不问男的时候,基本就可以判定家中"妇女做大";另一种是上无老,下有小的寡妇,在家中孩子未成年之前,均为寡妇做主。当家的女性既要忙于生产活动,又需要承接与村里、族里的日常联络,凡事顶在前面,能够独立拍板决定则可算为当家人。

当家人为一家的主心骨,于家庭中拥有着绝对的权威和地位。王家未分家前公认的家长为王文锡,日常中子女们均无条件地服从并认同家长的安排,外人为表尊重称呼家长王文锡为"文锡公"。由于王文锡勤劳实干、品行端正、家教有方,不仅使子女心诚意顺地服从其管理安排,而且使得族里乃至村中其他家庭都对他敬尊有加。即便王家后来开枝散叶,孩子们成家独立,只要各小家庭遇及困难、矛盾、疑惑依旧寻求王文锡定夺。外人有事情需要寻求王家人手援助,首先需要找到王文锡协商,征得家长同意后再寻求其孩子们帮助。如若绕过家长直接寻求王家成员帮助,一则因为没有王文锡的允许容易遭到孩子们的拒绝;二则是对王家家长的不尊敬,再者出了事情需要承担全部责任。

(二)家长的权力

1.祖赋权力

相比信天地而言,人们更崇尚、认同型祖先信仰,认为是祖先赋予了自身与生俱来的权利。王家认为"天"更多指代自然,主要影响着农业生产、渔业活动,生产中常常提及的"靠天吃饭"就是指代这个道理;而"祖先",无所不在,不仅影响着一个家族的兴旺发达,也影响着家庭人丁、财运、仕途等各方面。为此,当地并不流行"祭天"等仪式,而是十分重视"祭祖""做墓""游神"等传统活动。无论是当家人还是长子,都得天独厚地享受着许多先天的特权,比如,修建祖上墓地是件十分重大的事情,当中尤其注重风水问题。风水讲究长子优先享受最好的利益,也即意味着该墓地选址无论好坏,只有长子认同自身利益、满意风水情况下,其他兄弟才可以动工修墓。否则,只要长子不同意,再好的风水宝地也不能够修墓。而长子之所以享有如此大的特权,并非由于长子具备特别或是超凡的能力、智慧,只因长子出生最早,祖先在赋予其重担的同时也让其享受相应的特权,对此当地流传着一句话,"你想享受特权,谁叫你不早点出生,谁叫你不当哥哥！"

在王家,当家人王文锡所拥有的地位,也如同长子所具有的权力般为家庭所认可和维护。虽然,在王家并不是所有人皆具备与生俱来人人平等的地位与权力,但是,家人皆认同并尊重家长和长兄所享有的特权。在家人、族人、村民眼里,长期以来都是如此做法,才维护了家庭、族人、村庄的秩序、发展,倘若破坏现有秩序是不符合礼法并且会遭到报应。

2.财产管理权

当家人主管家中内外事情,掌握着家里的财务、收支等情况,在王家由王文锡掌管着家中的财权,日常的收入和支出皆出自他手中。王家的收入主要由两大方面组成,一方面,王文锡自己具备从事体力劳动的能力,出海从事捕捞业。捕捞的虾米、杂鱼、鳗鱼苗等可通过市场交易获得一定的现成收入。但如果遇到无人购买的情况,可将这些鲜货制成鱼干,作为日用食物囤积起来,累积到一定量后挑到镇里边卖个好价钱;另一方面,孩子们的技能性收入也是构成家庭收入的重要组成部分。大儿子除了从事捕鱼活动外并且根据季节时间进行农业生产,除日常种些蔬菜外,主要通过制作一年两季的地瓜米为家庭储备主要粮食;二儿子做线面、做光饼在本村零售或是批发给周边村庄的商铺。所获收入在成家之前均上交王文锡由林玉燕进行保管;三儿子主要经营着轮渡,一天一班,往返于所在村庄和漳湾镇之间,轮渡经营所得也悉数上交到王文锡手中由林玉燕进行保管。四儿子、五儿子年龄尚小,主要负责帮忙家里做面、做饼,抑或出海捕鱼、上山耕地,未有直接经手的收入。分家之前,王家家庭收入所得不属于个人所有,全归大家庭所有,通常由王文锡经手,由林玉燕保管,支出用途等决定均由王文锡协同林玉燕一起做出。

王文锡对家中财物拥有管理、支配、使用等权利,家中地契、现钱等贵重物品均由当家人保管。在王家通常由王文锡决定哪些物品需要慎重保管,但具体的保管工作则是让林玉燕来操作。保管的物品包括地契、家谱、合约、值钱的物品(过去主要是一些金银首饰)等。老人家习惯于将纸质的地契、合同存放在一个木制的盒子中,上锁以后将盒子放在自己卧房的大箱子里。关于该木制盒子,通常由定制而来,做工精致、涂有黑色、镶有铜边、上有重锁,家长为保证盒子的安全性,藏的比较隐秘。日常因必要如需打开盒子,则要回到房中关上房门后再取出重要物品,而不会随意拿出盒子让家人看到。家中除王文锡、林玉燕知道该盒子的存放处外,其余成员均不知道。日常生活,未经允许,家中成员不得随意进入王文锡、林玉燕房间中,从而保证所藏盒子的隐蔽性、安全性。

3.制衣分配权

当家人虽然在家中占有核心地位,但并不意味着事无巨细皆需要插手管理。王家家庭成员日常衣服安排更多由林玉燕具体负责。所制衣服统称为"槎布",意为面料粗糙、颜色单一的布衣。家中"槎布"具有很高的循环利用价值,同件"槎布"会在不同时间穿在不同年龄孩子身上。林玉燕会将长子之前穿的而现在穿不下的衣服重新改制让二儿子穿;会将长子穿不下的毛线衣拆散,进而重新编织。家中衣服添置遵循由长及幼、男先女后的原则。在重大传统节日到来时刻,家长会根据需要进行添置。王家家长提倡勤俭持家,长辈日常鲜少添置新衣,只有过年时候出嫁的女儿出于孝敬才会赠送;家中小孩除了过年之外在端午节也能添新衣。过年衣服由家中父母购买,端午节衣服通常由近亲、出嫁的姐姐、姑姑等添置,由于该村没有种植棉花作物,制衣布料主要通过购买获得,常见的是到邻近的漳湾镇、下白石镇以物易物来换取。

4.劳动分配权

在一个大家庭中,当家人就好比主帅,统筹着家中人员的安排。在王家,王文锡的精明之处就在于能够通过合理用人,实现人尽其用,用有所获,从而不但使家人心服口服,而且使族人为之称羡。

在王家,王文锡与长子主要负责日常农业生产及渔业捕捞活动。农业生产活动以种地瓜并制成地瓜米作为常年主食为主,渔业活动以获取鱼类用于食用和买卖;二儿子与大儿子年龄相近,二儿子王加春携带四弟、侄儿王明绍制作"继光饼""长寿面""宽咸面"等面食并用于零售。三子王加盛未满十六岁,跟随师傅从事轮机修理外还负责上山砍柴维持家用,除此,王家还具有酿造米酒的手艺,常年生产米酒,销售范围主要在本村。倘若遇到夏天高温天气,所酿米酒容易发酸的情况,王文锡还组织孩子们挑着米酒到邻村去售卖。王家孩子多、人手足,加之个个从小耳濡目染酿酒、卖酒过程,自然是"卖酒"的好手。王家人口众多,但不杂乱,劳力安排妥当并未出现劳力闲置,孩子们无所事事的情况,为此,儿子们也十分服从王文锡的安排。

在具体劳动分工方面,因为所从事劳动性质有所差异,使得家中男女劳力分工也有所不同。男劳动力倾向负责耗费体力、经营性质强的活动,而女性主要负责家庭内部成员的吃喝穿用。林玉燕负责王家成员一日三餐、衣服清洗、卫生打扫、牲畜喂养等活。由于王家提倡"多子多福"的生育观、"读书慧人"的教育观,因此林玉燕还需要肩负起一边教育、照顾孩子,一边继续为家庭添丁的重任。林玉燕日常没有休息的概念,只要身体无恙、能够下床,皆会坚持继续从事生产活动,一直劳作到干不动为止。而这一切并非有人强迫着、家庭逼迫着,更多则是因为放不下这一切、时刻铭记着自己的责任。这片海域、这艘船只、这些渔网已经成了老人生活中的一部分,彻底脱离生产活动,反而让老人觉得失去了存在的价值。因此,有些当家人即便年迈,分家后仍然坚持帮助儿子补渔网、织渔网、晒鱼干。

5.对外交往权

当家人是联络内外关系的核心纽带,更是全家人的代表,在交往上当家人到场即意味着"权力到位""礼仪到位"。由于受地理阻隔,交通、通信不便,所以村里人与外界的联系并不频繁,因而对外交往通常以一家为单元,与家族、村庄内一家一户发生联系。在以家为单元的基础上,王家对外联系的主要人物是王文锡,其他家庭成员,尤其是男性成员主要服从王文锡的安排。在家族重大事件面前,有人到各家通知当家人开会,通常都是询问"王某人在家吗",而某人的称呼直接指向当家人,而不是家中其他成员。家族召开会议需要各家当家人的参与,在人们眼里只有当家人才具有代表权、决定权,如此当家人才说话算话。

在农村,最为重要的对外联系见诸红白喜事上。以白事为例,王氏族人倘若一房中有年长者去世,白事的料理主要由一房族人负责忙活,外房族人以慰问、吊唁为主。其中,一房各家必须要有青壮年劳动力出面参与挖"埋人洞"的活,这种活必须源于平等的、自愿的互助心理,而各家由谁出力参与该活,均为当家人组织家庭内部讨论决定。除了各家出力挖"埋人洞",各家当家人,不参与挖埋人洞、抬棺材重活,但还需要推举本房一位年轻人参与抬棺木。遇及家族年长者过世,晚辈当家人需要到场祭拜,并为逝者守灵一夜。王氏族人家中妇女,如林玉燕等人则会到场帮忙折纸钱、守灵、做家务。

6.家长权力与约束

当家人的选择,不依据个人能力强弱,只按照长幼辈分大小。在王氏族人诸房中,尚未出现更易当家人的情况,即便当家人能力再弱,儿子能力再强,外界只认当家人的家长地位,家人也认同祖先赋予当家人的权利。不过,家长在家中的权力也受到来自家中成员和死去的祖宗的制约。

(1)活人制约

随着家中儿子长大,众多儿子的行为、言论逐步会对家长的行为产生影响和制约。在王家,长子王加申在全面接手渔业劳动以后,在实践操作以及针对捕鱼时令制定计划中比王文锡更具话语权。王文锡自身也清楚意识到,自从离开海面起,自己所提建议基于的是过往经验,因此,不能因为顾于当家人的面子而让孩子、家人在生产中冒风险。在王家,王文锡对外举债多为生产所用,都会事先与林玉燕、儿子们商量,目的在于让家庭成员了解对外所欠债务,以让孩子们在生产中更具备责任意识和生产动力。家长所借钱财,倘若用于家庭开销,孩子们均能够接受,并且努力奋斗加以偿还;倘若用于个人赌博等不正当用途,不但会遭到孩子们生闷气、顶撞以及左邻右舍评头论足,还会导致家长形象、权威在族中的削弱,具体表现在涉及族中重大事情上参与程度的减弱,比如,重大决定不会参考你所提的意见、重要事情不放心交给你做。

(2)"死人"约束

当家人虽有祖上赋予的权力,但是这种权力的行使是为了服务于造福家庭和子孙,而并不能够随意任性使用。倘若因为滥用权力,治家不当,导致妻离子散、家庭破碎乃至断子绝孙,人们认为当家人无论生前,还是死后都将无颜面对列祖列宗,此为最大的不孝和无能,并且还因为记载在族谱上而受到他房族人以及王氏子孙永世的诟病,入了阴间也将不得安宁。

(三)家长的责任

1.家长必做事情

当家人为一家之主,肩负着维持家庭日常生活,维系财丁兴旺的重大责任。

首先,第一大责任是保持家庭的人丁兴旺,香火不灭。要想发家,重在人口与劳动力,因此王文锡致力于实现多子多福。无论王家还是其他家庭,均要求家中至少两个以上的男丁,王文锡也不例外,总共生有五个男孩,两个女孩。家中香火只允许男孩继承,而不能够由女孩继承,如若因为缺少男孩而继承香火,这在王氏族人、村中人眼里是为大不孝、无能力的表现。村中舆论不但会议论其个人的无能,而且会认为其家祖上缺德导致香火难以为继。

其次,不但要生孩子还要养孩子。不论男女,只要生下来即是自家血肉,身为家长就有使命负责养活。随意将自家孩子送给他人、过继到别家的事情均有违道德伦理,并且不利于孩子未来命运走势和成长。因此,在生产力水平低下,物质匮乏的当时,王文锡面对家中众多人口,如何养活天一亮,张嘴就嗷嗷待哺的一家子,这无疑成了一种莫大的压力。为此,一者,需要开源。王家利用多子的优势,根据各儿子的特点,安排从事相应的活动以获取收入支持家庭;二来,需要节源。王家王文锡、林玉燕向来例行节俭,平日家中一日三餐都是由林玉燕精打细算、一手包办。

最后,具有维持家庭和睦、树立高尚家风的责任。所谓家和万事兴,家庭的和谐对于促进家庭、事业的发展具有重大意义。王文锡注重维持家庭内部角色分工,并且根据孩子们特点安排从事相应的活动,不偏袒哪个孩子,也不冷落哪个孩子,同样送孩子去学技能,同样要求孩子从事劳动,从而促进家庭内部和谐建设;同时,王文锡注重严格的家庭教育,通过教育好、规范好每一个孩子的行为避免孩子走歪路、偏路、邪路。

2.好家长的标准

当家人优秀与否并非由自家人认定,主要来自族人的评价及外家人的认同。在农村社会,透过村里村外、树荫亭下人们的闲聊和口碑就能得知一个人的品行。一个优秀的当家人,首先,勤劳能干,积极上进。日子是靠自己过出来,好日子则是靠自己争取出来,因此,对于不思进取、得过且过的家长,村中人即便当面不说心里实则不敢苟同。其次,品行端正,作风良好。发财要发良心财,光明磊落做正经事,不可为图谋利益不择手段。不当行为不但容易招致村人谩骂,而且不利于引导下一代成长和树立正确作风。在能力允许范围内应主动帮助、救济族里的困难户,铁公鸡一毛不拔则容易引来闲言碎语,过于吝啬而看钱太狠[①],他人往往会在暗地里非议,不容易"居财"。再次,优秀的家长不仅能够顾全小家还能团结大家,从而赢得好声誉。在自家中能够维持家庭有序、和谐运转,使得家庭成员有饭吃、有衣穿、有房住,实现自家成员老有所养、幼有所育、壮有所为。在顾好小家的情况下,还要顾及家族大家,对于族里的公共事务、族里的困难户以及属于本房的事情,当家人应积极参与其中,为维护大家利益、实现家族发展,尽心竭力、出谋划策,从而获得"大义"的声誉。

(四)家长的更替

王家以王文锡当家为主,林玉燕辅助管理,长子王加申较早跟随父母参与家中事务。通常情况下,王文锡在家,则家中所有大事情均由王文锡与众孩子讨论决定。如果遇及王文锡到镇里或外出的情况,短时间内家长能回来,则等家长回来决定;不能回来,则由林玉燕协同长子和大家共同讨论决定。随着长辈的老去,孩子们各自成家立业,王文锡的大家长地位不但没有被动摇,反而因此得到强化。比如,在外村王氏宗族祠堂落成典礼上,都会邀请像王文锡这样三代同堂爷爷、太爷爷辈的人坐太师椅,接受众人的跪拜。与此同时,随着长子逐渐成长成熟、社会阅历日渐丰富、家中长子地位不断得以巩固,王加申也开始参与到家族中的事务上来,许多事情需要与王文锡进行讨论、商量、私议,族人也习惯开始以"阿伯"来称呼王加申。由于长子肩负起了参与族中事务的重担,因此尚需依靠王文锡在背后出谋划策悉心指导,无形中也强化着王加申对王文锡的依附和认同。王加申对外表现越出色,则族人越会认为王文锡的睿智使得王家后继有人。

二、他人当家:妻子当家,长子协助

家长在世则责无旁贷地由家长当家;家长如若过世,则依据妻子能力强弱以及长子成熟程度,决定由谁人当家。在王家,林玉燕能力比较强,在家中认同度比较高,因此,家长真空的时间内主要由林玉燕当家,长子负责协作与具体操作。

王文锡曾有一段时间外出做事,家庭日常事务的料理责任便落在了林玉燕头上,而林玉燕也成了王家暂时的当家人。但林玉燕当家人性质与王文锡存在明显区别,王文锡是集名义

---

① 看钱太狠:意为看钱太重,金钱至上。

与操作于一身的当家人,比如家中的地契、财产、合约均由其保管,具体事情安排由其操办,而林玉燕偏向行使名义当家人的职权,林玉燕作为当家人最主要的作用和意义在于,以林玉燕为核心维系五个小家庭,以巩固大家庭的聚合,不至于变成一盘散沙。因此,家中事情的具体操作与操办,主要由长子和次子在征得林玉燕的同意后,以代理当家人的身份出面办理。比如,此时的地契、合约均交由长子王加申保管,家中相关对外事务,基本由长子和次子共同去应对,但事前事后需与林玉燕打好招呼。每逢清明节,祭祀活动、墓地清扫的重大事情,由先前王文锡组织大家开展转变为由长子负责具体操办。由于妇女不能够参与祭墓、扫墓活动,林玉燕便将扫墓相关事宜交予长子,让王加申组织家中男性去操办。

三、家户决策:临机制变,家长拍板

对外大事小事遵循王文锡的意志以作为最终决定,但日常家庭杂事林玉燕也拥有一定话语权。随着孩子们逐渐长大,王文锡通常着眼于家庭内部大事把关,许多小事基本上交由长子应对。家中孩子多服从家长安排,在技艺学习、劳动分工、婚姻包办等方面均顺从家长的意志。1949 年之前,王家成员关系和睦,兄弟之间少有争执,整体十分团结友善,因此,家长一人的行为与决策,往往就代表着整个家庭的意见。

在分家过程中由于涉及五个家庭的财产、房产分配,难免不能全然公平,加之二子王加春与王文锡长期在一个屋檐下居住,自然偶有争执口角。王文锡不满意二子教育孩子的方式,因此有时候在一些问题的认识上与儿子产生分歧。不过,这在王家看来,属于认识偏差,并非家庭矛盾,家庭成员关系依旧很牢固。随着孩子们长大,王家的决策不仅来源于家长,还有五个孩子的意见。在分家后,王文锡虽然仍为家中的大家长,但决策权已经受到了孩子们的制约,然而这种情形却是王文锡所喜闻乐见的,因为这意味着孩子们已经能够独立思考处事,已经足够成熟以应日常,王家后继有人了。

日常生活中,当家人需要决策的事情有大有小。对于大的事情包括祖上墓地的选址、土地的购买、农业生产、渔业活动、娶妻生子等事情,大事情的决策,基本以王文锡为核心协同林玉燕和孩子讨论决定;对于涉及家族的公共事情,尤其关于看风水、修祖坟、建宗祠方面,通常需要请教家族长辈连同自家堂兄弟一起讨论;对于日常衣食住行等生活方面问题,则交由林玉燕处理。一般情况下,孩子们没意见、没争执,当家人则不会插手干涉。当家人应有当家人的大局观,倘若管的太宽、太细、太全,则"妇女气"①太重,有失当家人的风范。

四、家户保护:亲人帮扶,举家助力

(一)社会庇护

矛盾产生的场合、大小决定了处理者、处理方式的差异。

第一,发生在宗族家庭内部的矛盾。倘若由家中长辈,如父辈一代所引起的家庭内部口角和争执,家中晚辈一般不会当场去插足。出于对长辈的尊敬、维护家庭和睦的需要,年轻人通常会主动前去劝说,并且以言语安慰对方赔不是说:"叔,这是我爹的不是,您别和他一般见识。"倘若是家族里同辈起争执,如儿子一代与族里别家一辈吵闹,自家兄弟不会轻易动

---

① 妇女气:意为像妇女一般乐于斤斤计较。

手,大人视情况出面规劝,并且任何一方家长都有权教育两家的孩子。有些长辈性子急躁,该当面呵斥则呵斥,不留情面。倘若是儿子与父辈起争执,不管理亏与否,晚辈均会受到来自家庭或族里长辈的指责。王家普遍认为吵架本身是不文明行为,再者年轻人不听劝还与自家至亲杠上,以小犯长是为缺乏教养,因此,于情于理都应该接受长辈、当家人的批评。

第二,发生在家族之外的矛盾。对于在家族之外的矛盾,无论事情大小,只要发生在公共场合,都会引起全村人的关注,因此,影响村中舆论对个人、家庭、家族的评论。村中人由于没有过多的舆论消遣活动,家族之间、家庭之间、个人之间的矛盾便容易成为大家茶余饭后的谈资。为避免舆论所产生的不良影响,只要矛盾一发生,王家均会举家出力加以解决。一方面是为解决事情的需要。矛盾争端往往由个人牵涉整个家庭,解决问题也以家庭为单位,因此都是家庭成员出动。另一方面也是一种示威,表现家人的团结。当家人作为年长者,会参与其中进行调解,无论双方谁对谁错,首先都会尽力去平息这次争执,避免动手。王文锡虽然崇尚习武以强健体魄,但反感以武力解决问题。村中也有一些人家不这么认为,他们认为让孩子习武的原因在于不吃亏,遇到争执事情,不管理亏与否,打倒对方才是硬道理。在平息对外产生的争执后,王文锡会盘问清产生矛盾的缘由,针对孩子行为,该教训、该体罚、该教育的都会关起门来在自家内解决。至于赔礼道歉,多半以双方当家人见面后主动的寒暄方式作为和解,不会有正式到对方家中请罪、赔不是的行为。

(二)情感支持

王家兄弟姐妹关系和睦,感情深厚,平日里也喜欢嬉戏打闹,小时候经常争抢着和林玉燕一起睡觉,家中床铺不大,为了容纳更多的孩子,一般情况下母亲如果睡床头孩子就睡床尾,当地话称为"挤脚尾"。家中孩子之所以喜欢挤脚尾,除了与母亲有天然的亲近感、争宠以外,更多时候是能够听到林玉燕睡前所讲的有趣见闻、故事。睡前,王家也经常就白天干活中偷懒的事情相互之间告状,打口水仗,但终究在林玉燕、王文锡这里都能够解决。对于家中长大的孩子,有烦恼也会主动找林玉燕、王文锡诉说,最常见的就是冬日里的炉边谈话,或是饭桌上喝点小酒时的闲聊。对于出嫁的女儿,王文锡也偶尔前去做客,同时查看女儿、婆家的生活情况。家暴行为在许多家庭常有发生,王文锡前去做客也是为了示威和预防家暴行为的产生。

王家对儿子抱有很高期待,在培养孩子身上投入了大量心血。长子王加申从小就接受私塾教育,后来又转到顶头中学读书,虽然读书资质始终一般,成绩不理想,但在王文锡以及外人看来,纵使家庭条件再怎么艰苦也要举力培养长子。除此,王家次子、三子、四子、五子皆受过教育,整体受教育水平不如长子年限来的长、教育质量来的好。家中孩子如若不上课、不听话,王文锡则会前去学校交代、委托老师对孩子们严加管教,严加体罚,只要是老师做出的惩罚,家长均会无条件地接受;林玉燕针对孩子淘气的情况,则会用鞭子抽打孩子们或是惩罚他们从事家中重活。

(三)防备天灾

1.抱团防台抗台

对于沿海地区的渔民来说,最大的威胁、灾难是每年7—9月份之间频发的台风。台风的到来不仅使渔业、农业活动彻底停止,而且给农民带来巨大的财产性损失。每遇台风,沿海渔民需要举家出力、全力以赴抗台。由于没有动力机器,船只动力主要靠人力提供,在当地称为"摇橹",遇到台风天,风大浪大,渔网回收难度大、船只靠岸停泊难度也大,如若不及时进港避风,时刻都有生命危险。王文锡很小就随亲人出海捕鱼,常常泊船海面过夜,遇及夜里天气条件骤变,狂风卷起,海浪滔天,同海域王氏族人习惯采用以船只串联方式求生存,借助风力水力,顺风顺水以快速度就近靠岸。因此,海上作业往往需要族人之间相互配合与协作。

对于翻船、沉船事件也司空见惯,好在渔民们从小就习得好水性,即便大风大浪下也敢弃船游泳逃生。海面上与大风大浪固然斗智斗勇,可是岸上的王家人一刻也不能停歇。王家老房子皆用瓦片盖顶,房屋材质以木头为主,台风临近前如若不加固,连瓦房带墙体都会被吹走。该情况下,家中儿子需要担负起抗台加固房屋的责任,林玉燕及王家女儿则需要把多晾晒的衣物、鱼干、放置在门口的日用工具及时收回家中,同时,忙完自家抗台准备工作,还需帮助左邻右舍加快预防设备的搭建。

此外,每家每户种有地瓜、蔬菜等农作物,由于耕地多在丘陵、上地之间,因而需要跋涉收好制作地瓜米的农具,也需要适度打桩加固农作物,台风前后便是举家忙碌、全家忧心的时刻。每逢台风临近,王文锡均会要求家人尽早回家避风,自己则通宵达旦观察着风雨动向,守着家中的财产,直至台风天过后。对于家中年幼、不谙世事的小孩来说,台风天的到来也是他们玩耍的最佳时刻。停靠岸上的船只、堆积如山的渔网,避风港上的涌动的人潮都为他们的玩耍提供了场地、增添了氛围。而留给王文锡的只有担忧和害怕,有时担心尚未来得及收上来的渔网,有时担心远在他处受风雨阻隔未能归家的孩子,有时担心台风过后变换的水质是否影响鱼群的走向等等问题。

2.合力智斗海盗

农民以土地为生,渔民以海洋为生。沿海一带常活跃着海盗或是他村恶势力,由于海盗船只配备较好,人员众多,因此个体在海面从事生产活动过程经常遭受掠夺、侵扰,严重时人员还遭受毒打等情况。海盗主要以打劫钱物为主,一旦碰上则要求交出钱物,如有违背或是对所获财物不满,就会对海上作业的渔民进行殴打,有时也会将船只扣留以要求其家人拿钱来赎回。恶势力的目的不仅仅在于打劫,还以垄断、控制鱼产品交易市场为主,恶霸势力控制着市场海鲜的交易价格,以低价、一口价收购鱼货,破坏了本村渔民自由交易原则,使得渔民的利益严重受损。面对恶霸势力的控制、胡作非为,渔民们及王家子孙曾经组织过抵抗活动,例如,王加申经常偷藏所获鲜鱼,限量出售给他们,使其收不到鱼货。有些激进渔民见到恶霸势力渔船接近,甚至直接将所捕海鲜倒入海中。恶霸势力多次前来搜船,始终一无所获,反复多次没有海鲜的情况下促使其死心,如此恶霸势力收获有限,从而也影响了其财路。村中渔民,包括王文锡,为防止遭受海盗的掠夺与伤害,一方面,争取让族人在海上形成连片作业,至少保证相互之间能在可见的范围内从事捕捞活动,以实现相互照应、相互壮胆。通过团结族人,预防遭遇不测,共同对抗海盗;另一方面,请功夫师傅到家,让孩子自幼跟随习武,强健体魄以防身对抗海盗。

除此以外,村中也组织过集体以对抗海盗活动。村中各姓氏的年长者联合起来,就如何进行对抗海盗商讨办法。据长者回忆,有一年其他村的海盗频繁来骚扰本村渔民海上作业,村中青壮年多数遭受毒打,一些老年人被扣押、羞辱,船只以及从事捕捞业的工具悉数被海盗掠走,这对于沿海渔民来说是为最大的羞辱。针对此情况,村里各姓氏当家人忍无可忍,为此,大家决定制定周详计划以报复和对抗海盗的侵扰。首先,村中长辈以弄清海盗来处为目的进行了出游活动,从而摸清海盗人数、船只动力、武力配备等情况;其次,青壮年以假装出海捕鱼为诱饵,引诱海盗出窝掠夺;再次,暗地里召集村中所有青壮年,提前埋伏在临近海域,一接收到海盗出海的信号,便进行海上围堵海盗的活动。与此同时,年长者募资出租了动力配备较高的大船,方便及时追堵海盗、接应海上渔民。果不其然,这次追堵行动以该村渔民的胜利告终。不但追堵到了海盗,而且将海盗头目扣押在村中,使其送还所有海上用具并且给予赔偿,最后上报当时镇上管事的,将海盗头目交由处理使其接受相应的法律制裁。

村中渔民虽长期遭受海盗侵扰,但只局限于海面上,海盗未曾上岸入户掠夺。整体而言,村中内部比较平静,偶尔有发生偷盗案件,不过未产生较大的影响。王家老祖屋,土屋规模较大,外围墙体高且厚实,楼中住有许多户王家人,每天家里人来人往,十分热闹。王家长者将这栋土屋比作是蜂窝,不仅房间多,进出的人也多,因此人气十分旺盛,一般情况下小偷不敢入室抢劫。

村中常有外来人员入户乞讨,不是瞎子就是聋子或是缺胳膊少腿的。乞讨者均是挨家挨户,不请自来,而且经常在家人吃饭的时候当面乞讨。王文锡一家向来提倡积德行善,尤其林玉燕看到乞讨者前来,也会给予一定的资助,或多或少也会抓一把"干虾米"给乞讨者作为盘缠。对于族里的老人、困难户,遇到捕鱼大收成季节或是逢年过节,晚辈均会主动去送点鱼到长辈家里以表关爱、敬意。

五、家规家法:以身示范,遵规守法

(一)恪守的家规

王家没有成文的家规家训,许多规矩均依照传统或是习惯,甚至根据当家人个人的经验认知。比如,在当地人看来嗜酒成性不仅伤身而且误事,因此村中年长者都十分排斥年轻人的嗜酒行为。在这种传统的认知下,王家父母从小就教育孩子不能够饮酒,杜绝饮酒,饮酒会使小孩脑子发育不良,长大后成为一个智商低下的醉鬼。在此观念的教育熏陶下,王家虽然自家经营着米酒小生意,但事实上孩子们均不会喝酒,酒量十分有限。这种状况的改变,直到孩子们长大成家了,这时候王文锡、林玉燕才解除了禁止饮酒的禁令,放宽对孩子们喝酒的限制。

在具体的礼仪礼节上,族人之间称呼比较讲究。王家父母从小就会教育孩子,见到哪一辈分该怎么称呼。见面与长辈打招呼是联络亲情的体现,往往会得到长辈的喜欢宠爱,如果不打招呼则会被视为没礼貌和缺乏教养。王家小孩从讲话开始,就会发现身边围绕的均是与自己有关系的亲人,这种血亲关系通过日常的称呼可以直接体现出来。比如太爷、太婆、太公、叔公、叔叔、伯伯、姑妈等称呼,以见面就得喊出来表示为打招呼,如果视而不见,直呼其名或是不叫称呼,在外人看来都是家庭不和睦、关系紧张的表现。见面称呼是一种礼仪,这种礼仪教养不但来自家庭教育,也来自氛围的熏陶、外界的舆论评判。但是这种礼仪教养的习得并非强制性、制度化建设的结果,而是一直都存在,历代以来家中晚辈仍然延续着以辈分称呼作为打招呼的方式。

1.做饭及吃饭规矩

王家做饭均由林玉燕负责,女儿们辅助切菜烧火,一天食谱、菜量也由林玉燕安排。一日三餐每一顿都要做,林玉燕每天凌晨4点多起床做饭。做完饭,王文锡、长子吃好后就下地劳动或是出海捕鱼,家中女孩相对父母起的晚,吃完饭后负责擦桌子、洗碗筷、洗衣服等日常家务。

后来长子成家,长媳妇入家里,这些重担便落到长媳头上。长媳蒋嫩菊自嫁入王家,每天要起得比林玉燕早,要赶在林玉燕起床之前烧好洗脸的热水、煮好饭、烫好猪食的野菜。而后二子、三子均成家,王家人口增多的同时,劳动人手也多了。在林玉燕的安排下,由长媳牵头,几个媳妇每天轮流负责家里做饭,男人们则早起帮忙生火、烧火。王家平日日用开支由林玉燕把握,决定着一天做几个菜、吃地瓜米还是白米,王文锡则不参与管理家中日用具体开销。分家以后,王文锡、林玉燕两口子自食其力,自己生火做饭,孩子们也经常给予支助,有好的食材也第一时间给王文锡、林玉燕送去。王文锡过世以后家中长者仅剩林玉燕,王家兄弟便开始"轮柴火"①,五个兄弟开始轮流负责林玉燕一周的伙食。由每个家庭负责林玉燕一日三餐,并且根据林玉燕的要求,买好和做好林玉燕想吃的饭菜并且送到林玉燕的住所,供林玉燕食用。倘若林玉燕愿意到孩子家中吃饭,也可一起。通常情况下林玉燕的伙食比起孩子们自家日常食用伙食来的好。为了节约用度、减少浪费,林玉燕日常食用的剩菜并未悉数倒掉,对于可以食用的菜继续收回供孩子家庭食用,剩饭则用于喂养家禽。儿媳们均十分用心准备伙食,这主要由于平日林玉燕在家中威望甚高,并且过去为家庭付出了很多,五个家庭儿媳妇均不敢怠慢老母亲。儿媳妇们就经常为林玉燕想吃什么,如何做好饭菜,迎合林玉燕的胃口而犯愁,即便这些费用都是各个小家庭偿付,但是儿媳妇以及孩子们都没有怨言,并且十分尽心竭力。

王家饭桌上相对而言比较随意,没有很严格的规定,但不意味着家人可以随性而为。出于教育的需要,父母也会通过饭桌上强调一些细微的要求,以便孩子们养成良好的行为习惯。通常王文锡、林玉燕会让孩子们在吃饭的时候认真吃饭,禁止孩子们嬉戏打闹,边吃边玩,一心二用。倘若遇到孩子们调皮、吃饭不专心的情况,林玉燕就会当场进行训斥,多次训斥无效,王文锡会介入处理,直接不让孩子吃饭。对于王文锡来说有效的教育方式,除了说理,还有就是下"没油的面"②。"没油的面",是指用一种散状、分支众多的细鞭子对孩子进行的体罚、训诫。其次,饭桌上要求孩子们厉行节俭。需要对自己饭碗中的食物负责,必须吃得干干净净。林玉燕经常对孩子们说的一句话:"饭碗舔不干净,到处米饭一粒粒粘起来,粘多少以后你妻子脸上的麻子就有多少。"通过以未知但又与其联系紧密的利益关系进行警示,使孩子们在信与不信中逐渐养成良好的习惯。

除此,王家由于祖上为渔民的缘故,在饭桌上存在一些比较讲究的忌讳。也即,无论在饭前还是饭后,都不允许将筷子横架在碗上,因为在当地渔民看来这是一种不祥的预兆。同样,和其他地方一样,也不能够将筷子直立插在饭碗中。遇到这两种情况,父母都会毫不留情地用筷子打孩子的手,见一次打一次,以示意严禁该行为,对于小孩子来说,均会被这突如其来的惩罚打得哇哇大哭。其次,吃饭中最大的忌讳莫过于为了吃到另一面的鱼肉去翻鱼身,或是说出"翻身"这个词语。渔民以海为生,常年依靠"木龙"③游刃于风浪中以讨生计,最为忌讳

---

① 轮柴火:意味轮流提供伙食。
② 没油的面:用鞭子抽打肉身,因为会留下一条印痕,故称为没油的面。
③ 木龙:指船只,由于为谋生工具,以木龙相称更具敬意。

和害怕的事情莫过于"翻船"。因此,饭桌上给鱼翻身的动作和这个词中带有的"翻"字,均为人们所避讳。家长更习惯于将鱼刺剪断,从而将底面的鱼肉挑出来,而不去翻鱼身,这一道理在家中孩子小时候,会多次在饭桌上由父母严肃提及。

2.座位规矩

在王家以及一些大户人家,都会在厅堂中配有八仙桌、几桌,并且在几桌上摆上一些祭祀的花、笔墨纸砚等,后来有条件的人家也会摆上摆钟,在桌子正上方墙壁上挂上图景等。作为开门直对的正堂景观,起到辟邪作用,也带有装饰、点缀的功能。八仙桌边上的两把太师椅,由竹子编制而成,由"三代爷"或是"太爷爷""太奶奶"等老一辈在重大的节日里才有权入座,比如子孙结婚、八十大寿、祭祀活动行礼的情况。依据男右女左的顺序入座,之所以男右的原因在于,古人认为右边大于左边,男比女尊贵,故入座也应遵循尊卑秩序。

日常饭桌上,依据桌子的摆放情况,座位方位讲究呈现出差异。如果桌子是正对大门朝向摆放,进门正对便是主位;如若是正对厅堂的摆放,以八仙桌摆放的中心为基准,中间线所对位置便是主位。王家吃饭座位比较固定,小孩们喜欢乱窜座位,通常都会遭受大人的批评和纠正,林玉燕对此行为,会教育说道"小孩子乱坐位置,长大了以后不长记性。"对于大众家庭来说饭桌上的秩序体现的并不是那么明显,只要大家遵循基本家中默认的秩序即可,并未在饭桌座位主次、先后上有特别讲究。

不过,在一些特殊的饭桌上情况则比较讲究。比如家中来客人,吃饭动筷先后上,为突出对长辈的尊敬抑或是对客人的尊重,自然由长辈或是朋友先开口用食。遇到家中来了众多客人,由客人和当家人优先入座,其次是年龄大的成年男子,家中小孩和妇女均是等客人吃完了再吃。再者,如果遇到家中盖房请来木匠师傅的情况,则更需要慎重对待。盖房子讲求风水,而风水的命门掌握在木匠手中,如果没能好好对待木匠师傅而引起其不满,则盖房子过程,家中风水可能暗地里会遭到破坏,从而影响家庭未来的财运。基于此认识,村中人将木匠奉为上客,盖房期间不但好吃好喝招待,而且多加餐一顿,日常对师傅也是毕恭毕敬。

3.请示规矩

(1)生产活动中的请示

王家土地买卖、生产经营活动由王文锡决定。村中土地资源贫乏并且不适宜种植水稻,为此,王文锡极力节约用度、存备积蓄以可能在其他村中买点土地。王家曾在康坑村买下一些林地,这些土地由王文锡、林玉燕、大儿子讨论决定买下。土地交易以地契为凭证,经证人公证,通过双方画圈圈号以生效。

在长子农业生产经验不够丰富的前提下,由王文锡带队,儿子们随从学习为主。在儿子足够成熟并且能独立从事、完成生产任务下,王文锡则负责提供技术指导和日常监督,遇到疑难气候问题及时提醒儿子做好预防,碰到孩子怠慢或是事情做得不到位时则给予必要的提醒。

(2)家庭生活中的请示

日常生活中,一些细枝末节的事情孩子们不需要刻意请示。比如,孩子到朋友家吃饭、到邻家帮忙、外出置办一些杂货,只要和家长说明以让家长放心即可,正常情况下均会得到家长的允许。请示主要以临时性口头说明为主,外出远门基本前几天就会讨论告知。对于平常让家长操心的孩子,家长则会慎重考虑孩子提出的要求,根据情况给予应允。倘若所提要求得不到家庭的准许，惧怕家长威严的孩子就会屈服，不惧怕家长的孩子反而会背着家长出逃，家长及时发现了则会尽力去追回；若未及时发现，只能揪心地骂着孩子，同时也期盼孩子早日回来。

王家兄弟分家后，在生活中、事业上如果遇到问题均会及时寻求王文锡、林玉燕的帮助。通过家庭会议讨论、问计以寻求帮助，这既是一种解决问题的途径，也是增进孩子与父母感情的方式。每年开春，王文锡均会与孩子商讨出比较可行的远洋捕捞计划，具体到应该去往何处、航行路线、船员组合、设备配置、防险措施等等，一旦开春，便是其计划落实的开始。对于这些问题，王文锡凭借自己的经验，均会给出参考意见或是直接帮助做出决定，对此王家孩子也会听从。

4.房屋布局规则

王家老宅为南北走向，坐北朝南，大门朝东，四面采光，占地面积规模比较宏大，以土木混合制成，建有3层，楼高约15米。老宅承建归功于祖上一位知识精英，该祖宅已历时一百多年，现今保存较为完好，仍可用于居住。老房建筑结构布局充分体现了对称性，并且在分房过程中体现出秩序性、公平性。以王文锡所在的老房为例，以前厅后厅为中轴线，前厅左右两边分别配有一个厨房一个房间，后厅也是如此。厨房和房间为私人空间，而客厅则为共有的公用空间。前厅用于接待客人，举办一些家庭小活动，更多的当作家庭议事的场所；后厅也称为后堂，具有特定的功能。依据传统，死在后厅是人一生最终的归宿，因此临死前或是已经过世的老人，不能放在房间中供人悼唁，必须将老人移到后厅暂时安放，为此灵堂通常设置在后厅。除此，在侧房边上还配有存放柴火的杂物间，当地称为"舂园"，一般情况下用于储存杂物，但一些家庭也用于当客房。老宅二层布局以小厅堂的对称方式，设有许多的房间和储物间，但总体布局根据家庭人口的不同有些调整。

无论是新宅还是老宅，选址之初十分看重房子的风水，为确保风水良好，家长均会邀请多位风水大师进行测看，主要顾及人丁、财运、仕途等方面。人丁方面，主要看是否能够多生男孩，是否一代代能够延续；财运，则是否旺财、居财，将来财运是否可持续；仕途，家中能不能出"傲人"，子孙能不能当官，光耀门楣。在顾及风水之外，还必须慎重考虑家中打地基、开工、封顶、搬家等良辰吉日的选定。

5.洗衣规矩

王家未分家之前，早先由林玉燕负责清洗家中所有成员衣服；随着女儿长大，家中部分衣服清洗工作就交给女儿；再后来，长子娶媳妇但未分家，则由长媳妇负责洗衣服、晾衣服、收衣服。家中女性日常需要到溪边洗衣服、洗被子，主要因为溪边用水方便，不需要千辛万苦挑水回家。不但王家如此，全村各家各户几乎都集中到溪边一起洗衣服，妇女们边洗衣服边唠家常，通常那是村中妇女较为放松的时刻。家里的衣服晾晒、收取、折叠，这些活均由长媳和家中女性共同完成，家中男性不涉及洗衣做饭方面的家务活。如若遇及家中妇女为照顾小孩不便离家到溪边洗衣情况，家中男性会主动帮忙挑水回家用于洗衣。洗完的衣服通常晾晒在自家房屋比较不显眼的拐角处，男性衣服晾晒场所没有讲究，可悬挂在高处显眼的阳光下晾晒，而女性衣服则必须放在低处角落风干。洗衣过程中偶有因为衣布老化以及搓衣用力过猛导致衣服破裂，对于王文锡而言，多一个洞少一个洞无关紧要，只要林玉燕缝好可继续穿就好；对于年轻的王家孩子而言，一旦发现是家中妹妹将自己衣服洗破，一时间则会骂骂咧咧,但终究能够接受缝补的衣服。

6.称谓规矩

王家属王氏宗族重要组成一部分,与王氏二房族人有着千丝万缕的关系及联系。为了延续族人尊老爱幼的优良传统,同时也为了理清关系,强化对宗族的认同,王家父母自孩子小时候起,首先需要教会孩子学会根据辈分以固定的称谓称呼族人。通常叫父亲为"爹",将父亲同辈兄弟称为"伯"或"阿伯";爷爷称之为"恩",将与爷爷同辈的称为"公"或是"阿公";将爷爷的父亲称之为"太恩"或"阿太"(即太爷)。林玉燕会严格教导孩子们,分清楚族人辈分,并且见到长辈皆需要主动打招呼,不能直呼名讳。

(二)家规家法

在王家,家规家法一直以不成文的方式存在,并且通过父辈言传身教得以一代又一代传承。王家对于家规的实施,主要见诸王文锡日常教诲孩子们做正确的事、远离不良习惯方面。王文锡偏好举例子加以说明,尤其乐于通过传播祖上先人的傲人成就或是端正品行来激励孩子,从而引导孩子应该做什么事情、成为什么样的人、要具备什么品质,并且常以获得族人的景仰,村中他人的认同为目的。

当然,家规家法还体现在对不良行为的惩戒和纠偏上。王文锡对孩子们的训斥也是掷地有声,针对家中孩子不正、不良行为,除当着家人颜面严加训斥纠错以外,还要求孩子跪在祖宗灵位前认错、忏悔,甚至惩罚孩子从事繁重体力活以加深教训。在人们看来,与其让孩子在外犯错背负骂名,不如在家中接受训斥承受惩罚。自家孩子自己不管、不骂、不调教好,他日则会被别人咒骂、欺负的更狠,这也是一种丢祖先颜面及败家的行为。"败家子"的定义是为最差评价,家长、族人均不会轻易使用,尤其对于未成家的男孩子,如若一旦被扣以"败家子"的评定,则会在村人中口口相传,导致名誉受辱娶妻困难。因此,为维护族人、家长、孩子的声誉,只有在关起门来,家长极度愤怒下才会骂出败家子。

(三)家庭禁忌

1.生产上的禁忌

在节日上,正月初二不能出门访客,正月十二不能出门远行。正月十二又称乞丐日,出行者被视为乞讨者,一年伊始为图吉利,每家每户既不愿开门迎接乞丐,也不愿出门成为乞丐。因此,这两天挨家挨户均闭门不出,停止访友、停止生产。这两天中,无论上山耕地,还是下海捕鱼,皆会被认为是一无所获,苦命一生的象征,为此基本没人动锄头也不会有人摇船涉水。

除了正月,一年当中七月是传统鬼节,村民间杜绝有生产工具互相借用往来,也尽量避免到人迹罕见的山中独自一人劳动,外出劳动均要求早去早回。林玉燕会提早在六月初将借用他人的生产工具及早归还,并且把需要归还他人的债务,该送别人的红包等料理清楚,避免在七月鬼节的时候有关该方面的来往。一者,七月正常不经常串门走访,不便于利益往来;二者,大家比较忌讳走动所带来的邪气。为维持生活,正常的农业、渔业生产活动仍会进行,只是外出劳动时间大大缩短,人们都会在太阳下山之前尽量回家,不像之前一样彻夜在山中或是海上劳作。

2.生活上的禁忌

丧葬并非所有族人、近亲、朋友均可参加,参与人员上也注重讲究。逝者入葬当天,家中成员如有与死者生辰八字不合或是生肖犯冲者,均不能随意去悼唁逝者、参与逝者的灵柩告别仪式等。生辰八字不合但需要前来吊唁的亲朋好友,只能聚在前堂而不能去安放死者的后厅。所谓"死者为大",犯冲行为不但不尊重死者,而且会给自己带来祸害。因此,即便自家成员也需要遵守该约定俗成的规矩而不能够破坏。

年三十晚上王文锡、林玉燕以及王家各位亲人好友均会把该有的压岁钱分给孩子们,并且在年夜饭桌上刻意交代孩子们,吃一顿饭则增加一岁,睡前漱口牙,大年初一说好话。此外,不允许说脏话、不允许向他人讨要压岁钱,之所以不能说脏话是出于新年伊始讨得好彩头的需要;不能够索要压岁钱则是出于尊敬对方。对于家长来说,一年伊始最重要的事情莫过于守住家财,倘若遇到晚辈讨要红包,出于情面需要给出,但是一给则意味着财源外流是为不吉。再者,大年初一索要红包是为乞讨者行为,晚辈如果这么做不但会遭到家长拒绝,而且长辈们总会甩下一句话:"肯定是年三十出世的。"意在指责年三十出世的孩子不通人情、不谙事理,只看金钱,缺乏教养。

六、奖励惩罚:赏罚分明,因人施策

(一)对家庭成员的奖励

王文锡对孩子们的奖励更多是一种无形的精神奖赏。针对家中孩子们勤劳能干、踏实上进行为,王文锡通常以口头形式在与孩子们、家族长辈的闲聊中加以赞扬。家庭会议上则会对其他孩子说"你大哥做事很实在,有板有眼","你三哥做事很用心,别人想不到的他总能费力想到、做周全";对外则会推荐儿子,为儿子争取机会、赢得声誉。"这个我二儿子内行,可以让他来试试","流水有多急,绳子要放多深这个问题让长子来解决。"由此,通过家里家外口碑的传递,对孩子们的行为起到肯定激励作用。而对于王家孩子而言,最大的奖励不是吃好喝好,而是获得父亲、族人乃至村中人的认可,至于物质方面,无论家中有多少财产,终究属于兄弟几个共有,一时间多拿点、少拿点意义不大。

王家孩子前期对于家庭无条件的奉献,更多是为了获得王文锡口头认可,那么在分家中,这种认同则可转化为一种实物奖励。王家分家大体遵循传统诸子均分原则,同时参照现实贡献。在分家过程中,基于长子王加申成家早、能力强、足够担当,所以王文锡决定让长子从家中分离出去、实现独立自主。对于其他四个孩子而言,分家则比较晚。具体二次分家的条件为四个儿子均娶妻并建好房子,每家筑好炉灶以后再行分家。相比长子,王家其他四个孩子与王文锡同居共财的时间更长久,孩子们对于家庭的贡献也更大,王文锡对于孩子们的了解也更加直接,因此,分家时候各个孩子得到物质也不同等。王文锡、林玉燕对有些孩子偏爱一点,则会在钱财方面稍微多支持一点,并且基于孩子的特点分配财产类型。有些孩子具有经商头脑,有意做小本生意,王文锡、林玉燕会给点现钱,方便孩子以后做事情;有的孩子,有些喜欢打小牌行为,为了避免孩子把钱用于赌博,王文锡分配的实物多一些,比如家具、农具、渔具。总之,分家过程中在同等条件下,王文锡、林玉燕仍会根据日常评价对孩子进行差异的家产分配。

(二)对家庭成员的惩罚

完整的家庭教育,不但包括激励奖赏,还有适度惩罚。王家家教严格,对于孩子们的错误和不当行为,通常施加惩罚以示纠正,正所谓"子不教,父之过"。要求父亲对孩子过错承担主要责任的同时,也赋予了父亲最权威的惩罚权。王文锡在家中具有最高、最大、最广的惩罚权,其次是林玉燕,最后是叔叔伯伯以及长子代为行使惩处行为。针对孩子们的性格特点以及所犯错误本身的大小程度,采取不同处罚方式。在王家,针对长子在生产中因为偷懒导致不及时收渔网的错误,王文锡通常以口头警告提醒;如果发现孩子因为喝酒误事,在外与人打架情况,则严厉批评并且惩罚孩子多出工、干重活;倘若是生活上问题,比如自家孩子打架、饭桌上互不礼让等行为,王文锡、林玉燕通常采取让孩子罚站并且挨饿一顿,遇及孩子不听话,甚至大打出手。至于叔叔伯伯以及长兄对于晚辈的惩罚,多以训斥、警告方式。

七、家族事务:团结一致,群策群力

首先,是根据往常惯例一年两次的祭祖活动。第一次是每年年三十下午两点左右开始的祭祀活动,也称为"请祖翁"。该活动已形成惯例,当天下午各家事先在老宅前厅摆好桌子,大家集中连片并将准备好的半熟食物摆放到桌子上,准备完毕,燃放鞭炮,意味着祭祀开始。由家族中的年长者,诵读一些话语,以示邀请祖先回家享用美食,同时,各家将准备的纸质元宝等冥钱放在大厅正前端进行焚烧,轮流到哪一个家庭焚烧纸钱,就会在焚烧之前,由主事人说明子孙谁谁烧钱多少,祖先请吃饱、拿好之类的话语。祭祀过程,各家当家人皆会到场参与,场面十分热闹。因此,家中小孩均十分喜欢凑热闹,但是只能在一旁静静观看,不允许乱说话、乱走动。整个活动进行约为两个小时左右,"请祖翁"活动完毕,各家将所有的食物带回家中,并且再次进行烹饪以用于年夜饭食用。除此,每年还有一次重大的"请祖翁"活动在七月十五,也称七月半,与年三十祭祀活动不同在于,此次气氛更为严肃并且"冥钱"的准备上更为充分。正常情况下,"冥钱"准备工作由林玉燕、儿媳、女儿等家中的女性筹备完成,要将冥钱折成各种特定形状用于焚烧。家中男性不能够参与折纸钱的筹备活动,原因在于冥钱制作阴气比较重,适合女性完成;再者,男性长期忙于家外体力劳动,制作冥钱工艺粗糙,所制冥钱美观不足,是为对祖先的不敬。

其次,王氏宗亲筹建祠堂和参与祠堂建成的庆典活动。长子王加申经事多,由于受父辈的影响,从小对风水等方面的考究、了解也比较透彻。自王加申小时候起,父辈们就经常聚在老宅前厅讨论本家王氏修建祠堂一事,但每次商讨都没有结果,原因在于父辈以及精通风水的晚辈们都觉得,本村尚缺乏一块风水宝地能够均衡保证各房受利。因此,王氏各房当家人遇到筹建宗祠的事情,必定都会到场商量,同时,经常让家中孩子前去旁听,但孩子们通常不具备发言权。除了自家筹建宗祠这一大桩事务外,还需要共同商议来派遣人员,以族人认同的形式参与同室宗亲祠堂落成庆典活动。由谁带队参与、多少人参与、准备什么贺礼、如何筹钱,这些问题都需要几位当家人共同商讨决定。

最后,家族中日常公共事务主要涉及与其他族人的利益纠纷。比如,家族用地被他人临时占用、捕鱼海域的渔网被他人暗地里捅破、本家孩子被外姓族人无理殴打等,这种情况下则需要发挥族人力量、利用当家人的智慧共同商讨方法以实现合理解决问题。

八、村庄事务:利及家户,事存心头

(一)参与主体
1.村务会议
村中组织开展村务会议前,往往会安排专门负责宣传的人员敲锣打鼓到各家通知当家人前去开会。当家人只要在家中无事,就会及时前去开会,倘若当家人有事外出,家中长子成年懂事则由儿子代为顶替;如果儿子也未能前去开会,只好缺席会议,则由亲戚、朋友、邻居会后转达具体内容。村民墨守陈规,谁也不敢对抗保长,因此只要不涉及重大利益问题,会议上王文锡也不会提出建议,村人皆抱着不想闹事、惹事上身的心态,参会更多只是出于形式需要。

2.修路修庙

遇及村中修路、修庙的情况,村中"为头人"①会第一时间告知各家各户当家人。之所以要告知当家人,原因在于涉及村中公共事务,一是要出钱,二是要出力,所以只有当家人知晓,才能快速做出决定组织家人参与其中。

村中皆是阶梯式坑坑洼洼小路,多以石子和泥土混合铺成,因此一遇下雨天,不但路滑而且泥泞,村中老人家虽然熟悉路况,可走起来还是十分费劲。为了让道路平坦坚实些,村中保长号召大家要求各姓氏自行组织将所在片区道路进行平整。这种情况下,各家就按片区出年轻劳力参与修路。在修路过程,有些家庭如果有劳力而不出,则会遭到大家的冷眼和议论,当然,妇女因为不具备参与村中公共事务的资格,所以涉及村中修路事务也从未参加。

村中建有两座寺庙,在该村将寺庙称之为"宫殿",分别镇守在村的东西两侧。东边为"通天王母"宫,西边为"忠平王"宫。两座宫殿的修建都是以村中人集体募资,集体出劳力帮工筹建而成。在出资方面,由村集体讨论制定募资方案,并粘贴告示通知各家,各家依据家庭人丁数量,缴纳一定的费用给专员;在出力方面,除了强制规定各家无偿劳力工时外,还有以自愿为主参与修建宫殿的当家人。特别是年长的当家人,在宫殿修建过程中,十分用心察看宫殿的修建进度。针对修建过程中不合理部分,及时组织长辈讨论方案,偶尔还参加混合泥土,搬木头、搬砖头的重活。除此,王文锡也会鼓励家中的年轻人身体力行参与其中,因为在王文锡、林玉燕看来,主动参与修庙是一件积德行善的事情,出力为"神明"修建庙宇,造福全村人的同时也在造福自己。基于此认识,大家参与修宫殿的积极性远比参与修路的积极性高。有些家庭甚至都会鼓励七八岁的小孩,在宫殿修建过程多去扫扫地,多去搬搬砖,"多做好事,神明会保佑你变得更加聪明,以后有更好的前途",许多农村母亲如是引导孩子。

每年正月十五闹元宵包含着一件十分重大的事情——游神。村中一直延续着游神的传统,通过正月十五"游神"活动,旨在保村中平安、求百姓安宁。所谓游神活动,也即一年一次将村中两个宫殿神明抬出宫殿,坐入专门轿子中,择良辰吉日,各家各户自行出青壮年劳动力抬轿参与游行。游行过程中,如果到了王文锡所在的王姓公用大空地,族人就要共同筹措资金,请求一路伴奏的戏班子在此唱一段"八仙过海",以除妖避邪,提振人心。游神还有一个墨守的规定,轿子抬到哪一个片区,就由于哪一个片区姓氏壮劳动力自行参与其中。青壮年劳动力对于游神活动比较上心,主要源于以家庭为单位的神明信仰与崇拜。再者,对于年轻人而言,参与其中也是为了更好展现自己,在这个节日里,村中男女老少皆会出门观看,倘若在此刻表现得积极活跃,则会给长辈留下深刻的印象,所以,村中的年轻人十分乐意参与其中。

(二)费用筹措

村中用于修码头、修路、修宫的费用,皆以家庭为单位进行征收。修缮宫殿由村中长辈带

---

① 为头人:指组织者。

625

头,通知各家家长,再由家长自行筹措,最后有专人上门收取。如果王文锡在家,就由王文锡交给专人;如果王文锡不在家,就交由林玉燕,由林玉燕上交。遇到有些家庭交不起这些费用,一时半会无法筹措,村集体会根据家庭情况给予一定的宽限时间。但是,不管怎么样,借也好、卖东西也罢,各家各户最终总是会上交清楚,村民们一致认为,欠谁的钱都可以,但唯独不能欠神明的钱!对于在修宫殿、修码头等村庄公共事情中,自愿主动出钱多的人们,村中会以红纸张榜公示以作为鼓励、感谢。

(三)劳力筹集

筹劳以集体开会讨论决定一家要几个帮工,根据孩子们的意愿及家庭生产的需要,王文锡会安排孩子们轮流去帮工。没有分家前都是按照一个大家庭标准来分配,分家了则是以户头为单位要求出劳动力。家中倘若有急事,当家人及主要劳动力不在家,有亲戚的也可以找近亲劳动力代替或是找朋友顶替;对于家中只有妇女的情况,也可以通过雇佣劳动力,为家庭补上该出的工时。总而言之,在该村人看来,建宫殿具有很强的神圣性,并且与自家福运存在密切联系,长辈怎么要求,大家就怎么积极配合。配合筹资、配合出力、配合安排就是对神明的尊敬。

九、国家事务:被动参与,明哲保身

(一)苛捐杂税与设法图存

税收以一家一户为单位,根据土地面积,一亩地征收几斗地瓜米。该村没有田地,只有山地和耕地,因此交收的土地税多以实物税代缴。“国民党的税多”,说明了税收负担沉重的问题。国民党时期各种巧立名目的征税、反复交税,于普通民众而言生活压力十分大,加之保长收税过程的暴力手段,使得保长和百姓之间矛盾异常尖锐。新中国成立之后相对好很多,税收的种类、纳税的时间、纳税的次数均比较固定,正常一年上下相近的量缴纳两次就足够。面对纳税,王文锡也提心吊胆、心存顾虑。在王文锡看来,纵使家中人口众多、生存压力大,但理应交齐国家要求的税收。有些年份经济情况紧张,上缴税款意味着忍饥挨饿,但王文锡昼夜不停捕鱼也好、想方设法借钱也罢,总之需要将税款金额齐数准时上缴,以图保护家人避免给家中带来不必要的麻烦。

(二)强抓壮丁与巧避劳役

保长为完成上级每年交代的征兵任务,往往采取较为强硬的征兵态度。保长带着武装力量,默不作声冲进穷苦人家,见青壮年就抓。而对于一个家庭而言,成年男丁承担着传宗接代的重担,是家中的核心劳动力,家庭未来的顶梁柱,对于家庭的发展十分重要。王文锡清楚地意识到,王家地维持离不开长子、次子、三子等众多儿子的支撑,加之上到战场,儿子十有八九有去无回,因此父母皆想方设法避开劳役。

根据规定,一个家庭只有一个男孩子则不用服兵役,有两个男孩子的需要征一个,有三个孩子的则要征两个。家中父母为了让孩子躲避上战场,通常采取两种方式,第一,隐瞒。把孩子隐匿起来,给孩子修假坟,上假牌位。遇及前来家中征兵的,就哭丧着说孩子已经去世,都已经上灵位,摆放在厅堂上。这种做法在当地本是十分忌讳的,但是为了留住孩子,人们只好破除忌讳,以如此方法逃避灾难。第二,用钱买壮丁。一些富人家庭舍不得自家孩子,如果家中财力比较雄厚,则可以通过向负责人缴纳一定金额,充当购买壮丁的费用,以此摆脱征兵的压力。虽然上述两种方法貌似可行,但终究不是长久之策,因为战事紧急导致征兵的反复性、随机性,往往会打破规矩使得老百姓猝不及防、无力反抗。王家孩子众多,但为逃避征兵,王文锡只好以偷渡、夜行、赶山路等方式暂时将孩子送出村庄,或将孩子名义上寄在无子人家名下以逃避服徭役。

当然,有些人家孩子众多,家境贫穷,当家人在没有能力养活孩子的情况下,在孩子小的时候就将孩子送去当兵。一方面,是减轻家庭负担,也让孩子有更大的生存机会;另一方面,希望孩子能够建立军功,有朝一日为家里扬眉吐气。可是在王文锡看来,过去战事紧急,孩子的命在战争炮火面前过于脆弱。作为家长只希望孩子们能够好好的生存下来,并不希望孩子们通过战场上建立军功以为家族扬眉吐气,虽然王家后来多生男丁,家庭人口众多,但是参军的孩子却没有一个。就整个村庄而言,参军人数不多,主动参军者多为一些上无老下无小单身汉。

调查小记

2017 年 7 月 15 日,在结束了地方研究经验材料及个案初稿的写作后,第二天便决定回到老家(福建省宁德市本斗坑村)开展暑期调研。

我的家户调查对象选取,源于从小便希望有一天能将自我大家庭写进书中的梦。从小我便在一个宗族氛围比较浓厚的大家庭中长大,虽然社会变迁弱化了许多传统的宗族仪式和习俗文化,但是仍未能磨灭深植在个人内心的宗族根基。在宗族的大家庭里,一路成长以来,看到了许多代表性的礼俗、听到了许多代代流传的故事,也受到了五味杂陈的触动。宗族社会特别注重延续性,无论是血脉、财富、文化都讲究绵延不绝,代代流传。因此,家中许多的文化现象大都以代与代之间的口述传递为主,就如太爷爷辈给爷爷辈讲祖上的历史,爷爷辈再给父亲辈讲宗族的故事,父辈再给儿子讲祖上的人和事,如此,便实现家族发展史一代交一代、一代传一代。但是问题在于口头的传递,往往会因为个人讲故事水平的差异以及时间特有力量的磨蚀,使得所流传的事迹遗失、缺失乃至变味。思量至此,那么为何不转换一种传递的媒介,以文字的形式加以记录呢?于是乎,就这样,借助中国农村研究院提供的平台和机会,我便决定以家中长辈为受访对象,尤以爷爷为核心人物,几个叔公辅之,用文字来承载大家庭的历史轨迹。

无论在前期培训、中期调查、后期写作中,有太多的人给予我指导、鼓励、支持,十分感谢身边师友亲人的帮助,从而让我能够顺利完成家户制度调查报告写作。在此,首先,十分感谢中国农村研究院给予我家户调查的机会和经费支持,使我能够借助这一优秀平台优势,为书写梦想提供基础;其次,感谢徐勇教授、邓大才院长在写作过程给予的鼓励,也感谢改稿过程黄振华老师全程耐心细致的指导;再次,感谢我的爷爷(王加申)及我的几位叔公,是你们对我从小的熏陶和教育,促使我在写作中能够将家户细节、关节自然而然地展示出来,同时也感谢你们对我调研工作的大力支持;最后,也感谢师兄师姐及室友同学的支持,始终为我写作和改稿提供了良好的环境,并且不忘督促我,以让我在"磨人"的修稿中仍不忘初心坚持到底。庆幸的是,在历时近四个月的时间里,终于在师友亲人合力帮助下,促成了本篇报告的完成。

股神巴菲特将自我财富梦的实现归因于,在一个正确的时间和正确的地点做了正确的事情。由此,不禁让我想到,在中农院学习过程中的每一次调研写作,也是这些要素的有机结合,让我学会在正确的时间,出现在正确的地方,面对正确的对象,做正确的事情。

附录　调查图片

1 高家

受访者高知斌

受访者高知瑞

2 杨家

受访者杨小全

受访者杨永丰

祖坟排葬情况

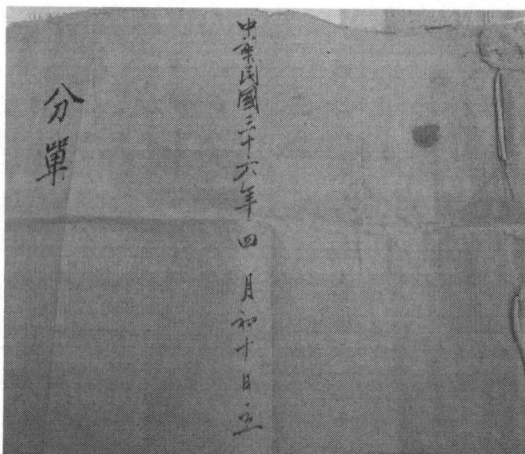

民国时期的分单 1

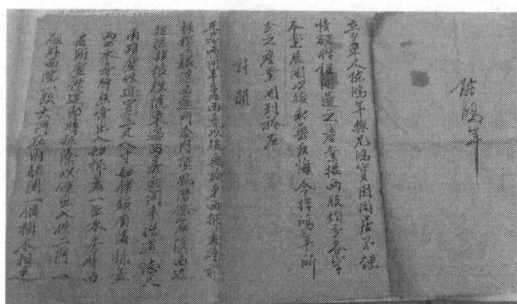

民国时期的分单 2

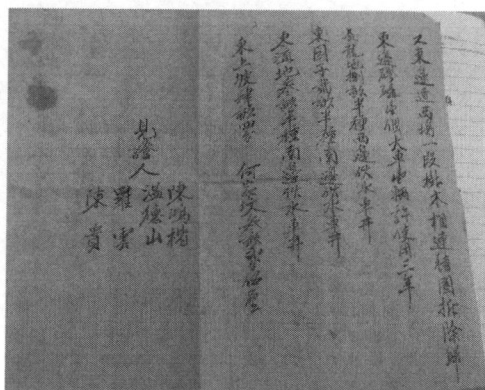

民国时期的分单 3

3 何家

受访者王英桂

受访者何仕政

1、农家石磨
2、大小斗
3、簸箕、筲箕、锄头
4、背篼
5、大斗

4 张家

受访者吕文英

受访者房屋

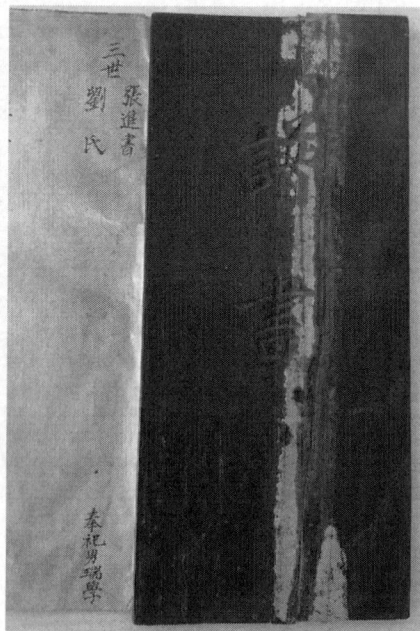

张家家谱

5 冯家

受访者冯永鸣

6 王家

受访者王加申

后 记

2016年年末,在徐勇教授和邓大才教授的主持下,作为华中师范大学中国农村研究院的"世纪工程"之一的"家户制度调查"顺利启动。"家户制度调查"以家户制度为核心,以家户关系为重点,对1949年以前的传统典型家户进行全面深入的调查,其内容涵盖家户的由来与特性、家户经济制度、家户社会制度、家户文化制度、家户治理制度等诸多方面。调查者通过对传统时期典型家户的当事人进行系统访谈,搜集了大量翔实、第一手的文献资料、访谈资料、录音资料和图片资料,并在此基础上完成家户制度调查报告。本卷从调查员所撰写的家户调查报告中择优选择六篇编辑而成,力求以平实客观的文风、原汁原味的笔触还原传统时期典型家户的运行与变迁。

2017年1月,"家户制度调查"开始试调查,同年7月,"家户制度调查"项目全面启动。两批共二百余位调查员分赴全国各地,实地采访仍然健在的传统典型家户的亲历者;大量搜集有关典型家户的各类家谱、族谱、账本等文字文本材料;走进乡镇、县市政府档案部门搜集查找典型家户相关资料;整理和撰写家户调查报告……正是调查员们前期深入的调查,中期不厌其烦的整理,后期认真仔细的写作,使本卷能收录到质量极高的调查报告。在此,感谢各位调查员们认真负责的态度、吃苦耐劳的精神以及对学术孜孜不倦的追求。

本卷的问世首先要感谢接受调查员访谈的高知斌、高知瑞、杨永丰、杨小全、王英桂、何仕政、吕文英、冯永鸣、王加申等诸位老人,他们向调查员事无巨细地讲述了家户生活的方方面面,为调查员耐心细致地回忆了家户变迁的点点滴滴。正是老人们的热心和耐心鼓舞着我们的调查员,使他们克服万难、砥砺前行、行有所获、调有所得,并最终将一个个极具特色的家户呈现在读者面前。

同时还要感谢为家户制度调查员提供帮助和便利的邓州市、容城县、巴州县、新民市、任丘市、宁德市六个市县朋友们。感谢邓州市的张书显、高知杰、王世选三位老人对调查员张航在选点和调研时给予的支持和关心;感谢容城县民政局主任刘金山、朱卫华,南张镇党委书记张岚,北张村书记李小军,南张村书记白占国对调查员朱露在选点和调研中给予的帮助、关心和支持;感谢巴州县何光云、杨枝华在选点和调研时给予调查员何婷的支持和关心;感谢新民市的张振华老人对调查员李丹阳在选点和调研时给予的帮助和支持;感谢任丘市的冯会来给调查员冯娟娟在甄选调研对象和调研过程中所提供的支持和帮助;感谢宁德市的王加春、王加义等几位老人给调查员王彬彬提供了细致生动的补充案例,感谢王明绍在调研过程的关心、陪同与支持。这些提供支持和帮助者多为调查员的亲友,他们让调查员在调研家户之余,也感受到家庭的力量,正是在他们的支持和帮助下,我们的调查员才得以顺利完成调查并撰写出高质量的调查报告。

本卷得以顺利付梓，最为重要也是最要感谢的是徐勇教授和邓大才教授的倾力贡献。他们前瞻性、创造性地提出了"家户制度调查"这一重大调查领域，并持续推动着家户调查工作的进展。为了打造这一"学术三峡工程"，徐勇教授和邓大才教授不辞辛苦、孜孜以求，为本卷内容的构思、写作、编排、出版倾注了极大的心血。从调查前的理论指导到调查提纲的设计修改，从调查培训到调研指导，从报告撰写再到报告定稿出版，两位老师全力支持、全程参与、全心投入。正是两位老师的心血倾注，才能使得本卷得以保质保量迅速完成。

　　本卷是《中国农村调查（总第 29 卷·家户调查第 1 卷）》，分别收录了 6 位调查员的家户调查报告：一是张航的《循规共济：以商襄农之户的传承与治理》计 12 余万字；二是朱露的《中户自立：以商促农的家户延续》计 12 余万字；三是何婷的《叔嫂重组：小门小户的聚合离散》计 12 余万字；四是李丹阳的《固本拓源：农商并举之户的延续与壮大》计 12 余万字；五是冯娟娟的《政护商哺：兼业大户之家户延续》计 13 余万字；六是王彬彬的《"木龙赴水"：以渔养农的崛起中户》计 12 余万字。感谢华中师范大学中国农村研究院黄振华老师对家户报告出版的指导和协助，同时感谢黄老师及张航、朱露、何婷对家户报告审核的倾力付出，正是他们卓有成效的工作，保证了调查报告的前期质量和水准。此外，还要感谢天津人民出版社王康、王琤等各位老师等对著作出版的大力支持与辛勤劳动。本卷的统稿、编辑与校对工作由黄振华、张航负责，内容核实与修改工作由各位报告的撰写者负责，在此表示感谢。

　　由于编者的水平有限，错漏之处难以避免，敬请专家、学者及读者批评指正，我们将在今后的编辑中不断改进和完善。

编者谨记